beck'sche
reihe

bsr
b

In den auf drei Bände angelegten «Deutschen Erinnerungsorten» geht es nicht nur um die Geschichte dieser Erinnerungsorte, sondern auch um die Geschichte ihrer Entstehung als «loci memoriae»: Wie und warum wurden Erinnerungsorte zu Kristallisationspunkten des kollektiven Gedächtnisses, und wie veränderte sich der Bedeutungsgehalt dieser Symbole im Laufe der Geschichte bis in die Gegenwart?

Entstanden ist auf diese Weise keine nostalgische Beschwörung des Altbekannten, sondern ein Buch der Entdeckungen, der kritischen Auseinandersetzung mit Geschichte und ein herausragendes Beispiel lebendiger Erinnerungskultur, kurz: ein atemberaubendes, ebenso gelehrtes wie spannend zu lesendes Geschichts- und Geschichtenbuch.

Etienne François war Gründungsdirektor des Centre Marc Bloch in Berlin und Professor für Geschichte am Frankreich-Zentrum der TU Berlin sowie an der Pariser Sorbonne. Er veröffentlichte u. a. *Die unsichtbare Grenze. Protestanten und Katholiken in Augsburg 1648–1806* (1991) und ist Mitherausgeber des Bandes *Nation und Emotion. Deutschland und Frankreich im Vergleich* (1995).

Hagen Schulze ist Professor em. für Neuere deutsche und europäische Geschichte am Friedrich-Meinecke-Institut der FU Berlin. Von ihm liegen im Verlag C.H. Beck vor: *Staat und Nation in der europäischen Geschichte* (^{2}1994) sowie die in zahlreiche Sprachen übersetzte *Kleine deutsche Geschichte* (114.–120. Tausend 2007).

DEUTSCHE ERINNERUNGS-ORTE
I

Herausgegeben von
Etienne François und
Hagen Schulze

VERLAG C.H.BECK

Mit 77 Abbildungen

Die ersten vier Auflagen dieses Buches erschienen
in gebundener Form 2001 und 2002
sowie als broschierte Sonderausgabe 2003.

1. Auflage in der Beck'schen Reihe. 2009

© Verlag C. H. Beck oHG, München 2001
Satz: Janß GmbH, Pfungstadt
Druck und Bindung: Druckerei C. H. Beck, Nördlingen
Umschlagabbildung: Bildarchiv Foto Marburg (Uta von Naumburg);
Süddeutscher Verlag – Bilderdienst, München (Willy Brandt);
Städelsches Kunstinstitut, Frankfurt/M. (Goethe);
AKG, Berlin (Volkswagen)
Umschlagentwurf: malsyteufel, willich
Printed in Germany
ISBN 978 3406 59 141 9 für diesen Band
ISBN 978 3406 59 144 0 für die 3 Bände

www.beck.de

Inhalt

Vorwort 7
Etienne François/Hagen Schulze Einleitung 9

REICH

Arnold Esch Ein Kampf um Rom 27
Joachim Ehlers Charlemagne – Karl der Große . . 41
Otto Gerhard Oexle Canossa 56
Anne G. Kosfeld Nürnberg 68
Claire Gantet Der Westfälische Frieden 86
Ernst Hanisch Wien, Heldenplatz 105
Joachim Fest Der Führerbunker 122
Bernd Roeck Der Reichstag 138

DICHTER UND DENKER

Peter Wapnewski Das Nibelungenlied 159
Heinz Dieter Kittsteiner Deutscher Idealismus . . . 170
Dieter Borchmeyer Goethe 187
Georg Bollenbeck Weimar 207
Michel Espagne «De l'Allemagne» 225
Gotthard Erler Theodor Fontane 242
Irmela von der Lühe Die Familie Mann 254

VOLK

Maria Tatar Grimms Märchen 275
Bedrich Loewenstein «Am deutschen Wesen . . .» . . 290
Hans Voges Das Völkerkundemuseum 305
Wolfgang Ullrich Der Bamberger Reiter und Uta
    von Naumburg 322
Eva Hahn/Hans Henning Hahn Flucht und Vertreibung 335
Erhard Schütz Der Volkswagen 352
Rainer Münz/Rainer Ohliger Auslandsdeutsche . . 370

ERBFEIND

Mathieu Lepetit Die Türken vor Wien 391
Hagen Schulze Versailles 407
Na'ama Sheffi Jud Süß 422
Frithjof Benjamin Schenk Tannenberg/Grunwald . 438
Pierre Ayçoberry Der Bolschewik 455

ZERRISSENHEIT

Friedrich Prinz Der Weißwurstäquator 471
Michael Werner Heinrich Heine 484
Steven E. Aschheim Nietzsche 502
Heinz Reif Die Junker 520
Martin Schulze Wessel Rapallo 537
Edgar Wolfrum Die Mauer 552

SCHULD

Hartmut Lehmann Der Pietismus 571
Gerd Krumeich Die Dolchstoß-Legende 585
Peter Reichel Auschwitz 600
Klaus Neumann Mahnmale 622
Adam Krzemiński Der Kniefall 638
Gesine Schwan Der Mitläufer 654

ANHANG

Anmerkungen und Literaturhinweise 673
Die Autoren 719
Abbildungsnachweis 725

Vorwort

Ein Buch verdankt seine Existenz üblicherweise dem Fleiß und den Eingebungen eines Autors. Für den vorliegenden Band und die nachfolgenden beiden Bände der *Deutschen Erinnerungsorte* gilt das nicht. Mehr als hundert Autoren sind insgesamt beteiligt, die sich mit Vergnügen und Engagement auf eine Aufgabe eingelassen haben, die ihnen viel an ungewöhnlichen Sicht- und Darstellungsweisen abverlangt hat. Damit nicht genug, hatten sie die mitunter häufigen Interventionen der Herausgeber zu ertragen, und es spricht für den Reiz des Unternehmens, daß kaum ein Verfasser absprang. Der Umgang mit so viel glänzendem, methodisch gebändigtem Fachwissen, mit so vielen unterschiedlichen Temperamenten und Persönlichkeiten aus so unterschiedlichen Wissenschaftsprovinzen und Ländern war uns nicht nur Herausforderung, sondern oft genug auch ein intellektuelles Vergnügen, wie es unser Wissenschaftsbetrieb sonst selten mit sich bringt. Für ihre engagierte Arbeit danken wir den Autoren der *Deutschen Erinnerungsorte* von Herzen.

Am Anfang war die Idee, doch von ihrer ursprünglichen Form zu ihrer jetzigen Entfaltung lag ein weiter Weg, den wir ohne die Hilfe so vieler Ratgeber und Diskussionspartner nicht hätten zurücklegen können. Vor allem das Kolloquium, das wir 1996 in den Räumen des Berliner Centre Marc Bloch abhalten konnten, hat uns sehr ermutigt.[1] Für Anregungen und fruchtbaren Widerspruch danken wir neben unseren Autoren Aleida Assmann, Michael Borgolte, Anne-Marie Connan, François Hartog, Wolfgang Hardtwig, Adalbert Hepp, Jürgen Kocka, Marie-Claire Lavabre, Matthias Middell, Joachim Nettelbeck, Pierre Nora, Jacques Revel, Ulrich Raulff, Jutta Scherrer, Heinz Schilling, Jean-Claude Schmitt, Peter Schöttler, Hannes Siegrist, Christof Stölzl, Emmanuel Terray, Ernst-Peter Wieckenberg – und sind uns bewußt, daß sich diese Liste noch beträchtlich verlängern ließe.

Die konzeptionelle Ausarbeitung bedurfte nicht nur einer Tagung, sondern auch eines über sechs Semester sich erstreckenden Hauptseminars am Friedrich-Meinecke-Institut der Freien Universität Berlin, in dessen Verlauf wir von den hoch engagierten studentischen Teilnehmern mindestens soviel lernten wie diese von uns. Aus diesem Langzeitseminar sind mittlerweile nicht nur eine Reihe von Magister-, Staatsexamens- und Doktorarbeiten hervorgegangen, sondern auch eine eigene Publikation, die eine Anzahl der besten studentischen Arbeiten zusammenfaßt und die beweist, daß junge Historiker das Neue oft besser und entschlossener (und zudem unterhaltsamer) zu handhaben wissen als viele der Älteren.[2]

Auch an materieller Hilfe hat es nicht gemangelt. Wir danken insbesondere der Kurt-Körber-Stiftung, die großzügig einen namhaften Betrag für Personal- und Sachkosten zur Verfügung stellte, der Deutschen Forschungsgemeinschaft, die die Mittel für eine halbe wissenschaftliche Mitarbeiterstelle beisteuerte, der Haniel-Stiftung, die ein Forschungs-Freisemester finanziell unterstützte, sowie dem Centre Marc Bloch, das die Kosten für die bereits erwähnte Konferenz trug.

Aber alles das hätte nicht zum Ziel geführt, hätte nicht ein Team von begeisterten und scheinbar nimmermüden Mitarbeiterinnen verwaltet, redigiert, vereinheitlicht, skeptische Autoren zu mißlichen Aufgaben wie Änderungen oder Kürzungen überredet, Illustrationen ausgesucht und vorgeschlagen, Kontakte zum Verlag gehalten – kurz, all jene unendlich mühsamen Aufgaben erledigt, die ein so weitgespanntes Editionsunternehmen mit sich bringt. Fast gehörten sie als Mitherausgeber auf das Titelblatt: Constanze Carcenac-Lecomte, Beate François, Kirstin Schäfer sowie im Sekretariat Angelika Zimmermann, der gute Geist des Unternehmens.

Wir haben selten eine so enge und partnerschaftliche Zusammenarbeit mit einem Verlag erlebt. Es ist schon längst nicht mehr selbstverständlich, daß Lektoren einem Buch von Beginn seines Entstehens an ihre ungeteilte Aufmerksamkeit schenken und den Herausgebern stets mit Rat und Tat zur Seite stehen. Für ihre geduldige und fruchtbare Mitarbeit und Hilfsbereitschaft danken wir Detlef Felken und Andreas Wirthensohn von Herzen.

Etienne François *Hagen Schulze*

Etienne François/Hagen Schulze

Einleitung

Wir sind von Jubiläen umgeben. Zum Beispiel das Nietzsche-Jahr 2000: Ein Füllhorn von Erinnerungen, Werkausgaben und Monographien hat sich über Deutschland und darüber hinaus ergossen, Briefmarken wie wissenschaftliche Tagungen gedachten des großen Querdenkers, die alten Streitfragen wurden exhumiert und diskutiert, als seien sie neu, und all das schien nur zu geschehen, um Nietzsches Gültigkeit für das Heute zu dokumentieren und zu untermauern.

Und wenn das Täuschung wäre? Die Konzentration der meisten Veranstaltungen und Veröffentlichungen gerade zum Zeitpunkt seines 100jährigen Todestags, die massive Kommerzialisierung der Publikationen, die sorgfältige Inszenierung der Konferenzen und Debatten, die rege Anteilnahme der Medien und nicht zuletzt die Konkurrenz mit Johann Sebastian Bach, dessen 250. Todestag im selben Jahr gefeiert wurde – das alles hinterläßt den Nachgeschmack des Gekünstelten. Mag sein, daß die Erinnerung an Friedrich Nietzsche vom Jubiläums-Getöse schwerer beschädigt wurde, als dies die wachsende Distanz des Publikums zu dem unzeitgemäßen Betrachter in gewöhnlichen Jahren mit sich gebracht hätte.

Ein flüchtiges Ereignis, «im Husch da, im Husch vorüber, vorher ein Nichts, hinterher ein Nichts», um mit Nietzsche zu sprechen? Vielleicht. Aber vor allem ein paradigmatisches Ereignis, und dies auf mehrfache Weise. Vor allem zeigt sich, daß Nietzsches zweite «unzeitgemäße Betrachtung» *Vom Nutzen und Nachteil der Historie für das Leben* noch nie so zeitgemäß war, daß seine Diagnosen «Übersättigung einer Zeit an Historie», «die große und immer grössere Last des Vergangenen», «ein verzehrendes historisches Fieber» heute nicht weniger zuzutreffen scheinen als zu seinen Lebzeiten. Es erweist sich weiterhin, um erneut mit Nietzsche zu sprechen, daß das Vergangene – bei all seiner Flüchtigkeit – «doch noch als Gespenst [wiederkommt] und die Ruhe eines späteren Augenblicks [stört]. Fortwährend löst sich ein Blatt von der Rolle der Zeit, fällt heraus, flattert fort – und flattert plötzlich wieder zurück, dem Menschen in den Schoß. Dann sagt der Mensch ‹ich erinnere mich› und beneidet das Tier, welches sofort vergißt ...».[1] Deutschland ist offensichtlich in ein «Zeitalter des Gedenkens» (Pierre Nora) eingetreten – die Beschwörungen und Bemühungen des Gedenkens, seine Kommerzialisierung und Instrumentalisierung reichen bis zum Überdruß.[2] Die Fülle der außerhalb Deutschlands organisierten Gedenkveranstaltungen wie auch die rege Teilnahme von Ausländern am «deutschen» Gedenken an Nietzsche machen darüber hinaus deutlich, daß man es mit einem europaweiten Phänomen zu tun hat, das seit gut zwanzig Jahren unsere Gesellschaften bewegt.[3] Die besondere Häufung des Gedenkens in Deutschland, die leidenschaftliche Ausrichtung und öffentliche Austragung mancher Debatten, die Erinnerung daran, daß im Nachkriegsdeutschland – in seinem östlichen wie auch im westlichen Teil – die Beschäftigung mit Nietzsche lange Zeit verpönt war und nicht-deutschen Autoren, von Gilles Deleuze bis Massimo Montinari, überlassen wurde, das allgemeine Bemühen schließlich, Nietzsche von der nachträglichen «Erbsünde» seiner Inanspruchnahme durch völkische Kreise und durch den Nationalsozialismus reinzuwaschen: Das alles läßt erkennen, daß in Deutschland bei allen europäischen Gemeinsamkeiten die Beschäftigung mit der Vergangenheit doch anders verläuft und besondere Züge trägt.

Woher aber rührt die in Deutschland so ausgeprägte Neigung zum Gedächtnis als «gegenwärtige Vergangenheit» (A. und M. Mitscherlich)? Handelt es sich vielleicht um eine typische Veranlagung der Deutschen, die, so im 19. Jahrhundert der Philosoph Cournot und in seiner Folge ein Jahrhundert später der Historiker Marc Bloch, «ihre kollektiven Erinnerungen intensiver erleben als die Franzosen, die seit jeher dazu neigen, die Welt auf dem Raster der Vernunft zu rekonstruieren»?[4] Viel eher spielt hier wohl die jüngste deutsche Geschichte seit 1933 eine Rolle, die dazu führt, daß sich in Deutschland mehr als anderswo die Einstellung zur Vergangenheit als ein «affektvolles, sensibles, ja schmerzhaftes Verhältnis» (Henry Rousso) artikuliert.[5]

In Deutschland, so scheint es, gilt die Vergangenheit eher als eine Last, der man sich nicht entziehen kann, denn als eine «Wahl des Vergangenen», auf das man aktiv zurückgreifen kann.[6] Das läßt sich in dreifacher Hinsicht erklären. Der erste Grund ist in den erinnerungsgeschichtlichen Konsequenzen des Nationalsozialismus und des Völkermordes von Deutschen und im deutschen Namen zu suchen. «Der deutsche Sonderweg, der durch Hitler und die Folgen bestimmt ist», bemerkt Aleida Assmann zu Recht, «macht die Frage nach dem nationalen Gedächtnis in Deutschland ebenso unerquicklich wie notwendig. Auschwitz ist die nationale Katastrophe, die das kulturelle Gedächtnis der Deutschen gesprengt hat und sprengt.»[7] Und weiter: «Das Ereignis des Holocaust ist mit zeitlicher Distanz nicht farbloser und blasser geworden»; weit entfernt davon, «mit wachsendem zeitlichen Abstand seinen ‹politisch existentiellen Bezug› zu verlieren, tritt es im Gegenteil inzwischen immer markanter hervor [...]. Wir haben es heute nicht mehr mit einer Selbstaufhebung, sondern umgekehrt mit einer Verschärfung des Gedächtnis-Problems zu tun.»[8]

Ein zweiter Grund ist in den erinnerungsgeschichtlichen Konsequenzen der Wiedervereinigung zu suchen. Seit zehn Jahren ist Deutschland wieder zu einem «normalen» Nationalstaat geworden. Ernst Moritz Arndts Frage «Was ist des Deutschen Vaterland?» ist zum ersten Mal in der deutschen

Einleitung

Geschichte unmißverständlich und dauerhaft beantwortet. Die fast zweihundertjährige Geschichte eines widersprüchlichen, unfertigen, von den Dämonen eines neurotischen Nationalismus getriebenen Volkes ist an ihr Ende gekommen; Nietzsches Diktum «Die Deutschen sind von vorgestern und von übermorgen – sie haben noch kein heute»[9] gilt nicht mehr. Es gibt keine deutsche Frage mehr. Die Frage aber, was die Deutschen und diejenigen, die in Deutschland leben, zusammenhält und wie sie ihre Gegenwart und Zukunft gestalten wollen, stellt sich nach wie vor. Der Frage nach der Identität der Deutschen und nach der Verschränkung zwischen ihrer Vergangenheit und ihrer Zukunft als Nation kommt seit der Vereinigung der beiden deutschen Staaten eine neue Bedeutung zu, ja, sie wird unausweichlich. Dabei geht es nicht nur um die gegenseitige Anerkennung und Zusammenführung von gegensätzlichen Gedächtniskulturen, die sich im Laufe von vierzig Jahren zunehmend voneinander entfernt hatten, sondern auch um die gegenseitige Anerkennung und Zusammenführung von unzähligen privaten und familiären Gedächtniskonstellationen. «Die Deutschen sollten sich gegenseitig ihre Geschichten erzählen», forderte Richard von Weizsäcker nach der Wiedervereinigung. Das geschieht, wenn auch stockend, aber es wird noch lange dauern.

Der dritte Grund für die Schwierigkeiten der Deutschen mit ihrer Vergangenheitswahrnehmung findet sich schließlich in der ebenso erfreulichen wie paradoxen Konstellation, daß die Neuformierung Deutschlands als Nationalstaat mit der Erneuerung Europas und mit einer neuen Etappe im Prozeß der europäischen Einigung zusammenfiel – die Aufhebung der DM im Euro hat in dieser Hinsicht, tatsächlich und symbolisch, beispielhaften Charakter. Darüber hinaus geht das alles mit der Beschleunigung der Globalisierung und also auch mit einer grundlegenden Umstrukturierung kollektiver Identitäten und Gedächtniskulturen einher.

Das sind Fragen, die die deutsche Öffentlichkeit insgesamt und die deutsche Gesellschaft in ihrer Vielfalt – Staat und «politische Klasse», Parteien und Medien, Kirchen und Verbände, Gewerkschaften und Berufsgruppen, Publizisten und Wissenschaftler – angehen, weil sie mit ihrer Identität und ihrer Zukunft verknüpft sind. Wie brisant diese «lebendig verkörperten Erinnerungen» immer noch sind, läßt sich daran beobachten, daß sich seit 1945 die deutsche Erinnerungsgeschichte in «Sprüngen und Eruptionen» (Aleida Assmann) vollzogen hat – von der Fischer-Kontroverse über den Historikerstreit und die Walser-Bubis-Auseinandersetzung bis zur Debatte über das Berliner Holocaust-Denkmal und über die Entschädigung der Zwangsarbeiter. Und dies um so mehr, als diese Fragen nicht nur Deutschland und die Deutschen angehen, sondern darüber hinaus eine in mancher Hinsicht europäische und universelle Tragweite besitzen. Der französisch-spanische Schriftsteller Jorge Semprun, der nach Buchenwald deportiert worden war und lange Zeit auf der Seite der spanischen Kommunisten kämpfte, ehe er sich von der KP distanzierte, bemerkte einmal, Deutschland sei das einzige Land in Europa, das auf seinem Boden und aus Eigenem die zwei Diktaturen des 20. Jahrhunderts erlebt und getragen habe – und daß ihm daraus eine besondere Verantwortung für ganz Europa zukomme, weil es das einzige Land sei, das sich von innen her mit dieser «doppelten Vergangenheit» auseinandersetzen könne. Seitdem schließlich Auschwitz zur Signatur des Jahrhunderts erhoben, seit ihm der Rang eines absoluten Bösen zuerkannt wurde, mit der Folge, daß es sich als negatives Geschichtszeichen in das kollektive Gedächtnis und Bewußtsein der Welt nachhaltig eingegraben hat, hat sich auch die Frage nach der Einstellung zur deutschen Vergangenheit zu einer Frage von universeller Dimension erweitert. «Als Deutsche», so Aleida Assmann, «finden wir uns eingegliedert in diese größere Erinnerungsgeschichte. Unsere Situation läßt sich deshalb nur als Paradox beschreiben: wir haben nicht die Wahl, diese Erinnerung auszuschlagen, und müssen uns doch frei für sie entscheiden.»[10]

Dergleichen Überlegungen, die politischer und ethischer, sozialer und kultureller Art sind und deshalb die Öffentlichkeit angehen, richten sich selbstverständlich auch an die Geschichtswissenschaft. Für Historiker bilden sie eine permanente Herausforderung, der sie sich zu stellen haben – und zwar nicht nur als Bürger und Mitglieder der Gesellschaft, sondern auch als Wissenschaftler, die für sich in Anspruch nehmen, die Vergangenheit in Annäherung an wissenschaftliche Objektivität zu untersuchen und eine Art von legitimer Deutungshoheit über das Zeitgeschehen zu besitzen. Diese Herausforderung ist um so stärker, als die Geschichtswissenschaft gegenwärtig einen Platz in der Öffentlichkeit einnimmt, wie sie in den sechziger und siebziger Jahren Politikwissenschaft und Soziologie für sich in Anspruch nehmen konnten. «Ob die Geschichtswissenschaft jedoch schon in der Lage ist, mit den historischen Problemen des 20. Jahrhunderts zurechtzukommen, wie sie sich am Ende des Jahrhunderts darstellen», schrieb kürzlich Rudolf Vierhaus, «ist eine Frage von bedrängender Aktualität.»[11]

Die Antworten auf die Fragen, die an die Geschichtswissenschaft herangetragen werden, sind allerdings alles andere als einfach. Es geht nicht nur darum, «die Geschichte der Art und Weise zu schreiben, wie Gesellschaften nachträglich ihre Vergangenheit erleben und deuten»;[12] vielmehr geht es darum, die Geschichte der Art und Weise zu schreiben, in der unsere Gesellschaft – und damit auch der Historiker, der ja nicht außerhalb seines Untersuchungsgegenstandes steht – ihre Vergangenheit erlebt und deutet. Und schließlich geht es um eine Vergangenheit, die immer noch ganz gegenwärtig ist und die, «den Wandel von gegenwärtiger zu reiner Vergangenheit» noch nicht vollzogen hat.[13]

Daß erst die Fähigkeit, das Vergangene zu vergegenwärtigen, den Mensch zum Menschen mache, war nicht nur Nietzsches Ansicht. Medizinische Versuchsreihen mit schwer kopfverletzten Patienten haben ergeben, daß mit dem

Verlust von Erinnerung der Verlust des Ich-Gefühls, der Identität einhergeht, wie auch der Zusammenhang zwischen Gedächtnisschwund und Persönlichkeitszerstörung bei Alzheimer-Patienten offenkundig ist. Der Neurologe Daniel Schacter, der diese Ergebnisse veröffentlicht hat, resümiert, es sei erstaunlich, «in welchem Maße die Gegenwart dem Einfluß der Vergangenheit unterworfen» sei.[14] Wir sind, was wir geworden sind. In unseren Erinnerungen erkennen wir, wer wir sind, was wir werden wollen und worin wir uns von anderen unterscheiden.

Daß niemand nur im Augenblick lebt, gilt für einzelne Menschen ebenso wie für Kollektivindividuen, für Familien, Vereine, gesellschaftliche Gruppen, für Völker und Nationen. Es war ein französischer Soziologe, Maurice Halbwachs, der den Kollektiverinnerungen als erster methodisch auf die Spur kam. In seinem 1925 erschienenen Werk *Les cadres sociaux de la mémoire* stellte er fest: «Gewiß besitzt jeder ein ihm eigenes Gedächtnis nach seinem besonderen Temperament und seinen Lebensumständen, das keinem anderen sonst angehört. Darum ist es aber nicht weniger ein [...] Aspekt des Gruppengedächtnisses, da man von jedem Eindruck und jeder Tatsache, selbst wenn sie offenbar ausschließlich ein Individuum betrifft, eine dauerhafte Erinnerung nur in dem Maße behält, wie man [...] sie mit den uns aus dem sozialen Milieu zufließenden Gedanken verbindet.»[15] Mit anderen Worten: Der Einzelne erinnert sich, aber er bleibt damit nicht allein. Das Milieu, in dem er lebt, bildet einen Rahmen, der Form und Inhalt gemeinsamer Erinnerungen begrenzt und bedingt; die historischen Deutungen und Wahrnehmungsmuster ergeben sich aus einem Zusammenspiel des persönlichen Gedächtnisses und der gemeinsamen, kollektiven Erinnerung. Vergangene Ereignisse verwandeln sich nicht ohne weiteres in Erinnerungen; sie werden dazu gemacht durch das kollektive Bedürfnis nach Sinnstiftung, durch die Traditionen und Wahrnehmungsweisen, die aus den gesellschaftlichen Milieus erwachsen. Insbesondere Nationen produzieren derlei kollektive Erinnerungen, aber das gilt mehr oder weniger für Gruppenbildungen aller Art. Keine Gemeinschaft ohne Gedenkfeiern und Denkmäler, Mythen und Rituale, ohne die Identifizierung mit großen Persönlichkeiten, Gegenständen und Ereignissen der eigenen Geschichte. Italienische Bürger, ob in Turin oder Neapel, verbinden mit Personen wie Dante oder Garibaldi, mit Ereignissen wie dem Widerstand der norditalienischen Städte gegen Kaiser Barbarossa oder der *resistenza* ganz präzise, hochgradig emotional aufgeladene Vorstellungen vom Zusammenhang dieser Bilder mit dem nationalen Ganzen. Nicht anders denken Briten an die Magna Charta oder an Winston Churchill, Schweizer an den Rütli-Schwur oder an Winkelrieds Opfertod, Tschechen an Jan Hus oder an die Niederwerfung des Prager Frühlings.

Noch weitere Einsichten verdanken wir Halbwachs und denen, die auf seinen Erkenntnissen aufgebaut haben, in erster Reihe Reinhart Koselleck, Jan und Aleida Assmann, Henry Rousso und Paul Ricœur, die sich allesamt mit dem kollektiven Gedächtnis und dem Verhältnis zwischen Gedächtnis und Geschichte befaßt haben. Als grundlegende Erkenntnis erweist sich die der strukturellen Zusammengehörigkeit von Erinnerung und Vergessen als sich gegenseitig bestimmenden Bestandteilen des Gedächtnisses: «Das Vergessen wie das Verdrängen sind konstitutive Bestandteile jedes Gedächtnisses», stellt der französische Historiker Henry Rousso fest. «Die positive Wertschätzung, die heutzutage der Erinnerung beigemessen wird und im Gegensatz dazu die negative Wertschätzung des Vergessens haben daher an sich keinen Sinn – auch wenn diese gegensätzlichen Beurteilungen einen wichtigen Aspekt der heutigen Vorstellungswelt darstellen, den es zu erklären gilt.»[16]

Und da ist der konstruktive Aspekt von Erinnerung: Sie hilft, die Gegenwart wahrzunehmen, gibt ihr Sinn und ordnet sie zwischen Vergangenheit und Zukunft ein; als solche produziert sie Identität und Kontinuität; ja, nur durch sie kann die Wirklichkeit Gestalt annehmen. Wie Marcel Proust es einmal formulierte: «Erst im Gedächtnis formt sich die Wirklichkeit.»

Schließlich ist mit Aleida Assmann festzuhalten, daß «Geschichte und Gedächtnis keine Opposition bilden, sondern auf komplexe Weise miteinander verschränkt sind. Geschichte existiert, wie wir immer deutlicher erkennen, in einem doppelten Modus: es gibt ‹Geschichte-als-Wissenschaft› und es gibt ‹Geschichte-als-Gedächtnis›.»[17] Geschichte und Gedächtnis sind gleichermaßen anachronistisch insofern, als beide außerhalb der Zeit verankert sind, über die sie Rechenschaft abzulegen versuchen; Geschichte und Gedächtnis stellen zwei vergleichbare – und miteinander konkurrierende – Versuche dar, eine Brücke zwischen Vergangenheit, Gegenwart und Zukunft zu schlagen; Geschichte und Gedächtnis stellen schließlich zwei unterschiedliche, verschränkte und vergleichbare Formen der Einstellung zur Vergangenheit und des Bezugs auf sie dar.

Aber wenn wir auch dazu neigen, Geschichte und Gedächtnis als zwei gleichermaßen legitime Zugänge zum Vergangenen zu betrachten, so gilt doch schließlich, daß sie weder verwechselbar noch austauschbar sind. Die Geschichte als Wissenschaft ist Sache der Experten. Sie tritt uns entgegen als kritisch-distanzierte Anwendung fester Regeln für die Interpretation und Analyse von Quellen und Überresten aus der Vergangenheit, mit dem Anspruch auf Überprüfbarkeit und objektive Gültigkeit ihrer Ergebnisse. Teilnahme, Emotion und Subjektivität gefährden den wissenschaftlichen Erkenntnisprozeß und werden, wenn auch nicht immer erfolgreich, zurückgedrängt.

Das Gedächtnis dagegen dient existentiellen Bedürfnissen von Gemeinschaften, «für die die Gegenwärtigkeit des Vergangenen einen entscheidenden Teil ihres kollektiven Wesens darstellt».[18] «Dem Gedächtnis bleibt der Vorteil vorbehalten, das Vergangene als etwas zu erkennen, was früher existiert hat, obwohl es heute nicht mehr existiert» – so lautet Paul Ricœurs Bilanz seiner jahrzehntelangen Auseinandersetzung mit dem Gedächtnis, dem Vergessen und der Geschichte. «Die Geschichte (als Wissenschaft) besitzt dagegen die Fähigkeit, den Blick in Zeit und Raum zu erweitern; sie verfügt über die Möglichkeit, die Zeugenaussagen einer kritischen Überprüfung zu unterziehen; sie kann erklären und verstehen; sie verfügt über den geschriebenen Text, sie hat vor allem die Möglichkeit, Gerechtigkeit und Billigkeit gegenüber den Ansprüchen der verletzten Erinnerungen walten zu lassen, die in Konkurrenz zueinander stehen und manchmal sogar blind für das Leid der anderen sind.»[19]

Lange Zeit haben die Historiker die Entdeckung des kollektiven Gedächtnisses und seine Bedeutung für die Identität von Gruppen, Milieus und Nationen verkannt. Schließlich sahen sie es als ihre eigentliche Aufgabe an, die individuellen und kollektiven Vergangenheitsbilder von Willkür, Erfindung und Subjektivität zu reinigen und mit Leopold von Ranke zu «zeigen, wie es eigentlich gewesen». Der aufklärerische Stolz der Historiker ließ sie nur zu leicht übersehen, daß ihre Produkte immer schneller veralteten, soweit sie überhaupt das Publikum erreichten und nicht hauptsächlich der akademischen Selbstverständigung von Berufshistorikern dienten. Der geschichtlichen Erinnerung der Völker und damit dem «Lernen aus der Geschichte» im Sinne der «historia magistra vitae» dient die Geschichtswissenschaft kaum noch. «Die Zerstörung der Vergangenheit», so Eric Hobsbawm, «oder vielmehr die jenes sozialen Mechanismus, der die Gegenwartserfahrung mit derjenigen früherer Generationen verknüpft, ist eines der charakteristischen und unheimlichsten Phänomene des späten 20. Jahrhunderts. Die meisten jungen Menschen am Ende dieses Jahrhunderts wachsen in einer Art permanenter Gegenwart auf, der jegliche organische Verbindung zur Vergangenheit ihrer eigenen Lebenszeit fehlt.»[20]

Wenn dieser skeptische Befund zutrifft, wird es mit den dürren Weisheiten der geschichtswissenschaftlichen Forschung kaum getan sein. Daneben gilt es die kollektiven Erinnerungen der Menschen ernst zu nehmen und zu ergründen. Wie entwickeln, wie verändern sich die Vergangenheits- und Zukunftsentwürfe der Völker und Nationen, worin besteht «der gemeinsame Besitz eines reichen Erbes an Erinnerungen (und an Vergessenem)», der nach Ernest Renan die Identität der Nationen ausmacht?[21]

Den ersten Versuch einer breitgefächerten und zeitgemäßen Antwort auf diese Frage liefern die sieben Bände des von dem französischen Historiker und Publizisten Pierre Nora in den achtziger und frühen neunziger Jahren herausgegebenen Werkes *Les lieux de mémoire*, in welchem er eine beträchtliche Zahl von Bruchstücken des französischen nationalen Gedächtnisses in Form von Essays zusammengetragen hat. «Mein Vorhaben», erklärt er, «bestand darin, an die Stelle einer allgemeinen, thematischen, chronologischen oder linearen Untersuchung eine in die Tiefe gehende Analyse der ‹Orte› – in allen Bedeutungen des Wortes – zu setzen, in denen sich das Gedächtnis der Nation Frankreich in besonderem Maße kondensiert, verkörpert oder kristallisiert hat.»[22] Das können einfache Gedenkstätten sein, etwa Statuen großer Männer, Kriegerdenkmäler oder die Gräber der französischen Könige in Saint-Denis. Symbole und Embleme wie die Trikolore oder die Marseillaise, Marianne oder der 14. Juli gehören ebenso dazu wie Gebäude (Notre-Dame, das Schloß von Versailles, der Eiffelturm) oder die großen Texte der nationalen Erinnerung, etwa die Erklärung der Menschenrechte, der Code Napoléon, aber auch Geschichtsbücher wie die *Grandes Chroniques de France*, die französische Geschichte von Ernest Lavisse oder die Werke der Schule der *Annales*. Da sind die Trennungslinien, die durch Frankreich gehen, etwa zwischen Katholiken und Hugenotten, zwischen Nord und Süd, der Rechten und der Linken, aber auch tiefe Gemeinsamkeiten – *la douce France*, das Land und seine Grenzen, die Sprache. Und nicht zuletzt die vielen Namen, in denen sich Frankreich wiedererkennt, von Charlemagne über die heilige Johanna und den Sonnenkönig bis Descartes.

Nora versammelt insgesamt 130 «Erinnerungsorte»; es hätten auch doppelt so viele oder noch mehr sein können. Ihnen ist gemeinsam, daß sie einen Überschuß an symbolischer Bedeutung besitzen, der sich allerdings ändern, auch gänzlich verlieren kann. Man denke beispielweise an Jeanne d'Arc, die jahrhundertelang fast vergessen war, bis sie Anfang des 19. Jahrhunderts plötzlich wiederentdeckt wurde, und zwar gleich doppelt: sowohl von der königs- und kirchentreuen Rechten wie auch von der laizistischen, republikanischen Linken – die linke Johanna wurde als Kind des Volkes erinnert, von König und Kirche verraten und umgebracht; die rechte dagegen galt als die gottgesandte Retterin Frankreichs und des französischen Königtums. So überdauern oft nur die äußeren Merkmale eines *lieu de mémoire*, während ihre Bedeutung, ihre symbolische Aufladung sich ändern kann: Kristallisationskerne des französischen kollektiven Gedächtnisses, von ganz unterschiedlichem Gewicht, oft furchtbar trivial, manchmal kaum noch oder allenfalls regional erinnert, dem Zugriff der Sinnstifter und Manipulateure ausgesetzt und dennoch ein Netz von materiellen und immateriellen Erinnerungsfäden, das das nationale Bewußtsein in einem ungenau bestimmbaren, aber sehr profunden Sinne zusammenhält.

Soweit die Reverenz vor einem großen Vorbild, das im übrigen Schule gemacht hat: Es gibt mittlerweile mehrere vergleichbare Veröffentlichungen in Italien, den Niederlanden und Dänemark; andere, so in Österreich und in Rußland, sollen demnächst erscheinen.[23] Sie alle antworten auf Noras Aufforderung, den «typischen Stil der Beziehung zur Vergangenheit» des jeweiligen Landes herauszuarbeiten.[24] Für Deutschland gab es zwar, als wir erste Überlegungen zu einem vergleichbaren Projekt anstellten, eine seit fast einem Vierteljahrhundert blühende und breit angelegte Forschung zur Geschichte und Entwicklung der deutschen Nationaldenkmäler, die sich an einen wegweisenden Artikel von Thomas Nipperdey anlehnte.[25] Auch wenn mit diesen und anderen Forschungen – von der Memoriaforschung der Mediävisten[26] bis hin zu den kaum noch überschaubaren Forschungen zur Erinnerungsgeschichte des «Dritten Reichs» und der Judenmorde[27] – eine ganze Reihe von Einzelstudien existierten, deren Thematik durchaus mit den in den französischen *lieux de mémoire* behandelten «Erinnerungsorten» vergleichbar ist, so verzichteten sie doch auf den umfassenderen Anspruch, die von ihnen behandelten Denkmäler, Bauwerke, Regionen, Personen oder Feiern in den breiteren Rahmen der deutschen Erinnerungsgeschichte einzubetten und ihre vielfältigen wechselseitigen Bezüge und Abgrenzungen zu klären.[28]

Als wir zum ersten Mal von unserer Absicht berichteten, das Konzept von Pierre Nora auf den deutschen Fall zu übertragen, überwogen die Bedenken. Es bedurfte einer Konferenz im Centre Marc Bloch, eines über mehrere Semester sich erstreckenden Hauptseminars und zahlloser Diskussionen mit in- und ausländischen Kollegen, bis wir ein selbständiges Konzept erarbeitet hatten, das die Besonderheiten der deutschen Geschichte, die heutige Wirklichkeit Deutschlands und die Fragen eines deutschen Publikums berücksichtigt. Es galt, Aspekte zu bewahren, die sich bewährt hatten und weiterhin plausibel erscheinen, und solche auszusondern, die entweder nur für den französischen Fall gültig sind oder die uns im Zuge der Entwicklung von Forschung und Reflexion überholt zu sein scheinen.

Die Fruchtbarkeit von Pierre Noras Ansatz für den Zugang zu kollektiven Gedächtnislandschaften bestätigte sich dabei durchaus. Manch ein Autor tat sich zu Beginn mit unserem Vorschlag schwer, den Titel *lieux de mémoire* mit «Erinnerungsorte» zu übersetzen. Einigen schien etwa «Deutsche Mythen», «Deutsche Topoi» oder «Historische Wegmarken» angemessener. Im Zeitalter der Aufklärung hätte man eine solche Sammlung vielleicht «Deutsches Museum» genannt. Wenn wir uns doch für den Titel «Deutsche Erinnerungsorte» entschieden haben, dann, weil er einen dreifachen Vorzug besitzt: Über seine bewußte Schlichtheit und seine klare Abgrenzung gegenüber historisierenden Begriffen hinaus hat er sich bereits in den deutschen Sprachgebrauch eingenistet und bedarf lediglich einer gewissen semantischen Ausweitung.

Da das Wort «Erinnerungsort» zu Mißverständnissen führen kann, sei hier nur daran erinnert, daß es sich nicht um einen Begriff im philosophisch-analytischen Sinne handelt, sondern um eine Metapher. Dieses Bild, das von der klassischen römischen Mnemotechnik, also von der räumlichen, nicht-narrativen Anordnung von Gedächtnisinhalten nach *loci memoriae* übernommen wurde[29], geht nach Jan Assmann von der Beobachtung aus, daß «das kulturelle Gedächtnis sich auf Fixpunkte in der Vergangenheit» richtet, die zu «symbolischen Figuren» gerinnen, «an die sich die Erinnerung haftet». «Dadurch», so Assmann weiter, «wird sie nicht unwirklich, sondern im Gegenteil erst Wirklichkeit im Sinne einer fortdauernden normativen und formativen Kraft.»[30] Dergleichen Erinnerungsorte können ebenso materieller wie immaterieller Natur sein, zu ihnen gehören etwa reale wie mythische Gestalten und

Ereignisse, Gebäude und Denkmäler, Institutionen und Begriffe, Bücher und Kunstwerke – im heutigen Sprachgebrauch ließe sich von «Ikonen» sprechen. Erinnerungsorte sind sie nicht dank ihrer materiellen Gegenständlichkeit, sondern wegen ihrer symbolischen Funktion. Es handelt sich um langlebige, Generationen überdauernde Kristallisationspunkte kollektiver Erinnerung und Identität, die in gesellschaftliche, kulturelle und politische Üblichkeiten eingebunden sind und die sich in dem Maße verändern, in dem sich die Weise ihrer Wahrnehmung, Aneignung, Anwendung und Übertragung verändert.

Wir verstehen also «Ort» als Metapher, als Topos im buchstäblichen Wortsinn. Der *Ort* wird allerdings nicht als eine abgeschlossene Realität angesehen, sondern im Gegenteil stets als *Ort in einem Raum* (sei er real, sozial, politisch, kulturell oder imaginär). Mit anderen Worten: Wir sprechen von einem Ort, der seine Bedeutung und seinen Sinn erst durch seine Bezüge und seine Stellung inmitten sich immer neu formierender Konstellationen und Beziehungen erhält.

Das Gedächtnis – spätestens seit Freud wissen wir es – ähnelt der Büchse der Pandora. Angesichts der notwendigerweise begrenzten Anzahl an Erinnerungsorten gestaltete sich ihre Auswahl um so schwieriger. Tatsächlich ist die Menge der Erinnerungsorte kaum überschaubar. Jedes Schulbuch, jedes Testament, jedes Archiv, jeder Verein, jede Gedenkminute kann als Erinnerungsort beschrieben werden, wenn damit bewußte Überlieferungsabsichten verbunden sind. Aber auch, wenn man sich auf Erinnerungsorte von nationaler Bedeutung konzentriert, übertrifft die Zahl der in Frage kommenden Gegenstände jedes Maß der Bewältigung. Hinzu kommt, daß wir, anders als Pierre Nora, nicht von einem einheitlichen kulturellen Kanon ausgehen können.

Die Vielfalt deutscher Geschichten und ihr Übermaß an Verwerfungen, Brüchen und Brechungen bringen eine Vielfalt oft disparater, widersprüchlicher Erinnerungsorte mit sich – regionaler, konfessioneller, politischer. Während der Vorbereitungen zu diesem Projekt haben wir ungefähr fünfhundert Themen in Erwägung gezogen. Der pragmatisch gesetzte Rahmen umfaßte schließlich drei Bände mit insgesamt knapp einhundertzwanzig Essays.

Drei Gesichtspunkte haben uns bei dieser Auswahl geleitet. Der erste betrifft die chronologische Einordnung. Sehr schnell setzte sich die Einsicht durch, daß für Deutschland, im Unterschied zu der von Pierre Nora für Frankreich getroffenen Auswahl, die der Antike, dem Mittelalter und der Frühen Neuzeit viel Platz einräumt, der chronologische Schwerpunkt auf das 19. und 20. Jahrhundert gelegt werden mußte. Dies zum einen wegen des besonderen Stellenwerts des 20. Jahrhunderts, das das «deutsche Jahrhundert»[31] hätte werden können und es in gewisser Hinsicht auch wurde, mit seinen Tragödien und Neuanfängen, seinen Brüchen und Zerstörungen; zum anderen wegen der vielfältigen und schöpferischen Wiederaneignungen und Neuinterpretationen der deutschen Vergangenheit als einer nationalen Geschichte, die das 19. Jahrhundert als «Jahrhundert der Geschichte» gekennzeichnet, den Prozeß der ersten deutschen Einigung begleitet und mitbestimmt und dazu beigetragen haben, daß sich *nation-building* und *memory-building* gegenseitig bedingten.

Der zweite Gesichtspunkt betrifft die entschieden europäische Ausrichtung unseres Projekts. Was Deutschland angeht, einigten wir uns schnell darüber, daß wir weder von klaren einheitlichen Grenzen noch von einer eindeutigen Definition dessen, was «deutsch» und was «Deutschland» ist, ausgehen können. Wir begnügen uns damit, «deutsch» und «Deutschland» stets im Sinne der jeweiligen Epoche zu gebrauchen.[32] Vor allem aber sollte Deutschland nicht in sich geschlossen beschrieben werden, wie Nora dies im Falle Frankreichs tut, sondern wir denken uns Deutschland zu seinen Nachbarn und nach Europa hin geöffnet – nicht nur wegen der dauernden Fluktuationen der Grenzen und der Siedlungsräume, sondern auch wegen der Vielfalt der Regionen und Orte, in denen über Jahrhunderte hinweg Deutsche und Nicht-Deutsche miteinander lebten. Im übrigen sind wir der Auffassung, daß der Blick von außen genauso konstitutiv für die Entstehung und die Entwicklung der deutschen Gedächtniskulturen war wie der Blick von innen[33] und daß, wie Thomas Mann sagte, die Polarität zwischen dem «europäischen Deutschland» und dem «deutschen Europa» zu den dauerhaften Merkmalen der deutschen Geschichte gehört. «Keine Nation, am wenigsten vielleicht die deutsche hat sich selbst gebildet», bemerkte 1808 Goethe. «Bedenkt man, daß so wenige Nationen überhaupt [...] Anspruch an absolute Originalität zu machen haben, so braucht sich der Deutsche nicht zu schämen, der seine Bildung von außen erhalten hat. Ist doch das fremde Gut unser Eigentum geworden. [...] Der Deutsche hat keine Nationalbildung, er hat Weltbildung.»[34] Daraus ergibt sich zweierlei: einerseits das besondere Gewicht, das wir auf «geteilte Erinnerungsorte» gelegt haben, solche also, die für Deutschland wie für benachbarte Nationen gleichermaßen bedeutsam sind: das Straßburger Münster, Versailles, Tannenberg/Grunwald, Rom, Karl der Große/Charlemagne, Rapallo, der Wiener Heldenplatz, Stalingrad; zum anderen die ständige Einbeziehung des Blicks von außen in seinem Wechselspiel mit dem Blick von innen – bis hin zu solchen «Erinnerungsorten», deren Wahrnehmung von außen entscheidend ist, wie zum Beispiel in der Rezeption der *Germania* von Tacitus, in *De L'Allemagne* von Madame de Staël oder in der zur Abwehr des deutschen Exports entwickelten Bezeichnung «Made in Germany». Uns geht es um Deutschland in seinen europäischen Verknüpfungen.

Der dritte Gesichtspunkt bei der Auswahl war unsere Absicht, vielfältige Perspektiven auf die Vergangenheit im Spiegel ihrer Erinnerungen zu bieten. Bewußt haben wir daher jede Form der Hierarchie zwischen «bedeutenden» und «trivialen» Themen vermieden – tatsächlich kann die kulturelle oder politische Wirksamkeit eines «trivialen» Erinnerungsortes (etwa die Bundesliga, der Schrebergarten oder der Schlager) die eines «bedeutenden» (beispielsweise Idealismus, Goethe, Beethovens Neunte) übertreffen oder überdauern. Es gibt die lebendigen Orte, die sofort eine Fülle präziser und affektvoller Assoziationen hervorrufen – etwa die Berliner Mauer, der Sozialstaat, die Staatssymbole, der Karneval –, neben den verschütteten, die früheren Generationen präsent waren, mit denen aber heutzutage kaum noch jemand etwas verbindet – Canossa, Königin Luise, Tannenberg ... Es gibt erwartete Erinnerungsorte, die gewissermaßen auf der Hand liegen, wie das Brandenburger Tor, die D-Mark oder der Duden, aber auch unerwartete, wie Vornamen, Wyhl oder der Feierabend.

Allerdings haben wir weitgehend von solchen Erinnerungsorten abgesehen, die bereits in Monographien und Sammlungen umfassend berücksichtigt worden sind, wenn auch in der Regel nicht unter den hier zugrundeliegenden methodischen Voraussetzungen. Dazu gehört insbesondere die Unzahl der Nationaldenkmäler, vom Kyffhäuserdenkmal bis hin zur Neuen Wache. Mancher an sich reizvolle Erinnerungsort findet sich nicht in einem besonderen Essay, sondern ist unter den verschiedensten Blickwinkeln in einer Anzahl anderer Beiträge mitbehandelt – etwa Jena oder der Kölner Dom, Luther oder die Freiheitskriege. Insbesondere haben wir keinen speziellen Beitrag zu Hitler oder zum Nationalsozialismus vorgesehen; sie werden in der Mehrzahl der Essays behandelt und direkt mit den Artikeln zum Führerbunker und zu Auschwitz, der extremen Zuspitzung des Nationalsozialismus, thematisiert.

War die Frage der Auswahl geklärt, so stellte sich unmittelbar danach die nach einer sinnvollen Anordnung. Von Beginn an war klar, daß Pierre Noras Gliederung – Republik, Nation, Les France – im deutschen Fall unangemessen und absurd wäre. Wie sollten wir sie aber ersetzen? Wir entschieden uns für eine Lösung, von der wir meinen, daß sie nicht nur den Brüchen und Verwerfungen der deutschen Gedächtniskulturen gerecht wird, sondern auch der spezifischen Logik des Gedächtnisses wie auch unserem Wunsch, kein abgeschlossenes Bild zu liefern, Rechnung trägt. Wir haben achtzehn Oberbegriffe ausgewählt – von *Bildung* bis zu *Zerrissenheit* –, für die überwiegend gilt, daß sie sich in keine andere Sprache übersetzen lassen, weil sie, wie Marc Bloch es am Beispiel des Begriffs *Reich* bemerkte, «eine zu typisch deutsche Klangfarbe besitzen, um sich in eine andere Sprache, die in einer ganz anderen Gedächtniskultur eingebettet ist, in irgendeiner Weise übertragen lassen zu können».[35] Jedem dieser Oberbegriffe sind mehrere Essays zugeordnet. So entstehen Bündelungen, vergleichbar mit einem Spiegelkabinett, die nach der Logik des Gedächtnisses funktionieren, die eine ganz andere ist als die des rationalen Diskurses. Es geht um freie Assoziationen und Querverweise, um Widerspiegelungen und Brechungen. Das heißt auch, daß die drei Bände, in denen jeweils sechs Oberbegriffe zusammengefaßt sind, erst gemeinsam eine Einheit bilden.

Einleitung 21

Nur der Gesamtzusammenhang und die schier unendliche Vielfalt der Kombinationen und der Verflechtungen in Form eines halboffenen Labyrinths, eines Puzzlespiels oder eines expandierenden Systems gibt dem Teil wie dem Ganzen seinen Sinn. Vor mehr als 350 Jahren hat Pascal diesen Tatbestand auf eine Weise formuliert, die bis heute nicht zu übertreffen ist: «Da also die Dinge verursacht sind und verursachen, da sie Hilfe brauchen und Hilfe geben, da sie mittelbar und unmittelbar sind, und alle durch ein natürliches und unsichtbares Band untereinander zusammenhängen, durch ein Band, das die entferntesten und verschiedensten Dinge verbindet, halte ich es für unmöglich, die einzelnen Teile zu verstehen, ohne das Ganze zu verstehen, und ebenso das Ganze zu verstehen, ohne die Teile im besonderen zu verstehen.»[36]

Um eine offene, pluralistische und europäische Geschichte zu schreiben, die über den Bereich der Fachhistoriker und der akademischen Welt hinausgeht, haben wir den Kreis der Autoren so weit wie möglich gezogen. Neben Historikern findet man Vertreter vieler anderer Disziplinen, von der Germanistik bis zur Jurisprudenz, von der Volkskunde bis zur Soziologie; neben Wissenschaftlern finden sich Journalisten, Schriftsteller und Publizisten, neben arrivierten und anerkannten Autoren befinden sich viele jüngere Verfasser. Neben deutschen Autoren finden sich schließlich solche aus Österreich, Polen, Frankreich, Tschechien, Israel, Großbritannien, der Schweiz und den USA, die unser Projekt durch den Blick von außen und damit um einen Verfremdungseffekt bereichern. Daß jeder fünfte Autor Nicht-Deutscher, daß einer der beiden Herausgeber Franzose ist und daß der Entschluß, das Projekt in Angriff zu nehmen, weder in Berlin noch in Paris, sondern in Warschau gefaßt wurde, das alles ist sicher nicht ohne Belang.

Aus dem selben Grund haben wir uns für eine Form der Darstellung entschieden, die bei strikter Achtung aller Maßstäbe der wissenschaftlichen Arbeit und Respektierung des «Pakts der Wahrhaftigkeit» (P. Ricœur) mit dem Leser ihre Ergebnisse so darbietet, daß sie auch für Nichtspezialisten interessant, verständlich und anregend sind – nämlich die Form des Essays, der den «akademischen Ballast» auf ein Mindestmaß reduziert, auf jede belehrend-moralisierende Haltung verzichtet und nicht den Eindruck vermitteln will, alles sei hiermit im Sinne gelehrter Enzyklopädien erschöpfend und ein für allemal behandelt.

Daß die vorliegende Sammlung von Essays auch ihre Grenzen hat, ist uns durchaus bewußt. Das gilt zuerst für die Plausibilität der Auswahl: Wir selbst sind uns darüber im klaren, daß auch ganz andere Erinnerungsorte hätten in Frage kommen können – wenn auch diese Begrenztheit auf der anderen Seite einen unschätzbaren Vorteil hat, nämlich den, in aller Deutlichkeit zu zeigen, daß wir nicht den Anspruch erheben, das gesamte Feld der deutschen Gedächtniskulturen beackern zu wollen. Die Fokussierung auf «deutsche» Erinnerungen stellt eine weitere Begrenzung dar: Uns ist auch dabei klar, daß wir hiermit andere Erinnerungsebenen zu wenig berücksichtigen, die in der Wirklichkeit in Wechselbeziehung zu «nationalen» Erinnerungen stehen und vielleicht sogar wirkungsvoller als diese sind – von den lokalen, regionalen, generationsspezifischen und sozialen Erinnerungen bis hin zu den familiären und privaten. Es ist eine alltägliche Erfahrung, daß die Identität der Deutschen nur einen Teilaspekt darstellt, daß sie weder ausschließlich noch allumfassend ist und daß sie sich nur in Beziehung und in Wechselwirkung zu anderen Teilidentitäten erfassen läßt. Abgeschlossene, exklusive Identitäten neigen immer dazu, «mörderische Identitäten» zu werden.[37]

Daß wir nur solche Aspekte des kollektiven Gedächtnisses wiedergeben können, die sich mit Hilfe des Instrumentariums der Geschichts- und Sozialwissenschaften fassen lassen, stellt eine weitere Einschränkung dar, mit der wir uns abfinden müssen. Nicht nur, daß wir nie «das kollektive Gedächtnis» als ganzes erfassen können – sofern es ein solches überhaupt gibt: Marc Bloch warnte in seiner Rezension von Maurice Halbwachs' *Das Gedächtnis und seine sozialen Bedingungen* vor der Gefahr einer «Anthropomorphisierung» des kollektiven Gedächtnisses.[38] Faßbar sind die nach außen hin erkennbaren Erscheinungen des Gedächtnisses; sie stellen aber nur die Spitze des Eisbergs dar. Die unterschiedlichen Formen der Aneignung und der Umdeutung, das private, persönliche und familiäre Gedächtnis, das stille und stumme Gedächtnis, das verschüttete und verdrängte Gedächtnis und vor allem der unabsehbare Kontinent des unbewußten Gedächtnisses – diese verborgenen Seiten des Gedächtnisses entziehen sich weitgehend unserem Zugriff.

Wie jedem Beobachter fallen schließlich auch dem Historiker hauptsächlich Ausdrucksformen des kollektiven Gedächtnisses auf, die bereits seit einiger Zeit bestehen und völlig ausgeformt sind. Das Neuentstehende dagegen, etwa das kollektive Gedächtnis der jungen Deutsch-Türken, der Spätaussiedler, der Kriegsflüchtlinge und der Asylanten, entzieht sich notwendigerweise unserem Blick. Nichts ist schwieriger als eine gleichmäßige Berücksichtigung dessen, was sich auflöst, dessen, was Bestand hat, und dessen, was erst im Entstehen begriffen ist.

Bewußt ist uns darüber hinaus auch, daß unsere Auswahl, wie in der Geschichtswissenschaft generell, standortgebunden ist. Die weitgehend bildungsbürgerliche, westliche und auch berlinische Prägung des Unternehmens spiegelt auch – trotz all unserer Versuche, dagegen anzusteuern – den «Sitz im Leben» der beiden Herausgeber wider. Bei dieser Erkenntnis belassen wir es aber nicht. In einem tieferen Sinne entspricht die bildungsbürgerliche Orientierung auch der Tatsache, daß Bildung als Ideal und Norm, als Utopie und Zukunftsvorstellung bis in unsere Tage entschieden zur Formierung und Entwicklung der deutschen Identität beigetragen hat und weiterhin beiträgt. Auch die Westorientierung ist ein kennzeichnendes Merkmal des deutschen Selbstverständnisses, insbesondere nach dem Zweiten Weltkrieg;

die besondere Berücksichtigung der deutsch-französischen Dimension der deutschen Beziehungsgeschichte entspricht der einzigartigen Verflechtung beider Länder und Nationen in Geschichte und Gegenwart. Was schließlich die latente Berlin-Gewichtung des Projekts angeht, so läßt sie sich vor allem darauf zurückzuführen, daß Berlin damals wie heute, real und symbolisch, ein Brennglas und Konzentrat deutscher und europäischer Geschichte und Gegenwart sondergleichen darstellt; hier ist die Verschränkung zwischen den Debatten über die Vergangenheit und den Entscheidungen für die Zukunft am deutlichsten zu verfolgen. «Andere Metropolen», so der Kulturanthropologe Emmanuel Terray, «wie Rom und Paris, können sich einer weiter in die Vergangenheit reichenden Herkunft und eines reicheren Erbes rühmen. Nur Berlin trägt die Spuren der Leidenschaft und des Wahns, deren sich unser Geschlecht, insbesondere seit einem Jahrhundert, fähig erwiesen hat, so tief in sein Gesicht eingegraben. Es ist, als ob alle Versuchungen, die die moderne Einbildungskraft entflammt haben, sich dort verabredet hätten – mitsamt all den heroischen oder dämonischen Gestalten, in denen sie sich verkörperten.»[39]

Dies ist kein sinnstiftendes oder staatstragendes Projekt. Die Erfahrungen der Geschichtswissenschaft mahnen zur Skepsis, insbesondere, da wir aus einem Jahrhundert heraustreten, in dem «die Historiker, wie viele andere auch, gefordert wurden, Partei zu ergreifen und sich für ein Lager zu engagieren und zu kämpfen, was sie nicht selten mit Begeisterung taten, mit der Folge, daß die Geschichtsschreibung zur Verteidigung von gegensätzlichen Interessen und Ideologien rekrutiert wurde und dabei oft ihren klaren Blick und sogar ihre Seele verlor».[40] Was gleichzeitig bedeutet, daß wir keine neue Nationalgeschichte, sondern – in der Nachfolge Thomas Nipperdeys, der auch in dieser Hinsicht bahnbrechend gewesen ist – ein «Nachdenken über die deutsche Geschichte»[41] beabsichtigen, eine andere deutsche Geschichte, die den symbolischen Dimensionen der deutschen Vergangenheit besser Rechnung trägt.

Auch eine nostalgische Rückschau «im Genre der melancholischen Selbstbetrachtung» ist nicht beabsichtigt. Der Glaube, «durch die Beschwörung der Vergangenheit [...] die Zeit zum Stillstand bringen»[42] zu können, wäre anmaßend. Aus eigener Erfahrung weiß jeder, daß das Gedächtnis in einem ständigen Prozeß der Verwandlung und der Neuformierung begriffen ist, daß neue Erinnerungen enstehen und alte verschwinden und daß Erinnern und Vergessen zusammengehören.

Als moralisierende «Lehrmeister der Nation» fühlen wir uns genausowenig. Es geht uns nicht darum, die Unzulänglichkeiten des kollektiven Gedächtnisses zu denunzieren und zu kritisieren. Und wir denken auch nicht daran, wie Baal Schem Tov, der fromme chassidische Weise des 18. Jahrhunderts, zur «Vergangenheitsbewahrung» aufzurufen und die «Pflicht zur Erinnerung» zu beschwören, weil «das Geheimnis der Versöhnung Erinnerung» heiße. Beide Haltungen sind verbreitet. Sie sind auch legitim. Aber sie sind nicht Aufgaben des Historikers. Marc Bloch hatte schon darauf hingewiesen, und Paul Ricœur hat jüngst daran erinnert: «Urteil und Strafe sind Sache des Richters; der Kampf gegen das Vergessen und für eine wahrhaftige Erinnerung ist Sache des Bürgers; dem Historiker bleibt es vorbehalten, zu verstehen, ohne zu verurteilen und ohne zu entschuldigen.»[43]

Unsere Absichten sind gleichzeitig bescheidener und realistischer, anspruchsvoller und begrenzter. Mit dieser ersten Bestandsaufnahme, ständig um Distanzierung, Dekonstruktion und Einordnung in einen größeren Zusammenhang bemüht, geht es uns darum, «der Dichte der geflossenen Zeit und der Komplexität der geschichtlichen Realität» näherzukommen. Wir versuchen, mit Hilfe des Instrumentariums der Geschichtswissenschaft ein erstes, breitgefächertes und offenes Inventar der deutschen Gedächtniskulturen anzubieten. Wie Kundschafter versuchen wir, Schneisen durch das wegelose Gelände der Erinnerungslandschaften zu schlagen. Inmitten dieses mächtigen, höchst verworrenen, rätselhaften, faszinierenden, verführerischen und trügerischen Kontinents wollen wir einige Orientierungspunkte hinterlassen.

Wenn aus alledem Schlußfolgerungen zu ziehen sind, dann vor allem die, daß unser Vorgehen hilft, «Sinn für Komplexität und Kontingenz»[44] zu gewinnen und zu erkennen, daß es keine Schicksalhaftigkeit gibt, daß die Geschichte offen ist und voll Überraschungen und daß, um noch einmal Nietzsche zu zitieren, «das Unhistorische und das Historische [...] gleichermaßen für die Gesundheit eines einzelnen, eines Volkes und einer Kultur nötig» sind.[45] Uns geht es um eine Einladung zu einer «Arbeit an der Erinnerung» als Akt der Selbstbestimmung. «Indem man mit der Vergangenheit so umgeht, daß man versucht, sie aktiv zu analysieren anstatt sich passiv ihrer Macht zu unterwerfen», so Henry Rousso, «vollzieht man gleichzeitig einen Akt der Befreiung, ist doch der historische Mensch der, der sich von der Fatalität der Zeit befreit hat.»[46] Ein Akt der Befreiung, der allerdings nur unter zwei Voraussetzungen gelingen kann: daß die Arbeit an der Erinnerung auch mit dem Vergnügen an der Geschichte verbunden ist, und daß wir nicht vergessen: Auch wenn wir aufzuklären versuchen, «bleiben wir doch Erben».[47]

Um mit Nietzsche zu schließen: Unsere Bände sind nicht entstanden, «damit das Leben verkümmert und entartet», sondern sind als Aufruf zur «Tat» und zum «Leben» gedacht. Weit entfernt davon, «bloße Belehrung» zu sein, möchten sie eher zur «Belebung» beitragen. Dabei wird sich wieder einmal bestätigen, daß ein Buch weniger das Werk seiner Autoren als das seiner Leser ist. Sie allein werden bestimmen, was dieses Buch eigentlich ist und bedeutet.

REICH

Deutsches Reich, französisches Empire, britisches Empire – längst verwehte Großraumsüchte, allenfalls in nostalgischen Rückblicken verklärt, moderneren Ordnungsideen wie Staat oder Nation unterlegen. Doch es gab Unterschiede. Während westeuropäische Reiche machtstaatlich durchdrungen und ohne ihre Kolonialgebiete nicht zu denken waren, schwang im deutschen «Reich» Sakrales, Jenseitiges mit. Der Dramenautor Felix Lützkendorf brachte es im Andenken an die Gefallenen des Ersten Weltkriegs auf den Begriff: «Alle diese Geopferten und Stürmenden stritten, starben und litten für dieses einzige Wort, das uns so teuer ist, das nicht übersetzbar und nicht deutbar ist, das kein Mensch auf Erden begreift, der nicht Deutscher ist: – dieses heilige Wort: Das Reich.»

Was hier so verquast daherkommt, führt sich auf die nüchterne Bezeichnung des Imperium Romanum zurück. Dessen Kaiserwürde war 800 n. Chr. auf den Frankenkönig Karl den Großen und in dessen Nachfolge auf die deutschen Könige übergegangen. Das Reich stieg im Zuge der Auseinandersetzung mit dem Papsttum im 12. Jahrhundert zum «Heiligen Römischen Reich» auf und knüpfte damit an die Vier-Reiche-Lehre des Buchs Daniel an. Demnach war das letzte der vier Weltreiche das Römische Reich – solange es Bestand hatte, blieb die Welt bestehen, sein Fall würde das Weltende einleiten. Martin Luther unterschied zwischen dem Reich Gottes und dem Reich der Welt; da aber Gott auch in dieser Welt regiere, blieben beide Reiche untrennbar miteinander verbunden. Das sollte später zu vielfältigen Mißdeutungen führen. Seit das Heilige Römische Reich 1806 fast lautlos im Sturm der napoleonischen Herrschaft untergegangen war, tröstete sich das liberale und nationale deutsche Bürgertum mit dem Lutherwort «Das Reich muß uns doch bleiben», ohne daß ganz klar war, was das heißen sollte.

Die nationalen Sehnsüchte sahen sich schließlich 1871 erfüllt; der Staat Bismarcks bedurfte der Legitimation durch die Reichsidee, weil es einen deutschen Nationalstaat bisher nicht gegeben hatte. Deshalb nannte sich der preußische König als erblicher Bundespräsident des neuen Staates «Kaiser», und der neuerstandene Deutsche Bund nannte sich «Reich» und hatte doch mit dem transnationalen und transzendenten Wesen des Heiligen Römischen Reichs nichts zu tun. Die Rede vom Reich sollte das außerordentliche, einmalige Wesen des deutschen Nationalstaats bekräftigen, und das um so stärker, je tiefer dieser Staat in Krieg, Bürgerkrieg und wirtschaftliches Elend abrutschte. So fiel es Hitler leicht, mit dem Aufbruch in die Utopie des «Dritten Reiches», nicht umsonst ein Begriff aus mittelalterlichen chiliastischen Visionen, die Befreiung aus allem Elend der Gegenwart zu verheißen, dem materiellen, vor allem aber dem geistigen, und dabei nicht mehr zu fordern als Glauben und Hingabe. Der Mythos vom Reich war damit endgültig überanstrengt; das Kriegsende überlebte er nicht. So geriet auch in Vergessenheit, daß das Römische Reich, seit den Tagen Julius Caesars fast zweitausend Jahre dauernd, immer erneut sich verwandelnd, bei aller Schwäche und Skurrilität doch eine langdauernde Friedensordnung verkörpert hatte und insofern tatsächlich einzigartig in der Geschichte war – vielleicht frühes Modell eines späteren Europa?

Arnold Esch

Ein Kampf um Rom

Rom als Mythos der Deutschen. Daß im kollektiven Gedächtnis der Deutschen die bloße Nennung Roms, des Ewigen Rom, neben Bildungswissen auch Emotionen wecke, ist immer schon wahrgenommen worden. Was aber ist am Ewigen Rom für die Deutschen das Ewige? Gewiß fließt da vieles zusammen. Der Traum vom Reich, das als Heiliges *Römisches* Reich seinen ideellen Mittelpunkt in Rom hatte. Die Faszination, die von der Papstgeschichte ausgeht, auch auf Protestanten ausgeht (bedeutende Werke zur Papstgeschichte sind gerade von Protestanten geschrieben worden, man denke an Ranke, dessen Papstgeschichte auf den Index zu setzen sogar im Innern der Indexkongregation auf Widerspruch stieß). Oder die monumentalen Ruinen, die im Stadtbild zu erkennen geben, daß die Antike hier – anders als in Griechenland – ein Nachleben hatte. Kurz: Rom ist ein «Weltknoten», ein «Weltwesen», wie Gregorovius gesagt hat, ein Schnittpunkt universalhistorischer Entwicklungslinien. Und so hat die deutsche Geisteswissenschaft so manche ihrer großen Leistungen einst gerade an Rom erbracht: Winckelmann, Mommsen, Gregorovius, Hülsen, jeder auf seine eigene Weise – aber Rom war ihnen gemeinsam. Welches die Gründe sein könnten, daß die deutsche historische Forschung sich vor allem Rom zuwandte, während die angelsächsische Forschung Florenz bevorzugte, darauf wird man als Deutscher von Italienern angesprochen.

Aber Erinnerungsorte steigen nicht aus der Retorte der Forschung auf, sondern aus der Grundsuppe des Gemüts. Jeder von uns trägt ein Rom-Bild in sich, noch bevor er Rom betreten, ja bevor er auch nur eine Abbildung von Rom gesehen hat. Von einem Wikingerhäuptling weiß eine Chronik zum Jahr 860 zu berichten, daß er, das kleine Luni bei Pisa erobernd, schon glaubte, Rom genommen zu haben: *ratus cepisse Romam caput mundi*. Was für ein Rom-Bild mag dieser Barbar in sich getragen haben, dem man vielleicht eine hölzerne Bischofsstadt an der Nordsee als «Rom des Nordens» gerühmt hatte und der nun das wahre Rom vor sich glaubte, kaum daß er auf sein erstes Amphitheater stieß?

Es muß also eine Rom-Idee geben, die nicht nur im Hirn von Humanisten und Historikern arbeitet, sondern auch im Gemüt schlichter Menschen nistet – und hier, wo auch die kollektive Erinnerung sitzt, müssen wir sie aufsuchen. Die reflektierte und beredte Rom-Idee ist vielfach untersucht worden, das unartikulierte, ungestalte Rom-Bild nicht. Doch gerade dies muß bei unserem Thema im Vordergrund stehen: was diese untergründige Rom-Vorstellung sieht, was sie sucht, wovon sie sich nährt. In jedem Fall geht es um das Rom des *inneren* Auges. Denn um dieses imaginäre, vorgestellte Rom kämpft man in deutschen Gemütern beim «Kampf um Rom», um das vorgestellte mehr als um das reale.

Diesem Rom im Gemüte hat zeitweilig kein anderes Buch so viel Nahrung gegeben wie der historische Roman von Felix Dahn *Ein Kampf um Rom*, der, 1858 begonnen und 1876 erschienen, den Untergang des Ostgoten-Reiches in Italien zwischen Theoderichs Tod 526 und der letzten Schlacht am Vesuv 553 schildert und im Mittelpunkt dieses Beitrags steht. Nah an den historischen Ereignissen dieser Jahre geschrieben, die dem Verfasser als professionellem Historiker aus eigener Forschung vertraut waren, erzählt der voluminöse Roman in chronologischer Abfolge, die gotische Königsreihe entlang (der feige Theodahad, der glücklose Witigis, der strahlende Totila, der finstere Teja), wie das leidliche Zusammenleben von Romanen und Goten unter der weisen Herrschaft des großen Theoderich nach dessen Tode zerbricht, als der byzantinische Kaiser die Rückeroberung Italiens beginnt und mit fähigen Feldherren (dem draufgängerischen Belisar, dem bedächtigen Narses) in jahrzehntelangen Kämpfen blutig zu Ende führt. Als Romanhandlung läßt sich der Stoff eigentlich nicht nacherzählen: Es sind die wechselvollen historischen Ereignisse dieser Jahre gespiegelt in den Worten und Taten der historischen Personen (etwa Teja zunächst als junger Graf, als warnender Ratgeber, endlich als heldischer König) und weiterer, behutsam typisierter, nicht alternder Figuren (die edle Römerin, das frische Gotenmädchen, der dankbare Jude, der zu allem entschlossene «letzte» Römer). Aus der Art, wie hier historische Fakten romanhaft akzentuiert werden, läßt sich die intendierte Wirkung begreifen – und mutmaßen, was dieses Buch zu einem deutschen Erinnerungsort hat werden lassen.

Dieses Buch hat die deutsche Italiensehnsucht mitsamt ihren Zwiespältigkeiten sowohl eingefangen als auch geprägt, einen Ort kollektiver deutscher Erinnerung zugleich erfaßt und gestaltet und dabei zum Ausdruck gebracht, daß die Liebe der Deutschen zu Rom keine einfache Liebe, der Kampf um Rom kein leichter Kampf sei. Der monumentale Titel, der dies einst vielgelesene Buch noch überlebt hat, steht denn auch für vieles und gibt diesem Beitrag den Namen.

Kampf *um* Rom oder Kampf *gegen* Rom? Wenn man Rom als Ort deutscher Erinnerung lokalisieren will, so kann die Antwort nur sein: Kampf *um* Rom. *Gegen* Rom kämpft man nur im Teutoburger Wald, in der Reformation, und vielleicht noch ein bißchen im Kulturkampf. Alles andere ist Kampf *um* Rom, auch wo es nicht so scheint; dann ist es zwar Kampf gegen ein Rom, wie es ist, aber doch Kampf um ein Rom, wie es sein sollte. Eben daraus erwächst Tragik, und tragisch sein muß es.

Denn das Rom-Bild, das der Deutsche in sich trägt – im Mittelalter oder heute, kollektiv oder individuell –, muß erst einmal mit dem leibhaftigen Rom fertig werden. Und das ist der eigentliche Kampf um Rom. Wie sich diese Spannung löst, das ist das Entscheidende – und zweifelhaft, ob es je gelingt. Es ist die bange Frage, die Schiller «Die Antike an den nordischen Wanderer» stellen läßt: da du nun endlich deinen Willen hast und leibhaftig vor mir stehst – «bist du mir jetzt näher und bin ich es dir?» Denn die Erwartung an Rom ist historisch aufgeladen wie gegenüber keiner anderen Stadt. Wie Paris zu sein habe oder London, danach wurde nicht gefragt, sie waren eben das, was sie waren und in ihrer schieren Gegenwärtigkeit eindrucksvoll genug. Aber Rom wurde stets vor dem Hintergrund seiner Idee gesehen – und wie sollten wirkliches, gegenwärtiges Rom und vorgestelltes, ideales Rom sich je in ihren Umrissen decken? Niemandem ist denn auch wie den Römern zugemutet worden, sich mit den Vorfahren – den Caesaren, den Märtyrern, den Renaissancekünstlern – vergleichen und sich am Anspruch des eigenen Namens messen zu lassen. Gewöhnliche Menschen in ihrem Alltag, haben die Römer diese Vorhaltungen durch Jahrhunderte mit Gelassenheit getragen, auf ihre Weise: andere, und seien es Könige und Kaiser, immer nur ankommen zu sehen und selbst immer schon da zu sein, *das* ist die Perspektive des Römers.

Und so ärgerte man sich an der Diskrepanz zwischen Idee und Wirklichkeit oder weidete sich daran, und in beidem haben sich Deutsche hervorgetan. Den inneren Widerspruch der eigenen Haltung beachtete man nicht, wenn man auf der einen Seite den – in Südeuropa ausgebliebenen – Modernisierungsschub vermißte, ihn auf der anderen Seite aber auch gar nicht herbeiwünschte, da er die Ruinen-Idylle zwangsläufig beeinträchtigt hätte. Schäferszenen lassen sich eben nur genießen, aber nicht auf die Milchleistung der Herden, nicht auf die Käseproduktion von Daphnis und Chloe befragen, Arkadien läßt sich nicht betriebswirtschaftlich organisieren (auch wenn es aufgeklärte Rom-Reisende wie Karl Viktor von Bonstetten, 1802 bei den Hirten in den Ruinen von Ostia, dazu in den Fingern juckte). Wenn die Frühindustrialisierung in den Ruinen einer mittelalterlichen Burg Westfalens eine Fabrik einrichtete, dann war das Fortschritt – nicht so in der römischen Campagna, die das Reservat der eigenen elegischen Empfindungen zu bleiben hatte.

In solch egoistischer Abschirmung des eigenen Rom-Bildes ist niemand so weit gegangen wie Wilhelm von Humboldt, 1802–1808 preußischer Gesandter in Rom. Die ordinäre Gegenwart, mit der er von Amts wegen tagtäglich zu tun hatte (und in der er sich durchaus zu bewähren wußte), hat er an die erhabene Idee gar nicht erst herangelassen, und vor nichts graute ihm hier mehr als vor modernen Reformen, wie dieser Liberale sie im fernen Berlin doch propagierte: «Nur wenn in Rom eine so göttliche Anarchie und um Rom eine so himmlische Wüstenei ist, bleibt für die Schatten Platz, deren einer mehr wert ist als dies ganze Geschlecht» (1804 an Goethe). Rom war selbst schuld, wenn es eine solche Geschichte hinter sich gelassen hatte. Auf arrangierten Trümmern der leblosen Campagna gelagert wie Tischbeins Goethe: so gehörte eigentlich Humboldt gemalt. Auch Goethes Rom-Erfahrung war durchaus selektiv, aber es kam ihm nicht in den Sinn, die römische Gegenwart gewaltsam niederzuhalten; ja für die Spannung zwischen Rom-Erwartung und Rom-Erfahrung hat er lösende Worte gefunden, wie sie treffender und schöner nicht gesagt werden können: «Es ist alles, wie ich mirs dachte, und alles neu.»

Denn natürlich war das Rom, das zu suchen man kam, nicht das Rom einer ephemeren Gegenwart. Aber auch nicht das Rom neuer politischer Größe, um Gottes willen: das hatte man ja seit 1870 wieder, und konnte damit erst recht nichts anfangen. Was sie denn nun mit Rom anfangen wollten, da sie es besetzt und zur Hauptstadt gemacht hätten, fragte Theodor Mommsen nach der Eroberung von 1870 den italienischen Politiker Quintino Sella: denn in Rom könne man ohne eine große, eine kosmopolitische Idee nicht sein. Um diese *Idee* geht es, mag sie auch noch so unbestimmt sein, um diese Rom-*Idee* geht der Kampf, immer wieder: *Ein* Kampf um Rom, einer unter vielen. Mochten Gelehrte sich dann darüber streiten, ob die deutschen Kaiser im Mittelalter überhaupt den rechten Kampf gekämpft und nicht besser nach Osten als nach Süden gezogen wären (der bekannte Streit zwischen Heinrich von Sybel und Julius Ficker 1861) – solch kleindeutsch-großdeutsches Professorengezänk, mochte es sich auch noch so politisch geben und die kleindeutsche Konzeption sich 1870 durchsetzen, entwickelte nicht die Kraft, den magnetischen Pol des deutschen Gemüts von Süden nach Osten zu verschieben. Rom blieb Gegenstand der heftigen – und gerade darum oft unerwiderten – Liebe der Deutschen. Und von dieser schwierigen Liebe im reinen Herzen edler Germanen will unser Roman erzählen.

Der Verfasser, Felix Dahn (1834–1912), aus preußisch-protestantischer, nach München übergesiedelter Familie, war bei Beginn der Niederschrift 1858, nach Habilitation zur Geschichte der germanischen Gottesurteile, Privatdozent für Deutsches Recht, Rechtsphilosophie, Handelsrecht und Staatsrecht. Auch als ordentlicher Professor (1872 Königsberg, 1888 Breslau) blieb er dichtend und forschend seinen germanischen Neigungen treu, neben – gelehrten wie populären – juristischen, historischen, philosophischen Abhandlungen in ungebremster Produktivität auch Versepen und Balladen, Lyrik und Dramen, Erzählungen und Romane schreibend. Aus dieser Flut ragt der 1876 vollendete *Kampf um Rom* als sein erfolgreichstes Werk hervor. Der Roman wurde über Generationen vor allem von Jugendlichen – Jungen wie Mädchen – gelesen und erlebte bei seinem Leipziger Verlag Breitkopf & Härtel zahlreiche Auflagen: bis 1908 waren es 50, bis 1923 150, bis 1930 220 Auflagen, bis 1939 wurden insgesamt mehr als 600 000 Exemplare verkauft. Noch unter den Jungen der «Stäuberbande», im Danzig von 1944, findet Oskar Matzerath neben Namen wie Kohlenklau und Blaubart auch Totila und Teja, «mir wohlvertraute Namen», auch Belisar und Narses. Aber auch nach dem Zweiten Weltkrieg erschienen noch mehrere Ausgaben bei verschiedenen Verlagen bis in die neunziger Jahre, auch wenn das Buch seit den fünfziger Jahren nicht mehr

*Johann Heinrich Füssli: Der Künstler verzweifelnd
vor der Größe der antiken Trümmer (um 1778/80)*

die Zahl und die Hingabe seiner früheren Leser fand. Aber selbst denen, die es nicht mehr gelesen haben, blieb der Titel geläufig.

Dem Roman kam bei seinem Erscheinen zugute, daß er an Schauplätzen spielte, die der deutsche Italienreisende damals auch ohne gotische Absichten aufsuchte: Ravenna, Rom, der Vesuv – man sehe die zeitgenössischen Reiseführer wie den zweibändigen Förster (bei Dahns Italienreise von 1862 schon in der 6. Auflage) oder den 1861–66 erstmals erscheinenden Italien-Baedeker. Dabei bleiben im Roman landschaftliche und städtische Szenerien seltsam unanschaulich und unbestimmt: zwar viel Tempel und Ruinen, sanftes Mondlicht über verwilderten Zypressen-Gängen, Springbrunnen und Statuen unter Myrtenbüschen, «hunderte von weißen Marmorvillen [...] lauschend aus dem Dunkelgrün des Lorbeers», uralte Warthtürme, Gestade, Gefilde, Sonnenuntergänge und ähnliche obligate Versatzstücke des «alten romantischen Landes» wie aus Eichendorff oder Tieck. Der Rezeption des Romans hat diese – trotz Kenntnis der Örtlichkeiten seltsam artifizielle – Wahrnehmung des Raumes gewiß nicht geschadet. Aber gegenüber der sinnenhaften

Darstellung von Landschaften und Städten bei Gregorovius (sozusagen Dahns Konkurrent im damaligen Angebot lesbarer historischer Italienliteratur) muß diese Kulissenhaftigkeit auffallen.

Daß dieser «historische Roman» – wie er sich im Untertitel selbst nennt – gut recherchiert ist, versteht sich von selbst bei gelehrten Autoren, deren Romane man geradezu als «Professorenromane» bezeichnete. Wer gleichzeitig in 11 Bänden über *Die Könige der Germanen* schrieb und eine Prokop-Biographie verfaßt hatte (auf beide Werke weist der Autor zu Beginn denn auch ausdrücklich als Grundlage des Romans hin), der sollte wohl ein genaues Bild der Überlieferung haben. Und nicht allein der schriftlichen Quellen (noch das hier von den Römern verspottete germanische Trinklied *Inter hails Gothicum* ist ja nicht von Dahn erdichtet, sondern in der *Anthologia Latina* überliefert): auch die Sachüberreste werden geschickt einbezogen. Als führe er seine Leser zwischen den Vitrinen eines römisch-germanischen Museums umher, nutzt der Autor den angeblichen Abtransport des Königshortes aus Cumae zu einer archäologischen Realienkunde, vom altetruskischen Helm über den nordischen Walroßzahn bis zur byzantinischen Goldsandale alles aufführend, was zum Schatz hätte gehören können, Gotisches, Keltisches, Persisches, Fränkisches tief in der Grotte, wo einst die griechische Sibylle hauste. Das ist gut gemacht und läßt die Gelehrsamkeit nicht merken. Und auch wo der Historiker Dahn den Leser an seinem Wissen teilhaben und über die Blindheit der Zeitgenossen staunen läßt (sieh da, die wissen ja noch gar nicht, daß die Langobarden bald Italien erobern und so den byzantinischen Sieg wertlos machen werden!), wirkt es doch nicht belehrend.

Aber es geht hier nicht darum, wie nahe sich der Historiker als Romanschreiber an die historischen Quellen gehalten hat (der immer wieder wörtlich zitierte Prokop gibt der Erzählung bewußt Authentizität) und ob die Gestalt des Totila hier nicht weit überhöht worden ist (auch Gelehrte von Rang, denen jede Verherrlichung eines germanischen Königs fern lag, haben bewundernde Worte für Totila gefunden). Es geht bei unserem Thema vielmehr um die Frage, warum dieser historische Roman für Generationen von Jugendlichen zur heißgeliebten Lektüre werden konnte – und zur Formel eines deutschen Erinnerungsortes. Vor allem aber: Enthält die Darstellung giftige Substanzen, die dem jungen Leser Welschen-Haß einflößen, das deutsche Nationalgefühl rassistisch und bösartig machen konnten?

Man wird diese Frage vorsichtig verneinen dürfen. Dahn hat – wenn auch weniger entschieden als der andere vielgelesene Italienautor im jungen Kaiserreich, Gregorovius – antiwelsche Stimmung nicht geschürt. Wenigstens nicht absichtlich: An seinem historischen Gegenstand, dem Emotionen weckenden Untergang eines germanischen Volkes auf dem Boden Italiens, konnte er schließlich nichts ändern. Um so bemerkenswerter ist, daß allzu grobe Schwarzweißmalerei vermieden, der Gegner nicht lächerlich, Rom nicht verächtlich gemacht wird (sonst hätte ich das Buch damals in die Ecke geworfen). Auch die Gegner können ihre lauteren Motive haben, selbst Narses, dieser eunuchische Zwerg und unerbittliche Gegner der Goten, hat noch seine menschlichen Züge.

Zu diesem differenzierten Bild trägt viel bei, daß der Autor deutlich zwischen den selbsternannten Römern – den Byzantinern als Hauptgegnern – und den «echten» Römern unterscheidet. Und diese wahren Römer, zum Untergang ebenso verurteilt wie die Goten, läßt er in einer Gestalt verkörpert sein, die er nicht den Quellen entnommen, sondern eigens geschaffen hat und auf deren Charakterzeichnung er die größte Sorgfalt verwendet: Cethegus. Cethegus ist einer der vielen «letzten Römer», denen ja auch der rabiateste Germanenfreund noch etwas abgewinnen kann, wenn er nur sicher sein darf, daß es wirklich der *letzte* Römer ist. Und so wird das Geschehen zu einem Kampf um Rom nicht nur der Goten, nicht nur der Byzantiner, sondern auch der Römer selbst.

An dieser Gestalt des Cethegus schieden sich die Leser. Wer schon in jungen Jahren mit – nie gesehenem und doch geliebtem – Rom angefüllt war, der weiß von dem Konflikt schon bei der Schullektüre von Caesars *Bellum Gallicum*, ob er denn nun zu den Germanen oder zu den Römern halten solle (ein Konflikt, der manchem Lehrer anstößig war). Aber es wurde einem bei Cethegus nicht leicht gemacht. Ein Mann intelligent, unerschrocken, jeder Situation gewachsen, aber skrupellos, treulos, zynisch: lügend, wo er Lügen für opportun hält, aber auch von seltsamer Wahrhaftigkeit, wo Wahrheit besser zum Ziele führt («Machiavellismus» würde ein Deutscher sagen; *realpolitik* ein Italiener).

Aber auch Cethegus hat seine Treue. Nur gilt sie nicht Menschen, sondern einer Idee: Rom. Und was junge Leserinnen drei Bände lang nicht für möglich gehalten hätten, erfahren sie endlich doch noch: daß sogar der finstere Teja, sogar der zynische Cethegus einmal geliebt hatten. Eine unglückliche Liebe, zwischen die Jahrhunderte römischer Geschichte getreten waren, Romeo und Julia in Großprojektion: «Aber alter Haß trennte das Geschlecht der Cethegi und der Manilier seit Jahrhunderten [...]. Sie mit dem Senat – wir mit den Gracchen. Sie mit Sulla – wir mit Marius. Sie mit Cicero – wir mit Catilina», usw. Cethegus' Ziele sind groß und nicht eigennützig. Er hat seinen Kampf um Rom gekämpft und das Unmögliche gewollt, und so wird ihm, dem nun selbst Verratenen, auch der deutscheste Leser nicht den guten Tod am Vesuv mißgönnen. Seine Abschiedsworte sind eine Vision der – während der Niederschrift des Romans 1870 erfolgten – Einigung Italiens. Daß Dahn den Kampf des Cethegus um Rom in diese Perspektive nationaler Einigung rückt, ist ein weiterer versöhnlicher Zug und nicht selbstverständlich: Gregorovius sah damals mit Enttäuschung, wie wenig deutsche Historiker sonst an den Einigungsbemühungen der Italiener Anteil nahmen.

Daß hier echter Völkerversöhnung, ja Völkervermischung das Wort geredet wird und nicht etwa Rassentrennung und ethnischer Säuberung (nehmen wir ruhig die heutigen Begriffe für Haltungen, die damals schon denkbar wurden), ist jedenfalls der Part des Haupthelden Totila – auch wenn nicht zu übersehen ist, daß Dahn andere Goten von Rang darin ihrem König widersprechen läßt: ein Hin und Her der Argumentation so recht geeignet, dem jungen deutschen Leser in seiner bangen Frage nach der eigenen «nationalen» Identität Halt und Hinweis zu geben. Totilas Programm ist, «aus Gothen und Italiern ein neues Mischvolk [zu] schaffen, das beider Vorzüge vereint, das beider Fehler ausschließt» – in einem «Reich des Rechts und des Friedens, der Freiheit und der Schönheit, geadelt durch italische Anmuth, getragen durch germanische Kraft». Und das glaubt der Leser gern, wenn er die führenden Goten so auftreten sieht, nordische Namen mit italischen Würden – Herzog Guntharis von Tuscien, Herzog Adalgoth von Apulien, Graf Teja von Verona, Ragnaris von Tarent, eine nord-südliche Namensmischung so rasant wie bei Faust und seinen fränkischen Gefolgsleuten auf antiken Stätten der Peloponnes.

Die gewollte Akkulturation hat ihre Chance in der kulturellen Empfänglichkeit dieser Barbaren, die immer wieder hervorgekehrt wird (Totila liebt antike Statuen, Teja spielt Harfe, Amalasuntha kann Griechisch). In diesem versöhnlichen Bild zusammmenwachsender Völker haben auch die Juden Platz: Der treue Torwächter Isaak und seine schöne Tochter Miriam sind durchaus positive Gestalten, die tolerante Judenpolitik der ostgotischen Könige wird gerühmt, Totila duldet freundlich Miriams stille Zuneigung. Und Totila, Dahns Totila (charismatischer noch als der historische Totila Prokops) nimmt sein Programm romanisch-germanischer Völkervereinigung selbst beim Wort und geht seinen Goten auch darin voran. Seine Liebe zur Römerin Valeria gibt seiner Liebe zu Italien Körperlichkeit: «Du bist mir Italia selbst [...]. Und Gothen und Italier sollen sich ihren König und ihre Königin zum Vorbild nehmen: sie sollen eins und glücklich werden wie wir.»

Das war der Selbstaufgabe doch ein bißchen viel und schon damaligen Lesern so selbstverständlich nicht. Neben der italienfreundlichen Literatur (die in der Regel freilich mehr das Land als die Leute pries und sich bisweilen, wie absurd, das Land auch ohne die Leute vorstellen konnte!) gab es im 19. Jahrhundert durchaus auch italienkritische Literatur, die die Mängel südlichen Volkscharakters zur Sprache brachte – man denke an Gustav Nicolais *Italien wie es wirklich ist* von 1834 («zur Warnung für alle, welche sich dahin sehnen», verkündet grimmig der Untertitel); dann kam ein ganzer Schub nach der Wende von 1859, die die Österreicher – und das waren damals «i tedeschi»! – aus Italien hinauswarf.

Der Kritik an Totilas Akkulturationswillen bis zur Selbstaufgabe wird denn auch im Roman durchaus Raum gegeben: gewichtig aus dem Munde des alten Hildebrand (und der war immerhin der Waffenmeister Theoderichs, des Dietrich von Bern der Sage) und des melancholischen und ahndungsvollen Teja, die beide ein solches Vorhaben weder für realistisch noch für wünschenswert halten; und naiv aus dem Munde der Königskinder von Thule, Haralds und seiner walkürenhaften Schwester, die mit ihren Drachenschiffen auf der Verlobungsfeier Totilas in Rom erscheinen und dem Akkulturations-Gejauchze dieses germanisch-romanischen Festes ihre erstaunten Beobachtungen und schlichten Zweifel entgegensetzen. Ihre Sprache erweist sie als unverdorben nordisch («Unsieg» sagen sie für Niederlage, «Schmalpfad der Weit-See» für die Meerenge von Gibraltar, «Reben-Bier» für Wein, und ähnliche Tollheiten), erstaunt sehen sie die Akkulturation bereits in vollem Gang («Schon seid ihr kleiner, dunkler an Haut und Augen und Haar geworden als wir»), treuherzig warnen sie vor jeder Südpolitik («Besser im armen Nordland leben als im reichen Südland sterben», «fremd seid ihr und fremd bleibt ihr») – denn Totilas wortreicher Verschmelzungs-Ideologie haben sie nichts als ihre geradlinige Überzeugtheit entgegenzustellen.

Dahn, gelehrter Erforscher der Völkerwanderung, schafft sich mit dieser Begegnung zwischen Totila und Harald die Gelegenheit, gewissermaßen zwei Modelle durchzuspielen: so ist ein germanischer Stamm, wenn er im Norden geblieben wäre – und so wird *derselbe* germanische Stamm, wenn er nach Süden zog und sich generationenlang der antiken Kultur aussetzte. Aus der unmittelbaren Konfrontation beider Modelle, aus der angeblichen Wiederbegegnung beider Stammesteile nach Jahrhunderten bezieht Dahn, dem die heute vertretene Theorie der Ethnogenese, der Volksbildung vor Ort, noch fremd und die Völkerwanderung eben einfach *Wanderung* war, ein den Leser national erhebendes germanisches Gemeinbewußtsein, das er in den Quellen so nicht finden konnte.

Nicht Abweisung alles Welschen von vornherein, nicht grundsätzliche Bewahrung rassischer Reinheit also war es, was der Autor – jedenfalls durch den Mund seines Helden Totila – dem Leser vermittelte, sondern im Gegenteil die Verständigung zwischen Germanen und Römern, die Versöhnung zwischen Nord und Süd. Und doch: Was er hier erzählte, war eben die Geschichte einer mißlungenen Annäherung, einer verschmähten Liebe, einer gescheiterten «Südpolitik» – und es blieb dem Leser unbenommen, sich darauf einen Reim zu machen und im Scheitern des idealistischen Vorhabens vielleicht sogar eine innere Notwendigkeit zu sehen. Scheitern vielleicht doch aus natürlicher Unvereinbarkeit? Zwar wurde das vom Autor so nicht propagiert, ließ sich aber aus den vielfältigen Warnungen eines Teja, eines Hildebrand, eines Harald so heraushören – die Gegenargumente gegen Totilas Versöhnungspolitik lagen hier also alle bereit! Das konnte freilich, weil von der Geschichte als realistisch erwiesen, eine fatale Botschaft werden.

Und noch etwas anderes konnte – wenn auch vom Autor nicht intendiert, sondern in der Sache liegend – beim Leser haften bleiben und bis zu künftigen Weltkriegen in ihm rumoren: Die Goten sind immer nur sie selbst, aber ihnen gegenüber stehen Römer und Griechen und Armenier und Perser und Gepiden und Hunnen und Langobarden und Illyrier und was für Kolonialvölker sonst. Daß einem solchen König wie Totila die Schlachten nur durch Verrat verloren gehen, ist ein fatales Signal an den jungen Leser – und historisch so wenig wahr wie die Dolchstoßlegende des Ersten Weltkrieges. Von da geht es dann übergangslos zu absichtsvollen Botschaften, die der Leser sogleich verstand: «Nur Germanen schlagen diese Germanen», weiß Narses, «Diamant schneidet Diamant. Immer Germanen gegen Germanen: es sind euer allzuviele in der Welt». Und der schlichte Harald darf aussprechen, was der differenzierte Totila unterdrückt: «Vom Nordland geht alle Kraft aus – dem Nordvolk gehört die Welt.»

In rationales politisches Handeln wird der junge Leser hier nicht eingeübt, sondern in idealistische Umarmung und in fatalistischen Untergang. Es ist dieses Unausweichliche, Schicksalhafte, über jede politische Steuerung Erhabene, das alles durchzieht. Da Autor und Leser wissen, wie es ausgeht, und am Ende doch alles in Nibelungen-Getöse untergehen wird, kann man die Politik gleich draußen lassen (Byzanz wird auf Verhandlungen ja doch nicht eingehen) und lieber weiter auf dem schmalen Grat zwischen Geschichte und Heldensage balancieren. Goten erhandeln nicht politische Spielräume (zu Hilfe kommen ja doch nur die Blutsverwandten von Thule), führen den Krieg nicht, wie die Gegner (und wie doch auch Moltke eben noch durch Einsatz der Eisenbahn), «als Rechenexempel». Doch wird auf eine – schon bei Prokop erwähnte – organisierte Verteidigungslinie der Goten in Oberitalien anerkennend hingewiesen. Ob die Benennung der deutschen Verteidigungslinie als «Gotenlinie» 1944 vielleicht von einem Dahn-Leser im Wehrmachtsführungsstab ausging? Hitler selbst, der den Autor Dahn hoch schätzte, hielt die Bezeichnung «Gotenlinie» für allzu bedeutungsträchtig, da sie «im Falle ihrer Eroberung dem Feinde Anlaß zu Siegesgeschrei geben» könnte, und ließ sie sicherheitshalber sofort umbenennen.

Der zuletzt ja tatsächlich erbarmungslose Kampf, der auch Geiseln nicht mehr schonte, steigert sich im Roman in eine apokalyptische Untergangsstimmung. Der «Krieg der Krieger» wird zum «Mordkampf der Völker», wird zum totalen Krieg. Keine Kompromisse, keine Kapitulation mehr wie noch in Ravenna, kein Zurücktreten vom Abgrund: «Den sichern Untergang von Volk und Reich vor Augen [...] drängten [die Goten] sich um die Wette zum Tode»; Kampf «nicht um den Sieg: um freien Heldentod». Wer dies verinnerlicht, wird auch noch um den Führerbunker kämpfen.

Es ging gewissermaßen auch darum, deutsche Versäumnisse nachzuholen: vom Teutoburger Wald zum Untergang der Goten am Vesuv – das war ja nun wahrlich heldischer Stoff genug, daß andere Nationen daraus längst ein Dutzend Heldenepen gemacht haben würden! Wie der Autor seinen Erzählstoff arrangiert und koloriert, verfehlte den Eindruck auf junge Leser denn auch nicht (freilich: wer das Buch mit 15 Jahren nicht gelesen hatte, der hatte wohl auch damals schon den richtigen Zeitpunkt verpaßt). Voll altertümelndem Pathos und in bisweilen geradezu trunkenen Sätzen geht es von gefühlvollen

Friedrich Tüshaus: Schlacht zwischen Germanen und Römern am Rhein (1876)

Liebesszenen bis zu wilden Kampfszenen, im Hintergrund statt der brennenden Nibelungenhalle der rauchende Krater des Vesuv. Mörderisch, wie dieser friedliche Professor, der am Krieg von 1870/71 als Sanitäter teilnahm, da seitenlang Köpfe und Leiber zerspaltet, zerspellt, zerschmettert, zerschlägt! Und was diese Männer versehentlich an Bräuten und Söhnen umgebracht haben (wie sie in der Nacht vor der letzten Schlacht einander offenbaren), ist des Tragikomischen etwas viel. Aber bei so viel geballter Tragik kann Komik nicht ausbleiben.

Vieles ist uns heute unerträglich: dieses Raunen, dieses Stabreimen, dieses Ringen und Trachten, dieses Schauen und Künden; dieses Ahndungsvolle und Bedeutungsschwangere (Totila will in einem Marmorsarkophag begraben sein, wo zuvor Numa Pompilius ruhte, jüngst Cassiodor eine christliche Kapelle baute, und wo er, der Ahnungslose, dereinst fallen wird); diese treuherzigen Sentenzen, wie sie der Unpolitische eben in seine Betrachtungen einflicht und die hier als schlichte heldische Rede dem byzantinischen Raffinement politischer und strategischer Erwägungen gegenübergestellt werden; dieses wundersam Völkische, das als «geheimnisvolles Kleinod [...] in Sprache und Sitte eines Volkes liegt wie ein Wunderborn».

Es wäre nicht schwer, lächerlich klingende Dialogstellen aneinanderzureihen und sich daran zu weiden. Aber es brächte keine Erkenntnis. Wichtiger ist, in Erfahrung zu bringen, wo der damalige Leser Botschaften vernahm, sich auf aktuelle Debatten angesprochen fühlte. «Volk ohne Staat» oder «Staat ohne Volk» (Goten bzw. Byzantiner) – dieses zwischen Cethegus und Prokop diskutierte Problem konnte man nach der Reichsgründung wohlig hinter sich wissen. Oder das Verhältnis von Staat und (römischer) Kirche. Zwar ist es nicht gerade so, als habe der geschilderte römische Klerus schon papistische Züge und der gotische Klerus schon die Reformation hinter sich – aber was sowohl Cethegus als auch Teja an antiklerikalen Tönen von sich geben, konnte einem kulturkämpferisch gestimmten Leser mit seinem «Schweigt mir von Rom» aus der Seele gesprochen sein. Und mit Tejas nordischer Gottesvorstellung, wie sie der aufgeklärte Liberale Dahn hier geradezu mit Leidenschaft kirchlich-christlicher Gottesvorstellung entgegensetzte, konnte man Ultramontane ganz schön verschrecken.

Vieles erhält sein Relief aus der plakativen Gegenüberstellung von gotischer und byzantinischer Lebenswelt, und auch das ist Botschaft. Hier das unverdorbene Gotenmädchen, dem der alte sterbende Gote den Weg aus den kühlen Südtiroler Bergen ins heiße Rom weist («Und nun gehe bald zum Frühschlaf») und das dann – ein unerträgliches Rührstück – in Romaburg frisch vor seinen König tritt. Auf der anderen Seite die schwüle Luft des byzantinischen Hofes, in allem das Gegenbild: Sklavenmentalität und Proskynese statt freier Gefolgschaft, Verstellung und Konspiration statt Biedersinn; Frauen, die, man denke, ihre Männer beherrschen; hassende Frauen, die einander in bösen Gedanken messen – aber nie so arg, daß Konfirmanden das nicht lesen dürften («Gans», «Schlange» und als Schlimmstes, in harmloser Umschreibung von Anekd. IX 16 u. 18, «unersättlich» – und das konnte der junge Leser immer noch für Freßsucht halten). Da werden schöne Sklavinnen bei ungeschickter Antwort tief in den Arm gestochen, Hausschlangen liebkost, exotische Kosmetika mit Eselsmilch abgeschminkt, klebrige Liebeserklärungen hervorgestoßen, Liebhaber bewertet.

Für einen deutschen Professor als Autor doch allerhand Frivolität. Aber wer Prokops *Anekdota* kennt (und der Prokop-Biograph Dahn kannte sie gut), der weiß sogleich, daß unser Romanautor nirgends auch nur von ferne an das unerhörte Theodora-Porträt dieser zeitgenössischen Schmähschrift heranreicht. Hier also die Kaiserin Theodora, machtbesessen, zynisch, überreizt, raffiniert, verdorben. Dort die Walkürengestalt der Königstochter aus Thule, in ihrem eng anliegenden Schuppenpanzer wie die Germania auf Denkmälern und Briefmarken der Gründerzeit, in den Händen Kampfbeil und Harfe, unverdorben aber sinnlich («bald meistert ein markiger Mann dir das trotzige Magdthum»). Hier der berechnende, menschenverachtende, fast körperlose Kaiser Justinian; dort der edle Gotenkönig, im blonden Haar welschen Lorbeer und germanisch Eichenlaub, der in seiner Braut Valeria zugleich Italien liebt.

Daß sich diese unbedingte gotisch-deutsche Liebe zu Rom und Italien indes von Süden her anders ausnimmt, verwundert nicht. Zwar weiß die italienische Geschichtswissenschaft, von Muratori bis heute, die herrscherlichen

Tugenden und den Akkulturationswillen der Ostgoten zu würdigen und von denen anderer Invasoren zu unterscheiden. Aber im Volk steht das Wort *ostrogoto* einfach für «barbarisch», «unverständlich», «Kauderwelsch» («parla ostrogoto» läßt man sich nicht gerne nachsagen): zwar nicht so zerstörungswütig wie *vandalo*, aber doch fern von ziviler menschlicher Gesellschaft. Die Ostgoten sind da nur eine Episode in der immerwährenden, wie Blitz und Hagel hinzunehmenden *calata dei barbari*, dem «Herabsteigen der Barbaren» von den Alpen: ob nun Totila oder Barbarossa, *lanzichenecchi* (Landsknechte) oder Kesserling (Kesselring), Firmenübernahmen oder Touristenhorden.

Wenn man als Erwachsener den *Kampf um Rom* noch einmal zur Hand nimmt, so merkt man stellenweise noch immer, warum einen das Buch hat fesseln können – und glaubt dann wiederum doch, die Wirkung sei nicht Dahns Darstellung, sondern dem historischen Stoff selbst zuzuschreiben. Man mache die Probe und vergleiche mit der auch beim nüchternen Prokop mitreißenden Steigerung des Schlußgeschehens. Freilich: daß dieser historische Stoff bis in die Kapillaren der deutschen Seele drang und zu einem deutschen Erinnerungsort wurde, liegt an Dahn und nicht schon am Geschehen, an der Gestaltung und nicht schon am Stoff. Das Volk «verlangt seine Geschichte aus der Hand des Dichters und nicht aus der Hand des Historikers», bemerkte Heinrich Heine 1828 tadelnd zu einem Freund, der auf dem Jahrmarkt die Geschichte vom Gotenbesieger Belisar als kolorierte Moritat ausgestellt sah und bemängelte, daß der Darstellung nicht der Geschichtsschreiber Prokop, sondern ein neues Trauerspiel von Eduard von Schenck zugrunde liege (das dann eine der Textvorlagen von Donizettis Oper *Belisario* von 1836 wurde).

Versuchen wir darum zum Schluß, dem suggestiven Sog nachgehend, noch einmal Geschichte und Roman auseinanderzudividieren und ihrer beider Wirkung auf das Gemüt damaliger junger Leser zu bestimmen. Lassen wir sie die letzte Schlacht erleben, den Untergang der Goten am Vesuv.

Das Großartige dieses letzten Aktes, das Großartige auch der landschaftlichen Szenerie – ein solches Geschehen auf solcher Bühne – wirkt in seiner dramatischen Zuspitzung theatralisch überhöht, wie der letzte Akt einer Tragödie. Und doch ist es nicht Zutun des Romanautors: es ist die Geschichte selbst, die uns dies wahrhaft erhabene Stück vorspielt. Man lese nur die – von Dahn hier wörtlich aufgenommene – Schilderung des Augenzeugen Prokop, der, auf byzantinischer Seite, seine Anteilnahme am letzten Kampf des letzten Gotenkönigs nicht verbirgt. Und tatsächlich wird man sich diese Szene schwer nach der Art von Asterix und Obelix vorstellen können (doch mag es für uns Deutsche kennzeichnend sein, daß nur wir sie uns so nicht vorstellen können). Es ist denn auch nicht viel, was Dahn gegenüber Prokop ändert: Er läßt den großartigen Schauplatz für den Untergang der Goten absichtlich von Teja ausgewählt sein («Wo könnten wir schöner sterben?»); verlegt, zu weiterer Dramatisierung, den Kampfplatz hoch hinauf in die Nähe des Kraters statt an den Bergfuß, zwischen Vesuv und Mons Lactarius; übergeht den Verrat des gotischen Flottenkommandanten und den Einsatz von Kriegsmaschinen (mit so etwas kämpfen Germanen nicht); stellt den König, statt als Vorkämpfer vor die Front, in einen schmalen Spalt der Lavaformationen und läßt ihn so, das Schlußgeschehen auf einen Punkt konzentrierend, mit eigenem Leib sein dahinter lagerndes Volk decken: ein Volk bereit zu gemeinsamem Tod in Kampf oder Krater, zu «glorreichem Heldentod, wie Ein Mann».

In Wahrheit nahmen die Goten nach dem Tode ihres Königs das Angebot zu freiem Abzug aus Italien an (wiesen die übliche Eingliederung in das gegnerische Heer allerdings zurück). Und hier nun greift Dahn ändernd in das Geschehen ein, indem er den allzu stillen, völkische Substanz einfach auflösenden Abgang von der Bühne der Weltgeschichte zu einem letzten spektakulären Gemeinschaftserlebnis nach damaligem Geschmack umgestaltet. Im Augenblick von Tejas Tod zeigt sich am Horizont unverhofft die Flotte Haralds, laufen die Drachenschiffe der Nordmänner in den Golf von Neapel ein, um von Narses, der in Teja «den größten Helden aller Zeiten» ehrt, den Abzug der Goten zu erzwingen. Im Felde unbesiegt, «unbezwungen», steigen sie vom Vesuv gegen die Abendsonne hinab: «Nach Norden! gen Thuleland! Heim bringen wir die letzten Goten!» Wie von deutschen Kanonenbooten herausgehauen, öffnet sich den Resten dieses germanischen Stammes eine Zukunftsperspektive. Von Norden können sie wiederkehren, sie oder andere, denn «noch hausen viele der Germanenstämme jenseits der Berge» als Erben und Rächer, wie hoffnungsvoll und drohend ausgesprochen wird. Und der Leser weiß: Sie werden dereinst wiederkommen, mit Karl dem Großen, mit Otto I., mit Barbarossa – zu neuem Kampf um Rom.

Joachim Ehlers

Charlemagne – Karl der Große

Schon Zeitgenossen nannten ihn den «Vater Europas» *(pater Europae)*[1] und meinten damit die Impulse, die Karls Herrschaft dem Leben der westlichen Christenheit zwischen Irland und den noch heidnischen Slawenländern, zwischen Skandinavien und dem Mittelmeer gegeben hatte. Das fränkische Großreich, auf galloromanischer Grundlage entstanden, hatte eine Vielzahl von Völkern in seinen Verband integriert und war durch ein jahrzehntelanges Reformwerk auf neue Grundlagen gestellt worden. Reichsverwaltung und Wehrverfassung, Kirchenorganisation, Theologie und Liturgie, Recht, Wissenschaft und Literatur hatte Karl unter dem Gesichtspunkt christlich bestimmter und Gott unmittelbar verantwortlicher Herrschaft verbindlichen Normen anpassen wollen. Auf diese Weise entstand eine neue, nachantike Zivilisation, wurde Karls Regierung zur Grundfigur der europäischen Monarchie schlechthin, sowohl im Hinblick auf das geweihte Königtum (das gilt in besonderer Weise für Frankreich bis zur Revolution von 1789) als auch für das Kaisertum, von dem die deutsche Geschichte bis 1806 und noch lange darüber hinaus entscheidend geprägt worden ist.

Der Mainfranke Einhard, Karls erster Biograph und zugleich der erste Verfasser einer Herrscherbiographie im lateinischen Mittelalter überhaupt, sah in ihm den herausragendsten und größten König seiner Zeit.[2] Dabei ist es bis heute geblieben, denn nach den beiden großen Kriegen unseres Jahrhunderts, die Europa verändert, zu großen Teilen zerstört und in seiner Substanz nachhaltig verletzt haben, war die Rückbesinnung auf diesen Vater ein mächtiger therapeutischer Anstoß. Besonders in Deutschland machte man davon gern Gebrauch, um mit den neuen Kleidern einer alten abendländischen Autorität weniger seine Wunden als vielmehr jene Schandflecken zu bedecken, die seit dem großen Exzeß nicht verblassen wollen.

Gleichwohl war und ist diese Rückbesinnung mehr als bloße Sehnsucht nach der heilen westeuropäischen Welt, ja dieser Versuch konnte nur deshalb so ausdauernd unternommen werden und in erstaunlichem Maße gelingen, weil es sich eben nicht um pure Geschichtspropaganda handelte. Die Erinnerung an Karl den Großen entband Substanz weit über kulturgeschichtliche Konstanten hinaus ins Politisch-Pragmatische; die deutsch-französische Achse war nur deshalb als Kern der europäischen Union plausibel und bis zu einem sehr weitgehenden Grade akzeptabel zu machen, weil es nach dem Ende eines von nationalstaatlichen Prioritäten gezeichneten Diskurses durch den Appell an gemeinsame karolingische Ursprünge möglich schien, die erwünschten postnationalen Strukturen historisch begründet zu vermitteln.

Die mit der Regierung Karls des Großen abgeschlossene Verlagerung des europäischen Schwerpunktes vom Mittelmeer in die Gebiete nördlich der Alpen mit deutlicher Präponderanz des gallischen Raums zwischen Loire und Rhein, der Ausgriff in das langobardische Italien und nach Osten über die Weser bis zur Elbe durch die Christianisierung und politische Integration der Sachsen haben geopolitische Tatsachen geschaffen, die sich als irreversibel erweisen sollten. Daß diese Tatsachen durch die Erweiterung der Europäischen Union nach Osten an politischer Substanz verlieren werden, ist gewiß, Umfang und Konsequenzen des Verlustes sind aber noch nicht absehbar.

Das Fortwirken der karolingischen Zivilisation bedeutet andererseits aber auch, daß ihre Geschichte noch nicht abgeschlossen ist. Aus diesem Grund gibt es kein verbindliches, in sich schlüssiges Bild Karls des Großen, was sich am besten an der erstaunlichen Tatsache zeigen läßt, daß bisher weder in Frankreich noch in Deutschland eine wissenschaftlich fundierte Biographie des Kaisers geschrieben worden ist. Weil aber dem kollektiven Bewußtsein Geschichte weniger von Historikern als vielmehr von Schriftstellern, Drehbuchautoren und Journalisten vermittelt wird, bleibt ein gewisser Karlsmythos gerade in der Zeit des sich vereinigenden Europa lebendig – in Frankreich als wichtiges Element nationaler Selbstdefinition, in Deutschland eher als Symbol für die höhere Einheit, in der man aufzugehen und damit rehabilitiert zu werden hofft. Gründungsvater Frankreichs und Vater Europas zugleich: Der Anspruch auf die Karlstradition ist ein Indikator für historisches Selbstverständnis und historisches Selbstbewußtsein derer, die sich der Gestalt des Kaisers nähern, und hier gibt es überraschende Kontinuitäten.

Schon im 9. Jahrhundert hatte der Erzbischof Hinkmar von Reims in einer für seinen König Ludwig II. (877–879) bestimmten Denkschrift[3] die Elemente der karolingischen Tradition gesichtet und dasjenige ausgesondert, was der politischen Autonomie des Westreiches abträglich war, besonders die Erinnerung an die wahren Dimensionen des Imperiums. Diese Konzentration des karolingischen Erbes auf das westrheinische Europa konnte in den Thronkämpfen des 10. Jahrhunderts zur politischen Theorie des französischen Mittelalters werden: Weil Karls *regnum Francorum*, das Frankenreich, mit dem aktuellen westfränkischen Reich gleichgesetzt wurde, konnten auch die Könige aus dem Haus Capet und seit 1328 die Valois legitime Amtsnachfolger Karls des Großen sein, die einzigen noch dazu, denn jenseits des Rheins gab es zwar auch Könige, aber das Prädikat «fränkisch» wurde ihnen von westlichen Autoren nach Möglichkeit verweigert. Je schwächer die westfränkisch-französischen Könige im Vergleich mit den ostfränkisch-deutschen waren, je mühsamer sie sich ihren hochadligen Konkurrenten gegenüber behaupteten, um so mehr mußten sie diese legitimierende Geschichtskonstruktion betonen; je weiter sich die Schere zwischen Anspruch und machtpolitischer Wirklichkeit öffnete, umso scharfsinniger bauten königsnahe Kleriker die Theorie aus.

Mit dem Kloster Saint-Denis, seit der Merowingerzeit Königsgrablege, für die Kapetinger kultisches und bald auch historiographisches Zentrum der Monarchie, war eine westfränkisch-französisch verstandene und politisch bestimmte Erinnerung an Karl den Großen verbunden, die vom europäischen Ansehen eines Herrschers profitierte, der mittlerweile zum lebendigen Fürstenspiegel geworden war. An dem Bild, das die wechselnden Generationen sich von ihm machten, wurden die Mächtigen gemessen, positive Karlsvergleiche waren im Mittelalter höchstes Lob. Mit den *Chansons de geste*, denen in Deutschland keine vergleichbare literarische Gattung entsprach, konnte die ritterlich-höfische Gesellschaft des nördlichen Frankreich ihre Karlsvorstellung erzählerisch reizvoll entwickeln und nuancenreich ausgestalten: Stärke und Schwäche des Monarchen, Recht und Versagen der Vasallen, Kritik und Bestätigung für eine vom Lehnswesen geprägte Welt. Insofern lebte Karl in Frankreich mit wachsender Entfernung von seinem eigenen historischen Beziehungsfeld um so kräftiger auf, denn seine Gestalt erstarrte nicht unter den Händen gelehrter Historiker, sondern wurde von den Dichtern und ihren Zuhörern stetig den Wandlungen des Zeitgeistes angepaßt, blieb lebendige Identifikationsfigur. Die in einer anglonormannischen Handschrift aus der Mitte des 12. Jahrhunderts erstmals schriftlich überlieferte, aber schon lange zuvor mündlich tradierte *Chanson de Roland* zeigt einen gleichsam modernisierten Karl als ritterliches Haupt der Christenheit gegenüber ungläubigen Feinden, und die *France dulce* der Dichtung wurde zur emotionalen Parole für die Einheit von König, Land und Volk der Franzosen. Diese Einheit war exklusiv, denn ebenso wie die historisch-politische Theorie kannten auch die Epen außerhalb Frankreichs keine Franken mehr, so daß der Rang des älteren Karlssitzes Aachen zugunsten von Paris erheblich gemindert wurde. Das kam der von Karl so unübertrefflich symbolisierten, im 12. Jahrhundert längst biologisch verstandenen Sukzession der französischen Könige zugute: *Karles li rois de Saint-Denis*[4] war in einen dynastischen Zusammenhang eingebunden, der mittlerweile als überpersönliche Größe wirkte.

Auch das ostfränkisch-deutsche Reich hatte seine Karlstradition, die aber in entscheidenden Zügen anders aussah und mit anderen Trägerschichten verbunden war. Hatte das karolingische Haus im Westen bis 987 immer wieder Könige stellen können, so war es östlich des Rheins schon 911 definitiv abgelöst worden. 936 hatte dann der sächsische König Otto I. demonstrativ die Aachener Pfalzkapelle Karls des Großen als Krönungsort gewählt, für die Zeremonie eigens fränkische Tracht angelegt und auf dem Thron des Kaisers Platz genommen. Das ist traditionsbildend geworden: Schon in der ersten Hälfte des 11. Jahrhunderts galt der Aachener Thron Karls des Großen als «des ganzen Reiches Erzstuhl» (*totius regni archisolium*)[5]; 1152 erhoben die Bischöfe Friedrich Barbarossa auf diesen «Sitz des Frankenreiches» (*in sede regni Francorum*)[6], und noch Karl V. ist am 23. Oktober 1520 in Aachen zum römischen König gekrönt worden, von da an den Titel «Erwählter Kaiser» führend. Im Mai des Jahres 1000 war Kaiser Otto III. wie ein Pilger nach Aachen gezogen, hatte das Karlsgrab geöffnet und damit möglicherweise Vorbereitungen für eine Heiligsprechung seines großen Amtsvorgängers eingeleitet. Nur ein früher Tod mag ihn gehindert haben, diesen für seine Zeit ganz ungewöhnlichen Plan weiter voranzutreiben. Erst Friedrich I. ließ auf einem Aachener Hoftag am 29. Dezember 1165 die Gebeine Karls des Großen erheben, um einen Reichsheiligen für Deutschland zu etablieren. Aachen sollte neben Saint-Denis und Westminster gestellt werden, die mit dem Heiligen Dionysius und Eduard dem Bekenner zu politischen Kultzentren geworden waren. Das geschah in klarer Auseinandersetzung mit der französischen Karlstradition, doch anders als in Frankreich war Karl in Deutschland weniger populär, seine Verehrung eher eine Sache der Eliten und ihrer politischen Zwecke. Friedrich I. bediente sich überdies bei seinem Vorhaben mit Paschalis III. eines Papstes, den er unter Berufung auf die Autorität des römischen Kaisers vergeblich gegen Alexander III. und die westeuropäischen Monarchien durchzusetzen suchte. Von seinen reichspolitischen Motiven sprach der Staufer im übrigen nicht, sondern verwies auf die Verdienste Karls um Kirche, Christenlehre und Mission, betonte den Vorbildcharakter des großen Frankenherrschers, zu dessen einzig legitimem Nachfolger er sich selbst stilisierte.

Um dafür breite Anerkennung und mit ihr den politischen Zweck zu erreichen, hätte es einer der französischen vergleichbaren, überlokal profilierten und populär gestalteten Karlstradition bedurft. Weil sie fehlte, konnte die Heiligsprechung Karls durch einen auch in Deutschland umstrittenen und letztlich als Gegenpapst erwiesenen Agenten des Kaisers nicht kontinuitätsstiftend wirken, während man in Frankreich nie vergessen hat, daß der Frankenherrscher schon von seinen lateinisch schreibenden Zeitgenossen als *magnus* gefeiert worden war, als vorbildliche, alles überragende Idealfigur des christlichen Monarchen. Das Gedenken an ihn blieb natürlich nicht allein der Literatur mit ihren oft weitgehenden Abwandlungen überlassen, sondern fand Eingang in Dokumente, die als regierungsamtlich verstanden werden sollten.

Im Kloster Saint-Denis, das die Epen als zentralen Ort des Karlsreiches bekannt gemacht hatten und weiter propagierten, ist zwischen 1156 und 1248 eine Urkunde auf den Namen Karls gefälscht worden, die neben mancher so noch nie gehörten Forderung Bekanntes zusammenfaßte und außer dem selbstverständlichen Wunsch nach bedeutender Stellung des Klosters ein Ziel der zeitgenössischen kapetingischen Reichspolitik formulierte: Unabhängigkeit des französischen Königtums vom Kaiser. Wir lesen dort von der angeblichen Verfügung Karls, daß Saint-Denis Oberhaupt aller Kirchen seines Reiches sei und kein nachfolgender König anderswo als in Saint-Denis gekrönt werden sollte. Diese Behauptungen waren so übersteigert und verstießen in derart plumper Weise gegen den Anspruch des Erzbischofs von Reims auf das Krönungsrecht, daß die falsche Urkunde gewiß nicht als ernsthaft ver-

Charlemagne – Karl der Große

Alfred Rethel: Kaiser Otto III. in der Gruft Karls des Großen

wertbares Rechtsmittel produziert worden ist, sondern als besonders feierlich gehaltene interne Denkschrift zur Traditionssicherung. Daß Karl die fränkische Kirche dem Abt von Saint-Denis unterstellt habe, behauptete schon eine angeblich im 9. Jahrhundert vom Erzbischof Turpinus von Reims verfaßte, tatsächlich aber erst kurz vor 1164 im Zusammenhang mit den Pilgerzügen nach Santiago de Compostela entstandene Geschichte Karls des Großen und Rolands.[7]

Dabei blieb es keineswegs, denn die seit 1274 von Mönchen des Klosters Saint-Denis in französischer Sprache redigierten *Grandes Chroniques de France*, ein Sammelwerk der Geschichtsschreibung Frankreichs von den sagenhaften trojanischen Uprüngen der Franken bis zur jeweiligen Gegenwart, machten aus Karl dem Großen die Gründerfigur der französischen Monarchie und ihrer Institutionen, einen politisch-zivilisatorischen Heros, dessen Monument sich im 14. und 15. Jahrhundert immer facettenreicher gestaltete. Es hängt mit dieser Aktualität zusammen, daß mit Karl IV. (1322–1328) der große Name zum ersten Mal seit 929 wieder als der eines regierenden französischen Königs gehört werden konnte, und ihm folgten 1364–1380 Karl V., 1380–1422 Karl VI., 1422–1461 Karl VII. und 1483–1498 Karl VIII., der die Erinnerung an den militärisch erfolgreichen Charlemagne immer wieder als Legitimation seiner eigenen Italienpolitik evozieren ließ. Die mit dem römisch-deutschen

König und Kaiser Karl IV. (1346–1378) auffallend gleichzeitige Wiederbelebung des Namens im Osten ist dagegen nicht als authentische Blüte deutscher Karlstradition zu verstehen, denn der Sohn des Böhmenkönigs Johann aus dem Hause Luxemburg hatte ursprünglich den Taufnamen Wenzel erhalten und diesen erst als Folge seiner Erziehung am französischen Königshof (1323–1330) abgelegt. Auch Kaiser Karl V. (1519–1556) rühmte sich seiner Abstammung von den französischen Königen, so daß die mittlerweile allgemein akzeptierte Vorrangstellung Frankreichs im Hinblick auf die Verwaltung der karolingischen Tradition erkennbar wird. Als Enkel Maximilians, der mit Burgund, Spanien und dem Imperium ein gewaltiges Reich beherrschte, ist Karl V. noch im 20. Jahrhundert als «Charles of Europe» in die Nähe Karls des Großen gerückt worden.[8]

Vielleicht war Karl V. bei seiner Wertschätzung der okzidentalen Karlstradition auch durch Schriften französischer Humanisten beeinflußt, von denen Karl der Große als Begründer einer Zivilisation entdeckt worden war, deren Antikerezeption nun erst in ihrem Wert erkannt wurde. Die französischen Könige, auf denen das nationale Ansehen Frankreichs beruhte, hatten Schutz und Pflege dieser Zivilisation gleichsam als monarchische Pflicht zum Staatsziel erhoben. Als Robert Gaguin 1495 sein aus diesem Geist erwachsenes und sogleich weit verbreitetes *Compendium de Francorum origine et gestis* publizierte, beschrieb er Karl den Großen nicht nur als Barbarensieger, der die germanischen Langobarden und Sachsen bezwungen hatte, sondern auch als Gründer bedeutender Institutionen: Karl hat die zwölf Pairs von Frankreich ernannt, das Parlement als obersten Gerichtshof der Monarchie begründet, das römische Kaisertum erneuert, die Universität Paris gestiftet. Entsprechend galt Karl in Deutschland als Gründer des Kurfürstenkollegs, aber schon früh war die Stellung der Deutschen zu Karl ambivalent: 1474 ordnete der westfälische Historiograph Werner Rolevinck Karl der *Gallia* zu, und ebenso hielt es der Nürnberger Hartmann Schedel (1440–1514), für den Karl ein *franckreichisch könig*[9] war, während der Benediktinerabt Johannes Trithemius von Sponheim den Kaiser als *natione alemanus* für Deutschland in Anspruch nahm[10], ebenso wie es Jakob Wimpfeling (1450–1528), Albert Krantz (1448–1517) oder Aventin (1477–1534) taten.

Der bei Gaguin schon weitgehend systematisierte kulturgeschichtliche Aspekt, in Anbetracht der großangelegten und konsequenzenreichen karolingischen Reform durchaus berechtigt und historisch fundiert, wurde 1518 auch von Melanchthon lobend hervorgehoben und hätte wie in Frankreich so auch in Deutschland zu einem der Leitmotive werden können, wenn Luther nicht zwei Jahre darauf zum radikalen Bruch mit der christlich-römischen Tradition des Reiches aufgefordert und damit auch dessen karolingische Legitimation beseitigt hätte. Im nationalen Interesse, so die Polemik des Reformators, müßten die Deutschen das päpstliche Joch abwerfen und das Reich, das längst kein römisches mehr sei, aus eigener Kraft regieren, denn «Wir haben des

*Albrecht Dürer, Karl der Große im Krönungsornat,
Gemälde auf Holz (1512/13)*

reychs namenn, aber der Bapst hat unszer gut, ehre, leyb, leben, seele und allis, was wir haben».[11] Diese Säkularisierung des *Sacrum Imperium* war folgerichtiger und deshalb über Jahrzehnte hartnäckig verfochtener Bestandteil des Kampfes «Wider das Papsttum zu Rom, vom Teufel gestiftet»[12]: Die Translationskompetenz des Papstes war nichts als «erlogen und gantz ein Bepstisch gewesch», bei der Kaiserkrönung hatte Leo III. Karl den Großen übertölpelt.

Mit schlichten Worten wurde hier im Gefolge einer mächtigen religiösen und politischen Bewegung das seit Jahrhunderten kohärente Legitimationsmodell des Römischen Reiches verworfen, und es nützte wenig, daß der protestantische Historiograph Johannes Sleidan 1556 noch einmal die europäische Perspektive ins Spiel brachte und Karl den Großen als Erneuerer eines Römischen Reiches beschrieb, in dem Deutschland, Frankreich und Italien vereint gewesen waren, denn neun Jahre später haben die in Magdeburg um Flacius Illyricus gruppierten Verfasser der ersten protestantischen Kirchengeschichte Luthers Ansatz polemisch vertieft und dabei einer antikatholischen und antikaiserlichen Strömung willkommenes Material geliefert: In ihrem Werk, das bezeichnenderweise nicht mehr nach den Sinneinheiten der Sechs

Zeitalter oder der Vier Weltreiche, sondern mechanisch nach Jahrhunderten gegliedert war, wiesen die «Centuriatoren» das römische Kaisertum als rechtmäßigen Besitz den Byzantinern zu und eliminierten es damit aus der westeuropäischen Geschichte. Dieses Motiv des scharfen Traditionsbruchs, des leichten Verzichts auf bislang legitimierende und integrierende Traditionen um holzschnittartiger Profilierung spezieller Standpunkte willen ist in der deutschen Ideengeschichte nicht ungewöhnlich. Die Befreiung von vermeintlichem Ballast nach Art des Hans im Glück wird im Verfolg der Karlstradition wieder begegnen.

Gewiß hatten konfessionelle Auseinandersetzungen und vor allem die Religionskriege auch in Frankreich ihre Spuren hinterlassen, aber der Umgang mit der Krise vollzog sich hier doch erheblich anders. 1566 beschrieb Jean Bodin Karl den Großen als den ersten wirklich allein herrschenden Monarchen, der mit gallischen Heeren ein zivilisiertes europäisches Reich geschaffen und es gegen barbarische Völker behauptet habe. Selbstverständlich war Karl Franzose, in Frankreich geboren, und seine Regierung wies auf das absolute Königtum voraus. Starke Herrschaft ließ sich als pragmatische Voraussetzung für politische Integration und glückliche Überwindung von Krisen beschreiben und historisch begründen. Ähnlich sahen es Juristen wie Jean Du Tillet, der 1580, deutlich unter protestantischem Einfluß, für die Befreiung Frankreichs von kirchlicher Korruption schrieb und Karl den Großen als Scharnier zwischen germanischer Welt und französischer Größe sah, als unbestechlichen Herrn der Kirche.

War der Frankenkaiser somit in die aktuellen Debatten um Macht und Grenzen des Königtums geraten, so hatte die französische Monarchie im 17. Jahrhundert, nach den Religionskriegen, der Fronde und auswärtigen Feldzügen, so viel an Stärke gewonnen, daß sie ihre Bilder jetzt gleichsam außerhalb der nationalen Geschichte suchen konnte. Weniger Karl der Große, dafür Herkules, Alexander, Augustus waren die mythischen Heroen des Hofes und der Hofkunst. Andererseits brauchte das imperatorische Repräsentieren des Königs von Frankreich den Kaiser Karl als Verbindung zum antiken Imperium der Römer, was um so leichter fiel, als der deutsche Konkurrent so gut wie ausgefallen war und sich nach dem reformatorischen Kontinuitätsbruch mit Ersatzkonstruktionen befassen mußte: Nicht römisches Reich und römisches Recht habe Karl der Große fortgesetzt, sondern aus altgermanischer Freiheit deutsches Recht geschaffen. Das meinte jedenfalls 1643 der Helmstedter Jurist Hermann Conring und sprach neben vielen anderen gleichzeitigen Stimmen deutsche Reaktionen auf den Dreißigjährigen Krieg aus, nicht ohne antifranzösisch-antirömisch-antikatholischen Affekt und geleitet von einem weder durch historische Erfahrung noch durch traditionale Substanz gestützten Wunsch nach Erneuerung aus eigenen Mitteln.

Die Wege der Überlieferung gingen zwischen Ost und West immer deutlicher auseinander, je mehr der karolingische Kaiser auf unterschiedliche

Grundlagen gestellt wurde, je klarer sich in Deutschland die Wendung zu einer fiktiven germanischen Hochkultur abzeichnete, die ihre eigenen Maßstäbe verlangte und am Ende weitgehend als historische Realität akzeptiert werden sollte. Deutlich in diesem Sinne empfahl Samuel Pufendorf 1667 den Deutschen, auf Karl den Großen als Bestandteil ihrer Geschichte zu verzichten, denn seine Tradition sei für ihr Reich ganz unerheblich. Im übrigen habe schon Karl nicht aus römisch-imperialer oder kirchlicher Legitimation geherrscht, sondern durch Macht.

Das Motiv der Macht stand selbstverständlich auch hinter den französischen Traditionsdiskursen, wurde hier aber reflektierter eingesetzt. Wie schon einmal, zur Zeit Karls VIII., geriet die Expansion des Frankenreiches unter Karl dem Großen zum legitimierenden Vorbild französischer Kriege der Gegenwart: 1632 behauptete Jacques de Cassan in einer der erfolgreichsten Propagandaschriften dieser Art, daß ganz Deutschland ein uralter Bestandteil des *Royaume de France* sei; dessen Identität mit dem *Regnum Francorum* des 9. Jahrhunderts war als historische Denkfigur seit langem so selbstverständlich, daß sie als Problem gar nicht mehr diskutiert werden mußte. Außerdem aber blieb die Verbindung zu Kultur und Wissenschaft gleichfalls unvergessen, denn 1665 wiederholte César Égasse Du Boulay in seiner Geschichte der Universität Paris deren Gründungsmythos: Karl der Große hatte sie eingerichtet, d. h. Universität und Staat erschienen als von jeher eng aufeinander bezogen. Das lief der wirklichen Geschichte dieser Universität zwar zuwider, entsprach aber der gegenwärtigen Rechtslage und erschien deshalb plausibel. Im übrigen verfuhren alle wichtigen politischen, religiösen und gesellschaftlichen Gruppen in dieser Weise eklektizistisch mit der Überlieferung: Die Literatur verband immer wieder Charlemagne und «Louis le Grand» (XIV.), die Jansenisten beriefen sich ebenso auf Karl den Großen wie der Hochadel, der in ihm den Stifter des Pairskollegiums verehrte, und als neue Kraft trat nun die Wissenschaft auf den Plan: 1677 edierte Étienne Baluze zum ersten Mal die Kapitularien.

Vorerst führte das noch nicht zur kritischen Relativierung oder gar Korrektur allzu kühn konstruierter Bezüge, und es hinderte auch nicht den fortgesetzten freien Umgang mit der Tradition. Daß sehr weitgehende Umwertungen auch durch neue Gewichtung verbürgter historischer Größen möglich sind, hatte die französische Publizistik des 17. Jahrhunderts gezeigt, am deutlichsten vielleicht Jean Bénigne Bossuet, der 1681 das Kaisertum Karls des Großen im universalhistorischen Rahmen diskutierte. Diese Kaiserwürde verdanke sich einer Wahl durch die Römer, beruhe aber letztlich auf der politischen Macht des Frankenkönigs, der erst die Voraussetzung für eine später errungene Weltstellung des Papsttums geschaffen habe. Den historischen Rang Karls des Großen leitete Bossuet aber nicht aus der Macht als solcher ab, sondern erst aus dem Gebrauch, der von ihr gemacht wurde. Karl christianisierte Europa und zivilisierte es dadurch, er stand damit am Anfang der

Entwicklung zur seinerzeit modernen französischen Monarchie. Immerhin gab es auch Widerspruch gegen eine allzu tiefe historische Begründung der absoluten Monarchie, still, aber wirkungsvoll: Pierre Bayle verweigerte Karl dem Großen ein Stichwort in seinem 1695/97 erschienenen *Dictionnaire historique et critique*.

Bevor der Sog politischer Argumentationen immer heftiger und in Frankreich zielgenau antiklerikal-antimonarchisch, in Deutschland germanisch-national wurde, zeigte Gottfried Wilhelm Leibniz 1707 noch einmal die Möglichkeiten einer europäischen Perspektive, indem er Karl den Großen zugleich als den Begründer und als den Regenten der lateinischen Christenheit beschrieb, als vom Papst gekrönten und vom römischen Volk akklamierten Kaiser, der nach römischem Recht durch fränkische Macht sein Reich lenkte und nur gerechte Kriege führte, wenngleich die Hinrichtung der Sachsen, das später so genannte «Blutbad von Verden», doch als barbarisches Verbrechen zu gelten habe. War dies noch eine gleichsam ökumenische Stimme, so überwog bald nationale Spezifik. 1727 entwarf Henri de Boulainvilliers sein Porträt der freien Franken, die sich so lange selbst Gesetze gaben, bis sie von den Königen ihrer Rechte beraubt wurden. Erst Karl der Große brachte sie ihnen zurück und herrschte fortan im Einklang mit der Nation auf der Basis eines wiederhergestellten natürlichen Rechts. Hier war ein Weg gewiesen, der zur Restitution alter Freiheit nach monarchischer Unterdrückung führte: der Weg zur Revolution. Auch bei Montesquieu, der 1748 Karl als konstitutionellen Monarchen sah, dominierte die Zeitkritik, denn er schrieb dem Kaiser als besonderes Verdienst die Bändigung der Adelsgewalt durch das Lehnsrecht zu und verordnete der Feudalgesellschaft seiner eigenen Zeit damit ein gleichsam homöopathisches Heilmittel. Problematisch war dabei nur, daß die französische Monarchie spätestens seit Ludwig XIV. sich selbst als den Gipfelpunkt des historisch Möglichen verstand und deshalb keine ideale Vergangenheit oder gar große Gründerväter als Vergleichsmaßstäbe mehr brauchen konnte. Die Zeit der am großen Karl konzipierten Fürstenspiegel war endgültig vorbei, und als Folge verblaßte der Karlsmythos bis zur Beliebigkeit.

Sollte er gleichwohl für die politisch-philosophische Auseinandersetzung verwendet werden, so kam es auf scharfe Profilierung, auf Reduktion im Sinne bestimmter Beweisführungen an. In seinem berühmten *Essai sur les mœurs et l'esprit des nations* von 1756 griff Voltaire, der im übrigen die Quellen gut kannte, eigene frühere Ideen auf und nutzte Karl den Großen als Zielpunkt seiner Kritik an der Theokratie. Mit diesem Kaiser habe die verhängnisvolle weltliche Macht der Kirche begonnen; seine Eroberungen, besonders im armen und rückständigen Sachsen, waren unproduktiv und dienten nur den Interessen des Klerus. Sicherlich war Karl ein überaus erfolgreicher Regent, aber er herrschte despotisch und tat fortgesetzt Unrecht, besonders bei der Deportation und Liquidation der freiheitsliebenden Sachsen. Persönlich unsympathisch als frommer Heuchler mit zahlreichen Mätressen, wollte der

Analphabet doch als Freund der Wissenschaften gelten, kurzum: Für Voltaire war Karl der Idealtyp eines Monarchen, der Mythos löste sich in ironischer Polemik auf. Dieses Ende war auch nicht mehr dadurch aufzuhalten, daß Karl spätestens seit Gabriel Bonnot de Mably (1765) immer aufs neue als Retter der Nation aus dem Chaos gepriesen wurde, denn das blieb mehr oder weniger pathetisch-affektiert, immer generalisierend und evozierend, marginal gegenüber dem römischen Republikanismus der Revolution. Napoleons Karls-Reminiszenz beim Besuch in Aachen 1804 konnte über die ihr innewohnende Gewaltsamkeit nicht hinwegtäuschen, und Ingres' Gemälde *Napoléon sur le trône impérial* von 1806 trägt gerade in seinem angestrengten Bezug auf frühmittelalterliche Repräsentationsbilder opernhafte Züge.

Immerhin aber stand hinter solchen Manifestationen ein energischer politischer Stilwille, der die revolutionäre Großmacht an alteuropäische Traditionen binden wollte und damit nicht nur Goethe beeindruckte. Ältere Geschichtsbilder, wie sie in Deutschland Justus Möser 1768 entworfen hatte, schienen jetzt nur mehr wenig Chancen zu haben, denn dessen Karlsreich, getragen von einer Gesellschaft freier Bauern, wirkte neben der von Napoleon entfesselten Dynamik imperialer Herrschaftsrepräsentation wie eine Idylle. Weil Möser aber Karl den Großen mit den Anfängen Deutschlands zusammengebracht hatte, enthielt seine Konzeption aktualisierbare Potentiale, und es ist daran zu erinnern, daß die Lehre von der alten fränkisch-germanischen Freiheit bis in die erste Hälfte des 20. Jahrhunderts Gemeingut der deutschen Verfassungsgeschichte war. Diese Art der Nationalisierung Karls stieß aber auf Schwierigkeiten, weil man mittlerweile mehr objektives historisches Wissen mitbrachte und deshalb vergleichen mußte. In seiner Wiener Vorlesung «Über die neuere Geschichte» ging Friedrich Schlegel 1810 zunächst von der Einheit Westeuropas aus, dessen Begründer und Gesetzgeber Karl der Große gewesen sei. Wenn Schlegel danach über die verschiedenen Nationen sprach, die im karolingischen Großreich ihre Rechte behalten und frei zusammengewirkt hätten, so richtete sich das ebenso gegen napoleonischen Zentralismus wie die Ausführungen über das Verhältnis von Staat, Kirche und Gesellschaft, das eben nicht auf Despotie des Kaisers, sondern auf Freiheit beruht habe. Letztendlich aber (und das war im Gedanken mehr als ein zeithistorischer Bezug und Handlungsaufruf) paßte die deutsche Nation nicht in ein solches Großreich, das auf monarchischer Herrschaft beruhte.

Hier deutete sich an, was im Laufe der Zeit stetig weiter ausgearbeitet werden sollte und noch lange, teilweise bis heute, nachwirkt: Die deutsche Nation als aparte Sonderformation, der europäischen Staaten- und Völkergesellschaft nur teilweise kompatibel, durch die Gleichsetzung von «deutsch» und «germanisch» bis in taciteische Zeit rückdatierbar, aber staatlich unbehaust. Der Germanismus deutscher Humanisten verband sich mit der frühen nationalen Bewegung, und parallel entwickelte sich eine kritische Geschichtswissenschaft, deren Ansehen dem neuen Mythos Dignität verlieh. Aus dem

Geist des *Sanctus amor patriae*, getragen durch die vom Wiener Kongreß nicht erfüllte Einheitshoffnung, ging 1826 der erste Band der *Monumenta Germaniae Historica* hervor und brachte die Historiographie der Karolingerzeit in der besten seinerzeit erreichbaren Textgestalt.

Die wissenschaftlichen Konsequenzen ließen naturgemäß auf sich warten, doch nahezu gleichzeitig, 1828, erschien der vierte Band der *Geschichte des teutschen Volkes*, verfaßt von dem Jenaer Professor Heinrich Luden. Wie bei Justus Möser stand Karl der Große darin am Anfang der deutschen Geschichte, als Einiger der deutschen Stämme zwar, aber auch und vor allem als sittenloser Despot, als Sachsenschlächter, der die altgermanische Freiheit nicht wiederhergestellt, sondern im Feudalismus aufgehoben hatte: Der Kaiser war (und so sollte es bleiben) für Ideologen eines deutschen Nationalstaats immer dann nicht zu gebrauchen, wenn sie diesen Staat auf der Basis einer fiktiven germanischen Kultur errichten wollten, anstatt die galloromanisch-fränkisch geprägten zivilisatorischen Grundlagen Alteuropas anzuerkennen. Diese Grundlagen rezipierte man nicht, sondern überließ sie gern den Franzosen. Die Folgen sollten verheerend sein, denn nach der politischen Diskreditierung der germanistischen Fiktion durch den Nationalsozialismus und ihrer bezeichnenderweise erst als späte Konsequenz der militärischen Niederlage begonnenen kritischen Auflösung durch die moderne Wissenschaft blieb im kollektiven Bewußtsein nichts zurück als ein leerer Raum, verfüllt mit nur mehr schwach wahrgenommenen kulturnationalen Fragmenten ohne inneren Zusammenhang, überlagert vom Gefühl des Verbrechens, der Schuld, des Irrwegs, des Mißlungenen.

Aber auch französischen Demokraten hatte ein nach absolutistisch-monarchischen Vorstellungen geformter Karl nicht gefallen. 1833 schickte Jules Michelet ihn ins finstere Mittelalter zurück, wo er als bigotter, vom Zufall unverdient begünstigter Politiker sein Wesen trieb und die (zugegeben erfolgreiche) Kulturpolitik von Ausländern gestalten ließ. Groß war diese Figur keineswegs, und «Charlemagne» hieß, so meinte Michelet, nicht etwa «Karl der Große», sondern sei eine Verballhornung des Namens *Carlomann/Karlmann*. Die politische Prägung solcher pseudohistorischen Urteile läßt sich klar erkennen, wenn man die andere Seite dagegenhält. Der protestantische Geschichtsprofessor an der Sorbonne Guillaume Guizot, zwischen 1840 und 1848 Premier- und Außenminister des Bürgerkönigs Louis Philippe, sprach in seinen Vorlesungen und breit rezipierten Schriften von einem ganz anderen Karl. Als Begründer des modernen Europa und der als Staatsform positiv zu wertenden zentralistischen Monarchie sei der Karolinger mit Napoleon zu vergleichen, auch hinsichtlich der Fehlentscheidung, ein nationales Vaterland durch die Kaiserwürde überwölbt zu haben. Auch hier stand also ein spezifisches Element der Herrschaft Karls moderner Verwertbarkeit sperrig entgegen: die universale Kaiserwürde, die dem Nationalstaat des 19. Jahrhunderts prinzipiell nicht entsprechen konnte. Das galt für das Kaiserreich Napoleons

III. und nicht minder für Deutschland seit 1871, wo der preußische König mit großer und (wie die 1879–1896 von Heinrich Wislicenus ausgeführten Fresken in der restaurierten Goslarer Kaiserpfalz bis heute zeigen) im Ergebnis wenig überzeugender Anstrengung in die Nachfolge der mittelalterlichen römischen Kaiser gezwängt werden mußte. Als Historiker hatte Guizot gleichwohl große Bedeutung für die Popularisierung historischen Wissens über die Karolingerzeit, auch der Quellenkenntnis.

Das Karlsbild war somit im Laufe der Jahrhunderte einerseits differenzierter geworden, andererseits hatte man es, vor allem durch die protestantisch-katholische Kontroverse und den Streit um einen «französischen» oder «deutschen» Karl, propagandistisch vergröbert. Das Differenzieren hatte zu einer Art von kritischer Anti-Monumentalität geführt, die neben der Rechtgläubigkeit des Kaisers seine moralische Fragwürdigkeit («Mätressenwirtschaft») und die brutalen Züge («Sachsenschlächter») so herausstellte, daß sie zu Leitmotiven werden konnten. Für Deutschland läßt sich erkennen, daß die Ergebnisse der Differenzierung im 18. Jahrhundert mit Ausnahme von Leibniz kaum mehr in ein Gesamtbild integriert wurden, sondern in der Einzelquerele hängenblieben, bei der es dann um Karls deutsche Abstammung oder seine Verdienste um die deutsche Sprache ging. Insgesamt traten die Ebenen von Staat und Kultur, die Gewichtung von politischer oder zivilisatorischer Leistung des Kaisers in Deutschland stärker als in Frankreich auseinander, so daß sich diesseits des Rheins das Wunschbild der Kulturnation vorbereiten konnte. Doch noch einmal trat der gesamteuropäische Aspekt mächtig ins Bewußtsein.

Seit den fünfziger Jahren des 19. Jahrhunderts beschrieb Leopold von Ranke, nunmehr gestützt auf die kritischen Quelleneditionen und ihre Erschließung mittels der von ihm selbst maßgeblich ausgearbeiteten historischen Methode, Karl nicht etwa als Begründer der deutschen Nation, sondern als den Stifter der romanisch-germanischen Staaten- und Völkergemeinschaft. Dieses Urteil ergab sich aus der wissenschaftlichen Analyse jener durch Rückbesinnung auf die römische Antike erreichten Verbindung von Kirche und Staat, die Karl der Große so organisiert hatte, daß sie als Synthese universalhistorischen Rang beanspruchen konnte. Das war, in die Sprache der modernen Geschichtswissenschaft übersetzt und mit ihren methodisch-kritischen Mitteln eingehend begründet, nichts anderes als die karolingische Formel vom *pater Europae*, der nun, nach Hegel, im Vollzug ebenso universalhistorisch gedachter Notwendigkeit seine Gegner, darunter die Sachsen, entmachten durfte.

Dieser großartige Entwurf, seit 1866 durch die vollständige Sammlung des Quellenmaterials in den *Jahrbüchern der deutschen Geschichte* empirisch gestützt, mußte an Kohärenz verlieren, sobald aktuelle politische Tendenzen sich seiner bemächtigten, ihn überwucherten und die nationale Komponente sich von der universalen gleichsam emanzipierte: War der Germane Karl Herr einer weitgehend romanisierten Welt (so Wilhelm von Giesebrecht seit 1855) oder doch vielleicht eher ein durch Überforderung mit Italien- und Kaiserpolitik gescheiterter Großmachtpolitiker (so Heinrich von Sybel seit 1859)? War er eine Art konstitutioneller Monarch, in dessen aus vielen Völkern und Gesellschaften geschaffenem Reich germanische Freiheit waltete, der die deutschen Stämme geeinigt und damit das deutsche Volk begründet hatte (so Georg Waitz seit 1860)? In diesen Positionen, die allesamt wissenschaftliche Autorität für sich beanspruchten, zeichnete sich ab, was künftig keine historische Wissenschaft mehr entscheiden, sondern allenfalls durch Argumente beeinflussen konnte: die große Auseinandersetzung zwischen katholischgroßdeutscher und protestantisch-kleindeutscher Reichs- und Geschichtsauffassung, eine Debatte, innerhalb derer sich die Gewichte alsbald so verlagerten, daß Karl der Große marginalisiert wurde. Natürlich meldete sich die Wissenschaft ständig zu Wort, diskutierte aber anhand der Quellen des 9. Jahrhunderts die Probleme des Wilhelminischen Reiches und mißbrauchte Karl als Argument, nachdem sie ihn den eigenen politisch-volkspädagogischen Zielen gemäß präpariert hatte. Das war in Frankreich ähnlich, doch gab es dort entscheidend andere Akzente, denn die europäisch-zivilisatorische Komponente bestimmte selbst dann die Perspektive, wenn Karl als persönlich illiterater, germanischer Barbar beschrieben wurde, hatte er doch seinen Völkern die Latinität erschlossen und intensiv nahegebracht (Jean-Barthélemy Hauréau seit 1854), damit Europas Einheit in der Vielfalt gedeihe (Gaston Paris seit 1865) und das Großreich nicht auf Macht, sondern auf einer guten Verfassung ruhe (Fustel de Coulanges seit 1876).

Einem kohärenten, biographisch nutzbaren Persönlichkeitsbild wirkte das alles aber letztlich deshalb entgegen, weil die moderne Wissenschaft Strukturen in den Blick rückte, die historische Persönlichkeitsbilder obsolet erscheinen ließen. Auch große Persönlichkeiten waren solchen zeitbestimmenden Strukturen unterworfen und lösten sich bei näherer Betrachtung in zahllose Facetten auf. Biographien, wie sie Arthur Kleinclausz 1934 oder Joseph Calmette 1941 und 1945 vorlegten, mußten aber individuelle Kohärenz voraussetzen und fanden sie jetzt weniger in den machtpolitischen Details als in der europäischen Dimension, im Wunsch nach Rettung antiken Geistes und christlicher Humanität. Solche Intentionen kontrastierten lebhaft mit jener in Deutschland bevorzugten Synopse älterer Motive, die einen von fremdländischen Beratern umgebenen germanischen Karl im Dienst der römischen Kirche gegen sein eigenes Volkserbe wüten sah. Das war durchaus nicht genuin nationalsozialistisch, nicht seit 1933 staatlich verordnet und einem widerstrebenden Bürgertum samt seiner Geschichtswissenschaft drohend aufgenötigt: In den Philosophischen Fakultäten gab es schon lange vorher angesehene und auch mächtige Fachvertreter, deren Glaube an eine germanische Kontinuität im deutschen Mittelalter wesentliche Elemente völkischer Indoktrination enthielt. Mit der Autorität einer unlängst noch weltweit angesehenen Wissenschaft versehen, popularisierten sie ihre Vorbehalte gegen die gemeineuropäischen Grundlagen jener Kultur, der sie selbst so viel zu verdanken hatten: «Karl [...] tauchte auch in dem kirchlich-klassischen Bildungsideal nicht völlig unter. Dazu war er eben doch zu sehr der urwüchsige germanische Laie!»[13]

Unter solchen Voraussetzungen mußte ein Buch erhebliche Sprengkraft enthalten, das auf Initiative Carl Erdmanns konzipiert wurde, um den gröbsten Verirrungen zu begegnen: *Karl der Große oder Charlemagne? Acht Antworten deutscher Geschichtsforscher* (Berlin 1935). Es polarisierte freilich schon im Titel zwischen dem deutschen Karl und dem französischen Charlemagne, insistierte auf «Karls germanischer Art» (Hans Naumann), seiner germanischen Abkunft (Hermann Aubin) und «naturhaften Gesundsinnigkeit», die er sich «als ein von irgendwelcher Romanisierung noch gänzlich unberührter Germane» (Karl Hampe) angeblich bewahrt hatte. Andererseits wurden die Sachsenkriege aus der Debatte um ein frühes deutsches Volk herausgenommen (Martin Lintzel) und dessen Genese in einer Weise beschrieben (Carl Erdmann), die selbst heute noch keineswegs Gemeingut deutscher Mediävistik ist: der Name «Deutsch» keine volkstümliche, sondern eine gelehrte Bildung; positive Sicht einer damit verbundenen antik-christlichen Bildung; Ablehnung der Gleichsetzung Germanen/Deutsche; keine «deutschen Stämme» der Bayern, Sachsen, Franken, Schwaben, sondern verschiedene «Völker» im Frankenreich. Das wurde freilich durch die Voten der Autoritäten mit ihrer Bekräftigung des Zeitgeistes überlagert.

Die demgegenüber in der deutschen Nachkriegszeit entwickelte europäische Dimension des Karlsbildes ist im übrigen keineswegs gesichert. Zwar scheint eine jüngst geäußerte Behauptung, wonach die Franzosen Karl den Großen als nationale Identifikationsfigur den Deutschen überlassen hätten[14], in dieser Schärfe kaum treffend, doch wenn der gleiche Autor einen von den Franzosen vertriebenen, von den Deutschen niemals angenommenen Kaiser im Niemandsland zwischen beiden sieht[15], so mag er auf ganz andere Weise Recht bekommen. Es könnte sein, daß ein über den alten lateinischen Raum hinaus unmäßig erweitertes Europa mit seiner Gründerfigur nichts mehr anzufangen weiß.

Otto Gerhard Oexle

Canossa

I.

«Seien Sie außer Sorge: *Nach Canossa gehen wir nicht* – weder körperlich noch geistig!» Bismarcks berühmter, unendlich oft zitierter Satz, gesprochen in einer Rede vor dem Reichstag am 14. Mai 1872 und von einem «Lebhaften Bravo» der Abgeordneten unterstützt,[1] wurde noch im selben Jahr in Georg Büchmanns *Geflügelte Worte* und damit in den «Zitatenschatz des deutschen Volkes» aufgenommen,[2] wo er sich noch immer findet. Canossa hat offenbar bis heute einen Symbolwert behalten. Wirkt im kulturellen Gedächtnis der Deutschen noch immer die Vorstellung von Heinrich IV., dem deutschen König, der – um sich vom Bann Papst Gregors VII. zu befreien – im Januar 1077 «barfuß und in härenem Bußhemd» vor dem Tor der als unbezwinglich geltenden, «weithin schimmernden Feste» Canossa erschien und mit dieser «tiefsten Erniedrigung» eines deutschen Königs vor einem Papst dieser Burg «einen ewig denkwürdigen Namen verleihen sollte»? So hat der Münchener Mittelalterhistoriker Wilhelm von Giesebrecht im dritten Band seiner *Geschichte der deutschen Kaiserzeit* von 1869 das Geschehen beschrieben.[3] Im Rahmen einer Artikelserie über «Das Mittelalter» wurde in einer bekannten deutschen Illustrierten soeben wieder festgestellt: Das Bild vom ‹Gang nach Canossa› werde in der deutschen Sprache noch heute immer dann evoziert, wenn «eine abgrundtiefe Demütigung» anschaulich gemacht werden soll.[4] Was immer der König auch mit der Lösung vom Bann gewonnen hatte, so schrieb Giesebrecht 1869, «es war mit einem Opfer erkauft, dessen Schwere jeden Gewinn überbot. Offen vor den Augen der ganzen Welt hatte er bekannt, daß der römische Bischof das Recht ihn zu binden und zu lösen habe; ihm, der als deutscher König und Erbe des Kaisertums das höchste Richteramt im Abendlande übernommen hatte, war das Geständnis entwunden, daß der Erwählte der römischen Kardinäle und des römischen Volkes der Mächtigere sei, der ihn in den Staub stürzen, ihn aus dem Staube erheben könne. Als Heinrich vor dem Tore von Canossa im Büßerhemde vergeblich um Einlaß flehte, erblaßte der Glanz des deutschen Kaisertums und eine neue Glorie bildete sich um das Haupt des römischen Bischofs. Jene Tage von Canossa konnten niemals wieder vergessen werden; Blutströme sind in mehr als hundertjährigen Kämpfen vergossen worden, um das Andenken an dieselben zu tilgen, aber sie haben es nimmer vermocht. Von ihnen beginnt eine neue Periode unserer Kaisergeschichte, der Geschichte des Papsttums», ja, von ihnen «zählt eine neue Epoche der Weltgeschichte». Und: «Es war ein glänzender Triumph der Kirche.»

Folgt man dem Tagebuch der Baronin Hildegard von Spitzemberg, Gattin des damaligen württembergischen Gesandten in Berlin, Carl Hugo von Spitzemberg, die beide zum Freundeskreis Bismarcks gehörten, so war sie selbst es, die im Mai 1872 Giesebrechts Darstellung las und, von der Geschichte Heinrichs IV. «aufs lebhafteste interessiert und angesprochen», mit Bismarck über Heinrich und «speziell [über] die Szene zu Canossa» sprach, «so daß ich mich als moralische Veranlassung seines so großen Beifall gehabten Wortes ansehen kann: ‹Nach Canossa, meine Herren, gehen wir nicht!›»[5]

Die ungeheure Resonanz, die Bismarcks Wort 1872 fand, resultierte aus einer politischen Konstellation, die von den externen Faktoren der gerade im Jahr zuvor erfolgten Reichsgründung mit der Kaiserproklamation vom 18. Januar 1871, von der nationalstaatlichen Einigung Italiens mit der symbolreichen Eroberung des Kirchenstaates durch italienische Truppen am 20. September 1870 und von der Erklärung der Unfehlbarkeit des Papstes durch das Vatikanische Konzil am 18. Juli 1870 bestimmt war. Im Zeichen dieser realhistorisch umwälzenden und zugleich hochsymbolischen Ereignisse stand der beginnende Kulturkampf in Preußen. In der Unfehlbarkeitserklärung sahen nicht nur die deutschen Liberalen eine Herausforderung des Staates und der modernen Kultur. Unmittelbarer Anlaß für die Rede Bismarcks war, daß Papst Pius IX. Anfang Mai 1872 die Ernennung des deutschen Kurienkardinals Gustav Adolf von Hohenlohe-Schillingsfürst, eines Bruders des bayerischen Ministerpräsidenten, zum deutschen Gesandten beim Heiligen Stuhl ablehnte, da Hohenlohe-Schillingsfürst, wie viele andere deutsche Bischöfe, als Gegner des Unfehlbarkeitsdogmas galt. Da man jedoch in dieser Ernennung geradezu ein Entgegenkommen gegenüber der Kurie gesehen hatte, wurde die Ablehnung als Affront empfunden. «Ich halte es nach den neuerdings ausgesprochenen und öffentlich promulgierten Dogmen der katholischen Kirche nicht für möglich für eine weltliche Macht, zu einem Konkordat zu gelangen, ohne daß diese weltliche Macht bis zu einem Grade und in einer Weise effaziert würde, die das Deutsche Reich wenigstens nicht annehmen kann», so hatte Bismarck in seiner Rede vom 14. Mai erklärt. Mit dem unmittelbar auf diesen Satz folgenden Canossa-Dictum beschwor auch Bismarck die von den Liberalen gepflegte Vorstellung von der katholischen Kirche im Zeichen des neuen Dogmas als einer Institution, die zu einer «Überwältigung der Moderne ansetze», «zur weltlichen Machtergreifung im Sinne durchgängiger Reaktion gegen alle Errungenschaften der modernen Zivilisation und Kultur in Staat, Wirtschaft und Gesellschaft», was den Staat zu einer geschlossenen Abwehr zwinge.[6] Für Bismarck war dies zweifellos ein taktisches Mittel, um die politische Konkurrenz der katholischen Zentrumspartei «in die äußerste rechte Ecke abzudrängen, ja, sie für staatsgefährdend und umstürzlerisch im reaktionären Sinne zu erklären». Bismarcks Rede stand im Zusammenhang der Beratungen des Reichstags über den Etat des Auswärtigen Amtes. Rudolf von Bennigsen, der Führer der Nationalliberalen Fraktion, hatte die Erwartung ausgesprochen, daß man angesichts der jüngsten Ereignisse und der Brüskierung des Kaisers durch den Papst künftig die Kosten für eine Gesandtschaft beim Heiligen Stuhl einsparen werde. Darauf antwortete Bismarck und band mit seiner Rede und mit seiner symbolkräftigen Sentenz die Liberalen an sich: «So war das berühmte ‹Nach Canossa gehen wir nicht› eine weit über den Anlaß und den konkreten Gegenstand hinausgehende, grundsätzliche politische Absichtserklärung, ein Versprechen, das einer langfristigen Koalitionszusage an die Liberalen gleichkam.»

Die Resonanz in der Öffentlichkeit ging über den Anlaß allerdings noch viel weiter hinaus. Wohl noch 1872 wurde eine Gedenkmünze geprägt, die Bismarck als Verteidiger der Kaiserherrschaft im neuen Reich zeigte und auf der Rückseite eine Germania, die mit Schwert und Bibel gegen den Papst mit seiner Bannbulle kämpfte, dazu die Devise «Nicht nach Canossa!». 1877, im Erinnerungsjahr an den Canossagang Heinrichs IV., wurde an der Stelle der einst von Heinrich erbauten Harzburg eine sogenannte «Canossa-Säule» errichtet, die noch heute auf der einen Seite ein Porträt des Kanzlers, auf der anderen eine Tafel mit seinem Ausspruch von 1872 zeigt. Am 14. Mai 1875 hatte Bismarck seine Einwilligung zu dieser Denkmalsetzung gegeben: «Ich sehe in diesem Vorhaben eine neue Bekundung des Einverständnisses und der Unterstützung der Abwehr der Übergriffe, mit welchen noch heute deutsches Leben von römischer Herrschaft bedroht wird.»[7] Die in der Öffentlichkeit weithin herrschende Stimmung brachte ein zum Einweihungstag publiziertes Gedicht zum Ausdruck:

> Das ist der Sturm und Drang der Zeit!
> Einst brach des Kaisers Herrlichkeit
> An Pfaffentrutz und -list zusammen;
> Noch züngeln heut solch tück'sche Flammen.
> Der Wahlspruch heißt: Durch Nacht zum Licht!
> Denn nach Canossa geh'n wir nicht![8]

II.

Die Burg Canossa liegt nahe der alten römischen Straße der Via Aemilia bei der Stadt Reggio nell'Emilia, im Apennin. Sie war eine der wichtigsten Zentren der Adelsfamilie der sogenannten ‹Canusiner›; deren letzte Repräsentantin war die Markgräfin Mathilde von Tuszien. Im sogenannten Investiturstreit unterstützte sie das Reformpapsttum und nahm deshalb Papst Gregor VII. in ihrer Burg auf, der im Januar 1077 dem über die Alpen herannahenden deutschen König entgegenzog – und sich zugleich von ihm bedroht fühlte.

Am Anfang des Pontifikats Gregors VII. (1073–1085) schien ein Konflikt eher unwahrscheinlich. Als Gregor im Dezember 1074 plante, als *dux* und *pontifex* an der Spitze eines Kreuzfahrerheeres nach Jerusalem zu ziehen, bat er den jungen König gar, während seiner Abwesenheit Schutz und Verteidigung der römischen Kirche wahrzunehmen. Freilich findet sich im Briefbuch des Papstes, eingetragen im März 1075, eine Sammlung von Leitsätzen *(Dictatus Papae)*, wohl eine Art «Gedankenprotokoll» (W. Hartmann), in dem die Stellung der römischen Kirche als einer allein von Gott gegründeten festgestellt wurde, außerdem die universale Leitungsbefugnis des Papstes als *pontifex universalis*, der aus eigener Machtvollkommenheit Bischöfe ab- und wieder einsetzen könne, der je nach Erfordernissen neue Rechtsregeln einführen und auch Kaiser absetzen, selbst aber von niemandem gerichtet werden könne. Außerdem schrieb dieser Text dem Papst das Recht zu, Untertanen von ihrer Treuepflicht gegenüber einem ungerechten Herrscher zu entbinden. Als Heinrich im Herbst 1075 in eine strittige Mailänder Bischofswahl eingriff und dort ein Mitglied seiner Hofkapelle zum Erzbischof ernannte, forderte der Papst die Aufhebung dieser Maßnahme und die Rückkehr des Königs zum Gehorsam gegenüber dem heiligen Petrus, dessen Macht der Papst stellvertretend ausübe. Heinrich antwortete darauf in einer Versammlung der deutschen Bischöfe zu Worms (Januar 1076), auf der die Mehrheit der Bischöfe dem Papst den Gehorsam aufkündigte, weil er durch eine «gewisse neue und ungebührliche Gewalt usurpatorisch» den Bischöfen ihre Gewalt genommen habe, und Heinrich, auf seine Unantastbarkeit als «Gesalbter des Herrn» pochend, forderte den Papst dazu auf, von der *cathedra Petri* herabzusteigen. Gregor antwortete im Februar 1076 auf der römischen Fastensynode mit der Exkommunikation der deutschen Bischöfe und erklärte in der Form eines feierlichen Gebets an den Apostel Petrus den deutschen König *(rex Teutonicus)* für abgesetzt; er sprach über ihn den Bann und löste die Untertanen von ihrem Eid.

Damit hatte der Papst zugleich das Einvernehmen zwischen Heinrich und den Bischöfen gesprengt und die sächsische Opposition sowie die dem König widerstrebenden deutschen Fürsten dazu ermuntert, nunmehr den Plan zur Wahl eines neuen Königs zu erörtern, falls Heinrich bis zum Jahrestag seiner Exkommunikation die Lösung vom Bann nicht erreicht habe. Für den 2. Februar 1077 vereinbarte man ein Treffen in Augsburg, wohin auch Gregor VII. eingeladen wurde. Der König gab daraufhin im Oktober 1076 eine Gehorsamserklärung gegenüber dem Papst ab, der sich zur Reise nach Deutschland entschloß, während Heinrich nach Weihnachten von Burgund aus über den verschneiten Alpenpaß am Mont Cenis nach Piemont und gen Canossa zog, wo ihn der Papst bereits erwartete. Am 25. Januar 1077 – es war das Fest der Bekehrung des Völkerapostels vom Saulus zum Paulus – erschien Heinrich vor den Toren der Burg und tat, wie der Apostel selbst (Apg. 9,1 bis 22), drei Tage Buße. Für ihn verwendeten sich die Markgräfin Mathilde und der in Canossa ebenfalls anwesende Abt Hugo von Cluny, der Taufpate des Königs. Am 28. Januar 1077 wurde der König wieder in die Gemeinschaft der Kirche aufgenommen. Über all dies berichtete der Papst in einem Schreiben von

Ende Januar an die deutschen Fürsten: Schon vor seiner Ankunft in Italien habe der König eine «Verbesserung seiner Lebensführung» und «Gehorsam» gegenüber dem Papst versprochen, wenn er von diesem die «Absolution und die Gnade des Apostolischen Segens» erhalten würde; «vor dem Tor der Burg» habe er *deposito omne regio cultu* in «erbarmungswürdiger Weise», «barfuß und in härenem Gewand» Hilfe und Trost des Papstes erbeten und dadurch alle, die anwesend waren, zu solchem Erbarmen bewegt, daß sie «für ihn mit vielen Bitten und Tränen Fürsprache einlegten», so daß schließlich der Papst, seinerseits von Mitleid ergriffen, ihn in den «Schoß der heiligen Mutter Kirche» wieder aufnahm – freilich nicht ohne Garantien und Zusicherungen erhalten zu haben. In der Tat hat Heinrich am 28. Januar 1077 einen Eid abgelegt, in dem er die Sicherheit des Papstes im ganzen Reich garantierte. Gregor VII. schrieb daraufhin seinen Anhängern in Deutschland, daß man nun, wie er es seit langem wünsche, zum «Frieden in der Kirche und zur Einheit im Reich» zurückkehren könne, daß aber bis zu seiner Ankunft in Deutschland und bis zu den Beratungen mit den Fürsten die ganze Angelegenheit in der Schwebe bleibe.

Waren nun diese «Tage von Canossa» «die tiefste Erniedrigung unseres nationalen Königtums, bei deren Erinnerung die Röte der Scham jedem gut deutsch gesinnten Manne ins Gesicht steigt», wie ein deutscher Historiker um 1900 urteilte – oder handelte es sich vielmehr um ein «diplomatisches Meisterstück» des Königs, geradezu um einen «politischen Triumph» des Königtums, wie andere Historiker damals befanden, war Heinrich der «wahre Sieger»?[9] Oder war ‹Canossa› nur ein «fauler Friede», wie der deutsch-nationale Historiker Johannes Haller in seiner Geschichte des Papsttums urteilte, dahingehend, daß Heinrich «in dem Spiel der Staatskunst, das in Canossa gespielt wurde, [...] der Gewinner [war]», weil er den «Priester Gregor zu einem Schritt genötigt [hatte], den der Politiker Gregor hätte verweigern müssen», während jedoch auf der anderen Seite zwar der Augenblick dem König einen Gewinn gebracht habe, «in der Kette der Jahrhunderte» indessen ‹Canossa› «der Name für eine der schwersten Niederlagen des Königsgedankens» bleibe. Denn: Der Anspruch, «auf Erden keinem Richter, auch nicht der Kirche und dem Papst, unterworfen zu sein», das «wahre Gottesgnadentum», sei in Canossa preisgegeben worden.[10] Nicht sehr viel anders urteilt die neueste Forschung: ‹Canossa› sei «eine entscheidende Wende in der Geschichte der mittelalterlichen Monarchie» gewesen, weil der «theokratische Dualismus» und damit die Gottunmittelbarkeit des Königs zerstört wurde und weil der Papst nach Canossa Heinrich IV. zwar als König, aber nur als «deutschen König» (*rex Teutonicus* oder *Teutonicorum*) bezeichnete, das Reich also den übrigen Ländern des Okzidents gleichstellte, den «Anspruch des deutschen Königs auf die universale Würde des Kaisertums» damit also negiert habe.[11] Die Frage, wer in Canossa ‹gesiegt› habe, «Chi ha vinto a Canossa?» (so der Titel des 1970 erschienenen Buches des italienischen Historikers L. L. Ghirardini), ist also noch immer offen und mag auch in Zukunft neuen Anlaß zu wissenschaftlichen Kontroversen bieten.

Der Streit über die Interpretation der Ereignisse entzweite im übrigen schon die Mitlebenden. In jedem Fall galt ‹Canossa› als ein Makel – gleich, ob die Anhänger des Papstes das Skandalon des Gangs nach Canossa als Schande für den König oder ob die Anhänger des Königs das fatale Ereignis als eine Schuld des Papstes ansahen.

III.

In der Geschichtsschreibung und historischen Forschung über ‹Canossa› hat offenbar Bismarcks Dictum von 1872 einen wesentlichen Anstoß gegeben. Zuvor scheint das Interesse an dem Vorgang von Canossa «auffällig gering» gewesen zu sein, «vor allem wenn man darauf achtet, wie wenig der später zum faszinierenden Symbolwort gewordene Name der Burg Canossa erwähnt wird».[12] Im Verhältnis zu den eingehenden Schilderungen der zeitgenössischen Autoren wurden die Chronisten der späteren Jahrhunderte «immer weniger gesprächig».[13] In der Zeit des Humanismus und der Reformation wirkte vor allem der ausführliche und zeitgenössische Bericht Lamperts von Hersfeld, dessen *Annalen* 1525 zum erstenmal vollständig ediert wurden. Die erste frühneuzeitliche Monographie über Heinrich IV. ist die *Historia* des Johannes Stumpf, die 1556 in Zürich veröffentlicht wurde; sein Urteil über die Ereignisse orientierte sich an der antigregorianischen Publizistik der zweiten Hälfte des 11. Jahrhunderts. Die konfessionell orientierte Geschichtsschreibung des 16. Jahrhunderts bezog aus den fernen Ereignissen ihre Argumente: Die *Magdeburger Zenturien* feiern Heinrich IV. als mannhaften Gegner des Papsttums, während die *Annalen* des Kardinals Baronius die Ereignisse von Canossa dahingehend kommentieren, daß in Canossa keineswegs aus einem Saulus ein Paulus geworden sei. Gottfried Arnolds berühmte *Unparteiische Kirchen- und Ketzerhistorie* von 1699 wiederum beklagt, daß der Papst den König «mit bloßen Füßen in elender Kleidung mitten im Winter drei Tage lang vor seiner Wohnung stehen und noch dazu hungern» ließ, während er selbst «indessen bei der berühmten Hure Mathilde war».[14] Neue Kontroversen provozierte die Heiligsprechung Gregors VII. im Jahr 1606, die eine literarische und mit nationalen Akzenten versehene Kontroverse über Papst Gregor als «Vaterlandsfeind» provozierte.[15] Nachdem Papst Benedikt XIII. 1729 die Verehrung seines Vorgängers für die ganze katholische Christenheit angeordnet hatte, flammte der Streit erneut auf. Schon 1722 hatte Adam Friedrich Glafey, Jurist und kursächsischer Hofrat, in seiner *Historia Germaniae polemica* festgestellt, daß der Papst in Canossa «gewalttätig und grausam [...] mit dem Kaiser verfahren» sei und «seine geistliche Gewalt [...] mißbraucht» habe.[16] Und kein anderer als Friedrich der Große schrieb in seiner 1766 erschienenen Vorrede zu einem Auszug aus der *Histoire ecclé-*

«Kayser Heinrich der IV muss sich for dem Pabste demüthigen». Radierung von C. G. Geyser nach Bernhard Rode (um 1780)

siastique von Claude Fleury: «Enfermé dans son château de Canosse avec la comtesse Mathilde, il força ce prince aux soumissions les plus basses et les plus honteuses avant de l'absoudre». Deshalb überrascht nicht, daß die Reise Papst Pius' VI. im Jahre 1782 nach Wien, um von Kaiser Joseph II. die Zurücknahme seiner Säkularisationen zu erwirken, als ein umgekehrtes ‹Canossa› interpretiert wurde, wie auch d'Alembert am 3. Mai 1782 an den Preußenkönig schrieb: Der Papst sei also nun in Wien, und der Kaiser werde ihn verspotten und zurückschicken, wie er gekommen sei. Und d'Alembert gab dem Wunsch Ausdruck, daß Gregor VII. und Heinrich IV. Zeugen dieses Schauspiels sein könnten und des Fortschritts, den die Vernunft seit siebenhundert Jahren getan habe.[17]

Mit der Wende zum 19. Jahrhundert und in der Folge der Französischen Revolution, der napoleonischen Kriege und Befreiungskriege, der Aufhebung des Alten Reiches und der Alten Kirche und der politischen Neuordnung Europas wurden ‹Volk› und ‹Nation› zu Schlüsselbegriffen der politisch-gesellschaftlichen Sprache in Deutschland; sie wurden «Fluchtpunkt und Sinnmitte» dessen, was heute ‹politische Deutungskultur› genannt wird.[18] ‹Canossa› wurde deshalb im politischen und gesellschaftlichen ‹Imaginarium› des

19. Jahrhunderts, und zwar bereits vor 1872, in zunehmendem Maße zu einem Kristallisationspunkt historischer Reflexionen.

Das von Bismarck 1872 im Reichstag gesprochene Wort hat übrigens auch in Italien das Interesse an der Burg Canossa als archäologischem und historischem Zeugnis geweckt; 1878 wurde die Ruine durch den italienischen Staat erworben und zum Monumento Nazionale erklärt. Doch hatten sich die ersten deutschen Besucher dort schon in der ersten Hälfte des 19. Jahrhunderts eingefunden, unter ihnen 1826 der Dichter August von Platen, der sein Erlebnis in einem Epigramm festhielt:

> Wo im Palaste den Papst beherbergte die stolze Mathildis,
> Konnte mir kein Obdach bieten der Pfarrer des Orts,
> Welcher am Fuße des zertrümmerten Schlosses in ärmlicher Hütte
> Haust; doch bot er ein Glas herben lombardischen Weins.
> So denn mußt ich die neblige Nacht durchfrieren wie Heinrich,
> Mit der Laterne den Pfad suchen im steilen Gebirg.[19]

Auch in der Literatur des 19. Jahrhunderts hat die Reflexion der Ereignisse von 1077 lange vor 1872 eingesetzt und in Gedichten, Romanen und Dramen ihren Niederschlag gefunden. Harald Zimmermann hat in seinem Buch über den Canossagang von 1975 eine Fülle von Belegen erörtert. Herausragende Werke finden sich kaum darunter. An Heinrich Heines ironisch-frivoles Canossa-Gedicht (in der Fassung von 1844) sei jedoch erinnert:[20]

> Auf dem Schloßhof zu Canossa
> Steht der deutsche Kaiser Heinrich,
> Barfuß und im Büßerhemde,
> Und die Nacht ist kalt und regnicht.
>
> Droben aus dem Fenster lugen
> Zwo Gestalten, und der Mondschein
> Überflimmert Gregors Kahlkopf
> Und die Brüste der Mathildis.

«Heinrich [...] murmelt fromme Paternoster», so geht es weiter, «Doch im tiefen Kaiserherzen / Heimlich knirscht er, heimlich spricht er» und gedenkt des in seinen «deutschen Landen» vorhandenen «Eisens» für die «Streitaxt», gedenkt des in den deutschen Eichenwäldern, «im Stamm der höchsten Eiche» wachsenden «Holzstiels für die Streitaxt». Und:

> Du, mein liebes, treues Deutschland,
> Du wirst auch den Mann gebären,
> Der die Schlange meiner Qualen
> Niederschmettert mit der Streitaxt.

Zur gleichen Zeit hat Joseph Hergenröther, der spätere Kardinal und Kirchenhistoriker, als Student in seinem Drama *Gregor der Siebente* den Papst als Helden gezeichnet, der «für Deutschlands Freiheit» gegen einen seine Pflichten vergessenden König kämpfte, während Heinrich IV. bei der Belagerung des Papstes in der Engelsburg sich an die «Schmach» von Canossa erinnert: «Canossa! Ha! Dein Angedenken will / In Blut ich tilgen! Rache fordert das, / Was dort des Kaisers Majestät erfahren».[21] Erinnert sei schließlich an das Canossa-Drama von Friedrich Rückert, ebenfalls von 1844, in dem der König vor dem Burgtor einen Appell an das deutsche Nationalgefühl zu sprechen hat:[22]

> O Deutschland, blick hierher, und sieh die Schmach,
> Die du dir selbst in mir hast angetan,
> Den tiefen Fall, den du mit mir gefallen!
> [...]
> [...] o fühl es mit, mein Volk,
> Daß ich zugleich für deine Schuld hier büße!

Mit dem Beginn der 1870er Jahre steigerte sich die literarische Produktion. Im Jahre 1871 erschienen in Berlin zwei Canossa-Dramen. In Berlin wurde Anfang 1871 auch das *Canossa* betitelte Werk des Sozialisten Jean B. Schweitzer mehrfach aufgeführt. 1872 erschien die Tragödie *Kaiser Heinrich IV.* von einem gewissen Karl Kutter. Auf zwanzig Berliner Aufführungen brachte es das Trauerspiel *Gregor VII.* im Winter 1873/74. Bei Kutter hat Heinrich am Ende der Canossa-Szene einen in die Zukunft weisenden Monolog zu sprechen und dabei das Kaisertum der Salier mit dem der Hohenzollern zu verbinden:

> Ich sehe selbst der Freiheit Morgenlicht,
> Erdrückt zuvor noch von des Papstes Macht
> Fühl' ich die Kraft jetzt wieder als ein Kaiser.
> Erreicht hab' ich das angestrebte Ziel!
> Ins Land der Freiheit, in das Land der Treue
> Kehr ich zurück nach Schmerzgefühl und Reue.

Und:

> Erneuern wir den Glanz der alten Krone,
> Und Deutschland huldigt dann dem Kaiserthrone.[23]

Auch das Imaginarium der Maler hat ‹Canossa› im 19. Jahrhundert beschäftigt, doch weniger, als man zunächst glauben möchte. In den zahlreichen Motiven der Historienmalerei des 19. Jahrhunderts nimmt ‹Canossa› im Ganzen wenig Raum ein. Nicht einmal in den «Bilderkämpfen» der Kaiserzeit zwischen der Reichsgründung und 1918 hat es in irgendeiner Weise dominiert. Das verbreitetste Bildmotiv aus dem Canossa-Imaginarium war der vor dem Burgtor zu Canossa büßende König,[24] zum Beispiel in den Darstellungen von Hermann Freihold Plüddemann von 1877 oder von August von Heyden

Heinrich IV. im Schloßhof von Canossa. Holzstich (um 1890), nach einer Zeichnung von August von Heyden

Hermann Wislicenus: Heinrich IV. in Canossa (Entwurf für den Goslarer Kaisersaal, 1876/77)

von 1876. Plüddemanns Canossa-Darstellung hat Bismarck sich im Arbeitszimmer seines Hauses in Varzin als Türvorhang aufhängen lassen. Hermann Wislicenus, der mit der Ausmalung des Kaisersaals der neu errichteten Kaiserpfalz zu Goslar eine Apotheose der deutschen Kaisergeschichte von den Ottonen, Saliern und Staufern bis zu den Hohenzollern zu fertigen hatte, durfte die von ihm vorgesehene Darstellung des Canossagangs freilich nicht realisieren: Der preußische Kultusminister Adalbert Falk, Bismarcks politischer Partner im Kulturkampf, hat dies verhindert, nachdem ein anonymer Kritiker den von Wislicenus vorgelegten Entwurf 1877 verworfen hatte. Es sei eine «Zumutung [...], sich selbst Denkmäler seiner Schande zu errichten und für eigenes schweres Geld sich und künftigen Geschlechtern die Momente deutscher Schmach in einem Kaisersaal an die Wand malen zu lassen. [...] Aus der Geschichte können wir freilich die Tatsachen nicht löschen, und uns und den Nachkommen sollen sie auch gewiß zur Warnung und Belehrung dienen – aber uns noch malen lassen, al fresco, wie ein deutscher Kaiser [...] sich vor dem Papst im Büßergewande demütigt, [...] nein: da reißt dann doch die deutsche Geduld. [...] Nach Canossa gehen wir nicht – auch auf dem Bilde nicht!»[25]

Nach dem Untergang des Kaiserreiches 1918 klang die Erregung über ‹Canossa› allmählich ab. Auch in den Geschichtsklitterungen der Nationalsozialisten hat ‹Canossa› keine bedeutende Rolle mehr gespielt. Dazu kommt, daß in der deutschen Mittelalterforschung nach 1918 andere Kategorien der Beurteilung die Oberhand gewannen, ‹Canossa› ent-konfessionalisiert und ent-nationalisiert wurde. Der protestantische Mittelalterhistoriker Gerd Tellenbach hat 1936 in seinem berühmten Buch *Libertas. Kirche und Weltordnung im Zeitalter des Investiturstreites* diesen Investiturstreit als einen «Kampf um die rechte Ordnung in der christlichen Welt» gekennzeichnet. Hier habe es sich darum gehandelt, «auf Grund einer tieferen Erfassung des Wesens der katholischen Kirche» das Verhältnis von Klerus und Laien zueinander neu zu regeln, die «innere Verfassung der kirchlichen Anstalt durch den Sieg der Primatsidee» neu zu ordnen und schließlich «die Beziehungen zwischen Kirche und Welt» in neuer Weise zu denken.[26] In ganz ähnlicher Weise hat 1932/33 der katholische Historiker Anton Mayer-Pfannholz in seinem Aufsatz *Die Wende von Canossa. Eine Studie zum Sacrum Imperium* ebensowohl dem Liberalismus mit seinen «antikirchlichen Fechtwerkzeugen» wie dem Nationalismus mit seiner Deutung von ‹Canossa› als «Symbol einer unvergeßlichen und für alle Ewigkeit mahnenden Niederlage deutscher Macht und deutschen Wesens durch ein übernationales Prinzip» eine Absage erteilt. Canossa sei ein «Symbol» – aber im Sinne «einer Schicksalswende des Mittelalters und des Abendlandes», als eine «Kammscheide, von der aus die Geschicke der christlich-abendländischen Welt» im Ganzen «unaufhaltsam nach einer neuen Richtung fluten», nämlich im Sinne der «Auflösung einer alten Weltordnung», im «Zusammenbruch des ‹heiligen› Reichs und des Glaubens an dieses ‹heilige› Reich», in Richtung auf den «laisierten Staat». «Regnum und sacerdotium hatten zusammen die ecclesia ausgemacht, die als imperium in politischer Konkretheit erschien. Das sacerdotium erkennt seit Canossa die Teilhaberschaft des regnum nicht mehr an, identifiziert sich seit Gregor VII. allein mit der ecclesia und immer mehr auch mit dem imperium [...], das regnum bleibt auf sich allein angewiesen, auf seine Nation, auf sein Territorium, auf seine eigene Ideologie.»[27]

Aus heutiger Sicht ist die Erregung der 1870er Jahre und der Zeit um 1900 ohnedies nicht mehr nachzuvollziehen. Die historischen Konsequenzen aus dem verbrecherischen Mißbrauch der Staatsmacht durch die Nationalsozialisten, der endgültige Zusammenbruch des Bismarckreiches von 1945 und die Beilegung der alten konfessionellen Kontroversen in der 1949 gegründeten Bundesrepublik Deutschland haben den früheren Auseinandersetzungen und den ideologischen Überhöhungen von ‹Canossa› den Boden entzogen. Dazu kommt, daß die einstige Gewißheit, die Motive der historisch Handelnden, auch ihre verborgenen Motive, mit Bestimmtheit ermitteln zu können, einer selbstkritischeren Betrachtung gewichen ist. In seinem bedeutenden Alterswerk über *Die westliche Kirche vom 10. bis zum frühen 12. Jahrhundert* von 1988 hat Gerd Tellenbach, die Ereignisse des sogenannten ‹Investiturstreits› ein halbes Jahrhundert nach seinem *Libertas*-Buch von 1936 noch einmal rekapitulierend, eine nüchterne Bilanz gezogen. «Über Vermutungen», so Tellenbach, «können alle diese, teilweise sehr widersprüchlichen Deutungen nicht hinauskommen»: «Wie weit waren Heinrich und die Zeitgenossen ernstlich betroffen von dem Bann, waren sie wirklich in Sorge um ihr ewiges Heil? War der Papst bestrebt, wie er oft beteuerte, den sündigen Menschen zu bekehren und zu retten? Wie entscheidend waren für beide daneben oder vorzugsweise politisch-taktische Erwägungen? War seine symbolische Demütigung für den König ein wahres Opfer oder überwog der Gedanke daran, mit der Leistung der Buße einen Ausweg aus seinen Verlegenheiten zu finden?» Dabei sei auch zu beachten, daß Heinrich, «der vor der Burg von Canossa mit nackten Füßen stand, seine mit der Gegenseite vereinbarte Versprechung *immer als König* machte», und selbst «in den verzweifeltsten Momenten» habe er «niemals die päpstliche Aberkennung seines Königtums oder gar die Lösung der ihm Verpflichteten von ihrem Treueid anerkannt». «Und hatte der Papst überhaupt die Möglichkeit, dem so eindrucksvoll Büßenden Verzeihung und Bannlösung zu verweigern? Hätte er dadurch nicht die ideelle Wurzel seines Oberhirtenamtes unglaubwürdig gemacht, zumal in einer Welt, in der er viele nüchtern oder gar skeptisch denkende Feinde hatte, besonders in Italien».[28]

Was bleibt also von ‹Canossa›? Wohl nichts als die Erinnerung an eine historische Episode – und eine ferne Reminiszenz, die – wie lange noch? – im «Zitatenschatz des deutschen Volkes» ein seltsames Überleben fristet.

Anne G. Kosfeld

Nürnberg

I.

«Trummel und Schlägel, ein Reitpferd, ein Wägel, Kugeln und Kegel, Kistchen und Pfeifer, Kutschen und Läufer, Husar und Schweizer; nur ein paar Kreuzer» – all diese Dinge waren für Goethe, der sich nach Weimar nicht nur Kunstblätter, Münzen und Medaillen, sondern auch Lebkuchen und Bratwürste aus Nürnberg, «mit Majoran gewürzt und ein wenig geräuchert», kommen ließ, Ausdruck lebendiger deutscher Stadtbürgerkultur. Dem heutigen Reisenden bietet sich, wenn er eines der alten Stadttore durchschreitet, an Gasthäusern, Handwerksbetrieben und Antiquitätengeschäften vorbeigeht, vor Kirchen und Denkmälern stehenbleibt, ein ebensolches Bild, bis er auf einem Plakat Nürnberg als «Stadt des Friedens und der Menschenrechte» findet. Der Besucher, der die anheimelnde bürgerliche Lebensart in den Gassen und Winkeln der Stadt wiederzuerkennen glaubt, wird nun mit Assoziationen konfrontiert, die konträr dazu das Versagen dieser bürgerlichen Werte- und Lebensgemeinschaft während der nationalsozialistischen Gewaltherrschaft in Erinnerung rufen. Die Aufgabe, die sich für die Stadtoberen heute stellt, die Traditionen und historischen Spuren geschichtsbewußt zu präsentieren, begegnet dem Besucher in der einen oder anderen Weise, unkritisch manieristisch ebenso wie ambitioniert aufklärerisch – buchstäblich aber auf Schritt und Tritt. Am Ende des Rundgangs sind die alltäglichen Genüsse, der Tand, das Spielzeug, die angenehmen Inseln der Ruhe in einer Stadt voller touristischer Attraktionen ganz in ihrem Kontext aufgegangen: Was Goethe gelang, nämlich trotz des Verfalls reichsstädtischen Selbstbewußtseins die Kleinodien als unmittelbaren Ausdruck einer wiederzubelebenden deutschen Bürgerkultur zu nehmen, um damit gleichsam programmatisch die Vorbilder für ein neuerwachtes Kunstschaffen und die Vorväter dieser Bürgerkultur auf das Banner zu heben, gelingt heute nicht mehr.

Der kontemplative Aspekt der «Erinnerung» als «Innehalten», als sich «Herausstellen» aus den Bedeutungszusammenhängen der eigenen Gegenwart zugunsten von – vermeintlichen oder tatsächlichen – Bedeutungszusammenhängen derjenigen Vergangenheit, der die dieses «Innehalten» auslösenden Artefakte angehören, ist zum einen mit dem Ideologieverdacht gegenüber jeder Verwicklung von politischem Handeln und historischem Denken, also seit gut fünfzig Jahren, in der öffentlichen Kultur Deutschlands desavouiert. Zum anderen ist die Kompetenz zur Deutung solcher Artefakte, bezogen auf ihre Repräsentation von Vergangenheit, die im sogenannten bürgerlichen

Zeitalter in die individuelle Distanzierung des gebildeten Bürgers von der Massengesellschaft seiner Zeit mündete, als Grundlage des bürgerlichen Habitus heute kaum mehr Voraussetzung für den sozialen Aufstieg oder die politische Karriere in der deutschen Mittelstandsgesellschaft. Und drittens war für Goethe «das Vergangene nur insofern interessant, als es lebendige Kräfte in der Gegenwart auslöst». Das Innehalten im Sinne einer Distanzierung von der Gegenwart sollte also ein Wiederentsinnen vergangener Sachverhalte einleiten und damit die Einwirkung von Einflüssen ermöglichen, die durch Raum und Zeit von ihr getrennt sind. Das Heute sollte durch das aktive wissenschaftliche wie künstlerische Erinnern einerseits experimentell reformiert, die Bürgerkultur gerade durch die kognitive Fähigkeit zur Verbindung der Artefakte mit den historischen Leistungen der Vergangenheit zu neuem Leben erweckt werden. Zugleich hoffte man, die schwer einzuhegenden Gefahren eines mittels der «Zeitspritze» historischer Vorbilder forcierten und verdichteten Erfahrungshorizontes durch eine spezifische Ausprägung der Gedächtniskultur geschichtsteleologisch befrieden, ja zivilisieren zu können. Auch diese Vorstellung ist dem heutigen Nürnberg-Besucher, mit Blick auf das Versagen der Geschichtsmythen in der deutschen Politik des 20. Jahrhunderts, kaum mehr möglich. Individuelle Kontemplation in historischen Räumen, habituelle Bürgerlichkeit und historisch gebildetes Reformdenken haben ihre gesellschaftlich dominierende und prägende Rolle eingebüßt. Kunst und Kunstgewerbe, einst Ausdruck republikanischen Bürgergeistes, lösen im Kontext der Geschichte des 20. Jahrhunderts ganz unterschiedliche Assoziationen aus. Bratwurstbuden und Christkindlmarkt, nach wie vor die größten Touristenattraktionen, muten vor dem Hintergrund großer Reichsgeschichte, erlesener Kunsttradition und dem Versagen bürgerlicher Werte im Nationalsozialismus gleichermaßen unangemessen an, wie sie auf eine selbstverständliche Weise Handel und Wandel der Stadt, Triviales und Kostbares wie eh und je zusammenfügen.

Zwischen 1927 und 1938 zur Stadt der Reichsparteitage geworden, war Nürnberg bereits im Kaiserreich Gegenstand einer vom Magistrat der Stadt gezielt geförderten Massenkonsumkultur geworden, die die eigene Vergangenheit erfolgreich und weit über die Landesgrenzen Bayerns hinaus vermarktete. Bereits zu Beginn des Wilhelminischen Zeitalters wurden in Nürnberg Tassen zum Alltagsgebrauch verkauft, die mit Albrecht Dürer das Image Nürnbergs als dem deutschen Erinnerungsort par excellence propagierten. Nürnberg spiegelt seither das fragile Verhältnis zwischen einer übermächtigen Geschichte und ihren je verschiedenen Erinnerungskulturen vor und nach dem sogenannten Ende der Geschichte, von Nation, Staat und Bürgertum auf dem Weg zu Demokratie und Massenkultur in Deutschland in exemplarischer Weise. Wie kaum ein anderer Ort Deutschlands hat sich die «deutscheste aller Städte», wie sie der Nürnberger Oberbürgermeister Willy Liebel 1938 nannte, selbst so zum deutschen Erinnerungsort stilisiert wie Nürnberg.

Diese Stadt suchte wie kaum eine andere gleichermaßen bürgerliche Selbständigkeit, imperiale Größe und intellektuelle Entfaltung zu verkörpern, und obgleich andere deutsche Gemeinden, besonders ehemalige Reichsstädte, ebenfalls im Verlauf des 19. Jahrhunderts Anstrengungen unternahmen, vor allem in der Gesellschaft des Kaiserreiches ein eigenes historisches Profil massenwirksam zu vertreten, ist dies wohl keiner anderen Stadt bis 1945 so erfolgreich gelungen wie Nürnberg.

Einsicht und Interessen der Beteiligten gaben dieser Erinnerung im 19. und 20. Jahrhundert jedoch erst ihr Gesicht. Motor ihrer Wandlung waren häufig Krisen und Konflikte, zu Beginn der Untergang des Heiligen Römischen Reiches deutscher Nation und der Verlust der Reichsunmittelbarkeit im Zuge der Errichtung einer neuen deutschen Staatlichkeit. Nürnberg suchte sich selbst als freie Bürgerstadt und heimliche Hauptstadt des Reiches zu präsentieren und damit die in der spätmittelalterlichen Vergangenheit Deutschlands vermeintlich ruhende und in seiner Zukunft wieder zu errichtende Einheit eines Gemeinwesens freier Bürger mit Deutschlands Rolle als mächtigem Reich in den Zusammenhang mit ihren historischen Leistungen zu stellen.

Das Nürnberg des 15. und 16. Jahrhunderts war freilich aristokratisch verfaßt. Der Herrschaft der Patrizier über ständisch Ungleiche wurde erst mit der Annexion Nürnbergs durch das Königreich Bayern ein Ende gemacht, nachdem sich bereits die Aufklärung gegen sie aufgelehnt hatte. Daß die Diskussionen um die Neuordnung der städtischen Verwaltung im Rahmen des nun souverän gewordenen Königreichs Bayern sich im Zeichen des Historismus auf die eigene Vergangenheit beziehen würden, kann nicht verwundern. In kaum einer ehemaligen Reichsstadt, ob nach Verlust oder unter Bewahrung der Unabhängigkeit im Deutschen Bund, fehlten solche Diskussionen. Auch für die Pläne des Freiherrn vom Stein zur Reorganisation der Stadtverwaltung im Königreich Preußen war die Beschäftigung mit der mittelalterlichen Geschichte Vorbild und kritischer Vergleichsmaßstab.

Der Weg zum Erinnerungsort Nürnberg zwischen der Annexion der Stadt durch das Königreich Bayern und der Entwicklung einer Massenkonsumkultur im Wilhelminischen Kaiserreich, die dann bis 1945 ganz unterschiedliche Instrumentalisierungen erfuhr, kennzeichnet jedoch vor allem auch tiefgreifende Veränderungen im Verhältnis zwischen Geschichtswissenschaft, politischer Diskussion in der Stadt und Öffentlichkeit in Deutschland. Aus der symbolträchtigen Beschäftigung mit der Nürnberger Vergangenheit als Richtschnur und Reflexionsboden jeweils gegenwärtiger Politik entstand im Verlauf dieser Entwicklung eine synkretistische Massengeschichtskultur, die sich über die wilhelminische Epoche in die Weimarer Zeit fortsetzte und an die die nationalsozialistische Gewaltherrschaft angesichts der Sinnentleerung spezifischer Gehalte ohne große Erschütterungen anschließen konnte.

II.

«Nürnberg! Du vormals weltberühmte Stadt! Wie gerne durchwanderte ich deine krummen Gassen; mit welch kindlicher Liebe betrachtete ich deine altväterländischen Häuser und Kirchen, denen die feste Spur von unsrer alten vaterländischen Kunst eingedrückt ist», schrieb Wilhelm von Wackenroder 1796 in seinen *Herzensergießungen eines kunstliebenden Klosterbruders* und hatte damit eine Schneise für all jene geschlagen, die die kulturelle und politische Blütezeit Nürnbergs im Mittelalter als Vor- und Gegenbild der geschwächten Stadt nach der Annexion durch Bayern beschworen. Dabei konnte er auf eine rund zweihundert Jahre andauernde Kulturblüte verweisen, die im Zusammentreffen verschiedener Faktoren, wie einer toleranten Ausprägung des Protestantismus mit einem traditionsbewußten und reichspolitisch aktiven Patriziat und gebildeten böhmischen und österreichischen Exulanten, einen Höhepunkt des Späthumanismus im Reich darstellte. Leibniz, der 1666 an der Nürnberger Universität in Altdorf promoviert hatte und sich noch einige Zeit in der Stadt aufhielt und um Aufnahme in eine der gelehrten Gesellschaften bat, schätzte die alte Pegnitzstadt als «das Muster und Vorbild deutschen Wesens». Diese Auffassung hatten Humanisten wie der fränkische Winzersohn Conrad Celtis im 15. Jahrhundert vor allem auf die vorbildlichen Gesetze der Stadt und ihre Geschichte bezogen. Mit seiner *Norimberga*, die er 1495 dem Nürnberger Rat überreichte, hatte Celtis der Stadt ein Denkmal gesetzt, das die Bürgertugenden der freien Selbstregierung einiger patrizischer Familien pries, die Herkunft und Tugend, also das Recht und die Fähigkeit zur guten und gerechten Herrschaft über andere setzte. In der Tradition des humanistischen Stadtlobs, stellte er Nürnberg aufgrund der Vorbildlichkeit seiner Gesetze und seines Regiments neben andere große antike Gemeinwesen. Willibald Pirckheimer verglich seine Heimatstadt mit Venedig, einer Republik, die ebenso wie Nürnberg Wohlstand und Ansehen durch herausragende Leistungen ihrer Bürger in der Regierung und im Handel erlangte.

Wenngleich die «heimliche Hauptstadt des Reiches» als Hort der Reichskleinodien und Sitz des jeweils ersten Reichstages, festgelegt in der Goldenen Bulle von 1356, und schließlich auch als Verkehrsknotenpunkt der Ost-West-Achse wie der Nord-Süd-Achse im Reich einen herausragenden Stellenwert unter den Städten einnahm, war sie während der Frühen Neuzeit, wie viele andere Städte auch, durch die Machtakkumulation der Fürstenhöfe zur Bedeutungslosigkeit herabgesunken. Dabei war das kulturelle Leben im 17. und 18. Jahrhundert keineswegs zum Erliegen gekommen. Vielmehr entwickelte sich Nürnberg im Barockzeitalter nicht zuletzt durch den 1644 gegründeten *Pegnesischen Blumenorden* sowie durch die Entstehung einflußreicher historischer, juristischer und dichterischer Werke zu einem der führenden literarischen Zentren in Deutschland. Bedeutende Kupferstecher und Kartographen zeigten das Bild einer Stadt, die – wenn auch aufgrund fehlender finanzieller

Mittel – kaum auf den barocken Baustil und die Prachtentfaltung der expandierenden Residenzstädte reagieren konnte, dafür aber die Insignien der Kaisermacht überall sichtbar in die Neuzeit rettete. Nürnberg konservierte insofern seine überragende spätmittelalterliche Rolle. Als eine der bedeutenden mittelalterlichen Großstädte war Nürnberg am Schnittpunkt aller großen Handelswege zwischen Böhmen, Schwaben, Franken und Bayern von Kaiser Heinrich III. gegründet worden. Um 1320 besaß es eine Grundfläche von 160 Hektar und beherbergte im Spätmittelalter knapp 30 000 Einwohner in seinen Mauern. Nürnberg entwickelte sich nicht nur zu einem Zentrum des Verlagswesens, der Goldschmiedekunst und der Kartographie, des Handels und der Literatur, sondern wurde für die deutschen Könige und Kaiser eine «carissima civitas», wie Friedrich II. die Stadt nannte.

Wolfgang Amadeus Mozart dagegen nannte Nürnberg im Jahre 1790 «eine häßliche Stadt», und auch Goethe zeigte sich gleichermaßen angezogen von meisterlichen Überresten großer Kunst und Handwerksarbeit, zugleich aber auch abgestoßen durch ihren Verfall und ihre unzeitgemäße Altertümlichkeit: «es war und bleibt ein interessanter Ort und, wer die alten unherstellbaren Zustände nicht gerade zurückfordert, sondern sich an ihren Reliquien erbaut, der wird sich in dem neuen Leben auch wohl befinden». Als Nürnberg Ende des 18. Jahrhunderts vermehrt ins Blickfeld von Kunstinteressenten von Rang rückte, entdeckten auch Lokalpolitiker die Chance zum Neuanfang. Achim von Arnims und Clemens Brentanos Plan, einen zweiten Band von *Des Knaben Wunderhorn* unter Auswertung der Bestände Nürnberger Bibliotheken zu konzipieren, kennzeichnete die besondere Rolle Nürnbergs in der beginnenden romantischen Hinwendung zum Mittelalter. Schon Goethe hatte «Wahrheit und Tüchtigkeit» an den Nürnberger Meistern und ihren Werken bewundert. Die Dürerschen Holzschnitte, das Gänsemännchen, die Schwänke eines Hans Sachs und in seiner Nachfolge Konrad Grübel verkörperten jenen volkstümlichen, wahrhaftigen Künstlergeist, den er im Pegnesischen Blumenorden so sehr vermißte. «Ehrlich», «redlich», «bieder», «treuherzig», «tüchtig» und «fromm» fand er den Nürnberger Künstlertypus und bereitete mit dieser keineswegs neuen Sicht den Weg derer, die wie die Gebrüder Grimm, Joseph von Eichendorff oder Wackenroder den deutschen Volksgeist in den gefährdeten Reliquien aufsuchten. So nimmt es nicht wunder, daß der Reichsfreiherr von und zu Aufseß das Angebot des geschichtsliebenden bayerischen Königs Ludwig I., in Bamberg ein deutsches Nationalmuseum zu gründen, am Ende verwirklichte – jedoch in Nürnberg. Die Gründe liegen in der Erfolgsgeschichte der Stadt, der es gelang, in wenigen Jahren als deutscher Erinnerungsort weithin Anerkennung zu finden. «Wenn einer Deutschland kennen und Deutschland lieben soll, wird man ihm Nürnberg nennen, der edlen Künste voll», schrieb der bekannte Dichter der Freiheitskriege Max von Schenckendorff 1814. Wie selbstverständlich mündete dieses unangefochtene Image deutscher Tüchtigkeit und Vaterlandsliebe nun in die Gründung einer

Institution, die die Zeugnisse deutschen Volkslebens ebenso beherbergen sollte wie die Neuerungen in Kunst und Wissenschaft oder Dokumente eines großangelegten Wirtschafts- und Handelssystems der Stadtbürger.

Nach den Befreiungskriegen setzte eine wahre Reisewelle nach Nürnberg ein. In Nürnberg selbst vertrieb der Buchhändler Johann Leonhard Schrag seit 1809 gezielt romantische Literatur. Dort wurde 1812/13 auch das *Nürnbergsche Taschenbuch* des Diakons Johann Ferdinand Roth vertrieben, der erste Führer durch Nürnberg, der bereits die romantische Sicht auf die Stadt widerspiegelt. Zur Begründung «vaterländischer Einsicht» unter den Bürgern geschrieben, wurde die alte Ordnung der Stadt, wenige Jahre zuvor noch Gegenstand beißender Kritik, nun zum vermeintlich wiederzuerringenden Gut. Sie wurde nun allerdings in die Zeit vor dem 16. Jahrhundert zurückverlegt, während die Adelsherrschaft des Ancien Régime von der besseren Vergangenheit in Spätmittelalter, Renaissance und Reformation abgekoppelt werden sollte. Das Interesse an der mittelalterlichen Reichsstadt als Ausdruck einer vermeintlich besonderen deutschen Kunst- und Lebensform und die Orientierung an verfassungsrechtlichen Vorbildern wurden damit zusammengeführt.

Wie direkt Kommunalpolitik und die Entstehung Nürnbergs als Erinnerungsort zusammenhingen, läßt sich an der Person Johannes Scharrers (1785–1844) ablesen. Als Kaufmann erfolgreich und federführend an vielen kommunalen Reformvorhaben beteiligt, machte sich Scharrer vor allem im Rahmen seines Sparkassenprojekts während der Hungerkrise von 1816/17 einen Namen. Unmittelbar bevor er nach erfolgreicher Magistratsmitgliedschaft zum zweiten Bürgermeister gewählt wurde, wandte er sich mit einer «Patriotischen Adresse» 1823 an die Wähler und warb um die Benennung eines Bürgers, nicht eines Staatsbeamten, zum zweiten Bürgermeister. Dabei ließ er es auch nicht an einem Hinweis auf Ciceros *De officiis* fehlen. Klassisches Bürgerideal und das Gemeinwohl der Stadt Nürnberg verschmolzen. Deren Repräsentation war auch Anliegen einer Reihe im Laufe der 1820er Jahre in Gang gekommener denkmalpflegerischer Maßnahmen mit dem expliziten Ziel der Wiederherstellung und des Schutzes sonst dem Verfall preisgegebener mittelalterlicher Nürnberger Bauten. Das Interesse der deutschen Romantik an solchen Baudenkmälern erhielt durch Scharrers Engagement nun einen konkreten, dem gemeinen Wohl aller Bürger dienenden Auftrag: «Mit raschen Schritten haben sich die Kunst und Industrie Englands und Frankreichs an der Hand der Wissenschaft auf eine, unsern ungewohnten Augen schwindelnde Höhe emporgeschwungen. Diese Riesenbilder fragen uns, ob der Geist unserer Ahnen noch lebe? Sollte er mit Dürer, 6. April 1528, [...] Pirckheimer 1530, [...] Spengler 1534 zu Grabe getragen seyn? Nein! Noch haben Wissenschaft, Kunst und Gewerbe ihren grauen Wohnsitz nicht verlassen.» Dazu gesellte sich eine ganze Reihe von Denkmalsbauten, beispielsweise eine Statue für Philipp Melanchthon, den Reformator und Verfasser des Schulplans für das 1526 gegründete Gymnasium, oder der «Dürer-Pirckheimer»-

Brunnen. Die politische Programmatik dieses Bau- und Bildprogramms wurde in einem neunteiligen Bilderzyklus von Porträts Nürnberger Stifter für den «Kleinen Rathaussaal» umgesetzt. Dieser Zyklus sollte die in diesem Saal regelmäßig versammelten Räte dazu anhalten, nicht zu sparsam mit der Geschichte Nürnbergs umzugehen. In Reaktion auf seine Absetzung im Jahre 1828/29 urteilte einer der Anführer des gemäßigten bayrischen Liberalismus, Nürnberg sei nie zuvor «so republikanisch regiert worden, wie unter diesem ‹Meister aller Bürger›».

In den Jahren 1826 bis 1829 wurde die Errichtung eines Denkmals für Albrecht Dürer vorangetrieben. Das königlich bayerische Ministerium des Innern unterstützte diese Bemühungen und hielt die Magistrate der Stadt zur Bestandsaufnahme aller noch erhaltenen städtischen Altertümer an, so daß es allein bis 1835 zu einer 30 Seiten umfassenden Liste dieser Altertümer kam. Das Präsidium der königlichen Regierung des Rezatkreises griff in den 1830er Jahren in die Baubelange der Stadt aktiv ein, um Baudenkmäler, an denen die Eigentümer Modernisierungen vornehmen wollten, vor Veränderungen zu schützen. Dabei ging es der Kreisregierung auch darum, die Interessen des Königs an der Erhaltung der mittelalterlichen Bausubstanz durchzusetzen. Die Repräsentation der freien Bürgerkommune im Gewand von Spätmittelalter und Renaissance als politischem Programm sollte am Erweiterungsbau der polytechnischen Hochschule im neugotischen Stil besonders sichtbar werden. Indem Scharrer die romantische Mittelalterbemächtigung seiner Zeit mit Nürnberg verband und dieses zugleich zum Programm einer am Mittelalter abgesteckten Verbindung von freier Bürgerkommune und Reich, politischer Unabhängigkeit und intellektueller Spitzenleistung machte, hatte er zunächst gegen den erheblichen Widerstand der Stadtbürger begonnen, die Stadt Nürnberg in den Rang eines Symbols des entstehenden gesamtnationalen Programms von Einheit und Freiheit in Deutschland zu heben. Dieses stand im Zeichen einer Mittelalterrezeption, die in den deutschen Städten des Spätmittelalters nach Modellen einer wiederherzustellenden bürgerlichen Ordnung in Deutschland suchte.

Und so gedachten die Anwesenden, Zugereiste wie auch einige Einheimische, am Ostermorgen 1828 ihrer großen Vorbilder Dürer und Pirckheimer in einem gemeinsam angestimmten Lied: «Sie winken uns ‹die Zwei aus weiter Ferne›/Sie leuchten uns als hohe Doppelsterne/Und hellen uns die rechte Bahn:/Denn wenn sich Kunst und Wissenschaft verbinden,/So wird man leichter Höheres ergründen,/Und sich getrost dem Ziele nahn.» Der gerade erst wiedergefundene und zugleich neuerschaffene Erinnerungsort war den gebildeten Bürgern einerseits Zielpunkt einer Bildungsreise zu den steinernen Zeugnissen eines entstehenden Bildungskanons, der Hans Sachs, Willibald Pirckheimer, Veit Stoß, Adam Kraft, Martin Behaim, Peter Vischer und nicht zuletzt Albrecht Dürer aufnahm, Zeugnisse, die haptisch und optisch die Vergangenheit erlebbar machten. Andererseits schuf der Ort die Voraussetzungen einer sozialen Formierung dieser Bürger zum Bürgertum, das sich der Welt in Ritualen präsentierte, die zumindest in Anlehnung an das vermeintlich Erinnerte entwickelt wurden. Der Erinnerungsort war somit Bedingung für die Ausbildung eines bürgerlichen Habitus, eines Kanons öffentlicher Präsentation, war Vorlage für die einsetzende Selbstvergewisserung im Medium historischer Gestalten und Stadtarchitektur, als Versammlungsort die Urzelle all jener Erinnerungsorte, an denen die Massengesellschaft später nur noch virtuell partizipierte.

III.

Im Zeichen von Scharrers Bürgermeisterschaft war das politisch-kommunale Programm von Nürnberg als gebauter Erinnerung an das Deutschland des 15. und 16. Jahrhunderts als einer europäisch führenden Bürgernation unter kaiserlicher Führung noch mit Unterstützung der Krone und zunächst gegen den Willen der Bürger verfochten worden. König Ludwigs I. Interesse an Nürnberg dokumentierte sich nicht zuletzt in seiner Überlegung, daß bedeutende Nürnberger Bürger wie Conrad Celtis in die von ihm geplante Walhalla aufgenommen werden sollten. Er suchte Denkmäler oder «echte Bildnisse» von ihnen, die den Betrachter direkt ansprechen sollten. Nürnberger Köpfe schienen in das «deutsche Einigkeit, nicht deutsche Einheit» anvisierende «teutsche» Erinnerungsprogramm selbstverständlich hineinzugehören. Bei der Entscheidung, wer durch große Leistungen und hervorragenden Bürgersinn als Vorbild für die entstehende deutsche Nation geeignet sei, setzte er sich insbesondere von der Herrschaftsauffassung seines Vaters ab: «Wir waren in gar vielem das Gegentheil von einander. Er voll Vorliebe für die Franzoßen, für die Tricolor, für die Republik, für Napoleon, [...] ich für's Geschichtliche, bestehende, er für Neuerungen, keinen Sinn für jenes, für Aufhebung der Klöster, ich für Erhaltung, [...] wie ich später denn auch enthusiastisch für großartige Kunst, Malerey, Bildhauerey und Architektur, mein Vater aber fast nur Freude an Cabinettsbildern hatte.» Obgleich er selber keinerlei Ambitionen hatte, seine historische Vision von einer «teutschen» Nation in einem Geschichtsmuseum zu präsentieren, unterstützte Ludwig noch nach seiner Abdankung die Verwirklichung des Germanischen Museums in Nürnberg. Allerdings zeigt sich an seinem Beispiel auch die Fülle der Spielarten und widersprüchlichen Instrumentalisierungen der entstehenden Erinnerungskultur um Nürnberg. Denn für Ludwig barg die Vergangenheit nur mit Vorbehalt das Modell einer freien Bürgernation. Auch trauerte er dem deutschen Reich nicht nach und wünschte sich für Bayern als eigene «Nation» die volle Selbständigkeit.

Bis zum Vormärz war in Nürnberg selbst und in der gebildeten deutschen Öffentlichkeit also bereits eine Erinnerung an Nürnberg als Bauensemble des deutschen Mittelalters und seiner freien Bürgerstädte entstanden, ohne freilich, weder in der Nürnberger Kommunalpolitik noch in den Augen Ludwigs, im Sinne bürgerlicher Selbstverwaltung politisch dienstbar gemacht zu werden. Das sollte sich im Vormärz ändern. Vor allem im Medium von Festumzügen zur Erinnerung an das historische Nürnberg und seine Geschichte formierte sich eine gegen die königlich-bayerische Bevormundung und auf bürgerliche Partizipation gerichtete Bewegung. Nürnberg blieb der Erinnerungsort einer gebildeten Elite, wurde aber zugleich zum Ort einer Erinnerungskultur breiterer Bevölkerungsgruppen. Der Zug zum «Siebten Nationalfest» von 1832 sollte noch die bayerische Monarchie und die Stadt Nürnberg samt ihrer Geschichte problemlos verschmelzen lassen. Den bayerischen Behörden war darum zu tun, die neuen Untertanen auch durch öffentliche Umzüge in den monarchischen Staat zu integrieren, um diesen nach der Revolution von 1830 abzusichern. Die für 1840 geplante Feier des Jubiläums der Erfindung der Buchdruckerei traf jedoch bei den bayerischen Behörden auf massive Vorbehalte. Das Fest der Buchdrucker sei ein rein gewerbliches Fest, die Stadt als ganze und kirchliche Feiern seien auf gar keinen Fall mit einzubeziehen, die Teilnahme von Mitgliedern des städtischen Magistrates oder Mitgliedern der Landwehr werde «unbedingt untersagt», eine auch nur teilweise Deckung der Kosten durch Gemeindekassen ebenfalls. Vor allem sei «der Ort der zu gestaltenden Feierlichkeiten [...] in der Weise zu bemessen, daß alles ferngehalten werde, was der Feyer eine politische Bedeutung oder das Gepräge eines allgemeinen Volksfestes verleihen und Anlaß zu Aufregung geben könnte». Das Nürnberger Komitee zur Organisation des Festes löste sich daraufhin auf. Ähnliche Auseinandersetzungen entzündeten sich an der Feier zum 300. Todestag von Luther, der Nürnberg auf verschiedenen Reisen besucht und es in einem Brief an den Stadtschreiber Lazarus Spengler 1525 als «Sonne unter Mond und Sternen» bezeichnet hatte. Nürnberg hatte die lutherische Reformation mitvollzogen, als erste der Reichsstädte am 17. April 1525 das Bekenntnis zur protestantischen Lehre abgelegt. Zugleich blieb das lutherische Nürnberg während der Frühen Neuzeit dem katholischen Kaiser schon aus wohlverstandenem Eigeninteresse immer gewogen.

In diesem Falle gelang es Magistrat und Gemeindebevollmächtigten, an den Verfügungen der königlichen Behörden vorbei, einen besonderen Gottesdienst in der Egidienkirche, neben der Kaiserpfalz und der Reichsburg, neben St. Sebald und St. Lorenz eine der bedeutendsten städtischen Bauten der Stadt, zu organisieren. Seit dem Reformationsjubiläum von 1817 hatten soziale und politische Konflikte überall im deutschsprachigen Mitteleuropa zusätzlichen Sprengstoff durch religiöse Animositäten zwischen Protestanten und Katholiken erhalten. Insbesondere innerhalb des jungen Königreichs Bayern sorgten solche Spannungen nicht zuletzt 1848 und 1866 für beträchtliche Unruhe, besonders im gemischt-religiösen fränkischen Raum, wo es schon während der napoleonischen Zeit wie in Nürnberg zu Widerstand gegen die bayerische Annexion gekommen war. Entsprechend dankte eine Reihe Nürn-

Hans von und zu Aufseß, der Gründer des Germanischen Nationalmuseums, präsentiert sich mit Teilen seiner Sammlung (Photographie von 1864)

berger Bürger den Initiatoren öffentlicher Gottesdienste für das «öffentliche Zeichen ihrer lokalen Achtung für die große Protestantische Angelegenheit». Das Kollegium der Gemeindebevollmächtigten ersuchte den Magistrat «in Berücksichtigung der hohen Wichtigkeit, welche dem 18. des Monats als Todestag Dr. Martin Luthers von der ersten protestantischen Stadt Bayerns beizulegen ist», Tanzmusik und profane Vergnügungen zu verbieten. Johann Konrad Wilhelm Löhe, der dem antirationalistischen, gegen die Aufklärungstheologie gerichteten konfessionellen Protestantismus an St. Egidien in den 1830er Jahren Profil gab, gehörte zu denen, die den Lutherfeiern in der innerprotestantischen Auseinandersetzung den Boden bereiteten, bevor diese durch die unaufhaltsame Verweltlichung der protestantischen Orthodoxie im Zuge dieses Prozesses zum Kampfmittel gegen den erstarkenden Katholizismus und Sprachrohr eines nationalpolitischen Programms wurden. So nimmt es nicht wunder, daß der bayerische Staat solche Feiern im Zusammenhang mit Luther und der Reformation mit Argwohn betrachtete. Für die Nürnberger Bürger wurde umgekehrt die lutherische Reformation, die Willibald Pirckheimer, Hans Sachs, der das Lied von der «Wittenbergisch Nachtigall» verfaßte, und Dürers *Vier Apostel* unterstützten, bereits im Vormärz zu einem weiteren Element bürgerlicher Lebenstradition der Stadt umgedeutet – deren vermeintlich protestantischer Geist gegen das katholische Bayern zu schützen sei. Selbst von auswärts reisten Protestanten nach Nürnberg, um an der Feier in der Egidienkirche teilzunehmen, die plastische Zeugnisse eines sich in frommen Stiftungen ausdrückenden religiösen, humanistischen, aber auch ökonomisch selbstbewußten Stadtbürgertums ausstellte. Zugleich wurde in der überfüllten Kirche im April desselben Jahres ein Vortrag des ins Frankfurter Vorparlament entsandten Dr. Eisenmann organisiert, der sich gegen die Republik und für einen gemäßigten Konstitutionalismus aussprach. Nürnberg war auch hier auf dem Weg, zum Symbol einer protestantisch-bürgerlich geprägten, nationalen Integrationsidee zu werden, hier durch die Verbindung von Reichstradition und stadtbürgerlichem Fortschritt im Medium des Protestantismus.

Die Auseinandersetzungen um den politischen Gehalt öffentlicher Feste loderten 1856 bei der Organisation öffentlicher Umzüge zur Feier des fünfzigjährigen Jubiläums der Annexion Nürnbergs durch Bayern erneut auf. Die bayerische Verwaltung war darauf bedacht, in den geplanten Umzug soweit möglich Elemente des bereits entwickelten Bildes von Nürnberg als städtischer Bürgerrepublik aufzunehmen, mit der Monarchie aber zu versöhnen. Neben Gottesdiensten und Umzügen der königlichen Landwehr und örtlicher Schützengesellschaften bemühte sich die königliche Regierung, die entstehende Nürnberger Erinnerungskultur in ihrem Sinne zu beeinflussen, indem sie im «Nürnberger Friedens- und Kriegskurier» eigens auf die desolate Lage der Patrizierherrschaft gegen Ende der städtischen Unabhängigkeit einging, der sich Bayern in einem «Akt der Großmut» angenommen habe. Die erste Maßnahme der neuen königlichen Regierung sei die Abnahme der 1488 angebrachten und dem Vorbild Venedigs bewußt nachempfundenen großen Uhr gewesen. Den Nürnberger Patriziern war es damals tatsächlich darum gegangen, dem Vorbild der venezianischen Aristokratie nachzueifern. Insofern erinnerte die regierungsamtliche Propaganda mit Recht daran, Venedig sei den «Nürnberger Herren in vielen staatlichen Einrichtungen» – und eben auch in ihrem aristokratischen Regiment – Vorbild gewesen. Erst die bayerische Annexion habe die Rechtsgleichheit der Nürnberger gegen die Patrizier durchgesetzt.

In der Geschichte Nürnbergs lohnt es, hier einen Moment innezuhalten. Nürnberg war zunächst jenseits spezifischer politischer Ziele zum Erinnerungsort und Ziel von Gebildeten aus ganz Deutschland geworden, bevor Kommunalpolitik und Erinnerungsbau unter Johannes Scharrer verschmolzen. Nun wurde der Erinnerungsort Nürnberg zum umstrittenen politischen Programm. Dieses Programm enthielt genügend Elemente einer vermeintlichen vergangenen Bürgerfreiheit, daß angesichts der gespannten politischen

Stimmung im Vormärz seine öffentliche Feier der bayerischen Regierung gefährlich genug erscheinen mußte, um im Rahmen des Jubiläums aus Anlaß der Annexion der Stadt den Kampf um die Erinnerung an Nürnbergs Vergangenheit aufzunehmen und der sich formierenden stadtbürgerlich-kaiserlich-republikanischen Erinnerung die Befreiung der Nürnberger von der aristokratischen Oligarchie und ihrer Mißwirtschaft entgegenzustellen.

Die 1830er bis 1880er Jahre sahen die Industrialisierung Nürnbergs und mit ihr die Entstehung einer in Vereinen organisierten politischen Öffentlichkeit, die mit der patrizischen und zünftischen Gemeinde Nürnbergs ebensowenig gemeinsam hatte wie mit dem projektierten Fernziel einer vermeintlich am reformatorischen Nürnberg zu bemessenden Gemeinde deutscher gleicher Bürger. Das Erbe von Nürnberg als Erinnerungsort wurde jedoch im Zuge der entstehenden wilhelminischen Konsumkultur zunehmend weniger kontrovers, sondern nahm, ablesbar an der Organisaton der historischen Feste, ganz unterschiedliche Aspekte der Nürnberger Vergangenheit in synkretistischer Weise auf. Die Feiern zum 400. Geburtstag von Albrecht Dürer im Mai 1871 blickten im Zeichen der Reichseinigung auf rund ein halbes Jahrhundert der gezielten Erhaltung Nürnbergs als Baudenkmal des deutschen Mittelalters und auf die kontroverse politische Besetzung des inzwischen unangefochtenen Platzes von Nürnberg als Urtyp der deutschen mittelalterlichen Stadt und zugleich Heimat des «deutschen» Aufbruchs der Renaissance zurück. Weil dem zur Organisation der Feier zusammengetretenen Komitee die Mittel ausgegangen waren, übernahm 1871 sogar der städtische Magistrat die Ausrichtung der Feierlichkeiten. Städtische Obrigkeit und örtliche Vereine zogen an einem Strang. Andererseits steht der 1878 gegründete Nürnberger Geschichtsverein für eine Professionalisierung im Umgang mit den alten Urkunden und Quellen und damit für die Schere, die sich nun zunehmend zu der entstehenden populären Massengeschichtskultur auftat.

Diese Massengeschichtskultur war spätestens zum Zeitpunkt der Ausrichtung des deutschen Schützenfestes in Nürnberg im Jahre 1897 voll entwickelt. In der Konkurrenz deutscher Städte um öffentliche Aufmerksamkeit entstand die Planung zu einem umfangreichen Festzug, der die synkretistische Zusammenziehung ganz unterschiedlicher, aber jeweils allgemein bekannter Signien der deutschen Geschichte zu einem populären Gesamtbild spiegelte. Der Zug umfaßte drei Kostümgruppen, deren Repräsentanten «hervorragende, allgemein bekannte Persönlichkeiten sein» sollten. Die Wahl fiel auf Friedrich Barbarossa – «Erbauer der Nürnberger Kaiserburg» und «Held der Kyffhäusersage», umgeben vom «romantischen Zauber seines Todes» –, Maximilian I. – «der letzte Ritter», häufiger Gast auf der Nürnberger Kaiserburg und deutscher Kaiser zu «Nürnbergs Glanzzeit» – und die protestantisch-deutsche Legende Gustav Adolf – «der Held aus Nordland». Im Zug folgten auf Barbarossa «Herolde des Reichs», «Fanfarenbläser», das «Reichsbanner» und Wagen zur Darstellung der «Volks- und höfischen Poesie». Damit waren

Figuren gemeint, die Tristan und Isolde, Siegfried und Kriemhild und andere Charaktere der Nibelungensage darstellten. Dem «Wagen der Frau Minne» mit seinem «heiteren Gepränge» sollte ein «ernster, düsterer Zug von Kreuzfahrern zu Pferd und Fußritter des deutschen Ordens» folgen. Kaiser Maximilian wurden neben dem «Reichsherold» und der «Reichsfahne» «berittene Kavaliere» beigegeben, um «den Glanz des nach Maximilians Tod mehr und mehr abnehmenden Rittertums zu manifestieren». Die vier Weltteile, fünf allegorische Figuren zur Repräsentation des Nürnberger Handels und die «Meistersinger» gehörten ebenfalls zu seiner Gruppe.

Die Differenzierung der historischen Vorbilder nach politischen Lagern und Milieus, die ihre Identität im Kern nicht länger über ihre historischen Leitbilder herstellten, hat hierin ihren Ursprung. Wenn der sozialdemokratische Bürgermeister Nürnbergs noch im November 1927 im Rahmen der Vorbereitung der Feierlichkeiten zum Dürerjubiläum schrieb, die «Ausstellung verfolgt ja nicht allein den Zweck, das Werk von Albrecht Dürer und seinen Schülern zu zeigen, sondern auch aufklärende Forscherarbeit zu leisten», zeigt das zweierlei. Zum einen war das entstandene Bild Nürnbergs als freier Bürgerstadt für das Kaiserreich und die Weimarer Republik, auch für einen sozialdemokratischen Bürgermeister, kompatibel. In Nürnberg, der «roten Hochburg», wo im Jahre 1868 die Trennung zwischen der sozialdemokratischen und der liberalen Arbeiterbewegung beschlossen, 1881 mit Karl Grillenberger für die 1869 gegründete Arbeiterpartei das Nürnberger Reichstagsmandat gewonnen worden und es 1922 schließlich zu der Vereinigung zwischen USPD und SPD gekommen war, wurde der zum dichtenden Arbeiter umgedeutete Hans Sachs zwar in den Kulturveranstaltungen der Arbeiterschaft gefeiert, jedoch diametral dazu vom Bürgertum seit dem 19. Jahrhundert als national-patriotischer Kulturvermittler zwischen den Klassen und Ständen propagiert, ohne daß sich die Lager weiterhin erbitterte Schlachten über die Deutung der Geschichte lieferten. Zwischen öffentlicher Festkultur und zeitgenössischer historischer Forschung bahnte sich zudem durch die immer breiter auseinandergehende Schere zwischen der sich professionalisierenden Geschichtswissenschaft und der ebenso professionell betriebenen Öffentlichkeitsarbeit städtischer Vereine und Komitees ein Nebeneinander an, das im Verlauf der öffentlichen Vereinnahmung und Verfälschung von Geschichtlichem während der NS-Diktatur kaum mehr rückgängig zu machen war.

IV.

Als Sitz und Veranstaltungsort der Reichsparteitage wählte Hitler eine Stadt, die unter Praktikabilitätsaspekten besonders geeignet schien. Als Krönungsort deutscher Kaiser und Könige, als Trutzburg germanischer Stammestreue und erfolgreichen Handelsgeistes seiner Bürger bot die alte deutsche Reichsstadt die geeignete Kulisse für Staatsauftritte der neuen Machthaber vor

Nürnberg 81

«Lichtdom» auf dem Reichsparteitag der NSDAP auf dem Nürnberger
Zeppelinfeld (1937)

Zehntausenden von Menschen. Nürnberg rief die Bilder einer chimärenhaften, mythischen Reichsherrlichkeit ebenso hervor, wie es sich für Hitler als Antwort auf die «unvermeidliche Häßlichkeit der technischen Welt», auf die Moderne, durch Rekurs auf die «vertrauten ästhetischen Formen» eignete. Speer erinnerte in seinen 1975 veröffentlichten Spandauer Tagebüchern an «Göring mit seiner Kostümierungsmanie, Himmler mit seinem Folklorefimmel» und an sich selbst «mit meiner Vorliebe für Ruinen und Naturidyllen», womit er einen gewissen Spürsinn für die Oberflächlichkeit und den Eklektizismus dieser Historienbegeisterung bewies. Der Stadt als romantischer Kulisse der Vergangenheitsaneignung konnte das Regime eine Reihe von Vorzügen abgewinnen. Kunst und Architektur erschienen als «Instrument» geeignet, da man hier «mit Regiekünsten steuern», «mit dem großen Aplomb, mit dem Knalleffekt verbunden» auf die anwesende Masse Einfluß nehmen konnte – das, so Speer, favorisierte Hitler. Das Erlebnis der Nürnberger Reichsparteitage ist in der Erinnerung vieler Deutscher auf wenige Bilder zusammengeschmolzen, die den Architekten Hitlers später in Hinsicht auf das Problem des Substanzverlustes beschäftigten, bezogen auf die Wiederverwendung alter Baustile, die mittelalterlichen Stadtkulissen, aber auch die politische Kultur: «Merkwürdig berührt mich der Gedanke, daß die gelungenste architektonische Schöpfung meines Lebens eine Chimäre ist, eine immaterielle Erscheinung», der Lichtdom. 150 Flakscheinwerfer, zum Himmel gerichtet, ergaben eine «märchenhafte Kulisse, gleich einem der kristallenen Phantasieschlösser des Mittelalters».

Die Entscheidung der NSDAP für Nürnberg als Stadt der Reichsparteitage läutete eine neue Phase der Geschichte Nürnbergs als Erinnerungsort der Deutschen ein. Die Partei veranstaltete zehn Reichsparteitage, von denen die ersten beiden in München und Weimar (1923 und 1926), alle folgenden jedoch (1927, 1929 und jährlich von 1933 bis 1938) in Nürnberg stattfanden. Die Entscheidung für Nürnberg im Jahre 1927 – und gegen München, die Stadt der «Bewegung» – kann im einzelnen nicht aus den Äußerungen einzelner Parteiführer rekonstruiert werden, es lassen sich aber eine ganze Reihe möglicher Beweggründe anführen. Neben rein praktischen Gründen wie der günstigen Verkehrsanbindung Nürnbergs und dem Luitpoldhain als Veranstaltungsplatz spielte die numerische Stärke der Partei in Franken eine herausragende Rolle, denn sie stellte die Logistik für die Organisation der Veranstaltung. Hinweise auf die historische Rolle Nürnbergs, auf die Entwicklung von der «Stadt der Reichstage» zur «Stadt der Reichsparteitage», wie es anläßlich einer Ausstellung im Germanischen Nationalmuseum 1937 hieß, folgten. Wie zufällig und von welchen pragmatischen Überlegungen auch immer die Entscheidung für Nürnberg 1927 motiviert war, nach dem «Anschluß» Österreichs ließ Hitler die Reichsinsignien von Wien nach Nürnberg schaffen und er bestand darauf, die Rückführung mit dem Reichsparteitag zu verbinden. Für diesen Entschluß darf jedoch nicht übersehen werden, daß völkische Kreise während der ersten beiden Jahrzehnte des 20. Jahrhunderts immer wieder diese Rückführung gefordert hatten und Bürgermeister Liebel bereits seit 1933 wiederholt darauf gedrungen hatte. Schon 1934 wurden Nachbildungen der Insignien während des Parteitags ausgestellt. Neben das Interesse der Partei an einem möglichst symbolträchtigen Parteitagsort trat das lokalpolitische Interesse des Nürnberger Magistrats, die besondere Bedeutung der Stadt in Erinnerung zu rufen. 1938 nahm Hitler die Rückführung und Ausstellung der Insignien in Nürnberg zum Anlaß, um auf das «gewaltige deutsch-germanische Reich» hinzuweisen, das neu erwacht sei. Adressat war nun jedoch nicht allein die deutsche Bevölkerung, sondern auch das Ausland, dem gegenüber Hitler Nürnberg als markantes Symbol dieses deutschen Staates propagierte. Freilich hatte sich nun der Schwerpunkt der Repräsentation der Vergangenheit verschoben – Bürgerkultur und Unternehmungsgeist als städtisch-spezifische Traditionselemente waren einer Reduzierung der Stadt als Chiffre für das «germanische» Reich gewichen. Am 15. September 1935 wurden die «Nürnberger Gesetze» auf dem Reichsparteitag verkündet, die den Juden ihre bürgerlichen Rechte entzogen.

Für die Wahl Nürnbergs als Ort des alliierten Gerichts über die als Hauptkriegsverbrecher angeklagten Deutschen sprachen zunächst sicherheitsstrategische Gründe; die faktische und symbolische Bedeutung, die die «deutscheste aller Städte» für einen Großteil der Deutschen, aber auch im Ausland während der NS-Zeit hatte, war jedoch immer noch präsent. Schauplatz großer Aufmärsche während der Reichsparteitage, war Nürnberg zum wichtigsten Versammlungsort der Bewegung geworden und erlebte, als die Prozesse am 1. September 1945 gegen 22 Hauptangeklagte, darunter Göring, Heß und Speer, begannen, daß nicht nur über die wenigen Jahre der totalitären Diktatur, sondern symbolisch über die deutsche Ideologie gerichtet wurde, die tausend Jahre Reichsgeschichte in die Waagschale ihrer historischen Mission geworfen hatte. Wenngleich dieses Selbstverständnis seit dem Ende des Zweiten Weltkriegs eine Zäsur erfahren hat, hat die Urteilsverkündung im Nürnberger Prozeß durch ein Internationales Militärtribunal im Jahre 1946 vorrangig jedoch ein anderes Bild hinterlassen: Symbolisch für viele andere wurden bekannte Namen und Gesichter öffentlich befragt, verurteilt und verdammt. Das repräsentative, öffentliche Gesicht der Bewegung, wie es sich auf den Reichsparteitagen inszeniert und präsentiert hatte, wurde dort, wo es entstanden und sich bombastisch dargestellt hatte, jetzt auch vernichtet.

Das Ausland reduzierte seine Erinnerung an Nürnberg lange auf das *Nuremberg Trial*, dem jedoch die *Nuremberg Principles* folgten. Erstmals 1986 wurden in den USA im New Yorker Metropolitan Museum mit einer Ausstellung über «Nürnberg 1300–1500. Kunst der Gotik und der Renaissance» Spitzenwerke heimischen Kunstschaffens präsentiert, was das Interesse der Amerikaner, langsam auch andere Phasen der Nürnberger Geschichte in Augenschein zu nehmen, anzeigt.

Die Kehrseite dieses symbolträchtigen Gerichtsaktes ist die Tatsache, daß Nürnberg in der Erinnerung der Deutschen – neben vielem anderen – bis heute als *der* Symbolort der NS-Herrschaft und – Gefolgschaft gilt. Das hieße in der Konsequenz, die Ideologie von der «deutschesten aller Städte» weiterleben zu lassen, und dem bereits von Jaspers in seiner 1947 veröffentlichten Schrift über «die Schuldfrage» angemahnten Schritt zu Internalisierung, Personalisierung und Individualisierung der Schuld wieder zum Rückschritt durch deren Entpersonalisierung, Vergegenständlichung, Territorialisierung zu verhelfen. Statt im Innern nach der je eigenen Schuld zu suchen, ist die Suche nach Orten gepaart mit der Auslagerung der Erlebnisse und mit einer Rezeption der Prozesse, die die Aburteilung einzelner Täter in Nürnberg vorgeblich entlastend für das Kollektiv auffaßt. Margarete und Alexander Mitscherlich sprachen im Zusammenhang mit ihrer These von der Unfähigkeit zu trauern von der Verödung subjektiver Verarbeitungsmechanismen und einer flankierenden Veräußerlichung der Geschichtsbewältigung in einer sich rapide entwickelnden Medienkultur. Die hochgradig lebendige Identifizierung Nürnbergs mit dem Nationalsozialismus spricht für eine bis heute in der politischen Kultur gängige und weitgehend akzeptierte Ver-Ortung des Traumas, der jüngere Forschungen das Konzept vom «Denkort» entgegensetzen, an dem «aktives Gedenken» an einem «offenen Lernort» einem passiven, konsumptiven und rezeptiven Mediengedenken entgegengesetzt wird.

Noch in den siebziger Jahren war die Auseinandersetzung mit Nürnberg ein Teil der öffentlichen Aufarbeitung der Vergangenheit, die eine junge, akademisch gebildete Generation im Zuge ihres gesellschaftspolitischen Aufbruchs seit den späten Sechzigern angestoßen hatte. In einem im Studio Nürnberg produzierten und vom Bayerischen Rundfunk 1971 gesendeten Radioessay von Hans Magnus Enzensberger *Nürnberg 1938. Ein Klassenbild* näherte sich der Autor seinem Gegenstand mit folgenden Worten: «Ich nehme die Lupe und betrachte Nürnberg. Nünberg ist klein. Es hat das Format einer Postkarte und die Sepiafarbe der Vergangenheit. [...] Nicht zu sehen hinter den Blendsteinen der Fassade ist der kärglich kalkulierte Backstein, nicht zu schmecken durch das Sagomuster der Fensterscheiben der Geruch von Bohnerwachs und Urin. [...] In der Ecke aber [...] hingekrakelt, finde ich unter der Lupe ein wackliges, verkehrt herum zeigendes Hakenkreuz.» Des «Reiches Schatzkästlein», die ehemals würdige und stolze freie Reichsstadt demontiert Enzensberger, indem er die äußere Fassade der im 20. Jahrhundert anachronistisch wirkenden mittelalterlichen Idylle – hier an der Laufertormauer – als Blendwerk auffaßt, das nicht nur Trivialität und Schäbigkeit kaschiert, sondern auch die versteckten Zeichen des Terrors beherbergt. Tatsächlich sind einige der innerstädtischen Bunker aus dem Zweiten Weltkrieg heute kaum noch auszumachen, wurden sie doch in ihrer äußeren Verkleidung dem mittelalterlichen Baustil angepaßt. Den alten Bürgergeist sieht Enzensberger unwiderruflich verraten und die Historie folglich Legitimitätsproblemen ausgesetzt: «Die Erinnerung gleicht einem unterbezahlten Guide, der auf der Stadtrundfahrt die Klischees der Kindheit herleiert. Wer möchte den Lebensläufen trauen, die er aufsagt, als hätte ihm der Weltgeist sie diktiert?»

Den schwierigen Weg einer Stadt, die sich um die Erinnerung einer 950 Jahre währenden Geschichte bemüht, die ihr eine herausragende Vorbildfunktion zuweist, aber auch die Bürde aufgibt, mit Inhumanität und Devotion in einem totalitären Regime in Verbindung gebracht zu werden, kann der Besucher nur durch Innehalten und Distanzierung vom täglichen Treiben in den alten Gassen gewahr werden. Initiativen wie die Verleihung eines «Alternativen Medienpreises», der «Journalisten und Journalistinnen, die sich in den nicht-kommerziellen Medien für Minderheitenthemen engagieren, gesellschaftlichen Mißständen und verdrängter Geschichte auf den Grund gehen», auszeichnet, demonstrieren den Entschluß der Kulturschaffenden wie der Politik, die besondere moralische Verantwortung gegenüber der Geschichte wachzuhalten. 1993 wurde zudem auf eine lokale Initiative hin vor dem Germanischen Nationalmuseum eine Straße der Menschenrechte eingeweiht. Im Erinnerungsbild der Deutschen ist dieser Aspekt bis heute marginal geblieben. Die Chance, das zu ändern, schien 1997 mit dem Plan, sich als Sitz des Internationalen Strafgerichtshofs zu bewerben, näher gerückt, wurde aber nicht ergriffen (er befindet sich heute in Den Haag). Dies ist insofern bedauerlich, als die Vereinten Nationen 1950 die *Nuremberg Principles* verabschiedet und damit ein Signal gesetzt hatten, das auf die formelle Anerkennung der Nürnberger Prinzipien als verpflichtender Grundlage des internationalen Rechts zielte: Nürnberg sollte zum Friedenssymbol werden und das Verständnis unter den Völkern und Nationen befördern.

Das ungebrochene Interesse an Nürnberg – immerhin übernachteten im Jahr 1999 1 280 802 Gäste in der Stadt – zielt freilich weniger auf die Stein gewordenen Lehren aus der Geschichte als auf die visuellen und kulinarischen Annehmlichkeiten, die die Reiseveranstalter erfolgreich unter Zuhilfenahme der Tradition propagieren. 30 407 Personen besichtigten im selben Jahr das 1973 unter Denkmalschutz gestellte ehemalige Reichsparteitagsgelände. Hier zeigt sich, daß die Stadt ihrer «Aufgabe», dieses Erbe sachgemäß aufzuarbeiten und museal darzustellen, in den letzten Jahrzehnten unentschlossen nachkam, was auf die Problematik, als Ort in spezifischer Weise Totalsymbol des Nationalsozialismus zu sein, hinweist. So hat sich im Verlauf der Jahrzehnte ein Nutzungskonzept entwickelt, das von privaten Musik- und Sportveranstaltern bis hin zur Privatwirtschaft reicht. Angesichts der Monumentalität der Plätze und Bauten wie dem Zeppelinfeld, der Kongreßhallenruine, der Luitpoldarena oder der Großen Straße wirken diese Spuren bundesdeutscher Normalität verfehlt und die seit 1985 im Innern der Zeppelintribüne etablierte Ausstellung zur Geschichte des Geländes unter der Überschrift «Faszination und Gewalt» zu kurz gegriffen. Denn der Ort weist in seiner historischen Dimension weit über seine aktiv genutzte Zeit hinaus und kann zugleich nur im Kontext einer umfassenderen Dokumentation seine geschichtliche Bedeutung entfalten. Daß Nürnberg die mittelalterliche Idylle mehr oder weniger historisch getreu in seinen Stadtmauern wiederaufgebaut hat und damit sein «schönes» Antlitz durch geschicktes Restaurieren aufpoliert, während die baulichen Ruinen der NS-Vergangenheit, sich selbst überlassen, mehr und mehr in Vergessenheit geraten, mag ein Hinweis dafür sein, daß der alte Erinnerungsort als Eldorado der Massenkonsumkultur die Zeitenwenden überlebt hat.

Claire Gantet

Der Westfälische Frieden

I.

Vom Ausbruch des Dreißigjährigen Krieges an versuchten die Zeitgenossen, unbestimmte Zeichen zu deuten: die Kometen, die 1618 erschienen und deren Schweif die Geißel Gottes darzustellen schien; die Verschiebung der Jahreszeiten, die man für die Unordnung in der Welt und die Geldentwertung nach 1620 verantwortlich machte; und den Beginn des Gemetzels in Magdeburg 1631. Gegen die umstürzlerische Macht des Neuen schrieb von Anfang an eine Literatur an, die Gedenken an den Krieg und den Frieden zugleich sein sollte.

Ein ungenannter Einwohner von Gerstetten, einem Dorf auf der Schwäbischen Alb, das nach der Schlacht von Nördlingen in Brand gesteckt wurde, schob am 17. Januar 1647 folgende Notiz in seine Familienbibel: «Sie sagen, der schreckliche Krieg sei jetzt vorbei. Ist aber noch nirgends ein Fried zu spüren. Überall sind Neid, Haß und schlimmere Ding – der Krieg hat uns so gelehrt. Die Alten sind mit der Gottlosigkeit alt worden – wie wollten sie's noch lassen können vor ihrem Ende? Vom Fleck stehen noch ein paar Häuslein. Wir Leut leben wie die Tier, essen Rinden und Gras. Kein Mensch kann sich denken, daß so etwas vor uns geschehen sei. Viele Leut sagen, es sei jetzt gewiß, daß kein Gott ist. [...] Wir aber glauben, daß Gott uns nicht verlassen hat. Wir müssen jetzt alle beisamen stehen und Hand anlegen, inwendig und auswendig [...].»[1]

Neben der Klage über den «schrecklichen» Krieg, über «Neid» und «Haß», über die Gottlosigkeit, die durch die Ungewißheit genährt wurde, und die Herabwürdigung des Menschen auf die Stufe von Tieren stand eine unauslöschliche Hoffnung auf Überleben und einen Neubeginn. Das in Worte gefaßte Gedächtnis ist nicht nur ein passives Archiv, sondern erweist sich auch in den privaten Aufzeichnungen als eine Form der öffentlichen Wachsamkeit, in der zugleich etwas bewahrt und ein Blick in die Zukunft geworfen wird. Es geht nicht um die «wahrheitsgetreue» Wiedergabe von Ereignissen, sondern um ein didaktisches Anliegen: Den künftigen Generationen sollen die Schrecken des Krieges und die unermeßlichen Vorzüge des Friedens vor Augen geführt werden.

Da die Begrifflichkeit fehlte, um die Schrecknisse der Gewalt zu bezeichnen, wurde der Konflikt in extreme Bilder gekleidet und in die im Barock so beliebten Allegorien. Der Krieg wurde als Blutsauger dargestellt, personifiziert als Bettler, der nach Lust und Laune ein dem blinden Geschick ausgeliefertes Deutschland zerreißt. Er erscheint schrecklicher und grausamer als jede Kreatur, die man sich vorstellen kann, ein Ungeheuer. Hans Jacob Christoph von Grimmelshausen beginnt seinen *Satyrischen Pilgram* mit den Worten: «Ich gestehe gern / daß ich den hundersten Theil nicht erzehlet / was Krieg vor ein erschreckliches und grausames Monstrum seye.»

Die in Sprachgesellschaften zusammengeschlossenen Dichter und Dramenautoren beklagten die Gewalt in vom Schmerz verzerrten Sätzen und zeichneten ein einheitliches Bild des Elends, das in Wahrheit eher ungleich verteilt war. Auch in den Gebieten, die vom Krieg verschont blieben, prangerte man die Zerstörung des Landes an, das ausgehungert und verwüstet darniederlag, belagert und erdrosselt von Horden ausländischer Soldaten, aber auch – und das war der schmerzhafteste Pfahl im Fleische – von deutschen Truppen: «Aber was! Sol dies Land auch wol das Teutschland seyn? [...] Ich sehe durch und durch traurige Steintrümmer, leutlose Wildnissen und hesliche Aschenhauffen; solte wol die ganzze Welt sich wider dis Land auffgemacht und versworen haben. Ich sehe Spanier und Ungeren, Crabaten, Franzosen und Welsche, Lappen und Finnen, Sweden und Denen, Polen, Irren, Schott- und Engellender durch und durchziehen. Feinde dieses Landes können sie ja nicht seyn, alldieweil ich auch bey jedem Fremden Volke die treuliebenden Teutschen sehe [...].»[2]

Das schlimmste Drama in diesem Krieg zwischen Christen war, daß Deutschland mit sich selbst im Streit lag. Die Abkehr von gemeinschaftlichen Werten, die Ungeheuerlichkeit, die Zerstückelung: diese Bilder mahnten zugleich, die innere Zerrissenheit zu überwinden und zur Einheit des Staates zurückzufinden.

Daß die Dichter und Dramenautoren die beredtesten Verfechter eines Reichspatriotismus wurden, hängt durchaus damit zusammen, daß sie in der Lage waren, dem Schmerz mit Worten Ausdruck zu verleihen – allerdings waren auch die Tagebuchaufzeichnungen der einfachsten Handwerker genauso erschütternd –, vor allem aber artikulierten sie laut vernünftiges Nachdenken und politisches Handeln. In ihren Augen war der erste Schritt auf dem Weg zum Frieden die Besinnung auf die Muttersprache, die erste gemeinsame Übereinkunft. Die Entfernung aller fremden Wörter, die anscheinend zur selben Zeit in die Sprache eingedrungen waren wie die fremden Soldaten in das Land, hatte ein politisches Ziel. Die Gründer der Fruchtbringenden Gesellschaft, die unmittelbar vor Ausbruch des Krieges ins Leben gerufen wurde, der lutherische Herzog Wilhelm IV. von Sachsen-Weimar und der reformierte Fürst Ludwig von Anhalt-Köthen, sprachen seit 1622 von einem «teutschen Friedbund» und richteten an alle «gethrewen Patrioten» Aufrufe zum allgemeinen Frieden.

Der Frieden wurde durch die Erinnerung an den Krieg gestiftet. Die Diplomaten, die sich in den Herbergen der heruntergekommenen, verregneten Städte Münster und Osnabrück in Westfalen drängten, bemühten sich in erster Linie, Wege zu finden, wie sich ein ziviles Leben in Deutschland trotz und mit den konfessionellen Unterschieden wiederherstellen ließ. Sie hatten zwei Anliegen.

Am dringlichsten war es, alles zu tun, um das Zerwürfnis zu überwinden. In den ersten Zeilen der Verträge hieß es, der Frieden sei allgemein «christlich». Damit umfaßte er Katholiken, Lutheraner und Reformierte als nunmehr gleichrangige Bekenntnisse. In zeitgenössischen Flugschriften malte man sich aus, wie sich alle Gewalt gegen einen gemeinsamen Feind richtete, die Nichtchristen, das heißt die Türken, wie die Wendung gegen einen äußeren Feind die Deutschen aus dem inneren Kampf errettete – in gewisser Weise gemahnte der Gedanke an die «Türken» diesmal nicht an den heiligen Kreuzzug, sondern die Türken wirkten wie ein außenstehender Dritter, mit dessen Hilfe die Deutschen ihre staatsbürgerliche Einheit begründeten.

Die universelle Dimension des Friedens machte ihn zu einem deutschen Frieden. Die Übereinkunft am Ende eines Kongresses, zu dem sich die gekrönten Häupter aus vielen Teilen Europas versammelt hatten, war für die Zeitgenossen in der Tat ein «teutscher Frieden» – nicht nur weil die Kämpfe mehr als alle anderen deutsche Lande zerstört hatten, sondern vor allem weil die spezifischen konfessionellen Fragen dort geregelt wurden und darüber hinaus die Verfassung des Reiches befestigt wurde. Frankreich und Schweden, die als Reichsstände angesehen wurden, garantierten die politische Ordnung: Damit wurde die deutsche Verfassung zu einem Schlüsselelement des europäischen Gleichgewichts.

In den Augen aller Beteiligten, ob Juristen, Geistliche oder Bürgerliche, war der wichtigste Punkt der Einheit die Parität, einmal in zahlenmäßiger Hinsicht (das Reichskammergericht und in eingeschränkterem Umfang auch der Reichshofrat wurden künftig zu gleichen Teilen mit Katholiken und Protestanten besetzt, ebenso die Gremien der vier «paritätischen» Reichsstädte: Augsburg, Ravensburg, Biberach und Dinkelsbühl), vor allem aber bei den Verfahrensweisen: In den Reichsgremien sollten Katholiken und Protestanten getrennt beraten, im Konfliktfall mußten sie zu einer Übereinkunft gelangen; damit war ausgeschlossen, daß eine Seite in konfessionellen Angelegenheiten von der anderen majorisiert werden konnte.

Sogleich nach der Erklärung des allgemeinen Friedens wurden «ewiges Vergessen» und eine «Amnestie» für alle Kriegshandlungen seit Ausbruch der Feindseligkeiten verkündet. Die Amnestieklausel ging auf eine lange Tradition zurück und erreichte hier ihre größte Reichweite und Präzision. Sie wurde aus der ursprünglich religiösen Konnotation herausgelöst (Vergebung der Sünden) und bekam eine politische Bedeutung. Amnestie bedeutete nicht Amnesie, sondern regelte den rechtlichen Umgang mit den Wirrnissen der unmittelbaren Vergangenheit. Die Reichsgerichte sprachen 10 000 Amnestieurteile aus und erinnerten dabei faktisch immer wieder neu an den Konflikt. Das juristische Gedächtnis wurde zum Fundament einer komplexen Politik, die auf selektivem Erinnern aufbaute.

Der doppelte Wunsch, in begrenztem Umfang die Erinnerung zu bewahren und daneben aktiv zu vergessen, fand in den Klauseln über das «Normaljahr» seinen Ausdruck. Durch die Entscheidung, daß der kirchliche Besitzstand (außer in den kaiserlichen Erblanden und in Bayern) in den lutherischen Gebieten auf dem Stand von 1624 festgeschrieben werden sollte und in der reformierten Kurpfalz auf dem Stand von 1618, fror der Vertrag die konfessionelle Landschaft gewissermaßen ein. Darüber hinaus sollten alle Zeugnisse, die an den Krieg erinnerten, zerstört werden. Dies war nicht allein das Anliegen der in Westfalen versammelten Juristen. In Straßburg, einem geistigen Zentrum, wo die Grenzlage zu Frankreich die Entwicklung eines glühenden Patriotismus begünstigt hatte, bei dem die Ablehnung des Nachbarn ebenso intensiv war wie der Austausch mit ihm, sprach der Diplomat und Schriftsteller Moscherosch folgende Warnung aus: «Den Feinden des Vaterlandes werden die Ehren entzogen, die Mörder, die Räuber, die Henker der Bauern, die Feinde Gottes werden in der Hölle zerfleischt; die Verräter des Vaterlandes, die Geißeln der Unschuldigen werden gehängt; die Gottesleugner, die Betrüger, die nur zum Verderben des Vaterlandes und zur Schande gelebt, werden vernichtet, ihr Gedächtnis, ihr Name, ihre Denkmäler werden zerstört.»[3]

Die Augsburger wünschten sich zehn Jahre nach dem Abschluß des Friedensvertrags sehnlichst, endlich alle Zwietracht zu begraben:

> Es sey dann/liebe Söhn/es sey dann todt undt ab
> Vergessen/außgetilgt/verscharret in das Grab;
> Haß/Groll/Neid/Feindschaft/Rach/und nachgetragne Püken/
> Schad/Nachtheil und Verlust/mit denen Stücken
> Woraus der Krieg entsteht: Es werd nicht mehr gedacht
> An was vergangen ist und Zweytracht hat gebracht.[4]

Das in die Friedensbestimmungen eingeflossene Gedenken wies nicht nur dem Vergessen eine herausgehobene Rolle zu, es wurde auch mit voller Absicht aus dem Raum herausgelöst: In dieser doppelten Hinsicht schien der Westfälische Frieden beharrlich und unumstößlich der Begründung jedes «Erinnerungsortes» entgegenzustehen.

Die Lutheraner lehnten alles ab, was einer Pilgerstätte hätte gleichen können, und verwarfen *a priori* die Errichtung von Denkmälern. In den katholischen Gebieten gab es zwar etliche Mariensäulen, eine wurde 1638 in München aufgestellt, weitere nach Münchner Vorbild 1647 in Wien und 1652 in Prag, 1683 in Konstanz, aber mit diesen Säulen wurde die Jungfrau Maria geehrt, die 1620 den Sieg über die protestantischen Armeen ermöglicht hatte, und nicht der Friede. Derartige Denkmäler wurden vor allem in Bayern und den Erblanden errichtet, das heißt in den Gebieten, in denen das Normaljahr nicht angewendet werden sollte. In den Erblanden feierte man den Friedensschluß mit besonders großem Prunk in jenen drei Städten, in denen das Normaljahr durchgeführt wurde, in Glogau, Jauer und Schweidnitz.

Der Friedensschluß weckte Hoffnungen und gab den Anstoß zu Planungen. In Nürnberg beschäftigte man sich von Juni bis August 1650 intensiv mit der Errichtung eines *monumentum pacis*. Man verständigte sich darauf, die Inschriften in Latein abzufassen, aber erbitterte Diskussionen entbrannten darüber, welche Form und welche Größe die Säule haben sollte, mit welchen Symbolen das Reich, Frankreich und Schweden dargestellt werden sollten, und vor allem, wo sie errichtet werden sollte. Zwei Gutachten empfahlen, auf einem großen Platz eine Säule aufzustellen mit einer Inschrift, daß für alle Ewigkeit Frieden sei. Das Projekt fiel dem gegenseitigen Mißtrauen zum Opfer und wurde niemals verwirklicht. Man fürchtete, daß die Säule nicht dem Gedenken an den Frieden dienen, sondern für alle Zeit in der Stadt Zeugnis von den Konflikten der alten Feinde ablegen würde.

Somit bekam der Frieden kein Denkmal. Er verlangte vielmehr, daß der Raum leer blieb und nicht mit «Orten» ausgefüllt wurde, die Markierungspunkte auf einer weiten Fläche hätten abgeben können.

Die Amnestie war eine vorläufige Lösung. Sie gewährte allen den Schutz des Gesetzes, das Schweigen garantierte. War es nicht eine unmoralische Entscheidung, sich zu verbieten, daß über das Leiden gesprochen wurde, die Verbrechen einfach auszuradieren? Vergebung brauchte Erinnerungsarbeit, nur sie konnte den Austausch wieder ermöglichen. Das war der zweite Wunsch, gewissermaßen das Gegenstück zum Bemühen um öffentliches Stillschweigen, den die Zeitgenossen teilten. Die Ablehnung des «monumentalen Gedächtnisses» öffnete den Weg für die Entstehung eines «kulturellen Gedächtnisses» (Jan Assmann), das auf Gebet, Reue und Buße gründete. Aber dieses Gedächtnis war getragen vom Vergessen. Der Friedensschluß führte zu einer problematischen Erinnerung.

II.

Der Übergang zum Frieden nach einem dreißigjährigen Bürgerkrieg bedeutete, daß man sich von den Hierarchien und den sozialen Beziehungen befreite, die der Konflikt geschaffen hatte: Er bedeutete, mit der Ordnung des Krieges zu brechen. Don Horribilicribrifax und Don Daradiridatumtarides, die aufschneiderischen Hauptleute in dem Stück von Gryphius[5], die ihre Stellung in der Welt allein dem Waffenhandwerk verdankten und deren Aussichten auf Heirat und Mitgift der Frieden zunichte gemacht hatte, gleichen ihren Statusverlust dadurch aus, daß sie an einer manierierten höfischen Sprechweise festhalten. Die so sehr um Vergessen bemühten Augsburger verzeichneten in ihren Annalen zum Friedensschluß nach der Beschwörung, die Zwietracht zu begraben, Klagen über entlassene Offiziere, beschäftigungslose Pulverfabrikanten, untätige Kanonengießer und arbeitslose Waffenschmiede.[6] Das war nicht das großspurige Prahlen von Komödienfiguren oder der Tadel abgesetzter Pfarrer: Daraus sprach die Angst vor der Rückkehr zum Frieden.

Adriaen van Nieulandt: Allegorie auf den Frieden von Münster 1648 (1650)

Was sollte aus den Soldaten werden? Konnte es nach all der Schlächterei einfach wieder Ruhe und Frieden geben? Wie kehrte man ins zivile Leben zurück?

Die besondere Aufmerksamkeit in dieser Gesellschaft, die sich Gedanken über ihre Zukunft machte, galt der Erziehung der Jugend, die im Krieg heimat- und gesetzlos herangewachsen war. Die in den Jahren der Rückkehr zum Frieden verfaßten Reden prangerten an, wie die Soldaten die Jugend verdorben hatten, und die Soldaten wurden, gerade weil sie immer noch zum alltäglichen Bild gehörten, als fremde, krankmachende, anti-deutsche Eindringlinge beschrieben. Um die jungen Seelen zu beeindrucken, wurden zu den Schulfeiern anläßlich des Friedensschlusses aufrüttelnde Ansprachen verfaßt, in denen vom Meer der menschlichen Sünden die Rede war, die von den ausländischen Soldaten bestraft wurden, von dem Gemetzel in Magdeburg und von der im Religionsfrieden wiedererstandenen Einheit des deutschen Vaterlandes.

Nach so vielen Jahren der Zwietracht wurde der Schritt vom Krieg zum Frieden feierlich begangen. Die Unterzeichnung der Verträge von Münster und Osnabrück am 24. Oktober 1648 bedeutete noch nicht das Ende der Auseinandersetzungen. Im Westen ging der Krieg zwischen Frankreich und Spanien weiter, im Reich wollten sich die schwedischen Armeen nicht zurückziehen, solange nicht ihren Forderungen nach territorialen und finanziellen «Satisfaktionen» entsprochen wurde. Führungslos und ohne weiter Sold zu erhalten, zogen die Soldaten plündernd über das Land. In den Verträgen war ein Zeitraum von zwei Monaten für den Rückzug der Armeen vorgesehen: Es dauerte zwei Jahre, bis man zu einer Einigung gelangte, und dann noch einmal drei Jahre, sie in die Tat umzusetzen. Im Juli 1650 wurden die Verhandlungen auf dem Nürnberger Exekutionstag endgültig abgeschlossen. Der Frieden war von nun an Teil der Reichsverfassung, und man einigte sich über die Modalitäten für den Abzug der Soldaten.

Die Bevölkerung begrüßte die Unterzeichnung des Friedensvertrags mit einem wahren Festrausch. Zwischen Mai 1648 und Dezember 1650 fanden im Reich mindestens 174 Friedensfeste statt. Mehr als die Hälfte fiel in das Jahr 1650 und galt dem Abzug der Besatzungstruppen, wiederum mehr als die Hälfte davon wurde in süddeutschen – und vor allem bikonfessionellen – Städten gefeiert. Weitere dreißig Feste begingen die Menschen zwischen 1651 und 1660 in Gegenden, wo die Soldaten erst verspätet abrückten. Von den insgesamt zwischen Mai 1648 und Jahresende 1660 in Europa belegten 208 Festen anläßlich des Westfälischen Friedens fanden nur 28 außerhalb des Reiches statt und allein 108 in Süddeutschland. Ebenfalls bevorzugt in Süddeutschland wurden die Feiern jedes Jahr an einem bestimmten Datum abgehalten.

Gleichwohl stimmten nicht alle in die Festfreude mit ein. Die Katholiken waren unsicher, durch den päpstlichen Protest gegen den Vertrag behindert, der lutherische Klerus hingegen feierte besonders ausgelassen. Er feierte um so mehr, als er fürchtete, daß der Frieden seine Macht schmälern könnte, vor allem in den umstrittenen Städten, in denen weltliche Obrigkeiten regierten: Das vom Klerus geschaffene kulturelle Gedächtnis war Ausdruck der sozialen Konkurrenz um die Definition des Friedens.

Die Friedensfeste spiegelten damit auch die Ängste vor dem Frieden wider. Der Pfarrer von Isny in Schwaben machte keinen Hehl aus seiner Verbitterung: «Es ist wol dieser Reichsfried ein guldener Fried/dann er viel tausend rohter Goldgulden/viel Tonnen Goldes/grosse Summen Goldes/viel Millionen Reichsthaler kostet; [...] nach dem gemeinen Sprüchwort/übernächtiger Friede ist Goldes werth.»[7]

In der Ungewißheit, was die Zukunft bringen würde, flossen Lachen und Angst zu Ironie zusammen. Man zitierte die Bestimmungen des Vertrages, durch welche er zum «ewigen» Frieden erklärt wurde, doch man fürchtete zugleich, daß die langen Verhandlungen und die verspätete Unterzeichnung bereits der Auftakt zum nächsten Krieg sein könnten. Die Geistlichen bemühten sich darum um so mehr, durch religiöse Zeremonien das Einvernehmen der Menschen zu bekräftigen und damit gewissermaßen eine Gewähr für die Dauerhaftigkeit des Friedens zu geben.

Langfristig drückten sich in der feierlichen Begehung des Friedens Ängste vor politischer Marginalisierung aus. All die sogenannten «freien» Städte mit ihren offensichtlich gefährdeten Privilegien priesen den Frieden unter der Ägide des Kaisers. In Erfurt beispielsweise, einer mehrheitlich protestantischen Stadt, wurde der Reichsfrieden in zahlreichen Ansprachen begrüßt: In ihrem Kampf um Unabhängigkeit, den die Stadt gegen den Erzbischof von Mainz führte, wandte sie sich noch einmal verzweifelt dem Kaiser zu.

Das aufwendige barocke Fest, überquellend von Zeichen, Farben, Tönen und Gerüchen, war die Kehrseite dieser vielfältigen Ängste. In Augsburg strömten am 8. August 1650 die Lutheraner in die mit Wandteppichen und Spruchbändern geschmückten Kirchen, deren Boden mit Sand bestreut war, voller Blumen, Kränze, Maibäume und Zypressen. Am darauffolgenden Mittwoch zog eine Kinderprozession durch die Stadt, die Jungen in weißen Hemden und mit grünen Kränzen, in den Händen Zweige und Gebetbücher, die Mädchen in weißen Schürzen und Miedern, die Haare zu Zöpfen geflochten und darin Kränzchen aus vergoldeten oder versilberten Perlen. Das Fest wurde ein Opfer seines Erfolges. Die aus Anlaß der Friedensfeier vier arbeitsfreien Tage am 8., 10., 15. und 16. August 1650 erwiesen sich als zu kurz, und die Menschen kamen zu zahlreich, als daß sie alle Platz fanden.

Da es keine Denkmäler gab, nahm das kulturelle Gedächtnis die Form von Festen an, von individuellen und literarischen Zeugnissen, und allen gemeinsam war das didaktische Anliegen. Alle wünschten, mit einer einzigen Geste könnte der Mantel des Schweigens über die Gewalt gebreitet werden, um die Wiederherstellung der zivilen Einheit zu ermöglichen, und zugleich wollten sie den Konflikt in eine Erzählung verwandeln, die von der Abscheulichkeit des Krieges Zeugnis ablegen sollte: Weniger die «historischen» Schlachten blieben in Erinnerung als vielmehr die Mißachtung aller Werte und das ohnmächtige Abgleiten in grausames Wüten.

Martin Bötzinger aus dem nordfränkischen Poppenhausen, zwanzig Kilometer von Coburg entfernt, begann voller Verwunderung, daß er überlebt hatte, sein Tagebuch mit den Worten:

> O wenn ich zehlen solt
> die Anstöß mannigfalt
> die mich im gantzen Leben
> von Kindheit an umgeben
> biß auf die Zeit jetzunder
> es wäre fast kein Wunder,
> daß ich längst wäre todt
> für mancher Angst und Noth [...]
> Offt hat mir der Soldat
> und zornige Croat
> das Schwerdt ans Hertz gesetzt,
> mich auch gar sehr zersetzet, doch kont ich noch nicht sterben,
> kein Unfall mich verderben. [...]
> Ich war ein Exulant
> dort in dem Thürnger Land [...].[8]

Der Thüringer Wald, in den er sich geflüchtet hatte, begann hinter dem Dorf, dort erlebte er Mitgefühl und Anteilnahme von Nachbarn, die wie er geflohen waren: Im «Exil» fand er Heimat. Durch die schriftliche Aufzeichnung wurden die individuellen Erinnerungen von vornherein zu einer typischen Erfahrung, in der sich ein durch den Bericht vermitteltes «Gedächtnis» niederschlug.

Johann Hoos, geboren 1670, berichtete, wie zwei Frauen aus dem hessischen Dorf Leimbach, geboren 1611 und 1614, ihm immer und immer wieder (und besser als sein 1626 geborener Vater) die Geschichte des «großen Krieges» erzählten. Am Ende ihres Lebens hatten Elisabeth und Catharina ihre Erfahrungen so oft erzählt und ausgeschmückt, manches hinzugefügt, anderes weggelassen, daß daraus für ihre Mitmenschen so etwas wie ein gemeinsames Erbe geworden war. Noch zwei, drei Generationen später verbanden die Menschen in Leimbach mit dem Wort «Krieg» Chaos, Not, Hunger, brennende Gehöfte, verwüstete Felder, entehrte Frauen, blindes Umherirren, kurzum eine beständige Bedrohung von Besitz, Leib und Leben.

Es ist ein Paradox: Die Erinnerung existiert nur in der Weitergabe. Aber durch die Verallgemeinerung, die zur Erzählung gehört, werden die Schilderungen so weit stilisiert, bis sie sich von jedem greifbaren Ereignis gelöst haben, und sie fließen in einem einzigen Bezugspunkt zusammen, der sich aus unterschiedlichen Quellen speist, aus mündlicher Überlieferung, Flugschriften, Hörensagen usw. In Leimbach wie in Poppenhausen war dieser Bezugspunkt nichts Künstliches. Denn durch ihre grenznahe Lage waren die beiden Dörfer Gebiete des Austausches, auch der Unsicherheit, und das förderte die Suche nach einer identitätsstiftenden Erinnerung.

III.

Um 1730 wurde den Menschen bewußt, daß es einen Bruch bei der Weitergabe der Erinnerung innerhalb der Familie gab. Die Generation der Augenzeugen, die den Krieg noch selbst erlebt hatten, erlosch, und so schien es dringlich geboten, die Erinnerung ein für allemal festzuhalten.

Die Konkurrenz zwischen den Verlegern war ein Grund dafür, daß die ersten Schriften über die Friedensverhandlungen, verfaßt von Carl Wilhelm Gärtner und von Johann Gottfried von Meiern, gleichzeitig erschienen. Daneben spielte auch der Wunsch, eine verblassende Erinnerung wiederzubeleben, eine Rolle. Diese Sorge teilten auch die jeweiligen lutherischen Obrigkeiten, sie regten die ersten Gedenkfeiern zum Jahrestag des Friedensvertrages 1748 an, und in Jena, Braunschweig und Augsburg wurden zu diesem Anlaß Schulbücher verfaßt,[9] die ausschließlich dem Dreißigjährigen Krieg und dem Westfälischen Frieden gewidmet waren. In diesen Werken dominierten die gelehrte Abhandlung und die Verwunderung darüber, daß sich die Katholiken über einen seither allgemein gebilligten Frieden erregten, gegenüber der unmittelbaren Polemik. Für die Protestanten wog der Friedensvertrag schwerer als ein einfaches Toleranzedikt zugunsten einer religiösen Minderheit.

Seit den dreißiger Jahren des 18. Jahrhunderts wurde der Westfälische Frieden somit als das Grundgesetz des Reiches gepriesen. Nach Carl Wilhelm Gärtner[10] hatte die Rivalität der Mächte im Krieg dazu beigetragen, daß die Vereinbarung eine universelle Dimension erhielt, daß der Friedensvertrag als Grundgesetz von den Reichsständen anerkannt wurde. Die Verfassung des Reiches war im internationalen Recht verankert und wurde damit zum Kern einer europäischen Friedensordnung. Die deutschen Rechtsgelehrten waren nicht die einzigen, die in den Verträgen aus dem Jahr 1648 den Schlüssel zum Gleichgewicht der europäischen Mächte sahen. In der Tat priesen die Aufklärer, allen voran Jean-Jacques Rousseau (1752), Mably (1765) und Voltaire, das aus dem Westfälischen Frieden hervorgegangene System als Kern eines europäischen Gleichgewichts. Während in Frankreich die Feudalherrschaft zur Monarchie und dann zur Tyrannei geführt habe, habe die föderale Ordnung Deutschlands die Entfaltung eines harmonischen Gleichgewichts begünstigt.

Am Vorabend der Revolutionswirren erstrahlte die Ordnung von 1648 in Frankreich wie in Deutschland in besonders hellem Glanz. Das Werk von Johann Stephan Pütter[11], der 1795 eine völlig neuartige systematische Untersuchung der einzelnen Artikel der Friedensverträge vorlegte, trug bereits den Stempel der Nostalgie.

Schiller stand mit seiner *Geschichte des Dreißigjährigen Krieges*, an der er von 1790 bis 1792 schrieb und die ursprünglich für Göschens *Historischen Kalender für Damen* gedacht war, somit in einer langen Tradition. Wie andere Geschichtsschreiber des 18. Jahrhunderts betonte er die europäische Dimension des Konflikts. Doch es wurde bereits spürbar, daß die Zeiten sich geändert hatten. Die *Wallenstein*-Trilogie, erstmals aufgeführt am Weimarer Hoftheater zwischen dem 1. Oktober 1798 und dem 20. April 1799, beginnt mit den Worten:

> Zerfallen sehen wir in diesen Tagen
> die alte feste Form, die einst vor hundertundfünfzig Jahren
> ein willkommener Friede Europens Reichen gab,
> die teure Frucht von dreißig jammervollen Kriegesjahren.[12]

Die Französische Revolution fand natürlich auch einen Platz in dem damals so beliebten historischen Theater, das die Politik als Spiel der Mächte darstellte. Das historische Vorbild für Wallenstein war vielleicht General Dumouriez, der in der Schlacht von Valmy das republikanische Heer geführt hatte und 1793 in österreichische Dienste übergewechselt war. Obwohl Schiller sich einen freien Umgang mit den literarischen Regeln erlaubte, prägen die Revolution und ihre Ablehnung das ästhetische Erscheinungsbild des Stückes. Von 1790 an war Schiller daran gelegen, durch die Begründung einer eigenen deutschen Geschichtsschreibung seine Pflicht für das Vaterland zu erfüllen. Er verstand seine Aufgabe als die eines neuen Thukydides und entwickelte das Historiendrama zur historischen Tragödie, in der erzählende und didaktische Elemente in den Gang der Handlung einfließen.

Die Entscheidung, wer der Protagonist sein sollte – der einfache, geradlinige Gustav Adolf, dem Schiller gefühlsmäßig zuneigte, oder der düstere, verräterische Wallenstein –, fiel erst nach langem Hin und Her. Unbestimmtheit, behandelt mit Distanz und sogar einem Schuß Ironie, ist kennzeichnend für alle Personen, für den Kaiser, der von seinen Generälen übergangen wird, ebenso wie für die Schweden und ihren König, der erst gepriesen und dann als Eindringling geschmäht wird, und vor allem für Wallenstein und seinen Gegenspieler Buttler. Wallenstein, eine wider Willen faszinierende Persönlichkeit, scheitert letztlich an seiner eigenen Rätselhaftigkeit. Der Kern des Dramas verlagert sich damit auf die Suche nach ungreifbaren inneren Vorgängen, der Mensch wird von sich selbst getäuscht und von der Außenwelt, in der sich die Kräfte der Natur und die menschliche Willensfreiheit gegenüberstehen.

So hatte sich der Schwerpunkt von der Lobpreisung des Friedens auf die Geschichte des Krieges und das Leben eines großen Mannes verlagert. Alles in allem erschien der Friedensschluß von 1648 Schiller als eine gute Entscheidung, aber am Ende seiner Abhandlung bleibt eine Frage offen: «Was für ein Riesenwerk es war, diesen unter dem Namen des westphälischen berühmten, unverletzten und heiligen Frieden zu schließen [...] – muß einer andern Feder vorbehalten bleiben. [...] Ein Abriß davon würde das interessanteste und charaktervollste Werk der menschlichen Weisheit und Leidenschaft zum Skelet entstellen [...].»[13]

In der literarischen Welt wurden die *Geschichte des Dreißigjährigen Krieges* und vor allem die *Wallenstein*-Trilogie sofort rezipiert – von Kleist und Goethe, von Grillparzer und Immermann, die einige Passagen wörtlich aufgriffen –, die Historiker erreichten sie durch ein 1808/09 von Karl Ludwig von Woltmann veröffentlichtes Werk, das als eine Fortsetzung von Schillers Werk vorgelegt wurde. Woltmann urteilt wie Schiller im Grunde positiv über die Verträge, aber eine gewisse Beunruhigung bleibt: «Nie wurden so vielfache und verwickelte Beziehungen der Staaten, unter Einfluß so vieler sehnlichst erwarteten und ängstlich gefürchteten Ereignisse in der Politik und auf dem Schlachtfelde [...] in irgend einer Friedensversammlung verhandelt, als in jener zu Münster und Osnabrück, deren mühsames Werk, eine Veste für das politische System Europa's, insonderheit des inneren Deutschlands, erst in unsern Tagen ganz zu versinken droht.»[14]

Das Buch war als Kampfschrift für den Frieden gedacht in einer Zeit, in der das nationalistische Denken an die Oberfläche drängte, und schilderte, wie die plündernden Schweden, Franzosen und Spanier eine Spur der Verwüstung durch das Land zogen. Der Dreißigjährige Krieg war der schicksalhafte Augenblick, in dem die religiöse Spaltung sich in einen «Riß» im Staat verwandelte, weil einmal der Konflikt zwischen der protestantischen Religion und der «alten Kirche» bestand und daneben der Konflikt der halbsouveränen Einzelstaaten mit dem Kaiser.

Damit lag das Thema Kleinstaaterei auf dem Tisch, aber es verging noch einige Zeit, bis der Westfälische Frieden endgültig diskreditiert war. Um das Jahr 1813 befaßte man sich weniger damit, die Vergangenheit zu kritisieren, sondern suchte in erster Linie nach den Grundlagen des neuen Staates, der sich aus der Asche der napoleonischen Herrschaft erheben sollte. Noch bei Ernst Moritz Arndt dient die Erinnerung an den Dreißigjährigen Krieg dazu, die nationale Begeisterung anzufachen:

> Ihr auch, die auf diesen Auen
> Jüngrer Schlachten Staub erregt,
> Und mit Schrecken, Tod und Grauen
> Reihen gegen Reih'n bewegt,
> Gustav, großer Schwedenkönig,
> Zweiter Friedrich, Wallenstein,
> Lernt, wie eure Schlachten wenig
> Sind vor diesem Ehrenschein.[15]

Erst Arndts Nachfolger in Greifswald, Friedrich Rühs, vollzog die Wendung zum Nationalismus. Die Geschichte, schrieb er 1815, sei seit einhalb Jahrhunderten eine «Kette von Verwirrungen, Unruhen und Kriegen» gewesen, ausgelöst durch die gezielte Aggression Frankreichs, und er sprach von den 23 Millionen verbliebenen Deutschen, die nach dem Raub von 6 Millionen Menschen durch Frankreich 1648 noch von der vergangenen Größe kündeten. Der Grund für die «Versklavung» Deutschlands lag in der französischen Garantieklausel und in der Unabhängigkeit der deutschen Staaten gegenüber einer schwachen Zentralgewalt, beides im Westfälischen Friedensvertrag verankert. Die Lehre konnte nur lauten, die deutschen Fürsten müßten künftig «zuerst deutsch denken und deutsch sprechen lernen»: Zum ersten Mal war damit ein nationalistisches Programm formuliert.[16]

Die deutsche Sprache rückte noch mehr in den Mittelpunkt, als die Romantiker sich wieder auf die Werke von Grimmelshausen besannen, die ein Jahrhundert lang in Vergessenheit geraten waren. Angesichts der Besetzung durch Napoleons Truppen wurden die barocken Traktate über die Reinigung der Sprache wiederentdeckt. Eichendorff knüpfte in seinem Bildungsroman *Ahnung und Gegenwart* (1815) und in seinen Schriften über die deutsche Dichtung an Grimmelshausens «Teutschen Michel» an. In der 1809 veröffentlichten Schrift *Der Held des neunzehnten Jahrhundert, eine Apokalypse des siebenzehnten* war die Zielrichtung noch unmittelbarer politisch: Unter dem Deckmantel einer Wiederaufnahme des *Simplicissimus* formulierte Johann Christian Ludwig Haken eine beißende Kritik an der napoleonischen Militärherrschaft und den zögerlichen Reformen in Preußen. Spätestens seit 1816/18, als Grimmelshausen direkt und explizit in die vier *Deutschen Sagen* der Gebrüder Grimm aufgenommen wurde, galt er als der unmittelbarste, ehrlichste Augenzeuge der Schrecken des Krieges – eine neue Wegmarke in der fortschreitenden «Nationalisierung» der Erinnerung an den Dreißigjährigen Krieg.

Als das christliche Mittelalter zum goldenen Zeitalter eines einigen, starken Kaiserreiches im Herzen Europas stilisiert wurde, erschienen der Dreißigjährige Krieg und der Frieden, der ihn beendet hatte, nur noch als negatives Gegenbild. Für alle, die dem entstehenden preußischen Staat Loblieder sangen, hätte sich aus der Reformation in Verbindung mit der Gewissensfreiheit, wie Luther sie vertreten hatte, eine politische Moderne entwickeln können, hätte es nicht 1648 den Widerstand von katholischen Fürsten und Kaiser gegeben, die damit schuldig waren an der Verewigung der nationalen Spaltung und der Einmischung des Auslandes. Auf der Suche nach einem Vorbild für den starken Staat besann man sich auf den Heerführer, der seine Truppen um sich geschart und zusammengeschweißt hatte; damit wurde Gustav Adolf zur Lichtgestalt.

Im November 1832 wurde der 200. Todestag des Schwedenkönigs erstmals mit einer größeren Gedenkfeier begangen. Denkmäler wurden errichtet auf der «Alten Veste» nahe Zirndorf, wo er und Wallenstein zusammengetroffen waren, und vor allem auf dem ehemaligen Schlachtfeld von Lützen: Nach Entwürfen von Karl Friedrich Schinkel wurde beim «Schwedenstein» ein Kenotaph im gotisch inspirierten Stil aufgestellt, und die sächsischen Pfarrer gründeten als «lebendes Denkmal» die «Gustav-Adolf-Stiftung», die bald umbenannt wurde in «Gustav-Adolf-Werk». In den Einweihungsansprachen war von dem Helden die Rede, der sich geopfert hatte, der «des Herrn Kriege» führte und an «heiliger Stätte» gefallen war. Die Nation mit dem Preußenkönig Friedrich Wilhelm an der Spitze sei daraus geheiligt hervorgegangen: «Hier erfocht der fromme Schwedenkönig über die Feinde der protestantischen Kirche den ersten Triumph, welcher ihm Bahn brach, und vergalt dem bis dahin unüberwundenen Widersacher die Zerstörung von Magdeburg. Hier schrieb der Held von Altranstädt den Frieden vor, welcher den Evangelischen in Schlesien volle Gewissensfreiheit wiedergab. So erschien er, als der Kirche Vertreter und als der Gläubigen Vorkämpfer, im zerrissenen Deutschland. Glaube gab ihm die Siegsgedanken, deckte ihn mit dem Siegsharnisch, führte ihn auf dem Siegswege, reichte ihm die Siegesfahne.»[17]

Wenn der vom Schicksal gesandte, ruhmvoll gefallene Retter es würdig war, gefeiert zu werden, dann mußte die im Westfälischen Frieden festgeschriebene nationale Spaltung überwunden werden. Im Kontext der Wirren von 1848 siegte der Argwohn. Auf die Frage der Augsburger Lutheraner, ob der 200. Jahrestag des Westfälischen Friedens feierlich begangen werden sollte, antworteten die Verantwortlichen der Synode von Speyer im Juni 1848: «Zu unserer Zeit, in welcher die Einheit, Größe und Selbständigkeit Deutschlands das Losungswort geworden ist, wird man sich gerne nicht dazu verstehen, einen Friedensschluß zu verherrlichen, den Schweden und Franzosen dictirten [...].»[18] Die «verspätete Nation» wandte sich vom Westfälischen Frieden ab.

Am klarsten brachte wohl der Historiker Heinrich von Treitschke 1879 die preußische Sicht auf den Punkt, daß der Dreißigjährige Krieg eine nationale Katastrophe gewesen war. Ohnmächtig, zwei Drittel seiner Bevölkerung beraubt, den ausländischen Mächten ausgeliefert, hatte das Reich nach 1648 nicht einmal mehr eine Verfassung: «In einer Zerstörung ohnegleichen geht das alte Deutschland zugrunde. [...] Rhein und Ems, Elbe und Weser, Oder und Weichsel, alle Zugänge zum Meer sind ‹fremder Nationen Gefangene›; dazu am Oberrhein die Vorposten der französischen Übermacht, im Südosten die Herrschaft der Habsburger und der Jesuiten. Zwei Drittel der Nation hat der greuelvolle Krieg dahingerafft [...]. Das Volk, das einst von Kriemhilds Rache sang und sich das Herz erhob an den heldenhaften Klängen lutherischer Lieder, schmückt jetzt seine verarmte Sprache mit fremden Flittern [...]. Die Umbildung des altgermanischen Wahlkönigtums zur erblichen Monarchie hat den meisten Völkern Westeuropas die Staatseinheit gesichert. Deutschland aber blieb ein Wahlreich, und die dreihundertjährige Verbindung seiner Krone mit dem Hause Österreich erweckte nur neue Kräfte des Zerfalles und des Unfriedens, denn das Kaisertum der Habsburger war unserem Volke eine Fremdherrschaft. [...] Da führte der Glaubenseifer des Kaiserhauses alle Schrecken des Völkermordes über Österreich herauf.»[19]

Zwanzig Jahre später wurde der 250. Jahrestag des Westfälischen Friedens nur noch in Münster und Osnabrück registriert. Sie waren inzwischen preußische Provinzstädte und begingen den Gedenktag mit Feierlichkeiten zu Ehren der Hohenzollern.

Die Präsenz nationalistischer *topoi* seit den zwanziger Jahren des 19. Jahrhunderts war auch ein Ergebnis des Geschichtsunterrichts. Die Schulbücher, die in zwanzig, bisweilen gar hundert Auflagen erschienen, vollzogen um 1820–1830 wie die akademische Geschichtsschreibung die Wendung von der positiven Bewertung des Westfälischen Friedens zur ablehnenden Sicht. Wurde der Krieg bis dahin als eine Phase religiöser Zwietracht angeprangert, sah man darin nunmehr den «Riß» durch die Nation, der erstmals 1635 im Frieden von Prag sanktioniert worden sei. Wäre Gustav Adolf nicht auf dem Schlachtfeld gefallen, hätte er der Retter sein können, hieß es in protestantischen Schulbüchern der Jahre 1830–1850, die nicht selten von Angehörigen des «Gustav-Adolf-Werks» verfaßt worden waren. Nach dem Tod des charismatischen Helden sei alles in Unordnung geraten, und die Schulbücher ergingen sich wie die akademischen Schriften in langen Schilderungen der anschließenden Verwüstungen.

Das beste Beispiel für die Brücken zwischen der akademischen Geschichtsschreibung und dem Geschichtsunterricht sind unbestritten Gustav Freytags *Bilder aus der deutschen Vergangenheit*, die von der siebten bis zur zehnten Klasse als Lehrbuch eingesetzt wurden. Freytag vermischte Anekdoten aus Grimmelshausen über das Verhalten der Soldaten, Bemerkungen von Schiller über das Leben der Offiziere, Informationen aus Flugschriften, ohne auf deren Absicht einzugehen, und Statistiken, die aus lokalen Quellen zusammengeschustert wurden, und entwarf daraus mit groben Pinselstrichen ein packendes Bild der Kriegsgreuel, das mit dem kategorischen Urteil endete: «Hundert und fünfzig Jahre von Oxenstierna bis Napoleon währte das letzte Stadium des Auflösungsprocesses, welchen das heilige Römische Reich des Mittelalters durchmachte. Die tötliche Krankheit beginnt von 1520, von der Krönung Karls V., des burgundischen Habsburgers, zum deutschen Kaiser, der Todeskampf selbst von 1620, von der Wahl Ferdinands II., des Jesuitengönners, der Glokkenklang des westfälischen Friedens wurde das Totengeläut; was seitdem folgte, war die letzte langsame Zersetzung eines toten Organismus. Aber er war auch der Beginn neuer organischer Bildungen. Genau fällt mit dem Ende des dreißigjährigen Krieges der Aufgang des preußischen Staates zusammen.»[20]

Die Kontinuität der Nation war politischer und kultureller Natur zugleich und wurde über das revolutionäre Zwischenspiel hinweg von Dichtern wie Schiller und Goethe getragen, von den Philosophen seit Kant – und vom preußischen Staat.

So blieb das ganze 19. Jahrhundert hindurch das zentrale Problem der durch die Französische Revolution verursachte Bruch. Seit Woltmann zeichnete es alle Schulbuchautoren aus, daß sie zwischen Faszination für die Revolution einerseits und dumpfer Ablehnung andererseits schwankten. Maßgeblichen Anteil an der Schiller-Rezeption hatte der Direktor des Weimarer Gymnasiums, Böttiger, ein begeisterter Schiller-Verehrer. Böttigers Sohn übernahm ganze Passagen von Schiller in ein viele Male wiederaufgelegtes und später plagiiertes Schulbuch. Indem diese Autoren der Jugend den Heldenkult eintrichterten, formten sie die leicht zu beeinflussenden Seelen zur Opferbereitschaft.

IV.

Der zweite Bruch, der dem Dreißigjährigen Krieg die Bezeichnung «großer Krieg» raubte, war der Erste Weltkrieg. In der Zeit zwischen den Weltkriegen und vor allem während der Kriegsbegeisterung Ende der dreißiger Jahre bemühten sich die Nationalisten eifrig darum, den Frieden von Versailles und den Westfälischen Frieden auf eine Stufe zu stellen. 1940 mokierte sich der Historiker Heinrich von Srbik über das heimliche französische Hegemoniestreben mit dem Hinweis auf 1648: «Und immer das alte Spiel der Ringbildung von außen und des Spaltens und Auseinanderhaltens im deutschen Innern; [...] immer die unauslöschliche Erinnerung an das Idealbild des Westfälischen Friedens in einer sich wandelnden Welt! Welche düstern Schattenbilder von 1870/71, als das Instrument von Münster zerrissen wurde, vom zweiten deutschen Reich bis zu dem ‹zweiten Westfälischen Frieden›, dem furchtbarsten Unrecht, das die Geschichte seit Jahrhunderten kennt, den ‹Friedensschlüssen› von Versailles und St. Germain! Und heute, da das Großdeutsche Reich erstanden ist, da das eiserne Band des Zwangsvertrags wieder zersprengt und das deutsche Volk zur Einheit, zur Kraft, zur Selbstbestimmung der Welt gelangt ist – heute erschallt wieder der Ruf: ‹Zurück zum Westfälischen Frieden!›»[21]

Das war der Ton der Nazi-Propaganda. Hitler bezog sich in seinen Reden vor 1939 immer wieder auf die demographische «Katastrophe» des Dreißigjährigen Krieges: Das Reich, wetterte er, sei von 18,5 Millionen auf 3,6 Millionen Einwohner geschrumpft.[22] Von den ersten Tagen des Krieges an verkündete er beharrlich, daß nun die Zeit gekommen sei, Rache zu nehmen für die Zerschlagung der Nation durch den Westfälischen Frieden: «Nach dem Dreißigjährigen Kriege durch den Vertrag von Münster endgültig aufgespalten in Hunderte von Kleinstaaten, hat unser Volk seine ganze Kraft im Kampf gegeneinander verbraucht. Fürsten und Fürstchen, Könige und geistliche Würdenträger, sie haben die Zerrissenheit in unserem Volk aufrechterhalten, und als es dann endlich schien, als ob diese rein dynastische Zersetzung unseres Volkskörpers ihr Ende finden könnte, da sind die Parteien gekommen, da kamen dann Weltanschauungen, um ihrerseits das fortzusetzen, was einst begonnen worden war.» England und Frankreich hätten nur eines im Sinn, nämlich die Rückkehr zu den Verhältnissen von 1648: «Wir wissen ganz genau, welches Ziel sie haben [...]: es ist das Deutschland von 1648, das ihnen vorschwebt, das aufgelöste und zerrissene Deutschland.»[23]

Goebbels schrieb am 3. Mai 1937 in sein Tagebuch: «Der Führer erzählt. Von der zukünftigen Liquidation des Westfälischen Friedens.»[24] Und am

17. November 1939 notierte er, Hitler sehe als Kriegsziele die «restlose Liquidation des Westfälischen Friedens, der in Münster abgeschlossen worden ist und den er in Münster beseitigen will. Das wäre unser ganz großes Ziel.»[25]

In der Tat spielte Hitler eine Zeitlang mit dem Gedanken, den Vertrag, der den Sieg über Frankreich besiegeln sollte, in Münster unterzeichnen zu lassen und die Stadt damit in den Rang eines Anti-Versailles zu erheben. Dem Archivar der Stadt gab er den Auftrag, eine Wanderausstellung über die Parallelen zwischen den Verträgen von Versailles und Münster zu organisieren.

Aber auf den Dreißigjährigen Krieg nahm man nicht nur zu Propagandazwecken Bezug. Daneben stand eine zweite Deutungsschiene, die den «großen Krieg» des 17. Jahrhunderts als abschreckendes Beispiel der Barbarei in den beiden Weltkriegen entgegensetzte. Zu Beginn des 20. Jahrhunderts griffen Thomas Mann und nach ihm Alfred Döblin auf Schiller zurück. Konfrontiert mit der Schreckensherrschaft, wandten sie sich Grimmelshausen zu. Der im wilhelminischen Kaiserreich und in der Weimarer Republik vorherrschenden konservativen Sicht, die das Germanentum vom Ausland bedroht sah, folgte eine satirische (1896 mit der Gründung einer eponymen Zeitschrift) und fortschrittliche Deutung, die in seinem Werk die humanistischen Werte und die geistige Erneuerung feierte. Entschiedener als je zuvor erschien Grimmelshausen in den Bearbeitungen von Brecht (1939), Thomas Mann (im Vorwort zu einer schwedischen Übersetzung seines Werkes 1944), von Johannes R. Becher und Günther Deicke (1953) als *der* Chronist des Dreißigjährigen Krieges. Die einen sahen in ihm den Vorläufer des sozialistischen Realismus, die anderen einen Exponenten der tiefen Zerrissenheit des deutschen Nationalcharakters. Sie alle bis hin zu Günter Grass 1979 wünschten, daß die Kunst in der Lage sein möge, die Welt zu verändern, aber sie verwiesen zugleich auch auf die ambivalente Einstellung zum Krieg und hoben die aktuellen Bezüge hervor: «Gestern wird sein, was morgen gewesen ist. Unsere Geschichten von heute müssen sich nicht jetzt zugetragen haben. Diese fing vor mehr als dreihundert Jahren an. Andere Geschichte auch. So lang rührt jede Geschichte her, die in Deutschland handelt. [...] Wenn schon nicht den Frieden, dann solle der Krieg in seinen letzten Zügen gefeiert werden.»[26]

V.

Auf den Zusammenbruch 1945 folgte ratlose Verwirrung, im Jahr Null war das nationalistische Denken nicht schlagartig diskreditiert – der den Nazis nahestehende Chronist der demographischen Folgen des Dreißigjährigen Krieges, Günther Franz, wurde durch die Entnazifizierung nur kurzfristig aus dem Verkehr gezogen. 1948 feierte Münster in einer Mischung aus Lokalpatriotismus und Mißtrauen gegenüber dem Verband der Europäischen Föderalisten, der den Anstoß zu der Gedenkfeier gegeben hatte, den Jahrestag des

Plakat der «Gedächtnisausstellung zu Münster» (1949)

Westfälischen Friedens im Sinne einer Warnung vor den Verführungen eines schlechten Friedens.

Nach dem Zweiten Weltkrieg kümmerten die Historiker sich intensiv um die Veröffentlichung der Verhandlungsprotokolle, die sukzessive als *Acta Pacis Westphalicae* erschienen. Die Neubewertung des Friedensschlusses begann indes erst in den sechziger Jahren. Nachdem die Bundesrepublik die ihr von den Alliierten verordnete föderale Staatsform akzeptiert hatte, gründete sie ihre historische Identität auf das Reich nach 1648. Deutschland erschien als der Prototyp des Bundesstaates, und die Zeit von 1871 bis 1945 wurde allgemein als Verirrung, als Bruch mit der Tradition angeprangert.

Den 350. Jahrestag des Westfälischen Friedens feierte Deutschland 1998 als erstes Beispiel für die Vereinigung Deutschlands im Herzen Europas, dessen Säule es sein wollte. Nun sah es nicht mehr so aus, als würde Europa das vereinigte Deutschland tragen, sondern die föderale deutsche Ordnung erstrahlte als Modell für Europa am Horizont.

VI.

«Der Feldwebel: ‹Wie alles Gute ist auch der Krieg am Anfang halt schwer zu machen. Wenn er dann erst floriert, ist er auch zäh; dann schrecken die Leut zurück vorm Frieden wie die Würfler vorm Aufhören, weil dann müssens zählen, was sie verloren haben. Aber zuerst schreckens zurück vorm Krieg. Er ist ihnen was Neues.›»[27]

Mit *Mutter Courage*, geschrieben 1939 in der Erinnerung an den Ersten Weltkrieg, in Sorge vor dem Zweiten, in Anlehnung an Grimmelshausen und Abkehr von Schillers Konzentration auf die große Geschichte, brachte Brecht die Angst vor dem Krieg und die Angst vor dem Frieden auf die Bühne. Im verschlungenen Lebensweg des Autors, der 1945 in den Osten zog, spiegelten sich die Brüche und Schichten der deutschen Erinnerung.

Während seiner Kindheit in Augsburg kam Brecht nach Schulschluß regelmäßig am Denkmal des sogenannten «Steinernen Mannes» vorbei. Der Sage nach war mit dem Denkmal die heldenhafte Tat eines Bäckers bei der Belagerung der ausgehungerten Stadt durch die Bayern 1646 verewigt. Brecht inspirierte die Statue zur Person der stummen Kattrin. In der elften Szene des Stückes tritt sie beherzt den Angreifern der protestantischen Stadt Halle entgegen, und «der Stein beginnt zu reden».

Die Augsburger sagen bis heute, daß der Stein an die Belagerung von 1646 erinnert. Er besteht aus verschieden großen Blöcken, die spätestens Mitte des 16. Jahrhunderts behauen worden sein müssen, und wurde Mitte des 18. Jahrhunderts aufgestellt. Lange Zeit brachte man den Stein mit einem Sieg der Stadt über Attila im Jahr 453 in Verbindung. Erst 1828, zu einem Zeitpunkt, als der Dreißigjährige Krieg im nationalen Bewußtsein an Bedeutung gewann, wurde die Verbindung zur Belagerung von 1646 hergestellt. Von da an war diese Zuordnung so überzeugend, daß ein 1997 von der Stadt Augsburg veröffentlichter Prospekt mit Blick auf den bevorstehenden hundertsten Geburtstag Brechts den «Steinernen Mann» als Illustration zu *Mutter Courage* einsetzte. Durch einen Akt der «Verdoppelung» und «Konzentration» (Maurice Halbwachs) wurde das kulturelle Erbe mit einem materiellen Gegenstand zusammengeführt, und die Stadt Augsburg hatte sich einen «Erinnerungsort» geschaffen.

Das Steindenkmal wird von Schulklassen und Wandergruppen besucht, und damit ist es ebensowenig wie die Erinnerung ein unbelebter Gegenstand. Die Erinnerung macht sich an «Orten» fest: Sie semantisiert den Raum. Aber allein die Gebräuche, die sich um solche Orte entwickeln, ermöglichen uns die Wahrnehmung, wie wir unser geschichtliches Gewordensein deuten. Das «steinerne Denkmal» für den Westfälischen Frieden ist eine Konstruktion aus späterer Zeit, Frucht des «kulturellen Gedächtnisses», das in manchen Friedensfesten noch leise nachhallt.

Aus dem Französischen von Ursel Schäfer

Ernst Hanisch

Wien, Heldenplatz

1. Die Magie des Raumes

Der «Erinnerungsort» Heldenplatz ist obsessiv von einem Ereignis besetzt. Am 15. März 1938 meldete der «Führer und Kanzler der deutschen Nation und des Reiches», Adolf Hitler, hoch vom Balkon der Neuen Hofburg her, «vor der deutschen Geschichte» – jenem übernatürlichem Wesen, das mit der «Vorsehung» verschmolz – den Eintritt seiner Heimat in das Deutsche Reich. Die nationalen Sehnsüchte des 19. Jahrhunderts schienen erfüllt. Der Strom der österreichischen Geschichte mündete, scheinbar, in den Hauptstrom der deutschen Geschichte.

Das Ereignis war so überwältigend, daß Ernst Jandl in seinem grandiosen Gedicht «wien: heldenplatz» gar kein Jahr nennen muß. Der Name Hitler kommt nicht vor. Aber jeder erkennt sofort, wer dieser «gottelbock» ist, der von Sa-Atz zu Sa-Atz döppelte. Jandl war als Vierzehnjähriger bei diesem Ereignis dabei gewesen. Seinem Gedicht gelingt es meisterhaft, die religiös chiliastische Stimmung, mit den sexuellen und aggressiven Untertönen, zu evozieren und sie gleichzeitig ironisch zu brechen. Diese Spannung entsteht aus den beschädigten Wörtern und der unverletzten Syntax:

> Der glanze heldenplatz zirka
> versaggerte in maschenhaftem männchenmeere
> drunter auch frauen die ans maskelknie
> zu heften heftig sich versuchten, hoffensdick.
> und brüllzten wesentlich.
>
> verwogener stirnscheitelunterschwang
> nach nöten nördlich, kechelte
> mit zu-nummernder aufs bluten feilzer stimme
> hinsensend sämmertliche eigenwäscher.
>
> pirsch!
> döppelte der gottelbock von Sa-Atz zu Sa-Atz
> mit hünig sprenkem stimmstummel.
> balzerig würmelte es im männechensee
> und den weibern ward so pfingstig ums heil
> zumahn: wenn ein knie-ender sie hirschelte.[1]

Auch Thomas Bernhard brauchte für sein Theaterstück *Heldenplatz* keine Jahreszahl und keine Namen. Die Zeitangabe der Spielhandlung, März 1988, die

Lokalisierung der Szenen in der Wohnung des jüdischen Professors Schuster («nahe Heldenplatz») und im Volksgarten, der Aufführungsort Burgtheater reichten aus. Die Schreie der Begeisterung und die Klagen der Verfolgten klingen wie von selbst durch. 1988 kam aber noch einiges hinzu. Die Nähe zur «Waldheimaffäre», die den offiziellen österreichischen Opfermythos zusammenbrechen ließ und die Mittäterschaft an den Verbrechen des Nationalsozialismus zum Thema machte, die Direktion des «Piefke» Claus Peymann, ein Autor wie Bernhard, der seit Jahrzehnten Österreich und die Welt anklagte, eine geniale publizistische Inszenierung im Vorfeld, die Wien selbst zur Bühne machte und alle Österreicher mitspielen ließ.

Der Heldenplatz mit seinem imperialen Panorama – Zentrum des Habsburgerreiches, dann in der Republik, wie die Hauptstadt selbst, überdimensioniert – atmete lange noch die Weite des multinationalen Reiches, bot eine Bühne, die nach einer Inszenierung verlangte. Dieser Raum forderte die Füllung mit Menschenmassen geradezu heraus. Adolf Hitlers Sinn für große Theatralik hatte dies schon früh erkannt. Bereits in seinen Wiener Jahren, vor dem Ersten Weltkrieg, sah er im Heldenplatz, wie der Jugendfreund August Kubizek berichtet, «eine geradezu ideale Lösung für Massenaufmärsche»; nicht nur wegen der Umrandung des Platzes durch die Neue Hofburg, «sondern auch, weil jeder einzelne, der in der Masse stand, wohin er sich auch wandte, große monumentale Eindrücke empfing».[2] Längst vor Hitler aber hatte die katholische Kirche, seit jeher eine Meisterin des großen, barocken theatrum mundi, dies erkannt. Der Heldenplatz als monarchistisch-österreichischer, als katholischer Erinnerungsort wurde von den Sieg-Heil-Rufen des März '38 überdeckt und ausgelöscht.

2. Katholische und patriotische Imaginationen

1912 fand auf dem Heldenplatz in Wien der XXIII. Internationale Eucharistische Weltkongreß statt. Noch einmal leuchtete die alte, barocke, gegenreformatorische Einheit von Dynastie, Hocharistokratie und Kirche auf. Die Kardinäle und Erzbischöfe fuhren in Kutschen, der übrige Klerus mußte im kalten Regen gehen. Der Kaiser selbst hatte das Protektorat übernommen. Die Damen des kaiserlichen Hauses und die Hocharistokratinnen wirkten bei der organisatorischen Vorbereitung mit. Die Prozessionszüge wurden von Adeligen kommandiert. Die Botschaft des Heldenplatzes war eindeutig: Gegen das Programm der Trennung von Kirche und Staat, gegen die Reduzierung der Religion zur Privatsache, wie Deutschnationale und Sozialdemokraten gemeinsam forderten, wird hier der Katholizismus zum entscheidenden Nervensystem des Staates erklärt, zur Sache des österreichischen Patriotismus schlechthin. Im Zentrum jedes katholisch-österreichischen Festes (bis heute) steht der Festgottesdienst als Kern der christlichen Erinnerung. 1912 wurde er von Hunderttausenden auf dem Heldenplatz gefeiert. In Verehrung der Eucharistie und des greisen Monarchen standen und knieten sie nebeneinander: die Völker der Monarchie, der einfache Arbeiter neben dem ungarischen Magnaten, der Bauer neben seinem ehemaligen Grundherrn, der Meister neben seinen Gesellen.

Dieser österreichische, übernationale Patriotismus trug auch noch die Begeisterung zu Beginn des Ersten Weltkrieges. Er zeigte sich wohl zum letzten Mal beim Leichenzug Kaiser Franz Josephs, im Herbst 1916, der über den Heldenplatz führte. Bundeskanzler Bruno Kreisky (auch sein Leichenzug wird 1990 über den Heldenplatz ziehen), ein Sozialdemokrat, der sich nicht ungern unter dem Bild des Kaisers fotografieren ließ, erinnerte sich: «Es war ein eiskalter, grausiger Tag, und wir froren entsetzlich. Als der Trauerkonduct endlich herankam, schien es mir, als fülle sich die ganze Welt mit Schwarz. Es war eine einzige Demonstration der Schwärze, und in den Gesichtern der Menschen waren Schmerz und Sorge zu lesen; was mochte jetzt werden?»[3] Tatsächlich kam das Ende der Monarchie, kam der Kleinstaat, eine unsichere Identität, die im Anschluß an Deutschland die einzige Rettung sah. Die Einheit von Staat und Kirche war zerbrochen, und der Katholizismus in Österreich mußte sich neu orientieren. Zur Leitfigur, und ein wenig auch zum «Ersatzkaiser» für die katholische Bevölkerung, wurde der kaiserliche Minister und sechste Kanzler der Republik: Prälat Ignaz Seipel.

Ende Juni 1923 feierte das «bodenständige» Wien – in Kontrast zum «roten Wien», das seine Aufmärsche und Feiern auf der benachbarten Ringstraße und vor dem Rathaus zelebrierte – den allgemeinen österreichischen Katholikentag auf dem Heldenplatz. Die deutschen Katholiken waren etwas enttäuscht, hatte man doch – getragen von der Anschlußeuphorie – gehofft, daß nun wieder gemeinsame Katholikentage möglich seien. Doch die «Genfer Sanierung», welche die Hyperinflation in Österreich beendete, hatte das Anschlußverbot erneuert und Österreich auf sich und den Völkerbund verwiesen. Diese Selbstbezüglichkeit wurde durch eben jenen Ignaz Seipel repräsentiert, der als Pater Patriae, als Retter Österreichs bei diesem Katholikentag bejubelt wurde, der dem Anschluß mit Skepsis gegenüberstand und um den nun ein neuer Mythos aufgebaut wurde. Etwas später schrieb der deutsche Gesandte in Wien, Graf Lerchenfeld, daß namhafte Kräfte am Werke seien, ein neues österreichisches Staatsbewußtsein aufzubauen. «Vor allem ist die Person des jetzigen Bundeskanzlers [Seipel, E. H.], der auf diesem Gebiet führend vorangeht und hierin durch bedeutende politische Persönlichkeiten unterstützt wird.»[4] Die politische Spaltung des Landes spiegelte sich in den Zahlenangaben über die Teilnehmer des Katholikentages 1923. Die Katholiken sprachen von 400 000 Teilnehmern, die Sozialdemokraten von 20 000, angeblich zumeist Frauen. «Auf dem Heldenplatz» – giftete die sozialdemokratische Presse – «begingen die Bischöfe die Gotteslästerung, das ‹Allerheiligste› als Begleitinstrument zu einer Wahlrede des Herrn Piffl [des Wiener Kardinals] zu mißbrauchen.»[5]

Viele historische Erinnerungen weckte der Allgemeine Deutsche Katholikentag vom 7. bis 12. September 1933 in Wien. Die Planung reichte bis 1929 zurück. Aber 1933 war Österreich bereits auf dem Weg zum autoritären Staat, und Hitlers Machtergreifung in Deutschland zerriß das Gespinst eines gesamtdeutschen Katholizismus, des heiligen Jahres der Deutschen. Der zentrale Ort der Erinnerung war die Türkenbefreiung Wiens von 1683. Österreich stilisierte sich als Retter des Abendlandes und der deutschen Kultur. Bei der großen Türkenbefreiungsfeier auf dem Heldenplatz definierte Bundespräsident Wilhelm Miklas die Sendung Österreichs als universelle und deutsche: Schutz der abendländischen Kultur gegen den Osten. Unterrichtsminister Kurt Schuschnigg sprach bei der ersten Hauptversammlung des Katholikentages von der Sendung des deutschen Volkes im christlichen Abendland, wobei die spezielle Aufgabe der Österreicher sei, «Ostmarkwächter und Pioniere des deutschen Volkstums, damit des christlichen Abendlandes» zu sein.[6] Der alte österreichische Bollwerk-Mythos erwies sich als äußerst anpassungsfähig. 1933 wurde er als Kampf gegen den Osten, gegen den Sozialismus aktualisiert, der mit seinen Vorposten bereits das «rote Wien» erreicht habe. Der Bollwerk-Mythos wurde gleichzeitig gegen den Westen eingesetzt: gegen die Aufklärung, gegen die Französische Revolution, gegen die laizistische Demokratie. Beide, Ost und West, bedrohten den «Gedanken des Reiches Gottes auf Erden», der im christlichen Ständestaat seinen Ausdruck finden sollte.

Der Katholikentag nährte sich, wie alle erfundenen «starken» Identitäten, von Feindbildern. Die «Angst vor dem Osten» war tief verwurzelt und in ihren emotionalen Unterströmungen an den Islam gebunden. Ein populäres Kinderbuch, «Hatschi Bratschis Luftballon» des Bundeskulturrates Franz Karl Ginzkey zeigte den «Türken» als Kinderräuber, als Kinderschänder: «Der böse Hatschi Bratschi heißt er und kleine Kinder fängt und beißt er». Virtuos spielt dieses rassistische Kinderbuch mit den Ängsten der Kinder und gibt ihnen einen Namen und eine Gestalt. Ohne große Schwierigkeiten konnte dieses Türkenbild mit dem Bolschewismusbild verknüpft werden.[7] In der Ausgabe von 1933, verlegt vom katholischen Verlag Anton Pustet, zeichnet Ernst Dombrowski den Türken wie eine «Stürmer»-Karikatur des Juden und des jüdischen Bolschewiken. Der Autor sollte dann am 9. September 1934 die Einweihung des Burgtores als Heldendenkmal mit den Worten besingen: «Dem deutschen Volke schirmen die Grenze wir / als deutscheste Ostmark».[8]

Die Masseninszenierungen der totalitären Bewegungen hatten in den dreißiger Jahren auch auf den Katholizismus übergegriffen. Einer der Inszenatoren des Katholikentages 1933, Anton Böhm, kurze Zeit später illegales Mitglied der NSDAP, schlug vor: «Abends! Scheinwerfer! Auf den Stufen oder auf der Tribüne zuerst nur das monumentale Kreuz. Dann spricht der Erzbischof. Er geht allein die Stufen hinauf. Steht allein unter dem Kreuz. Ruft zum Beginn auf. Dann zieht eine Stammesvertretung nach der anderen mit Fahnen und sonstigen Symbolen auf. Sie stellen sich um das Kreuz auf.

Blick auf den Wiener Heldenplatz während der Einweihung des Heldendenkmals (1934)

Jeder Delegationsführer spricht wenige Sätze (vorher festlegen!). Am Ende ist ein Wald von *deutschen* Fahnen um das Kreuz geschart [...]. Eine Rede über Österreich.»[9] Der Katholikentag 1933 war so zweifach kodiert: Einerseits sollte auf die Tradition gemeinsamer Katholikentage der Deutschen und Österreicher vor 1866 zurückgegriffen werden (bereits 36 000 Reichsdeutsche hatten sich 1933 angemeldet), andererseits sollte die spezifisch österreichische Mission im Rahmen der deutschen Kulturnation betont werden. Das alles aber geschah in einer außenpolitisch sensiblen Situation. Zuvor war der Plan der Zollunion geplatzt, und Österreich drohte, nach dem 30. Januar 1933, in den Griff der Nationalsozialisten zu geraten. Bundeskanzler Engelbert Dollfuß fürchtete gar, daß der «österreichische Katholik Adolf Hitler» nun als Reichskanzler mit seinem Anhang zum Katholikentag kommen könnte. Dann aber eskalierten die Auseinandersetzungen zwischen Deutschland und Österreich. Die Tausend-Mark-Sperre – jeder deutsche Staatsbürger mußte bei seiner Einreise in Österreich tausend Mark hinterlegen – verhinderte eine deutsche Teilnahme. Der gesamtdeutsche Katholikentag schrumpfte zum österreichischen Katholikentag.

Einen klar anti-nationalsozialistischen Symbolgehalt hatte dann die Trauerkundgebung vom 8. August 1934 für Engelbert Dollfuß. Eine riesige Totenmaske des von Nationalsozialisten getöteten Kanzlers schmückte die Neue Hofburg, überall rot-weiß-rote Fahnen, der Heldenplatz ebenso mit Menschen gefüllt wie am 15. März 1938. Ähnlich wie 1938 «lauschten» 1934 Hunderttausende den Reden der «Führer», wie die katholische «Reichspost» schrieb.[10] Die 200 000 Teilnehmer repräsentierten das österreichische Volk als «Volksgemeinschaft», der Unternehmer marschierte inmitten seiner Arbeiter. Die Hinweise auf die hohe Teilnahme des öffentlichen Dienstes deuten an, daß die Menschen nicht ganz freiwillig kamen.

Dollfuß wurde als Märtyrer für Österreich gefeiert; buchstäblich habe er den Kreuzestod Christi wiederholt, und er werde im österreichischen Volk wiederauferstehen, denn er verkörperte den Glauben an Österreich. Dollfuß spricht in mystischer Form durch seine Nachfolger zu den Massen: «Mein Name ist Österreicher, meine Heimat ist Österreich, mein Volk, dessen Sprache ich spreche, ist deutsch.»[11] Bundeskanzler Kurt Schuschnigg verwies auf das Ambiente des Heldenplatzes, «jene steingewordene Erinnerung an die stolze österreichische Vergangenheit». Österreichs Aufgabe sei es, die Krone Karls des Großen (die in Wirklichkeit die Krone Ottos des Großen war) in der Wiener Hofburg zu hüten. Von hier aus – setzte Vizekanzler Fürst Ernst Rüdiger Starhemberg fort – werden sich die Schwingen des Doppeladlers wieder ausbreiten und das Land vor der nationalsozialistischen Barbarei schützen. Mit dem Gelöbnis für die österreichische Unabhängigkeit und dem Ruf «Heil Österreich» endete die Kundgebung.[12] Diese Trauerkundgebung der Vaterländischen Front zeigte jene Rituale, die in der Massenliturgie des Faschismus üblich waren. Nur war die Begeisterung am 15. März 1938 wohl echter und spontaner. Das Volk, das sich am 8. August 1934 präsentierte, war ein halbiertes. Es fehlten die kurz vorher im Bürgerkrieg vom Februar 1934 besiegten Sozialdemokraten, und die illegalen Nationalsozialisten trauerten um den gescheiterten Putsch vom Juli 1934. Auf das «Heil Österreich» des Jahres 1934 antwortete vier Jahre später ein gellendes «Heil Hitler».

Der militärischen Prägung des Platzes folgend, benützten die Nationalsozialisten den Heldenplatz für vorgezogene Siegesfeiern; sie stellten Beutewaffen aus. In der «Besatzungszeit» nützten die Sowjets, die in der Hofburg ein Offiziershaus unterhielten, den Raum für ihre militärischen Aufmärsche. Nach dem Staatsvertrag von 1955 folgte das österreichische Bundesheer mit zahlreichen militärischen Feierlichkeiten. Auch die katholische Kirche begann den Platz wieder zu benützen. Der Katholikentag 1952 stand unter der Parole «Freiheit und Würde des Menschen» – eine aus dem konservativen Naturrecht heraus formulierte Antwort auf die nationalsozialistische Herrschaft; der Katholikentag 1983 gipfelte im Papstbesuch und einer programmatischen Europa-Vesper. Europa war auch das Thema des Papstbesuches im Juni 1998. Die von vielen erwartete Antwort des Papstes auf die Affäre Groër (der verbannte Wiener Kardinal wurde homosexueller Aktivitäten beschuldigt) blieb aus. Das Schweigen des Papstes korrespondierte mit der Majestät des Platzes. Denn die imperiale, militärische, autoritäre, katholische Kodierung des Raumes verweigerte sich fast durchgehend liberal-demokratischen Repräsentationen. Es gab Ansätze der politischen Gegenkulturen, den Platz für sich zu erobern. Im Juli 1929 fand eine Großkundgebung des Internationalen Jugendtreffens der Sozialistischen Arbeiterjugend statt. Für den Maturanten Bruno Kreisky eine große Erfahrung. «Zum ersten Mal erlebte ich die Idee der Internationale.»[13] Spöttisch erinnerte sich Kreisky an den Sekretär der Jugendinternationale, an den kleinen dicken Erich Ollenhauer, der «in kurzen Hosen und blauem Hemd erschien und sich genüßlich eine große Zigarre ansteckte».[14] 1931 veranstaltete die Arbeiter-Olympiade eine Massenversammlung auf dem Heldenplatz. Und auch die österreichischen Nationalsozialisten benützten bereits vor 1933 den Platz für ihre Aufmärsche. Selbst die aufkommende populäre Massenkultur nutzte den Heldenplatz. Die «Winterhilfe» übertrug am 7. Dezember 1932 das Fußball-Länderspiel England gegen Österreich mit Hilfe eines Großlautsprechers live. Der finanzielle Ertrag floß an die Armen. Es war auch kein beliebiges Länderspiel, es ging um die Vorherrschaft im europäischen Fußball. Die Engländer spielten mit Kraft, Wucht und Geradlinigkeit, das Wiener «Wunderteam» führte ein elegantes, fintenreiches Kombinationsspiel vor. Kurz, wie die Wiener Presse feststellte, es war der Kampf «Geist contra Kraft». In dieser Phase der autoritären Regime unterlag der Geist mit 3:4. Aber die faire britische Presse konstatierte, daß «Spieler von Genie» verloren hatten.[15] Erst das Lichtermeer von 1993 gegen Ausländerfeindlichkeit versuchte, den Raum neu und demokratisch zu besetzen. Jahre vorher allerdings, 1965, begann ein Trauerakt zu Ehren eines von einem

Rechtsradikalen zu Tode geprügelten Widerstandskämpfers am Heldenplatz: «Es war eine Stunde, in der das ganze demokratische Österreich angesichts der Schatten der Vergangenheit enger zusammenrückte.»[16]

3. Die Helden:
Heerführer, Geistesfürsten, unbekannte Soldaten

Am Anfang war Napoleon. Als die Franzosen 1809 Wien verließen, sprengten sie die Bastei um die Hofburg. 1819–1824 wurde der äußere Burgplatz mit dem äußeren Burgtor (Baumeister: Pietro Nobile), flankiert vom Hof- und Volksgarten, angelegt; volkstümlich hieß der Platz, den Alltagsgewohnheiten angepaßt, Promenadenplatz, offiziell hingegen Paradeplatz, erst 1878 Heldenplatz.

Der Historismus der zweiten Jahrhunderthälfte lebte von der Leidenschaft für Denkmäler. Die Initiative lag zunächst beim Kaiser. Franz Joseph, der die Uniform praktisch nie auszog, imaginierte sich in zwei siegreichen Feldherrn: Erzherzog Carl und Prinz Eugen; gleichzeitig sollte die Armee als Garant der Einheit des Reiches gefeiert werden. Die Reihe der Denkmäler begann mit Erzherzog Carl, dem Sieger über Napoleon bei Aspern. Am 4. Januar 1853 erteilte der Kaiser den Auftrag zum Guß, mitten im Neoabsolutismus, dem Bündnis von Dynastie, Armee, Bürokratie und katholischer Kirche. Dem Künstler, Anton Dominik Fernkorn, wurde die Aufgabe gestellt, «den Erzherzog in einem der ruhmwürdigsten Momente seines tatenreichen Lebens darzustellen, mit der Fahne in der Hand, wie er im Augenblick der höchsten Gefahr seinen Kriegern die Bahn der Ehre weist».[17] Das für den Heldenplatz bestimmte Denkmal sollte einerseits ein antiliberales, antibürgerliches Signal setzen (die Zulassung des Publikums bei der Enthüllung war nur «gestattet»), andererseits Österreichs Anspruch auf die Vorherrschaft in Deutschland anmelden. Die Inschrift «Dem beharrlichen Kämpfer für Deutschlands Ehre» wurde später deutschnational gelesen; in Wahrheit aber trug sie eine antipreußische Botschaft: Sie sollte den Deutschen sagen, daß Österreich die Hauptmacht sei, «Schwert und Schild Deutschlands [...], was es war, ist und immer bleiben wird».[18] Die Enthüllung war für den 22. Mai 1859 geplant, fünfzig Jahre nach der Schlacht von Aspern. Die Imagination des Kaisers als siegreichem Feldherrn wurde jedoch von der Wirklichkeit brutal zerstört. Von Magenta und Solferino kehrte Franz Joseph als Besiegter heim. Die Enthüllung wurde verschoben und fand dann im Zeichen einer austriazistischen Ironie statt. Als Denkmal des siegreichen Neoabsolutismus geplant, läutete es sein Ende ein und den Beginn der liberalen Verfassungsperiode.

In dieser neuen historischen Phase wurde das Denkmal für den populären Prinz Eugen von Savoyen, nächst der Hofburg, aufgestellt. Nicht mehr ein Mitglied der Dynastie, sondern der «weise Ratgeber dreier Kaiser» – dies konnte man konstitutionell deuten – wurde geehrt, allerdings überlagert von der Erinnerung an Österreichs Großmachtstellung, an den Drang nach Südosten, an die Ursprünge im gegenreformatorischen Kreuzzugsempire. Das volkstümliche Lied vom Prinz Eugenius, dem edlen Ritter, der dem Kaiser «wiederum kriegen» wollte «Stadt und Festung Belgerad», drückte diese Tendenz deutlich aus: «auf die Türken, auf die Heiden, daß sie laufen alle davon».[19] Das Lied wird zu Beginn des Ersten Weltkrieges die Hetzmasse begleiten, die den Krieg gegen Serbien feierte. Die Enthüllung des Denkmals erfolgte am 18. Oktober 1865. Etwas später reagierte die liberale Presse spöttisch auf die Koinzidenz der Errichtung von Denkmälern für siegreiche Heerführer und die nachfolgenden militärischen Niederlagen. Die Festklänge bei der Enthüllung des Reiterbildes Erzherzog Carls verbanden sich mit der frischen Erinnerung an Magenta und Solferino, der österreichischen Niederlage in Italien, auf die Errichtung des Monuments für Prinz Eugen folgte die Schlacht bei Königgrätz, der Hinauswurf aus dem deutschen Raum.

Trug schon das Denkmal für Erzherzog Carl ursprünglich eine klare antipreußische Konnotation, so verkörperte Prinz Eugen das multikulturelle, barocke, pluralistische, übernationale Österreich. Er war schwierig einzudeutschen. Zwar erschienen zwischen 1932 und 1942 über zwanzig Biographien und literarische Darstellungen des Prinzen, aber erst in der letzten Phase des Zweiten Weltkrieges, als es scheinbar um die Verteidigung der Heimat gegen den «Osten» ging, besann sich Heinrich Himmler auf die österreichische Militärtradition. In einer Geheimrede vor den Wehrkreisbefehlshabern stellte er gleichrangig nebeneinander: die preußische Tradition mit Friedrich II. und die österreichische Tradition mit Prinz Eugen.[20] Schon 1942 allerdings war die SS-Gebirgsdivision «Prinz Eugen» für die südosteuropäischen Volksdeutschen aufgestellt worden.

Ungefähr gleichzeitig mit der Enthüllung des Prinz Eugen-Denkmals konnte die danebenliegende Wiener Ringstraße eröffnet werden (1865). Heldenplatz und Ringstraße treten als klar getrennte Erinnerungsorte auf: dynastisch, militärisch, österreichisch, katholisch der eine, liberal, bürgerlich, deutsch der andere. In der Ringstraßenarchitektur feierte die säkulare Kultur ihren Sieg über den religiösen Glauben. Die Liberalen errichteten ihre Vision der Stadt. Eine selbstbewußte Aristokratie des Geistes symbolisierte ihre Werte in Kontrast zur Aristokratie des Blutes. Die Liberalen wiederum wurden von den Sozialdemokraten beerbt, die bereits seit den 1890er Jahren die Ringstraße zu ihrer Domäne für Aufmärsche und Demonstrationen machten. In der Ersten Republik etablierte sich dann das Rathaus als Zentrum des «roten Wien».

Räumlich gesehen an der Schnittfläche von Heldenplatz und Ringstraße, zeitlich gesehen an der Schnittfläche von Neoabsolutismus und liberaler Ära, sozialgeschichtlich gesehen an der Schnittfläche von Stand und Klasse, nistete sich die Weimarer Klassik, Goethe und Schiller, ein. Vor allem von Schiller ging eine katalysierende Funktion aus. Sein Freiheitspathos reichte bis in das galizische «Shtetl». Schiller wurde zur Projektionsfigur, in der sich Freiheit und Nation spiegelten. Bei der Schillerfeier von 1859 feierte sich das Bildungsbürgertum, in erster Linie die Studenten, als heilige Gemeinschaft, in der Magie und Ratio, emotionale Nationswerdung und demokratischer Gestaltungswille sich trafen. Das intelligente, gebildete, politisch wache Wien zeigte sich zum ersten Mal seit 1848 wieder in der Öffentlichkeit, und dieses Wien sprach: «Daß wir uns als Deutsche fühlen, daß wir uns als ein starkes, von Deutschland untrennbares Glied betrachten, und daß wir uns trotz alledem und alledem ein warmes Herz erhalten haben, fähig der Begeisterung für ideale Zwecke.»[21] Die Pathosformel der Rhetorik war dreifach geknüpft: Einheit des Volkes, Einheit der Kulturnation, Einheit des österreichischen Bürgertums über die nationalen und ethnischen Grenzen hinweg. Im Grunde lief es auf jene charakteristische doppelte Identität hinaus: staatlich österreichisch, aber ethnisch deutsch. Die moderne Forschung hat nun die Frage gestellt: War der deutsche Nationsbildungsprozeß in Österreich nicht ein eigenständiger, ein deutsch-österreichischer, der getrennt vom «reichsdeutschen» verlief, weshalb wir von zwei deutschen Nationsbildungen im 19. Jahrhundert sprechen müssen? Gehaltvolle Antworten stehen noch aus, aber der Hinweis von Dieter Langewiesche, daß die Formierung der Turner- und Sängerbewegung in den deutschen Staaten im frühen 19. Jahrhundert ohne die Österreicher verlief, gleichsam eine österreichische «Selbstausschaltung» vorlag, könnte in diese Richtung gedeutet werden.

Bei der Errichtung des Wiener Schiller-Denkmals 1876 war die Fiktion des einheitlichen österreichischen Bürgertums, mit Schiller als Leitfigur der Freiheit, jedoch bereits zerbrochen; bei der Schillerfeier 1905 schließlich hatte ein aggressiver, integraler Nationalismus das Freiheitspathos endgültig zerschlagen. Die Heil-Rufe kündigten bereits die Heil-Rufe von 1938 an.

Ganz im Banne des Anschlusses standen die große Kundgebung im Mai 1925 auf dem Heldenplatz und das Deutsche Sängerbundfest im Juli 1928. Im letzten Drittel des 19. Jahrhunderts nämlich hatten die deutschen und österreichischen Sänger- und Turnvereine bereits eine engere Verbindung aufgenommen. 130000 Sänger mit zahlreichen geschmückten Wagen zogen vom Heldenplatz über die Ringstraße. 700000 Personen sahen dem Spektakel zu. Vor dem Burgtor fand eine Schubert-Huldigung statt. Reichstagspräsident Loebe und die Repräsentanten des österreichischen Staates feierten das deutsche Volk als das musikalische Volk schlechthin. Diese Musikalität erwachse aus einem reicheren Innenleben als irgendwo sonst. Die «Armee der Sänger» erschien Bundespräsident Michael Hainisch als Symbol der Einheit des deutschen Volkes. Und der «Liederfürst» Franz Schubert galt als einer seiner Heroen. Tatsächlich war das «deutsche Lied», von unzähligen Gesangsvereinen «von der Maas bis an die Memel, von der Etsch bis an den Belt» tagaus tagein gesungen, eine der wichtigsten emotionalen Bindungen an das Alldeutschtum. Der Festzug selbst sandte zahlreiche politische Signale aus. Die

Gruppe von Saarbrücken war schwarz gekleidet, Ausdruck der Trauer über das besetzte Saarland; die Tiroler Sänger ließen eine symbolische Lücke klaffen – ein Hinweis auf die fehlenden Südtiroler. Die Pathosformel des Festes faßte die «Vossische Zeitung» in den Satz zusammen: «Es war vor allem aus überquellendem Herzen eine Huldigung der Deutschen aus allen Gauen des Reiches für das deutsche Wien, und dieses Wien hat ihnen aus heißem Herzen zugejubelt.»[22]

Jenes Burgtor, vor dem im Sommer 1928 die Huldigungsfeier für Franz Schubert ablief, ist ein außerordentlich komplexer österreichischer Erinnerungsort. Fertiggestellt wurde das Tor 1824 als Siegesdenkmal zur Erinnerung an die Schlacht bei Leipzig 1813. Es trägt die Inschrift: Franciscus I. Imperator Austriae. Das Bauprogramm bezog sich bewußt auf das Brandenburger Tor in Berlin (1788–1791). Ein «vaterländisches Denkmal», das im zeitgenössischen Diskurs jedoch eine tendenziell demokratische Note trug. Die fünf gleichartigen Durchgänge machten darauf aufmerksam, daß die Menschen «jedweden Standes zum Sitz des Fürsten» strömen, daß nicht Geburt und Rang, sondern nur «wirklich dem Staat geleistete Dienste» belohnt werden.[23] Während des Ersten Weltkrieges benützte der k. k. Militär-Witwen- und Waisenfonds das Gebäude für militärische Ehrungen. 1915 brachte die Aktion «Lorbeer für unsere Helden» auf der Ringstraßenseite des Tores Lorbeerkränze an. Auch Kaiser Wilhelm II. stiftete einen Lorbeerzweig aus Metall. Das «rote Wien» blockierte dann weitere Heldenverehrungen, die den pazifistischen und antihabsburgischen Stimmungen widersprachen.

Erst 1933, als die österreichische faschistische Heimwehr in der Regierung vertreten war, wurde eine neue Erinnerungsschicht angelegt. Ein österreichisches Heldendenkmal sollte errichtet werden. Das Programm entwickelte eine deutlich antiwestliche Stoßrichtung. Wie der sich ausformende «Ständestaat» gegen 1789 gerichtet war, so soll im österreichischen Heldendenkmal nicht der «demokratische Tod» in der Figur des «unbekannten Soldaten» gefeiert werden, «nein, ein Ehrenmal für Altösterreichs Heldensöhne von 1618 bis 1918» sollte gebaut werden.[24] Die Aufwertung der altösterreichisch habsburgischen Tradition stand im Kontrast zur republikanischen Tradition der österreichischen Revolution von 1918/19 und im Kontrast zum nationalsozialistischen Deutschland. Die Umrüstung des österreichischen Bundesheeres, vom deutschen Schnitt der Uniform zum altösterreichischen Schnitt, enthüllte ebenfalls diesen Kontext.

Nach einem Ideenwettbewerb baute man eine Ehrenhalle, «vom Himmel überdacht», als Erinnerung an den Ruhm der alten österreichischen Waffen und im rechten Seitenflügel des Burgtores eine Gefallenen-Gedächtniskrypta für die Toten des Ersten Weltkrieges. Die Kraft des «unbekannten Soldaten» war freilich so stark, daß sich die Ikonologie des riesigen liegenden Kriegers aus rotem Marmor dieser Magie nicht entziehen konnte, obwohl ideologisch der habsburgische Heldenmythos angestrebt wurde. Der Künstler, Wilhelm

Frass, zeigte etwas von jener austriazistischen Ironie und viel mehr noch: etwas von jener doppelgleisigen Einstellung der österreichischen Kunst in den dreißiger Jahren – offiziell ständestaatlich-österreichisch, inoffiziell nationalsozialistisch. Er rühmte sich 1938, bei der Aufstellung der Kriegerfigur 1934 eine Metallhülse mit einer nationalsozialistischen Inschrift versteckt zu haben. Symbolisch paßte es zum realen Verlauf der österreichischen Geschichte dieser Jahre, daß im österreichischen Heldendenkmal, das am 9. September 1934 feierlich eingeweiht wurde, eine versteckte nationalsozialistische Botschaft präsent war (und vermutlich heute noch ist). Bei dieser Einweihung waren die Repräsentanten des abgesetzten Kaiserhauses anwesend. Kardinal Theodor Innitzer rief in seiner Predigt dazu auf, der gefallenen Helden des teuren Vaterlandes zu gedenken. «Euer Beispiel soll uns stärken, euer Opfer soll uns begeistern, daß wir ebenso groß werden und selbstlos wie ihr, wenn die Stunde kommen sollte, die auch von uns ein ähnliches Opfer fordern kann.»[25] Als diese Stunde dann kam, im März 1938, war der Kardinal einer der ersten, der die «Kapitulation» dem «Opfer» vorzog.

Diese austriazistische Ironie (von einer strengeren moralischen Einstellung her kann man es auch pure politische Charakterlosigkeit nennen) steigerte sich noch. Denn 1965 wurde im linken Flügelbau des Burgtores ein «Weiheraum für die Opfer im Kampf um Österreichs Freiheit», konkret für den österreichischen Widerstand gegen den Nationalsozialismus, eingerichtet. Alle Widersprüche und Konflikte der österreichischen Geschichte wurden an diesem einen Ort begraben und gleichzeitig wurde an sie erinnert: die habsburgisch-gesamtdeutsche Tradition (Leipzig), die österreichisch-militärische Heldenehrung, die Erinnerung an die Toten beider Weltkriege, das «austrofaschistische» und das nationalsozialistische Erbe, die Kennzeichnung der österreichischen Opferrolle. Selten wird man ein Denkmal finden, wo so viele Widersprüche gleichzeitig aufbewahrt werden. Die Mehrzahl der Österreicher freilich weiß von dieser komplexen Gedenkstätte kaum etwas – außer daß die Repräsentanten des Staates am Totengedenktag Kränze niederlegen.

4. Die zweifache Signatur der Architektur

Ein Platz wird von seinen Rändern her definiert. Die geheime Struktur des Heldenplatzes bestimmt seine Unfertigkeit, das Torsohafte. Der Plan Gottfried Sempers von 1869 sah ein riesiges Kaiser-Forum vor, das die Achse des Platzes gedreht, die Ringstraße durchschnitten und Hofmuseen und barocke Hofstallungen einbezogen hätte. Als Zeichen imperialer Macht hätte das Kaiser-Forum die bürgerliche-liberale Ringstraße durchschnitten. Schwert und Krone hätten ein semiotisches Primat gewonnen. Der Kampf zwischen dem Kaiser- und Bürger-Forum endete mit dem tatsächlich gebauten Kompromiß zwischen Herrscher und Bürger, dem Modell der konstitutionellen Monarchie entsprechend. Auch als Torso bestimmt die Hofburg die Architektur. Im 13. Jahrhundert vom Böhmenkönig Ottokar II. Přemysl begonnen, reichte die Baugeschichte bis ins 20. Jahrhundert, als die Neue Hofburg (1881–1913) fertiggestellt wurde. Die zweifache Erinnerung des Heldenplatzes wird von der Hofburg gestützt. Zum einen die Erinnerung an das Heilige Römische Reich Deutscher Nation. Die sakrale Dimension des Kaisertums materialisiert sich am stärksten in den Reichsinsignien, Krone (corona regni Teutonici et corona Romani imperii), Reichsapfel, Reichsschwert, Zepter, heilige Lanze, die seit 1800 in der Wiener Schatzkammer aufbewahrt wurden. Diesen Kronschatz nannte man «das heilige Reich». Die Krone transportierte einen materiellen wie immateriellen Sinn. Im Sommer 1938 ließ Hitler die Reichsinsignien wieder nach Nürnberg bringen – eine der vielen gezielten Demütigungen für Wien. 1945 starteten die US-Amerikaner eine geheime Suchaktion nach den versteckten Reichskleinodien, weil sie fürchteten, daß sich daran ein Hitlermythos und der Traum vom Vierten Reich binden könnten. 1946 wurde der Kronschatz feierlich der österreichischen Regierung zurückgegeben. Paradoxerweise sprach General Mark Clark von den Reichskleinodien als dem «Symbol der Selbständigkeit Österreichs»; Bundeskanzler Leopold Figl griff diese Redefigur auf und deutete die Verlagerung der Reichsinsignien nach Nürnberg 1938 als Raub an Österreich, als Versuch, den «wahren Geist Österreichs auszumerzen».[26] Die Reichskrone, wohl ein klares Symbol der gemeinsamen deutschen und österreichischen Geschichte, wurde zu Beginn der Zweiten Republik in den «goldenen Mythos» von Österreich eingeschmolzen, ganz im Sinne der «Erfindung von Traditionen», wie es bei den Nationsbildungen üblich ist. Die Erinnerung an das Heilige Römische Reich knüpft sich des weiteren an den Reichskanzleitrakt der Hofburg. 1723–30 errichtet, war er der Sitz der «Reichs(hof)kanzlei», einer der obersten Behörden des Reiches, vom Reichsvizekanzler geleitet. In der zweiten Hälfte des 19. Jahrhunderts bezog Kaiser Franz Joseph dort sein Appartement.

Zum anderen, und um vieles stärker, lebt in der Hofburg die Erinnerung an das Habsburgerreich. In der Schatzkammer lagert auch die österreichische Kaiserkrone, die Krone Kaiser Rudolphs II., die seit 1804 als Symbol des Erbkaisertums Österreich galt. Im Leopoldinischen Trakt der Hofburg residierten Kaiserin Maria Theresia und ihr Sohn Joseph II. In der Zweiten Republik wurde der Trakt zum Amtssitz des Bundespräsidenten. Eine mächtige rotweiß-rote Fahne kündigt jeweils seine Anwesenheit an.

Gleich daneben liegt die ehemalige Staatskanzlei, das spätere Bundeskanzleramt und das Außenministerium der Republik, der berühmte «Ballhausplatz». 1717–1719 von Lukas von Hildebrandt entworfen, diente das elegante barocke Gebäude als Sitz der geheimen Österreichischen Hofkanzlei. Hier zog der Staatskanzler Wenzel Anton von Kaunitz seine Fäden gegen den «Räuber Schlesiens», gegen den Preußenkönig Friedrich II. Auf die Fürsten Kaunitz, Metternich, Schwarzenberg folgten die Grafen Beust, Aehrenthal,

Berchtold (er legte die Zündung zum Ersten Weltkrieg), dann in der Republik die Bürgerlichen Schober, Seipel, Gruber, Figl, schließlich der Sozialist Kreisky. In der Ersten Republik vereinigte der «Ballhausplatz» die gesamte Staatsspitze: Bundespräsident, Bundeskanzler und Außenminister. Hier wurde Bundeskanzler Engelbert Dollfuß am 25. Juli 1934 von den nationalsozialistischen Putschisten getötet. Eine 1938 angebrachte Gedenktafel (1945 entfernt) feiert die österreichischen Putschisten als «deutsche Männer», die 1934 für Deutschland antraten. Hier war das Zentrum des dramatischen Anschlußgeschehens am 11. März 1938. Hier beschloß der österreichische Ministerrat unter Bundeskanzler Seyß-Inquart am 13. März 1938 das Bundesverfassungsgesetz über die Wiedervereinigung Österreichs mit dem Deutschen Reich. Im Protokoll heißt es: «Die Mitglieder der Bundesregierung erheben sich zur Feier der Stunde von den Sitzen und leisten den Deutschen Gruß.»[27] Hier residierte dann Reichstatthalter und Gauleiter Baldur von Schirach. Hier hat nach 1945 das österreichische Außenministerium die Opfertheorie (Österreich als erstes Opfer der nationalsozialistischen Aggressionspolitik) mit aller diplomatischen Raffinesse ausgestaltet. Nach 1955 wurde der «Ballhausplatz» zum friedlichen Symbol der kleinen neutralen Republik Österreich.

5. Kampf der Erinnerungen

Erinnerungsorte tragen die Fähigkeit zur Metamorphose in sich. Das Haus am Ballhausplatz belegt diese Fähigkeit zur Verwandlung. Auch die Ringstraße, mit dem Parlament und dem Rathaus, paßte sich unterschiedlichen politischen Herrschaften bis zu einem gewissen Grade an. Der Heldenplatz hingegen behielt eine altertümliche Starrheit, eine gleichsam «gefrorene Erinnerung». Wenn ein «lieu de mémoire» das symbolische Element der Erinnerungserbschaft einer Gemeinschaft ist, dann verweist der Heldenplatz primär auf den Habsburgischen Mythos. Der wissenschaftliche Umgang mit «Erinnerungsorten» hingegen besteht nicht allein in der Rekonstruktion der Erinnerungsschichten. Wissenschaft fordert immer auch ein Element der Kritik ein. Sie muß den Mythos destruieren und das Verdrängte, Vergessene bloßlegen. Diese Kritik richtet sich gegen jeden Mythos.

In bezug auf den Heldenplatz heißt das: Der dominante Hitlermythos, gebunden an den 15. März 1938, wird durch den katholischen Habsburgmythos zunächst einmal relativiert. Dieser Habsburgmythos verschmolz 1934 und 1945 mit dem konservativen Österreichmythos in einer Abwehrhaltung zum Nationalsozialismus. Ein offizielles Österreich-Buch von 1948 entwarf die Vision eines zauberhaften, multikulturellen, tausendjährigen Österreich, das bereits im Mittelalter entstanden sein soll: «Im fruchtbaren Nährboden der Völkermischung, durch das äußere Schicksal in der österreichischen Landschaft vollzogen, schlummerten tief verborgen und keimbereit Instinkte und Talente

«Anschluß» Österreichs an Deutschland: Adolf Hitler auf dem Heldenplatz
(15. März 1938)

von diametral veranlagten Menschenarten. Gotische Phantasie, hellenischer Esprit, keltische Formenlust, slawische Schwere des Gemütes, verbunden durch die Träume des Ostens, nunmehr im österreichischen Wesen aufgebrochen, waren vom Innersten her bereit, Früchte zu tragen, künstlerisch zu schaffen und zu formen [...].»[28] Es gibt keinen österreichischen Nationalsozialismus in diesem Buch. Diese Jahre werden in der Erinnerung ausgelöscht und an die «deutsche Geschichte» abgegeben. Gleichzeitig verschmolz dabei der Habsburgmythos mit dem österreichischen Opfermythos. Eine Briefmarkenserie von 1946 visualisierte diesen Opfermythos: Eine Hand schwört auf die rot-weiß-rote Fahne; phönixgleich steigt der österreichische Staatsadler aus einem brennenden Hakenkreuz; der NS-Dolch durchsticht das österreichische Herz; der SS-Blitz schlägt in das Land ein; der brennende Stephansdom von einer Dornenkrone umgeben; eine verzweifelte Hand streckt sich aus dem Stacheldraht des KZ-Zaunes; die Hitlermaske wird abgenommen – dahinter der grinsende Totenschädel.[29] Gegen diese Verdrängung richtete sich die Erinnerung an den Heldenplatz vom 15. März 1938: an den Sturm der Begeisterung für den «Anschluß». In den achtziger Jahren verschob sich im intellektuellen österreichischen Diskurs der Opfermythos zum Tätermythos. Dieser Tätermythos seinerseits verdrängte wiederum die Tatsache, daß es

1938 – unbestreitbar – einen deutschen nationalsozialistischen Imperialismus gab, der sich gegen den selbständigen österreichischen Staat richtete.

Noch eine weitere Dimension ist zu beachten: Während die konservativen-christlichsozialen-christlichdemokratischen Kräfte des Landes ohne Schwierigkeiten an den Habsburgmythos einen kleinstaatlichen Österreichmythos anlagern konnten – und der Heldenplatz seine Qualität als Erinnerungsort bewahrte –, blieb dem linken Lager der Heldenplatz zunächst fremd. Habsburg: das hieß 1918 die Herrschaft einer Verbrecherclique, die erbarmungslose Unterdrückung der Arbeiterbewegung, die Hölle des Ersten Weltkrieges. Die österreichische Revolution 1918/19 richtete sich gegen Habsburg und gegen Österreich. Die Revitalisierung der monarchistischen Traditionen im «Ständestaat» verstärkte noch die antihabsburgisch-antiösterreichischen Tendenzen der Sozialdemokraten. Selbst im sozialdemokratischen Widerstand blieb eine gewisse Skepsis gegenüber Österreich bewahrt. Zwar existierten Ansätze, den Heldenplatz auch sozialdemokratisch zu besetzen, etwa das Internationale Jugendtreffen von 1929 und die Arbeiter-Olympiade von 1931. Aber erst die Regierung Kreisky hat das sozialdemokratische Lager mit Habsburg und Österreich versöhnt. Zwei symbolische Handlungen dafür: Kreiskys Handschlag mit Otto von Habsburg, die rot-weiß-roten Farben als Parteisignet für die SPÖ.

Der Heldenplatz als Erinnerungsort der gemeinsamen deutschen und österreichischen Geschichte setzt in der Wiener Schatzkammer ein: das alte Reich, eine vornationale, vorstaatliche, in die europäische Dimension reichende föderale Rechtsordnung; der Kaiser als Hüter des Rechtes, als Repräsentant der Christenheit; der Kaisermythos als universelle und sakrale Macht. Der Reichsmythos überlebte den Untergang des alten Reiches, er geisterte noch in der Gefühlswelt der katholischen Intellektuellen der 1930er Jahre herum und führte sie in eine Annäherung zum Nationalsozialismus. Gleichzeitig verstand sich auch der «Ständestaat» von 1934 als Fortführung der Reichstradition. Der Kaiser als Garant des Rechts hatte sich besonders in das jüdische Gedächtnis eingeschrieben. Der jiddische Schriftsteller Melech Rawitsch erzählt in seiner Autobiographie: «Wenn wir über den Kaiser sprachen, sagten wir alle ‹unser Kaiser›; andere pflegten ‹kejssar jorum hoidoi› [= der Kaiser, dessen Majestät erhoben werden möge] zu sagen – und wegen dieses ‹kejssar jorum hoidoi›, das abgekürzt als ‹Kireh› geschrieben wird, nannten uns die Juden Rußlands ‹die Kirehs› oder ‹die kireh'schen Juden›, und wir nannten sie ‹Iwan Gannefs Juden› oder ganz einfach ‹die Iwans›. Sie nannten uns auch, ‹Froim Jossels Juden› – gemäß dem verjüdischten Namen unseres Kaisers Franz Joseph.»[30] Am anderen Pol wirkte der Reichsmythos auch im germanischen Europa weiter, das Hitler schaffen wollte.

Von Anfang an stand die universale Kaiseridee in Spannung zur «Deutschen Nation», zunächst als Adelsnation verstanden. Diese Spannung setzte sich fort im Dauerkonflikt der 1654 gegründeten Reichshofkanzlei mit der österreichischen Hofkanzlei, aus der die Staatskanzlei hervorging, übertrug sich auf die österreichisch-preußischen Konflikte des 18. und 19. Jahrhunderts. Diese Konfliktlage ermöglichte es den Österreichern nach 1945, den Nationalsozialismus als preußisch darzustellen und Österreich als Opferlamm der Welt zu präsentieren. Die Erinnerung an den Heldenplatz am 15. März 1938 mußte dann verdrängt werden, bis sie in den achtziger Jahren um so stärker wieder auftauchte und in der Person des Bundespräsidenten Kurt Waldheim, als Symbol des homo austriacus, der österreichischen Schuldabwehr, einen weltweiten Skandal verursachte.

Die Dramatikerin Marlene Streeruwitz nannte den Heldenplatz den «Schandplatz». «Ich bin dafür, den Heldenplatz aufzugraben und so zu lassen. Unbetretbar.»[31] Auch das wäre nur ein Versuch, die Gegensätze der österreichischen Geschichte zu entsorgen. Denn schon 1944 wurde der Platz landwirtschaftlich genützt. Wahrscheinlich entspricht es am ehesten der österreichischen Volkstradition der «karnevalistischen Lachkultur» (Bachtin), wenn der Heldenplatz im Alltag «als architektonisch imposantestes Hundeklo Wiens dient».

Joachim Fest

Der Führerbunker

I.

Während der Mittagslage kam die Nachricht, daß sowjetische Einheiten im angrenzenden Tiergarten standen. Heftiges Feuer wurde von der Friedrichstraße und vom Potsdamer Platz gemeldet, und sooft eine der schweren Granaten in der Nähe einschlug, erzitterte der Bunker. Der Ring um das Regierungsviertel, das im militärischen Sprachgebrauch als «Zitadelle» bezeichnet wurde, begann sich zusehends enger zu schließen. Es war der 30. April 1945.

Als letzter kam Hitler aus dem Lageraum. Im Vorzimmer trat er auf seinen Adjutanten, den SS-Sturmbannführer Otto Günsche, zu und sagte, er wolle den Russen weder lebendig noch tot in die Hände fallen und anschließend «in einem Panoptikum» ausgestellt werden. Schon während der zurückliegenden Tage hatte er gegenüber nahezu jedem Besucher die Sorge geäußert, noch im Tod «entehrt» zu werden; er wolle verbrannt werden und «für immer unentdeckt bleiben». Jetzt nahm er Günsche das Versprechen ab, alles zu tun, um ihm das Schlimmste zu ersparen. Rund eine Stunde später kamen daraufhin unter dem pausenlosen Feuerhagel der sowjetischen Artillerie, in den Schutz von Häuserwänden und Mauervorsprüngen gedrückt, ein paar SS-Mannschaften und stellten eine Anzahl Benzinkanister am Bunkereingang ab.

Hitler war gänzlich ausgegeben, das Gesicht von tiefen Falten durchzogen und mit schweren Säcken unter den Augen, aus den Mundwinkeln troff häufig der Speichel. Seine bis dahin immer peinlich korrekte Kleidung war mit Essensflecken bedeckt und wirkte wie eine willentliche Verwahrlosung. Einmal, als er sich mit schlingernden Bewegungen durch die Räume tastete, meinte der neuernannte Begleitarzt Dr. Stumpfegger, Hitlers Gebücktheit und die schlurfenden Schritte seien keineswegs körperlich bedingt, sondern hysterischen Ursprungs. Ein anderer Arzt, der in der zum Lazarett umgebildeten Neuen Reichskanzlei Verwundete versorgte und Hitler in diesen Tagen erstmals begegnete, hat eine anschauliche Schilderung seiner Erscheinung überliefert: «Ich stand», hielt er fest, «vor ihm, sah seinen gebeugten Rücken, die krummen Schulterblätter, die zu zucken schienen und plötzlich zu zittern begannen. Er sah aus, als ob er seinen Kopf zwischen die Schulterblätter gezogen hatte – wie eine Schildkröte [...]. Es war ein erschütternder Anblick. Das verwüstete Gesicht war gelbgrau wie eine Mondlandschaft. Als Arzt empfand ich Mitleid mit diesem menschlichen Wrack. Mit sechsundfünfzig Jahren war Hitler zu einem gelähmten Greis geworden, freilich ohne die Würde des weißen Haars.

Die jüngere der beiden (begleitenden) Krankenschwestern war von dieser Begegnung so aufgewühlt, daß sie weinend, in einer Mischung aus Pathos und Hysterie, ausrief: ‹Mein Führer, bewahren Sie Ihren Glauben an den Endsieg! Führen Sie uns, und wir werden Ihnen folgen!› [...] Nun war es totenstill. Dumpf erwiderte Hitler: ‹Man soll sich seinem Schicksal nicht feige entziehen wollen.› Diese Worte galten nicht einem einzelnen [...]. Es klang, als ob er in die Ewigkeit hinein oder in den Abgrund hinunter spreche, vor dem er stand.»

Gegen vierzehn Uhr nahm Hitler in Gesellschaft seiner zwei verbliebenen Sekretärinnen und seiner Köchin die letzte Mahlzeit ein. Er gab sich nach den vielen Ausbrüchen und Krämpfen dieser Tage ruhig und beherrscht, und auf eine seiner Sekretärinnen wirkte die kleine Runde um den Tisch wie «ein Bankett des Todes». Schon am Abend zuvor hatte er ihr die in einer Kupferpatrone verwahrte Giftampulle überreicht und dazu gesagt, er wisse wohl, daß dies ein armseliges Abschiedsgeschenk sei. Wider Erwarten war Eva Braun, die er in der Nacht zuvor geheiratet hatte, nicht erschienen. Während sie noch zusammensaßen, hißten draußen, auf der Kuppel des nahen Reichstags, sowjetische Soldaten die rote Fahne.

Mit den Worten: «Nun ist es so weit, es ist zu Ende», hob Hitler die Tafel auf. Er ging in seine Räume und betrat wenig später am Arm seiner Frau den Vorraum des Lagezimmers, um sich von dem zusammengeschmolzenen Rest seiner engsten Umgebung zu verabschieden. Er hatte Goebbels herbeigebeten, Bormann und Botschafter Hewel, die Generale Krebs und Burgdorf sowie den Vizeadmiral Hans-Erich Voß. Am Ende des Aufgebots standen die Sekretärinnen, sein Kammerdiener Heinz Linge und die Chefs der Wachmannschaften: der SS-Brigadegeneral Johann Rattenhuber, Otto Günsche und der SS-Standartenführer Peter Högl. Nachdem er die Reihe abgeschritten und jeder der Frauen die Hand gegeben hatte, ohne etwas auf ihre atemlos vorgebrachten Worte zu erwidern, verschwand er an der Seite seiner Frau stumm und gebückt in den dahinterliegenden Privaträumen. Im Vorbunker trafen währenddessen einige von Günsche herbeibefohlene SS-Offiziere aus dem Führerbegleitkommando ein.

In der stickigen, modrig-schwülen Schattenwelt breitete sich eine abwartende Stille aus. Doch gegen fünfzehn Uhr ließ Hitler seinen Chefpiloten Hans Baur rufen, den er womöglich versehentlich nicht zur Verabschiedung des engsten Kreises gerufen hatte. Als Baur den Raum betrat, ergriff er dessen Hände, dankte ihm für seine jahrelange Treue und sprach sodann noch einmal von der Feigheit und Verräterei, die ihm dieses Ende bereitet hätten; jetzt könne er nicht mehr. Auf Baurs Versuch, ihn doch noch zum Aufbruch zu überreden, es stünden einsatzfähige Maschinen bereit, um ihn in eines der arabischen Länder zu fliegen, nach Südamerika oder Mandschukuo, winkte er resigniert ab: er mache nun Schluß. Man müsse den Mut haben, sagte er, die Konsequenzen zu ziehen. Morgen schon, setzte er hinzu, würden ihn zweifellos Millionen Menschen verfluchen. «Aber das Schicksal wollte es nicht anders.» Dann schenkte er Baur das Bild Friedrichs des Großen von Anton Graff, mit dem er in den zurückliegenden Wochen oftmals stumme Zwiesprache gehalten hatte, und einmal war er von einem Telefonisten des Bunkers beobachtet worden, wie er zur Nachtzeit bei unruhigem Kerzenlicht in seinem Wohnraum gesessen und «wie in einem Trancezustand» auf das Bild gestarrt hatte. Als Baur sich zum Gehen wandte, kam Hitler noch einmal auf seinen Eingangsgedanken zurück. Auf seinen Grabstein müsse man die Worte setzen, sagte er, er sei «ein Opfer seiner Generale» gewesen.

Wieder kehrte die lastende Stille zurück, überall saßen Einzelne oder kleine Gruppen in den karg möblierten Räumen herum, blickten ins Leere und warteten ab. Doch als könne dieses Leben, das die längste Zeit von abgründigen Inszenierungseinfällen bestimmt gewesen war, nicht ohne einen grellen, melodramatischen Effekt enden, setzte in diesem Augenblick in der höhergelegenen Kantine ein Tanzvergnügen ein, in dem sich die wochenlange Nervenanspannung der Bunkerbewohner zu lösen schien. Schon Stunden zuvor hatten einige Beobachter verwundert wahrgenommen, wie Eva Braun und bald auch der eine oder andere Insasse des Bunkers gegen alle strikten Verbote eine Zigarette entzündet hatten, und darin ein Zeichen disziplinärer Verwirrung erkannt. Jetzt dröhnte aus den Lautsprechern ausgelassene Musik, und wie fern sie auch herüberkam, war sie doch bis in die äußersten Winkel des unterirdischen Labyrinths zu hören. Eine Ordonnanz wurde nach oben geschickt, um für Ruhe zu sorgen, der Führer, meldete der Bote, sei im Begriff zu sterben. Aber keiner der meist betrunkenen Anwesenden nahm die Aufforderung zur Kenntnis, und das Zechgelage ging weiter.

Was dann geschah, hat sich nicht eindeutig ermitteln lassen. Einige Zeugen berichten, gegen halb vier einen einzelnen Schuß gehört zu haben, und die Sekretärin Frau Junge, die sich nach dem Abschied von Hitler zu den Goebbels-Kindern begeben hatte, um ihnen ein Märchen vorzulesen, hat sich erinnert, daß der neunjährige Helmuth auf den Pistolenknall hin fröhlich ausgerufen habe: «Volltreffer!» Andere Zeugen dagegen haben jedes wahrnehmbare Geräusch bestritten.

Nach annähernd zehn Minuten jedenfalls betraten Bormann, Linge und Günsche den Führerraum. Hitler saß zusammengesunken, mit blutig zerstörtem Gesicht auf dem Sofa, an seiner rechten Schläfe klaffte ein münzgroßes Loch, zwei Rinnsale liefen über die Wangen, und die hintere Wand war mit Blutspritzern übersät. Neben ihm hockte, mit angezogenen Beinen und fest zusammengepreßten Lippen, seine Frau. Es roch nach Pulverqualm und Bittermandeln. Hitler hatte, dem Rat des Arztes Dr. Werner Haase folgend, eine Blausäure-Ampulle zerbissen und sich gleichzeitig in die Schläfe geschossen, seine Frau hatte Gift genommen. Ihre kleine Pistole lag unbenutzt vor ihr auf dem Tisch.

Nach einem Augenblick der Lähmung breitete Linge auf dem Boden zwei Wolldecken aus, während Günsche zu den wartenden SS-Offizieren hinüber-

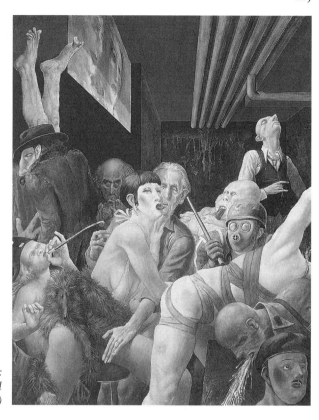

Volker Stelzmann:
Bunkerkarneval
(1976)

ging: «Der Chef ist tot!», sagte er. Mit unbewegten Mienen sah die kleine Trauerrunde zu, wie die Toten auf die Decken gelegt und von Linge, Stumpfegger und Bormann nach draußen geschafft wurden, Hitlers Beine schaukelten leblos hin und her. Als erster fand Goebbels die Sprache wieder und erklärte, er werde sich jetzt nach oben, auf den Wilhelmplatz begeben, wo sein Ministerium lag, und so lange umherlaufen, bis eine Kugel seinem Leben ein Ende mache.

Am Fuß der Treppe wurden die Leichen von den SS-Offizieren übernommen und die vier Absätze hinauf zum Hinterausgang des Bunkers getragen. Dort war eine längliche Grube ausgehoben, doch mühten sich Linge und die anderen zunächst vergeblich, im Geschoßhagel die wenigen Meter ins Freie zu kommen, weil Splitter und herumfliegende Mauerbrocken sie immer wieder zurücktrieben. Erst nach mehreren Anläufen gelang es ihnen, die Toten in die Erdvertiefung zu legen. Sie leerten einige Kanister des bereitgestellten Benzins über ihnen aus und warfen aus der Bunkeröffnung brennende Zündhölzer hinterher. Als die Versuche mißlangen, zog Linge einige Formulare aus seinem Ärmelaufschlag und drehte sie zu einer Papierfackel zusammen, die er während einer kleinen Feuerpause entzündete und mit einer heftigen Bewegung zu der Grube hinüberschleuderte. Mit einem Verpuffungsknall schlugen gleich darauf die Flammen hoch, und die Versammelten standen stramm und hoben die Arme zum Hitlergruß, bis das noch einmal stärker werdende Artilleriefeuer sie in den Bunker zurückdrängte. Staub und aufwirbelndes Erdreich hüllten die Stätte ein, so daß bald nichts mehr zu erkennen war. Als Hitlers Flugkapitän Hans Baur eine halbe Stunde später in den unteren Räumen auf Goebbels stieß und wissen wollte, wo der Führer sei, bekam er zur Antwort: «Hitler brennt schon draußen.»

Mehrfach noch im Lauf des Nachmittags erlosch das Feuer, so daß die Leichenreste immer aufs neue mit Benzin übergossen und angezündet werden mußten. Ein Angehöriger des Wachpersonals, der später vorbeikam, konnte Hitler, wie er ausgesagt hat, bereits «nicht mehr erkennen, weil er schon ziemlich verbrannt war»; und als er gegen zwanzig Uhr noch einmal zum Bunkerausgang ging, «da flogen schon die einzelnen Flocken im Winde». Kurz vor Mitternacht wurden die Reste der nahezu unkenntlich gewordenen Leichen auf eine Zeltplane geschoben, in einen nahen Granattrichter hinabgelassen, Erde darauf gedeckt und mit einem Holzpfahl festgestampft. In einem der pathetisch hochgezogenen Bilder seines Endes hatte Hitler seine Begräbnisstätte auf dem Glockenturm des Zentralbaus gesehen, der das neugestaltete Donauufer seiner Heimatstadt Linz beherrschen sollte; jetzt fand er sie in einer Trümmerwüste hinter der Reichskanzlei, eingestampft in das vom Dauerbeschuß umgepflügte Erdreich zwischen zersprengten Betonbrocken, Schuttbergen und aufgehäuftem Unrat.

II.

Der Bruch konnte nicht schroffer sein: «Ich wohne hier in einem Paradies», hatte Bettina von Arnim einige Generationen zuvor von eben jener Stelle aus an Goethe geschrieben, wo jetzt das Dritte Reich endete, und von ihrem Gartenhaus geschwärmt, den alten Kastanienbäumen und der Parklandschaft hinter den Häusern. Seit Friedrich Wilhelm I. während der dreißiger Jahre des 18. Jahrhunderts die Friedrichstadt erweitert hatte, um seiner Hauptstadt ein «vornehmes» Quartier zu schaffen, waren zwischen den Linden und dem Leipziger Platz die überwiegend kargen Stadtpalais des preußischen Adels entstanden. Das Gebäude Wilhelmstraße Nr. 77, das den Kern der späteren Reichskanzlei bildete, verband über die Namen der Schulenburgs, Dönhoffs und Radziwills nicht nur die Erinnerung an Amouren, Hofintrigen und bescheidnen hauptstädtischen Glanz, sondern auch an die Wechselfälle der Geschichte: Im Jahre 1806, während der Besetzung Berlins durch die Truppen Napoleons, war das Palais der Sitz des französischen Stadtkommandanten L'Estoque.

Etwa zu dieser Zeit hat Friedrich Wilhelm III. begonnen, das Gebiet zum Zentrum der Politik auszubauen, und in der neuen Friedrichstadt Schritt für Schritt die preußischen Regierungsbehörden versammelt. Bald ließen sich auch die ausländischen Vertretungen dort nieder, den Anfang machten Russen und Engländer, und im Fortgang der Zeit sah sich die alte Adelswelt des Stadtteils durch Beamte und erfolgreiche bürgerliche Unternehmer verdrängt. Zu einer Art Abschluß kam die Entwicklung unter Bismarck, der für das kleine, aus vier Personen bestehende Büro in der Wilhelmstraße Nr. 76, das seinen Geschäftsverkehr wahrnahm, erstmals den Begriff «Reichskanzlei» verwendete. Als Mitte der siebziger Jahre die beiden benachbarten Grundstücke Nr. 77 und Nr. 78 zum Verkauf standen, setzte er deren Erwerb durch die öffentliche Hand durch. Seither diente ihm das einstige Palais Radziwill als Amtssitz wie als Wohnung, und die Einweihung des Hauses fand im Juni 1878 mit dem Zusammentritt der Mächte zum Berliner Kongreß statt, auf dem der Kanzler die ungeliebte Rolle des «ehrlichen Maklers» übernommen hatte. Auf ihn und seinen beherrschenden Einfluß ging zurück, daß sowohl die Diplomatie wie die Auguren überall künftig von der «Wilhelmstraße» sprachen, wenn sie das Reich und seine auswärtige Politik meinten.

Im Äußeren blieb es bei der strengen, etwas steifen Noblesse des Gebäudes, und erst gegen Ende der Weimarer Jahre wurde auf dem Grundstück Nr. 78 ein moderner Erweiterungsbau errichtet, der von da an die Diensträume des Kanzlers beherbergte, während das Palais nebenan weiterhin als seine Dienstwohnung verwendet wurde. Den kargen Neubau meinte Hitler, als er in der Nacht vom 30. Januar 1933, nachdem der Jubel verstummt war und die Marschkolonnen sich verlaufen hatten, mitten in einem seiner ausschweifenden Monologe über die mit diesem Tag beginnende «Rassenrevolution» plötzlich von der Architektur des neuen Staats zu sprechen begann. Er bezeichnete das Kanzleramt als die «reinste Zigarrenkiste» und nannte es seine Hauptaufgabe, dem Reich ein würdiges, seiner Bedeutung angemessenes bauliches Gesicht zu geben.

Schon im Herbst des Jahres ließ er zahlreiche Umbauten vornehmen, die vor allem dem Innern der Kanzlerräume einen repräsentativen Zuschnitt verliehen. Die einzige Neuerung an der Außenfront betraf den Balkon, den er am Erweiterungsbau anbringen ließ. Eine Zeitlang hatte er mit dem Gedanken gespielt, das seit dem Tod Hindenburgs verwaiste Präsidentenpalais wenige Häuser weiter, das zur Straßenseite hin zwei schmiedeeiserne Balkone aufwies, für das neue Ritual der Vorbeimärsche zu nutzen. Am Ende jedoch stellte sich das Gebäude, nicht anders als die noch immer kleinteilig bescheidene Wilhelmstraße, als ungeeignet für die pompösen Inszenierungen heraus, die er seiner Rolle zu schulden glaubte.

Anfang 1938 bestellte Hitler daher seinen Vorzugsarchitekten Albert Speer in sein Arbeitszimmer und eröffnete ihm, daß er innerhalb eines Jahres eine neue Reichskanzlei «mit großen Hallen und Sälen» benötige, für die er ihm die angrenzende Voßstraße in ganzer Länge zur Verfügung stelle. Die Kosten seien ihm «gleichgültig», sagte er, sofern nur gewährleistet sei, daß der Neujahrsempfang des folgenden Jahres in dem fertiggestellten Gebäude stattfinden könne.

Noch in der gleichen Nacht führte Speer die ersten Planungsgespräche, und als kurz darauf die Abrißarbeiten begannen, lag weder ein Entwurf des Baus noch eine annähernd zutreffende Vorstellung der Raumfolge vor. Der Wettlauf mit der Zeit hielt während der kommenden Monate an. Als die Fundamente gelegt wurden, bestellte Speer bereits das Mobiliar und gab mit den beginnenden Maurerarbeiten die ersten Ornamente, Mosaiken und Wandteppiche in Auftrag. Was am Ende zustande kam, war, trotz aller lauten und effektsüchtigen Züge, Speers ansehnlichste architektonische Arbeit. Zwei Tage vor dem festgesetzten Termin kam Hitler nach Berlin, um, wie er in seiner Rede vor den annähernd 4000 beteiligten Bauarbeitern erklärte, «das erste Bauwerk des neuen großen deutschen Reiches» zu übernehmen.

Wie sehr Hitlers Vorstellung von Anfang an auf Krieg gerichtet war, geht nicht zuletzt daraus hervor, daß schon zu den frühen, noch 1933 in Auftrag gegebenen Umbauarbeiten an der Reichskanzlei eine bunkerartige Unterkellerung in sechs Metern Tiefe gehörte. Aber erst mit Speers neuer Reichskanzlei erhielt Hitler die Schutzräume, die seinen Ansprüchen halbwegs genügten. Unter dem Neubau lagen auf der gesamten Länge der Voßstraße mehr als neunzig Bunkerzellen. Doch seit Hitler mit der Winterkatastrophe vor Moskau Ende 1941 zunehmend mit einer Niederlage rechnete, entsprach selbst diese Anlage nicht mehr seinen Sicherheitsbedürfnissen. Obwohl während des ganzen Jahres 1942 keine schwereren Luftangriffe auf Berlin stattfanden und die deutschen Armeen den Riesenraum zwischen Stalingrad und Hammerfest bis hin nach Tripolis beherrschten, begann das Büro Speer bereits um diese Zeit mit den Planungsarbeiten für einen neuen Katakombenbau und erhielt im folgenden Frühjahr den förmlichen Auftrag für den sogenannten «Führerbunker» unter dem Garten der Reichskanzlei. Die Abmessungen des neuen, durch eine in die Tiefe führende Wendeltreppe mit dem Bunker unter der Reichskanzlei verbundenen Kellerbaus sind nicht überliefert. Doch da die Sohle mit der Fundamentplatte rund zwölf Meter unter dem Gartenplateau lag, dürfte die überwiegend genannte Deckenstärke von ungefähr acht Metern einigermaßen zutreffen.

Im Herbst 1944, kurz vor dem 20. November, an dem Hitler aus Rastenburg nach Berlin zurückkehrte, war die Anlage fertiggestellt. Allerdings gingen die Bauarbeiten vor allem an Unterständen, Maschinengewehrstellungen und Wachtürmen noch geraume Zeit weiter und waren selbst im April 1945 nicht beendet. Als die Rote Armee in den ersten Maitagen die geräumte Reichskanzlei besetzte und die Suche nach den toten Bunkerbewohnern aufnahm, standen in dem verwüsteten Gelände überall noch die Betonmischmaschinen und hochgeschichtete Stapel von Baumaterialien herum. Die Leichen,

Ansicht des Gartens der Reichskanzlei

die sie fanden, legten sie bis zum Abtransport in die von den Bauarbeitern noch wenige Tage zuvor benutzten Tröge aus rohen Schalbrettern.

III.

Die Frage ist seither nicht zur Ruhe gekommen, ob dieses Ende vorhersehbar und hinter dem altpreußischen Fassadencharme des Palais Schulenburg nicht gleichsam schon die leergeräumte Ödlandschaft mit den Betonquadern des Führerbunkers erkennbar gewesen sei; das heißt, ob Hitler als das nahezu zwangsläufige Ergebnis der Geschichte des Landes angesehen werden müsse, so daß er weit eher eine deutsche Konsequenz als, dem berühmten Wort Friedrich Meineckes entsprechend, eine deutsche Katastrophe war.

Die enthusiastische, wenn auch von einer trickreichen Regie erzeugte und unablässig weitergetriebene Welle der Begeisterung, die der Machtergreifung Hitlers das Gepräge gab, entkräftet auf den ersten Blick alle Behauptungen, die darin einen historischen Unfall oder ein von der Kamarilla um den vergreisten Reichspräsidenten von Hindenburg inszeniertes Intrigenstück erkennen wollen. Zwar waren in allem Jubel, den Fackelzügen, Massenaufmärschen und Kundgebungen mit nächtlichen Höhenfeuern, die zum Bild jener

Wochen gehören, Gefühle der Unsicherheit wahrnehmbar, ob sich das Land unter den neuen Männern, die mit überrennender Gewalt in die politischen Schlüsselstellungen eindrangen, nicht auf ein wenig geheures Abenteuer einlasse. Aber der wie auf ein Stichwort hin hervortretende Wille, überholte Schranken abzutun und nach so vielen Jahren einer sichtlich fehlgegangenen Staatlichkeit einen neuen Anlauf zu wagen, spülte bei einer rasch anwachsenden Mehrheit alle Bedenken hinweg.

Es waren diese Begleitumstände des Frühjahrs 1933, die dem Eindruck vorgearbeitet haben, die Deutschen seien damals, nach Jahren einer erzwungenen Anpassung an Demokratie, Rechtsstaat und «westliche» Werte, gewissermaßen zu sich selber und damit zu der anstößigen Rolle zurückgekehrt, die sie in Europa seit Menschengedenken gespielt hatten. Schon die ersten zeitgenössischen Deutungen der Ereignisse haben oftmals lange Ahnenreihen bis hin zu Arminius dem Cherusker, den mittelalterlichen Kaisern und weiter über Friedrich den Großen bis hin zu Bismarck konstruiert, in denen sie auf Schritt und Tritt einem latenten Hitlertum lange vor Hitler begegneten. Das Ergebnis war ein ums andere Mal, daß es keine «unschuldigen» Ereignisse oder Gestalten der deutschen Geschichte gab. Selbst durch die biedermännische Idylle geisterten die Gespenster der Unterwürfigkeit und Enge. Dem kundigen Blick jedenfalls blieb der insgeheime Wille dieser Nation nicht verborgen, in der Welt und notfalls gegen sie eine besondere Berufung zu haben, und die deutsche Romantik war in dieser Sicht nichts anderes als eine unter trügerisch zarten Bildern verheimlichte Neigung zu Grausamkeit und Welthaß, eine Sehnsucht nach der Rückkehr «in die Wälder», die diesem seltsamen Volk immer vertrauter gewesen waren als Zivilisation, Verfassung und Menschenrecht. Der violinspielende, vom Zauber einer Schubert-Sonate ergriffene Reinhard Heydrich ist eine Zeitlang zu einer Art Vorzeigeklischee des Deutschen schlechthin geworden.

Diese meist summarischen Darlegungen zur deutschen Geschichte haben sich im ganzen überwiegend selbst erledigt, zumal sie im Grunde noch nachträglich die nationalsozialistische These ins Recht setzten, wonach Hitler nicht nur der legitime Erbe Preußens und des Bismarckreiches, sondern auch der Vollender der deutschen Geschichte sei. Geblieben und in unterdessen ungezählten Untersuchungen erörtert ist jedoch die Frage nach den Verbindungslinien, die sich aus der Vergangenheit zu Hitler und dem Ideologienwerk ziehen lassen, das seinen Aufstieg ermöglicht oder doch begünstigt hat.

Man hat in der Ergründung dieser Zusammenhänge die Wirklichkeitsabgewandtheit des deutschen Denkens genannt, das Reaktionärswesen der einflußreichsten Machteliten, die Kampfideologien, wie sie die Zeit ausbrütete, auch die Führermythen, Großmachtträume oder wechselseitigen Revanchebedürfnisse. Aber dergleichen erklärt wenig, weil es in dem von lauter Erbfeinden bevölkerten und seinen Imperialismen hingegebenen Europa in nahezu jeder Nation, wenn auch mit unterschiedlichem Gewicht, anzutreffen war. Es liefert denn auch eher einen Fingerzeig für die Entstehung der zahlreichen faschistischen oder faschistoiden Bewegungen der Zwischenkriegszeit, läßt aber die Frage nach den Besonderheiten der deutschen Verhältnisse offen und warum der Nationalsozialismus soviel mehr an Härte und konzentrierter Inhumanität aufwies als die Mehrzahl der Bruderparteien.

Zu den deutschen Besonderheiten im engeren Sinne zählt zweifellos der ganz und gar unvermutete Wirklichkeitssturz in die Niederlage vom Herbst 1918. Die Nation, die buchstäblich bis in die Tage des Waffenstillstands den Großmachttraum von 1870/71 mitsamt den «herrlichen Zeiten» geträumt hatte, denen sie entgegengehe, sah sich plötzlich nicht nur dem Umbruch aller Lebensumstände gegenüber, sondern im Versailler Vertrag zudem der gewollten und auch so verstandenen Demütigung durch die Kriegsschuldthese. Mehr als alle materiellen Lasten, die ihr von den Siegermächten aufgebürdet waren, hat sie die Verstoßung aus dem Kreis der geachteten Völker zutiefst empört, und ein scharfsinniger Beobachter hat dazu bemerkt, schon damals habe sich eine «Volksgemeinschaft der Erbitterten» gebildet, die nur noch auf einen Führer und Stichwortgeber wartete. Die Inflation mit der Verarmung breiter Schichten sowie die wenige Jahre später ausbrechende Weltwirtschaftskrise haben diese Aufgebrachtheiten weiter verschärft und ein ohnehin mythenanfälliges Volk bereit gemacht, überall Einkreisungsstrategien, Dolchstöße sowie verschwörerische Internationalen am Werk zu sehen.

Diese Affekte und grobschlächtigen Deutungsbedürfnisse hat Hitler sich zunutze gemacht, wobei indes hinzuzufügen ist, daß er selber ein ganz wesentliches Element der deutschen Besonderheiten war. Nirgends sonst jedenfalls in den von ähnlichen Turbulenzen heimgesuchten Ländern jener Jahre gab es eine Führerfigur von vergleichbar rhetorischer Gewalt, organisatorischer Fähigkeit und taktischem Ingenium. Auch nicht von annähernd ebenbürtiger Radikalität. Aber unübersehbar ist auch, daß er an zahlreiche Vermächtnisse anknüpfen konnte, die ihre ältere oder jüngere Tradition hatten: an die Vorstellung beispielsweise, daß der Osten des Kontinents der natürliche, zur Kolonisierung gleichsam bereitliegende Lebensraum des Reiches sei, und die Kriegszieldebatte während des Ersten Weltkriegs hatte bereits «völkische Flurbereinigungen» mit Umsiedlungsaktionen für ausgedehnte Landstriche gefordert. Auch Hitlers «idealer» Bündnisgedanke, der die engste Verbindung mit dem britischen Empire vorsah, um gemeinsam mit dem germanischen «Vetternvolk» von jenseits des Kanals als die «Lenkungsmächte der Welt» aufzutreten, war, zumindest umrißhaft, schon vorgedacht wie manches weitere auch.

Die vordringlichste Aufgabe, die sich der deutschen Politik freilich stellte, war die Überwindung des Versailler Diktats, und dieses Vorhaben gab zugleich die Einbruchstelle beim Werben Hitlers um die alten, vom unverwundenen Schmerz über den gescheiterten Großmachtehrgeiz erfüllten Führungsschichten ab. Eine Denkschrift der Reichswehr für das Auswärtige Amt aus dem Jahre 1926 formulierte als eine Art mittelfristige Leitlinie der deutschen Außenpolitik: zunächst die Befreiung des Rheinlands und des Saargebiets, dann die Beseitigung des polnischen Korridors zwischen dem Reich und Ostpreußen, die Wiedergewinnung Polnisch-Oberschlesiens, den Anschluß Österreichs sowie schließlich die Besetzung der entmilitarisierten Zone – es war, von der Reihenfolge abgesehen, das außenpolitische Programm Hitlers während der dreißiger Jahre. Im Führer der NSDAP erkannten diese Gruppen, ungeachtet aller Bedenken angesichts seiner Vabanquelaunen und seines Brigantenwesens, doch den Mann, der in der Lage schien, ihre revisionistischen Absichten zu verwirklichen. Wie kein anderer jedenfalls verstand er es, den Versailler Vertrag mitsamt den verbreiteten Gefühlen der Kränkung über alle Schranken hinweg als integrierendes Mittel zur Mobilisierung der Nation zu nutzen.

Was seine Förderer und Helfershelfer nicht bedachten und vermutlich nicht einmal ahnten, war Hitlers Entschlossenheit, seine aus Phantastik und «eiskalter» Berechnung sonderbar gemischten Visionen buchstäblich zu verstehen. Seine weitschweifigen Tiraden von Krieg, Neuordnung der Welt sowie einem Riesenreich bis zum Ural und darüber hinaus gingen gerade nicht, wie sie sich einredeten, auf die augenblicksweisen Eingebungen eines durchgängerischen Temperaments zurück. Während sie die von den Siegermächten angetane «Schmach» überwinden und die alten Grenzen, wenn auch samt manchen Zugaben, wiederhaben wollten, zielte er mit seiner Politik weder auf alte noch neue Grenzen, sondern auf neue Räume, Millionen von Quadratkilometern eroberter und, wie Hitler selber sagte, in einem «Teufelswerk» entvölkerter Flächen, die seinen Raumhunger stillen, doch bald zum Aufmarschglacis weiterer Vorstöße werden sollten.

Verschiedentlich wird die Auffassung vertreten, daß selbst diese Vorstellungen die Kontinuität noch nicht zerbrachen. Denn im Grundsatz seien sie etwa von den Alldeutschen oder in Ludendorffs Ostkonzepten von 1918 bereits entwickelt worden. Was aber den Zusammenhang tatsächlich abreißen ließ, war das ideologische Ferment, mit dem der Diktator sie auflud: das wilde Ideengemenge von Weltkrankheit, Rassenvergiftung, Auslese und «Rettung der Welt». Damit brach etwas herein, was alle bis dahin sozusagen naive imperialistische Gier im Grundsatz überstieg: eine rassische Utopie, die ein neues Weltzeitalter heraufzuführen versprach mit einigen hundert Millionen genetisch bewußter und geeinter Menschen, die unbewegt ihrer historischen Mission folgten, Räume eroberten, alle Niederrassigen ausrotteten oder in gestuften Abhängigkeitsverhältnissen hielten, der «neue Mensch», der unablässig plante, zerstörte, umsiedelte und in den KdF-Massenhotels auf den Kanalinseln, in den Fjorden Norwegens oder auf der Krim bei fröhlicher Gemeinschaftsfolklore Entspannung vom Auftrag der Geschichte suchte. Es war der Bruch mit allem, was die Welt je ausgemacht hatte, und man fällt der Propaganda des Regimes noch nachträglich zum Opfer, wenn man dieser Revolution, die sich, soweit es ging, in den Mantel der Tradition hüllte, eine Herkunft andichtet, die sie nicht besaß. Der monströse Prospekt hatte einzig in sich selber seinen Ursprung. So weit jedenfalls und so wahnwitzig hatte nie jemand gedacht, und es gab von daher keine Verbindungslinie irgendwohin, gewiß nicht zu Bismarck, Friedrich dem Großen oder gar zu den mittelalterlichen Kaisern.

Es war vor allem der gänzliche Mangel an überpersönlichem Verantwortungsbewußtsein und Dienstethos, der Hitler von jedem denkbaren Vorgänger unterschied. Mit einer in aller Geschichte beispiellosen Egozentrik hat er die Existenz des Landes mit der eigenen Lebenszeit gleichgesetzt, wie Albert Speer es ihm in einem Brief vom 28. März 1945 vorgehalten hat. Einer der radikalen Parteigenerale, Wilhelm Burgdorf, der sich selber seinen «grenzenlosen Idealismus» für Führer und Volk zugute gehalten hat, war wenige Tage vor dem Ende in der Reichskanzlei mit Bormann aneinandergeraten. Im Verlauf der lautstark geführten Auseinandersetzung hatte er den Sekretär des Führers angeschrien, er habe sich wegen seiner bedingungslosen Hingabe an die gemeinsame Sache die Verachtung seiner Offizierskameraden und den Vorwurf zugezogen, ein «Verräter» zu sein. Heute müsse er einsehen, daß seine Gegner recht gehabt hätten und er so «naiv wie dumm» gewesen sei. Die jungen Offiziere seien «zu Hunderttausenden in den Tod gegangen», fuhr er fort, doch frage er sich, wofür. Die Antwort laute: weder für das Vaterland noch für die Zukunft. Jetzt erst sei ihm aufgegangen: «Für Euch sind sie gestorben [...]. Der Mensch war für Euch nur noch das Werkzeug Eurer unersättlichen Machtgier. Unsere jahrhundertealte Kultur, das deutsche Volk habt Ihr vernichtet. Das ist Eure furchtbare Schuld.»

Bevor Wilhelm Burgdorf wenig später seinem Leben ein Ende machte, hatte Hitler ihn auf seine Weise gleichsam ins Recht gesetzt. Nach der Lagebesprechung vom 27. April sprach er in Anspielung auf eine Äußerung Richelieus von alledem, was er mit dem Tod verlieren müsse, die großen Vorhaben und «teuerste Erinnerungen». Aber dann war wieder der Spieler zum Vorschein gekommen, als der er sich zeitlebens aufgeführt hatte, der gescheiterte Hasardeur und nicht zuletzt der Mann aus dem Nirgendwo, der dabei war, unter Hinterlassung einer Riesenspur von Trümmern ins Nirgendwo zu entschwinden. «Was heißt das alles!», sagte er. «Einmal muß man doch den ganzen Zinnober zurücklassen!»

IV.

Am Abend des 30. April waren die führerlos Verbliebenen zu einer ausgedehnten Beratung zusammengekommen, in deren Verlauf Bormann einen Massenausbruch mit Hilfe der ungefähr achthundertköpfigen Leibstandarte vorgeschlagen hatte: Die Selbsttäuschungen griffen immer noch. Der SS-General Wilhelm Mohnke, der Kampfkommandant des Verteidigungsbereichs «Zitadelle», machte die Runde jedoch darauf aufmerksam, daß ein solches Vorhaben geradezu absurd sei. Am Ende einigte man sich, zunächst Verhandlungen mit dem sowjetischen Oberkommando aufzunehmen und General Krebs zu Generaloberst Tschuikow nach Tempelhof zu entsenden. Gegen vier Uhr morgens brach Krebs auf und überbrachte ihm ein von Goebbels und Bormann unterzeichnetes Schreiben an Stalin, das den Tod Hitlers meldete und ein separates Waffenstillstandsabkommen vorschlug. Aber schon wenig später traf die Antwort ein, daß Moskau jede Sonderabmachung zurückweise, und nach rund zehn Stunden kehrte Krebs unverrichteter Dinge in die Reichskanzlei zurück. Am folgenden Tag unterzeichnete daraufhin General Weidling, der letzte Stadtkommandant Berlins, die Kapitulation der ihm unterstellten Einheiten.

Erst damit brachen die letzten wirren Hoffnungen zusammen. Am frühen Nachmittag unterrichtete Goebbels den von Hitler testamentarisch zum Reichspräsidenten ernannten Großadmiral Dönitz in Plön vom Tod des Führers, leistete einige Unterschriften und zog eine Art Bilanz: In einem sieben Seiten langen Traktat versuchte er, die Politik zu rechtfertigen, deren Wortführer er gewesen war. Doch sind die Einzelheiten nicht bekannt, da das Manuskript seinem Staatssekretär Werner Naumann, der es aus Berlin herausbringen und der Nachwelt übermitteln sollte, im Durcheinander dieser letzten Stunden abhanden kam. Anschließend ging Goebbels zu seiner Frau und den sechs Kindern, die er vor rund zehn Tagen zu sich geholt hatte, in den Vorbunker hinüber.

Als glühende Bewunderin Hitlers war Magda Goebbels schon seit geraumer Zeit entschlossen, ihre Kinder, wenn es zum Äußersten kommen sollte, mit in den Tod zu nehmen. Die fortgesetzten Versuche von allen Seiten, sie davon abzubringen, waren erfolglos geblieben. Sie hatte nicht nur die Bitte ihres Mannes, der offenbar erst spät die mythenbefördernde Kraft dieses «Opfertodes» erkannte, ausgeschlagen, sondern selbst dem Vorschlag Hitlers, mit einem der letzten Flugzeuge von Berlin nach Berchtesgaden zu fliehen, ein starres Nein entgegengesetzt. Sie könne ihren Mann, widersprach sie, nicht allein sterben lassen, und wenn sie mit ihm in den Tod ginge, müßten auch die Kinder sterben. Ihrem Sohn aus erster Ehe, Harald Quandt, schrieb sie in ihrem Abschiedsbrief: «Du sollst wissen, daß ich gegen den Willen Papas bei ihm geblieben bin, daß noch vorigen Sonntag der Führer mir helfen wollte, hier herauszukommen [...]. Die Welt, die nach dem Führer und dem Nationalsozialismus kommt, ist nicht mehr wert, darin zu leben, und deshalb habe ich auch die Kinder hierher mitgenommen. Sie sind zu schade für das nach uns kommende Leben, und ein gnädiger Gott wird mich verstehen, wenn ich selbst ihnen die Erlösung geben werde.»

Am frühen Abend des 1. Mai brachte sie die Kinder mit einem Schlaftrunk zu Bett und träufelte ihnen anschließend, im Beisein eines Arztes, Zyankali ein. Nur die älteste Tochter Helga, die schon in den vergangenen Tagen unruhig und mißtrauisch gewesen war, scheint sich gewehrt zu haben, jedenfalls deuten die Prellungen, die der Körper des zwölf Jahre alten Mädchens aufwies, darauf hin, daß ihm das Gift unter Anwendung von Gewalt eingeflößt worden war. Danach ging Magda Goebbels in den Wohnraum hinüber und legte weinend eine Patience. Bald fanden sich ihr Mann, Martin Bormann und der Reichsjugendführer Artur Axmann in dem kleinen Raum ein. Eine Zeit lang saßen sie zusammen und tauschten Erinnerungen an die sogenannte Kampfzeit aus, als sie es noch mit schwachen Gegnern und großen Erfolgsaussichten zu tun gehabt hatten. Dann und wann wurden die Erzählungen durch die Bunkerbewohner unterbrochen, die zum Abschied vorbeikamen. Seinem Adjutanten, dem SS-Hauptsturmführer Günther Schwägermann, hatte Goebbels schon zuvor das Versprechen abgenommen, für die Verbrennung ihrer Leichen zu sorgen.

Gegen halb neun Uhr abends erhob er sich unvermittelt und ging zusammen mit seiner Frau an einigen Herumstehenden vorbei die Bunkertreppe hinauf. Am Ausgang verhielten beide kurz, traten ins Freie und zerbissen nach wenigen Schritten die mitgeführten Giftkapseln. Unmittelbar darauf kamen einige SS-Mannschaften, übergossen die Leichen mit Benzin und entzündeten sie. Auch diesmal wieder erlosch das Feuer nach wenigen Augenblicken, doch war jetzt jedermann mit seinem Entkommen beschäftigt und niemand kümmerte sich mehr um die halbverkohlten Körper am Bunkerausgang. Beim Hinausgehen, nahe dem Fuß der Treppe, war Goebbels dem Telefonisten Rochus Misch begegnet und hatte ihm gesagt, er brauche ihn jetzt nicht mehr. Dann hatte er hinzugefügt: «Les jeux sont faits.»

Um 23 Uhr begann der Auszug der Bunkerbewohner aus der Reichskanzlei. Mohnke hatte die Überlebenden in zehn Gruppen zu jeweils etwa zwanzig Personen eingeteilt. Im Abstand von einigen Minuten kamen sie aus dem Kellerfenster unterhalb des Führerbalkons gekrochen, überquerten den ausgestorben daliegenden Wilhelmplatz zum U-Bahnhof «Kaiserhof» und machten sich dann an den Gleisen entlang auf den Weg zur Station «Stadtmitte». Die erste Gruppe mit Günsche, Hewel, Voß und Hitlers Sekretärinnen führte Mohnke selber, die zweite der SS-General Rattenhuber, und der dritten Gruppe, die Naumann übernommen hatte, gehörten Baur und Martin Bormann an. Aber sie hatten keine Verbindung untereinander und in der Dunkelheit der U-Bahnschächte und später im Tunnel unter der Spree fielen auch die einzelnen Gruppen auseinander. Einige der am Ausbruch Beteiligten gerieten im Lauf der nächsten Tage in sowjetische Gefangenschaft, andere kamen um, wieder andere wie Stumpfegger oder Hewel verübten Selbstmord. Als die Russen die Reichskanzlei besetzten, stießen sie im Lageraum auf die Generale Burgdorf und Krebs, die, eine Vielzahl halbgeleerter Flaschen vor sich, tot am Kartentisch saßen. Martin Bormanns Spur galt lange als verschollen. Doch zu Beginn der siebziger Jahre wurde sein Tod aufgrund einiger Knochenreste, die sich in der Nähe des Lehrter Bahnhofs gefunden hatten, festgestellt. 1999 wurden die inzwischen eingeäscherten Rückstände in der Ostsee verstreut.

V.

Es hatte wie ein Zynismus geklungen, als Wilhelm Mohnke einige Tage zuvor Hitler mit dem Satz entgegengetreten war: «Was wir 1933 wollten, haben wir nicht ganz geschafft, mein Führer!» Aber Mohnke war kein Zyniker, und womöglich hatte er als einer der radikalen Prätorianer nur zum Ausdruck gebracht, was hinter den großsprecherischen Parolen von Macht, Ruhm und Weltherrschaft allezeit halbverborgen lag: den grenzenlosen Destruktionswillen, der die eigentliche Wahrheit über Hitler und seine Gefolgschaft war. Mit diesem Vorsatz waren sie keineswegs gescheitert, und wer ihr Denkmal suchte, mußte in der Tat nur um sich sehen.

Sie haben aber nicht nur Millionen von Menschenleben ausgelöscht, Städte und die Zeugnisse einer ehrwürdigen Kultur: Zum Untergegangenen gehört auch die deutsche Geschichte. In lediglich zwölf Jahren haben sie alles in jenen Abgrund gezerrt, auf den ihre Herrschaft von Anfang an zulief. Das öffentliche Bewußtsein weiß nichts mehr von dem, was ihnen voraufging. Es kennt nur die Hitlerzeit und die annähernd fünfzig Jahre danach. Selbst da noch tun sich zahlreiche Leerstellen und gewollte Täuschungen auf.

Dem Verdrängungswillen auf allen Seiten entsprach, daß die DDR die einstige Friedrichstadt mit ihren Bauten aus den Epochen zwischen Knobelsdorff, Schinkel und Stüler, die halbwegs durch den Krieg gekommen waren, verfallen und bald abreißen ließ. Der Affekt gegen die Vergangenheit, der Hang zum Niedermachen, Planieren und Wegschaffen dauerte fort. Wie das Berliner Schloß gingen das Palais Schulenburg und das sogenannte Prinzenpalais dahin, die Palais Vernezobre, Schwerin, Pringsheim oder das Haus des Johanniter-Ordens am Wilhelmplatz. Zurück blieben leergeräumte Flächen. Bismarck hatte sich noch laut beklagt, als sein Nachfolger Caprivi ein paar Eiben hinter der Reichskanzlei fällen ließ. Rund fünfzig Jahre später hatte man für den Bau des Führerbunkers den gesamten Baumbestand beseitigt, und unterdessen lagen dort nur noch Betonquader und Mauerbrocken herum. In den fünfziger und sechziger Jahren war im Vorübergehen nichts als ein flacher, unkrautbewachsener Erdhügel zu sehen, der niemandem etwas sagte oder bedeutete. Bald darauf wurden die Reste der unterirdischen Höhlen freigelegt und beseitigt. Es kam der Bau der Mauer, die an den ehemaligen Ministergärten entlang zum Brandenburger Tor verlief und davor ein schußfreies Gelände herstellte. Am 9. November 1989 tanzten dort die Menschen.

Es ist eine wirre Abfolge von Ereignissen, die den Ort zwischen den Linden und der Voßstraße kennzeichnet, angefangen von Bettinas paradiesischem Glück über Bismarcks Kanzlerschaft bis hin zum Führerbunker, und wie alle Geschichte voll von Widerspruch, Verblendung und Drama, aber auch mit unverhofftem Ausgang. Auf einem Teil des Ödlands wird demnächst das Holocaust-Mahnmal errichtet werden, das den Irrwegen im Vergangenen symbolischen Ausdruck geben soll. Die Frage dauert fort, ob es nicht etwas wie Sündenstolz verkündet und einen Zusammenhang zwischen Schuld und Großtuerei herstellt, der jeder nachdenklichen Absicht zuwiderläuft.

VI.

Im Frühsommer 1946 erschien am Gartenausgang des Führerbunkers eine Kommission der Roten Armee. In ihrer Begleitung befanden sich, unter strenger Bewachung, einige Überlebende aus dem Bunker, die im Mai des Vorjahres in Berlin aufgegriffen worden waren. Filmkameras wurden aufgebaut und die Szene von der Verbrennung Adolf Hitlers und seiner Lebensgefährtin noch einmal in allen Einzelheiten nachgestellt. Wenige Tage darauf ordnete die sowjetische Besatzungsmacht an, die Reichskanzlei mitsamt dem unterirdischen Bunkersystem zu sprengen.

Die sterblichen Überreste Hitlers, Eva Brauns und einiger weiterer Bunkerbewohner waren im Mai 1945 zunächst am Dienstsitz der Abteilung Gegenaufklärung der 3. Stoßarmee im Raum Berlin-Buch verscharrt worden. Mit der Einheit zogen die Holzkisten, in denen sie verwahrt wurden, anschließend nach Finow, von dort nach Rathenow und schließlich nach Magdeburg. Auf eine Anfrage hin entschied im März 1970 das Politbüro der KPdSU, die Überbleibsel zusammen mit den Rückständen der Familie Goebbels «streng konspirativ» auszugraben und «durch Verbrennung endgültig zu vernichten». In dem Abschlußbericht über die «Operation Archiv» heißt es: «In der Nacht zum 5. April 1970» wurden «die Überreste vollständig verbrannt, dann zusammen mit Kohlestücken zu Aschenpulver zerstampft, anschließend in den Fluß geworfen».

Nach dem Ort der Erinnerung waren damit auch die letzten seiner Insassen beseitigt. Vielleicht hat es damit zu tun, daß sie bis heute gegenwärtiger sind als jeder andere Schauplatz und Akteur der Geschichte.

Bernd Roeck

Der Reichstag

Regensburg – römische Gründung, *porta praetoria*; karolingische Königspfalz; steinerne Donaubrücke, Grundsteinlegung 1135 – ein oberpfälzisches Weltwunder; dazu die *Wurstkuchl*, ein besonders deutscher Ort: ein kleines, uraltes Steingebäude, die Stube darin voller Menschen: vom Holzkohlenfeuer verraucht, dampfend von Tabakqualm und köchelndem Sauerkraut; dürre Bratwürste, von denen man acht, zwölf oder noch größere Kohorten verzehrt, mit Kümmelkipferln, «Hausmachersenf» und schaumgeborenem Bier. Donauschiffe. Thurn und Taxis. Die «Domspatzen», ein Knabenchor. Ansonsten Mittelalter, wohin man schaut. Allem voran die gotische Kathedrale, dann St. Emmeram, St. Jakob, St. Blasius. Eine pittoreske, verwinkelte Stadt, ein wenig abseits der Welt; bayerisches Abdera. Ein deutscher Erinnerungsort?

Nicht wirklich, werden viele sagen, wäre da nicht eine Besonderheit: der *Reichssaal* des alten gotischen Rathauses, ein geradezu mythischer Raum, wo für eineinhalb Jahrhunderte das Herz des Heiligen Römischen Reiches deutscher Nation schlug.

Daß das alte Reichstagsgebäude in Regensburg dabei so positive Assoziationen weckt, ist noch nicht allzu lange selbstverständlich. Das späte Heilige Römische Reich erschien schließlich bis in die Zeit nach dem Zweiten Weltkrieg so ziemlich als das Gegenteil all dessen, was Historikern des machtvollen Nationalstaates teuer war. Ein Blick in den Geschichtsatlas zeigt, in bunten Farben, den berühmten «Flickenteppich», der nach Voltaires bissiger Formulierung weder heilig noch römisch noch Reich gewesen sei[1]: nahezu 300 mehr oder weniger selbständige Territorien und Städte, dazu fast 1500 weitere reichsunmittelbare Gebiete, zum Beispiel Reichsdörfer und reichsritterschaftliche Güter.

So sah das Reich nach dem Westfälischen Frieden aus, staatsrechtlich, mit dem Wort des Juristen Samuel von Pufendorf, ein *Monstrum*. Nicht Monarchie, nicht Aristokratie; nicht Staatenbund oder Bündnissystem, sondern ein Mittelding aus all diesen Elementen. Ein zusammengekleisterter Koloß in der Mitte Europas, ein kurioses Bric-à-brac aus Eisen, Ton und Gold.

Der Reichstag, der diesen seltsamen Verfassungszustand reflektierte, hatte sich nach dem Dreißigjährigen Krieg, seit 1663, zu einem in Permanenz tagenden Gesandtenkongreß entwickelt. Zu schwierig und vielfältig waren die Probleme gewesen, die zur Lösung anstanden, und der Geschäftsgang war von barocker Kompliziertheit. In den drei Kurien – Kurfürstenkolleg, Fürsten- und Städterat – wurden zusammen etwa 160 Stimmen geführt. Einige davon waren sogenannte Kuriatstimmen, die von mehreren Ständen gemein-

Der Reichstag 139

Eröffnung des Reichstags in Regensburg 1653 (Kupferstich, Nürnberg 1653)

schaftlich ausgeübt wurden. Im letzten Jahrzehnt des 18. Jahrhunderts hatten 23 schwäbische und 19 rheinische Prälaten je eine solche Kuriatstimme. Bei den Reichsgrafen war die Sache noch verwickelter. 25 wetterauische Grafen, 17 fränkische, 24 schwäbische und nicht weniger als 33 westfälische Grafen teilten sich die Voten. Bis ein Gesetz verabschiedet war, mußte man sich von Nassau-Usingen bis Kriechingen, von Köln bis Bopfingen unterreden. Die größeren Stände, Sachsen, Bayern, Brandenburg hatten ein entscheidendes Wort, aber gegenüber den komplizierten Strukturen der Reichsverfassung war auch ihre Macht begrenzt. Man mußte innerhalb der Kurien zu Mehrheitsbeschlüssen gelangen, dann war Einvernehmen zwischen ihnen herzustellen. Erst die Signatur des Kaisers in Wien verschaffte den *Conclusa* reichsrechtliche Geltung. So bewegte sich das Unternehmen Reichstag langsam und schwerfällig, nach Art einer großen Raupe.

Es ist dieser seit 1663 agierende «Immerwährende Reichstag», um den sich die Erinnerung im Regensburger Reichssaal vor allem kristallisiert. Der Raum selbst ist viel älter. Die mächtige Balkendecke datiert von 1408. Seine Wandfresken wurden im 16. Jahrhundert gemalt, und auch der Thronbaldachin, unter dem der Kommissar des Kaisers seinen Platz hatte, stammt noch aus dieser Zeit. Die alten Mauern sind stumme Zeugen heftiger Debatten und zäher, unendlich mühevoller Verhandlungen. Man stritt um die Errichtung einer «beständigen Wahlkapitulation», eines Grundgesetzes, das Rechte und Pflichten des Kaisers ein für allemal festschreiben sollte; befaßte sich mit Steuern und Kommerzien oder mit Übeln wie dem Duellwesen, dem «höchst schädlichen und unchristlichen Balgen und Kugelwechseln». Vor allem aber hatten die Gesandten sich mit Krieg und Frieden zu befassen. Von Regensburg aus wurde versucht, den Abwehrkampf gegen die Türken und gegen Ludwig XIV. zu organisieren – und zwar wenigstens zeitweilig mit mehr Erfolg, als ältere Forschergenerationen meinten.

Der Reichssaal hat Generationen von Diplomaten und Potentaten kommen und gehen sehen und mit ihnen den Wandel der Moden. Während der Anfänge des «immerwährenden» Konvents drängten sich die Herren in «Rheingrafentracht», mit Bandschluppen und ehrfurchtgebietenden Allongeperükken, um Bänke und Konfekttische; an dessen Ende parlierten die verbliebenen Gesandten in Frack, Gilet und Pantalons. Das war zu einer Zeit, als der Immerwährende Reichstag seine Bedeutung endgültig verloren hatte. Der Reichssaal mutierte schließlich von der politischen Arena zum reinen Erinnerungsort; sah einem tristen Schicksal als Touristenattraktion – und Seminarort für Historiker – entgegen.

Zumindest im kollektiven Gedächtnis letzterer hängt an den staubbedeckten Mauern dort nicht nur der Muff alter Haarteile und brüchiger Seidenstoffe, sondern anderes und mehr, nämlich eine Erinnerung an die Zukunft: an die hohe Kunst diplomatischen Konfliktmanagements, an die Kraft des Rechts gegenüber dem Recht der Macht, an ein System kollektiver Sicherheit.

Die Erfahrung des katastrophalen 20. Jahrhunderts hat also die Perspektive auf das Alte Reich und seine Institutionen gründlich verschoben. Hinter den Hekatomben von Akten, die der alte Reichstag aussonderte, der labyrinthischen Literatur, die über die Verfassung des *Sacrum Imperium* produziert wurde, zeigt sich ein subtiles Rechtssystem, das in einer komplexen politischen Realität das friedliche Nebeneinander kleiner und kleinster staatsähnlicher Gebilde gewährleistete; im steifen Zeremoniell, in den abgezirkelten Formen, in denen sich die Verhandlungen vollzogen, wird ein stabilisierendes Korsett von Regeln erkennbar, das Auskommen und Konflikteindämmung erleichterte. Allein die Tatsache, daß der Reichstag rechtliche Verfahren bereitstellte, in die sich Streitigkeiten kanalisieren ließen, und daß dahinter wenigstens potentiell Sanktionsdrohungen standen, hat manche Differenz entschärft, bevor es zur gewaltsamen Eskalation kommen konnte. Hier war ein Forum, wo man im Gespräch blieb, nicht gleich Kanonen reden lassen mußte: eine *clearing*-Stelle für die mitteleuropäischen Verhältnisse, wie von einem modernen Panegyriker des Reichstags einmal treffend gesagt wurde.[2] Das war nicht wenig. Man denke daran, daß zu den wichtigsten Voraussetzungen des Dreißigjährigen Krieges, der größten Katastrophe der frühneuzeitlichen deutschen Geschichte, eben die Blockade des Reichstags und der Reichsjustiz gezählt hatte. Mit dem Westfälischen Frieden war der Großkonflikt um Glauben und Reich liquidiert worden, und der Frieden wurde zu einem der *Grundgesetze* der Reichsverfassung. Er hatte die Konfessionen zur Toleranz gezwungen, die territorialen Verhältnisse auf einen neuen Fuß gestellt; auswärtige Großmächte, Frankreich und Schweden, hatte er in das System eingebunden. Und er hatte einige der Mechanismen zur Konfliktbewältigung konstruiert, die auf dem Immerwährenden Reichstag wirksam wurden. Seine bedeutendste Funktion bestand somit im Verhindern: Er bewirkte das Ausbleiben von Ereignissen. Es dürfte kein Zufall sein, daß diese unspektakuläre Leistung gerade in der bundesrepublikanischen Gegenwart deutlicher gesehen wurde. Daß die Bonner Republik ein eher unspektakuläres Staatswesen war, zählte ja nicht zu ihren unsympathischsten Zügen.

Die Geschichte des Immerwährenden Reichstags hat keine dramatischen Höhepunkte, sie ist grau, glanzlos, und Helden kommen in ihr nicht vor – eher schon tragische Figuren wie der Notar April, dem das Unglück widerfahren war, dem brandenburgischen Gesandten von Plotho nach Ausbruch des Siebenjährigen Krieges eine für seinen König bestimmte Gerichtsvorladung überbringen zu müssen. «Was! Er insinuieren?» soll der Resident Friedrichs des Großen dem «Notarius» entgegengeschleudert und ihn kurzerhand die Treppe seines Regensburger Domizils hinuntergeworfen haben. Goethe erzählt diese Episode in *Dichtung und Wahrheit* aus dem Abstand eines halben Jahrhunderts; er schreibt von dem Aufsehen, das von Plotho erregte, als er sich 1765 zur Kaiserkrönung Josephs II. in Frankfurt einfand. Man bewunderte den «diplomatischen Helden» aus Preußen, für Reich und Reichstag blieb nur Spott.[3]

Die Anekdote stammt aus einer Zeit, da der Reichstag im Schatten des deutschen Dualismus an Bedeutung verloren hatte. Wer damals vom «Reich» sprach, meinte jene Regionen insbesondere im Südwesten Deutschlands, wo Reichsstädte, Kleinterritorien und Klosterherrschaften den bunten Flickenteppich zur pointillistischen Farbkomposition verschwimmen ließen. Hier hatte das, was in Regensburg entschieden wurde, bis in die letzten Tage des *Sacrum Imperium Romanum-Germanicum* ein gewisses Gewicht. Bildlich war das Reich in diesen Gegenden über Symbole an Stadttoren und Rathäusern präsent, vor allem aber durch die Kaisersäle der großen Barockklöster. Es war das Reichsoberhaupt, das sich als identitätsstiftende Bezugsperson anbot, kein Abstraktum wie die papierspinnende Raupe in Regensburg.

Die Historienmalerei des 19. Jahrhunderts scheint sich schon gar nicht für sie interessiert zu haben. Reichstage, das liegt wohl in ihrer Natur, regen kaum zu malerischer Poesie an. Einige wenige Ausnahmen bestätigen die Regel: Man denke an Anton von Werners Wandgemälde, das Luther vor dem Wormser Reichstag von 1521 zeigt. Aber auch hier wird eigentlich Luther gefeiert, nicht der Reichstag. Er ist Bühne, nicht Akteur eines historischen Dramas, das zwei Antagonisten hat, den Mönch und den Kaiser.

Der Immerwährende Reichstag hat nicht nur keine Dramen produziert, er hinterließ auch kaum Symbole und Darstellungen. Objekte der Erinnerung sind rar, lassen wir einmal die Aktenberge und Gesetzespublikationen der Thucelius, Lünig, Pachner von Eggenstorff etc. beiseite: ein paar Medaillen und Kupferstiche, die einen matten Widerschein glanzvoller Bankette und festlicher Einzüge geben. Man sieht bei Kerzenschimmer dinierende Damen und Herren, übers Blatt ziehende endlose Schlangen aus Menschen, Pferden, Kutschen und Baldachinen. Eingefrorene Momente, Memorialbilder, die eine Utopie von Ordnung und Schönheit beschwören.

Oder die Porträts der Gesandten und Prinzipalkommissare. Gewöhnlich als Gedächtnisbilder konzipiert, als kleine Denkmäler auf Papier, zeigen sie der Nachwelt Gravität, Strenge, Ernsthaftigkeit; Sicherheit in Blick und Gebärde. Sie sind nicht nur *politici* aus Fleisch und Blut, sondern verkörpern zugleich etwas von der unnahbaren Ewigkeit der Staaten, für die sie stehen. Den Bildern zum Trotz ist ihre Welt dann doch untergegangen, und die meisten der Staaten, welche sie vertraten, gibt es nicht mehr. Was sich in den ernsten Herren verdichtete, ist für immer verschwunden. Das bedingt die Wirkung von Fremdheit und Ferne mehr als die Perücken, von denen die Gesichter gerahmt werden.

Es gab einige wenige Zeitgenossen des Heiligen Römischen Reiches, die zu dem staatsrechtlichen Monstrum und den Institutionen, die es verkörperten, ironische Distanz nahmen. Ein radikaler Aufklärer wie Wilhelm Ludwig Wekhrlin alias Anselmus Rabiosus verglich den «schwermütigen Reichsverfassungskörper» mit der Stadt, die ihn bewahre: dem, wie er sich ausdrückte, «finsteren, melancholischen, in sich selbst vertieften» Regensburg. Er formulierte damit einen Grundton, der das Urteil über den Immerwährenden Reichstag in der folgenden Zeit bestimmen sollte.[4] Das Gremium schien gegen sämtliche Prinzipien jener «aufgeklärten» Staatskunst zu stehen, die in der Politik Friedrichs von Preußen ihr spektakulärstes Exempel hatte; ein Organismus, der in seiner Spätzeit bereits Erinnerung an die eigene Geschichte war, ein *lieu de mémoire*, der das Gedächtnis an eine eher traurige Vergangenheit bewahrte. Man mußte weiter zurückgehen, zurück selbst hinter das Mittelalter mit seiner Kaiserherrlichkeit, um sich einer idealen Vorstellung von den Deutschen und ihrer Geschichte zu versichern.

Nur einige Kilometer von Regensburg aus donauabwärts ist das *Gegenbild*, das ein Kritiker wie «Anselmus Rabiosus» im Kopf hatte, zu realer Architektur gestaltet. Hoch über dem Fluß thront sie, die *Walhalla*: der denkbar dramatischste Kontrastbau zum gotischen Reichstag inmitten des Regensburger Gassengewirrs.[5] Sie ist deutsches Nationaldenkmal und mehr. Der Bauherr, König Ludwig I. von Bayern, hatte sich bewußt gegen als altdeutsch geltende Formen entschieden.

In Leo von Klenzes dem Parthenon nachempfundenem dorischen Tempel kulminieren universalhistorische Theorien des beginnenden 19. Jahrhunderts.

Die deutsche Nation erscheint als ideales Gebilde jenseits aller Zeitlichkeit, zugleich aber soll sie geschichtliches, geschichtsmächtiges Faktum sein; Begründung des Anspruchs auf nationale Einheit. Die Walhalla gibt ein Sehnsuchtsbild, das gegen eine ernüchternde politische Wirklichkeit formuliert wird.

Klenze verleiht dem Paradox durch eine hochkomplexe Ikonologie Gestalt. Unterbau und Reliefdarstellungen verweisen auf romantische Vorstellungen von einer Völkerwanderung am Morgen der Menschheit. Vom Paradiesgarten auf dem Himalaja und im Hochland von Kaschmir habe sie zum Kaukasus geführt; von dort habe sich der Völkerstrom über Europa ergossen, sei der Kontinent bevölkert und zivilisiert worden. Die Geschichte der Deutschen erscheint als aufgehoben im Mythos der Anfänge aller Kultur. Auch diese «Erinnerung» sammelt sich in der Walhalla, eine Phantasie, die ins Große und zugleich Unbestimmte geht.

Im Innern des «Heldensaals», wie ein Zeitgenosse den Begriff «Walhalla» deutete, wurde Geschichte durch die «zeitlose Gemeinschaft» (Traeger) großer Deutscher konkret. Indes zählten nicht nur Helden «teutscher Zunge» zu Walhallas Genossen, sondern auch Flamen wie Rubens, van Dyck oder Frans Snyders, der niederländische Admiral de Ruyter oder der englische König Wilhelm III. Schließlich durften sich noch Karl der Große, Chlodwig und Pippin in König Ludwigs erlauchter Runde niederlassen. Wer nichts von der Kulturtheorie wußte, die der Konzeption der Walhalla zugrunde lag, mußte hinter der Auswahl der Helden eine Art Marmorimperialismus wittern, der zu Bedenklichkeiten Anlaß gab. Der französische Gesandte in München, Baron de Bourgoing, identifizierte in der Statuenauswahl Spuren einer ultrateutonischen Ideologie, und seine Reaktion darauf schwankte zwischen Befremden und Belustigung.

Der Ausflug zur Walhalla, von deren Terrassen aus der Blick übers weite Donautal geht, hinüber auch nach Regensburg mit den 1869 fertiggestellten gotischen Domtürmen, vermittelt ein sinnliches Gefühl dafür, wie andersartig die historische Welt ist, deren Gedächtnis Klenzes Bau weiterträgt. Der alte Jacob Burckhardt hat das in einem Brief von 1877 ganz ähnlich empfunden, wenngleich er der Walhalla und den übrigen Ruhmestempeln der Gegend mit der Distanz des Schweizer Stadtbürgers begegnete. Abgesehen vom Dom, empfand er Regensburg als «ungeheure Trucke voll Merkwürdigkeiten». Vor dem Monument des Alten Reiches, dem Rathaus, wandte sich der Klassizist zur Flucht: «Aber an Einer Stelle wurde mir's heut zu viel: ich ließ mich mit einer Gesellschaft von Philistern durch das Rathaus treiben; da sollten wir zuletzt auch noch die Folterkammer sehen; den Philistern war es zu öberst, sie aber blieben, und hielten die Folter aus, nur ich ging einfach von hinnen.»[6]

Ludwig I. hatte dem vergangenen Heiligen Römischen Reich und dem Reichstag bei der Grundsteinlegung für die Walhalla, am 17. Oktober 1830, dennoch seine Reverenz erwiesen. Der königliche Bauherr wurde durch einen

Empfang im Reichssaal, dem Ort der «teutschen Reichsversammlung», geehrt, und man inszenierte einen «alterthümlichen Schützen-Ausgang» mit Gepränge, das an das 16. Jahrhundert erinnern sollte.

Indes zog sich zwischen dem alten Reich und dem Deutschland des Jahres 1830 doch ein tiefer historischer Bruch. Revolutionszeit, Napoleon, Befreiungskriege; Niederlegung der Kaiserkrone durch Franz II.; Ende des *Sacrum Imperium* im Jahre 1806. Man vergißt angesichts des stillen Ausklangs, den Reich und Reichstag dann nahmen, welch gewaltiger Erschütterungen es bedurft hatte, um ihren Untergang herbeizuführen. Das Historienspektakel bei der Grundsteinlegung für die Walhalla war Ausdruck der Entfremdung von dieser alten Welt, es zeigte, daß man den Abstand zu ihr inzwischen fühlte. Reich und Reichstag wurden historisiert, fortgerückt in die Vergangenheit: eine Sache für die Wissenschaft oder die Bühne. Und man mühte sich ganz offenkundig, vermeintlich «größere» Zeiten zu beschwören, wenn man mit Fahnen und Kostümen an das 16. Jahrhundert (und eben nicht an das 17. oder 18.) erinnerte.

Der Gedanke an Napoleon, den nicht ganz freiwilligen Schöpfer des modernen Deutschland, war gerade in Bayern von zwiespältigen Gefühlen begleitet. Man hatte ja an der Seite des Imperators gekämpft, von seinen Gnaden war die Krone, die Ludwig trug; als Kronprinz war er 1809 an der Erstürmung der einstigen Reichsstadt Regensburg beteiligt gewesen.

Bei den Feierlichkeiten des 17. Oktober 1830 war von all dem natürlich nicht die Rede. Regensburg wurde vielmehr zur Chiffre alter und ältester Vergangenheit: Römersiedlung, Stadt bayerischer Herrscher seit den Zeiten der Agilolfinger, Gedächtnisort der Reichsgeschichte. Schließlich brachte ein Redner, der bayerische Innenminister Eduard von Schenk, die Sache auf den Punkt. Der Gedanke, die Walhalla zu bauen, sei beim Erlebnis des Zusammenbruchs des tausendjährigen deutschen Reiches und der darauffolgenden Unterjochung von dessen Trümmern aufgekommen.[7] Die Reichstagsstadt Regensburg steht so in einer vielfach gebrochenen Beziehung zur Walhalla: Ist diese gotisch, deutsch und alt, zeigt sich jene als griechisch, universal und national zugleich.

Allerdings, das «Büstenmagazin» war eine Ruhmeshalle deutscher (und anderer) *Helden*, Werk des Königs und der Intellektuellen, nicht des Volkes. Im Touristendress streift letzteres durch die Hallen; und in der Höhe der Friese und Giebelfelder spielt es seine ornamentale Statistenrolle in Gestalt der ewigen Wanderer, die vom Kaukasus zur Donau ziehen. Elementarer, wenngleich amorpher Grundstoff aller Nation, gehört das Volk wohl unverzichtbar zum «Menschheitsbild» Walhalla. Aber es wird in gehörige Abstraktion entrückt und mythisch vernebelt.

Dabei wurde der Walhalla in den bewegten Zeiten nach der Juli-Revolution eine integrierende, die Bande zwischen Herrscher und Untertan kräftigende Funktion zugewiesen. Wenn man im Grundstein neben anderen Reliquien auch ein Feldzeichen aus den Kriegen von 1813/14 verbarg, ließ das an jene

Episode der deutschen Geschichte denken, als der gemeinsame Feind Napoleon Fürsten und Volk zu gemeinschaftlichem Handeln genötigt hatte. Diese Harmonie hat man vor der Szenerie der Walhalla wieder und wieder beschworen. Gleichwohl war die Erinnerung an die Befreiungskriege ambivalent. Die Bajonette der Völker hatten zwar der Herrschaft Bonapartes ein Ende bereitet, Erwartungen und Forderungen an die Zukunft waren indes unerfüllt geblieben. Rufe nach Meinungsfreiheit, nach der Chance, an den staatlichen Dingen partizipieren, an politischen Entscheidungen mitwirken zu können, wurden immer lauter. Solche Themen blieben auf der Tagesordnung.

Das *Paulskirchen-Parlament* war dann allerdings keineswegs ein Schmetterling, der sich aus der Raupe Immerwährender Reichstag geschält hatte. Ansätze zu einer parlamentarischen Demokratie gab es erst, nachdem die alte Gesellschaft sich grundlegend gewandelt hatte, auch der alte Reichstag nicht mehr existierte. Bei aller Begeisterung für den Reichssaal darf eben dies nicht vergessen werden: Was sich in Deutschland im 19. und 20. Jahrhundert an repräsentativen Demokratieformen entwickelte, läßt sich weniger als Fortsetzung einer Tradition deuten denn als Resultat eines tiefreichenden historischen Umbruchs. Was moderne Parlamente wie der Bundestag mit den ständischen Vertretungen des *Ancien Régime* gemeinsam haben, sind allenfalls sehr generelle Prinzipien wie der Gedanke des Konfliktaustrags durch Diskurs oder das Mehrheitsprinzip (das im alten Reichstag auch nur eingeschränkt galt). Der Faktor «öffentliche Meinung» war für die Gesandten weit weniger wichtig als für die Mitglieder eines modernen, demokratischen Parlaments. Daß dieser Umstand für «Krisenmanagement», überhaupt für politische Entscheidungsfindung von fundamentaler – und keineswegs immer negativer – Bedeutung war, liegt auf der Hand.

Die Gesandten in Regensburg waren gewöhnlich weisungsgebunden – eher Diplomaten als Parlamentarier –, und ihre Herren gründeten ihre Macht auf Gott und auf die Tradition. Durch Wahl waren nur wenige der Fürsten und Stände zur Herrschaft gelangt: einige Äbte und Bischöfe, schließlich die Repräsentanten der im späten Reich machtlosen Reichsstädte. Aber die Gremien, die solche Leute wählten, waren – gemessen an der Gesamtbevölkerung – verschwindend klein, ebenso geschlossen waren die Zirkel, aus denen sich die Funktionseliten rekrutierten. Die spektakulärsten Aufstiegsmöglichkeiten bot die Reichskirche. Ansätze zu einer korporativen, «horizontalen» Organisation der Macht hat es im Reich zwar gegeben, aber sie unterlagen insgesamt Tendenzen, die auf eine Konzentration von Herrschaftsbefugnissen in den Händen der Territorialfürsten und des Kaisers hinausliefen.

Eine Hauptstadt im eigentlichen Sinn hatte es demgemäß im Alten Reich nicht gegeben. Bis 1663 hatte der Reichstag an unterschiedlichen Orten getagt. Das Reichskammergericht befand sich in Speyer (und ab 1693 in Wetzlar). Der Kaiser residierte wie das zweite oberste Reichsgericht, der Reichshofrat, in Wien, während die Reichskleinodien – darunter die Kaiserkrone – lange in

Nürnberg aufbewahrt wurden. Eine der erfreulicheren Konsequenzen dieser Situation ist die bis heute spürbare kulturelle Vielfalt in den verschiedenen Regionen Deutschlands. Die Identität der Deutschen hat sich noch im 19. Jahrhundert nicht unwesentlich von diesen «Epizentren» her bestimmt. Der Schaffung des Einheitsstaates stellte eine solche Struktur indes nahezu unüberwindliche Hindernisse entgegen, zumal die Frage der politischen Verfassung eng mit ihr verknüpft war.

Keinesfalls führt ein direkter Weg von Regensburg nach Frankfurt und schon gar nicht nach Berlin. Das *Reichstagsgebäude* am Spreebogen löste eine Reihe von Provisorien ab. Praktisch von Anfang an aber hat man um eine definitive Lösung gerungen und gestritten. In einem mit hohen Preisgeldern ausgestatteten Wettbewerb hatte schließlich Paul Wallot aus Frankfurt gesiegt.

Natürlich ging es nicht um die Konzeption eines reinen Zweckbaus. Wallot sah sich – wie seine Konkurrenten – vor die Herausforderung gestellt, ein nationales Monument zu errichten. Es sollte eine Architektur werden, die sichtbar von der Bedeutung ihres Zwecks sprechen, für die Größe und für die Einigkeit der deutschen Nation stehen sollte. «Monumental» – das war die Eigenschaft, die praktisch alle Entwürfe des Wettbewerbs bestimmt hatte. Der Epoche stand eine große Auswahl an Stilen, durch die dergleichen mitgeteilt werden konnte, zur Verfügung: Romanik, Gotik, italienische oder deutsche Renaissance, Barock, Rokoko, auch das eine mit dem anderen in morganatischer Verbindung. Eine gotische Lösung hatte keine Chance, obwohl viele diesen Stil in Goethes Tradition für «deutsche Baukunst» hielten. Gotik, das signalisierte Sakralität, ließ an die *Houses of Parliament* des britischen Rivalen denken. Wallot war sie nicht monumental genug; er hätte gerne romanisch gebaut, entschied sich dann aber für eine Lösung, die zwischen Neorenaissance und Barock changierte. Die vieldiskutierte Kuppel, eine beachtliche Ingenieurleistung in Stahl und Glas, führte darüber eine stilistische Eigenexistenz. Spötter karikierten sie als «Bonbonnieren-Deckel».

Der Wallot-Bau trägt bis heute die Spuren spannungsreicher Ambivalenzen. Er ist ein steinerner Palimpsest, an dem vier deutsche Staaten geschrieben haben. In vielfachen Brechungen zeugt er von einem dramatischen Jahrhundert deutscher Geschichte. Stets war er eher ihr Opfer als Ort ihrer Gestaltung, und man könnte – hätte denn ein Bauwerk eine Seele – sein Schicksal tragisch nennen. Der Berliner Reichstag hat mit der alten Ständevertretung an der Donau nicht viel mehr als den Namen gemein, und weder seine Architektur noch Elemente der Innenausstattung nahmen auf die fremden Vorgänger Bezug; nicht auf die Paulskirche, auch nicht auf die Reichstage des fernen *Sacrum imperium.* Am ehesten noch gaben die im Renaissancestil gehaltenen, holzgetäfelten Sitzungszimmer eine vage Erinnerung an «altdeutsche» Reichstagsherrlichkeit.

Wirklich geliebt wurde der Reichstag – der Begriff meinte bald sowohl die Versammlung der Abgeordneten als auch den Bau – eigentlich nie, jedenfalls bis in die jüngste Vergangenheit. Dabei war er – abgesehen von der Paulskirche – Gehäuse der ersten halbwegs demokratisch gewählten Repräsentation der Deutschen (Frauen erhielten erst 1919 das Wahlrecht). Es sollte, wie ein Abgeordneter sagte, den «Schlußstein der Reichseinigung» bilden. Kommissionen tagten, machten dem Architekten das Leben schwer; der Kaiser selbst versuchte, seinem Geschmack Geltung zu verschaffen und stieß bei Wallot auf mutige Widerworte. Wilhelms Abneigung gegen die Architektur des Reichstags – den er mal «Gipfel der Geschmacklosigkeit», mal «Reichsaffenhaus» nannte – fiel zusammen mit tiefen Vorbehalten gegen die Institution als solche. Verärgert über die ständigen Interventionen und Gehässigkeiten des Kaisers beklagte sich der Architekt bei einem Kollegen, Wilhelm II. sei «ein gewöhnlicher, niederträchtiger Hund». Geradezu seherisch fügte er hinzu, Deutschland werde auf anderem Gebiet die Zeche für die Art des Kaisers, sich dilettantisch in die Dinge einzumischen, zu bezahlen haben.[8]

Die Grundsteinlegung am 9. Juni 1884 und die Einweihungsfeier ein Jahrzehnt später waren von militärischem Gepränge dominiert gewesen. «Nur einem winzig beschränkten Theile des deutschen Volkes war es vergönnt, der Schlußsteinlegung im neuen Reichstagspalast am Königsplatze beizuwohnen», notierte der Reporter des *Berliner Tageblatts*. Er beobachtete ein «Gewoge und Geglitzere von Uniformen, wie ein Aehrenfeld, hier und da durch einige schwarze Punkte, Abgeordnete im Frack, unterbrochen».[9] Wie sehr die gesellschaftlichen Maßstäbe von militärischem Geist geprägt waren, zeigte sich an der Peinlichkeit, daß selbst der Reichstagspräsident von Levetzow, Hausherr in der Tagungsstätte des freigewählten Parlaments, eine Reserveoffiziers-Uniform angelegt hatte. «Wieder einmal wurde uns vor Augen geführt, daß wir nicht nur ein Volk in Waffen, sondern auch eine Volksvertretung in Waffen haben», notierte der Berichterstatter sarkastisch.

Ein paar schwarze Punkte im schillernden Uniformenglanz: damit war die Rolle der Reichstagsabgeordneten im wilhelminischen Deutschland präzise umschrieben und auch die Funktion angedeutet, welche die konservative Führungsschicht der Volksvertretung zuzuweisen gedachte. Der Historiker Heinrich von Treitschke, glühender Apologet des preußisch-deutschen Einheitsstaats, spitzte den Gegensatz zu, wenn er das Heer als Garanten der nationalen Identität feierte und ihm den Reichstag als Negativbild konfrontierte: «Das deutsche Heer ist unzweifelhaft das allerrealste und wirksamste Band der nationalen Einheit geworden, ganz gewiß nicht, wie man früher hoffte, der Reichstag. Der hat vielmehr dazu beigetragen, daß die Deutschen wieder sich gegenseitig zu hassen und zu verleumden begannen. Das Heer aber hat uns zu praktischer Einheit erzogen.»[10] Solche Vorbehalte verbanden sich mit ästhetischen Urteilen über den Reichstag, und sie spiegelten sich noch in den Details der architektonischen Ikonographie – angefangen mit dem Bronzeriesen Bismarck, der, 6,60 Meter hoch, in Pallasch und Kürassierrock, von 1901 bis 1938 den Platz vor dem Reichstag überschattete.

In der südlichen Eingangshalle begegnete der Besucher dem Mittelalter. «Gedanklich sind hier die geschichtlichen Beziehungen zum alten deutschen Kaiserreiche zum Ausdruck gebracht», erläuterte Wallot in einer Beschreibung seines Werks. «Durch den von der Morgensonne, die durch das farbig verglaste Frontfenster scheint, goldig durchleuchteten Raum schweifend, fällt der Blick auf acht überlebensgroße Bronzestandbilder alter deutscher Kaiser [...].» Die Reihe von Karl dem Großen bis zu Maximilian I. sollte in einem Standbild des Reichsgründers Wilhelm I. im oktogonalen Kuppelsaal gipfeln. Ein Walhalla war der Reichstag am Spreebogen zu keiner Zeit. Man fürchtete offenbar selbst die großen Dichter und Denker, wenn kein blaues Blut in ihren Adern rann und sie keine Uniformen trugen. Das Projekt, in der nördlichen Eingangshalle das «geistige Deutschland» zu würdigen – man dachte an eine Reihe von acht «Geistesgrößen», darunter Luther, Bonifazius, Kepler und Einhard –, wurde niemals verwirklicht.

Das Berliner Reichstagsgebäude war so besonders beredt durch das, was es *nicht* sagte. Es sprach von Macht und schwieg von Geist; es spreizte sich in monumentalem, ja imperialem Gestus. Dahinter verbarg sich allein die Widersprüchlichkeit einer Institution, die, ihrer Rolle selbst ungewiß, von großen Teilen der traditionellen Eliten mit Argwohn oder Verachtung betrachtet wurde. Stammelnd mühte es sich um historische Erinnerung, etwa durch die Kaiserfiguren oder einen Salat von Wappen und abermals Wappen, ohne es auch nur im Ansatz zu einem Resümee der deutschen Geschichte zu bringen. Vielmehr negierte die Ikonographie des Reichstags gerade jene Traditionen, auf die sich eine Volksvertretung im Deutschland des endenden 19. Jahrhunderts hätte berufen können. Helden der Freiheitsbewegungen fehlten.

Gegen manche Zumutung konnten sich die Volksvertreter allerdings zur Wehr setzen. Beispielsweise blieb eine Darstellung der Kaiserproklamation von Versailles aus dem Plenarsaal verbannt, da sie zwangsläufig den ungeliebten Bismarck zur Hauptfigur gehabt hätte; und auf öffentlichen Druck hin entfernte man 1909 die erst ein Jahr zuvor gelieferte Darstellung der Sedanfeier von der Stirnseite des Saales, ein Werk des Sezessionisten Angelo Jank. Kaiser Wilhelm I. wurde darauf hoch zu Roß gezeigt, die Trikolore in den Staub schleifend. Man war aus Rücksicht auf die internationale Öffentlichkeit gegen das Gemälde, aber auch, weil es über die Maßen die Rolle des Monarchen betonte. Vielleicht war es kein Zufall, daß gerade ein Abgeordneter aus der alten Reichstagsstadt Regensburg, Dr. Maximilian Pfeiffer, in einem Pamphlet die Ansicht vertrat, es wäre besser gewesen, sich bei den Gemälden auf «Momente aus der Geschichte des deutschen Parlaments» zu besinnen. Ob ihn auch die Erinnerung an die Reichsversammlung, die einst in seiner Heimatstadt getagt hatte, dazu bestimmte?

Am lautesten schwieg der Reichstagsbau aber auf einer Steintafel unter dem Giebelfeld des westlichen Portikus. Schon 1894 wußte man, daß dafür die Inschrift «Dem deutschen Volke» vorgesehen sein sollte. In Parlament und Presse wurde über den Text gestritten. Wilhelm II. hätte lieber die Worte «Der Deutschen Einigkeit» gesehen. Das bezog sich vordergründig auf die Einheit der deutschen Teilstaaten; die Türme des Reichstagsgebäudes symbolisierten ja die vier Monarchien Bayern, Württemberg, Sachsen und Preußen. Zugleich aber war damit eine Aufforderung zur Überwindung der Klassen- und Parteiengegensätze, die auch die Ikonographie anderer Nationaldenkmäler wie die der Walhalla prägt, ausgesprochen. Es waren Bauwerke, die zähmen, disziplinieren, mindestens integrieren sollten. Unerwünschte politische und soziale Gegensätze wurden unter schweren Wolken aus Allegorien erstickt. Ganz entsprechend war der Tenor der herrischen Rede, die der Kaiser bei der Einweihungsfeier hielt.

Daß sich draußen vor der Fassade die Verhältnisse allmählich änderten, war indes nicht zu übersehen. So demonstrierten am 7. März 1910 Zehntausende vor dem Reichstag, um der Forderung nach Abschaffung des Dreiklassenwahlrechts in Preußen Nachdruck zu verleihen. Die *Berliner Volks-Zeitung* berichtete: «Von der Siegessäule flutete es in großen Wellen zum Bismarck-Denkmal, zur großen Freitreppe des Reichstages, die zwei Jahrzehnte lang auf dieses Schauspiel wie auf ihre ureigenste Bestimmung gewartet zu haben schien. Unter Wallots wuchtigem Portikus nahm der Arbeitersängerbund Aufstellung, vierstimmig erscholl die Arbeitermarseillaise über den größten Platz der Welt, dessen Wege und Wandelgänge schwarz waren von Menschen [...].»[11] Kavallerie sprengte die Menge, es gab Verletzte.

Der Giebel, der Zeuge dieser dramatischen Ereignisse gewesen war, trug zu dieser Zeit noch immer keine Inschrift. Die leere Fläche war Symbol ungeklärter Identität, der Reichstag blieb gewissermaßen ein Emblem ohne Motto. Es bedurfte des Krieges, der die «Volksgemeinschaft» auf seine Weise aktivierte, um dem Reichstag doch noch zu seiner Widmung zu verhelfen. 1915 wurde sang- und klanglos die Zustimmung des Kaisers dazu signalisiert; am Vorweihnachtstag des Jahres 1916, die Schlacht von Verdun näherte sich ihrem Ende, hat man die Inschrift in von Peter Behrens entworfenen Lettern an der Giebelfront angebracht. Der *Kladderadatsch* reimte nicht zu Unrecht, wenngleich etwas pathetisch:

> Und ohne Inschrift ist's lange geblieben –
> Da kam der Deutsche in Feldgrau daher,
> Er sprach die Worte weittönend und schwer
> Und hat – mit dem Schwert sie eingeschrieben.[12]

Zum Guß der Buchstaben war Bronze aus während der Befreiungskriege erbeuteten Geschützen verwendet worden: Kanonen zu Worten. An versteckter Stelle wurde an eine Tradition erinnert, in der auch die Walhalla stand. Es war eine leichthin, nebenbei gewährte Geste, belanglos, gemessen an dem, was in den fernen Schützengräben des Weltkriegs geschah.

DEM DEUTSCHEN VOLKE: mit der Befestigung der schweren Lettern hatte der Bau des Reichstags fürs erste seinen Abschluß gefunden. Die Inschrift glitzerte in der Wintersonne des beginnenden Kriegsjahres 1917, der Bau Wallots rückte in die Vergangenheit. Für einen historischen Moment, während der Revolution, mutiert der Reichstag zum *Gegenbau*. Die erste deutsche Demokratie wird, aus äußeren Gründen, in Weimar aus der Taufe gehoben; buchstäblich im Rücken des Denkmals, das Schiller und Goethe in brüderlicher Verbindung zeigt. Das Nationaltheater, Ort der verfassunggebenden Versammlung, steht als klassischer Tempel gegen den wilhelminischen Pracht- und Schnörkelbau; Demokratie gegen Monarchie. Eine Idee von griechischer Schönheit in einer chaotischen, unschönen Realität. Man wird sich einreden, nun seien die Deutschen zurückgekehrt in jenes ideale geistige Reich, dem nicht einmal im Foyer des Berliner Reichstags hatte Referenz erwiesen werden können.

Mit immer neuen Erinnerungen lud sich die versteinerte Existenz des Wallot-Baus am Spreebogen auf. Erinnerungen an Worte, die sich an seinen Mauern gebrochen hatten, Szenerien, für die er Kulisse oder Gehäuse gewesen war; immer öfter Photographien, Lichtspuren der Ereignisse, die aus dem Monument im Herzen Berlins einen symbolischen Ort deutscher Geschichte machen werden. Ganz allmählich auch phonographische Aufzeichnungen, krächzende Stimmen, heiseres Rauschen, Laute aus einer fernen Welt.

Bilder also. Zum Beispiel vom 9. November 1918; Philipp Scheidemann auf der Brüstung des Balkons vor dem zweiten Fenster des Portikus. Er hat die Rechte erhoben, ruft: «Das deutsche Volk hat auf der ganzen Linie gesiegt! Der Militarismus ist erledigt. Die Hohenzollern haben abgedankt! Es lebe die Republik!» Dann Bilder von Soldatenräten im Plenarsaal oder Photographien der Männer des neuen Staates, Eberts etwa oder Stresemanns. Erinnerungen an das Ringen um die Bewältigung der deutschen Niederlage im Krieg, an den Kampf um den Bestand der Staates. Bilder von der Trauerfeier für den Reichspräsidenten Ebert Anfang März 1925. Vor dem Reichstag die schwarzverhangene Lafette, der Sarg unter der schwarz-rot-goldenen Fahne der Republik – den Farben von 1848 –, darauf ein Kranz aus Lorbeer. Das Volk. Eine ungeheure Menge, die den Platz bis hinüber zur Kroll-Oper füllt. Erinnerungen: das Lied «Ich hatt' einen Kameraden», dumpfer Trommelwirbel. Wie ein Menetekel des Untergangs erscheint die Inszenierung im Rückblick. Als Eberts Nachfolger Hindenburg vereidigt wird, weht vor dem Reichstag neben der schwarz-rot-goldenen Fahne die schwarz-weiß-rote Reichskriegsflagge mit dem Eisernen Kreuz.

Im Reichstag erlebt die erste deutsche Demokratie ihre Glanzstunden, er gerät schließlich zur Bühne ihrer Tragödie. Hier werden die parlamentarischen Schlachten um die Reparationen, um Rapallo, um die Verträge der Ära Stresemann geschlagen; um den Versuch, die Deutschen zurückzuführen in die Gemeinschaft der Staaten. Eine Trauerfeier steht auch am Ende der kurzen

Architrav des Reichstagsgebäudes mit der Inschrift «Dem deutschen Volke»

Phase der Konsolidierung: die für Gustav Stresemann. Wieder Kränze, Palmen, Reden; dann, wie bei dem Staatsakt für den ermordeten Walter Rathenau, Beethovens «Coriolan»-Ouvertüre.

Man hat damals erwogen, den Reichstag zu vergrößern. Die Bibliothek platzt aus allen Nähten, die Abgeordneten klagen über den Mangel an Arbeitsräumen. Nach manchen Planspielen wäre Wallots Architektur wie ein bizarres Schmuckstück von modernen, sachlichen Zweckbauten eingefaßt worden. Karl Wach will ihn in einen Bau mit großdimensionierter Fensterfront einmauern, Bruno Taut gedenkt, den Reichstag durch Ummauerung mit Erweiterungstrakten regelrecht zu verhüllen. All diese Phantasien bleiben Stücke fürs Museum imaginärer Architektur. Die wirtschaftliche Lage, schließlich die Krise der Republik stehen allen urbanistischen Träumen entgegen.

Der Untergang des Weimarer Staates wird begleitet von Pöbeleien, Tumulten, Saalschlachten, selbst in den Räumen des Parlaments. Am 1. September 1929 explodiert vor einem Seiteneingang des Reichstags eine Bombe, die aber nur Sachschaden anrichtet. Kurz danach, in den Wahlen von 1930 und 1932, erringen die Nationalsozialisten erdrutschartige Siege. Eine Partei, von der Hitler noch einige Jahre zuvor gesagt hatte, sie werde keine Umwälzung erreichen, indem sie «ihre Nase in den Reichstag hineinsteckte», stellt nun die mit Abstand stärkste Fraktion. Der Reichstag wird zum Symbol der bedrohten Republik. Die wichtigste noch verbliebene demokratische Partei, die SPD, wählt für die Juliwahlen 1932 seine Silhouette als Plakatmotiv. Unter der schwarz-rot-goldenen Fahne hebt der Graphiker die Widmungsinschrift «DEM DEUTSCHEN VOLKE» deutlich lesbar hervor.

Zu dieser Zeit ist das Parlament bedeutungslos geworden. Der dümmliche Spruch des ostpreußischen Standesherren Elard von Oldenburg-Januschau, ein Leutnant und sechs Mann genügten, den Reichstag nach Hause zu schicken, ist geflügeltes Wort und kennzeichnend für Anschauungen der Umgebung des Reichspräsidenten Hindenburg.

Das Gebäude indes wirkt noch als Feldzeichen der bedrohten Demokratie. Das wissen die Radikalen von rechts und von links. Die Bombenleger wissen es, die am 1. September 1929 an einem Portal der Nordfront ihre «Höllenmaschine» zünden; und es weiß der Brandstifter des 27. Februar 1933, der Niederländer Marinus van der Lubbe. Die Ausstattung des Plenarsaals und einiger Nebenräume wird weitgehend vernichtet, das Glas der Kuppel zerbirst. «Gott sei Dank!», soll der Teilnehmer eines Abendessens beim französischen Botschafter die Nachricht vom Reichstagsbrand kommentiert haben.[13] Der Flammenschein beleuchtet die Trümmer der Republik, auf denen Hitler seine Schreckensherrschaft errichten wird. Der Weg in den Weltkrieg und nach Auschwitz – er führt über die Zerstörung des Reichstags. Das Scheinparlament der Nazis zieht in die Kroll-Oper um. Im halbwegs hergerichteten Reichstag werden Ausstellungen und Propagandafilme gezeigt, schon 1941 müssen die Ecktürme Flakgeschütze aufnehmen. Allerdings, nicht einmal Speers gigantomanen Plänen für eine Reichshauptstadt «Germania» wäre Wallots Bau zum Opfer gefallen. Hitler stimmt einem Abriß nicht zu: aus einem Rest an Respekt für historische Tradition? Man könne den Plenarsaal seinetwegen für Bibliothekszwecke nutzen, meint er; der Reichstag sei viel zu klein. Neben ihm soll ein riesiges Gebäude entstehen. «Gleich nebenan bauen wir ein neues», sagt Hitler zu Speer. «Sehen wir es für zwölfhundert Abgeordnete vor.»[14] Sie hätten ein Volk von 140 Millionen repräsentieren können.

Merkwürdig: am Ende des Krieges betrachten die Sowjets den verachteten Reichstag, Erinnerungsort der ersten deutschen Demokratie, als eine Art Herz der Finsternis, als «Symbol für Hitler und den Nationalsozialismus schlechthin»: «So sehr, daß sie mehr als eine Million Geschosse auf diese kurzfristig zur Festung ausgebaute Parlamentsruine feuerten, als gäbe es dort eine Befehlszentrale, als gäbe es keine Reichskanzlei oder keine Bunker, als würde dort der Krieg zu Ende sein.»[15] Nach erbitterten Kämpfen wird der Reichstag eingenommen. Ein Augenzeuge berichtet: «Das rote Banner unseres Corps wanderte nun langsam von einem Stockwerk zum anderen. Und als die Sonne zu sinken begann und mit ihrem rötlichen Strahl den ganzen Horizont beleuchtete, hißten zwei unserer Soldaten die Fahne des Sieges auf der abgebrannten Kuppel des Reichstags.»[16] Das berühmte Foto davon zeigt eine später nachgestellte Szene.

Der Reichstag 153

Soldaten der Roten Armee hissen auf dem Reichstagsgebäude die Sowjetflagge

Die Rippen der Kuppel schweben nach Kriegsende noch über der Ruine mit den von unzähligen Raketen, Granaten, MG-Salven verletzten Mauern. Was von ihr übrig ist, wird später – 1954 – gesprengt werden, aber die Mauern läßt man stehen. Sie sind von unzähligen Graffiti in kyrillischer Schrift überzogen. Darunter ist auch die Signatur des Marschalls Schukow. Es sind Engramme eines neuen, diesmal tragischen und alles andere als märchenhaften Völkerzugs aus dem Osten: von Teheran, von Nowosibirsk, Baku und Smolensk ging der Marsch der Millionen. Ein «I. P. Moschkin» schreibt: «Unser Weg führte vom Kaukasus bis zum Reichstag in Berlin.»[17] Immerhin ist die Inschrift am Giebel weitgehend unbeschädigt geblieben. Sie heißt jetzt: DEM EUTSCHEN /OLKE. Im Schatten des geschundenen Baus entwickelt sich einer der größten Schwarzmärkte Berlins: Soldaten in zerlumpten Uniformen, manche auf Krücken, mit nur einem Bein oder einem Arm. Die Russen tauschen Lebensmittel gegen Uhren. Anfangs wird noch mit Reichsmark gehandelt, dann sind Zigaretten die gängige Währung.

Man weiß zunächst nicht so recht, was mit dem Reichstagsgebäude geschehen soll. Allmählich wandelt sich seine Identität. An der Nahtstelle zwischen Ost und West gelegen, wird der Bau mit dem benachbarten Brandenburger Tor zur steinernen Metapher der Einheit der Nation; ein Kristallisationskern auch der widersprüchlichen Gefühle, welche die große, zerrissene Stadt hervorruft. Am 18. März 1948 bietet er einer Hundertjahrfeier zur Erinnerung an die deutsche Revolution den würdigen Hintergrund; am 9. September desselben Jahres demonstrieren vor seinen Mauern 350 000 Menschen gegen Spaltung und Blockade. Bürgermeister Ernst Reuter ruft dabei den Völkern der Welt die berühmten Worte zu: «Schaut auf diese Stadt und erkennt, daß ihr diese Stadt und dieses Volk nicht preisgeben dürft und nicht preisgeben könnt.»

So gewinnt der Reichstag immer deutlicher Kontur als Zeichen der Freiheit und der Einheit. Nicht zu Unrecht, wie seine Geschichte zeigt. Er wird Versatzstück des Mythos Berlin. Seine Fassade sei, so der damalige Bundestagspräsident Eugen Gerstenmaier, «im Guten wie im Bösen eine Erinnerung daran, woher wir kommen».[18] Als Erinnerungsort hat man den Reichstag denn auch wiederaufgebaut und zugleich als Demonstration. Die alte Festung der Republik wird zum Vorwerk des Westens. Zur Bastion an der Front des Kalten Krieges.

Die als «wilhelminisch» empfundenen Schmuckelemente widersprechen allerdings dem Zeitgeist. Während einer ersten Kampagne Ende der fünfziger Jahre, einer versuchsweisen «Restaurierung» der Fassade, gehen die Verantwortlichen der zuständigen Bundesbaudirektion mit dem Messer darüber. Kartuschen und Schnörkel werden abrasiert, Statuen gestürzt. «Stilbereinigung» nennt man das, Anwendung der Prinzipien des Neuen Bauens auf ein historisches Gemäuer. Es soll zum Bild werden einer unprätentiösen, sachlichen deutschen Demokratie, die nichts mehr gemein hat mit dem wilhelminischen Staat und schon gar nichts mit der Nazi-Diktatur. Ganz schlecht ist ein solches Motiv eigentlich nicht; das Verdrängte wird ohnedies wiederkehren. So entdeckt man 1966 die Grundsteinkapsel: Erinnerung an die ersten Hammerschläge Wilhelms II., an Reden von glorreichen Waffenerfolgen, von der Macht und Herrlichkeit des Reiches. Und beim vorerst letzten Umbau, dem nach der Wiedervereinigung, kommen die Graffiti der sowjetischen Eroberer zutage.

Der Architekt Paul Baumgarten, Sieger in einem beschränkten Wettbewerb, plant 1960 zunächst eine behutsame Wiederherstellung des Reichstags, unter Einschluß der Kuppel. Politiker und Bürokraten verwässern sein Konzept. Die Kuppel wird fürs erste nicht wiedererrichtet, dafür ein großdimensionierter Plenarsaal. Der leere Raum ist Demonstration. Hier ist kein Parlament, aber hier *sollte es sein*, lautet die Botschaft, das Parlament eines freien, einigen Deutschland; an seinem – wie viele meinen – allein legitimen Ort, in der mythischen Stadt Berlin. Der Fall tritt bekanntlich am 4. Oktober 1990 ein, nach der unpathetischen, gerade deshalb bewegenden Feierstunde zur Wiedervereinigung, die den Reichstag zur Kulisse gehabt hatte. In grelles Flutlicht war das scheckige Mauerwerk des Wallot-Baus getaucht gewesen, und in Fenstern und Dächern hatte sich der Widerschein des großen Feuerwerks gespiegelt.

Der Beschluß des deutschen Bundestags, Berlin solle wieder Hauptstadt und Regierungssitz werden, zeigt die magnetische Kraft des Mythos. Wieder ist es die Stunde der Architekten und Bauleute, und erneut steht die Umgestaltung des Reichstags zur Disposition. Im neuen deutschen Staat hat sich indes längst der Begriff für das Gebäude von dem für die Versammlung, die es beherbergen soll, geschieden. Eine kuriose Auseinandersetzung um die Sprachregelung wird die Folge sein: Soll es heißen «Deutscher Bundestag»? Oder «Bundestag im Reichstag» – als ob der historische Bau das spätere Parlament umhülle wie eine russische Puppe? Oder ist, nach den Worten eines Berliner Taxifahrers, der Reichstag eben der Reichstag, was sonst?

Über dem Streit um Worte liegen die Lasten der Vergangenheit. Geschichte, Erinnerung prägt auch die denkwürdige Debatte des Bonner Bundestags um das Projekt des Künstlerehepaars Christo und Jeanne-Claude, den Reichstag zu verhüllen: *Wrapped Reichstag, Project for Berlin*. Er werde durch den Akt der Verhüllung hervorgehoben als ein besonderer Ort, als ganz einmalig und unvergleichlich, hatte ein Abgeordneter das Projekt verteidigt. «Durch die Verhüllung wird unsere Erinnerung an das, was in und mit diesem Haus geschehen ist, an die Schaffung, den Untergang und die Wiedergeburt der Demokratie belebt. Die Verhüllung ist Erinnerungsarbeit. Nichts anderes kann unsere Auseinandersetzung mit der Geschichte doch sein: daß wir uns ein Bild machen von dem, was sich unter den Ablagerungen der Zeit an gewesener Wirklichkeit bietet.»[19] Aber es kommt anders.

Sommer 1995. Christos Umhüllung läßt Wallots finstere Festung leicht werden. Die Sonne der letzten Junitage schimmert auf den vom Sommerwind bewegten aluminiumsilbernen Wogen aus Stoff, man umwandert staunend das aller Vergangenheit entrückte Haus. Für einen Moment scheint die lastende Geschichtlichkeit des Wallot-Baus aufgehoben zu einer schönen, heiteren Illusion. Der Reichstag ist nun nicht Erinnerung, sondern, in seiner verfremdeten Gestalt, ganz Gegenwart. Er ist und ist nicht, eine Idee seiner selbst. Vielleicht kommt da manchen eine Ahnung davon, wie kostbar ein demokratisches Parlament ist. Als die Verhüllung fällt, ist es eine liturgische *apparitio*: als ob der Reichstag durch einen magischen Ritus zu neuer Existenz verwandelt worden wäre.

Eigentlich ein schöner Schluß unserer Erzählung. Aber die Geschichte geht weiter. Der glänzende Stoff fällt als Vorhang nur für einen Akt, keineswegs beendet er das unendliche Stück. Die Abgeordneten des Bundestags haben vom Reichstag Besitz ergriffen. Das Mauerwerk der wilhelminischen Zeit, Peter Behrens' Inschrift, die Russen-Graffiti erinnern daran, daß dem Berliner Parlament keine Stunde Null beschieden sein kann, daß es eine Biographie hat mit Brüchen und Schrunden. Schon ist Sir Norman Fosters Kuppel fertiggestellt, das Volk bewegt sich wie eine luftige Geisterschar hoch über den Abgeordneten im gläsernen Äther. Von außen sieht das Ding aus wie ein futuristisches «Parlamentodrom» oder «Reichstagorama». Und doch, es ist fernes Echo der alten Würdeform, die sagt, daß dem Haus des Volkes kein geringerer Rang zustehe als einer Kathedrale oder einem Königsschloß.

DICHTER UND DENKER

Wer hat schon von Karl Musäus gehört? Der Weimarer Gymnasialprofessor veröffentlichte 1782 seine unerhört erfolgreichen «Volksmärchen» und räsonnierte im Vorwort: «Was wäre das enthusiastische Volk unserer Denker, Dichter, Schweber, Seher ohne die glücklichen Einflüsse der Phantasie?» Das leuchtete dem Publikum ein; seither verstanden die Deutschen sich mit Vorliebe als Volk der Dichter und Denker, und das nicht ohne Grund. Einen deutschen Staat, vergleichbar dem der Franzosen, Spanier oder Briten, gab es nicht, und wer «deutsch» sagte, redete von Sprache und Kultur – einer Kultur von Bürgern, die ihre Freiheit, ihre Selbstbestimmung nicht in der Politik und in der Rebellion, sondern in der Idee und damit in der Reflexion suchten. Staat und Staatsverfassung standen daher so lange außerhalb jeder grundsätzlichen Kritik der gebildeten Geister, wie sie in aufgeklärtem Geiste Gewissens- und Redefreiheit verbürgten. «Die Gebildeten Deutschlands,» beobachtete Madame de Staël, «machen einander mit größter Lebhaftigkeit das Gebiet der Theorien streitig und dulden in diesem Bereich keine Fesseln, ziemlich gern aber überlassen sie dafür den irdischen Machthabern die ganze Wirklichkeit des Lebens.»

Seit dem Zeitalter der Aufklärung bis heute ist das gemeinsame Erbe der Erinnerung in Deutschland vor allem mit Dichtern und Denkern, Künstlern und Wissenschaftlern verbunden. Hier findet sich am ehesten ein Kanon von Namen und Werken, die den Wechsel von Ideologien und Regimes überdauert haben, von Bach bis Wagner, von Dr. Faustus bis Einstein, von Goethe bis Karl May. Wie sehr es sich bei solchen Namen um Ikonen des nationalen Gedächtnisses handelt, zeigt sich bereits darin, daß es kein Regime in Deutschland vermocht, ja nur versucht hat, diesen Kanon aufzubrechen oder neu zu besetzen; Nationalsozialisten wie Kommunisten haben sich lediglich bemüht, ihn jeweils neu zu interpretieren. Nicht zufällig war die Goethe-Gesellschaft die letzte gesamtdeutsche Vereinigung vor 1989. Gewiß verblaßt dieses historische Band allmählich, wobei nicht so sehr die Kulturrevolution der Achtundsechziger als vielmehr die immer stärkere Einbindung Deutschlands in eine transatlantische Trivialkultur eine Rolle spielt; doch zeigt die kollektive Empörung gegen die Anmaßung von Ministerialbürokraten, das Volk mit neuen Rechtschreibregeln zu beglücken, wie tief das Gemeinschaftsgefühl der Kultur- und Sprachnation noch verwurzelt ist.

Peter Wapnewski

Das Nibelungenlied

I.

Siegfried, die Lichtgestalt; Brünnhild, das Kraftweib; Gunther, der schwächliche Opportunist; Hagen, der finstere Meuchelmörder und Verräter: Heldendichtung reduziert auf Schemen. Weltliteratur, degeneriert zu zitatwilligen Klischees. Und dann ist da noch die Nibelungentreue.

Das *Nibelungenlied* teilt mit anderen großen Dichtungen das Schicksal, oft erhoben und genannt, aber wenig gelesen und wenig bekannt zu sein. Man hat das Epos in pathosfreudiger und nationalstolzer Zeit wohl auch die «Deutsche Ilias» genannt, und solche Kennzeichnung ist so falsch nicht, sofern man die fundamentalen Unterschiede im Auge und im Kopf behält. Das eine Epos wie das andere ist der dichterische Reflex eines langen, über Jahrhunderte sich hinziehenden geschichtlichen Prozesses; ist – das eine wie das andere –, so archaisch der Gestus wirken mag, künstlerisch spät und Endstufe. Das eine wie das andere reflektiert eine bestimmte Geschichtsauffassung. Das eine wie das andere hat historische Vorgänge umgeschmolzen in mythische und sagenhafte Formationen. Oder: Mythische Erinnerung hat historische Vorgänge in sich aufgenommen. Dichtungen, die wanderten und sich fortsetzten und ergänzten und sich miteinander verbanden, und die zu einem bestimmten Zeitpunkt dann eine letzte gültige Gestalt erhielten.

II.

Man weiß im Falle des *Nibelungenliedes* nicht, durch wen. Aber man kann die Entstehungsphasen rekonstruieren.

> Uns ist in alten maeren wunders vil geseit
> Von heleden lobebaeren, von grôzer arebeit ...

In diesen ersten Langversen, deren je vier endgereimt sich zusammenfinden zu einer Strophe und deren mündlichen Vortrag man sich als eine Art von rhapsodisch-melodischem Sprechgesang vorstellen muß – in ihnen singt das *Nibelungenlied* den Geist der Geschichte. Die *alten maeren* sind tief verwurzelt in den das Mittelalter öffnenden, eröffnenden Auseinandersetzungen der sogenannten Völkerwanderungszeit; und es spielen überdies hinein interne Machtkämpfe im Merowingerreich. Ein Datum gibt festeren Halt: Im Jahre 437 schlug ein römisches Söldnerheer unter *Aetius* mit hunnischen Hilfsvölkern die Burgunder und ihre Könige, deren mittelrheinisches Reich um Worms herum Ausdehnung suchte nach Westen, also in das römische Gallien.

Wie erklärt nun sinnsuchende Geschichtsdeutung den Untergang eines ganzen mächtigen Reiches und seiner Könige? Der Mythos, die Logik des Mythos, sucht ein aufklärendes Motiv. Das Motiv für den katastrophalen Untergang eines ganzen Volkes *muß rächende Strafe sein*. Strafe etwa für Verrat. Verrat welcher Art? Da baut sich nunmehr eine große Vorgeschichte dieses Untergangs auf, nämlich ein Sagenkreis von Liebe und Eifersucht und Macht und Mord. Der *Sagenkreis von Siegfried und Brünnhild*, der ursprünglich nichts mit dem zweiten Sagenkreis, dem *Untergang* des Volkes der *Burgunder*, zu tun hatte. Aber nun funktional in Anspruch genommen wird.

Das die beiden Teile verbindende Scharnier ist die Mordtat an einem Helden. Wie aber erklärt (sich) die Logik des Mythos den mörderischen Tod eines strahlenden Heldenjünglings? Durch Verrat. So also verbanden sich Siegfrieds Leben und Siegfrieds Tod über den Rache-Mechanismus mit Leben und Tod der Burgunder. Den Namen *Nibelungen* tragen die Burgunder, nachdem sie sich durch jenen Mord-Verrat in den Besitz des gigantischen Schatzes gebracht haben, der nach seinen ursprünglichen Besitzern der *Nibelungenhort* heißt und den Siegfried sich erobert hatte.

Warum nun die Mordtat an dem jungen Strahle-Helden? Gier nach Gold, Wille zur Macht ist das älteste und eigentliche *movens* der Handlung, der Fällung des Heros. Erst weiterdichtende spätere Zeit (etwa das 10., 11. und 12. Jahrhundert) hat sublimiert und innerhalb des Komplexes feine Fäden psychologischer und moralischer Wirkungsart gesponnen und eingezogen in das alte Gewebe – nicht immer zu dessen Glück und nicht immer zum Nutzen von Klarheit und Logik. Aber sooft auch das Gestein der alten Überlieferung und seine Schichten rauh sichtbar werden; und sooft auch Verwerfungen und Überlagerungen sich störend und «unlogisch» dem Gang der Ereignisse entgegenzustemmen scheinen, so sind doch dem Manne, den wir den letzten und eigentlichen Dichter nennen und dessen Vorlage(n) wir nicht kennen, in packendem Zugriff oder in leiser Zartheit Partien gelungen der stürmischen Dramatik oder der sanften Stille, die an Erhabenheit und Wirkung sich sehr wohl messen lassen mit dem Größten, was die Weltliteratur geleistet hat.

III.

Als der (letzte) Dichter um 1200, im Donauraum, seine Arbeit tat, da tat er sie inmitten verworrener, ja katastrophaler politischer Verhältnisse. 1190: Dritter Kreuzzug, Friedrich I. Barbarossa ertrinkt beim Bade im Saleph. 1197 stirbt unvermutet sein gewaltiger und gewalttätiger Sohn Heinrich VI. Da ist das Reich in seinen Grundfesten erschüttert, und es kämpfen zwei Gegenkönige wider einander: Philipp von Schwaben (staufische Partei) und Otto von Braunschweig (welfische Partei). Machttrieb und Ehrgeiz, Verrat, Tötung und Tod bestimmen das Geschehen der politischen Szene und überziehen als tektonisches Beben das damalige Europa bis in die letzten Winkel. *Gewalt vert ûf der strâze*, klagt

Peter Cornelius: Hagen versenkt den Nibelungenhort (1859)

Walther von der Vogelweide um eben jene Zeit (um 1200 also), und da lehrt denn das *Nibelungenlied* den, der belehrt sein will, wie im Chaos der allgemeinen Vernichtung endet, was im Kampf Weniger nur begann und sich dann flächenbrennend fortsetzte im glühenden Haß des Menschen gegen den Menschen und in der eiseskalten Unbarmherzigkeit scheinbar gerechter Rache. (Falls Rache je gerecht sein kann.) Es bedarf nicht des überdeutlichen Fingerzeigs, der demonstrieren will, wie schaudervoll aktuell zu aller Zeit Vorgänge dieser Art sind.

Die Akteure des Nibelungendramas sind nun ungeachtet partiell mythischer Überhöhung sehr menschliche Menschen: Siegfried, der sportliche Held, schön und töricht. Brünnhild, stolz und erhaben und verletzlich. Kriemhild, hold erst und ahnungslos – dann kalt kalkulierend und nurmehr unbarmherziges Instrument hassender Rache. Gunther, ein labiler Taktiker. Hagen, brutaler Machtpolitiker aus dem Prinzip Vasallität. Sie alle wachsen in der Furchtbarkeit eines von ihnen nicht gewollten aber doch provozierten Schicksals schaudervoll über sich hinaus, und da ist kaum einer, der seine ursprüngliche Menschlichkeit nicht preisgibt in diesem Blut- und Flammen-Meer des schicksalhaft-eigenverschuldeten Untergangs. (Die eine Ausnahme gilt für Rüdiger, den Markgrafen zu Bechelaren, den der tragische Konflikt, verstehbar aus dem Denken einer neuen Zeit, zerreißt.)

IV.

Es geschah dem *Nibelungenlied*, daß es zum «deutschen Nationalepos» ernannt wurde. Denn die Deutschen, als sie zur Nation sich zu bilden mühten, suchten, unter dem Druck der napoleonischen Gewaltherrschaft nach einem identitätsstiftenden Kunstwerk. Das eben fanden sie in der «deutschen Ilias». Das ‹deutsche› Programm und die ‹deutsch› gemachte Programmatik der Nibelungenverherrlichung und der Nibelungenvergötzung offenbaren sich schon in der ersten aller Nibelungenübersetzungen. Sie stammt von Friedrich Heinrich von der Hagen, der wie alle Berliner aus Breslau kam, er war Jurist und er verdient auch deshalb erwähnt zu werden, weil er der erste Inhaber eines Germanistischen Lehrstuhls war (und zwar an der 1810 gegründeten Friedrich-Wilhelm-Universität). Aus dem Vorwort: «Jetzt mitten unter den zerreißenden Stürmen ist in Deutschland die Liebe zu der Sprache und den Werken unserer ehrenfesten Altvordern rege und tätig und es scheint, als suche man in der Vergangenheit und Dichtung, was in der Gegenwart schmerzlich untergeht. Es ist aber dies tröstliche Streben noch allein die lebendige Urkunde des unvertilgbaren Deutschen Karakters, der über alle Dienstbarkeit erhaben, jede fremde Fessel über kurz oder lang immer wieder zerbricht [das meint natürlich drohend Napoleon, P. W.] und dadurch nur belehrt und geläutert seine angestammte Natur und Freiheit wieder ergreift». Es geht in diesem Ton lange so weiter und mündet naturgemäß in die deutschen Nibelungen-Tugenden: «Tugenden, die in der Verschlingung mit den wilden Leidenschaften und düstern Gewalten der Rache, des Zornes, des Grimmes, der Wuth und der grausen Todeslust, nur noch glänzender und mannigfaltiger erscheinen und uns, zwar trauernd und klagend, doch auch getröstet und gestärkt zurücklassen, uns mit Ergebung in das Unabwendliche, doch zugleich mit Muth zu Wort und That, mit Stolz und Vertrauen auf Vaterland und Volk, mit Hoffnung auf dereinstige Wiederkehr Deutscher Glorie und Weltherrlichkeit erfüllen».[1]

Soweit von der Hagen. Ein eminent zeittypisches Zeugnis, wir schreiben das Jahr 1807. Es wäre unangemessen und widerspräche dem Geist einer gerechten Geschichtsbetrachtung, es lächerlich zu machen, es muß billig aus dem Gesetz seiner Zeit verstanden werden: aus einer Zeit, in der ein deutsches vaterländisches Gemüt sich nichts inniger wünschen mußte als die Befreiung von der «Fessel des fremden Jochs». Gnadenlos aber wurde das Nibelungenlied dann auch in der Folgezeit völkisch-national ausgebeutet. Und diese Instrumentalisierung über anderthalb Jahrhunderte hin bleibt doch wunderlich genug. Um es mit Klaus von See zu sagen, dem wir wichtige ideologiekritische Beiträge zur Rezeption und Wirkung des Nibelungenliedes verdanken: «Da die Kriegsbegeisterung der Napoleonischen Zeit seit 1815 nicht mehr aktuell war, wird jetzt die Frage um so dringlicher, wieso ein Epos zum Bestandteil der nationalen Ideologie werden konnte, das mit der deutschen Geschichte gar nichts zu tun hat, sondern von Zwist und Mord im burgundischen Königshaus handelt [...].» Um so eindrucksvoller hingegen Hegels klarsichtige Überlegungen in seiner *Ästhetik* (1818/20): «In dem Nibelungenlied sind wir zwar geographisch auf einheimischem Boden, aber die Burgunder und König Etzel sind so sehr von allen Verhältnissen unserer gegenwärtigen Bildung und deren vaterländischen Interessen abgeschnitten, daß wir selbst ohne Gelehrsamkeit in den Gedichten Homers uns weit heimatlicher empfinden können.»[2]

An Hegels Urteil wird deutlich: Neben der politisch-ideologischen Rezeption, die mit Fanfarenstößen in dem alten Lied ein nationales Identifikationsmuster entdeckt und propagiert, gipfelnd in der Maxime von der *Nibelungentreue*, läuft eine andere Linie her, die einsetzt mit Schlegel, Goethe, Hegel, Gervinus und sich hinzieht bis zu Hebbel, Richard Wagner und Thomas Mann: die ästhetisch-mythische Deutungs-Tradition.

V.

Wir treten zurück und fragen: Worum denn handelt es sich in diesem Epos?

Klaus von See zieht die Summe: «Eine abstrus-peinliche Betrugskomödie, die sich dank der undisziplinierten oder auch nur törichten Schwatzhaftigkeit ihrer Protagonisten zur Ehetragödie auswächst und später an einem fernab gelegenen, östlichen Barbarenhof, wo die Ehefrau des Ermordeten, gestützt auf die Macht des untätig zusehenden zweiten Ehemanns, ihren lang gehegten Racheplan ins Werk setzen kann, ein schauerlich-blutiges Ende findet.» Dennoch: Ungeachtet dieser nicht eigentlich zu verkennenden moralisch fragwürdigen und der deutschen Geschichte nicht angehörigen Grundzüge (Strukturen würden wir heute sagen) dieses Liedes wurde es weiterhin im Zuge jener politisch-ideologischen Traditionslinie leidenschaftlich, ja fanatisch genutzt zum Zwecke einer moralischen Aufrüstung. Dies vor allem mit Hilfe des leichtfertig geprägten politischen Schlagwortes von der *Nibelungentreue*. Diese Nibelungentreue verdanken wir dem Reichskanzler Fürsten Bülow, der am 19. März 1909, also fünfeinhalb Jahre vor dem Ausbruch des Ersten Weltkrieges im Reichstag verlauten ließ: «Meine Herren, ich habe irgendwo ein höhnisches Wort gelesen über unsere Vasallenschaft gegenüber Österreich-Ungarn. Das Wort ist einfältig. Es gibt hier keinen Streit um den Vortritt wie zwischen den beiden Königinnen im Nibelungenlied. Aber die Nibelungentreue wollen wir aus unserem Verhältnis zu Österreich-Ungarn nicht ausschalten. Die wollen wir gegenseitig wahren.»[3] Und fünfeinhalb Jahre später (entsprechend moralistisch und idealistisch oder auch verwirrt und verworren) predigen und proklamieren dann deutsche Professoren und Schriftsteller und Politiker die *Nibelungentreue* des Deutschen Reiches gegenüber dem Reiche Österreich-Ungarn (im August 1914). Und wissen nicht, welche Prophetie sie damit ahnungslos entwerfen.

Ich zitiere für viele einen deutschen Schulmann (er heißt Otto Koch): «Um das Interesse am Nibelungenlied für die Obersekunda neu zu beleben, wird der Lehrer zweckmäßig die nationalen Gefühle der Jugend aufrufen, indem er darauf hinweist, daß im Jahre 1813 die deutschen Studenten das Nibelungenlied wie ein heiliges Buch im Tornister mit ins Feld nahmen und sich am Lagerfeuer an den Heldengestalten deutscher Vorzeit zu eigenen großen Taten begeisterten.»[4]

Also das Lied wird dazu benutzt, mißbraucht, die Obersekundaner jenes Jahres 1917, die bald als letztes Aufgebot in den Krieg getrieben wurden, zu heldischen Großtaten zu begeistern. Zu schweigen von der fragwürdigen und sachlich durchaus zweifelhaften Bezugnahme auf die freiwilligen Soldaten-Jünglinge des Jahres 1813.

Die *Nibelungentreue* zu Ende gedacht, hören wir die bedenkenswerten Worte des Nachfolgers des Fürsten Bülow als Reichskanzler, nämlich Theobalds von Bethmann-Hollweg. In ihm regen sich spät und eben leider *zu* spät Bedenken hinsichtlich einer bedingungslosen Unterstützung der österreich-ungarischen militärischen Sanktionenpolitik gegen Serbien, und so telegraphiert er am 30. Juli 1914, da ist es eine halbe Sekunde vor 12, dem deutschen Botschafter in Wien Grafen Tschirschky (und das bezeugt wahrlich weise Einsicht, nur sie kommt auf furchtbare Weise zu spät und hat sich nicht umgesetzt): «Wir sind zwar bereit, unsere Bündnispflicht zu erfüllen, müssen es aber ablehnen, uns von Wien leichtfertig und ohne Beachtung unserer Ratschläge in einen Weltenbrand hineinziehen zu lassen.»[5]

VI.

Dieser Weltenbrand des Ersten Weltkrieges fraß sich weiter in einen zweiten. Das *Nibelungenlied* immer dabei, ihm werden Etiketts aufgeklebt wie «Krongut völkischer Erziehung», «deutsches Tugendbuch», «Offenbarung germanisch-deutschen Wesens», «heroischer Schicksalsglaube», «Hohelied deutscher Heldentreue». Alle erhabenen Tugenden werden den Burgunden-Nibelungen zugeordnet, wohingegen natürlich Etzels Hunnen das Volk der Untermenschen abzugeben haben. (So auch in Fritz Langs dramatisch-expressionistischem zweiteiligen Filmwerk nach Thea von Harbous Drehbuch von 1924.)

Die furchtbarste Aufgipfelung einer völkisch-militanten Mythisierung bringt schließlich 1943 das den Rußlandkrieg entscheidende Ereignis *Stalingrad*. Ihm gilt in mörderischem Zynismus die furchtbare Rede Görings, des «jovialen Mordwanstes» (Th. Mann) am 30. Januar 1943, dem zehnten Jahrestag der sogenannten Machtergreifung: Da verreckt eine Armee in Eis und Blut, erfriert und verhungert und verblutet, und wer davonkommt, kommt nicht davon, sondern wird in eine folternde Kriegsgefangenschaft getrieben. Alles dies, weil der ehemalige Gefreite Adolf Hitler den Rückzugsbefehl verweigert, der Befehlshaber Feldmarschall Paulus ihm willenlos gehorcht. Das tödliche

Filmplakat
«Die Nibelungen»
(Fritz Lang)

Ende der Schlacht konnte man an diesem 30. Januar 1943 schon wissen, wenn man es hätte wissen wollen; wie aber wagte Göring sich damals vom sicheren Bau seines Ministeriums in Berlin aus durch den Rundfunk zu äußern: «Wer da jetzt kämpft gegen eine gewaltige Übermacht um jeden Block, um jeden Stein, um jedes Loch, um jeden Graben, immer wieder kämpft, ermattet, erschöpft, – wir kennen ein gewaltiges heroisches Lied von einem Kampf ohnegleichen. Das hieß ‹Der Kampf der Nibelungen›. Auch sie standen in einer Halle von Feuer und Brand und löschten den Durst mit eigenem Blut. Aber kämpften und kämpften bis zum letzten. Ein solcher Kampf tobt heute dort und jeder Deutsche noch in tausend Jahren muß mit heiligen Schauern das Wort Stalingrad aussprechen und sich erinnern, daß dort Deutschland letzten Endes doch den Stempel zum Endsieg gesetzt hat!»[6] (Auch rhetorisch ist das von der Hilflosigkeit des Brutalen.) Drei Tage später, am 2. Februar 1943, kapitulierten die Reste der 6. Armee: fast 150000 Gefallene, fast 100000 Gefangene. (Und Göring war der Mann, der die Verantwortung übernommen hatte für die Luftversorgung der eingeschlossenen Armee ...!)

VII.

Blicken wir noch einmal zurück auf unseren mythischen Heros. Was bleibt bei genauem Betracht von Siegfried, dem Helden, der Lichtgestalt, bewundert, idolisiert (auch in der Bildenden Kunst) über die Jahrhunderte hin? Siegfried, der doch vor allem ein trauriger Verräter ist. Er verrät die reinste Frauengestalt des Nibelungenliedes, Brünnhild. Er verrät sie – zum einen – im sportlichen Wettkampf, tut es durchaus bewußt, läßt betrügerisch Gunther siegen mit Hilfe der den Helfer bergenden Tarnkappe. Der zweite elende Betrug, den Siegfried gleichfalls bewußt vollzieht, gleichfalls mit Hilfe der Tarnkappe, findet statt in Gunthers Brautbett, darin er ein weiteres Mal Brünnhild überwindet. (Brünnhild, die wir uns nicht als ein muskelbewehrtes Kraftweib vorzustellen haben; vielmehr ist es ihre Unberührtheit, ihre Unberührbarkeit, ihre Aura, die sie mächtig, die sie unbesiegbar erscheinen läßt.) Um die Erledigte dann zum Vollzug der Ehe Gunther zu überlassen. Warum tut er das? Natürlich spielt gewissenlose männliche Bewährungslust eine Rolle – vor allem aber geht es um ein Geschäft. Er will und erhält als Gegengabe Gunthers Schwester Kriemhild.

Seine Ermordung dann ist eine furchtbare Meucheltat. Weil sie aber ein derart schäbiger, feiger Akt des Verrats ist, dient sie zur endlichen Verklärung des solchermaßen gemordeten Helden. Ikonographisch brauchbar als gestisches Bild insbesondere im Zusammenhang mit der sogenannten Dolchstoßlegende von 1918. Eine Schandtat von abstoßender Niedertracht, und es ist sinnlos, ihre Technik rational-logisch zu rechtfertigen mit dem Argument: wie anders als hinterrücks war er denn zu töten? Er hatte ja eine Hornhaut, die ihn unverletzbar machte, und darin nur eine lindenblattgroße verwundbare Stelle – also konnte er nur hinterhältig umgebracht werden. Aber diese Überlegung ist töricht-kleinliches Rechnen, denn diese Hornhaut spiegelt das Prinzip der «bedingten Unverwundbarkeit» wider, das wir kennen etwa aus der *Ilias* von der Ferse des Achill. Solche mythische Rüstung will nichts anderes als metaphorisch die Heldenkraft darstellen, die unantastbar (aber nicht vollkommen) ist. Entscheidend also ist nicht die Technik, sondern die Tatsache der Ermordung.

VIII.

Schließlich stellt sich die Frage nach der Zeitlichkeit und Gegenwärtigkeit, der Historizität und Aktualität, der Nähe und «Alterität» des *Nibelungenliedes*.

Da entdecken wir in den Geschehnissen und Verhaltensweisen anthropologische Konstanten. Und anderseits stoßen wir verwundert und unverstehend auf Fremdheiten, Befremdlichkeiten.

Zu den Konstanten gehört z. B. jenes politische Movens der Lust, um nicht zu sagen der Gier nach Gold; also nach Macht. Es gibt des weiteren auch anthropologische Konstanten, die dem *inneren*, dem seelischen Bereich des Menschen zuzuordnen sind wie: daß *liebe mit leide ze jungest lônen mac*: daß Liebe beginnt mit Glück und Verzückung und Verführung – und daß sie enden kann mit Verzweiflung und Schmerz. *Fremd* ist uns anderseits der Lehensbegriff und das Handeln aus dem Lehensbegriff, aus der Bindung der Vasallität heraus (Gestalt und Funktion Hagens). Fremd ist uns die bindende Wirkung etwa des *Geleites*, also der schützenden, führenden Begleitung; und die bindende, die verpflichtende Wirkung der *Gabe* (wie sie sich bewähren in der Gestalt Rüdigers). Auch die Sozialordnung des Mittelalters (jenseits der Lehnsbildung) ist uns ganz und gar fremd und nicht repristinierbar. Eine Sozialordnung, die, im mittelalterlichen Bild der *Rota Vergilii* dargestellt, Standesgrenzen als gottgewollte Grenzen begreift. Solche religiös fundamentierte Überzeugung wirkte als Instrument der sozial-hierarchischen Stabilisierung und ermöglichte es den Herrschenden, sich ständisch einzurüsten in ihren Burgen. Weil ja eine Überschreitung, eine Aufhebung gar der Standesgrenzen im Widerspruch zu Gottes Gesetz stand.

IX.

Zum Ende noch ein Wort zu der Eigenleistung des Dichters, zu dem, was den Nibelungendichter einzigartig macht unter den Dichtern des Mittelalters. Er widmet sich mit liebevoller Hingabe den Szenen, die ihm Gelegenheit geben, höfisches Gepränge zu entfalten. Ausstattung, Schmuck, Kleider, Sattelzeug, Fest, Turniere – da schlägt sein Herz höher und dabei versäumt er auch nicht, auf die Meriten der Spielleute hinzuweisen, die das höfische Fest verschönen – und die natürlicherweise Lohn verdient haben. Sie standen ihm nahe, wenngleich er, geistlich schulgebildet, gewiß kein simpler Unterhaltungskünstler war. Daß ihn aber nicht nur die Darstellung solcher Bühnenszenen und -requisiten reizte, wird offenbar, wenn er etwa an den Höhepunkten der Liebeshandlung von Kriemhild und Siegfried Töne der zarten lyrischen Innigkeit findet. Gerade diese Szenen machten deutlich, mit welcher darstellenden Kraft und zugleich mit welcher Sparsamkeit der Mittel er das zu schaffen versteht, was wir Atmosphäre nennen, oder Aura. Doch hat er das auch mit anderen großen Dichtern dieser Epoche der höfischen Zeit um 1200 gemein.

Bleibt mithin die Frage: Was macht ihn unverwechselbar? Die Antwort lautet: Seine sehr besondere künstlerische Leistung ist darin zu sehen, daß er die großen Stationen der dramatischen Handlung im Konzentrat *szenischer*

Höhepunkte auszuformen versteht. Er macht aus ihnen symbolische Schaubilder, sie werden zum exemplarischen Demonstrations-Fall, der das Ganze in einem Brennpunkt zusammenzieht, in einem einzigen Auftritt. So bei der Werbung um Brünnhild, also der Ankunft der Helden in Island. Siegfried leistet König Gunther demonstrativ den (täuschenden) «Bügeldienst». Was da passiert, scheint ganz und gar beiläufig zu sein. In Wirklichkeit hat es schicksalsträchtige Bedeutung. Nämlich: es soll Brünnhild und den Betrachtern ein Sachverhalt vorgespielt werden, der eine Verfälschung der Wirklichkeit ist: Siegfried scheinbar als des Königs Lehensmann. Diese täuschende Geste hat eine ungeheure Bedeutsamkeit, eine neue Realität. Vor aller Augen wird hier eine Lüge, eine Verfälschung zu unwiderruflicher Wirklichkeit. Und ein für allemal kann sie nicht mehr aus der Welt geschafft werden. Sie wird sich furchtbar rächen: im Frauenstreit.

Oder die Münster-Szene. Wieder arbeitet der Dichter mit dem gleichen Mittel der Schaubild-Technik. Auch hier kam es ihm an auf die szenische, die offenbarende Demonstration: welche der beiden Frauen der anderen nun tatsächlich sozial übergeordnet sei. Kriemhild betritt vor Brünnhild das Münster. Nimmt sich den Vortritt. Und diese große Geste ist von zwingender Gewalt, kraft ihrer ist der Streit entschieden. Da weiß man: Das kann nicht mehr gutgehen.

An der Stelle der Darstellung durch das schildernd erklärende Wort also tritt die bildhafte Geste. Das Entscheidende wird nicht mehr ausgesprochen, sondern es wird zur Schau gestellt. Die Szene wird zur Symbolgebärde, zum Tribunal. Und der Zusammenstoß dieser beiden in aller höfischen Pracht geschmückten Frauen nebst ihrer Entourage wird zum Signum, das aller Welt (und auch uns) deutlich macht, daß nunmehr der Friede zwischen den beiden Parteien zu Ende ist und daß hier der Haß beginnt, der zum Mord führen wird.

X.

Das letzte Wort möge zwei Urteilen gehören von erhabener Warte, die ihrerseits Markierungen historischen Rezipierens sind. Nach Wortlaut und Gesinnung zeigen sie, daß die Deutschen mit *Der Nibelunge nôt* ihre Not hatten – und wie sie doch auch solche Not als Tugend zu empfinden verstanden, jedes auf seine Weise.

Preußens König Friedrich II. dankt Christoph Heinrich Myller, dem Herausgeber einer *Sammlung deutscher Gedichte aus dem XII., XIII. und XIV. Jahrhundert*, darin zum ersten Male auch das *Nibelungenlied* dem Interessierten zur verstehenden Lektüre angeboten wurde (denn Bodmers unzulängliche Edition aus dem Jahre 1757 war begreiflicherweise ohne alle Wirkung geblieben), für die Übersendung eines Widmungsexemplars mit folgenden Zeilen: «Hochgelahrter, Lieber getreuer. Ihr urtheilt viel zu vortheilhafft von denen

Gedichten aus dem 12. 13 und 14 Seculo deren Druck Ihr beförderet habt und zur Bereicherung der teutschen Sprache so brauchbar haltet. Meiner Einsicht nach sind solche nicht einen Schuß Pulver werth und verdienten nicht aus dem Staube der Vergessenheit gezogen zu werden. In Meiner Bücher Sammlung wenigstens würde Ich dergleichen elendes Zeug nicht dulten sondern herausschmeißen. Das Mir davon eingesandte Exemplar mag dahero sein Schicksal in der dortigen großen Bibliothec abwarten. Viele Nachfrage verspricht aber solchem nicht Euer sonst gnädiger König

Friedrich

Potsdam den 22. Februar 1784.»[7]

Vier Jahrzehnte später befaßte Goethe sich mit dem Epos und äußert angesichts der Übersetzung durch Carl Simrock 1827 (die bis heute populär geblieben ist): «Die Kenntnis dieses Gedichts gehört zu einer Bildungsstufe der Nation. Jedermann sollte es lesen, damit er nach dem Maaß seines Vermögens die Wirkung davon empfange.»[8]

Heinz Dieter Kittsteiner

Deutscher Idealismus

Begriff und Wort «Idealismus» haben eine umgangssprachliche und eine philosophische Bedeutung. Umgangssprachlich versteht man unter einem «Idealisten» einen Menschen, dessen Handeln an höheren Werten ausgerichtet ist. In der philosophischen Tradition geht der «Idealismus» auf Platon zurück. In der platonischen Lehre kommt den «Ideen» als Urbildern das wahrhaft Seiende, das allgemeine Wesen der Dinge zu. Unter dem Deutschen Idealismus im engeren Sinne versteht man eine philosophische Bewegung um 1800, die an die Kantische Metaphysikkritik anknüpft. Erkenntnistheoretisch bleibt die Außenwelt abhängig von den Leistungen des Bewußtseins; die Kantische Einschränkung der Ideen als Postulate der praktischen Vernunft jedoch wird überschritten mit dem Ziel einer neuen «Metaphysik» unter den Prämissen der Transzendentalphilosophie. Dieser *absolute Idealismus* kulminiert in den Systemen Fichtes, Schellings und Hegels, wobei Schelling insofern eine besondere Rolle zukommt, als er in seiner Spätphilosophie wiederum als Kritiker Hegels auftritt.

Diese idealistische Denkbewegung ist im Verlauf des 19. Jahrhunderts synonym mit «deutscher Philosophie» überhaupt geworden. Carl Ludwig Michelet schreibt, die Gedanken dieser Philosophen seien ein «ungeheurer Schatz und Reichthum der deutschen Nation, an dem sie ein genügendes Mittel besitzt, innerlicher und tiefer, als jedes andere Volk Europens, zur reifsten Entwicklung ihres Geistes und vollständigsten Wiedergeburt ihres Lebens zu gelangen».[1] Der Zusammenbruch des Idealismus in der Mitte des 19. Jahrhunderts löste eine Krise der Philosophie aus, die mit den Namen Kierkegaard, Feuerbach und Marx, sowie Schopenhauer und Nietzsche verbunden ist.

Die akademische Philosophie kehrte zur Kantischen Transzendentalphilosophie zurück, die nun als begleitende Erkenntnistheorie zum Aufstieg der Naturwissenschaften gelesen wurde. Kant hatte zwar in der *Kritik der Urteilskraft* die Weichenstellung zum Deutschen Idealismus eingeleitet, sein Werk insgesamt ist aber dem Idealismus nicht zuzurechnen. Vor dem Hintergrund einer neuen «Realpolitik» nach 1848 schien auch der umgangssprachliche Gebrauch des Wortes zu verblassen. Zu Zeiten Schillers und Fichtes – so Fritz Mauthner – «atmeten die Männer und Jungfrauen tiefer und blickten stolzer aus ihren Augen, wenn sie sich Idealisten nannten». Im Deutschland Bismarcks hingegen habe «Idealist» eine pejorative Nebenbedeutung: «Wenn wir von einem Menschen sagen, er sei ein *Idealist*, so meinen wir genau wie die Zeitgenossen Schillers, er passe nicht in diese Welt; was aber bei Schiller das höchste Lob war, ist jetzt zum spöttischen Tadel geworden.»[2] Allerdings zeigt die «idealistische Wende» um 1878/79, daß bereits innerhalb des Neukantianismus ein Rückbezug auf eine wertphilosophisch reformulierte Kantische Ethik stattfand. Diese Bewegung, zusammen mit der Lebensphilosophie, führte zu einem neuerlichen Idealismusschub, der zu den «Ideen von 1914» ausgebaut und dem Programm der Französischen Revolution von 1789 entgegengesetzt wurde.

Nun ist es keineswegs so, daß der Deutsche Idealismus nach der Niederlage von 1918 verschwunden wäre; faßt man ihn als das *Projekt einer spezifisch deutschen Formgebung der Welt* im Rahmen einer «deutschen Moderne», dann wird man einige seiner kulturellen Grundhaltungen auch noch bei Denkern wiederfinden, die sich philosophisch von ihm absetzen. Schließlich konnte selbst das Dritte Reich vulgäridealistische Elemente für sich verbuchen. Nach dem Zweiten Weltkrieg ging die zunächst erörterte Schuldfrage, in deren Rahmen auch das Versagen des Deutschen Idealismus diskutiert wurde, in den politischen Kompromissen des Kalten Krieges unter. Erst mit den Auschwitzprozessen der sechziger Jahre formierte sich ein Bewußtseinswandel, der die «skeptische Generation» ablöste und in der Studentenbewegung in einem «Idealismus von links» virulent wurde.

Mit einem kurzen Ausblick auf die gegenwärtige Situation schließt der Artikel ab; er will die enge Verflechtung des philosophischen Begriffs mit dem umgangssprachlichen und populärphilosophischen Gebrauch des Wortes zeigen, denn der Deutsche Idealismus war immer eine philosophische und kulturelle Bewegung zugleich. Unsere kulturhistorische Sicht bevorzugt einen geschichtsphilosophischen Deutungsrahmen; eine mögliche Begründung sehen wir darin, daß das «Problem der Selbstvergewisserung der Moderne»[3] von vornherein unter dem Eingeständnis einer nicht unmittelbar machbaren Geschichte stand. Diese Einsicht in eine neue Dynamik des historischen Prozesses ist das Spezifikum des Deutschen Idealismus. Um eine Ausgangsposition zu gewinnen, stellen wir das sogenannte *Älteste Systemprogramm* an den Anfang.

1. Grundmotive des Deutschen Idealismus

Das Fragment aus den Jahren 1795/96 ist dem Freundeskreis des Tübinger Stifts zuzurechnen; ob aber Hölderlin, Schelling oder Hegel die Autorenschaft zukommt, ist umstritten. Unbestritten hingegen ist, daß es *in nuce* die künftigen Themenkomplexe des Deutschen Idealismus umreißt, bis hin zur Forderung nach Verwirklichung von Philosophie in der gesellschaftlichen Praxis. Die erste zentrale Frage des *Systemprogramms*: «Wie muß eine Welt für ein moralisches Wesen beschaffen sein?» deutet auf ein Anknüpfen an Kants Überbrückung der Kluft zwischen *Natur* und *Freiheit* in der *Kritik der Urteilskraft*. Vor der zu realisierenden «Idee der Menschheit» erscheint der bestehende Staat als bloß *mechanisches Räderwerk*. «Nur was Gegenstand der *Freiheit* ist, heißt *Idee*. Wir müssen also auch über den Staat hinaus!» Diese Prinzipien für eine «Geschichte der Menschheit» kulminieren in der Idee der *Schönheit*. Dieser Passus des Programms zieht Konsequenzen für die Form einer künftigen Philosophie; sie soll am Ende wieder werden, was sie am Anfang war: *Poesie*. Zugleich wird die bisherige Volksaufklärung kritisiert. Die angestrebte «ewige Einheit» mit dem Volk setzt allgemeinverständliche *Mythen* voraus: «So müssen endlich Aufgeklärte und Unaufgeklärte sich die Hand reichen, die Mythologie muß philosophisch werden, und das Volk vernünftig.» Letztes Ziel dieser neuen Religion ist die freie Entfaltung aller Menschen: «Keine Kraft wird mehr unterdrückt werden, dann herrscht allgemeine Freiheit und Gleichheit der Geister.»[4]

Faßt man das *Systemprogramm* als eine Kollektion von idealistischen Denkmotiven, dann schälen sich folgende Grundlagen heraus. 1. Ein *absolut freies Ich* fordert seine moralischen Ansprüche an die Welt ein. 2. Unter der Perspektive einer künftigen *Geschichte der Menschheit* werden Staat und Gesellschaft als unzureichend empfunden. Diese politische Ausrichtung richtet sich ursprünglich gegen die spätabsolutistische Herrschaft, sie kann sich in der Folgezeit aber auch gegen das Bürgertum oder ganz allgemein gegen die Demokratie westlichen Typus wenden. 3. Die Frage nach dem «höchsten Gut» wird ästhetisch reformuliert: Der Deutsche Idealismus begründet seine Zivilisationskritik primär mit ästhetischen Argumenten. 4. Es wird eine *poetische Philosophie* gefordert, die 5. als neuer *Mythos* auf das Volk einwirkt. 6. Letzter Vereinigungspunkt dieses neuen Gemeinwesens sind zwei Forderungen der Französischen Revolution (Freiheit und Gleichheit), ergänzt durch die Idee von der freien *Kraft*entfaltung aller. Dieses Denken aus der Zeit der kulturellen Identitäts(er)findung blieb auch im späteren 19. und frühen 20. Jahrhundert vor allem in Krisensituationen immer rezipierbar, zumal es mit *Dichtern und Denkern* von höchstem Rang verknüpft war. Neben Goethe, Schiller und Hölderlin sind es Fichte, Schelling und Hegel, die gemeinsam mit den Romantikern kanonisch für die deutsche Selbstverständigung wurden.

Johann Gottlieb Fichte legt 1794 seine *Wissenschaftslehre* vor, die er zeitlebens umarbeitet. Sie versteht sich als Grundlegung aller Wissenschaft und geht von der Einsicht aus, daß das «Ich» sich «schlechthin selbst setzt». Diesen Vorgang der Selbstbegründung des «Ich bin» nennt Fichte eine «Thathandlung». Das Ich ist zum «letzten Endzweck des Menschen» aufgerufen, alles «Vernunftlose sich zu unterwerfen, frei nach seinem eigenen Gesetze es zu beherrschen».[5] In den «Grundzügen des gegenwärtigen Zeitalters» von 1804/05 ist diese Aufgabe in eine umfassende Geschichtsphilosophie eingebettet, in der seiner Gegenwart das Stadium der «vollendeten Sündhaftigkeit» zukommt.[6] Die wirkmächtigen *Reden an die deutsche Nation*, gehalten in Berlin 1808, montieren aus der Erfahrung der napoleonischen Kriege den ursprünglich jakobinischen Patriotismus Fichtes in die Frage nach der nationalen Identität der Deutschen um. Der aufklärerische Glaube an den Fortschritt und die moralische Verbesserung der Menschheit, den Kant immer in Bezug auf die

Entwicklung der Menschheit ausgesprochen hatte, gilt nun als etwas spezifisch «Deutsches». Die Deutschen sind das «Urvolk» – nicht weil sie *urtümlich* wären, sondern weil sie *schöpferisch* und progressiv *hervorbringend* sind.[7]

Schellings Identitätsphilosophie beginnt mit Fichte; jedoch schlägt er einen Weg der Verschmelzung von Seinsmetaphysik und Transzendentalphilosophie ein, bei dem das Sein eine eigene Bedeutung bewahrt. Im *System des transzendentalen Idealismus* (1800) entfaltet sich eine Entwicklungslogik des Ich genetisch am Widerspruch zweier Handlungen, einer unendlichen und einer endlichen. Als das höchste, aber nicht aufgelöste Problem der Transzendentalphilosophie erscheint ihm die Frage, wie uns aus freiem Handeln bewußtlos eine Notwendigkeit entstehen kann, die wir nie beabsichtigt haben. Die zugrundeliegende Synthesis dieser aus Freiheit erwachsenen Notwendigkeit wäre das Absolute, dessen Offenbarung Schelling in drei historische Epochen: *Schicksal, Naturgesetz* und *Vorsehung* gliedert. Das *System des transzendentalen Idealismus* endet mit einem Hymnus auf die Kunst, in dem zwei Elemente des *Ältesten Systemprogramms* zutage treten: Philosophie nähert sich der Poesie an und läßt die Zeiten der Mythologie auferstehen. Einschränkend ist diese Epoche aber selbst wieder von den «künftigen Schicksalen der Welt und dem weiteren Verlauf der Geschichte» abhängig gemacht.[8] Schelling hat lange genug gelebt, um zu erfahren, daß Geschichte diesen Entwurf nicht zuläßt. Seine späte Einsicht, daß es in der Welt nicht vernünftig zugeht, daß die «wahre Grundbestimmung alles Lebens und Daseyns eben das Schreckliche ist»[9], scheint als Möglichkeit des Scheiterns schon in den geschichtsphilosophischen Passagen der Schrift von 1800 durch. Aber als er diese Erfahrung 1841/42 in der *Philosophie der Offenbarung* mitteilen will, haben schon Feuerbach auf der einen, Schopenhauer auf der anderen Seite den Zeitgeist für sich.

In der *Phänomenologie des Geistes* von 1807 formuliert Hegel sein spekulatives Grundprinzip. «Es kommt nach meiner Einsicht, welche sich nur durch die Darstellung des Systems selbst rechtfertigen muß, alles darauf an, das Wahre nicht als *Substanz*, sondern eben so sehr als *Subjekt* aufzufassen und auszudrücken.» Das Wahre ist das Ganze; der «Geist» reflektiert sich selbst in den progressiven Gestalten seiner jeweiligen «Wahrheit», bis er bei sich angekommen ist, sich selbst als Einheit von Selbstbewußtsein und Objekt begriffen hat, so daß die Philosophie ihren alten Namen «Liebe zum Wissen» ablegen und *wirkliche Wissenschaft* werden kann.[10] Dieser Anspruch führt auf eine Enzyklopädie des Wissens hinaus; die wirkenden Kräfte des Hegelschen Systems liegen aber – neben seinen Einsichten auf dem Felde der Ästhetik – vor allem in der Rechts- und Geschichtsphilosophie. In der *Rechtsphilosophie* von 1821 tritt Hegel als *Staatsphilosoph* eines Preußens auf, das versucht hatte, sich durch eine von der Administration getragenen «Reform von oben» zu erneuern. Sein Entwurf eines Vernunftstaates bindet im Hinausgehen über die bloße Moral das Kantische abstrakte Sollen in eine «substanzielle Sittlichkeit» ein, in der sich *bürgerliche Gesellschaft* und *Staat* wechselseitig durchdringen.¹¹ Mit dem § 340 mündet die «Rechtsphilosophie» in eine «Geschichtsphilosophie» ein, in der Hegel – Schiller zitierend – die Weltgeschichte als das *Weltgerichte* dominieren läßt. Über die Volksgeister und ihre Ausgestaltung im Staat herrscht der Weltgeist qua *List der Vernunft* als letzte Instanz.

2. «Die Idee blamiert sich immer ...»

Heinrich Heine stellt den Deutschen Idealismus als die begleitende Philosophie der Französischen Revolution dar. Sein brillanter Essay endet mit einer ironischen Drohung nach Westen: «Der deutsche Donner [...] kommt etwas langsam dahergerollt; aber kommen wird er, und wenn Ihr es einst krachen hört, wie es noch nie in der Weltgeschichte gekracht hat, so wißt: der deutsche Donner hat endlich sein Ziel erreicht.» Bewaffnete «Transzendental-Idealisten» werden aufstehen, Fichteaner jeder Gefahr trotzen und die Naturphilosophen sind furchterregend, weil sie sich mit den «ursprünglichen Gewalten» verbünden.¹² Woher rührt diese Vision eines gewalttätig werdenden Idealismus?

Nach der politischen und ökonomischen Doppelrevolution in den 1830er Jahren, ausgehend von Frankreich und England, ist es mit der behäbig sich entfaltenden «Vernunft der Geschichte» vorbei. Die «Junghegelianer», eine Gruppe von philosophierenden Literaten und stellungslosen Privatdozenten, schalten sich in die preußischen Debatten um 1840 bei der Thronbesteigung Friedrich Wilhelms IV. ein. Hat Preußen seine aufklärerische Mission verraten? Ist die bürgerliche Gesellschaft wirklich frei? Kann ein «Staat» im Sinne der Hegelschen Rechtsphilosophie die Sphäre der Ökonomie noch bändigen? Darf man auf eine vernünftige Entwicklung des Ganzen vertrauen, oder muß man aktiv eingreifen? Ludwig Feuerbach entfaltet eine partielle Kritik an Hegel: Der Anfang allen Philosophierens ist nicht Gott oder das Absolute, sondern das Bestimmte, das Wirkliche.¹³ Ist diese Umkehrung einmal vollzogen, dann ist die *Idee* nur noch eine *fixe Idee*, «welche mit unsern Feuer- und Lebensversicherungsanstalten, unsern Eisenbahnen und Dampfwägen, unsern Pinakotheken und Glyptotheken, unsern Kriegs- und Gewerbeschulen, unsern Theatern und Naturalienkabinetten im schreiendsten Widerspruch steht».¹⁴

Der zwischenzeitliche Feuerbachianer Karl Marx geht von der Kritik des Staates zur Kritik der «Bürgerlichen Gesellschaft» über und verkündet seinen junghegelianischen Weggenossen, daß die «kritische Kritik» erst zur wirklichen Gewalt werde, wenn sie die «Massen» ergreift. Die idealen Ideen waren nur Maskierungen bürgerlicher Interessen: «Die ‹Idee› blamiert sich immer, soweit sie von dem ‹Interesse› unterschieden war.»¹⁵ Diese Destruktion des nun als «bürgerlich» entlarvten Idealismus verhindert aber keineswegs, daß ein *neuer Idealismus* auf eine neue Klasse projiziert wird. Wurde im *Ältesten Systemprogramm* nach einer angemessenen Welt für «moralische Wesen» gefragt, so müssen nun, wenn der Mensch von den «Umständen» gebildet wird, die «Umstände menschlich» gebildet werden. Sollte dort das «Volk» vom philosophischen Mythos erfaßt werden, so tritt hier eine Theorie auf, die dem «vierten Stand» sein historisches Dasein erklärt, um ihn zum Bewußtsein seiner selbst zu bringen.[16] Allerdings verliert Marx bei allem fichteanischen Aktivismus das Problem der «Substanz» nicht aus dem Auge; er sieht sich nach einem Nachfolger für den Hegelschen «Weltgeist» um und findet ihn im *Weltmarkt*. Was man sich als Vorherrschaft des Geistes vorgestellt hatte, ist in Wirklichkeit die Tyrannei des Weltmarktes.[17] Marx steht nicht an, in seinem philosophischen Hauptwerk die Formel Hegels vom sich bewegenden «Substanz-Subjekt» wieder aufzugreifen; nur ist jetzt das «Kapital» in seiner Verwertungsbewegung als «sich selbst bewegende Substanz» zum «Subjekt» eines Prozesses von «Dingen» geworden, die als verfestigter *Wertausdruck* von gesellschaftlichen Verhältnissen gelten.[18] Der Arbeiter ist in diese Verwertungsbewegung des Kapitals eingeschlossen; er soll aber in den Krisen der Kapitalverwertung zum Bewußtsein seiner selbst kommen und die ihm *entfremdete* Geschichte wieder unter seine Verfügung zurückholen. Erst dann werde eine «freie Entwicklung» der Individuen keine *Phrase* mehr sein.[19] Diese idealistischen Grundgedanken inmitten des sogenannten «Materialismus» haben eine dialektische «Vernunft» in der Geschichte zur Voraussetzung. Damit stehen sowohl Marx, vor allem aber die sich auf ihn berufende Arbeiterbewegung mit ihrem mehr und mehr verflachenden Geschichtsoptimismus in der zweiten Hälfte des 19. Jahrhunderts quer zu allen Philosophien, die der Geschichte eine *immanente Vernunft* absprechen.

Der wirkmächtigste Vertreter dieses Denkens in der zweiten Hälfte des 19. Jahrhunderts ist Arthur Schopenhauer. Die Welt ist bei Schopenhauer metaphysisch unterlegt: ein «Wille überhaupt», zwecklos, ziellos, liegt als enträtseltes Kantisches «Ding an Sich» allem Sein zugrunde.[20] Diesem sinnlosen Wollen sich zu entziehen gelten Schopenhauers philosophische Anstrengungen. Die Möglichkeit einer *vernünftigen* Geschichtsphilosophie erscheint als Denkfigur für «platte Gesellen und eingefleischte Philister»; die Geschichte erzählt nur den langen, «schweren und verworrenen Traum der Menschheit».[21] Invektiven gegen Hegel werden nun zum Gemeingut der gebildeten Schichten. Hegel wird, etwa bei Viktor von Scheffel, zum Gegenstand des studentischen Gespötts und des Kommersbuches, wenn in Bierlaune der südamerikanische Natur-Dünger gepriesen wird:

> Gott segn' euch, ihr trefflichen Vögel,
> An der fernen Guanoküst', –
> Trotz meinem Landsmann, dem Hegel,
> Schafft ihr den gediegensten Mist.[22]

3. Der Idealismus der Epigonen

Die Abkehr von den idealistischen Systemen in der akademischen Philosophie hatte 1857 Rudolf Haym ausgesprochen, wenn er sich, angesichts des Realismusschubes nach 1848, wie verwundert die Augen reibt: «Der allmächtig geglaubte Idealismus hatte sich als ohnmächtig erwiesen. Wir standen und wir stehen mitten in dem Gefühle einer großen Enttäuschung. [...] Wie durch einen scharfgezogenen Strich ist die Empfindungs- und Ansichtswelt des vorigen Jahrzehnts von unserer gegenwärtigen getrennt. Diejenige Philosophie, an welche unser deutscher Spiritualismus sich zuletzt anlehnte, hat die ihr gestellte Probe nicht bestanden.»[23]

Das Gefühl, Epigone zu sein, hatte Karl Immermann schon Ende der dreißiger Jahre ausgesprochen: Die «großen Bewegungen» im Reich des Geistes sind vorbei; die Gegenwart lebt von «geborgten Ideen». Es ist die von Gustav Freytag geprägte «ideale Habe», auf die nun zurückgegriffen wird.[24] Das *nachmärzliche* Denken ist aber auch das Denken einer «skeptischen Generation» in einer Zeit der politischen Repression. Der «Neukantianismus» beginnt als Erkenntnistheorie und philosophischer Psychologismus; allerdings geraten Fichte und Kant bald in den Sog der Schillerfeiern des Jahres 1859. Diese Manifestationen des Bürgertums in der politischen Phase der «Neuen Ära» zelebrieren die kulturelle Identität als Vorläuferin der nationalen.

Im Jahre 1885 schreibt Paul de Lagarde, ein Deutscher des Jahrgangs 1866 könne nicht mehr die gleichen Ideale haben wie die Generation von 1815, 1820 oder 1830, der Zeit des «sehr verstorbenen Hegel», Lagardes neue «Idealität» ist Dienst an der Zukunft. Im Jahre 1870 seien viele Jünglinge leuchtenden Auges in den Krieg gezogen: Idealität heißt Opfer bringen. Die politische Verfassung und das Parlament sind nicht «ideal». Dort sitze in jeder Parteien-Pfütze ein Reptil, «bezahlt aus den Steuern des Volkes oder aus den Kassen der Parteien, bezahlt um zu lügen durch Reden und durch Schweigen». Hebe aber ein Krieg an, werde die Nation sogleich «spannkräftig». Die Jugend will Krieg führen für ein konkretes Ideal, «sie will Gefahr, Wagnis, Wunden, Tod, will nicht das Einerlei widerkäuen, das ihre Großväter bereits gekaut haben».[25] Der Gedanke aus dem *Ältesten Systemprogramm* «wir müssen über den Staat hinaus» bekommt nun einen neuen Tonfall: Die Deutschen müssen über einen Parteien-Staat hinaus; er entspricht nicht ihrem idealen Wesen.

Als Wilhelm Dilthey im Jahre 1883 seinen Satz ausspricht, in den Adern des erkennenden Subjekts bei Locke, Hume und Kant rinne kein «wirkliches Blut, sondern der verdünnte Saft von Vernunft als bloßer Denktätigkeit», und er nach dem «ganzen Menschen» ruft, geht es ihm um die Grundlegung der «Geisteswissenschaften» im Zusammenhang von *Erleben, Ausdruck und Verstehen*.[26] Sein Begriff der «Objektivation» besagt, daß Lebensäußerungen zum Ausdruck gelangen und als Ausdrücke verständlich sind; doch gelten diese

Objektivationen des Geistes nun nicht mehr als die prozeßhafte Verwirklichung eines Ideals, sondern sie sind einem opaken Lebensgrund anvertraut.[27] Geschichte als *Objektivation des Lebens* und zugleich das Leiden des «Lebens» unter *entfremdeten geschichtlichen Objektivationen* – das sind die beiden extremen Pole dieses Denkens, das von Schopenhauers triebhaftem Welt-Grund bis zu Georg Simmels Begriff der «Tragödie der Kultur» reicht.[28]

Paradigmatisch ist die Abgrenzung gegen die idealistische Geschichtsphilosophie vor dem Hintergrund des Leidens *am* Leben, das als *Bejahung* des Lebens gefeiert wird, bei Friedrich Nietzsche. Die explizite Abkehr von der Geschichtsphilosophie setzt ein mit der «Zweiten unzeitgemäßen Betrachtung». Bislang mußte sich das Leben der Menschen vor dem vermeintlichen Ziel der Geschichte rechtfertigen; nun wird die Geschichte vor den Richtstuhl des «Lebens» gebracht. Ein «moralisches Interregnum» scheint ausgebrochen, da die «Ideale» nun historisch-genetisch rekonstruiert werden können.[29] Nietzsches Aphorismen gegen Idealismus und Idealisten kulminieren im *Ecce Homo*. Seine Formel für die Größe am Menschen in einer nicht-vernünftigen Welt lautet «amor fati»: «Das Nothwendige nicht bloss ertragen, noch weniger verhehlen – aller Idealismus ist Verlogenheit vor dem Notwendigen –, sondern es *lieben* ...»[30] Die Liebe zum Schicksal als eine verzweifelte Geste des Bejahens distanziert sich von allen *verlogenen* Formen des Daseins, die sich zu dieser Wahrheit nicht durchringen konnten. Nietzsche erschafft einen elitären «Zarathustra-Idealismus», der sich erhaben über die gemeine Welt der «letzten Menschen» dünkt. Er wird zum Credo von Künstlern, Lebensreformern und Jugendbünden.

4. Der Idealismus zieht in den Krieg

Walter Flex, gefallen 1917, ist der Wandervogel mit Frontbewährung. Er trägt den *Zarathustra* im Tornister; Hans Blühers homoerotische Deutung der Jugendbünde bildet den Kontext: Von Schönheit trunkene Jünglinge schreiten «hochgemut» in den Tod.[31] Dieser «Geist von Langemarck» wird deutend unterstützt von der professoralen Kriegsliteratur. Den «Ideen von 1789» werden die «Ideen von 1914» entgegengesetzt. Typisch ist der Duktus von Werner Sombarts *Händler und Helden*: Die Deutschen sind «Helden», die Engländer sind nur «Händler». Die «ideale Habe» des deutschen Geistes wird nun fronttauglich: «Militarismus ist der zum kriegerischen Geist hinaufgesteigerte heldische Geist. Er ist Potsdam und Weimar in höchster Vereinigung. Er ist ‹Faust› und ‹Zarathustra› und Beethoven-Partitur in den Schützengräben. Denn auch die Eroica und die Egmont-Ouvertüre sind doch wohl echtester Militarismus.»[32] Die Gegenüberstellung von «Kultur» und «Zivilisation» wird zum Symbol der Deutschen und zur Abgrenzung vor allem gegen den Westen, an der sich auch feinere Köpfe wie Thomas Mann oder Georg Simmel versuchen. In Simmels Kriegsschriften geht es um die *Form* des deutschen

Lebensideals; Engländer und Franzosen seien schon geworden, was sie werden konnten. Nur die deutsche Form bleibe dynamisch-schöpferisch: Die «Tragödie der Kultur» bestand für Simmel in sich verfestigenden Objektivationen, die das *Leben* einschnürten: Der Krieg ist dazu berufen, diese Verfestigungen wieder aufzubrechen und die Deutschen auf ein ursprünglicheres Leben zurückzuführen, auf das «Ideal eines neuen Menschen», vorbedacht von Nietzsche und – dem Sozialismus.[33] Kenner des Deutschen Idealismus, die in diesen Chor *nicht* einstimmen, sind Rufer in der Wüste. Auch Ernst Cassirer beteiligt sich an der kulturellen Selbstvergewisserung mitten im Kriege, hält aber doch den Grundsatz aufrecht, daß der deutsche Beitrag nur einer aus den «Stimmen der Völker» sei.[34]

5. Einstürzende Überwölbungen und neue Schicksale

Im Jahre 1918 veröffentlichte Paul Ernst, jener Dichter, den Georg Lukács um 1910 für einen der bedeutendsten deutschen Dramatiker gehalten hatte, eine Schrift an die deutsche Jugend. Die Deutschen, das schreibt er als enttäuschter Sozialdemokrat, haben sich an dem Krieg der «verschiedenen nationalen Wuchergesellschaften» beteiligt. Auch das Proletariat war seiner Natur nach nichts *Ideales*, wozu man es verklärt hatte, sondern eine «sinnliche Menge» wie die Bourgeoisie. Der Teufel hat die Völker des Kapitalismus reich gemacht; alles Geistige aber wird verdorben, wenn es mit dem Geld zusammenkommt.[35] Ironisch-distanziert betrachtet Oskar A. H. Schmitz, ein Essayist aus dem Umkreis der Schwabinger Bohème, den gleichen Befund. Er hatte schon 1914 den Idealismus als «Zeitkrankheit» bezeichnet, als etwas für Leute, die noch den Satz nachsprächen, Idealismus sei die Weltanschauung, welche die Dinge um ihrer selbst willen zu tun gebiete.[36]

Stellt man sich der Frage, wie *idealistisch* die Deutschen noch seien, dann scheiden sich die Denker der zwanziger Jahre in die Traditionalisten, die im Deutschen Idealismus eine Bastion der kulturellen Identität sehen, und in die heroischen Bejaher der *neuen Zivilisation*. Richard Kroners für lange Zeit wegweisende Darstellung des Deutschen Idealismus beschwört die innere Einheit der idealistischen Bewegung und setzt sie zum Vorbild für die Gegenwart.[37] Auf der Seite der Linken, die ja selbst in idealistischen Traditionen steht, ruft Georg Lukács 1923 das Proletariat zu einer erneuerten Fichteschen Tathandlung auf: Im Klassenbewußtsein muß sich die mögliche Einsicht in die gesellschaftliche Totalität und der revolutionäre, weltverändernde Akt konstituieren, der zugleich eine humanistische Kultur bewahrt.[38]

Oswald Spengler gehört zu den Zivilisations-Heroen jenseits der *Kultur*. Sein vielgelesenes Werk *Der Untergang des Abendlandes* faßt den Gegensatz zwischen *Kultur* und *Zivilisation* nicht als kämpfende Alternative auf, wie die akademische Kriegsliteratur von 1914, sondern schaltet ihn historisch hintereinander. Die Zivilisation ist das Schicksal jeder Kultur. Doch Spengler meint mit «Zivilisation» keine Angleichung an den Westen; *seine* Zivilisation kulminiert im Kampf zwischen «Geld und Blut», in einer spezifisch deutschen, «heroisch-faustischen» Formgebung der Welt.[39] Eine vergleichbare Grundhaltung nimmt 1932 Ernst Jünger ein. Der «Idealismus» sei bei Langemarck zusammengebrochen. Ganz dezidiert und in Anspielung auf Hölderlins Gedicht «Der Tod fürs Vaterland» will Jünger *kein* «Sänger am Opferhügel» mehr sein. Es braut sich hier ein «heroischer Realismus» aus *Rasse und Motoren* zusammen, eine neue *Gestalt*, die zur planetarischen Herrschaft befähigt sein soll.[40]

Demokratische Gegenstimmen versuchen den Deutschen Idealismus zu retten, indem sie ihn im Lichte der Einzelwissenschaften reformulieren, kulturtheoretisch ausweiten und auf seine europäische Einbindung hinweisen.[41] Andere betrachten die große Desillusionierung als einen willkommenen Realismusschub: «Von Überwölbungen ist nichts zu erwarten, außer, daß sie einstürzen.» Ein Leben in der modernen Kälte scheint ihnen erstrebenswerter als eines in einer idealen Gemeinschaft. Karl Mannheim versucht in der philosophisch-soziologischen Aufarbeitung spezifisch deutscher Denkfiguren eine vermittelnde Position einzunehmen[42] – aber wer will schon auf Vermittler hören, wenn die Zeit zur *Entscheidung* drängt? 1927 entwirft Martin Heidegger in *Sein und Zeit* eine *Fundamentalontologie*, die den «Sinn von Sein» in die Frage nach dem eigentlichen Seinkönnen des «Daseins» verlegt.[43] Damit ist ein Denkweg beschritten, der sich gegen den Erzeugungsidealismus Kants und Fichtes absetzt, der zugleich aber in seiner massiven Zivilisationskritik kulturelle Grundzüge des Deutschen Idealismus in philosophisch veränderter Form weiterführt. Wer vom Gewissen «gerufen» werden will, muß das «Man» der Unverantwortlichkeit hinter sich lassen, um zum «eigentlichen Seinkönnen» vorzudringen.[44] Konnte Heidegger in *Sein und Zeit* noch nicht sagen, wozu diese *Entschlossenheit* sich entschließt, so lichtete sich diese Ungewißheit 1933 in seiner Freiburger Rektoratsrede; die Studenten werden nun dazu aufgerufen, sich der jungen und jüngsten Kraft des Volkes, «die über uns schon hinweggreift», zu unterstellen.[45]

6. Der «Idealismus» im Dritten Reich

Für den überwiegenden Teil des deutschen Bürgertums konnte der Nationalsozialismus als Hüter der «idealen Habe» auftreten. Die Avantgarden der zwanziger Jahre erschienen als fremdes und freches Machwerk. Beherrschten nicht «die Juden» das kulturelle Leben im Verlagswesen, in der Publizistik im Theater und Konzertsaal? Die erfolgreich geschürte Angst vor dem *Kulturbolschewismus* war die geistige Brücke, auf der das Bildungsbürgertum ins Dritte Reich hinüberbalancierte. Dort angekommen, wurde es von einem «heroischen Idealismus» empfangen, der ihm durchaus vertraut war, weil seine Ursprünge auf den Ersten Weltkrieg zurückgingen. Der Germanistikstudent Joseph Goebbels fühlt sich als «ein alter deutscher Idealist, tief und träumerisch, wie wir Deutschen alle sind, trotz Industrie und materialistischer Zeitströmung». Sein eigener Romanversuch *Michael* trieft vor Idealismus. Ein Frontkämpfer des Weltkrieges, nun Werkstudent, kommt bei einem Schachtunglück um, weil er die Arbeiter aus der Umklammerung des Bolschewismus erlösen will.[46] Der «Idealismus» Adolf Hitlers war anderer, österreichischer Herkunft. Der Antisemitismus der Schönerer-Bewegung und des Wiener Bürgermeisters Karl Lueger gehört zu seinen frühen Erfahrungen, dazu kommen Houston Stewart Chamberlain und die Musik Richard Wagners. Chamberlain hatte bereits an der Schwelle zum 20. Jahrhundert Immanuel Kant völkisch interpretiert: «Dort [bei den Hellenen] ist das Reich der Zwecke eine theoretische Idee, zur Erklärung dessen, was da ist; hier (bei uns Germanen) ist es eine praktische Idee, um das, was nicht da ist, aber durch unser Thun und Lassen *wirklich werden kann*, zu Stande zu bringen.»[47] Diese Art Idealismus geht zwanglos in *Mein Kampf* über. Die «Arier» heben sich von anderen Rassen durch ihre Gesinnung ab; dafür gebe es im Deutschen ein herrliches Wort: «Pflichterfüllung». Pflichterfüllung aber heiße, sein Ich zurückzustellen und der Allgemeinheit zu dienen. Das sei «ideale Gesinnung». Der wahre Idealismus ist «nichts weiter als die Unterordnung der Interessen und des Lebens des einzelnen unter die Gesamtheit». Diese Haltung wiederum entspreche dem «letzten Wollen der Natur» und äußere sich in dem unverdorbenen Urteilen gesunder Kinder: «Der gleiche Junge, der den Tiraden eines ‹idealen› Pazifisten verständnislos und ablehnend gegenübersteht, ist bereit, für das Ideal seines Volkstums das junge Leben hinzuwerfen.»[48]

Hitler war «semantischer Kostgänger» des Idealismus, und er nutzte dieses Potential zum Kampf gegen die Weimarer Republik. Dabei übernimmt er einen Grundzug der antisemitischen Argumentation: Er sieht sich niemals als Agressor, sondern stets als Opfer einer vermeintlichen «Weltverschwörung». Um sich gegen dieses Unheil in seinem völkischen Sein zu behaupten, bietet Hitler pseudo-religiöses Pathos auf: «So glaube ich heute im Sinne des allmächtigen Schöpfers zu handeln: *Indem ich mich des Juden erwehre, kämpfe ich für das Werk des Herrn.*»[49] Das von Hitler so benannte *herrliche Wort* «Pflichterfüllung» benutzt auch Adolf Eichmann, wenn er bei seinem Prozeß in Jerusalem zu Protokoll gibt, er sei nichts weiter gewesen als ein getreuer, korrekter «und nur von idealen Regungen für mein Vaterland, dem anzugehören ich die Ehre hatte», beseelter Angehöriger der SS und des Reichssicherheitshauptamtes.[50]

Dieser «Idealismus» – so sehr er semantisch weiterwucherte – hat sich bewußt von seinen philosophischen Wurzeln abgelöst; ein Blick in eine genuin nationalsozialistische Philosophiegeschichte mag das belegen. Der historische «spekulative Idealismus» wird nur kurz gestreift; das Buch endet mit den politischen Größen der Gegenwart: Alfred Rosenberg, Ernst Kriek, Alfred Baeumler und Hans Heyse. Heyse aber behandelt Schelling nur am Rande. Hegels Philosophie sei zu christlich und daher im Grunde ihres Wesens «untragisch»; insofern verfehle sie die Grundwirklichkeit des germanisch-deutschen Seins. Selbst Fichtes Idealismus findet keine Gnade vor seinen Augen: Statt die Menschen in das «Hier und Jetzt» ihres Schicksals zu stoßen, entreiße der Idealismus sie der Wirklichkeit.[51] Heideggers Denkwege werden nur bis *Sein und Zeit* nachvollzogen, das als «*idealistische* Fundamentalontologie» abqualifiziert wird; seine Schriften nach 1933 finden keine Aufnahme mehr.[52] Heideggers umstrittene Absatzbewegung von einem ideal gedeuteten Nationalsozialismus durch immanente Kritik führt in eine Begegnung mit Hölderlin, in der die Analyse des Dichterischen zur Grundstimmung des geschichtlichen Daseins wird. Nun war allerdings Hölderlin *persona grata* im Dritten Reich. Hyperions Klage über die Deutschen und der «Todesrausch» des Empedokles fügen sich im Kommentar von Will Vesper zusammen in vielsagender politischer Anspielung: «Denn einmal bedurften / Wir Blinden des Wunders.» Noch 1944 erscheint in zweiter Auflage das *Hölderlin-Vermächtnis* des Norbert von Hellingrath, des Hölderlin-Herausgebers vom Beginn des Jahrhunderts, gefallen am 14. Dezember 1916 vor Verdun.[53]

7. Idealismus, mißbrauchter

Der Lehrer in dem von Bernhard Wicki verfilmten Roman *Die Brücke* ist kein nationaler Idealist mehr wie sein Pendant aus *Im Westen nichts Neues* von Erich Maria Remarque, der seine Schüler mit Phrasen an die Front schickt.[54] Hölderlin ist zwar noch präsent, «Du kommst, o Schlacht, schon wogen die Jünglinge hinab von den Hügeln», doch der Idealismus dieser Hitlerjugend hatte sich schon vom Bildungsgut gelöst und war in die Körper übergegangen, in kalte Dusche, Frühsport, Liegestütz und Hocke.[55] Wer den Krieg überlebt hatte, erfuhr einen kulturellen Rahmenbruch. Die These, daß unser individuelles Gedächtnis des gesellschaftlichen Rahmens eines kollektiven Gedächtnisses bedarf, ist von Maurice Halbwachs entwickelt worden.[56] Mit Hilfe seiner Theorie kann man die deutsche Geschichte im 20. Jahrhundert als eine Geschichte der staatlichen, gesellschaftlichen und kulturellen «Rahmenbrüche» schreiben; die Kennziffern dieser abrupten Einschnitte heißen 1918, 1933, 1945 und dann noch einmal 1989.

«Meine Damen und Herren! Wer von Ihnen in den letzten Jahren als Student in diesen Räumen saß, wird jetzt vielleicht denken: Es klingt plötzlich alles ganz anders» – mit diesen Sätzen eröffnete Karl Jaspers im Wintersemester 1945/46 seine denkwürdige Vorlesung über die Schuldfrage. Wer sie heute zur Hand nimmt, wird sich eingestehen müssen, daß seither nicht viel Erhellenderes mehr dazugekommen ist.[57] In kleinen Gruppen und ihren Zeitschriften wurde der Neuanfang nach dem «Dritten Reich» diskutiert, so in den *Frankfurter Heften* oder in der *Wandlung*. Erörtert wurde, ob die «deutsche Kultur» eine Grundlage des Neuanfangs sein könne, oder ob sie nicht vielmehr in die deutsche Katastrophe hineingeführt habe. Der greise Friedrich Meinecke findet die Orte der seelischen Ansiedlung in «Religion und Kultur des deutschen Geistes» und gibt, wenngleich mit «etwas Resignation», zu verstehen, daß sie auch im Rahmen einer westlichen Demokratie ihre Stätte finden könnten.[58] Andere reagierten kritischer. Eine einzelne Stimme aus dem südwestdeutschen Raum sei erwähnt: der Jurist Paul Wilhelm Wenger, der unmittelbar nach dem Krieg als Amtsrichter in Tübingen tätig war. Sein «Versuch zur Entschleierung des Deutschen Idealismus» beansprucht keine philosophische Dignität, er zeigt aber, aus wie vielen Quellen der Nationalsozialismus seine Versatzstücke bezogen hatte: aus Hegel und Faust, aus Fichte, Wagner, Nietzsche – und aus Karl May. Wagners Musikdramen ließen sich zwanglos in die NS-Ideologie umsetzen: «Ihre Namen heißen: Schwertseligkeit – Weltgenesungswahn – Selbsterlösungswonne – Schwarz-Weiß-Klischierung aller Horizonte – Weltherrschaftsdrang – Sendungsbewußtsein – Speer- bzw. Dolchstoßlegende – Werdensunschuld und – Verschwörungsangst. Über allem die Bereitschaft, falls ‹ES› schief gehen und der deutsche ‹Sieg-Frieden› an einer Verschwörung sämtlicher Mächte des Bösen scheitern sollte, die ‹Türe mit vernehmlichem Knall hinter sich zuzuwerfen› und eine totale Götterdämmerung zu inszenieren.» Der Deutsche Idealismus sei im Dritten Reich auf das Niveau des «unausstehlichen Lichtboldes» Karl May heruntergekommen. «In Mays Romanen lag dasselbe idealistische Rüstzeug des deutschen Größenwahns zur Ausstaffierung der Massen bereit, das Hegel den Philosophen, den Historikern und den Generalstäblern der Armee und der Schwerindustrie, ‹Faust› und ‹Siegfried› den aus dem Bildungsbürgertum rekrutierten Stabsoffizieren und Rüstungsdirektoren, ‹Zarathustra› den Machtästheten der ‹SS-Elite› vermittelt haben.»[59] Die Auseinandersetzung mit dem «mißbrauchten Idealismus» hatte viele Facetten; Thomas Mann hat eine der prägnantesten Deutungen gegeben; es ist zugleich die in eine politische Rede umgesetzte Quintessenz seines *Doktor Faustus*: Es gebe nicht zwei Deutschland, führt er am 29. Mai 1945 in Washington aus, «ein böses und ein gutes, sondern nur eines, dem sein Bestes durch Teufelslist zum Bösen ausschlug».[60]

Gegen Ende der fünfziger Jahre teilte der Soziologe Helmut Schelsky die Geschichte der deutschen Jugend im 20. Jahrhundert in drei Generationskohorten ein: die Generation der Jugendbewegung, die Generation der politischen Jugend und die «skeptische Generation» nach dem Zweiten Weltkrieg. Den Wandervögeln bescheinigte er einen «noch ernst genommenen ethischen Idealismus», der sich gegen die Welt der Erwachsenen zur Wehr gesetzt habe. Für die «politische Jugend» von rechts und links sei dieser Idealismus in eine totale Ideologiegläubigkeit umgeschlagen. Zu dieser fatalen «Bewußtseinssicherheit» sei die «skeptische Generation» nicht mehr bereit und befähigt. Die Absage an einen «vagen Idealismus» verbinde sich nun mit einer «seltsam ‹erwachsenen› Haltung», die das soziale Dasein im privaten Raum und in erhöhter Berufszugewandtheit ansiedle.[61]

8. 1968: Die vorletzten Idealisten

Die Generation nach der *skeptischen Generation* paßte sich nicht mehr «skeptisch» dem Wirtschaftswunder an; sie suchte die politische Auseinandersetzung mit den Vätern und fand dabei Rückhalt in der Theoriebildung der jüdischen Emigranten der dreißiger und vierziger Jahre. Allerdings rückte sie bald von der desillusionierten Nachkriegsposition von Horkheimer und Adorno ab, denn parallel zur «Frankfurter Schule» gab es von Anbeginn auch eine neomarxistische Debatte. Es galt, die 1933 abgebrochene Diskussion um die 1932 veröffentlichen *Frühschriften* von Marx wiederaufzunehmen und die Marx-Rezeption aus der leninistisch-stalinistischen Verfälschung zu lösen. Um 1965/66 tauchten als *Flaschenpost* aus dem Jahre 1944 die *Dialektik der Aufklärung* und Georg Lukács' *Geschichte und Klassenbewußtsein* als Raubdrucke auf. Auch das Werk von Walter Benjamin wurde nun erst von einer breiteren Öffentlichkeit wahrgenommen.

Dieser Rückgriff auf die 1933 abgebrochenen kritischen Traditionen wurde politisch vorangetrieben durch den Vietnamkrieg; man sah in den USA keinen Garanten und Hüter des moralisch Guten in der Welt mehr, gleichzeitig hatte sich aber der westliche Lebensstil durchgesetzt. In apokalyptischer Naherwartung sollte aus *Marx & Coca Cola* ein *neuer Mensch* entstehen, eine Mischung aus sexueller Revolution, nachgeholter *Linkskurve* und einem bis dahin unerhörten Aktivismus. «Genossen» – ruft Rudi Dutschke – «Antiautoritäre Menschen! Wir haben nicht mehr viel Zeit. In Vietnam werden auch wir tagtäglich zerschlagen, und das ist nicht ein Bild und ist keine Phrase. [...] Wir haben eine historisch offene Möglichkeit. Es hängt primär von *unserem Willen* ab, wie diese Periode der Geschichte enden wird.»[62] Rückblickend ist es nicht ohne Ironie, daß zwar Heidegger verfemt, der Linksheideggerianer Herbert Marcuse aber zeitweilig zum Idol der Studenten wurde. Denn die Konzeption eines *eindimensionalen Menschen* läßt deutlich Heideggers Zivilisationskritik aus *Sein und Zeit* durchscheinen. Auch hier geht es um den Verlust eines eigentlichen Seinkönnens, nun aber, geschult an Sigmund Freud, formuliert als Möglichkeit einer «repressiven Entsublimierung».[63] Das Gegenbild hatte Marcuse schon in *Triebstruktur und Gesellschaft* entworfen und dabei die klassische Trias des Deutschen Idealismus: Kritik an der Mechanisierung, Standardisierung und seelischen Verarmung des Lebens um die Erfahrung der Destruktivität des Dritten Reiches erweitert. Konzentrationslager und Massenvernichtung sind kein «Rückfall in die Barbarei», sondern konsequenter Ausdruck einer Kultur, die überflüssige Repression zur Aufrechterhaltung ihrer Herrschaft braucht. Marcuses neues Realitätsprinzip ging von einer verwandelten Gesellschaft aus, in der Arbeit keine Destruktivität mehr freisetzt.[64] Diese neue Welt wird mit Kant und Schiller beschrieben; die nicht-unterdrückende Kultur setzt den «Spieltrieb» frei, «dessen Gegenstand die Schönheit, dessen Endziel die Freiheit ist».⁶⁵ Angeboten wurde von Herbert Marcuse im Grunde ein modernisiertes *Ältestes Systemprogramm* mit einem ähnlich elitären Anspruch: «Von Plato bis Rousseau besteht die einzig ehrliche Antwort in der Idee einer erzieherischen Diktatur, die von denen ausgeübt wird, denen man zutrauen könnte, daß sie das Wissen um das wirklich Gute erworben haben.»⁶⁶

9. Die Demokratisierung des Deutschen Idealismus

In seiner Überlegung: «Was war *deutsch* am Deutschen Idealismus?» betont Gerhard Gamm im Hinblick zumindest auf Schelling und Hegel die universalistische Perspektive des Idealismus, die seit Kant immer ein Menschheitssubjekt und seine Entfaltung in der Geschichte vorausgesetzt habe.⁶⁷ Gleichwohl war der Idealismus nicht jederzeit *demokratisch*. Anders als die anglo-schottische Philosophie der Aufklärung lehrte er nicht das Hineinwachsen der Menschen in eine akzeptierte bürgerliche Gesellschaft, sondern er wollte die künftige Gesellschaft in Abgrenzung gegen das Bestehende überhaupt erst konstituieren. Der Deutsche Idealismus als philosophische Überbietung der Französischen Revolution war der Entwurf einer Gemeinschaft sich selbst verwirklichender Subjekte. Da er historisch niemals realisierbar war, konnte er zur *real existierenden bürgerlichen Gesellschaft* auf politisch-ästhetische Distanz gehen. Diese Distanzierung hat ihn in der ersten Hälfte des 20. Jahrhundert in die politischen Extreme von rechts und links getrieben; erst mit der kulturellen Konsolidierung der Bundesrepublik seit den sechziger/siebziger Jahren sind Versuche entstanden, die Traditionen des Deutschen Idealismus mit der Demokratie westlichen Typs zu verbinden und die «beengte Situation»⁶⁸ zu überwinden, in die er durch seine geistige Schützenhilfe in zwei Weltkriegen geraten war.

In der in den späten achtziger Jahren ausgetragenen Auseinandersetzung zwischen Jürgen Habermas und Dieter Henrich geht es um die Möglichkeit von Metaphysik im «Projekt der Moderne». Habermas plädiert anstelle der vormaligen «Metaphysik» für eine sprachpragmatische Handlungstheorie.⁶⁹ Dem Einwand, ob damit nicht eine allein verständigungsorientierte Lebenswelt in der Tradition des Deutschen Idealismus von ihren «materiellen Lebensprozessen» abgeschnitten würde, begegnet er mit der Hereinnahme eines an Niklas Luhmann orientierten Systembegriffs, der Macht- und Tauschbeziehungen repräsentiert, die Lebenswelt als Subsystem zu kolonisieren droht und letztlich in der Nachfolge der «systemischen Verselbständigung» der Produktionsprozesse bei Marx steht.⁷⁰ Dieter Henrich bemängelt bei Habermas die unzureichende Vermittlung der «Lebenswelt» mit einem aus ihr hervorgehenden, zugleich sich aber von ihr entkoppelnden «System»; vor allem aber kritisiert er den Versuch, Selbstbewußtsein aus sprachlicher Interaktion herzuleiten. Sein Gegenentwurf unterstellt nicht umgekehrt «solitäre Subjekte», die dann erst in eine Kommunikationsgemeinschaft träten, sondern Henrich beharrt darauf, daß sich Sprachfähigkeit «nur *in einem* mit dem spontanen Hervorgang von Selbstverhältnis entfalten kann».[71] Dabei stützt er sich auf «Fichtes ursprüngliche Einsicht» in der *Wissenschaftslehre* von 1801, die Selbstbewußtsein bestimmt als «eine Tätigkeit, der ein Auge eingesetzt ist». Dieses Gewahrwerden seiner selbst, «einfach und geheimnisvoll», deutet Henrich als «eigentliche ‹Substanz›», als die Einsicht, daß wir von einer Realität abhängig sind, «die nichtsdestoweniger wir selbst sind».[72] Sowohl gegen Habermas als gegen Henrich ist der Einwand erhoben worden, daß beide den Substanzaspekt der Metaphysik wegstreichen. Habermas lasse die «Welt» in die «Gemeinschaft sprach- und handlungsfähiger Subjekte» aufgehen; Henrich folge dem Weg Fichtes und bleibe bei der Konzeption eines subjektiven Subjekt-Objekts stehen.[73]

Geht man auf Kant zurück, dann zeigt sich, daß dessen These von der Verdoppelung des Ich in ein handelndes und ein dieses Handeln überwachendes Ich am Ursprung aller Subjektkonstitution in der Moderne um 1800 steht. Dabei läßt Kant offen, ob dieser «Andere» in mir selbst «nun eine wirkliche, oder bloß idealische Person» ist, «welche die Vernunft sich selbst schafft». Kants ambivalente Formulierung verweist auf die schottische Philosophie der Aufklärung, die die Genese jener Ich-Verdoppelung aus der Gesellschaft erklärt hatte: Ich nehme jenes fremde Auge, das auf mir ruht, als selbstreflexive Instanz der Überwachung in mich hinein. Ist diese Verinnerlichung abgeschlossen, mag es so scheinen, als habe ich mich in mir selbst verdoppelt, ein in das Ich eingeschlossenes Subjekt-Objekt konstituiert.[74] Damit ist aber die Subjekt-Konstitution nicht abgeschlossen, denn gerade Kant hat auf die «unübersehbare Kluft» zwischen dem Freiheitsbegriff und dem Naturbegriff verwiesen.[75] Mit dieser Ausgangsposition, die bei Kant auf eine Geschichtsphilosophie in praktischer Absicht als Hilfskonstruktion für Moralphilosophie hinausläuft, sind wir wieder bei der zentralen Frage des *Ältesten Systemprogramms* angelangt: «Wie muß eine Welt für ein moralisches Wesen beschaffen sein?» Kant selbst hat zugleich die Erschwerung dieser Aufgabe begrifflich erfaßt: Die Menschen können in ihren Handlungsentwürfen niemals auf das Ganze ihrer Geschichte gehen, sie können darauf ihre «Ideen, nicht aber ihren Einfluß erstrecken», eine Einsicht, die Schelling im *System des transzendentalen Idealismus* eindringlich noch einmal reformuliert hat.[76]

Aus ursprünglichen Einsichten dieser Art hatten wir eingangs die Privilegierung des geschichtsphilosophischen Zugangs hergeleitet: Die Subjektkonstitution des Deutschen Idealismus muß gedacht werden im Spannungsverhältnis zu einer nicht unter unserer Verfügung stehenden Geschichte. Das Andere des Subjekts, die «Substanz» hat sich als hartnäckiger erwiesen, als die Philosophie des Deutschen Idealismus wahrhaben wollte. Betrachtet man die «Substanz» als das nicht Logifizierbare, das nicht Verfügbare, dann kommt man mit dem späten Schelling zu einer Vorstellung einer nicht vernünftig bestimmten Wirklichkeit, mit dem philosophischen Kern bei Marx aber auf einen Begriff von «Weltmarkt» zurück, der an die Stelle des Hegelschen «Weltgeistes» getreten war. Der Satz aus dem *Ältesten Systemprogramm*: «Wir müssen also auch über den Staat hinaus» hat sich in anderer Weise erfüllt, als er ursprünglich gemeint war: Nicht eine wie immer geartete Gemeinschaft zur ästhetischen Kraftentfaltung der Menschen ist an seine Stelle getreten, sondern der Geldnexus auf dem Weltmarkt hat sowohl dem Staat als der «Lebenswelt» ihre Grenzen aufgezeigt. Diese Grenzen sind nicht statisch, sondern umschlingen in einer blind-dynamischen Vernetzung die «Subjekte» in ihrer vermeintlichen Selbstbestimmung. Nicht zu Unrecht hat der englische Soziologe Anthony Giddens Geschichte mit einem alles zermalmenden «Dschaggannath-Wagen» verglichen: «Dies ist eine nicht zu zügelnde und enorm leistungsstarke Maschine, die wir als Menschen kollektiv bis zu einem gewissen Grade steuern können, die sich aber zugleich drängend unserer Kontrolle zu entziehen droht und sich selbst zertrümmern könnte.»[77]

Die Aktualität des Deutschen Idealismus besteht darin, diese Konstellation in seinem dynamisierten Prozeßdenken zuerst wahrgenommen zu haben;[78] nicht so sehr seine Lösungsversuche sind noch wegweisend, sondern seine Fragestellungen. Zwei durchgespielte Varianten des Geschichte-Denkens sind heute obsolet geworden: die teleologische Konstruktion einer «Vernunft der Geschichte» und der heroische Aufstand gegen eine zwar ent-teleologisierte, dennoch aber wieder mit äußerster Anstrengung unter menschliche Verfügung zu bringende Geschichte. Die erste Variante war an Hegels Erneuerung der Theodizee gebunden[79], die zweite an Nietzsches Einschließung in einen «umhüllenden Wahn», der die vermeintlich verloren geglaubte «plastische Kraft» zur Formgebung der Geschichte wieder zurückbringen sollte. Beide Varianten waren in ihrer Rezeption nicht immun gegen totalitäre Systeme, die – je in ihrer Weise – das größtmögliche Unheil des 20. Jahrhunderts angerichtet haben. Ein demokratiefähig gemachter Deutscher Idealismus hingegen braucht seine Ansprüche an die Welt aus dem *Ältesten Systemprogramm* keineswegs aufzugeben – er muß sie nur verbinden mit der Einsicht, daß es keine Beleidigung für den *homo faber* ist, wenn er sich einer nicht-verfügbaren Geschichte unterworfen weiß, in der es bestenfalls Inseln von «Sinn», aber keinen Sinn des Ganzen geben kann. Ist keine vollkommene Vermittlung von Subjekt und Substanz möglich, wird man sich mit einer unvollkommenen zufriedengeben müssen; an die Stelle einer unmöglichen «Totalität» tritt dann eine bescheidenere «Totalisierung». An einer als Kollektivsingular verstandenen «Menschheit» sollte man gleichwohl festhalten. Denn ließe man dieses Subjekt fallen, lieferte man sich dem Kampf der Differenzen aus. Da dieses «Subjekt» aber nach wie vor einer nicht-verfügbaren Geschichte unterworfen ist, gilt es, die Geschichte von Menschen zu erzählen, «die versuchen, ihre Geschichte zu machen, und die die Übel erdulden, die aus diesen Versuchen hervorgehen».[80]

Dieter Borchmeyer

Goethe

Goethe: den «wahren Statthalter des poetischen Geistes auf Erden» hat Novalis ihn einst in der Romantiker-Zeitschrift *Athenäum* genannt (I, 170).[1] Es dürfte keine Nation geben, in der ein einziger Name zum Synonym für ihre Kultur geworden ist – die wichtigste kulturpolitische Institution Deutschlands trägt bezeichnenderweise seit dem Ende der Weimarer Republik den Namen Goethes –, keine Nation, die ein halbes Jahrhundert ihrer Literaturgeschichte nach einem einzigen Autor: als ‹Goethezeit› bezeichnet hat. Den Deutschen gilt Goethe mit fast noch größerer Selbstverständlichkeit als Homer den Griechen, Dante den Italienern, Cervantes den Spaniern, Shakespeare (mit langer Verzögerung) den Engländern oder Puschkin den Russen als ihr größter Dichter.

«Goethe kann als Grundlage der Bildung eine ganze Kultur ersetzen», schreibt Hugo von Hofmannsthal 1922 im *Buch der Freunde*, ja er behauptet: «Wir haben keine neuere Literatur. Wir haben Goethe und Ansätze.» (IV, 30). Das sind Aphorismen mit Widerhaken: Einerseits wird Goethe eine absolute Stellung in der deutschen Kultur und Literatur eingeräumt, andererseits pessimistisch konstatiert, daß ohne ihn von einer deutschen Kultur und Literatur in Deutschland kaum die Rede sein kann, daß er *allein*, ohne ebenbürtige Nachfolge geblieben ist. Anders als die Spanier Cervantes, die Franzosen Molière oder die Russen Puschkin scheinen die Deutschen Goethe zudem bis heute so wenig Liebe entgegengebracht, so wenig normative Kraft zugetraut zu haben, daß Friedrich Nietzsche im Aphorismus «Giebt es ‹deutsche Classiker›» in *Menschliches, Allzumenschliches* behaupten konnte: «Goethe, nicht nur ein guter und grosser Mensch, sondern eine *Cultur*, Goethe ist in der Geschichte der Deutschen ein Zwischenfall ohne Folgen: wer wäre im Stande, in der deutschen Politik der letzten siebenzig Jahre zum Beispiel ein Stück Goethe aufzuzeigen!»[2] Oder in einem anderen Aphorismus aus *Menschliches, Allzumenschliches*: «Man sehe sich die besten unserer Staatsmänner und Künstler daraufhin an: sie alle haben Goethe nicht zum Erzieher gehabt, – nicht haben können.»[3] Er stehe «zu seiner Nation weder im Verhältnis des Lebens noch des Neuseins noch des Veraltens», heißt es wieder im Aphorismus «Giebt es ‹deutsche Classiker›?». «Nur für Wenige hat er gelebt und lebt er noch: für die Meisten ist er Nichts, als eine Fanfare der Eitelkeit, welche man von Zeit zu Zeit über die deutsche Grenze hinüberbläst.»[4]

Nur für wenige hat er gelebt. In der Tat hat Goethe in einem Gespräch mit Eckermann vom 11. Oktober 1828 gestanden: «Meine Sachen können nicht populär werden; wer daran denkt und dafür strebt, ist in einem Irrtum. Sie sind nicht für die Masse geschrieben, sondern nur für einzelne Menschen, die etwas Ähnliches wollen und suchen, und die in ähnlichen Richtungen begriffen sind.» So haben etwa *Wilhelm Meisters Lehrjahre* nie wirkliche Popularität erlangt, doch wurden sie für die ‹in ähnlicher Richtung begriffenen› Frühromantiker zum poetologischen Erweckungserlebnis. «Die Französische Revolution, Fichtes Wissenschaftslehre und Goethes *Meister* sind die größten Tendenzen des Zeitalters», lautet das berühmte Diktum Friedrich Schlegels aus den *Fragmenten* (1798; I, 154).

Welches Drama hätte seinerzeit freilich größere Popularität genossen als *Götz*, welcher Roman wäre mehr zum Modeereignis in ganz Europa geworden als *Werther*. Populär sind auch *Faust I* und vor allem *Hermann und Dorothea* geworden, ganz zu schweigen von Goethes Liedern (*Heidenröslein*) und seiner ‹Erlebnislyrik›. Freilich läßt sich nicht leugnen, daß ihm die Popularität seines Jugendwerks, insbesondere des *Werther*, bald verdächtig wurde, daß er ihr entgegensteuerte und – zumal während der Italienreise – ein ästhetisches Programm in Opposition gegen die empfindsam-subjektivistische Rezeption seines ersten Romans entwickelte, ja daß er *Wilhelm Meister* geradezu als ‹Anti-Werther› konzipierte. Das Publikum hat ihm das nicht gedankt, sich bis an die Schwelle unseres Jahrhunderts seinem Spätwerk verweigert, wie zumal die Parodie und Polemik gegen *Faust II* in den Jahrzehnten nach seiner posthumen Publikation zeigt oder der Skandal der falschen *Wanderjahre* des Pfarrers Pustkuchen.

Heute allerdings sind gerade die Zonen seines Werks, die einst populär waren, fast in der Versenkung verschwunden – wie *Götz* und gar *Hermann und Dorothea*, das hohe Lied der Bürgerlichkeit –, dafür aber sind Bereiche seiner Dichtung hervorgetreten, die für Jahrzehnte nach seinem Tod verschollen waren, dann jedoch, wie die späte Lyrik oder die *Wanderjahre*, eine bestätigende, wenn nicht sogar initiierende Rolle für die moderne Dichtung spielen sollten. Freilich sind es gerade die Werke, die sich von vornherein ‹populärer› Wirkung entziehen, nur den ‹in ähnlichen Richtungen begriffenen› Wenigen zugänglich sind.

Betrachtet man die Wirkungsgeschichte der Klassiker der Weltliteratur von Homer bis Thomas Mann, so fällt auf, daß das Stigma ihres Ruhms keineswegs immer ihre poetische Universalität ist. Fast alle großen Dichter sind für ein Genre, ja für ein einziges Werk – wie Boccaccio für sein *Decamerone* oder Cervantes für *Don Quijote* – berühmt. So gut wie kein Autor der Weltliteratur ist wegen seiner Universalität zum Klassiker geworden, als Lyriker, Dramatiker und Epiker gleich hochgeschätzt. Goethe bildet hier die fast einzige Ausnahme. Er behauptet mehr durch seinen Namen – als Universalgenie – einen festen Platz im Kanon der Weltliteratur als durch bestimmte Werke. «Obgleich der größte deutsche Lyriker und trotz der Weltgeltung seines *Faust* steht Goethe nicht durch einen Werktypus als Gleichgroßer neben Homer, Dante, Shakespeare. Wohl aber ist er unvergleichlich und ohne Nebenbuhler als dieses *Ganze von Mensch und Werk*, in dem Dichtung, Forschung, Kunst und Praxis nur Momente sind. Vielleicht ist er der einzige Mensch der Geschichte, der in solcher Vollständigkeit sich verwirklicht hat, und der zugleich in den Dokumenten real sichtbar und eben durch Selbstdarstellung zum Bilde geworden ist.» So Karl Jaspers 1947 in seiner berühmten, seinerzeit heftig umstrittenen Rede *Unsere Zukunft und Goethe* (IV, 290 f.).

Da sich Goethes Werk – von einzelnen Regionen desselben abgesehen – populärer Wirkung im Grunde entzieht, wie ihm selbst bewußt gewesen ist, hat er sich zu seiner eigenen Zeit und lange Zeit danach kaum zur nationalen Identifikationsfigur geeignet. Zu den großen kollektiven Gefühlsbewegungen seiner Zeit ging er zudem stets auf Distanz, ob es der bald abgekühlte Enthusiasmus der liberalen Intellektuellen beim Ausbruch der Französischen Revolution war oder der nationale Rausch während der Befreiungskriege. Das große Wort zur großen Stunde hörte man aus seinem Munde nie, und es ließ sich auch nach seinem Tode bei gegebenem geschichtlichen Anlaß nur mit Schwierigkeiten aus seinem Werk hervorquälen. Die ruhmredig herausgestrichenen deutschen Wesenszüge waren kaum die seinen, auch seine Auffassung vom Dichterberuf entsprach nicht dem hypertrophen deutschen Dichterbild. Er war weder der – auf der Suche nach der Blauen Blume – der Welt abhanden gekommene Poet noch der engagierte, jederzeit Partei ergreifende Literat, weder der an göttlichem Wahnsinn noch der an einer verdorbenen Gesellschaft zugrundegehende Dichter.

Nietzsche ist nicht der erste und nicht der letzte gewesen, der vom Mißverhältnis zwischen Goethe und den Deutschen überzeugt war. «Sie mögen mich nicht!» hat jener selbst im Gespräch mit Johannes Daniel Falk um 1808 über die Beziehung der Deutschen zu ihm bemerkt. Seine lakonische Replik: «Ich mag sie auch nicht!» Aus derselben Zeit stammt der von Wilhelm von Humboldt in einem Brief an seine Frau Karoline vom 19. November 1808 mitgeteilte «Rat» Goethes, «die Deutschen, wie die Juden, in alle Welt zu zerstreuen, nur auswärts seien sie noch erträglich» – eine Äußerung, die Thomas Mann in Anspielung auf das Dritte Reich und die deutschen Exulanten in «das siebente Kapitel» seines Exilromans *Lotte in Weimar* aufgenommen hat: «Unseliges Volk, es wird nicht gut ausgehen mit ihm, [...] das Schicksal wird sie schlagen [...] – zu Recht, denn ihre Besten lebten immer bei ihnen im Exil, und im Exil erst, in der Zerstreuung werden sie die Masse des Guten, die in ihnen liegt, zum Heile der Nationen entwickeln und das Salz der Erde sein ...»[5]

Nietzsche hätte sich durch die zitierten zynischen Äußerungen Goethes über die Deutschen, die ihm wohl nicht bekannt waren, ganz und gar bestätigt gefühlt. «Was Goethe eigentlich über die Deutschen gedacht hat?» fragt er sich in *Jenseits von Gut und Böse*. Leider habe er darüber «nie deutlich geredet», doch es seien eben nicht «die Freiheitskriege» und andere emphatische deutsche Bewegungen gewesen, «die ihn freudiger aufblicken liessen», sondern «das Erscheinen Napoleon's», von dem die Patrioten Deutschland gerade zu befreien suchten. «Es gibt Worte Goethe's, in denen er, wie vom Auslande her, mit einer ungeduldigen Härte über Das abspricht, was die Deutschen zu ihrem Stolze rechnen» – wie «das berühmte deutsche Gemüth» und alle sonstigen «Schleichwege zum Chaos», auf die der Deutsche sich so gut verstehe, die aber dem auf Ordnung und Klarheit bedachten Goethe ein Greuel waren.[6] Der klassische und späte Goethe entfremdete sich nach Nietzsches Überzeugung – und es fällt schwer, ihm hier zu widersprechen – von seiner Nation immer mehr, so daß seine Erhebung zu ihrem Klassiker schlechthin paradox anmutet.

Ein Musterbeleg für Nietzsches Befund ist die schon erwähnte Wirkung der falschen *Wanderjahre* des protestantischen Pfarrers Friedrich Wilhelm Pustkuchen aus Lemgo, die gleichzeitig mit dem ersten Teil von Goethes eigener *Wilhelm Meister*-Fortsetzung (1821) publiziert wurden und mehr Beachtung fanden als das Original. (Bis 1828 erschienen sie in fünf Teilen.) Pustkuchen stellt im Sinne der christlich-konservativen Goethe-Kritik der Zeit den Autor von *Wilhelm Meisters Lehrjahren* als Zersetzer von Religion, Sitte und Ordnung dar: «Goethe eben beschuldige ich mehr als alle andere, daß er das eigentlich deutsche Wesen verkennt, daß er nur Repräsentant der schlechten, formlosen, zügellosen neuern Zeit, nicht aber des deutschen ursprünglichen Sinnes sei.» Die enorme Wirkung Pustkuchens hat Franz Grillparzer 1860 als einen Skandal bezeichnet, welcher «der Urteilsfähigkeit der deutschen Nation ewig zur Schande gereichen wird. Ein obskurer Skribler schrieb falsche *Wanderjahre*, in denen er Goethe angriff, und mit einem Schlage, so zu sagen: über Nacht fielen zwei Dritteile Deutschlands von dem für alle Zeiten Ehrfurcht gebietenden Großmeister ihrer Literatur ab. Es wurde offenbar, daß mit Ausnahme seiner Jugendwerke, Goethes übriges Wirken der Nation fremd geblieben und seine Verehrung nichts als Nachbeterei war.» In die so «entstandene Bresche» habe nur noch das Junge Deutschland mit seiner Goethe-Ablehnung zu stürmen brauchen.[7]

Die falschen *Wanderjahre* von Pustkuchen haben in der Tat die rigorose Goethe-Polemik der zwanziger und dreißiger Jahre eingeläutet. Wilhelm Menzel und Ludwig Börne, die beiden wirkungsreichsten Goethe-Kritiker der strengen Observanz, konnten ihr Zersetzungswerk an einem bereits korrodierten Goethe-Monument fortsetzen. Goethes Rang wurde in seinem letzten Lebensjahrzehnt erstmals ernsthaft gefährdet – während die früheren Attacken auf ihn seinen Ruhm nur noch gesteigert hatten. Sein Wirken war ja von Beginn an bis in seine hochklassische Zeit von heftiger, ja teilweise hämischer Kritik begleitet, aber diese rief um so wirkungsmächtigere Gegenreaktionen hervor. Sein *Götz von Berlichingen*, der die geltenden Normen der Dramaturgie rücksichtslos über Bord warf, empörte die späten Sachwalter der ‹doctrine classique›. *Werther* oder *Stella*, die empfindliche sittliche Tabus verletzten (wie später noch die *Römischen Elegien*), skandalisierten die konservativen Anstandswächter, die aufklärerischen Rationalisten à la Friedrich Nicolai und die Vertreter der protestantischen Orthodoxie vom Schlage des Hamburger Hauptpastors Johann Melchior Goeze. Gleichwohl sind *Götz* und *Werther* die populärsten Werke zu Goethes Lebzeiten geworden, an denen alles Spätere aus seiner Feder gemessen wurde.

Aus dieser Tatsache resultierte seit seiner klassischen Wendung eine andere Tendenz der Kritik: Goethes Klassizität provozierte die Literatengeneration und ein Publikum, die den inzwischen längst ästhetisch legitimierten Autor der Sturm-und-Drang-Dichtungen in ihr nicht wiedererkannten. Die Wirkungsgeschichte Goethes ist lange eine Geschichte enttäuschter Erwartungen gewesen: Man suchte und entbehrte in seinen Dramen den *Götz*, in seinen Romanen den *Werther*. Zumal die ungeheure Popularität des letzteren hat Goethe sein Leben lang verfolgt: «Wäre Werther mein Bruder gewesen, ich hätt' ihn erschlagen, / Kaum verfolgte mich so rächend sein trauriger Geist.» So der störrische Ausruf des *Werther*-Dichters in der ersten Fassung der zweiten *Römischen Elegie*. Ein Beispiel für die Befremdung über die Entfremdung Goethes von den Tendenzen seiner Jugenddramatik ist die höhnische Streitschrift eines von Goethe entlassenen Weimarer Schauspielers namens Carl Wilhelm Reinhold: *Saat von Göthe gesäet dem Tage der Garben zu reifen* (1808), die seine klassizistische Theaterreform satirisch durchhechelt und zum Scheitern verurteilt.

Die wichtigsten Widersacher Goethes stammten zunächst aus dem Kreis der Spätaufklärung (Friedrich Nicolai, August von Kotzebue, Garlieb Merkel) oder der protestantischen Orthodoxie und des Spätpietismus (deren Attacken von Goeze über Pustkuchen bis zu Ernst Wilhelm Hengstenberg reichen werden). Sie haben seiner Stellung als Zentralgestirn der deutschen Literatur, wie sie ihm – nach seinem vorübergehenden literarischen ‹Verschwinden› im Weimarischen Hof- und Staatsdienst in den Jahren von 1776 bis 1786 – seit der ersten Sammlung seiner *Schriften* (1787–90) mehr und mehr zugewachsen war, zunächst keinen ernsthaften Schaden zufügen können. Auch die Distanz der Romantiker zu Goethe, die nach anfänglicher Glorifizierung seiner Dichtung als «Morgenröte echter Kunst und reiner Schönheit» (so Friedrich Schlegel 1796; I, 126) mit Novalis' Polemik gegen den ökonomisch-prosaischen Geist und «künstlerischen Atheismus» von *Wilhelm Meisters Lehrjahren* (I, 175) aufkeimte und bis zur tiefen Goethe-Skepsis des späten Friedrich Schlegel wuchs, konnte seine absolute ästhetische Autorität nicht mindern.

Die spätestens seit einer Generation ungebrochen hohe, ja höchste Einschätzung Goethes wurde also erst durch Pustkuchens Machwerk zum erstenmal nachhaltig erschüttert. Seiner religiösen Opposition folgten die national-burschenschaftliche (Wilhelm Menzel) und jungdeutsch-vormärzliche (Theodor Mundt, Christian Dietrich Grabbe, Ludwig Börne u. a.) auf dem Fuße. Ihre Wirkung war oft größer als die der positiven Gegenbewegungen. Zu diesen gehörten die Erbepflege der naturgemäß traditionalistischen Goetheaner wie Johann Peter Eckermann und Friedrich Wilhelm Riemer, die Goethe-Nostalgie der Autoren des Biedermeier wie Friedrich Rückert und August von Platen und vor allem der liberale Goethe-Kult im Umkreis von Karl August Varnhagen von Ense und der Berliner Salons einer Rahel Levin, Henriette Herz und Dorothea Veit – bemerkenswerterweise Jüdinnen, denen die Goethe-Verehrung zum Medium ihrer Emanzipation wurde. («Man kennt das Schicksal Goethe's im moralinsauren altjungfernhaften Deutschland. Er war den Deutschen immer anstößig, er hat ehrliche Bewunderer nur unter Jüdinnen gehabt», wird Nietzsche im *Fall Wagner* satirisch-überspitzt konstatieren.[8])

Den Goethe positiv gegenüberstehenden Bewegungen sind auch die eindringlichen und in vielem zukunftsweisenden Interpretationen des Goetheschen Spätwerks von seiten der Alt-Hegelianer (namentlich Heinrich Gustav Hotho und Karl Rosenkranz) zuzuzählen, die trotz ihrer konservativen politischen Grundhaltung ästhetisch weit avancierter argumentierten als die politisch ‹progressiven› Jung-Hegelianer à la Friedrich Theodor Vischer. Dieser befehdete die Tendenz des späten Goethe zum Allegorisch-Reflexiven und Esoterischen, die Hotho und Rosenkranz in ihrer Modernität so luzide analysiert haben, im Geiste einer Restauration der klassischen Doktrin – zumal in seinem lebenslangen, noch weit in die wilhelminische Ära hineinreichenden kritischen und parodistischen Kampf gegen *Faust II*. (Diesem hatte er 1862 die zähe Parodie *Faust. Der Tragödie dritter Theil* folgen lassen.) Die Tendenz, Goethe auf die Maßstäbe seiner hochklassischen Ära festzulegen, im Namen des klassischen den späten Goethe zu negieren, ist eine Grundtendenz gerade der auf politischen Fortschritt eingeschworenen Goethe-Kritik des 19. Jahrhunderts, wie sie auch die epochemachende Literaturgeschichte von Gervinus prägt, von der noch die Rede sein wird. Politischer und ästhetischer ‹Fortschritt› verhielten sich da, wie der Gegensatz der beiden Hegelschen ‹Schulen› demonstriert, umgekehrt proportional zueinander.

Der liberale Goethe-Kult um Varnhagen ist auch die Ursprungsregion der Deutung von Goethes Altersroman *Wilhelm Meisters Wanderjahre* im Geiste des Frühsozialismus. Der erste Versuch in dieser Hinsicht stammt von Varnhagen van Ense selber (*Im Sinne der Wanderer*, 1832), es folgten u. a. Karl Grün (*Über Goethe vom menschlichen Standpunkte*, 1846), Ferdinand Gregorovius (*Goethes ‹Wilhelm Meister› in seinen sozialistischen Elementen entwickelt*, 1849) Hermann Hettner (*Goethe und der Sozialismus*, 1852). Diese Traditionslinie setzt noch im 20. Jahrhundert der kurz vor der Novemberrevolution 1918 verfaßte Aufsatz Gustav Landauers *Goethes Politik. Eine Ankündigung* fort, ferner Gustav Radbruchs Studie *Wilhelm Meisters sozialpolitische Sendung* (1919). Neben der Linie linker Goethe-Kritik von Börne bis Brecht hat sich doch auch diejenige einer Goethe-Affirmation mit sozialistischen Vorzeichen behauptet, die von den erwähnten *Wilhelm Meister*-Studien des 19. Jahrhunderts über Max

Johann Wolfgang v. Goethe
Schillers Schädel betrachtend
«seltsam» (Büste von Gustav
Eberlein)

Grunwalds Studie *Goethe und die Arbeiter* (1909) sowie Gustav Landauers Aneignung Goethes bis zu dessen Reklamierung für den Sozialismus bei Georg Lukács und seinen geistigen Erben reicht.

Den historischen Tiefpunkt in der Wertschätzung Goethes hat ausgerechnet sein hundertster Geburtstag im Jahre 1849 gebildet, der mitten in den Wirbel des Revolutionsjahrs fiel. Kein Jubiläum konnte unzeitgemäßer, angesichts der aufgeregten politischen Zeitstimmung unpassender sein als die Säkularfeier des großen Antipoden der Revolution und der nationalen Emphase. Den denkbar größten Gegensatz zum Goethe-Jahr sollte das Schiller-Jubiläum zehn Jahre später bilden, das einen beispiellosen nationalen Rausch auslöste, in dem die Erinnerung an Goethe nahezu ertrank.

Seit Pustkuchen und Menzel wurde immer wieder der Versuch unternommen, eine Alternative zu Goethe zu finden. Und die Alternativen hießen regelmäßig Schiller oder Jean Paul. Menzel gab seiner Attacke auf Goethe 1824 bezeichnenderweise den Titel *Göthe und Schiller*, um den letzteren gegen den ersteren mit mehr oder weniger banalen antithetischen Floskeln auszuspielen, den Menschheitsdichter gegen den poetischen Egoisten, den «gegen den Strom» der Zeit schwimmenden Idealisten gegen den Opportunisten – der angeblich «immer mit dem Strome und immer oben wie Kork» schwamm –, den armen Poeten gegen den Hofdichter und so fort. «Goethe hat keinen andern Schmerz empfunden, als den beleidigter Eitelkeit. Schillers ganze Seele war dagegen von der seltnen Melancholie ergriffen, die jeden Schmerz der Menschheit zu dem seinigen machte.» (I, 364, 367) So Menzels Schwarz-Weiß-Bild von Goethe und Schiller.

Die eigentlich synthetische Formel «Goethe und Schiller», die für den Dioskurenmythos des späteren 19. Jahrhunderts so prägend wurde – in Ernst Rietschels Doppelstandbild vor dem Weimarer Nationaltheater (1857) hat er seine typische Ausprägung gefunden –, ist bei Menzel und in der Goethe-Kritik der folgenden Jahrzehnte eher antithetisch zu lesen: Es geht um die Frage «Goethe *oder* Schiller». Und im Gegensatz zur Frühromantik, welche die Konstellation Goethe-Schiller ganz zum Nachteil des letzteren gewertet hatte, entscheidet sich Menzel – wie Pustkuchen oder Börne – für Schiller. Ambivalent bis zur ironischen Verrätselung seiner Position bleibt die Haltung von Heinrich Heine, der Schiller, als dem von den «Ideen der Revolution» bewegten Zerstörer der «geistigen Bastillen» und Baumeister am «Tempel der Freiheit» (II, 72), zwar eindeutig den Vorrang vor Goethe einräumt, diesen aber im dialektischen Wechselspiel ästhetischer und politisch-moralischer Wertung doch wieder auf ein höheres künstlerisches Podest stellt. Nietzsche wird später in der *Götzen-Dämmerung* sowohl die – zuungunsten Goethes – antithetische wie die synthetische Verbindung der Namen Goethes und Schillers verwerfen, wenn er sich über das «berüchtigte ‹und›» zwischen beiden Namen mokiert: «die Deutschen sagen ‹Goethe *und* Schiller›, – ich fürchte, sie sagen ‹Schiller und Goethe›...»[9]

Die andere große Alternative zu Goethe heißt Jean Paul. Und es ist merkwürdig, daß sich die Goethe-Kritiker verschiedenster Provenienz auf diesen Namen als «epochale Gegenfigur» zu Goethe (I, LXI) einigen konnten: der Romantiker Joseph von Görres wie der pietistische Pfarrer Pustkuchen, der Burschenschaftler Menzel und der Demokrat Börne, sei es daß man Jean Pauls spezifisch moderne Poetik des Witzes und Humors gegen den Objektivismus einer an der Antike orientierten klassischen Kunst ausspielte, sei es daß er – so von Börne – als Sänger der Armen und Betrübten in den ästhetischen Heiligenkalender aufgenommen wurde. «Jean Paul ist nun aber in der Tat in gewissem Sinne mehr als Schiller und Goethe als der Vater der ganzen neuern Literatur von Bedeutung geworden», wird Karl Gutzkow 1860 in seinem Aufsatz *Nur Schiller und Goethe?* konstatieren (II, 465). Bezeichnend, daß Nietzsche, der schon Schiller als Alternative zu Goethe nicht zuließ, auch Jean Paul als «Verhängniss im Schlafrock»[10] in den ästhetischen Orkus verbannte. Die Erhebung Jean Pauls zur Gegenfigur Goethes hat sich bis ins 20. Jahrhundert (etwa in den siebziger Jahren bei Wolfgang Harich oder Martin Walser) fortgesetzt, wie auch in fast allen modernen Goethe-Kritiken bis heute die Argumentationsschemata Börnes – des Antigoetheaners katexochen – immer wieder durchscheinen.

Die borniert-einseitige Polemik Menzels und Börnes gegen den «Stabilitäts-Narren» Goethe (so die folgenreiche Totschlagvokabel des letzteren; II, 115) ist durch die erheblich differenziertere, zwischen Pro und Contra dialektisch funkelnde Kritik Heinrich Heines, des Goethe-Kritikers der heiteren Observanz, geistig überholt worden. Heine hat trotz seines Grundeinwands gegen das «große Zeitablehnungsgenie», das sich in seiner «Kunstbehaglichkeit» selbst «letzter Zweck» gewesen sei (in seinem Brief an Varnhagen von Ense vom 28. Februar 1830), Goethes Rang in der deutschen Literatur nie in Zweifel gezogen, während Börne das Ressentiment des Frankfurter Ghetto-Juden gegen den Frankfurter Patriziersohn niemals los wurde. Heine hat ihn wegen seiner Attacken auf Goethe gar des doktrinären Muckertums und der «nazarenischen Beschränktheit» geziehen.[11]

Doch auch Heine hat 1831 das «Ende der Kunstperiode» verkündet, «die bei der Wiege Goethes anfing und bei seinem Sarge aufhören wird»: weil «ihr Prinzip noch im abgelebten, alten Regime, in der heiligen römischen Reichsvergangenheit wurzelt». Die «neue Zeit» werde auch eine «neue Kunst» gebären, «die mit ihr selbst in begeistertem Einklang sein wird, die nicht aus der verblichenen Vergangenheit ihre Symbolik zu borgen braucht».[12] Damit bahnte Heine den Weg zu einer radikalen Historisierung Goethes, wie er in Georg Gottfried Gervinus' *Geschichte der poetischen National-Literatur der Deutschen* (1835–42) am deutlichsten zum Ausdruck kommt.

Goethe wird von Gervinus neben Schiller zum Gipfel, aber auch zum Endpunkt der deutschen Nationalliteratur erklärt. An die Stelle des Scheins soll nun die Tat, an die des Ästhetischen die politische Neugestaltung Deutschlands treten – während Heine noch das Ende der «Kunstperiode» zugunsten einer neuen, Kunst und Tat versöhnenden und verschmelzenden ästhetischen Praxis verkündete. «Der Wettkampf der Kunst ist vollendet; jetzt sollten wir uns das andere Ziel stecken, das noch kein Schütze bei uns getroffen hat, ob uns auch da Apollon den Ruhm gewährt, den er uns dort [namentlich im Werke Goethes] nicht versagte.» So Gervinus auf der letzten Seite seiner Literaturgeschichte. Jenes Ziel aber besteht für ihn darin, daß wir «das ruhesüchtige Volk, dem […] das geistige Leben das einzige wertvolle Leben ist, auf das Gebiet der Geschichte hinausführen, ihm Taten und Handlungen in größerem Werte zeigen».[13] Das Dioskurenpaar Goethe und Schiller wird einerseits zum ästhetischen *monumentum aere perennius* kanonisiert, andererseits in historische Todesstarre versetzt. Goethe als das schönste *caput mortuum*!

Die Musealisierung und Mortifizierung Goethes wird sich durch seine «monumentale Philologisierung» (III, XVII) seit der urheberrechtlichen Freigabe der Klassiker 1867 und erst recht seit der Freigabe des Goetheschen Nachlasses – nach dem Tod seines letzten Nachkommen Walther Wolfgang im Jahre 1885 – unter anderen Vorzeichen vollenden. Sie hatte eine neue Art der Entfremdung Goethes vom Publikum zur Folge als die radikale Goethe-

Kritik in der zeitlichen und ideologischen Abfolge Pustkuchen, Menzel, Börne: Goethe wird von den Philologen vereinnahmt.

Viktor Hehn, dessen immer wieder aufgelegte *Gedanken über Goethe* (1887) das Goethe-Bild der Jahrhundertwende (auch noch das des späten Nietzsche) entscheidend geprägt haben, hat Börne und Heine, «diesen zwei klugen, mit scharfer Witterung begabten Gnomen» – so die antisemitisch unterfütterte Charakterisierung der beiden antipodischen Goethe-Kritiker – die Hauptschuld an der Entfremdung der Deutschen von ihrem größten Dichter beigemessen und den Mythos des einsamen, von seinem Publikum unverstandenen und von der Nachwelt verlassenen Dichters fortgeschrieben, den ein Jahrzehnt vorher Nietzsche geschaffen hat.

Nietzsche wie Hehn stehen unter dem Eindruck der Goethe-Kritik und Goethe-Ferne der Jahrzehnte nach seinem Tod – bevor ihn das neue Kaiserreich als «Olympier» inthronisierte: aus dem offenkundigen Bedürfnis heraus, ihn zum Kronzeugen der nationalen Identität der Deutschen zu gewinnen. Musterbeispiel dafür sind die im Hochgefühl der Siegernation und des Bismarckschen Einigungswerks gehaltenen Berliner Goethe-Vorlesungen von Herman Grimm, dem ältesten Sohn von Wilhelm Grimm, in den Jahren 1874 und 1875. In ihnen wird Goethe mit beispiellosem nationalem Pathos zum Genius des neuen Reichs erklärt. Die eigentliche germanistische Parallelaktion zur Reichsgründung wurde die im Auftrag der Großherzogin Sophie von Sachsen, der Erbin des Goetheschen Familienarchivs, herausgegebene «Weimarer Ausgabe» von Goethes Gesamtwerk seit 1787, die mit ihren 143 Bänden in den Jahrzehnten ihres Entstehens alle Höhen und Tiefen des neuen Reichs miterlebte, bis zu seiner bitteren Niederlage (der letzte Band erschien 1919). Doch gerade sie entzog in ihrer monströsen Unübersichtlichkeit Goethe dem Lesepublikum, reservierte ihn für die Philologen.

Zum nationalen Literaturheiligtum schlechthin wurde der von den Goethe-Kritikern – wegen seines vermeintlich an Goethescher Altersschwäche krankenden zweiten Teils – lange mißachtete *Faust*. Aus ihm wurde bald die verhängnisvolle Ideologie des «Faustischen» abgeleitet, welche die Rezeptionsgeschichte von Goethes Opus summum bis weit ins 20. Jahrhundert geprägt hat, kulminierend im Dritten Reich und – unter neuen marxistischen Vorzeichen – in der Goethe-Aneignung der DDR. «Das imperiale Reichsdenken hatte von *Faust* Besitz ergriffen», so Hans Schwerte in seiner ideologiekritischen Monographie *Faust und das Faustische*. «Der nationale Aufschwung und Ausgriff wurde ‹faustisch› interpretiert – und umgekehrt: ‹faustisch› wurde ein ‹visionäres› Leitwort nationalen Selbstbewußtseins und ideologischer Selbstberuhigung und Selbstverherrlichung, bis in die Schützengräben des Ersten Weltkrieges»[14] – also bis zum sprichwörtlichen *Faust* im Tornister des deutschen Frontsoldaten!

Ein Musterbeispiel für die nationale Kanonisierung des *Faust* ist Franz Dingelstedts «dramaturgische Studie» *Eine Faust-Trilogie* von 1876: «Welchen

Deutschen», heißt es da, «und kenne er noch so genau den Goetheschen *Faust*, die zweite Bibel unserer Nation, überrieselt nicht ein leiser Schauer beim Eintritt in das Allerheiligste unseres Schrifttums, als sei es ein deutscher Dom, Eichendom oder Domkirche, deren hohe Wölbungen und dämmerhelle Säulengänge ihn magisch umfangen?» (III, 32) Das Kolonisationswerk Fausts im Schlußakt der Tragödie nimmt in der Deutung Dingelstedts geradezu die imperialen Ambitionen des neuen Kaiserreichs vorweg: «Faust als Gründer; nicht gerade von Eisenbahnen mit Staatsgarantie oder von industriellen Unternehmungen auf Aktien, aber doch als Stifter und Beherrscher einer Kolonie, welche den dem Meere abgewonnenen Landstrich urbar macht, der Kultur und dem Verkehr erobert. So führt der Dichter seinen Helden in der letzten Phase auf die erhabenste Stufe des Menschendaseins: Faust wird Souverän.» (III, 40) Der Theaterintendant Dingelstedt träumte von einer Aufführung des gesamten *Faust* an Goethes Geburtstag als Trilogie – und zwar in Bayreuth, dem «deutschen Olympia».[15] Im selben Jahr – 1876 –, als Dingelstedt diesen Plan veröffentlichte, fanden die ersten Bayreuther Festspiele mit der Uraufführung von Richard Wagners *Ring des Nibelungen* statt!

Wagner selbst hat sich immer wieder Gedanken über ein «Faust-Theater» gemacht, das Goethes alle herkömmlichen Bühnenmaße sprengendes Lebenswerk zur adäquaten Aufführung bringen könnte. Wagner, der große kulturelle Konkurrent Goethes im deutschen Kaiserreich, war zugleich der einzige Künstler von höchstem Rang, der die außerordentliche Bedeutung von *Faust II* von Anfang an erkannt, ja der in ihm das Nonplusultra des Theaters schlechthin gesehen hat.[16] Gleichwohl hat er an der vermeintlichen inhaltlichen Tendenz des *Faust* immer wieder Kritik geübt, und zwar gerade an den Zügen, welche die wilhelminische Ideologie in der Idee des ‹Faustischen› zusammenfaßte und zur Grundlage ihrer optimistisch-perfektibilistischen Interpretation von Goethes Hauptwerk machte. Einen *Faust* im Sinne Dingelstedts hätte Wagner mit Sicherheit im Bayreuther Festspielhaus nicht zugelassen.

Schon in seinem Brief an Mathilde Wesendonck vom 7. April 1858 wehrt Wagner sich entschieden dagegen, daß die Freundin aus Faust den «edelsten Menschentypus» machen wolle – ausgerechnet ihn, der das Wesentlichste, das ihm begegnet sei, nämlich die Liebe Gretchens, «eines Morgens [...] spurlos vergessen» habe, «damit er nun die eigentlich große Welt, die antike Kunstwelt, die praktisch-industrielle Welt mit möglichstem Behagen vor seiner recht objektiven Betrachtung *abspielen* lassen könne. So heißt dieser Faust für mich eigentlich nur die versäumte Gelegenheit». Fünfundzwanzig Jahre später, in seinem letzten Lebensjahr, greift Wagner in einem Gespräch mit Cosima am 11. April 1882 diese Kritik noch einmal auf: Er könne nicht begreifen, wie Goethe «nach dieser furchtbaren Erschütterung durch Gretchen Faust mit einer dürftigen Werktätigkeit enden» lasse. In einem früheren Gespräch (am 19. Dezember 1881) nennt er es «erbärmlich», worin Faust schließlich sein «Genügen» finde – dieses «Graben, Ein- und Ausladen der Waren».

Er verstehe nicht, «was die Engel und das Gretchen in dieser chaussee-gräberlichen Sache» zu suchen hätten. Wagner verkennt freilich – ebenso wie die wilhelminischen Ideologen des ‹Faustischen› –, daß Goethe diese chausseegräberliche Sache, Fausts Siedlungsprojekt, selbst als hybrid-despotisches Unternehmen darstellt, dessen Erfolg nur der Wahn des erblindeten Faust ist.

«Faust, der die Welt hundertfach betrogen hat, als Arzt und Lehrer, in der Liebe, in Kaisers Diensten und mit Werken der Wohltätigkeit, muß als ein Betrogener sterben. Der Teufel bedarf der Mithilfe der Menschen, wenn er die Welt zerrütten will; wehe aber dem Menschen, der ihm die nötige Gefolgschaft leistet und die Türen öffnet; der ihn als unseresgleichen auf den Schauplatz der Geschichte führt!» (IV, 269) So das Menetekel Reinhold Schneiders im Jahre 1946, nachdem die deutsche Katastrophe die Verderblichkeit der Apotheose des «faustischen Ideals» (IV, 267) mit fürchterlichen Flammenzeichen an die Wände der Geschichte gemalt hatte.

Auch und gerade Nietzsche opponierte seinerzeit gegen die ideologische Aufblähung des *Faust*, der ihm fast das fremdeste aller Werke Goethes gewesen ist. Im zweiten Teil von *Menschliches, Allzumenschliches* etwa sucht er die «Faust-Idee» mit allen Mitteln satirisch zu verkleinern. «Eine kleine Näherin wird verführt und unglücklich gemacht; ein grosser Gelehrter aller vier Facultäten ist der Uebelthäter. Das kann doch nicht mit rechten Dingen zugegangen sein? Nein, gewiss nicht! Ohne die Beihülfe des leibhaftigen Teufels hätte es der grosse Gelehrte nicht zu Stande gebracht. – Sollte diess wirklich der grösste deutsche ‹tragische Gedanke› sein, wie man unter Deutschen sagen hört?»[17]

Goethes Erhebung zur Ehre der nationalen Altäre mußte gerade Nietzsches europäisierendem Bild des Dichters widersprechen. Die Goethe-Ferne der Jahrzehnte zwischen 1832 und 1871 war Nietzsche nur recht gewesen, lag ihm doch daran, Goethe von den Deutschen zu trennen, als den großen Überdeutschen zu definieren. «Goethe stand über den Deutschen in jeder Beziehung und steht es auch jetzt noch: er wird ihnen nie angehören», prophezeit er in *Menschliches, Allzumenschliches* in Opposition gegen die aktuellen nationalen Vereinnahmungsversuche Goethes. «Wie Beethoven über die Deutschen hinweg Musik machte, wie Schopenhauer über die Deutschen weg philosophirte, so dichtete Goethe seinen Tasso, seine Iphigenie über die Deutschen hinweg. Ihm folgte eine sehr kleine Schar Höchstgebildeter, durch Alterthum, Leben und Reisen Erzogener, über deutsches Wesen Hinausgewachsener: – er selber wollte es nicht anders.»[18] Goethe gehört für Nietzsche eben «in eine höhere Gattung von Litteraturen, als ‹National-Litteraturen› sind», ist einer jener «Classiker», «welche über den Völkern stehen bleiben, wenn diese selber zugrunde gehen: denn sie sind leichter, freier, reiner als sie.»[19]

Offenkundig spielt Nietzsche hier auf Goethes eigene Idee der Weltliteratur in seinen letzten Lebensjahren an. «Nationalliteratur will jetzt nicht viel sagen, die Epoche der Weltliteratur ist an der Zeit, und jeder muß jetzt dazu

Der Frankfurter Goetheplatz im Winter (Gemälde von Theo Garve, Photo Ursula Edelmann)

wirken, diese Epoche zu beschleunigen.» So Goethe zu Eckermann in einem Gespräch am 31. Januar 1831. Dem Nationalismus des neuen Jahrhunderts suchte er durch seine kosmopolitische Kulturidee entgegenzuwirken. Der «Nationalhaß», bemerkt er am 14. März 1830 Eckermann gegenüber, finde sich «am stärksten und heftigsten» auf den «untersten Stufen der Kultur». Es sei aber zu derjenigen Stufe emporzuschreiten, «wo er ganz verschwindet und wo man gewissermaßen über den Nationen steht und man ein Glück oder ein Wehe des Nachbarvolkes empfindet, als wäre es dem eigenen begegnet. Diese Kulturstufe war meiner Natur gemäß, und ich hatte mich darin lange befestigt, ehe ich mein sechzigstes Jahr erreicht hatte.»

Es entspricht also durchaus dem Selbstverständnis Goethes, wenn Nietzsche ihn in *Jenseits von Gut und Böse* vor dem Hintergrund des eskalierenden Nationalismus seines Jahrhunderts zu einem der wichtigsten Wegbereiter einer übernationalen Kultur erklärt: «Dank der krankhaften Entfremdung, welche der Nationalitäts-Wahnsinn zwischen die Völker Europa's gelegt hat und noch legt, Dank ebenfalls den Politikern des kurzen Blicks und der raschen Hand, die heute mit seiner Hilfe obenauf sind und gar nicht ahnen, wie sehr die auseinanderlösende Politik, welche sie treiben, nothwendig nur Zwischenakts-Politik sein kann – Dank Alledem und manchem heute ganz Unaussprechbaren werden jetzt die unzweideutigsten Anzeichen übersehn oder willkürlich und lügenhaft umgedeutet, in denen sich ausspricht, dass *Europa eins werden will.*»[20]

Das waren freilich Gedanken, die der national berauschten wilhelminischen Goethe-Rezeption denkbar fern lagen. Die in den zurückliegenden Jahrzehnten oft so heftige Goethe-Kritik verstummte seit der Reichsgründung fast vollständig. Einen Sonderfall bildet lediglich die Kritik der positivistischen Naturwissenschaft an Goethes Farbenlehre, gipfelnd in der von beißendem Spott geprägten Berliner Rektoratsrede des Physiologen Emil Du Bois-Reymond, *Goethe und kein Ende* von 1882; ihr stand freilich die Goethe-Nachfolge der Monisten im Umkreis des Darwinisten Ernst Haeckel gegenüber, der in Goethe gar einen Mitbegründer der Deszendenztheorie sah. Von der Opposition der positivistischen Naturwissenschaft abgesehen, hatte Goethe in der wilhelminischen Ära nur einen einzigen – ganz neuen – publizistisch machtvollen Gegner, der den nationalen Konsens störte: die katholische Goethe-Kritik, die durch den Kulturkampf Bismarcks seit 1872 provoziert wurde und in dem Jesuiten Alexander Baumgarten, der in den Jahren zwischen 1879 und 1886 eine monumentale Goethe-Biographie vorlegte, ihren prominentesten Repräsentanten fand. Erst Carl Muth, der spätere Herausgeber der reformkatholischen Zeitschrift *Hochland*, hat die katholische Goethe-Rezeption seit 1899 wieder energisch aus dem Schwitzkasten der klerikalen Goethe-Polemik befreit.

Der Zusammenbruch des Kaiserreichs hatte mit einem Schlage auch die Desillusionierung Goethes als seines großen Kuluridols zur Folge. Ein vorausgeworfener Schatten der nun – im Umkreis der Expressionisten und Linksintellektuellen von Max Herrmann-Neiße über Egon Erwin Kisch bis Bertolt Brecht – heftig aufbrechenden Goethe-Kritik war der 1910 erschienene Aufsatz *Französischer Geist* von Heinrich Mann gewesen, in dem – bis in einzelne Formulierungen hinein – Börnes Polemik gegen Goethe wieder aufflammte. Ihre nun fast noch flachere Antithetik drückt sich im Titel *Voltaire-Goethe,* unter dem Heinrich Manns Essay 1919 wieder aufgelegt wurde, besonders schlagend aus.

Im Gegensatz zu der vielfach aggressiven Goethe-Kritik im linken literarischen Milieu der Weimarer Republik hat diese Republik selbst sich dezidiert dem «Geist von Weimar» verschrieben. War die Reichsgründung 1871 nur von ihren Ideologen, nicht aber von ihren politischen Repräsentanten aus dem Geiste Goethes interpretiert worden, so wurden sein Name und sein Werk nun zum erstenmal als geistige Grundlage des neuen demokratischen Staatsgebildes beschworen. In seiner Rede in der Nationalversammlung zu Weimar am 6. Februar 1919 verkündete der spätere Reichspräsident Friedrich Ebert im Namen der sozialdemokratischen Partei: «Die preußische Hegemonie, das Hohenzollernsche Heer, die Politik der schimmernden Wehr sind bei uns für alle Zukunft unmöglich geworden.» Jetzt gelte es – «hier in Weimar»

– die Wandlung zu vollziehen «vom Imperialismus zum Idealismus, von der Weltmacht zur geistigen Größe. Es charakterisiert durchaus die nur auf äußeren Glanz gestellte Zeit der Wilhelminischen Ära das Lassallesche Wort, daß die klassischen deutschen Denker und Dichter nur im Kranichzug über sie hinweggeflogen seien. Jetzt muß der Geist von Weimar, der Geist der großen Philosophen und Dichter, wieder unser Leben erfüllen. Wir müssen die großen Gesellschaftsprobleme in dem Geiste behandeln, in dem Goethe sie im zweiten Teil des *Faust* und in *Wilhelm Meisters Wanderjahren* erfaßt hat».[21]

Gegen diese nunmehr demokratische Berufung auf Weimar – die Ebert 1922 in seinen Reden *Goethe und wir* zur Frankfurter Goethewoche noch einmal sanktioniert hat – richtete die literarische Avantgarde der Weimarer Republik ihren ganzen Spott, so 1919 der Dadaist Raoul Hausmann in seinem *Pamphlet gegen die Weimarische Lebensauffassung*: «Ich bin nicht nur gegen den Geist von Potsdam [wie Ebert] – ich bin vor allem gegen Weimar. Noch kläglichere Folgen als der alte Fritz zeitigten Goethe und Schiller – die Regierung Ebert-Scheidemann war eine Selbstverständlichkeit aus der dummen und habgierigen Haltlosigkeit des dichterischen Klassizismus. [...] Wie die Werke dieser feierlichen Klassiker das einzige Gepäck der deutschen Soldaten und Tag und Nacht ihre einzige Sorge waren, so war es heute der Regierung unmöglich, die Geschäfte anders als im Geiste Schillers und Goethes zu führen.»[22]

Herr Ebert entdeckt Goethe! lautet ein Artikel von Franz Pfemfert in seiner Zeitschrift *Die Aktion*, der Ebert und ‹seine› Republik aus Anlaß seiner Frankfurter Goethe-Reden im Februar 1822 mit Hohn überschüttet. Pfemfert zieht sich fast vollständig hinter Börnes Goethe-Attacken zurück, um schließlich Ebert wegen seiner Goethe-Huldigung zynisch zu applaudieren: «Dieser Goethe *ist* gewissermaßen als ‹Symbol›, als ‹Wegweiser›, als ‹Fundament› eine gute Nummer der Bourgeoisie. Mit ihrem Goethe konnten die Ausbeuter durchs Leben gehen. Er rechtfertigt jede Schandtat der Unterdrücker. Er ist kriecherisch nach oben und arrogant nach unten. Er ist eben der Dichter des juste milieu.» Pfemfert spielt hier auf die im Jahr zuvor erschienene Streitschrift von Carl Sternheim gegen Goethe an: *Tasso oder Kunst des Juste milieu*. «Das mündige Proletariat aber», so folgert Pfemfert, «wird Goethes Weisheiten auf den Müllhaufen der Vergangenheit werfen.»[23]

Ähnlich aggressiv verhöhnt Max Hermann-Neiße in seinem ebenfalls mit Börne-Zitaten gespickten Manifest *Die bürgerliche Literaturgeschichte und das Proletariat* (1922) Eberts Reden zur Eröffnung der Frankfurter Goethe-Woche und ihre Feier des «großen geistigen Popanz der Deutschen» (IV, 28). Bertolt Brecht zieht 1929 schließlich in seinem *Gespräch über Klassiker* mit Herbert Ihering aus dem Topos vom *Faust* im Tornister eine tödliche Konsequenz für die Klassiker: «Die Wahrheit ist: sie sind im Krieg gestorben. Sie gehören unter unsere Kriegsopfer. Wenn es wahr ist, daß Soldaten, die in den Krieg zogen, den *Faust* im Tornister hatten – die aus dem Krieg zurückkehrten, hatten ihn nicht mehr.» (IV, 94)

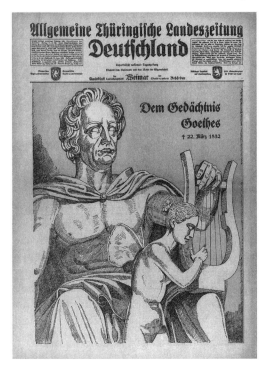

«Dem Gedächtnis Goethes»
(1932)

Das Goethe-Jahr 1932 rief – am Vorabend der Machtergreifung Hitlers – noch einmal alle Fraktionen im Streit für, gegen und um Goethe auf den Plan. Die Reichsgedächtnisfeier zum hundertsten Todestag Goethes in Weimar war die letzte kulturelle Selbstdarstellung der auf den Untergang zusteuernden Weimarer Republik, ein Fest der bürgerlichen Mitte unter starker internationaler Beteiligung – von dem sich die Totengräber der Republik, Nationalsozialisten wie Kommunisten, freilich fernhielten. Sie wollten von der Wiederbelebung des «Geistes von Weimar» nichts wissen, den die europäischen und amerikanischen Besucher dieser «Weltfeier» (IV, 107) als guten Geist für Deutschland herbeiriefen. Ein ganz anderes Weimar zeigte längst seine Zähne. Thomas Mann, der an der Reichsgedächtnisfeier teilgenommen hat, beschrieb es in seinem Vortrag *Meine Goethereise* vor dem Münchener Rotary-Club, der ihn bald aus seinen Reihen ausschließen sollte: «Weimar ist ja eine Zentrale des Hitlerismus. Überall konnte man das Bild von Hitler usw. in nationalsozialistischen Zeitungen ausgestellt sehen. Der Typus des jungen Menschen, der unbestimmt entschlossen durch die Stadt schritt und sich mit dem römischen Gruß grüßte, beherrscht die Stadt.»[24]

Am Ende seines Berliner Akademievortrags *Goethe als Repräsentant des bürgerlichen Zeitalters* am 8. März 1932 hat Thomas Mann angesichts der nationalen Trunkenheit, in der die Republik unterzugehen drohte, im Namen Goethes vergeblich «die große Ernüchterung einer Welt» gefordert, «die an verdumpften und das Leben hindernden Seelentümern zugrunde geht. [...] Es nützt nichts, die Vernunft zu verhöhnen und einen verstockten Gemüts- und Tiefenkult zu treiben, dessen heutige Gottgeschlagenheit und Lebensverlassenheit sich darin erweist, daß er als eine Art verzweifelter und verhaßter Todessentimentalität sich darstellt.» (IV, 158)

Goethe wurde für Thomas Mann zu Beginn der zwanziger Jahre unter dem Eindruck des aufkommenden Faschismus – und erst recht während des Dritten Reichs – zu dessen großer Gegenmacht. In Goethes Spuren zu gehen, so der beliebte Ausdruck Thomas Manns, bedeutete, der Verführung durch einen mörderischen Kult der ‹Mütter› Herr zu werden. Der Nationalsozialismus seinerseits verhielt sich Goethe gegenüber naturgemäß weithin neutral. Für die kommenden «Zeiten erbitterter Kämpfe» sei er nicht brauchbar, erklärte Alfred Rosenberg in seinem *Mythus des 20. Jahrhunderts*, «weil ihm die Gewalt einer typenbildenden Idee verhaßt war und er sowohl im Leben wie im Dichten keine Diktatur eines Gedankens anerkennen wollte, ohne welche jedoch ein Volk nie ein Volk bleibt und nie einen echten Staat schaffen wird.»[25]

Anders als Schiller, Hölderlin, Kleist und die Romantiker, als Nietzsche und Wagner war Goethe kaum je eine Berufungsinstanz der Nationalsozialisten, sein Bild blieb wie das keines anderen deutschen ‹Klassikers› vom braunen Ungeist ungetrübt, und so konnten seine Person und sein Werk nach dem Krieg zur Basis einer politischen und moralischen Neuorientierung im Westen wie im Osten Deutschlands werden – unter jeweils rigoros entgegengesetzten Vorzeichen. Anders als hundert Jahre zuvor kam das Goethe-Jahr 1949 genau zum rechten Zeitpunkt. Und wieder war es Thomas Mann, der mit seiner Jubiläumsrede *Goethe und die Demokratie* das entscheidende Stichwort für die neue Zuwendung zu Goethe gab.

Daß Goethe freilich vielfach als Alibi gebraucht, die Berufung auf ihn zum Manöver der Ablenkung von der eigenen historischen Schuld wurde, darauf haben Emigranten wie Richard Alewyn unnachgiebig den Finger gelegt. «Zwischen uns und Weimar liegt Buchenwald. Darum kommen wir nun einmal nicht herum», bemerkt Alewyn in seiner Kölner Vorlesung *Goethe als Alibi?* (1949). Es gehe nicht an, «sich Goethes zu rühmen und Hitler zu leugnen. Es gibt Goethe *und* Hitler, die Humanität *und* die Bestialität.» (IV, 335) Wobei Alewyn auf das prophetische Diktum Franz Grillparzers über den Weg der Deutschen, und nicht nur ihrer, «von Humanität durch Nationalität zur Bestialität» anspielt. Von Weimar über Versailles nach Buchenwald!

Derlei harmoniestörende Töne waren freilich in der Nachkriegszeit nicht gefragt. Das mußte zwei Jahre zuvor Karl Jaspers erfahren, als er aus Anlaß des Goethe-Preises der Stadt Frankfurt seine kritische Rede über *Unsere Zukunft und Goethe* hielt, die vehemente Gegenreaktionen quer durch alle politischen und weltanschaulichen Lager auslöste, obwohl es nie eine würdigere

Form von Goethe-Kritik – einer Kritik buchstäblich auf Knien – gegeben haben dürfte. Jaspers distanziert sich entschieden von einer Polemik, die nicht Goethe selbst, sondern nur die Irrwege der «Goethe-Aneignung» trifft (IV, 297), und er perhorresziert die «*subalternen Ablehnungen* des Fürstenknechts, des antirevolutionären Reaktionärs, des illiberalen Konservativen, des leichtsinnigen Lebensgenießers mit boshafter Médisance, des unpatriotischen Mannes» (IV, 292 f.).

Jaspers verwirft mithin eine flache, undialektische Goethe-Kritik à la Börne, stellt dar, wie sehr gerade der Konservatismus Goethes «der Wille zur Rettung der Freiheit in der Welt» gewesen sei (IV, 293). Wie Jaspers hier die vermeintlich negativen Züge Goethes ins Positive wendet, so andererseits die positiven ins Negative – immer im Rahmen einer wohlausgewogenen Dialektik, die jede einseitige Wertung ausschließt. Das gilt für Goethes abstraktionsfeindliche Naturanschauung, die ihn in Widerspruch zur modernen Naturwissenschaft brachte (wofür freilich Ernst Cassirer, Werner Heisenberg oder Gottfried Benn in ihren Traktaten über Goethe und die Naturwissenschaft in den Jahrzehnten zuvor bedeutenderes Verständnis aufgebracht hatten als Jaspers), seine harmonistische Weltbejahung, die ihm den Blick auf das Leiden und auf das Böse oft verstellte, seine Liebesfähigkeit, die ihn dazu verführte, den Ernst der Existenz im Sinne Kierkegaards zu verfehlen, oder seine «Alloffenheit», die den Verlust des «Charakters» nach sich zu ziehen drohte. Immer birgt in Jaspers' Kritik das Negativum das Positivum in sich – wie freilich auch das Positivum das Negativum impliziert.

Eine derart differenzierte Dialektik wahrzunehmen, dazu waren Jaspers' Kritiker indessen nicht imstande. Der Romanist Ernst Robert Curtius reagierte mit einer rüden, jeder intellektuellen Würde entbehrenden Polemik gegen die vermeintlich «überhebliche Abkanzelung Goethes durch einen [!] Jaspers» (IV, 304) – eine Polemik, die den Menschen und Philosophen schnöde herabsetzte, ihm das Wort im Munde herumdrehte oder gerade das anlastete, was er selber verworfen hatte, so den gouvernantenhaften «Vorwurf gegen Goethes Wankelmut in der Liebe» (IV, 295). Curtius' infames Pamphlet ist das Dokument einer durch den Nationalsozialismus verwüsteten Diskussionskultur, das den Emigranten Jaspers empfindlich treffen mußte und Störenfriede im neuen Goethe-Konsens ausschalten sollte.

Kaum geringer freilich die Unduldsamkeit im östlichen Teil Deutschlands, in der späteren DDR. In Anknüpfung an Lenins Erbetheorie wurde hier, vor allem inspiriert von Georg Lukács, eine Aneignung der kulturellen Überlieferung mit Goethe als Zentralgestalt propagiert, welche die Arbeiterklasse zur ‹Vollstreckerin› der humanistischen Ideale des ‹fortschrittlichen› Bürgertums erklärte. Angesichts der Tradition der linken Goethe-Polemik von Börne über Friedrich Engels bis zu Franz Mehring blieb die autoritäre Ausblendung aller Kritik ein erstaunliches Faktum. Erneut wurde *Faust* als Nationaldichtung kanonisiert. Fausts Kolonisationswerk, die Zerstörung der Hüttenidylle von

Philemon und Baucis, die Vision vom «freien Volk» auf «freiem Grund» (Vs. 11580) wurden nun aus sozialistischer Perspektive neu gedeutet, ja mußten «herhalten zur Rechtfertigung der Bodenreform und der Kollektivierung der Landwirtschaft».[26]

Trat in den späteren sechziger Jahren in der Bundesrepublik Deutschland an die Stelle des Goethe-Konsenses der Adenauer-Zeit eine entschieden kritischere Haltung gegenüber Goethe bis hin zu regelrechter Klassik-Schelte – die in der Klassiker-Demontage auf den Bühnen ihr theatrales Pendant fand –, so wurde in den siebziger Jahren auch in der DDR hinter der doktrinären Fassade der Erbepflege mehr und mehr Kritik am sakrosankten Goethe-Bild laut, ein Rückgriff auf die Tradition der Goethe-Opposition von Börne bis Heinrich Mann – bei erneuter Ausrufung Jean Pauls als literarischer Gegenfigur zu Goethe in Wolfgang Harichs Buch über *Jean Pauls Revolutionsdichtung* (1974). Mehr und mehr also verbreitete sich erhebliche *Unruhe um einen Klassiker* – so der Haupttitel von Bernd Leistners Untersuchung *Zum Goethe-Bezug in der neueren DDR-Literatur* (1978).

Gleichwohl fiel mit dem Ende der DDR die letzte Bastion des Goethe-Kults, der sich in der Bundesrepublik längst verabschiedet hatte. Die Wiedervereinigung im Jahre 1990 war der erste Gründungsmoment in der neueren deutschen Geschichte – nach der Reichsgründung 1871, der Weimarer Republik 1919 und der Schaffung der beiden deutschen Staaten nach dem Zweiten Weltkrieg –, die ohne Berufung auf Goethes Werk als eines bestimmenden Kulturparadigmas auskam. Symptomatisch dafür die Neutralität der führenden deutschen Politiker gegenüber dem Goethe-Jubiläum 1999.

Am 14. April 1999 hielt Bundespräsident Roman Herzog im Frankfurter Römer zur offiziellen Eröffnung der Feiern zum Goethe-Jahr eine frostige Rede, die offenbar von einem unzureichend informierten Redenschreiber verfaßt war. Dieser folgte weithin unkritisch den Publikationen des amerikanischen Germanisten W. Daniel Wilson, die auf ungesicherter Quellenbasis Goethe als Denunzianten und Schreibtischtäter im Dienste einer reaktionären Staatsmacht denunzieren. Der Bundespräsident schwächte zwar in seiner Rede den schriftlich fixierten Text ab, aber eben diese Tatsache demonstrierte sein Desengagement in Sachen Goethe. Ebenso bezeichnend, daß Bundeskanzler Gerhard Schröder die Einladung zu der Weimarer Goethe-Feier am 28. August ablehnte, obwohl er sich in politischer Funktion in unmittelbarer Nähe der Stadt befand. Nietzsches rhetorische Frage, wer wohl imstande wäre, in der deutschen Politik ein Stück Goethe aufzuzeigen, seine Feststellung, unsere Staatsmänner hätten alle Goethe nicht zum Erzieher gehabt, ließ sich im Goethe-Jahr 1999 mit sehr viel mehr Recht als zu Nietzsches Zeit wiederholen. Daß ein deutscher Staat auf dem Weg ins vereinigte Europa Goethes Idee der Weltliteratur, seine Verwerfung jeglichen Nationalismus und Nietzsches darauf abgestimmte Europa-Utopie sehr wohl als ideelles Fundament der Politik brauchen könnte – den Politikern selber scheint es nicht in den Sinn zu kommen, da sie Europa nur als politisch-ökonomische und nicht als Kultur-Einheit zu sehen gewohnt sind.

Wieder ziehen nach dem Wort von Lassalle und Ebert die klassischen deutschen Denker und Dichter nur im Kranichzug über Deutschland hinweg. Auch das allmähliche Verschwinden Goethes aus dem allgemeinen Lesehorizont und von den Bühnen – wie es sich gerade im Goethe-Jahr 1999 zeigte – manifestiert: Goethe ist weitgehend in die Philologie abgewandert, die sich ihm nach wie vor in Biographie, Interpretation und vor allem Edition mit unermüdlichem Engagement zuwendet. Ein lebendiger Erinnerungsort der Deutschen ist Goethe jedoch nicht mehr. Das Wort von Karl Jaspers aus dem Jahre 1947 scheint sich mehr und mehr zu bewahrheiten: «Goethes Welt ist der Abschluß von Jahrtausenden des Abendlandes, eine letzte, noch erfüllte, und überall doch schon in Erinnerung und Abschied übergehende Verwirklichung. Es ist die Welt, aus der zwar die unsrige hervorgegangen ist, von der sich aber die unsrige schon so weit entfernt hat, daß Goethe Homer näher zu stehen scheint als uns.» (IV, 291) Seine Sonne leuchtet wie diejenige Homers wieder nur den «Wenigen», die Nietzsche zu seiner Zeit als das einzig legitime Publikum Goethes bezeichnet hat.

Georg Bollenbeck

Weimar

Wohl keine deutsche Stadt weist über den bloßen geographischen Namen hinaus so vielfältige und widersprüchliche Sinnbezüge auf wie Weimar. Ehedem galt die «Klassiker-Stadt» als unbestrittenes Zentrum deutscher Kultur. Zu ihren Bewunderern zählten europäische Intellektuelle von Rang wie Madame de Staël, Alexander Turgenjew oder William Makepeace Thackeray. Auch wenn, schon nach Goethes Tod, ihre Stagnation und Musealisierung kritisiert werden, so leidet das idealisierte Bild von der «Weimarer Klassik» darunter kaum. Man kann, wie Heine, das biedermeierliche Residenzstädtchen als «Musenwitwensitz» verspotten und zugleich den «Weimarer» Goethe bewundern. Es gibt viele Weimarer Berühmtheiten; sie mögen Liszt, Nietzsche oder van de Velde heißen. Bis heute dient jedoch die Zeit der Klassik als reputatives Grundkapital für die Selbstdarstellung der Stadt. In die Kulturhauptstadt Europas 1999 kamen sieben Millionen Besucher. Ihnen wurden zahlreiche Veranstaltungen, Gastspiele, Ausstellungen und Tagungen geboten. Letztlich aber war Goethes 250. Geburtstag der dominante Anziehungspunkt.

Allerdings herrscht keine ungebrochene und problemlose Kontinuität vom Musenhof zur Kulturhauptstadt. Die Erinnerung an den nationalsozialistischen Terror dunkelt das freundliche Bild vom heiteren und überschaubaren, humanen und geistreichen «Ilm-Athen» ein. Mit dem Ortsnamen verbinden wir, syntagmatisch fixiert, höchst Heterogenes: eine glanzvolle nationalkulturelle Epoche, die sogenannte Weimarer Klassik; den schwer zu fassenden, aber immer wieder beschworenen «Geist von Weimar»; schließlich die erste deutsche Demokratie, die Weimarer Republik – deren Scheitern, aber auch deren dynamische Kultur, die man in der angelsächsischen Welt bewundernd «Weimar Culture» nennt.[1] Zum Erinnerungsort gehört jedoch auch ein Konzentrationslager, das, nahe der Stadt gelegen, zwar nicht deren Namen trägt, das aber eng mit der Geschichte der Stadt verbunden ist: Buchenwald. Das Humanitätskonzept der deutschen Klassik, die Gründung der ersten deutschen Republik, deren imponierende Kultur, die Barbarei nationalsozialistischer Herrschaft und schließlich der diktatorische Staatssozialismus – das paßt nicht zusammen. Und doch erschließt die historische Vergewisserung in intensiver Totalität ein Nacheinander von normativer Höhe und tiefem Fall, von humanistischem Anspruch, achtbarer liberaler Tradition und jämmerlicher «Selbstnazifizierung» (K. Jarausch) des deutschen Bildungsbürgertums. Insofern kommt Weimar eine nationalgeschichtliche Symbolik zu, die in einer Art negativer Dialektik dem Erinnerungsort Kontrastbedeutungen verleiht.

Wer die Klassikerstätten besuchen will, der kann heute, dank kluger Erinnerungsarbeit, das Konzentrationslager schwerlich ignorieren. Den «Zeitreisenden zu Fuss in Weimar» erwartet «ein Wegenetz zwischen Goethehaus und Buchenwald».[2]

Die Grundlage für Rang und Geltung Weimars bilden die großen «Dichter und Denker» mit ihren weltliterarischen Werken und ihrer internationalen Resonanz. Der Erinnerungsort aber ist ein Produkt nationalkultureller Sinnzuschreibungen. Sie modellieren das Bild von Weimar. Man sollte den Blick also auch umkehren: von der engeren Stadtgeschichte hin zu den Strategien und Akteuren der Erinnerungsarbeit. Freilich ist der Erinnerungsort kein reines Konstrukt. Er ist aber das Resultat einer Konstruktion, an der zunächst die Bildungsbürger arbeiten. Weimars Geschichte bietet sozusagen das geeignete «Material» für dauerhafte Vorstellungen von Personen, Konstellationen und schöpferischen Leistungen, aus denen der Geist von Weimar geformt werden kann. Diese Geschichte läßt sich personalisieren, historisieren und nationalisieren. Was man mit Weimar verbindet, ist als ein Nacheinander erzählbar und in seinen räumlichen Gegebenheiten als ästhetisierte Topographie visualisierbar. Dergleichen ermöglicht und erleichtert die Erinnerungsarbeit.

1. Vom mäzenatischen Glücksfall zum kulturellen Gravitationszentrum

Am Anfang steht ein mäzenatischer Glücksfall, auf den sich die Erzählung von der bürgerlichen Intelligenz, die sich am «Musenhof» entfalten kann, bezieht. Im November 1775 trifft der junge Goethe in Weimar ein. Die Ackerbürgerstadt liegt immer noch abseits der großen Handelswege in einer Art totem Winkel. Unter den 6000 Einwohnern finden wir keine wohlhabende Kaufmannschaft, kein einflußreiches Stadtpatriziat. Der Hof des Herzogtums Sachsen-Weimar-Eisenach dominiert das gesellschaftliche Leben. Das Duodezfürstentum umfaßt lediglich 36 Quadratmeilen, auf denen hunderttausend Untertanen leben. So fehlt es an Geld für eine repräsentative Kulturpflege mit einem festen Theater, einer italienischen Oper, einem Ballett, großen Gemäldegalerien und Antikensammlungen. Selbst für den Wiederaufbau des 1774 abgebrannten herzoglichen Schlosses reichen zunächst die Mittel nicht. Über eine große Tradition aber verfügt das Residenzstädtchen. Es ist ein Zentrum der Reformation. In der Schloß- und in der Stadtkirche predigt 1522 Luther über das «geistige» und «weltliche Regiment». Mit dem Sieg des Protestantismus entsteht hier schon früh modellhaft jene kirchliche Machthierarchie, in der Staat und Kirche, Fürst und Geistlichkeit sich gegenseitig stützen und der Pastor zum Agenten der weltlichen Herrschaft werden kann. Man hat daraus später, häufig unter Berufung auf Helmuth Plessner, einen politisch fatalen Hang des deutschen Protestantismus zur Obrigkeitsfrömmigkeit und unpolitischen Geistigkeit wie auch zur individuellen Selbstvervoll-

*Mahnmal
der KZ-Gedenkstätte
Buchenwald*

kommnung im Medium der ästhetischen Kultur ausmachen wollen. Unverkennbar beginnen sich mit der Reformation und ihren Folgen in Deutschland die kulturellen Zentren in die protestantische Mitte zu verlagern. In Weimar malt Lucas Cranach d. Ä., Luthers erfolgreicher Bild-Propagandist, das berühmte Triptychon für St. Peter und Paul. Später wird hier Johann Sebastian Bach als Hoforganist und Konzertmeister musizieren und komponieren. Dennoch, Weimar bleibt über mehr als zwei Jahrhunderte eine mickrige Residenz, klein und rückständig, ärmlich und abgelegen. Die Straßen der Stadt sind schlecht oder gar nicht gepflastert. Sie werden nachts kaum beleuchtet. Dafür dürfen nach 23 Uhr die Nachtgeschirre aus dem Fenster entleert werden. Schon das nahegelegene Gotha hat mit seinem großen frühbarocken Schloß mehr zu bieten. Und dann erst der Hof der Braunschweiger Herzöge in Wolfenbüttel. Hier gibt es seit 1529 ein festes Theater. Die berühmte Herzog-August-Bibliothek, eine der größten in Europa, leitet von 1690 bis 1716 Leibniz, eine anerkannte Größe in der alteuropäischen Gelehrtenwelt. Und mit dem

Collegium Carolinum verfügt der Ort über eine moderne Erziehungsanstalt für Staatsdiener. Von hier kommt Anna Amalia, die Gemahlin des kränkelnden Weimarer Herzogs Ernst August II. Constantin, ins bescheidene Weimar. Sie konsolidiert die ruinierten Finanzen des Herzogtums und fördert die Wissenschaften und Künste. Letzteres ist freilich nicht sonderlich originell und besonders in mitteldeutschen Kleinstaaten, die zu einer Großmachtpolitik nicht fähig sind, gängige Praxis. Dennoch, mit Anna Amalia beginnt der mäzenatische Glücksfall, und ihr Sohn Carl August wird ihn verstetigen.

Die aufgeklärte kunstsinnige Despotin verfügt über eine vorzügliche, der Aufklärung verpflichtete Ausbildung. Aber nicht ihre Liebe zur Kunst gibt den Anstoß zum mäzenatischen Engagement, sondern ihre Mutterliebe; genauer, die Sorge um eine zeitgemäße Erziehung ihrer beiden Söhne. Für die Erziehung des Erbprinzen Carl August in Literatur und Philosophie verpflichtet sie 1772 mit Christoph Martin Wieland den Aufklärer und berühmten Autor des Entwicklungsromans *Agathon*. Zwei Jahre später stellt ein anderer Prinzenerzieher, Karl Ludwig von Knebel, den Kontakt zwischen dem erstgeborenen Carl August und dem jungen Verfasser des Aufsehen erregenden Briefromans *Die Leiden des jungen Werthers* her. Goethe wird mit Versprechungen nach Weimar gelockt. Zweifellos schmeichelt es ihm, von einem jungen Herzog hofiert zu werden. Was zunächst wie eine kurze schwärmerische Liäson zwischen Ungleichen aussieht, das wird die Eskapaden der beiden Jugendfreunde überleben. Wenn Weimar bald kulturell nicht nur die anderen Duodezfürstentümer, sondern auch die Großmächte Preußen und Österreich überholt, so liegt dies auch an der stabilen, ein halbes Jahrhundert überdauernden persönlichen Beziehung zwischen dem «Herrscher» und seinem Dichterfreund. So erhält Goethe großen Einfluß auf die Belange des Herzogtums. Als Legationsrat und Mitglied des geheimen Consiliums, zunächst nicht nobilitiert, aber von Beginn an wohldotiert, vermittelt er 1776 dem Philosophen und Literaturkritiker Herder, den er aus Straßburger Sturm und Drang-Tagen kennt, das einflußreiche Amt des Generalsuperintendenten für das Herzogtum. Später wird Schiller noch dazukommen. 1794 beginnt dessen intensive Zusammenarbeit mit Goethe. Es geht um die von ihm neugegründete Zeitschrift *Die Horen* und um Goethes Roman *Wilhelm Meisters Lehrjahre*. 1799 siedelt er von Jena nach Weimar über. «Ihre Regentschaft brachte dem Land mannigfaltiges Glück», schreibt Goethe 1807 im Rückblick, nicht ohne zu versichern: «Ein ganz anderer Geist war über Hof und Land gekommen. Bedeutende Fremde von Stande, Gelehrte Künstler wirkten besuchend oder bleibend.»[3] Er meint damit zunächst sich selbst und eine Personalpolitik, in deren Gefolge Weimar zu einem kulturellen Gravitationszentrum wird.

Als der Weimarer Hoforganist Johann Sebastian Bach 1717 ein attraktiveres Engagement beim Fürsten Leopold von Anhalt-Köthen annehmen will, da läßt Herzog Wilhelm Ernst, über eine solche Insubordination verärgert, seinen «Musikus» einfach verhaften. Sechzig Jahre später haben sich zwar nicht die politischen Machtverhältnisse, wohl aber die kulturellen Muster verändert. Mit der Herausbildung einer kulturräsonierenden Öffentlichkeit steigt auch das Ansehen der Künstler. Zudem widerlegen Lessings, Klopstocks oder Wielands Werke das Urteil, die deutsche Literatur sei im Vergleich zur französischen minderwertig. Einen Goethe muß man respektieren; zumal er in dem Bewußtsein lebt, er könne jederzeit die Pferde anspannen lassen und Weimar verlassen. Aber worin besteht die Attraktivität der bescheidenen Residenz? Die mäzenatische Praxis des Ernestiner Hofes balanciert die Interessen zwischen einem aufgeklärt-absolutistischen Herrscherhaus und den Individuierungsansprüchen einer bürgerlichen Intelligenz aus. Dies kann gelingen, weil – trotz der bisweilen demütigenden Standesunterschiede – verbindende semantische Brücken bestehen: die Tradition des aufklärerischen Denkens, die Kunstemphase und das Projekt der Fürstenerziehung. Diese Balance ist eine entscheidende Voraussetzung für den Aufstieg der wenig beachteten Kleinresidenz zu einem kulturellen Gravitationszentrum, in dem Berühmtheiten nebst Trabanten zueinander finden und das immer mehr Besucher anzieht, deren Berichte wiederum den Ruhm der Stadt mehren.

Weimar kann seinen zugereisten Berühmtheiten viel bieten. Die mäzenatische (von einer politischen kann keine Rede sein) Liberalität respektiert und fördert die «gute Sache» einer bürgerlich dominierten Nationalkultur. Das Zusammentreffen großer Geister im kleinen Ort schafft ein Klima des produktiven Austauschs, der Anerkennung, Kritik und Überbietung. Zum kulturellen Gravitationszentrum gehört auch die zwanzig Kilometer entfernte Universitätsstadt Jena. Sie entwickelt sich zu einem Tummelplatz jüngerer Denker, die sich schon selbst als «modern» verstehen. Auch das erhöht die Kommunikationspotentiale des «Musenhofes». In Jena hält Schiller seine Antrittsvorlesung als Professor für Geschichte; hier lebt Wilhelm von Humboldt als Privatgelehrter, wirken Fichte, Schelling und Hegel als Philosophen. In Jena findet sich eine erste Gruppe der Romantiker zusammen: die beiden Schlegels, Novalis, Schleiermacher und Tieck. Von einer intellektuellen Provinzialität kann also keine Rede sein. Ja, genau besehen – «eng ist die Welt, und das Gehirn ist *weit*» – entfaltet sich der oft bemühte «Geist von Weimar» in Auseinandersetzung mit den intellektuellen Haupttendenzen seiner Zeit: der europäischen Aufklärung, dem Neuhumanismus, der entstehenden Philosophie des deutschen Idealismus und der Romantik. Unter den Bedingungen des mäzenatischen Glücksfalls gerät der Nachteil der provinziellen Randlage zum produktiven Vorteil. Im Vergleich mit stehengebliebenen Reichsstädten wie Frankfurt oder Nürnberg, aber auch mit den Hauptstädten der großen absolutistischen Flächenstaaten, also mit dem Berlin Friedrichs II. und dem Wien Josephs II., erhält die literarisch-künstlerische Intelligenz gerade hier einen großen Gestaltungsspielraum, einen gewissen Schutz gegenüber den Zumutungen des Marktes und der Moral, der Politik und der Religion. Auf der anderen Seite stellen sich, den Terror der Französischen Revolution vor Augen, die Nutznießer des mäzenatischen Glücksfalls – aus Überzeugung oder, freundlich gesprochen, aus «philosophischer Diplomatie» – auf die politischen Gegebenheiten ein, indem sie jede politische Betätigung oder auch nur Debatte ablehnen, ohne freilich auf eigene Zielsetzungen zu verzichten. Man lese Schillers «Einladung zur Mitarbeit an den *Horen*» (1794), um jenes komplizierte, künstlerisch fruchtbare Miteinander zu verstehen; ein Miteinander von politischer Abstinenz, Bildungs- und Kunstemphase, aber auch aufklärerischem Anspruch auf «Verbesserung der gesellschaftlichen Zustände» und protoliberaler Ausrichtung auf eine bürgerliche Öffentlichkeit «für alle». Man wolle, so heißt es dort, dem «allverfolgenden Dämon der Staatskritik» eine Absage erteilen, um «die politisch geteilte Welt unter der Fahne der Wahrheit und Schönheit wieder zu vereinigen».

Das Humanitätsprojekt stellt in seiner emphatisch-normativen Bedeutung den Status des Menschseins über die Standeszugehörigkeit und Nationalität; es setzt auf individuelle Vervollkommnung und appelliert «an alle». Die allgemeine Erhöhung der Humanität soll die Künste begünstigen, wie umgekehrt das Kunstwerk zum Garanten der Humanität wird. Nun entsteht ein hochgestimmtes Kunstideal, das die Kunst autonomisiert und die einzelnen Werke im Namen der Schönheit dem jämmerlichen Alltag entrückt – mit dem Anspruch, auf die Welt zurückzuwirken. Die Vermutung liegt nahe, hier handele es sich um die Entwürfe einer randständigen literarisch-künstlerischen Intelligenz, die gleichgültig gegenüber sozialen Gegebenheiten, ebenso weltfremd wie unpolitisch in einen übersteigerten Kunstidealismus flüchtet. Aber das ist mehr als eine Vereinfachung. Denn im Leitbild der «gebildeten Persönlichkeit» artikulieren sich, normativ überhöht, Individuierungsansprüche einer Intelligenz, die «Geburt und Stand in ihre völlige Nullität» (Schiller) zurückweist und die dabei auf die Lebensmacht der Kunst setzt. Die bildet – hoch über den Niederungen der Politik angesiedelt – zwar ein autonomes, aber kein selbstgenügsames Reich. Die theoretischen Entwürfe und Werke insistieren auf einen durch die Kunst vermittelten intensiveren Weltbezug. «Man weicht der Welt nicht sicherer aus als durch die Kunst, und man verknüpft sich nicht sicherer mit ihr als durch die Kunst», heißt es bei Goethe.[4]

Das Kunst- und Gesellschaftskonzept Goethes, Schillers und der Neuhumanisten hat als gemeinsamen Nenner eine Art «bildungsindividualistisches Umwegkonzept», das aus dem Verzicht auf unmittelbare politische Aktivitäten im Bewußtsein nötiger langfristiger Veränderungen entsteht. Daran knüpft ja später die liberale Schillerverehrung an. Der vielzitierte «Geist von Weimar» ist anpassungsfähig und dienstbar. Er kann für Zeitkritik und Zeitflucht, Reformhoffnungen und politische Anpassung, Universalismus und Nationalismus stehen. Diese Flexibilität wird den Erinnerungsort stärker als andere, die wie Alt-Heidelberg, Oberammergau, Langemarck oder Tannenberg sinnfixiert sind, vor ideologischem Verschleiß bewahren. Sie erlaubt heterogene Sinnzuschreibungen. Sie kann aber auch bis zum offenkundigen Mißbrauch überdehnt werden – von einem radikalnationalistischen Bürgertum, das den Geist der Klassik gegen die Weimarer Republik in Stellung bringt, oder von den beiden deutschen Diktaturen, die den guten Namen des Erinnerungsortes propagandistisch nutzen. Und auch das ist eine Grundlage für die Langlebigkeit des Erinnerungsortes: Man sollte das fürstliche Mäzenatentum nicht mit dem heutigen Sponsoring verwechseln, das die Kunst dem ökonomischen Kalkül unterordnet. Denn es achtet weitgehend den Eigenwert des Ästhetischen. So entsteht kein serviler Klassizismus zu Ehren des Herrscherhauses. Vielmehr ermöglicht die produktive Konstellation des mäzenatischen Glücksfalls Werke von weltliterarischem Rang, die sich mit ihrem Herkunftsmilieu nicht verrechnen lassen und den Ruhm der Weimarer Klassik konservieren. Werke, die wie Goethes Lyrik oder *Faust*, wie Schillers Balladen oder Dramen, kanonisiert und häufig banalisiert, ins kollektive Bewußtsein eingehen. «Und manches tiefe Werk hat, reichgestaltig, / Den Wert der Kunst, des Künstlers Wert erhöht», heißt es bei Goethe bilanzierend nach Schillers Tod.[5]

2. Ästhetisierte Topographie und die Institutionen des Gedächtnisses

Daß in Weimar etwas Besonderes, ja Einzigartiges entsteht, bemerken die Zeitgenossen rasch. «O Weimar! Dir fiel ein besonder Los: / Wie Bethlehem in Juda, klein und groß! / Bald wegen Geist und Witz beruft dich weit / Europens Mund, bald wegen Albernheit» dichtet Goethe im Frühjahr 1782.[6] Hufeland lobt das Nest wenig später als «Athen von Deutschland»;[7] für Madame de Staël ist es Deutschlands «literarisch-gelehrte Hauptstadt».[8] Ein livländischer Schriftsteller und Publizist stellt sich zu Beginn des 19. Jahrhunderts die fingierte Frage: «Gar nicht nach Weimar gezogen? Nach dem hochberühmten Weimar, das so viele große Männer – mit Erlaubnis: *Dichter!* – enthielt, dem belletristischen Glanzpunkte Deutschlands, dessen Ruhm fast alle gelehrte und gebildete Ausländer, die nach Deutschland kamen, anzog, es zu besuchen nicht nur, sondern zum Teil sich dort anzusiedeln!»[9] Bald spricht man aber auch vom musealisierten, erstorbenen und erstarrten Weimar und kritisiert den «Geheimrat» Goethe als undeutschen «Fürstenknecht». Trotz der Jungdeutschen oder nationalistischen Goetheschelte – jetzt beginnt die erfolgreiche Konstruktion des Erinnerungsortes Weimar zum nationalkulturellen Aktivposten.

Der «locus memoriae» entsteht aus der Trennung zwischen der realexistierenden Stadt und einer ästhetisierten Topographie, zwischen den Zuständen *in* Weimar und dem ortsunabhängigen Geist *von* Weimar. Damit erhält die Erinnerung vergegenständlichte Fixpunkte; und damit erhöhen sich die Potentiale der Sinnzuschreibungen. 1828 schreibt Karl Julius Weber in seinen *Briefen eines in Deutschland reisenden Deutschen*: «Wenn irgendeine Stadt der Imagination Streiche spielt, so ist es Weimar. Sein Ruf geht vor ihm her wie vor großen Männern, und man findet ein kleines, totes, schlecht gebautes, recht widriges Städtchen, das Schloß ausgenommen, fast gar nichts Ausgezeichnetes.»[10] Der Zustand der Stadt enttäuscht viele Reisende, die das kulturelle Zentrum suchen und ein Provinznest vorfinden. «Von unten betrachtet» bleibt Weimar zunächst ein eher ärmlicher Ort der «kleinen Leute», die mit der Welt des Hofes – ihn beliefernd, bedienend und bewundernd – kaum Kontakt haben. Für den Brockhaus ist die Klassikerstadt 1820 ein «unansehnlicher» Ort, aber zugleich «eine der denkwürdigsten Städte Deutschlands». Freilich ändern sich im Verlaufe des 19. Jahrhunderts die Örtlichkeiten in Weimar, und es verändert sich auch der Blick auf Weimar. Der Ort gewinnt, dank einer erfolgreichen Erinnerungsarbeit, an Attraktivität. Er erhält eine ästhetisierte Topographie, die sich auf die große Vergangenheit bezieht und sie zugleich visuell aufbereitet.

Seit etwa 1825 entsteht die Vorstellung einer Weimarer Klassik mit dem zeitlosen und unerreichbaren Dioskurenpaar Schiller und Goethe, mit Lessing als Vorläufer und Shakespeare als naturalisiertem deutschen Klassiker. Noch zu Goethes Lebzeiten und nicht ohne eigenes Zutun beginnt eine entrückende Personalisierung. Goethes Wohnhaus, so Turgenjew, werde «wie ein Heiligtum gezeigt».[11] Diese kultische Bewunderung und Personalisierung markiert den Ausgangspunkt der ästhetisierten Topographie. Nach dem Ende der Kunstperiode werden die Klassiker zu Geistesheroen stilisiert und buchstäblich auf den Sockel gestellt. Gedenkfeiern, Aufführungen, Festlichkeiten und «Ehrenbildsäulen» inszenieren und präsentieren die Erinnerung an die vergangene Glanzepoche. Als der französische Schriftsteller Gérard de Nerval im Sommer 1850 nach Weimar kommt, wird vor der Stadtkirche St. Peter und Paul zum 106. Geburtstag ein überlebensgroßes Herder-Denkmal von Ludwig Schaller enthüllt. Hier entsteht ein architektonisches Kleinstensemble der Personalisierung und Ästhetisierung. Aus einem gewöhnlichen Platz wird der Herderplatz, und die Stadtkirche kann Herderkirche genannt werden. Nervals Bericht dokumentiert schon den Attraktivitätsgewinn des ehedem «unansehnlichen Ortes», seine erfolgreiche Modellierung zum Erinnerungsort. Die Stadt bietet ihm den Anblick «einer harmonischen Ansammlung von Palästen, Villen und Häusern», und sie gemahnt ihn «auf Schritt und Tritt an die großen Männer».[12] Das kann man von nun an immer wieder lesen. Aus dem kulturellen Zentrum wird im 19. Jahrhundert ein Zentrum der Gedächtniskultur mit Bauten, Denkmälern, Friedhöfen, Brunnen und Parklandschaften. Deren optische Präsenz konturiert das Bild vom «Ilm-Athen». Selbst der kleinste Reiseführer listet heute unter der Rubrik «Sehenswürdigkeiten» die «Highlights» auf – nicht ohne zu versichern: «Wohin sie auch gehen oder kommen, alles erinnert an Weimars klassische Vergangenheit.»[13]

Hinzu kommen die «Institutionen des Behaltens», denen es gelingt, die semantischen Ressourcen zu archivieren, zu interpretieren und zu kanonisieren. Sie füllen das tote Speichergedächtnis der Gelehrtenwelt auf und beliefern das lebendige Gedächtnis der Kulturnation. Schon zu Goethes Lebzeiten zählt die Anna-Amalia-Bibliothek mit ihrem Rokokosaal zu den größten Deutschlands. Drucke der Renaissance und der Reformations- und Barockzeit, Erstausgaben der deutschen Klassiker, später Liszts und Nietzsches Bibliotheken oder Rara der 1913 gegründeten Cranach Presse zählen zu ihren Schätzen. Die fürstlichen Sammlungen werden 1869 ins Großherzogliche Museum, einen museumstechnisch modernen Neorenaissancebau überführt. 1896 erhält das zuvor im Schloß untergebrachte Goethe-Schiller-Archiv hoch über der Ilm ein repräsentatives Gebäude, das sich am «Kleinen Trianon» von Versailles orientiert. Es ist bis heute der Sitz des größten deutschen Literaturarchivs, ein beeindruckendes Monument philologischer Hingabe und nationalkulturellen Sendungsbewußtseins im neuen deutschen Reich – ganz im Sinne der zuvor gegründeten Goethegesellschaft, in deren Gründungsaufruf 1885 versichert wird: «Die Begründung und Erhaltung der politischen Größe unseres Volkes geht Hand in Hand mit der Pflege und Förderung seiner idealen Güter.»

3. Das Projekt Nationalkultur, die Klassiklegende und Wiederbelebungsversuche im Ort

Nicht ohne Grund ist Ernst Rietschels «Goethe-Schiller-Denkmal» (1857) eines der populärsten Denkmäler des 19. Jahrhunderts. Es überwindet den Klassizismus, und ihm gelingt es, die historisch gesehenen Helden – Goethe in ruhiger Haltung, Schiller eher bewegt – heroisiert und bürgerlich zugleich vorzustellen. Vermutlich erklärt sich die Popularität des Denkmals auch aus dem Tatbestand, daß seine individuelle Gegenwärtigkeit unterschiedliche Wahrnehmungen erlaubt. Denn das Dioskurenpaar verkörpert (als Inkarnation eines individualistischen Bildungsideals, als Ausdruck der Größe und Einheit der Nation und als universales Repräsentationsmodell gelebter Humanität) die heterogenen semantischen Ressourcen der Weimarer Klassik. Goethe und Schiller sind offenbar die entscheidenden Fixpunkte der Nationalkultur. Dazu werden sie allerdings erst durch eine erfolgreiche Erinnerungsarbeit gemacht. «Die Pflege und Förderung der idealen Güter» betreibt vornehmlich das deutsche Bildungsbürgertum, jene Schicht, die im 19. Jahrhundert über die kulturelle Hegemonie verfügt, die definieren kann, was unter Kunst zu verstehen ist, und die sich zuzurechnen vermag, was die Künste leisten. Dabei kommt seit Herder der Sprache eine privilegierte Rolle zu. «Was haben wir denn Gemeinsames als unsere Sprache und Literatur?» fragen die beiden Grimms in der «Einleitung zum ersten Band» des *Deutschen Wörterbuchs* (1854). Vor allem die deutsche Dichtung gilt, wie die Schillerfeiern des Jahres 1859 eindrucksvoll zeigen, als Ausweis der kulturellen und Vorbote einer noch zu schaffenden nationalstaatlichen Einheit. Die konzeptiven Kerntruppen des Bildungsbürgertums, die Germanisten, Sprachwissenschaftler, Historiker und Kunsthistoriker, verwissenschaftlichen die Vergangenheit, um sie für die nationalpädagogische Aufgabe der Gegenwart tauglich zu machen. So will man in Büchern, Editionen, Sammlungen, Denkmälern, Historienbildern und restaurierten Bauwerken nationale Traditionen vergegenwärtigen, und so feiert man die nationalen Helden, Dürer und Gutenberg, Luther und Schiller – schließlich auch Goethe. Aus diesem Geist entsteht der Erinnerungsort Weimar. Gerade in Deutschland bildet sich eine einzigartige Koalition von sozialer, kultureller und nationaler Identität, eine große Hochschätzung der Nationalkultur und ihrer symbolischen Kompensation für die fehlende staatliche Einheit. So kommt es 1871 nicht zum Symbolkampf zwischen Kyffhäuser und Weimar, weil die Reichseinigung auch als Vollendung der vom Bildungsbürgertum zuvor hergestellten nationalkulturellen Einheit bewertet werden kann. Selbstbewußt stellt man so der Reichseinigung «von oben» eine bürgerlich liberale Stiftungslegende entgegen, die von der eigenen Arbeit an den nationalen «Kulturgütern» kündet. Mit Blick auf die Reichseinigung versichert Herman Grimm in seinen Vorlesungen: «Goethes Arbeit hat den Boden schaffen helfen, auf dem wir heute säen und ernten».[14]

Weniger erfolgreich, wenn auch nicht folgenlos, sind Versuche, in Weimar selbst den Geist von Weimar zu reanimieren; also eine erneute kulturelle Glanzzeit wiederherzustellen und aus dem Zentrum der Gedächtniskultur ein neues kulturelles Gravitationszentrum zu machen. Dabei treten von Beginn an Probleme auf, die etwas mit der Vorstellung zu tun haben, die Weimarer Klassik sei eine abgeschlossene und unerreichbare Epoche. Durch diese normative Fixierung gerät die Klassik zu einer problematischen Hypothek, mit der man zwar arbeiten kann, die einen aber auch hemmend belastet. Was soll denn nach den Geistesheroen noch kommen? Allzu leicht werden die Nachgeborenen in die Rolle der Epigonen oder der rückwärtsgewandten Bewunderer gedrängt. Es sei denn, man versucht, wie die Jungdeutschen Literaten oder Heine, dem unerreichbaren Vorbild durch Distanzierung zu entkommen. In der Residenzstadt befördert und behindert die Erhöhung der Klassik zum «goldenen Zeitalter» (Gervinus) die Versuche, an große Zeiten anzuknüpfen. Genau besehen handelt es sich um zwei Anläufe, die sich beide auf die Tradition des klassischen Weimar berufen und die zugleich vom mäzenatischen Wohlwollen des jeweiligen Herrschers abhängig bleiben. Gemeint ist zunächst die sogenannte «silberne Zeit». Als deren Initiator und Hauptakteur wirkt für mehrere Jahrzehnte eine europäische Berühmtheit, ein Virtuose und Star des Musiklebens: Franz Liszt. Der Komponist, Klavierinterpret und Dirigent wird 1842 zum «Kapellmeister» ernannt. Aber er bescheidet sich nicht, im Unterschied zu seinem Vorgänger Hummel, mit dieser Aufgabe. Denn er versteht sich als Erbe Goethes und Schillers. Er fordert in seiner Programmschrift *De la Fondation Goethe à Weimar* eine umfassende Erneuerung der zeitgenössischen Künste. Nach der Blüte der Literatur soll nun eine neue Blüte der Künste unter der Führung der Musik erreicht werden. Dem Vorhaben kommt zugute, daß die Musikgeschichte im Unterschied zur Literaturgeschichte einen prozessualen Klassikbegriff aufweist. So kann der von Liszt geförderte Wagner schon zu Lebzeiten als Klassiker erscheinen, während ein Geibel lediglich (mit raschem Verfallsdatum) als Goethenachfolger gesehen wird. Jedenfalls wird durch Liszt Weimar zu einem internationalen Zentrum für zeitgenössische Musik. Seine Wagneraufführungen beeindrucken die Kritik und ziehen Opernfreunde aus der ganzen Welt an. Auch Hector Berlioz zählt zu den Favoriten. Ihm sind in den fünfziger Jahren sogar eigene Festwochen gewidmet. Gegen Ende des Jahrhunderts wird Richard Strauss in Weimar als Hofkapellmeister seinen Durchbruch erleben. Doch die Stadt kann den jungen Komponisten wie zuvor schon andere Berühmtheiten, sie mögen Andersen, Hebbel oder Viktor von Scheffel heißen, nicht halten. München, Wien, Berlin oder Dresden sind die kulturellen Zentren des ausgehenden bürgerlichen Jahrhunderts, nicht aber die thüringische Residenz. Die zieht nun hohe Beamte und Offiziere, vermögende Witwen und bildungsbeflissene Touristen an. Letztlich scheitert dieser Wiederbelebungsversuch. Doch bleibt Weimar, gemessen an seiner Größe, eine attraktive Kulturstadt und entgeht einer möglichen Erstarrung zur Museumsinsel der Goethezeit.

Auch der zweite Versuch, die Stadt als kulturelles Gravitationszentrum wiederzubeleben, lebt aus der Erinnerung an vergangene Glanzzeiten. Dieses geplante «Neue Weimar» hat verschiedene Akteure und Facetten. Eine zentrale Gestalt ist Elisabeth Förster-Nietzsche, die mit dem wachsenden Ansehen ihres in Weimar verstorbenen Bruders wuchert. Sie verwaltet in ihrer Villa «Silberblick» das Nietzsche-Archiv und macht aus ihm einen Treffpunkt für Künstler, Literaten, Bohemiens und Mäzene. «Zarathustras Schwester» arbeitet mit Erfolg an einem Nietzschekult, dem völkische Antisemiten wie Ernst Wachler und Vertreter einer internationalen Moderne wie Harry Graf Kessler gemeinsam huldigen. Für die einen ist Nietzsche der Künder einer germanischen Herrenrasse. Für die anderen ist er die Inkarnation einer unabhängigen geistesaristokratischen Persönlichkeit. An den europäischen Nietzsche, an den Kritiker jeglicher Deutschtümeleien, an den Verkünder einer neuen Kunst als «Stimulans des Lebens» halten sich Harry Graf Kessler und Henry van de Velde. Beiden gelingt es, für wenige Jahre aus der Klassikerstadt ein Zentrum der kulturellen Moderne zu machen, genauer: der Malerei und des Kunstgewerbes. Geschickt nutzt der weltgewandte, ebenso parkett- wie geschmackssichere Kessler, der 1902 die ehrenamtliche Leitung des Museums für Kunst- und Kunstgewerbe übernimmt, seine Beziehungen zu kunstbegeisterten Aristokraten und Großbürgern. Er zeigt in Weimar nicht nur Klinger, Nolde oder Corinth, sondern auch Renoir, Cézanne oder Kandinsky. Sein Mitstreiter, der Maler, Architekt und Designer Henry van de Velde, wird 1902 nach Weimar berufen, um hier das Gewerbe und Kunstgewerbe künstlerisch zu heben. Dabei sind auch ökonomische Interessen im

Spiel. Was wenige Jahre später der «Deutsche Werkbund» verwirklichen will, das wird in van de Veldes «Seminar» schon praktiziert: Moderne Produktgestaltung soll das Stilgefühl der Produzenten und den Absatz steigern. 1907 entsteht aus diesen Ansätzen die «großherzogliche Kunstgewerbeschule», die van de Velde bis zu seiner Kündigung kurz vor Kriegsausbruch leiten wird. Ziel ist ein einheitlicher Stil, der (wie später im Bauhaus) die einzelnen Fächer prägt; ein Stil, in dem elementare Formgesetze, Ornament und Konstruktion ineinander übergehen. Aber auch dieser Versuch, ein «Neues Weimar» zu schaffen, scheitert letztlich. Als Rodin 1906, vermittelt über Kessler, dem Großherzog Wilhelm Ernst einige Aktzeichnungen widmet, kommt es zum Skandal. Die Traditionalisten vor Ort, die selbsternannten Sachwalter des klassischen Weimar, machen nun Front gegen die kulturelle Moderne. Sie berufen sich nicht nur auf die Sittlichkeit, sondern mit xenophobischen Tönen auf eine rein deutsche Kunst. Beim Großherzog, einem überforderten Choleriker, dem das Format seiner Vorgänger fehlt, finden sie Gehör. Mit dem Resultat, daß der entnervte und gekränkte Kessler um seine Entlassung bittet. Auch van de Velde leidet zunehmend unter einer aggressiven Kritik, die ihn als «Fremdling» und Vertreter «romanischer Abstraktion» denunziert. Aus dem nationalistischen Ressentiment entsteht eine Provinzialisierung des Erinnerungsortes, eine wachsende kulturelle Ungleichzeitigkeit zwischen der Residenz und den Metropolen. Während sich in Berlin die Protagonisten der kulturellen Moderne mit Max Liebermann als Zentralgestalt gegen den Kunstautokraten Wilhelm II. durchsetzen, erringen in Weimar deren Gegner mit Unterstützung des Herrschers einen Sieg.

Welch ein Unterschied zu den Zeiten eines Liszt! Der konnte noch ohne größere nationalistische Schelte als Ungar in französischer Sprache für eine «Fondation Goethe» werben und dabei mit dem Zuspruch der Kulturträger rechnen. Offenbar verändert auch in Weimar ein bisher immer noch unterschätzter mentaler Konstellationswandel das kulturelle Klima. Mit dem vielzitierten «Ende der liberalen Ära» um 1880 beginnt nicht nur die Abwendung des deutschen Bildungsbürgertums von der Aufklärung und vom Humanismus. Nun verändert sich auch der Umgang mit dem nationalkulturellen Konstrukt Weimar. Es beginnt die «Mythisierung und Teutonisierung der Goethezeit», eine Ausrichtung der Weimarer Klassik aufs wilhelminische Reich, eine Symbiose von Geistesmacht und Militärmacht, eine Koalition des Geistes von Weimar mit dem von Potsdam. Daß ein Mann wie der Hohenzollern-Dramatiker Ernst von Wildenbruch, dieser, wie ihn Franz Mehring nennt, «Klassiker des verpreußten Deutschland», mit seinen kostümhaften Historienschinken in Weimar Erfolge feiert, während man in Berlin schon Ibsen und Hauptmann spielt, mag als Syndrom für die Provinzialisierung gelten. Hinzu kommt die Macht eines nun radikalnationalistischen «träumerischen Gedächtnisses» (M. Halbwachs), das rückwärtsgewandt von der Einheit zwischen Volk, Nation und Dichtung schwärmt. Die Erinnerung an die vergangene Größe erhält gerade in Weimar einen destruktiven Drall. Der Ort entwickelt sich zum antimodernen Schmollwinkel der Nation. Hier entsteht schon im Kaiserreich, man denke an Namen wie Bartels, Wachler oder Lienhard, eine gefährliche mentale Melange aus Antiliberalismus und Antiurbanismus, aus völkischem Rassismus und heimattümelnder Innerlichkeit. Von hier aus teilt ein Adolf Bartels schon seit der Jahrhundertwende die Judensterne in der Literaturgeschichte aus. Hier arbeiten Elisabeth Förster-Nietzsche und Ernst Wachler an einem Nietzschebild, das aus dem Kritiker des Nationalismus und Antisemitismus einen rassistischen Propheten des Übermenschen macht.

4. Politisierung und Instrumentalisierung

Vor Degenerationsgeschichten sollte man sich hüten. Der ortsunabhängige Geist von Weimar hat, es sei wiederholt, unterschiedliche semantische Ressourcen, die dem Erinnerungsort zugute kommen. Im linksliberalen Bürgertum, in der Arbeiterbewegung und später im Exil bleibt der Name ein Zeichen für den, um mit Norbert Elias zu sprechen, «egalitären humanistischen Normenkanon», für universale und emanzipatorische Vorstellungen.[15] In dieser Tradition steht Friedrich Ebert, wenn er in seiner berühmten Rede zur Eröffnung der Nationalversammlung am 6. Februar 1919 in Weimar den «Geist der großen Philosophen und Dichter» beschwört, um für die Republik zu werben und die Einheit der Nation zu sichern. Die Rede ist ein Appell aus dem Geist eines liberalen Kunstnationalismus, der seine große Zeit im 19. Jahrhundert hatte. Nach Verlust des Machtstaates soll die Kunst wie ehedem vor 1871 Einheit und Größe der Nation verbürgen. Aber das Bürgertum, das Ebert ansprechen will, hat längst den «egalitären, humanistischen Normenkanon» durch einen nationalistischen Normenkanon ersetzt. Und es wird, zunehmend antirepublikanisch, dem «Weimarer System» das zurechnen, was ihm bedrohlich und beklagenswert erscheint: die nationale Enteignung durch Versailles, die materielle Enteignung durch die Nachkriegsinflation bzw. die Weltwirtschaftskrise und die kulturelle Enteignung durch die künstlerische Moderne. Dadurch verschärft sich der Ton im Unterschied zum eher ausgleichenden, goldmarkberuhigten Klima der Vorkriegszeit. Er radikalisiert sich und politisiert sich – gerade in der jungen thüringischen Landeshauptstadt. «Hier in Weimar, dem Bollwerk des Klassischen», schreibt im Dezember 1919 Walter Gropius, der Leiter des Bauhauses, über die Debatten zwischen Traditionalisten und Avantgardisten, «bricht nicht aus Zufall dieser Kampf am ehesten und schärfsten aus».[16] Das ist klug beobachtet und von prognostischer Kraft. In der Stadt der Rentiers und Pensionäre, der Studienräte und Künstler entsteht eine unheilvolle Koalition zwischen einem sich als unpolitisch verstehenden Bildungsbürgertum und einer neuartig aggressiven politischen Rechten; eine Koalition, die das klassische Erbe gegen die Republik in Stellung bringt, die in der kulturellen Moderne eine Gefahr fürs «Deutschtum» sieht und die von dem Wunsch nach einer «kulturellen Wiedergeburt der deutschen Nation» beseelt ist.

Nicht Berlin, die glanzvolle Zitadelle der kulturellen Moderne, sondern die thüringische Landeshauptstadt Weimar kann als Mikrokosmos für das Gegeneinander von erfolgreicher kultureller Moderne und Kritik an dieser Moderne mit politisch destruktiven Folgen gelten. Hier entsteht ein Netzwerk konservativer, völkischer und nationalsozialistischer Gruppierungen, das Verlage, Redaktionen oder auch Institutionen (Goethe- und Schiller-Archiv, Goethe-Nationalmuseum, Nietzsche-Archiv, Deutsches Nationaltheater) umfaßt. 1924 bildet sich eine «Thüringer Ordnungsbund»-Regierung der Rechtsparteien, die wesentliche kulturpolitische Reformvorhaben der zuvor regierenden Linkskoalition zurücknimmt. Sie verwirklicht, was eine «Offene Erklärung der Künstlerschaft Weimars» forderte: Sie würgt das Bauhaus finanziell ab und vertreibt es aus der Stadt. Auch wenn man die Traditionalisten politisch nicht über einen Kamm scheren kann, so verbindet sie doch eine deutschtümelnde, xenophobische und trivialidealistische Kunstvorstellung, die dem Neuen und Fremden mit ranzigem Ressentiment begegnet. Was den Normen widerspricht, das gilt als «entartet» oder «dekadent», soll ausgegrenzt oder gar vernichtet werden.

1930 findet in Weimar eine Art «Probelauf» für die Machtübernahme statt. Jetzt gehen der «Thüringer Landbund» und andere bürgerliche Rechtsparteien eine Koalition mit der NSDAP ein. In der kurzen Regierungsperiode werden typische Praktiken nationalsozialistischer Kulturpolitik deutlich. Davon zeugt Fricks Erlaß «Wider die Negerkultur für deutsches Volkstum», der sich gegen die «Verseuchung durch fremdrassige Unkultur» wendet und fordert, Weimar solle wieder «zu einem Mittelpunkt der deutschen Kultur» werden. Der nationalsozialistische Minister beruft den völkischen Architekten Paul Schultze-Naumburg an die Spitze der vereinigten Weimarer Kunst- und Bauhochschulen und den Rasse-«Forscher» Hans F. K. Günther an die Jenaer Landes-Universität; er nimmt Einfluß auf den Spielplan des Deutschen Nationaltheaters, und er führt, unterstützt durch den «Kampfbund für deutsche Kultur», erste Säuberungen durch. Er setzt die Staatsmacht zur Durchsetzung seiner rassistischen Kunstideologie ein. So bricht er mit der liberalen Tradition des Kulturstaates – übrigens mit weitgehender Zustimmung der bildungsbürgerlichen Gralshüter einer reinen deutschen Kunst. Allzu groß sind die Angst vor dem «Kulturbolschewismus» und die Sehnsucht nach Rettung durch einen kulturbewußten Führer. Und wenn man über die kulturelle Moderne klagt, dann spricht man eine gemeinsame Sprache, die mit griffigen und polarisierenden Antithesen wie Volkstümlichkeit oder Entwurzelung, Einheit oder Zersetzung, Schönheit oder Entartung operiert. In Weimar zeigt sich exemplarisch, wie dieses Bildungsbürgertum, verunsichert durch die kulturelle Moderne, dem Nationalsozialismus als dem selbsternannten Retter der deutschen Kultur entgegenarbeitet. 1932, im Jahr der Goethe-Feiern, macht Thomas Mann hier eine «Vermischung von Hitlerismus und Goethe» aus.[17] Nach einem Besuch bei Frau Förster-Nietzsche schreibt Harry Graf Kessler, seit Jahrzehnten ein intimer Kenner der lokalen Verhältnisse, am 7. August 1932 in sein Tagebuch: «Kurz, diese ganze Schicht des intellektuellen Deutschlands, das in der mehr goethischen, romantischen Periode seine Wurzeln hat, ist ganz Nazi-verseucht, ohne zu wissen, warum.»[18]

Nicht ohne Erfolg inszeniert sich das Regime als Retter der deutschen Kunst und damit auch des klassischen Weimar vor dem drohenden Kulturbolschewismus. Die nationalsozialistische Instrumentalisierung der Klassik kann nicht als propagandistischer Mißbrauch ungebildeter brauner Horden abgetan werden. Sie steht in der Tradition bildungsbürgerlicher Erinnerungsarbeit und bricht zugleich mit ihr. Sie verfälscht die Klassik, indem sie deren Humanismus leugnet oder relativiert. Neu am Nationalsozialismus ist nicht seine Semantik, sondern deren Anbindung an eine gewaltbereite Administration, die eine liberale kulturräsonierende Öffentlichkeit nicht mehr zuläßt. Aber das ruft in Weimar keine Proteste oder auch nur größere Vorbehalte hervor. Denn der Nationalsozialismus bricht nicht wie eine barbarische Macht von außen in die heile Welt der Bildungsbürger ein. Gerade in Weimar herrscht eine «wechselseitige Durchdringung des nationalsozialistischen Milieus mit dem der städtischen Honoratiorenkultur».[19] Und so können nationalsozialistische Funktionäre und Bildungsbürger sich politisch-kulturell gegenseitig bestätigen. Goebbels erklärt Schiller zum «Vorkämpfer» des Nationalsozialismus, während der Großordinarius Julius Petersen versichert, Goethe hätte «den schwarzen Gesellen und braunen Kameraden seinen Gruß nicht versagt».[20] So kann der Nationalsozialismus Weimar mit großer Zustimmung der Bewohner als Ort für propagandistische Großinszenierungen nutzen: im Schillerjahr 1934, anläßlich der «Woche des deutschen Buches» (1934–1942) oder der «großdeutschen» bzw. «europäischen Dichtertreffen» (1938–1942). 1940 treffen sich hier die deutschen Hochschulgermanisten zu einer Kriegseinsatztagung, um am prominenten Ort «Herkunft, Wesen und Ziel des deutschen Kulturwillens» näher zu bestimmen, nicht ohne zu betonen, man stünde fest auf dem Boden «rassisch-völkischer Bewußtheit».[21] Was diese «Bewußtheit» in letzter Konsequenz anrichtet, besichtigen die Sachwalter Goethes freilich nicht. Das nahe Buchenwald ist für Besucher und Einheimische wohl kaum ein Thema, wenngleich die Existenz des Lagers (nicht unbedingt dessen Realitäten) unübersehbar ist, gibt es doch zahlreiche administrative, ökonomische und kulturelle Kontakte zwischen der Stadt und dem Lager. Aber Weimar ist ein Ort des «feinen Schweigens» und des «Hinwegsehens».

Nach der Befreiung vom Nationalsozialismus, die den meisten als Zusammenbruch erscheint, erhält der Erinnerungsort eine Art Entnazifizierung aus unterschiedlichen Motiven. Die Weimarer Klassik gilt nun nach der vielbeschworenen «Katastrophe» als Sinnbild eines besseren Deutschlands und sei-

Deutscher Friedenstag 1953

ner humanistischen Traditionen, als Garant der Einheit und Ausweis weltliterarischer Geltung. In diesem Bewußtsein besucht Thomas Mann im Goethejahr 1949 neben Frankfurt am Main auch Weimar. Hier versichert er mit Blick auf die deutsche Teilung: «Meine erste Wiederkehr nach Deutschland [...] gilt dem alten Vaterland als Ganzem, und ich hätte es als unschön, ja als eine Treulosigkeit empfunden, wenn ich auf dieser Reise mich um die deutsche Bevölkerung der sogenannten Ostzone (wenn man im Falle Weimars vom ‹Osten› sprechen darf) nicht bekümmert, sondern sie, sozusagen, links hätte liegen lassen.»[22] Man beklagt den jüngsten Mißbrauch der Klassik, beruft sich selbstlegitimierend auf sie und erwartet von ihr Orientierungsleistungen. Das ist ein gesamtdeutsches Phänomen. Beide deutsche Nachkriegsstaaten, die Demokratie und die Diktatur, berufen sich auf die «Schatzkammer deutscher Kultur»[23]; zunächst, um in vertrauter Tradition angesichts der politischen Teilung die nationalkulturelle Einheit zu beschwören; später, um im Zeichen der gegenseitigen Abgrenzung dem jeweils anderen die Berufung auf Weimar abzusprechen.

Im Westen steht die «Heimkehr zu Goethe» (F. Thiess) im Zeichen der Leitbegriffe Abendland und Persönlichkeit. Gegen einen unbekümmerten Goethekult, gegen die Koalition von kultureller Beflissenheit und politischer Verdrängung wendet sich 1949, gerade aus dem Exil zurückgekehrt, der Germanist Richard Alewyn mit der Mahnung: «Zwischen uns und Weimar liegt Buchenwald.»[24] Im Verlaufe des «Wirtschaftswunders», der politischen und kulturellen Westbindung und der Marginalisierung bildungsbürgerlicher Milieus verliert im Westen auch der Erinnerungsort Weimar an Gewicht. Anders verhält es sich in der SBZ/DDR. Hier wird Buchenwald in die Erinnerungsarbeit einbezogen und zum heroischen Ort des antifaschistischen Widerstandes unter Führung der Kommunisten konstruiert. Fritz Cremers Buchenwalddenkmal (1958) kann als steingewordener Anspruch auf solche Alleinvertretung gesehen werden. Die Kulturpolitik der SED setzt bewußt auf eine «Erneuerung» des «humanistischen Gedankenguts der deutschen Klassiker». Man versteht sich in der Tradition der deutschen Arbeiterbewegung, geschichtsphilosophisch legitimiert, als Erbe und Sachwalter der deutschen Klassik, die von der Bourgeoisie verraten und mißbraucht worden sei. Diesen Anspruch versucht die SED mit diktatorischen Mitteln durchzusetzen. So entsteht eine paradoxe Lage, ein widersprüchliches Miteinander von emanzipatorischer Kunstemphase und politischer Unterdrückung; von einem Klassikerkult in bester Absicht und einem Stalinismus, dessen Praktiken dauernde Diskrepanzerfahrungen zwischen humanistischem Anspruch und inhumaner Realität produzieren. Unter diesem widersprüchlichen Miteinander leidet der Erinnerungsort; er profitiert aber auch davon. Die 1954 gegründete «Nationale Forschungs- und Gedenkstätte» erweitert, mit reichlichen Sach- und Personalmitteln versehen, die ästhetisierte Topographie und baut die «Institutionen des Gedächtnisses» aus. Die Großorganisation ist für die Denkmal- und Museumspflege, für das Bibliographieren, Archivieren und Dokumentieren zuständig; und sie will zudem in volkserzieherischer Absicht die Arbeiterklasse an die Klassik heranführen. Die achtbaren Intentionen und die wissenschaftlichen Leistungen dieser nach dem Selbstverständnis «Universität eigener Art» sollten nicht mißachtet werden. Doch verführt die rigide Orientierung auf die Klassik und die damit verbundene Abwertung der Romantik wie der kulturellen Moderne zu einer Sterilität und Bewahrungsrhetorik, die den Erinnerungsort alt aussehen läßt. Der widerspruchsfreie, verklärende Traditionsbezug kann lähmend wirken. Enttäuscht klagt 1980 der Philosoph Wolfgang Heise über den Zusammenhang von Positivismus, Erinnerungsritual und «Vergleichgültigung».[25]

5. Ein Erinnerungsort wie andere auch?

Und heute? Kann man überhaupt von einer «Vergleichgültigung» reden, wenn sieben Millionen Besucher innerhalb eines Jahres eine Mittelstadt überlaufen, die in einer eher bescheidenen Landschaft liegt, die weder über einen Freizeitpark noch über eine Heilquelle oder eine Spielbank verfügt? Auch das restaurierte Weimar kann nicht mehr zum «kulturellen Herzen» Deutschlands reanimiert werden. Mit dem Bildungsbürgertum und den kulturbeflissenen Funktionären der deutschen Arbeiterbewegung sind die Trägerschichten der nationalkulturellen Erinnerungsarbeit verschwunden. Die ehedem bewegende Frage, ob Deutschland noch das Land der Dichter und Denker sei, wird heute nicht einmal mehr gestellt. Es sollte stutzig machen, daß Weimar nach der Wiedervereinigung nicht als nationalkulturelles Integrationszentrum reinstalliert wird. Unsere Vorstellungen von Weimar sind offenbar deemphatisiert. Kulturkritiker mögen, elegisch eingestimmt, mißbilligen, daß hier das Wahre, Gute und Bare zueinanderfinden; daß inzwischen mehr Leute von Goethe als mit Goethe leben, daß die Klassik längst einen singulären Standortfaktor bildet und die Gedenkjahre vom Kulturbetrieb als Glücksfall genutzt werden. Man muß kein bildungsbürgerlicher Nostalgiker sein, um zu erkennen, daß aus der Verbindung von vergangener Größe und gegenwärtigen Interessen kein neuer mäzenatischer Glücksfall, wohl aber eine hochtourige Betriebsamkeit entsteht. Von der großen Tradition leben nicht nur die Institutionen der Hochkultur «vor Ort», das Nationaltheater, die Hochschulen, die verschiedenen Museen, Bibliotheken und Archive. Von ihr will auch eine Souvenir-Industrie profitieren, die publikumsorientiert ihre Produkte mit dem symbolischen Kapital der Tradition aufwertet. Auf einer Schwelle, die im Goethehaus zu den Gesellschafts- und Wohnräumen führt, ist bekanntlich ein «Salve» eingeschrieben, das nach römischer Sitte den Besucher begrüßt. Im «Goethejahr» werden damit auch Sweatshirts, Baseball Caps, Sokken, Schirme, Kochschürzen oder Handtücher bedruckt, die sogenannte «Salve Shops» anbieten. So schafft die Aura des «Dichterfürsten» im Spiel der feinen Unterschiede eine distinktive Differenz – etwa zu Sweatshirts, auf denen lediglich ein schlichtes «Hallo» aufgedruckt ist.

Heute präsentiert sich der Erinnerungsort zeitgemäß als Modellbausatz einer «auseinanderlaufenden Kultur» (G. Simmel), zu der Souvenir-Shops und das reproduzierte Gartenhaus, Tagestouristen und Tagungsbesucher, Pop-Events für alle und sperrige Aufführungen für Minoritäten zählen. Die Konstruktion der Klassiker-Stadt entstand ehedem aus einem synthetisierend-harmonischen Weltbild, das von einem geordneten Ganzen ausging und von der Gewißheit durchdrungen war, daß die Übel der Zeit durch die Zeit harmonisierend aufgehoben würden und daß dabei der Kunst eine privilegierte Rolle zukäme. Der Modellbausatz Weimar zeugt heute von einem kombinatorisch-spielerischen Denkstil, dem das geschichtsphilosophische Vertrauen auf Ordnung und Ganzheit abhanden gekommen ist und der letztlich alles als gleich gültig gelten läßt. Dagegen kommt kein Insistieren auf die Hierarchie der Werte an. Ja, man könnte sagen, daß dessen Beharren auf Rang und Distinktion (man weiß es nicht, aber man tut es) Teil des Spiels ist.

Aber Weimar bleibt ein sperriger Erinnerungsort; ein Ort, dessen konservierte Topographie jenes Nacheinander von normativer Höhe und tiefem Fall dokumentiert.

Michel Espagne

«De l'Allemagne»

Jedes Volk hat neben den Figuren in seinem nationalen Pantheon auch Erinnerungsorte als Bezugspunkte, und zusammengenommen definieren sie die Identität einer Gruppe, deren Homogenität vorausgesetzt wird. Doch bisweilen vollzieht sich der Prozeß der Legitimation, der Identitätsstiftung, indem Erinnerungsorte eines fremden Landes im Sinne des eigenen Landes instrumentalisiert werden. Durch die Integration eines Werkes, eines Autors oder eines fremden Ortes in die nationale Tradition erhält die im Entstehen begriffene Kultur eine universelle Dimension, wird es ihr ermöglicht, sich über ihre Grenzen hinaus auszudehnen. Zugleich wird deutlich, daß die kulturelle Identität nicht für sich in einem abgeschlossenen Raum entsteht, sondern daß sie auch eine Reaktion auf das Spiegelbild darstellt, das die benachbarten Kulturen ihr vorhalten. Insofern gibt es einen inneren und einen äußeren Gebrauch fremder Erinnerungsorte, je nachdem, ob man sie als Schlagschatten betrachtet, der auf eine Kultur fällt, oder als Gegenüber, das die Wahrnehmung der Andersheit erlaubt. *De l'Allemagne* und die Gestalt der Madame de Staël erfüllen diese doppelte Funktion des fremden Bezugspunktes. In ihnen verbinden sich unauflöslich eine innere Bedeutung – die Tradition der Selbstwahrnehmung der deutschen Literatur und Kultur – und eine äußere Bedeutung – das Bild, das sich Frankreich, England und Italien von der deutschen Kultur gemacht haben. Über das Buch und seine Entstehung ist viel geschrieben worden. Hier geht es darum, welche Wirkungen sich aus dem Kontext ergeben und das Werk der Madame de Staël zu einem Erinnerungsort werden lassen.

1. Die Geschichte eines Buches

Wenn ein Buch Bestandteil des kollektiven Gedächtnisses wird, verdankt es dies ohne Zweifel einer gelungenen Rezeption, und dieser Vorgang verdient eine aufmerksame Betrachtung. Aber die Rezeption erklärt sich zumindest teilweise aus der Entstehung. Die tiefsten Wurzeln von *De l'Allemagne* liegen in einer für das letzte Jahrzehnt des 18. Jahrhunderts zentralen intellektuellen Diskussion zwischen Deutschen und Franzosen, einer Diskussion, die als Verständigungsschwierigkeit bezeichnet werden könnte zwischen dem aus der Tradition der französischen Aufklärung hervorgegangenen und von den Ideologen neu formulierten Sensualismus einerseits und dem Kantschen Idealismus andererseits, der insbesondere in seiner Neufassung durch Schil-

Madame de Staël (Gemälde von François Gérard)

ler zu der in Deutschland vorherrschenden ästhetischen Auffassung wurde. Madame de Staël, die sechsunddreißig Jahre alt war, als das 19. Jahrhundert begann, ist intellektuell unter dem Zeichen der französischen Kultur der Aufklärung erzogen worden. In ihren ersten Erzählungen, besonders in *Histoire de Pauline* (1795), verbindet sich der Ausdruck intensiven Gefühls mit dem Blick des Anthropologen auf ferne Welten. Sie sind typisch für die fiktionalen Texte der damaligen Zeit, und ihr Aufsatz über Jean-Jacques Rousseau *(Lettres sur les ouvrages et le caractère de J.-J. Rousseau*, 1788) nimmt die Form eines Glaubensbekenntnisses an. Madame de Staël war nun einmal Genferin und Protestantin, und diesem Hintergrund verdankte sie ein Gespür für andere intellektuelle Welten als die der Pariser Salons, die sie häufig besuchte. Seit 1786 war sie mit dem schwedischen Botschafter verheiratet, und sie kannte Heinrich Meister (1744–1826), den Nachfolger Friedrich Melchior Grimms (1723–1807) im europäischen Unternehmen der *Correspondance littéraire*.

Vor allem aber lernte sie in den neunziger Jahren des 18. Jahrhunderts Personen kennen, die mit Deutschland vertraut waren. Zu nennen ist natürlich Benjamin Constant (1767–1830), der 1794 in ihr Leben trat: Er arbeitete zu der

Zeit an seinen Untersuchungen über die Geschichte der Religion *(De la religion considérée dans sa source, ses formes et ses développements*, Paris 1824 ff.) und wurde dadurch in besonderem Maße zum Vertreter deutscher Denkungsart. Zu nennen ist weiter Charles de Villers, der in Göttingen lehrte und im *Spectateur du nord* die französischen Emigranten aufforderte, sich mehr für die geistigen Hervorbringungen des Landes zu interessieren, in dem sie Aufnahme gefunden hatten. Mit seinem Buch über Kant leistete er 1801 einen wichtigen Beitrag zur Verbreitung des Kantschen Denkens in Frankreich. Auch Wilhelm von Humboldt lernte Madame de Staël kennen. Er hielt sich seit 1797 in Paris auf und arbeitete an einem Buch über Goethes *Hermann und Dorothea*, in dem er versuchte, die Prinzipien einer klassischen deutschen Ästhetik zu bestimmen. Für Humboldt hatte Kunst mit Phantasie zu tun, sie war alles andere als eine Kopie oder Reproduktion der Realität, sondern vielmehr eine Art und Weise, in einem höchst subjektiven Akt eine neue Realität hevorzubringen. Humboldt war von einem offenkundigen Bekehrungseifer beseelt. Bei einem berühmten, 1798 zusammen mit den Ideologen organisierten Kolloquium versuchte er sie zum Kantianismus zu bekehren. 1799 veröffentlichte er in Millins *Magasin encyclopédique* eine Zusammenfassung seines Buches über *Hermann und Dorothea*. Darin pries er vor allem die Vorzüge des mehrdeutigen Konzepts der Phantasie, und diese Worte richteten sich an Madame de Staël, sie wollte er bekehren. Gleichwohl hielt er sich nicht nur als Apostel des Idealismus in Paris auf; er plante eine vergleichende Anthropologie, die ihm erlauben sollte, die Verbindungen zwischen dem deutschen und dem französischen Kulturraum in ihrer Gegensätzlichkeit zu erfassen. Deshalb interessierte er sich für das kulturelle Leben in Frankreich im Vergleich zum kulturellen Leben in Deutschland. Der Vergleich erfolgte durch Reflexionen über die Sprache, die Humboldt allmählich zu seinen linguistischen Forschungen im engeren Sinn führten. Bemerkenswert ist die Parallele zwischen Humboldts Projekt einer vergleichenden Anthropologie, die ihn nach und nach von seinen kantianischen Positionen zu einer Untersuchung über die Eigenheiten der verschiedenen Völker brachte, und dem Weg der Madame de Staël, die in ihrem Buch *De l'Allemagne* die Eigenheit der deutschen Kultur ihrer Zeit zu ergründen versuchte.

Dieses Unterfangen setzte nicht nur Neugier voraus, die ihre Kontakte zu Deutschen und zu Freunden Deutschlands geweckt hatten, sondern verlangte darüber hinaus ein gewissermaßen anthropologisches Schema zur Deutung einer Kultur. Tatsächlich zeichnete sich diese Entwicklung schon vor der Veröffentlichung von *De l'Allemagne* ab. Bereits in ihrer Schrift *De la littérature considérée dans ses rapports avec les institutions sociales* befaßte sie sich, ausgehend von Gesprächen mit Humboldt und Artikeln von de Villers, mit der deutschen Literatur und kontrastierte den Norden und den Süden als zwei gegensätzliche Konzepte, die zwei unterschiedliche literarische Sichtweisen bezeichneten. «Die Völker des Nordens maßen dem Leben keinen großen

Wert zu. Dies machte sie mutig unter ihresgleichen und grausam gegenüber anderen. Sie besaßen Vorstellungskraft, Schwermut, einen Hang zum Geheimnisvollen, aber auch eine tiefe Verachtung für die Aufklärung, weil sie glaubten, daß sie den Kriegermut schwäche.»[1] Vor allem der Gedanke, daß die Literatur nur durch die Institutionen einer Gesellschaft zu erklären ist und selbst einen bevorzugten Weg zum Verständnis der Institutionen darstellt, war um diese Zeit bereits Allgemeingut.

Bekanntlich stand Madame de Staël in Opposition zu Napoleon und ging deshalb ins Exil, nach Deutschland, dessen Sprache sie nur sehr unzulänglich sprach, trotz der Unterweisungen, die Humboldt ihr hatte zukommen lassen. Der Ruf ihrer Gegnerschaft zu Napoleon eilte ihr voraus, als sie im Dezember 1803 nach Weimar kam, wo man ihr einen triumphalen Empfang bereitete. Ende April 1804 kehrte sie auf die Nachricht vom Tod ihres Vaters hin Hals über Kopf in die Schweiz zurück. In den wenigen Monaten dieses ersten Aufenthalts in Deutschland lernte sie Goethe, Herder und Wieland kennen, begann sie einen Briefwechsel mit Jacobi, besuchte sie im März und April 1803 die Berliner Salons und knüpfte sie Freundschaft mit August Wilhelm Schlegel, der Lehrer ihrer Kinder wurde und ihr wichtigster Gesprächspartner über Deutschland. Von Dezember 1807 bis Juni 1808 unternahm sie eine zweite Reise nach Deutschland, die sie nach München führte, wo sie mit Schelling zusammentraf, nach Wien, ein weiteres Mal nach Weimar und schließlich nach Frankfurt. Die einzelnen Aufenthalte waren zu kurz, als daß ein enger Kontakt zu literarischen Kreisen hätte wachsen können, aber sie ermöglichten ihr, das gewissermaßen ethnographische Material zu sammeln, das den Stoff für *De l'Allemagne* lieferte. Die deutschen Schriftsteller, die sie befragte, gaben der französischen Reisenden bereitwillig Auskunft, auch wenn sie zweifelten, ob sie in der Lage war, sie zu verstehen: Verhalf sie ihnen nicht zu einer Bekanntheit über die deutschen Grenzen hinaus, die in der deutschen Kultur einen so großen Stellenwert hatte? Insofern die Existenz einer Kultur auch von ihrer Wahrnehmung durch benachbarte Kulturräume abhängt, wurde das Wirken der Madame de Staël zu einem konstitutiven Moment der deutschen Kultur und damit zu einem «Erinnerungsort».

Neben August Wilhelm Schlegel trugen deutsche Besucher in Coppet wie Chamisso und Zacharias Werner zur Vervollständigung des Bildes bei, das seine wesentlichen Konturen 1809 erhielt. 1810 wurde Madame de Staël aus Frankreich verbannt, ihr Buch durfte nicht erscheinen, obwohl der Verleger Nicolle es bereits zur Veröffentlichung angenommen hatte. In französischer Sprache wurde *De l'Allemagne* erstmals 1813 in London veröffentlicht, wo Madame de Staël nach einer langen Irrfahrt durch Rußland Zuflucht gefunden hatte. Zwar besteht kein kausaler Zusammenhang, doch ist es wohl mehr als ein Zufall, daß das Buch fast zeitgleich mit der Völkerschlacht erschien.

Die ersten Reaktionen auf das Buch in Frankreich und vor allem in Deutschland waren nicht nur freundlich, aber allein durch ihre große Zahl gaben sie dem Werk Gewicht. Charles de Villers bemühte sich ab 1814 um die Verbreitung der Schrift in Deutschland und veröffentlichte eine Zusammenfassung in den *Göttingischen gelehrten Anzeigen* vom 26. Februar 1814. Eine erste Übersetzung in drei Bänden von F. Buchholz, S. H. Catel und E. Hitzig erschien 1814 in Berlin. Goethe befand, Madame de Staël habe sich zu sehr von der Romantik gefangennehmen lassen. Einige kritische Einwände gegen das Buch galten in Wahrheit den Gebrüdern Schlegel, die den Anstoß dazu gegeben hatten, insgesamt bedauerte man, daß die Verfasserin wenig Interesse für die Werte des deutschen Mittelalters zeigte, deren Renaissance doch gerade charakteristisch für die Romantik war. Die Kritiker vermuteten bei Madame de Staël, deren Hinwendung zur Romantik in Frankreich als eine Reaktion auf die Geisteshaltung des Kaiserreiches wahrgenommen wurde, eine allzu große Sympathie für den Klassizismus und die Universalität des Französischen. In Frankreich und in der französischen Schweiz gaben die Kommentare zu dem Buch oftmals nicht seinen Inhalt wieder, sondern führten das Unterfangen der Autorin fort, so etwa Philippe Albert Stapfer mit seiner *Bibliothèque universelle*, die ab 1816 erschien. Zu dem unmittelbaren Echo auf das Buch gehörte auch, daß sehr viele Werke von Schiller übersetzt wurden: Allgemein kann man sagen, daß die in *De l'Allemagne* erwähnten Autoren künftig als bevorzugte Anwärter auf eine Übersetzung ins Französische galten. Madame de Staël erschien ihren französischen Lesern als sehr deutsch und den deutschen Lesern als zu französisch, und diese gespaltene Rezeption wirft unmittelbar das Problem einer kulturellen Identität auf, die aus der Differenz erwächst.

2. Die Entdeckung des Nordens

Madame de Staëls Buch konnte zu einem deutschen Erinnerungsort werden, weil es in enger Beziehung zu dem wichtigsten literarischen Bezugspunkt stand, den Deutschland auf seinem Weg zur Kulturnation besaß, zu Goethe. Wann hatte die Tochter des ehemaligen französischen Finanzministers Necker wohl zum ersten Mal den Namen des Weimarer Dichters gehört? Vielleicht hatten die deutschen Emigranten, die in den letzten Jahren des Ancien Régime den Salon ihres Vaters frequentierten, von Goethe erzählt. Auf jeden Fall wird im *Essai sur les fictions* aus dem Jahr 1795 der *Werther* in einem Atemzug mit Rousseaus *Nouvelle Heloïse* genannt als Beispiel für ein literarisches Werk, das «die Beredsamkeit der Leidenschaft» ausdrücke. Die Verbindung der beiden Namen sollte lange Bestand haben und wurde in der Schrift *De la littérature* wieder aufgenommen: «Nur Rousseau und Goethe verstanden es, die reflektierende Leidenschaft darzustellen, die Leidenschaft, die über sich selbst urteilt und sich erkennt, ohne daß sie in der Lage wäre, sich zu zähmen.»[2] Bereits 1797 ließ Goethe Madame de Staël ein Exemplar der *Lehrjahre* übersenden, und sie schickte ihm 1800 *De la littérature*. Goethe schätzte vor allem den *Essai sur les passions* und übersetzte höchstpersönlich den *Essai sur les fictions*, ein Hinweis, daß er Madame de Staëls literarische Produktion aufmerksam verfolgte.

Schiller empfing sie zum ersten Mal am 21. Dezember 1803. Aus seinem Bericht an Goethe sprechen ihre Schwierigkeiten, die spekulative Philosophie und die Poesie anders als rhetorisch zu verstehen, aber er betont auch, daß sie sehr lebhaft sei und daß aus ihrem Vorhaben sehr viel Gutes erwachsen könne. Goethe selbst war offenkundig erbost darüber, daß Madame de Staël die Weimarer Gesellschaft gewissermaßen mit den Augen des Völkerkundlers betrachtete, und er nahm sehr scharfsinnig den durchgehenden Tonfall in *De l'Allemagne* vorweg: «Sie geriert sich mit aller Artigkeit noch grob genug als Reisende zu den Hyperboreern, deren kapitale alte Fichten und Eichen, deren Eisen und Bernstein sich noch so ganz wohl in Nutzen und Putz verwenden ließe; indessen nötigt sie einen doch, die alten Teppiche als Gastgeschenk und die verrosteten Waffen zur Verteidigung hervorzuholen.»[3] Rückblickend dankte Goethe in seinen *Tag- und Jahresheften für das Jahr 1804* Madame de Staël dafür, daß sie damals die chinesische Mauer der uralten Vorurteile zwischen Frankreich und Deutschland niedergerissen und es damit ermöglicht habe, daß man bis jenseits des Ärmelkanals von der Entstehung einer deutschen Literatur Kenntnis nahm. Madame de Staël stand nicht an, dafür zu sorgen, daß Goethe in dem Bild, das man sich in benachbarten Ländern von der neuen deutschen Literatur machte, einen zentralen Platz erhielt.

Die deutsche Literatur war für sie in erster Linie eine Literatur des Nordens. Der strukturelle Gegensatz von Norden und Süden, der in *De la littérature* entwickelt und durch Hinweise auf Besonderheiten des Klimas quasi zu einem Naturphänomen erklärt wird, durchzieht auch *De l'Allemagne*: «Fast immer haben die germanischen Völkerschaften dem Joch der Römer widerstanden, sie erhielten ihre Ausbildung in späteren Zeiten, und allein vom Christentum; gingen unmittelbar von einer Art von Wildheit zur christlichen Geselligkeit über; in die Ritterzeiten, in den Geist des Mittelalters fallen ihre lebendigsten Erinnerungen [...]. Ihre Einbildungskraft verweilt gern in alten Schlössern und Türmen, mitten unter Kriegern, Hexen und Gespenstern; tiefe, einsame Träumereien sind die Grundfarbe, der Hauptreiz ihrer Dichtungen.»[4] Die Dichotomie Norden–Süden erlaubt, ein politisches Romanentum, das sehr große Ähnlichkeit mit der Herrschaft Napoleons aufweist, einem zur Innerlichkeit neigenden Germanentum gegenüberzustellen, in dem man unschwer das Deutschland der Befreiungskriege erkennt. Vor allem werden damit die deutsche Literatur und die deutsche Philosophie als Ausdruck der Innerlichkeit gekennzeichnet. Die Kontrastierung von Frankreich und Deutschland wird zu einem notwendigen Umweg auf der Suche nach einem kohärenten Bild von Deutschland: «Man könnte mit Recht behaupten, daß die Franzosen und die Deutschen an den beiden äußersten Enden der moralischen Kette stehen, da jene die äußeren Gegenstände als den Hebel aller Ideen annehmen und diese die Ideen für den Hebel aller Eindrücke halten.»[5] Die Dichotomie ermöglicht es, den französischen Klassizismus dem entgegenzusetzen, was Madame de Staël künftig als Romantik bezeichnet. Der Klassizismus ist die Normativität eines zum Zwang gewordenen Geschmacks, von dem die Deutschen das Denken befreit haben, genau wie das literarische und philosophische Deutschland sich anschickt, das kaiserliche Joch abzuschütteln. Der klassische Geschmack braucht eine Hauptstadt, damit er sich entfalten kann, Deutschland hingegen zerfällt in eine Vielzahl von Staaten, Städten und Universitäten, lauter kleine Hauptstädte in einem föderalen Ganzen. Mit ihren Überschneidungen und Übertragungen ist Madame de Staëls Vorstellung von Romantik in erster Linie der Weg, um eine Bresche in den französischen Klassizismus zu schlagen. Gleichwohl wurde sie von ihren deutschen Gesprächspartnern als eine typische Vertreterin des französischen Klassizismus wahrgenommen. Hat sie persönlich jemals die Idee der Perfektibilität aufgegeben, die in De la littérature mitschwingt und sie in das Denken der Ideologen einreiht? Aber die Perfektibilität setzt künftig den Verzicht auf die rationale Universalität voraus, die zur frankophonen Welt im 18. Jahrhundert zu gehören schien, weil die nationalen Besonderheiten insgesamt anerkannt werden, vor allem die Besonderheit eines Deutschland, das sich ganz der Reflexion anheimgegeben hat. Madame de Staël hielt ihren deutschen Zeitgenossen wie den französischen Schriftstellern einen doppelten Spiegel vor und zeigte ihnen jeweils die Konturen eines Bildes, dem sie sich anpassen sollten.

Madame de Staël war eine widersprüchliche Persönlichkeit, das erkannten ihre deutschen Zeitgenossen sehr genau. Einerseits war sie in dem Wertesystem des 18. Jahrhunderts in Frankreich verwurzelt und stand der idealistischen Philosophie und einer Poetik der Reflexivität fern. Soweit sie sich darum bemühte, war es ihr Bestreben, die Distanz als Werkzeug einzusetzen und aus der Betonung der Distanz eine Dynamik entstehen zu lassen. Erst die intensive Rezeption brachte zur Entfaltung, was in dem Werk der Madame de Staël angelegt war: die Ansätze einer französischen Romantik und ein Bild von Deutschland, das in Frankreich bis zum Krieg von 1870 Bestand hatte. Bereits 1814 warf einer der Vorläufer der Bewegung, Alexandre Soumet (1788–1845), zu seiner Zeit ein bekannter Dichter und großer Klopstock-Verehrer, Madame de Staël vor, in ihren Untersuchungen nicht weit genug gegangen zu sein. Seine Schrift *Scrupules littéraires de Mme la Baronne de Staël, ou réflexions sur quelques chapitres du livre De l'Allemagne* beschäftigte später ganz besonders Victor Hugo: «Es ist leider nur zu wahr, daß die elegante Einfachheit des antiken Genies und die tiefen Empfindungen des modernen Genies sich nicht in die Fesseln unserer Verskunst legen lassen wollen; unsere Alexandrinerreime erweisen sich als unversöhnliche Feinde des erzählerischen Interesses. Der bewegendste Roman wird, in Verse gesetzt, nicht eine Träne mehr hervorlocken; und daß unsere ernste Dichtung keine solche Verbreitung gefunden hat wie die der Deutschen und der Italiener, haben wir einzig diesem Hindernis zuzuschreiben.»[6] Was Madame de Staël über die Begeisterungsfähigkeit schreibt, fand bei Soumet den allergrößten Beifall, während ihre Gesprächspartner darin nur einen spezifisch französischen Zug erkannten. Für oder gegen Madame de Staël zu sein hieß für oder gegen die Romantik zu sein, die sich in Frankreich ankündigte, und auch für oder gegen Deutschland als wichtigstem Gegenbild zur klassischen französischen Kultur. Ohne daß Madame de Staël dies bewußt war, etablierte sich ein Kategoriensystem, nach dem nicht nur über die deutsche Literatur geurteilt wurde, sondern über die europäischen Literaturen in ihrer ganzen Bandbreite, und die deutsche Literatur erschien als der Prüfstein dieser Kategorien. In den zwanziger Jahren des 19. Jahrhunderts fand das lebhafte Interesse für das Ausland seinen Niederschlag in Übersetzungen, aber auch in theoretischen Erörterungen und Erstausgaben; all dies war eine diffuse Rezeption von *De l'Allemagne*. Neben Hugo sind in diesem Zusammenhang noch Lamartine mit den *Premières méditations* zu nennen, Musset, Vigny und ein heute vergessener Vermittler wie Charles de Chênedollé (1769–1833), Verfasser des Gedichts *Le génie de l'homme* (1807) und der *Etudes poétiques* (1820). Nicht zufällig wurde Claude Fauriel (1772–1844), Madame de Staëls Freund in schwierigen Zeiten und selbst sehr interessiert an allen Diskussionen jenseits des Rheins, in den dreißiger Jahren der Begründer einer neuen akademischen Disziplin in Frankreich, der Vergleichenden Literaturwissenschaft. Und auch die ersten umfassenderen Darstellungen der deutschen Philosophie, wie sie etwa Baron Barchou de Penhoën 1836 vorlegte,[7] gehören in die direkte Nachfolge von *De l'Allemagne*.

3. Das Unverständnis

Das Interesse an dem Buch der Madame de Staël rührte nicht nur daher, daß es der französischen Öffentlichkeit, die auf der Suche nach einem Gegengewicht zu Napoleons Schwärmerei für die Welt des Mittelmeers war, Informationen über Deutschland lieferte. Es erklärt sich auch nicht allein aus der gewissermaßen anthropologischen Methode, mit der eine Gesellschaft in ihrer Andersheit beschrieben wird und so die Grenzen des französischen Universalitätsanspruchs überwunden werden. Das Buch hielt den deutschen Lesern einen Spiegel vor, und in diesem Spiegelbild konnten sie sich als eine homogene Kultur erkennen. Insofern spielt es keine Rolle, ob Madame de Staël die Schriftsteller, die sie in ihrem Buch erwähnt, wirklich verstanden hat, ganz im Gegenteil, das Unverständnis ist fast genauso wichtig wie ihre Neugier, denn beides zusammen markiert den Übergang von dem noch vorherrschenden Denken der französischen Aufklärung zu einem neuen Willen zur Selbstbehauptung am Ende des Empire. Die ausführliche Rezension, die Jean Paul *De l'Allemagne* gewidmet hat, erhellt sehr genau, wie die Instrumentalisierung des Buches vonstatten ging. An den Anfang stellt Jean Paul die Diagnose, daß die deutsche Literatur sich in einer schwierigen Situation befinde. In der Nachbarschaft zum französischen Kulturraum, in dem die literarische Tradition dominiert, habe die deutsche Literatur große Mühe, sich zu behaupten, da es erst seit rund fünfzig Jahren so etwas wie eine deutsche Nationalliteratur gebe und ihr Glanz noch nicht über die Grenzen hinaus gedrungen sei und das Ausland erreicht habe.

Eine weitere Kluft sei gesellschaftlicher und politischer Natur. Typisch für Frankreich ist in den Augen Jean Pauls ein Klassizismus, der nur Heldengestalten kennt und dem Mittelstand nicht gerecht wird. Wie hätte vor diesem Hintergrund Madame de Staël ein Werk wie *Luise* von Voss oder *Hermann und Dorothea* gefallen können? Fremde Literaturen schätzen, vor allem die deutsche Literatur, bedeutet Anpassung an den französischen Geschmack und damit Entstellung. «Wer Franzosen liebt, dem tut es wehe, daß man sie zu uns mit Reizen herüber angeln will, die man uns erst angeschminkt, und daß man von Fremden nicht nur unser wildes Fleisch, sondern auch unsere ganze Dickleibigkeit in weiten gallischen Hofkleidern versteckt.»[8] Die Übersetzung einer langen Passage von Voss in diese allzusehr von neoklassischen Stereotypen geprägte Sprache ist Jean Paul zufolge nur mit dem Wunsch zu erklären, den französischen Leser zu langweilen und zum Gähnen zu bringen, aber auch den deutschen Leser, weil die Übertragung so ganz und gar «reizlos» ist. Gleichwohl stellt sich Jean Paul ein «Bilderzimmer» vor, in dem die kollektive Identität der Deutschen durch die Abgrenzung von anderen Völkern, von Portugiesen, Schotten, Russen, Korsen zutage träte, eine Galerie, in welcher Selbsterkenntnis durch die Wahrnehmung von Unterschieden möglich würde: "An fremder Eigentümlichkeit erkennt und veredelt sich die eigne."[9] Der Blick aus der Distanz erkläre auch, warum Deutschland als religiöses Land wahrgenommen werde. Nur im Kontrast zur Abkehr Frankreichs vom Christentum könne das auf dem Wege der Säkularisierung befindliche Deutschland als das Land der Religiosität erscheinen. So erwächst in *De l'Allemagne* die deutsche Identität aus der Darlegung der Unterschiede. Zudem ist das Buch das Werk einer Frau, und man darf die Bedeutung dieses Vorbilds für die Entfaltung einer weiblichen Literatur in Deutschland ab 1800 nicht unterschätzen. Eine Frau, die schrieb, wurde sofort an dem Maßstab gemessen, den Madame de Staël vorgegeben hatte; dies könnte erklären, warum Rahel Varnhagen bei ihrer kurzen Begegnung in Berlin auf Anhieb eine entschiedene Antipathie gegen sie entwickelte.

Besonders aufmerksam beobachtete Karl August Böttiger (1760–1835), der Rektor des Weimarer Gymnasiums, das Verhältnis zwischen Madame de Staël und der Weimarer Gesellschaft während ihres berühmten Winteraufenthalts. An seiner Schilderung sind weniger die anekdotischen Vorfälle bemerkenswert als die Beschreibung, wie ein Erinnerungsort allmählich Gestalt annimmt. Im Mittelpunkt der Begegnung steht ein konstruktives Unverständnis. Madame de Staël wollte Goethe kennenlernen und ihn sich durch Übersetzung aneignen. Aber ihr Versuch mit der *Natürlichen Tochter* wurde zu einem totalen Fiasko: Sie fand keinen Zugang zu dem Stück, und das Verständigungsproblem hatte wohl zur Folge, daß Goethe im Gespräch mit ihr Gemeinplätze produzierte, etwa daß die französische Dichtung das Erscheinen schildere und die deutsche das Sein. Doch diese Phrasen überdauerten in der Literatur sehr lange. Über die idealistische Philosophie und Kant informierte sich Madame de Staël, indem sie Karl Ludwig Fernows (1763–1808) in italienischer Sprache abgefaßte Aufzeichnungen über die Kantsche Philosophie las, und über Schelling unterhielt sie sich mit dem in Jena lebenden Engländer Henry Crabb Robinson (1775–1867). Mit der Unterstützung von Benjamin Constant machte sie sich daran, seine Aufzeichnungen zu übersetzen. Es sah so aus, als fände die deutsche Philosophie auf Anhieb Interesse bei den europäischen Nachbarn und als böte sie sich für Umdeutungen an. Von der Kantschen Philosophie nahm Madame de Staël vorrangig die hohe moralische Forderung auf, sie erkannte nicht, daß die idealistische Philosophie sich keineswegs in einer bestimmten Ethik erschöpft. Ihre Ästhetik reduzierte sie auf den Gedanken, daß ein Gleichgewicht zwischen dem Idealen und dem Realen bestehen müsse. Allerdings pries sie die deutsche Philosophie und den Typus des anspruchslos lebenden deutschen Gelehrten gerade aus moralischen Gründen: «Kant hat ein sehr hohes Alter erreicht und ist nie aus Königsberg herausgekommen. Inmitten der Eisfelder des Nordens hat er sein ganzes Leben damit zugebracht, über die Gesetze des menschlichen Verstandes nachzudenken.»[10] Ähnliches Unverständnis legte sie auch auf literarischem Gebiet an den Tag: Schillers *Die Götter Griechenlands* interessierte sie nicht, weil das Thema sie an die Gedichte von Parny erinnerte, und die *Luise* von Voss fand ihr Mißfallen, weil darin Tabak geraucht wird. Die Beispiele solch mangelnden Verständnisses sind charakteristisch dafür, wie zwei Gesprächspartner die ethnische Identität mit Inhalt auszufüllen versuchen, während sie zugleich die Urteile zurückweisen, die über sie gefällt werden.

Ein besonders interessantes Echo auf das Buch der Madame de Staël geht auf die Übersetzung von Jean Pauls Rezension durch den Schriftsteller Thomas Carlyle (1795–1881) im Jahr 1830 zurück. In seinem kurzen Vorwort erweckt Carlyle den Anschein, als hätte Madame de Staël als erste deutsche Literatur nach England gebracht. Dieses Paradox ist um so bemerkenswerter, als die Züge, durch die sich die deutsche Literatur am stärksten vom französischen Klassizismus unterscheidet, gerade auf Importe aus England zurückgehen: «Nur wenige unserer Leser kennen Madame de Staëls Deutschland, und sie haben besonderen Gefallen daran gefunden. Indes muß das Buch in all seiner Unbestimmtheit und mit seinen vielen verkürzenden Urteilen als Vorläufer, wenn nicht sogar Ahn aller Bekanntschaft mit deutscher Literatur in unserem Land gesehen werden.»[11] Das Phänomen, daß aus der Distanz Identität entsteht, spielte nicht nur zwischen Frankreich und Deutschland eine Rolle, sondern auch in der Beziehung zu England, das die deutsche Literatur und Kultur nicht durch direkten Kontakt entdeckte, sondern gewissermaßen mit den Augen der Madame de Staël.

Madame de Staël reüssierte auch in Rußland, Puschkins Eugen Onegin kennt die deutsche Literatur durch *De l'Allemagne*. Die russische Literatur zu Beginn des 19. Jahrhunderts übernahm von de Staël die Neigung, unterschiedliche Völker als Vertreter psychologischer Typen zu klassifizieren, darüber hinaus rehabilitierte sie die deutsche Literatur und weckte in Rußland ein gesteigertes Interesse für die Romantik. Das Land hatte soeben den Einfall der napoleonischen Truppen erlebt, und da begegnete man einer Französin, die auf russischem Boden vor der Verfolgung durch den Kaiser Zuflucht gesucht hatte, mit großer Sympathie. Der Dichter Batjuskow zitierte bereits 1816 ausführlich *De l'Allemagne*. In den zwanziger Jahren erschienen in Zeitschriften Übersetzungen einzelner Kapitel – insbesondere der Passagen über Schiller –, und Wjasemski erwähnte Madame de Staël in seinem programmatischen Vorwort zu Puschkins *Die Fontäne von Bachtschissaraj*.

4. Coppet und Deutschland

Üblicherweise wird in einem Atemzug mit Madame de Staëls Namen ein Ort genannt, der exterritorialen Status genoß und so etwas wie ein Kulturparlament Europas darstellte zu einer Zeit, als von Europa als politischer Einheit noch gar nicht die Rede war, ein Ort der Begegnung, an dem sich im Schatten des Kaisers die künftigen Umrisse des intellektuellen Europas des 19. Jahrhunderts entwickelten. Gemeint ist das Schloß Coppet am Ufer des Genfer Sees. Die Mitglieder des sogenannten Kreises von Coppet kamen immer wieder in der Ruhe dieses Schweizer Besitzes zusammen, aber auch wenn sie nicht dort waren, wirkte das Zuhause der Madame de Staël als ein loses Band zwischen ihnen. Wenn man von *De l'Allemagne* spricht, denkt man auch an die Mitglieder dieser Gruppe, die sehr konkret an der Entstehung des Werkes, aber vor allem an seiner Verbreitung und an den verschiedenen Formen der Weitergabe mitgewirkt haben, die es schließlich zu einer Definition der deutschen kulturellen Identität werden ließen. Ein besonders wichtiges Mitglied der Gruppe von Coppet war ohne Zweifel der liberale Philosoph Benjamin Constant. Seinen produktivsten Aufenthalt in Coppet erlebte er im Jahr 1808, damals arbeitete er an der Übertragung von Schillers *Wallenstein* ins Französische und an seinem *Adolphe*. Eine Form von Literatur gewann Konturen, deren Modelle Schiller und Goethe aus *De l'Allemagne* waren. Von allen Mitgliedern der Gruppe von Coppet war Benjamin Constant am besten mit Deutschland vertraut. In jungen Jahren hatte er Deutsch gelernt, er war mit einer deutschen Adligen verheiratet, kannte deutsche Philosophen und hatte Madame de Staël in Weimar zu Goethe begleitet, wo er anscheinend oft als Dolmetscher wirkte. In seinem Buch über die Religion bezog er sich öfter als alle seine Zeitgenossen auf die deutsche Philosophie und entwickelte daraus die Idee, daß Gott in dem Maße Gestalt annimmt, wie der Mensch ihn entdeckt. In seiner Schrift *De l'esprit de conquête et de l'usurpation dans leurs rapports avec la civilisation européenne* (1814) stellte er das Kaiserreich in Frage und entwarf eine Vision Europas als Konföderation von Staaten. Der liberale politische Theoretiker Constant griff die in *De l'Allemagne* angedeuteten Möglichkeiten auf und versuchte sie in politische Realitäten zu überführen oder wenigstens in den politischen Diskurs einzubringen.

Ohne hier alle Mitglieder der Gruppe von Coppet einzeln aufzuzählen und vorzustellen, soll zumindest doch von Bonstetten und vor allem von Sismondi ausführlicher die Rede sein. Der Schweizer Charles-Victor Bonstetten hat in seinem Buch *L'homme du midi et l'homme du nord* (1824) Madame de Staëls Kontrastierung von Norden und Süden radikal weitergedacht. Der Norden, das ist für ihn Skandinavien, das Land, wo alles seinen Anfang nahm, während der italienische Süden, nicht weit von Afrika gelegen, für das Greisenalter der Kultur steht. Die Theorie vom Einfluß des Klimas wird auf die Spitze getrieben, Bonstetten akzentuiert, was in *De l'Allemagne* angelegt ist. So heißt es über die jungen Mädchen aus dem Norden: «Das junge Mädchen aus dem Norden sieht keine hübschen jungen Männer vor den Fenstern des väterlichen Hauses promenieren, das junge Mädchen aus dem Norden sieht nur Schnee, und drinnen im Zimmer hört es nur die Mutter, die von Sparsamkeit, Pflicht, Moral spricht und vom Glück, das die Tugend beschert.»[12]

In der von Madame de Staël geschaffenen Gedankenwelt bewegte sich auch Sismondi. Er interessierte sich nicht besonders für Deutschland, aber das Koordinatensystem, das er auf die Kulturgebiete anlegt, steht erkennbar in Zusammenhang mit der Gegenüberstellung von Norden und Süden, deren Wurzeln bei Montesquieu zu finden sind und die dann von Madame de Staël konkret angewendet wurde. Insofern *De l'Allemagne* zu einem Erinnerungsort geworden ist, haben die Personen, die Madame de Staëls Denken zugleich weiterentwickelten und verbreiteten, es nicht nur widergespiegelt, sondern es in einen europäischen Raum eingeordnet. Sismondi war lange vor Burckhardt ein beredter Chronist florentinischer Geschichte *(Histoires des républiques italiennes*, 1807), er verfaßte darüber hinaus Schriften zur politischen Ökonomie *(La richesse commerciale*, 1803; *Nouveaux principes d'économie politique*, 1819) sowie 1813 eine *Histoire de la littérature du midi de l'Europe*, die *De l'Allemagne* komplementär ergänzt. Besonders interessant ist es zu sehen, daß Deutschland als Hintergrundfolie präsent ist, als Bezugspunkt, der die Entwicklung der französischen Romanistik als Import aus Deutschland ankündigt. Schon die Methode ist aufschlußreich: «Wir unternehmen in gewisser Weise eine Rundreise durch Europa und untersuchen von Land zu Land, von Region zu Region die Ergebnisse, welche die Vermischung der beiden großen Menschenrassen hat, nämlich der des Nordens und der des Südens.»[13] Der Süden ist die Vergangenheit des Nordens, aber der Norden ermöglicht das Verständnis des Südens. Sismondi klagt, daß es in Frankreich und sogar in Italien so wenig spanische Bücher gebe. Wer etwas über Spanien lesen wolle, müsse

«De l'Allemagne» 237

*Der Gesprächs-
kreis von Coppet*

sich bei deutschen Autoren umsehen, bei dem Göttinger Professor Bouterwek
oder sogar bei Schlegel. Selbst die spanische Sprache ist in den Augen Sismondis im Kern von germanischem Geist geprägt: «Die Spanier zweifeln
nicht daran, daß ihre Sprache in den dreihundert Jahren der Besetzung durch
die Westgoten entstanden ist. Sie ist offenkundig die Frucht einer Vermischung des Deutschen mit dem Lateinischen und der Veränderung von Letzterem.»[14] Diesen germanischen Kern des Spanischen bringt Sismondi mit der
von ihm beobachteten Vorliebe der Spanier für das Mittelalter in Verbindung.
Das Spanien, in dem das Rittertum fortlebt, verdient in seinen Augen mit dem
gleichen Recht wie Deutschland das Adjektiv romantisch. Zugegebenermaßen entfernt sich Sismondi mit der Betonung des Mittelalters von Madame

de Staël, deren Bild der Romantik hauptsächlich mit der idealistischen Philosophie verknüpft ist. Aber das ist nur ein Nebenaspekt in den Weiterungen eines Diskurses, dessen Mittelpunkt *De l'Allemagne* bildet.

Coppet war in erster Linie ein Zeichen der Zusammenführung, es war aber auch ein Ort fruchtbarer Begegnungen und machte die Verfasserin von *De l'Allemagne* zu einer kollektiven Persönlichkeit des europäischen Geisteslebens um 1800. Zu den besonders treuen Gästen zählte August Wilhelm Schlegel, dessen Vergleich der beiden Versionen von *Phädra* ein Skandalerfolg wurde. In Coppet schrieb er in Französisch. Prosper de Barante (1782–1866) folgte den Anregungen Madame de Staëls genau und übersetzte Schillers Bühnenwerke ins Französische. Heute ist schwierig nachzuvollziehen, welch enorme Bedeutung die Einführung Schillers in Frankreich und die Diskussionen in Coppet über das Theater hatten. In diesem Zusammenhang ist auch der Einfluß von Zacharias Werner auf den Kreis von Coppet zu erwähnen. Er vollendete dort sein Stück *Der vierundzwanzigste Februar*, im September 1809 wurde es uraufgeführt und stand künftig paradigmatisch für die Gattung der Schicksalstragödie. Madame de Staëls Nachdenken über Deutschland und Europa handelt davon, was das einzelne über das Allgemeine mitteilt, dabei spielt das Theater eine große Rolle. Und in Coppet wurden Theaterstücke gelesen, übersetzt und aufgeführt. Auch andere Besucher wie Adelbert von Chamisso, der mit dem Sohn der Hausherrin befreundet war, kamen in dem langen Zeitraum der Beschäftigung mit Deutschland nach Coppet, trugen das Ihre zu dem Werk bei oder wirkten in der einen oder anderen Weise an der Verbreitung des Buches mit.

5. Zwei Paradigmen:
Madame de Staël und Heinrich Heine

Daß *De l'Allemagne* zu einem Erinnerungsort geworden ist, hängt nicht so sehr mit den Qualitäten des Buches zusammen, als mit dem Widerspruch, den es ausgelöst hat. Denn es ist nicht in erster Linie eine Untersuchung über deutsche Literatur und deutsche Sitten, sondern durch die Beschreibung der deutschen Identität sollen die Konturen der französischen Kultur herausgearbeitet und soll ein Anstoß zu ihrer Neubelebung gegeben werden. Dabei zielt Madame de Staël kritisch auf eine politische Ordnung, das Kaiserreich, weil es in ihren Augen die Revolution verraten hat. Ihre Gegnerschaft ist in mehr als einer Hinsicht widersprüchlich. Zu Anfang hatte sie sich durchaus um die Gunst Napoleons bemüht, und ihre Abkehr, das Exil, die Entdeckung Deutschlands waren das Ergebnis ihres Scheiterns bei dem Versuch, dem großen Mann ihrer Epoche als große Frau nahe zu kommen – eine Konstellation, die sich im Laufe ihres Lebens noch oft wiederholte. Napoleon verbot die Veröffentlichung von *De l'Allemagne*, das Verbot galt einem politischen

Buch, das die Kantsche Ethik darlegte, das Individuum feierte und eine Alternative zu dem durch und durch kollektivistischen Frankreich entfaltete, das das Kaiserreich anstrebte.

Ein weiteres Paradox liegt darin, daß Madame de Staël, die wie der Kaiser in der Tradition der Aufklärung stand, schließlich die Empfindsamkeit des 18. Jahrhunderts in Frage stellte und damit die Grundlagen ihres Denkens, und gegen Napoleon kämpfte, der dies ebenso wie sie verkörperte. Die deutschen Leser dürften sich darüber nicht getäuscht haben, und die gegen Madame de Staël erhobenen Vorwürfe zeigen, daß die Kritiker sie in den kulturellen Rahmen des 18. Jahrhunderts einfügten, gegen den sie sich absetzten. Damit hatten sie vollkommen recht, denn die innige Verbindung von Literatur und Institutionen war in der Tat kennzeichnend für die Literaturvorstellung im 18. Jahrhundert und sehr weit von dem entfernt, was im 19. Jahrhundert die schöngeistige Literatur sein sollte. Selbst wer die *Considérations sur la révolution française* nicht besaß, die unmittelbar nach Madame de Staëls Tod erschienen waren und davon handelten, wie das Kaiserreich die Freiheit verhöhnt hatte, konnte sich auf das Vorwort von *De l'Allemagne* beziehen, geschrieben 1813 in London wenige Tage vor der Völkerschlacht, und den politischen Gehalt des Textes ermessen, die gewissermaßen allegorische Dimension der Betrachtungen über die Literatur: «Die Unterwerfung eines Volkes unter ein anderes läuft gegen die Natur. Wer würde jetzt noch an die Möglichkeit denken, Spanien, Rußland, England und Frankreich zu zerstückeln? Warum sollte dies nicht mit Deutschland der nämliche Fall sein! Könnten die Deutschen sich nochmals unterjochen lassen, so würde ihr Unglück das Herz zerreißen [...]. Was die Philosophen in Systeme brachten, geht in Erfüllung, und der Seele Unabhängigkeit wird die der Staaten begründen!»[15]

Von dem Augenblick an, da sich in der Geistesgeschichte ein so gegensätzliches Paar wie Napoleon und Madame de Staël an einem Thema, das man als die deutsche Kultur bezeichnen kann, gebildet hatte, wurden beide zu unverzichtbaren Bezugspunkten für jeden, der eine umfassende Definition Deutschlands zu geben versuchte. Heinrich Heine wirkte auf diese Weise gegen seinen Willen an dem Kult um Madame de Staël mit, obwohl er ein Leben lang gegen sie gekämpft hatte. *Zur Geschichte der Religion und Philosophie in Deutschland* (1835) und *Die romantische Schule* sind neben einigen Texten über Deutschland aus den vierziger Jahren des 19. Jahrhunderts Heines wichtigste Beiträge dazu, daß *De l'Allemagne* zu einem Erinnerungsort werden konnte. Natürlich gibt es einen zeitgebundenen Grund, warum Heine so sehr bestrebt war, ihre Urteile über Deutschland zu erschüttern. Heine wollte die Rolle des Vermittlers spielen, und so konnte er in Madame de Staël nur eine Konkurrentin sehen. Als Heine 1831 nach Paris kam, war sie schon tot, aber ihr Buch lebte weiter. Über Deutschland zu sprechen hieß darum in erster Linie, ein anderes Bild der Literatur und der Philosophie jenseits des Rheins zu zeichnen. Heine warf Madame de Staël nicht vor, daß sie, die von der Philosophie des 18. Jahrhunderts geprägt war, unfähig gewesen sei, eine Philosophie der Innerlichkeit zu verstehen. Ganz im Gegenteil, Heine warf ihr vor, daß sie zur Überläuferin geworden sei und aus Trotz das Bild eines idealen Deutschland skizziert habe, um ihren Zorn über das Kaiserreich auszudrücken, eines Deutschland, das als Gegengift gegen die sensualistischen Aufwallungen in Frankreich hätte wirken sollen. Für Heine hingegen war Deutschland ganz gewiß kein Heilmittel gegen die Geisteshaltung des Kaiserreichs, die er als sensualistisch und mit der Revolution verbunden betrachtete. Die deutsche Philosophie war für ihn wegen ihrer pantheistischen Wurzeln vielmehr ein Äquivalent der Französischen Revolution, und *Die romantische Schule* zog gerade deswegen harsche Kritik auf sich, weil sie diese Abstammung verleugnete. Heines Rezeption der Madame de Staël diente der Bestätigung des Musters, daß sich Deutschland und das politische Handeln der Franzosen komplementär zueinander verhielten. Er setzte Madame de Staëls Konstruktion eines durchgeistigten Deutschland die Idee eines materialistischen Deutschland entgegen. Indem er betonte, daß die romantische Schule «nur aus einem Haufen Würmern bestand, die der heilige Fischer zu Rom sehr gut zu benutzen weiß, um damit Seelen zu ködern»,[16] eröffnete er den Franzosen den Weg zum Verständnis der nachhegelianischen und vorsozialistischen Religionskritik, den *De l'Allemagne* verstellt hatte. *De l'Allemagne* wird damit unter Heines Feder zu einem negativen Erinnerungsort, zu einem heuchlerischen Gebilde in seinen Augen und in den Augen der Deutschen, die seine Sicht übernahmen. Diese Umwertung gewann nach 1870 große Bedeutung, zunächst aber blieb sie folgenlos.

Denn bis zum deutsch-französischen Krieg hielt Madame de Staël durch ihre Erben und Nachahmer das Modell des idealen Deutschland hoch. Einer ihrer Nacheiferer, der Baron Barchou de Penhoën, verfaßte, wie bereits erwähnt, in den dreißiger Jahren des 19. Jahrhunderts die erste ernsthafte Geschichte der deutschen Philosophie in französischer Sprache. Claude Fauriel, der ebenfalls Madame de Staël nahestand, erhielt den ersten Lehrstuhl für Vergleichende Literatur an der Sorbonne und wies damit erstmals der französischen Literatur einen Platz unter den Nationalliteraturen zu, machte sie als erster zu einer Literatur neben anderen, zwischen dem Norden und dem Süden. Die Beschäftigung mit ausländischen Literaturen beschränkte sich nicht auf die deutsche, aber die deutsche Literatur wurde als Prototyp der ausländischen betrachtet, als setzte die Methodik von Madame de Staëls Buch über Deutschland sich in der Untersuchung der europäischen Literaturen fort, womit Deutschland gewissermaßen zum Maßstab der Andersheit wurde. Loève-Veimars (1801–1854), Marie d'Agoult (1805–1876), Blaze de Bury (1813–1888), sie alle sind von Madame de Staëls Sichtweise geprägt. Natürlich hatten die Junghegelianer in Paris bereits das Interesse einer begrenzten Öffentlichkeit auf Feuerbach gelenkt. Die Entdeckung von D. F. Strauss bereitete ein beunruhigenderes Bild von Deutschland vor. Aber die ersten Sozialisten, die sich mit den Junghegelianern trafen, waren nur eine Minderheit und wurden wenig zur Kenntnis genommen. Selbst Victor Cousin, der die akademisch-gelehrte Seite der Beziehung zu Deutschland verkörperte, leitete vor allem auf der Grundlage von Übersetzungen seiner Schüler zu einem differenzierteren Bild von Deutschland über, aber auch er brach nicht mit Madame de Staëls Sichtweise. Der Bruch kam erst nach 1870, als Frankreich den wirtschaftlichen und politischen Aufstieg Deutschlands registrierte und mit einer Mischung aus Furcht und Faszination die Entwicklung jenseits des Rheins beobachtete. Das Deutschlandbild eines Jean Jaurès, des Sozialisten Edouard Vaillant oder eines Charles Andler, der die Germanistik begründete, war nicht mehr von Madame de Staël geprägt, und an die Stelle eines etwas herablassenden Interesses an Deutschland trat jetzt bewunderndes Mißtrauen. Ein Element der Kontinuität blieb indes über die Zäsur von 1870 hinaus, daß der deutsche Kulturraum gewissermaßen mit den Augen des Anthropologen betrachtet wurde. Wer nach Madame de Staël über Deutschland sprach, befaßte sich nicht allein mit literarischen Formen, sondern versuchte immer die Kultur zu verstehen, die die Grundlage der literarischen Produktion bildet.

Nach dem Zwischenspiel von *De l'Allemagne* gab es erst am Ende des 19. Jahrhunderts mit der «deutschen Krise des französischen Denkens»,[17] wie man es genannt hat, wieder eine derart intensive Beschäftigung mit der deutschen Kultur. Wie zur Zeit von Madame de Staël wurde das System der wissenschaftlichen Werte durch erhebliche Anleihen bei der deutschen Wissenschaft in Frage gestellt. Als Exponenten dieser Bewegung sind Henri Berrs *Revue de Synthèse* zu nennen, Durkheims *Annales de sociologie,* die Forschungen von Xavier Léon und auch die philosophischen Arbeiten von Jaurès. Wie zur Zeit von Madame de Staël stand das Bemühen, die Distanz zu Deutschland zu überwinden, am Anfang der Entwicklung eines Modells für die Erforschung der gesellschaftlichen Gegebenheiten, und dies setzte sich in den entstehenden Sozialwissenschaften und der Ethnologie fort. Allerdings betrachtete man Deutschland zu dieser Zeit mit einem Mißtrauen, das Madame de Staël fremd war. Am Ende des 19. Jahrhunderts diente das Interesse an Deutschland nicht mehr dazu, eine deutsche Identität zu befestigen, die das nicht mehr nötig hatte. Aber die Kritik an einem Deutschland, das sich, wie Madame de Staël es gesehen hatte, im metaphysischen Dunst verlor, begründete eine bleibende Dichotomie im Verhältnis Frankreichs zum deutschen Kulturraum. Das Land der manchmal bedrohlichen wissenschaftlichen Rationalität überlagerte das Bild vom Land der Dichter und Denker nur, und letzteres konnte jederzeit wieder in den Vordergrund treten. Hinter der Industriemacht Deutschland stand ein metaphysisches, irrationales Deutschland. Auch in dieser Hinsicht ist Madame de Staëls Buch fast zwei Jahrhunderte nach seinem Erscheinen noch immer ein Erinnerungsort.

Aus dem Französischen von Ursel Schäfer

Gotthard Erler

Theodor Fontane

1. Renaissance eines Standardwerks

Mit dem Fall der Mauer bekam die Mark Brandenburg wieder einen signifikanten Stellenwert im Bewußtsein der Deutschen. Bis 1989/90 war sie für «den Westen» kaum oder nur mit beträchtlicher bürokratischer Mühsal zugänglich gewesen, und «im Osten» war die historische Landschaft im anonymen Verwaltungsbezirk Potsdam untergegangen; alle regionalen Traditionen hatte man mehr oder weniger systematisch verwischt und ausgelöscht. Der scheinbar forsche, in Wahrheit verklemmte Umgang der DDR-Führung mit Preußen, Enteignung und Vertreibung der alten Adelsfamilien («Junkerland in Bauernhand»), die dem Verfall überlassenen Herrenhäuser, die Abschottung des ganzen Gebiets bildeten den politischen Hintergrund dafür. An die «märkische Hymne» vom roten Adler erinnerte sich allenfalls noch die ältere Generation; gespielt wurde das Lied von Willi Büchsenschütz selbstverständlich nicht. Und die ehrgeizige Gesamtedition der Werke und Briefe des Märkers Theodor Fontane, die, auf etwa 75 Bände angelegt, seit 1994 im Berliner Aufbau-Verlag erscheint, hätte sich nie «Große Brandenburger Ausgabe»[1] nennen dürfen.

Nun aber gab es die restriktive DDR nicht mehr, ungezählte Touristen strömten in das «Land zwischen Oder und Elbe»[2], und die meisten hatten die *Wanderungen durch die Mark Brandenburg* im Gepäck (oft ohne zu wissen, daß ihr Verfasser auch ein reichliches Dutzend Romane von zumindest europäischem Rang geschrieben hat). Man folgte offenbar gern den (vielfach subjektiven) Empfehlungen Fontanes, fand ökologisch verwahrloste Gebiete, heruntergekommene Dörfer und Ackerstädte, überall aber auch reizvolle Architektur hinter bröckeliger Fassade und vor allem ursprüngliche, meist kaum zersiedelte Landschaften von spröder Schönheit und nicht zuletzt zauberhafte, intakte Alleen. Man konnte aufregende Vergleiche anstellen zwischen den 130, 140 Jahre alten Schilderungen Fontanes und der vom DDR-Sozialismus hinterlassenen Realität, und ebendas verhalf den *Wanderungen* zu einem außerordentlichen Erfolg und ihrem Autor zu neuer, anhaltender Popularität (der 100. Todestag 1998 wurde, auch von den Politikern der Region, wie ein Nationalereignis begangen). Fontane hat, was in diesem Falle positiv zu bewerten ist, von der Einheit Deutschlands enorm profitiert; aber gewonnen haben vor allem seine Leser, die ihm die Kenntnis von Orten und Örtlichkeiten verdanken, die durch seine einprägsamen Darstellungen zu Bezugs-Punkten, Identifikations-Stätten, eben zu Erinnerungs-Orten geworden sind.

2. Der Stechlin – Dichtung und Wahrheit

Besonders aufschlußreich sind geographische Existenz und poetische Verwertung des Stechlinsees. Erst durch die exponierte Verknüpfung der limnologischen Besonderheiten des Gewässers (ungewöhnliche Tiefe, beträchtliche Windanfälligkeit usw.) mit Teilen der märkischen Minack-Sage hat Fontane den vor ihm praktisch unbekannten Stechlin zur markanten Örtlichkeit, ja zum heimlichen Revolutionär unter den verträumten Seen der Mark gemacht.

Die Anverwandlung von Stoff und Gegenstand vollzieht sich in mindestens drei Phasen. 1864 erscheint in der zweiten Auflage des Bandes *Die Grafschaft Ruppin* der später wieder ausgeschiedene, alphabetisch geordnete Artikel «Dörfer und Flecken im Lande Ruppin». Unter dem Stichwort «Menz» heißt es sachlich in einer knappen Notiz: «Der Forst, ich glaube 24000 Morgen groß, der See 1600 bis 2000 Morgen, 400 Fuß tief an den tiefsten Stellen. Wild am Tage des Lissabonner Erdbebens. Das war des Stechlin ‹großer Tag›. Die Sage vom roten Hahn, der wütend kräht und mit den Flügeln schlägt, wenn man die Tiefe des Sees messen oder an Stellen fischen will, die ihm nicht passen.»[3] Bei seiner fünfstündigen Fahrt in «absoluter Einöde» habe sich ihm der Wunsch aufgedrängt, «hier in Wald- und See-Geheimnisse einzudringen,

Der Stechlinsee in Brandenburg

aber sie geben nichts heraus, weil, die wenigen Geheimnisse der Natur abgerechnet, nichts da ist».

Im September 1873 recherchiert Fontane gleichwohl noch einmal in der «Märkischen Schweiz», am Stechlin und im Menzer Forst. Den Bericht darüber schreibt er unmittelbar danach nieder, und er wird dann, nach einem Vorabdruck in Franz Lipperheides *Illustrirter Frauen-Zeitung* (Februar/März 1874), 1875 in die dritte Auflage der *Grafschaft Ruppin* erstmals als *Wanderungen*-Kapitel aufgenommen. Die schon 1864 gegebenen Stichworte – Lissabon und roter Hahn – werden ausführlich behandelt und gewinnen im stimmungsvollen Kontext des Kapitels tiefere Dimensionen. Der See verfüge über «vornehme» Beziehungen in alle Welt und habe 1755 bei der Zerstörung Lissabons (die bekanntlich einen Schock in Europa ausgelöst hatte) sich in «stäubenden Wasserhosen» präsentiert; an seinem Grunde lebe ein Hahn, der zuweilen «rot und zornig» heraufsteige und allzu waghalsigen Fischern gefährlich werde. Fontane legt diese Angaben seinem ortskundigen Führer, dem Neuruppiner Kaufmann Alexander Gentz, in den Mund und zeigt sich sichtlich beeindruckt von dem geheimnisumwitterten See. Er kommt ihm wie ein Stummer vor, «den es zu sprechen drängt. Aber die ungelöste Zunge weigert ihm den Dienst, und was er sagen will, bleibt ungesagt.»[4]

Erst in einem dritten, entscheidenden Anlauf bringt der Autor Fontane, der sich inzwischen vom «Wanderer» zum Romancier entwickelt hat, den schweigsamen See dazu, sein Geheimnis preiszugeben. Er gibt gegen Ende seiner Tage ein lange verfolgtes Projekt auf (das Buch über Klaus Störtebeker und dessen «Likedeeler», das ihn in seiner «mittelalterlichen Seeromantik» und «sozialdemokratischen Modernität» ungeheuer reizt[5]) und schreibt statt dessen den «Stechlin»-Roman, in dem er sozusagen die symbolischen Ressourcen des Objekts freilegt, dessen Botschaft entschlüsselt und sein eigenes Credo vorträgt. Nicht der frühkommunistische Seeräuber aus dem 14. Jahrhundert, sondern ein zeitgenössischer Märker, Dubslav von Stechlin, wird Fontanes letzte Bekenntnisfigur.

Der Stechlin erscheint im Oktober 1898, kurz nach Fontanes Tod, und wird in diesem Zusammenhang von der Kritik als «Testament», als «Vermächtnis» gebührend gewürdigt (obwohl in vielen Besprechungen auch der in der Fontane-Literatur vielfach wiederholte Vorwurf anklingt, daß das Buch «als Ganzes kein kunstgemäßer Roman» sei). Sehr bemerkenswert ist, wonach Fritz Mauthner in seiner liebevollen Rezension fragt: «Dubslav weiß, daß dieser märkische See, der für gewöhnlich so wohldiszipliniert daliegt, im Grunde ein Revolutionär ist, der gleich mitmurrt, wenn irgendwo was los ist. An wen sollen wir dabei denken? An die Mark Brandenburg? An den Junker Dubslav? An Theodor Fontane?»[6]

So hat den von Fontane installierten Erinnerungs-Ort Stechlinsee auf lange hin niemand mehr gesehen, und für die Etablierten mag diese Interpretation eher abschreckend gewirkt haben. Zwar rückten verschiedene Aufsätze von

Thomas Mann, dessen Wort beim gebildeten Bürgertum etwas galt, gerade den *Stechlin* immer wieder ganz nach vorn; er hörte aus den Plaudereien des Romans «hohe, heitere und wehe, das Menschliche auf eine nie vernommene, entzückende Art umspielende Lebensmusik»[7] heraus. Doch diese Stimme ging in den folgenden fatalen Zeitläuften und in der allgemeinen Fontane-Flaute der dreißiger und vierziger Jahre unter. Erst nach dem Zweiten Weltkrieg, genauer gesagt seit 1954, als Kurt Schreinert die Briefe Fontanes an den schlesischen Amtsgerichtsrat Georg Friedlaender herausgab und das auslöste, was mit dem diffusen Begriff «Fontane-Renaissance» benannt wird, werden Wissenschaft und Leser wieder auf Fontane und – auf den *Stechlin* aufmerksam, wobei speziell die Rezeption in der DDR interessante Aspekte aufweist.

Nachdem die kulturpolitische Führung im Osten noch bis in die sechziger Jahre hinein den Autor als Preußen-Verherrlicher und Junker-Apologet verdächtigt hatte, wurde der *Stechlin* für die herrschende Ideologie zunehmend akzeptabel. Die Berufung auf den «großen Zusammenhang der Dinge»[8] schien eine Parabel auf die marxistische Dialektik zu sein. Das Motiv des roten Hahns, der nach den Worten des Romans[9] eines Tages «laut in die Lande hinein» kräht, war als vorweggenommene Rechtfertigung von Bodenreform und Enteignung willkommen – nicht weniger der Schluß des Romans, nach dem es nicht nötig sei, daß die Stechline weiterleben, wohl aber solle der Stechlin fortexistieren, das poetisch-soziale Symbol für Veränderungen in Natur und Gesellschaft. Hinzu kamen die «brauchbaren» Stellen über die Arbeiterbewegung. Immerhin hat Fontane, durchaus selbst davon überzeugt, den Satz formulieren lassen: «Ob sich der vierte Stand etabliert und stabiliert [...], darauf läuft doch in ihrem vernünftigen Kern die ganze Sache hinaus.»[10] Diese Passage dürfte etwa zur gleichen Zeit entstanden sein, als Fontane an seinen Brieffreund James Morris nach London schreibt: «Alles Interesse ruht beim vierten Stand. Der Bourgeois ist furchtbar, und Adel und Klerus sind altbacken, immer wieder dasselbe. Die neue, bessere Welt fängt erst beim vierten Stande an.»[11] Die Sätze schienen auf eine «Vorläuferschaft» Fontanes für die DDR zu deuten, und so avancierte die berühmte Äußerung der Melusine von Barby im 29. Kapitel des *Stechlin* zu einer Art Kronzitat: «Alles Alte, soweit es Anspruch darauf hat, sollen wir lieben, aber für das Neue sollen wir recht eigentlich leben»[12] – wobei man unter dem «Neuen» die «sozialistische Gesellschaft» verstand.

Aufschlußreich ist, daß im Kontext dieser Vereinnahmung der Stechlinsee erstmals, freilich ohne Bezug auf Fontane, ein Lemma im Lexikon erhielt: In *Meyers Neuem Lexikon*, in Leipzig ediert, wird er 1964 als «Kühlwasserquelle für das dort errichtete erste Atomkraftwerk der DDR»[13] aufgeführt, und ich gestehe, daß ich in einem Nachwort seinerzeit unreflektiert auf die Beziehung dieser Anlage zu den (un)heimlichen Naturkräften des Sees hingewiesen habe.[14]

Der Stechlin (Buch und See) hat neben dieser offiziösen Lesart aber auch einen ganz anderen, heimlichen, ja dissidentischen Bezug für DDR-Leser gehabt. Im Sinnbild für große Zusammenhänge und für den ständigen Wechsel der Dinge und Strukturen war natürlich auch die notwendige Ablösung fragwürdig gewordener Systeme verborgen. Erstaunlicherweise hat die Zensurbehörde, die ständig auf der Suche nach staatsgefährdenden «Stellen» war, die brisanteste Formulierung im 29. Kapitel nie beanstandet: «Sich abschließen heißt sich einmauern, und sich einmauern ist Tod. Es kommt darauf an, daß wir gerade *das* beständig gegenwärtig haben.»[15]

War Fontane, so unterschiedlich verstehbar, also tatsächlich ein «unsicherer Kantonist» (die Wendung stammt von Thomas Mann[16]), und läßt er seinen überaus sympathischen Dubslav von Stechlin mit subtiler Absicht ein Wetterfahnen-Museum[17] betreiben? Ist er halbherzig zwischen Alt und Neu stehengeblieben, und hat er uns fragwürdige, mißbrauchbare Erinnerungsorte bezeichnet?

3. Zwischen Rheinsberg und Gendarmenmarkt – Gehorsam und Auflehnung

Das Dörfchen *Ribbeck* im Havelland verdankt seinen Ruhm ohne Zweifel Fontanes Ballade um den Birnenbaum im Gutsgarten. Das Gedicht ist ein Geniestreich des Lyrikers, der in 42 eingängigen Verszeilen eine fabelhafte Geschichte erzählt, an der sich, ganz beiläufig, sein ambivalentes Verhältnis zum märkischen Adel ablesen läßt: die Sympathie für die Güte des alten Ribbeck, die Vorbehalte gegen die junkerliche Knausrigkeit der jüngeren Generation, überdies das Vertrauen in den Triumph der Natur, die die Beziehungen zwischen unten und oben schließlich wiederherstellt.

Damals wie heute fragen Reisende freilich vergeblich nach dem legendären Birnenbaum, dessen Original schon am Anfang des 20. Jahrhunderts einem Sturm zum Opfer fiel, und das bei Fontane idyllisch wirkende «Doppeldachhaus»[18], das Herrenhaus, wirkt eher ernüchternd. Dennoch bleibt Ribbeck ein vielbesuchter Ort, zumal er durch die Aktivitäten des rührigen Pfarrers Möhring ebenso Aufmerksamkeit erregt wie durch die Streitereien des amtierenden Herrn von Ribbeck seit dem Fall der Mauer.

Glanz und Elend märkischer Adelsfamilien lassen sich deutlicher am Beispiel *Neuhardenberg* verfolgen. Fontane referiert im Band *Das Oderland* ausführlich über die Historie des Ortes, die von der Gepflogenheit der Hohenzollern geprägt ist, Verdienste in Armee und Staat durch Schenkungen zu belohnen. König Friedrich übertrug das alte wendische Dorf Quilitz 1763 dem Oberstleutnant Joachim Bernhard von Prittwitz, der ihn in der Schlacht von Kunersdorf (1759) vor drohender Gefangenschaft gerettet hatte. Friedrich Wilhelm III. vermachte 1814 die an die Krone zurückgefallene Besitzung seinem Staatskanzler von Hardenberg, der Fontanes Landsmann Karl Friedrich Schinkel mit dem Umbau des Herrenhauses sowie dem Bau der Kirche und dem Wiederaufbau des abgebrannten Dorfes beauftragte, das nun den Namen Neuhardenberg erhielt (in Anlehnung an den Stammsitz in der Nähe von Göttingen). Reichlich hundert Jahre danach wurde das Schinkel-Schloß eins der Zentren für den Widerstand gegen den Nationalsozialismus; Graf Hardenberg war führend an der Vorbereitung des Attentats auf Hitler vom 20. Juli 1944 beteiligt, überlebte im Konzentrationslager Oranienburg, durfte aber, als er in den fünfziger Jahren starb, nicht an der Seite seiner Vorfahren auf dem heimatlichen Friedhof von Neuhardenberg beigesetzt werden, das inzwischen in «Marxwalde» umgetauft worden war. Im Schinkelschen Gartensaal, aus dem heraus Hardenberg von der Gestapo verhaftet worden war, absolvierten nun die Dorfkinder ihren Turnunterricht. Im Vorfeld von Schinkels 200. Geburtstag 1984 ließ die DDR das Herrenhaus umfassend restaurieren. Nach der «Wende», das Dorf hieß wieder Neuhardenberg, etablierte sich zunächst die ideenreiche «Kultur- und Bildungsstätte Schloß Neuhardenberg e. V.», dann gab es Pläne, den Bau als Kulturzentrum der gerade wieder errichteten Viadrina, der Universität Frankfurt/Oder, zu nutzen; schließlich aber wurde er an den Sparkassen- und Giro-Verband verkauft. Ob damit der Erinnerungs-Wert erhalten bleiben kann?

Bekannter als Wahrzeichen für eigenständige Gesinnung ist *Rheinsberg*, wo Friedrich der Große als Kronprinz lebte und wo in den folgenden Jahrzehnten sein Bruder, ein Eigenbrötler und Sonderling, die Knobelsdorff-Schöpfung in einen Ort der Musen verwandelte. Zerstritten mit dem königlichen Bruder, sammelte Prinz Heinrich Künstler und Intellektuelle um sich und frondierte gegen die Politik von Berlin und Potsdam. Diese Fronde interessierte Fontane lebhaft, weil sie letztlich seiner eigenen Geisteshaltung, seiner politischen Position nahekam: Es war die Version einer Opposition, die weithin tatsächlich nicht regierungskonform ist, aber im Kern auch nicht gänzlich aus dem vorgegebenem System ausbricht und damit ein verbreitetes Intellektuellen-Syndrom kennzeichnet. Fontane hat sich mehrfach einen «in der Wolle gefärbten Preußen» genannt[19], dem gleichwohl «alles Preußische» so schrecklich war. An wenig beachtetem Ort, im Schlußkapitel seines Buches *Aus den Tagen der Okkupation* (1872), hat er sich bündig dazu geäußert. Er ordnet Kassel (wo er auf der Heimreise von seiner Frankreich-Tour die Räume inspiziert, in denen der französische Kaiser gefangengehalten worden war) «unter die Potsdamme der Weltgeschichte» ein und fährt fort: «Das Wesen dieser Potsdamme – wobei ich Potsdam als alten überkommenen Begriff, nicht als etwas tatsächlich noch Vorhandenes fasse –, das Wesen dieser Potsdamme, sag' ich, besteht in einer unheilvollen Verquickung oder auch nicht Verquickung von Absolutismus, Militarismus und Spießbürgertum. Ein Zug von Unfreiheit, von Gemachtem und Geschraubtem, namentlich auch von künstlich *Hinaufgeschraubtem*, geht durch das Ganze und bedrückt jede Seele, die mehr das

Bedürfnis hat, frei aufzuatmen als Front zu machen. Front zu machen. Ja, dies ist das Eigentlichste! Ein gewisses Drängen herrscht in diesen der Louis XIV.-Zeit entsprungenen Städten vor, in die erste Reihe zu kommen, gesehen, vielleicht gegrüßt zu werden; vornehm und gering nehmen gleichmäßig daran teil und bringen sich dadurch, während der Hochmut wächst, um mit das Beste, was der Mensch hat: das Gefühl seiner selbst. Es kann keinen wärmeren Lobsprecher des richtig aufgefaßten ‹Ich dien› geben als mich; es ist ein *Charakter*vorzug, gehorchen zu können, und ein *Herzens*vorzug, loyal zu sein, aber man muß zu dienen und zu gehorchen wissen in Freiheit. Man hat von den Berlinern gesagt, sie hätten alle ‹einen kleinen ‹alten Fritz› im Leibe› (beiläufig das Schmeichelhafteste, was je über sie gesagt worden ist; so kann man von vielen Klein-Residenzlern sagen: sie tragen den Hofmarschall v. Kalb irgendwie oder irgendwo mit sich herum.»[20]

Literarisch hat Fontane das Thema Freiheit und Disziplin mehrfach aufgegriffen. Berndt von Vitzewitz in seinem ersten Roman, *Vor dem Sturm*, unverkennbar dem Frondeur Friedrich August Ludwig von der Marwitz nachgebildet (Fontane sprach gern von seinem «Liebling Marwitz»[21]), kann als Prototyp für die Problematik gelten. Der an sich loyale ostelbische Gutsherr folgt im entscheidenden Augenblick seinem Gewissen, stellt sich gegen seinen zögernden König und versucht auf eigene Faust einen Aufstand gegen die Napoleonischen Besatzungstruppen in Frankfurt/Oder; aber, und das ist nicht ohne tiefere Bedeutung, Fontane läßt ihn scheitern.

Frondeure in diesem Sinne sind Bülow in *Schach von Wuthenow* und der 1806 gefallene Prinz Louis Ferdinand, dem er eine temperamentvolle Ballade gewidmet hat. Auch Fontanes nachhaltiges Interesse an Hans Hermann von Katte belegt den Zusammenhang: Im Konflikt zwischen Gehorsam und Freundespflicht entscheidet er sich für letztere, und das kostet ihn buchstäblich den Kopf. Der König läßt ihn zur Abschreckung künftiger Gehorsamsverweigerung hinrichten, weil er, in die Fluchtpläne des Kronprinzen eingeweiht, diese nicht aufgedeckt hat. Erst jüngst, Ende 1999, hat Siegfried Matthus diesen Stoff in seiner Oper *Kronprinz Friedrich*, die anläßlich der Wiedereröffnung des Rheinsberger Theaters und zur Jahrtausendwende uraufgeführt wurde, auf bemerkenswerte Weise verarbeitet. Auf alle Fälle weist dieses musikalische Ereignis erneut auf den attraktiven Erinnerungs-Ort Rheinsberg hin, der mit Schloß und Park und Historie so vielfältige Assoziationen ermöglicht und ein Besuchermagnet ersten Ranges geworden ist.

Neben Bismarck (der nach Fontanes Bekenntnis in fast allem «umgehe», was er «seit 70 geschrieben»[22]) steht der Alte Fritz im Zentrum seiner historischen Interessen, und nicht ganz zufällig hat der kunstgeschichtlich bestens bewanderte Fontane auch auf das Rauchsche Reiterstandbild Friedrichs Unter den Linden in Berlin mehrfach dichterisch Bezug genommen. Als das Denkmal nach querelenreicher Vorgeschichte endlich 1851 auf dem Forum Fridericianum in Berlin enthüllt werden kann, steuert Fontane ein bemerkenswertes Gedicht bei, das den König des 18. Jahrhunderts zum Adressaten für massive Kritik am gegenwärtigen Preußen nimmt:

> Vor allem aber blitz ins Herz
> Den Lenkern und den Leitern,
> Sei du das Vorgebirg von Erz,
> Dran ihre Ängste scheitern;
> Ruf ihnen zu: *Mein* war der Mut,
> Dies Preußen aufzurichten,
> Es tut nicht gut, es tut nicht gut
> Solch Zagen und Verzichten.[23]

Fontane hat den exponierten Platz vor dem Denkmal noch dreimal in seine Gedichte einbezogen, und zwar in die Verse, die er 1864, 1866 und 1871 jeweils beim Einzug der siegreichen preußischen Truppen «fabrizierte». Die Situation wiederholt sich: Die Soldaten ziehen durchs Brandenburger Tor ein, marschieren die Linden hinunter und machen «halt, vor des Großen Königs ernster Gestalt».[24] 1864 geht der preußische Patriot mit dem Dichter durch, und er reimt Fürchterliches auf die Erstürmung von Düppel zusammen. 1866 liegt es ähnlich, aber Fontane erinnert diesmal immerhin an die unzähligen Opfer. Und 1871 nimmt die übliche Parade vor dem Reiterstandbild ein überraschendes Ende:

> Bei dem Fritzen-Denkmal stehen sie wieder,
> Sie blicken hinauf, der Alte blickt nieder;
> Er neigt sich leise über den Bug:
> «Bon soir, Messieurs, *nun* ist es *genug*.»[25]

König Friedrich redet hier sozusagen dem neuen Deutschland ins Gewissen, und das soll sich auf kuriose Weise künftig fortsetzen: Der erzene Alte Fritz wird in der Tradition des gütigen Königs zur volkstümlichen Bezugsfigur der Unglücklichen und Unzufriedenen. Nach einer offenbar älteren Vorlage, die es schon in der Weimarer Zeit gegeben haben soll, flüsterte man sich zu Honeckers Zeiten (der immerhin die Rückkehr des Kunstwerks aus dem Park von Sanssouci nach Berlin verfügt hatte) folgende Ansprache an den Alten zu:

> Großer Friedrich, steig hernieder
> Und regier die Preußen wieder.
> Laß in diesen schweren Zeiten
> Unsern Erich weiterreiten.

Daß das Denkmal in unmittelbarer Nähe des Bebelplatzes, des früheren Opernplatzes, steht, verleiht dem Erinnerungs-Ort eine weitere Perspektive: dort verbrannten am 10. Mai 1933 fanatisierte Studenten die Bücher freiheitlich-demokratischer Autoren, und Heinrich Heine, dessen Werke sich darunter befanden, hatte schon 1821 in seinem Schauspiel *Almansor* einen solchen Vorgang prophetisch auf die Formel gebracht: «Das war ein Vorspiel nur, dort, wo man Bücher / Verbrennt, verbrennt man auch am Ende Menschen.»[26] Die Verse sind heute auf einer Bronzetafel neben der eindrucksvollen Gedenkstätte von Micha Ullman in den Boden eingelassen.

Wenige hundert Meter entfernt steht auf dem Gendarmenmarkt das *Schauspielhaus*, von Karl Friedrich Schinkel gebaut, 1821 mit Carl Maria von Webers *Freischütz* eingeweiht und ein wenig auch ins historische Gedächtnis eingeschrieben, weil Theodor Fontane dort zwanzig Jahre lang als Theaterkritiker wirkte und dabei ein einzigartiges Kapitel Berliner, ja deutscher Theater- und Kulturgeschichte schrieb. Auf die Historie des Hauses im 20. Jahrhundert sei nur am Rande verwiesen: Hier amtiert in der Nazizeit der zwiespältige Gustaf Gründgens als Generalintendant; der *Mephisto*-Roman seines zeitweiligen Schwagers Klaus Mann war auf Betreiben der Gründgens-Erben lange Jahre in der Bundesrepublik verboten, konnte aber mit großem Erfolg als Lizenz beim Ostberliner Aufbau-Verlag erscheinen. Da das im Zweiten Weltkrieg ausgebrannte Haus, vor dem 1848 der preußische König den «Märzgefallenen» die Ehre erweisen mußte, den Abriß-Gelüsten von Walter Ulbricht wohl mehr zufällig entging, konnte es im Umfeld der 750-Jahr-Feier Berlins wiederaufgebaut werden – als Konzerthaus. Wer sich heute eine Vorstellung machen möchte, wo denn der legendäre «Parkettplatz 23» Theodor Fontanes lag, der sollte im Großen Saal den Platz 13 in Reihe 11 zu kaufen suchen. Dort etwa, einen halben Meter tiefer, muß sich sein «kurulischer Stuhl» befunden haben, wo ihn vielfach Blicke trafen, die überdeutlich ausdrückten: «Da sitzt das Scheusal wieder.»[27] Denn er war nicht nur ein äußerst disziplinierter Theatergänger, der sich in der Saison drei- bis viermal in der Woche pünktlich am Gendarmenmarkt einfand (er, der gewöhnlich zu spät zu kommen pflegte!), er kannte auch keine Kompromisse, wenn es um ein fundiertes Urteil über eine Inszenierung oder über ein Gastspiel ging. Nachsichtige Gefälligkeiten gegenüber Schauspieler- oder Autoren-Prominenz kannte er nicht. Er, der Kritiker-Autodidakt, lobte, wenn er von der künstlerischen Leistung überzeugt war, und er verriß gnadenlos und sarkastisch, wenn er Mißlungenes oder Ungenügendes sah. Er «diente» der einflußreichen Zeitung, die ihm das existenznotwendige Fixum zahlte, er war generell loyal gegenüber dem geliebten Theater, aber er hatte stets die nötige Zivilcourage, Schlechtes schlecht zu nennen und seine Haltung zu begründen. Er war diszipliniert im Dienste der Kunst.

4. Psychogramm eines deutschen Intellektuellen

Die vorstehend behandelten Erinnerungsorte, die durch Fontane ins öffentliche Bewußtsein gekommen sind und, wie angedeutet, nach ihm eine mitunter abenteuerliche Geschichte entwickelten, stehen, personell gesehen, durchweg in der Polarität von Loyalität und Zivilcourage, von Ordnung und Auflehnung. Fontanes Leben ist von vergleichbaren Gegensätzen bestimmt gewesen, und man kann seine Biographie als einen eigenen, spannungsvollen Erinnerungsort auffassen, der über die Tugend der Disziplin nachdenken läßt, aber auch den Mut zur eigenen Meinung und zur nicht konventionellen Entscheidung stimuliert. Der Autor ist zeitlebens auf dem schmalen, manchmal gefährlichen Grat zwischen Konformismus und Unabhängigkeit gewandelt, den man moralisch unbeschadet nur mit intellektueller Redlichkeit und persönlicher Integrität hinter sich bringt. Er hat die Grundstruktur seines Lebenslaufs selbst mit dem Satz umschrieben: «[...] ein Apotheker, der anstatt von einer Apotheke von der Dichtkunst leben will, ist so ziemlich das Tollste, was es giebt.»[28]

Beruf und Berufung fallen von Anfang an auseinander. Eigentlich möchte er Geschichtsprofessor werden, doch der Vater bestimmt ihn zum Pharmazeuten. Seine Liebe aber gehört der Poesie und dem freiheitlichen Gedankengut des Vormärz. Folglich ist er – viel stärker, als es seine späte Autobiographie *Von Zwanzig bis Dreißig* (1898) wahrhaben will – in die Vorgänge der Revolution von 1848 verwickelt, aber die fünfziger Jahre sehen ihn, der sich als einen «Wühler comme il faut»[29] empfand, im publizistischen Dienst der Reaktion. Selbstkritisch gesteht er gegenüber Bernhard von Lepel: «Man hat vor den gewöhnlichen Lumpenhunden nur das voraus, daß man wie der wittenberg-studirte Hamlet sich über seine Lumpenschaft vollkommen klar ist.»[30] Die Reaktionsperiode unter Manteuffel verbringt er zumeist im parlamentarisch-demokratischen England, das ihn nachhaltig beeinflußt. Seine Situation ist denkbar prekär: Er gilt als offiziöser Presseattaché der preußischen Gesandtschaft und wird als solcher von den politischen Emigranten gemieden; in Wahrheit stimmt er (im Konsens mit dem Gesandten) mit der Berliner Politik keineswegs überein, entledigt sich gleichwohl des peinlichen Auftrags, eine Londoner Zeitung durch eine ansehnliche Bestechungssumme auf eine propreußische Berichterstattung zu programmieren. Daß er obendrein von dem ehemaligen Junghegelianer Edgar Bauer für den dänischen Geheimdienst bespitzelt wurde, hat er glücklicherweise nie erfahren. Nach der Rückkehr nach Berlin geht er, der einstige Achtundvierziger-Demokrat, als Redakteur ausgerechnet zur *Kreuzzeitung*. In dieser Zeit, in der er sich in mancher Äußerung als überzeugter Konservativer geriert, beginnt er seine *Wanderungen durch die Mark Brandenburg*, die wiederum in durchaus kritisch-liberalem Geiste mit dem alten Preußentum und seinen gegenwärtigen Repräsentanten umgehen. Während ihn redaktionelle Brotarbeit und professionelle Land- und Leute-Schilderung total ausfüllen, frönt er nachts seiner wahren Passion: Er schreibt, seit Jahren schon, an einem historischen Roman. Als das Manuskript ernsthaft Konturen anzunehmen beginnt, unterbricht die europäische Politik, mit Bismarck als Drahtzieher, die geliebte Arbeit. Fontane wechselt

*Das Fontane-Denkmal im Berliner Tiergarten
bei seiner Enthüllung am 7. Mai 1910*

auf ein völlig anderes Terrain und begleitet als Historiker die Kriege von 1864 gegen Dänemark, 1866 gegen Österreich und 1870/71 gegen Frankreich und schreibt, zwölf Jahre hindurch, seine dickleibigen «Kriegsbücher», die ihm keiner dankt, am wenigsten die Hohenzollern. In der Zwischenzeit kündigt er bei der ultrarechts orientierten *Kreuzzeitung* und übernimmt bei der großbürgerlichen, sehr angesehenen *Vossischen Zeitung* etwas ganz Neues: die Kritik über die Aufführungen im Königlichen Schauspielhaus am Gendarmenmarkt. Er, der seine Ungebundenheit immer über alles schätzte, läßt sich 1876 noch einmal in eine feste Anstellung drängen; der Kaiser überträgt ihm den Posten eines Ersten Sekretärs an der Akademie der Künste, eine, wie sich rasch herausstellt, subalterne Schreiber- und Protokollantenstelle, von der er sich unter demütigenden Umständen rasch trennt. «Mir ist die Freiheit Nachtigall, den andern Leuten das Gehalt»[31], kommentiert er seinen Schritt. Nun erst findet er Zeit und (trotz fragiler Gesundheit) Kraft, den Roman zu Ende zu schreiben und sein ehrgeiziges geheimes Poetenziel zu erreichen: sich auch als Erzähler zu legitimieren. 1878 erscheint *Vor dem Sturm*, der, mit massiven preußenkritischen Akzenten versehen, die Serie seiner Gesellschaftsromane eröffnet, in denen er ein faszinierendes Panorama vor allem der brandenburgisch-berlinischen Szene entwirft.

Ein Leben voller Brüche und Widersprüche, das ihm politisch wie literarisch Irrungen und Wirrungen reichlich bescherte und «Eiertänze» aufnötigte, wie er sie am Beispiel seines zwiespältigen Verhältnisses zum märkischen Adel im Schlußwort zum vierten Band seiner *Wanderungen* beschrieben hat, wo er seine Sympathien gegenüber «entzückenden Einzelexemplaren» gegen den Abscheu vor der politischen Kaste abzuwägen hat. «Einen gewissen Mittelkurs zwischen Freisinnigkeit und Verbindlichkeit», gesteht er seinem Verleger[32], «zwischen Anerkennung des persönlichen und gesellschaftlichen und Anzweiflung des politischen Menschen in unsrem Landadel, inne zu halten, war ein Eiertanz, den ich nicht alle Tage tanzen möchte. Täusch' ich mich nicht, so ist es mir aber leidlich geglückt und zwar einfach deshalb weil diese Mischempfindung wirklich in mir lebendig ist. Die Kerle sind unausstehlich und reizend zugleich.» Es ist dieselbe komplizierte Situation, die er Bismarck gegenüber empfindet: Er verehrt den genialen Politiker und ist entsetzt über den kleinlichen Menschen.[33]

Es hängt also aufs engste mit Fontanes Lebensgang zusammen, daß er so professionell über *Ambivalenzen* verfügt. «Unanfechtbare Wahrheiten gibt es überhaupt nicht, und wenn es welche gibt, so sind sie langweilig», läßt er Dubslav von Stechlin erklären.[34] Man hat Fontanes Position als «Verbindlichkeit des Unverbindlichen» zu charakterisieren versucht,[35] und Günter Grass hat das Problem in seinem vorzüglichen Auch-Fontane-Roman *Ein weites Feld* schärfer im Sinne der mitunter zu weit gehenden Anpassungsfähigkeit eines deutschen Intellektuellen angefaßt.

Wie dem auch sei: Auf eine menschlich noble Art hat sich Fontane in dem Dilemma zwischen Pflicht und Neigung bewährt und sich eine private Philosophie für seine Haltung zurechtgelegt: «Freiheit und weiter nichts, ist etwas ziemlich Elendes. Der Mensch bedarf der Trainirung. Die zehn Gebote waren doch nichts andres als Disciplin.»[36] Nach diesem Prinzip hat er sein Leben eingerichtet und seine Kinder erzogen. Als er seiner achtzehnjährigen Tochter Mete «eine kleine Predigt über ‹Worthalten›» verpassen muß, sagt er: «Das Leben hat mich gelehrt, daß man, im Conflikte der Pflichten, immer das offenbar Gebotene, das Nächstliegende und nicht das Bequemstliegende thun muß.»[37] Und ein andermal klärt er seinen Liebling mit folgendem Bekenntnis auf: «Wer dient, muß gehorchen und schweigen können. Das ist nicht blos militairisch, das ist überhaupt gültig in der ganzen Welt. [...] Aber ich brauche Dir wohl nicht erst zu sagen, daß dies nichts zu schaffen hat mit timider, sklavisch-unwürdiger Unterordnung. In entscheidenden Momenten, wo das Beste, was man hat, auf dem Spiele steht, muß man sprechen, ordentlich, fest, bestimmt, muthig. Aber die Lebenskunst besteht darin, sein Pulver nicht unnütz und nicht in jedem Augenblick zu verschießen.»[38]

Irmela von der Lühe

Die Familie Mann

«Er siegt, wo er hinkommt.» Mit deutlicher Gekränktheit notiert dies Klaus Mann am 30. März 1938 in seinem Tagebuch und fügt hinzu: «Werde ich *je* aus seinem Schatten treten? Reichen meine Kräfte so lang? [...] Bref: ‹grosse Männer› sollten doch wohl keine Söhne haben ...»[1] Solche Sätze, denen zahlreiche ähnlich lautende aus Klaus Manns Tagebüchern an die Seite zu stellen wären, werden gern und mit einigem Recht als Beleg für ein Vater-Sohn-Drama zitiert, das nach dem Bruderzwist zwischen Heinrich und Thomas Mann aus Anlaß des Ersten Weltkrieges die Faszination erklärt, die die Mann-Familie in Medien, Öffentlichkeit und Wissenschaft bis heute auslöst. Die Veröffentlichung der Tagebücher von Thomas Mann (1979–1995) bzw. Klaus Mann (1989–1991) hat das Bild von der Persönlichkeit Thomas Manns, die Kenntnis innerfamiliärer Ressentiments und Konflikte erheblich verändert bzw. erweitert. Die Einblicke ins Privat-, ja Intimleben Thomas Manns und in das Lebensdrama seines Sohnes, die beider Tagebücher erlauben, haben in der Öffentlichkeit und auch in der Forschung einen Paradigmenwechsel ausgelöst, durch den sich das Interesse am künstlerischen Werk auf die Frage nach den Determinanten des privaten Lebens verlagerte.

Der Konnex zwischen Literatur und Politik, Kunst und Leben, Zeitgeschichte und Familiengeschichte hat zwar bereits seit dem Erscheinen der *Buddenbrooks* (1901) und seit dem Bruderzwist (1914) die öffentliche Wahrnehmung der Mann-Familie bestimmt. Aber die Wahrnehmung und die Gewichtung dieses Konnexes haben sich im Verlaufe der Geschichte dieses Jahrhunderts erheblich gewandelt. Die breite Beachtung, die in den zwanziger Jahren und im Exil den Manns als großen Künstlern oder Repräsentanten deutscher Kultur galt, in der Nachkriegszeit hingegen den Vertretern unterschiedlicher politischer Systeme oder ideologischer Lager, zeigt seit den späten siebziger Jahren eine auffällige Tendenz zur Familiarisierung. Auch die Mann-Familie wird damit Gegenstand eines Prozesses der Veröffentlichung von Intimität bzw. der Intimisierung von Öffentlichkeit, über deren Nutzen für beide Seiten durchaus gestritten werden kann.

Ähnlich wie die englische Königsfamilie oder die Kennedys in Amerika vermag die Mann-Familie in Deutschland eine öffentliche Aufmerksamkeit auf sich zu ziehen, die nicht nur an der Auflagenhöhe der Werke von Heinrich und Thomas, Klaus und Golo Mann abzulesen ist, sondern die sich in der Existenz oder Neugründung von Thomas- und Heinrich-Mann-Zentren (Lübeck, Nidden), der Errichtung gar einer CasaMann in Brasilien oder der Resonanz auf die zum 50. Todestag von Klaus Mann in München und Lübeck gezeigte große Gedächtnisausstellung niederschlägt. Archive und Forschungsgesellschaften, Editionsprojekte, repräsentative Bildbände, Filmvorhaben, «literarische Stadtspaziergänge» in München und Lübeck und nicht weniger als 300 nach Thomas und Heinrich Mann benannte Straßen in Deutschland zeugen vom Bemühen um die identitätsstiftende Rezeption einer Künstlerfamilie, in der alles vorkommt, was triviales Bewußtsein, aber eben auch wissenschaftlichen Ehrgeiz herausfordert: große künstlerische Leistungen und abgründige menschliche Leidenschaften, Genialität und Suizid, strenge Bürgerlichkeit und Homosexualität, geschichts- und verantwortungsbewußte Pflichterfüllung und Drogensucht. Menschliches also und scheinbar Übermenschliches, ein sehr deutscher Widerwille gegenüber allem Politischen und ein für die Geschichte deutscher Intellektualität im 20. Jahrhundert doch eben auch sehr typischer Bruch mit diesem Widerwillen in Form prononcierten Republikanertums und entschiedener Gegnerschaft gegenüber Hitler und dem Nationalsozialismus.

Letzteres gilt vor allem für Thomas Mann, den man wegen seines zunächst konservativen, antidemokratischen Denkens, wie es aus den *Betrachtungen eines Unpolitischen* (1918) spricht, gern gegen den obrigkeitskritischen Romancier und pazifistischen Essayisten Heinrich Mann ausgespielt hat. Tatsächlich spiegeln sich im Verhältnis der Brüder Heinrich und Thomas Mann nicht nur unterschiedliche persönliche Lebensentwürfe und ästhetische Konzepte, sondern auch politische Tendenzen und Geisteshaltungen, die für die deutsche und europäische Geschichte des 20. Jahrhunderts bestimmend wurden. 1928 hatte Klaus Mann das Schreiben salopp den «Familienfluch» der Manns genannt und damit «nur» auf Vater und Onkel und auf seine eigene Berufswahl angespielt. Die Schwester Erika, Kinderbuchautorin und Journalistin, im Exil Kabarettistin und Publizistin, verstand ihre schriftstellerische Arbeit höchst pragmatisch; der Bruder Golo schrieb als Historiker (*Deutsche Geschichte des 19. und 20. Jahrhunderts*, 1966; *Wallenstein*, 1971), Michael Mann als germanistischer Philologe (*Fragmente eines Lebens*, 1983), Monika und Elisabeth Mann traten seit den fünfziger Jahren ebenfalls mit kleineren Erzählungen und familiären Erinnerungsberichten an die Öffentlichkeit (*Vergangenes und Gegenwärtiges*, 1956; *Wunder der Kindheit*, 1966; *Der unsterbliche Fisch*, 1998). Mit einigem Recht konnte Klaus Mann daher im August 1942 gegenüber seiner Mutter Katia konstatieren: «In unserer auffallenden Familie bist Du die einzige, die konsequent Öffentlichkeit vermeidet. Du hast nie ein Buch geschrieben, nie Reden gehalten, nie Interviews gegeben, nie Deine Unterschrift unter flammende Aufrufe gesetzt...».[2] Katia Manns Lebenserinnerungen tragen denn auch den Titel *Meine ungeschriebenen Memoiren* (1974) und sind aus Gesprächen mit Michael Mann und Elisabeth Plessen hervorgegangen. Schreiben als «Familienfluch» zu empfinden und die eigene Familie als «auffallend», als in jeder Hinsicht außergewöhnlich zu betrachten, das ging durchaus zusammen. Schon Heinrich und Thomas Mann haben so empfunden und im Widerstreit zwischen ästhetischen Visionen und patrizischem Familiensinn ihre Künstlerexistenz entworfen.

Durch Herkunft, Erziehung und Selbstverständnis wurzeln beide im 19. Jahrhundert und damit in einem Ideal von Bürgerlichkeit und Bildung, dem bei allem Bekenntnis zu Fortschritt und Innovation, zu Geschichte und Entwicklung die Sympathie, wenn nicht gar die Obsession für das Überkommene, für Tradition und Wohlanständigkeit, tief eingeschrieben blieb. Heinrich Mann, zwei Monate nach der Reichsgründung 1871 geboren und zur Nachfolge in der alteingesessenen lübischen Getreidegroßhandlung bestimmt, hatte der Vater unter Hinweis auf die «Neigungen meines ältesten Sohnes zu einer s. g. literarischen Thätigkeit» der Obhut seiner Vormünder besonders empfohlen. In den Augen des pflichtbewußten Kaufmanns, der als Steuersenator Lübecks zur vierzehnköpfigen Stadtregierung gehörte und bei seinem Tode 1891 die Auflösung der Firma verfügt hatte, fehlten dem Ältesten die notwendigen «Vorbedingnisse» für eine literarische Tätigkeit: «genügendes Studium und umfassende Kenntnisse. Der Hintergrund seiner Neigungen ist träumerisches Sichgehenlassen und Rücksichtslosigkeit gegen andere, vielleicht aus Mangel am Nachdenken.»[3] Tatsächlich hatte Heinrich Mann das Lübecker Katharineum nach der Unterprima, d. h. ohne Abitur, verlassen, in Dresden eine Buchhändlerlehre begonnen und anschließend bei Samuel Fischer, dem Begründer und Leiter desjenigen Verlages, dem Thomas Mann im August 1900 das Manuskript der *Buddenbrooks* übersenden sollte, als Volontär angefangen. Auch Thomas Mann, vier Jahre jünger als Heinrich und ebenfalls dem strengen Regiment des Katharineums überantwortet, mußte als höchst mittelmäßiger Schüler das Gymnasium mit dem «Einjährigen» verlassen, bekam im Testament seines Vaters aber doch immerhin bescheinigt, er habe «ein gutes Gemüth» und werde «sich in einen praktischen Beruf hineinfinden. Von ihm darf ich erwarten, daß er seiner Mutter eine Stütze sein wird. –»[4]

Bekanntlich wurden beide Brüder höchst erfolgreiche Schriftsteller, die in unterschiedlichen Phasen der deutschen Geschichte wohl weniger der eigenen Mutter, gewiß aber dem nationalen Identitätsbedürfnis als «Stütze», während der Weimarer Republik und des Exils sogar als Repräsentanten dienten. Im Kaiserreich indes figurierten sie mit ihren ersten literarischen Arbeiten als ethisch-ästhetische Opponenten, als Diagnostiker einer mentalen Misere, die Bildung proklamierte, aber Unterdrückung praktizierte, Wohlanständigkeit und Sittenstrenge einklagte, aber Klüngel und Heuchelei duldete. Der spätere Bruch, der öffentlichkeitswirksame Bruderzwist aus Anlaß des Ersten Weltkrieges, darf über die geistige Nähe nicht hinwegtäuschen, die zwischen Heinrich und Thomas Mann immer bestand. Auch in ihrem Konflikt scheint diese Nähe durch; beide haben sie später stets betont, gelegentlich fast beschworen. In welchem Maße Rivalität und Haß lebenslange Bindung und das Erlebnis schrecklicher Nähe zu stiften vermögen, läßt sich am Verhältnis der

Brüder besonders eindrücklich studieren; zumal dieses Verhältnis von früh an ein literarisches, ein öffentliches war. Bei beiden Brüdern wie in der Familie Mann als ganzer war das Bewußtsein des «Überindividuellen», der Herausgehobenheit und Verantwortlichkeit für ein Allgemeines tief ausgeprägt, und zwar in der ganzen Bandbreite vom dünkelhaft-elitären und bohèmehaft-libertären bis zum sozialen und politisch-engagierten Habitus.

Als ironische bzw. satirische Diagnostiker der Dekadenz, des Verfalls eben jener Werte und Normen, die bildungsbürgerlicher Identität als ewig galten, präsentierten sich die Brüder mit ihren ersten großen literarischen Arbeiten: Heinrich Mann mit *Im Schlaraffenland* (1900), *Die Göttinnen* (1903) und *Professor Unrat* (1905), Thomas Mann mit *Der kleine Herr Friedemann* (1898), *Buddenbrooks* (1901) und *Tonio Kröger* (1903). Trotz aller Unterschiede in Komposition und Stil – unverschlüsselt-personaler, zu Pathos und Karikatur tendierender Ton bei Heinrich, kühle Distanz und anspielungsreiche Ironie bei Thomas Mann – ist die thematische Nähe im Frühwerk der Brüder unübersehbar. Beider Blick geht hinter die Fassaden und Masken gründerzeitlicher Existenz, beide entwickelten ein Gespür für die strukturelle Unaufrichtigkeit wilhelminisch-imperialen Gebarens, das mit nationaler Großmannssucht charakterliche Mediokrität kaschierte und mit ökonomischer Prosperität moralisch-geistige Engstirnigkeit kompensierte. Heinrich und Thomas Manns Sinn für das dem Untergang zustrebende wilhelminische Deutschland und insbesondere sein Bürgertum, ihre Sensibilität für lübische Lebenslügen und dekadente Pflichtvergessenheit – all dies verdankt sich auch im eigenen Verständnis einer patrizischen Herkunft, die zum Außenseiter disponiert, wiewohl sie doch aufs Ideal unauffälliger Normalität orientiert. Insofern hat die gescheiterte Schulkarriere der Brüder über das reine Faktum hinaus symptomatische Funktion für ein Wertekonstrukt, das in ihrem literarischen Werk, in ihrem schriftstellerischen Selbstverständnis und auch für ihren Ort im kollektiven Gedächtnis eine so wichtige Rolle spielt: das Ideal der Bürgerlichkeit, dem nicht zu entsprechen gleichermaßen Stigma und Stimulans bedeutet. In *Buddenbrooks* und *Tonio Kröger* sind ebenso wie in Heinrich Manns *Professor Unrat* persönliche Erfahrungen ihrer Verfasser mit der repräsentativen Institution eines fehlgeleiteten deutschen Bildungsgedankens verarbeitet: mit dem humanistischen Gymnasium.

In der Demaskierung dieses fehlgeleiteten Ideals allerdings, im literarisch-analytischen Umgang mit ihm differieren die Brüder erheblich. Das Scheitern Hanno Buddenbrooks indiziert nicht in erster Linie das Scheitern der zentralen gesellschaftlichen Institutionen und Normen des wilhelminischen Kaiserreichs, sondern es verweist auf die Existenz eines konträren, eines alternativen Existenzraums. Es ist dies der Raum der Kunst, der Musik Richard Wagners. Krankheit, Hinfälligkeit und «Heimsuchung» – ein Begriff, der lebenslang für Thomas Mann Bedeutung behielt – sind mit diesem alternativen Raum eng verknüpft, der das Ideal der Anpassung ans bürgerliche

Normgefüge, an Klarheit, Gesundheit und Pflichterfüllung keineswegs negiert. Nicht Opposition, sondern Autoaggression, Regression in den Raum der Kunst regt sich bei den Helden Thomas Manns angesichts der Erfahrung, daß man ins soziale System bürgerlicher Normalität nicht passen will. Mit gesteigerter Pflichterfüllungsbegierde reagiert der Künstler, dem die «Wonnen der Gewöhnlichkeit»[5] verborgen und die Existenz als «Zigeuner im grünen Wagen»[6] stete Bedrohung bleiben. *Tonio Kröger*, die Erzählung, die das Lebensthema Thomas Manns, den Gegensatz zwischen Bürger und Künstler, erstmals voll durchspielt, gelangt zu der vielleicht unbefriedigenden, in der Sicht des Autors jedoch einzig möglichen Erkenntnis, daß «[...] es für etliche einen richtigen Weg überhaupt nicht gibt».[7] Die Notwendigkeit, ein Leben im Widerstreit konfligierender Normen auszuhalten, die Bedingungen des Künstlertums gegen diejenigen des Lebens und d. h. insbesondere des Lebensgenusses und der Lebensfreude zu behaupten und doch dem Leben, vor allem, wo es Ordnung und Pflichterfüllung bedeutet, Tribut zu zollen, wird für Leben und Werk Thomas Manns zur Maxime und verleiht ihm in den Augen seiner Leser Größe. Die Gratwanderung, die er seine Helden – Hans Castorp und den jungen Joseph, Adrian Leverkühn und Felix Krull – vollführen läßt, ist auch seine eigene. Sie verdankt sich – im Werk und im Leben – einer ständigen Kraftanstrengung, dem «Willen zum Glück»[8], dem Zwang zur Selbstaufopferung für das Werk, der Pflicht zum Ausgleich zwischen dem Ethos der Bürgerlichkeit und den Gesetzen der Kunst.

Die Pedanterie, mit der Thomas Mann in allen Lebenslagen auf die Ordnung seines Schreibtisches und die unumstößlichen Regeln seines Arbeitstages achtete, mochte in den späteren autobiographischen Erzählungen seiner Kinder als liebenswürdige Grille erscheinen; dem Vater und der gesamten Familie war sie Bestandteil jenes «strengen Glücks» und Ausdruck jenes bürgerlichen Leistungsethos, dem gerade der Künstler sich zu unterwerfen hatte. Der in Auflagenhöhe und öffentlicher Anerkennung meßbare Erfolg blieb im Bewußtsein der gesamten Familie die ebenso notwendige wie stets bedrohte Legitimationsbasis für ein eigentlich ‹unbürgerliches› und ‹unordentliches› Künstlertum. Kaufmännischem Erwerbsdenken waren die Söhne aus alter Lübecker Patrizierfamilie zwar nicht gefolgt, aber mit der Stetigkeit ihres schriftstellerischen Tuns und der äußeren Makellosigkeit einer familiären Ordnung konnten sie doch auch als Künstler mit bürgerlicher Tüchtigkeit konkurrieren. Heinrich Mann hat dies in seiner Autobiographie anläßlich des Erfolgs der *Buddenbrooks* deutlich formuliert und halb resignierend hinzugefügt, hätten er und Thomas Mann tatsächlich verwirklicht, was sie ganz früh einmal geplant hatten, nämlich gemeinsam ein Buch zu schreiben: «Unser Vater hätte in unserer Zusammenarbeit sein Haus wiedererkannt.»[9] Mit der Einsicht Tonio Krögers ist Thomas Mann schon einen Schritt über Hanno Buddenbrook hinausgegangen, der auf die Frage, warum er völlig unerlaubterweise im Familienbuch der Buddenbrooks einen dicken Strich nach seinem

Namen gemacht habe, antwortet: «Ich glaubte ... ich glaubte ... es käme nichts mehr ...»[10]

Das Endzeit- und Untergangsbewußtsein, das aus Heinrich Manns Werken jener Jahre spricht, ist nicht weniger radikal, in der Motiv- und Sprachgestaltung indes weniger sublim. Das Typische der Zeitstimmung, des Dekadenzerlebnisses und damit des ästhetizistischen Empfindens hat man in seinen Werken ungeschminkt. Dem Helden seines 1903, d. h. im gleichen Jahr wie *Tonio Kröger* erschienenen Romans *Die Jagd nach Liebe* legt Heinrich Mann Sätze in den Mund, die seinerzeit auch als Credo seines Verfassers gelten konnten: «Ich bin das Endergebnis generationenlanger bürgerlicher Anstrengungen, gerichtet auf Wohlhabenheit, Gefahrlosigkeit, Freiheit von Illusionen; auf ein ganz gemütsruhiges, glattes Dasein. Mit mir sollte das Ideal bürgerlicher Kultur erreicht sein. Tatsächlich ist bei mir jede Bewegung zu Ende; ich glaube an nichts, hoffe nichts, erstrebe nichts, erkenne nichts an: kein Vaterland, keine Familie, keine Freundschaft.»[11]

Eben diese Stimmung aus Lebensüberdruß und programmatischer Bindungslosigkeit, aus Erkenntnisekel und destruktiver Lebensgier ist für das Epochenbewußtsein vor dem Ersten Weltkrieg und damit für den antibürgerlichen Affekt einer ganzen Generation von Patriziersöhnen höchst charakteristisch. Eher untypisch, wenngleich aufs Repräsentative zielend, sind die Konsequenzen, die die Brüder Mann aus dieser Bewußtseinskonstellation ziehen. An ihnen brach der Bruderzwist auf, an ihnen wird aber auch erkennbar, in welchem Ausmaß in der Mann-Familie Epochenkonflikte als Geschwisterkonstellationen und innerfamiliäre Gegensätze als allgemein politische und geschichtsphilosophische Konflikte empfunden wurden und gelesen werden können.

Aus psychologischer Perspektive mag man die Rivalität der Brüder in einer familialen Ordnung verankert sehen, nach der der Vater mit Pflicht und Leistung, die Mutter hingegen mit Sinnesfreuden, Lebenslust und Unordnung identifiziert wurde. Zugleich aber stellt sich der Bruderzwist im Hause Mann als Machtkampf, als Kampf um den Konnex bzw. die Differenz ästhetischer und politischer Maximen dar. Er erscheint als Kampf um Funktionen, um Reputation und Repräsentation: um die nationale Sprecherrolle des Schriftstellers, um seinen Status als Praeceptor Germaniae.

In unterschiedlichen Phasen der deutschen Geschichte dieses Jahrhunderts wurden in diesem Sinne entweder Heinrich oder Thomas Mann als Repräsentanten wahrgenommen: Heinrich Mann als früher Verteidiger von Humanität und Demokratie in der Weimarer Republik und in der ersten Phase des Exils; Thomas Mann als Verkörperung des «anderen», des «besseren» Deutschland seit seiner öffentlichen Erklärung gegen den Nationalsozialismus, 1936, und sodann im amerikanischen Exil. Als Initiator der «Volksfront» und eines entschlossenen Antifaschismus erfuhr Heinrich Mann in der sowjetischen Besatzungszone und in der DDR hohe Wertschätzung. Sein Tod, am

12. März 1950, verhinderte, daß er die Präsidentschaft in der dort neugegründeten Akademie der Künste antreten konnte. Der offiziellen Inanspruchnahme Heinrich Manns durch die DDR, die sich auch in dem Umstand zeigte, daß Walter Ulbricht die Urne Heinrich Manns 1961 aus Prag überführen und in einem Staatsakt auf dem Dorotheenstädtischen Friedhof in Berlin hatte beisetzen lassen, entsprach kein vergleichbares Interesse für Thomas Mann in der Bundesrepublik. Ganz im Gegenteil: Thomas Mann hatte sich durch seine Kontroverse mit Walter von Molo und Frank Thiess über die «Innere Emigration», durch den *Doktor Faustus* und schließlich durch seine Entscheidung, aus Anlaß der Goethe-Feiern im Jahre 1949 sowohl in Frankfurt als auch in Weimar zu sprechen, unbeliebt gemacht. Ähnliches wiederholte sich 1955, als er zum 250. Todestag Schillers in Stuttgart und in Weimar die Festrede hielt. Als Kritiker des McCarthyismus und der Blockbildung nach dem Zweiten Weltkrieg geriet Thomas Mann selbst zwischen die Fronten des Kalten Krieges, so daß bei seiner Beerdigung am 16. August 1955 in Kilchberg zwar der DDR-Kultusminister Johannes R. Becher mit zahlreichem Begleitpersonal erschien, jedoch außer dem westdeutschen Gesandten aus Bern kein offizieller Vertreter der Bundesrepublik.

Der Entwicklung des Bruderzwistes zwischen den Senatorssöhnen und der Genese ihrer historisch-politischen Zuschreibungen wurde damit weit vorgegriffen. Die Ursachen und Hintergründe für den 1914 offen ausbrechenden Streit, dessen Vorboten in der Korrespondenz schon seit 1903/04 nachzulesen sind und die u. a. mit Geldangelegenheiten, mit Thomas Manns eigener und der Eheschließung der Schwester Julia zu tun hatten, die beide in den Augen Heinrich Manns zu «bürgerlich» ausgefallen waren, waren persönlicher und politischer, privater und künstlerischer Natur. Mit dem Verkaufserfolg von *Buddenbrooks* hatte Thomas Mann dem älteren Bruder inzwischen öffentlich den Rang abgelaufen, dessen Roman *Die Jagd nach Liebe* mit harschen Worten kritisiert und auch am 1905 erschienenen *Professor Unrat* einiges auszusetzen gehabt. Heinrich Manns «[ä]sthetische Selbsterziehung [...] zur Politik»,[12] die vor allem am Roman *Die kleine Stadt* (1905) und an dem programmatischen Essay *Geist und Tat* (1910) ablesbar ist, behagte Thomas Mann erst recht nicht. Heinrichs Wendung zu sozialer Verantwortung, zum Ideal des «Geistespolitikers», der mit der Literatur eine überindividuelle, gesellschaftsverändernde Wirkung anstrebt, wird in Thomas Manns *Betrachtungen eines Unpolitischen* Gegenstand heftiger Angriffe. Thomas Mann selbst, dessen Ringen um Werk und Würde vom Postulat bürgerlicher Untadeligkeit beherrscht war, mißfiel nicht nur die erotische Libertinage des Bruders, er sah sich auch in seinem Selbstverständnis als Autor in Goethes Nachfolge durch des Bruders Essay *Französischer Geist* (1910), der Voltaire gegen den Olympier aus Weimar ausspielte, herausgefordert. Heinrich Manns scharfe Kritik an der deutschen Kriegseuphorie und am deutschnationalen Gemeinschaftspathos trug ihm aus der Feder seines Bruders das Attribut des «Zivilisationsliteraten» ein.

Auch Heinrich Mann war indes nicht eben zimperlich gewesen, als er gleich zu Beginn seines berühmten *Zola*-Essays (1915) mit deutlicher Spitze an die Adresse Thomas Manns geschrieben hatte: «Sache derer, die früh vertrocknen sollen, ist es, schon zu Anfang ihrer zwanzig Jahre bewußt und weltgerecht hinzutreten.»[13]

Unabhängig von persönlichen und von Stilfragen ging es im Streit der Brüder um deutsche Geschichte und deutsche politische Zukunft, um nationale Identität und deutsche Kultur, es ging um historisch-politische Deutungsmonopole ebenso wie um intellektuelle Optionen auf die politische Zukunft. Einen «Fortschrittsrhetor» und «Verkünder entschlossener Menschenliebe»,[14] der sich mit «steiler Gebärde» nicht etwa um Wahrheit, sondern lediglich um große Effekte bemühe, nannte Thomas Mann den Bruder und charakterisierte mit letzterem im Grunde auch sich selbst. Wieviel an Projektion und Angstabwehr, an fortdauerndem Ästhetizismus und reiner Rhetorik in die *Betrachtungen* eingegangen ist, hat die Forschung inzwischen überzeugend nachweisen können. Für die Zeitgenossen und für die Nachwelt überlagerten sich die politische und die ästhetische, die private und die literarische Dimension der Kontroverse; gerade weil historisch-politische Konflikte als Familienkonflikte in der Öffentlichkeit ausgetragen wurden, konnten sie jene Symbol- und Identifikationspotentiale entwickeln, die, mit wechselnden Akzenten, die Mann-Familie bis heute besitzt.

Die schwer erträglichen Passagen der *Betrachtungen*, die von der «exzentrischen Humanität des Krieges», von seiner «furchtbaren Männlichkeit», die das «weiblich-karitative Prinzip»[15] aber nicht ausschließe, keineswegs ironisch sprechen, mochten national-chauvinistischem Zeitgeist entsprechen. Auch mit seinem Bekenntnis zur Monarchie und zu radikal politikferner Geistigkeit konnte er im Lager der «konservativen Revolution» auf Zustimmung rechnen. Im Grunde aber ging Heinrich Mann als Sieger aus dem Streit hervor. Ihm gab die Geschichte vorerst recht: Das Ende des Kaiserreichs, die Niederlage im Krieg, den Zusammenbruch der wilhelminischen Ordnung schien er vorausgesehen und mit der «Kaiserreich»-Trilogie (*Professor Unrat*, 1905; *Der Untertan*, 1918; *Die Armen*, 1917) poetisch vorweggenommen zu haben. Der seit 1907 geplante, bei Kriegsausbruch fertiggestellte, aber erst 1918 erschienene Roman *Der Untertan* wurde zum großen Erfolgsbuch, zum prophetischen Abgesang auf das Kaiserreich und damit zur literarischen Legitimationsgrundlage für die Republik. Binnen weniger Wochen wurden annähernd 100000 Exemplare verkauft. Die *Betrachtungen*, im Oktober 1918 erschienen, konnten damit nicht konkurrieren; der brüderliche Wettlauf um öffentliches Ansehen und Einfluß setzte sich fort.

Auch die Zeitgenossen nahmen wahr, was insbesondere das Empfinden Thomas Manns bestimmte: Es handelte sich um eine «bedeutende[] Feindschaft», um «repräsentative[] Gegensätzlichkeit».[16] In einer Rezension der *Betrachtungen* brachte es der Kulturhistoriker Egon Friedell auf den Begriff:

«Nun, dieses Werk ist von seiner ersten bis zur letzten Zeile ein einziger großer ‹deutscher Bruderkrieg›. Zwei Tendenzen der Menschheit, ewig wie die Menschheit, einseitig und zwiespältig wie die Menschheit, beide berechtigt, beide zeitgemäß und beide deutsch, stehen sich hier gegenüber, jede mit dem Anspruch, das wahre, echte und innerliche Deutschtum zu verkörpern.» Thomas Mann, so Friedell weiter, merke man an, daß er bei allem Haß den Bruder, «den er zur teuflischen Inkarnation alles Verwerflichen und Verabscheuungswürdigen hinaufstilisiert», immer noch liebe, «wie Lessing Voltaire geliebt hat bis übers Grab hinaus und Nietzsche Wagner geliebt hat bis in seine Geistesumnachtung hinein [...]». In Heinrich verachte und liebe Thomas Mann den «großen brüderlichen Gegenstern», mit dem er, «wenn auch polar», stets um dieselbe Sonne kreise: «die Sonne der Kunst». «Wir aber, die beglückten Zuschauer dieses pittoresken und exzitierenden Seelenschauspiels, freuen uns von Herzen, daß Deutschland zwei solche Kerle besitzt.»[17] Nach Lektüre des Artikels vermerkte Thomas Mann im Tagebuch: «Der Schluß, über den Bruderzwist, bewegte mich.»[18] Er war erkennbar einverstanden mit einer Deutung, die aus dem familiären einen deutschen und einen Menschheitskonflikt gemacht hatte. Seine Intention, Persönliches und höchst subjektiv Motiviertes als Menschheitstragödie und als nationalen Mythos zu objektivieren, durfte er – trotz der plebejisch anmutenden Attribuierung als «Kerl» – als bestätigt erleben.

Vergeblich hatte Heinrich Mann im Dezember 1917 einen Aussöhnungsversuch gemacht; er wirkt in der ganzen Auseinandersetzung kompromißbereiter und menschlich souveräner. Den Vorwurf des «Bruderhasses» wies er zurück, es gelte, die Idee der Menschheitsliebe und der europäischen Demokratie gegen ihre Feinde zu verteidigen. In einem späteren, nicht abgeschickten Brief fügte er hinzu: «Bezieh nicht länger mein Leben u. Handeln auf Dich, es gilt nicht Dir, u. wäre ohne Dich wörtlich dasselbe.»[19] Eben in einem solchen auf Sachlichkeit setzenden Appell dürfte Thomas Mann eine neuerliche Kränkung gesehen haben, hatte er doch im Januar 1918 die auf Ausgleich bedachte Argumentation des Bruders mit dem pathetischen Satz quittiert: «Laß die Tragödie unserer Brüderlichkeit sich vollenden.»[20] Dem Schicksalspathos des einen antwortete der andere nüchtern und im Bewußtsein, auf der richtigen Seite zu stehen. Durch die republikanische Öffentlichkeit wurde er darin bestätigt, etwa wenn Kurt Tucholsky den *Untertan*, die «Geschichte der öffentlichen Seele unter Wilhelm II.» (so der im Manuskript geplante Untertitel), als «Herbarium des deutschen Mannes» bejubelte: «Hier ist er ganz: in seiner Sucht, zu befehlen und zu gehorchen, in seiner Roheit und in seiner Religiosität, in seiner Erfolgsanbeterei und in seiner namenlosen Zivilfeigheit.»[21]

Im deutschen Untertan und Spießbürger habe Heinrich Mann die ganze Psychologie der Nazis fast erschreckend antizipiert, schrieben Erika und Klaus Mann später.[22] Heinrich Manns Neffe Klaus wird mit dem *Mephisto*

(1936) das Motiv deutscher Unterwerfungsbereitschaft, pathologischer Angstlust und gesinnungslosen Opportunismus, konzentriert in der Gestalt des genialen Schauspielers Hendrik Höfgen, aufnehmen und sich auch der Technik schonungsloser Demontage und satirischer Selbstkarikatur bedienen. Den öffentlich inszenierten und eben dadurch als repräsentativ stilisierten Konflikt zwischen Vater und Onkel, der durch die *Betrachtungen* einen Höhepunkt erreicht hatte, schildert Klaus Mann in seiner Autobiographie *Der Wendepunkt* (1952) mit deutlicher Sympathie für die Position Heinrich Manns.[23] Von Golo Mann hingegen stammt die treffende Formulierung, Heinrich und Thomas Mann hätten wie «zwei unwissende[] Magier» auf ihn gewirkt: «Unwissend weil schlecht informiert, weil wirklichkeitsfern. Magier, weil sich andere Wirklichkeiten erträumend oder Lieblingsträume mit Wirklichkeit gleichsetzend, noch mehr, weil mit stark intuitivem Blick begabt.»[24] Das bezog sich allerdings auf die Jahre im kalifornischen Exil, als sich lange nach der 1922 endlich erfolgten Aussöhnung und Thomas Manns Bekenntnis zur Republik, nach beider Ausbürgerung aus dem nationalsozialistischen Deutschland, die Gewichte zwischen den brüderlichen Kontrahenten verschoben hatten und Thomas Mann in Amerika als ungekrönter König der deutschen Emigration galt.

Dem Historiker und Politologen Golo Mann, dessen konservative Haltung der väterlichen sehr viel näher stand, als er selbst einräumen mochte, war die Selbststilisierung der Brüder zu Repräsentanten zwar aus familiären Gründen vertraut, er sah indes in ihr, was dem Blick des Historikers tatsächlich suspekter sein mußte als dem mit seinem Künstlertum ringenden Schriftsteller: die ästhetisch-rhetorische Geste, der vorwiegend an Wirkung und Effekt gelegen, die aber mit politischem Sachverstand nicht zwingend verbunden war.

Für die zeitgenössische und für die bis in die Gegenwart reichende Rezeption des Bruderkrieges aus Anlaß eines Weltkrieges, d. h. für seine Funktion als «Erinnerungs-Ort», ist denn auch weniger der tatsächliche sachliche Gehalt, d. h. die Frage entscheidend, wer von den beiden die besseren Argumente, die glaubwürdigere Position innehatte. Mit den *Betrachtungen eines Unpolitischen* war und ist gut ausgerüstet, wer Thomas Manns Narzißmus und Politikferne, seine Eitelkeit und seine Sehnsucht nach singulärer Künstlerexistenz anprangern möchte. Der «Geistespolitiker» und sozial engagierte Schriftsteller Heinrich Mann entschädigt demgegenüber für manche allzu platte Kolportage im literarischen Werk. Im streitbaren Intellektuellen und als «Zivilisationsliterat» diffamierten älteren Bruder konnte und kann sich wiederbegegnen, wem Kunst und Politik als zusammengehörig, ihr Bündnis als nachgerade fraglos erscheint. Sympathie für den einen war und ist seit dem Ausbruch des Konflikts – auch noch nach seiner Beendigung – mit Abneigung gegenüber dem anderen verbunden. Beider Engagement für die Weimarer Demokratie, Thomas Manns entschiedenes Eintreten gegen den Nationalsozialismus hat daran nichts geändert. In Teilen des öffentlichen Bewußtseins stand Heinrich Mann politisch immer schon dort, wo Thomas Mann sich nach eigenem Eingeständnis nur zögernd hinbewegt hatte.

Unumstritten figurierte Heinrich Mann als geistiger Repräsentant der Weimarer Republik. Seine Rede bei der Trauerfeier für Kurt Eisner, sein Plädoyer für ein «geistiges Locarno», seine Essays unter dem Titel *Diktatur der Vernunft* (1923) trugen ihm breite öffentliche Anerkennung ein. Als erster deutscher Gast nahm er 1923 an den «Entretiens de Pontigny» teil, 1924 wurde er von Masaryk, 1931 von Aristide Briand empfangen. Wie ein Staatsakt gestaltete sich sein 60. Geburtstag im Jahre 1931; und der Kultusminister Adolf Grimme brachte es auf den Begriff, als er aus diesem Anlaß erklärte, in Heinrich Mann ehre die Republik sich selbst. In der 1926 gegründeten Sektion für Dichtkunst der Preußischen Akademie der Künste übernahm er 1931 den Vorsitz; die Kandidatur für das Reichspräsidentenamt 1932 lehnte er indes ab. Sein öffentlicher Aufruf zum Zusammengehen von SPD und KPD für die Reichstagswahlen vom Juli 1932 bot nach der Machtergreifung den Nationalsozialisten Gelegenheit, seinen Austritt aus der Akademie zu fordern und ihn auf ihre erste Ausbürgerungsliste zu setzen.

Große öffentliche Ehrungen erlebte in den zwanziger Jahren auch Thomas Mann; sein 50. Geburtstag (6. Juni 1925) war der Stadt München eine offizielle Feier im Alten Rathaussaal wert. Als ihm im Jahre 1929 der Nobelpreis für Literatur zuerkannt wurde, bekam nach 17 Jahren erstmals wieder ein Deutscher diese höchste literarische Auszeichnung.

An deutlicher Kritik gegenüber der heraufziehenden Gefahr, an warnenden Appellen gegen Nazitum und Barbarei hatte es auch Thomas Mann nicht fehlen lassen. Gerade wegen seines früheren konservativ-antidemokratischen Denkens war er sehr viel stärkeren Anfeindungen ausgesetzt, galt er doch dem nationalkonservativen Lager als «Abtrünniger». Wie sehr aber auch noch der Verteidiger von Republik und Humanität, d. h. der Thomas Mann des Essays *Von deutscher Republik* (1922), der *Deutschen Ansprache* (1930) oder des Beitrages *Kultur und Sozialismus* (1928) an der Idee der Kontinuität der eigenen und der allgemeinen geistesgeschichtlichen Entwicklung festhielt, zeigt sich beim Versuch, Novalis und Blüher, Goethe und Walt Whitman als Garanten bürgerlicher, demokratischer Ideen zu reklamieren. Die geistigen Traditionslinien, auf die sich Thomas Mann als Verteidiger der Republik und Gegner nationalsozialistischer Barbarei berief, waren gerade nicht diejenigen Heinrich Manns, es waren nicht die französischen Aufklärer, sondern *Goethe als Repräsentant des bürgerlichen Zeitalters* (1932) und Nietzsche als Kritiker Wagners. Dem familiären «modus vivendi», den die Brüder, den insbesondere Thomas gegenüber Heinrich Mann gefunden hatte und den jener doch stets bedroht sah, entsprach es durchaus, daß sich Thomas Mann bei aller Übereinstimmung im Grundsätzlichen, der Verteidigung der Demokratie, dem Kampf gegen Hitler, in der praktischen und gedanklichen Gestaltung dieses Engagements deutlich von Heinrich Mann zu unterscheiden suchte. Das

Die Familie Mann

Die Familie Mann anläßlich von Thomas Manns 50. Geburtstag (6. Juni 1925)

schloß gemeinsame Aktivitäten nicht aus, hieß aber für Thomas Mann, daß er anders und mit anderer Argumentation zu wirken wünschte als der Bruder.

Bis zum Februar 1936 zögerte er eine öffentliche Erklärung gegen die nationalsozialistischen Machthaber hinaus, weil er seinen Verlag, S. Fischer, und das Erscheinen der ersten Bände des *Joseph*-Romans in Deutschland nicht gefährden wollte. Die bereits erteilte Zusage zur Mitwirkung an der Exilzeitschrift seines Sohnes Klaus Mann *(Die Sammlung)*, deren Patronat neben Heinrich Mann auch André Gide und Aldous Huxley übernommen hatten, zog Thomas Mann auf Drängen seines Verlegers Gottfried Bermann Fischer wieder zurück. Im «allgemein Emigrantischen» sollte seine Stimme unter keinen Umständen untergehen, nach Deutschland hinein wollte er wirken und es keinesfalls so machen «wie Heinrich».[25] Für Heinrich Mann hatten Hitlers Aufstieg und die nationalsozialistische Diktatur das Konzept des militanten

Humanismus, die Idee der Einheit von Geist und Tat, nur radikalisiert. Im *Henri Quatre* (1935/38) hat er ihr literarische Gestalt verliehen und die Geschichte vom «guten» König zum Gleichnis für die Gegenwart gemacht.

Der offensiven argumentativen Geste Heinrich Manns, die gravierende politische Fehlurteile, u. a. über den Hitler-Stalin-Pakt und das sowjetische System, einschließt, steht die stets abwägende, die «leidende» Haltung Thomas Manns gegenüber; womit nicht primär ein individuelles Schmerzempfinden, sondern wiederum eine repräsentative Haltung intendiert war. Nicht zufällig lautete der Titel der 1946 als Buch herausgegebenen Tagebuchblätter aus den Jahren 1933 und 1934 *Leiden an Deutschland,* und im berühmten Briefwechsel mit Bonn (1937), mit dem Thomas Mann auf die Aberkennung der Ehrendoktorwürde der Universität Bonn reagierte, stehen die Sätze: «Ich habe es mir nicht träumen lassen, es ist mir nicht an der Wiege gesungen worden, daß ich meine höheren Tage als Emigrant, zu Hause enteignet und verfemt, in tiefnotwendigem politischem Protest verbringen würde. Seit ich ins geistige Leben eintrat, habe ich mich in glücklichem Einvernehmen mit den seelischen Anlagen meiner Nation, in ihren geistigen Traditionen sicher geborgen gefühlt. Ich bin weit eher zum Repräsentanten geboren als zum Märtyrer, weit eher dazu, ein wenig höhere Heiterkeit in die Welt zu tragen, als den Kampf, den Haß zu nähren.»[26]

Das Widernatürliche, das in Thomas Manns Sicht durch und durch Falsche am Nationalsozialismus schien ihm am prägnantesten durch den Umstand bezeichnet, daß die Nationalsozialisten ihm sein Deutschtum aberkannten und «deutsch» nannten, was nicht nur in seinen Augen Ungeist und Barbarei, was Schurkerei und Rückkehr zum «Primitivismus»[27] war. Eben gegen eine solche Usurpation deutscher Geschichte und Kultur, gegen die von den Nationalsozialisten behauptete Reinigung und Erneuerung des «Deutschtums» richtete sich die gelegentlich mißverstandene Äußerung in einem Interview mit der *New York Times* im Februar 1938: «Where I am, there is Germany. I carry my German culture in me.»[28] Was wie überhebliche Attitüde, wie großbürgerliche Selbstüberschätzung klingen konnte, war zum einen wörtliche Übernahme aus der Laudatio zur Verleihung der Ehrendoktorwürde der Harvard University 1935, zum anderen ein verbal offensiver Akt: ein radikaler Einspruch gegen die von Hitler und seinem Regime beanspruchte Repräsentanz deutscher Kultur und deutscher Tradition, gegen die vielfach vertretene Ansicht, Hitler sei Deutschland. In einem Vorentwurf zum Essay *Bruder Hitler* (1938) findet sich die Formulierung ebenfalls, die Bestandteil einer auch im *Doktor Faustus* (1947) wiederkehrenden Argumentation wird. In gut aufklärerischer Tradition plädiert Thomas Mann dafür, das Verhaßte, das Teuflisch-Widervernünftige als Teil des Eigenen, als Kehrseite des Guten zu begreifen und sich der verwandtschaftlichen Nähe, die zwischen dem Künstler, dem Verbrecher und dem Verrückten nun einmal bestehe, zu stellen; intellektuell und literarisch zu stellen, d. h. aus der Introspektion ins verdrängte Eigene die Chance ironischer Distanznahme und geretteter Bürgerlichkeit abzuleiten. Und um beides ging es dem Autor Thomas Mann stets, um die Bewahrung einer durch Dekadenz und Faschismus bedrohten Bürgerlichkeit und um die Selbstlegitimation des Künstlers im Namen eben dieser inzwischen zum europäischen Prinzip avancierten Bürgerlichkeit.

Trotz aller Rivalitäten und Animositäten galt ein Anliegen der Brüder und insbesondere der Kinder Thomas Manns dem Versuch, die gesamte Mann-Familie als einig im Kampf gegen Hitler und den Nationalsozialismus zu stilisieren. «A family against a dictatorship» hieß bezeichnenderweise ein von Klaus Mann im amerikanischen Exil mehrfach gehaltener Vortrag. Am Beispiel seiner eigenen Familie demonstrierte Klaus Mann den Irrsinn der nationalsozialistischen Rassenideologie und erklärte, es sei seiner und seiner Geschwister Herkunft aus einer Familie mit «vielfach gemischte[m] Blut» zuzuschreiben, daß sie weniger «langweilige, dünnblütige Dinger»[29] geworden seien als die Kinder aus sogenannten rein «arischen» Familien. Mit Vorliebe haben Erika und Klaus Mann die eigene Familie bemüht, wenn es galt, die nationalsozialistische Familien- und Rassenideologie zu karikieren oder die literarisch zwar unterschiedlichen, im Ziel aber übereinstimmenden Aktivitäten der Brüder Heinrich und Thomas Mann sowie der Geschwister Erika, Klaus und Golo zu schildern.

Die aus Tagebüchern, Briefen und Autobiographien bekannten, gelegentlich heftigen politischen Auseinandersetzungen zwischen Thomas Mann und seinen beiden ältesten Kindern blieben bei solcher Gelegenheit natürlich ausgespart; als eine schreibende, antifaschistische Großfamilie porträtierten vor allem Erika und Klaus Mann die eigene Familie im Exil mit Vorliebe. Das war politisch gut gemeint und kam in Amerika auch meist gut an; es entsprang im übrigen eben jenem Sinn für Repräsentation, den Thomas Mann früh entwickelt und der ihn in späteren Jahren dazu veranlaßt hatte, sich selbstironisch einen «Wanderredner der Demokratie»[30] zu nennen.

Am Sinn für Auftritte, am Gespür für wirkungsvolle Effekte, vor allem wenn sie dem Kampf gegen Hitler und der Aufklärung über den Nationalsozialismus dienten, hat es den Mann-Geschwistern nicht gefehlt. Schon während ihres ersten Besuchs in Amerika, 1927, hatten sie sich als «literary Mann-twins» ankündigen lassen und in sicherem Kalkül auf den großen Namen eher mittelmäßige Vorträge gehalten. Beider Weg in die Politik erfolgte naturgemäß weniger zögernd als beim Vater: Offensiv und mit deutlicher Kritik an ihrer bohèmehaften, politischen Ignoranz während der «goldenen» zwanziger Jahre betraten sie 1933 die politische Bühne: Erika Mann als Kabarettistin mit der «Pfeffermühle» und anschließend als lecturer im amerikanischen Exil; Klaus Mann mit der *Sammlung* und einem umfangreichen literarischen und essayistischen Werk. Konfligierende Formen bürgerlicher Normalität und intellektuellen Engagements, wie sie den Streit der Brüder Heinrich und Thomas Mann prägen, trafen in der Generation von

«Unordnung und
frühes Leid»
(Karikatur aus dem
Simplicissimus)

Thomas Manns Kindern nicht aufeinander. Die Konkurrenz geistig-literarischer und bürgerlich-privater Lebensentwürfe war durch Vater und Onkel offenbar derart vorgeprägt, daß der folgenden Generation nur der «Radikalismus des Herzens»[31] blieb.

Der Gegensatz hätte denn auch größer kaum sein können: Während Thomas Mann sich durch die Ehe mit Katia Pringsheim «eine Verfassung» gegeben[32] und ein «strenges Glück» auferlegt, seine homosexuellen Neigungen lebenslang unterdrückt und auf Ehe und Arbeit einen «Kunstbau» des Lebens errichtet hatte, bekannte sich der Sohn offen zu seiner Homosexualität und suchte im Drogenkonsum die Kompensation für unerfüllte private und berufliche Sehnsüchte. Das Diktum von Klaus Mann als einem dreifach Geschlagenen: «Er war homosexuell. Er war süchtig. Er war der Sohn Thomas Manns»,[33] hat gewiß seine Berechtigung, sollte aber nicht vergessen machen, daß einige der besten Rezensionen zu Werken Klaus Manns aus der Feder seines Vaters stammen. In den Augen des Sohnes war der Vater ein «Sieger», dem er den Rang niemals würde ablaufen können. In der auch von Klaus Mann betriebenen Außendarstellung der Familie hat der Sohn dem Vater diesen Rang auch niemals streitig gemacht. In Tagebüchern oder Briefen, in privaten oder für die Öffentlichkeit bestimmten Äußerungen sprechen die Mitglieder der Familie stets eine andere Sprache, eben weil sie trotz großer

Unterschiede in Lebensform und intellektuellem Habitus das Bewußtsein für die familiäre Repräsentationsfunktion teilten.

Für die Mann-Familie als ideellen Erinnerungsort, als familiäres Monument und repräsentatives Beispiel für die Gefährdungen und die Resistenzkräfte bildungsbürgerlicher Normen sorgte also schon die Mann-Familie selbst. Erika und Klaus Mann haben mit den Porträts von Onkel und Vater in ihrem Buch *Escape to life*, Heinrich Mann hat mit dem Kapitel «Mein Bruder» in seiner Autobiographie und Thomas Mann hat mit Reden und offenen Briefen zu Ehren seines Bruders und zugunsten seiner Kinder den Grundstein für ein Familiendenkmal gelegt, dessen Besonderheit und Repräsentativität mit jeweils unterschiedlichen Akzenten auch von dritter Seite immer wieder bestätigt wurde. Von einer «amazing family» hatte mit Verweis auf die vielfältigen literarischen Begabungen im Hause Mann und sehr zur Freude Thomas Manns der englische Diplomat und Schriftsteller Sir Harold Nicolson[34] gesprochen, und zwar aus Anlaß von Erika Manns 1938 erschienenem Bestseller *Zehn Millionen Kinder*. Ähnlich wie das Kapitel über den «Vater» in *Escape to life* war auch Erika Manns Dokumentarbericht über die «Erziehung der Jugend im Dritten Reich» mit einem Vorwort Thomas Manns versehen worden, das der Popularität des Buches und der Bekräftigung des schriftstellerischen Familienunternehmens dienen konnte.

Die literarisch-publizistischen Arbeiten seiner Kinder, so hat Thomas Mann bei unterschiedlichen Gelegenheiten betont, seien zwar nicht die seinen, er könne dergleichen nicht selber, aber sie stammten in einem übertragenen Sinne eben doch von ihm und legten von einer Entwicklung Zeugnis ab, die auch die seine sei. Aus solchen Sätzen spricht der für Thomas Mann charakteristische Gedanke der Reifung und Rundung. Um beides habe die individuelle Existenz sich zu bemühen, durch sie werde individuelle Existenz zum Symbol einer allgemeinen, einer historisch-sozialen Reifung: «Warum sollte ich es nicht sagen, daß ich Vater genug bin, in Euerer Entwicklung während dieser sechs ernsten Jahre ein Symptom und Beispiel dafür zu sehen, daß die Freiheit reifen kann im Exil? [...] so ist mir nun euer menschliches Erstarken, sind mir Euere Fortschritte im Wollen, Können und Leisten Gleichnis und Gewähr für die politisch-gesellschaftliche Förderung des deutschen Geistes durch seine Verbannung.»[35]

Die Geschwister ihrerseits zeichneten im so eingeleiteten «Bildnis des Vaters» eine folgerichtige, eine in Person und historischen Umständen angelegte Entwicklung nach. Zu der so konstruierten Reifung und Rundung gehören auch die *Betrachtungen eines Unpolitischen*. Ein «kuriose[s] Kriegsbuch[]» mit «teilweise rührend schönen» Passagen nennen Thomas Manns Kinder das Werk, dessen «melancholische[n] Patriotismus» der Autor inzwischen längst hinter sich gelassen habe.[36] Das Buch habe eine Bedeutung für das Gesamtwerk Thomas Manns, denn es dokumentiere sein erwachendes politisches und soziales Interesse, es beweise Thomas Manns tiefe, quälende Beschäftigung mit dem ‹Problem Deutschland›, die sich in der Folgezeit radikalisiert habe. Als Erika Mann 1956, ein Jahr nach Thomas Manns Tod, als erstes Werk ihres Vaters die *Betrachtungen* neu herausgab, hat sie in der Einleitung ähnlich argumentiert.

Auch hier begegnet die Tendenz, werk- und lebensgeschichtliche Prozesse zu harmonisieren, als folgerichtig und in sich stimmig zu stilisieren und Konflikte, innerfamiliärer oder politischer Art, zu verschweigen oder herunterzuspielen. Briefe, in denen Thomas Mann seine homosexuellen Neigungen offen ausspricht, hat die Editorin Erika Mann entsprechend gekürzt; die große Briefkontroverse zwischen ihr und dem Vater über Thomas Manns Haltung zum Nationalsozialismus im Januar 1936 erst gar nicht dokumentiert. Von Klaus Manns Enttäuschung darüber, daß der Vater seine Zusage zur Mitarbeit an der *Sammlung* widerrufen hatte, steht im *Wendepunkt* kein Wort, der Bruderzwist zwischen Heinrich und Thomas Mann im Ersten Weltkrieg wird in *Escape to life* mal eben angedeutet.

Als «Imagepflege» und Selbststilisierung zur geschlossenen, hoch engagierten und begabten Künstlerfamilie darf man solche und andere Auslassungs-, Bagatellisierungs- und Harmonisierungsverfahren getrost bezeichnen. Ihre historische Besonderheit indes gründet in einer Vorstellung, die vom gegenwärtigen Interesse an der Mann-Familie weit entfernt ist. Nicht die Brüche und Widersprüche, nicht die großen Konflikte und veritablen Tragödien, nicht die Beispiele für gescheiterte Lebensversuche und Werkentwürfe, d. h. nicht die Skepsis gegenüber dem bildungsbürgerlichen Ideal der Rundung, Reifung und höheren Symbolik individueller Entwicklung bestimmen die Darstellungsintention der innerfamiliären literarischen Erinnerungspolitik, sondern das Gegenteil von all dem. Die ästhetische Faszination für Untergang und Verfall, der schmerzhaft und als unaufhebbar empfundene Gegensatz zwischen Bürgertum und Künstlertum – dominante Motive im Werk aller Schriftsteller der Mann-Familie – und die politische Erfahrung von Instabilität und Re-Barbarisierung durch den Nationalsozialismus mochten die Normen deutscher Bürgerlichkeit als fragil, als historisch überlebt, als fatale Illusion entlarven, im Selbstentwurf Thomas Manns und in der auch von seinen Kindern praktizierten Außendarstellung der Familie blieben sie unangefochten und konnten sogar – im Exil, im Kampf gegen Hitler – als Residuen antitotalitärer Gesinnung und praktischer schriftstellerischer Opposition fungieren.

Im Nachkriegsdeutschland, in der Zeit des Kalten Krieges und insbesondere im Kontext der 68er Bewegung war für ein solches Konzept, das Bürgerlichkeit auch um den Preis der privaten Wahrheit und der persönlichen Lebbarkeit hochhielt, gedanklich wenig Raum. Die öffentliche Wahrnehmung der Mann-Familie blieb politisch und ideologisch stark polarisiert, erhielt aber durch die Wiederbegegnung mit dem Werk Klaus Manns und insbesondere durch den Rechtsstreit um die Veröffentlichung des *Mephisto* eine neue Dimension. Nach dem Selbstmord Klaus Manns im Mai 1949 hatte Erika

Mann sich unermüdlich dafür eingesetzt, daß die Werke Klaus Manns in Deutschland überhaupt wieder gedruckt wurden. Der Norm strenger, zur Selbstaufgabe tendierender Pflichterfüllung hat – mit geschlechtertypischem Akzent – auch sie sich gestellt. Denn die Arbeit für Werk und Nachruhm von Vater und Bruder wurde ihr wichtiger als die eigene: Ein Buch über ihr Kabarett «Die Pfeffermühle» blieb ungeschrieben, ihre geplante Autobiographie Fragment. Die «ungeschriebenen Memoiren» ihrer Mutter Katia werden inzwischen gern zitiert, auch Thomas Manns Satz aus einer Rede zu Ehren des 70. Geburtstags seiner Frau: «So lange Menschen meiner gedenken, wird ihrer gedacht sein.»[37] Zu den 20 Schulen, die in der Bundesrepublik den Namen Heinrich oder Thomas Manns tragen, ist im November 1999 eine gekommen, die nach Thomas Manns ältester Tochter, nach Erika Mann, benannt ist.

Der Perspektivwechsel, der sich u. a. an solchen öffentlichen Aktionen ablesen läßt, ist – wie eingangs erwähnt – auch auf die Veröffentlichung der Tagebücher Thomas und Klaus Manns sowie auf die Edition von Briefen und Schriften seit Mitte der achtziger Jahre zurückzuführen. Vor allem durch die Tagebücher wurde der Blick frei auf die Krisen und Katastrophen, die geschlechts- und generationsbedingten Hierarchien und Abhängigkeiten, die im Selbstentwurf eines repräsentativen Künstlertums in bildungsbürgerlicher Tradition zwar verschwinden sollen, zur Historizität dieses Entwurfs aber sehr wohl gehören.

VOLK

«Wir sind das Volk», skandierten die Leipziger Montagsdemonstranten 1989, und bald darauf: «Wir sind ein Volk». Zweimal Volk, und beidemal ein anderes. Wer „Wir sind ein Volk" sagt, meint eine Gemeinschaft, die sich von der Nation zumindest insoweit unterscheidet, als sie staatliche Institutionen nicht mit umfaßt. Das Volk in diesem Sinn ist die Gesamtheit derjenigen, die eine gemeinsame Sprache, eine gemeinsame Kultur besitzen, und die sich dessen bewußt sind. Sprache und Poesie, so erklärte der Weimarer Konsistorialrat Johann Gottfried Herder im späten 18. Jahrhundert, seien die Grundlagen eines Volkes. In ihren Märchen und Liedern offenbarten sich die Seelen der Völker, Sprache und Kultur machten ihren inneren Gleichklang aus. Ein Volk, so meinte Herder, war weitaus mehr als die Summe seiner Mitglieder: spirituelle menschliche Gemeinschaft, Kollektivindividuum, Gedanke Gottes. Der Einzelne hatte danach nicht die Möglichkeit, seinem Volk zu entgehen; er war schicksalhaft Mitglied seines Volks, an das er durch seine Muttersprache zeitlebens gebunden blieb. Herders Idee war populär, denn sie verband sich mit den romantischen Strömungen der Epoche. Daß die Dichter, die den Gesängen des Volkes gelauscht hatten und nun selbst im Volkstone schrieben, aus tieferen Einsichten schöpften als Fürsten und Beamte, war ein tröstlicher Gedanke, mit dem sich die Völker Mittel- und Osteuropas ihre kulturelle Selbständigkeit bewahrten und die Grundlage für ihre Befreiung aus den habsburgischen, osmanischen und russischen Völkergefängnissen legten.

Ganz anders jedoch jener Volksbegriff, den diejenigen beschworen, die «Wir sind das Volk» riefen. Volk ist hier im Sinne der Französischen Revolution gedacht: Träger der Souveränität, Dritter Stand und eigentliche Nation. Volk also nicht mehr als verachtete, dumme Masse, als «plebs», sondern als das «gute Volk», das aus arbeitenden, unverdorbenen, einfachen Menschen bestand, die jetzt ihre Rechte als nützliche Mitglieder der Gesellschaft gegen die Herrschaft der adligen und geistlichen Schmarotzer einforderten. Nur die Volksnation sollte künftig Staat und Herrschaft legitimieren. Zum Volk gehörte, wer sich zu ihm bekannte: Das alles schwang 1989 in Leipzig ebenso mit wie 1789 in Paris.

Diese beiden Volksideen, die objektiv-kulturelle der deutschen Romantik und die subjektiv-politische der Französischen Revolution, befruchteten sich gegenseitig und verliehen dem tausendstimmigen Chor der europäischen Moderne den kontinuierlichen Grundton. Allerdings entwickelten sie sich auch auseinander. Die romantische Volksidee neigte dazu, von ihren Anhängern absolut gesetzt zu werden und ins «Völkische» auszugleiten: «Du bist nichts, Dein Volk ist alles». Indem er sich die völkische Idee aneignete, vermochte der Nationalsozialismus schließlich die «Volksgemeinschaft» gegen die angeblich nur intellektuelle, kalte demokratische Gesellschaft auszuspielen. Bis heute werden am Saum Europas blutige Kriege im Namen der Völker und ihrer kulturell und historisch verbürgten Rechte geführt; mit Herders schwärmerischer Idee vom Volksgeist hat das nicht mehr viel zu tun. Die politische Idee der Volksnation dagegen, wie sie die Französische Revolution hervorgebracht hat, legitimiert bis heute die Demokratien in ihren unterschiedlichen Erscheinungsformen. Diese Volksidee ist gemeint, wenn über dem Haupteingang des Reichstagsgebäudes zu Berlin der Satz «Dem deutschen Volke» zu lesen ist – er wurde erst während des Ersten Weltkriegs angebracht, als sich die Hohenzollernherrschaft ihrem Ende zuneigte. So widersprüchlich sind die beiden Reden vom Volk, und dennoch befreiend, solange sie aufeinander bezogen sind.

Maria Tatar

Grimms Märchen

Nur wenige Bücher sind, was Volkstümlichkeit, Kritikerlob und kommerziellen Erfolg betrifft, den Grimmschen *Kinder- und Hausmärchen* vergleichbar. Die Sammlung gehört neben der Bibel und Shakespeares Dramen zu den erfolgreichsten Büchern des Abendlands. Im traditionellen Haushalt, so berichtet der Freiherr von Münchhausen, belegten die Grimmschen Märchen einen Platz zwischen Kochbuch und Gesangbuch. Und 1944, mitten im Krieg der Alliierten gegen Deutschland, befand der britische Dichter W. H. Auden, die Grimmsche Sammlung gehöre zu «den wenigen unentbehrlichen Büchern im Allgemeinbesitz, auf die sich die abendländische Kultur gründen läßt».[1]

Der Aufstieg der Grimmschen *Kinder- und Hausmärchen* zum Klassiker verlief freilich nicht annähernd so schnell und unproblematisch, wie Auden und andere vermutet haben. So nahe die Versuchung liegt, die Popularität der Sammlung mit inneren ästhetischen, moralischen und geistigen Vorzügen zu begründen, die Literaturwissenschaft erinnert uns daran, daß ihre Rezeptionsgeschichte von harscher Kritik, ablehnenden Rezensionen und Mißbilligung aus verschiedenster Richtung geprägt war. Der Prozeß, durch den die Grimmschen *Kinder- und Hausmärchen* zum Klassiker wurden, hat, wie Donald Haase schreibt, «viele Facetten». Er beinhaltet «die Abfassung, Etablierung, Definition, Akzeptanz, Ablehnung, Umwandlung, Überarbeitung und Deutung eines vielgestaltigen Geschichtenbuches, das die Grimms ihr ganzes Leben lang beschäftigte».[2]

Heute lesen Erwachsene und Kinder auf der ganzen Welt Grimms Märchen in allen möglichen Formen und Gestalten: mit Bildern oder Anmerkungen versehen, von anstößigen Stellen gereinigt oder gekürzt, getreu dem deutschen Original folgend oder in freier Nacherzählung, ehrfürchtig konserviert oder als Parodie. In Deutschland genießen die Märchen als Perlen der Volksdichtung höchste Verehrung und provozieren zugleich Bestrebungen, sie von ihrem Podest herunterzuholen. Neben Paul Maars verspieltem *Tätowierten Hund* (1968) gibt es das temperamentvolle *Janosch erzählt Grimms Märchen* (1972), Margaret Kassajeps satirische *«Deutsche Hausmärchen» frisch getrimmt* (1980), Burckhard und Gisela Garbes progressiven *Ungestiefelten Kater* (1985), Svende Merians feministischen *Mann aus Zucker (1985)* und Horst Matthies' entmystifizierenden *Goldenen Fisch* (1980).

Die Sammlung der Brüder Grimm, veröffentlicht in zwei Bänden 1812 und 1815, wurde wie Charles Perraults *Feenmärchen für die Jugend* (1697) zum Vorbild anderer Märchensammler und zur maßgeblichen Quelle der heute in vielen Ländern des anglo-amerikanischen und europäischen Kulturkreises verbreiteten Märchen. Ihr Inhalt gilt als zeitlos, ihre Wirkung als universal, und die verschiedensten Medien von der Oper und dem Ballett bis hin zum Film und zur Werbung haben sich ihrer bemächtigt. Für immer wieder neue Zwecke in Anspruch genommen, adaptiert, umgeschrieben und bearbeitet, sind sie heute eine starke, weithin anerkannte und ständig zirkulierende kulturelle Währung. Blaubärte stellen in Opern ihre Sopran singenden Frauen auf die Probe, Dutzende zwischen zwei Welten gefangene Schwanenjungfrauen tanzen im Ballett, zahllose Aschenputtel verlieren auf der Leinwand ihre Pantoffel, und unendlich viele Rotkäppchen erliegen wenn nicht dem Wolf, dann doch dem Konsumzwang.

Bei aller Verbreitung und Beliebtheit herrscht wenig Übereinstimmung über gesellschaftliche Herkunft, pädagogische Funktion und psychologische Wirkung der Märchen. Handelt es sich um authentische Volkserzählungen einer deutschen, ländlich geprägten Kultur, wie die Grimms behaupteten, oder um von der Kultur des französischen Bürgertums beeinflußte literarische Texte? Helfen sie dem Kind, das sie liest oder ihnen lauscht, Ängste und innere Konflikte zu bewältigen, oder sind sie, weil sie ganz unterschiedlichen moralischen Wertvorstellungen huldigen, «verderblich» und eine «Vergiftung der Kinderseele»? Überschreiten sie nationale, kulturelle und sprachliche Grenzen, weil sie Grundgegebenheiten des Menschen ansprechen, oder sind sie mit einer bestimmten Kultur untrennbar verknüpft und Spiegel der, wie ein Kritiker es nannte, «Brutalität» der «deutschen Wesensart»?[3]

Um diese Fragen zu beantworten und zu verstehen, wie den Grimmschen *Kinder- und Hausmärchen* ein so zentraler Platz im deutschen Geistesleben zuwachsen konnte – sowohl innerhalb der nationalen Grenzen wie über sie hinaus –, ist es hilfreich, die Entstehung der Sammlung nachzuzeichnen und zu erörtern, welchem Wandel Funktion und Deutung der Märchen zu verschiedenen Zeiten unterlagen. Zutiefst mit der deutschen Gesellschaftsgeschichte verbunden, führen die Märchen uns mitten in die Kultur des Alltags. Liest man sie und ihre in verschiedenen Regionen und zu verschiedenen Zeiten erstellten Bearbeitungen, fühlt man den Puls der betreffenden Gesellschaft und versteht, was ihren Alltag mit seinen Ritualen und ihr Gefühlsleben prägte. Genauso wichtig ist, daß die Grimmsche Sammlung selbst als Ort kulturellen Schaffens und Erinnerns zu einem Dokument geworden ist, von dem nichtdeutsche Leser ihre Vorstellung von «Deutschland» und von dem, was «deutsch» ist, beziehen. Ebensooft falsch interpretiert wie mit Rücksichtnahme auf Text und Kontext gelesen, haben die Grimmschen Märchen den nationalen Charakter auf eine Art festgelegt, wie es die Brüder Grimm selbst wohl nicht beabsichtigt haben.

Während Grimms Märchen sowohl in Deutschland wie jenseits seiner Grenzen zu einem Klassiker geworden sind, haben ihre Verfasser selbst nie eine vergleichbare internationale Anerkennung erfahren. George Bernard

Jacob und Wilhelm Grimm (Gemälde von Elisabeth Jerichau-Baumann, 1855)

Shaw sprach noch davon, er halte Grimm nach wie vor «für den unterhaltsamsten deutschen Autor».[4] Heute ist zwar auch im Ausland bekannt, daß es sich bei den Grimms um ein Brüderpaar handelt, doch wissen außerhalb Deutschlands die wenigsten Leser sonst noch etwas von Jacob (1785–1863) und Wilhelm (1786–1859) Grimm. Die philologische Leistung der Brüder als Verfasser der *Deutschen Grammatik* und der ersten Bände des *Deutschen Wörterbuchs* und als Herausgeber alt- und mittelhochdeutscher Texte sowie ihr politisches Engagement besonders als Mitglieder der Göttinger Sieben stehen ganz im Schatten ihrer volkstümlichen Hinterlassenschaft.

Für Jacob und Wilhelm Grimm war die Märchensammlung vor allem eine akademische Leistung, mit der sie sich die Anerkennung der Fachwelt verdienen wollten. Als sie den Plan faßten, deutsche Märchen in einem Buch zu sammeln, wollten sie damit lediglich eine Art Archiv der deutschen Volksdichtung schaffen, eine Stätte kulturellen Erinnerns. Sie wollten die «reine» Stimme des deutschen Volkes einfangen und dessen mündliche Überlieferung oder «Naturpoesie» im Druck festhalten. Während dieses Erzählgut in einigen Nischen ländlicher Kultur noch in der mündlichen Überlieferung lebendig war, hatten anderswo Industrialisierung und Verstädterung bereits viel vom «Reichtum deutscher Dichtung in frühen Zeiten» zerstört. «Nur Volkslieder und diese unschuldigen Hausmärchen» seien übrig geblieben, klagten die beiden Grimms im Vorwort zur ersten Ausgabe der Märchen.[5]

Ihre Herausgebertätigkeit hatte für die Grimms neben der wissenschaftlichen auch eine religiöse Bedeutung. Geschichten, die ihre Leser so dauerhaft in Bann zögen wie Volksmärchen, müßten eine Art göttlichen Ursprungs haben, schrieben sie in der Einleitung zu den *Kinder- und Hausmärchen*: «Was so mannichfach und immer wieder von neuem erfreut, bewegt und belehrt hat, das trägt seine Nothwendigkeit in sich, und ist gewiß aus jener ewigen Quelle gekommen, die alles Leben bethaut, und wenn auch nur ein einziger Tropfen, den ein kleines zusammenhaltendes Blatt gefaßt, doch in dem ersten Morgenroth schimmernd.»[6] Die Brüder wollten die heiligen Wahrheiten und Werte bewahren, die in diesen Märchen enthalten waren, Märchen, die aufgrund ihres imaginativen Reichtums die Jahrhunderte überlebt hatten.

Die erste Ausgabe der *Kinder- und Hausmärchen* wirkte mit ihrer gewichtigen Einleitung und zahlreichen Anmerkungen mehr wie eine wissenschaftliche Publikation denn wie ein Buch für ein breites Publikum. Sie enthielt nicht nur die klassischen Märchen, die wir mit dem Namen Grimm verbinden – «Rotkäppchen», «Aschenputtel», «Schneewittchen» und «Rapunzel»-, sondern auch Schwänke, Legenden, Fabeln, Anekdoten und alle möglichen anderen Volkserzählungen. Zwar war den Grimms an einem gut lesbaren Text und einer interessanten Handlung gelegen (sie verschmolzen oft Geschichten, um eine «bessere» Version zu erstellen, und verwiesen langweilige oder schwerfällige Varianten in die wissenschaftlichen Anmerkungen), aber ihr Hauptziel war, so viel Material wie möglich abzudrucken.

Die Märchen waren für die Grimms aufgrund ihrer volkstümlichen Wurzeln nicht nur symptomatisch für die deutsche Kultur (als Spiegel einer nationalen Identität), sondern zugleich normativ (als Leitbild einer nationalen Identität). Literaturhistoriker und Volkskundler haben jahrzehntelang die Vorstellung festgeschrieben, die Grimmschen Märchen wurzelten in einer bäuerlichen Kultur und seien spontane Schöpfungsakte volkstümlicher Erzähler aus dem unbewußten Fundus der kollektiven Volksseele. In jüngerer Zeit begannen Wissenschaftler auf beiden Seiten des Atlantiks, darunter insbesondere Heinz Rölleke und John Ellis, die Entstehung der Sammlung kritisch zu hinterfragen. Sie zeichneten die Entwicklung der Märchen nach und widersprachen der Auffassung, die Grimmschen Märchen seien Beispiele einer unverfälschten «Natur-» oder «Volkspoesie».

Die Grimms schrieben offen, daß sie für ihre Sammlung zahlreiche mündliche und schriftliche Quellen herangezogen haben. Ihre wissenschaftlichen Anmerkungen zeigen, wie sehr sie Sammlungen anderer Länder für ihre Zwecke benutzt haben, um anhand von Entsprechungen in der europäischen Literatur die «definitive» volkstümliche Version eines Märchens zu erstellen. Nach mündlich überlieferten Geschichten haben sie, wie sie in ihrer Einleitung einräumen, nur in bestimmten Gegenden gesucht, doch beschäftigten sie sich jahrelang damit, Geschichten anzuhören, umzuschreiben, zu lesen, sich Notizen zu machen und verschiedene Versionen einzelner Geschichten festzuhalten. Die überwiegende Mehrheit ihrer Informanten waren, wie wir heute wissen, nicht ungebildete Bauern, sondern literarisch versierte, fest in bürgerlichen Kreisen verwurzelte Geschichtenerzähler. Dorothea Viehmann, die allein fünfunddreißig Märchen zu der Sammlung beisteuerte, wird von den Brüdern als eine «Bäuerin» aus dem Dorf Niederzwehrn beschrieben. In Wirklichkeit war die «Viehmännin», die wichtigste Zeugin für die Authentizität der gesammelten Volksdichtung, die Witwe eines Schneiders und stammte von französischen Hugenotten ab.

Die Geschichten, wie sie den Brüdern Grimm erzählt wurden, weichen von den Geschichten, die zur Erntezeit und in Spinn- und Wohnstuben die Runde machten, mit Sicherheit bis zu einem gewissen Grad ab. Der feste Kern oder «Grund», von dem die Brüder in ihrer Einleitung sprechen, mag unverändert geblieben sein, doch die Art, in der die Geschichten erzählt wurden, wechselte in ein anderes Register, und die grobe Sprache, der derbe Humor, eine gewisse Geschwätzigkeit, die persönliche Note des Erzählers und Obszönitäten der mündlich überlieferten Version fielen weg. Der Gedanke ist naheliegend, daß Informanten gleich welcher Gesellschaftsschicht die würdigen Brüder mit ihrer guten Erziehung, ihrer höflichen Diktion und ihrem moralischen Verantwortungsbewußtsein beeindrucken wollten.

Die Rezensenten freilich beanstandeten den Ton der von den Grimms gesammelten Märchen. Ein Kritiker beklagte die Dürftigkeit und Geschmacklosigkeit vieler Texte und legte Eltern nahe, das Buch nicht in die Hände ihrer Kinder zu geben. August Wilhelm Schlegel und Clemens Brentano waren von der groben Art der Märchen enttäuscht und empfahlen etwas mehr Kunst und Kunstfertigkeit, um sie interessanter zu machen.[7] Die Brüder nahmen sich die Kritik zu Herzen und begannen mit der Bearbeitung und Formulierung noch einmal von vorn.

Vor allem Wilhelm Grimm war bemüht, Kanten zu glätten und die Geschichten zu bearbeiten und auszuschmücken, bis viele von ihnen doppelt so lang waren wie die ursprüngliche Version. Er feilte so lange an der Sprache, bis niemand mehr sich über deren Derbheit beklagen konnte. Wichtiger war noch, daß die beiden Grimms nun auf einmal eine andere Leserschaft für ihre Märchen im Auge hatten. Aus der anfangs geplanten wissenschaftlichen Dokumentation wurden nach und nach Gutenachtgeschichten für Kinder. Bereits 1815 schrieb Jacob seinem Bruder, sie müßten sich ausführlich über die Neuauflage des ersten Teils der Märchen unterhalten. Was den Erfolg einer überarbeiteten zweiten Auflage betraf, machte er sich große Hoffnungen.[8]

Für die neuen Leser mußten ungeeignete Passagen gestrichen werden. Praktisch bedeutete dies, daß Anzüglichkeiten, schlüpfrige Episoden und Anspielungen auf ungewollte Schwangerschaften getilgt wurden. In der ersten Ausgabe der Märchen haben Rapunzels tägliche Techtelmechtel mit dem Königssohn im Turm gewichtige Folgen: «Sag' sie mir doch Frau Gothel, meine Kleiderchen werden mir so eng und wollen nicht mehr passen.» In der zweiten Auflage fragt Rapunzel die Zauberin nur, warum es ihr so viel schwerer falle, sie, die Zauberin, zum Fenster hinaufzuziehen als den jungen Königssohn. «Hans Dumm», die Geschichte eines jungen Mannes, der Frauen allein durch Wünschen schwängern kann und dies auch tut, wurde ganz gestrichen. Der neue «Froschkönig oder der eiserne Heinrich», das erste Märchen der Sammlung, endete mit einem Besuch beim Vater und König vor der Hochzeit und nicht mehr damit, wie Königssohn und Königstochter sich zur Nacht zurückziehen.

So entschlossen die Grimms einerseits waren, jede Spur eines gewagten Humors in den von ihnen aufgezeichneten Geschichten zu tilgen, hatten sie andererseits keine Bedenken, Gewalttätigkeiten beizubehalten und in einigen Fällen sogar noch zu verstärken. Aschenputtels Stiefschwestern dürfen in der ersten Fassung des Märchens ihr Augenlicht behalten, in der zweiten Auflage picken ihnen Tauben die Augen aus. Außerdem erhält die Geschichte noch eine abschließende Moral: «Und waren sie also für Ihre Bosheit und Falschheit mit Blindheit auf ihr Lebtag bestraft.» Rumpelstilzchen macht sich in einigen Versionen des Märchens auf einem fliegenden Löffel aus dem Staub, bei den Grimms dagegen ist es so außer sich vor Wut, daß es sich selbst entzweireißt. Das schreckliche Schicksal der erfolglosen Freier Dornröschens wird in späteren Ausgaben der *Märchen* noch verdeutlicht. Die Freier können nicht über die Dornenhecke klettern, die das Schloß umgibt, «denn die Dornen, als hätten sie Hände, hielten fest zusammen, und die Jünglinge blieben darin hängen, konnten sich nicht wieder losmachen und starben eines jämmerlichen Todes».

Der erste Band der *Kinder- und Hausmärchen* erschien im Dezember 1812 bei Georg Reimers Realschulbuchhandlung in Berlin. Er verkaufte sich gut (die Auflage von rund 900 Exemplaren war nach drei Jahren vergriffen), und 1815 veröffentlichten die Brüder einen zweiten Band. Dieser jedoch war, wie ein Kritiker es genannt hat, ein «verlegerischer Flop». In vier Jahren wurden nur 550 Exemplare verkauft.[9] Eine zweite, 1819 veröffentlichte Ausgabe in zwei Bänden war kommerziell ebenfalls eine Enttäuschung.

Im Jahr 1823 veröffentlichte Edgar Taylor unter dem Titel *German Popular Stories* ausgewählte Märchen der Grimmschen Sammlung in englischer Übersetzung. Das Buch war ein enormer Erfolg (George Cruikshank, der Illustrator zahlreicher Romane von Charles Dickens, hatte launige Illustrationen beigesteuert), fand reißenden Absatz und brachte dem britischen Verleger einen Gewinn von 15000 Pfund ein, während zur selben Zeit die *Kinder- und Hausmärchen* in Deutschland nur schleppenden Absatz fanden. Die Grimms nahmen sich Taylors Kompaktversion zum Vorbild für ihre *Kleine Ausgabe*, doch war auch diesem Buch, das rechtzeitig zu Weihnachten 1825 zum Preis von einem Taler erschien, kein überragender Erfolg beschieden. Zielpublikum der

Grimmschen Sammeltätigkeit waren zu diesem Zeitpunkt ausdrücklich Kinder. Das ursprüngliche Ziel eines Archivs der Volksdichtung hatte nach und nach dem Bestreben Platz gemacht, ein «Erziehungsbuch» für Kinder zu schaffen.

Wie die Verkaufszahlen zeigen, hatten die Grimmschen *Kinder- und Hausmärchen* Schwierigkeiten, sich auf dem Markt zu etablieren. Bechsteins *Deutsches Märchenbuch*, das heute selbst in Deutschland nur noch wenige Leser hat, verkaufte sich viele Jahre lang wesentlich besser. Die *Kinder- und Hausmärchen* waren also keineswegs von Anfang an *das* maßgebliche Buch des deutschen Volksmärchens, ganz im Gegenteil. Sie stießen jahrzehntelang auf Widerstand und wurden erst in den siebziger Jahren des 19. Jahrhunderts, als sie in Preußen und anderen deutschen Fürstentümern in den Lehrplan der Schulen aufgenommen wurden, zum Klassiker.

Im 20. Jahrhundert avancierten die *Kinder- und Hausmärchen* dann endgültig zur authentischen Quelle der deutschen Volksdichtung. In den dreißiger Jahren versuchten Nazi-Ideologen, die Ziele der Brüder Grimm mit ihren eigenen in Einklang zu bringen, indem sie die Absicht der Grimms aufgriffen, «die Fesseln ausländischer Nachahmungen» abzuschütteln und «die Entwicklung eines Nationalstolzes» zu fördern.[10] Es ist zwar richtig, daß die Brüder Grimm durch Auffindung eines gemeinsamen kulturellen Erbes die nationale Identität zu festigen suchten, doch dachten sie dabei weniger an chauvinistisches Großmachtstreben als an einen Appell an die nationale Einheit im Angesicht der Fremdherrschaft. Außerdem sahen sie ihre Sammlung nur als Vorbild, das ähnliche Versuche, die verlorengegangene Dichtung anderer Kulturen zu heben, inspirieren sollte. Das Engagement beider Brüder galt der Erforschung der Volksdichtung im Geist internationaler Zusammenarbeit. Die Grimms hielten die germanischen Kulturen keineswegs für anderen Kulturen überlegen. Vielmehr waren sie wie Herder vor ihnen der kosmopolitischen Überzeugung, daß jede Kultur die Aufmerksamkeit des Wissenschaftlers verdiene. Wilhelm Grimms Übersetzungen schottischer Balladen und irischer Märchen und Jacob Grimms Interesse an slawischer Volksdichtung sind so gesehen Teil eines von Herder initiierten, internationalen volkskundlichen Projekts, das die Brüder auch nach Veröffentlichung der Märchen weiter beschäftigte.

Angesichts der ständigen Neuaneignung und -deutung der Märchen durch Philosophen, Dramatiker, Filmemacher, Schriftsteller und bildende Künstler überrascht es nicht, daß die Grimmschen Märchen auch mit den nationalistischen Ideologien in Verbindung gebracht wurden, die zum Holocaust führten. Wie aber konnte man die beiden Brüder, immerhin Mitglieder der Göttinger Sieben, die mutig gegen die Abschaffung der Verfassung durch König Ernst August II. von Hannover protestierten, als Verfechter dumpf nationalistischer Ideen betrachten? Nach der Niederlage des Hitlerregimes 1945 verbot die britische Besatzungsmacht die Märchen, doch hatte das Verbot nicht lange

Bestand. Wahrscheinlich war es weniger der eigentliche Inhalt der Märchen, der den Alliierten Sorge bereitete, als die Tatsache, daß sie in den vierziger Jahren zum Lehrplan der deutschen Schulen gehört hatten. Die Märchen wurden im Dritten Reich als «Hausbuch» verehrt, das die Kinder zum Rassenstolz erziehen sollte. «Mittels der emotionalen Wirkung des Märchens», schreibt Christa Kamenetsky, «wollten die Nazis die Liebe der Kinder nicht nur zu Tradition und Heimat, sondern auch zu heldenhaften Tugenden wekken, über die sie mit den Werten des Dritten Reichs indoktriniert werden sollten.»[11] Für viele Nazikommentatoren zeigten die Protagonisten der Märchen vorbildhaft «völkische Tugenden»; sie folgten angeblich rassischen Instinkten und kämpften mutig um reinrassige Ehepartner. Für die Arbeitsgemeinschaft für deutsche Volkskunde leistete die Grimmsche Sammlung einen wichtigen Beitrag zur Schaffung eines Bewußtseins der kulturellen Zusammengehörigkeit und einer starken nationalen Identität.

Die Nazis rühmten sich, eine neue Ordnung geschaffen zu haben, und verwandten viel Energie auf die Legitimierung dieser Ordnung, indem sie die Ursprünge ihrer Ideologie auf Gedanken der Romantik und der Zeit davor zurückführten. Die Brüder Grimm galten ihnen wie Hamann und Herder als geistige Autoritäten, die ihren Machtanspruch rechtfertigten. Daß die Nazis in den gesellschaftlichen Idealen der Grimms ein Gegenmittel gegen die Übel der Moderne sehen konnten, überrascht nicht. Die Grimms zeigen sich in den von ihnen gesammelten Volkserzählungen und in ihrem Denken als Anhänger von Heim, Familie und den einfachen Freuden des Landlebens in einer patriarchalisch geordneten Welt. Trotzdem unterscheidet sich der im Werk der Grimms zum Ausdruck kommende sentimentale Nationalismus grundlegend vom Machtdenken des Nationalsozialismus.

Die Märchen der Brüder Grimm überlebten das Dritte Reich trotz verschiedener Versuche, sie zu verbieten, und wurden ein fester Bestandteil des Geisteslebens der beiden deutschen Staaten. Was Carl Frank 1899 geschrieben hatte, schien auch noch fünfzig Jahre später zu gelten. Die Grimmschen Märchen waren für Frank eine Art sprachlicher Nahrung und unentbehrlich für das geistige Wohl der Nation: «Dem deutschen Kindergeiste sind [die] Märchen das geworden, was die Muttermilch dem Kinderkörper ist: die erste Nahrung des Gemütes und der Phantasie [...]. Wie deutsch erscheint Schneewittchen, Dornröschen, Rotkäppchen, die sieben Raben und andere gegenüber den arabischen Märchen aus ‹Tausend und einer Nacht› [...]. Durch solche echt deutsche Kost muß aber auch die Sprache und der Geist der Schule allmählich immer deutscher wieder werden [...]. Den Brüdern Grimm gebührt auch unsere innigste Liebe und höchste Verehrung als deutschen Staatsbürgern und als Menschen. Denn sie gehören zweifellos im weiteren Sinne mit zu den Begründern des neuen Deutschen Reiches [...]. Die Brüder Grimm zeigen alle deutschen Tugenden, die es gibt: Gepaart ist bei ihnen die innigste Liebe zur Familie mit der treuesten Freundschaft, die zärtlichste

Filmplakat «Rumpelstilzchen» (1923)

Anhänglichkeit ans hessische Heimatsland mit der begeistertsten Vaterlandsliebe [...]. Mit vollstem Rechte verdienen sie daher einen Platz unter Deutschlands großen Männern.»[12]

«Die Grimmschen Märchen», schreibt Jack Zipes, «fanden rasch Aufnahme in die Lehrpläne, Bibliotheken, Theater, Rundfunk- und sogar Fernsehanstalten» der Nachkriegszeit.[13] Natürlich mußten einige von ihnen kosmetisch bearbeitet werden – das unverhohlen antisemitische Märchen «Der Jude im Dorn» wurde aus vielen Sammlungen ganz verbannt, anderswo wurden besonders gewalttätige Szenen abgemildert –, doch viele Eltern, Erzieher und Bibliothekare betrachteten es als Herausforderung, die Märchen zu rehabilitieren und im Namen eines demokratischen Humanismus wieder salonfähig zu machen. Die Märchen galten in der Nachkriegszeit als unantastbare kulturelle Dokumente, die den Genesungsprozeß fördern, die Narbe der Nazivergangenheit beseitigen und zeigen sollten, daß die deutsche Kultur mehr war als die Greuel der Nazizeit. Jens Tismar schreibt im Vorwort zu einer nach dem Krieg erschienenen Märchenanthologie: «Da die Nazizeit nicht ungeschehen gemacht werden kann, gibt dies Märchenbuch den Trost, daß die Dichter, insofern sie über der Zeit stünden, etwas Schönes machen, das über die Jahre und Katastrophen hinweg Bestand hat.»[14]

Erst in den sechziger Jahren des 20. Jahrhunderts, einem Jahrzehnt gesellschaftlicher und politischer Unruhen, begann man damit, die Autorität, die moralischen Werte und die geistige Botschaft der Grimmschen *Kinder- und Hausmärchen* kritisch in Frage zu stellen. Es war Zeit, neuen Wein in die alten Schläuche zu füllen, wie es in einem Nachwort zu dem Bestseller *Janosch erzählt Grimms Märchen* (1972) heißt: «Die Märchen der Brüder Grimm sind in einer längst vergangenen Zeit entstanden und weitererzählt worden. Sie bieten gesellschaftliche Strukturen an, die wir überwunden haben oder ablehnen. Dort heißt es, wer arm ist, muß demütig und gehorsam sein – nur so kann es geschehen, daß der arme Mann aus dem Volk belohnt wird, daß der reiche Prinz die Müllerstochter heiratet. Janosch erspürt mit sicherem Instinkt, wo und wie der Volkston Sprache werden kann. Und doch behalten seine (fünfzig) Märchen etwas von der zeitlosen ‹Wahrheit› der Märchen.»[15]

In den sechziger Jahren wich die Ehrerbietung, die man den Grimmschen Märchen in Westdeutschland entgegenbrachte, dem Bestreben der Entmystifizierung. Viele Autoren üben seither Kritik an den in den Märchen verkörperten Werten. Sie schreiben die Märchen aus der Perspektive des Bösewichts um, machen aus dem passiven Opfer einen hitzigen Draufgänger oder ziehen das Ganze ins Komische und entlarven dadurch die völlig unzeitgemäßen Prämissen der ursprünglichen Geschichte. Altüberkommene Märchen zu verfremden gibt Gelegenheit zu beißender Gesellschaftskritik, sie umzuschreiben Gelegenheit zur Darstellung utopischer Alternativen.

In *Janosch erzählt Grimms Märchen* werden die in den Märchen enthaltenen bürgerlichen Werte kritisch hinterfragt und untergraben. Geschrieben nach der Studentenrevolte der sechziger Jahre, kritisieren Janoschs Geschichten in einer für Kinder wie für Erwachsene unterhaltsamen Form kapitalistische Werte und befürworten ein persönliches und politisches Engagement. In Janoschs Bearbeitung des Märchens «Die goldene Gans» benutzt Dummling die Gans nicht dazu, sich Frau und Königreich zu verschaffen, vielmehr überläßt er sie den jungen Frauen, die hinter ihm her sind, «denn wer sich ans Gold hängt, wie soll der noch sehen, was um ihn herum geschieht?» Die goldene Gans, Symbol für Wohlstand und Glück, steht hier für Habgier. Wer sich an sie klammert, ist verloren: «Man weiß nicht, was mit der goldenen Gans geschah, möglicherweise zog sie alle, die an ihr klebten, irgendwohin in die Ferne. Kann auch sein in die Tiefe.»[16] Die Anspielung auf das westdeutsche «Wirtschaftswunder» und seinen wenig vorteilhaften Einfluß auf Charakter und Kultur ist offenkundig.

Auch Janoschs Version von «Frau Holle» vermittelt den Kindern eine ganz andere Moral als die des Grimmschen Märchens von den Verdiensten des Fleißes und der Hilfsbereitschaft. Seine Frau Holle schüttelt die Betten auf, damit es auf der Welt schneit, gießt die Blumen, damit es auf der Welt regnet, und bäckt Brot und erntet Äpfel, damit die Menschen zu essen haben. Da Frau Holle kein Dienstmädchen finden kann – sogar die fleißige Maria ist der

Arbeit nach drei Tagen überdrüssig –, gibt es keine soziale Gerechtigkeit: «Auf der Welt ging alles drunter und drüber. Es herrschte Überfluß und Hungersnot, Totschlag, Mord. Dafür wurden immer mehr Menschen geboren. Es gab von allem zuwenig und von allem zuviel.»[17] Janosch präsentiert seinen Lesern ein radikal umgemodeltes gesellschaftliches Wertesystem. Er führt ihnen die Notwendigkeit eines kritischen Bewußtseins und sozialen Engagements vor Augen und deutet zugleich utopische Möglichkeiten an.

Iring Fetschers *Wer hat Dornröschen wachgeküßt?* (1972) mit seinen dreizehn Varianten Grimmscher Märchen hat entscheidend dazu beigetragen, den Zauberbann der Märchen zu brechen. Fetscher setzte sich mit seiner Sammlung in offenen Gegensatz zu den Geschichten der Grimms. Seine Märchen stehen neben den entsprechenden Originalen, die ältere Version ist in einer anderen Schrift gesetzt, die neuere in der «modernen» Helvetica. Fetscher macht sich über das Original lustig, nicht zuletzt durch einen absurden psychoanalytischen Kommentar. «Rotschöpfchen und der Wolf», Unterkapitel eines Teils mit dem Titel «Zur Rehabilitierung der Wölfe», beginnt mit einer Passage, in der die Grimmsche Darstellung des Wolfes als «radikal böse» hinterfragt wird. Eine solche Dämonisierung sei womöglich «eine frühe Rechtfertigung sozial bedingter menschlicher Aggressivität».[18] Im Mittelpunkt der Geschichte steht Rotschöpfchen, Rotkäppchens rothaariger älterer Bruder. Er wird wegen seiner Haarfarbe von anderen abgelehnt und von seinem Vater geschlagen – bis er sich mit einem Wolf anfreundet. Der Wolf erlebt, wie der Vater den Sohn mißhandelt und beschließt, Rotkäppchen und die Großmutter zu fressen, um seinen Freund zu rächen und den bösen Vater zu bestrafen. Zum Schluß wendet Fetscher sich an den «psychoanalytisch geschulten Leser». Das Märchen, so erfahren wir, sei nichts anderes als eine «Traumerzählung», ein «kathartischer Traum» des Vaters, der «psychische Heilfunktionen für die Mutterbindung haben könnte».[19] Fetscher entmystifiziert die Märchen, zerstört den Nimbus, der sie umgibt, und hinterfragt Versuche, ihnen einen übertriebenen therapeutischen Wert zuzuschreiben.

Die *Kinder- und Hausmärchen* sind immer wieder bearbeitet und parodiert worden. Daneben spielen sie in der Literatur der deutschsprachigen Länder eine wichtige Rolle als Text, Prätext oder Subtext von Erzählungen für Kinder und Erwachsene. Der Leser kann seinen Grimm unverdünnt in wissenschaftlicher Form mit Anmerkungen zu sich nehmen, als illustrierte Ausgabe eines einzelnen Märchens, gekürzt in Anthologien oder als moderne Bearbeitung. Er begegnet den Grimmschen Märchen in den Werken Sigmund Freuds, Ernst Blochs und Walter Benjamins. Sie alle wußten um die magische Wirkung der Märchen und deuten sie als für eine bestimmte Kultur symptomatisch oder benützten sie als Ausgangspunkt für eigene Überlegungen. Auch bei Bertolt Brecht, Alfred Döblin, Christa Wolf und Günter Grass begegnet der Leser einer Fülle intertextueller Anspielungen. Die Nachwirkung der *Kinder- und Hausmärchen* führt ihm die gesellschaftlich prägende Kraft der Märchen ebenso vor Augen wie die Faszination, die sie auf die literarische und allgemeine Phantasie ausüben.

Die Grimmschen Märchen haben auch außerhalb der deutschsprachigen Länder eine nachhaltige Wirkung entfaltet. Wenige kulturelle Dokumente waren für die Ausformung eines nationalen Images so prägend. Im Vorwort zu einem Band mit deutschen Volkserzählungen stellt der renommierte amerikanische Volkskundler Richard M. Dorson den derben Ton deutscher Volkserzählungen heraus und beschreibt, was an den Aufzeichnungen der Grimms für die Nazis so attraktiv war: «Nationalisten des späten 19. Jahrhunderts priesen die Brüder und ihre Märchen dafür, daß sie den Deutschen ein Bewußtsein ihrer völkischen Einheit und historischen Vergangenheit gegeben hätten. Unter den Nazis wurde wieder der Originaltext der Märchen mit allem Blutvergießen und aller Gewalt eingeführt.»[20] Volkssagen, so Dorson, spiegelten den Charakter einer Nation, und auch die Grimmschen Märchen zeigten solch nationale Züge von Autoritätsgläubigkeit und Militarismus bis zu Gewalttätigkeit und Fremdenfeindlichkeit. Ganz ähnlich machte Louis L. Snyder in den Grimmschen Märchen eine «besondere Kombination deutscher Wesensmerkmale» aus, «die Verherrlichung von Tapferkeit und Soldatentum, die widerspruchslose Hinnahme von Grausamkeit, Gewalt und Greueltaten, die Angst vor dem Außenseiter und der Haß auf ihn und ein aggressiver Antisemitismus».[21]

Viele im Ausland assoziieren mit dem Namen «Deutschland» zuerst Hitler und den Holocaust; die zweite Assoziation dürften häufig die Grimmschen *Kinder- und Hausmärchen* sein. Dieses kuriose Nebeneinander hat zu einer seltsamen Verschmelzung von Fantasy und Horror geführt. In der allgemeinen Vorstellung wird Deutschland so mit einem Kult des Kitsches und des Todes, wie Saul Friedländer ihn genannt hat, verbunden. Eben für die narrative Toleranz dieser beiden Extreme hat man die Grimmschen *Kinder- und Hausmärchen* kritisiert: «Typisch für das deutsche Märchen ist das Nebeneinander des Banalen und Intimen auf der einen und der Schrecken des Todes und der Folterqualen einer berechnenden Grausamkeit auf der anderen Seite.»[22]

Günter Grass hat sich als vielleicht erster Schriftsteller der Form des Märchens bedient, um über den Holocaust zu schreiben und sich mit einem Geschehen auseinanderzusetzen, das man in seiner Komplexität nie ganz verstehen oder bewältigen wird. Das Märchen ist für ihn der narrative Rahmen, in dem der Verlust der kulturellen Unschuld artikuliert und unsere zunichte gemachte Hoffnung auf die Möglichkeit eines Happy-Ends ausgedrückt werden können. In dem «Glaube Hoffnung Liebe» betitelten Kapitel der *Blechtrommel* beginnt Oskar die Geschichte des Musikers Meyn, des Uhrenmachers Laubschad und des Spielzeughändlers Sigismund Markus mit den Worten «Es war einmal». Er beendet sie mit der neunfachen Anrufung derselben Worte. Zwar wird abschließend noch die Formel «und wenn sie nicht gestorben sind» ausgesprochen, doch wird sie gleichsam erdrückt von der Fülle falscher Anfänge, die einen narrativen Abschluß unmöglich machen und eine Wunde verursachen, die nicht mehr heilen kann. Indem Grass sich einer elementaren Erzählform bedient, negiert er zugleich die Möglichkeit des Geschichtenerzählens durch Worte (durch ein eindrückliches Anti-Märchen) und macht außerdem einen ersten Schritt in Richtung auf eine Erneuerung der Sprache durch Geschichtenerzählen.

Bereits 1971 finden wir im Werk der amerikanischen Dichterin Anne Sexton eine Bearbeitung von «Hänsel und Gretel», die auf eine «Endlösung» anspielt und aus dem Ofen am Ende des Märchens eine unverhüllte Anspielung auf die Krematorien der Konzentrationslager macht.[23] Sexton schrieb auf Anregung ihrer Tochter Grimmsche Märchen um und schuf poetische, für Erwachsene gedachte Fassungen. Der italienische Schriftsteller Roberto Innocenti dagegen verschmolz in seinem Bilderbuch *Rose Blanche* (1985) eins der Grimmschen Kindermärchen mit dem fiktiven Bericht eines Kindes über seine Erlebnisse im Holocaust. Die Titelvignette von Innocentis Buch über den Holocaust macht uns auf den Subtext aufmerksam, auf dem die Geschichte der tapferen Rose Blanche aufbaut. Der Leser sieht das Bild einer langen, mit Pfützen übersäten Straße, an deren Ende die Heldin mit einer Tasche voller Essen in den Wald rennt; ihre Haare schmückt eine rote Schleife. Die Anspielung auf Rotkäppchen mit dem roten Käppchen und dem Korb mit Kuchen und Wein auf dem Weg zum Haus der Großmutter ist unmißverständlich.

Eine amerikanische Kinderbuchautorin bediente sich für ihren Bericht einer jugendlichen Widerstandskämpferin in Dänemark zur Zeit der deutschen Besatzung ebenfalls des Rotkäppchen-Motivs. Lois Lowrys *Number the Stars*, ein in den Vereinigten Staaten populäres Kinderbuch, erzählt von einem dänischen Mädchen, das gegen Ende der Geschichte durch einen Wald geht, die Nazis und ihre Hunde täuschen kann und durch sein Tun jüdischen Flüchtlingen ermöglicht, mit einem Boot nach Schweden zu entkommen.[24] Die für die Flucht benötigte Geheimwaffe, ein mit einer Droge präpariertes Taschentuch, trägt die kleine Annemarie in einem Korb mit dem «Mittagessen» für ihren Onkel. Geschickt und nicht ohne Ironie verwendet Lowry den Plot eines im Kern deutschen Märchens als Vorlage für ein Handeln, durch das die Heldin die bösen Nazis besiegt.

Maurice Sendaks Illustrationen zu Wilhelm Grimms Märchen *Liebe Mili* von einem Mädchen, das sich im Wald verirrt hat, konfrontieren uns ebenfalls mit den Schrecken der Konzentrationslager.[25] Im Wald stößt die kleine Mili auf die Türme von Auschwitz-Birkenau, die Skelette der Opfer und einen jüdischen Friedhof mit einem Kinderchor. Der Chor in Sendaks Illustrationen steht, wie man durch Photos festgestellt hat, für die vierundvierzig Kinder von Izieu, die auf Befehl Klaus Barbies deportiert wurden und im Konzentrationslager ums Leben kamen. Zwei Mädchen des Chors ähneln auffallend zwei bekannten Fotos der Anne Frank.

Von Jane Yolens *Briar Rose* bis zu Roberto Benignis *La Vita é bella* finden wir die alptraumhafte Reise von Opfern und Überlebenden des Holocaust mit derselben quälenden Mischung aus Märchentext und Erinnerung an den Holocaust dargestellt.[26] Dies hat zu tun mit der engen Verbindung des Märchens mit dem Begriff einer deutschen Kultur. Außerdem erinnert es uns daran, daß Märchen menschliche Schicksale und Gefühle in ihrer extremsten Form und Ausprägung einfangen und damit ein geeignetes narratives Mittel zur Darstellung des Melodramas geschichtlicher Ereignisse sind, die sich intellektuellem Verstehen entziehen.

Die Verbreitung einiger Märchen der Grimmschen Sammlung wie «Rotkäppchen» oder «Aschenputtel» in vielen verschiedenen Kulturen zeigt, daß Märchen zuweilen inszenierte Psychodramen sind, die über die kulturelle Besonderheit der oben angesprochenen zeitgenössischen amerikanischen und europäischen Bearbeitungen hinausgehen. Im Vorwort zu ihrer Sammlung sprechen die Grimms von einem erzählerischen Kern, der trotz regionaler Varianten erhalten bleibe. Die in den Märchen beschriebenen Situationen seien «so einfach, [...] daß viele [Leser] sie wohl im Leben gefunden». Seltsamerweise gehört zu diesen Situationen auch das Verstoßen der Kinder oder die Drohung mit Mord: «Die Eltern haben kein Brod mehr, und müssen ihre Kinder in dieser Noth verstoßen, oder eine harte Stiefmutter läßt sie leiden.»[27] Es mag zwar stimmen, daß die Aussetzung von Kindern und böse Stiefmütter im rauheren gesellschaftlichen Klima vergangener Zeiten eine größere Rolle spielten, doch bestand auch zur Zeit der Grimms ein starker Kontrast zwischen dem im Märchen dargestellten Geschehen und der zeitgenössischen gesellschaftlichen Realität.

Psychologen haben geltend gemacht, die Märchen spiegelten weit eher innere Wirklichkeiten als historische Tatsachen. «Im Märchen», schreibt Bruno Bettelheim, «werden innere Vorgänge zum Ausdruck gebracht; in der Darstellung der Märchengestalten und Ereignisse werden sie verständlich.»[28] Bettelheim will Märchen für therapeutische Zwecke nutzen. Kinder, schreibt er, bräuchten Märchen, um Familienkonflikte und existentielle Ängste zu verarbeiten. Kulturhistoriker haben gegen diese aus ihrer Sicht Verflachung der Märchen und die Leugnung ihrer kulturellen Bedingtheit protestiert. Für Robert Darnton, Eugen Weber und andere sind Märchen eine Art Fenster, die Einblick geben in die Mentalität früherer Jahrhunderte und in alltägliche gesellschaftliche, wirtschaftliche und persönliche Krisen der jeweiligen Kultur.

In jüngerer Zeit haben sich feministische Kritikerinnen in die Diskussion eingeschaltet und die Partei der Kulturhistoriker ergriffen. Sie sehen in den Märchen «Ammenmärchen» oder eine mündliche Kultur der Anekdote, des Klatsches und der Familien- und erfundenen Geschichten. Für die britische Kulturhistorikerin Marina Warner sind Märchen ein Mittel der Gesellschaft, bestimmte Themen von Liebe, Brautwerbung und Hochzeit über Geschwisterrivalität bis hin zum Generationenkonflikt zu verhandeln und sie zu reglementieren. Im 19. Jahrhundert bemächtigten sich Warner zufolge männliche Sammler der überwiegend von Frauen erzählten Geschichten und machten aus flexiblen Erzählungen, die sich jeweils neuen Werten und Sitten anpaßten, starr festgelegte Geschichten; daraus wiederum resultierte die Notwendigkeit, die in der jeweiligen Kultur verankerten Geschichten ständig umzuschreiben.

Die Grimmsche Sammlung gibt uns in vieler Hinsicht Mythos und Kulturgeschichte als untrennbares Ganzes. In ihren Märchen begegnen uns Konflikte, die den Geschichten im Archiv unserer kollektiven Vorstellungswelt zugrunde liegen, doch spiegeln sie zugleich kulturelle Gegebenheiten. Zuweilen eignet ihnen sogar eine geradezu unheimliche Prophetie. Die Grimmschen *Kinder- und Hausmärchen* spiegeln Ängste, die wir alle haben (die Angst, verlassen, angegriffen oder gefressen zu werden), daneben allgegenwärtige Phantasien über Liebe, Macht und Reichtum, doch zeigen sie auch, daß bestimmte Ängste und Sehnsüchte eine lokale Ausprägung erfahren können. «Der Jude im Dorn» beispielsweise, die Grimmsche Version des internationalen Märchentyps «Die drei Gaben», spielt in einer vergleichsweise düsteren Atmosphäre. Das Märchen feiert eine teutonische Frohnatur und dämonisiert die Juden als habgierige, verderbte Ungeheuer, die öffentliche Demütigung und Bestrafung verdienen.

Die Grimmschen *Kinder- und Hausmärchen* sind zum Studienobjekt von Wissenschaftlern der verschiedensten Disziplinen geworden. In jüngerer Zeit erkennt die Wissenschaft immer deutlicher den Einfluß der Erzählungen innerhalb einer gegebenen Kultur. Die Märchen spiegeln nicht nur psychische Wirklichkeiten und gelebte Erfahrung, sie haben durch die in ihnen dargestellten kulturellen Ängste und Sehnsüchte auch Leben geformt. «Woher sonst hätte ich so früh im Leben die Vorstellung bekommen sollen», schreibt die kanadische Dichterin Margaret Atwood über die Grimmsche Sammlung, «daß Worte dich verändern können.»[29]

Unter Mitarbeit von Anjeana Hans,
aus dem Englischen von Wolfram Ströle

Bedrich Loewenstein

«Am deutschen Wesen ...»

> Und es mag am deutschen Wesen
> Noch einmal die Welt genesen
> *Emanuel Geibel*

Welche Botschaft wollte der Lübecker Pfarrerssohn Emanuel Geibel (1815–1884) mit seinem 1861 veröffentlichten Gedicht *(Deutschlands Beruf)* vermitteln? Was war unter «deutschem Wesen» zu verstehen? Und wenn es ein solches «Wesen» überhaupt gab, war es auf andere Völker übertragbar? «Wesen» versteht man als das Grundlegende, Eigentliche, Substantielle, das sich vom Zufälligen, von vorübergehenden Erscheinungen, von Pendelschwingungen des Zeitgeistes unterscheidet. Es galt als Sache prophetischer Verkündung, einem gesunkenen, in Götzendienerschaft verfallenen Volk seine wahre Aufgabe in Erinnerung zu rufen; den Vertrag mit Gott, die verpflichtende große Vergangenheit.

So ist Fichtes Appell an die Deutschen zu verstehen, die sich mit Fremdworten, wie Humanität, Liberalität und Popularität («richtiger in deutscher Sprache Schlaffheit und ein Betragen ohne Würde») der Selbsttäuschung hingeben. Den Selbstvergessenen stellt der Nationalerzieher ihr eigentliches Wesen als Ort der Erinnerung und möglichen Besinnung vor Augen; die Aufgabe, ein *Urvolk* zu sein, an ein absolut Erstes und Ursprüngliches, an Freiheit und unendliche Verbesserlichkeit zu glauben. Später schrieb Robert Prutz: «Sei deutsch, mein Volk! Verlern den krummen Rücken, an den du selbst unwürdig dich gewöhnt!» Deutsch zu sein war kein Ist-Zustand, sondern ein Sollen, eine ethische Bestimmung, an die in erster Linie die Deutschen selbst erinnert werden mußten. Aber wie kam man vom «nationalen Wesen» zur Genesung der «Welt»?

Wesensbestimmungen der eigenen Nation durch die Beschwörung vergangener oder mythischer Gemeinschaftserlebnisse, eine sakralisierte Sprache und andere Kultur-Paradigmen kennen auch viele andere moderne Völker, die nach Phasen der Gleichgültigkeit gegenüber der nationalen Symbolik zu hohem Wir-Bewußtstein gelangt sind. Was dabei passiert, ist die Erhebung einzelner oder kollektiver Taten zu quasi-messianischer Qualität. Das Geschehen von Marathon, Tours und Poitiers oder die Schlacht auf dem Amselfeld, die spanische Reconquista, die hussitische und die Französische Revolution stehen nicht in zeitörtlicher Kontingenz, sondern auf einer höheren Bedeutungsebene, sie erscheinen als eine Art Schlüsselszenario und kulturelles Paradigma, das die tatsächliche Geschichte mit Sinn erfüllt oder aber als «entfremdet» diffamiert.

Einzelne Ereignisse und Leistungen werden durch mythologische Überhöhung und nachträgliche kollektive Usurpierung nicht nur zu *nationalen* Taten, in denen sich das Wesen der eigenen Nation spiegelt, sondern zu Taten auch für andere, für Europa, für die Menschheit, zur Eintrittskarte in den Klub derer, auf die es in der Geschichte des Menschengeschlechtes ankommt. Das vermeintlich universale Wesen adelt die empirische Erscheinung, hebt diese nach dem Vorbild der alttestamentarischen Vorstellung des auserwählten Volkes heraus aus der Banalität und gegenwärtigen Bedeutungslosigkeit zum «Sein-für die anderen».

Emanuel Geibel, in lebenslanger Freundschaft mit dem Demokraten Ferdinand Freiligrath verbunden, war kein engstirniger Nationalist. «Drei sind Einer in mir, der Hellene, der Christ und der Deutsche», schrieb der Übersetzer aus sechs Sprachen. Das mochte ein Nachklang jenes *deutschen Hellenentums* gewesen sein, das angesichts der realgeschichtlich überlegenen Franzosen ein geistiges Ersatzreich reklamierte; analog zur Leistung der Griechen im Römischen Reich sollten deutsche Tiefe, Ernsthaftigkeit und Moral zumindest Ebenbürtigkeit begründen. «Franzosen und Russen gehört das Land, / Das Meer gehört den Briten, / Wir aber besitzen im Luftreich des Traums / Die Herrschaft unbestritten», hatte Heinrich Heine gespottet, aber die Parallelität französischer politischer Revolution und deutscher geistiger Emanzipation durchaus selbst vertreten. 1870 schien dann auch der französische politische Vorsprung aufgeholt: «Ich kann am Wege nur stehen, / Von Glück, von Stolz durchbebt, / Daß dieses Weltsturms Wehen / Auch ich, auch ich erlebt!», dichtete Freiligrath, wie viele andere ein zur «Realpolitik» bekehrter Idealist.

Geibel, obwohl er von Friedrich Wilhelm IV., Maximilian von Bayern und schließlich von Wilhelm I. einen Ehrensold bezog, wollte keineswegs als Fürstenknecht gelten: «Ich sing um keines Königs Gunst, / Es herrscht kein Fürst, wo ich geboren; / Ein freier Priester freier Kunst, / Hab ich der Wahrheit nur geschworen.» Allerdings mochte sich die Wahrheit, wie sie Geibels Generation verstand, gerade auch in Taten der *Geschichte* offenbaren, und Fürsten ihre Wegbereiter sein. Am allerwenigsten wollte der Dichter Parteimann sein: Partei, ob die des Beharrens oder der Bewegung, bedeutete für ihn Spaltung, Hader, verengte Sicht, war des Hohen unfähig. «Ehe sie diente, der Volkspartein / Zwietracht weiterzutragen, Lieber wollt ich am nächsten Stein / Diese Harfe zerschlagen.» Der «Priester freier Kunst» glaubte sich, wie Georg Herwegh, «auf einer höhern Warte, als auf den Zinnen der Partei». Das mochte subjektiv stimmen, aber politisch gesehen dennoch eine Selbsttäuschung gewesen sein.

Die Frage nach dem «deutschen Wesen» war nicht zu trennen von einer anderen Frage, nämlich nach den Grenzen und der Art des Zusammenhalts dessen, was im empirischen Sinn als *deutsch* zu verstehen war. Die Antwort auf die erste Frage zog mit einiger Zwangsläufigkeit eine bestimmte Antwort auf die zweite Frage nach sich. Lautete das Kriterium etwa «Untertan des

Kaisers» oder «Angehöriger des Reichsverbands», ergab sich eine andere Antwort, als wenn Deutschsein sprachlich-ethnisch definiert wurde. Carl-Friedrich von Moser, ein freimütiger Reichspublizist montesquieuscher Art, wollte den «deutschen Nationalgeist» in bestehenden Institutionen und Grundprinzipien erkennen, die allen historischen Brüchen zum Trotz immer wieder zum Vorschein kommen. Das war in erster Linie Erhalt und Genuß der *Freiheit*, auf die sich jeder Deutsche, vom Kaiser bis zum einfachen Grunduntertanen, berufen könne. Aber das schwerfällige Reichsgefüge, «ein Räthsel politischer Verfassung, ein Raub der Nachbarn [...], uneinig unter uns selbst [...], unempfindlich gegen die Ehre unseres Namens, [...] ein großes, aber gleichwohl verachtetes Volk», war für die nachgewachsene Schicht unterprivilegierter deutscher Gebildeter nicht mehr als Freiheitsmechanismus erfahrbar. Eher als durch staatliche Institutionen definierten sich die verhinderten nationalen Sprecher als geistig-moralische, kulturelle Elite, die sich den höfischen Nichtstuern überlegen fühlte und die bestehenden Verhältnisse von der Warte ihrer eigenen Ideale und Frustrationen aus als skandalös empfand.

Ihre Ressentiments entzündeten sich regelmäßig am französischen Geschmack des Publikums und der Höfe; gerne griff man dabei rousseauistische zivilisationskritische Motive auf und wollte die kulturelle Verfeinerung nur als Kulisse des Sittenverfalls und allgemeinen Niedergangs verstehen. Aus der Konkurrenzlage heraus lag es nahe, die Kritik an den *höfischen* Werten auf die Franzosen als Nation zu beziehen und in taciteischem Geist für das eigene Volk größere Natürlichkeit, Ehrlichkeit und Sittenreinheit zu reklamieren. Die Haltung war zunächst eine defensive, indem die deutschen Gebildeten den Vorwurf der Grobschlächtigkeit der eigenen Sprache und Kultur ins Positive zu wenden suchten und die fehlende staatliche Identität durch das Idealbild einer vermeintlich ursprünglicheren Sprache und Kultur kompensierten. Die Kritik war auch – vor 1789 – eine überwiegend *literarische*, d. h. man reagierte weniger auf französische *politische* Präsenz denn auf einen kulturellen Hegemonialanspruch. Die Ablehnung des Römischen, Klassizistischen und Höfisch-Frivolen lief jedoch auf die Konstruktion eines *deutschen Wesens* hinaus, das sich als ein dem «französischen Blendwerk» überlegenes Prinzip verstand.

Das literarisch stilisierte Germanenbild des Tacitus hatte schon deutsche Humanisten in ihrem neuen «Kampf gegen Rom» inspiriert und deutsche Wesensart fremden Sitten und importierten Fortschritten vorziehen lassen; Ulrich von Hutten hatte in diesem Sinn Hermann den Cherusker als Kämpfer gegen römische Tyrannei entdeckt. Aus den germanischen Wäldern war einst die europäische Freiheit gekommen, glaubten auch viele französische Literaten im 18. Jahrhundert. Weil aber der Faden zum Topos «altdeutscher Freiheit» in der Gegenwart zerrissen war, entstand parallel bei deutschen Gebildeten im Gefolge Herders der sehnliche Wunsch, die verlorene Volksindividualität wiederzugewinnen. Ein Identifikationsangebot wurde gezimmert aus vermeintlichen oder echten Erinnerungsorten und nach einer *deutschen*

Epopöe gesucht; nach geistiger Verwurzelung im eigenen Boden, auch in der traditionellen ländlichen Volkskultur; Verstärkung wurde gefunden durch Anleihen aus dem scheinbar stammverwandten skandinavischen Mittelalter.

Doch erst die große Krise der napoleonischen Umbrüche und sozialen Entwurzelungen, des Zusammenbruchs nicht allein des «an einer gänzlichen Entkräftung […] im blühenden Alter von 955 Jahren» dahingegangenen «Heiligen Römischen Reiches schwerfälligen Andenkens» (Görres) schuf Voraussetzungen für eine wirkmächtige neue Kollektividentität. Schillers berühmter Satz, «indem das politische Reich wankt, hat sich das geistige immer fester und vollkommener gebildet», war nicht resignativ gedacht, sondern im Glauben an die geistige Autonomie als eigentliche Sphäre des deutschen Wesens, und nicht ohne Herrschaftsanspruch «derer, die den Geist bilden». «Das langsamste Volk» wird die flüchtigen einholen, und «unsere Sprache wird die Welt beherrschen».

Aber die Sprache kommt nie aus ohne geistige und literarische Paradigmen, ohne sinngebende geschichtliche Szenarien. Es ist kein Zufall, daß erst jetzt das 1755 entdeckte *Nibelungenlied* – nicht ohne Widerspruch gegen den fernen Stoff und den fehlenden nationalen Impetus – zur *deutschen Ilias*, zum mythischen Gedächtnisort und Sammelsurium wahrer deutscher Tugenden erhoben wurde und der halbvergessene Arminius zum Inbegriff des Widerstands gegen römisch-napoleonische Weltherrschaft und zum deutschen Freiheitssymbol werden konnte.

Der Wille zur Nation, ihre «Erfindung» durch Identifizierung mit dem Bild dessen, «was sein sollte» (Fichte), wog mehr als die verächtliche empirische Wirklichkeit. Menschliche Größe beruhte für den Nationalerzieher auf Selbständigkeit, Ursprünglichkeit, «Eigentümlichkeit des Daseins», und das bedeutete erst einmal Kampf gegen Trägheit, Gedankenlosigkeit und die «Süßigkeit des Dienens». Sich *einen Charakter geben* konnte aber nicht verzichten auf vorgegebene unsichtbare Bande, auf natürliche Stützen des moralischen Willens: gemeinsame Sprache und Abkunft, nicht zuletzt auf geographische Gegebenheiten: Ein günstiges Geschick hatte laut Fichte die Deutschen lange sich selbst überlassen und damit bewahrt vor der Teilnahme an den Eroberungen und Beutezügen der übrigen europäischen Völker, die nun einmal den Inhalt der neueren Geschichte ausmachten und auch eine fragwürdige intellektuelle Oberhoheit gewannen, indem auf diese Weise «der größte Teil ihrer Begriffe und Meinungen» entstand.

Statt die scheinbare Rückständigkeit als Vorteil wahrzunehmen, hätten sich die Deutschen jedoch in der Folge zum eigenen Schaden in die Kriege der anderen einbeziehen und gegeneinander aufhetzen lassen. Eine übermächtige deutsche Nation, reingeblieben von der Ansteckung des Kampfes um Beute und vom berechnenden Eigennutz des Auslandes, hätte mit vereintem Willen, ein «Inbegriff des gesamten christlichen Europa im kleinen», den Frieden in der Mitte Europas bewahrt. Statt sich von fremder Hinterlist in fremde

Händel hineinziehen und fremde Kriege auf deutschem Boden ausfechten zu lassen, hätte sie in sich selbst ruhen und «durch ihr bloßes natürliches Dasein allem das Gleichgewicht geben» sollen.

Das Heil für Deutschland liege aber nicht einfach darin, sich aus dem Unheil der Moderne herauszuhalten: aus Machtkämpfen, Kolonialerwerb und Welthandel. Deutsche Geistigkeit gebe den anderen ein Beispiel, wenn schon die Chance verspielt worden sei, statt der schwankenden Gleichgewichtspolitik zum stabilen Friedensfaktor des Kontinents zu werden. Heute (1807/08) liege Deutschland am Boden: «Der Kampf mit den Waffen ist beschlossen; es erhebt sich, so wir wollen, der neue Kampf der *Grundsätze*, der *Sitten*, des *Charakters*.» So sei die Rückbesinnung aufs deutsche Wesen nicht allein ein Eingriff ins «stets rollende Rad des Geschickes», sondern die Rückbesinnung auf eine deutsche *Mission für Europa*. Eine höhere Sittlichkeit als napoleonischer Eroberungsgeist und britischer Handelsneid sollten von Deutschland aus über die Völker verbreitet werden: In diesem idealen Sinn gilt, daß «am deutschen Wesen die Welt genesen» könne.

In Konfrontation mit dem Erlebnis der französischen revolutionären Nationswerdung, der «Nationalisierung» von Staat und Gesellschaft, der expandierenden *Grande Nation*, reagierten die deutschen nationalen Sprecher mit der Ideologie einer allen künstlichen Einrichtungen vorgegebenen *Kulturnation*. Das Vaterland wird von Ernst Moritz Arndt vor allem sprachlich verstanden (*«so weit die deutsche Zunge klingt / Und Gott im Himmel Lieder singt»*), weshalb der Rhein «*Teutschlands Strom, nicht Teutschlands Grenze*» sei und Buhlerei mit welscher Sprache nichts weniger als Götzendienst. Herders und Fichtes Gedanken von der Sprache als einem quasi-organischen Naturkörper, der sich nach inneren Lebensgesetzen entwickelt und durch Wiederanknüpfung an «poetische» Zeiten jugendlicher Volkskraft erneuert, wird beim Turnvater Jahn zum eifernden Sprachpurismus und geradezu pöbelhafter Deutschtümelei. Zugleich lädt sich die Nationalidee *religiös* auf durch Brüderlichkeitskult, Heiligung der Sprache und Opfersymbolik.

Doch war die deutsche Nation immer noch mehr Projektion als Realität. «Deutschland? Aber wo liegt es? Ich weiß das Land nicht zu finden. Wo das gelehrte beginnt, hört das politische auf», hatte es in Goethes und Schillers *Xenien* geheißen. Die Bildungsschichten verbanden außer der Tatsache einer überregionalen Kommunikation, einer gemeinsamen Sprache und Literatur, kaum eine lebendige historische Tradition, keine allgemein akzeptierten symbolischen «Gedächnisorte»; der alte Reichspatriotismus war zu sehr Sache des Hochadels gewesen. Nach 1813 suchen patriotische Kreise den Befreiungskrieg als gesamtdeutschen Mythos zu popularisieren und damit auch den Volksschichten eine Möglichkeit verklärender Erinnerung zu bieten. Ältere Identifikationspunkte kommen hinzu – die Kyffhäuseridee mit Barbarossa als mythisches Gegengewicht zu Napoleon und säkularpolitischer Auferstehungsgedanke.

Die Identität der Deutschen war gewiß keine nur negative, aber sie war primär durch die Abwehr französischer Herrschaftsansprüche bestimmt und blieb vage: nach innen konfessionell und territorial, aber auch sozial und kulturell gespalten. Im wesentlichen auf Preußen beschränkt blieb der Mythos der Königin Luise als «preußische Jeanne d'Arc», Märtyrerin und verklärte Lichtgestalt, Hoffnungsträger, Racheengel und moralisch-patriotische Erzieherin in einem. Der gesamtdeutsche Gedanke schloß aber das stark verwurzelte Partikulare nicht aus: Die Nation war als Kulturverband kein «historisches Subjekt» und noch nicht eindeutig auf den Einheitsstaat ausgerichtet.

Doch es bahnte sich eine verstärkte Nationalisierung aller Lebensbereiche an: Ausgehend vom «heiligtum der sprache» (Jacob Grimm), wird ein spezifisch deutsches Weltbild in Recht und Sitten, Kunst und Wissenschaft gesucht, und die Leistungen von Dichtern, Philosophen, Herrschern und Erfindern (vom Buchdruck und Pulver bis zu den Werken Kants, Beethovens und Goethes) werden als Taten des *deutschen Geistes* reklamiert. Der nach innen gewandte Appell an die Besinnung auf unverlierbare Besitztümer als Trost in schlimmen Zeiten wird zur Legitimation künftiger Ansprüche; und «noch das Herrlichste und Heiligste, was Deutschland hervorgebracht hat», nämlich die Idee der Humanität und Menschenverbrüderung (Heine), wird für nationale Ausschließlichkeit instrumentalisiert.

Das Übergreifende heiligt das Besondere, läßt die Deutschen als «Menschheitsnation» erscheinen. Aber die Ausstrahlung auf die übrigen Völker bleibt trotz Germaine de Staëls Bild einer *Nation der Dichter und Denker* eher gering.

Ein gewaltiges Hindernis bildete vor allem die Identifizierung von Nation und Sprachgemeinschaft, die, ursprünglich defensiv gedacht, die Werbekraft der «deutschen Idee» beeinträchtigen mußte. Die Berufung auf «ewige» Werte bedeutete im Grunde nur die «Selbstheiligung deutscher Art» (Eberhard Lämmert) als Bollwerk gegen Überfremdung und wirkte zwangsläufig abgrenzend; Verunreinigungen der Sprache wurden geradezu als Bastardisierung der deutschen Substanz empfunden. Die Sprache war das Sanktuarium, das die Volksseele erschließt, an dem sich des Jünglings Gefühle vornehmlich entwickeln sollen. Das Volk im Sinne der Grimmschen Volksgeistfrömmigkeit galt als der unbewußt-schöpferische Urgrund, als Kraftquelle von Kulturkontinuität, als ein authentisches Spiegelbild des deutschen Wesens. Als Träger und Bewahrer einer ursprünglichen Kultur wurde es von den romantischen Märchen- und Volksliedsammlern zwar ständig beschworen, blieb aber in der Praxis eher Objekt als Subjekt, d. h. es trat als aktive nationale Kraft so gut wie nicht in Erscheinung.

Der Unmut gegen steuerliche Ausplünderung, Rekrutierungen und Einquartierungen machte somit die breiten Volksschichten noch keineswegs zum aktiven Träger eines nationalen Befreiungsgedankens, wie ihn die deutsche Rhetorik von 1813 verkündete. Die alten Loyalitäten, namentlich der Landesfürst, standen auch im Krieg gegen Napoleon noch eindeutig im Vordergrund. Mit den Träumen der Patrioten von Deutschland als Einheits- und Verfassungsstaat, aber auch als Land der Treue, Gefühlstiefe und Biederkeit konnte das einfache Volk verständlicherweise kaum etwas anfangen.

Im heraufziehenden Zeitalter wirtschaftlicher, demographischer, sozialer und mentaler Wandlungen mußte die moderne Nation allmählich die Grenzen der alten Ständegesellschaft, des traditionellen dörflichen und kleinstädtischen Milieus sprengen, wodurch die romantischen Wunschprojektionen der Biedermeierzeit vom deutschen Volk obsolet wurden. Auch Sprachwissenschaftler wandten sich von der romantischen Vorstellung einer pflanzenhaft-selbstgenügsamen «Volksseele» und einer «schöpferischen Urgeschichte» ab: Wichtiger, auch für die Sprache, sei die Freiheit des öffentlichen Lebens (C. G. Jochmann). Die romantischen Topoi behielten nichtsdestoweniger einen unverwechselbaren Platz in der neuen Integrationsideologie, derer die entwurzelte Gesellschaft bedurfte: Der säkulare Transformationsprozeß hatte eine schmerzliche Legitimations- und Wertekrise verursacht, und die nationale Symbolik versprach eine erlösende Antwort über den Tag hinaus.

«Man wird Deutschland nie hindern können [...], Ein Staat und Eine Nation sein zu wollen», hatte Wilhelm von Humboldt 1816 notiert. In der Wirklichkeit des *Deutschen Bundes* blieben die Einigungsbestrebungen zunächst marginal bzw. wurden als «demagogische Umtriebe» bekämpft. Görres, der leidenschaftliche Kritiker der Nach-Wiener Ordnung, glaubte 1819, die staatliche Repression habe glücklich zustande gebracht, «das friedliche, ruheliebende, nüchterne und gemäßigte teutsche Volk in allen seinen Elementen und Tiefen aufzuregen und zu erbittern», so daß das entrüstete Nationalgefühl, mächtig und furchtbar wachsend, schließlich so oder so sein Ziel erreichen werde.

Das waren im Augenblick Beschwörungen einer kaum existenten Kraft, aber längerfristig war die Diagnose nicht falsch. Die konstitutionellen Bestrebungen um bürgerliche Rechte, um Mitsprache durch Pressefreiheit und politische Repräsentation gerieten schon durch ihre Opposition gegen den reformfeindlich gewordenen partikularen Fürstenstaat ins gesamtdeutsche Fahrwasser; in Thomas Nipperdeys Formel: Nationalismus und Liberalismus gingen in Deutschland Hand in Hand, ja waren eigentlich identisch. Das trifft aber nur in der großen Linie zu. Ethnische Selbstbestimmung konnte heißen, sich auf einen vermeintlichen kollektiven Willen zu berufen, der den individuellen empirischen Meinungen vor- und übergeordnet war und sie als irrelevant gegenüber einer hypothetischen *volonté générale* herabstufte. «Freiheit im liberalen, Einheit im nationalen Sinne: das waren die sinnstiftenden Ideologeme, die die kollektiven Weltbilder besetzten» (H. Schulze). Aber Einheit und Freiheit ließen sich, wie wir wissen, sehr wohl auseinanderdividieren, und nationale Macht war, wie anderenorts auch, ein Opium für Oppositionelle.

Es gab französische Einflüsse auf den südwestdeutschen Liberalismus (Benjamin Constant), aber das antifranzösische Ressentiment erwies sich als hartnäckiges Muttermal, das sich nicht nur auf französische Annexionswünsche im Rheinland bezog, sondern auch auf die «französischen Abstraktionen», auf politische Atomisierung, quantitatives Denken und staatlichen Zentralismus: Lebendige genossenschaftliche Gliederung schien dem deutschen Geist gemäßer. Es genügte nicht mehr, sich «ethnographisch» abzugrenzen; auch die politische Ordnung sollte wesensmäßig *deutsch* sein.

Eher vom Idealbild der klassischen griechischen Polis kam die Abwertung einer naturrechtlich-vertraglich begründeten Staatsauffassung mit dem «eudämonistischen» Endzweck: der Glückseligkeit der Bürger, wie sie auch dem deutschen politischen Denken des 18. Jahrhunderts vorgeschwebt hatte. «Die Geschichte ist nicht der Boden für das Glück. Die Zeiten des Glückes sind ihre leeren Blätter.» Und so ist auch die politische Gemeinschaft nach Hegel erhaben über die Rechte und Ansprüche der einzelnen; sie ist wesentlich *Macht*.

Die Ohnmacht des alten Reiches gegenüber dem fremden Eroberer hatte zweifellos dazu beigetragen, Hegel die «Wahrheit, die in der Macht liegt», zu lehren: ein Volk ohne Staat hatte keine Geschichte im emphatischen Sinn, und außerstaatliche Sittlichkeit schien geringwertig. Das sittliche Ganze war nach Hegel nicht universalistisch-menschheitlich, sondern nur *national* bestimmbar, ja «Nationalität ist die Grundlage alles lebendigen Lebens». Das konnte zu Sätzen führen, die aus dem klassischen Idealismus zu stammen scheinen: Die weltgeschichtliche Aufgabe der deutschen Nation sei die Bewahrung des «heiligen Feuers der Philosophie», die nur mit der metahistorischen Rolle des jüdischen Gottesvolkes verglichen werden konnte; aber die behauptete philosophische Mission ist keine Emanation eines vorgegebenen «deutschen Wesens».

Weil Volkssouveränität ein «verworrener Gedanke» und das Volk derjenige Teil des Staates sei, der nicht wisse, was er will, und auch der Volkscharakter nicht die Wurzel, sondern erst das *Ergebnis* der Gesetzgebung sei, hegt Hegel für den zusammengerührten «Brei der Herzen» der schwarz-rot-goldenen «Heerführer der Seichtigkeit» nicht weniger Verachtung als für die «kannegießende Menge, deren Ideal von Tugend die Ruhe der Bierschenke ist». Der nationale Machtstaat war äußerlich den Franzosen abgeschaut, aber als Ausdruck historischer Vernunft gedacht: «Die freie Substanz, in welcher das absolute Sollen ebenso sehr *Sein* ist, ist als Volk Wirklichkeit» (1817). Geschaffen werden konnte er trotzdem nur von einem großen Tat- und Wirklichkeitsmenschen, einem Cäsar, durch den der Weltgeist «das Commandowort zu avancieren gibt», er fügt die getrennten Glieder zu einem Organismus zusammen und zwingt sie, «sich zu Deutschland gehörig zu betrachten».

Daraus wurde realgeschichtlich erst einmal nichts, auch nicht aus der deutschen Nation als Geschäftsführer des Weltgeistes – obwohl sich die vor 1848 geistig dominierenden Hegelianer durchaus im Einvernehmen mit dem Gang der Weltgeschichte empfanden, zumindest als Kritiker einer nicht zeitgemäßen Wirklichkeit: «Wir sind philosophische Zeitgenossen der Gegenwart, ohne ihre historischen Zeitgenossen zu sein» (Marx). Im Kampf gegen den preußischen Staat, der seinem vermeintlichen protestantisch-freiheitlichen Beruf untreu und «katholisch» geworden war, glaubten sich die Junghegelianer vor einer weltgeschichtlichen Aufgabe, vergleichbar mit der des Urchristentums gegenüber der Antike. «Die deutsche Philosophie ist eine wichtige, das ganze Menschengeschlecht betreffende Angelegenheit», hatte Heinrich Heine schon früher (1834) doziert und sie als Vorspiel zu einer konsequenteren, radikaleren *Revolution* interpretiert, der gegenüber die französische eine «harmlose Idylle» gewesen sei. Befreit von der besänftigenden Wirkung des Christentums, würden die schlafenden Dämonen des alten Germanentums erwachen, mitsamt ihrer brutalen Kampflust und Berserkerwut.

Heines Prophezeiung war ironisch gebrochen; in seinem übrigen Werk war er eher geneigt gewesen, die Verträumtheit und Servilität seiner Landsleute zu verspotten. Nicht zuletzt war auch die Folgerung von den abstrakten Sätzen weltfremder Philosophen auf einen fanatischen Radikalismus «bewaffneter Propheten» eine gewagte. Und schließlich mußte sein Verdacht einer *nationalen*, antifranzösischen Ausmündung der deutschen Freiheit überraschen: war er doch bisher von der Parallelität der beiden weltgeschichtlichen Bewegungen ausgegangen. Jedenfalls lautet Heines ambivalente, für die übrige Welt keineswegs hoffnungsvolle Botschaft: «[...] wenn ihr es einst krachen hört, wie es noch niemals in der Weltgeschichte gekracht hat, so wißt: der deutsche Donner hat endlich sein Ziel erreicht.»

Deutsche Radikale, Heine eingeschlossen, hatten zumeist auf die Rückständigkeit der deutschen Zustände gegenüber Frankreich hingewiesen oder für eine revolutionäre Zusammenarbeit beider Völker plädiert: Deutschland, so Arnold Ruge, habe sich das praktische Pathos der Franzosen anzueignen und dagegen Frankreich «die theoretischen Konsequenzen der Reformation»; Moses Hess wollte gar als Gemeinschaftswerk französischer Tatkraft und deutschen Denkens im «Herzen Europas ein neues Jerusalem» entstehen lassen (später fügte er die englische Praxis als dritte weltgeschichtliche Emanzipationskraft hinzu). Karl Marx schließlich glaubte im *Proletariat* diejenige geschichtliche Kraft gefunden zu haben, die durch ihre Lage gezwungen ist, die wahre menschliche Emanzipation zu vollziehen, bei der alle Völker bisher versagt hatten. «Wie die Philosophie im Proletariat ihre materiellen, so findet das Proletariat in der Philosophie seine geistigen Waffen, und sobald der Blitz des Gedankens gründlich in diesen naiven Volksboden eingeschlagen ist, wird sich die Emanzipation der Deutschen zu Menschen vollziehen.» Etwas vom deutschen Wesen war auch in diese welthistorische Aufgabe eingegangen: «Das gründliche Deutschland kann nicht revolutionieren, ohne von Grund auf zu revolutionieren.» Es bleibt die Frage, ob das Konsequente der Theorie auch im Politischen das Vernünftige ist.

Andere, durchaus liberale Denker hatten schon früher aus der Französischen Revolution die Lehre gezogen, aus Ordnung könne Freiheit, nicht aber aus Freiheit Ordnung hervorgehen (Dahlmann 1835). Eine starke königliche Exekutive mit Vetorecht gegen schlechte Gesetze und gewissenlose Volksvertreter und überhaupt die Berücksichtigung historisch gewachsener Verhältnisse seien Deutschland angemessener als die Orientierung an abstrakten («französischen») Grundsätzen.

Das politische Denken und Handeln der deutschen Revolutionäre wider Willen war nicht allein auf eine faktische Zusammenfassung der Staaten des Deutschen Bundes gerichtet, sondern auf einen Staat «aus deutschem Geist» – etwa in dem Sinne, wie zwei Jahre zuvor Jacob Grimm die Teilnehmer einer Germanistentagung im Kaisersaal des Frankfurter Römers beschworen hatte, in diesem Raum «nichts Undeutsches» zuzulassen. Gewiß stand erst einmal das *Freiheitliche* des Einigungswerks im Vordergrund; das deutsche Pathos sollte nicht zuletzt den Partikularismus der Einzelstaaten brechen und angesichts des immer stärkeren Bruchs zwischen den Fraktionen die verlorene Einigkeit der Märztage wiedergewinnen. Aber das erneuerte Reich wollte durchaus auch als *Machtfaktor* nach außen in Erscheinung treten. «Es ist die Bahn der Macht», erklärte Dahlmann im September 1848, «die den gährenden Freiheitstrieb befriedigen und sättigen wird.» Nicht nur der Zar, auch die übrigen europäischen Mächte waren von dieser Aussicht wenig angetan, und die nicht-deutschsprachigen Völker auf dem Bundesgebiet (sowie den Territorien unter der Herrschaft deutscher Dynastien) hatten ihre kollektive Identität schon so stark herausgebildet, daß sie sich – trotz des vorgesehenen Minderheitenrechts – von dem zu schaffenden deutschen Gesamtstaat provoziert fühlten. Man rief nach dem deutschen *Schwert*, wenn Polen, Italiener, Tschechen, Slowenen ihr «strupp'ges Karytidenhaupt» (Friedrich Hebbel) erhoben und nicht daran dachten, am deutschen Wesen zu genesen.

Die Schaffung einer *Bürgernation* in einem über-ethnischen Sinn stand 1848/49 kaum auf der Tagesordnung. Die nationale Begeisterung, der von Wilhelm Jordan so genannte «deutsche Nationalegoismus», schien sich stellenweise gegenüber den Freiheitsversprechen der Verfassung zu verselbständigen, war der breiten Öffentlichkeit verständlicher, so daß diese gern auch reaktionären Generälen applaudierte, wenn sie fremdnationale Bewegungen oder Aufstände mit Kartätschenbeschuß zur Räson brachten (man vergaß dabei, daß sich Soldaten nicht nur gegen Posener und Mailänder Insurgenten, sondern auch gegen badische Demokraten verwenden ließen).

Trotzdem war das Scheitern eines freiheitlich verfaßten deutschen Nationalismus, die mißlungene Verwandlung des passiven, unpolitischen Volkes in eine aktive politische Nation, auch ohne Revolutionsnostalgie, ein traumatisierendes Erlebnis mit weitreichenden Folgen. War im Vormärz das Nationale noch vielfach humanitär eingebunden, so daß etwa die Enthüllung des

Mainzer Gutenberg-Denkmals 1837 vom Verleger Johann Heinrich Meyer als Fest «der ganzen civilisirten Erde» gefeiert werden konnte, so verlor die Symbolik des Deutschseins in der ernüchterten zweiten Jahrhunderthälfte allmählich seine idealistischen, allgemeinmenschlichen Züge.

Das mag man durch den schockierenden Verlust der März-Illusion erklären, die angestrebten Veränderungen seien mehrheitsfähig und in freier, öffentlicher Diskussion und Interessenharmonie zu erreichen – mit den Fürsten, den breiten Volksschichten und den Nachbarvölkern. Die Politik des Maßes und der Mitte war nun an geistig unterlegenen, aber robusteren Kräften gescheitert, wie nachträglich nicht nur Max Duncker feststellen mußte. Die liberalen Wortführer waren sich spätestens 1849 bewußt geworden, daß ihr Anliegen kein rein geistiges war, sondern ebenso eine konfliktgeladene Machtfrage, bei der man sich entweder für die Mobilisierung des «politisch unreifen» Volkes oder für eine Anlehnung an die egoistische preußische Machtraison zu entscheiden hatte. Das Ohnmachtserlebnis von 1848/49 hatte die Liberalen vor allem einen Primat der *Einheit* gelehrt, die man um der vermeintlichen Chimäre abstrakter Grundsätze willen gefährdet habe. Der «Cultus französischer Menschenrechte», so der einstige Prager Demokrat Anton Springer, habe zum Wahn verführt, das Aussprechen von Grundrechten genüge, um die Freiheit zu verwirklichen: Das wichtigere Recht auf deutsche Einheit sei dadurch abhanden gekommen.

Der «Freiheitssänger» Friedrich Schiller hatte einst das «geistige Reich der Deutschen» begründet. Die enthusiastischen Schillerfeiern von 1859, mit denen sich der deutsche Geist aus seiner Resignation zurückmeldete, galten nun kompensatorisch für das versagte reale Reich als «Siegeszug deutscher Kultur und Größe». Auch Martin Luther war seit der Aufklärung als Vorkämpfer der Freiheit gegen Aberglauben und Unvernunft in Anspruch genommen worden: nicht erst seit Reichsgründung und Kulturkampf war er zunehmend zum *deutschen* Propheten geworden, zum «Deutschesten der Deutschen» und zum Symbol eines mythischen deutschen Abwehrkampfes gegen Rom.

Es war nicht allein die Priorität der Ordnung vor der Freiheit, die Erinnerung ans chaotische Eindringen des Volkes in die Politik, die die deutschen Bildungsschichten von unfruchtbarer Prinzipienreiterei in nationale Rhetorik verfallen ließ. Der fehlende tatsächliche Konsens, der ungewohnte häßliche Anblick einer in engstirnige Interessengruppen aufgespaltenen politischen Bühne, bedurfte einer starken nationalen Klammer, einer monumentalen Fassade und einer mythisierenden Erinnerung. Viele bewunderten Bismarcks Werk als «Gesundung durch die Tat» und mißtrauten zugleich dem Materialismus der *Gründerzeit*, dem man ein idealisiertes kollektives Selbstbild als Korrektiv entgegenhielt. Nicht abzuweisen ist dabei der Ideologieverdacht, wonach der Ruf nach idealen Gedächtnisorten, nach Geschlossenheit, Eintracht und organischer Gemeinsamkeit nicht zuletzt eine Folge Bismarckscher Staatspraxis war, nämlich eine kompensatorische Sehnsucht von Menschen, denen die Bürokratie den Weg zu praktischer Verantwortung, zur Empirie des politischen Alltags versperrte.

Auch das Bewußtstein der Disparität, der Stückwelt des modernen Wissens und der immer differenzierteren Erfahrungsräume begünstigte als Gegengewicht eine – selektive – Zusammenfassung älterer heterogener Symbolwelten. Hatten einzelne mythisierte Erinnerungen schon immer eine sinnvermittelnde Funktion ausgeübt, so verfestigte sich nach den preußischen Erfolgen ein ideologisches Konstrukt aus diversen Symbolgestalten und Stereotypen mit dem neudeutschen Reich als säkularer Erfüllung. Über Belletristik, Zeitungen, Predigten, Schulreden und Kalender wird es als teleologische Quasi-Heilsgeschichte im Bewußtsein der Bevölkerung verankert. Bismarck etwa erscheint nicht als improvisierender preußischer Realpolitiker, sondern als schöpferischer *Künstler*, Diener einer Idee. Sein Realismus ist kein Gegensatz, sondern eine Spätform des klassischen deutschen Idealismus. «Nicht Weimar *oder* Sanssouci, sondern Weimar *und* Sanssouci» (F. Lienhard).

Zugleich wird der Eiserne Kanzler zur Inkarnation deutschen Wesens, mit Attributen wie «edel», «ehrlich», «echt» und «groß». Ein weiter Bogen verbindet auch Felix Dahns Idealbild der von Ehre und Treue erfüllten Goten mit Gustav Freytags bürgerlichen Helden des 19. Jahrhunderts: in beiden Fällen in scharfem Kontrast zur Verderbtheit ihrer römischen, jüdischen bzw. slawischen Gegenspieler. Nationale Ästhetik, mit Friedrich Theodor Vischers Ziel einer Eliminierung des Zufälligen, Ungeordneten und Häßlichen, hatte ebenfalls eine eminente Rolle bei der geistigen Integration des ungefestigten Reiches zu spielen. Die Aufgabe erwies sich im Hinblick auf die prosaischen, durch Industrialisierung und Urbanisierung geprägten Realitäten der deutschen Gesellschaft als ausgesprochen schwierig. Wie sollte das «*deutsche Wesen*» anders als rückwärtsgewandt und idealisierend anschaulich gemacht werden? Beim Denkmalbau etwa entstand meistens ein Amalgam aus klassischer Tradition mit dorischen Säulen, aus pseudogermanischer Anhäufung massiver Quader und romantisch-christlichen Erinnerungen, möglichst unter Einbeziehung der Natur, die die Schlichtheit und Aufrichtigkeit des deutschen Charakters suggerieren sollte.

Friedrich Nietzsche hatte den Begeisterungsrausch über die Schaffung des neudeutschen Machtstaates nie geteilt, ja sarkastisch die «Exstirpation des deutschen Geistes zugunsten des deutschen Reiches» angeprangert. Zumindest seine Verachtung der Geistlosigkeit des öffentlichen Lebens, des scheinbar sterilen Wissenschafts- und Kulturbetriebs, des allgegenwärtigen Utilitarismus und Egoismus wurde von vielen geteilt, und in den Tiefen eines verklärten deutschen Wesens suchte man nach Heilmitteln. Das Bayreuther Evangelium etwa hatte den schöpferischen Künstler zum Gesetzgeber erhoben und die im Gesamtkunstwerk der Wagnerschen Oper verkündeten Mythen zur heiligenden Botschaft für eine zerrissene Welt stilisiert. Wagners Musik und Sprache wollten den Sänger in einen Propheten verwandeln, der auf exemplarische Weise das Deutsche als das wahre Menschliche zum Ausdruck bringt. Wie die Deutschen durch Luther zum Volk der Gewissensfreiheit geworden waren, so kommt der deutschen Kultur durch Wagner neue Würde und erlösende Kraft zu. Seine singende Gemeinde ist die Vorwegnahme einer künftigen freien menschlichen Gemeinschaft.

Das Ungenügen an einer banalen Gegenwart hatte schon lange in Bildern einer rückwärtsgewandten Utopie Trost gefunden und sich an diesen bestärkt. Schon die Drapierung des großpreußischen Machtgebildes durch die mittelalterliche Kaiser- und Reichssymbolik förderte die Neigung, die deutsche Wirklichkeit als «schwachen Abglanz eines großen Traums» (Hagen Schulze) erscheinen zu lassen. Ausschweifende Machtphantasien konnten sich durch idealistische Verbrämungen und utopische Gedächtnisorte legitimieren.

Nationalbewußte Kulturkritiker, wie der streitbare Orientalist Lagarde, fürchteten, das deutsche Wesen werde in der trügerischen Sekurität, im undeutschen Materialismus, Positivismus und Liberalismus des Bismarckreiches untergehen. Lagardes Modernitätsekel bezog sich auf das gesamte «nichtswürdige, zivilisierte und gebildete Leben», den Kommerzialismus, die sterile Kunst, die gelehrte Gleichgültigkeit, das bankrotte Christentum. Auch die Geschichte schien nicht als Spiegel eines wahrhaftigeren Deutschtums zu taugen; ihr Inhalt sei nur «der regelrecht fortschreitende *Verlust deutschen Wesens*». Lagarde gab zu, er lebe «in einer Vergangenheit, die nie war». Nur eine neue heroische Nationalreligion, unter Ausmerzung aller jüdischen und liberalen Elemente, würde zur Wiedergeburt führen und die Deutschen ertüchtigen, im Sinne der wahren Reichsidee über Mitteleuropa zu herrschen. Magyaren und Tschechen, eine bloße «Last für die Geschichte», standen seinem *Genesungsplan* im Wege; sie hatten, ebenso wie die Juden, dem höheren Auftrag zu weichen.

Das Heimweh nach wahrer Gemeinschaft und das Ressentiment gegen eine scheinbar verfehlte Lebensform schlugen hier um in ein Programm rücksichtsloser Kolonialisierung des europäischen Ostens als deutsche welthistorische Aufgabe. Als erwünschter Nebeneffekt hätte sich, außer der *Gesundung* der Nation durch den Krieg, die Reduzierung der verhaßten Großstadt ergeben. Auf die kleineren Völker nimmt die hegelianische doppelte Buchführung bekanntlich keine Rücksicht. Der Weltgeist geht über sie hinweg.

Eine analoge Verdammung der Moderne, insbesondere des Intellektualismus, und die Forderung einer «Rückkehr zu sich selbst» – durch völkische Kunst als Religionsersatz – finden wir wenig später bei Julius Langbehn in seinem in vier Jahrzehnten neunzigmal wiederaufgelegten Bestseller (*Rembrandt als Erzieher*, 1890). Nur echte Kunst, hervorgegangen aus urwüchsiger, bäuerlicher Verwurzelung, ermöglicht ihrerseits die geschlossene Weltanschauung, den «heimlichen Kaiser» als Verkörperung des deutschen Wesens – wie Luther, Rembrandt oder Bismarck. Die vom «Rembrandtdeutschen» gepredigte Ästhetisierung ist zugleich eine *Heroisierung* des deutschen Lebens: «Krieg und Kunst ist eine griechische, eine deutsche, eine arische Lösung.» Politik, das Werk bloßer Bruchstückmenschen, soll ersetzt werden durch große cäsaristisch-künstlerische Naturen an der Spitze einer erneuerten germanisch-reinen Gemeinschaft. Wie diese Form eines gesunkenen Wagnerianismus Deutschland wieder zum *magister mundi* befähigen sollte, bleibt ein Rätsel: «Der Beste soll Herr sein auch unter den Völkern.»

Die ästhetisch drapierte Selbstvergötzung mochte in Wirklichkeit eine bloße Kaschierung der eigenen Provinzialität gewesen sein, um nicht zu sagen: das Abreagieren eines Spießerdaseins durch heldische Leitbilder (Hermann Glaser). Aber in der nach-bismarckschen Umbruchszeit fiel solche Rhetorik auf den fruchtbaren Boden einer relativ traditionslosen Aufsteigergesellschaft. Der alldeutsche Imperialismus und die deutsche Weltkriegsideologie konnten fast nahtlos an die Tagträume weltfremder Idealisten anknüpfen.

Im Ersten Weltkrieg explodierten die vage Deutschtumsmetaphysik und das Unbehagen ideologisch verrannter Kulturkritik an neudeutschen Realitäten zur trotzigen Behauptung einer deutschen weltgeschichtlichen Mission, die sich fast massenhysterisch ausbreitete. Durch sie wurden territoriale Begehrlichkeiten ebenso abgesegnet wie einer bis dato verachteten Technik Sinn abgewonnen; die Treue zum angenommenen «deutschen Wesen» erschien dem berühmten Neuidealisten Rudolf Eucken geradezu als historische Garantie eines deutschen Sieges.

Der Krieg selbst wurde gedeutet als Erlösung aus der Entfremdung in banalbürgerlicher Alltäglichkeit, aus der Verlorenheit der deutschen Seele im Labyrinth einer desintegrierenden Gesellschaft selbstsüchtiger Interessen; die scheinbar wiedergefundene deutsche *Gemeinschaft sittlichen Wollens* legitimierte ihrerseits den Beruf zur Weltherrschaft – nicht für sich, sondern für die Menschheit, wie der vielgelesene Kantianer Paul Natorp betonte.

Weil das Deutsche nicht einfach partikulares So-Sein ist, sondern ein übergreifendes Prinzip, eine quasi-metaphysische Größe, kämpfen die Deutschen nicht nur für sich, sondern für eine allgemeine Idee. Das gilt auch, wenn der Krieg als neuer Ausbruch des zweitausendjährigen *deutschen Protestantismus* gegen die universalistische römische Idee empfunden wird: gegen den klassischen rationalistischen Geist, die bürgerliche Aufklärung und Humanisierungsrhetorik, den «Imperialismus der Zivilisation». «Deutschtum, das ist Kultur, Seele, Freiheit, Kunst, und nicht Zivilisation, Gesellschaft, Stimmrecht, Literatur» (Thomas Mann).

Manns Zurückweisung einer Politisierung des deutschen Geistes schloß konsequenterweise Zweifel an Deutschlands Berufenheit zur Weltpolitik mit ein und taugte somit nur bedingt als Apologie deutscher Kriegspositionen. Dem ekstatischen Selbstverständnis der *Ideen von 1914* fehlte aber, bei aller Berufung auf die Ursprünglichkeit eines eigenen Wesens, die Substanz. Nicht nur gegenüber den anderen Nationen, auch gegenüber der eigenen Bevölkerung erwies es sich angesichts des sinnlosen Leidens und des technisierten Tötens als leere Beschwörung.

Die Zurückweisung westlicher Lebensformen, westlicher Freiheit als bloßer Willkür, die Denunzierung des englischen Utilitarismus als «Warenhausethik» (Werner Sombart) hatte natürlich ein unterschiedliches, nämlich lutherisch geprägtes Freiheitsverständnis zur Voraussetzung. «Der Deutsche weiß, was er *soll*.» Das Primat der Pflichten vor den Rechten, des nationalen Ganzen vor dem Glück des einzelnen konnte sich zur Vision eines autoritären deutschen Staatssozialismus steigern, der sich statt an humanitären Idealen an der soldatischen Gemeinschaft des Schützengrabens orientierte. Der «maßlos übertreibende und karrikierende Geisterkampf» des Weltkriegs (Ernst Troeltsch) schien sich zunächst selbst widerlegt, ad absurdum geführt zu haben. Die Republik und die weltbürgerliche Humanität waren dem «deutschen Wesen» keineswegs so fremd, wie die Deutschtumsideologen unterstellt hatten. Die auf die Niederlage von 1918 folgenden Jahrzehnte sollten aber zeigen, daß die deutsche Gesellschaft keineswegs schon auf Substanzialisierungen verzichten wollte, ja diese eine destruktive Eigendynamik zu entwickeln vermochten. Johannes Plenges Parole von 1914: «In uns ist das zwanzigste Jahrhundert», erwies sich leider als nicht ganz falsch.

Hans Voges

Das Völkerkundemuseum

1. Eine völkerkundliche Sammlung: Vitrine und ‹lebendes Bild›

Um die letzte Jahrhundertwende entstehen in einigen deutschen Großstädten Museen, die sich exotischen Objekten aus einer fernen Welt widmen, nach der das noch junge Kaiserreich seine Fühler austreckt und die es seinen politischen und wirtschaftlichen Interessen zu unterwerfen sucht. Diese Museen sind in der Mehrzahl der Fälle städtische Einrichtungen, die von einem wohlhabenden und kulturpolitisch engagierten Bürgertum getragen werden. Die meisten dieser Einrichtungen führen anfänglich den Doppelnamen eines Museums für «Natur- und Völkerkunde» im Titel – ein umfassender Anspruch, der bisweilen noch durch die Last einer handels- oder gewerbekundlichen Abteilung übersteigert wird.

Bürger, die zumeist im Hintergrund bleiben, tragen durch die wohlwollende Überlassung ihrer Stücke sowohl zum Grundstock wie zum stetigen Anwachsen der Sammlungen des Museums bei. So groß wie ihre Bereitschaft, großzügig zu geben, ist ihre Ausdauer, die sie in vielfachen Initiativen beweisen: Sie haben sich zu Gründungskomitees zusammengeschlossen, sie haben Petitionen und Grundsatzpapiere verfaßt, sie haben Stadtvätern und anderen einflußreichen ‹Persönlichkeiten aus Politik und Wirtschaft› nach Überwindung von Gleichgültigkeit und Nützlichkeitsmoral das Versprechen abgetrotzt, dem Museum einen angemessenen Ort bereitzustellen.

Die Schausäle, die der Besucher durchstreift, gleichen Speichern oder Archiven, die der bürgerlichen Welt draußen nicht allzu fern stehen. Was sich vor dem Auge materialisiert, sind Gegenstände menschlichen Gewerbefleißes, Erzeugnisse ästhetischer Fertigkeiten, die vom Besucher Anerkennung und Bewunderung einfordern.

Der Besucher geht von Objektgruppe zu Objektgruppe, vertauscht die Erzeugnisse eines Volkes, einer Kulturstufe, eines Kontinents gegen andere, kurze Pausen des Betrachtens einlegend. (Kunst-)Werke «von höchstem Wert» und größter Seltenheit kommen auf ihn zu. Informative Aufschriften an den Objekten weisen ihm den Weg durch ein Labyrinth ferner Räume und Zeiten.

Die Schausäle stehen in einem geographischen Verhältnis zueinander; je nach Platz erblickt man die Artefakte eines oder zweier Kontinente; sie umfassen verschiedene Kulturstufen. Während des Rundgangs steigt man die Leiter des menschlichen Fortschritts hinauf und hinab. Der Blick ruht auf dem «feinsinnigen» Arrangement von Erzeugnissen, die den fernen Hochkulturen Chinas und Japans entstammen. «Götterbilder», «Hausaltäre», «Ahnentafeln» und andere, eher alltägliche Gebrauchsgegenstände verströmen eine «zierliche, saubere Häuslichkeit». Das Ambiente versetzt den Betrachter in eine kulturelle Atmosphäre, die sich teils seinem Verständnis entzieht, teils ihm Bewunderung und Achtung abverlangt, teils ihn zu Rückschlüssen auf die Mentalität ihrer ursprünglichen Erzeuger und Benutzer ermuntert.

Kommt man von einem Saal in den nächsten, kann es sein, daß man plötzlich die Bühne der weniger hochstehenden Völker betritt. Namen wie «Eskimo» oder «Buschmann», die in der nördlichen oder südlichen Hemisphäre beheimatet sind, leuchten aus den ihnen zugewiesenen Winkeln und Plätzen hervor. Auch sie haben großzügig aus dem Fundus ihrer Kunstfertigkeit, selbst von den Zeugnissen ihres Glaubens und ihrer Magie gegeben.

Der Besucher tritt näher an die Schaukästen heran, sein Auge verweilt auf den Details von Formen, Farben, Materialien und Objektarten. «So bewegt [er] sich eine gute Weile lang zwischen Töpfen und Krügen, Masken, Schwertern und Schilden, Teppichen, Stickereien und Behängen, zwischen sehr gut gearbeiteten Modellpuppen, exotischen Häuser-Imitationen [...] in langer Reihenfolge und bunter Auswahl.»

Die Formen der Präsentation – Pultvitrinen, Schränke und arrangierte Gruppen – haben ihr Vorbild an den Anordnungen in den naturgeschichtlichen Sammlungen, aus denen die völkerkundlichen Stücke vor allem gegen Ende des 19. Jahrhunderts herausgewachsen sind. Und diese vertreten eine eigene, vorbildliche Ordnung des Sammelns und Aufstellens. Gleich nebenan oder ein Stockwerk tiefer ist man inmitten der Zeugnisse der Naturgeschichte. Im Vorbeigehen hat man einen Blick auf ein Diorama mit ausgestopften Landtieren, ein anderes mit präparierten Fischen und Echsen geworfen. Der Besucher wandert verschiedene Landschaften und Erdkreise entlang, die sich mit ihren charakteristischen «Faunengruppen» vorstellen, Arrangements, «die hinter hellerleuchtetem Glas das Auge des Besuchers fesseln». Tiere und Planzen unterwerfen sich wie selbstverständlich den geographischen Raumteilungen, Arten und Gattungen fügen sich zu Lebensgemeinschaften zusammen, sei es in den Savoyer Alpen, der Arktis oder im Urwald des «heißesten Afrika». Schneehühner, Pinguine, Gorillas, Nashörner, Lamas oder Papageien finden alle in «lebenden Bildern» ihren angemessenen Platz.

Modelle und Puppen, Produkte eines hochstehenden Handwerks, das pädagogischen und schaustellerischen Neigungen frönt, beschwören die Aura eines vergangenen oder fernen Lebens. Das Känguruh, der Pinguin, das Faultier und all die anderen Lebewesen, die Szenen aus einer exotischen Tier- und Pflanzenwelt bevölkern, sind ausgestopfte Exemplare. Der Kunst des Ausstopfens und Präparierens gelingt es, dem ausgehauchten Leben über ein naturgetreues Aussehen hinaus die Illusion der Lebendigkeit mitzugeben. Es gibt Tierpräparatoren, dazu Händler, die Museen, wissenschaftliche Institute und Privatpersonen mit solchen «prachtvollen» Faksimiles der Schöpfung beliefern. Ähnlich ergeht es den Menschen fremder Zonen, die hier als

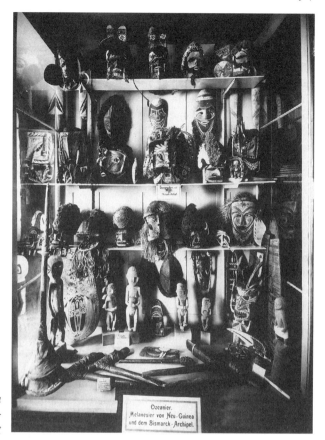

Vitrine Melanesien im Völkerkundemuseum Freiburg

«Schaugruppe» posieren, die als Konstellation von Gipsfiguren mit authentischer Hautfarbe und Bekleidung typische Alltagssituationen ihrer Heimat nachspielen; dort als Puppen, als Einzelpersonen, zu typischen Vertretern ihrer Rasse und Kultur abgestempelt werden. Daneben sieht man Modelle von Häusern, aber auch Boten und Schiffen, die die Reisenden, vor allem Seeleute, aus der Ferne mitbringen. Aus welchen Gründen die Miniaturisierung von Dingen auch immer faszinieren mag, vielleicht als Spiegelung eines möglichst vollständigen Universums, jedenfalls könnte man sie an diesem Ort als Indiz für ein gleichzeitiges Streben nach Authentizität und Besitz nehmen.

Der Besucher wird zum Zeugen einer Vielfalt von Völkern und Kulturen, der schöpferischen Energie ihrer materiellen Hervorbringungen. In der Tat wird an ihn nicht als Mitglied einer Nation, eines auserwählten Glaubens, als Sprecher einer privilegierten Muttersprache appelliert. Es sind keine ‹Vaterländischen Altertümer› zu besichtigen, die ihn an einen historischen Ort und an ein kollektives Wesen binden wollen. Gleichwohl steht diese wohlgeordnete, museale Objektwelt für die weitreichenden Verbindungen eines Landes und seiner Bürger; eines neugegründeten Nationalstaates, der eine Großmacht sein will und sich anschickt, wenn auch verspätet, Kolonialgebiete zu erwerben. Sie steht, ohne daß es ausdrücklich gesagt werden müßte, für den Zugriff auf ferne, überseeische Länder und für die Botmäßigkeit ihrer Völker. Jedes der in einem Völkerkundemuseum auftauchenden Dinge scheint den Vormachtanspruch des Deutschen Reiches über ferne geographische Räume zu erneuern, den Anspruch auf die Zugehörigkeit ihrer Bewohner zu bekräftigen.

2. Völkerschauen: Generalprobe für das Drama exotischer Kulturen

«Im Frankfurter Zoo fanden Konzerte, Ballonfahrten und artistische Darbietungen ebenso statt wie Völkerschauen – im Jahr 1878 erstmals mit einer Nubier-Karawane. Es folgten nordamerikanische Indianer, Eskimos, Singhalesen, Kalmücken und andere mehr, bis schließlich 1896 auch eine Samoaner-Truppe hier gastierte.»

Die Völkerschauen sind Teil des aufstrebenden Unterhaltungsgeschäfts; wie so viele Innovationen in der populären Kultur nehmen sie von den USA ihren Ausgang und werden rasch in Europa aufgegriffen. Einer der Schrittmacher dieses Gewerbes ist P. T. Barnum, in dessen Programmpalette auch die Auftritte von Cowboys und Indianern als Repräsentanten amerikanischer Grenzkultur angeführt werden. Zu den Höhepunkten seines Programms zählt etwa Billy the Kids Wild West Show, die ebenso wie in den Vereinigten Staaten jenseits des Atlantiks, in Europa, Anklang findet. Überall, wo man sich zerstreuen kann, begegnet man den Völkerschauen: im Zirkus und im Zoo, im Panoptikum und im Prater.

Dank der Ausweitung und Intensivierung des weltweiten Handels und Verkehrs, dank der schrittweisen Aneignung von Kolonien durch das Deutsche Reich seit Mitte der achtziger Jahre, treffen immer häufiger Nachrichten und Berichte aus Ländern des ganzen Erdkreises ein, über die man sich mit Hilfe der Presse auf dem laufenden halten kann und die einer diffusen Sehnsucht nach der Ferne, einer Gier nach Überraschungen, Neuheiten und Exotik Flügel verleihen. Ein überwiegend städtisches Publikum füllt die Orte, an denen es mit Attraktionen rechnet und von denen es durch Plakate, Anzeigen in der Presse und durch Handzettel unterrichtet wird. Die kleinen und die großen Leute verlangen nach Reizen, die sie von allzu Befremdlichem wie allzu Vertrautem gleichermaßen fernhalten.

Für die Auftritte der Exoten werden im Laufe der Zeit regelrechte Programme entworfen, um den antizipierten Bedürfnissen des Publikums gerecht zu werden. Ein Zeitungsbericht aus dem Jahr 1895 beschreibt eine Somali-Schau:

«Zuerst sieht man die Eingeborenen ihren üblichen täglichen Beschäftigungen nachgehen. Dann kommt da plötzlich ein Angriff von Räubern, welche versuchen, die auf den rund um das Dorf befindlichen Grasflächen weidenden Dromedare zu stehlen. Mehrere europäische Jäger erscheinen und jagen die Räuber in die Berge. Einige von ihnen werden jedoch gefangengenommen und als Geiseln zurückbehalten, kurz darauf aber durch ein Geschenk von Schafen, Ziegen und Straußen an die Eingeborenen ausgelöst. Als Entgelt für die Geschenke geben die Somali den Räubern einige ihrer Mädchen als Frau. Nachdem der Häuptling den Frieden ausgerufen hat, geben sich die Somali Festlichkeiten hin, die aus Liebes- und Kriegstänzen, Speerwerfen, Schießen mit Pfeil und Bogen, Dromedar- und Pferderennen, etc., etc. bestehen.» In einzelnen Szenen, in denen gewöhnlich «Tänze, Gesang und Kampfszenen» wiederkehren, werden die besonderen Geschicklichkeiten bestimmter Völker hervorgehoben. Die Eskimo zeigen das «Kajakfahren mit dem Umdrehen im Wasser und [den] Gebrauch von Harpunen»; die «Lappländer [...] das Fangen von Rens, Abbrechen und Errichten von Wohnstätten»; die «Patagonier» den «Gebrauch des Lassos und der Bolas» – ein Fächer von dramoletthaften Szenen mit exotischer Folklore aus allen Erdteilen klappt auf.

Die Dramaturgie und Ausgestaltung dieser Szenen erreicht ihren Schlußpunkt in der Erfindung «falscher» Dörfer und Behausungen, d. h. eines artifiziell vorgetäuschten Lebens unter den Blicken Fremder, die nichts als Zuschauer sind. Die Eingeborenen – seien es nun Sioux, Lappen, Eskimo, Somali oder Samojeden – werden dazu angehalten, sich in eine möglichst echte Kleidung zu hüllen, damit sie wiedererkannt werden. An den Orten der Schaustellung werden Zelte aufgeschlagen, Hütten errichtet; häusliche Gerätschaften, Werkzeuge und Waffen, an ihren Platz gestellt; Tracht und Frisur zurechtgerückt. Wenn sich die Menge der Besucher an der Absperrung drängt, ist ein Mann vielleicht gerade dabei, das Holz seiner Jagdwaffe zu polieren, die Frau sitzt beim Flechten oder Weben, das Kleine wird gestillt: Ideal und Idylle eines Familienlebens offenbaren sich den Leuten.

Über das, was die Eingeborenen innerlich bewegt, den immensen Druck, dem sie ausgesetzt sind, erfahren wir kaum etwas. Tagaus tagein defilieren Besucherscharen an ihnen vorbei; neugierige Blicke, Anrufe, Fragen halten sie in Atem. Nur Streitigkeiten, Apathie, Flucht in den Alkohol und andere buchstäblichere Ausbruchsversuche werden nach außen sichtbar. Es gibt vielleicht nur ein einziges schriftliches Zeugnis, in dem einer von ihnen seine Eindrücke und Empfindungen niedergeschrieben hat; es stammt von dem Labrador-Eskimo Abraham, der sich von den Herrnhuter Missionaren zum Christentum hat bekehren lassen. Neben der Belastung durch die zahlreichen Besucher erfährt man von «Verunsicherung, Angst und Heimweh», gelegentlich unterbrochen von dem «Staunen über die materielle Kultur der Europäer». Die ungewohnte Umgebung drängt ihn zu Beobachtungen: «In Berlin ist es nicht niedlich schön, weil es vor Menschen u. Bäumen unmöglich ist, ja weil so viel

Kinder kommen. Die Luft rauscht beständig vom Geräusch der Gehenden und Fahrenden, unsere Umzäunung ist augenblicklich gleich voll.» Abraham stirbt, wie alle Mitglieder seiner Truppe, 1880/81 an den Pocken. Jakobsen, der Organisator ihrer Tournee, hatte es versäumt, sie impfen zu lassen.

Wie verfänglich es ist, das Phänomen Völkerschau aus einem einmal fixierten Blickwinkel, ohne Rücksicht auf ein Machtspiel, in dem Chancen ausgelotet werden, wahrzunehmen, zeigt das Beispiel einer der Samoaner-Truppen, die zwischen 1896 und 1910 nach Deutschland kommen. Die Samoaner von 1910 sind in der üblichen Weise als Exotentruppe angeworben worden, sie selbst jedoch – zunächst nichtsahnend – betrachten ihre Reise nach Deutschland als wichtigen politischen Schachzug, um in der heimischen politischen Arena Prestigepunkte zu sammeln. Die Truppe oder vielmehr ihr Anführer Tamasese Le Alofi II. hofft durch den Deutschlandbesuch, abgerundet durch einen Empfang bei Kaiser Wilhelm II., politisches Terrain gegenüber seinem Herausforderer Mata'afa Iosefo gutzumachen. Als die Gruppe schließlich mit dem schaustellerischen Zweck ihres Aufenthaltes konfrontiert wird, als Enttäuschung und Wut um sich greifen, kann ein Eklat nur dadurch vermieden werden, daß sich hochrangige Persönlichkeiten, unter ihnen Wilhelm II., bereitfinden, die Samoaner offiziell zu empfangen. Und die Samoaner selbst wiederum erklären sich damit einverstanden, an dem für sie unerquicklichen Spiel der Völkerschau, deren Hauptdarsteller sie sind, mitzuwirken und folkloristische Szenen aus dem samoanischen Leben nachzustellen. Die Besucher oder Untertanen aus den Kolonien – bisweilen paternalistisch wohlwollend «unsere neuen Landsleute» genannt – sind keineswegs ausschließlich wehrlose Figuren, die zwischen verschiedenen Instanzen des kolonialen Systems hin und her geschoben werden: zwischen Behörden, Veranstaltern und Publikum. Manche Truppen – so wie die Samoaner – können die Lücken in der Agenda des Phänomens Völkerschau durchaus für sich nutzen. Sie können durch Versuch und Irrtum Spielräume innerhalb einer ihnen unbekannten sozialen Topographie erkunden; ganz entziehen können sie sich dem Zweck der folkloristischen Schaustellung jedoch nie.

Völkerschauen haben zweifellos etwas Irritierendes, wenn nicht gar Verwerfliches an sich. Formen der Unterhaltung, in denen exotische Menschen zur Schau gestellt werden, die mit Versprechungen und Listen nach Europa gelockt wurden, verstoßen gegen unser heutiges Rechtsempfinden. Gleichwohl gehören Völkerschauen zum unabdingbaren Vorfeld all jener Interessen und Bedürfnisse, die sich institutionell in der Völkerkunde artikulieren. In ihnen kommen so divergente Motive wie «populäre Unterhaltung», Engagement für die «Volksbildung» und «das öffentliche Interesse an der Kolonialpolitik» zum Zuge. Zur Zeit unserer Groß- und Urgroßeltern scheint allerdings alles noch mit rechten Dingen zuzugehen. Nur wenige bezweifeln den moralischen Wert eines kolonialen Imperiums, und im übrigen sind ja Verträge zwischen europäischen Impresarios oder Agenten und ihren einheimischen ‹Klienten› abgeschlossen worden. Am Ende einer Tournee verschwinden die Exoten-Truppen – europäische Waren und Geld im Gepäck – wieder aus dem Blickfeld.

Im Echo der Presse schwingt kein Zweifel an den Völkerschauen mit, von der Sorge um das Wohlbefinden der exotischen Gäste ganz zu schweigen. Allein verbohrte Moralisten, die in der rhythmusbetonten Tanzweise und den teilweise entblößten Körpern eine Gefahr für Anstand und Sittlichkeit wittern, trüben die allgemein freundlich-neugierige, gelegentlich begeisterte Aufnahme. Ahnungsvoller sind jene Kritiker, die vermuten, daß eine nähere Bekanntschaft von Afrikanern und Asiaten mit dem europäischen Teil der Menschheit ihnen den Respekt vor den weißen Herren verleide oder die Verlockungen der fremden Lebensweise allzu nahe brächte. Mit der Begründung, Arbeitsmoral und Gehorsam würden durch die europakundigen Eingeborenen untergraben, wird die Anwerbung von Völkerschautruppen in den deutschen Kolonien verboten.

3. Eine Expedition: Forschen heißt in Gemeinschaft arbeiten

Was bei der üblichen Betrachtung der Eigenart und Geschichte der frühen Völkerkundemuseen zumeist der Aufmerksamkeit entgeht, ist die Herkunft der zur Schau gestellten Objekte. Viele «Prachtstücke», Masken und Skulpturen, werden von wohlhabenden Bürgern gestiftet; manches stammt von Kaufleuten, die in Übersee unterwegs sind, von Offizieren und Beamten, die in einer Kolonie tätig sind und sich durch ein Geschenk vielleicht auch als Staatsbürger auszuzeichnen hoffen. Allerdings verdient auch eine weitere Form außerstaatlicher Initiative, die einiges zur Förderung der Wissenschaft beigetragen hat, hervorgehoben zu werden. Ihr verdankt das Völkerkundemuseum einen Schatz außerordentlicher Sammlungsgegenstände; und nebenbei fallen für die entstehende Ethnologie erste systematische Einblicke in fremde Kulturen ab. Es handelt sich um wissenschaftliche Expeditionen, die hauptsächlich von Stiftungen gefördert werden.

Die zeitgenössischen Vorstellungen von völkerkundlicher Großforschung veranschaulicht in idealtypischer Weise die Hamburger Südsee-Expedition (1908–1910). Ihre Planung und Organisation liegt in den Händen des damaligen Direktors des Völkerkundemuseums Georg Thilenius. Die Hamburger Pläne haben ihr Vorbild in zwei angelsächsischen Unternehmungen vom Ende des 19. Jahrhunderts: der Cambridge Torres Straits Anthropological Expedition (1898) und der Jesup North Pacific Expedition (1897–1900). Dem Organisator gelingt es, die gerade erst gegründete Hamburgische Wissenschaftliche Stiftung, eine Initiative des städtischen Bürgertums, zur finanziellen Unterstützung zu gewinnen; die HAPAG stellt ein Schiff zur Verfügung.

Georg Thilenius, der Organisator, der aus gesundheitlichen Gründen die Forschungsreise von seinem Schreibtisch aus zu lenken gedenkt, fühlt sich einer Reihe von Zielsetzungen verpflichtet: Der Zuschnitt des Forschungsprojekts soll die Kooperation von Wissenschaftlern diverser Spezialgebiete fördern, und auf der Reise sollen Sammlungen, sowohl naturgeschichtliche wie ethnographische, angelegt werden. Als Betätigungsfeld werden die neuerworbenen deutschen Kolonien im Pazifik, vor allem Teile Melanesiens (einschließlich Neu-Guineas) und Mikronesiens angesteuert.

Die wissenschaftliche Aufmerksamkeit der Expeditionsteilnehmer, einschließlich ihres Sammeleifers, steht im Bann der Frage, wie sich im Pazifik Großräume im kulturellen, linguistischen oder biologischen Sinne konstituieren konnten. Seitdem sich die Europäer intensiv der Entdeckung und Erschließung der pazifischen Inselwelt widmeten, vor allem aber im Gefolge von James Cooks dritter Reise (1778–1779), sind die Gegensätze, die sie bemerkten, unter den Bezeichnungen Melanesien, Mikronesien und Polynesien verallgemeinert, eingebürgert und kodifiziert worden. Die Suche nach den Anzeichen der Vermischung oder Überschichtung von Völkern, ihrer Besiedelungsvorstöße, orientiert sich an der Interessenlage der Völkerkunde um 1900. Einer ihrer Schwerpunkte ist die physische Anthropologie, die körperliche Erscheinungsweise des Menschen, die anscheinend die wesentlichen biologischen Eigenschaften, sofern sie die Vielfalt der Menschen angehen, preisgibt; dann folgen linguistische Erhebungen mit ihren Bemühungen, lexikalische und grammatikalische Elementarstrukturen aufzunehmen und Sprachfamilien herauszufinden; endlich soll die materielle Ausstattung dieser Kulturen gleichsam kartographiert werden. Jedem Wissenschaftler ist ein engerer Aufgabenbereich zugeteilt; die Vorgehensweise verläuft nach einem festen Schema, für jede fachliche Aufgabe gibt es ein Fragebüchlein, in das möglichst kurze Antworten einzutragen sind; bemerkenswerte Erzeugnisse der materiellen Kultur sollen erworben werden.

Forschen heißt für die Expeditionsteilnehmer mehr, als sich einem rigoros geordneten Tagesablauf zu unterwerfen. Sie müssen vielmehr unter der Aufsicht des Expeditionsleiters alle Forschungsetappen bis ins letzte Detail vorausplanen, regelmäßig Ergebnisse vorlegen, Engpässe und Änderungen gemeinsam diskutieren. Bei aller Disziplin, Organisation und Kontrolle von oben sind sie jedoch nicht gegen vergebliche Anläufe und Unterbrechungen gefeit. Da gibt es tatsächlich Eingeborene, die die wißbegierigen, pflichtbewußten Deutschen nicht in ihr Dorf hineinlassen wollen; die sich weigern photographiert und anthropometrisch vermessen zu werden; die wertvolle Besitztümer, vielleicht Kultgegenstände, auch nicht gegen noch so viele Stangen Tabak hergeben wollen; die an einer so harmlosen Aufgabe wie der lexikalischen Inventarisierung ihrer Sprache nicht mitarbeiten wollen. Und überhaupt die sprachliche Verständigung. Hat man sich dieses Problem anfangs ernsthaft vorstellen können? Wenn die Wissenschaftler morgens in ein Dorf ausschwärmen, um ihre Bücher mit ‹Ergebnissen› zu füllen, gibt es unter ihnen nur einen oder zwei, die sich halbwegs in der Verkehrssprache Pidgin verständigen können – oder eben auch nicht. Einer von ihnen beginnt, von einem oder auch mehreren Dolmetschern unterstützt, mit seiner Befragung, sofern er denn einen mehr oder minder Auskunftswilligen erwischt hat, während die anderen im Dorf herumgehen, die Häuser zählen, sie zeichnen, von häuslichen Gerätschaften Skizzen anfertigen oder auch schon damit beginnen, Ethnographica, in der Regel gegen Bezahlung, an sich zu bringen.

Von der Expedition wird eine allgemeine Übersicht über einen größtmöglichen Teil des deutschen Kolonialbesitzes im Pazifik erwartet. Im wissenschaftlichen Prisma zerlegt sich die koloniale Landschaft in ihre zoologischen, botanischen, anthropologischen, linguistischen, demographischen und geographischen Verhältnisse. Vor Beginn der Reise ist die Wahl auf die ‹Survey-Methode› gefallen, denn sie hat sich offensichtlich schon bei anderen Expeditionen bewährt. Sie begründet sowohl die Bevorzugung der Schiffsexpedition wie das arbeitsteilige Vorgehen eines Wissenschaftlerteams in einer unerforschten Topographie. Die untergründige Sorge um die Dekadenz – eines der Leitmotive der Epoche –, den biologischen Schwund der ‹Naturvölker› und ihre kulturelle Verarmung, beides Folgen ihres Zusammentreffens mit den Europäern, läßt eine sofortige Bestandsaufnahme geboten erscheinen. Im Schatten des wissenschaftlichen Inventarisierungseifers werden ebensosehr alltägliche wie wertvolle Stücke aus dem Ensemble einer materiellen Kultur gesammelt.

Nach der Rückkehr der Südsee-Expedition 1911 vergehen noch etwa 25 Jahre, bis die letzten Berichte und Monographien aus der Feder der Expedi-

«Gruss aus den Marschall-Inseln»

tionsteilnehmer erschienen sind. Das Ergebnis ist, rein quantitativ betrachtet, beeindruckend: die neun Mitglieder der Expedition produzieren mehr als zehntausend Seiten, verteilt auf 30 Bände trockenster, wissenschaftlicher Prosa. Nur wenige Autoren, die sich für längere Zeit an einem Ort und unter einer Gruppe von Menschen aufgehalten haben, lassen erkennen, daß es neben der pedantischen Katalogisierung der Kultur soziale Erscheinungen gibt, die im menschlichen Denken und Fühlen verwurzelt sind.

4. Ein kurzer Traum von deutschen Kolonien

Erst Anfang der achtziger Jahre des 19. Jahrhunderts treten in den europäischen wie innerdeutschen Macht- und Kräftekonstellationen Veränderungen ein, die die politische Elite des Kaiserreiches dazu bewegen, über eine offizielle Kolonialpolitik nachzudenken. Der im Vergleich zu anderen europäischen Großmächten späte Zugriff auf Kolonialgebiete scheint angesichts der vielfältigen Konfliktstoffe einer sich rasant industrialisierenden Gesellschaft Linderung zu versprechen. Siedlerkolonien könnten den Bevölkerungsüberschuß aufnehmen; Absatzgebiete für manches Industrieprodukt und billige Rohstoffressourcen würden sich erschließen; und nicht zuletzt böte der Besitz von Kolonien neue Spieleinsätze für die Manöver deutscher Außenpolitik.

Gedrängt von einer lebhaften Kolonialpublizistik und dem Lobbyismus von Kolonialvereinen erwirbt das Kaiserreich eher zaudernd als zielstrebig einige über Afrika und Asien verstreute Kolonien: im Südwesten und im Osten Afrikas sowie in Togo und in Kamerun an der Westküste; im Fernen Osten das Pachtgebiet von Kiautschou; im Pazifik einen großen Teil Neuguineas, Teile des melanesischen Archipels und davon jeweils durch weite Strecken Wassers getrennt Teile Mikronesiens und die westliche Hälfte Samoas. Für die kurze Epoche von rund drei Jahrzehnten, bis zum Ausbruch des Ersten Weltkrieges, bleiben sie ebenso stolzer Besitz wie Bürde.

Die Erwartung, daß diese buntscheckige Kollektion von Territorien dem Staat und der deutschen Gesellschaft etwas einbringen würde, sieht sich größtenteils enttäuscht; im Gegenteil, es laufen beträchtliche Kosten auf: für die Aufrechterhaltung von Gesetz und Ordnung, für den Unterhalt von Beamten, Polizisten, Gefängnisaufsehern und Soldaten; für die Errichtung einer modernen europäischen Infrastruktur in Form von Eisenbahnen, Post- und Telegraphenstationen, von Hafenanlagen.

In den einzelnen Territorien sind die Eingeborenen – d. h. die zwangsrekrutierten Untertanen des Deutschen Reiches – in unterschiedlichen Graden dem Druck der Europäisierung und der staatlichen wie merkantilen Vereinnahmung ausgesetzt. Sie werden zum bevorzugten Ziel christlicher Missionare (was sie ja häufig schon vor dem offiziellen Kolonialstatus sind) und sollen nun zur Kirche und in die Schule gehen; sie werden zum Gegenstand der kolonialen Behörden, sollen Fronarbeiten im Straßen- und Eisenbahnbau leisten, sie werden gezählt, um Kopf- und Hüttensteuer zu entrichten. Den abgestuften Formen von Widerstand und Gegenwehr begegnet der koloniale Machtapparat kurzfristig mit mehr oder weniger harten Ausschlägen von Repression, langfristig mit Kontrolle und Disziplin, wozu etwa westliche Rechtsformen, Schule und Erziehung, Gesundheitswesen, Zensus und Steuereintreibung beitragen. Gegen Aufruhr helfen nur mehr ‹Strafexpeditionen›, die wie im Falle des Hereroaufstandes in Deutsch-Südwest (1904–1907) und des Maji-Maji-Aufstandes in Ostafrika (1905–1907) bis zum offenen Vernichtungskrieg und Tausenden von Toten gehen. Eine einsichtsvollere Politik, die auf die Bevölkerung Rücksicht nimmt und gelegentlich von Gouverneuren wie Wilhelm Solf in West-Samoa und dem Grafen Julius von Zech in Togo in Ansätzen verwirklicht wird, kann sich nur selten behaupten. Aber auch in diesen Fällen verhindert deren Paternalismus eine grundsätzliche Revision kolonialistischer Überzeugungen.

Von den Gedanken und Empfindungen der Eingeborenen, von ihren Erfahrungen unter der deutschen Kolonialherrschaft haben ihre Herren – sei es aus Mangel an Vertrauen, sei es aus Desinteresse – fast gar nichts mitbekommen. Die Meinungen ‹subalterner› Kolonialbürger gedeihen im Verborgenen, und nur selten und viel später gelangen Zeugnisse wie jene Kunstwerke ans Licht der Nachwelt, die als Colon-Skulpturen bekannt sind und die die Europäer häufig in karikierender Weise darstellen. Eine Ausnahme ist überdies die in ihrer Zeit unbekannt gebliebene Autobiographie des Nama-Häuptlings Hendrik Witbooi, der sich jahrelang mündlich wie brieflich mit dem Gouverneur von Deutsch-Südwest verzweifelt gestritten hat, um auf abgeschlossene Verträge zu pochen und die Rechte der einheimischen Bevölkerung einzufordern, bis er schließlich von den Deutschen erschossen wird.

Allem Anschein zum Trotz entspricht die Kolonialherrschaft keinem totalitären System; die Empirie der «kolonialen Situation» (G. Balandier) ist wie immer vielgestaltig; den Unterlegenen eröffnen sich hundertfältige Listen, um auf Zwang und Gewalt zu antworten und ihren Herren bisweilen das Nachsehen zu geben. Mit den überwiegend von den Missionen betriebenen Schulen entstehen unbeabsichtigt ebensoviele Pflanzstätten eines künftigen antikolonialen Ungehorsams; in den neuartigen Institutionen werden die Weichen für ein späteres «Nation-building» gestellt.

5. Das Völkerkundemuseum als Ort einer marginalen Öffentlichkeit

Das Völkerkundemuseum ist kein Ort nationalen Eingedenkens; ein Besucher verläßt die musealen Räume nicht zwangsläufig mit dem Empfinden, seine fragile soziale Identität an Gegenständen bestärken zu können, die in die Atmosphäre einer erhabenen, gemeinsam erfahrenen Geschichte eingetaucht sind. Aus den Schriften einer noch jungen Wissenschaft, deren akademische Respektabilität noch nicht gänzlich verbürgt ist, läßt sich nicht die Suche nach Objekten einer nationalen Größe herausbuchstabieren. Die ethnologischen Schriften demonstrieren zumindest eine Form der Weltläufigkeit, die jenseits der Horizonte des nationalen Bewußtseins ihre Erfahrungen gesammelt hat; und die sich in ideologischer Hinsicht – wie die Bestrebungen der Missionare – am ehesten noch einer zivilisatorischen Mission verpflichtet fühlt. Die ethnographischen Ausstellungsstücke, einmal ihren ursprünglichen Besitzern abhanden gekommen, sind gleichsam aller Welt zugehörig und nur durch Zufall an einen speziellen Platz in einem besonderen Museum gelangt.

Es existieren keine völkerkundlichen Ur-Texte, an denen sich ein schwankendes oder schwärmerisches Nationalbewußtsein – wie etwa an der *Germania* des Tacitus oder an dem frühmittelalterlichen *Nibelungenlied* – hätte erbauen können. Überhaupt sind in der deutschen Völkerkunde alle Formen von intellektuellen Leitfossilien, die über eine fachregionale Bedeutung hinausgewachsen wären, selten. Die überragende Gestalt eines Rudolf Virchow, Leitfigur sowohl in der Medizin wie in der Anthropologie, Mitbegründer der Berliner Gesellschaft für Anthropologie, Ethnologie und Urgeschichte, liberaler Politiker und in den Zentren der Macht nicht sehr geschätzt, eignet sich kaum als Adressat nationaler Interessen. Im Gegensatz zu anderen intellektuellen Größen der öffentlichen Arena verweigert er sich der Rolle des Moderators nationaler Diskurse auf dem Feld der Wissenschaftspolitik, eine Rolle, die ihm zusätzliche Einflußchancen gewährt hätte; mit einigen Abstrichen gilt dies auch für Adolf Bastian, den ersten Dozenten für Völkerkunde an der Berliner Universität (1869).

Die nationale Zugehörigkeit des Völkerkundemuseums verrät sich eher in Marginalien, beiseite gesprochenen Mitteilungen von Gesprächspartnern innerhalb und außerhalb des Museums, die seinen Sympathisantenkreis und seine Existenz in einer recht weitgehend indifferenten Umwelt verteidigen. Es ist nicht frei von einem Feld politischer Kraftlinien, in dem es seinen Ort finden muß, um als Institution zu überdauern. Ein Kraftfeld, das erfüllt ist von einem Chor mündlicher wie schriftlicher Reden und Gegenreden, in denen die Argumente abweichender kolonialer Zielsetzungen polemisch aufeinandertreffen, in denen für die Aktivitäten von Vereinen geworben wird, deren Mitglieder Deutschlands neuerlangte ‹Weltgeltung› durch allerlei Kolonisierungs- und Besiedlungspläne unter Beweis stellen wollen.

Weitere Momente einer Stimmungslage, die der Gründung von Völkerdemuseen und der Anlage von Sammlungen günstig sind, treten auf: Kolonialkongresse, Kolonialausstellungen, Kolonialvereine, Zeitschriften, Pamphlete, Bücher (sogar ein paar Romane), die in diesem Umkreis produziert werden, bilden eine geräuschvolle Kulisse, die sich mit den Projekten der Museumsgründer überlagert. Die Kolonialausstellungen werden vom Deutschen Kolonialverein (und den in ihm versammelten politischen und wirtschaftlichen Interessen) mit großem Aufwand inszeniert. Sie sind in erster Linie Propagandaveranstaltungen, auf denen für die Ziele des Vereins – Ausbau und Nutzung der Kolonien, wenn möglich eine Ansiedlung von deutschen Kolonisten – geworben wird. Auf diesen Veranstaltungen, die eine Zeitlang großes Interesse erregen – etwa 1896 in Berlin – sind Erzeugnisse der deutschen Industrie ebenso zu besichtigen wie Produkte aus den Kolonien. In der Regel dürfen Inszenierungen von exotischen Ensembles nicht fehlen, die Eingeborene in ihren jeweiligen Umwelten (Hütten, Tieren, Werkzeugen) zeigen.

Dieses soziale Kraftfeld mit seiner irrlichternden, kolonialen wie nationalen Rhetorik ist nun freilich der Adressat, dem sich ein Museum zuwenden muß, das einen Platz in der Öffentlichkeit behaupten will; das der materiellen Unterstützung zur Gründung und zum Unterhalt bedarf; und das auf ein sympathisierendes Publikum angewiesen ist, das seinen aufklärerischen Anspruch auf weltläufige Bildung und Menschenkenntnis teilt. Das Völkerkundemuseum ist eine der pädagogischen ‹Anstalten› des Bürgertums oder besser seiner bildungsorientierten Submilieus: Repräsentanten einer sozialen Klasse, die ihr Selbstverständnis im Rahmen eines neugefundenen Gemeinwesens – des Kaiserreichs – erst finden müssen trotz eines Stolzes, der sich anscheinend ebensosehr den internationalen Erfolgen in Wissenschaft und Technik wie dem Vertrautsein mit Bildung und Kultur verdankt. Wo liegen die über das Alltägliche hinausgehenden Aspirationen des Bürgertums, wenn nicht darin, den Städten, ihren Lebenszentren, durch wirtschaftlichen und politischen Eifer, durch die dauerhaften steinernen Monumente von Museen, Theatern und Opernhäusern, Universitäten und Hochschulen ihr Gepräge zu geben?

Im Geflecht dieser Aspirationen, deren Selbstsicherheit in den letzten Jahrzehnten vor dem Ersten Weltkrieg mehr und mehr von pessimistischen Strömungen, von der Sorge um ‹Dekadenz› und ‹Entartung›, unterhöhlt wird, steht der Kultur ein hoher Rang zu. Sie ist der Raum, in dem sich soziale Selbstdarstellung (d. h. die Behauptung einer als gelungen betrachteten Lebensform) ebenso wie Selbstvergewisserung – durch alle halb-bewußten Zweifel, Befürchtungen und Hoffnungen hindurch – artikulieren können. Kultur wird vor allem auch als Bestand von exquisiten Schöpfungen wie von hochentwickelten Kenntnissen und Fertigkeiten betrachtet. In dem weiten Spektrum kultureller Artikulationsmöglichkeiten wird der Institution des Museums viel Raum gegönnt. In erster Linie sind es die Kunstmuseen, die den Löwenanteil der privaten Initiative von Stiftern und Förderern einheimsen. Es ist eben das Kunstschöne, das anhand eines Kanons von vorbildlichen Gemälden und Plastiken, gleichviel ob deutscher oder europäischer Provenienz, für Geschmack und Urteil des Bürgers prägend wirkt. Wenn es die Kunst ist, die den Bürger in allen ihren Spielarten so tief ergreift; wenn es Wissenschaft und Technik sind, die seinen ganzen Ehrgeiz und Fleiß anstacheln, dann bleibt innerhalb der bürgerlichen Bestrebungen nur ein geringer Spielraum, in dem sich ein Völkerkundemuseum entfalten kann. Gleichwohl tut sich etwas; man sollte es nicht versäumen, die Stafette der in den deutschsprachigen Ländern gegründeten Völkerkundemuseen zu beobachten: Berlin (1873), Bremen (1896), Dresden (1876), Frankfurt (1904), Freiburg (1895), [Göttingen (ca.1780) als früher Ausreißer], Hamburg (1879), Köln (1901), Leipzig (1869), München (1868/1917), Stuttgart (1884); außerhalb des Kaiserreiches wird man noch Wien (1876) und Basel (1893) hinzunehmen.

6. Die Ethnologie und ihr intellektuelles Umfeld

Es ist ein Gemeinplatz, daß die Wissenschaften – und die später sogenannten Humanwissenschaften trifft dies in besonderem Maß – in der zweiten Hälfte des 19. Jahrhunderts im Zeichen des evolutionistischen Modells stehen. Wie alle Wahrheiten so hat auch diese vieles für sich, wenn man von dem Widerstreben absieht, das eine Reihe von Wissenschaftlern in bezug auf die radikalen Konsequenzen Darwins an den Tag legt. Ein erstes Theoriemuster für die sich formierenden Gesellschaftswissenschaften hat Herbert Spencer – in Parallele mit Darwin und zum Teil unabhängig von ihm – angeboten. Er hat es sich zur Aufgabe gemacht, die Fortdauer wie den Typ einer Gesellschaft aus evolutionären Prinzipien wie z.B. dem der Differenzierung abzuleiten und zu zeigen, daß sich Gesellschaften, ähnlich den Organismen, in Auseinandersetzung mit der Umwelt vom Einfachen zum Komplizierteren entwickeln und so ihre Überlebenschancen steigern. Das Echo auf diese und ähnliche Theorieangebote, sofern sie als konkrete Deutungsmuster gemeint sind, ist in der Völkerkunde – die im Schatten der Sozialwissenschaften bleibt – jedoch eher schwach. Als allgemeine Konsequenz aus den biologischen Konzeptionen verstärkt sich die Tendenz der Ethnologie, die außereuropäischen Völker (über die man bereits Bescheid zu wissen glaubte) in einer Entwicklungssequenz darzustellen, die dem Reifungsprozeß beim Individuum ähnelt. Die Theoretiker der Völkerkunde greifen das alte Dreischrittmuster historischer Epochengliederung auf, vermögen ihm wechselnde begriffliche Akzente zu entlocken und schaffen wie etwa L. H. Morgan mit der Aufeinanderfolge von Wildheit, Barbarei und Zivilisation ein folgenreiches Deutungsmuster. Analog zu der Progreßleiter, auf deren Stufen sich die Gesellschaften (nach eingehender Prüfung durch den Theoretiker) niederlassen sollen, wird eine Reihe von Begriffen kreiert, die für unterschiedliche menschliche Angelegenheiten zuständig sind und von denen man gleichfalls annimmt, daß sie jeweils für eine niedere oder höhere Stufe des Fortschritts zeugen. In der Tat stellen sie einen wachsenden Fundus dar, auf den die fachinternen Diskussionen zurückgreifen werden. Am längsten in Gebrauch (vielleicht weil er so vielseitig verwendbar ist) ist gewiß der Begriff des Fetischs, der aber unterdessen in einem

Repertoire anderer wie etwa dem der Magie zu Hause ist; dazu stoßen (gegen Ende des 19. Jahrhunderts) auch noch weitere, die eine niedere oder primitivere Denk- und Bewußtseinsform anzeigen, so wie etwa Animismus und Totemismus. Begriffe für einen offenbar intimeren Bereich sozialen Lebens wie den der Familie und der dazugehörigen Verwandtschaftsverhältnisse gesellen sich dazu, unterschiedliche Formen werden entdeckt und auf eine polare Typologie reduziert: Matriarchat und Patriarchat, deren vorrangige Stellung in der Entwicklungssequenz umstritten bleibt.

Die Völkerkunde dieser Epoche ist mit Leidenschaft dabei, «Ursprungsgeschichten» zu erzählen, was ihren Theorien hohen ästhetischen Reiz und Kohärenz verleiht. Schon von daher ergibt sich eine Wahlverwandtschaft mit dem Evolutionismus aller Schattierungen, der sich ja von Haus aus in erster Linie mit der Entstehung von Gattungen befaßt, die menschliche Gattung mitsamt dem biologischen Zustandekommen von Varietäten eingeschlossen. Diese Ursprungsgeschichten beuten die internen Spannungen der Gesellschaftstypen aus – ihre Engpässe in der Auseinandersetzung mit der Umwelt, ihre Zusammenstöße mit konkurrierenden Nachbarn, ihre größere oder geringere Innovationsfreude –, um daraus ein Drama zu entfalten, das zielstrebig auf sich steigernde Konvulsionen und die endliche Auflösung in eine neue Ordnung der Dinge zustrebt. Die Lehre Darwins in ihren popularisierten Grundzügen souffliert der Völkerkunde ein Deutungsmuster, wie in Kultur und Gesellschaft, in Wirtschaft und Religion die Übergänge zum je komplexeren und heterogeneren Zustand zu verlaufen haben.

Die Einstimmung auf eine progressive, kontinuierliche Entwicklungskurve wäre komplett, wenn da nicht die Vertreter des Evolutionismus mit denen des Diffusionismus aneinander geraten wären. Dazu nur so viel: Sie unterscheiden sich darin, daß sie Geschichtlichkeit in zwei konträre Sprachbilder, räumliche und zeitliche Metaphern, fassen. Was auf der einen Seite der Pfeil der Zeit den historischen Menschen an atemloser Dynamik des Vorankommens beschert, verlangsamt sich auf der anderen im Medium des Raumes, wenn Gesellschaften wie Inseln auf der Erde verteilt werden, miteinander in Kontakt kommen, sich austauschen und wieder aus den Augen verlieren. Die deutsche Völkerkunde dieser Epoche neigt eher der räumlichen als der zeitlichen Metapher zu. Geschichte, von der einen oder anderen Auffassung inspiriert, ist auf eine Pluralität von Völkern, Kulturen und Gesellschaften angewiesen. Ganz gleich, welches Geschichtskonzept die Völkerkunde jeweils impliziert, sie praktiziert Wissenschaft in einem universalgeschichtlichen Horizont. Bedroht wird sie weniger von nationaler Voreingenommenheit oder kolonialen bzw. imperialistischen Sympathien, als vielmehr langfristig von einer Überbewertung der biologischen Grundausstattung, die sich reibungslos in eine steigende Virulenz sozialdarwinistischer und eugenischer Diskurse nach dem Ersten Weltkrieg einfügt.

7. Das Museum als Relais des Sammelns und Forschens

Es sind die Museen, die während des Kaiserreichs die zentralen Anlaufpunkte für die wissenschaftliche Forschung in der Völkerkunde darstellen. Sie sind die Orte, an denen finanzielle Mittel, die dank wohlwollender Stiftungen zusammenkommen, an die in ihrem Umkreis tätigen Wissenschaftler vergeben werden. Der ‹Geist› dieser Wissenschaftler, die ihre Laufbahn noch überwiegend in den Naturwissenschaften begonnen haben, ist unter den Bedingungen eines Museums groß geworden. Ihre Praxis heißt: Sammlungen anlegen und Sammlungen untergliedern; heißt im einzelnen: das Klassifizieren und Beschreiben, Dokumentieren und Aufbewahren von Gerätschaften und Artefakten oder die Bündelung zu Sachgruppen – etwa die Musikinstrumente einer Region – für den Zweck einer Ausstellung. Ihre Arbeit geht in der empirischen Attitüde genauen Beschreibens und Zuordnenkönnens auf. Sie ist die reine Verkörperung einer Ethnologie als Ordnungswissenschaft, in der sich jedes kulturelle Phänomen (nachdem alle Bearbeitungsprozeduren absolviert worden sind) von selbst versteht und das Verstehen des anderen noch nicht zum Problem geworden ist.

Ihr Wissenschaftsverständnis ist von allgemein gängigen Erkenntnisidealen wie Genauigkeit und Sachlichkeit als den Vorstufen einer Erkenntnis anthropologischer Gesetzmäßigkeiten geprägt, die das Zusammenleben auf den Hauptkulturstufen bestimmen; ihr praktisches Modell gleicht eher den Arbeitsmethoden einer beschreibenden Naturkunde, wie sie sich in Nachbargebieten wie der Biologie und Geographie, der Archäologie und der Linguistik (diese strebt ja u. a. auch nach Stammbäumen und Familien) an prominenter Stelle gehalten haben. Das Museum als fester Ort des Sammelns, Aufbewahrens und Zurschaustellens, wie als Ort ethnologischen Forschens, strahlt auf die Universität aus. In der frühen Phase, in der die Ethnologie sich als akademisches Fach etablieren will, in der ihre Themen immer noch in unterschiedlichen Fakultäten und Fächern vertreten werden, in der ein Bastian die Rolle des ersten fachspezifischen Dozenten übernimmt (eigenständige Lehrstühle außerhalb des Bannkreises der Naturwissenschaften entstehen fast ausnahmslos nach dem Ersten Weltkrieg), wird es gern gesehen, wenn Museumsdirektoren und andere Museumsleute einen Lehrauftrag wahrnehmen, in einer ‹Schattenwirtschaft›, in der intellektuelle Arbeit kaum oder gar nicht bezahlt wird.

Museen – so wie seinerzeit die Schatz- und Wunderkammern der Renaissance, die Kabinette der Gelehrten im 18. Jahrhundert – sind zu Institutionen geworden, die bestimmte Arten von Wissenschaft in einer Epoche ermöglichen. Sie erlauben es, bestimmte ferne, fremde Dinge kontextfrei und etwa nach Gesichtspunkten der Objektivität und der Nützlichkeit zu betrachten. Oder vielleicht auch umgekehrt: Diese Qualitäten sind die Voraussetzung dafür, daß Dinge, die einfach nur angeschaut werden, sich in so etwas wie einem Museum ausstellen lassen. Dinge ihrem ursprünglichen Kontext zu entreißen, sie in eine andere Welt zu verpflanzen und sie dann – in einem Gehäuse des Sehens und des visuellen Erfassens – erneut zu kontextualisieren, d. h. sie z. B. in Dingkategorien (Gebrauchs-, Wegwerf-, Schmuckgegenstände etc.) einzuteilen, sie in Stammbäumen zu ordnen oder sie in ein naturalistisches Ambiente zu versetzen («Faunengruppe»), diese Praxis vollzieht sich im größeren, weiteren Raum einer Wissenschaft, die selbst wieder auf das Ordnen, Klassifizieren und Auffinden von Gesetzen in Natur und Kultur angelegt ist.

Nach dem Ende des Kaiserreichs und dem Verlust der Kolonien werden die Museen zu Schaufenstern einer nicht mehr mit ihnen verbundenen exotischen Welt in Übersee. Als Mahnmale einstiger kolonialer Größe taugen sie kaum, imperiale Nostalgie wird zumeist intensiver anderswo gepflegt. Was in der Weimarer Republik vom Bildungsbürgertum überhaupt noch geblieben ist, hat brennendere Sorgen, als sich allzu sehr um die Völkerkundemuseen zu kümmern. Ein Lichtblick für das Interesse am Fremden ist schließlich die Tatsache, daß die Völkerkunde – noch immer ein Zwitterwesen aus Geistes- und Naturwissenschaften – sich endgültig als Fach an den Universitäten etablieren kann. Trotz dieser akademischen Weihen und der ansonsten unterhaltenen Rückbindung an die Museen sind Überraschungen keineswegs auszuschließen – was immerhin bezeugt, daß fremde Völker eine Größe in der stimulierbaren, öffentlichen Einbildungskraft bleiben. Denn nun beginnt die eigentliche Karriere eines Mannes, die nur informell mit Fakultäten und Museen verbunden ist: des Leo Frobenius (1873–1938), eines enthusiastischen Autodidakten, Selbstdarstellers und Organisators, dem es ohne zulängliche eigene Mittel gelingt, durch ein Geflecht von Beziehungen und Winkelzügen, zahlreiche Expeditionen (zwischen 1904 und 1933 waren es 11 ‹Deutsche Innerafrikanische Forschungsexpeditionen›) auf die Beine zu stellen. Er entfaltet eine rastlose publizistische Tätigkeit, der pathetisch expressive Stil seiner Bücher, sein ganzes Auftreten bringen ihm Leser und Bewunderer ein und so ist er es, der in weitem Ausmaß das Bild der deutschen Völkerkunde zwischen den Weltkriegen prägt. Doch dieses durch Literatur beförderte Aufflammen exotischer Phantasien, dem ein energischer Drang nach Kolonien in der offiziellen Politik gebricht, ist ein anderes Kapitel.

Wolfgang Ullrich

Der Bamberger Reiter und Uta von Naumburg

«Eine Kindergeschichte» stand am 22. Juli 1934 in den *Münchner Neuesten Nachrichten* über einem Text, der den Titel «Inge und der Bamberger Reiter» trug.[1] Daß dieser Titel den Lesernachwuchs überfordern könnte, brauchte man offenbar nicht zu befürchten. Vielmehr war damit zu rechnen, daß der Bamberger Reiter bereits Kindern im Grundschulalter kein Unbekannter war und daß allein die Nennung seines Namens neugierig auf die Geschichte machte. Ob die Kinder wußten, daß es sich bei ihm um eine frühgotische Sandsteinskulptur handelt, die um das Jahr 1235 entstanden war und die gemeinsam mit anderen Skulpturen zum Bildprogramm des Doms in Bamberg gehört, ist freilich zweifelhaft. Doch der Bamberger Reiter sollte hier ohnehin nicht als kunsthistorischer Gegenstand präsentiert werden, wie schon seine Verknüpfung mit einem damals modischen Mädchennamen signalisiert.

Inge ist, so erzählt es Helmut Maria Soik, der Autor der Geschichte, ein neunjähriges Mädchen, das den Reiter bewundert, seit sie ein Foto von ihm gesehen hat. Nun besucht sie ihn im Bamberger Dom und wünscht sich nichts sehnlicher, als daß er, ihr Parzifal, wenigstens für einen Augenblick lebendig werde und ein paar Worte zu ihr spreche. «Ich bin doch Inge und habe dich lieb», beschwört sie ihn. Aber der Stein bleibt stumm und bewegt sich nicht: «Der Reiter sah wie immer in die Weite. Da ging sie weinend hinaus, sie, die kleine blonde Inge, und schluchzte immer wieder ‹aber Parzifal, Parzifal!›»

In Inge reift jedoch bereits eine tugendsame deutsche Frau heran, die sich, unverzagt, in Treue und Entsagung übt. So ist sie ihrem Reiter weiterhin im Herzen verbunden; trotz der Enttäuschung bedeutet er für sie viel mehr als ein Relikt aus dem Mittelalter. Dafür wird sie auch nur wenige Wochen später belohnt. Sie hat sich im Wald verirrt; die Nacht ist hereingebrochen. Gerade als sie sich zu fürchten beginnt, hört sie Huftritte, und einen Moment später sieht sie «ein schönes strahlendes Männerantlitz». Es ist *ihr* Reiter, nun als Retter in der Not doch lebendig geworden: «[...] und sie küßte ihn mitten auf den herrlichen Mund. ‹Bist du es auch wirklich?› ‹Ja›, sagte eine dunkle, weiche Stimme. ‹Ich bin es, dein Parzifal vom Dom zu Bamberg›.»

Nun darf Inge auf sein Pferd aufsitzen, und er führt sie sicher aus dem Wald. Dabei sprechen die beiden auch über die Tagespolitik: «Der Strahlende fragte: ‹Wie ist's im Land, liebes Kind? Was macht das Volk, ist's jetzt wieder glücklich?›» Darauf antwortet Inge: «Sie hassen einander nimmer und überall blühen die Äcker auf. Jetzt sind wir wieder ein Volk, schau Parzifal, und nur mehr Brüder und Schwestern. Hast Du die Fahnen der Befreiung gesehen, Parzifal?» Er bejaht diese Frage, berichtet, man habe diese Fahnen auch durch den Dom getragen. Dann will Inge wissen, was er eigentlich mache. «‹Liebling›, sagte er strahlenden Blickes, ‹Ich hüte das Land, euch alle, auch die Kinder, auch dich. So viel Verheißung ist in euch und so viel Großes, das darf nicht untergehen ...›»

Unter solchen Gesprächen erreichen die beiden Inges Haus. Mit einem Abschiedskuß trennt sich der Kavalier von der jungen Blondine. «Dann schwang er sich in den Sattel und ritt die Straße, die gegen den Main führte, hinunter. Auf dem Birkenbühl hielt er noch einmal Rast und winkte. ‹Parzifal›, schrie Inge, ‹Parzifal!› – ‹Deutschland›, kam's zurück, und dann war der Reiter im Wald verschwunden.»

Diese Kindergeschichte liest sich wie eine Reizwortgeschichte deutscher Topoi: der deutsche Ritter Parzifal, der deutsche Wald, die deutsche Weite, das blonde Mädchen, die Einheit des Volks, die Fahnen, die Verheißung. Doch nicht nur das: Die Geschichte besitzt auch eine Moral, die die 1934 vorherrschende Weltanschauung in die Sprache der Kinder übersetzt. Man lernt, daß ein Retter in der Not – eine Führergestalt – naht, wenn man zuvor nur stark genug daran geglaubt hat; und man lernt, daß das hehre deutsche Mittelalter – und damit deutsche Größe – wieder wach wird, sobald man es intensiv wünscht und nachdem man Geduld bewiesen hat. So wird der Reiter sowohl zu einer Metapher für Adolf Hitler als auch zum Symbol für Deutschland, was auf subtile Art dazu beiträgt, beides miteinander zu identifizieren. Daß der Reiter zum Leben erweckt wird, heißt nichts anderes, als daß der Nationalsozialismus Deutschland zu neuer Blüte führt. Inges Beschwörung des Reiters im Bamberger Dom ist also lediglich die weiblich-zartere Variante der «Deutschland erwache!»-Rufe, die auf Reichsparteitagen im nahen Nürnberg erschallten.

Handelte es sich um keine Kindergeschichten, so wurden der Reiter aus Bamberg und der Führer aus Braunau, Mittelalter und Drittes Reich gerne auch direkter aufeinander bezogen, was dann wie eine Variation auf die Kyffhäuser-Sage anmutet. Hitler ist demzufolge nicht nur derjenige, der, nach langen Jahrhunderten vermeintlichen Niedergangs, die stolzen Werte deutschen Mittelalters wiederherstellte, sondern er wird sogar als unmittelbarer Nachfolger des Reiters gepriesen: «Reiter von Bamberg, nun steige getrost aus dem Bügel,/ Denn deiner Sehnsucht gewaltiges Traumbild erstand!» Mit diesem Appell beginnt ein Gedicht von Heinrich Anaker, der die Ereignisse des Dritten Reichs fortlaufend und in einer Reihe von Bänden lyrisch kommentierte.[2] Nach dem Anschluß Österreichs 1938 war für ihn endlich eingetreten, woran der Bamberger Reiter lange Zeit einsam und wie ein letztes Vermächtnis erinnert hatte: Deutschland hatte wieder Größe und Stärke. Damit war auch der Zeitpunkt für eine Wachablösung gekommen: Wo seit dem 12. Jahrhundert der Reiter «mit Ewigkeitsaugen» auf sein Land geblickt hatte, sollte für die nächsten tausend Jahre Hitler den Schutz des deutschen Volks garantieren.

Hier wurde der Bamberger Reiter so stark von zeitgemäßen Kategorien vereinnahmt, daß er nicht mehr als kunstgeschichtliches Dokument gelten und keine historische Eigenständigkeit bewahren konnte, sondern, gleichsam nahtlos, durch Hitler ersetzt wurde. Diese Vision einer Abdankung stellt die wohl merkwürdigste Form von Ikonoklasmus dar, die man sich denken kann: Das Streben nach Vergegenwärtigung und Verlebendigung des Mittelalters endet mit dem Befehl, Platz zu machen für eine neue Inkarnation deutscher Seele. Solche Phantasien mögen die Ausnahme gewesen sein; dennoch besitzen sie große Aussagekraft. Sie belegen nämlich, daß der Bamberger Reiter nicht nur bereits den Kindern ein Begriff und ein vertrautes Bild war, sondern daß er sogar ähnliche Berühmtheit wie der Führer besaß. Hitler mit einer nur in Fachkreisen bekannten Plastik zu vergleichen wäre ein Sakrileg gewesen und einem fanatischen Gefolgsmann wie Heinrich Anacker gewiß nicht in den Sinn gekommen. So gehörte der Bamberger Reiter in den exklusiven Kreis dessen, was als ebenbürtig mit Hitler gelten konnte.

Meist fielen die Analogien zwischen Reiter und Führer etwas biederer – wenngleich nicht minder pathetisch – aus, was freilich auch verrät, wie naheliegend und selbstverständlich sie waren: «Und leuchtend stehst Du da / Im Frankenland / Im Heiligtum / Im Dom / Beim Aufbruch Deines Volks, / Das hohe Sinnbild wahren Führertums. / Durch Deinen Adel der Gesinnung, / Nicht durch brutale Machtgebärde / Ziehst fest Du uns in Deinen Bann, / Du jugendlicher Held. / [...] Du gottgesandter Führer bist uns / Sinnbild, Ziel und Kraft! / Wir folgen Dir!»[3] Das «erste Exemplar der Monumentalausgabe» sowie das Originalmanuskript dieser Hymne auf den Reiter-Führer wurde Hitler 1936 als Geschenk überreicht, was nur folgerichtig war, da er zumindest ebenso Anlaß für die stolzen Verse gewesen sein dürfte wie sein mittelalterlicher Prototyp.

Hans Timotheus Kroeber, Autor der zitierten Hymne, war es im übrigen ebenfalls um die Kinder zu tun. Er organisierte nicht nur eine Wanderausstellung zum Bamberger Reiter, wobei er diesen neben Bachs *Kunst der Fuge* und dem Nürnberger Reichsparteitagsgelände als reinsten Ausdruck deutschen Geistes pries, sondern er trat auch in Schulen als Redner auf, «um die Wirkung des Reiters auf die Jugend praktisch zu erproben». Er schildert, wie «unbeschreiblich» der «Jubel» war, wenn er den Reiter zeigte, und bemerkt weiter: «Am unvergeßlichsten sind mir die Stunden, in denen ich mit jungen Menschen den Dom betrachtete und sie plötzlich im Anblick des Reiters in ehrfürchtiges Staunen versanken.»[4]

So ging es einer gesamten Generation wie jener Inge: Schon von Kindheit an durch Fotografien in Geschichts- und Lesebüchern oder auch durch Vorträge auf etwas Besonderes vorbereitet, konnte man einen Bamberg-Besuch nicht anders als mit großen Erwartungen antreten. Stand man dann unter dem aufrecht auf seinem Pferd sitzenden, mit einem vornehmen Tasselmantel bekleideten Reiter und schaute zu ihm empor, war er selbst vielleicht weniger präsent als die zahlreichen Erinnerungen, die sein Anblick freisetzte. Plötzlich dachte man an verschiedene Situationen, in denen er einem bereits begegnet war, und das machte den Bamberger Dom zu einem Ort, der stärker das politische als das ästhetische oder kunsthistorische Bewußtsein ansprach. Immerhin wurde man in Fibeln zur Rassenkunde darüber unterrichtet, daß der Bamberger Reiter das Edle des Ariertums repräsentiere;[5] ferner war er ein beliebtes Frontispiz-Motiv in populären Bildbänden über Mittelalter, deutsche Kunst oder deutsches Wesen;[6] 1938 wurde er schließlich sogar Filmstar, dramatisch ausgeleuchteter Protagonist eines Kultur-Vorfilms mit dem Titel *Das steinerne Buch*.

Regisseur dieses Films war Walter Hege, der bereits als Fotograf Entscheidendes geleistet hatte: Seit 1927 seine ersten Aufnahmen der Bamberger Domskulpturen erschienen waren, wurden diese immer wieder reproduziert und in ihrer Art auch von zahlreichen anderen Fotografen nachgeahmt. So bestimmten sie bald das öffentliche Bild gerade vom Bamberger Reiter. Doch nicht nur das: Es ist keine Übertreibung, wenn man feststellt, daß der Bamberger Reiter erst durch die Fotografien Walter Heges wirklich populär wurde. Der Nationalsozialismus hätte die Eignung des Reiters zum deutschen Symbol ohne diese Fotos wohl kaum erkannt; dabei kam den Nazis zudem gelegen, daß der Reiter zwar altehrwürdig war und insofern alles nobilitierte, was sich mit ihm identifizierte, daß er aber zugleich als Bild-Symbol noch unverbraucht war und deshalb den postulierten Neuanfang und Aufbruch des Dritten Reichs glaubwürdig zu repräsentieren vermochte. So wurde der Bamberger Reiter bereits wenige Jahre nach Entdeckung seiner Fotogenität durch Walter Hege zu einem Objekt der Massenpropaganda und, was noch wichtiger ist, zu einer der ersten Kultfiguren des modernen Medienzeitalters.

Hege hatte es freilich selbst zu seinem Ziel erklärt, die mittelalterliche Skulptur «zum gegenwärtigen starken Erlebnis zu bringen, und diese Kunst dem einfachsten Menschen des Volkes nahe zu bringen».[7] Die auf die Fotografien folgende Popularität und Vereinnahmung des Bamberger Reiters belegt eindrucksvoll, wie gut Hege sein Ziel erreicht hatte. So hätte Walter Benjamin, als er 1936 über *Das Kunstwerk im Zeitalter seiner technischen Reproduzierbarkeit* schrieb, kein besseres Beispiel für seine Überlegungen finden können als den Bamberger Reiter. Seine Kritik gilt nämlich gerade dem modernen Wunsch, sich etwas durch wiederholte Reproduktion «näherzubringen» und es in die jeweils eigene Lebenswelt zu transponieren, um es beliebig zu «aktualisieren». Daß die fotografische Reproduktion zu einer bequemen Identifikation mit dem reproduzierten Kunstwerk und damit zu einer oberflächlich-schwärmerischen Rezeption verführt, belegt der Umgang mit dem Bamberger Reiter genauso, wie er Benjamins Behauptung plausibel macht, das Reproduzierte lasse sich instrumentalisieren und für politische Zwecke mißbrauchen. Die «soziale Funktion der Kunst» werde, so Benjamin, «umgewälzt» und erlebe nun eine «Fundierung auf Politik».[8]

Walter Heges größte Tugend war Geduld; oft und lange hielt er sich – zu verschiedenen Tages- und Jahreszeiten – im Dom auf, um günstige Beleuchtungsverhältnisse zu erkunden und mit ungewöhnlichen Blickwinkeln zu experimentieren. Er agierte wie ein Porträtfotograf, der ein möglichst charaktervolles Bild seines Motivs präsentieren will. Im Halb- oder Ganzprofil, aus Untersicht oder frontal, in starken Hell-Dunkel-Kontrasten oder gleichmäßig ausgeleuchtet, mit Pferd oder lediglich als Kopf nahm Hege den Reiter auf und gelangte so zu einer Vielzahl von Fotografien, die einen stolzen Helden immer noch stolzer und noch heldenhafter zeigen. Vor allem aber suggerieren sie Lebensnähe. Konzentriert auf die Figur, blendet Hege meist deren Umfeld aus, womit dem Betrachter der Fotografien vorenthalten bleibt, daß der Reiter, eingebunden in Architektur, in einem mittelalterlichen Kirchenraum steht und dabei mehrere Meter über dem Boden plaziert ist. So zeigen die Fotografien Positionen und Details, die vor Ort nicht oder nur mühsam zugänglich wären. Durch seine Beleuchtungstechnik sowie durch Sfumato-Effekte versteht Hege es zudem, vergessen zu machen, daß sein Sujet eigentlich aus Stein ist. Der Wunsch jener Inge, der Reiter möge zu sprechen beginnen und eine aktuelle Botschaft mitteilen, erscheint deshalb in Anbetracht der Fotografien nicht einmal unverständlich oder weit hergeholt; ihn empfand mancher, der nach Bamberg fuhr.

Berthold Hinz, der 1970 als erster kritisch auf die Rezeptionsgeschichte des Bamberger Reiters zurückblickte, bezeichnete diesen deshalb auch zurecht als «Werk nicht der Gotik, sondern des 20. Jahrhunderts».[9] Bevor er ins Visier von Foto- und Filmkameras genommen worden war, stand er nämlich ziemlich unbeachtet an seiner Wand vor dem Bamberger Georgenchor. Über Jahrhunderte hinweg taucht nirgendwo etwas über ihn auf, so daß die kunsthistorische Forschung bis heute darüber streiten kann, ob sein jetziger Standort überhaupt der ursprüngliche sei. Erst 1729 findet sich im Reisebericht eines Wolfenbütteler Arztes eine kurze Erwähnung des Reiters – immerhin war er damals schon fast fünfhundert Jahre alt.[10] Doch sollte es noch weitere eineinhalb Jahrhunderte dauern, bis die ersten Besucher eigens des Reiters oder der anderen gotischen Skulpturen wegen nach Bamberg kamen.

Eines der beeindruckendsten Dokumente für das langwährende Desinteresse an mittelalterlicher Bildhauerkunst im allgemeinen und dem Bamberger Reiter im besonderen ist ein Brief von Wilhelm Heinrich Wackenroder aus dem Jahr 1793. Er reiste damals zusammen mit Ludwig Tieck durch Franken, kam auch nach Bamberg und berichtete davon ausführlich seinen Eltern. Seitenlang wird fast jedes kunstgewerbliche Detail des Doms anschaulich geschildert; das einzige aber, was in jenem Brief nicht auftaucht, sind die frühgotischen Portale, Reliefs und Skulpturen.[11] Der später so oft beschworene Blick des Bamberger Reiters verfehlte hier also noch jegliche Wirkung.

Obwohl sich die mit Wackenroder und Tieck beginnende Romantik begeistert gerade dem Mittelalter zuwandte und vieles aus der Tradition heimatlicher Kunstformen wiederentdeckte, wurden die frühen Skulpturen durchgängig ignoriert. Übermächtig blieb, noch während des gesamten 19. Jahrhunderts, das klassische Skulpturenideal, vor dem die Kunst der Gotik nicht zu bestehen vermochte. Man empfand deren Menschendarstellungen als zu einseitig auf je-

Bamberger Reiter/Uta von Naumburg (Photographien von Walter Hege)

weils bestimmte Charakterzüge hin ausgelegt, und es wurde kritisiert, daß Mimik und Gestik zu stark gestaltet seien. Anstatt das Bild einer über alles Alltägliche erhabenen, reinen Größe abzugeben, die sich zu keinen Affekten hinreißen läßt, scheinen die meisten Figuren der Gotik verwickelt in ein Geschehen, wirken angespannt oder gar erregt. Am stärksten aber widersprach ihre ursprünglich bunte Bemalung dem Kunstempfinden seit dem 18. Jahrhundert. Daß sie in natürlichen (oft freilich längst verblaßten) Farben zu sehen waren und daß sie den Betrachter vielleicht sogar direkt anblickten, wenn in ihre Augen Iris und Pupille gemalt waren, galt als Verstoß gegen das Ideal, da damit die Ausstrahlung weltdistanzierter Konzentration und vergeistigter Allgemeinheit nicht mehr möglich war, die die blicklosen, weißen Figuren der Antike besaßen.

Erst spät im 19. Jahrhundert, nachdem die Kunstgeschichte sich als akademische Disziplin etabliert hatte und bald schon von nationalistischem Denken gesteuert wurde, dehnte sich das Forschungsinteresse auf die Skulptur des Mittelalters aus. Dahinter stand vor allem das Anliegen, Belege für die Qualität und Originalität deutscher Kunst zu sammeln, um im kulturellen Wettkampf der Nationen mithalten zu können. In einer Art von kunsthistorischem Imperialismus versuchten die großen europäischen Nationalstaaten, für sich jeweils möglichst große Anteile an der Entwicklung der Hauptstile der Kunst zu reklamieren. Stärkster Konkurrent Deutschlands auf dem Gebiet der Gotik war Frankreich. So löste primär ein nationaler Besitzreflex die akademische Aufarbeitung der Werke aus, die davor lange Zeit unbeachtet geblieben waren.

Damit wurden Skulpturen wie der Bamberger Reiter jedoch erst einem relativ kleinen Kreis von Fachgelehrten und Bildungsbürgern bekannt, und es wäre nicht möglich gewesen, in ihm bereits einen populären Ort nationaler Identität zu sehen. So handelte es sich auch um eine noch bewußt elitäre Geste, wenn Stefan George 1907 den Reiter zum Sujet eines Gedichts machte.[12] Erst im Zuge des Ersten Weltkriegs änderten sich die Verhältnisse, womit auch die Voraussetzungen für den enormen Erfolg einer fotografischen Verbreitung entstanden. Nachdem deutsche Truppen 1914 die Kathedrale von Reims beschossen hatten, verschärfte sich der Streit um kulturelle Hoheiten und gipfelte 1917 in einer Publikation des international renommierten französischen Kunsthistorikers Émile Mâle, der die gotische Kunst auf deutschem Gebiet für stilistisch parasitär gegenüber der französischen erklärte.[13] Mâle drehte damit die in Deutschland seit Fichtes *Reden an die deutsche Nation* (1807/08) verbeitete Auffassung um, derzufolge allein die Deutschen schöpferisch seien, die romanischen Völker hingegen bloß nachahmend. Den Bamberger Reiter bezeichnete Mâle zwar als «eines der schönsten Standbilder eines christlichen Reiters», doch «auch hier hat Deutschland nur etwas nachzuahmen verstanden: Das Vorbild für den Bamberger Reiter ist einer der Könige [...] der Kathedrale von Reims. [...] Hätte es in Reims keinen genialen Bildhauer gegeben, wäre der Bamberger Reiter nie entstanden».[14] Solche Äußerungen einer allgemein akzeptierten Autorität entsetzten die deutschen Kunsthistoriker und weckten – oder bestätigten – Minderwertigkeitskomplexe, denen nur durch eine um so lautere Rhetorik begegnet werden konnte, mit der man schließlich auch ein breiteres Publikum mobilisierte.

Freilich erschütterte die militärische Niederlage das nationale Selbstbewußtsein noch ungleich stärker, und Deutschland verfiel nicht nur ökonomisch in tiefe Depression. In dieser Situation lag es nahe, sich als geschmähtes Volk, das die Kriegsschuld nicht anerkennen wollte, mit den vom ‹Erbfeind› geschmähten Werken der eigenen Kunsttradition zu identifizieren und, trotzig, gerade das Mittelalter als Hort deutscher Seligkeit zu romantisieren. Der Niedergeschlagenheit und Trauer korrespondierten Hoffnung und Sehnsucht, da man das Mittelalter nicht nur sentimental als vergangen, sondern ebenso als Verheißung begriff, als ein Stück Ewigkeit, das bald zu neuer Macht gelangen würde. In der materiellen Not erkannte man gar die Chance, sich stärker an geistige Werte zu halten, um in demütiger Gesinnung neuen Gemeinschaftsgeist, neuen Glauben und neue kulturelle wie politische Größe zu begründen.

Auch Walter Hege (geb. 1893) gehörte zur Generation unglücklicher Kriegsheimkehrer, die, zudem körperlich versehrt, einer wirtschaftlich ungewissen Zukunft entgegenblickten und die deshalb um so empfänglicher für Heilslehren aller Art waren. Wie viele andere schwärmte er vom Mittelalter als dem wahren Deutschland und richtete seine adventistischen Energien auf eine Wiedererweckung jener vergangenen Epoche. Nur deshalb verfiel er auch darauf, sich als Fotograf der gotischen Skulptur zuzuwenden. Walter Hege stammte aus Naumburg, und im dortigen Dom eignete er sich, noch einige Jahre vor seiner Arbeit in Bamberg, das handwerkliche Können an, das ihn schließlich zum einflußreichsten Fotografen mittelalterlicher Bildwerke machen sollte. Dabei schuf er, parallel zum Bamberger Reiter, eine zweite Ikone gotischer Skulptur, die genauso berühmt wurde wie dieser und deren Popularität sogar noch reiner der Fotografie zu verdanken ist: Uta von Naumburg.

Bei ihr handelt es sich um eine der zwölf Stifterfiguren aus dem Westchor des Doms. Entstanden in den fünfziger Jahren des 13. Jahrhunderts, ist Uta von Naumburg rund zwanzig Jahre jünger als der Bamberger Reiter. Wie bei ihm ist auch im Fall des Stifterchors unklar, welche Intention oder religiöse Aussage damit ursprünglich verbunden war. Ungewöhnlich sind beide Konstellationen, und was zwölf weltliche Figuren in einem Chorraum – zudem in erhöhter Position – zu bedeuten haben, gab ebenso zu vielfältigen Spekulationen Anlaß wie der Reiter, dessen Identität und Rolle bis heute nicht bestimmt werden konnte. Diese Aura von Geheimnis, die die mittelalterlichen Bildwerke umgibt, mochte, neben aller nationalen oder kunstbeflissenen Sinnsuche, ein weiterer Grund für die oft schwelgend-raunende Sprache sein, die in Beschreibungen dieser Skulpturen stereotyp verwendet wird.

Innerhalb weniger Jahrzehnte erfuhr der Reiter mehr als zwanzig verschiedene Benennungen, die vom Hohenstauferkönig Philipp von Schwaben oder von König Konrad III. bis hin zu so verwegenen Lösungen wie Alexander der Große, Konstantin der Große oder gar Jesus Christus reichen. Auch wurde vorgeschlagen, einen der Heiligen Drei Könige in ihm zu sehen; die größte Fraktion freilich vermutet, beim Reiter handle es sich um den Heiligen Stephan von Ungarn, der in Bamberg lange Zeit verehrt worden war. Wenn der Reiter in zitierter Kindergeschichte als Parzifal apostrophiert wird, spielt dies darauf an, daß dieser ebenfalls weder seinen Namen noch seine Herkunft kennt. Wie bei Parzifal hob man auch beim Bamberger Reiter die geheimnisvolle Identität als besonderen Wesenszug hervor – gleichwertig mit stilistischen oder kompositorischen Besonderheiten. Man ging sogar so weit, ihn als «einzigartiges Bildwerk schon insofern» zu preisen, «als wir diesen königlichen Reiter nicht benennen können».[15]

Die unklare Identität des Bamberger Reiters verhalf aber nicht nur kunsthistorischen Detektiven und Rätselsuchern zu einem Spiel mit umfangreichen Publikationsfolgen, sondern begünstigte auch seine Eignung als Projektionsfläche für zeitgemäße Wunschbilder und Ideologien. Bei Uta verhält es sich ähnlich. Zwar wird ihre Identität nicht zum Geheimnis stilisiert, doch ist über die historische Person, die die Figur im Westchor repräsentiert, so wenig bekannt, daß sie ebenso wie der Reiter zu einem allgemeinen Symbol taugt. Uta, dem Geschlecht der Askanier in Ballenstedt entstammend, war in der ersten Hälfte des 11. Jahrhunderts mit Ekkehard II., dem Markgraf von Meißen, verheiratet. Vermutlich blieb das Paar kinderlos und vermachte deshalb sein Eigentum an die Kirche. An sie wie auch an andere Stifter wurde dann rund zwei Jahrhunderte nach ihrem Tod erinnert, als bei Errichtung des Westchors der Zyklus aus zwölf Figuren entstand.

Daß Uta in ein Figurenprogramm innerhalb eines geschlossenen Raums integriert ist, unterscheidet sie maßgeblich vom Bamberger Reiter. Da die zwölf Figuren nämlich jeweils individuell charakterisiert sind und zum Teil stark emotionalisiert scheinen, hat man das Halbrund, in dem sie stehen, immer wieder als Bühne empfunden, auf der sie als Protagonisten eines dramatischen Schauspiels auftreten. Nachdem man seit der Jahrhundertwende vereinzelt Gefallen an dieser augenscheinlichen Dramatik gefunden hatte – davor war der Stifterchor ebenso unbeachtet wie der Bamberger Reiter –, wurde es zum Topos, die Stifter als «dem Nibelungenliede und Shakespeare verwandt» zu würdigen.[16] Und es blieb auch nicht bei solchen Vergleichen; vielmehr fühlten sich bald etliche Autoren dazu berufen, Handlungen zu ersinnen, innerhalb derer die Positionen der Standbilder hergeleitet werden sollten. So wurde Uta narrativ eingebunden, und das wenige über sie Bekannte schmückte man dramatisch aus.

Am meisten Resonanz fand wohl das 1934 uraufgeführte Theaterstück *Uta von Naumburg*, dessen sonst unbekannter Autor Felix Dhünen sich bald an fast allen größeren Bühnen des Deutschen Reichs gespielt sehen konnte. Mehr als hundertmal wurde das «Schauspiel um die steinerne Frau von Naumburg, die unserer Gegenwart wie alle Steine des hohen deutschen Mittelalters neu zu reden begonnen hat»[17], innerhalb von zehn Jahren inszeniert. Hier, wie auch in etlichen anderen Romanen und Erzählungen, die alle in den dreißiger Jahren publiziert wurden, kreist das Geschehen vor allem um die Kinderlosigkeit von Uta und Ekkehard sowie um deren Verhältnis zueinander. Daß sich Uta ihrem Gatten, dessen Figur direkt neben ihr steht, mit einem hochgeschlagenen Mantelkragen präsentiert, wurde häufig als Zeichen ehelicher Entfremdung gedeutet und direkt mit der mutmaßlichen Unfruchtbarkeit des Paars zusammengebracht. Die Schuldfrage wurde dabei zu Ungunsten von Ekkehard entschieden, und mancher Autor oder Interpret meinte sogar, Uta vor dem harten, in seinen Gesichtszügen etwas brutal wirkenden Ekkehard retten zu müssen. Man gestand ihr also einen romantischen Jüngling als Liebhaber zu, der ihre weibliche Anmut besser zu schätzen versteht als der eigene Mann, oder aber man offenbarte in schmachtenden Versen selbst seine Zuneigung zu diesem «hohen Sinnbild deutscher Frauenwürde».[18]

Utas hochgestellter Kragen konnte in Verbindung mit ihrer aufrechten Gestalt jedoch auch dazu veranlassen, in ihr eine selbstbewußte und selbständige Frau zu erblicken. Daß sie neben Ekkehard steht, wurde dann ausgeblendet, und so erscheint Uta auf vielen Abbildungen allein. Entsprechend wird sie als unnahbar und spröde beschrieben, und die Formulierungen, die man für sie findet, erinnern an Epitheta der griechischen Göttin Artemis: Jungfräuliche Schüchternheit und abweisende Strenge, mädchenhafte Zurückhaltung und distanzierte Fraulichkeit werden Uta gegenüber jeweils zugleich empfunden.

Der Bamberger Reiter und Uta von Naumburg 331

Aus einem Prospekt des Theaters Chemnitz (1934)

Diese ihre Affinität zu einer antiken Gottheit wie überhaupt das Bedürfnis, sie aus dem Figurenzyklus gleichsam herauszulösen, zeugt zudem vom Nachwirken des klassischen Skulpturenideals: Uta wirkt gesammelter, klarer und damit würdevoller als die anderen Stifter, ihr Gesicht ist, ähnlich wie das des Bamberger Reiters, frei von grimassenhaften oder auch nur unruhigen Zügen. So eigneten sich insbesondere diese beiden Figuren zur Idealisierung und ideologischen Besetzung, und zumal auf Fotografien, die sie isoliert zeigen, erscheinen sie geradezu entrückt und erhaben. Daß Utas Nähe zum Typus der Artemis aber auch mit Emanzipiertheit in Verbindung gebracht werden konnte, belegen Äußerungen etwa von Gertrud Bäumer. Als Frauenrechtlerin erblickte sie in Uta «etwas Strenges [...] in all ihrer mädchenhaften Lieblichkeit». Und weiter heißt es bei ihr, Uta erwachse «aus der Lebensgemeinschaft mit dem deutschen Wald, mit langem hartem Winter voll Einsamkeit und Grauen im Finstern, voll Warten und Sehnsucht, Frühlingsstürmen über tauendem Schnee, hart und herb, aber mit innerster Lindheit getränkt».[19]

Dem nationalsozialistischen Frauenideal entsprach eine einsam-kinderlose Uta freilich nicht. Vielmehr versuchte man, sie und ihren Gatten als ein einiges Herrscherpaar zu deuten. Dann galt der abwehrende Mantelkragen nicht dem eigenen Mann, sondern einem gemeinsamen Feind, dem die Frau mit ihren Mitteln trotzt, während der Mann entschlossen sein Schwert umfaßt hält. Der zum Blut-und-Boden-Mystiker konvertierte Expressionist Lothar Schreyer formulierte es 1934 folgendermaßen: «Seite an Seite stehen Mann und Weib, gewappnet für das Leben, Streiter und Bewahrer für das göttliche Gesetz des Lebens, eine Seelenkraft in zwei Leibern, Ekkehard und Uta, aus dem einigen Leibe des deutschen Blutes zwei Seelen, sieghaft im Lebenskampf».[20] Von hier aus bedurfte es nur eines kleinen Schritts, damit auch die nationalsozialistische Volks- und Rassenkunde Eingang in den Westchor fand. Gerne stilisierte man Uta und Ekkehard dann als Erlöser von «welschem Zauber»[21] oder aber als Bollwerk gegen slawisches Untermenschentum. Der namhafte Kunsthistoriker August Schmarsow, der 1892 als einer der ersten den Naumburger Stifterfiguren wissenschaftliche Aufmerksamkeit hatte zukommen lassen, desavouierte sich 1934 mit einer platten Antithese von Uta und ihrer Schwägerin Reglindis, deren Figur im Chor vis à vis von Uta steht und die als einzige lächelnd dargestellt ist. Bei ihr handelt es sich um eine polnische Königstochter, was Schmarsow aufgreift, um Reglindis als «Slawenkind» und «herzlich unbedeutendes Dienstmädchen» zu verhöhnen, dem Uta als «Urbild des Adels» und «herrlicher Kopf mit langen blonden Flechten» entgegenstehe.[22]

Hier, wie auch sonst häufig, wurde der Uta die Rolle einer nordischen Eva übertragen, und als Inbild der deutschen Frau bekam sie häufig den Bamberger Reiter zur Seite gestellt. Dieser wurde gleichsam zum Double Ekkehards, der zu grobschlächtig wirkte, um als arischer Adam in Frage zu kommen. In unzähligen deutschen Wohnstuben hingen seit den dreißiger Jahren also Fotos von Uta und dem Bamberger Reiter traut nebeneinander, und auch sonst wurden beide immer wieder miteinander assoziiert. Noch Jahrzehnte später vergeht kaum ein Tag, an dem das Naumburger Dompersonal nicht von älteren Besuchern um Hilfe gebeten wird, die sich auf der Suche nach dem «Naumburger Reiter» befinden. Auch viele Autoren schrieben über beide Figuren in ähnlichen Worten oder gar in ausdrücklicher Verbindung. So wird am Ende eines Gedichtbands zu Uta auf ein Buch desselben Autors «in gleicher Ausstattung» und unter dem Titel *Der ewige Reiter* hingewiesen. Ferner heißt es dazu: «Der ‹Bamberger Reiter› ist die edelste Verkörperung nordischen Kämpfertums; ihm zur Seite tritt die ‹Uta› aus dem Dom zu Naumburg als tiefstes Symbol der nordischen Frau».[23]

Aber auch in Fritz Hipplers Propagandafilm *Der ewige Jude* (1940) tauchen Uta und der Bamberger Reiter (nicht etwa Ekkehard!) als Paar auf. Sie sollen hier als Gegenbilder zu jüdischer ‹Verfallskunst› wirken und sind im übrigen auch insofern als deutsche Stammeltern in Szene gesetzt, als sie von Adam und Eva der Bamberger Adamspforte sowie von Michelangelos *Erschaffung Adams* und einer gotischen Mariendarstellung eskortiert werden. Die Linie, die sonst zwischen dem Bamberger Reiter und Hitler gezogen wurde, verlängerte sich so nochmals eindrucksvoll. Zugleich wurde Uta, als Partnerin des Reiter-Führers, zu einem gewissen Ersatz für die im Dritten Reich vakante Rolle einer First Lady.

Uta und der Reiter schienen gut zueinander zu passen, weil sie beide, wie es immer wieder hieß, mit dem «ganz deutschen Blick beseelter Fernsucht» ausgezeichnet seien.[24] Während Gertrud Bäumer der Uta attestiert, sie sehe «fernsüchtig und fragend ins Weite, ins Unbekannte, wo das Schicksal und das Wunder aufsteigt»[25], schwärmt nicht nur Hermann Beenken vom «wahrhaft heldischen Antlitz» des Reiters, das «der Blick in die Ferne, der harte, unbeugsame Wille eines Regierers beherrscht».[26] Damit sind auch die zentralen Bedeutungen des ‹Fernblicks› bereits angesprochen: Es ist einerseits ein Blick der Sinnsuche und Heilserwartung, der über die ungeliebte Gegenwart hinausreicht, und es ist andererseits ein lauernder Blick, der eine Expansion der eigenen Machtsphäre vorbereitet. Spiegeln sich darin einmal die gewaltigen Hoffnungen einer nach dem verlorenen Ersten Weltkrieg und dem ‹Schandvertrag› von Versailles zutiefst verunsicherten Nation, so zeugt die Suggestion eines forschen Blicks in die Ferne nicht nur von einem wiedererstarkten, sondern sogar von einem übersteigerten und überheblichen Selbstbewußtsein. Beide Aspekte stehen auch miteinander in Verbindung, sobald nämlich das von der Zukunft erhoffte «Wunder» und der erstrebte neue Lebenssinn gerade in territorialer Ausdehnung oder, allgemeiner, in Machtgewinn gesehen werden. Da diese Verbindung einer nationalsozialistisch geprägten Mentalität geläufig war, ist auch erklärlich, daß das Motiv des ‹Fernblicks› so beliebt wurde. Dabei wird im übrigen nochmals eine Parallele zwischen Parzifal und dem Bamberger Reiter gezogen, wenn ihn etwa der Literaturwissenschaftler Hans Naumann «in innerer, geistiger Entsprechung» zum großen Gralssucher sieht; beider Blick sei «ins Weite gerichtet, wo ein Ziel liegt».[27]

In welchem Ausmaß sich die Deutschen mit Uta und dem Bamberger Reiter identifizierten, zeigt sich auch am Wandel der Beschreibungstopoi unmittelbar nach dem Zweiten Weltkrieg. So wie viele sich selbst halb als schuldig und halb als Opfer fühlten und wie man die Entnazifizierung über sich ergehen lassen mußte, zeigten sich plötzlich auch die Stifterfiguren und der Reiter als sühnebereite, demütige Gestalten. So heißt es etwa 1947: «Die seelische Grundhaltung dieser Figuren [...] ist die eines tiefen Ernstes, wie er solchen zukommt, die vor ihren Richtern stehen».[28]

Uta und der Reiter wurden infolge der deutschen Teilung gleichsam auseinandergerissen und befanden sich auf einmal in zwei gegensätzlichen Staatssystemen. Dennoch verlief ihre Rezeptionsgeschichte weitgehend parallel. Zwar gab es in der DDR Ansätze, die realistisch gestalteten Stifterfiguren als Vorläufer eines sozialistischen Realismus zu würdigen, und das Thema ‹Klassenkampf› wollte man bereits in der Anordnung der Figuren im Westchor entdecken, doch fanden solche Ambitionen keine Resonanz. Sie waren vielleicht auch zu wenig vorbereitet, da sich die politische Linke in den zwanziger und dreißiger Jahren nicht an der Gotik- und Mittelalter-Begeisterung beteiligt und den nationalistisch-heilssuchenden Richtungen die Deutungshoheit kampflos überlassen hatte. Im Westen gab es nach dem Zweiten Weltkrieg umgekehrt ein paar eher halbherzige Bemühungen, Uta zum Symbol der deutschen Einheit zu erklären, während der Bamberger Reiter immer noch zu neuen Identifizierungsversuchen anregte. Aber Anzahl und Emphase beider Beschreibungen nehmen im Verlauf der fünfziger Jahre ab, um nochmals ein Jahrzehnt später endgültig zurückzugehen. Andere Medienhelden, aus dem Film, der Popkultur oder dem Sport, traten auf den Plan, und die Werte, die Uta und der Bamberger Reiter zu repräsentieren hatten, büßten an Geltung ein. Das Streben nach einer Normalität, das im Westen wie im Osten nun vordringlich war, stand der Beschwörung von Wunder und Transzendenz, von Erhabenheit und Ausnahmezustand entgegen.

Am Umgang mit dem Bamberger Reiter und mit Uta verwundert am meisten die gewaltige Amplitude zwischen Desinteresse und Begeisterung. Wie ist es möglich, daß etwas, das für ein paar Jahrzehnte zur nationalen Ikone werden konnte, davor jahrhundertelang unbeachtet geblieben war und auch mittlerweile schon wieder fast vergessen ist? So sehr der Bamberger Reiter und Uta Orte deutscher Identität sein mögen, so wenig sind es doch Symbole, die die deutsche Geschichte über längere Zeit hinweg begleitet haben. Was ihnen deshalb fehlt, ist eine langsam gewachsene, vielschichtige Bedeutung; vielmehr beschränkt sich die Faszination an diesen Figuren auf kaum mehr als eine einzige Generation, die einseitig ihre adventistisch-völkischen Ideen mit ihnen verband. Andererseits war die Rezeption in ihrer Kürze aber auch so heftig und aufgeregt, so total und totalitär, daß andere Formen des Umgangs kaum noch möglich scheinen.

Eva Hahn/Hans Henning Hahn

Flucht und Vertreibung

«Man kann das 20. Jahrhundert auch als das Jahrhundert der Flüchtlinge und Vertreibungen bezeichnen. Die schreckensvollste und am besten dokumentierte Vertreibung war wohl die Vertreibung der Deutschen aus Ost-, Ostmittel- und Südosteuropa. Mehr als 12 Millionen zogen seit Herbst 1944 ins Elend, in Armut und Heimatlosigkeit. Sie flüchteten vor der über die Grenzen des Deutschen Reiches flutenden Roten Armee oder kamen nach Kriegsende als Ausgewiesene und Vertriebene aus Pommern, Ostpreußen, Schlesien, aus dem Sudetenland, sowie aus anderen deutschen Siedlungsgebieten. Mehr als zweieinhalb Millionen starben auf dem Weg nach Westen. Sie verhungerten, erfroren, wurden erschossen, erschlagen. Die Überlebenden kamen in ein Deutschland, das die Bestimmung über sich selbst verloren hatte. Seine Gegner verfügten über Land und Volk, die Sieger klagten an und sprachen Recht. Gewaltig war das Ausmaß der Zerstörung. Hunger, Krankheit und Tod gingen unter den geschlagenen Deutschen um. Die hereinströmenden Massen an Flüchtlingen und Vertriebenen stellten eine Belastung dar, die kaum zu bewältigen war.»[1]

So erinnerten im Jahre 1995 die Autoren einer Dokumentation über «Aufnahme, Eingliederung und Wirken der Vertriebenen im Landkreis Traunstein nach 1945» an deren Ankunft in Bayern ein halbes Jahrhundert zuvor. In der *Frankfurter Allgemeinen Zeitung* klagte gleichzeitig einer der Herausgeber, Johann Georg Reißmüller, nur wenige deutsche Politiker seien bereit, zum Gedenken an die Vertriebenen aufzurufen, «daß im Gedächtnis der Nation auch die ungezählten Deutschen einen Platz haben, die am Ende des Krieges und nach dem Krieg von massenmordender Hand starben».[2] Und in der Zeitschrift *Aus Politik und Zeitgeschichte* bezeichnete zur gleichen Zeit Alfred Theisen die Vertreibung der Deutschen als «ein verdrängtes Thema».[3]

Und dennoch: Kaum eine andere kollektive Erinnerung wurde mit so viel Nachdruck in der Bundesrepublik gehegt und gepflegt wie die an «Flucht und Vertreibung», sei es in Sonntagsreden von Politikern aller Couleurs oder durch die finanzielle Unterstützung ihrer Opfer, ihrer Vereine und Verbände, ihrer Denkmale und Publikationen, von wissenschaftlich konzipierten Dokumentationen bis zu unzähligen Broschüren und repräsentativen Erinnerungsbänden. «Flucht und Vertreibung» ließen sich als ein *lieu de mémoire* par excellence in der deutschen Nachkriegsgeschichte dokumentieren – wenn dem mit soviel Aufwand staatlich gepflegten Erinnerungsort wenigstens im Ansatz politisch und kulturell gesamtgesellschaftlich übergreifende Elemente zugrunde lägen. Mit Aleida Assmann könnte man sagen, daß «Flucht und

Vertreibung» bisher einen «traumatischen Ort» darstellen, daß sie sich nach wie vor einer «affirmativen Sinnbildung versperren».[4] Es mangelte nicht an Worten, um «Flucht und Vertreibung» einen festen und wichtigen Ort als Denkmal in der nationalen Erinnerungslandschaft zu sichern, aber noch ist kein Gedenkort gefunden worden, der normativ besetzt und daher für eine kollektive Sinnstiftung in Anspruch genommen worden wäre. Es mangelt an gemeinsamer Sprache für die Artikulation der Erinnerungen, an symbolischer Repräsentation, die zwischen den damals direkt Beteiligten und ihren Mitbürgern und Nachkommen vermittelnd wirken könnte.

1. Die «Flüchtlinge und Vertriebenen»

«Taucher könnten unseren Fluchtweg rekonstruieren; auf dem Grund des Haffs und der Ostsee, von Fischen bewohnt, von Seepocken beschlagnahmt und besiegt vom Rost, liegen noch heute die unzähligen Zeugen unseres verzweifelten Zuges nach Westen, kolossale Findlinge der Not, Wegzeichen selbstverschuldeten Unglücks, die erbarmungslose Antwort der Gewalt, die wir selbst gesät hatten; ach, wie oft bin ich hinabgestiegen in die Lichtlosigkeit, in dieses Schweigen, hinab zur unterseeischen Todesspur, um mir die unfaßbare Sinnlosigkeit der Opfer bestätigen zu lassen.»[5]

Siegfried Lenz läßt seinen Romanhelden Zygmunt Rogalla die Erinnerungen an den Untergang eines Schiffes erzählen, wie auf der Flucht seine letzten Familienangehörigen vor seinen Augen den Tod fanden; seine Frau und sein Kind wurden schon zuvor vom ihm getrennt, und auch sie sah er nie wieder. Es ist eine der eindrucksvollsten literarischen Darstellungen des unermeßlichen Leids, das die «Flüchtlinge und Vertriebenen» erlebten, bevor sie ihre Zufluchtsorte in Deutschland fanden. Authentische Bilder als Zeugnisse dieser Schicksale, Photographien oder Filme, sind nur wenige vorhanden. Über «Flucht und Vertreibung» wurde vor allem geschrieben: autobiographisch, literarisch, essayistisch oder wissenschaftlich, und immer begegnen wir den Versuchen, das Traumatische zu schildern, sei es in den Beschreibungen sinnloser Gewalt, der endlosen Kolonnen und Transporte von Menschen ins Unbekannte. Das Gedächtnis an «Flucht und Vertreibung» ist vor allem ein schriftliches Gedächtnis, das Erinnern war vor allem die Suche nach Worten.

Wo der Anfang und wo das Ende des Ereignisses «Flucht und Vertreibung» anzusetzen sei, ist umstritten. Die Ankunft der «Flüchtlinge und Vertriebenen» in Deutschland selbst war jedenfalls keine Stunde Null, nach der sie ihre Erinnerungen an die soeben erlebten traumatischen Erfahrungen wie auf ein weißes Blatt aufzuschreiben begonnen hätten. Als sie ankamen, waren zumindest die Erwachsenen unter ihnen keine geschichtslosen Objekte fremder Gewalt gewesen. Sie brachten unterschiedliche Erinnerungen an ihre «Heimat» und an die «Flucht und Vertreibung» mit und nahmen ihre neue Umwelt unterschiedlich wahr. Die Zeit des Neuanfangs wirkte bei der Spurensicherung des einsetzenden Erinnerns konstitutiv mit, und es war keine gute Zeit für die «Flüchtlinge und Vertriebenen». Sie begegneten keiner mitfühlenden und vom Verständnis für das menschliche Leid aufgeschlossenen Gesellschaft. Depraviert, mittellos, entwurzelt waren die «Flüchtlinge» oder «Neubürger» in den Westzonen allerorts präsent, wenn sie auch kaum willkommen waren und nicht als Opfer eines Unrechts hilfsbereit wahrgenommen wurden: «Am Anfang stand die Schleuse der Lager, Ortschaften, deren Namen man nie gehört hatte, die nun in Schrecken versetzten: Wasseralfingen oder Pasing, Durchgänge für von Krätze Befallene, der Aussatz der Transporte, die Entlausung war mittlerweile zum Ritual geworden, auch die Typhusspritze in die Brust. [...] Zögernd und unter vielfältigen Widerständen vereinten sich Ost und West, oft trat Haß unverhüllt zutage, dem Verständnis wurde nicht nachgeholfen. Was sollten sie denen erzählen, die besaßen?»[6]

Was Peter Härtling 1967 in seiner Erzählung *Die Flüchtlinge* mit der kühlen Sachlichkeit des Details andeutete, bringt die Misere der «Flüchtlinge und Vertriebenen» unverblümt zum Ausdruck. Die begleitende Reflexion der Hilf- und Verständnislosigkeit verrät den Gegenwartsbezug der Schilderung von Erinnerungen, die Härtling längst hinter sich gelassen hatte, als er sie niederschrieb. Andere schilderten ihre emotionalen Befindlichkeiten aus der Zeit des Neuanfangs pathetisch, verbittert und in der aus dem Dritten Reich gewohnten Rhetorik: «Nach dem Zusammenbruch des Dritten Reiches traf der aufgestaute Haß mit voller Wucht die Sudetendeutschen – ob sie persönlich Schuld auf sich geladen hatten oder nicht. Das Drama der Austreibung rollte mit apokalyptischen Szenen ab. Für mich war – neben dem Verlust von Stellung und Heimat und dem Elend der Familie – das Schlimme daran, daß das alles von vielen, sogar von Deutschen im Reich, als gerecht empfunden wurde: ‹Hättet ihr euch mit den Tschechen vertragen, so wäre euch das nicht passiert!›. So konnte man es von Ahnungslosen hören. Solche Leute konnte ich wirklich hassen – mehr als die Tschechen, die mir bei all ihrer Barbarei doch einem bei allen Völkern angelegten Verhaltensmuster zu folgen schienen.»[7]

Insgesamt gehören die Erinnerungen an den Neuanfang bisher kaum zum deutschen kommunikativen Gedächtnis von «Flucht und Vertreibung», obwohl das Leid der Opfer im Augenblick des Neuanfangs davon kaum zu trennen ist. Der Begriff «Vertriebene» ist in großen Teilen der deutschen Gesellschaft bis heute negativ besetzt, und die «Vertriebenen», die sich als eine Belastung vorkamen, «die kaum zu bewältigen war»[8], und über das mangelhafte Gedenken ihrer Opfer klagen, drücken damit den fortdauernden Mangel an emotionaler Verwurzelung und Gemeinsamkeit mit ihren neuen Mitbürgern aus. Der Beginn des kollektiven Erinnerns an «Flucht und Vertreibung» war dabei nicht nur von wirtschaftlich ungünstigen Umständen in Nachkriegsdeutschland belastet. Der englische Feuilletonist George Mikes wies im Frühjahr 1952 mit der Bezeichnung «race hatred» auf einen noch ganz anderen mentalen Begründungszusammenhang hin. Während seiner Reise in der Bundesrepublik beobachtete er damals auch die Einstellung gegenüber Flüchtlingen und Vertriebenen («There is not much brotherly love wasted on the refugees») und kam zu der folgenden Schlußfolgerung: «It is probably a favourable turn of events that German race hatred, or animosity, is turned against other Germans. [...] the Germans seem to be in need of discharging a certain amount of race hatred just as a car must discharge poisonous gases. It is much better if they discharge these gases on the home market.»[9]

Der Mangel an Mitgefühl für das individuell erlebte Leid der Flüchtlinge und Vertriebenen erleichterte die politische Instrumentalisierung ihrer Depravation. «Die hereinströmenden Massen an Flüchtlingen und Vertriebenen» sind keineswegs mit allen Deutschen gleichzusetzen, die vor dem Zweiten Weltkrieg im östlichen Teil Europas lebten und ihre Heimat dort verloren. Der Begriff «Flüchtlinge und Vertriebene», wie er sich im allgemeinen Sprachgebrauch der deutschen Nachkriegsgesellschaft eingebürgert hat, bezeichnet nur einige von ihnen: Jene Flüchtlinge, die ihr Leben durch die Flucht vor dem nationalsozialistischen Regime retten konnten, pflegt man nur selten so zu nennen. Die meisten jener westdeutschen «Neubürger», die am organisierten kollektiven Erinnern der «Flucht und Vertreibung» nicht teilgenommen haben, ob aus persönlichen Motiven oder politischen Gründen, bekannten sich meist auch nicht zu der Vertriebenen-Identität. Die Vertriebenenpolitiker rekrutierten sich nie aus dem linken Spektrum des politischen Lebens, und es gab nur wenige Sozialdemokraten unter ihnen. Werke vieler deutschen Nachkriegsschriftsteller, die selbst aus Osteuropa stammen und die «Flucht und Vertreibung» anhand ihrer persönlichen Erinnerungen beschrieben haben, Peter Härtling, Siegfried Lenz oder Horst Bienek etwa, werden keineswegs zur «Vertriebenenliteratur» gezählt. Wenn man von «Flüchtlingen und Vertriebenen» spricht, denken die meisten Deutschen heute nur noch an diejenigen «Vertriebenen», die seit der Gründung der Bundesrepublik Deutschland von den sog. Vertriebenen-Verbänden repräsentiert wurden und die sie von Zeit zu Zeit in bunten Trachten als Publikum der sogenannten Vertriebenenpolitiker auf dem Bildschirm zu sehen bekommen (inzwischen meist nur noch bei der Berichterstattung über das alljährliche Pfingsttreffen der Sudetendeutschen).

Der Begriff «Flüchtlinge und Vertriebene» ist keine deskriptive Bezeichnung, sondern die Konstruktion einer ganz bestimmten und umstrittenen Form der Erinnerung, die in den westlichen Besatzungszonen, vor allem aber in der Bundesrepublik mit der Unterstützung aller im Bundestag vertretenen Parteien und dementsprechend mit staatlicher Förderung in den fünfziger Jahren entwickelt und seitdem gepflegt wurde. Die westdeutsche Vergangenheits- und Erinnerungspolitik schuf mit großem Aufwand den Erinnerungsort «Flucht und Vertreibung» und bemühte sich um seine Verankerung im kollektiven Gedächtnis der westdeutschen Nachkriegsgesellschaft. Der Beginn des deutschen Erinnerungsortes «Flucht und Vertreibung» ist also nicht im Ereignis selbst zu suchen, der Erinnerungsort entstand auch nicht aus einem freien «Spiel» der Erinnerungen, sondern ist das Ergebnis einer ganz konkreten Erinnerungspolitik nach der Ankunft der aus Osteuropa geflüchteten und vertriebenen Deutschen in den westlichen Besatzungszonen.

Juristisch wurden durch das Bundesvertriebenengesetz von 1953 aus den meisten «Flüchtlingen», wie bis dahin alle «Neubürger» genannt wurden, behördlich ausgewiesene «Vertriebene». Ein «Vertriebener» zu werden bedeutete also, einen Status zu erlangen, der erblich auch allen Nachkommen zugeschrieben wurde, so daß schon dreißig Jahre später rund ein Drittel der Vertriebenen nach 1949 geboren waren.[10] Dementsprechend gab Rainer B. Jogschies seinem Essay, in dem er 1985 die bürokratisch erstarrte Praxis beschrieb, die sich der kollektiven Erinnerung an «Flucht und Vertreibung» in der Bundesrepublik bemächtigte, den Titel «Stempel drauf und fertig: Wie man heute Heimatvertriebener wird».[11]

Der von diesen «Vertriebenen» gepflegten kollektiven Erinnerung bemächtigten sich bald die politisch Erfahrenen unter ihnen, mit denen jedoch die zum Nationalsozialismus in Opposition stehenden Kreise kaum Verbindungen hatten. Wurden den aus dem völkisch-nationalsozialistischen Milieu stammenden Vertriebenenpolitikern von den Besatzungsmächten zuächst noch einige Barrieren auferlegt, so konnten sie nach der Gründung der Bundesrepublik 1949 ihre Bestrebungen ungehindert entfalten. Der neue Staat nahm sich ihres politischen Anliegens bereitwillig an und unterstützte die vom völkischen Milieu ausgehende Konstruktion des Erinnerungsortes «Flucht und Vertreibung», an der sich bald meist nur noch die in den Vertriebenenverbänden Organisierten beteiligten. Die «anderen» hatten «andere» Erinnerungen.

Angesichts der emotionalen Befindlichkeiten der deutschen Nachkriegsgesellschaft überrascht es kaum, daß die persönlichen Erfahrungen der Flüchtlinge und Ausgewiesenen bei der Konstruktion des Erinnerungsortes «Flucht und Vertreibung» nur in geringem Maße Objekte des öffentlichen Interesses waren: «Die Bilder des Schreckens von Vertreibung, Massentötungen, systematischen Vergewaltigungen und anderen Gewaltverbrechen gegen die Zivilbevölkerung rufen bei Millionen vertriebenen Deutschen traumatische Erinnerungen wach. Sie denken dabei nicht nur an persönlich erlittenes Leid, sondern auch an die tiefen kulturhistorischen und zivilisatorischen Wunden, die Deutschland und Europa mit der Vertreibung von Deutschen zum Ende des Zweiten Weltkrieges zugefügt worden sind.»[12] Die «kulturhistorischen und zivilisatorischen Wunden» gewannen in der öffentlichen Rhetorik bald die Oberhand, die Leidenszeit der einzelnen Vertriebenen wurde weitgehend ihnen selbst überlassen.

2. Von der «Heimatkultur» zur «Heimatpolitik»

«Den Toten der Heimat» – so lautet die Aufschrift an einem auf dem Friedhof von Hochheim am Main am 25. März 1951 eingeweihten über zwei Meter hohen Steinkreuz. Die dortige Ortsgruppe des Kreisverbands der Heimatvertriebenen e. V. lud am Ostersonntag alle «Heimatvertriebenen und Einheimischen zur Gedächtniskreuzfeier für die Gefallenen und Verstorbenen der Heimat» ein, und einige hundert Hochheimer waren anwesend.[13] Obwohl in dieser hessischen Kleinstadt seit dem letzten Jahrhundert ein «Heimatmuseum» zu den Sehenswürdigkeiten zählt, mißversteht heute kein Friedhofbesucher, um welche «Heimat» es beim Anblick des schlichten Steinkreuzes geht. Zwischen der Hochheimer Heimat und der «Heimat» gibt es einen Unterschied, der seit dem Kriegsende jedem Deutschen vertraut ist. «Die Toten der Heimat», denen beim Anblick des Kreuzes zu gedenken ist, sind keineswegs die toten Hochheimer, sondern die Toten der «Flüchtlinge und Vertriebenen». Rainer Münz und Rainer Ohliger schätzen, daß in den fünfziger und sechziger Jahren 400 bis 500 solche Denk- und Mahnmäler errichtet wurden.[14] Die Ehrenmale wurden zum «Gedenken der Toten in der Heimat» errichtet, sollten aber an alle «deutschen Väter und Söhne erinnern, die in den deutschen Ostgebieten gefallen sind», und dienten nicht nur der Erinnerung, sondern stellten die Verpflichtung dar, den Kampf um die Heimat nicht aufzugeben.[15]

Die «Heimat», wie sie gegen Ende des 19. Jahrhunderts konstitutiv für die Entstehung des Milieus der «Heimatkultur» geworden ist, wurde in Westdeutschland nach dem Kriegsende von den «Flüchtlingen und Vertriebenen» in Beschlag genommen. Die neue Bedeutung des Wortes «Heimat» implizierte die «verlorene Heimat im deutschen Osten». Der Begriff «Heimat» stand von nun an nicht mehr für eine individuelle emotionale Bindung an einen Ort, sondern verwandelte sich in das Medium des kollektiven Erinnerungsortes «der deutsche Osten». Als die Vertriebenen noch keineswegs auch nur gewissen Mindestanforderungen entsprechend untergebracht waren, als es noch keine Kreuze und Mahnmale gab, um die sich die traumatisierten Neubürger hätten sammeln können, und als Papier noch zu knapp war, als daß sie ihm ihre Erfahrungen hätten anvertrauen können, benützte man sie schon, um Informationen über den «Osten» zu sammeln. Die im Frühjahr 1946 gegründete «Arbeitsgemeinschaft für Ostfragen» in Bad Nenndorf machte aus ihren politischen Motiven kein Hehl:

«Landsleute! Die Erfassung und Sicherung dieses geschichtlichen Materials ist von entscheidender Bedeutung im Kampf durch Wort und Schrift um unsere Heimat. An uns allen liegt es, ob endgültig Schweigen und Vergessen über unsere Vertreibung, Not und Tod unserer Angehörigen herrschen wird, oder ob die Welt eines Tages das Unrecht von Potsdam und Yalta revidieren wird.

«Den Toten der Heimat». 1951 eingeweihtes Steinkreuz auf dem Hochheimer Friedhof

Daher betrachte jeder diese Aufgabe als seine persönliche Verpflichtung gegenüber der Heimat.»[16]

Die persönlichen Erinnerungen an das erlebte Leid und den Heimatverlust mischten sich von Anfang an mit dem konstruierten Kontext des kollektiven Verlustes des «deutschen Ostens», die einzelnen Opfer von «Flucht und Vertreibung» wurden so zum Instrument revisionistischer Politik. Die «Heimatvertriebenen» als Träger der erfolgreichen Vertriebenenpolitiker erhielten quasi eine Gedächtniskonstruktion, deren Objekt nicht ihr erlebtes Leid, sondern der «deutsche Osten» war. Zwar war der Erinnerungsort «Flucht und Vertreibung», wie er von den Vertriebenenpolitikern mit politischer und staatlicher Unterstützung in der Bundesrepublik konstruiert wurde, von Anfang an umstritten, er konnte jedoch seine oktroyierte zentrale Stellung im kollektiven Gedächtnis der deutschen Nachkriegsgesellschaft bis heute behaupten.

3. Deutsche Heimat im Osten

Unter dem Titel *Deutsche Heimat im Osten* wurde im Herbst 1950 in Berlin eine Ausstellung gezeigt, die später als Wanderausstellung in zahlreichen weiteren Städten zu sehen war. Das Bundesministerium für gesamtdeutsche Fragen unterstützte dieses Unternehmen und steuerte auch einen Begleitband bei. Der «Osten» meinte damals keineswegs die DDR, sondern stand für «die zum Deutschen Reiche gehörenden Gebiete östlich der Oder-Neiße-Linie, die seit Kriegsende, seit Potsdam, unter fremder Verwaltung stehen und deren deutsche Bewohner aus ihrer Heimat vertrieben worden sind». Das wohl damals im Gedächtnis zumindest eines Viertels der westdeutschen Bevölkerung als persönliche Erinnerung präsente Ereignis der «Flucht und Vertreibung» stand jedoch keineswegs im Mittelpunkt der Ausstellung. Vielmehr ging es um eine Erinnerung an den vermeintlich rein deutschen Charakter der «verlorenen» Gebiete. Die Ausstellung diente als Beweisführung für eine klar formulierte Aussage: «Thematisch umschließt es alle Bereiche des Lebens, soweit sie der Gestaltung durch den Menschen zugänglich sind. Und auf allen Gebieten zeigt es sich, daß dieses Land deutsch ist, seit der Pflug des deutschen Bauern es in Ackerland verwandelt, seit das Wort Gottes in deutscher Sprache in Klöstern und Kirchen verkündet wurde, seit deutsches Recht das Leben seiner Bewohner regelte, seit abendländische Kultur und Gesittung hier Geltung gewannen und zu hoher Blüte gelangten. Dies alles geschah auf einem unentwickelten, nahezu geschichtslosen Boden [...].»[17]

Von «der deutschen Leistung im Preußenland» über «die bildende Kunst des deutschen Ostens» und die «ostdeutsche Landwirtschaft» bis zu «Handwerk und Industrie des deutschen Ostens» – mit Bildern zu diesen Themen sollte die Ausstellung das «Deutschtum» des «Ostens» illustrieren. An den Zweiten Weltkrieg sowie an «Flucht und Vertreibung» erinnerte nur das Gedicht *Die Ausgewiesenen* von Ernst Wiechert (1887–1950), dessen Werke laut *FAZ* von 1980 «zum Absonderlichsten, was die deutsche Literatur im Dritten Reich hervorbrachte», gehören.[18]

Der völkisch-revisionistischen Darstellung der «deutschen Heimat im Osten» wurden seine von naiver Sentimentalität geprägten Verse hinzugefügt, die alle Bestandteile des Erinnerungsortes zum Ausdruck brachten (Besitz- und Heimatverlust, das Leid von «Flucht und Vertreibung», die Desorientierung, Verständnislosigkeit der Umwelt, Hilflosigkeit und Hoffnung). Die gewollt einfache literarische Form in der Tradition der deutschen «Heimatkultur» und mystischer «Innerlichkeit» konservierte die Erinnerung der Hilflosen und gab sich «unpolitisch», war es aber keineswegs.

Diese Form kollektiver Vereinnahmung der von Einzelnen verlorenen Heimatbindungen, geprägt auch durch den Verlust ihres persönlichen Besitzes und Vermögens, wurde zunehmend von intensiver politischer Instrumentalisierung begleitet. Das Leid einzelner Menschen sollte als Argument dienen für die Bestrebungen deutscher Politiker, den «deutschen Osten» wiederzugewinnen, d. h. für die Bemühungen um die Revision der zum Kriegsende in Jalta und Potsdam getroffenen Vereinbarungen über die neue Grenzziehung Deutschlands. Auch die einmalig umfangreiche Dokumentation, die für die einen ein schriftliches Mahnmal zur Erinnerung an das Leid von «Flucht und Vertreibung» bedeutete, diente anderen als Vorbereitung der Unterlagen für die damals erwarteten Verhandlungen über einen Friedensvertrag zwischen den Alliierten und Deutschland.

Mit der *Dokumentation der Vertreibung der Deutschen aus Ost-Mitteleuropa*[19] wurde in den Jahren 1951–1961 «das früheste und größte Großforschungsvorhaben der Anfangsjahre der Bundesrepublik» verwirklicht. Das Projekt war nicht auf eine private Initiative von Vertriebenen zurückzuführen, an seiner Wiege stand vielmehr die politische Initiative führender deutscher Nachkriegspolitiker Pate: Getragen von der Bundesregierung, federführend das Bundesministerium für Vertriebene, Flüchtlinge und Kriegsgeschädigte, wurden auf insgesamt 5000 engbedruckten Seiten unter Beteiligung namhafter deutscher Historiker dreier Generationen individuelle Zeugnisse des erlittenen Leids zusammengetragen – mit umfangreichen politisch-diplomatischen Ergänzungen, damit Deutschland über ein unanfechtbares Dokument verfüge.[20] Trotz der klaren politischen Zielsetzungen schuf das Projekt eine einmalig umfassende Grundlage für das Speichergedächtnis an «Flucht und Vertreibung»: eine Sammlung von Berichten, an der keine Erinnerungsarbeit stillschweigend vorbeigehen kann. Die im Dienste der Politik stehende Wissenschaft schuf hier ein Denkmal in neuer Form von dauerhafter Bedeutung, als es auch die schwersten und größten Steinquader je hätten darstellen können.

Der «deutsche Osten», zu dessen Wiedergewinnung der in dieser Weise konstruierte Erinnerungsort «Flucht und Vertreibung» beitragen sollte, mußte aber keineswegs erst nach dem Zweiten Weltkrieg erfunden werden. Als sich die diese Form von kollektiver Erinnerung tragenden Organisationen der Vertriebenen konstituierten, hatte der «deutsche Osten» schon lange, nämlich seit dem ausgehenden 19. Jahrhundert, als ein fester Bestandteil der deutschen nationalen Identität existiert. Die Vorliebe für die sogenannte Dokumentation deutscher Leistungen im Osten zeigt etwa der 1936 erschienene repräsentative Band *Der deutsche Osten. Seine Geschichte, sein Wesen und seine Aufgabe*, in dem besonders das nationalsozialistische Interesse an diesem Thema betont wurde: «Der deutsche Osten ist in den letzten Jahren Gegenstand eines mächtig anwachsenden Schrifttums geworden, das uns heute gestattet, über viele Fragen Auskunft zu erhalten, über die unsere Väter ahnungslos hinwegsahen [...].»[21]

Der Band selbst, über 600 Seiten stark, wissenschaftlich konzipiert und mit zahlreichen Karten und Abbildungen ausgestattet, ähnelt in vieler Hinsicht dem 1959 erschienenen und 1000 Seiten umfassenden Band *Das östliche Deutschland. Ein Handbuch*. Beide Bände behandeln das gleiche Grundproblem: Wie zieht man Grenzen in der «vorhandenen volkstumsmäßigen Gemengelage»[22] des «deutschen Ostens»? Gemeinsam war den Autoren beider Bände die Überzeugung, daß die Sieger des Ersten Weltkriegs 1918/19 ungerechte Entscheidungen getroffen hatten, ebenso wie die Vorstellung, daß erst «durch Vermittlung der Deutschen» das «östliche Deutschland zu einem wesentlichen Träger deutscher und abendländischer Kultur geworden war».[23] Unterschiede sind vor allem in der thematischen Schwerpunktsetzung festzustellen: Während 1936 das «Volkstum» ausführlich behandelt wurde, wird nach dem Krieg die Betonung auf das Völkerrecht gelegt. Die Zielsetzung änderte sich damit jedoch keineswegs. Wo vor dem Krieg politische Ansprüche im Namen des «deutschen Volkstums» angemeldet worden waren, forderte man nun das gleiche im Namen des «Rechts auf Heimat» für die geflüchteten und vertriebenen Deutschen. Die elaborierte Proklamation des «Rechts auf Heimat» stellt so die logische Schlußfolgerung der Konstruktion des Erinnerungsortes «Flucht und Vertreibung» dar.

Mit den Vertriebenen erhielt der Mythos vom «deutschen Osten» zwar kaum neue Formen, aber eine neue Trägerschicht innerhalb der deutschen Gesellschaft. Und war Schlesien oder Ostpommern den Ostfriesen, Rheinländern oder den Bayern vor der «Flucht und Vertreibung» nur ein rhetorischer Mythos, so wurde es mit der Ankunft der Heimatvertriebenen in der Bundesrepublik für jeden Deutschen zu einer hautnahen Wirklichkeit: Es war zwar verloren, aber es war da, inmitten der deutschen Gesellschaft. Diese Veränderung machte es möglich, daß all das, wovon die Ideologen des «deutschen Ostens» zuvor nie hätten träumen können, in Nachkriegsdeutschland zur Realität wurde: Nicht nur die Lehrer, Pfarrer und Bauern aus dem «Osten» als stumme Wissensträger waren da, sondern auch die unzähligen Akademiker, Journalisten, Heimat- und Volkstumsforscher, Gymnasial- und Hochschulprofessoren wetteiferten nun als Autoren, Vortragende, Tagungsteilnehmer und Publikum um die medienpolitische Popularisierung des «deutschen Ostens» in der Bundesrepublik der fünfziger und sechziger Jahre.

In den frühen fünfziger Jahren wurden ministerielle Erlasse und parlamentarische Beschlüsse gefaßt und verkündet, Institutionen errichtet sowie Bücher und Broschüren in einem heute kaum vorstellbaren Ausmaße produziert, um jedem Bundesbürger vom frühesten Schulalter an Kenntnisse über den «deutschen Osten» zu vermitteln. Die Anwesenheit der «Heimatvertriebenen» in der westdeutschen Gesellschaft diente dabei als eine plausible Begründung, warum die Popularisierung des «deutschen Ostens» nicht mehr als Anliegen eines bestimmten Teils des deutschen politischen Spektrums anzusehen sei, sondern als Ausdruck einer gesamtdeutschen Verbeugung vor den Opfern von «Flucht und Vertreibung». Vieles von den damaligen Aktivitäten, «Flucht und Vertreibung» ebenso wie die «deutsche Heimat im Osten» zum festen Bestandteil des deutschen nationalen Gedächtnisses zu machen, gehört längst nur noch dem Speichergedächtnis an. Manches veränderte die deutsche Erinnerungslandschaft nachhaltig, wie etwa die in Folge der Richtlinien des Deutschen Städtetags vom 13. 12. 1953 für die Pflege ostdeutscher Kulturwerte und für die kulturelle Betreuung von Heimatvertriebenen umbenannten Straßennamen: In jeder Gemeinde sollte «wenigstens eine bedeutsame Straße oder ein bedeutsamer Platz oder ein öffentliches Gebäude (insbesondere Schulen) oder ein Teil eines öffentlichen Gebäudes (Säle) einen an Ostdeutschland erinnernden Namen tragen (Namen einer ostdeutschen Persönlichkeit, Namen eines ostdeutschen Ortes oder einer ostdeutschen Landschaft)».[24] Außerdem wurden unzählige Institutionen zur Pflege des ostdeutschen Kulturerbes errichtet (von deren Reform zu sprechen erst Ende der neunziger Jahre ein Bundesminister wagte), Ostlandkreuze an den Friedhöfen aufgestellt, wurde Ostlandkunde im Unterricht eingeführt und Ostforschung in der Wissenschaft gefördert. Politiker aller Couleurs nahmen dabei stets Bezug auf «Flucht und Vertreibung», als handele es sich bei der Erinnerung an den «deutschen Osten» um die Erinnerung an «Flucht und Vertreibung», um das erlittene Leid der Vertriebenen und nicht um Variationen auf alte Themen der großdeutschen nationalen Rhetorik.

Die altneuen Traditionen einer vermeintlichen kulturellen Überlegenheit der Deutschen erlaubten es nicht, das multikulturelle Zusammenleben mit Polen und Tschechen zum Bestandteil des Erinnerungsortes «Flucht und Vertreibung» werden zu lassen. Gerade diese Traditionen wirkten auch dann noch fort, als der Mythos vom «deutschen Osten» schon nachhaltige Wandlungen erfahren hat und also in den neunziger Jahren weder von der «deutschen Heimat im Osten» noch vom «deutschen Osten» die Rede ist, sondern man das Schlagwort «Deutsche im Osten» bevorzugt und es keineswegs mit politischen Anspruchshaltungen, sondern ausschließlich mit Erinnerungen assoziiert. Die Rhetorik von «deutscher Leistung» und «kultureller Überlegenheit» bleibt jedoch ungebrochen bestehen.

Deutsche im Osten. Geschichte, Kultur, Erinnerungen hießen eine Ausstellung des Deutschen Historischen Museums in Berlin und der 1994 erschienene Begleitband. Das Deutsche Historische Museum habe allerdings auch diesmal nicht aus museal begründetem Interesse an Erinnerung gehandelt, sondern sei «den Anregungen aus dem deutschen Parlament gefolgt, weil es sich eine breitere Öffentlichkeit für das Gespräch über die Vergangenheit der Deutschen im Osten wünscht – in der Bundesrepublik wie zwischen ihr und den östlichen Nachbarstaaten».[25] Erinnert man sich an frühere Variationen zu diesem Thema, fällt diese Darstellung vor allem durch ihre Friedfertigkeit und das offensichtliche Bemühen um ein respektvolles Verhältnis zu den osteuropäischen Völkern auf. Der «deutsche Osten» wird nicht mehr als nur «deutsch» präsentiert (zwei der zehn Beiträge im Begleitband befassen sich mit der jüdischen Geschichte, die im Mythos vom «deutschen Osten» früher keinen Raum hatte). Die «Deutschen im Osten» werden inzwischen eindeutig der Vergangenheit zugeordnet, eine deutsche «Leistungsschau» bleibt als die Form der hier präsentierten Erinnerung jedoch nach wie vor erhalten – und deutliche Spuren der früheren Kulturträger-Identität der Vertriebenen ebenfalls: «Als Bauern, Handwerker und Kaufleute waren die Deutschen in die Böhmischen Länder gekommen. Als Arbeiter und Unternehmer, als Techniker und Baumeister, als Absolventen ihres bemerkenswerten Fachschulwesens oder dreier technischer Hochschulen beförderten sie ihre Heimat ins Industriezeitalter. Die Not hatte oft die Regsamkeit der Kleinbauern und Häusler geweckt, und die Heimweberei und Glasmacherkunst waren dabei, nicht ohne regionale Katastrophen, in das Maschinenzeitalter geführt worden. Der besondere Beitrag der Deutschen für die Landesentwicklung blieb in der industriellen Revolution derselbe wie in der agrarischen: die Wirtschaft. Dies geschah immer einen Schritt vor den Tschechen, in deutlicher räumlicher und deshalb auch national erkennbarer Distanz.»[26]

«Räume sind nicht, Räume werden gemacht»[27], wissen Historiker heute, und die Vorstellung von der «deutschen Heimat im Osten» wurde in ihrer gegenwärtigen Form seit dem frühen 19. Jahrhundert konstruiert, als die Historiker begannen, die mittelalterliche deutsche Ostsiedlung zu verherrlichen: «Kaum jemand zweifelte mehr daran, daß die deutschen Siedler den primitiven Slaven die Kultur gebracht hätten.»[28] Als die Politiker und organisierten Vertriebenen in der Bundesrepublik ihren Erinnerungsort «Flucht und Vertreibung» konstruierten, bedienten sie sich der vorhandenen Inhalte aus der Speicherkammer des deutschen nationalen Gedächtnisses. Sie schufen Variationen auf überlieferte Themen, und auch diese Variationen erfuhren einen Wandel während des halben Jahrhunderts seitdem. Aber auch im nahezu 400 Seiten umfassenden Ausstellungsband des Deutschen Historischen Museums aus dem Jahre 1994 sind gerade zwei Photos dem Thema «Flucht und Vertreibung» gewidmet: zwei nahezu idyllisch anmutende Bilder einer verschneiten schlesischen Waldstraße mit einer langen Reihe beladener Pferdewagen. Alles andere gehört zur historischen Leistungsschau der «Deutschen im Osten», die zum wichtigsten Träger des politisch geförderten Erinnerungsortes «Flucht und Vertreibung» in der Bundesrepublik geworden ist.

4. Die «anderen» Vertriebenen

«Ich fühle mich nicht als Vertriebener oder als Flüchtling, aber natürlich verläßt einen die Kindheit nie. Vertriebene sind wir alle in dem Sinne, daß wir aus der Kindheit in das Erwachsensein hinausgetrieben, vertrieben wurden. So möchte ich das Buch verstanden wissen: nicht als Klage darüber, daß Oberschlesien einmal deutsch war, sondern als Erinnerungen an das, was einmal war und was nicht mehr ist.»[29]

So sprach einer der bekanntesten deutschen Intellektuellen der Nachkriegszeit, Horst Bienek, über seinen im Jahre 1975 veröffentlichten Roman *Die erste Polka*. Der 1930 in Gleiwitz geborene Schriftsteller war einer der Autoren, deren Erinnerungen an «Flucht und Vertreibung» sowie an die «verlorene Heimat» anderer Art als die des deutschen Erinnerungsortes «Flucht und Vertreibung» waren, zu dessen wichtigsten Kritikern er gehörte.

In seiner Schlesien-Tetralogie erkundete Horst Bienek nicht nur sein Gedächtnis, sondern auch mit der peniblen Akribie eines Historikers die Geschichte von «Flucht und Vertreibung». Die letzten Wochen des Zweiten Weltkrieges bildeten den zeitlichen Rahmen der Handlung des vierten Bandes *Erde und Feuer*.[30] Bienek zeichnete das Bild eines gewaltgeladenen Chaos vol-

Flüchtlingstreck aus dem früheren Schlesien

ler beeindruckender Details. In seinen Bildern wurden stets nicht nur die Deutschen und ihre «Feinde», sondern auch alle «anderen» miteinbezogen, als fühlende und handelnde Subjekte der sich entfaltenden Tragödie, dominiert von der Desorientierung aller und mit dem Tod auch Tausender schlesischer Flüchtlinge im Inferno des Bombardements von Dresden endend. In seinen eigenen Erinnerungen an «eine Kindheit in Oberschlesien» schilderte Bienek sein persönliches Schicksal mit bescheidener Sprache:

«In unserem Haus hatten die zurückgebliebenen Bewohner beschlossen, dazubleiben. Jetzt bei 20 Grad Kälte ins Ungewisse, das wollten sie nicht. Wir verbarrikadierten uns im Keller, die Tür wurde mit dicken Brettern zugenagelt. Die Katjuschas sausten über uns hinweg. Eine ganze Woche lang ging das so, und keiner traute sich raus. Als der Kampflärm vorbei war, wagten wir uns hinaus, und wir sahen schon die ersten russischen Soldaten mit einem roten Stern auf den Pelzmützen.

Dieses Land war nicht mehr mein Land. Im Oktober desselben Jahres wurde ich von den polnischen Behörden ausgewiesen. Ich war fünfzehn Jahre alt. Ich fuhr in einem vollgestopften und von außen verriegelten Viehwaggon über die Oder und dann über die Görlitzer Neiße. In Richtung Westen. Ich sah nicht ein einziges Mal zurück.»[31]

Horst Bienek sah mehr als nur seine eigene Lebenslage, aber seine Erinnerungen waren «nur» die eines Einzelnen. Seine Erinnerung an die Vertreibung war Bestandteil seiner Erinnerungen an die Kindheit, seine Erinnerungskonstruktion galt nur ihm selbst und seinen Lesern. Sie versuchte nicht, Klage zu erheben, sondern möglichst viele Aspekte der eigenen Erlebnisse festzuhalten. Sie eignete sich deswegen nicht zur Konstruktion eines allgemeinen Erinnerungsortes, aber sie könnte zu dessen Bestandteil gemacht werden. So wie Horst Bienek sind viele der «anderen» Vertriebenen mit ihren Erinnerungen umgegangen und für die meisten von ihnen blieben ihre Erinnerungen nur ihr persönliches Erinnerungseigentum. Die wenigen von ihnen, die sich öffentlich artikulierten, gehörten nicht zum kulturellen Milieu der Vertriebenen. Dennoch waren sie deshalb nicht weniger «Vertriebene», auch sie waren Opfer von «Flucht und Vertreibung», aber ihre Erinnerungen fanden ihren Ausdruck innerhalb der jeweiligen deutschen Gegenwart, nicht im Rahmen des politisch gestalteten Erinnerungsortes.

Die 1948 gegründete Zeitschrift *Der Monat* gehörte zu den populärsten Plattformen des westdeutschen intellektuellen Diskurses, und einer jener Schriftsteller, die sich wie Horst Bienek mit der Erinnerung an «Flucht und Vertreibung» auseinandersetzten, Peter Härtling, war jahrelang einer ihrer Mitherausgeber. Zu den Autoren und Mitarbeitern einer anderen in der deutschen Nachkriegswelt ähnlich verankerten Zeitschrift, des Jahrbuchs *Jahresring*, das seit 1954 vom Kulturkreis im Bundesverband der deutschen Industrie als «Beiträge zur deutschen Literatur und Kunst der Gegenwart» herausgegeben wurde, zählten auch zahlreiche «vertriebene» Literaten und Künstler. In beiden Zeitschriften wurden in den ersten Jahrgängen Erinnerungen sowohl der ehemaligen NS-Opfer wie auch der Vertreibungsopfer zwar nicht oft artikuliert, jedoch keineswegs tabuisiert, wie der oft erhobene Vorwurf an die Adresse dieses kulturellen Milieus in der Bundesrepublik lautet. Die «anderen» Vertriebenen hatten eben nur «andere» Erinnerungen.

So ist etwa das intensive Verhältnis von Peter Härtling zur Tschechoslowakei infolge seiner Erfahrung als «Flüchtling und Vertriebener» dem *Monat* deutlich zu entnehmen; hier wurde 1967 sein schon oben zitierter Essay *Die Flüchtlinge* veröffentlicht, in dem er auch seine Erinnerungen an «Flucht und Vertreibung» zum Ausdruck brachte:

«Der Krieg, klagte jeder, kaum einer: die Politik. Zuerst waren es die Leute aus Bessarabien, die an der Weichsel angesiedelt worden waren von den Raumplanern, die vernichteten, wohin sie kamen, die auf der mörderisch vereinfachenden Idee vom Herren- und vom Untermenschen ihr Kolonialreich im Osten zu errichten trachteten. Schon damals bekam jeder seine Schuld zugemessen. Wer empfing, empfand sie? So gut wie keiner. Sie fingen an, sie abzuwälzen, nach Rangordnung, nach Befehlsstärke. Wußten sie nichts, die, gequetscht auf Pferdewagen sitzend, hinter Schlitten herstampfend, müde, abgerissen, noch die Hoffnung auf ein heiles, barmherziges Reich hegend, von den Ursachen, deren Opfer sie waren und die sie, womöglich, mitverschuldet hatten?»[32]

Diese politische Dimension, die Härtling der zuvor geschilderten Erinnerung an die Vertreibung hinzufügt, unterscheidet sein Bild von «Flucht und

Vertreibung» von den oben geschilderten Gedächtnis-Konstruktionen der Vertriebenenpolitiker um eine wichtige Dimension: um die Reflexion der Ursachen, der Schuld und der Verantwortung. Die Vertriebenen werden als Subjekte erinnert, d. h. als Träger moralischer und politischer Haltungen, nicht als stumme und handlungsunfähige Objekte fremder Gewalt. Ähnlich waren auch die Erinnerungen eines der bekanntesten Chronisten der «anderen» «deutschen Heimat im Osten», Johannes Bobrowski: «Mein Thema: Die Deutschen und der europäische Osten. Weil ich um die Memel herum aufgewachsen bin, wo Polen, Litauer, Russen, Deutsche miteinander lebten, unter ihnen allen die Judenheit. Eine lange Geschichte aus Unglück und Verschuldung, die meinem Volk zu Buche steht. Wohl nicht zu tilgen und zu sühnen, aber eine Hoffnung wert und einen redlichen Versuch in deutschen Gedichten [...]. Ich wollte diese Landschaft und Menschen schildern, um meinen deutschen Landsleuten etwas zu erzählen, was sie nicht wissen. Sie wissen nämlich nicht über ihre östlichen Nachbarn Bescheid. Bis heute nicht.»[33]

Hand in Hand mit den moralisch fundierten Erinnerungen an «Flucht und Vertreibung» gingen meist auch die «anderen» Gedächtnisformen, in denen die Erinnerungen an den multikulturellen Reichtum jener Gebiete, aus denen die Deutschen nach dem Zweiten Weltkrieg geflüchtet und ausgewiesen wurden, festgehalten wurden. Wie bei Bobrowski ist der «deutsche Osten» auch in Härtlings Erinnerung keineswegs nur deutsch, denn bei beiden Autoren treten die anderen ehemaligen Mitbewohner nicht nur als «Vertreiber», sondern ebenso wie die Deutschen als Subjekte schwieriger und oft kaum befriedigend lösbarer moralischer Entscheidungen auf. Diese «andere» Form der Erinnerung an «Flucht und Vertreibung» tabuisierte weniger als die staatlich sanktionierte, und bot deswegen keinen einfach gestrickten Erinnerungsort «Flucht und Vertreibung» an. Mit der Vielfalt ihrer intellektuell problematisierenden Reflexionen warf sie mehr Fragen auf, als daß sie in den fünfzig Jahren seit dem Geschehen ein spezifisches, abgrenzbares kulturelles Gedächtnismilieu hätte herausbilden können. Sie wirkte wie ein Ferment, um zu verhindern, daß sich trotz der starken staatlichen Förderung eine einzige übergreifend gemeinschaftliche deutsche Erinnerungslandschaft «Flucht und Vertreibung» in der Bundesrepublik herausbildete.

Neben dem anregend vielfältigen Miteinander unterschiedlicher Erinnerungs-Perspektiven an das Ende des Zweiten Weltkriegs wurde das reflexive Erinnern an «Flucht und Vertreibung» in dem kulturell und politisch nicht festgelegten intellektuellen Milieu der westdeutschen Moderne auch durch Einbettung der Erinnerung in eine sich von der erinnerten Vergangenheit klar absetzende Gegenwart gefördert. Kein anderes Thema hat in der Nachkriegszeit zu einer so intensiven Beschäftigung mit dem Phänomen des individuellen wie des kollektiven Erinnerns geführt. Siegfried Lenz, ein anderer der «anderen» Vertriebenen, setzte auch dieser intensiven Auseinandersetzung der westdeutschen Intellektuellen ein Denkmal in seinem Roman *Heimatmuseum*.

In seiner Geschichte eines masurischen Heimatmuseums vom Wilhelminischen Kaiserreich bis zur Errichtung eines neuen Heimatmuseums in Schleswig-Holstein nach der «Flucht und Vertreibung» und dessen Vernichtung durch den Gründer im Protest gegen die Versuche von Vertriebenenpolitikern, es zu vereinnahmen, führt Lenz seine Leser durch das subtile Gewebe vielfältiger Bemühungen um das vergegenständlichte Festhalten der Vergangenheit. Er weiß von der tröstenden Kraft, die in einem «Sammelsurium der Vergänglichkeit» steckt, ebenso zu erzählen wie von den Gefahren der politischen Inbesitznahme. Die «Fiktion vom Bleiben und Wiederkehr» weiß er mit liebenswürdiger Zuwendung zu seinen Romanfiguren ebenso zu würdigen wie die «Maulwürfe unserer Vergangenheit» zu warnen: «Der Wert unserer Erfahrungen läßt sich nicht beliebig weitergeben. Wir müssen damit einverstanden sein, wir leidenschaftlichen Schattenbeschwörer, daß andere in Zweifel ziehen, was uns so viel bedeutet; vielleicht ist alles zur Vergänglichkeit verurteilt, und unsere Versuche, einiges, das uns beispielhaft erscheint, ins Unvergängliche zu bringen, sind nur ein Ausdruck für die hoffnungslose Auflehnung gegen insgeheim erkannte Vergeblichkeit.»[34]

Auch Siegfried Lenz trug mit seinem umfangreichen und viel gelesenen literarischen Oeuvre entscheidend zur Bewahrung der kollektiven Erinnerung an «Flucht und Vertreibung» ebenso wie an die verlorene Heimat der Deutschen im östlichen Europa bei, ebenso wie so viele andere, die dem in der Bundesrepublik mit so viel Nachdruck konstruierten Erinnerungsort «Flucht und Vertreibung» fernstanden. Die «Masuren» sind im deutschen kulturellen Gedächtnis ebensowenig ohne seinen Namen denkbar wie Danzig ohne Günter Grass, Prag ohne Johannes Urzidil oder Gleiwitz ohne Horst Bienek.

5. Die zerklüftete Erinnerungslandschaft

Wenn man sich der Kerzen-Metapher von Francis Bacon erinnert, auf die uns unlängst Aleida Assmann aufmerksam gemacht hat[35], und sowohl die bisher ausgeleuchteten Erinnerungsräume zu «Flucht und Vertreibung» wie die dunklen Kammern des Speichergedächtnisses abtastet, dann findet man Splitter und Bruchstücke von zahlreichen Versuchen, der «Flucht und Vertreibung» ein Denkmal im deutschen kulturellen Gedächtnis zu bauen. «Schlesien ist mir zu heilig, als daß ich die Erinnerung, die geistige Aura, das kulturelle Erbe, das mich damit verbindet, den Schlesierverbänden überlassen möchte», erklärte Horst Bienek, während die Zeitung *Der Schlesier* gegen ihn eine Leserbriefkampagne organisierte, als der erste Band seiner großen Schlesien-Tetralogie erschien.[36] Durch die deutsche Erinnerungslandschaft «Flucht und Vertreibung» führen bis heute tiefe Gräben. Ein unvermitteltes Nebeneinander zwischen den unablässigen Klagen der Vertriebenenpolitiker, der immer verlegeneren rhetorischen Unterstützung anderer Politiker, dem negativen Image der Vertriebenenverbände in der Öffentlichkeit und dem auf das Milieu der literarischen Moderne beschränkten Erinnern der deutschen Nachkriegsliteratur an «Flucht und Vertreibung» ist die Folge. Die in der Bundesrepublik mit so vielen Mitteln geförderte Konstruktion eines Erinnerungsortes «Flucht und Vertreibung» war ein Mißerfolg.

Die organisierten Vertriebenen schufen Milieus, die keinen Raum für das lebendige Erinnern boten. Die Welt der Heimatvertriebenen wurde als Medium des nationalen Gedächtnisses musealisiert, und die Vertriebenen zur Vergegenständlichung der Erinnerung an den «verlorenen deutschen Osten» mißbraucht. Die «Heimatvertriebenen» wurden durch die politisch konstruierte Erinnerungslandschaft der «Flucht und Vertreibung» daran gehindert, sich als Subjekte ihrer eigenen Erinnerungen zu bemächtigen, so wie es den «anderen» Vertriebenen gelang. Sie, die «anderen» Vertriebenen, leisteten die eigentliche Erinnerungsarbeit des ersten halben Jahrhunderts seit der «Flucht und Vertreibung». Von ihrer Gegenwart in der Bundesrepublik aus konnten sie ihre Erinnerungen frei suchen, ebenso wie sie der Gegenwart ihre Ausdrucksformen abgerungen haben. Dort, wo die «Flucht und Vertreibung» ein Politikum bildete, konnte sich keine Erinnerung entfalten, weil man aus dem Vergangenen keine politischen Forderungen ableiten kann. Nur dort, wo das Ereignis selbst der Geschichte übergeben wurde, war man frei, über das eigene Erinnern nachzudenken. Der Unterschied läßt sich auch an der Erinnerungshaltung ablesen: Die einen erinnern sich als passive Opfer und lassen sich einen Erinnerungsort oktroyieren; sie kommen damit aus ihrer Objekthaltung nicht heraus, sind aber mit ihren Erinnerungen alleingelassen. Die anderen reflektieren als Subjekte ihre persönlichen Erinnerungen; für sie sind die Vertriebenen nicht nur leidende Objekte, sondern verantwortliche moralische und politische Akteure.

Erst in den neunziger Jahren bahnte sich allmählich eine Versöhnung in der deutschen Erinnerungslandschaft «Flucht und Vertreibung» an. In vielen Gedenkreden zum 50. Jahrestag des Kriegsendes wurde der Vertriebenen, ihrer Traumata und ihres Leids in einem historisierenden Kontext des Zweiten Weltkriegs gedacht, politische Forderungen wurden von immer größeren Teilen der Vertriebenenpolitiker aufgegeben und Kontakte vieler Vertriebener zu ihrer ehemaligen Heimat wurden von allmählichen Wandlungsprozessen im staatlich gepflegten Institutionengefüge der organisierten Vertriebenen begleitet. Auch Gedenksteine sind schon zu finden, die die Toten von «Flucht und Vertreibung» in ihren historischen Kontext zurückführen und damit die Einsamkeit jener Vertriebenen wie etwa der oben zitierten Traunsteiner zu überwinden helfen. Die Erinnerungslandschaft der Bundesrepublik erfuhr eine Belebung und wurde auch für die jüngeren Generationen attraktiver. Die historisierte Erinnerung an «Flucht und Vertreibung» füllt den Erinnerungsort mit neuen Detailzeichnungen und feinen Farbschattierungen aus, aus denen sich erst künftig ein lebendiger *lieu de mémoire* wird entwickeln können.[37]

Erhard Schütz

Der Volkswagen

I.

Wenn am 21. September 1999 symbolträchtig und publicitywirksam in Berlin unterm Brandenburger Tor in einer großen Show das 100-millionste Fahrzeug des Volkswagen-Konzerns präsentiert werden konnte, dann hat das nicht nur mit Erfinder- und Wirtschaftsgeist, mit technischem Know-how und der Arbeitskraft von Millionen Menschen zu tun. Fast mehr noch ist die Erfolgsgeschichte unter dem Namen Volkswagen die Geschichte einer höchst unwahrscheinlichen, aber immer neu gelungenen Serie von Namens- und Bedeutungsübertragungen bei optimaler Nutzung der positiven und Verdrängung negativer Konnotationen. Zugleich aber hat diese gigantische Zahl so gut wie nichts mehr mit dem zu tun, woran sich Generationen beim Stichwort Volkswagen zuerst und jede sich anders zu erinnern pflegen. Volkswagen, das ist noch immer der Käfer, für viele das erste Auto, das Auto schlechthin, der Wagen, mit dem und in dem man tat, wozu irgendein Auto zu benutzen war. Eine mobile Heimstatt. Ob man sich noch an die mythischen Zeiten von Brezelfenster, ausklappenden Winkern und Blumenvase im Beifahrerblick erinnert, ob man das regelmäßige Rütteln und Tuckern, das Klingeln in den oberen Regionen im Ohr hat, ob man sich an den Zeitpunkt erinnert, an dem tatsächlich ein Bierkasten unter die Vorderhaube paßte oder man sich mit einem Nylonstrumpf als Keilriemen behalf, ob man beim röhrenden, zu spät wirkenden Gebläse winters fror oder beim nicht abstellbaren im Sommer kochte – der Volkswagen, der Käfer war erster Ort der mobilen Familienbande wie des erwachsenen Entronnenseins in Eigenständigkeit. Der Volkswagen war Arbeitsgerät und Freizeitglück. Er war für die einen das nachgeholte Autowandern, Naturverbundenheit und Singen noch auf der Autobahn, für die nächsten Vehikel zur sonntäglichen Naherholung oder der Italiensehnsucht, für die anderen ein Asphaltspielzeug und schließlich kurioses Nostalgieobjekt, verehrt und gepflegt in unzähligen ‹Käfer-Clubs› und Käfer-Rallyes.

Bewegt zwar, aber doch immer zugleich ein fester Ort, eingefügt in die als Gemeinschaft gedachte Gesellschaft und zugleich ein Laufstall der Individualisierung. Der Volkswagen war der Käfer, und das war nicht nur das Auto der Deutschen im Westen schlechthin, sondern zugleich das rollende Wirtschaftswunder, das gute Gewissen und die feste Burg derjenigen, die entschlossen waren, ihren bescheidenen Wohlstand zwar bescheiden, aber wohl zu leben.

Wenn im September 1999 eine Magazin-Anzeige von VW mit folgendem Dialog zwischen Vater und Sohn warb: «Stell Dir mal vor, den Golf gibt's jetzt schon seit 25 Jahren.» «Und was haben die Leute vorher gefahren?»[1] – dann will das auch die Erfolgsgeschichte des VW-«Käfer» zuvor in Erinnerung rufen. Es läßt aber zugleich um so mehr erkennen, daß diese Erfolgsgeschichte sich vielleicht ökonomisch fortsetzen, jedoch in ihrer singulären Bedeutung, in ihrer geradezu mythenbildenden Kraft nicht mehr wird wiederholen lassen.

Die Erinnerungsgeschichte des Volkswagens ist tatsächlich eine gänzlich unwahrscheinliche Geschichte. Eine Kombination aus Wagen, Werk und Werbung.

Am Anfang stand eine Typenbezeichnung für Kraftfahrzeuge, die, unter Berufung auf eine Autorität, die den Begriff gar nicht benutzt hatte, exklusiv auf ein spezifisches Produkt übertragen wurde, das zu dem Zeitpunkt der Übertragung noch nicht einmal existierte, und als es dann existierte, vorrangig unter anderem Namen und Aussehen anderen Zwecken diente: Der private Volkswagen war, ehe er in Serie ging, zum militärischen Kübelwagen mutiert. Unter Zurücklassung der schweren Hypothek aus dieser Umfunktionierung, aber unter Mitnahme der damit verbundenen Legenden wurde der ursprüngliche Name erfolgreich wieder installiert. So erfolgreich, daß das Produkt bald seinen weltweiten Siegeszug unter anderen, nämlich Kosenamen – Käfer, Bug, Beetle – antrat, während der ursprüngliche Name sich – vor allem in der Abkürzung – mit dem Werk verband, auf Zweigwerke ausdehnte und schließlich zum pars pro toto, ja, zum Synonym des bundesrepublikanischen Wirtschaftswunders wurde. Als das ursprüngliche Produkt nicht mehr in Deutschland und später überhaupt nur noch in Mexiko produziert wurde, ehe man 1985 auch dort die Produktion einstellte (seit 1993 wird der Käfer wieder in Brasilien hergestellt), war es längst einerseits gelungen, die Konnotationen des Begriffs erfolgreich auf die Parallel- und Nachfolge-Produkte zu übertragen, und andererseits, den Konzern, der sich zum Dach anderer, z. T. traditionsreicherer Markennamen – Audi, Skoda, Seat – gemacht hatte, fest mit der Marke zu verbinden. Von der Typenbezeichnung bis zum Global Player – Volkswagen oder kurz VW, das ist, trotz belasteter Vergangenheit in Deutschlands düstersten Zeiten, der überragende deutsche Mythos des 20. Jahrhunderts, Inbegriff aller erdenklichen ‹deutschen› Tugenden: Ausdauer, Bescheidenheit, Einfallsreichtum, Ehrlichkeit, Leistungsfähigkeit, Sparsamkeit und Zuverlässigkeit. Ja, schließlich sogar – wahrlich nicht im deutschen Kanon vornan – Humor, Witz und Selbstironie. Volkswagen, das ist ein Produkt einer in dieser Form einzigartigen Folge von günstigen Situationen und glücklichen Marketing-Entscheidungen.

Der «Käfer», ist überdies der einzige deutsche Beitrag zu der aus relativ wenigen Elementen bestehenden Globalkultur – im Status vergleichbar der Coca-Cola-Flasche oder Disneys Mickey Mouse. Wie die «Micky Maus» kann man cum grano salis den «Käfer» zum Zeugen anthropologischer Veränderungen machen, die man kulturpessimistisch als Infantilisierung, neutraler als materialisierte Sentimentalität oder ethologisch als Auslöser von Mechanismen der Liebeszuwendung bezeichnen mag, nämlich der – gegenläufig zum üblichen biologischen Prozeß – zunehmenden Herausarbeitung des Kindchenschemas. Mickey Mouse, die Ende der zwanziger Jahre ihre Karriere als eher boshafte, jedenfalls erwachsene Figur begann, wurde nicht nur alsbald zunehmend braver und vorbildlicher, sondern veränderte sich auch körperlich: Kopf und Augen wurden deutlich größer, und generell rundeten sich ihre Formen. Analoges läßt sich am Käfer beobachten: daß er u. a. durch sukzessive vergrößerte Stoßstangen, vor allem aber größere und geschwungenere Fenster- und Beleuchtungsflächen, sowie gebogenere Formen immer runder wurde, zu «dieser seltsamen Kugel, die man Käfer nennt»[2], bis er schließlich in der Retroästhetik des «New Beetle» geradezu selbstparodistisch in Babyform wiedergeboren erschienen ist. Wie die Mickey Mouse, so hat, mit anderen Worten, auch der Käfer als technisches Produkt «in gedrängter Form unsere eigene Evolutionsgeschichte»[3], die «Neotenie», nachvollzogen, der wir, so Konrad Lorenz in zeittypischer Formulierung 1950, «[d]ie für das Menschentum des echten Mannes so wesentliche Eigenschaft» verdanken, «dauernd ein Werdender zu bleiben».[4]

Zudem ist der Volkswagen die kollektivsymbolische Erinnerung daran, wie die Deutschen nach 1945 in ihrem Selbstbild wieder zu werden versuchten, was sie 1933 endgültig begonnen hatten, bald nicht mehr sein zu können: ‹normale›, ebenso unauffällige wie nützliche Mitglieder einer Gemeinschaft. Diesmal der demokratischen Gemeinschaft des Westens.

In den Nachkriegsjahren erhielt jeder Käufer eines Volkswagens einen von Heinrich Nordhoff unterschriebenen Brief, der mit dem Satz begann: «Ich begrüße Sie in der Gemeinschaft der Volkswagenfahrer [...].»[5] Der ideologiekritische Reflex, darin den ebenso bedenkenlosen wie selbstentlarvenden Weitertransport nationalsozialistischer Volksgemeinschaftsideologie sehen zu wollen, greift jedoch entschieden zu kurz, nicht nur, weil der Gemeinschaftsbegriff bald in das intimere Bild der «Familie» überging und VW sich in den USA good corporate citizenship angelegen sein ließ, gewissermaßen die kommunitaristische Variante im Gemeinschaftlichen. Zwar war der Volkswagen in mehr als einer Hinsicht ein wesentliches, besonders prominentes Element im Propaganda-Konzept der Volksgemeinschaft und ist der Erfolg von VW nach 1945 schwerlich ohne diese Herkunft zu denken, aber gerade hier gelang es, die positiven, auch in demokratischen und liberalen Gesellschaften wünschenswerten Aspekte sozialer Bindungen und korporativen Vertrauens von den totalitären, disziplinär hierarchischen Implikationen unbedingter Führer-Gefolgschaft-Bande zu lösen. Aus der vom rassistischen Irrwitz dirigierten, militaristisch mobilisierten Beutegemeinschaft wurde so nach und nach eine zivil sich individualisierende, mobile Konsumgesellschaft. Allerdings um den Preis, daß damit zunächst auch der rassistische Rahmen und die verbrecherischen Ziele der Vergangenheit weithin ausgeblendet und verdrängt wurden.

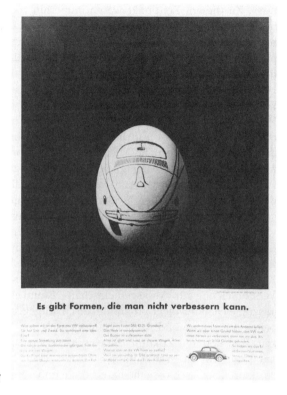

VW-Werbung

Indes zeigt die Erfolgsgeschichte des Volkswagens in aller Welt, speziell aber in den USA, wie die Vergessensbereitschaft des Marktes zugleich eine resozialisierende Wirkung hatte. Gerade an der Geschichte des Volkswagen-Erfolgs, die entschieden eine Image-Geschichte war, läßt sich die ungemein diffizile Gratwanderung zwischen temporärem und zweckgebundenem Ausblenden und Absehen von belastender, stigmatisierender Vergangenheit als Voraussetzung sozialer (Re-)Integration und dem – wiederzugewinnenden – Bewußtsein der Untilgbarkeit wie Unabgegoltenheit der Geschichte studieren.

II.

«Ein Volk, das arbeitet, will und braucht seine Erholung, um leistungsfähig zu bleiben.» Und: «Weekend – Kraft durch Freude – Volkswagen – alle drei dienen der großen nordischen Neigung, die Enge des Raumes [...] zu überwinden [...] wenigstens zur Erholung.»[6] Als Fritz Todt dies 1937 verkündete, hatte er bereits erfolgreich die Basis zur propagierten Mobilität geschaffen, die Reichsautobahnen, die von ihm als solche inszenierten «Straßen des Führers». Zu diesem Zeitpunkt waren immerhin 2000 Kilometer Autobahn befahrbar, aber es fehlte entschieden an Nutzern, die der ‹nordischen Neigung› hätten Ausdruck geben können. Noch immer war der Motorisierungsgrad, insbesondere der private mit PKW, außerordentlich gering. Allenfalls waren die Deutschen bis dahin ein Volk der Motorradfahrer.

Für die volksgemeinschaftliche Mobilisierung im Rahmen einer rassistisch kontrollierten, als ‹organisch› propagierten Moderne hatte Todt mit den Reichsautobahnen die Infrastruktur erfolgreich in Angriff genommen. Und das betraf keineswegs nur die Fahrbahnen. Vielmehr waren ja die ‹Straßen des Führers› geradezu holistisch projektiert worden. Der Nationalsozialismus, der sich als «Bewegung» von allen bisherigen Parteiungen abzusetzen suchte, wollte sich in der Autobahn ein Denkmal setzen, das zeitgenössisch denn auch mit fast allen großartigen Bau-Zeugnissen der Menschheitsgeschichte verglichen und in Millennien visioniert wurde. Ein Denkmal, das die «Volksgenossen» buchstäblich erfahren sollten. Entsprechend wurde die Autobahn mit Ansprüchen überfrachtet. Als sichtbarer Beweis für die Ganzheitlichkeit der «Deutschen Technik» sollte sie die Versöhnbarkeit von Natur, Kultur und Technik demonstrieren und darüber hinaus dann die allseitige Verschmelzung zur «Volksgemeinschaft». Kaum etwas, das zu verbinden und auszugleichen ihr nicht programmatisch aufgegeben wurde: Bauern und Arbeiter, Ingenieure und Architekten, Mensch und Maschine, Arbeit und Freizeit, Tradition und Zukunft, die verschiedenen Gaue und Stämme, Stadt und Land und vor allem und immer wieder: Natur und Technik. In ihrer infrastrukturellen Geschlossenheit aus Straße und Versorgungseinrichtungen propagiert, sichtbar gemacht, visioniert und eingeübt durch einen komplexen Verbund aus Medien- und Künste-Einsatz, bedurfte es jedoch noch einer anderen Funktion als der der Selbstmonumentalisierung. Als sichtbares Zeichen der Wiederkehr der Arbeit, der Organisations- und Integrationskraft des Nationalsozialismus, weithin ungeeignet zu militärischen Zwecken, wurde so die Autobahn das zentrale Projekt alltagswirksamer Komfortisierungsversprechen des Nationalsozialismus.

Gemessen an Umfang und Art der Motorisierung im damaligen Deutschland war die Autobahn überflüssig, ja, im Blick auf den allgemein schlechten Zustand des übrigen Straßennetzes, auf dessen Kosten ihr Bau ging, geradezu dysfunktional. Darum war die Autobahn in dieser Hinsicht auch nicht gebaut worden, weil es einen Bedarf nach weiteren und schnelleren Wegstrecken gegeben hätte, sondern weil man auf diesem Wege allererst einen Bedarf an Kraftwagen erzeugen wollte. Dieser Bedarf nun wurde nicht zuerst vom Güterverkehr her projektiert, sondern vom Freizeitverkehr. Die Autobahn wurde propagiert als Infrastruktur fürs Autowandern. Sie sollte den ‹Volksgenossen› nicht nur die Schönheiten der deutschen Landschaft erschließen (und damit den ländlich abgelegenen Gebieten durch den Tourismus aufhelfen), sondern sie wurde selbst als Wanderziel und Freizeitort vorgestellt. Und genau hier kam der Volkswagen ins Spiel. Der Volkswagen stand für die zukünftige Massenmotorisierung Deutschlands – im Zeichen des Autowanderns.

So schwärmt Wilfrid Bade, hochrangiger Mitarbeiter im Propagandaministerium, Ende 1938 über ein «neues Weltgefühl auf neuen Bahnen»: «Noch können wir gar nicht ermessen, was diese Straßen des Führers dem deutschen Volke sein werden. Erst wenn sein zweites großes Geschenk an unser Volk ausgeteilt ist – der Wagen KdF, der Volkswagen – dann erst wird es ein jeder verstehen, und ein jeder wird an diesem Glück teilhaben.»[7] Walter Ostwald konkretisiert das mit Zahlen: «[W]as sind schon die vielleicht zwei Millionen deutschen Kraftfahrwanderer von heute gegen die Motorisierung der 80 Millionen Großdeutschlands. Für das kraftfahrende ganze deutsche Volk von morgen, nicht für uns immer noch verhältnismäßig wenige Vorläufer von heute, baut Dr. Todt die Straßen des Führers, auf denen und durch die das Kraftfahrwandern in Großdeutschland so ganz besonders schön geworden ist.»[8] In allen Medien warb man fürs Autowandern. Und der Volkswagen war immer dabei. Zumindest propagandistisch im Bild. Auf der Autobahn oder neben dem Zelt in freier Natur.

III.

«Wir haben den Wagen des deutschen Volkes geschaffen. An dir, künftiger KdF.-Wagen-Fahrer, liegt es nun, diese Maschine so zu verwenden, daß sie nur Freude bereitet und zum Segen des deutschen Volkes wird.»[9] Das schrieb Ferdinand Porsche als Geleitwort zu Otto Willi Gails um eine ‹Volkswagenfibel› erweiterte *Autofibel* im Dezember 1938. Zu diesem Zeitpunkt hatte der Volkswagen seine vorläufig endgültige Form gefunden, «die Vollendung der technischen Überzeugung einer ganzen Generation von Konstrukteuren»[10]: Mit Vierganggetriebe, 985 ccm Hubraum, 24 PS und 100 km/h Höchstgeschwindigkeit des luftgekühlten Vierzylinder-Boxermotors im Heck, Einzelradaufhängung, den bündig in die Kotflügel eingelassenen Scheinwerfern, den an der Mittelsäule schließenden Türen und dem durch überarbeitete Luftzufuhr zum Motor ermöglichten, charakteristisch geteilten Heckfenster, dem «Brezelfenster», ist die Ausgangsform nurmehr behutsamer Veränderungen gefunden. Doch existierten vom Typus VW 38 gerade einmal 64 Wagen, gebaut im Karosseriewerk Reutter in Stuttgart. Allerdings war im Mai desselben Jahres bei Fallersleben, nahe dem Mittellandkanal, der Grundstein für das Volkswagenwerk gelegt worden, Kernstück der «Stadt des KdF-Wagens», wo man – in propagandistischer Selbstberauschung – bereits 1939 anderthalb Millionen Einheiten pro Jahr produzieren wollte. Selbst realistischere Kalkulationen gingen immerhin davon aus, daß spätestens 1940 120 000 Wagen hergestellt werden könnten. Bis dahin freilich hatte der Volkswagen bereits eine wechselvolle und hindernisreiche Vorgeschichte hinter sich gebracht.

Das berühmte «Brezelfenster»

Vom «Volksautomobil» war seit Beginn des Jahrhunderts geredet worden. Und unter dem Eindruck der Massenautomobilisierung in den USA durch Fords T-Modell waren schon im Deutschland der zwanziger Jahre zahlreiche Versuche zur Produktion massenhaft herstellbarer und massenhaft erschwinglicher PKW unternommen worden. Gerade die Vielzahl dieser Versuche aber war es, die zugleich deren jeweilige Chancen verhinderte, da nur hohe Stückzahlen einigermaßen Produktivität versprachen. Den angestrebten Typus – «einen kleinen und billigen, jedoch vollwertigen, also mit mindestens vier Sitzen und einem gewissen Bedienungskomfort ausgestatteten, für die gewerbliche wie private Nutzung geeigneten Gebrauchswagen»[11] – nannte man allgemein «Volkswagen». Noch auf der Internationalen Automobilausstellung (IAA) in Berlin, als Hitler verkündete, daß das Automobil nicht länger «ein Verkehrsmittel für besonders bevorzugte Kreise» bleiben dürfe, sondern «Millionen braver, fleißiger und tüchtiger Mitmenschen, denen das Leben ohnehin nur begrenzte Möglichkeiten einräumt, [...] vor allem an Sonn- und Feiertagen zur Quelle eines bisher unbekannten, freudigen Glückes» werden und man den Mut haben müsse, «dieses Problem entschlossen und großzügig anzugreifen»[12], waren sich zahlreiche Firmen in ihrer Werbung sicher, einen «Volkswagen» bereits im Angebot zu haben – so etwa Opel mit seinem Typ ‹Köln›, der für 1990 RM annonciert wurde.

Der Reichsverband der Automobilindustrie (RDA) hatte sich bis dahin gegenüber allen Plänen eines einheitlichen Volkswagens reserviert bis obstruktiv verhalten und immer wieder nach Subventionen gerufen. Als man jedoch erkannte, daß Hitler sich in seinem Popularitätsstreben den Gedanken eines Volksautomobils geradezu obsessiv zu eigen gemacht hatte – Carl Hahn, Direktor der Auto Union und Vater des späteren Chefs von Volkswagen of America, Carl H. Hahn, sprach sarkastisch von der «Lieblingsidee des Führers»[13] –, gründete man im Mai 1934 eine Arbeitsgemeinschaft zur Entwicklung des Volkswagens und beauftragte schließlich im Sommer 1934 das Konstruktionsbüro von Ferdinand Porsche mit ersten Entwicklungsarbeiten. Ferdinand Porsche (1875–1951), bis dahin Autokonstrukteur bei Steyr und Daimler-Benz, dann selbständig, gilt bis heute als Inbegriff des ‹genialen Tüftlers› und gehört mit seinen technischen Entwicklungen, beginnend mit dem Volkswagen, zu den legendären Figuren deutscher Techniktüchtigkeit. Porsche, der erst 1937 in die NSDAP eintrat und Mitglied der SS wurde, ist zugleich eine exemplarische Figur für den Typus des Technikers, der sich um Politik nur insoweit kümmert, als sie ihm die Spielräume für seine Entwicklungen zur Verfügung stellen soll.

In seinem Exposé betreffend den Bau eines deutschen ‹Volkswagens› benutzte Porsche den Namen noch im Sinne einer Typenbezeichnung. Aber inzwischen hielt der RDA diese Verwendung nicht mehr für opportun. Man befand, daß es einzelnen Automobilfirmen fürderhin nicht mehr erlaubt sein könne, den Namen frei zu verwenden. Unter Hinweis darauf, daß der Führer den Namen auf der IAA geprägt habe und ihm damit eine besondere Bedeutung zukomme, mahnte man Unternehmen, die für ihre Produkte mit dem Begriff Volkswagen warben, ab. Ein Notar, den man mit Maßnahmen zum Schutz des Namens beauftragt hatte, mußte den RDA jedoch darauf hinweisen, daß der ‹Führer› diesen Namen in seiner Rede gar nicht benutzt hatte und daß der Name – als Typenbezeichnung – nicht schützbar sei. Daraufhin entschloß man sich, ‹RDA-Volkswagen› als Verbandszeichen eintragen zu lassen. Nachdem auch die Firma Opel, die nahezu die Hälfte ihres Umsatzes in der Volkswagen-Klasse machte, Ende 1934 ihren Widerstand aufgegeben hatte, ging man daran, nun auch die einzelnen Autohändler von der weiteren Benutzung des Begriffs abzuhalten. Ob man das nun als «semantische Säuberungsaktion»[14] bezeichnen muß, ist mehr als nur eine Stilfrage. Der Begriff jedenfalls wurde im allgemeinen Gebrauch sehr schnell auf das von Porsche zu entwickelnde Fahrzeug eingeschränkt. Dazu trug vor allem die entsprechende Verwendung in der Presse bei, die wiederum vom Propagandaministerium einschlägig angewiesen wurde. Als die *Kölnische Zeitung* im April 1936 einen Bericht aus New York unter dem Titel «Wendezeit des Verkehrs. Der ‹Vater des Volkswagens›» brachte und darin Henry Ford mit der Vaterschaft bedacht wurde, kam es zu einer Rüge: «Eine derartige Darstellung ist völlig unmöglich. Bekanntlich soll über das Thema des Volkswagens überhaupt nichts geschrieben werden, aber abgesehen davon, kann als Schöpfer des deutschen Volkswagens in späterer Zeit nur Adolf Hitler genannt werden.»[15] Daß zu diesem Zeitpunkt möglichst nicht über den Volkswagen geschrieben werden sollte, obwohl Hitler auf der IAA 1935 einmal mehr «die Schaffung des Wagens der breiten Masse» verkündet hatte und auf der IAA 1936 bekräftigte, daß er «mit rücksichtsloser Entschlossenheit die Vorarbeiten für die Schaffung des deutschen Volkswagens durchführen»[16] lasse, lag an ungelösten Konstruktionsfragen. Porsche, der 1935 noch nicht einmal genau wußte, wie der Motor des Volkswagens aussehen sollte, hatte als ehemaliger Konstrukteur des von Hitler bevorzugten Mercedes-Cabriolets sich der besonderen Gunst Hitlers versichert. Dessen Protektion schützte ihn nicht nur gegen die Kritik des RDA, sondern brachte den Verband auch dazu, zähneknirschend zwar, aber bis Ende 1938 immerhin die stattliche Summe von 1,75 Millionen RM in das Projekt zu stecken. Zu dem Zeitpunkt wiederum hatte längst die Deutsche Arbeitsfront (DAF) die Federführung beim Bau des Volkswagens und beim Bau eines eigenen Werks, das Hitler bei einer Prototypen-Vorführung 1936 auf dem Obersalzberg visioniert und damit beschlossen hatte, übernommen. Der Volkswagen wurde nun – in Anlehnung an die Organisation der DAF, ‹Kraft durch Freude› (KdF) – als «KdF-Wagen» propagiert. Doch war der Name Volkswagen inzwischen so sehr mit dem Projekt verbunden, daß sich trotz offiziellem Gebrauch der Name «KdF-Wagen» nicht durchsetzen konnte.

Der Volkswagen war von Anfang an mit allem ausgestattet und belastet, was die Entstehung in einer Diktatur und der Willkürakt der Entscheidung dazu mit sich bringen: freie Hand bei der Planung, Erfolgsdruck und wirtschaftlich unrealistische Rahmenbedingungen. Hitler hatte den Preis willkürlich auf keinesfalls mehr als 990 Reichsmark festgesetzt. Das aber lag weit unter den Produktionskosten selbst des konkurrenzlos günstigsten Wagens der Zeit, des billigsten Opel-Modells, das für etwa 1450 Reichsmark zu haben war. Andererseits wurde die Inangriffnahme der Herstellung gegen den Rat jeglichen einschlägigen Sachverstands aus persönlichen und partei- und staatspropagandistischen Gründen forciert. Hitler wollte ein solches Fahrzeug und hatte sogar erkennen lassen, es notfalls eigenhändig privat zu fördern. Goebbels unterstützte ihn, weil er Hitler zu Diensten sein wollte. Und Robert Ley machte es zur Sache der DAF, weil er sich davon eine gestärkte Position in den innerparteilichen Konkurrenzen versprach. Nachdem sich Hitler auf der IAA 1937 kategorisch gegen weitere Einwände verwahrt hatte, wurde am 29. Mai durch die DAF die «Gesellschaft zur Vorbereitung des Volkswagens» gegründet, die nicht nur die 64 Wagen des Typs VW 38 bei Daimler-Benz in Auftrag gab, sondern auch die Planung und Erstellung der zukünftigen Werksanlagen übernahm. Die Zwangsorganisation der DAF, die nach Zerschlagung der Gewerkschaften Arbeiter und Unternehmer umfaßte, investierte fortan das den Organisationen der Arbeiterbewegung geraubte Geld in den Volkswagen und seine Fabrikationsanlage.

Nachdem die ersten Prototypen 1936 durchaus erfolgreich in den Dauer-Test gegangen waren, begann man mit Planungen und Bau des «KdF-Werks» und der dazugehörigen zukünftigen «Stadt des KdF-Wagens» in der Nähe von Fallersleben.

Der Beginn der Serienproduktion war für das Jahr 1938 versprochen worden, aber erst am 26. Mai wurde unter großem Pomp, in Anwesenheit von über 70 000 Menschen, der Grundstein gelegt. Von Robert Ley als «Olympia der Arbeit, gekrönt von einer Akropolis der Freude, der Schönheit»[17] angekündigt, wurde das Werk ohne Rücksicht auf volkswirtschaftliche Überlegungen aus dem Boden gestampft. An Fords ‹River Rouge› in Detroit orientiert, sollte das Werk zum modernsten in Europa werden.

Inzwischen war die Propaganda für das Volkswagensparen angelaufen. Der tatsächliche Kaufpreis war unterdes durch Versicherung, Transport etc. auf ca. 1200 RM erhöht worden. Für den Unterhalt mußten monatlich mindestens 70 RM veranschlagt werden. Die von Bodo Laffrentz für die DAF konzipierte und mit massivster propagandistischer Intensität popularisierte Kampagne brachte schließlich bis Ende 1939 170 000 Sparer zusammen, die wöchentlich mindestens 5 RM für den Wagen beiseitezulegen bereit waren. Nach vier Jahren sollte – ohne Anrechnung der Zinsen – der Wagen dann gekauft werden können. Daß diese Zahlen weit hinter den Erwartungen zurückblieben – bis Kriegsende waren es nur knapp 340 000 Verträge mit immerhin einem Sparvolumen von 300 Millionen Reichsmark – lag gewiß nicht am Desinteresse einer mobilitätsbegeisterten Bevölkerung, sondern ging auf die trotz deutlich verbesserter Lebensbedingungen nach wie vor viel zu niedrige Kaufkraft zurück. Unabhängig von solchen zur Zurückhaltung mahnenden Indikatoren verfolgte man das Projekt Volkswagenwerk geradezu als autonomes Wirtschaftskunstwerk. «Dem Volkswagenwerk ist ja nicht nur die Aufgabe gestellt, ein Fahrzeug auf die billigste Art herzustellen», hatte Anfang 1941 der Technische Leiter, Otto Dykhoff, erklärt, «sondern der Schwerpunkt der Aufgabe lag darin, ein vorbildliches Werk zu erstellen, in dem alle Gesichtspunkte von den Arbeitsbedingungen und Möglichkeiten deutscher nationalsozialistischer Auffassung in die Tat umgesetzt sind.»[18] Und diese Planung sicherte sich zu einem Zeitpunkt, in der so gut wie alles auf Rüstung ausgelegt war, nicht einmal durch militärische Nutzbarkeit ab. Es ist bezeichnend, daß die Fabrik, deren erste Ausbaustufe bereits für eine Jahresproduktion von 500 000 Wagen konzipiert war, es bis Ende des Krieges auf ganze 630 bis 650 «KdF-Wagen» brachte, in deren Fahrgenuß fast nur Testfahrer, Journalisten und ausländische Gäste – darunter der japanische Kaiser Hirohito – kamen. (Hitler selbst ist, soweit nachzuweisen, überhaupt nur zweimal mit dem Volkswagen gefahren.) Auch die Zahlen der Produktion zu militärischen Zwecken waren nicht überwältigend: ca. 50 000 Kübelwagen und ca. 14 000 Schwimmwagen.

Das Werk, ohnehin nicht für militärische Produktion konzipiert, war zu Beginn des Krieges nur hinhaltend und halbherzig auf militärische Interessen eingegangen. Vielmehr setzte man darauf, daß nach dem vermeintlich kurzen

Krieg die Nachfrage nach privaten PKW nicht nur in Deutschland, sondern in ganz Europa rapide steigen würde: «Im größeren Deutschland und dem künftigen Wirtschaftsgebiet Europa-Afrika-Asien erwachsen dem deutschen Markt derart große Räume, daß wahrscheinlich die Produktion jahrelang hinter den Absatz-Möglichkeiten zurückbleiben wird. Es besteht gar kein Grund zu glauben, daß Deutschland nicht gleich große Absatzgebiete in absehbarer Zeit haben wird wie Amerika.»[19]

Als sich abzeichnete, daß aus diesen Plänen so schnell nichts werden würde, und als sie dann überhaupt nicht mehr realistisch schienen, stellte man sich auf ausschließliche Kriegsproduktion ein. Das in jeder Hinsicht «hochmoderne Aggregat der Volkswagen GmbH» fungierte dabei, wie Hans Mommsen es plastisch formuliert hat, «als eine Art Lumpensammler der Industrie». Man fertigte fortan Munition, Bunkeröfen und Flugzeugteile ebenso wie hölzerne (!) Zusatztanks.[20] Die zu Kriegsende vorgesehene Fertigung der Flugbombe Fi 103 kam nicht mehr zustande. Zur Vorbereitung dazu hatte man u. a. das Außenlager Laagberg des KZ Neuengamme eingerichtet, in dem Häftlinge in großer Zahl zu Tode gequält wurden. Zumindest im Werkskern scheinen die Kriegsgefangenen und Zwangsarbeiter tendenziell besser behandelt worden zu sein als in anderen, vergleichbaren Werken. Aufs Ganze gesehen war aber die Werksleitung wohl nicht mehr und nicht weniger in die Vernichtungspolitik involviert als all die anderen Unternehmen.

IV.

Am 14. April 1945 besetzten amerikanische Streitkräfte Stadt und Werk. Sie, die einige Tage zuvor einfach vorbeimarschiert waren, waren von Angehörigen der Werksleitung gerufen worden, die Zerstörungen und Übergriffe durch die bisherigen Arbeitssklaven fürchteten. Das Werk konnte einen durch Auslagerung noch weithin funktionierenden Maschinenpark vorweisen, und die britische Besatzungsarmee, in deren Zuständigkeit es nun lag, hatte Kraftfahrzeuge dringend nötig. Von Demontage verschont, wurde das Werk unter energischem Einsatz englischer Offiziere schnell wieder funktionstüchtig gemacht. Da britische Kfz-Sachverständige zu dem Ergebnis kamen, der Wagen sei «zu häßlich und zu laut», um privatwirtschaftlich zu reüssieren, sah man in ihm keine Konkurrenz für die heimische Industrie und plante eine Produktion auf die nächsten drei Jahre.[21] Ende 1946 wurden in der Stadt, die von der britischen Militärverwaltung offiziell den Namen Wolfsburg erhielt, bereits wieder 10 000 Wagen hergestellt. Und damit begann der strahlendere Teil, die eigentliche Erfolgsgeschichte von VW.

Wie die Geschichte der Entwicklung mit dem Namen Ferdinand Porsches, so ist die Nachkriegsgeschichte des Werks mit dem von Heinrich Nordhoff verbunden.

Heinrich Nordhoff (1899–1968), in den zwanziger Jahren Konstrukteur von Flugzeugmotoren bei BMW, nach einem USA-Aufenthalt 1929 bei den Opel-Werken, Chef des Opel-Lastwagenwerks und seit 1942 Vorstandsmitglied, nach 1945 von General Motors entlassen, wurde am 1.1.1948 zum Generaldirektor bei Volkswagen bestellt. Unter Nordhoff, den man bald mit einem aufgeklärten Monarchen verglich und «König Nordhoff» nannte, nahm das Werk seinen Aufschwung, den man alsbald mit dem deutschen «Wirtschaftswunder» schlechthin zu identifizieren begann. Nordhoff, dem «heimlichen Sozialreformer», wie der *Spiegel* ihm huldigte[22], war maßgeblich das mustergültige Tarif-, Ausbildungs- und Sozialsystem zu danken, getragen wiederum von einer Arbeiterschaft, die ein hohes Maß von Heimatvertriebenen integrierte, politisch stark konservativ war, zugleich aber einen nahezu totalen gewerkschaftlichen Organisationsgrad aufweisen konnte.

Als Nordhoff 1958 als erster Automobilhersteller und erster Ausländer den Sperry-Preis, vergeben von den amerikanischen Ingenieursvereinigungen, erhielt, erläuterte er, worin er den revolutionären Erfolg von Volkswagen sah – in der Konstanz: Er habe viele Ratschläge erhalten, «warum nicht in kürzester Zeit bedenkenlos den Namen, die Konstruktion und damit ungefähr alles an dem Wagen ändern? Vielleicht war ich zu beschäftigt, um auf diese Ratschläge zu hören, auf jeden Fall wußte ich selbst genau, was ich zu tun hatte.»[23]

Am 5. August 1955 feierte man mit 100 000 Menschen und einem betont internationalen Programm eine Million gebauter Volkswagen. Längst brauchte man nicht mehr auf das Potential der Hunderttausende zurückzugreifen, die im Krieg zu Kraftfahrern ausgebildet worden waren. Eine nächste Generation von Volkswagenkunden begann schon heranzuwachsen.

Unterdessen hatte sich die Einwohnerzahl von Wolfsburg, das fortan auf dem Poststempel als «die junge, aufstrebende Volkswagenstadt» firmierte, gegenüber den ursprünglich 18 000 Barackenbewohnern mehr als verdoppelt. 1959 zählte die «blitzende Musterstadt»[24] 55 000 Einwohner.

Nordhoff, selbst im Kundendienst tätig gewesen, ließ sich die Pflege der Kundschaft besonders angelegen sein. Er habe, so urteilt Arthur Railton, eine «fast religiöse Einstellung» gegenüber dem Kundendienst entwickelt.[25] Immerhin mußte die Verkaufsorganisation nach 1945 völlig neu aufgebaut werden. An die sonstigen Kontinuitäten erinnerte man sich offiziell lieber nicht, ganz so, wie in Martin Beheim-Schwarzbachs Jugendbuch von 1953 ein VW erzählt: «Als mein jetziger Herr mich zu sich nahm, war ich schon einige dreißigtausend Kilometer alt und sah ziemlich abstrapaziert aus, denn ich war für offenbar militärische Zwecke benützt worden. [...] Erinnerungen habe ich indessen an diese Zeit nicht; wenn man sehr hart gefahren und wenig gepflegt wird, leidet das Gedächtnis [...].»[26]

Solche Produkte, bestellt oder nicht, gehörten, wie etwa die erfolgreichen Jugendbücher des Publizisten Erich Kuby (*Alarm im Werk*, 1955; *Thomas und sein Volkswagen*, 1956), zum PR-Umfeld des Volkswagens. Während so der

Nachwuchs auf die Gegenwart verpflichtet wurde, war die Vergangenheit bei den Älteren noch nicht vergessen – zumindest bei denen, die seinerzeit für den Volkswagen gespart hatten. Seit 1949 prozessierten Sparer, 40 000 davon zusammengeschlossen im Hilfsverein ehemaliger ‹Volkswagensparer›, gegen das Werk auf Lieferung der ersparten Wagen. Volkswagen lieferte sich mit den Sparern einen langen juristischen und publizistischen Kampf mit harten Bandagen. So entblödete man sich selbst der Argumentation nicht, daß der Entschluß zum Sparen «ein besonderes Vertrauen zur nationalsozialistischen Staatsführung dokumentierte».[27]

Erst Anfang der sechziger Jahre kam es zu einem Vergleich, der 135 000 Sparern Abschläge auf den Kaufpreis von bis zu 600 DM und Volkswagen neben einer erheblichen Neukundschaft die Verfügung über die immer noch 15 Millionen DM eingefrorener Sparguthaben brachte.

Zu diesem Zeitpunkt war Volkswagen das umsatzstärkste Unternehmen der Bundesrepublik und deren «bester Dollarverdiener».[28] Diese beispiellose Erfolgsgeschichte wäre ohne Nordhoffs frühe Hinwendung zum Dollar nicht möglich gewesen. Denn einerseits hatte Nordhoff früh erkannt, daß das Unternehmen sich nicht auf den einen Volkswagen als Produkt beschränken konnte: 1949 begann man daher mit der Herstellung eines Cabriolets, 1950 mit der des Transporters. Andererseits war klar, daß das Werk nur bei hochrationalisierter Massenproduktion wirtschaftlich sein konnte. Darum wagte Volkswagen den Versuch, am amerikanischen Markt Fuß zu fassen. Im Juli 1949 brachte man ein Export-Modell heraus, das auf der technischen Basis des Standard-VW eine komfortablere, qualitativ höherwertige und optisch ansprechendere Außen- und Innenausstattung bot. Damit wurde im Einheitsangebot eine erste Zäsur hierarchischer Differenzierung gesetzt: Standard oder Export hieß fortan die erste Frage.

1949 gingen ganze 330 Wagen in die USA. Ein Jahrzehnt später waren die USA mit einem Drittel des Auslandsabsatzes bereits der bei weitem wichtigste Exportmarkt für das Volkswagenwerk, das inzwischen selbst «das Erscheinungsbild eines multinationalen Konzerns nach amerikanischem Vorbild» bot.[29]

Die Marktlücke, in die der Volkswagen in den USA stieß, war ein von der amerikanischen Automobilindustrie bis dahin völlig ignoriertes Segment: der Kleinwagen als Zweitwagen. So wurde der Volkswagen zum Wagen der Frauen und der Heranwachsenden, später auch der Armen und Immigranten. Zugleich aber blieb er der Wagen der Mittelklasse und der Intelligenzia.

Der Erfolg, der aus der Lücke dann das Hauptstück werden ließ, verdankte sich einer spezifischen Volkstümlichkeit, Familiarität und – Mündlichkeit. So wie in Deutschland das öffentliche Beschweigen der Vergangenheit durch die privat und mündlich tradierten Legenden und Wundertaten des Wagens grundiert wurde, so ging auch in den USA die Fama vom Volkswagen zunächst von Mund zu Mund. Das betraf nicht nur die ersten Volkswagen, die als kuriose Mitbringsel von GIs Aufsehen erregten, sondern lange Zeit auch die offiziellen Exporte. Nordhoff war ein Mann des Marketing, aber ohne Interesse an Werbung. Statt dessen setzte er auf Meinungsbildung. Die Werbung für den Volkswagen stand gewissermaßen im Nachrichtenteil der Zeitungen und Magazine, zwischen Wirtschaft und Vermischtem: Vertrauensbeweise von Arbeit und Management und immer wieder Produktionsrekorde, herausgestellt «wie weiland die Meldungen des Oberkommandos der Wehrmacht».[30] Werbung war nicht nötig, sondern wurde als eine Art Bonus an die Verlage gewährt. Sie hatte denn auch mehr von offiziösen Bulletins als von Reklame – das lichte Himmelblau darin eine Art zweiter Staatsfarbe. Und ein Amtsblatt gab es auch – die Kundenzeitschrift *Gute Fahrt*.

Das war in den USA zunächst ganz ähnlich. Volkswagen mußte hier ohnehin nicht viel für den Absatz tun. Die Nachfrage war schnell und dann Jahrzehnte lang weitaus größer als das Angebot, auch wenn das Werk – im Blick auf den lukrativen Dollar – den USA Priorität vor allen anderen Auslandsmärkten gab. Als Carl H. Hahn, der zuvor vier Jahre Assistent von Nordhoff gewesen war, 1959 Chef von Volkswagen of America wurde, initiierte er eine Werbekampagne, obwohl es nach wie vor Lieferfristen von einem halben Jahr gab und der Volkswagen nach wie vor bestens auch ohne Werbung lief. Diese Kampagne war präventiv gedacht, weil absehbar war, daß die großen drei der amerikanischen Automobilbranche über kurz oder lang auch ins Geschäft mit den Kompaktwagen einsteigen würden.

Hahn hatte sich für die Werbeagentur Doyle Dane Bernbach (DDB) entschieden. Diese Entscheidung führte zu dem, was man später als eine Revolution in der Werbung bezeichnete, als wesentliches Element in der Geschichte der Werbung, ja als Teil der Folklore eines Vierteljahrhunderts, schließlich sogar als «Teil der Kulturgeschichte unserer Nation im 20. Jahrhundert».[31] Wohlgemerkt: nicht der deutschen, sondern der US-amerikanischen!

DDB, eine sehr junge Agentur, bis dahin nicht sonderlich aufgefallen, arbeitete vorzugsweise für jüdische Kunden, zunächst für das Kaufhaus Ohrbach's, dann u. a. für die israelische Fluggesellschaft EL AL, und hatte mehrheitlich Mitarbeiter jüdischer Herkunft. Ihre Anzeigen waren, so Stephen Fox, «jüdisch in Stil und Haltung».[32] Ausgerechnet eine jüdische Agentur sollte also für den deutschen Wagen werben, der mit seiner Herkunft aus dem Dritten Reich belastet war – und das derart erfolgreich, daß dieser Wagen als Teil amerikanischer Folklore und Kulturgeschichte galt, so sehr, daß bereits 1960 eine Werbeanzeige damit spielen konnte: «I don't want an imported car. I want a Volkswagen.»

Die Anzeigen von DDB wurden bald nicht nur in der Branche legendär. Vielmehr gewannen sie höchste Popularität und wurden Teil der Folklore, wie sie selbst auf Populäres und Folkloristisches rekurriert hatten. Schon, indem sie an die Mund-zu-Mund-Propaganda, an die mündliche Herkunft der Volkswagen-Fama anknüpften. Das scheint auf den ersten Blick widersprüchlich, enthielten doch die meisten der Anzeigen gar keine oder nur karge, einfache Bildelemente und, gegen alle Regeln der Branche, überproportional viel Text. Dieser Text jedoch knüpfte zum einen an alltägliche Formeln, Sprichwörter und Spruchweisheiten, aber auch an die zahllos kursierenden Witze über den Volkswagen an, deren Ergebnisse dann selbst wiederum in den kollektiven Wortschatz eingingen. So, unschlagbar allem voran, «Small is beautiful» und «Think small», wie dann in Deutschland später: «und läuft und läuft und läuft». Aber auch: «Ugly is only skin deep»; «It makes your house bigger», «Going, going» oder «Live below your means». Die langen Texte, die darunter dann zu finden waren, waren eher kleine Erzählungen denn die üblichen Anpreisungen. Vor allem erzählten sie – zumindest auf den ersten Blick – keine Protz- und Prahlgeschichten. Bis hin zu den Medien, in denen man die Anzeigen schaltete, vorzugsweise Magazine wie *Time* und *Newsweek* oder seriöse Illustrierte wie *Life*, wandte man sich an potentielle Käuferschichten mit höherer formaler Bildung, in der Regel gleichbedeutend auch mit höherem Einkommen und größerem politischen Interesse. Man setzte auf ein Wir-Gefühl der Leute, die zur Wahl gehen, die sich um das Wohl auch der Nachbarschaft kümmern, kurz, derjenigen, die die ‹Gemeinde› trugen. Aber man bot ihnen nun genau nicht das an, was in der Autobranche üblich war, Luxus, Imposanz, Überlegenheit – betont über Styling, Größe und Kraft –, sondern Sparsamkeit, Dauerhaftigkeit und Mäßigung – die Tugenden des kleinen Mannes, wie er selbst sich sah. Das wiederum tat man, indem man erkennbar untertrieb, vermeintlich negative Seiten in den Vordergrund rückte und sich immer wieder selbst ironisierte. Bescheiden und selbstironisch, darin zugleich aber selbstbewußt – das war der Kern, um den alle Anzeigen kreisten. Das rekurrierte auf Tugenden, die man gerade in Deutschland gern für sich reklamierte: Ausdauer und Sparsamkeit, Vernünftigkeit, Mäßigung und Unauffälligkeit, Ordentlichkeit und Exaktheit, immer wieder Zuverlässigkeit als Verläßlichkeit und Beständigkeit. Aber diese Tugenden wurden gerade nicht mit Deutschland in Verbindung gebracht, sondern mit den normalen, vernünftigen und verantwortlichen Leuten im Lande. Selbst dort, wo es um technische Exaktheit, sorgfältige Herstellung und akribische Kontrolle ging, vermied man explizite Beziehungen zum Herkunftsland. Das ‹Made in Germany› grundierte zwar unausgesprochen dieses Image, dessen Ziel es war, Volkswagens good corporate citizenship zu implantieren. Aber man kann einen noch größeren Effekt in der anderen Richtung annehmen: Volkswagen hat durch die Kampagnen von DDB allemal mehr für ein erneuertes, positiveres Deutschlandbild getan, als das Deutschlandbild für die Kampagne tun konnte. Insofern konnte Hahn im Juli 1963 in den *Wolfsburger Nachrichten* sagen: «Wir sind überzeugt, daß kein Land in den USA einen besseren Botschafter hat, als ihn Deutschland im Volkswagen besitzt.»[33]

V.

Verantwortlichkeit fürs Gemeinwohl erschien so als individuelles Merkmal des Werks wie seiner Betriebe, der Mitarbeiter und – über den Kauf des Produkts – auch der Kunden. Am prägnantesten charakterisiert das vielleicht jener Fernsehspot, in dem ein Mann in einer eisigen Landschaft zu seinem völlig eingeschneiten Wagen vordringt, ihn freilegt, ohne Probleme startet und dann durch verschneite, leere Straßen bis zu einer großen Halle fährt, in der er verschwindet. Dann öffnet sich das Hallentor, und ein Schneeräumfahrzeug kommt heraus. Dazu hört man: «Have you ever wondered how the man who drives the snowplow drives to the snowplow?» («Haben Sie sich jemals gefragt, wie der Mann, der den Schneepflug fährt, zum Schneepflug fährt?»)

Mit dieser Etablierung des Volkswagens als ‹Fahrzeug des kleinen Mannes›, als ungewöhnliches Vehikel der Normalität ging zunehmend die Exotisierung und Exzentrisierung dieses gewöhnlich gewordenen, ehedem befremdlichen Autos einher. Volkswagen, Käfer wie Bus, wurden Teil der counter culture, besonders der – kalifornischen – Hippie-Kultur. Der Volkswagen schien für alles gut. Man konnte ihn in psychedelischen Farben oder mit Blumen bemalen, mit Gras bepflanzen, mit Flokati oder Kunstfell überziehen, zum Stretch ausbauen, eine Mercedes-Motorhaube oder Heckflossen anmontieren, man konnte ihn zu immer neuen Rekordversuchen benutzen, erproben, wie viele Schüler oder Studenten in einen Wagen paßten – dem Volkswagen schien man alles zumuten und alles zutrauen zu können. In den USA wurde der Volkswagen Teil der Popkultur. Bücher, die seine Erfolgsgeschichte beschrieben, wie Walter Henry Nelsons *Small Wonder* (1963), waren Bestseller. Der Wagen wurde zur Ikone der Pop Art, so durch Christo, Don Eddy, Andy Warhol oder Tom Wesselmann, von Comics (z. B. in Robert Crumbs *Fritz the Cat*) bis zum Film, allen voran 1969 Disneys *The Love Bug* (dt.: *Ein toller Käfer*). Diesem blockbuster folgten im Deutschland der frühen siebziger Jahre eine Reihe von Imitationen, so *Das verrückteste Auto der Welt*, *Ein Käfer geht aufs Ganze*, *Ein Käfer gibt Vollgas* oder *Ein Käfer auf Extratour*.

Trotz der 1966 in den USA einsetzenden Kritik an der Sicherheit hatte man 1972 mehr Exemplare des VW hergestellt als Ford vom uneinholbar scheinenden Modell T. 1978 wurde der letzte in Deutschland gebaute Käfer Richtung USA verschifft. Immerhin dauerte es noch bis 1985, bis zur Einstellung der Produktion in Mexiko, ehe per Anzeige das immerwährendes Fahren versprechende ‹Going, going› zur melancholischen Abschiedsformel wurde. Inzwischen hatte man, von vielen kaum für möglich gehalten, den Modellwechsel vom Volkswagen zum Golf, vom luftgekühlten Heckmotor zum wassergekühlten Frontmotor, vom Ei zur Schachtel, vom Beetle zum Rabbit ebenso erfolgreich geschafft wie einen grundlegenden Wechsel in der Unternehmenskonzeption, in dessen Gefolge Volkswagen neuerlich, nun in Sachen Mikrokorporatismus, Sozialpartnerschaft und kooperativer Konfliktlösung, als vorbildlich zu gelten begann. Hier hatte man sich längst der japanischen Herausforderung zu stellen gehabt sowie den Strukturveränderungen in der europäischen Produktion. Volkswagen, schon lange international produzierend und im Besitz von Audi, akquirierte nun auch andere europäische Marken, zunächst Seat und dann, nach der Auflösung des Ostblocks, auch Skoda. Mit dem Engagement und dem Produktionsaufbau in den neuen Bundesländern verbunden ist ein neuerlicher Schub durch Elektronisierung, zusammen mit einer neuerlichen Image-Korrektur, versinnbildlicht im Dresdner Zweigwerk, das Hochpreiskarossen herstellen soll – und zwar in einer gänzlich transparenten Fabrikationshalle, genannt: ‹Gläserne Manufaktur›. Als eine Art Disney World reinszenierter Industriearbeit, angesiedelt zwischen Anthropologisierung – die Herstellung und Übergabe an den Kunden in Metaphern von Geburt und Taufe – und Sakralisierung: ein «Himmlisches Jerusalem» erkannte die *Stuttgarter Zeitung*[34], ergänzt es so die museale Seite: die Stiftung AutoMuseum in Wolfsburg und den bis hin zur Blumenvase retroästhetischen Wiedergänger des Käfer, den ‹New Beetle›.

Von hier aus, von einer längst aus dem Amerikanischen herausgelösten, globalen Produktions-, Marketing- und Designkonzeption, den Bogen zu schlagen zur Volkswagenlegende ist kaum mehr möglich. So sehr der gleichnamige Konzern bemüht sein mag, die Verbindung erinnernd zu halten – das, was sich als ‹Erinnerungsort Volkswagen› ins kollektive Gedächtnis eingesprochen und -geschrieben hat, führt längst eine eigenständige, anderweitige, nämlich an das Wirtschaftswunder-Deutschland gebundene, imaginäre Existenz. Dazu hat einmal auch der Konzern, als er noch ein Werk, überschaubar und mit Namen wie Porsche, Nordhoff, auch Hahn identifizierbar schien, gehört. Er hat – paradox genug – begonnen, sich aus diesem Verhältnis zu lösen, als er – auch hier ein unerhörter Schrittmacher der modernisierten, sich wirtschaftlich und sozial transformierenden Bundesrepublik – 1960 in Form von ‹Volksaktien› in die ‹Tresore des Volkes› überging.

So beruhigend die ‹Normalisierung› und – auch wenn sie sich noch so sehr um Marketingmystifikationen bemüht – demystifizierende Transparenz des Wirtschaftsunternehmens sein mag, die Erinnerung an fast ein Vierteljahrhundert, in dem man nach dem Krieg geradezu die gesellschaftliche Identität über ein Wirtschaftsprodukt und seine Aura bestimmte, bleibt wert, jenseits von kritischem Dokumentarfilm (*Der VW-Komplex*, 1989) oder «Kult-CD-ROM» (*60 Jahre Käfer*, 1996) festgehalten zu werden.

Denn es ist ja hier in der ausgreifenden Darstellung von Vor-, Um- und Nachgeschichte noch immer die Kernsituation nachzutragen, die Zeit, in der die Bundesrepublik sichtbar zu einer offeneren Gesellschaft wurde.

Zunächst hatte der durch die Kriegszeit gegangene Volkswagen die Gesellschaft zivil mobiler und mobil ziviler gemacht. Dann hatte der wirtschaftliche Erfolg des Volkswagens in nahezu aller Welt, besonders aber in den USA, das

Der Volkswagen

VW-Logo aus Spielzeugautos

heimische Selbstbewußtsein gestärkt, wurde zum sichtbarsten Zeichen des wirtschaftswunderlichen ‹Wir sind wieder wer›. Daß das Selbstbewußtsein, von der DDR unter intensivem Gebrauch von ‹Monopolkapitalismus›, ‹Imperialismus› und ‹Militarismus› heftig attackiert, sich nun nicht, jedenfalls nicht vorrangig, trotzig und dumpf an die Vergangenheit anschloß, zwar auch nicht reflektiert und skrupulös mit ihr auseinandersetzte, aber immerhin den Kern dieses Selbstbewußtseins ironisch distanziert umspielt finden konnte – auch das indiziert Volkswagen.

Eine nächste Generation, die das Autofahren zu einem Gutteil schon wieder beim Militär gelernt hatte, übernahm dann auch hier den bitterernsten Rückruf zur Vergangenheitserinnerung. Zugleich jedoch übernahm sie den Lifestyle der amerikanischen Altersgenossen. Und dazu gehörte der VW. So war der Volkswagen vermutlich die große Ausnahme: akzeptiert von einer Jugend, die ansonsten alles ablehnte, was von den Eltern kam. Volkswagen wurden zwischen den Generationen geschenkt, weitergegeben und vererbt wie früher vielleicht Taschenuhren. So hörte man andere Musik, las andere Zeitungen, trank andere Getränke, trug andere Frisuren, reiste in andere Länder, hatte ein anderes Bild von der Vergangenheit und eine andere Zukunft im Kopf, vielleicht sprach man sogar eine andere Sprache. Aber man fuhr immerhin die gleichen Autos ...

Rainer Münz/Rainer Ohliger

Auslandsdeutsche

«Zu keinem Zeitpunkt der deutschen Geschichte fallen Volk, Nation, Territorium und Staat so zusammen, wie wir es von der Geschichte Frankreichs oder Englands kennen. [...] Das Territorium, der Staat und die Sprache bilden nur den Rohstoff für eine nationale Existenz, die im Laufe ihrer Geschichte ständigem Wandel unterworfen ist.»[1]

1. Staat und Nation

Als moderner Staat entstand Deutschland im 19. Jahrhundert auf ethnonationaler Grundlage. Doch Ethnonation und Staat waren von Anfang an nicht deckungsgleich. Denn die Gründung des ersten Nationalstaats auf deutschem Boden erfolgte 1871 im Rahmen der sogenannten «kleindeutschen Lösung». Nach 1871 lebte eine beträchtliche Zahl Deutscher bzw. Deutschsprachiger außerhalb der Grenzen des Zweiten Deutschen Kaiserreichs: vor allem in Österreich-Ungarn und im zaristischen Rußland. 1919/20 führte die Neugestaltung der politischen Geographie Europas erneut zum Ausschluß mehrerer Millionen Personen deutscher *Volkszugehörigkeit* aus der Weimarer Republik und dem 1918 gegründeten Staat Deutsch-Österreich. Unmittelbare Folge der Friedensverträge von Versailles, Saint-Germain und Trianon sowie der neuen Grenzen war die Entstehung größerer und kleinerer deutschsprachiger Minderheiten in Polen, dem Baltikum, der Tschechoslowakei, in Jugoslawien, Rumänien, Belgien, Dänemark, Frankreich und Italien. Und selbst nach dem Zusammenbruch Nazi-Deutschlands, der zur Vertreibung von 12 Millionen Ost- und Volksdeutschen führte, gab es im Nachkriegseuropa weiterhin Angehörige deutschsprachiger Minderheiten. Das Auseinanderfallen der ursprünglich kulturell, später auch ethnisch definierten Nation der Deutschen und ihrer staatlichen Ordnung war in deutschen Landen schon in der ersten Hälfte des 19. Jahrhunderts ein kontroverses Thema.

Als erster diskutierte Wilhelm Stricker 1845 in seiner Schrift *Die Verbreitung des deutschen Volkes über die Erde* die Frage der Zugehörigkeit von Angehörigen deutscher Minderheiten zur deutschen Nation. Im Jahr 1846 versammelte der erste deutsche Germanistentag in Frankfurt/Main die führenden Gelehrten jener Zeit, unter ihnen Ernst Moritz Arndt, Friedrich Christoph Dahlmann, Georg Gottfried Gervinus, Jakob und Wilhelm Grimm, Leopold von Ranke und Ludwig Uhland. Auch sie griffen das Thema «Nation und Volk» auf. Für sie waren die kulturelle und sprachliche Zugehörigkeit das zentrale Kriterium. Deutlich wurde dies bereits im Eingangsreferat Jacob Grimms, der die von ihm aufgeworfene Frage: «Was ist ein Volk?» so beantwortete: «[...] ein Volk ist der Inbegriff von Menschen, welche dieselbe Sprache reden.» Und er schloß, «daß einem Volke, das über Berge und Ströme gedrungen ist, seine eigne Sprache allein die Grenze setzen kann».[2] Mit Blick auf das damals dänische Schleswig-Holstein bekräftigte der langjährige Leiter der Monumenta Germaniae Historica, Georg Heinrich Pertz, «daß es wünschenswert sei, mit den Deutschen, welche außerhalb der deutschen Bundesstaaten leben, in Verbindung zu treten, und einen Einfluß auf ihre Literatur zur Erhaltung deutscher Sprache, deutschen Sinnes und des Andenkens an das Vaterland zu gewinnen». Zugleich betonte er, «daß das deutsche Volk auch außer den Grenzen der deutschen Bundesstaaten ein Ganzes mit uns bildet, daß es wünschenswert ist, auch bei den jenseits der Grenzen des Meeres lebenden Gliedern die Erinnerung an das gemeinsame Vaterland lebendig wirksam zu erhalten».[3] Im Anschluß beschloß der erste Germanistentag die Einsetzung einer Kommission, die mit der «Erhaltung der deutschen Sprache» sowie der «Beförderung des deutschen Sprachunterrichts und der literarischen Verbindung» zur deutschsprachigen Diaspora betraut wurde.[4]

In der politischen Argumentation Preußens und des Deutschen Bundes spielten die in «fremden» Ländern lebenden Deutschen auch nach 1848 bisweilen eine Rolle. Denn sowohl die Besetzung Schleswig-Holsteins in Folge des Krieges von 1864, den Preußen und Österreich gegen Dänemark führten, wie auch die Annexion Elsaß-Lothringens nach dem deutsch-französischen Krieg von 1871 erfolgten mit dem Hinweis, in diesen Gebieten siedelten seit Jahrhunderten Deutsche. Mit der Errichtung eines deutschen Nationalstaats entstand die klare Differenz zwischen «inländischen» und «ausländischen» Deutschen. Denn deutsche Reichs- und Staatsangehörige waren keineswegs alle Personen deutscher Volkszugehörigkeit, sondern bloß die Bürger jener Staaten und Territorien, die seit 1871 das Deutsche Reich bildeten. Da sich mit Bismarck die kleindeutsche Lösung durchgesetzt hatte, wurden sogenannte Volkstumsfragen mit Blick auf auslandsdeutsche Minderheiten erst wieder ab den 1890er Jahren öffentlich diskutiert. Dabei ging es von Anfang an sowohl um die Verantwortung des Deutschen Reichs für Auswanderer und deutschsprachige Minderheiten im Ausland als auch um die Zugehörigkeit *auslandsdeutscher* Minderheiten, wie sie nach dem Ersten Weltkrieg hießen, bzw. *volksdeutscher* Minderheiten, wie diese Gruppen seit den späten zwanziger Jahren und vor allem in der Zeit des Nationalsozialismus bezeichnet wurden. Vordergründig ging es dabei um den Erhalt von Kultur, Sprache und «Volkstum». Implizit standen aber immer auch politisch-territoriale Fragen im Raum.

2. Deutsche Diaspora und ihre Repräsentation in Deutschland

Die Wahrnehmung, die Symbolisierung und die politische Rolle deutscher Minderheiten hingen eng mit den politischen Zäsuren von 1871, 1918/19,

1933, 1945 und 1989/90 zusammen. Die Repräsentation dieser Minderheiten im kollektiven Gedächtnis der Deutschen wurde stark durch jene Zäsuren geprägt, auch wenn es zweifellos Kontinuitäten gab und gibt, die diese Brüche überlagerten. Der historische Ort der deutschen Diaspora im Gedächtnis der Nation variierte allerdings je nach Minderheit recht stark. Denn die Auslandsdeutschen existierten weder in der historisch-politischen Realität noch in der kollektiven Erinnerung jemals als geschlossene soziale Gruppe bzw. als Gruppe mit kohärenter Identität.

Ursprünglich verstand sich das Wilhelminische Kaiserreich in Fortsetzung preußischer Traditionen nicht allein als Nationalstaat auf ethnischer Grundlage. Der völkisch argumentierende Deutschnationalismus wurde jedoch im Laufe der 1890er Jahre zur politisch relevanten und dominanten Größe. Dadurch fiel den Auslandsdeutschen jenseits des strategischen Großmachtkalküls in der Topographie der nationalen Erinnerung eine spezifische Rolle zu. Völkische Ideen gewannen seit dem späten 19. Jahrhundert im öffentlichen und politischen Raum zunehmend an Bedeutung. Es bildeten sich Vereine, Organisationen und Interessengruppen mit völkischen Zielsetzungen. Zugleich fand das «Völkische» auch in schon bestehenden Institutionen immer größere Resonanz. Die Mehrzahl der einschlägigen Schul-, Turn-, Sport-, Gesangs-, Alpen- und Schützenvereine hatte allerdings eine binnenstaatliche Perspektive und nahm das Schicksal der Auslandsdeutschen noch nicht in den Blick.

Eine Ausnahme bildeten zwei völkische Organisationen, die ihre Politik und Propaganda stark an der Situation und Geschichte auslandsdeutscher Minderheiten, insbesondere jener der Donaumonarchie orientierten: der Alldeutsche Verband und der Verein für das Deutschtum im Ausland (VDA). Die Gründungen des VDA im Jahr 1881 und des Alldeutschen Verbandes im Jahr 1891 markierten den Wandel hin zur Einbeziehung der Auslandsdeutschen auf politischer und institutioneller Ebene. Ersterer war nach dem Vorbild des bereits 1880 gegründeten Wiener Deutschen Schulvereins ursprünglich als «Allgemeiner Deutscher Schulverein für das Deutschtum im Ausland» ins Leben gerufen worden. Im Gegensatz zur Habsburger Monarchie, wo Nationalitätenkonflikte seit dem späten 19. Jahrhundert den Alltag eines beträchtlichen Teils der Bevölkerung prägten, repräsentierten die genannten Organisationen in Deutschland vorerst nur die Interessen, Motive und Idiosynkrasien relativ kleiner, wenn auch einflußreicher Schichten, in deren Zentrum eine radikal völkischnationale Elite heranwuchs. Das nach eigenem Verständnis zumindest in Europa territorial saturierte Kaiserreich zeigte weder auf politischer noch auf symbolischer Ebene starke Sympathien für eine Verschränkung der eigenen Perspektive mit jener der deutschsprachigen Diaspora im Ausland. Das Kaiserreich und seine staatlichen Repräsentanten standen einer völkischen Konstruktion des Nationalen, die grenzüberschreitend war, eher gleichgültig, mitunter gar ablehnend gegenüber. Genau dafür wurden sie von den Protagonisten des Alldeutschen Verbandes heftig kritisiert, ja sogar bekämpft.

Im wilhelminischen Deutschland blieb es nicht bei der Institutionalisierung völkischer Ideen und Interessen. Wichtig wurde die politisch-semantische Aufladung des Begriffes «Volk» und damit der Idee der Volkszugehörigkeit. Die Vorstellung des deutschen Volkes als kultureller und sprachlicher Einheit oder auch als Abstammungsnation und ethnischer Gemeinschaft, eine Vorstellung die sich seit der Romantik herausbildete, gewann schon früh politische Sprengkraft. Denn sie mündete in die Forderung nach Schaffung eines deutschen Nationalstaats. Und diese Forderung richtete sich nicht bloß gegen die politischen Verhältnisse im Vormärz, sondern zugleich gegen den Fortbestand einer größeren Zahl überwiegend vorkonstitutioneller Fürstenstaaten in Deutschland. Nicht ohne Grund hatten die Hohenzollern die Kaiserwürde aus der Hand der Frankfurter Paulskirche abgelehnt. Erst nachdem die Vereinigung Deutschlands 1871 auf anderem Wege zustande gekommen war, wurde die Idee der völkisch definierten, wenn nicht sogar determinierten Abstammungsnation erneut politisiert und in einer weiteren Öffentlichkeit als Abbreviatur nationaler Erinnerung abrufbar.

Es bedurfte der Erfahrung des Ersten Weltkriegs, der Niederlage Deutschlands und Österreich-Ungarns sowie der darauffolgenden territorialen und auch demographischen Neuordnung Mitteleuropas durch die Pariser Vorortverträge von 1919/20, um Geschichte und Gegenwart der Auslandsdeutschen sowohl im Gedächtnis der Nation zu verankern, die Gesellschaft für dieses Thema politisch zu mobilisieren und einem wirkungsmächtigen völkischen Mythos auf breiter Basis zum Durchbruch zu verhelfen. Dafür war mindestens dreierlei ausschlaggebend: die Kriegs- und Fronterfahrung der Jahre 1914 bis 1918, die generationsspezifischen politischen und kollektiv-psychologischen Folgen des Krieges und der Friedensordnung sowie die daraus resultierende politische Mobilisierung und Radikalisierung in der Weimarer Republik und in der 1918 gegen den mehrheitlichen Willen ihrer Bürger gegründeten Republik (Deutsch-)Österreich. Die Front- und Kriegserfahrungen der Jahre 1914 bis 1918 führten nicht nur zu einer mentalen, sondern vielfach auch zu einer real erfahrenen Nähe von Reichsdeutschen und deutschsprachigen Bewohnern Österreich-Ungarns.

Noch während des Ersten Weltkriegs, im Jahr 1917, fand der neue Geist der Annäherung seine staatlich-institutionelle Ausprägung in der Gründung des Deutschen Ausland-Instituts (DAI) in Stuttgart, das die kulturpolitische Arbeit des Deutschen Reichs gegenüber den deutschen Minderheiten bündeln und gestalten sollte. Doch «erst der Ausgang des Weltkrieges hat die Aufmerksamkeit des deutschen Volkes in größerem Umfange auf die Volksgenossen gelenkt, die seit alters außerhalb der Grenzen des Deutschen Reiches ansässig waren».[5] Bedeutender als die gemeinsame Front- und Kriegserfahrung wurde somit die territoriale Neuordnung durch die Verträge von Versailles und Saint-Germain. Die tief empfundene Schmach über die in diesen Verträgen auferlegten Bestimmungen schuf eine gemeinsame Grundlage für ethno-nationale

Plakat der «Rückwandererhilfe»

Identifikation. Die Kränkung des Nationalstolzes, als die die Pariser Vorortverträge und die erzwungenen Gebietsabtretungen von der überwältigenden Mehrheit der Deutschen nach 1918 empfunden wurden, hatte eine zuvor kaum vorstellbare Annäherung zwischen auslandsdeutscher und reichsdeutscher Bevölkerung zur Folge. Diese neue Solidarität zielte auf Abwehr und Revision der neuen politischen und territorialen Ordnung. Dies hing unmittelbar mit der erzwungenen Abtretung von fast 73 000 Quadratkilometern ehemals deutschen Reichsgebiets mit insgesamt sieben Millionen Einwohnern zusammen. Unter ihnen waren 3,6 Millionen Deutsche und Deutschsprachige. Hinzu kam der politische Kampf rund um die Volksabstimmungen von 1920/21 über territoriale Zugehörigkeit und Grenzrevisionen. In Deutschland ging es insbesondere um Oberschlesien sowie um Sylt, in Österreich um das teilweise slowenisch besiedelte Südkärnten sowie um das bis 1921 zu Ungarn gehörende Burgenland. Diese Referenden, aber auch das Schicksal der Deutschen in der 1918 gegründeten Tschechoslowakei und im wiedererrichteten Polen sensibilisierten eine breite deutsche Öffentlichkeit für das Thema Auslandsdeutsche oder – wie sie fortan hießen – für die *Grenz- und Auslandsdeutschen*.

Quasi über Nacht machte der Ausgang des Ersten Weltkriegs Millionen vormals deutscher und österreichischer Staatsbürger zu Auslandsdeutschen. In der Mehrzahl der Fälle siedelten diese Auslandsdeutschen in Gebieten, die unmittelbar jenseits der neu gezogenen Grenzen Deutschlands und Österreichs lagen. Davor waren sie Angehörige der dominanten Staatsnation gewesen. Die Verträge von Versailles und Saint-Germain machten aus ihnen Angehörige nationaler Minderheiten, was die meisten nicht bloß als kollektiven Abstieg, sondern als unzumutbaren Status empfanden. Teile der deutschen Bevölkerung, insbesondere aus dem bei Polen verbliebenen Teil Oberschlesiens und aus Elsaß-Lothringen – insgesamt rund 1,3 Millionen Personen –, ließen sich im Deutschen Reich nieder. Viele von ihnen nahmen jedoch weiter aktiv Anteil am Geschick der im Herkunftsgebiet verbliebenen deutschen Minderheit.

Die Grundlage für die mentale Annäherung der Deutschen innerhalb des Staates mit jenen außerhalb der Staatsgrenzen bildete eine ausgeprägte Täter-Opfer-Dichotomie, in welcher die vom Reich getrennten deutschen Minderheiten als besonders ungerecht behandelte Opfer des verlorenen Krieges und seiner als unehrenhaft empfundenen Folgen betrachtet wurden. In der Sprache jener Zeit handelte es sich bei den Auslandsdeutschen, vor allem bei den unmittelbar jenseits der Grenzen siedelnden Deutschen, um gewaltsam aus dem «Volkskörper herausgerissene» Teile der Nation, deren Abtrennung nun eine offene und blutende Wunde bildete. Mit der Emotionalisierung des Themas im Anschluß an den Ersten Weltkrieg erweiterte sich auf reichsdeutscher Seite der Blick und das Verständnis dafür, welche Gruppen jenseits der staatlichen Grenzen als (auslands)deutsch galten. In die Definition eingeschlossen wurden nun nicht nur die Österreicher und die Angehörigen autochthoner deutscher Minderheiten in Ostmittel- und Osteuropa, sondern zunehmend auch Übersee-Auswanderer des 19. Jahrhunderts und deren Nachfahren. Schon das Reichs- und Staatsangehörigkeitsgesetz von 1913 hatte vielen von ihnen die Möglichkeit eröffnet, deutsche Staatsbürger zu bleiben, während davor die Staatsangehörigkeit zehn Jahre nach der Auswanderung erloschen war: nicht zuletzt um den wegen ihrer politischen Überzeugungen, ihrer Religion oder ihrer Armut in Deutschland seinerzeit ohnedies unerwünschten Emigranten die Rückkehr in die alte Heimat zu erschweren.

Nun erschienen die deutschen Migranten in den USA, Kanada und Südamerika teils als verlorene Söhne und Töchter, teils als Vorposten des Deutschtums in der Neuen Welt. Das späte Interesse Deutschlands an seinen Auswanderern blieb allerdings ein eher einseitiges.

Völlig anders entwickelte sich das Verhältnis zu den Grenz- und Auslandsdeutschen vor allem im Osten und Südosten Europas, die sich selbst in ähnlicher Weise als Opfer sahen und an einer Revision der Pariser Vorortverträge interessiert waren, wie die politisch einflußreichen Kreise Deutschlands und Österreichs. Die gestiegene Solidarisierung und Identifikation mit dieser Diaspora zeigte sich u. a. durch die Gründung und den Erfolg zahlloser neuer Deutschtumsorganisationen nach 1918 wie z. B. die von Karl Haushofer gegründete Deutsche Akademie in München, das vom Volkstumspropagandisten Max Hildebert Böhm ins Leben gerufene Institut für Grenz- und Auslandsstudien in Berlin oder den Deutschen Schutzbund von Karl C. von Lösch. Sowohl die neuen wie auch die schon bestehenden völkischen Verbände und Organisationen hatten massenhaften Zulauf. Insbesondere der VDA entwickelte sich zu einer Massenbewegung. Die Verwissenschaftlichung der «Deutschtumsforschung» als akademischer Disziplin an deutschen Universitäten und an außeruniversitären Forschungseinrichtungen (etwa das Institut für Grenz- und Auslanddeutschtum der Universität Marburg, das Institut für Grenz- und Auslandstudien in Berlin-Spandau, die Stiftung für deutsche Volks und Kulturbodenforschung in Leipzig, aber auch das Institut für Statistik der Minderheitenvölker an der Universität Wien) trug wiederum zur verstärkten gesellschaftlichen Verankerung des Themas bei. Bildung, insbesondere der Bereich der höheren Bildung, wurde in Deutschland nach 1918 zu einem Kernbereich der Repräsentation von und der Identifikation mit Auslandsdeutschen.

Das nach 1918 entstehende flächendeckende Netz des Vereins für das Deutschtum im Ausland mit seinen Landesverbänden und Ortsgruppen sowie den einflußreichen Schulgruppen schrieb die Präsenz deutscher Minderheiten unmittelbar in das Bewußtsein und Gedächtnis der Deutschen ein. Zweifellos waren die Schulen, die überproportional stark im VDA organisierten Lehrer und die Schulbuchautoren in der Zwischenkriegszeit die bedeutendsten binnenstaatlichen Akteure, die ein Zusammengehörigkeitsgefühl zwischen reichs- und auslandsdeutscher Bevölkerung aufrechterhielten oder erst etablierten. Das institutionelle Geflecht innerhalb der Weimarer Republik fand seine organisatorische Entsprechung auf seiten der Deutschen im Ausland. Die nach 1918 neu gegründeten völkischen und nationalen Verbände und Vereine in Oberschlesien, im Sudetenland, in Danzig, in Siebenbürgen, in Südtirol und in der Vojvodina, aber auch bereits bestehende ältere Institutionen, vor allem die deutschsprachigen Minderheitsschulen und die in der Auseinandersetzung mit der slawischen und der italienischen Nationalbewegung in der Habsburger-Monarchie, in Westpreußen und in Schlesien entstandenen deutschen Schul-, Kultur- und Schutzvereine, bildeten gut organisierte Netzwerke, die in immer engerer Abstimmung mit den einschlägigen reichsdeutschen Organisationen operierten. Schul- und Schüleraustausch, Reisen zu Grenz- und Auslandsdeutschen *(Grenzlandfahrten)*, aber auch Patenschaften für deutsche Minderheiten durch die Landesverbände des VDA wurden zu einem selbstverständlichen Bestandteil deutschen Alltagslebens in der Weimarer Republik.

3. Von der «Volkstumspolitik» des Nationalsozialismus zur Vertreibung der Deutschen aus Ostmitteleuropa

Zentral für die Idee der Zusammengehörigkeit wurde nach 1918 die schon im späten 19. Jahrhundert entstandene Vorstellung eines nicht nur kulturell

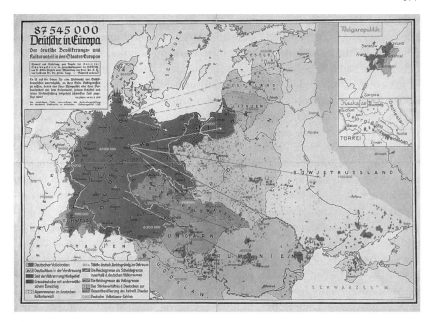

Übersichtskarte über den deutschen Bevölkerungs- und Kulturanteil in Europa (1938)

oder sprachlich, sondern quasi biologisch konstituierten deutschen Volkes, das unabhängig von bestehenden Staatsgrenzen durch genetische bzw. rassische Gemeinsamkeiten eine Einheit bilde. Die semantische Verschiebung vom Terminus «Grenz- und Auslandsdeutsche» hin zum Begriff «Volksdeutsche» war ein Resultat dieser organischen Konzeption. Die begriffliche Verschiebung, die sich schon in den zwanziger Jahren vollzog, ermöglichte die ideologische Überhöhung nach 1933, als Volksdeutsche mehr und mehr zum Gegenstand der Außenpolitik und schließlich zum Anlaß internationaler Konflikte wurden. Weder der «Anschluß» Österreichs im März 1938 noch die Annexion des Sudentenlandes auf Grundlage des Müncheners Abkommens vom September 1938 sind ohne den Zusammenhang mit der «volksdeutschen Frage» und dem Streben nach Einheit zwischen Volk und Reich zu verstehen. In ähnlicher Weise legitimierte Deutschland im September 1939 auch seinen Angriff auf Polen sowie die damit verbundene «Wiedergewinnung» Danzigs, Westpreußens und ganz Oberschlesiens.

Mit dem Beginn des Zweiten Weltkriegs änderte sich allerdings die Politik Nazi-Deutschlands gegenüber den «Volksdeutschen». In den von der Wehrmacht besetzten, oft gemischten Siedlungsgebieten der deutschen Minderheiten verfolgte das im Oktober 1939 geschaffene Amt des Reichskommissars für die Festigung des deutschen Volkstums (RKFDV) das Ziel einer Germanisierung der Bevölkerung. Deutsche Minderheiten, die in nicht unmittelbar zur Eroberung vorgesehenen Gebieten lebten, wurden hingegen ab 1939 nur noch als «Volkstumssplitter» bezeichnet und im Rahmen der sogenannten «Heim ins Reich»-Politik ins Großdeutsche Reich bzw. in annektierte polnische Gebiete umgesiedelt. Dies betraf Südtiroler, die 1939/40 für Deutschland optiert hatten, Deutsche aus dem Kanaltal und der Gottschee, aus dem Baltikum, Wolhynien, der Bukowina, Bessarabien und der Krim – insgesamt rund 650 000 Personen. Zum Teil wurden diese Umsiedlungen durch ökonomische, nicht aber durch «völkische» Überlegungen begründet. Sie standen damit im Gegensatz zu Ideologie und Politik des RKFDV, der die Position der Auslandsdeutschen stärken sollte, um sie als «Stützpunkte des deutschen Gedankens» zu erhalten. Zur Rechtfertigung der Umsiedlung wurde argumentiert, die an den «Grenzen des Deutschtums» im «Volkstumskampf» erprobten Volksdeutschen eigneten sich in nahezu idealer Weise als Siedler an den neuen Grenzen Deutschlands. Tatsächlich spielten allerdings auch außenpolitische Überlegungen eine Rolle. Die Beziehungen Deutschlands zum faschistischen Italien und zum Ustaša-Staat Kroatien sollten nicht durch ungelöste Minderheitenfragen belastet werden, den Deutschen im Baltikum und in anderen Teilen Osteuropas sollte hingegen ein Leben unter sowjetischer Herrschaft erspart bleiben.

Die NS-Volkstumspolitik beabsichtigte in erster Linie die ethnodemographische Neuordnung Ostmitteleuropas, verstärkte aber zugleich die symbolische Präsenz deutscher Minderheiten in Deutschland. Institutionell zeigte sich dies am Ausbau und der Gleichschaltung des DAI in Stuttgart, dem 1935 eine «Neuordnung seiner Arbeit auf umfassender völkischer Grundlage»[6] aufgegeben wurde. Gleichzeitig erfolgte die Reorganisation und Umbenennung des VDA in «Volksbund für das Deutschtum im Ausland». Die Aufwertung des DAI in Stuttgart ging mit der symbolischen Erhebung Stuttgarts zur «Stadt der Auslandsdeutschen» im gleichen Jahr einher. Die politische Toponomastik des Nationalsozialismus – München: «Hauptstadt der Bewegung», Nürnberg: «Hauptstadt der Reichsparteitage», Graz: «Stadt der Volkserhebung», Linz: «Heimatstadt des Führers» – wurde damit um einen Ort der Erinnerung an die deutsche Diaspora ergänzt.

Die ideologische Überhöhung des Volkes und die Verankerung eines historisch-biologisch und rassenideologisch aufgeladenen Volksbegriffs manifestierten sich auch in der Wissenschaft, insbesondere in Geschichte, Geographie, Landeskunde und Bevölkerungswissenschaft, die ihre Forschungen verstärkt unter den Paradigmen von Rasse, Volk und Raum betrieben. Dies sprengte den herkömmlichen nationalstaatlichen Untersuchungsrahmen und bewirkte die Erweiterung des jeweiligen Untersuchungsgegenstandes um die Auslandsdeutschen. In der Geographie setzte sich das neue Forschungsparadigma unter der Ägide der «Volksdeutschen Forschungsgemeinschaften» durch. Die Bevölkerungswissenschaft ordnete sich mit ihren Erhebungen und

Fragestellungen weitgehend den Zielen der nationalsozialistischen Bevölkerungs-, Familien- und Rassenpolitik unter. In der Geschichtswissenschaft kam es zur Etablierung der Volksgeschichte als Alternative zur bis dahin dominanten, an Staaten, Kriegen und historischen Persönlichkeiten orientierten Geschichtsschreibung.

Die planmäßigen Umsiedlungen von «Volksdeutschen» im Rahmen der nationalsozialistischen Volkstumspolitik bildeten den Auftakt für die viel weitreichenderen Bevölkerungsverschiebungen der Jahre 1944 bis 1949. Dazu gehörten Flucht und Vertreibung von rund 12 Millionen Deutschen aus Ostmittel- und Osteuropa sowie die damit in unmittelbarem Zusammenhang stehende Vertreibung und Neuansiedlung von mehr als zwei Millionen Personen polnischer, ukrainischer und russischer Nationalität. Von den 12 Millionen deutschen Flüchtlingen und Vertriebenen des letzten Kriegsjahrs und der unmittelbaren Nachkriegszeit waren fast fünf Millionen Volks- oder Auslandsdeutsche aus der Tschechoslowakei (über 3 Millionen), Polen und der ehemaligen Freistadt Danzig (zusammen 1 Million), Jugoslawien (300 000), Ungarn (200 000) und Rumänien (100 000).

Die kurze Geschichte der Auslandsdeutschen währte für die meisten unter diese Kategorie fallenden Minderheiten nur von 1871 bis 1945/49. In der 1949 gegründeten Bundesrepublik blieben sie jedoch von Anfang an als Thema der Tagespolitik wie auch des kollektiven Gedächtnisses präsent: als Vertriebene, deren Organisationen nicht bloß materielle Wiedergutmachung, sondern eine Option auf Rückkehr in die alte Heimat forderten und damit praktisch die 1945 von den Alliierten in Jalta und Potsdam dekretierten Grenzen und Bevölkerungstransfers in Frage stellten. Die Grenz- und Auslandsdeutschen, die in der Zwischenkriegszeit semantisch bereits die Metamorphose zu Volksdeutschen durchlaufen hatten, wurden damit gemeinsam mit den einstigen Bewohnern ehemaliger deutscher Ostgebiete Teil der binnendeutschen Nachkriegsgeschichte. Somit endete zwar die reale Existenz der meisten deutschen Minderheiten Ostmittel- und Osteuropas um die Mitte des 20. Jahrhunderts, diese Minderheiten wurden aber mit ihrer Vertreibung Richtung Westen ein neuer Teil der kollektiven Erinnerung und blieben zumindest auf der Seite der Bundesrepublik in das Gedächtnis der Nation eingeschrieben, während die DDR die Frage im Rahmen ihrer offiziellen Geschichtsschreibung und Geschichtspolitik dem Vergessen preisgab.

4. Der historische Ort der Vertriebenen in der Bundesrepublik

Die nach Westdeutschland geflohenen oder vertriebenen Auslandsdeutschen wie auch die Flüchtlinge und Vertriebenen aus den ehemaligen Ostgebieten des Reichs eroberten sich politisch wie symbolisch einen festen Platz im Westdeutschland der Nachkriegszeit. Dies gelang durch Etablierung starker Interessengruppen, nämlich der Landsmannschaften und des Bundes der Vertriebenen (BdV), durch die Gründung einer eigenen Partei, des Bundes der Heimatvertriebenen und Entrechteten (BHE), sowie durch aktive Integration in die nach 1945 neu oder wieder gegründeten staatstragenden Parteien (CDU, CSU, FDP, SPD). Gleichzeitig wurden Institutionen und symbolische Formen der Zwischenkriegszeit reaktiviert. So knüpften etwa die jährlichen Treffen der Vertriebenenverbände zu Pfingsten an die Tradition der Pfingsttreffen des VDA vor dem Zweiten Weltkrieg an. Einerseits repräsentierten die Heimattage des Bundes der Vertriebenen und die Treffen der Landsmannschaften dabei in Form und Inhalt die untergegangene Welt vor der Vertreibung. Andererseits gelang es den Verbänden und ihren Repräsentanten, zu einem integralen Bestandteil bundesdeutscher Politik und bundesdeutschen Selbstverständnisses zu werden. Somit standen die Auslandsdeutschen und alle anderen Vertriebenen seit 1945 zwischen der Erinnerung an eine zumindest bis 1989/90 nur virtuell verfügbare Heimat im Osten und der Realität im Westen, wo ihre Rolle als Opfer des Zweiten Weltkriegs besondere Betonung fand. Die Zäsur des Jahres 1945 stand somit symbolisch in einer Kontinuität mit jener der Jahre 1918/19: Die den Auslandsdeutschen zugeschriebene Opferrolle ging nach 1945 auf Flüchtlinge und Vertriebene über. Nach dem Bau der Mauer wurden in Westdeutschland schließlich auch die Bürger der DDR zunehmend als Opfer sowie als der vom Leben der Nation ausgeschlossene Teil der Deutschen begriffen. Die Übertragung der Rolle, die zuvor «Grenzdeutsche» und die Diaspora im Osten gespielt hatten, schlug sich auch in der Semantik nieder. Zunehmend wurden seit den sechziger Jahren nicht mehr Ostpreußen, Schlesier oder Danziger, sondern die Einwohner der damals bloß in Anführungszeichen so genannten «DDR» als Ostdeutsche bezeichnet.

Ganz im Sinne der Identifikation mit der Opferrolle der Deutschen begann die Geschichtsschreibung der jungen Bundesrepublik bereits in den fünfziger Jahren, die Vertreibung von deutschen Staatsangehörigen und von Angehörigen deutscher Minderheiten zu dokumentieren. Die historiographische Aufarbeitung des Themas hatte anfänglich einen offiziösen bzw. halboffiziösen Charakter. Sie wurde zwar in der Regel von Wissenschaftlern durchgeführt. Initiatoren und Betreiber dieser Forschung waren jedoch Politiker und Beamte, allen voran der Staatssekretär im Bundesministerium für Angelegenheiten der Vertriebenen, Ottomar Schreiber, der dem wissenschaftlichen Leiter der *Dokumentation der Vertreibung*, dem Historiker Theodor Schieder, aus der gemeinsamen Zeit aus Königsberg verbunden war.[7] Dies prägte sowohl die groß angelegte, achtbändige *Dokumentation der Vertreibung der Deutschen aus Ost-Mitteleuropa*, die zwischen 1953 und 1962 erschien, als auch das 1959 veröffentlichte dreibändige Werk *Die Vertriebenen in Westdeutschland*.[8] Beide Publikationen dienten dem Bedürfnis der Vertriebenen nach Repräsentation und Anerkennung ihrer Verluste, Leiden und Leistungen in der neuen Gesellschaft. Sie dienten aber auch dazu, die Erinnerung an die Vertreibung für den

Fall einer endgültigen Regelung der Nachkriegsgrenzen aufrechtzuerhalten, Unrecht zu dokumentieren und den Anspruch auf Rückkehr geltend zu machen.

Der Verlust der Traditionsorte wurde in der Bundesrepublik in zweifacher, ineinander verschränkter Weise kompensiert, nämlich politisch-juristisch und symbolisch. Rechtliche und symbolische Anerkennung ermöglichte sowohl den vertriebenen Auslandsdeutschen als auch jenen, die aus den bis 1945 deutschen Ostprovinzen vertrieben wurden, die Überwindung der Fremdheit im Westen und eine relativ schnelle Integration. In den fünfziger und sechziger Jahren zeigte sich die Verbindung von Wiederaufbau, Eingliederung der geflüchteten oder vertriebenen Deutschen und symbolischer Repräsentation der verlorenen Heimat exemplarisch an vielen kommunalen Projekten. Kaum eine Stadt oder Gemeinde verzichtete auf die Benennung der neuen Straßen nach Städten, Regionen oder Landschaften, die ehemaliges deutsches Siedlungsgebiet waren (Danziger Straße, Breslauer Straße, Masurenweg, Schlesische Straße, Ostpreußenallee etc.). Diese Namensgebung im öffentlichen Raum diente in der Regel nicht bloß der Erinnerung an territoriale Verluste und an die Vertreibung, sondern konnte auch als Anspruch auf eine spätere Revision gesehen werden. Doch zugleich manifestierten die Siedlungen, in denen diese Straßen und Plätze lagen, mehr als alles andere die anfangs eher unfreiwillige, später kaum noch diskutierte Akzeptanz des Status quo. Klein-Königsberg entstand in Bonn-Tannenbusch, weil eine Rückkehr an den Originalschauplatz deutscher Geschichte im Osten schon im damaligen politischen Erwartungshorizont nicht mehr unmittelbar bevorstand, auch wenn die politische Rhetorik der fünfziger Jahre noch stark auf schnelle Wiedervereinigung, Friedensvertrag und Grenzrevision abzielte. Das Verschwinden der realen Orte aus dem erfahrbaren Raum der Deutschen wurde durch ihre Symbolisierung und Erinnerung im öffentlichen Raum kompensiert. Parallel dazu verschwanden in den Städten der DDR fast alle Straßennamen mit Bezügen zu Danzig, Schlesien, Ostpreußen oder Siebenbürgen.

Jenseits der Straßennamen entstanden seit den fünfziger Jahren in Westdeutschland 400 bis 500 Denk- und Mahnmäler, die an die verlorenen Städte, Landschaften und Siedlungsgebiete im Osten erinnern. Gleiches gilt für Patenschaften von Bundesländern und Kommunen für bestimmte Vertriebenen- oder Aussiedlergruppen oder für Städte in den ehemaligen deutschen Ostgebieten. Damit setzte die junge Bundesrepublik eine in den zwanziger Jahren begründete Tradition des VDA fort. Die Hochphase der Denkmalsetzung sowie der Übernahme von Patenschaften waren die fünfziger und sechziger Jahre, während Vertriebene und Auslandsdeutsche am Erinnerungskult und Denkmalboom der achtziger Jahre nur geringen Anteil hatten. Den zahlreichen Gedenktafeln und Erinnerungsmonumenten, die in den achtziger Jahren entstanden, um in deutschen Gemeinden und Städten an deren ehemalige jüdische Bevölkerung zu erinnern, stehen aus jenem Jahrzehnt nur wenige

Denkmäler zur Erinnerung an Flucht, Vertreibung und Aufnahme der Vertriebenen gegenüber.

Erst nach der Wende des Jahres 1989/90 kam es zu einer erneuten Denkmalsbewegung für die Vertriebenen und Flüchtlinge. Seit 1990 sind ca. 60 neue Denkmäler und Erinnerungstafeln in den neuen Bundesländern entstanden. Seit den fünfziger Jahren wurden außerdem Hunderte von kleinen Museen, Heimatstuben, Archiven, Bibliotheken sowie private und halböffentliche Sammlungen begründet, die das Kulturerbe wie auch Realien aus den traditionellen Siedlungsgebieten der Deutschen im Osten sammeln und ausstellen. Zugleich wirkt die Repräsentation deutscher Minderheiten und Auslandsdeutscher bzw. Vertriebener durch die beiden deutschen Nationalmuseen in Berlin und Bonn eher wie eine lieblose Pflichtaufgabe, der sich das offizielle Deutschland inzwischen offenbar nur noch ungern stellt.

5. Aussiedler: die Auslandsdeutschen von heute

Seit Gründung der Bundesrepublik und der Verabschiedung des Grundgesetzes erinnerte vor allem die bundesdeutsche Konstruktion der Staatsangehörigkeit an die Existenz deutscher Minderheiten im Osten. Artikel 116 des Grundgesetzes nannte als Teil des Staatsvolkes neben den aktuellen Staatsbürgern auch Personen deutscher Volkszugehörigkeit, die als «Statusdeutsche» Anspruch auf die deutsche Staatsbürgerschaft haben sollten. Ursprünglich ging es dabei nur um Personen, die sich 1949 bereits auf dem Territorium Deutschlands – allerdings in den Grenzen von 1937 – aufhielten. Seit 1953 gewährte die Bundesrepublik auch den Angehörigen deutscher Minderheiten in Ostmittel- und Osteuropa sowie in Zentralasien einen privilegierten Zugang zur bundesdeutschen Staatsangehörigkeit, sobald sie nach Deutschland auswanderten. Diese Rechtskonstruktion rief die Existenz der im Osten verbliebenen Auslandsdeutschen und ihr Schicksal in der Nachkriegszeit nur sporadisch in Erinnerung, solange in der Zeit des Kalten Kriegs und der politischen Spaltung Europas jährlich bloß einige Tausend Angehörige deutscher Minderheiten aus Polen, Rumänien und der Sowjetunion nach Westdeutschland kamen. Erst gegen Ende der achtziger Jahre wurde aus dem als Restgröße der Vergangenheit erscheinenden Topos wieder ein Thema der Tagespolitik. Denn die Zahl der Aussiedler erreichte in den Jahren 1989 und 1990 beinahe die Marke von 400 000 Personen. Als Reaktion auf diese unerwartete «Rückkehr» auslandsdeutscher Minderheiten beschränkte Deutschland am Beginn der neunziger Jahre jedoch die Zugangs- und Zuzugsmöglichkeiten.

Die Ersetzung der verlorenen Traditionsorte durch erfolgreiche «Besetzung» eines Teils der bundesdeutschen bzw. gesamtdeutschen Erinnerungslandschaft gelang den Aussiedlern vor wie nach 1989/90 weitaus weniger als den Vertriebenen und Flüchtlingen der Jahre 1945–49. Vor 1988 wurden Aussiedler in Westdeutschland von Politik, Gesellschaft und Öffentlichkeit ohnedies kaum beachtet. Aber die Massenzuwanderung ab 1988 führte zu neuen Diskussionen um diese ethnisch privilegierte Migration, um die Grenzen nationaler Solidarität und den historischen Ort deutscher Minderheiten im Gedächtnis der Deutschen. Das über Jahrzehnte unbestrittene und in politischen Sonntagsreden hochgehaltene Recht von Angehörigen deutscher Minderheiten im Osten auf unbeschränkten und sofortigen Zuzug nach Deutschland wurde zu einem kontroversen Thema. Schließlich votierte eine breite politische Mehrheit für die Einschränkung und zukünftige Abschaffung dieses Rechts.

Auf politischer Ebene spielte innerhalb dieser Debatte die Erinnerung an die Geschehnisse des Zweiten Weltkriegs und seine Auswirkungen eine wesentliche Rolle. Das zentrale Argument unter Politikern für die Privilegierung der Aussiedler gegenüber anderen potentiellen Zuwanderern war und ist das kollektive Schicksal deutscher Minderheiten in der Nachkriegszeit. Als besonders benachteiligter und von den Kriegsfolgen nach 1945 härter betroffener Teil des «deutschen Volkes» wurde ihnen von der Bundesrepublik als Kompensation für das erlittene Unrecht das Recht auf privilegierte Immigration und Integration eingeräumt. Die Konstruktion der deutschen Nation als historischer Schicksalsgemeinschaft, in der die materiell Bessergestellten im Westen für benachteiligte Angehörige des eigenen Volkes solidarisch einzustehen hätten, bestimmte und beeinflußte seit den späten vierziger Jahren den politischen Diskurs über den rechtlichen Status von Angehörigen deutscher Minderheiten im Osten und ihr Recht auf Zuwanderung in die Bundesrepublik. Die Beschwörung der Schicksals- und Opfergemeinschaft, die der Nachkriegszeit entstammte, hatte allerdings ihre solidaritäts- und sinnstiftende Kraft schon weitgehend eingebüßt, bevor es 1990 zur deutschen Wiedervereinigung kam und bevor binnen dreizehn Jahren (1988–2000) knapp 2,7 Millionen deutschstämmige Aussiedler aufgenommen wurden.

Die massive Zuwanderung von Aussiedlern ab 1988 schien das Verschwinden deutscher Minderheiten in Ostmittel- und Osteuropa endgültig zu besiegeln. Diese Migration stand damit zumindest vordergründig in der Kontinuität der Geschichte von Umsiedlung, Flucht und Vertreibung. Auch die juristischen Grundlagen waren und sind seit 50 Jahren dieselben: Aufnahme und Integration der Aussiedler erfolgt unter ähnlich privilegierten Bedingungen wie die Aufnahme von Ostflüchtlingen und Vertriebenen in der Nachkriegszeit.

Bei näherer Betrachtung zeigen sich jedoch bedeutende Unterschiede zwischen der Nachkriegszeit und der Situation im vereinigten Deutschland. Den zwölf Millionen Flüchtlingen und Vertriebenen der Nachkriegszeit stehen von 1950 bis 1999 insgesamt nur vier Millionen Aussiedler gegenüber, von denen ein Teil bereits verstorben ist. 1950 war jeder sechste Bundesdeutsche und jeder fünfte Bürger der DDR ein Vertriebener oder Ostflüchtling. Im vereinigten

Deutschland ist zu Beginn des 21. Jahrhunderts hingegen nur einer von 25 Einwohnern ein Aussiedler. Das Potential, auf die Öffentlichkeit, das politische und historische Bewußtsein und die Ausgestaltung nationaler Identität in der Bundesrepublik Einfluß zu nehmen, ist somit für Aussiedler viel geringer, als es für die Vertriebenen und Flüchtlinge der Nachkriegszeit war. Viel entscheidender aber ist eine andere Wendung: die Abkehr von der Opferrolle.

6. Opfer statt Täter:
(Re-)Konstruktion nationaler Identität nach 1945

Der den Vertriebenen und Ostflüchtlingen nicht nur von offizieller Seite zugeschriebene Opferstatus spielte für ihre Eingliederung, aber auch für die Metamorphose westdeutscher Identität nach 1945 eine wichtige Rolle. Denn nach dem Zusammenbruch des Dritten Reichs war der positive, national aufgeladene und patriotisch überhöhte Bezug auf die deutsche Vergangenheit eine Zeitlang diskreditiert. Kriegsversehrte, Trümmerfrauen, ausgebombte Städte und die Anwesenheit alliierter Streitkräfte waren die unmittelbar sichtbare Hinterlassenschaft des verlorenen Kriegs und des darin untergegangenen Nationalstaats. Die besiegte Nation stand an einem Wendepunkt, an dem nationale Identität neu verhandelt und definiert werden mußte.

Drei Optionen für die Rekonstruktion nationaler Identität boten sich an. Erstens eine kritische Selbstreflexion mit Blick auf eine Nation von Tätern und Mitläufern, die das untergegangene politische System gestützt oder wenigstens geduldet und damit ermöglicht hatten. Dieses selbstreflexive Konzept hätte das Eingeständnis von Schuld und Versagen zum zentralen Thema nationaler Identität gemacht. Eine solche Sicht der jüngeren Vergangenheit fand allerdings erst seit den sechziger Jahren unter jenen breitere Zustimmung, die selbst weder am Aufbau des Nationalsozialismus noch am Zweiten Weltkrieg aktiv teilgenommen hatten. Von dieser Generation entwickelten viele einen überwiegend negativen Bezug zu nationaler Identität und ein tiefes Mißtrauen gegenüber jeder Form von deutschem Patriotismus.

Die zweite Möglichkeit war: Antifaschismus ohne Selbstreflexion. Dieser Weg wurde vor allem in der DDR beschritten. Deren Eliten stellten sich und ihren Staat ab 1949 ausdrücklich nicht in den Gesamtzusammenhang deutscher Nationalgeschichte, sondern in die Tradition des Widerstands gegen das NS-Regime. Später knüpften sie selektiv an das historische Erbe an und beriefen sich dabei ausdrücklich nur auf dessen progressive Traditionslinien. Solidarität mit Angehörigen deutscher Minderheiten im Osten hatte darin keinen Platz.

Die dritte Option bestand in der Herausbildung einer eigenen Opferperspektive. Die Konstruktion der Deutschen als einer Nation der Opfer richtete das Augenmerk nicht auf schuldhafte Verstrickungen, sondern mehr auf Entbehrungen, Not und Verluste, unter denen die Angehörigen dieser Nation selbst zu leiden hatten. Diese Variante errang in den ersten beiden Jahrzehnten der westdeutschen Nachkriegsgeschichte eine gewisse Hegemonie. Das Bild der Nation war fortan von kollektiven Erinnerungen geprägt, die stärker an die selbstzugeschriebene Rolle als Opfer, aber viel weniger an die damals überwiegend von außen zugeschriebene Rolle als Täter anknüpften. Innerhalb dieser Rekonstruktion nationaler Identität fiel den Deutschen im Osten sowie den Deutschen aus dem Osten eine wichtige Rolle zu. Die Erinnerung an ihr Schicksal war für die Konstruktion des Opfermythos und damit für die Rekonstruktion nationaler Identität in der jungen Bundesrepublik von Bedeutung. Sie boten der bundesdeutschen Gesellschaft der fünfziger und frühen sechziger Jahre die Möglichkeit, eine positive, von eigener historischer Schuld weitgehend unbelastete Identität zu entwickeln, die der Tätergeneration die Auseinandersetzung mit dem Holocaust und den Verbrechen des Nationalsozialismus sowie mit der Rolle der Wehrmacht im Zweiten Weltkrieg erleichterte oder gänzlich ersparte. Die mögliche Erinnerung an den Holocaust und die Kriegsverbrechen wurde so in der Nachkriegszeit von der Erinnerung an die eigenen Opfer überlagert. Unter den Opfern des Zweiten Weltkriegs dienten Vertriebene und Flüchtlinge sowie die Opfer alliierter Bombenangriffe auf deutsche Städte, die Trümmerfrauen der Nachkriegsjahre, insbesondere aber die gefallenen Soldaten der Wehrmacht als identitätsbildende Referenzgrößen, die in gewisser Weise eine «positive» Kontinuität des Nationalen ermöglichten.

Der Bund der Vertriebenen und die Landsmannschaften verloren seit den siebziger Jahren zunehmend an Einfluß, weil ihre Mitgliederzahl gerade durch die erfolgreiche Integration der von ihnen vertretenen Bevölkerung rascher schwand, als dies aus demographischen Gründen ohnehin der Fall gewesen wäre. Zugleich verloren sowohl die Vertriebenen als auch die Angehörigen verbliebener oder als Aussiedler immigrierender deutscher Minderheiten ihre einst instrumentelle Rolle für das Selbstverständnis der Bundesdeutschen. Erstmals zeigte sich die neue Definition der «nationalen Interessen» (West-)Deutschlands im verlorenen Kampf der Vertriebenenverbände gegen eine neue Ostpolitik und die Ostverträge unter der Regierung Brandt/Scheel. Die Ostverträge wurden von den Vertriebenen und ihren politischen Vertretern aus leicht nachvollziehbaren Gründen vehement abgelehnt: Ihr Abschluß wurde als endgültige Preisgabe der verlorenen Heimat empfunden. Allerdings verschwanden die Vertriebenen nicht vollständig aus der bundesdeutschen Öffentlichkeit. 1985 kam es noch einmal zu großer öffentlicher Resonanz, als die Landsmannschaft der Schlesier ihr Treffen unter dem Motto «Schlesien bleibt unser» abhalten wollte und der damalige Kanzler Helmut Kohl daraufhin mit seinem Fernbleiben drohte.

Auch nach 1989 waren die Vertriebenenverbände jenseits aller Folklorisierung ihrer jährlichen Pfingsttreffen vornehmlich in Rückzugsgefechte verwikkelt. Zum einen gab es aus ihren Reihen, insbesondere bei den Schlesiern, Widerstand gegen die endgültige Anerkennung der Oder-Neiße-Grenze durch das vereinigte Deutschland. Zum anderen gab und gibt es aus sudetendeutschen Kreisen und damit auch von seiten der bayrischen Staatsregierung, dem Anwalt sudetendeutscher Interessen, Widerstand gegen eine vollständige Aussöhnung Deutschlands mit Tschechien. Dies zeigte sich besonders im Streit um den Wortlaut der deutsch-tschechischen Erklärung, die nach hartem Ringen im Januar 1997 unterzeichnet wurde.

7. Deutsch und auslandsdeutsch im Wandel der Zeitläufte

Die Repräsentation deutscher Minderheiten im kollektiven Gedächtnis der Nation begann um die Mitte des 19. Jahrhunderts. Für Deutsche im «Ausland» interessierte sich damals allerdings nur ein kleiner Kreis von Intellektuellen. Darauf folgte eine Phase staatlicher Indifferenz in den ersten Jahren des Deutschen Kaiserreichs, eine Indifferenz, die allerdings von kleinen, aber einflußreichen deutschnationalen Eliten nicht geteilt wurde. Nach 1918 folgte eine Periode national überhöhter Identifikation vor allem mit den nun außerhalb der Grenzen Deutschlands und Österreichs lebenden Deutschen. Diese mündete in der Zeit des extremen Nationalismus nach 1933 in eine ethnopolitische und quasi religiöse Mobilisierung breiter Teile der Bevölkerung rund um dieses Thema. Die überwiegend gewaltsame Auflösung der Existenz auslandsdeutscher Minderheiten zwischen 1939 und 1948 führte dazu, daß aus Auslandsdeutschen in der Mehrzahl der Fälle Inländer und deutsche Staatsbürger wurden. Nur relativ kleine Minderheiten überlebten die politische Neuordnung während der Zeit des Nationalsozialismus und nach Ende des Zweiten Weltkriegs.

Während die Vertriebenen nach 1949 in Politik und Gesellschaft der Nachkriegszeit eine wichtige Rolle spielten, wuchs in Westdeutschland im Umgang mit dem Thema «Auslandsdeutsche» zunehmend eine pragmatische Position. Westdeutschland hielt für die Angehörigen der verbliebenen deutschen Diaspora den Zugang zu Deutschland offen, engagierte sich aber weder offen noch insgeheim in den betroffenen Ländern. Allenfalls wurde ökonomischer wie politischer Druck ausgeübt, um Angehörigen deutscher Minderheiten die Ausreise zu ermöglichen. Diese firmierten allerdings immer nur als «Aussiedler». Die Begriffe «auslandsdeutsch» und «volksdeutsch» fanden hingegen – ähnlich wie der Terminus «Deutschtum» selbst – zunehmend mit pejorativer Konnotation Verwendung, während der Begriff «Ostdeutsche» im Gegensatz zur Zeit vor 1945 nun vor allem Deutsche zwischen Elbe und Oder bezeichnete. Wenn überhaupt, nahmen die Westdeutschen noch Anteil am Schicksal dieser Ostdeutschen, obwohl auch die Bewohner der DDR während der achtziger Jahre zunehmend aus dem Blick gerieten. Die Verschiebung zeigt sich auch an den Konnotationen, die sich mit dem Begriff «auslandsdeutsch» heute in der Regel verbinden. Er wird mit den deutschen Staatsbürgern assoziiert, die zum Studium oder aus beruflichen Gründen einige Jahre im Ausland verbringen, nicht aber mit den autochthonen deutschen Minderheiten Ostmittel- und Osteuropas.

Die Jahre 1989/90 brachten eine Zäsur. Sie riefen in Erinnerung, daß DDR-Bürger nicht bloß Ostdeutsche, sondern zugleich Deutsche im Sinne des Grundgesetzes waren – und daß sie nicht nur jederzeit in die Bundesrepublik kommen, sondern ihr kollektiv beitreten konnten. Zugleich beendeten die Wiedervereinigung und der Vertrag mit den einstigen Alliierten für Deutschland endgültig die Nachkriegszeit. Das neue Deutschland wurde vollständig souverän. Offene territoriale Fragen oder eine offene «deutsche Frage» gibt es aus Sicht der Bundesregierung und der überwiegenden Mehrzahl der Deutschen nicht mehr. Die Opferrolle von Deutschen zu betonen erfüllt seither weder identitätsstiftende noch außenpolitische Funktionen. Wer an nationale Solidarität appelliert, hat nun die Finanzierung der Kosten der deutschen Einheit vor Augen. Nur unter dieser Bedingung war es möglich, auch dem Zutritt der verbliebenen Angehörigen deutscher Minderheiten prospektiv ein Ende zu setzen. Wer als Angehöriger der deutschen Diaspora nach 1992 zur Welt kam, wird ab dem Jahr 2010 nicht mehr Statusdeutscher sein. Damit entfällt der Anspruch auf privilegierte Einwanderung und Zugang zur deutschen Staatsbürgerschaft. Nach der 1990 erfolgten abschließenden Definition seines Staatsterritoriums nähert sich Deutschland damit auch einer eindeutigen Festlegung des Staatsvolkes.

Der enge Konnex zwischen der Vorstellung des deutschen Volkes als gedachter organischer Einheit und einem politisch-historisch konstituierten Bewußtsein der Zusammengehörigkeit der Mehrheit mit deutschen bzw. deutschsprachigen Minderheiten im Ausland löste sich in den letzten zwei Dekaden des 20. Jahrhunderts bereits weitgehend auf. Heute hätte ein solches Bewußtsein mangels Existenz demographisch oder politisch bedeutender deutscher Minderheiten auch kaum noch eine identifikatorische Basis. Daß damit auch die Erinnerung an die einstige Anwesenheit von Deutschen in Ostmittel- und Osteuropa verschwindet, ist unwahrscheinlich. In welchem Ausmaß die Erinnerung an deutsche Minderheiten für Kontroversen sorgen kann, zeigte die lebhafte und auch polemische historiographische Debatte um die im Siedler Verlag erschienene Reihe *Deutsche Geschichte im Osten Europas*. Auch in das deutsch-tschechische und das deutsch-polnische Verhältnis wirkt die Debatte um eine angemessene Repräsentation und Erinnerung des kulturellen Erbes der Deutschen im Rahmen tschechischer und polnischer Geschichtsschreibung, auch der Kunst- und Literaturgeschichte immer wieder hinein. Schließlich verbindet sich der Wunsch nach EU-Mitgliedschaft in beiden Ländern mit der Sorge, die einst Vertriebenen könnten zurückkehren und materielle Ansprüche stellen. Dafür sorgt auch eine Form des privaten Erinnerns, die sich seit 1989/90 unter Aussiedlern, Flüchtlingen und Vertriebenen sowie ihren Nachfahren verstärkt herausbildete und die alle inzwischen reduzierten Formen des öffentlichen Gedenkens an Intensität bei weitem übertrifft. Hunderttausende Heimat- und Heimwehtouristen zog es seither an die verlorenen Stätten der eigenen Kindheit bzw. an die Geburts- und Wohnorte der Eltern und Großeltern.

Erinnerung an auslandsdeutsche Minderheiten mag in der Gesellschaft des vereinigten Deutschland eine nachrangige Rolle spielen. Im Bereich der zwischenstaatlichen Beziehungen zu den östlichen Nachbarn hat das Thema nach wie vor Brisanz. In den ostmitteleuropäischen Nachbarstaaten Deutschlands ist die Erinnerung an vergangene Präsenz deutscher Minderheiten nach der langen Periode des verordneten Schweigens im Sozialismus wieder eine durchaus aktuelle, auch politisierbare Vignette kollektiven Gedenkens.

ERBFEIND

Ohne Vergleich mit anderen wüßten wir nicht, wer wir selbst sind; aber die Gefahr besteht, daß man, um das eigene Selbst zu stabilisieren und zu festigen, das Andere als schlechthin fremd, gegensätzlich und feindlich wahrnimmt. Nicht nur Nationen, sondern auch Religionen neigen dazu, in Nichtmitgliedern das Feindliche zu sehen. Der Manichäismus teilte die Welt in Gut und Hell, Böse und Dunkel, und das Christentum trat darin das Erbe an: Gott gegenüber stand der Teufel, der Erbfeind, wie er seit dem Hochmittelalter genannt wurde, weil mit der Erbsünde die Menschen des Teufels Feindschaft geerbt hätten. Der «altböse Feind» – so Luther – wurde gerne mit irdischen Gegnern in Verbindung gebracht. Hatte nicht Peter von Cluny 1146 die Juden, «diese schlimmsten Feinde Christi und der Christen», wie er sagte, als Teufelsvolk verschrien, galt nicht im 16. Jahrhundert der Türke als des Teufels Sohn und daher als Erbfeind der Christenheit? Da lag es dann nahe, die christlichen Verbündeten des Sultans als Höllengeister zu brandmarken: Kaiser Maximilian sprach 1513 von den Franzosen als «dem Erbfeind, der gegen den Rhein steht», und kreierte damit ein folgenreiches Schlagwort.

Der Franzose als Erbfeind, wobei Satanisches stets mitgedacht war, wurde jahrhundertelang zum festen Bestandteil deutscher nationaler Polemik. Während des Dreißigjährigen Krieges meinte Hans Michael Moscherosch von den «Frantzosen», daß das «Hochedele Teutsche Blut auß angebohrner Tugend keiner Nation spinnenfeinder, alß eben denjenigen jederzeit gewesen und noch ist, die der scheinbaren Heucheley in Worten und Sitten ergeben». Daß der französische Erbfeind den Deutschen moralisch und sittlich unterlegen war, wußte man schon seit Tacitus, dessen Germanen umstandslos mit den Deutschen, die Römer dagegen mit den Franzosen gleichgesetzt wurden. So waren während der Freiheitskriege von 1812 bis 1815 die nationalen Abgrenzungsstereotype seit langem voll ausgebildet. «Was ist des Deutschen Vaterland», fragte Ernst Moritz Arndt und antwortete: «Da ist des Deutschen Vaterland/Wo Zorn vertilgt den welschen Tand,/Wo jeder Frantzmann heißet Feind,/Und jeder Deutscher heisset Freund.» Während des Kriegs von 1870/71 sah die gutbürgerliche *Vossische Zeitung* im preußischen Sieg bei Sedan den Beweis für das «Walten der höheren Mächte, für den endlichen Sieg der Wahrheit über die Lüge, der Gerechtigkeit über das Unrecht, der Sittlichkeit über die Verdorbenheit, der Gesundheit über die moralische Fäulniß».

Der Nationalhaß als Kehrseite der nationalen Identitätsbildung war vor dem Ersten Weltkrieg keine deutsche Besonderheit, er war die Signatur Europas im Zeichen des integralen Nationalismus, in dem sich für jeden Nationalstaat das ehemalige europäische Staatensystem zu einer Welt von Feinden wandelte. Mehr noch: Der Erbfeind schien auch im Inneren der Nation zu entstehen – in Gestalt des «vaterlandslosen» Sozialismus, des ultramontanen Katholizismus, vor allem aber des Judentums, das seit Jahrhunderten als probates Feindbild gedient hatte und das jederzeit aufzurufen war, wenn es galt, liberale, sozialistische oder demokratische Politik zu diffamieren oder gesellschaftliche Ungleichheit oder Rückschläge der nationalen Einheit zu erklären. Für Deutschland kam der Rückschlag nach dem verlorenen Ersten Weltkrieg. Daß man «gegen eine Welt von Feinden», wie es gerne hieß, auf dem Schlachtfeld gesiegt und dennoch den Krieg verloren hatte, blieb unverständlich, wäre nicht der innere Feind gewesen, dem das Elend der Nachkriegszeit zugeschrieben wurde. So war der äußere wie der innere Erbfeind markiert – die Weltkriegssieger, der Bolschewismus, das Judentum. Aus diesem Nationalhaß, von Hitler gesteigert und orchestriert, folgten der nationalsozialistische Vernichtungskrieg und der Höllensturz des ersten deutschen Nationalstaats.

Mathieu Lepetit

Die Türken vor Wien

Ende 1685 beauftragt David Fuhrmann, Abt von Sankt Florian, der bedeutendsten Augustiner-Gründung in Oberösterreich, den Architekten Carlo Antonio Carlone, eine neue Stiftsanlage zu entwerfen und ihren Bau zu leiten. Damit beginnt eine sechzigjährige ununterbrochene Arbeit unter Führung dreier Baumeister, darunter Jakob Prandtauer, die schließlich zur Vollendung einer der wichtigsten sakralen Gebäudeanlagen Österreichs führt. Die Absichten des Auftraggebers sind vielschichtig. Gewiß geht es zunächst darum, der weltlichen und geistlichen Macht dieser religiösen Institution, die zu den wichtigsten Österreichs gehört, steinernen Ausdruck zu verleihen. Doch vor allem ragen die Klosterbauten gen Himmel, um den Ruhm des heiligen Florian zu verkünden, der im Jahre 304 das Martyrium im Ennsfluß erlitt. Seit dem Mittelalter heißt es von ihm, er beschütze die Christen vor den Angriffen der Ungläubigen. So erflehte man etwa während der Ungarneinfälle seinen Beistand. Als 1512 der Druck der Osmanen auf dem Balkan immer stärker wird, sucht Maximilian I. Beistand bei den Reliquien des Klosters. Im Jahr 1684 unternehmen Leopold I. und seine Familie eine Wallfahrt zur Abtei, um dem Heiligen zu danken, der mitgeholfen habe, die Festung Wien zu halten und damit die Christenheit vor den schlimmsten Übeln bewahrt habe. Aus diesem Anlaß fällt die Entscheidung, das Kloster umzubauen. Bei einem Gang durch die heutigen Stiftsanlagen überrascht zunächst die Thematik, die im Mittelpunkt des architektonischen und ikonographischen Programms steht.

Seit dem Einfall der Türken ist deren Nähe hier allenthalben zu spüren, so befremdend das an einem solchen Ort auch anmuten mag. Mehr noch, die Türkenbelagerung kann als Leitmotiv bei einem Gang durch die Abtei dienen. Besiegte und in Ketten gelegte Türken empfangen den Besucher als Sockelfiguren des monumentalen Eingangsportals, einer barocken Nachbildung der römischen Triumphbögen. Zu Boden geschmettert von den allegorischen Gestalten der *Fides catholica,* der *Eloquentia,* der *Constantia* und der *Fortitudo,* die gleichermaßen an die Tugenden des Ordensgründers Augustinus wie an die des heiligen Florian als Vorbild Leopolds I. gemahnen, versinnbildlichen diese osmanischen Sklaven den umfassenden Sieg der weltlichen und geistlichen Institutionen Österreichs über die Ungläubigen. Auch im Prinzengemach, das hochrangigen Gästen auf Durchreise vorbehalten ist, fehlt es nicht an türkischen Figuren. Die gesamte Ausstattung des Vestibüls oder Soldatenzimmers beispielsweise ist nichts anderes als eine einzige Kriegsschilderung: Die Wandfresken stellen mythische Schlachtenszenen dar, die den bedeutendsten österreichisch-türkischen Schlachten durchaus ähneln. Die Darstellungen erstrecken sich auch auf die Decke, die umrahmt ist von Medaillons, auf denen Adler zu sehen sind, die in ihren Klauen türkische Waffen als Trophäen tragen. Jupiter wirft sein Licht auf Mars, Herkules, Merkur und Minerva; sie thronen über besiegten Feinden eindeutig orientalischen Charakters, welche Kleidung tragen, die den antiken Repräsentationsregeln vollkommen zuwiderläuft. Wir wollen hier nicht auf das Stuckwerk oder das Mobiliar eingehen, die von derselben Thematik geprägt sind. Doch sollte man am Marmorsaal haltmachen, dem weitläufigsten weltlichen Teil des Bauwerks mit dem prunkvollsten Dekor der gesamten Stiftsanlage. Dieser riesige Festsaal, dessen Bau mehr als vierzig Jahre in Anspruch nahm, kündet vom Ruhm Karls VI., des Kaisers, der die Türken besiegte und den Weltfrieden stiftete. Träger dieser Botschaft ist die Saaldecke, architektonisch betont wird sie von der Säulenordnung und einem Fries, auf dem sich in Ketten liegende Türken mit kaiserlichen Adlern abwechseln, die erbeutete türkische Waffen in den Klauen tragen. Im Zentrum des Deckengemäldes sieht man den Herrscher in der Gestalt des triumphierenden Jupiter auf einem Sessel in den Farben Österreichs thronen, die Füße auf einem niedergestreckten Türken ruhend. Zwei Frauen, Österreich und Ungarn, bringen ihm die Siegerpalmen, während linkerhand der Sonnenwagen den Anbruch eines neuen Tages und einer neuen Zeit verkündet. Felicitas schüttet ihr Füllhorn über den Protagonisten der Szene aus. In den Ecken schmücken die Allegorien der vom osmanischen Joch befreiten Provinzen die von den besiegten Türken erbeuteten Trophäen mit Palmen. Wie läßt sich erklären, daß das Stift mehr als fünfzig Jahre lang den Großteil seiner Einnahmen der Arbeit an Bauwerken widmete, die man kaum als klösterlich bezeichnen kann, und ein ikonographisches Programm entwickelt, das die Siege der Dynastie zwischen 1683 und 1718 so ausgiebig feiert, daß man es eher in einer offiziellen Residenz der Habsburger vermuten würde?

1683. Einer Pulverspur gleich überzieht die Nachricht das Heilige Römische Reich und schließlich ganz Europa: Die osmanische Armee, den Zeitgenossen zufolge mehr als eine Million Mann stark (in Wahrheit waren es wohl nicht mehr als 70 000), hat am 17. Juli die Belagerung von Wien aufgenommen. Der weitere Gang der Ereignisse ist zu bekannt, als daß er hier noch einmal ausführlich dargestellt werden müßte. Dennoch sollte an die heroische Haltung der Bevölkerung erinnert werden, die unter Führung von Graf Ernst Rüdiger von Starhemberg, des militärischen Statthalters von Wien, und des Bürgermeisters Andreas Liebenberg zum Widerstand aufgerufen wird. Etwa 11 000 Soldaten und 5000 Freiwillige aus allen sozialen Ständen machen sich daran, die Befestigungen auszubauen. Hartnäckig verteidigen sie die vorgeschobenen Stellungen, die den Schutz der Stadt gewährleisten. Am bekanntesten sind die Gefechte um die Burgbastei und die Löwelbastei. Während einer zwei Monate dauernden gnadenlosen Belagerung, bei der ein beträcht-

Spielkarten mit Motiven aus der Türkenbelagerung 1683

licher Teil der Stadtbevölkerung im Kampf oder an den Folgen der katastrophalen hygienischen Verhältnisse stirbt, sind die Wiener mit dem alle Kräfte erschöpfenden, berüchtigten Grabenkrieg konfrontiert, zudem mit dem Wüten der osmanischen Truppen auf dem flachen Land. Dann endlich, als die Einnahme des Burgravelins den baldigen Fall der Stadt bereits anzukündigen scheint, führen die vereinten christlichen Truppen unter Führung der größten Männer der Epoche – Johann III. Sobieski, König von Polen, Karl V., Herzog von Lothringen, Ludwig Wilhelm, Markgraf von Baden, der «Türkenlouis», Max Emanuel, Kurfürst von Bayern, Prinz Eugen von Savoyen, der «edle Ritter», Johann Georg III., Kurfürst von Sachsen, um nur einige der berühmtesten zu nennen – am 12. September die Entscheidungsschlacht am Kahlenberg. Der Befehlshaber der osmanischen Truppen, Großwesir Kara Mustafa Pascha, sieht seine Truppen schlagartig in heillose Verwirrung gestürzt und wird zum Rückzug gezwungen. Damit beginnt der lange Niedergang der Hohen Pforte auf dem Balkan.

Die begeisterte Überhöhung des Siegs vom 12. September durch die Zeitgenossen läßt sich durch die vorangegangenen Schrecken erklären. So beschreibt Justus Eberhard Passer, der Gesandte des Landgrafen von Hessen-Darmstadt in Wien, den Gemütszustand der Menschen in der Stadt während der Belagerung mit folgenden Worten: «Man hat auch vor grossem Schrecken nicht schlaffen können. Insbesondere, daß die Tataren ganz zu abscheulich mit den Leuten umgegangen sind, den kleinen Kindern die Augen ausgestochen und sie im Blut liegenlassen, den Weibsleuten durch die Brüste Löcher gestochen, sie aneinandergekoppelt und in die ewige Dienstbarkeit, wenn sie es ja bis dahin haben aussstehen können, geführt haben.» So sieht, in wenige Worte gefaßt, die klischeehafte Vorstellung aus, welche die überwiegende Mehrheit der deutschen Bevölkerung am Ende des 17. Jahrhunderts vom Türken hegt. Es ist die eines gnadenlosen und blutrünstigen Barbaren, der im Blut der Christen badet. Alle zeitgenössischen Künste, von den bescheidensten bis zu den angesehensten, sind angehalten, den Ruhm der siegreichen christlichen Streitkräfte zu feiern. Das Stift Sankt Florian ist also bei aller Prachtentfaltung nur ein – in diesem Falle österreichisches – Beispiel unter vielen anderen.

Zweifellos übertrifft die Begeisterung der Siegesfeiern alles, was sich nach der ersten Belagerung Wiens im Jahre 1529 abgespielt hatte. Auch damals wurde der Fall der Stadt abgewehrt, und die Schlachtenführer waren nicht minder berühmt. Gegen Karl V. und seinen Bruder Ferdinand I., die das Schicksal eines Reiches bestimmten, in dem die Sonne nie unterging, war Süleyman der Prächtige angetreten, unter dessen Herrschaft das Osmanische Reich den Gipfel seiner Macht erlangte. Dennoch, die Ereignisse von 1529, auch wenn sie eine gewisse Zahl von Feiern nach sich zogen und zur Anfertigung zahlreicher Erinnerungsstücke Anlaß gaben, hatten längst nicht die gleiche Nachwirkung. So gibt es beispielsweise kein Baudenkmal dieser Zeit, das mit dem Floriansstift vergleichbar wäre. Allerdings war damals die Gefahr auch wesentlich größer gewesen. Wenn die Habsburger 1683 mit soviel Begeisterung ihren ruhmreichen Sieg besingen, dann deshalb, weil es sich um eine tiefgreifende Umwälzung der bis dahin herrschenden Kräfteverhältnisse auf dem Balkan handelte, die ein Wiedererstarken ihrer Dynastie sowohl im Innern des Heiligen Römischen Reichs als auch auf dem Feld der europäischen Diplomatie zur Folge hatte. Von diesem Zeitpunkt an ist Österreich imstande, als Akteur und nicht als Unterworfener in die Geschichte Mitteleuropas einzugreifen. Seit Beginn des 16. Jahrhunderts bis ins Jahr 1683 hatte Wien auf die türkischen Angriffe nur reagiert, ohne je wirklich die Initiative zu ergreifen. Kahlenberg markiert den Beginn einer zwei Jahrhunderte andauernden Expansion, die die Habsburger bis nach Kroatien und Bosnien-Herzegowina führen wird. Nachdem der Westfälische Friede und die wiederholten Übergriffe Ludwigs XIV. die Mitsprachemöglichkeiten der österreichischen Herrscher im Heiligen Römischen Reich beschnitten hatten, gewinnen sie nun ihren eigenen politischen Handlungsraum. Mit dem 1699 unterzeichneten Vertrag von Karlowitz werden Ungarn, der größte Teil Slawoniens und Kroatiens wie auch das Fürstentum Siebenbürgen Österreich zugeschlagen. Im Jahre 1718, nach dem Vertrag von Passarowitz, gehen Belgrad und das nördliche Serbien sowie ein Teil der Walachei und Bosniens an die Habsburger. Man gewinnt also deutlich hinzu, auch wenn die neuen Gebiete aufgrund ihrer Besonderheiten schwer zu assimilieren sind. Österreich sieht sich nun in der Lage, vollwertiger Mitspieler im Konzert der Nationen des 18. und 19. Jahrhunderts zu werden. Dieser Sieg schafft auch die Grundlage des österreichischen Selbstverständnisses, und die späteren Kaiser machen ihn sich im Lauf der Geschichte immer wieder zunutze, insbesondere bei politischen Krisen. So erlebt das Motiv des Kampfes gegen die Türken zwischen 1860 und 1890 eine Renaissance, als es darum geht, an einen alten Ruhm zu erinnern, der längst verblaßt ist, denn Österreich sieht sich nach der Niederlage gegen Preußen von 1866 von der deutschen Einigung ausgeschlossen. Man lebt mitten im Biedermeier und hält die Zeit für gekommen, dem idealisierten Bild der «österreichischen Helden» von 1683 neuen Glanz zu verleihen und den Patriotismus der Bevölkerung wieder zu befeuern. Namentlich die Schule wird zum Vermittler dieses offiziellen Bildes, doch ist sie nicht die einzige Institution. Gleichzeitig wird ein Programm zur Dekoration der offiziellen Gebäude entwickelt, bei dem die Schlachten gegen die türkischen Heere eine zentrale Rolle spielen. Man denke etwa an die Ausgestaltung des Heeresgeschichtlichen Museums durch Carl von Blaas oder des Marmorsaals des niederösterreichischen Landesregierungsgebäudes durch Leopold Kupelwieser oder an die zahlreichen Denkmalbauten für Prinz Eugen, namentlich auf dem Kaiserforum.

Die Feiern des Sieges gegen Kara Mustafa Pascha beschränken sich jedoch keineswegs auf Österreich. Sie sind zuallererst eine zutiefst deutsche Angelegenheit. Das gesamte Heilige Römische Reich wird überschwemmt mit «Flugschriften», wie man es seit Beginn des Dreißigjährigen Krieges und dem Kriegseintritt des schwedischen Königs Gustav Adolf auf seiten der protestantischen Fürsten im Jahre 1630 nicht mehr erlebt hat. Wie die zu dieser Gelegenheit verfaßten Lieder, von denen das berühmteste zweifellos *Prinz Eugenius, der edle Ritter* ist, finden diese Flugschriften im gesamten Deutschland starke Verbreitung und erreichen alle Schichten der Gesellschaft. Doch man stellt auch andere Medien in den Dienst der Sache: Zeitungen und Kupferdruck, Medaillen und Münzen, ikonographische und architektonische Programme, ob ziviler oder militärischer Natur, sowie kunsthandwerkliche Memorabilien an die Türkenkriege dienen demselben Ziel. Im ganzen Reich, von

Karlsruhe bis Dresden, von Hamburg bis München, in Augsburg, Köln, Trier, Mainz und Nürnberg wird der siegreiche Kreuzzug der verbündeten christlichen Truppen gegen die Ungläubigen gefeiert wie nie zuvor.

Auffälligerweise sind die Heiden immer auf die gleiche Weise dargestellt. In ihrer Gestalt ähneln sie den Türken auf den Gemälden von St. Florian, und auch ihre Haltung entspricht vollkommen den Beschreibungen Justus Eberhard Passers aus dem Jahre 1683. Das Klischee hält sich hartnäckig. In Wahrheit kann es auch nicht anders sein. Betrachtet man den weitesten Vorstoß der osmanischen Truppen, so wird rasch klar, daß das Heilige Römische Reich nur zweimal direkt bedroht war, nämlich 1529 und 1683, und damals auch nur an seinen Rändern. Überdies hatten die Habsburger während jener zwei Jahrhunderte der Konfrontation auf dem Balkan, wo man auch lange Zeiten des Friedens zu verzeichnen hatte, die eher von Scharmützeln als von offenen Schlachten unterbrochen waren, enorme Schwierigkeiten gehabt, die notwendigen Mittel und Truppen von der kaiserlichen Herrschaft gewährt zu bekommen. Sie zogen es daher zunächst vor, sich auf die mitteleuropäischen und orientalischen Volksgruppen zu stützen, die ihrerseits direkt mit dem Osmanischen Reich konfrontiert waren. In der Neuzeit haben allenfalls einige tausend Deutsche unmittelbaren Kontakt zu Türken. Neben den Militärs, überwiegend Söldnern nicht unbedingt deutscher Herkunft, die an der orientalischen Front des Heiligen Römischen Reiches kämpfen, findet man einige Geistliche, Pilger, Kaufleute und Diplomaten, das heißt insgesamt recht wenige Menschen. Konstantinopel bleibt also weitgehend *terra incognita*. So überrascht es keineswegs, daß der Diskurs über die Türken stereotyp und allzu vereinfachend ist.

Wer ist dieser Gegner? In seiner äußeren Erscheinung beschreibt ihn zweifellos Montesquieu in einer Anekdote aus den *Persischen Briefen* am besten. Rica, ein junger Orientale auf Frankreichreise um das Jahr 1720, hat durchaus Grund, sich über seinen neuen Schneider zu beklagen. Von dem Augenblick an, da er seine traditionelle Kleidung ablegt und sich wie ein Franzose kleidet, weckt er keinerlei Interesse mehr. Es scheint daher, als ob das, was einen Türken äußerlich kennzeichnet, zunächst sein «exotisches» Habit ist, mit den Hauptelementen Turban, Kaftan und Krummsäbel. So sieht die klassische Vorstellung vom osmanischen Gegner aus, wie man sie beispielsweise auf der *Großen Kanone*, einer Dürerschen Radierung von 1518, findet oder zwei Jahrhunderte später auf den Bildern Felix Mayrs und Johann Michael Feichtmayrs an den Wänden und Decken des Floriansstifts. Man ist also zunächst einmal Türke, weil man sich gemäß der osmanischen Mode kleidet. Doch ist dies nicht das Wesentliche.

Man ist vor allem Türke, weil man wie ein solcher lebt. Alle Texte jener Epoche verbreiten dieselbe Botschaft: Die Osmanen sind aufgrund ihrer Lebensweise der Erbfeind der deutschen Welt. Die Volkslieder, deren goldenes Zeitalter mit dem osmanischen Vormarsch zusammenfällt, sind eine besonders aufschlußreiche Quelle für das Bild des Türken im Heiligen Römischen Reich vom 16. bis 18. Jahrhundert. Seien sie nun religiösen oder weltlichen Charakters, diese Lieder vermitteln allesamt dieselbe Botschaft. Der Türke ist zunächst ein religiöser Gegner. Als Gefolgsmann Allahs und Mohammeds, des falschen Propheten, ist er die Verkörperung des Antichrist, denn er gehorcht den vom Koran verkündeten Lebensregeln. Der Koran wiederum ist ein Lügengespinst, verfaßt von einem Mann, der angeblich Sohn eines Taubenhändlers ist und die schlimmsten Ausschweifungen rechtfertigt. Der Muselman ist der Feind par excellence der christlichen Welt, denn er zerreißt die Einheit der Gemeinde, indem er sich weigert, die universelle Geltung der Botschaft Christi anzuerkennen.

Doch erscheint der Türke auch als grausames und blutrünstiges Tier, das das Böse immer in sich trägt. Es geht ihm einzig darum, alles zu vernichten, was ihm in die Quere kommt. Die traditionellen Regeln des Krieges respektiert er nicht, er will plündern, brennen und morden. Und zudem begeht er diese Ausschreitungen auch noch auf besonders brutale Weise. Eines der aufschlußreichsten überlieferten Volkslieder erinnert an die Einnahme der persischen Stadt Morebel im Jahre 1593. Es betont die Grausamkeit der osmanischen Truppen, die mehr als 20 000 Menschen ermordet hätten. Die Stadt wird nach erbittertem Widerstand der gesamten Bevölkerung eingenommen, und kein Mensch entkommt dem Gemetzel. Der Verfasser schildert die Hinrichtung der Zivilisten bis ins kleinste Detail. Selbst die Kinder unter zehn Jahren entgehen dem Tod nicht. Als Verkörperung der Unschuld erleiden sie das Martyrium des Hl. Sebastian. An den Pranger genagelt dienen sie den osmanischen Bogenschützen als Zielscheiben. Dann sind die Frauen an der Reihe. «Was Weibspersonen anbelangt, denen habens [...] geschendt in ihren Ehren, sie darnach [...] jämmerlich tun ermorden. Die Brüst geschnitten von ihrem Leib, wenn sie hatten ein schwangers Weib, haben den Leib auffgerissen, die Frucht genommen an dem End und an die Wandt geschmissen.» Den Männern schließlich werden die Arme gefesselt, ihre Waden werden aufgeschnitten und mit geschmolzenem Blei übergossen. Dann werden sie ausgepeitscht, am Ende schlagen ihnen die Türken «Händ und Füsse ab, liessens lebendig ligen.» Damit sind sie zu einem langsamen Tod verurteilt, denn falls sie die Mißhandlungen überleben, sind sie gezwungen, sich vom Betteln zu ernähren. Diese Darstellung unterstreicht den planmäßigen und grausamen Charakter der Hinrichtungen. Die Türken zögern nicht, sich an der Zivilbevölkerung zu vergreifen, die traditionell eigentlich durch das Kriegsrecht geschützt ist, insbesondere an den Schwächsten und Wehrlosen (Frauen, Kinder und Alte).

Die deutschen Volkssänger bedienen sich einer Fülle von Bildern für das Animalische, um dieses bösartige Wesen zu beschreiben, das nichts Menschliches an sich habe. Vielmehr habe man es mit einem Geier zu tun, dem schlimmsten aller Raubvögel, der als Aasfresser vom Tod anderer lebt und sich von Fleisch und Blut ernährt. Ist dies nicht wiederum das Umkehrbild des edlen kaiserlichen Adlers mit seinen zwei Köpfen? Doch kann der Türke auch die Gestalt des Drachens oder der Fledermaus annehmen, der Tiere des Hexensabbats, Geschöpfe des Teufels und Verkünder des Unheils. Und doch, wenn das Risiko zu groß wird oder die Gefahr zu drängend, wirft der Türke, im Grunde nichts weiter als ein untergeordneter Feigling, die Hülle des Drachens ab und zeigt sich als Angsthase, der das Heil einzig in der Flucht sucht. So stellt man ihn im Laufe des 17. Jahrhunderts denn auch zunehmend als Hasen dar.

Dem läßt sich wenig hinzufügen. Hinter dem Wortschwall der Beschreibungen erkennt man rasch die recht gehaltlose und immer gleiche, im Laufe von Jahrhunderten verbreitete Botschaft. Der Türke ist nichts weiter als ein blutrünstiger Rohling, der Attila der Neuzeit, der wie eine gewaltige, alles mit sich reißende Flut über die Christenheit hereinbricht. Die Zeitgenossen schrecken bei der Schilderung der osmanischen Truppen vor keiner Übertreibung zurück, wenn sie die Stärke der osmanischen Streitkräfte schildern. Glaubt man ihnen, wagt sich der Sultan nur an der Spitze von Hunderttausenden oder gar Millionen von Soldaten an die Eroberung Europas. In den Plünderungs- und Massakerszenen kehrt dieses Grundmuster immer wieder. Zunächst wird der erbitterte Widerstand der Stadt gewürdigt, dann folgt auf deren Eroberung in blutiger Schlacht die Schilderung der immer gleichen Greueltaten, ob nun im persischen Morebel (wo sich zur Zeit des Geschehens wahrscheinlich kein einziger Deutscher aufgehalten hatte) oder in Mitteleuropa. Wir haben es hier mit einem stereotypen Bild zu tun, das überall anwendbar ist.

Es kann auch nicht anders sein, wenn man bedenkt, daß dieses Bild zunächst inneren Zielen dient. Es geht hierbei weniger um eine realistische Darstellung des Türken als um ein idealisiertes Bild des Deutschen, als dessen Gegenüber der Feind bestimmt werden kann. Man muß berücksichtigen, daß die als Empfänger der Botschaft vorgesehenen Deutschen von dem ausgehen müssen, was sie am besten kennen, nämlich von ihrer eigenen Welt. Gegenüber dem Deutschen wird der Türke zum Fremden par excellence, in dem Sinne, wie ihn Georg Simmel in seinen *Untersuchungen über die Formen der Vergesellschaftung* definiert hat. Der Fremde ist derjenige, von dem wir durch eine gewisse Distanz getrennt sind, mit dem wir jedoch auch auf die eine oder andere Weise in Beziehung stehen. Dies trifft auf den Türken im Deutschland der Neuzeit zu: Geographisch gesehen ist er ein Nachbar und hat unmittelbaren Zugriff auf den deutschen Raum. Doch bleibt er fast unbekannt, denn wirkliche Begegnungen sind sehr selten. Um so weniger erstaunt daher, daß man über ihn schreibt, was man sich wünscht, und daß man aus ihm ein seitenverkehrtes Spiegelbild macht. Die Loblieder auf Eugen von Savoyen sind charakteristisch für diese Vorgehensweise. Sie preisen die Kühnheit und Klugheit dieses Ritters, der für die Verteidigung des wahren Glaubens ficht. Bereit, bis zum letzten Blutstropfen zu kämpfen, knüpft er an das Ideal der

Allegorische Darstellung der Feindschaft zwischen den Türken und dem Heiligen Römischen Reich Deutscher Nation

Kreuzritter an, die im Mittelalter aufgebrochen waren, um das Heilige Land zu befreien. Er ist zugleich ein umsichtiger Stratege, da er dem Angriff der türkischen Generäle geschickt ausweicht. Während seine Feinde einzig Beute und Zerstörung im Sinn haben, setzt er sich für den Schutz der geknechteten Völker ein. Die Beschreibungen der von den osmanischen Truppen begangenen Massaker erlauben es den Deutschen zudem, sich als Christen zu bestimmen. Sie nehmen fast Wort für Wort die Leidensschilderungen der ersten Märtyrer wieder auf, insbesondere die des Hl. Sebastian und der Hl. Cäcilia. Auch wenn man die Grausamkeit und die Ausschreitungen der türkischen Soldaten nicht bestreiten kann, geht es hier doch um die Arbeit der Neubeschreibung, mit der eine Doppelbotschaft vermittelt werden soll. Die Christen unterwerfen sich vollständig dem göttlichen Willen, während die Osmanen häufig als Ungläubige dargestellt werden. Weiterhin wird hoch und heilig versichert, die Christen würden das «Kriegsrecht» respektieren, die Gewalt gehe einzig von den osmanischen Heeren aus. All dies zielt darauf ab, den «germanischen» Charakter der deutschen Bevölkerungsgruppen zu bekräftigen und damit noch einmal ein gewisses Zusammengehörigkeitsgefühl des «Germanenvolks» gegenüber einem äußeren Gegner zu erzeugen. Im Heiligen Römischen Reich wie auch anderswo in Europa bilden sich die nationalen Identitäten im Gegensatz zu anderen heraus. Die Existenz einer deutlich wahrnehmbaren Grenze im Raum (die Kampfzone zwischen den osmanischen und den deutschen Heeren ist wahrnehmbar ausgeprägt als Linie aus Festungen und weniger bedeutenden Burgen und Forts) und in den Köpfen (man hat es mit einer Grenze zwischen zwei Zivilisationen, zwei Kulturen, zwei Religionen zu tun) trägt auf ihre Weise ebenfalls zur Bestimmung des Anderen als eines seitenverkehrten Spiegelbilds bei. Die Grenze verhilft ihren Anrainern zu einem starken Identitätsempfinden, das sich eine Antwort auf die potentielle oder tatsächliche Aggression desjenigen wünscht, den man als Gegenüber hat. Die Deutschen besitzen ein imaginäres und teleologisch ausgerichtetes Bild des Türken als des Anderen, genau wie ihre Vorfahren ein Bild dieses Anderen in Gestalt des Ungarn besaßen, als er im Mittelalter die Christenheit bedrohte. Auf diesem Grundprinzip beruhen die unzähligen Darstellungen der Türken vor, während und nach 1683.

Dieses imaginäre Bild vom Osmanen schaffen einige kleinere Gruppen, die zudem, wie wir gesehen haben, ganz bestimmten gesellschaftlichen Schichten angehören. Das Wissen, über das die deutsche Welt verfügt, bleibt also recht lückenhaft. Im Gegensatz zu Venedig und Frankreich wird es Österreich erst sehr spät erlaubt, offizielle Vertretungen in Konstantinopel zu unterhalten, was es für lange Zeit dazu verleitet, die Kraft eines geschwächten Gegners zu überschätzen. Das Bild vom Türken unterliegt daher vielfältigen Übertreibungen und Verzerrungen. Diese sind ebenso maßlos wie die Angst, die bei der Erinnerung an das Vordringen der feindlichen Heere aufkommt. Hier spielt das klassische Phänomen der Verzerrung mündlicher Überlieferung eine besondere Rolle. Verstärkt wird es noch durch den Umstand, daß die Beschreibungen im wesentlichen von weltlichen und kirchlichen Institutionen stammen, die beinahe ein Monopol auf die spärlichen Informationen aus Konstantinopel besitzen. Von den wenigen Menschen, die mit Osmanen zusammentreffen können, steht der Großteil in Diensten solcher Institutionen. Militärs und Diplomaten sowie Kleriker sind ausschließlich ihren Oberen rechenschaftspflichtig, den Fürsten oder den Kirchen. Zwar sind die Kaufleute oder Pilger von diesem Gängelband befreit, doch hat ihr Wort nur wenig Gewicht. Es sind also die verschiedenen deutschen Obrigkeiten, die den Diskurs über den osmanischen Feind im wesentlichen bestimmen und ihn ihren Interessen gemäß zurechtschneiden.

Was kann beispielsweise der Sinn der Botschaft der Kirchen sein, wenn sie zunächst den Türken auf diese Weise schildern, dann den Kreuzzug gegen ihn predigen oder Lobgesänge auf christliche Tugenden verfassen lassen? Die Kirchen sind vor allem bestrebt, die Überlegenheit des Christentums über den

Islam zu bestätigen. Das ist natürlich nicht weiter erstaunlich. Indem sie die Exzesse der osmanischen Heere schildern, veranlassen sie die christlichen Bevölkerungen, über ihr eigenes Handeln nachzudenken, ihre Sünden einzugestehen und tätige Reue zu üben. Sie können also ihre Autorität stärken. Der Türke wird daher allegorisch dargestellt, mit zahlreichen Verweisen auf bestimmte biblische Episoden. Häufig wird er mit den sieben Plagen gleichgesetzt, die das Königreich Ägypten heimsuchen. Den heiligen Krieg gegen die Türken zu erklären dient den Kirchen gleichermaßen dazu, ihre Herrschaft über die Menschen zu stärken, indem sie sich als normative Instanzen darstellen, die zu verteidigenden Werte zu bestimmen und sich als höchste moralische Autorität aufzuspielen, in einer Zeit, da sie geschwächt aus ihrem Kampf um die politische und theologische Vorherrschaft in Deutschland seit der Reformation hervorgegangen sind. Wenn sie die christlichen Gemeinden gegen einen Feind aufhetzen, den sie gemeinsam mit den säkularen Institutionen auch selbst definieren, können sie hoffen, einen Teil des seit Anfang des 16. Jahrhunderts verlorenen Terrains zurückzugewinnen.

Auch die weltlichen Autoritäten verfolgen keine anderen Ziele. Die kaiserliche Macht nutzt den Kampf gegen die Hohe Pforte, um eine durch die konfessionelle Spaltung in der Folge Luthers in Mitleidenschaft gezogene Obrigkeit zu erneuern. Die deutschen Bevölkerungen gegen ihren spiegelverkehrten Doppelgänger ins Feld zu führen ist die Gelegenheit, die Einheit des Reichs wiederherzustellen. So nutzt Rudolf II. im letzten Viertel des 16. Jahrhunderts bei etlichen Gelegenheiten die osmanische Gefahr während des Türkenkriegs, um von mehreren Reichstagen in Folge das Recht zu erhalten, Truppen und Subsidien auszuheben. Zwischen 1576 und 1606 kann er sich so 18,5 Millionen Gulden beschaffen. Solche Summen müssen oft gegen erbitterten Widerstand eingetrieben und dann verwaltet werden. Die Konflikte mit dem Sultan beschleunigen den Aufbau einer Finanzverwaltung in Österreich und damit einhergehend die Spezialisierung der kaiserlichen Räte. Desgleichen geschieht in den Erbbesitzungen der Habsburger, wo der Staat den disziplinarischen Zugriff auf die Bevölkerung verstärkt. Es geht wie im Heiligen Römischen Reich darum, die vorhandenen menschlichen und finanziellen Ressourcen besser zu nutzen. Um so besser versteht man den apokalyptischen Tenor des Diskurses über den Türken. Wenn die offiziellen Medien den Habsburgern seit den ersten christlichen Siegen von 1683 Lobgesänge widmen, dann spielt sich dies durchaus im herkömmlichen Rahmen der Huldigung monarchischer Herrschaft ab. Doch könnte man auch zu dem Schluß kommen, daß die Habsburger die Errichtung einer absolutistischen Herrschaftsordnung feiern. Sie sind nicht die einzigen weltlichen Herrscher, die sich der osmanischen Gefahr bedienen, um die Macht an der Spitze ihrer Staaten zu festigen. Zahlreiche deutsche Provinzfürsten benutzen dasselbe Mittel für den Versuch, ihre Autorität zu festigen. Sie sind insbesondere bestrebt, von ihren Ständen die Befugnis zu erlangen, stehende Truppen auszuheben. Dies bedeutete, daß die Stände einen Großteil ihrer militärischen und steuerlichen Vergünstigungen verloren.

Indem die weltlichen und religiösen Autoritäten, die praktisch als einzige etwas über das Osmanische Reich wußten, den Türken als Antithese des Deutschen bestimmen, tragen sie in hohem Maße dazu bei, eine im Grunde immer gleiche Karikatur des Erbfeindes festzuschreiben, auch wenn man die auf dem Balkan begangenen osmanischen Greuel nicht bestreiten kann. Die Gemüter sind darauf vorbereitet, eine solche Botschaft aufzunehmen und zu verbreiten, was ihren offensichtlichen Erfolg in weiten Teilen der deutschen Gesellschaft erklärt. Mit der Bekräftigung dieser Botschaft verfolgen die Fürsten und die Kirchen ein dreifaches Ziel: die Bevölkerungen gegen einen äußeren Feind in Stellung zu bringen, der mit Ausnahme seltener offener Zusammenstöße allerdings weniger bedrohlich ist, als man vorgibt; ihre eigene moralische wie politische Autorität gegenüber dem deutschen Volk zu festigen; und eine verlorene und idealisierte Einheit des Reiches wiederzuerlangen.

Im Jahr 1683 erreicht diese Bilderwelt der Deutschen vom osmanischen Eindringling ihre Blüte. Doch ist dies auch der Zeitpunkt, wo man eine doppelte Richtungsänderung im Diskurs über den Erbfeind feststellen kann. Zunächst erkennen die Deutschen, daß die türkischen Heere nicht unbesiegbar sind. Anstatt die Grausamkeit und Barbarei der türkischen Soldaten in den Vordergrund zu stellen, streicht man lieber heraus, daß sie feige sind und sich weigern, ausdauernd zu kämpfen, wenn der Sieg nicht rasch errungen werden kann. Wie bereits gesagt ersetzen der Feigling und der Angsthase den Geier, den Drachen oder die Fledermaus im anti-osmanischen Bestiarium. Doch allzu dick darf man nicht auftragen. Denn kann man den Mut der christlichen Helden noch preisen, wenn der Gegner durch Mittelmäßigkeit, ja durch Abwesenheit glänzt? Wer ohne Gefahr siegt, triumphiert ohne Ruhm. Dieses Klischee, das genauso entwertend ist wie sein Vorgänger, wird zunächst als Reaktion auf eine allzu lange Phase der Angst weithin verbreitet, doch es verblaßt schnell. Die Gefahr existiert nicht mehr, die Angst schwindet. Es ist nicht mehr nötig, sie nach außen zu projizieren. Im übrigen erhebt sich im Westen des Reichs ein anderes Land, das die deutschen Gebiete als sein ureigenes Schlachtfeld betrachtet, und löst allmählich den Türken in der Rolle des Erbfeindes ab. Tatsächlich betrachten die drei letzten Bourbonen die deutschen Gebiete als bevorzugtes Schlachtfeld im Herzen Europas. Dort häufen sich seit dem Machtantritt Ludwigs XIV. die Schlachten, welche die Überlegenheit Frankreichs unter Beweis stellen sollen. Den osmanischen Verheerungen folgen die französischen Beutezüge, von denen der in der Pfalz während des Pfälzischen Erbfolgekriegs traurige Berühmtheit erlangt hat. Dies trägt dazu bei, die Gesamtheit der Deutschen gegen die Versailler Monarchie aufzubringen und ein neues Feindbild zu schaffen, das gleichermaßen die Antithese des Deutschen bildet wie der Türke.

An die Stelle des bisherigen negativen Bilds des Türken, das durch die Schwächung der osmanischen Seite und deren Ablösung durch den Franzosen unnütz geworden war, tritt nun ein anderes, das bereits seit dem 16. Jahrhundert existierte, also seit Beginn der Kontakte zwischen der Hohen Pforte und dem Christentum. Der Türke wird nun beschrieben als Vertreter einer exotischen Zivilisation, prunkliebend und raffiniert, Erbe des Kalifats von Bagdad und des Oströmischen Reichs. Diese Botschaft verbreiten vor allem die Diplomaten und venezianischen Kaufleute, die regelmäßige Beziehungen zu Konstantinopel unterhalten. Seit den 1520er Jahren veranstaltet man im Heiligen Römischen Reich Festlichkeiten «auf türkische Art». Davon gibt es zwei Spielarten. Bei den Lanzenstechen versucht man – gelegentlich, wie etwa in Sachsen, auf sehr realistische Manier – Schlachten zwischen den Christen und den Ungläubigen nachzuspielen. Dieses Genre erschöpft sich gegen Ende des 17. Jahrhunderts und wird vorübergehend durch die Ringelspiele ersetzt. Diese höfischen Vergnügungen sollen die Kühnheit der Fürsten feiern, die oft in vorderster Linie daran teilnehmen, doch auch die Pracht der deutschen Herrscher entfalten helfen. Gezeigt werden soll, daß sie in der Lage sind, die phantastische Pracht des Osmanischen Reiches wiedererstehen zu lassen. Für kurze Zeit will man das Leben im Topkapi-Palast künstlich zu neuem Leben erwecken. Hier läßt sich abermals feststellen, welche Faszination der orientalische Despotismus in seiner äußeren Erscheinung auf die christlichen Fürsten ausübt. Zugleich jedoch wird er von den politischen Denkern Europas unisono in Grund und Boden verdammt. Sie alle schreiben, es gebe keine schlimmere Tyrannei als die der Türken. Man versteht nun besser, warum die deutschen Fürsten seit dem 16. Jahrhundert leidenschaftlich gerne türkische Kunstgegenstände sammeln. Die Sammlungen von Wien, München, Dresden oder Karlsruhe, um nur die wichtigsten und berühmtesten zu nennen, sind lebendiges Zeugnis dieser Begeisterung. Es geht darum, die Siege über die Ungläubigen triumphal in Szene zu setzen, doch zugleich auch darum, die türkische Kunstsammlung auszustellen, um seinesgleichen zu zeigen, daß man ein vom orientalischen Raffinement faszinierter Liebhaber des Schönen ist. Letzteres Phänomen tritt seit 1683 in den Vordergrund.

Von diesem Zeitpunkt an wird das Osmanische Reich zum Gegenstand der Mode. Von Wien ausgehend verbreitet sich sein Gebräu, der Kaffee, in ganz Europa, das von nun an im Mittelpunkt der gesellschaftlichen Treffen der Aufklärungsphilosophen stehen wird. Überall im Heiligen Römischen Reich ahmt man die türkischen Kunstgegenstände nach, und die Anleihen bei dieser Zivilisation werden immer vielfältiger. Das 18. Jahrhundert steht ganz im Zeichen dieses Phänomens. Unter den Tausenden von Beispielen, die wir anführen könnten, nennen wir zwei, die uns geeignet scheinen, diese Schwärmerei in ihrer ganzen Vielfalt zu illustrieren. Das erste datiert vom September 1719. Anläßlich der Heirat seines Sohnes, des künftigen Friedrich August II. von Sachsen, mit der österreichischen Erzherzogin Maria Josepha gibt August der Starke in Dresden prunkvolle Feste. Alles dreht sich dabei um die osmanische Welt. Der sächsische König will damit die Annäherung seiner Familie an die habsburgische unterstreichen und denkt zugleich an eine mögliche Kandidatur der Wettiner für die Kaiserkrone. Hinter dieser Entscheidung stecken auch ästhetische Überlegungen. Seit die osmanische Gefahr gebannt ist, bedient sich dieser deutsche Fürst türkischer Feste, um seinen Reichtum von Venedig bis zur Elbe prunkvoll zur Schau zu stellen. Dennoch bleibt das Bild, das bei diesen Festen vom Hof des Sultans gezeichnet wird, merkwürdig blaß und gleichförmig. «Türkisch» zu sein reduziert sich abermals darauf, dessen äußere Erscheinung nachzuahmen. Es geht darum, die Soldaten des Hochzeitsgefolges wie Janitscharen auszustatten und die sächsischen Kurtisanen auf türkische Art zu kleiden und sie mit Titeln vom Sultanshof auszustaffieren. Ansonsten hat ein türkisches Fest herzlich wenig mit Konstantinopel zu tun. Mit einigen Kleinigkeiten immerhin versucht man, an die muselmanische Zivilisation zu erinnern: Man faßt den Dresdner Zwinger mit Halbmonden ein oder schmückt die königlichen Gemächer mit vermeintlich türkischen Objekten, die aus den prächtigen Sammlungen der Wettiner stammen. Doch weder der Palast noch die Gärten, wo die Feierlichkeiten stattfinden, lassen wirklich Topkapi wiedererstehen. Man hat es hier mit einem imaginären Orient zu tun, an dem alles falsch ist; der Rahmen, der Inhalt und der Ablauf der Feste bleiben europäisch.

Das zweite Beispiel, das wir nennen wollen, ist Mozarts 1781 komponierte *Entführung aus dem Serail*. Gegenstand dieser Oper ist der Versuch, die beiden grundverschiedenen Bilder vom Türken einander gegenüberzustellen: auf der einen Seite Selim Bassa, auf der anderen Osmin. Dieser zeigt das traditionelle Gebaren, das man von einem Türken erwartet, nämlich das eines blutrünstigen Rohlings, der sich ausschließlich von seinen Wünschen leiten läßt, der nur das Mittel der Gewalt kennt, um seine Ziele zu erreichen. Sein Refrain ist auch heute noch berühmt: «Erst geköpft, dann gehangen, dann gespießt, auf heiße Stangen, dann verbrannt, dann gebunden, und getaucht; zuletzt geschunden.» Selim hingegen – und vielleicht tatsächlich weil er ein Renegat ist, der in die christliche Religion hineingeboren und in ihr aufgewachsen ist, bevor er ihr abschwor – ist ein Individuum, das von Vernunft und Augenmaß geleitet wird. Als Verkörperung des edlen europäischen Mannes bezeichnet er den Übergang vom entwerteten und herabwürdigenden Bild des Türken, wie man es fast zwei Jahrhunderte lang gepflegt hatte, zu jenem, das im 18. Jahrhundert triumphiert. Er ist ein Türke von feiner Art, der im Luxus eines von Gärten umgebenen Palastes am Meer (vielleicht am Bosporus) lebt. Von einer vielköpfigen Dienerschaft umsorgt, widmet er sich ganz den geistigen und sinnlichen Vergnügungen (als Liebhaber der Architektur stellt er einen Mann in Dienst, den man ihm als jungen, in Italien ausgebildeten Künstler vorstellt). Denn unzweifelhaft beruht einer der immer wiederkehrenden Züge des Türken, wie man ihn sich im Heiligen Römischen

Reich und überhaupt in Europa vorstellt, auf dem in mehr oder weniger verschlüsselter Form dargestellten Venuskult. Der Türke wird regelmäßig als sinnliches Wesen beschrieben, das sich ohne Reue den Freuden der Liebe hingibt. Das geschlossene Universum des Harems schlägt die Europäer in seinen Bann, die darin eine Welt der Erotik sehen, die, da vollkommen unbekannt und nur der Phantasie überlassen, als um so raffinierter vorgestellt wird.

Die Belagerung von 1683 hat nur den Übergang von einer der Phantasie entsprungenen Gestalt des Türken zu einer anderen, nicht weniger imaginären Figur erlaubt. Aus dem blutrünstigen Rohling wird nun, da die osmanische Gefahr schwindet, ein faszinierender Orientale, der in einer Welt aus Luxus, Muße und Sinnenlust lebt. Anders hätte es wohl schwerlich sein können. Tatsächlich bleibt das Reich der Sultane trotz des nun wachsenden Austauschs zwischen den beiden Zivilisationen bei den Deutschen weitgehend unbekannt. Die Augenzeugenberichte sind noch immer recht spärlich und legen vor allem Wert auf den exotischen Aspekt dieses fremden Universums. Im übrigen bleibt das bekannteste Werk über den Nahen Osten während des gesamten 18. Jahrhunderts *Die Märchen aus Tausendundeiner Nacht*, die 1727 ins Deutsche übersetzt wurden. Und diese tragen gewiß kaum zu einem neuen Verständnis des alten Gegners bei. Seit den 1750er Jahren und vor allem am Anfang des 19. Jahrhunderts ermöglicht es der Aufstieg der Orientalistik, maßgeblich vorangetrieben von Persönlichkeiten wie Carsten Niebuhr und Joseph von Hammer-Purgstall, daß sich allmählich eine wissenschaftliche Sicht auf das Osmanische Reich durchsetzen und das verfälschte, weil kolportierte Bild des Türken zurechtrücken kann. Doch erst im 19. Jahrhundert entwickelt sich wirklich eine Analyse des Türken, die näher an der Wirklichkeit ist. So schwankt man zwischen traumatischer Vorstellung und Idylle. Letztere ist zwar nicht mehr abwertend, doch sind beide Bilder gleich ungenau. Die Belagerung Wiens von 1683 erlaubt es also, die zwiespältige Vorstellung besser zu verstehen, welche die Deutschen von den Türken hatten und vielleicht bis heute noch hegen. Sie speist sich aus der konfliktträchtigen Geschichte, welche die Beziehungen zwischen den beiden Zivilisationen prägt, doch auch aus dem Willen der Deutschen, sich selbst als Deutsche zu bestimmen.

Wie steht es in anderen europäischen Ländern, die gleichermaßen an diesem Sieg der verbündeten christlichen Fürsten von 1683 beteiligt waren? Ist dieses Datum ebenfalls konstitutiv für die nationale Identität Polens, dessen König Johann III. Sobieski in der Schlacht am Kahlenberg eine herausragende Rolle spielte, und für die Identität Ungarns, für welches die Belagerung Wiens das Vorspiel für die Wiedereroberung durch die Habsburger darstellte? Dies scheint nicht immer der Fall zu sein.

Die ungarische Geschichtsschreibung behandelt das Geschehen von 1683 und seine Spätfolgen nicht positiv. Der Zurückschlagung der Türken folgt keine Epoche der wiedergewonnenen Unabhängigkeit für das Land. Die Rückkehr der Habsburger hat die Zentralisierung der Verwaltung und eine politisch betriebene Germanisierung zur Folge, die eine an ihren Freiheiten hängende Bevölkerung natürlich mißmutig stimmt, und dies um so mehr, als die Hoffnungen nach dem Verschwinden der osmanischen Vormundschaft groß gewesen waren. Tatsächlich hatten die Ungarn das Gefühl, von einer Fremdherrschaft in die andere zu geraten, was ein Grund für die Gewalt der nationalistischen Bewegungen des 19. Jahrhunderts war. Viel eher bilden das Jahr 1526 und der Tod Ludwigs II. von Ungarn in der Schlacht von Mohács ein Datum, das für das kollektive Gedächtnis der Magyaren entscheidend ist. Anders verhält es sich in Polen. Seit dem 18. Jahrhundert spielt die Gestalt des Siegers von Wien eine nützliche Rolle im Rahmen einer Propagandakampagne. Seine Person wird zur Lichtgestalt, und es gibt unzählige ihm gewidmete Denkmäler und Hymnen. Die Gedenkveranstaltungen von 1783 und 1883 bieten Gelegenheit, den großen Mann als Verteidiger des Christentums gegen die aus Asien gekommenen wilden Horden zu feiern und zugleich als nationale und patriotische Verkörperung des ewigen Polen, während das Land von Preußen, Österreich und Rußland bedroht oder gar geteilt wird. Dennoch löst sich mit der Zeit das kollektive Gedächtnis der Polen von diesem fernen Herrscher des 17. Jahrhunderts, der nun weniger «nützlich» geworden ist. Von der Fremdherrschaft befreit ziehen es die Polen vor, den Schwerpunkt auf den Aufstand Kosciuszkos und die Verabschiedung der Verfassung von 1791 zu legen, auf Ereignisse, welche die nationalen und demokratischen Werte besser zum Ausdruck bringen. Wir haben es hier also mit einer anderen Deutungsdimension der Belagerung Wiens zu tun, weniger triumphalistisch, dafür stärker europäisch.

Aus dem Französischen von Klaus Fritz

Hagen Schulze

Versailles

I.

Versailles: soviel glänzend verdecktes Elend, soviel blutig erkaufter Glanz; Frankreichs, Deutschlands, Europas Ruhm und Menetekel. Das Schloß dieses Namens, in einem sumpfigen Waldgelände südwestlich von Paris gelegen, seit 1682 königliche Residenz und offizieller Regierungssitz, war von Anfang an mehr als die Behausung Ludwigs XIV. und seines Hofstaats: Versailles war ein politisches Manifest. Die prächtige Kulisse verkündete der Welt den betäubenden Ruhm des Alleinherrschers, der sich in der überwältigenden Architektur, in der verschwenderischen Ausschmückung, in der einschüchternden Strenge des Hofzeremoniells ausdrückte: das Sonnenschloß, von dem aus Europa nach dem Willen des Königs erleuchtet werden sollte.

Der Ruhm des Königs sprach aber nicht nur aus der Pracht seiner Umgebung, nicht nur aus der Förderung der Künste und des Handwerks, nicht nur aus den weisen Maßnahmen seiner Regierung, sondern vor allem anderen aus seinen kriegerischen Taten. Der Ruhm der barocken Herrscher Europas erfüllte sich auf dem Schlachtfeld – wieviel mehr galt dies für die *Gloire* des Sonnenkönigs, der in allem und jedem Vorbild für die Könige seiner Zeit sein mußte. Er selbst hat gestanden, um des Ruhmes willen mitten im Frieden die Welt in Flammen gesetzt zu haben, und er war es auch, der die Glorie des Schlosses mit der des Krieges verband. Die Gesandten der europäischen Mächte hatten auf dem Weg zur Audienz beim König den *escalier des ambassadeurs* zu ersteigen, die Treppe der Botschafter, um anschließend den Spiegelsaal zu durchqueren, 73 Meter lang und zehn Meter breit, von einschüchternder Pracht und ausgemalt mit allegorisch überladenen Szenen aus den Kriegen Ludwigs XIV. gegen Holland, Spanien und gegen das Reich. Ludwig nahm für sich den Vorrang vor allen übrigen Kronen Europas, selbst der des Kaisers, in Anspruch, und die Bildprogramme der Deckengemälde der Botschafterstiege und des Spiegelsaals drückten diesen Anspruch mit unübertroffenem Hochmut aus. Man sah den sündigen Stolz der auswärtigen Mächte Holland, Spanien und Reich allegorisch verkörpert, auf der anderen Seite ihre Züchtigung durch Ludwig: Der König entschließt sich zum Krieg, der König ruft seine Armeen auf, der König plant den Kriegszug, der König häuft Sieg auf Sieg, überschreitet den Rhein, erobert die Freigrafschaft Burgund, nimmt holländische Städte ein, gewährt schließlich einen strengen und gerechten Frieden. Keine Frage: Versailles war Ludwigs steingewordene Herausforderung an Europa.

Die Glorie der königlichen Kriege setzte sich auch nach der Vollendung der militärischen Ausmalung des Schlosses fort, eine harsche Provokation nach der anderen: die Reunionskriege, mit denen Städte im Elsaß und Lothringen gewaltsam der Krone Frankreichs unterworfen wurden, die Einnahme Straßburgs 1681, ohne jeden Rechtstitel, und dann der pfälzische Krieg 1688 bis 1697, mit dem Ludwig die unhaltbaren Erbansprüche seiner Schwägerin auf die Pfalz gewaltsam durchzusetzen suchte und, als dies gegen eine gegnerische Koalition scheiterte, auf dem Rückzug Stadt für Stadt systematisch zerstören ließ – im Gedächtnis der Bevölkerung blieben vor allem die Sprengung des Heidelberger Schlosses und die Schändung der Kaisergräber in Speyer. Auf deutscher Seite regte sich angesichts dieser Übergriffe ein früher Reichspatriotismus; die habsburgische Propaganda verstand es, in heftigen Schmähschriften die Irrtümer Ludwigs XIV. und die blutigen Ausschreitungen seiner Soldateska öffentlichkeitswirksam anzuprangern – Ludwig war «der das Französische und das Heilige Römische Reich verderbende grausame Greuel und Abgott», die «Geißel Gottes», «Aller Unchristlicher Franzosen König» oder – angesichts der als besonders empörend empfundenen Verbindung französischer mit osmanischen Interessen im Kampf gegen das Reich – der «Allerchristlichste Großtürk», der sein Land zur «französischen Türkei» unterwerfen und im Bündnis mit dem Sultan ganz Europa unterjochen wollte.[1]

Die Pracht von Versailles, die alle Welt faszinierte und in den Residenzen von Neapel bis St. Petersburg, von Wien bis Berlin Nachahmer fand, stellte sich als die Kehrseite der ruinösen Kriege dar, die der Sonnenkönig gegen Europa geführt und verloren hatte; für die Kosten mußte noch Ludwig XVI. hundert Jahre danach auf dem Schafott zahlen. Versailles stand für vergiftete Erinnerungen – zumindest scheint uns das so im Licht der Kenntnis dessen, was noch kommen sollte. Aber man darf das publizistische Aufbegehren patriotischer Deutscher, häufig im Dienst der antifranzösischen Koalitionen, gegen Ludwigs brutale Kriege nicht mit einer nationalen Stimmungswelle im Stil des 19. Jahrhunderts verwechseln. Noch gab es keinen deutschen Nationalgeist, der im Zeichen der Wegnahme von Straßburg und der Verwüstung der Pfalz durch die Truppen des Generals Mélac den Erbfeind jenseits des Rheins entdeckte; noch Voltaire hat über ein halbes Jahrhundert später auf einer Reise durch die Pfalz festgehalten, daß die Bevölkerung ihn überaus freundlich aufgenommen habe. Die Reiseberichte deutscher Versailles-Besucher des 18. Jahrhunderts strotzten keineswegs vor Bewunderung, sie stimmten in aller Regel ein in den europaweiten Chor der Kritik am französischen Königshof, aber die kriegerischen Wand- und Deckengemälde fielen nicht einem einzigen Touristen auf. Trotz der Propagandaflut gegen den Sonnenkönig und dessen Kriegführung – die übrigens auch Gegner der königlichen Außen- und Innenpolitik innerhalb Frankreichs auf den Plan rief – blieben Frankreich, Paris, Versailles die Mitte europäischer Zivilisation.

II.

Versailles, nach dem Tod des Sonnenkönigs Chiffre für den morbiden Glanz wie für die zunehmende innere Aushöhlung des Ancien Régime, überlebte die Revolution – seit jenem Tag im Oktober 1789, als die Pariser Fischweiber und Nationalgardisten die königliche Familie nach Paris schafften, blieb das Schloß leer und vergessen. Napoleon haßte Versailles, die wiederkehrenden Bourbonen fürchteten den Geist des Schlosses wie die Pest, und erst der Bürgerkönig Louis Philippe hatte die erlösende Idee, aus Versailles ein Nationalmuseum zu machen, gefüllt mit unzähligen Historiengemälden, «à toutes les gloires de la France». An diesem Ort, hieß das, sollten sich all die unterschiedlichen Erinnerungen und Gegenwartsströmungen Frankreichs im Zeichen der Nation zusammenfinden und wiedererkennen; daß die französische Geschichte, schritt man die Gemäldegalerie ab, eine nicht endenwollende Abfolge von militärischen Triumphen darstellte, war ein Zug der Zeit.

Während das Schloß im Dämmerschlaf lag, war jenseits des Rheins ein deutsches Nationalbewußtsein entstanden, mächtig angefacht durch die Kriege und Besetzungen Napoleons; Deutschland und Frankreich, so hatten die Propagandisten der Freiheitskriege von Ernst Moritz Arndt bis Johann Gottlieb Fichte dem national gestimmten Bürgertum eingeredet, waren seit jeher Erzfeinde gewesen, womit die Leiden und Triumphe der Gegenwart ohne weiteres auf die Vergangenheit übertragen wurden. «Der Rhein, Deutschlands Fluß, nicht Deutschlands Grenze», wie Arndt erklärt hatte, war der Schicksalsstrom, um den seit der Teilung des karolingischen Reichs die feindlichen Brüder Deutschland und Frankreich die Jahrhunderte hindurch ihre Kriege geführt hatten. Die Erinnerung an die «Raubkriege» Ludwigs XIV. besaß ihren besonderen Stellenwert in diesem Geschichtsbild: «Welche Empfindungen die französischen Greuel in ganz Deutschland erregten», so 1845 der Heidelberger Historiker Ludwig Häusser, «bezeugen die vereinzelten Ausbrüche eines tiefen Franzosenhasses, der nur leider in jenen Tagen nicht so zur Erhebung der Nation genutzt worden ist, wie dies gleichzeitig in England und Holland geschah [...].»[2] Das Ressentiment überkam selbst einen distanziert urteilenden Beobachter wie den jungen Bismarck: «Der Besuch von Heidelberg, Speyer und der Pfalz stimmte mich rachsüchtig und kriegslustig.»[3]

Das aufgebrachte nationale Selbstgefühl urteilte mit Vorliebe moralisch, und das um so mehr, als schon seit der Wiederentdeckung der «Germania» des Tacitus im 15. Jahrhundert der westliche Nachbar als den Deutschen moralisch-sittlich unterlegen galt. Die Verwüstung des Rheinlandes durch die Generäle des Sonnenkönigs schien aus dieser Perspektive notwendige Folge der Verwüstung der Sitten am Versailler Hof zu sein – Versailles, so drückte es der Schauspieler Ludwig Devrient 1846 aus, «ist der Brennpunkt der sogenannten glorreichen Zeit, in welcher alle sittliche und politische Scheußlichkeit ihren Gipfel erreicht hatte. Alle die gränzenlosen Leiden, die Frankreich seitdem erduldet, ich sah sie im Geiste als lange entsetzliche Züge von Höllengeistern von diesem Lustreviere aus sich nach allen Richtungen hin verbreiten, die heiligsten Verhältnisse vergiften, und mit den Stacheln des gräulichsten Übermuthes ein heitres Volk in reißende Tiere umwandeln. Kann man es denn ohne die tiefste Empörung sehen, wie der glorreiche König sich in Gestalt des Sonnengottes in Marmor abbilden läßt, umgeben von seinen vier Hauptmaitressen, während seine Soldaten die deutschen Gränzländer mit systematischer Barbarei verwüsten?»[4]

III.

Eigentlich hatte das, was sich am 18. Januar 1871 im Spiegelsaal des Schlosses von Versailles abspielte, mit dergleichen Reminiszenzen wenig zu tun. Die Armeen der verbündeten deutschen Staaten waren auf die französische Kriegserklärung vom 19. Juli 1870 hin nach den großen Umfassungsschlachten von Metz und Sedan bis vor Paris vorgedrungen, das sie nun belagerten. Das deutsche Hauptquartier befand sich deshalb in Versailles, weit genug von der französischen Hauptstadt entfernt, um nicht von dort aus beschossen zu werden, aber dennoch in guter Beobachtungsposition. Da sich neben den militärischen Stäben auch der preußische König Wilhelm I., der Kronprinz sowie der Kanzler des Norddeutschen Bundes Otto von Bismarck im Hauptquartier zu Versailles befanden, spielte sich hier auch ein Teil der politischen Entscheidungen ab, die zur Gründung des Deutschen Reiches führten. Nachdem Prinz Leopold von Bayern in Versailles das Schreiben seines Neffen König Ludwigs II. übergeben hatte, in dem der König von Preußen im Namen aller deutschen Fürsten und Freien Städte aufgefordert worden war, das Präsidium des künftigen Deutschen Reiches unter dem Titel eines Deutschen Kaisers wahrzunehmen, hatte am 18. Dezember 1870 auch eine Delegation des Norddeutschen Reichstags dem König von Preußen im Namen der deutschen Nation die Annahme der Kaiserwürde angetragen. Indem Wilhelm I. beide Anträge annahm, waren die notwendigen Voraussetzungen dafür geschaffen, daß die Verfassung des Deutschen Reichs mit dem Neujahrstag 1871 in Kraft trat.

Die Kaiserproklamation vom 18. Januar 1871 war verfassungsrechtlich ohne Bedeutung; es ging lediglich um eine zeremonielle Bestätigung des Kaisertitels. Daß die Zeremonie gerade zu diesem Datum stattfand, hatte nur indirekt mit der Königskrönung des brandenburgischen Kurfürsten Friedrichs III. am 18. Januar 1701 zu tun; auf diesen Tag fiel das alljährlich begangene Fest vom Orden des Schwarzen Adlers, und preußisch-pragmatisch beschloß man, die Gelegenheit für eine Kaiserproklamation zu nutzen. Viele der Eingeladenen wußten deshalb gar nicht, was auf sie wartete, als sie am Morgen des 18. Januar den Spiegelsaal des Schlosses von Versailles betraten. Auch die Wahl des Ortes war von schlichten Nützlichkeitserwägungen diktiert – es war der größte Saal, den man in Versailles bekommen konnte, auch die Delegation des Reichstags war hier empfangen worden; ansonsten diente der Spiegelsaal als Lazarett. Im übrigen war dem königlichen Hauptakteur die Zeremonie unbehaglich, er wollte sie so schnell wie möglich hinter sich bringen und glaubte, mit ihr werde das alte Preußen zu Grabe getragen. Im preußischen Offizierkorps teilte man diese Sicht in aller Regel und dachte gar nicht daran, die Ausrufung des Kaisers für besonders wichtig zu halten: «Es war sehr feierlich, mir aber wehmüthig zu Muth bei dem Tode des schönen Königthums», so Generalleutnant Leonhart Graf von Blumenthal in seinem Tagebuch[5], und dem Oberstleutnant Paul Bronsart von Schellendorff fiel am Vortag dazu ein: «Morgen ist hier großer Mummenschanz, d. h. es soll der Deutsche Kaiser proklamiert werden», und während der Zeremonie selbst fiel ihm hauptsächlich auf: «Der improvisierte Altar stand einer nackten Venus gegenüber, ein allerdings im Schloß von Versailles schwer zu vermeidendes Verhältnis.»[6]

Andere sahen die Ereignisse vom 18. Januar allerdings mit völlig anderen Augen. Für sie mag der Kronprinz stehen, der in direktem und offenem Gegensatz zu seinem Vater Kaiser und Reich über das preußische Königtum stellte, er betrachte, schrieb er, «das heutige Kaisertum als dasselbe, welches seit mehr als tausend Jahren in Deutschland bestanden und nur seit der im Jahre 1806 erfolgten Abdankung Kaiser Franz II. solange geruht hat, bis es jetzt, nach 65jährigem Interregnum [...] wiederhergestellt worden ist».[7] Kein Wunder, daß Kronprinz Friedrich Wilhelm die Kaiserproklamation zu Versailles in großer Perspektive wahrnahm: «Ich ließ meine Blicke während eines Teils der Feier über die Versammlung und an die Decke schweifen, wo Ludwigs XIV. Selbstverherrlichungen, riesig in Allegorien und erläuternden, prahlenden Inschriften abgebildet, namentlich die Spaltung Deutschlands zum Gegenstand haben und fragte mich mehr als einmal, ob es denn wirklich wahr sei, daß wir uns in Versailles befänden [...].»[8] Auf diesen Tenor war auch die Predigt des Schloßpredigers Bernhard Rogge gestimmt, dessen Ausführungen eher eine Strafpredigt gegen Ludwig XIV. als eine Festpredigt für Wilhelm I. darstellten und in den Worten gipfelten: «In dem heutigen Werke sehen wir die Schmach gesühnt, die von dieser Stätte und von diesem Königssitze aus dereinst auf unser deutsches Volk gehäuft worden ist.»[9] Rache für den Raub Straßburgs und die Zerstörung der Pfalz – dieses Gefühl findet sich in den Selbstzeugnissen der meisten Teilnehmer, wobei mancher sich von den Deckengemälden Le Bruns zu chauvinistischen Betrachtungen anregen ließ; über dem Kopf Wilhelms I. «sah man den jugendlichen französischen König thronend, aufblickend zu der Götterschar des Olymp, von denen Merkur hinüberfliegt zu drei Frauengestalten, den Sinnbildern der Nachbarreiche Deutschland, Spanien und Holland, ihnen allen die Selbstherrlichkeit Ludwigs XIV. anzukündigen».[10]

Das war eine relativ gemäßigte Stimme; den meisten Betrachtern erschien das Bildprogramm an der Decke des Spiegelsaals ausschließlich als hochmütige Unterwerfungsgeste gegen Deutschland; daß die Darstellung von Ludwigs Rheinübergang nichts mit Deutschland, sondern mit dem holländischen

Anton von Werner: Kaiserproklamation im Spiegelsaal von Versailles

Feldzug von 1672 zu tun hatte, bemerkte niemand. Mit zunehmendem Abstand von der Festlichkeit nahm auch die Grobschlächtigkeit des Urteils zu; ein national entflammter Oberleutnant, der in den hintersten Reihen das Geschehen verfolgte, notierte geradezu: «Die Wiederaufrichtung des Deutschen Kaiserreichs gerade hier in dem Versailler Schloß, das jetzt von deutschen Uniformen angefüllt war, als Wahrzeichen der Rache, die Deutschland für mehrhundertjährige Unbill nahm, als Kennzeichen der Siege, durch die wir das von Ludwig XIV. geraubte Straßburg wiedererwarben.»[11]

Daß dergleichen Gefühle nicht auf die Anwesenden beschränkt blieben, dafür sorgten die Zeitungskorrespondenten, die ein national hochgestimmtes Publikum in Deutschland zu bedienen hatten. Die Gazetten der neuen Reichshauptstadt waren sich einig in der Genugtuung darüber, daß die deutsche Einheit ausgerechnet «in dem Schlosse Ludwigs XIV., in dem alten Centrum einer feindlichen Macht» verkündet worden war, wobei die patriotische Predigt des Hofpredigers Rogge mit ihren «großartigen geschichtlichen Vergleichen» bewundernde Erwähnung fand.[12] Andere Journalisten fanden heraus, daß die Zerstörung des Heidelberger Schlosses durch die Truppen des Generals Mélac an einem 18. Januar begonnen worden war, und zogen die verwegensten historischen Parallelen. Wirkungsvoller als die Zeitungsartikel waren aber die Bilder, namentlich jenes Malers, dessen Gemälde von der Kaiserproklamation die Imagination der Deutschen vom Bismarckstaat wahrscheinlich bis heute in erster Linie bestimmt: Anton von Werner. Die bekannteste erste Fassung seines Gemäldes, millionenfach reproduziert und in jedem deutschen Schulbuch abgedruckt, gibt sämtliche Details der Deckenbemalung wieder, um hervorzuheben, daß der Jubel der Fürsten und Offiziere nicht nur dem König von Preußen, sondern auch der Überwindung des französischen Erbfeindes galt.

So wurde die Kaiserproklamation im Spiegelsaal zu Versailles auch von französischer Seite aus gesehen. Die Ausrufung des Deutschen Kaisers an einem der heiligsten Orte des Geschichtsbewußtseins Frankreichs – nicht umsonst war das Schloß «à toutes les gloires de la France» gewidmet –, verbunden mit der militärischen Katastrophe und der Einkreisung von Paris durch den Feind, setzte ein tiefes Trauma im nationalen Gedächtnis. Die Kaiserproklamation wirkte aus französischer Sicht wie ein plumper, höhnischer Triumph, als «eine Art politischer Vergewaltigung des nationalen Kulturguts».[13] Auf die deutsche Rache folgte fast unvermeidlich die französische Revanche: ein Gewebe von triumphalen und demütigenden Erinnerungen, Legenden und Symbolen, an dem Generationen Deutscher und Franzosen gewirkt hatten, ein europäisches Leichentuch, zu dem nur der Saum noch fehlte.

Lazarett im Spiegelsaal von Versailles

IV.

Ein halbes Jahrhundert und einen Krieg später: Am 28. Juni 1919 entstiegen auf dem Bahnhof von Versailles zwei graugekleidete Herren dem Zug, wurden hastig von französischen Gendarmen in ein geschlossenes Automobil verfrachtet, um zum nahen Schloß gefahren zu werden, durch ein Spalier johlender, fäusteschüttelnder Zuschauer. Es waren der deutsche Reichsaußenminister und Parteivorsitzende der Sozialdemokratie, Hermann Müller, und der der Zentrums-Partei angehörende Reichspostminister Johannes Bell, die es auf sich genommen hatten, die letzte und schwerste Folgerung aus einem verlorenen Krieg zu ziehen. Im Spiegelsaal drängten sich bereits mehr als tausend Menschen, am einen Ende die Presse, am anderen die Angehörigen der alliierten Delegationen. In der Mitte – dort, wo einst Hofprediger Rogge seine Haßpredigt auf Ludwig XIV. gehalten hatte – stand der Tisch, an dem die Unterzeichnung vor sich gehen sollte, dahinter eine hufeisenförmige Tafel; hier hatten die Bevollmächtigten der Entente-Regierung Platz genommen, in der Mitte als Gastgeber Georges Clemenceau, der französische Ministerpräsident. Hoch über seinem Kopf allegorischer Prunk, die Siege Ludwigs XIV. glorifizierend. Harold Nicolson, Mitglied der britischen Delegation, berichtet: «‹Faites entrer les Allemands›, sagt Clemenceau in die Stille hinein. Seine Stimme klingt wie von weither, aber scharf durchdringend. Dann wieder Totenstille. Durch die Tür am Ende des Saals erscheinen zwei Huissiers mit Silberketten. Sie marschieren im Paradeschritt. Hinterdrein kommen vier Offiziere, ein französischer, ein britischer, ein amerikanischer und ein italienischer. Und dann, abgesondert und bedauernswert, kommen die beiden deutschen Delegierten. Die Stille ist beklemmend. Ihre Schritte auf dem Parkettstreifen zwischen den Savonnerie-Teppichen hallen hohl im Doppeltakt wider. Sie halten die Blicke von diesen zweitausend sie anstarrenden Augen weggerichtet, zum Deckenfries empor. Sie sind totenbleich. Sie schauen nicht aus wie die Repräsentanten eines brutalen Militarismus [...]. Das ganze ist höchst peinvoll.» Dann die Unterzeichnung, eine stundenlange Zeremonie; an die beiden deutschen Unterschriften reihten sich siebzig weitere an, stellvertretend für die siebenundzwanzig Staaten, gegen die Deutschland Krieg geführt hatte. «Wir blieben noch sitzen, während die Deutschen abgeführt wurden wie Sträflinge von der Anklagebank, die Augen noch immer auf irgendeinen fernen Punkt am Horizont gerichtet [...]. Wir reden kein Wort miteinander. Das Ganze ist zu widerlich gewesen.»[14] Andere Berichte lauten ähnlich: Am Abend des 28. Juni 1919 herrschte nicht nur in Deutschland, sondern auch in den Entente-Delegationen Katzenjammerstimmung.

Dabei waren noch ein halbes Jahr zuvor Begeisterung und Zukunftshoffnung in den Siegerstaaten ungetrübt gewesen: Die Welt hatte das erste Mal einen totalen Krieg erlebt, nun sollte der Frieden nicht weniger total werden. Die Staatsmänner der Siegermächte, an erster Stelle der amerikanische Präsident Woodrow Wilson, hatten geplant, die alten und neuen Krisenherde Europas zu entschärfen, Deutschland, den Balkanraum, Osteuropa und Rußland. Auf der Grundlage des Selbstbestimmungsrechts der Völker hatte man ein Netz vertraglicher und institutioneller Garantien schaffen wollen, um den Frieden für alle Zukunft zu sichern und «to make world safe for democracy». Als Krönung des Friedenswerks war ein Weltparlament gedacht, der Völkerbund, der alle Ungerechtigkeiten im Verhältnis der Nationen zueinander ausgleichen und den Frieden gegen die Aggressoren notfalls erzwingen konnte. Nie zuvor waren die Pläne für das Zusammenleben der Völker so weitreichend, so nobel gewesen, nie hatte der ewige Friede so greifbar nahe geschienen.

Auch die Deutschen hatten bei allem Elend, das Kriegsniederlage und innere Wirren mit sich brachten, Grund zur Hoffnung. Zwar predigten namentlich die französischen Militärs und Politiker einen harten Friedensschluß, da man auf den Zerfall des Reichs und Gewinnung der Rheingrenze hoffte, aber da waren Wilsons Versprechungen, die insgesamt einen milden Frieden erwarten ließen – denn da der amerikanische Kriegseintritt den alliierten Sieg ermöglicht hatte, war es nun nicht Sache des amerikanischen Präsidenten, die Friedensbedingungen zu diktieren? Die deutsche Seite wiegte sich in euphorischen Illusionen und überhörte die Warnung des amerikanischen Unterhändlers Oberst Conger: «Deutschland macht seine eigenen Interpretationen der 14 Punkte Wilsons und vergißt dabei, daß die Alliierten den Krieg gewonnen haben.»[15]

Daher starres Entsetzen, als am 7. Mai 1919 die alliierten Friedensbedingungen bekannt wurden: Abtrennung eines Siebtels des Reichsgebiets mit einem Zehntel der Bevölkerung – ein Achtel der Kartoffel- und Getreideernte, ein Viertel der Kohleförderung, die Hälfte der Eisenerzgewinnung waren verloren. Und das war nur der Anfang; hinzu kamen Wiedergutmachungsforderungen in atemberaubender Höhe, Entwaffnungsbestimmungen, die das Reich außerstande setzten, seine Grenzen zu verteidigen, und viele andere schwerwiegende, in diesem Ausmaß nie dagewesene Lasten. «Der Vertrag», rief Reichsministerpräsident Scheidemann vor der deutschen Nationalversammlung aus, «ist unerträglich und unerfüllbar. Welche Hand müßte nicht verdorren, die sich und uns in solche Fesseln legte!»[16] Doch die Alternative hieß Krieg; der aber war längst verloren. Um nicht auch noch die Besetzung und Aufteilung Deutschlands in Kauf nehmen zu müssen, beugte sich schließlich die Mehrheit der Nationalversammlung dem alliierten Druck; Bell und Müller unterschrieben in Versailles nur einen Frieden, den sich der Gegner sonst mit Gewalt geholt hätte – und heute wissen wir, daß die alliierten Staatsmänner erheblich milder gehandelt hatten, als Militärs und die öffentliche Meinung in den Siegerstaaten von ihnen erwartet hatten.

V.

Versailles als Symbol für die deutsche Kriegsniederlage – das war das eigentlich Unheilvolle, mehr noch als der materielle Inhalt des Versailler Vertrags. Gebietsabtretungen, Reparationszahlungen, militärische Beschränkungen: Das kannte man aus früheren Verträgen, das gehörte zur Normalität des Friedensschließens. Daß die Zahlungen an die Siegermächte über die Kraft Deutschlands gingen, traf zwar zu, aber auch, daß diese Zahlungen in der geforderten Höhe bei weitem nicht geleistet werden sollten und daß ihre Auswirkungen auf die wirtschaftliche Lage Deutschlands bei weitem nicht die Rolle spielten, die ihnen aus propagandistischen Gründen beigemessen wurde. Aber schwerer noch wogen aus dem Blickwinkel des deutschen Bürgertums die «Schmachparagraphen»: die «Kriegsschuldlüge», enthalten in dem ominösen Artikel 231 des Versailler Vertrags, der Deutschland und seinen Verbündeten die ausschließliche Schuld am Ausbruch des Weltkriegs gab. Dann war da die Forderung nach Auslieferung der deutschen «Kriegsverbrecher», an ihrer Spitze Wilhelm II., und nicht zuletzt auch – heute schwer zu begreifen – die «Kolonialschuldlüge», die allerdings im Vertragstext selbst nicht vorkam – freilich wurde in der Öffentlichkeit der Siegermächte die Einziehung der deutschen Kolonien mit der angeblich erwiesenen besonderen Unfähigkeit der deutschen Kolonialverwaltung begründet, was in Deutschland als besonders infam empfunden wurde; schließlich hatte die «verspätete Nation» Deutschland ihr kolonialistisches Nachholbedürfnis von Anfang an mit der besonderen deutschen Kulturmission begründet. Nicht von ungefähr gipfelte der Aufruf des Reichskolonialbundes gegen den «Kolonienraub» von Versailles in der emphatischen Frage: «Was wäre die Welt ohne die Taten der deutschen Kolonialpioniere?»[17] Da kaum jemand das umfangreiche Konvolut wirklich gelesen hatte, häuften sich die Stammtischgerüchte über angeblich weitere ehrabschneiderische Bestimmungen des «Schandfriedens» – so hieß es, die Kreuze auf den deutschen Gefallenenfriedhöfen müßten laut Versailler Vertrag schwarz gestrichen werden, und die Naumburger Stifterfiguren, weil Ikonen deutscher kultureller Identität, seien an Frankreich abzuliefern.

Die «Schmachparagraphen» waren der schwerste Fehler, den die Ententemächte in ihrem Bestreben begingen, das deutsche Problem für die Zukunft zu entschärfen: Sie beschränkten sich nicht auf sachliche Maßnahmen, sondern suchten ihre Forderungen mit moralischen Argumenten zu untermauern. Wo Handeln nicht zweckrational begründet wird, sondern eines sittlichen Mäntelchens bedarf, da wuchern die Antagonismen, denn zwischen Gut und Böse gibt es keinen Mittelweg. Nun gaben zwar die alliierten Militärs und Politiker der Versuchung nur zu leicht nach, den geschlagenen Feind auch moralisch zu vernichten, waren aber zu schwach, daraus die einzig sinnvolle Konsequenz im Sinne Machiavellis zu ziehen: «Demütige niemanden, den du nicht vernichten kannst.» Als karthagischer Friede war aber Versailles zu weich: Der Vertrag nahm Deutschland zwar für den Augenblick die Großmachtstellung, beließ ihm aber die Möglichkeit, sie künftig wiederzuerlangen.

Damit wurde die Revision von Versailles für jeden deutschen Politiker, von ganz rechts bis zur äußersten Linken, zum politischen Imperativ. Hier lag die einzige wirkliche Gemeinsamkeit aller politischen Kräfte der Republik, das einzige wirkungsmächtige Symbol von Weimar, und das war durch und durch destruktiv. Nicht die politische Gegenwart war es daher, auf die sich allgemeines politisches Handeln richtete, sondern ihre Überwindung, nicht die Zukunft eines demokratischen deutschen Staatswesens in einer freien Völkergemeinschaft, sondern die Wiederherstellung einer in der kollektiven Erinnerung der Deutschen glanzvoll vergoldeten Vergangenheit: eine negative, rückwärtsgewandte Utopie. Die innen- wie außenpolitische Durchschlagskraft des Versailles-Revisionismus war so erfolgreich, weil jedermann dabei ein gutes Gewissen besaß, mochte auch der Friedensvertrag nicht Bestandteil des internationalen Rechts, sondern sogar geltendes Reichsrecht sein: «Wenn jemand von mir bei gefesselten Armen und unter Vorhalten des Revolvers auf die Brust die Unterzeichnung eines Stücks Papier forderte, wonach ich mich verpflichten müsse, in 48 Stunden auf den Mond zu klettern», so hatte bereits Reichsminister Matthias Erzberger anläßlich der Unterzeichnungsdebatte im Reichskabinett erklärt, «so würde jeder denkende Mensch – um sein Leben zu retten – dies unterzeichnen.»[18] Versailles war eine massenwirksame Provokation, die auch demokratisch gesonnene Gemüter veranlaßte, den Fehdehandschuh aufzuheben: «Mein politischer Rat wäre,» meinte Thomas Mann im Hinblick auf die Vertragsunterzeichnung, «es unter Protest und unter jedem moralischen Vorbehalt zu thun und es den Feinden zu überlassen, ob sie eine so gegebene Unterschrift annehmen oder nicht. Wenn nicht, dann nimmt die Allianz immerhin ein schweres Odium auf sich. Wenn ja, so ist ihre Demobilisierung und der Wechsel der geistigen Situation abzuwarten, um den ‹Vertrag› umzustoßen oder nicht zu erfüllen.»[19] Genau so sollte es kommen.

VI.

Der Versailles-Revisionismus reichte allerdings noch weiter – der Vertrag stand für den Haß auf die junge Weimarer Demokratie überhaupt. Der Versailler Vertrag, von links bis rechts stets «Diktat» genannt, was er allerdings auch war, stand für die unbegriffene Niederlage. Alles, was bisher axiomatische Gültigkeit besessen hatte, war jetzt erschüttert: der Glaube an die zivilisatorische Mission des deutschen Volkes, an das Recht Deutschlands auf einen «Platz an der Sonne», an die militärische Überlegenheit der Deutschen. Das in der wilhelminischen Epoche hypertrophierte nationale Selbstbewußtsein hatte sich bis weit in den Krieg hinein bestätigt sehen können: Fast bis zuletzt waren gegen «eine Welt von Feinden», wie man gerne sagte, erstaunliche Siege erfochten worden; daß die letzte und entscheidende Schlacht im

Westen verloren worden war, blieb unverständlich, zumal bis Kriegsende die deutschen Heere zum Teil Hunderte von Kilometern jenseits der Grenzen standen. Wann hatte es das bisher jemals gegeben, daß ein Krieg verloren war, ohne daß auch nur ein einziger feindlicher Soldat die Grenze überschritten hatte? Verrat, das war's! Die deutsche Rechtsopposition besaß mit der «Dolchstoßlegende» ein Schlüsselwort, mit dem sie ihre Ängste und ihre Wut benennen konnte. War nicht das deutsche Heer «im Felde unbesiegt» gewesen, war nicht erst durch die Friedensresolution der sozialdemokratischen, katholischen und liberalen Parlamentarier 1917 die innere Geschlossenheit des Reichs auseinandergebrochen, hatte es nicht Revolten bei der Marine und Kampfverweigerungen beim Heer gegeben, hatten nicht Unabhängige und Spartakusleute alles getan, um die Heimatfront zu unterminieren, hatte nicht Karl Liebknecht «den Feind im eigenen Lande» gesehen?

Und doch war die Rede vom «Dolchstoß» die Unwahrheit, denn die Heimatfront hatte vier Jahre lang die schwersten Opfer auf sich genommen, einfach weil militärische Führer dem Volk gesagt hatten, es müsse sie bringen. In Wahrheit war das Reich 1918 ausgeblutet gewesen, kein Politiker, kein General hatte noch geglaubt, daß der Krieg über den nächsten Winter hinweg geführt werden konnte. Doch die Dolchstoßlegende war ebenso wirkungsmächtig wie das nicht weniger fruchtbare Schlagwort von den «Novemberverbrechern», denjenigen demokratischen Politikern, die Deutschland nach der Lesart des Generals Ludendorff seines sicheren Sieges beraubt hatten, indem sie den Vertrag von Versailles unterschrieben – desselben Generals Ludendorff, der Ende September 1918 eben diese Politiker fast gewaltsam zur Macht gedrängt hatte, um sie die Kapitulation an Stelle der Generäle unterschreiben zu lassen.

Und da die deutsche Demokratie unter den schweren Belastungen von Kriegsniederlage und Revolution ins Leben getreten war, war es ein leichtes, Versailles und Weimar in eins zu werfen. «Das Volk», resümierte der demokratische Schriftsteller Stefan Zweig, «hat die Republik als eine Hoffnung auf Rettung in dem ungeheuren Elend genommen wie eine Arznei. Betrügen wir uns nicht: Es war nicht der Geist, der Glaube, die Überzeugung, die jene Wandlung bewirkten, sondern die Not, der Haß, die Erbitterung.»[20] Das Fazit aus alledem zog ein katholischer Kirchenfürst, der Münchener Kardinal Michael Faulhaber, mit der schlichten Erkenntnis: «Die Republik ist Meineid und Hochverrat und wird mit einem Kainszeichen gezeichnet bleiben, auch wenn sie da und dort gute Erfolge neben schlechten hat, denn eine Untat kann aus Grundsatz nicht heilig gesprochen werden.»[21]

Versailles war also eine besonders wirksame Chiffre für die deutsche Kriegsniederlage und für alles, was aus der Perspektive der Deutschen damit zusammenhing: Revolution, Republik, Demokratie, Inflation, außenpolitische Diskriminierung. Und da die Weltkriegssieger der westlichen Welt angehörten und ihre politische Kultur bis hin zur liberalen Demokratie und zum parlamentarischen Verfassungsstaat den geschlagenen Mittelmächten oktroyiert hatten,

Plakat der Deutschen Volkspartei

bedeutete Versailles zu alledem noch eine Verstärkung der antiwestlichen Vorurteile, die ohnehin bereits seit der napoleonischen Okkupation in Deutschland virulent gewesen waren. Der Herausgeber der Zeitschrift «Die Grenzboten», Max Hildebert Boehm, formulierte das Ressentiment so: «Den stärksten Widerwillen empfindet die Jugend gegen die Reaktion von heute, gegen die westlerische, liberale Weltreaktion, der der Präsident Wilson die Fahne vorangetragen hat, die uns niedergeworfen und vergewaltigt hat und deren Henkersknechte, die Erzberger und Scheidemänner, die Formaldemokraten aus allen Lagern sind.»[22]

Der Autor war rechter Nationalist, aber das Zitat hätte ohne weiteres von einem Kommunisten stammen können. «Versailles» war mehr als eine Parteiparole, es war Inbegriff eines umfassenden, diffusen, vergifteten politischen Klimas. «Wir empfanden den Friedensschluß von Versailles als eine Schande», erinnerte sich später ein Journalist an seine Kindheit in einem katholischen, demokratisch gesinnten Elternhaus, «und wir schämten uns des verlorenen Krieges und erst recht des Staates, der daraus hervorgegangen und nur in Gestalt ständigen Parteigezänks gegenwärtig war. Wer hatte uns diese Scham gelehrt, dieses Schandegefühl beigebracht? Ich weiß es nicht. Der Vater und das Elternhaus waren es gewiß nicht [...]. Es waren wohl eher Gespräche mit den Schulkameraden, mit Leuten auf der Straße und die in der Öffentlichkeit überall anzutreffende intensive Propaganda, die so starke Wirkung auf uns ausübten. Es gab auch Lehrer, die kräftig in diese Kerbe schlugen. Wir wußten zwar nichts Genaues über Versailles. Wir kannten aber die Fakten, die wir als Schande zu empfinden hatten.»[23]

Versailles stand für die Krankheit der Weimarer Republik, ihre Heilung hieß Revision, und im Streit um die Überwindung von Versailles mußte derjenige siegen, der den Revisionismus am rücksichtslosesten in den Dienst seiner Partei stellte. Hitler verstand es besser als jeder andere Politiker, das populärste Projekt der Weimarer Zeit, die Revision von Versailles, auf seine Fahnen zu schreiben und alle übrigen politischen Kräfte der Republik – und damit die Republik selbst – wegen ihrer mangelnden Revisionsfreudigkeit zu diffamieren. Hatten nicht demokratische Politiker den Versailler Vertrag unterzeichnet, hatten sie nicht sogar versucht, ihn zu erfüllen? Für Hitler waren dies «Angehörige jener Parteien, die durch diese Unterzeichnung nur ihrem jahrzehntelangen Landesverrat die letzte Krönung aufsetzten».[24]

Nicht, daß Hitler wirklich die Revision von Versailles als den Dreh- und Angelpunkt seines Programms angesehen hätte – wer aufmerksam «Mein Kampf» gelesen hatte, wußte, daß seiner Meinung nach keineswegs der Friedensvertrag, sondern «innere Fäulnis, Feigheit, Charakterlosigkeit» zu Deutschlands derzeitiger Schwäche geführt hatten.[25] Überhaupt kann kein Zweifel bestehen, daß die Absichten und Ziele des «Führers» aus der Kontinuität deutscher und europäischer Politik hinausführten. Die klassischen Themen der europäischen Diplomatie waren ihm fremd und gleichgültig, wie ihm auch nichts ferner lag als eine Rückkehr zu den scheinbar so goldenen Zeiten vor 1914. Er wollte etwas vollständig anderes – die Weltherrschaft einer Herrenrasse, die nur in den kranken Köpfen einiger Ideologen existierte und die auf den Knochen anderer, minderwertiger Rassen errichtet werden sollte. Das war der Ausbruch aus allen Traditionen, die zerstörerische Rolle der reinen Ideologie.

Aber es ist auch wahr, daß Hitlers Herrschaft nur deshalb möglich wurde, weil er in der deutschen Öffentlichkeit ganz anders wahrgenommen wurde. Alle Welt glaubte, es gehe ihm lediglich um die Revision des Versailler Vertrags und der Ergebnisse des Ersten Weltkriegs, wenn er in fast jeder Rede den Gegensatz zwischen Deutschlands ruhmreicher Vergangenheit und den heutigen Demütigungen geißelte und die Revolution als Werk von Verbrechern und Juden mit dem Versailler Vertrag gleichstellte, dem Instrument der Versklavung Deutschlands durch England und Frankreich. Mit seinen Angriffen gegen die Friedensordnung von Versailles, den «Schmachfrieden», verdeckte er seine wirklichen, revolutionären Ziele; das deutsche Bürgertum, und mit ihm die alliierten Beobachter und Staatsmänner, konnten daher Hitlers Außen- wie Innenpolitik als konsequente Fortsetzung des Weimarer Versailles-Syndroms ansehen, als riskanten und gewaltbereiten Überrevisionismus, der sich aber schon noch abschleifen werde. Und war nicht Hitler seinerseits eine von Versailles hervorgebrachte Kreatur? Otto Wels, der Vorsitzende der Exil-SPD, drückte es knapp und klar aus: «Erst kam das Diktat, dann der Diktator.»

VII.

Ohnehin war der Versailler Vertrag lange vor Beginn des Zweiten Weltkriegs Makulatur. Schon in den letzten Jahren von Weimar waren die Reparationen praktisch beendet, war die grundsätzliche Rüstungsgleichheit Deutschlands mit seinen Nachbarn hergestellt; gegen die gewaltsamen Revisionsakte Hitlers, vor allem die Besetzung des Rheinlandes und die Einführung der allgemeinen Wehrpflicht, legten die Siegermächte des Ersten Weltkriegs nur noch müden Protest ein. Auf dem Reichsparteitag von 1937 proklamierte der «Führer»: «Der Vertrag von Versailles ist tot! Deutschland ist frei!»[26] Die Reminiszenz an den der Republik zugeordneten «Schandfrieden» verblaßte bereits während des «Dritten Reichs». Während des Zweiten Weltkriegs vermied es Hitler, die vielfältige Symbolkraft von Versailles zu beschwören, um Vichy-Frankreich nicht unnötig zu kränken. Als er 1940 das Schloß besuchte, durchmaß er mit langen Schritten und wortlos die leere Hülle, aus der alle Kunstgegenstände evakuiert worden waren. Danach zogen Tag für Tag Gruppen deutscher Besatzungssoldaten durch den Spiegelsaal und lauschten den zeitgemäßen Erzählungen ihrer Offiziere von Triumphen und Demütigungen. Aber es schien bereits vor Kriegsende, als habe sich der Erinnerungsort Versailles verbraucht, als sei die Metapher nach ihrer Überanstrengung in der Weimarer Zeit so leer geworden wie das Schloß.

Nach Kriegsende war von Versailles als Zeichen deutsch-französischer Erbfeindschaft vollends keine Rede mehr. Verglichen mit den Verwüstungen des Zweiten Weltkriegs und seinen Folgen wirkte das Ende des Ersten Weltkriegs nun weitaus weniger zerstörerisch und umwälzend. Im übrigen hatten die westlichen Staatsmänner die Lektion von Versailles gelernt und zumindest den westlichen deutschen Teilstaat verhältnismäßig schnell in die Völkergemeinschaft aufgenommen. Vermutlich hätte das Weimarer Revisionssyndrom weitaus weniger unheilvoll gewirkt, wenn ein Ebert, ein Stresemann, ja selbst noch ein Brüning sich ähnlichen alliierten Wohlwollens hätten erfreuen können, wie es Konrad Adenauer nach dem Ende des Zweiten Weltkriegs besessen hat. Anders als im Schatten von Versailles hieß jetzt Demokrat sein, erfolgreich zu sein. Wie tief sich Europa verändert hatte, wurde sichtbar, als Konrad Adenauer und Charles de Gaulle 1963 auf den Feldern der Champagne, die vom Blut so vieler deutsch-französischer Schlachten getränkt waren, eine gemeinsame Parade französischer und deutscher Truppen abnahmen. Mit dieser Zäsur in der europäischen Geschichte schwand die Erbfeindschaft, und mit ihr das Gespenst von Versailles.

Na'ama Sheffi

Jud Süß

1. Kunst im Dienst der Geschichte

Am 4. Februar 1738 fand vor den Toren der württembergischen Haupt- und Residenzstadt Stuttgart eine spektakuläre Exekution statt. Nach einem langwierigen Staatsprozeß wurde Joseph Süß Oppenheimer (1692–1738) wegen Verrats am Hohen Galgen der Stadt vor den Augen zahlreicher Schaulustiger auf entwürdigendste Art gehenkt: Schön gekleidet, in einen eisernen Käfig gesperrt, zog man ihn nach oben, und dort blieb er hängen, um seine Leiche dem Fraß der Vögel auszusetzen.

Obschon der ehemalige Finanzberater des württembergischen Herzogs Carl Alexander nur für drei Jahre aus dem Dunkel des einfachen Lebens ins Licht der Geschichte trat, war seine Gestalt so ungewöhnlich und schillernd, daß bereits zu seinen Lebzeiten und dann verstärkt nach seinem Tod eine wahre Flut von literarischen Reaktionen, von Karikaturen und rabiaten Witzen den Aufstieg und Fall des Hofjuden Carl Alexanders thematisierte. *Jud Süß* avancierte zum Bühnen- und Romanhelden; sein Bild wurde dabei bis heute immer wieder verändert und instrumentalisiert. Davon zeugt eine eindrucksvolle, ebenso vielfältige wie kontinuierliche Rezeption.

Der kometenhafte Aufstieg des Joseph Süß Oppenheimer unter der Schutzherrschaft von Herzog Carl Alexander brach nach dessen unerwartetem Tod jäh ab, und die öffentliche Meinung wandelte sich ebenso jäh von großer Bewunderung zu Verachtung und Spott. Nach seinem Tod stellte man in Theaterstücken und Erzählungen vor allem seinen genießerischen und korrupten Charakter dar; nur wenige wiesen auf das Unrecht hin, das man ihm angetan hatte. Allerdings wäre zu erwarten gewesen, daß nach der ersten Welle der Reaktionen auf sein Schicksal – wahrscheinlich entstammten sie tiefsitzenden antisemitischen Zwangsvorstellungen oder Gewissensbissen – das Interesse an dem Juden, der zum Sündenbock gemacht worden war, nachgelassen hätte. Doch seine schillernde Gestalt sollte noch Generationen von Forschern und Künstlern beschäftigen. Der antisemitische Unterton, der die Beschreibung Oppenheimers seit seinem Tod und während des 19. Jahrhunderts begleitete, verstummte zu Beginn des 20. Jahrhunderts. Zum ersten Mal verarbeitete damals ein jüdischer Schriftsteller die Geschichte zu einem erfolgreichen Theaterstück und Roman. *Jud Süß* von Lion Feuchtwanger, einem der renommiertesten deutsch-jüdischen Schriftsteller der Weimarer Republik, wurde zum Bestseller und erschien in vielen Sprachen; doch die Bearbeitung für die Verfilmung war ein Mißerfolg. Die neuen Strömungen in

Deutschland nach der Machtübernahme der Nationalsozialisten nutzten die Affäre zu Propagandazwecken. In einem vom NS-Propagandaministerium produzierten Film war die Gestalt des Juden, wie die Juden sie deuteten – nämlich als Märtyrer –, ausgemerzt. Statt dessen erschien Jud Süß als betrügerischer Kaufmann, der auf verwerfliche Weise versucht, in die deutsche Gesellschaft einzudringen, und dafür erbarmungslos bestraft wird.

Die doppelte Wende in der Einstellung gegenüber Süß Oppenheimer – vom Antisemitismus zur friedlichen und positiven Beziehung und wieder zurück zum groben Rassismus – fand in einer Epoche statt, in der auch eine wesentliche kulturelle Veränderung vor sich ging. Die ersten Theaterstücke und Romane über Süß, die bis zum Ende des 19. Jahrhunderts verfaßt wurden, waren von Anfang an für die Minderheit in der Gesellschaft bestimmt, die sie lesen oder wenigstens im Theater verstehen konnte. Dagegen zielten die Theaterstücke, Bücher und Filme des 20. Jahrhunderts auf ein Massenpublikum.

Im Folgenden will ich zeigen, wie das Bild des Jud Süß immer wieder verändert wurde, vor allem durch künstlerische Mittel. Ich möchte mich dabei – nach einer allgemeinen Darstellung seines Lebens – weitgehend auf die Literatur konzentrieren. Denn gerade die Autoren, die den Rahmen der Geschichte mit Einzelheiten anreichern und die Weltanschauung ihrer Zeitgenossen wiedergeben, sind die zuverlässigsten Erzähler und ihre Werke die besten Mittel, um den Prozeß der Instrumentalisierung, den die Gestalt des Joseph Süß Oppenheimer durchmachte, zu erklären. Und zugleich sind diese mehr als 250 Jahre der Rezeption, die seit dem Tod des Jud Süß vergangen sind, ein Spiegel der Beziehungen zwischen Deutschen und Juden.

2. Der Sachverhalt: Aufstieg und Fall des Juden Süß

Joseph Süß Oppenheimer wurde 1692/93 oder 1698/99 im kurpfälzischen Heidelberg als Sohn einer wohlhabenden Familie geboren. Über die ersten Jahre seines Lebens ist nur wenig bekannt: Sein orthodoxer Vater Isa(s)char Süßkind Oppenheimer war Handelsmann und Steuereintreiber in seiner Gemeinde, seine schöne Mutter eine Dame der Gesellschaft. Möglicherweise war Süß das Ergebnis einer Liebesaffäre, die sie mit dem Grafen Eberhard von Heidersdorff hatte. Süß wurde als Jude erzogen, lernte die biblischen Schriften mit all ihren komplizierten Auslegungen und sollte sich auf Wunsch des Vaters dem Thorastudium widmen. Doch die Geschäftswelt übte schon bald eine stärkere Faszination auf ihn aus als die frommen Pläne seiner Familie. Als Halbwüchsiger gab er denn auch die jüdische Lebensweise mit all ihren Bräuchen auf und wurde Kaufmann, wie es für Juden, die außerhalb des Gettos arbeiten wollten, üblich war. Nach jahrelangen Reisen, die ihn nach Amsterdam, Wien und Prag führten, kehrte er ins Pfälzische zurück, um dort

Geld- und Warenhandel zu betreiben. In den deutschen Fürstentümern hatte zu dieser Zeit eine gewisse Assimilierung der Juden stattgefunden, nach einer Periode, während der sie – mit einzelnen Ausnahmen – aus den großen Städten vertrieben worden waren. Im Herzogtum Württemberg, das nach dem Dreißigjährigen Krieg eine neuerliche Bereitschaft zur Aufnahme von Juden zeigte, war bei den Bürgern jedoch weiterhin eine große Distanz gegenüber der jüdischen Gemeinde – und mehr noch gegenüber ihren finanziellen Erfolgen – zu verspüren.

Süß nutzte, mehr als die meisten seiner jüdischen Zeitgenossen, die Rückkehr nach Württemberg als Sprungbrett zur Eingliederung in das Leben am Hof mit all seinen Annehmlichkeiten und der Aura von Macht und Größe. Eine Kette glücklicher Zufälle ermöglichte ihm einen kometenhaften Aufstieg unter der Schutzherrschaft des Prinzen und später regierenden Herzogs von Württemberg, Carl Alexander. Als sich beide erstmals begegneten, war Carl Alexander ein begabter und erfolgreicher Soldat, doch fehlte ihm die finanzielle Grundlage, die ihm ein seinem Status entsprechendes Luxusleben hätte ermöglichen können, ebenso wie die Aussicht auf einen Aufstieg im Adelsstand. Doch der Tod des Herzogs Eberhard Ludwig von Württemberg und seines Erben innerhalb kurzer Zeit änderte nicht nur den Lebenslauf des Prinzen, sondern bestimmte auch das Schicksal seines Hofjuden Süß Oppenheimer. Vor allem die drei Jahre von 1734 bis 1737, in denen Carl Alexander regierte, bilden die Grundlage für das, was wir über die Affäre des Juden Süß wissen.

Über eines ist man sich einig: Die Tätigkeit des Süß am württembergischen Hof führte zu einem Durchbruch in zweierlei Hinsicht: wirtschaftspolitisch und gesellschaftspolitisch. Was die wirtschaftspolitische Seite betrifft, so entwarf er eine Art Gesundungsprogramm für den feudalen, korrupten und wankenden Staatshaushalt, den Herzog Eberhard Ludwig hinterlassen hatte. Sein Plan ging dahin, die langwierigen Vorgänge zur Bestätigung des Haushaltsplans in den verschiedenen Ratsversammlungen zu umgehen; außerdem forderte er die Einschränkung des Nepotismus – und auf diese Weise die Schwächung der regierenden Adels- und Bürgerstände. Auch sollten die Steuerlasten für diejenigen vermindert werden, die ohnehin arm waren. Der Plan, der den Weg zum Übergang von feudaler zu merkantilistischer, wenn auch zentralistischer Wirtschaft bereitete, brachte Süß in die politische Schußlinie: Die Abgeordneten, eine kleine und nepotistische Schicht, waren gegen sein Vorhaben; nicht wenige glaubten, der regierende Fürst sei bloßer Erfüllungsgehilfe seines Hofjuden. Schließlich, nach dem Tod des Herzogs Anfang 1737, begannen sie das Rad zurückzudrehen, um ihren politischen Einfluß zu behalten.

Was die sozialpolitische Seite betrifft, so bemühte sich Süß, diplomatisch auf dem Mittelweg zu lavieren, den es damals freilich noch nicht gab. Als Jude unter Christen schwankte er zwischen den reformerischen Visionen seines katholischen Herrschers des protestantischen Herzogtums und denen, die

«Perspectivischer Abriß» der Hinrichtung des Jud Süß

Perspectivischer Abriß und wahrhaffte Abbildung des auf dem Stuttgardter Hochgericht stehenden eisernen Galgen mit dem daran gehenckten famosen Jud Süß, welcher den 4. Febr. 1738. daran aufgehenckt worden, wie solchen 2. Württembergische Bauren betrachten, und über den gantzen Handel raisoniren.

seiner eigenen Herkunft als Jude entsprachen. Er wurde zum Vertreter eines Absolutismus im Sinne seines katholischen Herrn und somit Widerpart des ständisch verfaßten, streng protestantischen Landes. Damit bewegte sich Süß auf gefährlichem Terrain. Zudem galt Süß, von allen «der Jud» genannt, wie es zu dieser Zeit üblich war, allein schon wegen seines «Andersseins» als Feind. Seinen Zeitgenossen standen eine Reihe negativer Bilder von Juden vor Augen – man sah in ihnen Antichristen, Räuber des Lebensunterhalts, Kindermörder und meinte, sie, die eine merkwürdige Sprache verwendeten, seien schmutzig.

Im nachhinein scheint es, als sei der Sturz des Süß nur eine Frage der Zeit gewesen. Als Schlüsselfigur bei den radikalen politischen Veränderungen, die Carl Alexander für das Herzogtum geplant hatte, war er sowohl bei den politisch Einflußreichen verhaßt, die sich ihrer Macht beraubt sahen, als auch bei der breiten Öffentlichkeit, die Steuererleichterungen erwartet hatte. Zwar hatte er von Herzog Carl Alexander kurz vor dessen plötzlichem Tod die Verteidigungsschrift verlangt und erhalten. Darin stand, daß er, Süß, von der Verantwortung für seine kommerziellen Aktionen in Vergangenheit, Gegenwart und Zukunft befreit sei; diese trage der Hof selbst. Aber das half ihm nicht mehr. Auch die Tatsache, daß er kein offizielles Amt innehatte, nützte nichts. Die Verkündung des Urteils war nur eine Frage der Zeit, denn der Ausgang des Prozesses wurde von den Politikern diktiert und entsprach dem Druck der Allgemeinheit.

Als Carl Alexander am Abend des 12. März 1737 im Schloß Ludwigsburg plötzlich starb, war es also auch um seinen Hofjuden geschehen. Er wurde zum Sündenbock in der politischen Welt Württembergs. Noch in derselben Nacht, mit Wissen oder auf Befehl der Herzoginwitwe Maria Augusta und des Geheimen Rates, verhaftet, stellte man ihn in Stuttgart unter Hausarrest, um ihn alsbald auf die Festung Hohenneuffen zu überführen. Hier nahm eine Inquisitionskommission ihre demütigende Arbeit auf. Die Verhöre zogen sich ein ganzes Jahr hin. Während dieses Jahres fand eine entscheidende Veränderung im Verhalten und im Denken Süß' statt. In der Kerkerhaft soll er sich auf seine religiösen Wurzeln besonnen und sich den massiven Bekehrungsversuchen evangelischer Geistlicher standhaft widersetzt haben. Wegen Amtsschleichung, Majestätsbeleidigung, Hochverrats und anderer Delikte wurde Jud Süß von einem eigens seines Falles wegen ernannten Gericht zum Tod am Galgen verurteilt. Er war einer der ersten Juden, die versucht hatten, sich zu assimilieren und zu emanzipieren. Er starb mit dem uralten «Höre Israel» auf den Lippen als bekennender Jude. Dieses Gebet – wie auch der Versuch einiger jüdischer Geschäftsmänner, ihn mit einem beträchtlichen Sühnegeld loszukaufen – steigerte noch die düstere Atmosphäre um ihn als den Juden, der angeblich das traditionelle Regierungsgefüge zu Fall gebracht hatte.

3. Süß in den Augen seiner Zeitgenossen

Süß Oppenheimer gab «den Federn in der Fremde nicht weniger als den württembergischen Stoff genug zum schreiben»[1], weiß bald nach Süß' Hinrichtung der *Europaeische-Staats-Secretarius* zu berichten. Und auch die Ausführlichkeit der biographischen Skizze über *Süß* in dem von Johann Heinrich Zedler in Leipzig verlegten *Großen vollstaendigen Universal-Lexicon Aller Wissenschafften und Kuenste* spricht Bände: Auf Süß entfielen in dem für seine Zeit einzigartigen deutschen Nachschlagewerk immerhin annährend neun Spalten, genauso viele wie auf Kaiser Karl V., erheblich mehr als auf Galileo Galilei oder Francis Bacon, lediglich ein Drittel weniger als auf Karl den Großen.

Und in der Tat: Schon zu seinen Lebzeiten und unmittelbar nach seinem Tod erschien eine Flut von – größtenteils illustrierten – Schmähschriften, Chroniken, Flugblättern, Kalendern, Bilderbögen, Geschichten und Theaterstücken über Jud Süß. Dabei handelte es sich bei einem ansehnlichen Teil von ihnen um Geschichten im wahrsten Sinn des Wortes: Sie bewegten sich auf dem schmalen Grat zwischen Historie und Fiktion. Alle betonten auf die eine oder andere Weise sein Judentum, und zwar so, daß der Akzent auf seinem Anderssein lag. Einige bordeten in groben Antisemitismus über, wie zum Beispiel ein volkstümliches Theaterstück mit dem Titel *Aus einem Bauerngespräch* (1738)[2], in dem sich einige Bauern in ihrem rauhen, zweideutigen Dialekt unterhalten. In einer Szene erfährt das Publikum, der Jude sei ein offenkundiges, fast mythisches Symbol für Schlechtigkeit, Fremdartigkeit und überhaupt für ekelerregende Dinge. In zwei anderen Reimerzählungen, die kurz vor der Hinrichtung erschienen, versucht man sich etwas stärker an die Wirklichkeit zu halten; doch auch sie ist so, wie sie den Zeitgenossen dargeboten wird, nicht erfreulicher. So beginnt das *Angebliche Gedicht eines Juden auf dem gehängten Süß* (1738)[3] mit dem Hinweis auf seine zweifelhafte Abstammung als Sohn einer Kurtisane – sozusagen ein Apfel, der nicht weit vom Stamm fiel. Wie seine Mutter entschied er sich, unter den *Gojim* (so im Original) zu leben, doch er wurde zum Räuber der Christen, zum Judasbruder, ein Vergleich, der ihn zum Antichrist stempelte. Ein anderes Gedicht mit 28 Strophen, *Lebenslauf des Süß nebst über seine Hinrichtung* (1738), konzentrierte sich auf seinen Prozeß und die inquisitorische Untersuchung, doch es beschrieb nicht den gerichtlichen Vorgang selbst, da nach Meinung des Autors der Inhalt weniger wichtig sei denn das Resultat.

Diese Art von Schriften läßt sich nur vor dem Hintergrund ihrer Entstehungszeit verstehen, einer Zeit der Krisen und des Umbruchs, in der die Emanzipationsversuche des Süß als Herausforderung der gesellschaftlichen und politischen Normen galten. Zudem spielte mancher Aberglaube über die Lebensweise der Juden eine Rolle. Die Geschichte des Jud Süß war dabei zumeist eine willkommene Bestätigung längst fixierter antisemitischer Einstellungen und Klischees. Zwar gab es auch Autoren, die auf das Unrecht, das man dem württembergischen Hofjuden angetan hatte, verwiesen und Chroniken, die sachlich, jedoch lanciert, über die Tätigkeit des Süß berichteten. Doch das, was sie über den Hofjuden wußten, entstammte spärlichen Unterlagen und stützte sich oft auf Gerüchte. In der zeitgenössischen Süß-Publizistik und -Literatur überwog eine über persönliche Angriffe hinausgehende Judenhetze.

Der örtliche Chronist etwa glaubte über die Kindheit des Süß zu wissen, es sei seine listige Denkart gewesen, die ihm zum Erfolg in der jüdischen Geschäftswelt verholfen habe. Was die Jahre betrifft, in denen er sein Schicksal mit dem des Prinzen Carl Alexander verknüpfte, so erfahren wir genauere Einzelheiten, etwa über die Kredite an seinen Herrn und über seine schlechten Beziehungen zu den führenden Schichten. Die Beschreibung erweckt das Gefühl, als erfülle der Chronist nur seine Pflicht, doch aus seiner reservierten Haltung Süß gegenüber macht er keinen Hehl. Der reichliche Platz, den er der Verhaftung und dem Prozeß des Süß widmet, zeigt die wirkliche Absicht – dem Leser die Geschichte von Schuld und Sühne vorzuführen.[4]

Einen klareren Standpunkt nimmt Arnoldus Liberius in einem kleinen Buch ein, dessen Titel einen historischen Überblick über das Leben des Süß verspricht: *Vollkommene Historie und Lebens-Beschreibung des fameusen und berüchtigten Württembergischen Avantueries, Jud Joseph Süß Oppenheimer* (1738). Er stellt das Leben des Süß Oppenheimer in der Tat mit großer Gelehrsamkeit dar.

Doch auch er nähert sich seinem Untersuchungsgegenstand keineswegs mit großer Empathie und stimmt mit seinen Kommentaren über die Begünstigung des württembergischen Hofjuden in den Chor derer ein, die eine Privilegierung, wie Süß sie erfahren hatte, nicht als Bevorzugung vor der jüdischen Mehrheit, sondern als Zurücksetzung der christlichen Untertanen deuteten. «Muß das nicht manchem Christen im Hertzn recht wehe gethan haben», fragte Liberius in diesem Sinne, «daß ein solcher boeser Jude ihnen vorgezogen, und mit mehrer Gnade, Liebe und Gunst aufgenommen worden als sie [?]»[5]

Auch viele Juden veröffentlichten über Süß. Sein Leben schilderten sie meist kurz, um den Akzent ihrer Darstellung auf Süß' Herkunft aus einer ehrenhaften jüdischen Familie zu legen. Das Wichtigste war für sie die genaue Wiedergabe des Gebetstextes, den Süß im Sterben gesprochen haben soll und der ihn als Märtyrer und Menschen, der wegen seines Glaubens hingerichtet wird, auszeichnet.

Das heißt, damals existierte ein wesentlicher Unterschied nicht nur in der Meinung von Christen über Juden, es bestand darüber hinaus auch eine Spaltung innerhalb der christlichen Gesellschaft selbst: Die breite Masse lehnte Süß allein seiner Existenz wegen ab, während die gebildetere Schicht ihn als Rebellen gegen die Weltordnung betrachtete.

4. Das Symbol: Süß als Paradigma bei Hauff

Eine wirkliche Veränderung in der Wahrnehmung des Süß wurde erst zu Beginn des folgenden Jahrhunderts spürbar, als einer der größten deutschen Erzähler, Wilhelm Hauff, seine Novelle *Jud Süß* publizierte (1827). Sie ließ ihren Schöpfer zum Ahnherrn der antisemitischen Süß-Tradition werden. Der von Lion Feuchtwanger als «naiv-antisemitisch» bezeichnete *Jud Süß* Hauffs' wurde für Antisemiten eine beliebte Vorlage für die Gestaltung des Themas. Manche bestritten den judenfeindlichen Ton Hauffs und wollten in der Novelle einen gesellschaftskritischen, tiefgründigen Essay sehen.[6] Dem Regisseur Veit Harlan, Schöpfer des Nazifilmes *Jud Süß*, jedenfalls sollten bei seiner Umsetzung des historischen Stoffes in die dumpfe Haßsprache der Nationalsozialisten die Bilder vor Augen stehen, die die Lektüre der Novelle Hauffs bei ihm hervorgerufen hatte. Hauff hatte es in seiner Novelle mit der historischen Wirklichkeit nicht sehr genau genommen und, je nach schriftstellerischem Bedarf, der Biographie Süß' manches hinzugefügt, manches ausgelassen. Er erhebt Süß in den Rang eines Finanzministers (der er niemals war) und beschreibt Ekel und Zorn, den die Untertanen des Herzogtums gegen den herrschsüchtigen Jud Süß empfanden; die Rolle seines Patrons Carl Alexander ignoriert er dabei völlig. Im Verlauf der Erzählung wird zwar deutlich, daß die Kritik Hauffs nicht ausschließlich dem reichen, vergnügungssüchtigen Juden gilt; vielmehr klagt er die gesamte Schicht der wohlhabenden, scheinheiligen und auf ihren eigenen Vorteil bedachten Bürger an. Dennoch steht die Darstellung des Juden, der die anderen Bürger beim Taxieren des Profits und mit seiner Falschheit übertreffe, im Mittelpunkt. Zu diesem Zweck schuf Hauff die Figur der Lea, der Schwester des Süß. Sie diente ihm als Dreh- und Angelpunkt, um den die Beweise für die Unehrlichkeit des ehrbaren Ministers kreisten. Die orientalisch, aber nicht gerade jüdisch erscheinende Schwester hat ein Verhältnis mit Gustav Lanbek, dem Sohn einer ehrwürdigen protestantischen Familie. Der Vater Lanbeks stellt sich mit aller Kraft gegen das Vorgehen des Süß, der nach und nach die Grundfesten des nepotistischen Klans erschüttert, und erreicht schließlich, daß Süß aus dem Herzogtum vertrieben wird.

Warum Hauff diese Veränderungen in der Biographie des Süß vornahm, läßt sich nicht genau sagen. Vielleicht wollte er in Wirklichkeit die Bourgeoisie attackieren und benutzte die Lebensgeschichte des Jud Süß, um den Angriff zu tarnen. Möglich ist aber auch, daß Hauff eine völlig andere Tendenz darstellen wollte, die eigentlich dem Revisionismus des Wiener Kongresses nahestand; die Novelle endet nämlich mit der Restauration, für die der ältere Lanbek eintrat. Eine andere, nicht weniger einleuchtende Vermutung ist die, daß Hauff den allgemeinen Widerstand gegen den zaghaft beginnenden deutsch-jüdischen Dialog durchscheinen lassen wollte, der sich mit der allmählichen Aufhebung der gesetzlichen Restriktionen gegenüber den Juden verband.

In diesem Zusammenhang ist bemerkenswert, daß Hauffs Werk zu Beginn des 20. Jahrhunderts ins Hebräische übertragen wurde. Die Übersetzung enthält keinen Hinweis auf eine besondere Bearbeitung für den hebräischen Leser. Vielleicht wurde sie als Teil der beachtlichen Übertragung der Schriften Hauffs ins Hebräische vorgenommen. Wahrscheinlicher aber ist, daß die Redakteure und Herausgeber auf die Aussichtslosigkeit der Emanzipation sowie der Assimilation zu dieser Zeit hinweisen wollten. Das heißt, daß Hauffs Novelle, die bei ihrem Erscheinen die Reaktion auf das aktuelle Geschehen in den deutschen Fürstentümern darstellte, auch die Meinung der Juden späteren Ereignissen in Deutschland gegenüber widerspiegelte.

5. Die Wiedergeburt: Rückgabe der Ehre an den Juden Süß

Der Strom der Süß-Rezeption versiegte auch nach Erscheinen der Novelle Hauffs nicht. Im Gegenteil, er zog sich wie ein roter Faden quer durch das 19. Jahrhundert, in dessen zweiter Hälfte erstmals historiographische Bemühungen um die jüdische Sündenbockfigur einsetzten. Der verdunkelten Gestalt Süß Oppenheimers erstmals lichtere Seiten abzugewinnen vermochte dabei die 1874 erschienene biographische Abhandlung *Joseph Süß Oppenheimer, ein Finanzmann des 18. Jahrhunderts* von Manfred Zimmermann[7]. Das

Werk Zimmermanns wurde immer wieder rezipiert, so durch Adolph Kohut, dessen Essay über Süß 1902 im *Jahrbuch für jüdische Geschichte und Literatur* erschien. Die Quellenbasis der Arbeiten, in denen Süß zum wissenschaftlichen Untersuchungsgegenstand wurde, war sehr unterschiedlich und bis zum Jahre 1929, mit dem Erscheinen von Selma Sterns stilistisch glänzend geschriebenem, grundlegendem Werk über Jud Süß, aus jeweils verschiedenen Ursachen recht dürftig.

Der antisemitische Unterton, der die Beschreibung der Gestalt des Süß seit seinem Tod und während des 19. Jahrhunderts begleitete, wich zu Beginn des 20. Jahrhunderts zumindest vorübergehend. Schon vor Ausbruch des Ersten Weltkriegs hatte Fritz Runge ein psychologisches Schauspiel in fünf Aufzügen herausgebracht, das mit seiner tragenden Antithetik vom Tun der Christen, jüdischem Leiden und der religiös vertieften Seelendeutung den berühmten Roman *Jud Süß* von Lion Feuchtwanger anzukündigen schien. In den Mittelpunkt einer «Tragödie» um Außenseitertum und Niedertracht der Mächtigen rückte Süß bei dem expressionistischen Dichter und Dramaturgen Paul Kornfeld aus Prag, einem Schüler Max Reinhardts, der sein Leben im Konzentrationslager Lodz verlor. Die erste Inszenierung des Stücks fand im Herbst 1930 im Theater am Schiffbauerdamm zu Berlin mit Ernst Deutsch als Jud Süß statt. In einem von *Der Roten Fahne* publizierten antisemitischen Verriß wurde der Verfasser mit der Bühnengestalt auf gehässige Weise identifiziert: «Paul Kornfeld ist ein minderbegabter, als Schieber verhinderter und als Dramatiker impotenter Jud Süß des 20. Jahrhunderts».[8] Im «jüdischen Schieber» hatte das antisemitische Stereotyp des jüdischen Wucherers, Betrügers, Schacherers und Hehlers seine Transformation in die unruhige Zeit der Weimarer Republik erfahren.

Das Erscheinen des umfangreichen Romans *Jud Süß* von Lion Feuchtwanger 1925 kennzeichnet eine Wende in der Beziehung zur Geschichte des Juden Süß. War die bisherige literarische Verarbeitung auf ein kleines Publikum von Hörern oder Lesern begrenzt gewesen, so erwies sich nun die Anziehungskraft eines Buches für das Publikum als größer: Mehr Menschen konnten lesen, mehr Bücher wurden gedruckt – und überhaupt war dies eine Blütezeit der deutschen Literatur. Zwar hatte Feuchtwanger zunächst keinen Verlag finden können, der bereit war, das Manuskript, das mit dem heiklen Thema Antisemitismus konfrontierte, zu publizieren. Doch als *Jud Süß* dann endlich (zunächst in kleiner Auflage) im *Drei-Masken-Verlag* erschien, wurde der Roman über Nacht zum Bestseller und erschien in vielen Sprachen. Die erste englische Ausgabe wurde 1926 publiziert und erhielt begeisterte Kritiken, und auch in den Vereinigten Staaten war der Erfolg des Romans groß.

Die ausführliche Handlung des Romans rollt die Geschichte des Süß Oppenheimer auf; und neben ihm erscheinen Dutzende Gestalten. Wie seine Vorgänger nahm auch Feuchtwanger weitreichende Veränderungen in der Biographie des Süß vor. Er fügte aus historischen Quellen bislang unbekannte

Einzelheiten hinzu. Außerdem dürfte Feuchtwanger sowohl die Biographie von Manfred Zimmermann wie auch die Novelle von Hauff gekannt haben. Die Änderungen an der historischen Wahrheit jedenfalls nahm er bewußt vor: Er war der Meinung, die künstlerische Gestaltung der Geschichte sei wichtiger als die historisch exakte Darstellung.[9]

Jud Süß zeugt von Lion Feuchtwangers intensiver Auseinandersetzung mit dem Problem der Ambivalenz, die einer jüdischen Identität als deutscher Bürger inhärent war, und dem deutschen Antisemitismus in den Tagen des «Rathenau-Komplexes» (das Buch war drei Jahre nach der Ermordung Rathenaus erschienen). Die Veröffentlichung seines Romans fiel in eine Zeit, als die Problematik der Judenemanzipation besonders virulent war. Obschon die Handlung in präemanzipatorischer Epoche spielt, schien – unter dem Mantel der Geschichtserzählung – die Gegenwart gespiegelt zu werden. Schob man nicht, wie damals, wieder den Juden die Schuld an den aktuellen politischen und wirtschaftlichen Problemen zu?

In der ersten Hälfte des Werks, in der ein negatives Bild von Jud Süß gezeichnet wird, führt Feuchtwanger den Juden vor, wie er in den Augen der Deutschen erscheint: herrschsüchtig, aber tüchtig, überheblich, stets geschickt, als listiger Geschäftsmann, der sich in die deutsche Gesellschaft zu integrieren versteht. Die Deutschen in Feuchtwangers Roman – die historischen und sicherlich auch seine Zeitgenossen – bewunderten die Begabung des Süß, verachteten ihn aber wegen seiner angeblichen Heuchelei und bezweifelten die Lauterkeit seiner Motive. Auch der Verlauf der zweiten Hälfte des Romans deutet auf eine Parallelisierung der Historie mit der Wirklichkeit der Weimarer Zeit.

Letzten Endes nämlich gelingt es Süß nicht, die Grenze zu überschreiten; seine Assimilierung wird gestoppt, und er kehrt – freiwillig oder notgedrungen – in die Obhut des Judentums zurück. Wie Hauff schuf Feuchtwanger eine weibliche Gestalt, um eine dramatische Wendung in seiner Erzählung einzuleiten: die Figur von Süß' Tochter Naemi. Die Abkehr Süß' vom Weg der Assimilation und Emanzipation geschieht – nach Feuchtwanger – nach dem Tod seiner Tochter. Auch wenn Süß, wie manche Forscher behaupten, einen außerehelichen Sohn hatte, so wurde dessen Schicksal mit dem Leben seines Vaters – wie im Roman beschrieben – bisher nicht in Verbindung gebracht. Naemi, deren Mutter bei der Geburt stirbt, wächst im Hause des Rabbi Gabriel, eines Onkels von Süß, auf. Sie begegnet ihrem Vater fast nie. Ein Besuch des Herzogs Carl Alexander, der in Süß' Abwesenheit geschieht, jagt Naemi große Angst ein. Als sie die krankhafte sexuelle Begierde des Herzogs zu spüren bekommt, springt sie vom Dach des Hauses in den Tod. Süß legt daraufhin keinen Wert mehr auf die Annehmlichkeiten des Hoflebens und beschließt, sich an Carl Alexander zu rächen.

Die Kritiken über Feuchtwangers *Jud Süß* waren mannigfaltig und zahlreich. Ein Teil wurde von deutschen Juden geschrieben, die den Roman als

Kunstwerk und die Beschreibung der Figur des Süß lobten, auch wenn sie sich von manchen kabbalistischen Andeutungen Feuchtwangers distanzierten. Immer wieder wurde dabei in den Kritiken ausdrücklich auf die Frage der Rasse hingewiesen, ein Thema, das damals in der Weimarer Republik überaus aktuell war. Die Hinweise auf die Aktualität des Romans waren verständlich: *Jud Süß* war nur wenige Jahre nach der Ermordung Rosa Luxemburgs und Walther Rathenaus, nach dem Scheitern des Kapp-Putsches und des Hitler-Putsches veröffentlicht worden. Allerdings ist anzunehmen, daß Feuchtwanger von Anfang an vor allem auf die Kluft zwischen der Emanzipation in Theorie und Praxis hinweisen wollte.

Wie die Novelle Hauffs wurde auch Feuchtwangers *Jud Süß* ins Hebräische übersetzt und zu einem Theaterstück umgearbeitet, das größeren Erfolg hatte als der Roman, in dem der Akzent auf dem Märtyrertod des Süß liegt. Die Intellektuellen in *Erez Israel* verbanden – mehr als die deutschen Juden – die historische Geschichte mit ihrer Gegenwart; die Uraufführung der hebräischen Fassung im Jahre 1933 ermöglichte darum eine enge Verbindung zwischen der historischen Erzählung und der Gegenwart.

Da der Roman nicht nur in Deutschland, sondern auch in den Vereinigten Staaten und England ein Bestseller war und die noch junge Filmindustrie begierig nach potentiellen Drehbüchern suchte, war es kein Wunder, daß 1934 eine britische Firma die Rechte zur Verfilmung des Feuchtwanger-Romans erwarb. Der philosemitische *Jew Suess*, entstanden unter der Leitung von Lothar Mende mit dem emigrierten Conrad Veit in der Hauptrolle, war eine künstlerisch anspruchsvolle Verfilmung der literarischen Vorlage, scheiterte jedoch aus finanziellen Gründen und versank in Vergessenheit. Dennoch hatte der englische Film einem neuen Medium der Darstellung der Geschichte des *Jud Süß* den Weg geebnet. Im Zeitalter der Massenkommunikation und -beeinflussung wurde der Protagonist eines der meistgelesenen Geschichtsromane der Weimarer Zeit zum Tonfilmakteur nationalsozialistischer Rassenhetze.

6. Der Sturz: Süß als Ewiger Jude

Das neuerliche Interesse an der Affäre des Juden Süß hatte bis Ende der dreißiger Jahre eine weitere Transformation durchgemacht. Der antisemitische Film, den das Propagandaministerium der Nazis produzierte, brachte die Möglichkeiten, eine historische Geschichte als Symbol zu verwenden, auf einen neuen Höhepunkt. Die propagandistische Weltanschauung der NSDAP förderte den Einsatz von Dokumentar- und Spielfilmen zur Indoktrinierung, und das Interesse an den letzten Jahrzehnten im Leben des Süß führte zu einer der beeindruckendsten und furchtbarsten Bearbeitungen seiner Geschichte.

Filmplakat «Jud Süß»

Der nationalsozialistische *Jud Süß* war keine Verfilmung der Feuchtwangerschen Vorlage, wäre ohne deren Erfolg jedoch wohl nicht entstanden. Mehr als alle anderen Fassungen der Geschichte des Jud Süß hatte sich die letzte und erfolgreichste, eben diejenige Feuchtwangers, in das Gedächtnis des breiten Publikums eingeprägt. Lion Feuchtwanger selbst gehörte nun zu den 40 Intellektuellen, denen sofort nach der Machtübernahme der Nationalsozialisten die deutsche Staatsbürgerschaft entzogen wurde. Goebbels bezeichnete ihn in einer Rundfunkrede als «ärgsten Feind des deutschen Volkes». Seine Schriften seien «Giftstoff», Teil «jener geschickt gemachten, aber seelenlosen Asphaltliteratur, wie sie eben nur durch die jüdische Literaturherrschaft in Deutschland hochkommen konnte».[10]

Die Anfänge der nationalsozialistischen *Jud Süß*-Adaption reichen bis in die zwanziger Jahre zurück. Der Nationalsozialist Ludwig Metzger glaubte in der Geschichte ein verborgenes «erzieherisch-nationales Potential» auszumachen.

Er hatte die damals neuen Möglichkeiten des Kinos erkannt und fertigte für die Verfilmung eine Bearbeitung mit deutlich antisemitischem Einschlag an. Vom Märtyrer – wie ihn die Juden sahen – wurde er umgedeutet zu einem verschlagenen, betrügerischen Kaufmann, der versucht, sich in die deutsche Gesellschaft einzuschleichen. Das Drehbuch von Ludwig Metzger wurde erst 1938 akzeptiert, als das nationalsozialistische Propagandaministerium beschloß, Filme mit antisemitischen Handlungen zu produzieren; es gelangte in die Hände des damals gerade der Spitze der NS-Regisseure zustrebenden Filmproduzenten Veit Harlan. Mit modernster Technik, in 120 Aufnahmetagen, für zwei Millionen Reichsmark schuf er mit einer vielversprechenden Besetzung (Ferdinand Marian, Werner Krauss, Heinrich George, Kristina Söderbaum, Eugen Klöpfer) einen beängstigenden Film. Mit *Jud Süß* war es der nationalsozialistischen Filmindustrie gelungen, Rassenhetze und Absatzstrategie zu einer widersprüchlichen Einheit zu verbinden. Der Film, der gleichsam zu einem Bestandteil des nationalsozialistischen Verbrechens gegen die Juden wurde, war sowohl beim Publikum wie bei der Kritik ein durchschlagender Erfolg. Im Saal der UFA in Berlin – einem Ort, der die Weimarer Kultur besonders symbolisierte – am 24. September 1940 uraufgeführt, kam er noch im gleichen Jahr in die Kinos, wohl zu spät, um den von den Imagologen der NS-Bewegung gewünschten Effekt zu erzielen, die Zuschauer zu Judenhaß und antijüdischen Ausschreitungen aufzustacheln. Denn zu diesem Zeitpunkt gab es in Deutschland nur noch wenige Juden, die schon vor der Machtübernahme der Nazis hier gelebt hatten, und die Propagandakampagne der Produzenten betraf somit nicht die Deportation der Juden, sondern die offizielle Befugnis zu ihrer Ermordung. Der Film war dazu bestimmt, «moralische» Richtlinien zu geben, nach denen die Bürger handeln sollten.

Der Streifen jedenfalls, der überdies bei den Filmfestspielen in Venedig einen Preis erhielt, wurde ein Kassenhit: Bis 1943 sahen 20,3 Millionen Zuschauer den Film in Deutschland und im gesamten Dritten Reich; er brachte 6,2 Millionen Reichsmark ein und gehörte zu den erfolgreichsten deutschen Filmen der Jahre 1940–42. Dieser Erfolg ist nicht nur seinem Inhalt zuzuschreiben, der den Zeitgeist des NS-Regimes widerspiegelte, sondern auch der Tatsache, daß er von seiten des Propagandaministeriums als «staatspolitisch und künstlerisch besonders wertvoll» und als «Jugendwert» bezeichnet wurde.

Die Handlung entspricht – wie in anderen Versionen – der Wirklichkeit nur zum Teil, sie betont jedoch den Unterschied zwischen Juden und Deutschen stärker als alle vorhergehenden Produktionen. Darüber hinaus erscheinen die Juden – neben einem Teil der «Arier», die bereit waren, mit ihnen zu verkehren – als schlechte Menschen und geradezu ekelerregende Gestalten. Süß wird von Anfang an als Betrüger dargestellt, ja er wird geradezu zum Prototypen des «jüdischen Charakters», wie Hitler ihn in *Mein Kampf* gezeichnet hatte. Er gibt die spezifischen jüdischen Merkmale auf, indem er sich rasiert, den Kaftan gegen einen Straßenanzug eintauscht und Hochdeutsch ohne jiddische Ausdrücke spricht. Getarnt als nahezu perfekter Deutscher begibt er sich nach Stuttgart. Die Verschleierung seiner wahren Identität gelingt ihm so gut, daß er die weibliche Hauptfigur, Dorothea Sturm, die naive und ausgesprochen «arische» Tochter eines der Stadtväter (auch sie tritt auf, um der Handlung einen dramatischen Wendepunkt zu geben), täuscht. Von nun an konfrontiert der Film den Juden und den «Arier» auf jede nur mögliche Weise. Dem verkleideten Juden steht der Prototyp des «Ariers» gegenüber, Faber, Dorotheas Verlobter. Dorotheas deutschem Lied wird ein winselndes Gebet in der Synagoge gegenübergestellt. Und während sich die gut gekleideten «Arier» auf einem Ball vergnügen, erscheinen Juden in alten, zerschlissenen Kleidern.

Die außergewöhnliche Gestalt in dem allgemeinen Gefüge ist die des Herzogs. In Veit Harlans Film gleicht sie in vieler Hinsicht der aus dem Roman Feuchtwangers; auch im britischen Film wurde ihr ein Denkmal gesetzt: als Schürzenjäger, Trinker und Genießer. In den Augen des Nazi-Regisseurs ist Carl Alexander das eindrückliche Beispiel eines Deutschen, der gesündigt hat und bestraft werden muß. Dasselbe gilt für die Figuren, die mit Süß in Kontakt kommen, einschließlich der naiven Dorothea. Die Szene, in der sie verspottet und vergewaltigt wird, ist die dramatischste im Film. Sie zeigt nicht nur, wie sie betrogen wird, und die ihr dadurch drohende schwere Strafe, sondern weist auch auf die NS-Theorie hin, deren Richtlinien zu Lebzeiten des Süß Oppenheimer ebenfalls galten. Das Verbot des Geschlechtsverkehrs zwischen Juden und Christen (im 18. Jahrhundert) bzw. zwischen Juden und «Ariern» (im Dritten Reich) wird im Film auf die schlimmste und ekelerregendste Weise verletzt. Süß wirkt besonders widerlich, wenn seine Begierde ihn nicht ruhen läßt, ganz im Gegensatz zum jungen Ehemann Dorotheas, Faber, der im Gefängnis schmachtet. Dorothea ist verzweifelt, als sie ihre Jungfernschaft opfern muß, um ihren Mann aus den Fängen des jüdischen Peinigers zu retten. Die Vergewaltigung selbst wird im Film nur angedeutet, doch die Szenenfolge läßt keinen Zweifel zu. Es folgt die Rache an dem gewalttätigen Juden. In der Nazi-Version gebührt Süß jede nur erdenkliche Strafe, ganz genauso, wie die Regierung mit jedem Juden verfahren wollte und wie sie es auch von ihren Bürgern erwartete. Das bittere Ende des Süß sollte also von deutschen Nazis als Happy End begriffen werden.

Die Produzenten des Films wurden in den Nürnberger Prozessen wegen «Verbrechen gegen die Menschlichkeit» angeklagt. Zudem mußte sich *Jud Süß*-Regisseur Veit Harlan in einer Art Musterprozeß gegen die Filmindustrie des Dritten Reiches 1949/50 vor dem Hamburger Landgericht verantworten. Harlan wurde in diesem medienwirksamen *Jud-Süß-Prozeß* befohlen, die Negative des Filmes zu zerstören. Er erklärte, daß er dieses getan habe, und der Prozeß endete schließlich mit seinem Freispruch, so daß der umstrittene Regisseur trotz massivem Protest bis 1958 acht neue Kinostreifen drehen konnte. Ende der fünfziger Jahre tauchten jedoch überall Kopien des 1945 verbotenen

Jud Süß auf; selbst die Witwe Feuchtwangers bekam ein Angebot, die Rechte für den Film zu erwerben. Der Film erhielt unverhoffte Aktualität auf dem Schauplatz des Nahost-Konflikts. Es wurde bekannt, daß Kopien des Films auf unbekannten Wegen von verschiedenen arabischen Scheichtümern erworben worden waren, die diese zur Propaganda gegen Israel einsetzten. Heute ist der von Goebbels in Auftrag gegebene Spielfilm nur noch in einigen Archiven zu finden, die autorisiert sind, die gekürzte Fassung von *Jud Süß* vorzuführen; um ihn anzusehen, bedarf es einer speziellen Erlaubnis.

7. Wirklichkeit und historische Erinnerung: Süß in der Gegenwart

Es wäre eigentlich zu erwarten gewesen, daß der Mißbrauch, den die Nationalsozialisten mit der Geschichte des Süß Oppenheimer getrieben hatten, dazu geführt hätte, auf weitere Bearbeitungen dieses Stoffes nunmehr endgültig zu verzichten. Doch schon nach relativ kurzer Zeit wandten sich Forscher und Künstler wieder der Geschichte des Süß zu, um sie erneut in Augenschein zu nehmen. Die Forschungsarbeit von Schnee,[11] Sterns auf den neuesten Stand gebrachte Untersuchung sowie die tiefschürfende Analyse Gerbers versuchen allesamt, die historischen Tatsachen mit wissenschaftlichen Methoden aufzudecken. Diese und andere Forscher lassen den Wunsch erkennen, die ebenso umstrittene wie faszinierende Figur des Süß Oppenheimer von dem üblen Ruf zu befreien, mit dem die Nationalsozialisten sie versehen hatten.

Eine ähnliche Auffassung charakterisiert auch die modernen Künstler und Dramaturgen in Theater, Radio und Fernsehen. Während der letzten Jahrzehnte versuchen sie, das wirkliche Gesicht des Süß zu zeigen, und jeder einzelne behauptet, er besitze die wahre Version der Geschichte. Klaus Pohl, der letzte auf der Liste, stellte im Dezember 1999 mit seinem Drama *Jud Süß* «die wahrhaftige Version» vor. Hier werden die Bettgewohnheiten Oppenheimers, der Widerwille, den er erregt, und sein Märtyrertod miteinander verschmolzen. In gewisser Weise schleudert das Drama dem Zuschauer die Wahrheit ins Gesicht.

Pohl bedient sich – wie seine Vorgänger – weiblicher Gestalten, um die Seele des Hauptdarstellers in seinem Stück auszukundschaften, und schließt somit einen großen und interessanten Kreis. Bei den Zeugenaussagen im Prozeß gegen Süß Oppenheimer bekannten 26 Frauen, mit ihm verschiedene Arten von Beziehungen gehabt zu haben. Die zeitgenössischen Berichterstatter, aber auch diejenigen aus dem 19. Jahrhundert und später verzichteten auf die peinlichen Aussagen dieser Frauen, wie sie heute bei Vergewaltigungsfällen gang und gäbe sind; damals war es das erste Verhör dieser Art in der Geschichte. Doch immer brauchte man eine weibliche Figur, um die Handlung an einen dramatischen Wende- und Höhepunkt zu führen. Der wahre Grund für die Hinrichtung des Jud Süß – seine verbotenen sexuellen Beziehungen – wurde zum Grundmotiv, das sich durch alle künstlerischen Werke über ihn zieht.

Dieser Essay schilderte, wie das Erscheinungsbild des Süß mit künstlerischen Mitteln verändert wurde. In jeder Epoche teilte sich der Hauptstrom der historischen Geschichte in viele kleine Nebenarme, die die zeitgenössische Weltanschauung widerspiegelten. Zuerst (im 18. Jahrhundert) schwollen diese Nebenflüsse zu anti- oder philosemitischen Strömen an. Danach (bei Hauff) bekundeten sie das Abrücken von der zunehmenden Einbeziehung der Juden in die maßgebenden Schichten. Dann wieder (bei Feuchtwanger) erscheinen die Juden als Menschen, deren größtes Problem das Verlassen ihrer Gemeinden ist; sie versuchten, die gesellschaftliche und ideelle Grenze zu überschreiten, wobei sie auf ihre eigene Definition, nämlich «deutsche Staatsbürger jüdischen Glaubens» zu sein, verzichteten. Die Nationalsozialisten benutzten Süß als ausgesprochenes Propaganda-Symbol, das dazu bestimmt war, die physische Verfolgung der Juden zu rechtfertigen, noch bevor sie zur industriellen Vernichtungsmaschinerie wurde.

Wie es sich für ein Symbol und für Märchen gehört, weicht Süß Oppenheimer nicht aus dem deutschen Bewußtsein. Seine Geschichte ist sowohl mit wissenschaftlichen Methoden erforscht worden, die als objektiv gelten, aber auch künstlerisch-feinfühlige Darstellungen fehlen nicht. Doch diese Versuche, wie gut gemeint und objektiv sie auch sein mögen, sind in vieler Hinsicht zeitgebundene Neubearbeitungen eines historischen Geschehens. Auch wenn wir die volle Wahrheit über das Leben und Handeln des Süß Oppenheimer nie erfahren werden, so besteht kein Zweifel, daß die zahlreichen über ihn verbreiteten Darstellungen die deutsche Gesellschaft zur Interpretation des Süß als Symbol anregten – und indirekt damit auch den deutsch-jüdischen Meinungsaustausch.

Das tragische Paradox der Assimilation deutscher Juden läßt Jud Süß im Rückblick als Ahnherren des modernen jüdischen Identitätsproblems erscheinen. An seinem Beispiel läßt sich ein wesentlicher Teil der gemeinsamen deutsch-jüdischen Vergangenheit oder vielmehr des deutschen Juden-Feindbildes festmachen, welches das Verhältnis von Deutschen und Juden während eines Zeitraums von fast 300 Jahren prägte.

Aus dem Hebräischen von Marianne Koppel

Frithjof Benjamin Schenk

Tannenberg / Grunwald

I.

Moskau: Poklonnaja Gora. Hier befindet sich die zentrale Gedenkstätte Rußlands für den Sieg über das nationalsozialistische Deutschland, die 1995 eingeweiht wurde. In der Ruhmeshalle des Museums steht ein überlebensgroßer Rotarmist aus Bronze unter einer Kuppel mit den Namen der Heldenstädte der Sowjetunion. In einer Vitrine zu seinen Füßen wird ein Schwert gewaltigen Ausmaßes verwahrt. Die kunstvoll gefertigte Klinge ist ein Geschenk Boris Jelzins an das Museum. Die Waffe trägt den Namenszug Alexander Nevskijs, jenes russischen Nationalhelden, der in einer legendenhaften Schlacht des 13. Jahrhunderts Novgorod vor dem Angriff des Deutschen Ordens beschützte. Das mittelalterlich anmutende Schwert versinnbildlicht fünfzig Jahre nach Ende des Großen Vaterländischen Krieges den Sieg über Nazideutschland. Wir nähern uns unserem Thema von Osten.

Tannenberg/Grunwald: Bis heute versteht man in Polen zwei nach unten weisende Schwerter unmißverständlich als das Symbol für die siegreiche Abwehr des deutschen «Drangs nach Osten». Die Schwerter repräsentieren die Waffen des Ordenshochmeisters Ulrich von Jungingen, mit denen er 1410 den polnischen König Władysław II. Jagiełło zum Kampf forderte, bevor er mitsamt seinem Heer bei Tannenberg im westlichen Masuren geschlagen wurde.

Tannenberg/Grunwald ist ein *lieu de mémoire* sowohl im deutschen als auch im polnischen kollektiven Gedächtnis, wobei Tannenberg für die deutsche, Grunwald hingegen für die polnische Erinnerung an das gleiche Ereignis im 15. Jahrhundert steht. Die Rezeptionsgeschichte dieses Gedächtnisortes kann als Spiegelbild der deutsch-polnischen Beziehungen gelesen werden, wobei Tannenberg/Grunwald meist für das Trennende, die Feindschaft beider Völker stand.

II.

Historisches Referenzereignis und Anknüpfungspunkt der Mythisierung der Orte Tannenberg (poln. Stębarg) bzw. Grunwald (dt. Grünfelde) in den westlichen Masuren ist eine Schlacht im 15. Jahrhundert. Am 15. Juli 1410 unterlag auf einem Feld zwischen den beiden Dörfern der Deutsche Orden unter seinem Hochmeister Ulrich von Jungingen, der in diesen Kämpfen fiel, einem Heer unter der Führung des polnischen Königs Władysław II. Jagiełło und des litauischen Großfürsten Witold (Vytautas). Die Schlacht war Ausdruck des

Tannenberg/Grunwald 439

Alphonse Mucha: Nach der Schlacht bei Grunwald

Kampfes um die Vorherrschaft im Ostseeraum zwischen dem Ordensstaat und der aufstrebenden Jagiellonen-Dynastie. Die empfindliche Niederlage des Deutschen Ordens bei Tannenberg markierte – trotz der anschließenden erfolgreichen Verteidigung der Marienburg – den beginnenden Niedergang seiner Macht in Nordosteuropa. Abgesehen davon, daß sich im Mittelalter Loyalität noch nicht über nationale Zugehörigkeit definierte, ließen sich die beiden Kriegsparteien nicht aufgrund nationaler oder ethnischer Kategorien voneinander unterscheiden. Auf beiden Seiten kämpften multiethnische Einheiten.

Auch in der frühen Rezeption der Schlacht spielten nationale Kategorien noch keine Rolle. Die Konfrontation wurde im späten Mittelalter noch nicht als deutsch-polnische Auseinandersetzung wahrgenommen. Vielmehr war der Streit in den Chroniken und auf Konzilen – ganz im Sinne des christlichen Universalismus – von der Frage geprägt, welche Seite das Recht habe, den Krieg als einen «gerechten Krieg» *(bellum iustum)* zu bezeichnen. In Anknüpfung an augustinisch-gregorianische Vorstellungen vom Kampf des Guten gegen das Böse beanspruchten beide Parteien, Streiter Gottes gegen die Mächte des Bösen gewesen zu sein. Der Orden hob in seiner Propaganda – in Anspielung auf lauische und mongolische Hilfstruppen des Königs – hervor, daß die gegnerische Seite mit heidnischen und schismatischen Mächten paktiert und somit die christliche Sache verraten habe. Demgegenüber stellten die polnischen Chroniken die Kampfesaufforderung des Hochmeisters als hochmütig heraus. Der eigene Sieg wurde folglich als Triumph der Demut über den Hochmut gefeiert. Die Bewertung der Schlacht bewegte sich in beiden Diskursen in den Bahnen theologischer Argumentation.

Der Sieg über den Orden hatte in Polen schon früh hohe Symbolkraft, nur eben noch nicht in nationaler Hinsicht – im modernen Sinne des Wortes. Besonders die Kirche hielt als Trägerin der Traditionspflege das Andenken an die Schlacht von Grunwald ohne Unterbrechung lebendig. Am 15. Juli wurden alljährlich in vielen Kirchen Polens Prozessionen zum Hauptaltar abgehalten und ein *te deum laudamus* zum Dank für den Sieg über die Kreuzritter gesungen. Die Grunwald-Symbolik fand im 17. und 18. Jahrhundert auch im Rahmen der Gegenreformation und zur inneren Stärkung gegen andere äußere Feinde (Tataren, Schweden, Russen, Türken) Verwendung. Das Symbol des Sieges über den hochmütigen Orden erwies sich als multifunktional. In der polnischen Historiographie und schönen Literatur wurde die Schlacht bei Grunwald bis ins 19. Jahrhundert hinein allerdings noch nicht besonders hervorgehoben.

In Preußen und im deutschsprachigen Raum war noch bis Ende des 18. Jahrhunderts die Geschichte des Deutschen Ordens kein positiv besetztes Themenfeld. In der Zeit der Aufklärung wurde die gesamte Ordensgeschichte allgemein kritisch gesehen. Sichtbar wird dies z. B. in der *Geschichte Preußens* (1792–1800) von Ludwig von Baczko oder in *Preußens ältere Geschichte* (1808) von August von Kotzebue. Beide Autoren skizzieren den Orden als eine finstere Kampfgenossenschaft fanatischer Katholiken, die die eigenen Vorfahren umgebracht haben. Auch im späteren Ostpreußen beschränkte sich die positive Erinnerung an den Deutschen Orden auf das Ereignis seiner Beseitigung durch Herzog Albrecht im Jahre 1525. Die Niederlage von Tannenberg war aus diesem Blickwinkel sogar ein positiv konnotiertes Ereignis. Die Identifikation mit dem Deutschen Orden wurde zudem durch den konfessionellen Bruch, der den katholischen Ritterverband vom protestantischen Preußen des 18. Jahrhundert trennte, erschwert. So sahen sich auch die brandenburgischen Kurfürsten und preußischen Könige nicht gerne in der Traditionslinie des bei Tannenberg geschlagenen Ordens. Ihr Verhalten gegenüber dem historischen Erbe der Kongregation war äußerst pragmatisch. Die Hochmeisterresidenz Marienburg, im Zeitalter der Romantik neben dem Kölner Dom das Beispiel für die Inanspruchnahme mittelalterlicher Bauwerke für die nationale Idee, wurde bis dahin als Kornspeicher genutzt.

III.

Im Zeitalter der Romantik und besonders nach den «Befreiungskriegen» änderte sich in Preußen die Meinung über die Rolle des Deutschen Ordens in der deutschen bzw. preußischen Geschichte. Der vormals kritisch beurteilte Ritterverband wurde nun in die eigene Ahnenreihe gehoben. Anstoß für die Neubewertung der Ordensgeschichte war unter anderem der gewandelte ästhetische Blick der deutschen Romantiker, die im Zeichen des neuen Nationalgefühls in der Gotik den deutschen Baustil sahen. Die Bauwerke der Ordenszeit, allen voran die Marienburg, erklärte man zu schutzwürdigen Objekten, ihre Erhaltung wurde zum nationalen Projekt.

Auch der Blick der deutschen Geschichtswissenschaft wandte sich nun wohlwollender dem Deutschen Orden zu. Die Grundlage für die wissenschaftliche Beschäftigung mit der Geschichte des Ordensstaates schuf Johannes Voigt mit seiner *Geschichte Preußens* (1827–1839). Doch erst die Historiker Gustav Freytag und insbesondere Heinrich von Treitschke mit seinem 1862 erschienenen Essay *Das deutsche Ordensland Preußen* trugen maßgeblich zu einer ideologischen Umbewertung des Geschichtsbildes des Deutschen Ordens bei.

Treitschkes Text hat das Bild des Ritterordens in Deutschland bis in das frühe 20. Jahrhundert vermutlich weit mehr geprägt als jede andere Darstellung. Treitschke stellte seine Schriften bewußt in den Dienst des deutsch-nationalen Gedankens. Dabei vertrat er – anders als noch die Historiker der Aufklärungszeit – die These, daß der preußische Staat durchaus in der historischen Tradition des Deutschen Ordens stehe. Vor allem sah er eine *nationale* Kontinuitätslinie zwischen dem katholischen Ordensstaat und dem protestantischen Preußen. Der Ritterverband wurde zum Symbol für die erfolgreiche Präsenz des Deutschtums im Osten Europas, sein Staat zur «deutschen Herrschaft»[1] stilisiert.

Am historischen Beispiel Tannenberg exemplifiziert Treitschke den Nationalcharakter der Deutschen, dem er jenen der Slawen – der «Völker des Ostens» – holzschnittartig gegenüberstellt. Im Deutschen Orden, so Treitschke, seien Züge des deutschen Wesens verkörpert gewesen, wie «aggressive Kraft und herrisch gemüthlose Treue»[2], «deutscher Fleiß» und die «Härte unseres eigenen Volksgeistes». Nur dank der Deutschen haben sich die «massiven Gaben deutscher Gesittung, das Schwert, der schwere Pflug, der Steinbau [...] über die leichtlebigen Völker des Ostens [verbreitet]». Treitschke sah im Ordensstaat einen «feste[n] Hafendamm, verwegen hinausgebaut vom deutschen Ufer in die wilde See der östlichen Völker».[3] Die Niederlage bei Tannenberg erscheint in dieser Lesart als schicksalhafte Niederlage des «kultivierten Abendlandes» gegen die vorwärtsstürmende, chaotische, barbarische östliche Welt. Verloren habe der Orden den Kampf im übrigen nicht wegen der zahlenmäßig überlegenen Gegner, sondern wegen Uneinigkeit und Verrat in den eigenen Reihen. Eine Aussage, die sich als mahnendes Symbol für die nationale Einigungsbewegung des 19. Jahrhunderts ausnützen ließ.

In der deutsch-slawischen Entscheidungsschlacht von Tannenberg, so die neue deutsche Geschichtsinterpretation, war Ulrich von Jungingen als Märtyrer der nationalen Sache gefallen. Die mythische Überhöhung des Hochmeisters findet sich zwar noch nicht bei Treitschke, doch taucht sie in den von ihm beeinflußten Schriften des Ostmarkenvereins am Ende des 19. Jahrhunderts auf. Ulrich von Jungingen war der erste Tote, an dem sich der nationale Gefallenenkult, der sich mit dem Topos Tannenberg immer fester verbinden sollte, festmachte. Ihm zu Ehren wurde bei Tannenberg 1901 das erste Denkmal, das sich auf die Schlacht von 1410 bezog, errichtet. Auf einem zweieinhalb Meter hohen Granit-Findling, der bewußt gegen Südwesten und somit gegen Polen ausgerichtet war, stand die Inschrift zu lesen: «Im Kampf für deutsches Wesen, deutsches Recht starb hier der Hochmeister Ulrich von Jungingen am 15. Juli 1410 den Heldentod.»[4]

Treitschkes Anschauungen und die Texte seiner Epigonen bereiteten der preußischen Polenpolitik der zweiten Jahrhunderthälfte den ideologischen Boden. Besonders Bismarck bemächtigte sich der historisierenden Ideologie vom Ordensstaat als Kern bzw. Vorfahre des preußischen Staates und damit auch des Deutschen Reiches. Er sah im Kampf der Ordensritter mit Polen eine historische Parallele zu seinem Kampf gegen die polnischen Emanzipationsbewegungen und die katholische Kirche bzw. für seine Germanisierungspolitik. In seiner aggressiven Polenpolitik, die sich vor allem gegen polnischen Bodenbesitz, die polnische Sprache und den katholischen Glauben richtete, sprang Bismarck der 1894 gegründete «Verein zur Förderung des Deutschtums in den Ostmarken» (Hakatisten) zur Seite. Trotz einer relativ kleinen Mitgliederzahl konnte diese Vereinigung mit ihrer lautstarken Propaganda zur Wahrung des Deutschtums in den Ostprovinzen nicht nur die Vergangenheitsvorstellungen in bezug auf den Deutschen Orden um die Jahrhundertwende, sondern auch die reale Politik des Deutschen Reiches massiv beeinflussen.

IV.

Mit dem Verlust der Eigenstaatlichkeit im 18. Jahrhundert intensivierte sich die Erinnerung an die Schlacht von Grunwald in Polen schlagartig. Die Sternstunden der mittelalterlichen Geschichte wurden in der Zeit der Teilungen zu Gedächtnisorten, mit denen sich die Hoffnung auf die Wiedererlangung der nationalstaatlichen Eigenständigkeit kultivieren ließ. Besonders die verschärfte Nationalitätenpolitik und die Germanisierungsbestrebungen im preußischen Teilungsgebiet Ende des 19. Jahrhunderts führten zu einer Belebung der Grunwald-Erinnerung. Grunwald wurde zu *dem* Symbol für den nationalen polnischen Befreiungskampf. Vergleichbar der Funktion des Feindbildes von Frankreich für die nationale Einigungsbewegung in Deutschland, wuchs in Polen den «nach Osten drängenden» Deutschen die Rolle des Erbfeindes zu. Der Kampf von 1410 wurde im Zeichen dieser Ideologie besonders in der polnischen Literatur zur deutsch-polnischen Schicksalsschlacht stilisiert, der Kreuzritter des Mittelalters zur Chiffre für die Ostmarkenpolitiker des Kaiserreiches, der Sieg über den Orden zum hoffnungstragenden Symbol der erstrebten nationalen Freiheit. Dabei kann die «polnische Ideologie des Kreuzrittertums» als Reaktion auf die deutsche «Ideologie des Ordensstaates» gesehen werden, von der sogar wesentliche Ideologeme, allerdings mit umgedrehten Vorzeichen, übernommen wurden.[5]

Geistige Wegbereiter der neuen polnischen Nationalbewegung waren vor allem Literaten und Historiker. Schon der Schriftsteller Adam Mickiewicz und der Historiker Karol Szajnocha mit seinem Buch *Jadwiga i Jagiełło* von 1877 hatten die Schlacht von Grunwald wieder ins Gedächtnis der gebildeten Schichten gehoben. Die Gleichsetzung von Deutschen und Deutschem Orden und die Stilisierung Grunwalds zur deutsch-polnischen Schicksalsschlacht zeigte sich bei ihnen allerdings noch nicht. Mickiewicz diente in seinem Roman *Konrad Wallenrod* von 1828 die Feindfigur des Deutschen Ordens noch als politische Allegorie für das verhaßte Rußland. Selbst das imposante Schlachtengemälde von Jan Matejko, *Bitwa pod Grunwaldem* (Die Schlacht von Grunwald) von 1878, das während der deutschen Besatzung im Zweiten Weltkrieg als Symbolträger polnisch-nationaler Selbstbehauptung von deutscher Seite gesucht wurde, zeigt in den Reihen der Ordensritter zwei slawische Fürsten, auch wenn diese differenzierende Sicht bei der nationalen Rezeption dieses Gemäldes in den Folgejahren kaum mehr eine Rolle gespielt haben dürfte.

Erst die großen polnischen Romanautoren der zweiten Hälfte des 19. Jahrhunderts machten in ihren Büchern keinen Hehl daraus, daß sie im verhaßten preußisch-deutschen Staat den Erben des Kreuzritterordens und in den Ordensbrüdern Repräsentanten des deutschen «Drangs nach Osten» sahen. Józef Ignacy Kraszewski mit seinem Roman *Krzyżacy* (Die Kreuzritter) von 1874 und besonders der spätere Nobelpreisträger für Literatur Henryk Sienkiewicz mit seinem gleichnamigen Buch von 1900 leisteten einen gewichtigen Beitrag zur Umdeutung von Grunwald in eine deutsch-polnische Konfrontation. Grunwald wurde in ihren Schriften zum Symbol des antideutschen Unabhängigkeits- und Abwehrkampfes: «Und nicht nur der treulose Kreuzritterorden lag hier zu Füßen des Königs, sondern die ganze deutsche Macht, die bisher wie eine Welle die unglücklichen slawischen Länder überflutet hatte, war an diesem Tag der Sühne an der Brust der Polen zerbrochen.»[6] Sienkiewicz benützt mit dem Bild der ansteigenden Flut als Bezeichnung für das gegnerische Volk das gleiche Motiv, das sich schon in Treitschkes Schriften nachweisen läßt. Der Rückgriff auf Naturmetaphorik ist insgesamt ein Wesenselement der Literatur national-romantischer Prägung. Bei aller Ähnlichkeit nationaler Rhetorik im allgemeinen und den Darstellungsformen nationaler Geschichte im besonderen sollte die unterschiedliche Zielsetzung des imperialen Herrschaftsnationalismus deutscher Provenienz und des emanzipatorischen Unabhängigkeitsnationalismus der polnischen Seite im 19. und frühen 20. Jahrhundert jedoch nicht aus dem Blickfeld geraten.

Sienkiewiczs Roman ist vor allem als Reaktion auf die «negative Polenpolitik» (Zernack) des Deutschen Reiches zu sehen. Hinter dem Ordensstaat sollte gleich einer Parabel das Kaiserreich erkennbar werden. Seine Erzählung, die mit dem Triumph von Tannenberg endet, war Teil seines nationalpädagogischen Programms, das der nationalen Bewegung gegen die Germanisierungsbestrebungen Preußens Leitbilder liefern sollte. Der Roman erzielte in Polen eine immense Breitenwirkung. In den Jahren 1919–1934 gehörte er zur Pflichtlektüre an polnischen Schulen und war das erste literarische Werk, das 1945 in Volkspolen neu aufgelegt wurde. Die zum 550. Jahrestag der Schlacht (1960) vorgenommene Verfilmung des Buches wurde zum größten polnischen Filmerfolg der Nachkriegszeit. Der Monumentalfilm von Alexander Ford konnte bereits in den ersten neun Monaten sechseinhalb Millionen Besucher verzeichnen. Bis heute zählt das Werk von Sienkiewicz zu den am meisten gelesenen polnischen Romanen.

Um die Jahrhundertwende hatte sich sowohl in Polen als auch in Deutschland das Geschichtsbild der Schlacht von Tannenberg gefestigt. Es zeigte deutliche Übereinstimmungen, lediglich die Vorzeichen waren vertauscht. Gemeinsamer Nenner beider Ideologien war die Kontinuitätsthese Deutscher Orden – Preußen – Deutsches Reich. Während es in Deutschland den Vertretern der Ostmarkenvereine gelang, Tannenberg als mahnendes Symbol für den gefährlichen Kampf zwischen Germanen- und Slawentum im deutschen Geschichtsbewußtsein zu etablieren und die gefallenen Ordensritter als nationale Märtyrer zu ehren, ließ sich in Polen aus diesem glänzenden historischen Ereignis Kapital für die nationale Befreiungsbewegung schlagen. Die Vergangenheit war beiderseits zum Heiligtum der Nation erhoben. Aus dem Blut der gefallenen Helden sollte in beiden Ländern eine ruhmreiche Zukunft erwachsen. Pathetisch heißt es bei Sienkiewicz: «Preis Dir und Ruhm, Du große, heilige Vergangenheit! Preis Dir und Ruhm, Du Opferblut, Du Dünger der Zukunft!»[7] Treitschkes Diktum von 1862 unterscheidet sich davon kaum: «Es weht ein Zauber über jenem Boden, den das edelste deutsche Blut gedüngt hat im Kampfe für den deutschen Namen und die reinsten Güter der Menschheit.»[8] Um 1910 beschworen die Hakatisten, daß dem deutschen Volk «aus der blutigen Saat jenes Tages ein unbezwingliches Geschlecht germanischer Grenzwächter [erwuchs]».[9] Tannenberg war zum politischen Symbol geworden. Der Mythos von Tannenberg/Grunwald war geboren.

V.

Kaiser Wilhelm II. hatte – neben dem Hochkönigsberg im Elsaß und dem Römerkastell bei Frankfurt – die Marienburg als einen der Orte erwählt, «auf die sich sein Vergangenheit, Gegenwart und Zukunft verknüpfender Enthusiasmus konzentrierte».[10] Anfang Juni 1902 diente ihm die ehemalige Hochmeisterresidenz als Kulisse für einen historisierenden Kostümaufzug bei einem Johanniter-Ordensfest. Vor Soldaten in Deutschordenskostüm und «echten» Rittern aus Österreich hielt er eine seiner emotionalen Hetzreden auf die polnische Unabhängigkeitsbewegung, die nur in der abgeschwächten Form des Reichskanzlers von Bülow überliefert ist: «Polnischer Übermuth will dem Deutschtum zu nahe treten, und ich bin gezwungen, mein Volk aufzurufen zur Wahrung seiner nationalen Güter [...].»[11] Dieser massive Angriff und die Verschärfung der Nationalitätengesetze im Deutschen Reich waren jene Tropfen, die einmal mehr das Faß der nationalen Emotionen in Polen zum Überlaufen brachten.

1902 tauchte zum ersten Mal in Polen die Idee auf, den Jahrestag der Schlacht von Grunwald mit einem weltlichen nationalen Fest zu begehen. Zentrum der relativ spontan entstandenen Feierlichkeiten war das mit Autonomierechten ausgestattete Galizien, das unter der Herrschaft der Habsburger stand. Die wichtigsten Feiern fanden in Lemberg und Krakau statt. Schon 1902 stand das ideologische Gerüst, das auch die Veranstaltungen zum 500. Jahrestag des Sieges bestimmen sollte. Anknüpfend an das ideologisierte Bild von Grunwald, das Sienkiewicz mit seinem Roman *Die Kreuzritter* geprägt hatte, und in deutlicher Anlehnung an die panslawistischen Tendenzen der Nationaldemokraten unter Roman Dmowski sah man nun den größten Feind der polnischen Nationalbewegung nicht mehr in Rußland, sondern in Preußen und dem Deutschen Reich. Schon damals in Grunwald sei eine Germanisierung Polens erfolgreich verhindert worden, lautete die Devise. Unter dem Symbol von Grunwald sollten sich alle Gruppierungen und Parteien solidarisch an den großen Sieg von 1410 erinnern und sich für die gemeinsame nationale Sache vereinen. Während es 1902 in Krakau noch nicht gelang, alle gesellschaftlichen Gruppierungen zur Teilnahme an den Feierlichkeiten zu bewegen, hatte Grunwald in Lemberg schon die erhoffte Integrationswirkung. Dies läßt sich auch von der 500-Jahr-Feier der Schlacht in Krakau sagen, die 1910 vor dem Hintergrund der verschärften nationalen Gegensätze im preußischen Teilungsgebiet stattfand. Zentrales Ereignis des dreitägigen Volksfestes, das 150 000 Menschen anlockte, war die Enthüllung eines Denkmals für König Władysław II. Jagiełło auf dem Matejko-Platz. «Den Vorfahren zum Ruhm, den Brüdern zur Hoffnung» hatte der Bildhauer Antoni Wiwulski in das Monument gemeißelt. Noch anders als das 1945 nach der Weltausstellung in New York im Central Park errichtete Jagiełło-Denkmal stellte das Monument in Krakau einen relativ friedlichen polnischen König zu Pferde dar: das Schwert gesenkt, ihm untergeordnet Witold, dem zu Füßen der erschlagene Ulrich von Jungingen liegt. Der Spender des Denkmals, der Pianist und Komponist Ignacy Paderewski, betonte, daß das Denkmal nicht aus Haß auf die Deutschen entstanden sei.[12] Dennoch war es eindeutig ein, vielleicht sogar *das* Denkmal der nationalen polnischen Sammlung. Nach dem Überfall auf Polen 1939 wurde das Monument von den Deutschen geschleift und 1976 wiedererrichtet.

Die polnischen Gedenkfeiern von 1910 lösten im Lager der deutschen Ostmarkenpolitiker Empörung aus. Es sei nicht anders zu erwarten gewesen, «daß die Nachkommen der Sieger diesen Tag nicht vorübergehen ließen, ohne ihn zur Stärkung ihres nationalen Fanatismus weidlich auszunutzen».[13] Auch die Hakatisten nahmen den Jahrestag zum Anlaß, um ihre historische Lektion von 1410 zu verbreiten. Tannenberg war ihrer Ansicht nach ein Kampfplatz gegen die «Angriffe der bluts- und wesensfremden Rasse». «Auf dem Tannenberger Schlachtfelde [rangen] die Männer [...] mit der Gewalt des Chaos.» Ein «Zweites Tannenberg» galt es nun mit allen Kräften zu verhindern: «Gebe Gott, daß unsere Söhne und Enkel, wenn es dem Schutz der heiligen Grenzmark gilt, ebenso zu sterben wissen wie Ulrich von Jungingen.»[14]

VI.

Die Benennung der zweiten Schlacht bei Tannenberg 1914, die als der größte deutsche Sieg im Ersten Weltkrieg gefeiert wurde, war ein weiterer bedeutsamer Schritt in der Rezeptionsgeschichte des fünf Jahrhunderte zurückliegenden Kampfes des Deutschen Ordens mit dem polnisch-litauischen Heer. Mit diesem Ereignis wurde der Gedächtnisort Tannenberg mit neuen symbolischen Konnotationen versehen. In den westlichen Masuren hatte am 26.–30. August 1914 die achte deutsche Armee unter der Führung von Generalfeldmarschall von Hindenburg und Ludendorff die russische Narevarmee besiegt. Die Namensgebung der Schlacht in Anlehnung an die Schlacht von Tannenberg 1410 kann niemandem eindeutig zugeschrieben werden. Sie erwies sich als geschickter ideologischer Einfall. Mit Hindenburg und Ludendorff waren sich die konservativen Historiker darüber einig, daß der Sieg von 1914 als Revanche für die Niederlage von 1410 anzusehen sei und daß der Erfolg «die schmerzliche Erinnerung» an den «Jubelruf slawischen Triumphes»[15] auslöschte. Der konstruierte Bezug entbehrte zwar jeder Grundlage, doch ließen sich unter den Etiketten «slawische Völker» und «Völker des Ostens» sowohl der schmachvolle Sieg der Polen im 15. Jahrhundert als auch der Triumph über die russische Armee von 1914 ideologisch subsumieren.

Tannenberg wurde nicht nur zum Symbol für den größten Erfolg der deutschen Armee im verlorenen Krieg, sondern auch als fester Bestandteil in den Kanon der Dolchstoßlegende («Im Felde unbesiegt!»), der Agitation gegen die «Kriegsschuldlüge» und den Versailler Vertrag aufgenommen. Am Verlauf der Schlacht konnte scheinbar sowohl der Überfall der russischen Truppen als auch die Kampfeskraft des deutschen Heeres belegt werden. Darüber hinaus ließ sich am Sieg von 1914 die «Genialität» der deutschen Heerführer feiern.

Im Gegensatz zu den beiden anderen deutschen Schlachtenmythen des Ersten Weltkrieges – Langemarck und Verdun – bildete den Kern der Erzählung, die sich um Tannenberg spann, nicht das deutsche Heer oder der einfache Soldat, sondern Hindenburg, der greise Anführer der siegreichen Schlacht. Der Generalfeldmarschall, der seit 1911 zurückgezogen im Ruhestand gelebt hatte, war im August 1914 zum Oberbefehlshaber der achten deutschen Armee in Ostpreußen ernannt worden. Um ihn entwickelte sich nach 1914 ein multimedialer Personenkult. Schnell wuchs er über die Rolle des «Retters von Ostpreußen» und des «Russenschrecks»[16] hinaus und wurde zum «Heros der Deutschen»[17]. Nach Hindenburg wurden Straßen und Plätze und sogar eine Stadt in Oberschlesien benannt, ihm zu Ehren wurden zahlreiche Denkmäler errichtet, und sein Konterfei war auf zahlreichen Gegenständen des täglichen Gebrauchs nach 1914 allgegenwärtig. Hindenburgs Anhänger hatten sich «eine historische Größe zurechtgemacht, um nachher gebildet vor ihr zu erschauern».[18]

Der Führerkult um Hindenburg knüpfte an bereits etablierte Erzählungen und Bilder aus der germanischen Mythologie, der christlichen Tradition und den Biographien historischer Gestalten an. Einer der Zeichenpools des Hindenburg-Mythos waren die Sehgewohnheiten und personalen Zuschreibungen des Bismarck-Kultes. Aus dem «Eisernen Kanzler» erwuchs der «Eiserne Feldherr». Die ikonographische Darstellung Hindenburgs dominierte eine Archaik und Unbeweglichkeit des ewigen, unschlagbaren, die Nation einigenden Führers, welche bereits die Bismarckdenkmäler prägte und sich bis zu den klassischen Rolanddarstellungen zurückverfolgen läßt.

Der Generalfeldmarschall bekam die Attribute seines persönlichen Mythos jedoch noch aus viel tieferen Erzählschichten der deutschen Mythologie verliehen. Der «Überfeldherr»[19] war 1914 vom Renten- in den Gefechtsstand gewechselt, und der ihm zugeschriebene Erfolg an der Ostfront wurde zum Symbol für die Siegeshoffnung in Deutschland. Nach der deutschen Niederlage und dem als Schmach empfundenen «Friedensdiktat von Versailles» richteten sich auf seine Person die Hoffnungen, die verlorene Ehre, den Glanz und die Einigkeit des deutschen Reiches wiederherzustellen. «Er, der Verheißene, der Greis aus dem Berg Vergessenheit, den unsere Not gerufen – er kam, er hat uns befreit [...].»[20] Die mythische Gestalt Hindenburg war nicht nur der Retter des deutschen Volkes. Er wurde in der Wahrnehmung oder zumindest in der auf ihn projizierten Hoffnung gleichsam zum Kaiser Barbarossa, der im Berg des Kyffhäuser ruhte, um eines Tages mit seinen Heerscharen das glanzvolle und einige Reich wiederherzustellen. Barbarossa, jener archetypische Heros der deutsch-nationalen Mythologie, hatte «hinab genommen / Des Reiches Herrlichkeit, / Und wird einst wiederkommen / Mit ihr, zu seiner Zeit» (Friedrich Rückert 1814/15).[21] Hindenburgs «Comeback» aus der Altersruhe gleicht förmlich dem Erwachen des verklärten Kaisers Friedrich I. Und Barbarossa-Hindenburg erwachte zweimal aus dem Ruheschlaf: um Ostpreußen zu retten und um 1925 Reichspräsident zu werden.

Der stilisierte Hindenburg war Vater-, Helden- und Führerfigur und verkörperte Tradition, militärische Erziehung und Vaterlandsliebe. Außerdem vermittelte Hindenburgs Biographie historische Kontinuität. Sie umfaßte die Zeit der nationalen Einigung, das Kaiserreich, den Ersten Weltkrieg und die Weimarer Republik. Schon 1923 wurde Hindenburg in die «Edelsteinkette deutscher Namen» gereiht, «nicht im Sinne des [...] Schlußgliedes, sondern im Sinne des Verbindenden mit dem nächsten großen Erzieher unseres Volkes, der auch sein Erretter und Führer aus Dunkel und Nacht sein würde, als Anker unserer Überzeugung von der nur unterbrochenen, nicht zerbrochenen höheren Sendung unseres Volkes».[22] Hitler, der neue «Erretter und Führer» bemächtigte sich geschickt dieses Verbindungsgliedes «Hindenburg» als Element seiner Traditions-Inszenierungen. Analog dem «Tag von Potsdam», als sich Hitler und der greise Reichspräsident die Hand über den Gräbern der großen Preußenkönige reichten, sollten «Tage von Tannenberg» (Wippermann) dazu dienen, die Traditionslinie vom «Zweiten» ins «Dritte Reich» legitimierend zu unterstreichen. An den «Tagen von Tannenberg» wurde Hindenburg von den Nationalsozialisten nicht als Reichspräsident der verhaßten Weimarer Republik verehrt – dieses Regierungsamt wurde mit ihm 1934 zu Grabe getragen –, dem greisen Ostpreußen huldigte Hitler vielmehr als glorreichem Sieger und genialem Feldherr der Schlacht von Tannenberg.

In der Weimarer Republik wurde die inszenierte Erinnerung an den Sieg bei Tannenberg den rechtsgerichteten republikfeindlichen Kräften überlassen. Die Regierungsinstitutionen unternahmen keinen Versuch, aus dem Ereignis Identifikationspotential für die Republik abzuleiten. Der Sieg von 1914 diente den militaristischen Kreisen dazu, den verlorengegangenen Ersten Weltkrieg in einen scheinbaren Erfolg umzuschreiben. Gleichzeitig nutzten sie die Erinnerung an Tannenberg für ihren Kampf gegen den demokratischen Staat. Stolz betonten die Architekten des Nationaldenkmals Tannenberg, daß «die schwarzrotgelbe Fahne [...] nie dort geweht [habe]».[23]

1927 wurde bei Hohenstein in der Nähe des Kampfplatzes von 1914 von rechtsgerichteten und militaristischen Kreisen der Weimarer Republik das deutsche Tannenberg-Nationaldenkmal zum Gedenken an die erfolgreiche Schlacht eingeweiht. Ohne finanzielle Unterstützung der preußischen Staatsregierung entstand eine gewaltige Totenburg als Zentrum des Gefallenen- und Führerkultes. Vergleichbar der Realisierung des Hermannsdenkmals im Teutoburger Wald wurde das Ehrenmal bei Hohenstein über Spenden öffentlicher Körperschaften, Kriegerverbände und Privatpersonen, die von lokalen und regionalen Denkmalvereinen gesammelt wurden, sowie über Lotterien und andere Werbeveranstaltungen finanziert. Allerdings gab es auch massiven Widerstand gegen das Denkmalsprojekt aus linken und pazifistischen Kreisen.

Den Architekturwettbewerb gewannen die Brüder Johannes und Walter Krüger, die sich mit der Gestaltung eines Kriegerdenkmals in Leer bereits einen Namen gemacht hatten. Ihr Entwurf «Gode Wind», ein Mauerachteck mit einem Durchmesser von rund hundert Metern, sowie über zwanzig Meter hohen Türmen an den Ecken, war formalästhetisch an das «urgermanische» Kultheiligtum Stonehenge angelehnt. Darüber hinaus erlaubte das Bauwerk, das die Sicherheit und Geschlossenheit einer mittelalterlichen Stadtanlage ausstrahlte, weitere Assoziationen. Zum einen erinnert der Entwurf an die

Stauferburg Castel del Monte, die Kaiser Friedrich II. als Jagdschloß um 1240 südlich von Andria erbauen ließ. Waghalsige Interpretationen sehen in der Form des Denkmals gar das Abbild der achteckigen Reichskrone, das wiederum die monarchistischen Träume der Initiatoren widergespiegelt habe.[24] Relativ deutlich springen Parallelen zur Bühnen- und Filmarchitektur der zwanziger Jahre ins Auge. Besonders der Nibelungenfilm von Fritz Lang aus dem Jahre 1924 ist in diesem Zusammenhang zu nennen. Eine ikonographische Verknüpfung mit der Architektur des Deutschen Ordens läßt sich dagegen nicht feststellen.

Das Nationaldenkmal war eine Weihestätte des Tannenberg-Mythos und des nationalen Totenkultes. Im zentralen Hof der Totenburg waren zwanzig unbekannte deutsche Soldaten unter einem hohen Kupferkreuz beerdigt: im «Mittelpunkt, [...] [der] Stelle, auf der dem Höchsten geopfert wird».[25] An die Stelle der göttlichen Instanz als Inbegriff des «Höchsten» war hier die Nation getreten. Die Architekten konzipierten ihr Bauwerk als nationales Toten-Denkmal und Versammlungsort für Massenveranstaltungen. Damit nahmen sie die Kombination vorweg, die auch die Kult- und Weihestätten des «Dritten Reiches» (z. B. den Königsplatz in München) prägte. Das Nationaldenkmal bei Hohenstein wurde zudem als Symbol für die Solidarität des Reiches mit der abgetrennten Provinz Ostpreußen, der «rings vom Slawentum umbrandete[n] Ostmark»[26] wahrgenommen. Es richtete sich eindeutig gegen den jungen polnischen «Saisonstaat», der wegen der virulenten Grenzdebatten in Ostpreußen als Gegner und Vertreter der «slawische[n] Begehrlichkeit»[27] angesehen wurde.

Am 18. September 1927 wurde das Nationaldenkmal durch den vergötterten Generalfeldmarschall und Reichspräsidenten von Hindenburg eingeweiht. Aus unerfindlichen Gründen wurde der Einweihungstermin von Hindenburgs 80. Geburtstag (2. 10. 1927) auf diesen bis dahin bedeutungslosen Tag im September vorverlegt, obwohl sich das Denkmal noch im Stadium des Rohbaus befand. War es ein Zufall, daß ebenfalls am 18. September im fernen Douaumont das zentrale Denkmal der Franzosen für ihren Sieg bei Verdun eingeweiht wurde? In diesem Kontext erscheint das Tannenberg-Denkmal als Gegensymbol zum Ossuaire de Douaumont und als Manifestation gegen das Eingeständnis der eigenen Niederlage. Vor angeblich über 80 000 Anwesenden betonte der Reichspräsident bei der Einweihung an dieser Stelle als erster ranghoher deutscher Politiker: «Die Anklage, daß Deutschland schuld sei an diesem größten aller Kriege, weisen wir, weist das deutsche Volk in allen seinen Schichten einmütig zurück!»[28]

Der Ruf Hindenburgs, daß «an diesem Erinnerungsmale stets innerer Hader zerschellen [möge]; es [...] eine Stätte [sei], an der sich alle die Hand reichen [...]»[29], ging bereits ins Leere. Die militaristischen und reaktionären Kräfte waren bei der Eröffnungsfeier unter sich. Einem Rabbiner war schon im Vorfeld eine Gedenkrede zu Ehren der gefallenen jüdisch-deutschen Soldaten verweigert worden. Die Parteien der «Systemzeit»[30] hatte man erst gar nicht eingeladen, die SPD distanzierte sich sowieso von der Errichtung nationaler Kriegsdenkmäler, die Preußische Regierung war daher der Zeremonie ferngeblieben.

In der Ideologie der Nationalsozialisten spielte der Topos Tannenberg vor allem im Zusammenhang mit dem Hindenburgkult eine Rolle. Die allzu enge Anknüpfung an die Geschichte des Deutschen Ordens lag Hitler dagegen fern. Auch wenn er in «Mein Kampf» die «Straße der einstigen Ordensritter» als Stoßrichtung des germanischen Kampfes um Lebensraum benannte, so hielt ihn das nicht davon ab, den Deutschen Orden, den es in Deutschland bereits seit 1809 nicht mehr gab, auch in Österreich und der Tschechoslowakei aufzulösen. Tannenberg hatte für ihn in erster Linie im Kontext des Hindenburgmythos Bedeutung, den er zur Inszenierung seiner eigenen Legitimität und zur Bindung sowohl der konservativen Kreise als auch der Reichswehr an seine Person benützte. Der erste «Tag von Tannenberg» am 27. August 1933 verschaffte Hitler einen gemeinsamen, öffentlichkeitswirksamen Auftritt mit dem «Feldherren-Ersatzkaiser»[31] in der Kulisse des Nationaldenkmals.

Der zweite «Tag von Tannenberg» war bereits Hindenburgs Begräbnis. Entgegen dem ausdrücklichen Willen des Reichspräsidenten fand seine Beisetzung am 7. August 1934 im Nationaldenkmal von Tannenberg statt. Der Vorschlag stammte von Goebbels und fand die persönliche Unterstützung Hitlers. Die Totenfeier war eine der ersten großen Selbstdarstellungen des NS-Staates nach außen. Selbst Polen hatte Vertreter und militärische Ehrenabordnungen an jenen umkämpften *lieu de mémoire* entsandt – ein Resultat des «Ausgleichs» zwischen Piłsudski und Hitler am 26. Januar 1934. Die Zeremonie, eine Mischung aus militärischer Ehrbezeugung, religiösem Ritus und heidnischem Kult, wurde als mediales Ereignis über alle Sender ins gesamte Reich übertragen. Noch beherrschten die alten preußischen Regimenter der Reichswehr und ihre Symbolik das Bild der militärischen Inszenierung. Der Protestant Hindenburg wurde nach preußischer Tradition unter Begleitung des Chorals «Eine feste Burg ist unser Gott» beigesetzt. Hitlers Zuruf: «Toter Feldherr geh nun ein in Walhall!»[32] klang noch wie ein schwaches Zeichen der neuen synkretistischen Weltlehre. Hindenburgs Beerdigung war die letzte Zeremonie, mit der Hitler die Weimarer Republik symbolisch zu Grabe trug.

Die Gedenkfeier für den Generalfeldmarschall verschmolz mit dem zwanzigsten Jahrestag des Kriegsbeginns und wies gleichzeitig in die Zukunft neuer militärischer Auseinandersetzungen. Die Trauerfeier für Hindenburg sollte nicht nur die staatsrechtlichen Veränderungen legitimieren, sondern auch den Willen zur Beseitigung der «Schmach von Versailles» bekräftigen. Bereits am Tag der Beisetzung des Reichspräsidenten leisteten die ersten Verbände der Reichswehr den persönlichen Treueeid auf den «Führer».

Die Umbettung Hindenburgs in eine eigens für ihn gestaltete Totengruft im Nationaldenkmal, der dritte «Tag von Tannenberg» am 2. Oktober 1935,

Totenfeier für Hindenburg

trug bereits die unverwechselbaren Züge der militärischen Selbstinszenierungen des NS-Staates. Hitler hatte Tannenberg zum «Reichsehrenmal» erhoben und es zu einem «Heiligtum der Nation»[33] erklärt. Die vorgenommenen Umbaumaßnahmen verstärkten noch den monumentalen Charakter des Gebäudes. Das zentrale Kupferkreuz in der Mitte des Achtecks war einem in den Boden versenkten Eisernen Kreuz gewichen. Das Symbol des christlichen Opfertods mußte dem militärischen Abzeichen für soldatische Treue und Gehorsam weichen. Zwei übergroße Stahlhelm-Wächterfiguren aus Granit säumten nun den Eingang zur Hindenburggruft. Zentrum der Anlage war jetzt nicht mehr das Grab der unbekannten Soldaten, sondern die Grablege Hindenburgs. Die gesamte Landschaft rund um das Denkmal wurde «nationalisiert». Die Umgestaltung umfaßte u. a. die Imitation eines Burgbergs und die Pflanzung eines Eichenwaldes.

Mit dem Tod Hindenburgs war der Topos Tannenberg für die Nationalsozialisten eigentlich abgehandelt. Zwar standen Terroraktionen des Sicherheitsdienstes und der Sicherheitspolizei im besetzten Polen im Herbst 1939 unter dem Decknamen «Aktion Tannenberg», die Nationalsozialisten bedienten sich beim Versuch der Legitimierung ihres Überfalls auf Polen allerdings kaum mehr der rechtfertigenden historisch-ideologischen Referenz. Das für die Unterbringung der Gäste zur Tannenberg-Feier im August 1939 errichtete

Zeltlager wurde stacheldrahtumzäunt am 26. August 1939 in ein Lager für polnische Kriegsgefangene umfunktioniert.

VII.

Polens Widerstand gegen die deutschen Aggressoren, die aus polnischer Sicht eindeutig in der Kontinuitätslinie der Ordensritter, Ostmarkenpolitiker des Kaiserreichs und der Volkstumsagitatoren der Weimarer Republik standen, erstarkte dagegen ganz unter dem Zeichen von Grunwald. Die Pflege der Grunwald-Erinnerung in der offiziellen polnischen Propaganda war – nach einer Phase lebhafter Agitation gegen Deutschland in den zwanziger Jahren – angesichts des deutsch-polnischen Vertrages von 1934 zunächst abgeflaut. Nach der deutschen Invasion 1939 wurde der Ruf nach einem «zweiten Grunwald» jedoch sofort wieder laut. Bekräftigt wurde die Rezeption der Wehrmachtsoldaten als moderne Repräsentanten des deutschen «Drangs nach Osten» durch die Symbole auf ihren Waffen. Das Eiserne Kreuz, ursprünglich ein Militärorden, den Karl Friedrich Schinkel 1813 in Anlehnung an das Kreuz des Deutschen Ordens (schwarzes Kreuz auf weißem Grund) entworfen hatte, «zierte» Panzer der Wehrmacht und Maschinen der Luftwaffe und erinnerte nur allzu deutlich an die Geschichte des Mittelalters. Auch die Schleifung des Jagiełło-Denkmals in Krakau durch die Deutschen 1939 verstand man in Polen als Racheakt der Nachfahren des Deutschen Ordens.

Der Sieg 1945 wurde daher als «zweites Grunwald» gefeiert. Im Jahr der deutschen Niederlage fand die erste polnische Siegesfeier auf dem Schlachtfeld von 1410 statt. Teile des Reichsehrenmals Tannenberg waren beim Rückzug der Wehrmacht noch von deutschen Pionieren gesprengt worden. Die Särge Hindenburgs und seiner Frau waren vorher evakuiert worden und ruhen heute in der Elisabeth-Kirche in Marburg. Die Backsteine und Steinquader des monumentalen Denkmals fanden beim Wiederaufbau von Warschau bzw. bei der Gestaltung des sowjetischen Ehrenmals in Olsztyn (Allenstein) Verwendung.

In der Nachkriegszeit war Grunwald mit seiner Symbolik fester Bestandteil der offiziellen Erinnerungspolitik in Polen. Schulen, Brücken und Straßen wurden nach Grunwald benannt. Die Pflege der Grunwald-Tradition war ein Spiegel der deutsch-polnischen Beziehungen. Die Nichtanerkennung der polnischen Westgrenze (Oder-Neiße-Grenze) durch die Bundesrepublik stimulierte die Erinnerung an Grunwald durch die Propaganda der Volksrepublik. Trotz einiger Tendenzen zur Verwissenschaftlichung und Kritik aus der marxistischen Geschichtswissenschaft konnte sich die Kontinuitätsthese des fortwährenden deutschen «Drangs nach Osten» in der polnischen Nachkriegshistoriographie halten. Die Bundesrepublik wurde als latenter Gegner und als revanchistischer Erbe des Deutschen Ordens bezeichnet. Auftrieb bekamen solche Bilder durch die Wiederzulassung des Deutschen Ordens in der Bundesrepublik und die Ernennung Adenauers zum Ehrenritter. Die Fotos, die den Kanzler im Ordensmantel zeigten, wirkten in Polen alarmierend.

Die Feierlichkeiten zum 550. Jahrestag der Schlacht von 1410, die mit den Milleniumsfeiern in Polen zusammenfielen, wurden zu einer Demonstration des polnischen Nationalgefühls. Bei Grunwald wurde 1960 ein monumentales Denkmal eingeweiht, eine Erinnerungsstätte sowohl für das «erste Grunwald» von 1410 als auch für das «zweite Grunwald» von 1945. Auf einem weitläufigen Areal wurden acht meterhohe Quadersteine mit Ritterköpfen und eine Skulptur aus Stahlrohren, die die Lanzen des Ritterheeres symbolisieren, aufgestellt. Im Zentrum des Denkmals steht ein großes Amphitheater, in dem modellhaft die angenommene Schlachtenaufstellung von 1410 dargestellt wird. In einem Grunwald-Museum sind Nachbildungen der erbeuteten Banner von 1410 ausgestellt. Die Einweihung des Areals war Teil eines multimedialen Gedenkprogramms, zu dem auch die Neuauflage und Verfilmung der *Kreuzritter* von Sienkiewicz zu zählen sind.

Noch 1990 wurde der 15. Juli im Grunwald-Denkmal mit mehreren zehntausend Gästen, darunter hochrangigen Vertretern aus dem In- und Ausland, gefeiert. Erst die vertragliche Anerkennung der polnischen Westgrenze im Juni 1991 führte zu einer deutlichen Abschwächung der offiziellen Grunwald-Traditionspflege in Polen. Seitdem lassen sich ein Umschwung der Ängste vom deutschen «Drang nach Osten» zum russischen «Drang nach Westen» und eine Betonung der antirussischen bzw. antisowjetischen Symbole in der eigenen Geschichte beobachten. Bereits 1990 gedachte man des 20. August, des Jahrestages des «Wunders an der Weichsel» von 1920, als sowjetrussische Truppen von den Polen mit Hilfe französischer Kräfte zurückgeschlagen wurden, intensiver als des 15. Juli. Ein Jahr später begingen den Jahrestag von Grunwald auf dem Schlachtfeld nur noch die Delegationen polnischer Pfadfinder.

VIII.

In der Bundesrepublik wurde die Erinnerung an Tannenberg nach 1945 vor allem von den Vertriebenenorganisationen gepflegt. Noch Mitte der achtziger Jahre finden sich in ihren Publikationen die Interpretationsmuster des 19. Jahrhunderts wieder: Tannenberg «[...] ist Symbol geworden für die Gefährdung der Ostprovinzen, vor allem gegenüber dem Ansturm zahlenmäßig großer Scharen, die aus den Weiten des Ostens nach Westen vordrangen und Not, Tod und Zerstörung brachten. Umwittert von der Tragik des eigenen Versagens steht das Jahr 1410 wie auch 1945 vor unseren Augen, vergangen ist die Freude über den Sieg von 1914 [...]. Tannenberg ist für uns Deutsche also ein Mahnmal [...] für das Aufeinanderprallen der Ideen des abendländisch geprägten Westens mit den Urkräften des davon nur wenig berührten Ostens.»[34]

Tannenberg wurde zum generationentrennenden Topos der Nachkriegszeit. Heute wissen nur noch wenige junge Deutsche – ganz im Gegensatz zu ihren polnischen Altersgenossen –, welche Ereignisse sich mit der Benennung einer Tannenberg-Schule, -Kaserne oder -Allee verknüpfen. Das bedeutungschwere Thema hat vor allem in den historisch-wissenschaftlichen Diskurs Einzug gehalten. Einen wesentlichen Beitrag zur Entideologisierung des Blicks auf Tannenberg leistete die polnische und deutsche Geschichtswissenschaft. Besonders seit den sechziger und siebziger Jahren begann sich die Forschung in der Bundesrepublik kritisch mit der deutschen Geschichte im Osten Europas auseinanderzusetzen und sich zunehmend von den überkommenen Stereotypen der «Ostforschung» zu trennen. Auch die deutsch-polnischen Schulbuchkonferenzen haben seit den siebziger Jahren zu einer Annäherung der beidseitigen Geschichtsbilder geführt.

Ist Tannenberg nun ein aussterbender Gedächtnisort? Außerhalb der geschichtswissenschaftlichen Literatur erinnern uns heute in Deutschland nur noch wenige Einschreibungen und Benennungen an jenes Symbol, das über Jahrhunderte das Trennende zwischen Polen und Deutschen zu verkörpern hatte. In Polen ist die Erinnerung an Grunwald noch präsenter, doch hat sie auch dort viel von ihrem emotionalen Potential verloren. Im Zeichen der Annäherung beider Staaten ist die Bewahrung der Erinnerung an Tannenberg in seiner historischen wie symbolischen Dimension der Zunft der Historiker zugewiesen worden. Die Chiffre der Trennung wird in Zeiten der Begegnung nicht mehr gebraucht.

Pierre Ayçoberry

Der Bolschewik

In den ersten fünfzig Jahren nach der Oktoberrevolution war die öffentliche Meinung in Deutschland besessen vom Feind im Osten. In der graphischen Produktion setzte sich bald eine typische Darstellung mit bestimmten Erkennungsmerkmalen durch. In schriftlichen Äußerungen hingegen wurde die genaue Bezeichnung im Singular – «*der* Bolschewik» – wenig gebraucht, die Autoren bevorzugten anscheinend ältere Identifizierungsmuster – «der Russe» –, abstraktere – «der Bolschewismus» – oder zusammengesetzte Begriffe wie «jüdisch-bolschewistisch». Heißt dies, daß die visuelle Botschaft immer vereinfachend war und die schriftliche immer komplex?

I.

Plakate und die Titelseiten der Zeitungen sind die Vitrinen der politischen Vorstellungswelt. Je mehr Talent die Zeichner haben, desto genauer muß die Bildbetrachtung sein, will man ihre verborgenen Absichten aufdecken. Aus der reichhaltigen Produktion in der Weimarer Republik, im Dritten Reich und in der Nachkriegszeit können an dieser Stelle nur drei repräsentative Beispiele wiedergegeben werden, aber wir versuchen, andere Beispiele mit dem unzulänglichen Mittel der Beschreibung vor dem geistigen Auge erstehen zu lassen.

Der Feind tauchte 1919 auf einem Plakat der BVP auf. Sein Name stand ausgeschrieben und im Singular zu lesen (etwas Neues, das sich später nicht wiederholte). Aber er war dargestellt als Person ohne besondere Erkennungsmerkmale, abgesehen von einer rötlichen Weste, einer (phrygischen?) Mütze und einer Fackel, die er über einer Deutschlandkarte schwenkte. Damit wurde die innere Bedrohung ohne einen weiteren Hinweis als die traditionelle Verbindung mit Brandstiftung evoziert. Die französische Rechte der damaligen Zeit legte genausowenig Phantasie an den Tag, ihr fiel nichts anderes ein als der «Mann mit dem Messer zwischen den Zähnen».[1]

In der Folgezeit gewann das Bild an Präzision: Alle Zeichner setzten der Gestalt die spitz zulaufende Mütze mit einem Symbol auf (manchmal ein Stern, manchmal Hammer und Sichel), das für die Rote Armee stand. Das Gesicht war in unterschiedlichem Grad abschreckend: eine mehr oder weniger stark verzerrte Fratze bei den Sozialisten, ein Totenkopf oder asiatische Züge bei den Nazis. Die Wirkung der vereinfachenden Darstellung wurde oft durch eine taktische Absicht konterkariert, wenn die Zeichner auf indirektem Weg neben dem Hauptfeind noch andere Feinde zu treffen versuchten. So zeigte ein sozialistisches Plakat von 1930 gleich drei bedrohliche Silhouetten: den Bolschewiken und den Mann mit dem Stahlhelm im Hintergrund, den SA-Mann in der Mitte im Vordergrund. Eine positive Gestalt fehlte, und damit wirkte das Plakat eher entmutigend.[2] 1932 wurde der Irrtum korrigiert: Jetzt hielt ein athletisch gebauter Sozialist seine als erschlaffte Marionetten dargestellten Gegner von ganz links und ganz rechts am Kragen gepackt, die Bildunterschrift verwies noch auf einen dritten Gegner, den *Herrenklub*.[3]

Die Propagandisten der NSDAP verstießen ebenfalls ohne zu zögern gegen das Gebot, alle Kräfte auf ein Ziel hin zu bündeln: Ein Plakat vom November 1932 zeigt ein Skelett in russischer Uniform und mit russischen Waffen, und die Legende teilt ironisch mit, daß es von Papen und den anderen rechten Politikern dafür dankt, daß sie ihm den Weg bereitet haben.[4] Im Augenblick des Sieges gab es dann aber nur noch einen Feind, den Roten. Gleich am 21. Januar 1933 zeigte der *Illustrierte Beobachter* einen Totenkopf mit spitzer Mütze, der sowjetische Kinder verschlang, die mit Waffen spielten.[5] Am 9. April bekundete der *Kladderadatsch* seine Unterwerfung mit einem Bild unter der Überschrift *Die Rettung*, auf dem Hitler als Ritter seine Lanze in den Hals eines Wesens mit Tigergesicht und der gewohnten spitzen Mütze bohrte, eine Art böser Geist, der es angeblich «auf die Arbeiterseele» abgesehen hatte.[6]

Wir überspringen das Dritte Reich. Damals verlor das Bild des Feindes gewissermaßen seine ursprüngliche Klarheit und vermischte sich mit dem Bild des Asiaten und des Juden. 1953 tauchte der alte Feind auf Wahlplakaten der CDU wieder auf, ohne die spitze Mütze und ohne zur Fratze verzerrtes Gesicht, nur Augen, Ohren und Kappe, aber die Erkennungszeichen waren da und erinnerten daran, daß die rote Gefahr immer noch drohte. Die Bildunterschrift «Alle Wege des Marxismus führen nach Moskau» zielte direkt auf die SPD und löste einen Skandal aus.[7]

Graphisch ist das Gespenst, das ausgetrieben werden soll, auf einige wenige elementare Merkmale reduziert, der Rest des Bildes dient dazu, die Furcht der Öffentlichkeit zu betonen, und in der Legende sollen mögliche Komplizen entlarvt werden. In schriftlichen Äußerungen verfuhr man genau umgekehrt: Vorwürfe, Beschuldigungen und wirre Anklagen wurden *ad nauseam* erhoben, bis der Feind schließlich alle bleibenden Merkmale verlor und zuletzt auch noch den Namen.

II.

Solange der Bolschewik keine Bedrohung der inneren Ordnung darstellte, wurde sein Bild auf den Russen übertragen, insbesondere auf den «asiatischen» Russen, Gemeinplatz der deutschen Polemik seit dem 16. Jahrhundert. Und als es Ende des 19. Jahrhunderts den Anschein hatte, daß Russen und Polen sich in der panslawistischen Bewegung verbünden würden, wurde der

Der Bolschewik

Wahlplakat der SPD (1932)

Wahlplakat der NSDAP (1932)

Wahlplakat der CDU (1953)

Kampf, den erst Preußen und dann Deutschland an vorderster Front in Europa führte, als Kampf der Zivilisation gegen die Barbarei dargestellt, von Sozialisten wie Marx und Engels genauso wie von Konservativen und Nationalisten. Die Katholiken machten keine Ausnahme: In der Ausgabe des *Kirchenlexikons* von 1897 stand zu lesen, die Großrussen seien keine reinen Slawen, sondern rassisch mit Finnen und Mongolen vermischt.

Nach Ausbruch des Krieges 1914 lösten diese irrationalen Ängste eine Welle von Gerüchten über angebliche Vergewaltigungen aus, die russische Soldaten in Ostpreußen begangen haben sollten. Die Presse schrieb sogleich von «Barbaren», «asiatischen Horden» und machte für die Exzesse bald ihr «mongolisches Blut», bald ihre «Kulturlosigkeit» verantwortlich. Später, nach vielen blutigen Schlachten, betrachteten die deutschen Soldaten ihre Feinde mit gemischteren Gefühlen und empfanden manchmal sogar Mitleid mit den armen Muschiks, die unfähigen Vorgesetzten ausgeliefert waren. Die Revolutionen von 1917 und das Vorrücken der russischen Armee hatten zur Folge, daß diese ambivalenten Gefühle auf ein neues, in seinen Konturen noch nicht klar erkennbares Rußland übertragen wurden: Durch die Revolution war Rußland möglicherweise eine Bedrohung für Europa, aber als Land, das sich zum Pazifismus bekannte, wurde es objektiv zum Verbündeten der mitteleuropäischen Mächte.

Doch als die revolutionären Truppen die deutsche Armee überrannt hatten und nun die deutsche Gesellschaft bedrohten, verließ das Gespenst des Bolschewiken die fernen Ebenen des Ostens und richtete sich in beängstigender Nähe ein. Die unmittelbarste Reaktion kam von den Männern der Freikorps, die aufgerufen waren, die Grenzen nach Osten und die Ordnung im Inneren zu verteidigen. Klaus Theweleit hat Veröffentlichungen aus ihrem Umkreis so etwas wie einer nachträglichen Psychoanalyse unterzogen und dabei eine eigentümliche Mischung von Faszination und Abscheu gegenüber dem Feind gefunden, der mit einer Naturkatastrophe verglichen wurde – «die rote Flut» –, und insbesondere gegenüber den Frauen, die Helferinnen der roten Kämpfer waren und manchmal auch selbst kämpften. Manche Angehörige der Freikorps gaben offen zu: «Die Begriffe Puff, Kneipe, Verbrecher, Kommunisten [sind] bei mir unlösbar miteinander verknüpft.» Andere wie Ernst von Salomon, der mit mehr Distanz schrieb, leugneten nicht, daß sie Bewunderung für diese feurigen, verrückten, besessenen Bolschewiken empfanden, gegen die sie im Baltikum gekämpft hatten.

Diese Art von Ambivalenz ist auch bei einigen Theoretikern der Rechten zu erkennen. Rein von der Begrifflichkeit her fiel es ihnen anscheinend schwer, das Phänomen beim Namen zu nennen, sie bildeten entweder das russische Wort nach («die Bolschewiki») oder versahen es mit einem pejorativen Suffix («das Bolschewikitum»). Aber sehr bald schon tauchten viele Interpretationen auf, die theoretische Ansprüche mit denkbar vulgären Klischees vermischten. Ein erstes Thema war die Kontinuität: Die Revolutionen von 1917 seien nur ein neuerlicher Bruch des russischen Volkes mit dem Westen, die Anführer der Revolution hätten das Erbe der Zaren angetreten, das erkläre die «asiatischen», «tatarischen», «mongolischen» oder «skythischen» Erscheinungsformen des neuen Rußland. So schrieb Möller van den Bruck im Februar 1920: «Ebenso war nur die Wiederkehr einer russischen Erscheinung, daß der Wille, der die Bewegung [...] leitete, im Kreml der weißen Zaren saß und den Kopf eines tatarischen Despoten trug. Asiaten wurden seine Garden und Chinesen waren seine Schergen.» (Die seltsame Erwähnung der Chinesen erklärt sich vielleicht aus Gerüchten über angebliche Foltermethoden der Tscheka, die in unserer Zeit Ernst Nolte in einer speziellen Weise wieder ins Gespräch gebracht hat.) Andere wetterten dagegen, daß die Juden die Macht in der Sowjetunion in Händen hielten. All diese Kontroversen hatten auch praktische Konsequenzen: Ausgehend von der Idee der Kontinuität konnte man für eine Annäherung zwischen Deutschland und Sowjetrußland plädieren, weil beide Länder angeblich Opfer der Westmächte geworden waren. Die These der jüdischen Herrschaft hingegen führte zu der Schlußfolgerung, die rote Gefahr sei allgegenwärtig. Der Sieg Stalins über Trotzki, gedeutet als der Sieg des mehr oder weniger asiatischen Russen über den Juden, wurde dann als Ankündigung einer möglichen Wiederannäherung begrüßt.

Die Nazis griffen dieses Thema bereitwillig auf und rückten seine rassistischen Aspekte in den Vordergrund. Die Partei rühmte sich, in der Person des Balten Rosenberg einen Experten zu haben, der bereits 1922 unterschieden hatte zwischen dem russischen Volk, das anarchisch sei, aber nicht mordlustig, und den Anführern der Tscheka, Juden, Litauern, Polen, Armeniern und Ungarn.[8] Hitler selbst «entdeckte» wahrscheinlich irgendwann zwischen Frühling 1919 und Sommer 1920 die Identität zwischen Bolschewismus und Judentum und die enge Verflechtung zwischen den beiden jüdischen Internationalen, dem Finanzjudentum und der jüdischen Revolution.[9] Später versuchte er im zweiten Band von *Mein Kampf* diese intuitiven Äußerungen in einen historischen Zusammenhang einzuordnen, wonach der Zarenstaat seine einstige Macht dem «germanischen Element» verdankt habe, das heißt den Balten. In der Revolution seien die Balten durch die Juden ersetzt worden mit der doppelten Folge, daß die Macht im Inneren geschwächt und nach außen der Anspruch auf die Weltherrschaft erhoben worden sei.[10] Die Kommunisten betrachtete Hitler mit der gleichen Mischung aus Haß und Bewunderung, die wir bereits bei den Freikorps gesehen haben. Deshalb war die Parteipropaganda bemüht, während sich die SA mit ihnen anlegte, ihr Bild von der Sowjetunion zu erschüttern: «In Wirklichkeit hat der Bolschewismus durch unmenschlichen, blutigsten Terror Millionen Menschen das Leben genommen, sie erschossen, abgeschlachtet oder unter furchtbarsten Qualen zu Tode gemartert.» Hinter dem politischen Gegner dräute stets das Ungeheuer aus dem Osten.[11]

Auch in katholischen Kreisen bediente man sich dieser Sprache mit rassistischen Untertönen. Selbst Zeitschriften mit intellektuellem Anspruch käuten das Klischee vom angeblichen Gegensatz zwischen dem «wahren», christlichen Rußland und dem, wie ein über den Vertrag von Rapallo besorgter Kommentator es ausdrückte, «von jüdischen Bolschewiken geführten, der russischen Bevölkerung ein Tatarenjoch auferlegenden Sowjetrußland» wieder. Als Papst Pius XI. 1931 zu Gebeten für die russischen Christen aufrief, die als Märtyrer gestorben waren, beeilte sich die katholische Presse darauf hinzuweisen, daß im Falle eines Sieges der Kommunisten derartige Verfolgungen auch in Deutschland drohten. Um alle Verirrungen der Moderne zu brandmarken – Schundpresse, Abtreibung, Psychoanalyse und so weiter –, übernahmen die katholischen Redakteure sogar den von der extremen Rechten geprägten Begriff des *Kulturbolschewismus*.

In der Sozialdemokratie hatte man seit 1903 die Auseinandersetzungen zwischen Bolschewiken und Menschewiken genau verfolgt und viel über die strategischen Konsequenzen diskutiert: Mußten sich die Aktivisten der Partei in Rußland wie in Deutschland dem Gesetz von der Abfolge der Revolutionen – erst die bürgerliche, dann die proletarische – beugen, wie Marx es verkündet hatte, oder durften sie besondere Umstände ausnützen, um den Lauf der Geschichte zu beschleunigen und die erste Phase zu überspringen? Doch es war zu beobachten, daß angesichts der Ereignisse von 1917 selbst strenge Theoretiker «bürgerliche» Gemeinplätze, Mutmaßungen über die Psychologie des russischen Volkes und ethnologische Phantastereien aufgriffen. Die Friedenserklärung im Oktober 1917 hatte ihnen noch erlaubt, mit Sympathie von den «russischen Klassengenossen» zu sprechen. Die Auflösung der verfassunggebenden Versammlung zerstörte jedoch alle Aussichten auf ein demokratisches Rußland und weckte Empörung selbst bei manchen Unabhängigen: Von «Putschismus», «bolschewistischer Soldateska», «russischen Experimenten» und so weiter war die Rede. Und als schließlich der Bürgerkrieg und die Diktatur des Proletariats Deutschland bedrohten, mußte man die Gleichsetzung von Kerenski und Ebert, von Lenin und Liebknecht durch die Spartakisten widerlegen. Nein, entgegneten die jetzt regierenden Sozialdemokraten, die beiden Länder durfte man nicht vergleichen, der Voluntarismus und die Brutalität der Bolschewiken waren der Beweis für die strukturelle Rückständigkeit der sowjetischen Gesellschaft, die keine Kader des Bürgertums und des wissenschaftlichen Sozialismus vorweisen konnte. Von seinem Katheder in Wien heftete Kautsky dem Leninismus das Etikett «tatarischer Sozialismus» an und nannte ihn dann in einer eher an Marx gemahnenden Sprache «asiatischer Despotismus». Die Partei schlug den gleichen Weg ein und schrieb beispielsweise in ihrem Programm von 1920 über die Wahl «zwischen westeuropäisch-demokratischen und russisch-terroristischen Methoden», während die unabhängige Linke diese Alternative ablehnte und sich schließlich mit den Kommunisten vereinigte. In den Jahren der

Stabilisierung ebbte die Polemik ab und setzte 1928 als Folge innerer politischer Spannungen und Stalins Kurswechsel wieder ein. Die beschleunigte Modernisierung der sowjetischen Gesellschaft, die bestimmte rechte Kreise beeindruckte, lieferte den Diskussionen im sozialistischen Lager ein neues Thema: Der linke Flügel bewunderte sie, aber die Mehrheit sah darin nur ein weiteres Zeichen für die Rückständigkeit Rußlands.

Wie reagierten nun die deutschen Kommunisten auf den Vorwurf, Komplizen eines barbarischen Regimes zu sein? An dieser Stelle ist ein kurzer Exkurs angebracht, um inmitten all der kritischen Äußerungen die Versicherungen ihrer Treue hervorzuheben. Nach dem Sieg der KPdSU und der Niederlage ihres deutschen Satelliten wurde unvermeidlicherweise erstere den Aktivisten von letzterer als Vorbild hingestellt: «Ex Oriente lux», schrieb Ernst Däumig. Doch diese Sprachregelung endete in beinahe mystischen Ergüssen, in denen das sowjetische Proletariat als «Fleisch vom Fleische, Blut vom Blute» seiner Brüder überall auf der Welt bezeichnet wurde. Der Lenin- und dann der Stalinkult kamen zum Kult um die Gründergestalten Karl Liebknecht und Rosa Luxemburg hinzu, Studienreisen in die UdSSR wurden wie Pilgerfahrten vorbereitet und organisiert. Die Symbole der deutschen kommunistischen Partei, fünfstrahliger roter Stern, Hammer und Sichel, wurden direkt aus dem Vaterland des Kommunismus übernommen – oder vielleicht sollte man eher sagen, von der Mutterkirche.

Um das Bild für die zwanziger Jahre abzuschließen, werfen wir noch einen Blick über die deutschen Grenzen hinaus. War der Bestand antibolschewistischer Bilder derart beschränkt? Die Begriffe, mit denen die französische Rechte die rote Barbarei bedachte, unterschieden sich nicht im geringsten von dem, was man in Deutschland lesen konnte. Es fehlte nicht einmal der Vorwurf der Komplizenschaft zwischen den Bolschewiken und den «Königen des Goldes», der «Kosmopolitenkaste», wie ein Kommentator schrieb. Und wie in Deutschland ließen sich auch in Frankreich Personen zu polemischen Exzessen hinreißen, die man für besonnener gehalten hätte. Der Soziologe C. Bouglé, Professor an der Sorbonne und Mitglied der radikalen Partei, beschwor 1919 «die Prätorianer der Roten Garde, die von deutschen und österreichischen Kriegsgefangenen unterwiesen und von chinesischen Henkern unterstützt» würden (ein weiteres Beispiel für die Verbreitung sado-masochistischer Phantasien!). So warf die SFIO 1922, wohl noch unter dem Eindruck des Schocks, den die Spaltung von Tours ausgelöst hatte, der Komintern «Machenschaften, Manichäismus, Verrat, Fallenstellerei, Demagogie und pseudowissenschaftliche Erklärungen» vor – dieselbe Litanei wiederholte ein so bedeutender Intellektueller wie Léon Blum. So erfüllte der Antikommunismus überall die gleiche Funktion: Er lieferte «ein absolutes Gegenmodell [...], das diabolische Element, das erforderlich ist, um jeden Glauben an positive Werte zu begründen».[12]

III.

Die Dämonisierung blieb lange Zeit verbal, das Dritte Reich ließ den Worten dann Taten folgen. Das Propagandaministerium konzentrierte seine Angriffe zunächst auf die Kommunisten im eigenen Land und richtete sie dann gegen die Komintern. Goebbels verkündete, entsprechend seiner Vorliebe für Beleidigungen mit medizinischen Ausdrücken, auf dem antikommunistischen Kongreß 1935, der Bolschewismus sei ein «pathologischer Wahnsinn», ersonnen von den Juden, um «die Völker und ihre Kulturen zu vernichten und die Barbarei zur Grundlage des Staatslebens zu machen». Zwei Jahre später widmete sich eine Wanderausstellung dem Thema der Greueltaten, die «Rote» unmittelbar nach Ende des Ersten Weltkriegs in Rußland, Ungarn und Bayern und in jüngerer Vergangenheit in Spanien begangen hatten.

Diese Kampagnen dienten dem Ziel, die Einbindung bestimmter Elemente in die deutsche Gesellschaft zu verstärken, die bislang noch am Rande der *Volksgemeinschaft* standen, zum Beispiel im Schulwesen und in den Religionsgemeinschaften. In Schulbüchern der Fächer Geographie und Deutschkunde konnten sie den jungen Lesern zwei widersprüchliche Bilder der Völker im Osten vor Augen stellen: einmal das traditionelle Bild einer breiten Masse plumper, aber unschuldiger Bauern und daneben das politisch korrektere Bild eines rassischen Gemischs von Slawen, Tataren und Mongolen unter jüdischer Führung. Insofern ist es sehr bemerkenswert, daß das Bild bis Kriegsbeginn relativ differenziert und wohlwollend blieb, ganz anders als die Karikaturen in Rundschreiben zur Volkserziehung. Die Kirchen waren in ihren Verlautbarungen vor 1933 hinreichend gegen den Kommunismus zu Felde gezogen, und so war es nun ein leichtes für sie, damit weiterzumachen. Das galt für die Katholiken ebenso wie für die Protestanten, für die Bekennende Kirche genauso wie für die Deutschchristen. Die Anpassung an den Geist des Regimes geschah aus taktischen Gründen wie auch aus Überzeugung: Indem die kirchlichen Würdenträger bei einem der weniger kompromittierenden Themen in den öffentlichen Diskurs mit einstimmten, hofften sie, den Beweis ihrer Loyalität zu erbringen. Mit der Verurteilung der Christenverfolgung in der Sowjetunion zielten sie zugleich auf die antireligiösen Kampagnen der Nazi-Partei. Diese «Ambivalenz» wurde besonders deutlich in den Predigten des Münsteraner Bischofs von Galen im Juli 1941, als sich Protest gegen die Ermordung von Geisteskranken mit Zustimmung zum Feldzug gegen die Bolschewisten mischte.

Himmler und seine Theoretiker unterfütterten Formeln, die zu Gemeinplätzen geworden waren, mit einer gewissermaßen tragischen Geschichtsphilosophie. Die wissenschaftliche Beschäftigung mit Osteuropa, die sogenannte «Ostforschung», lieferte das Thema des uralten Kampfes zwischen Germanen und Slawen. Mit weniger Skrupel bemächtigte sich die Elite der SS der Geschichte und deutete sie um zum Kampf der Arier gegen die aufeinanderfolgenden Inkarnationen des Bösen: die Hunnen, Karl den Großen, den «Sachsentöter», die Mongolen und so weiter bis hin zu den Bolschewiken. Auf das russische Volk wurde die in *Mein Kampf* skizzierte These angewendet, daß es von der Natur zur Unterwerfung bestimmt sei (Slawen = Sklaven) und nacheinander von germanischen Aristokraten, den Wikingern, den Balten und zuletzt von der bolschewistischen Elite unter Führung des «jüdisch-tatarischen Lenin» unterjocht worden sei. Dabei habe es seine ursprünglichen Tugenden verloren und sei sämtlichen asiatischen Lastern anheimgefallen.[13] So schickte das Dritte Reich seine Truppen in den Osten, ausstaffiert mit einem ideologischen Arsenal, das Haß auf die Führung der Feinde predigte, aber deren Untertanen gegenüber eine Mischung aus Verachtung, Furcht und Mitleid an den Tag legte.

Der Krieg zog sich in die Länge, und damit kam für die Vorstellungen vom Feind die Stunde der Wahrheit. Wie war es zu erklären, daß die Rote Armee so beharrlich kämpfte, wenn sie doch nur aus Untermenschen bestand? Wie war es zu erklären, daß die nach Deutschland verschleppten Menschen aus der Sowjetunion, Männer wie Frauen, Kriegsgefangene wie Zwangsarbeiter, so geschickt arbeiteten, so zivilisiert waren, ja teilweise sogar Frömmigkeit zeigten? Die gesamte Rassentheorie geriet ins Wanken. Die ersten Reaktionen des Propagandaapparates waren ungeschickt: Bald hieß es, die Tapferkeit der sowjetischen Soldaten sei nur eine animalische Reaktion, geboren aus der Angst, andernfalls von den Kommissaren erschossen zu werden, bald wurde behauptet, diese unechten Soldaten, «berittene Mongolen und motorisierte Untermenschen» (Rosenberg) könnten nur einen unechten Krieg führen, einen Partisanenkrieg. Kurzum, die Rote Armee verdiente den Sieg nicht und würde ihn deshalb nicht erringen.

Die Niederlage von Stalingrad machte diese Argumentation zunichte, und nun wurden die komplizierten Konstruktionen durch Anstachelung zum Haß abgelöst. In der Wochenschrift *Das Reich,* die sich an eine kultivierte Leserschaft richtete, räumte Schwarz van Berk anerkennend ein, man habe die militärische Ausbildung der jungen Sowjetsoldaten und «die Fähigkeit des östlichen Menschen zum engen Fanatismus» unterschätzt. Im nächsten Satz prangerte er, ohne den Widerspruch zu registrieren, die Barbarei der «Horden» an, insbesondere der sibirischen Divisionen. Auf jeden Fall mußten die Deutschen, wollten sie den Feind zurückdrängen, nicht nur standhaft sein, sondern genauso fanatisch wie er. Dieses Ziel hatte Goebbels bei seiner Rede im Berliner Sportpalast am 18. Februar 1943 vor Augen: Er wollte Haß schüren, indem er ein Schreckensszenario entwarf. Das Vorrücken der Roten Armee wurde mit entmenschlichenden Bildern beschrieben: Vom «Aufstand der Steppe» war die Rede, vom «Krieg der mechanisierten Roboter», und die verschiedenen Etappen des Vormarsches wurden wie in einer bizarren Spiegelung in Begriffen beschrieben, die man wortwörtlich, wenn auch mit anderen Vorzeichen, auf die deutsche Armee hätte anwenden können: «Hinter den vorstürmenden Sowjetdivisionen sehen wir schon die jüdischen Liquidationskommandos.»

Unterdessen waren die Eroberer über die Behandlung der unterworfenen Bevölkerungsgruppen uneins. Aus den «wissenschaftlichen» Erkenntnissen der Rassenlehre konnte man widersprüchliche Schlußfolgerungen ableiten: J. Matthäus hat auf «die geringe Schärfe des vermittelten Feindbildes» hingewiesen, «das in seiner Überlagerung unterschiedlicher ‹Gegner›-Gruppen die Gleichsetzung von Juden und Bolschewiken wie auch jede andere Koppelung ermöglichte».[14] Auf der einen Seite schlugen Rosenbergs Mitarbeiter vor, man solle den sowjetischen Zivilisten ihre Integration in die europäische Völkerfamilie anbieten und aus ihnen «Helfer statt Heloten» machen, ihr Chef Rosenberg wollte wenigstens die Ukrainer und die Weißrussen bevorzugt behandeln. Aber derartige Anwandlungen wurden durch die Unerbittlichkeit der anderen Nazi-Führer und insbesondere Hitlers erstickt. Zwar entwickelte Hitler in nächtlichen Vorträgen im kleinen Kreis manchmal wenig orthodoxe Gedanken, in denen er Stalin rehabilitierte und bewunderte als Nachfolger Peters des Großen, der einen funktionsfähigen Staat und eine schlagkräftige Armee geschaffen habe und beide, Staat und Armee, von allen jüdischen Einflüssen befreit habe. Derartige Hirngespinste sind bezeugt, allerdings ist es übertrieben, daraus zu schließen, wie R. Zitelmann es getan hat, daß Hitler an sein eigenes Gerede über die jüdisch-bolschewistische Weltverschwörung nicht geglaubt habe. Schließlich ging die gnadenlose Ausbeutung des besetzten Landes weiter, während die Propaganda schärfer als je zuvor darüber wetterte, daß die Barbarenvölker und ihre «verjudeten» Führer gemeinsame Sache machten.

Aus den von der militärischen Führung ausgegebenen «Mitteilungen an die Truppe» sprachen die gleiche unbarmherzige Haltung gegenüber der «verjudeten» bolschewistischen Elite und die gleiche Unsicherheit gegenüber der einfachen Bevölkerung. Die Elite wurde definiert anhand einer Liste der zu liquidierenden Gruppen, die Keitel aufgestellt und Heydrich übernommen hatte: Verantwortliche der bolschewistischen Partei und der Verwaltung, politische Kommissare in der Armee, «Intelligenzler», Juden und alle «fanatischen» Kommunisten. Die Beschreibungen der einfachen Soldaten in der Roten Armee hingegen waren widersprüchlich. Mehrere Generäle – Reichenau, Manstein, Hoth, Blumentritt – befürworteten offen einen Rassenkrieg gegen die «Untermenschen». Umgekehrt warnte ein Rundschreiben des Oberkommando des Heeres (OKH) die Soldaten, sie hätten keine unwissenden Muschiks mehr vor sich, sondern durchaus gebildete Männer, die mit komplizierteren Waffen umgehen könnten. Etwas später versuchte das OKH zu unterscheiden zwischen den angeblich rassisch gemischten Großrussen, den Weißrussen, die «echtere Slawen» seien, und den kultivierteren Ukrainern.

Die Konkurrenz der «Mitteilungen» wiederholte sich noch einmal im Herbst 1942, als es um die Indienststellung einheimischer Hilfstruppen ging:

Das OKH führte die Gelehrigkeit und Zuverlässigkeit des russischen Menschen ins Feld, während das Oberkommando der Wehrmacht bei seiner Verachtung für die «Passivität der Slawenmassen» blieb. Die Debatte wurde erst Anfang 1944 entschieden. Die ideologische Unterweisung der Truppe lag künftig in den Händen von sogenannten «NS-Führungsoffizieren», die einerseits die Fähigkeiten der feindlichen Soldaten anerkannten, andererseits keinen Unterschied zwischen den einfachen Soldaten und ihren Herren sehen wollten und ihr kategorisches Urteil fällten: «Der Bolschewist stellt [...] eine gefährliche Bedrohung des gesamten Abendlandes dar.» Ein Jahr später schienen sich diese Prophezeiungen durch die Gewalttaten, die russische Invasoren gegen die deutsche Zivilbevölkerung verübten, zu bestätigen, und eine Flugschrift der Weichselarmee mit der Überschrift *Rotmord* endete mit der Feststellung: «Das sind keine Menschen mehr, das sind vertierte Scheusale.» Dennoch verschlossen einige vor diesem apokalyptischen Alptraum die Augen und unterschätzten den Feind weiterhin. So zitierte Goebbels am 9. April 1945 in seinem Tagebuch beifällig General Schörner: «Wenn man den Bolschewiken richtig anpackt, [ist] er unter allen Umständen zu schlagen.» *Der* Bolschewik, der so lange hinter unterschiedlichen Umschreibungen verborgen gewesen war, tauchte nun endlich wieder mit seinem richtigen Namen und im Singular auf, wie ein Schreckensbild, das seinen Triumph ankündigte.[15]

Inwieweit ließen sich die einfachen Soldaten, die *Landser,* von ihren Kommandeuren beeinflussen? Omer Bartov hat eine Sammlung von Feldpostbriefen untersucht, die von eindeutig politisierten Soldaten geschrieben wurden, und weist ganz klar nach, daß sie vollkommen im Einklang mit den offiziellen Schlagworten standen: Für sie war es immer ein Krieg Europas gegen Asien, die feindlichen Soldaten waren «Steppensöhne, die von fanatischen Untermenschen kommandiert wurden», das russische Volk wurde von der politischen Führung irregeleitet und so weiter.[16] Klaus Latzel hat ebenfalls Feldpostbriefe untersucht und eher neutrale Äußerungen gefunden: Immer wieder taucht in den Briefen der Gegensatz zwischen russischem Schmutz und deutscher Sauberkeit auf. Partisanen werden mit Schimpfwörtern bedacht (Banditen, Ungeziefer ...), wie es bei allen Soldaten auf der Welt zu beobachten ist, wenn sie sich irregulären Kämpfern gegenübersehen, aber es fehlt die politisch korrekte Gleichsetzung von «Partisan = Jude». Der einfache Soldat auf der anderen Seite der Front ist für die Deutschen immer «der Russe» oder «Iwan», höchst selten «der Bolschewik». Man kann folglich nur eine «Teilidentität der Motive zwischen Wehrmachtsoldaten und Nationalsozialismus» feststellen. Allerdings war das Verhalten der Truppe in diesem Krieg brutaler und krimineller als im vorhergehenden: In einer solchen Kreuzzugsatmosphäre konnte die einfache Feststellung, daß die Russen «dreckig» waren, sehr leicht zur Idee der «Säuberung» führen.[17]

IV.

In der Nachkriegszeit hielt die Erinnerung an die Gewalttaten der Roten Armee bei vielen Deutschen auf verhängnisvolle Weise das Schreckensbild des Bolschewiken wach und überdeckte etwaige eigene Schuldgefühle. In diesem Zusammenhang ist die zwischen 1953 und 1962 vom Bundesvertriebenenministerium in Bonn veröffentlichte *Dokumentation* aufschlußreich. Das Ministerium und die Vertriebenenverbände wollten daraus eine Waffe für ihren Kampf um die Rückgabe der verlorenen deutschen Ostgebiete machen, aber die verantwortlichen Historiker legten Wert darauf, die Ereignisse in den Zusammenhang der allgemeinen Geschichte des Krieges einzuordnen: Der geplante zusammenfassende Band erschien letzten Endes nicht, weil darin allem Anschein nach die Verbrechen der Roten Armee als Reaktion auf das Vorgehen von Wehrmacht und SS erklärt, wenn nicht gar entschuldigt worden wären. In der kurzen Einführung, die als historischer Kommentar dient, ist das Bemühen um Objektivität unverkennbar: So wurde beispielsweise ausdrücklich gewürdigt, daß sowjetische Offiziere manchmal einschritten und Gewaltakte unterbanden. Offen blieben indes die Gründe für diese Tragödie. Der biologische Rassismus war als Erklärungsmuster diskreditiert, aber es erschien zulässig, ideologische Faktoren anzuführen oder auf Stereotype über den angeblichen Nationalcharakter zu verweisen, und bisweilen, etwa bei Vergewaltigungen, kam ein kultureller Rassismus ins Spiel: «Man wird [die Vergewaltigungen] teilweise auf jene, besonders in den asiatischen Gebieten Rußlands noch nachwirkenden Traditionen und Vorstellungen zurückführen müssen, nach denen die Frauen [...] eine dem Sieger zustehende Beute sind.»[18]

Die Erinnerung an jene tragischen Monate verblaßte nicht so schnell. Die Kommunisten im Osten begriffen, daß sie ihre Herrschaft nicht auf der «unverbrüchlichen Freundschaft mit der UdSSR» aufbauen konnten, ohne die belastende Vergangenheit auszulöschen. Ende 1948 versuchte R. Herrnstadt in einem Artikel mit der Überschrift «Über die ‹Russen› und über uns», ohne das Wort «Vergewaltigung» zu erwähnen, rückblickend die Rachegelüste der «russischen» Soldaten zu rechtfertigen, und warf den Feinden des Sozialismus vor, sie wollten aus diesen traumatischen Erinnerungen Kapital schlagen.[19] War das ein Ergebnis dieser beschwichtigenden Parolen und ihrer unermüdlichen Wiederholung in der «sozialistischen Erziehung»? Umfragen in der DDR dreißig Jahre später zeigten, daß die Vergewaltigungen und Plünderungen nicht vergessen waren, daß die Erinnerung aber durch Denkverbote entstellt war: Man glaubte nun, daß Gewaltexzesse umgehend geahndet worden seien, daß die Polen und die Tschechen viel schlimmer gewütet hätten und so weiter. In der Bundesrepublik hingegen gebrauchten die Befragten bei einer parallel durchgeführten Untersuchung noch das Wort «bestialisch» zur Beschreibung der sowjetischen Soldaten. Wie wenig derartige Rekonstruktionen *a posteriori* mit der Realität zu tun haben, wird besonders deutlich daran, daß die Befragten im Westen angaben, die Truppen an vorderster Front hätten sich korrekter verhalten als die Reserven, während die Befragten im Osten genau das Gegenteil schilderten.[20]

Zeitgenössische ausländische Beobachter und Historiker in späterer Zeit haben ausführlich beschrieben, wie der Antikommunismus zwanzig Jahre lang von den Bonner Regierungsparteien ausgebeutet wurde. Man ist sogar versucht, eine gewisse Seelenverwandtschaft mit dem Dritten Reich zu konstatieren angesichts der Tatsache, daß die offiziellen Bonner Stellen dieselben Journalisten und Karikaturisten beschäftigten, die schon Goebbels gedient hatten. Tatsächlich entstammten die Begriffe in dieser Auseinandersetzung eher traditionellen Gemeinplätzen als einem spezifisch nazistischen Erbe. Als beispielsweise Adenauer auf dem CDU-Parteitag 1951 «asiatisches Heidentum» und «europäisches Christentum» einander gegenüberstellte, nahm er nur um des rhetorischen Effekts willen alte Schlagworte der Kirchen aus der Zeit vor 1933 auf. Ansonsten sprach er in Interviews mit Journalisten eher von «Russen» und «Rußland» als von «Sowjets» und «Bolschewiken». In seiner Umgebung waren ähnliche, gewissermaßen archaische Reminiszenzen zu beobachten: Während sich die Gründerväter der Bundeswehr auf das christliche Abendland beriefen, stellten bestimmte konservative Historiker wieder Europa und Asien einander gegenüber und entwickelten Vorstellungen über die Psyche des «Russen an sich». Die Totalitarismustheorie, die auf die Gemeinsamkeiten von Nationalsozialismus und Sowjetkommunismus abhob, stellte der jungen Republik gewissermaßen einen Persilschein aus, weil sie das Erbe des einen ableugnete und zum Kreuzzug gegen das andere aufrief.[21]

Die in der Nachkriegszeit regelmäßig durchgeführten Umfragen zeigen, daß das Thema lebendig blieb. Es ist nicht verwunderlich, daß die nach und nach von der UdSSR freigelassenen Kriegsgefangenen voller Verachtung über die Menschen in der Sowjetunion sprachen (sie nannten sie «die Kanaken») und deshalb immer noch Mühe hatten, den Ausgang des Krieges zu begreifen. Der Umstand ihrer späten Freilassung, dazu die Erinnerung an den Winter 1944/45, erklären, warum im Herbst 1948 bei einer Umfrage 71 Prozent der Bevölkerung in der amerikanischen Zone sagten, der Kommunismus sei «ganz und gar schlecht». Es ist auch nicht verwunderlich, daß die Partei der heimatlos Gewordenen (BHE) die Vertreibungen am Ende des Krieges als machiavellistischen Plan des Bolschewismus zur Destabilisierung des Westens darstellte. Erstaunlicher ist eher das allgemeine Unwissen über die Realitäten in der Sowjetunion: Ebenfalls 1948 meinten zwei Drittel der Deutschen, die Analphabetenquote in der Sowjetunion läge bei 50 Prozent und darüber! Das uralte Bild vom ungebildeten Muschik erwies sich als sehr zählebig. Und während die Wissenschaftler sich bemühten, Parallelen zwischen Nationalsozialismus und Kommunismus aufzuspüren, hatte die öffentliche Meinung ihre Wahl bereits getroffen: Unmittelbar nach der Niederlage erklärten 35 Prozent der Deutschen, wenn sie vor die Entscheidung gestellt wären, würden sie lieber unter einem kommunistischen Regime leben, 19 Prozent wollten lieber unter einem nationalsozialistischen Regime leben. Vier Jahre später hätten sich 2 Prozent für den Kommunismus entschieden und 43 Prozent für den Nationalsozialismus.[22]

Bilder und Ideologien überleben oft die Umstände, aus denen sie entstanden sind. Das gilt auch für den Antibolschewismus, der in der Bundesrepublik weiterexistierte, als seine Hauptzielscheibe, die kommunistische Partei in der Sowjetunion, längst das Adjektiv «bolschewistisch» abgelegt hatte. Allein die beständigen Reibereien mit der DDR hätten ausgereicht, das Überleben des Antibolschewismus sicherzustellen. Darüber hinaus wurde das Erbe in den Familien und den Schulen von der älteren Generation an die jüngere weitergegeben. Der Soziologe Walter Hofmann sammelte 1967 die Irrtümer und Verkürzungen in den am weitesten verbreiteten Gemeinschaftskundelehrbüchern: Der Marxismus wurde auf atheistischen Materialismus und die Abschaffung jeglichen Privateigentums reduziert, Dialektik wurde mit skrupellosem Machiavellismus gleichgesetzt, und immer wurde das Gespenst der Revolution an die Wand gemalt. Übersetzt in die Sprache von Gymnasiasten, ergab dies bei Umfragen 1959 und noch 1966 das stereotype Bild, der Russe sei «grausam, hinterhältig, eroberungssüchtig».[23]

Wir können indes unsere Untersuchung Mitte der sechziger Jahre abschließen. Der Begriff «Bolschewismus» verschwand allmählich aus dem politischen Sprachgebrauch und wurde durch verschiedene Begriffe für einen neuen «staatsgefährlichen» Gegner ersetzt, die außerparlamentarische extreme Linke. Viele einfache Bürger erschreckte das Aufbegehren ihrer Kinder oder Kindeskinder mehr, als die letzten Zuckungen des in Auflösung begriffenen bolschewistischen Phantoms es vermochten.

Aus dem Französischen von Ursel Schäfer

ZERRISSENHEIT

Der Topos von der deutschen Zerrissenheit ist so alt wie die Frage, was deutsch sei. Die deutschen Humanisten, die nach einem Herkunftsmythos der Deutschen suchten, um endlich mit Italienern und Franzosen wetteifern zu können, waren auf die neu aufgefundene *Germania* des römischen Historikers Tacitus gestoßen. Neben manchem Schmeichelhaften über die mit den Deutschen gleichgesetzten Germanen enthielt sie allerdings Ärgerliches: Der Freiheitsdrang der Germanen verhindere ihre Einheit, weshalb sie in andauernde Kämpfe untereinander verwickelt seien. Genau so, fanden die Gelehrten des 16. Jahrhunderts, stehe es auch mit dem zersplitterten Heiligen Römischen Reich deutscher Nation. Das Bild des durch innere Streitigkeiten seiner Schwungfedern beraubten Reichsadlers wurde oft gebraucht.

Doch wenn auch die deutsche Zersplitterung oft beklagt worden ist, so hatte noch bis zum Ende des 18. Jahrhunderts als Abhilfe durchaus nicht ein nationalstaatlicher Zusammenschluß, sondern die Stärkung der «deutschen Libertäten» gegolten. Dank der Reichsverfassung hatten sich – wenn auch nach schmerzlichen Auseinandersetzungen – eine religiöse Vielfalt und ein friedliches Zusammenleben der Konfessionen entwickeln können, die in Europa einzigartig waren. Die Pluralität der Herrschaften und Residenzen, der Sitten und Gebräuche, der Theater und Universitäten, so faßte es Christoph Martin Wieland zusammen, befördere Kultur und Humanität. Darüber hinaus hatte die Zersplitterung der europäischen Mitte jahrhundertelang Europa in Balance gehalten. Dieser Raum war diplomatisches Glacis im Frieden, europäisches Kriegstheater im Konfliktfall. Eine geballte Staatsmacht konnte deshalb in der Mitte Europas nicht entstehen. Für Jean-Jacques Rousseau war das «Corpus germanicum» die «Basis des politischen Systems Europas und seines Gleichgewichts».

Ganz anders wiederum ein Jahrhundert später. Im Zeichen des entstehenden deutschen Nationalstaates wurde die deutsche «Kleinstaaterei» als Quelle allen Übels denunziert und der Wunsch nach der Einheit als dem höchsten Ziel immer lauter. Für den Liberalen Karl von Rotteck waren «Eifersucht und Zwietracht» unter den deutschen Stämmen «der große Fehler des deutschen Lebens». Im Zuge der Industrialisierung wurden die alten Streitigkeiten – wie zum Beispiel zwischen Nord und Süd, West und Ost, Katholizismus und Protestantismus – reaktiviert, während neue soziale, politische und ideologische Gegensätze hinzukamen. Viele der besten Geister – etwa Heinrich Heine, Friedrich Nitzsche, Thomas Mann – litten unter diesen Spannungen und Widersprüchen, fanden in ihrer Zerrissenheit aber auch eine Quelle ihres Schaffens und steigerten sie bis zum Äußersten: «Man nennt Heine den zerrissenen», bemerkte 1835 Gustav Theodor Fechner, «ungefähr wie man Goethe den großen nennt». In einem unsicheren Land, das für lange Zeit zu sich selbst nicht finden konnte – «Die Deutschen sind von vorgestern und vor übermorgen – sie haben noch kein Heute» (Nietzsche) –, nahm die Versuchung zu, die schöpferische Vielfalt Deutschlands als zerstörerische Zerrissenheit umzudeuten.

Ein einziges Mal in der deutschen Geschichte schien es, als ob der Traum der restlosen Beseitigung der «Zerrissenheit» in Erfüllung gehen würde. Mit den Mitteln des totalitären Staates setzte das Dritte Reich alles daran, die regionale, politische und kulturelle Vielfalt Deutschlands zu unterdrücken. Doch das hieß Terror und Völkermord, Krieg und Zerstörung, und danach Jahrzehnte der Teilung. Die Chance besteht, daß mit dem Fall der Mauer der Mythos der «deutschen Zerrissenheit» sein Ende findet.

Friedrich Prinz

Der Weißwurstäquator

Ein eher kabarettistisches Thema, sollte man meinen, aber packt man es an, so ergibt sich ein ganzes Bündel eng mit ihm verbundener Aspekte und Probleme, und flugs taucht hinter der vordergründigen Kulisse eines unterhaltsamen Bavaricums die große Frage nach Nord und Süd in der deutschen Geschichte auf. Man könnte sogar provokativ sagen, daß es eigentlich erstaunlich ist, daß schließlich doch eine gewaltige Machtkonzentration zwischen «Etsch und Belt» entstand, die nur zu oft Deutschlands Nachbarn das Fürchten lehrte. Gibt es also politische und mentale Bruchstellen in unserem geschichtlichen Bewußtsein, die durch die feierlichen Deklarationen über die Einheit des Reiches und den neuen Kaiser aus dem Hause Hohenzollern, welche man am 18. Januar 1871 im Spiegelsaal von Versailles verkündete, nur überspielt wurden? Die lange Vorgeschichte der Einbindung Bayerns und Süddeutschlands insgesamt in das Reichsprojekt Bismarcks und die bis zur letzten Minute währenden Verhandlungen um die neue Kaisertitulatur, die den Eisernen Kanzler wieder einmal bis an den Rand eines psychischen Kollaps trieben, scheinen für die Stabilität und Dauerhaftigkeit eines (süd)deutschen Bewußtseins zu sprechen, für das die Maingrenze als deutsche Binnengrenze ebenso bedeutsam war wie die andere binnendeutsche Grenze, die mit dem Begriff «Ostelbien» verbunden ist und seit 1989, unter völlig gewandelten, ja konträren Verhältnissen, im DDR-geprägten Sonderbewußtsein der neuen Bundesländer verschiedentlich unfröhliche Urstände feiert. Oder man denke an das nationale Schlagwort: «Der Rhein, Deutschlands Strom, nicht Deutschlands Grenze» (Ernst Moritz Arndt 1813), ein wirkliches «Schlag»-Wort, mit dem für unser Gegenwartsbewußtsein lange und bittere Zeiten einer angeblichen «Erbfeindschaft» zwischen Deutschland und Frankreich verbunden sind: Der Kampf um Grenzen setzte offenbar ein grundsätzliches Grenzbewußtsein voraus, das dann seinerseits massive Konfrontationsmechanismen erzeugte, die letztendlich mit zum Ausbruch des Ersten Weltkriegs, der «Ursünde Europas», führen.

Wenden wir uns nach diesen Vorüberlegungen dem Nord-Süd-Komplex deutscher Geschichte zu, der im doppelten Sinne ein Komplex sein mag; umkreisen wir lüstern das Weißwurst-Syndrom bayerischer Provenienz, würzen wir es mit einer kleinen Prise separatistischer Nebengedanken, kurz: sehen wir einfach mutig vom Telos deutscher Einheit ab, bürsten wir Geschichte etwas gegen den Strich und fragen uns ganz naiv, welche anderen Möglichkeiten deutscher Geschichte es im Blick auf das Nord-Süd-Problem derselben gegeben hat, und bemühen wir uns, diesen Aspekt stärker ins Bewußtsein zu heben. Wir lassen daher entschlossen die von der Historikerzunft zu Tode diskutierten Probleme der karolingischen Reichsteilungen und der Entstehung des Deutschen Reiches ante verbum beiseite und ebenso die Frage, ob Herzog Tassilo III. als Gegenspieler Karls des Großen der erste Bannerträger des deutschen Föderalismus aus bajuwarischer Sicht gewesen ist? Dafür gibt für unser «Nord-Süd-Kontrastprogramm» die frühe Ottonenzeit, also die erste Hälfte des 10. Jahrhunderts, einiges her.

Ein erstes Auseinanderdriften des ostfränkischen Karolingerreiches schien mit der sogenannten «Doppelwahl» von 918/19 gegeben zu sein, als einerseits Sachsen und Franken den sächsischen Stammesherzog Heinrich zum König des Ostfrankenreiches erhoben und die Bayern, wohl im Bunde mit dem schwäbischen Herzogtum, ihren Herzog Arnulf zum König «in regno Teutonicorum» wählten. Damit war die akute Gefahr der Spaltung des Ostfrankenreiches, also des späteren Deutschlands gegeben. Doch der Ottone Heinrich verstand es bekanntlich mit seiner vorsichtigen Schritt-für-Schritt-Politik, die Einheit wiederherzustellen, die sein Sohn, Otto der Große, mit großer Energie auf Dauer konsolidierte. Bayern fügte sich dieser straffen Reichsherrschaft und mußte ältere Ambitionen in Italien aufgeben, die Herzog Arnulf bis zu seinem Tode 937 gehegt hatte. Durch die Vermählung von Ottos jüngerem, rebellischen Bruder Heinrich mit Arnulfs Tochter Judith lebte das luitpoldingische Herzogshaus in weiblicher Linie weiter, und damit normalisierte sich das Verhältnis zwischen Süden und Norden, wofür es einen amüsanten, mentalitätsgeschichtlich aufschlußreichen Beleg gibt. Aus der Tradition des Regensburger Reichsklosters St. Emmeram berichtet der Mönch Otloh (ca. 1010–1079) folgende Geschichte: Otto der Große war vom Abt mit seinem Gefolge zu einem Festmahl eingeladen worden, wobei der Kaiser wohl über den Durst getrunken haben muß, denn er begann, sicher zur Erheiterung der bayerischen Mönche, plötzlich plattdeutsch zu «snaken» («iucundissime saxonicans», heißt es bei Otloh). Andere aus dem Hofstaat hatten offenbar auch zuviel gebechert, denn einer von ihnen wagte es, an der Wunderkraft des heiligen Emmeram zu zweifeln, worauf ihm der Heilige selbst aus der Mauer heraus eine «solchene Watsch'n» versetzte, daß er wie tot umfiel und erst durch das Gebet der Mönche wieder zum Leben erweckt werden konnte.

Mit Kaiser Heinrich II. (1002–1024), dem «Heiligen», Sohn eines bayerischen Herzogs, endete die ottonische Dynastie, und nun verlagerten sich die Machtzentren des Reiches für lange Zeit in den Süden, zu dem auch der Ober- und Mittelrhein als Kraftzentrum des Reiches («vis maxima imperii») gehörte: Salier- und Stauferkaiser hatten dort ihren stärksten Rückhalt, und das bedeutete unter anderem, daß diese süddeutschen Dynastien im Norden des Reiches – also, wenn man so will, nördlich der Mainlinie – oft einen schweren Stand hatten. Der nördlichste Stützpunkt ihrer Königsmacht war der Harz und besonders das Gebiet um Goslar; es mußte wegen des ertragreichen Silberbergbaus der Rammelsberger Gruben gegen erbitterten Widerstand des sächsischen Adels behauptet werden. In der norddeutschen Ebene gab es auch keine salischen und staufischen Reichsländereien, die durch Reichsministerialen für den König und Kaiser organisiert und verwaltet wurden, so daß man für die breite West-Ost-Region der norddeutschen Tiefebene nur von einer stark reduzierten Königsherrschaft sprechen kann. Einem süddeutsch-alamannischen Adelsgeschlecht, welches auch das Herzogtum Bayern etwa 100 Jahre innehatte, gelang jedoch durch eine spektakuläre Heirat der Sprung nach Norddeutschland, und es schien drauf und dran zu sein, die Staufer zu überrunden: die Welfen. Unter Heinrich dem Löwen konnten sie eine gewaltige Position, einen Machtriegel aufbauen, der von der Nordsee über Bayern und Schwaben bis nach Oberitalien reichte. Der Sturz Heinrichs im Jahr 1180 löste diese weitausgreifende Verklammerung von Nord und Süd wieder auf. Nunmehr erstreckte sich das staufische Reichs- und Hausgut, von Schwaben zwischen Lech und Bodensee ausgehend, über das Elsaß und die «Rheinschiene» zum dicht besetzten und verwalteten Franken zwischen Speyer, Mainz, Frankfurt, Nürnberg und weiter zum Egerland sowie im Norden, schon wesentlich ausgedünnter, von Aachen über Kaiserswerth und Dortmund bis Goslar und zur Harzburg als der wichtigsten Burg der Region. Die Königsherrschaft verdichtete sich nochmals in der südöstlich anschließenden Mark Meißen und im Vogtland, womit der staufische Machtring sich mit dem Egerland gleichsam schloß. Etwas paradox könnte man sagen, daß die «Mainlinie» des 12. und 13. Jahrhunderts vom Niederrhein bis zum Harz reichte. Nimmt man das zuerst salische, dann welfische und nach 1180 wittelsbachische Bayern mit hinzu, dann umgreift dieser eben umschriebene süd- und mitteldeutsche Raum gleichzeitig jene geistige Region des Alten Reiches, in der mit der höfischen mittelhochdeutschen Literatur die erste Laienkultur Deutschlands entstand. So provokant dies vielleicht klingen mag: Deutschland entfaltete sich als politische und kulturelle Macht zuerst in Süd- und Mitteldeutschland und entlang der «Rheinschiene». Wie man an den Reisewegen und Aufenthalten salischer Herrscher ablesen kann, war Norddeutschland wesentlich lockerer an die Reichsherrschaft gebunden und erhielt erst mit der Hanse eine eigenständige politische Organisation.

Nach dem Vorlauf der fränkisch-alamannisch-bayerischen althochdeutschen Literaturblüte bildete sich im mittelhochdeutschen Sprachmedium, einer Schöpfung des Südens, eine gemeinsame, über Stammesgrenzen hinwegreichende und damit gleichsam «kompatible» deutsche Literatursprache, von der sich der norddeutsch-niederländisch-flämische Sprachraum mit seiner Literatur deutlich abschichten läßt. Dennoch bleibt die Einheit des mittelalterlichen Reiches gewahrt, die 1184 im berühmten Mainzer Hoffest Kaiser Friedrich Barbarossas symbolische Gestalt gewann. Auf diesem pfingstlichen Hoftag fand auch die Schwertleite zweier Kaisersöhne statt und ebenso die Erhebung des mächtigen Grafen Balduin V. von Hennegau zum Reichsfürsten. Es war «die erste große Selbstdarstellung der ritterlich-höfischen Gesellschaft und Kultur» und gleichzeitig Repräsentation kaiserlicher Macht, die sich – wenn auch jeweils deutlich abgestuft – über Norden und Süden des Reiches erstreckte und Burgund wie Reichsitalien mit einschloß.

Fassen wir die bisherigen Überlegungen zu unserem Problem der Mainlinie zusammen und stellen einfach fest, daß eine solche nicht in Sicht war und auch noch lange nicht in Sicht sein würde. Hier kann uns ein weiter Blick über Jahrhunderte hinweg darüber belehren, daß ursprünglich süddeutsche Dynastenfamilien wie die Welfen und Hohenzollern durch ihren «Sprung» in den Norden groß und mächtig wurden. Wir treten mit dem 12./13./14. Jahrhundert in die Epoche des Aufbaus dynastischer Territorien ein, deren Prototyp die eben erwähnte Grafschaft Flandern-Hennegau der Balduine war. Das verwirrende Kräftespiel territorialer Interessen, das 1250, nach dem Tode Kaiser Friedrichs II., sich rasant verstärkte, kannte erst recht keine wie immer geartete Scheidelinie zwischen dem Süden und dem Norden des Reiches, sondern übersprang dieselben spielend durch dynastische Heiraten, die oft mit Landgewinn oder Anwartschaften darauf verbunden waren. Das Vorbild der Welfen machte hier Schule, denen der Sprung in den Norden gelungen war.

Man sollte meinen, daß im Gefolge der Reformation sich eine klare, geistlich-mentale Gliederung Deutschlands in Nord und Süd ergeben hätte, und in der Tat lassen sich Momente deutlicher Unterscheidung erkennen, die aber teilweise schon vor der Reformation erkennbar sind; etwa an der Ausbildung niederdeutscher und oberdeutscher Sprachlandschaften. Grenzlinien sind dennoch schwer festzustellen, da ein breiter Streifen mitteldeutscher Sprachkultur sich von den fränkischen Territorien des Westens über Thüringen und Sachsen bis nach Schlesien erstreckte, der bekanntlich für die Ausbildung der neuhochdeutschen Schriftsprache seit Martin Luthers sprachschöpferischer Bibelübersetzung wichtig wurde. Allen gelegentlich gemachten Abstrichen zum Trotz, hatte die Sprache des Reformators weitreichende, unifizierende Wirkung, da sie den mitteldeutsch-thüringisch-obersächsischen Wortfundus mit Elementen norddeutscher und süddeutscher Sprachkultur anreicherte. Welche vorbereitende Rolle dabei im 14./15. Jahrhundert die frühdeutsche Amtssprache der Prager Kanzlei der Luxemburger spielte, ist umstritten.

Mentale Unterschiede zwischen Süd und Nord hat es schon vor Luther gegeben, er selbst ist dafür ein Zeuge. In einer seiner berühmten «Tischreden», worin er die deutsche Sprache als die vollkommenste lobt und ihr Ähnlichkeit mit dem Altgriechischen nachsagt, heißt es nämlich: «Es sind aber in deutscher Sprach viel Dialecti, unterschiedene Art zu reden, daß oft einer den anderen nit wohl verstehet, wie Bayern, Sachsen etcetera [sich] nit recht verstehen, sonderlich die nit gewandert sind [...].» Im selben Tischgespräch holt Luther zu einem moralisch wertenden Stammesvergleich aus, der unserem Nord-Süd-Problem schon sehr nahe kommt. Es heißt da nämlich: «Wenn ich viel reisen sollt, wollt' ich nirgends lieber denn durch Schwaben und Bayernland ziehen, denn sie sind freundlich und gutwillig, geben gern

Herberge, gehen Fremden und Wandersleuten entgegen und tun den Leuten gütlich und gute Ausrichtung um ihr Geld. Hessen und Meißen tuen es ihnen etlichermaßen nach, sie nehmen aber ihr Geld wohl drum» [d. h. sie sehen mehr auf Geld als die Bayern und Schwaben]. Ganz anders wird aber Niederdeutschland beurteilt. «Sachsen [Niedersachsen] ist gar unfreundlich und unhöflich, da man weder gute Wort noch zu essen gibt. Sie sagen: ‹Lewe Gast, ick weit nicht, wat ick ihn te eten gewen soll; dat Wif ist nicht daheimen, ick kann ihn nicht herbergen.› Ihr sehet hie zu Wittenberg, wie unfreundlich Volk es hat, fragen weder nach Ehrbarkeit noch Höflichkeit, noch nach der Religion, denn kein Bürger läßt seinen Sohn studieren [...].» Seltsam genug, dieses Stammeslob und diese Stammesschelte, wobei seine Thüringer wegen ihrer Hartherzigkeit und ihrem Geiz besonders schlecht wegkommen. Seltsam auch Luthers letzte Anmerkung über den mangelnden Bildungswillen der Norddeutschen. Hier muß sich als Folge der Reformation vieles entscheidend geändert haben. Wem fällt hier nicht Goethes berühmtes Diktum über den Unterschied zwischen Nord und Süd ein, das sich in *Wilhelm Meisters Lehrjahren* findet und den Norden als den «gebildeten, aber bildlosen Teil» Deutschlands charakterisiert; dies wohl im Blick auf Gotthold Ephraim Lessing, Georg Christoph Lichtenberg, Immanuel Kant und auf die Hochburgen deutscher Gelehrsamkeit und pietistischer Seelenkultur in Göttingen, Wolfenbüttel, Halle und Leipzig.

Indes, generalisierende, pointierte Aperçus halten oft nur teilweise einer Überprüfung stand. Das zeigt schon ein Blick auf die Konfessionskarte Deutschlands, die übrigens zwischen 1546 und 1648, dem Ende des Dreißigjährigen Kriegs, durch die erbitterten Glaubenskämpfe starken Schwankungen unterworfen war. Auf den ersten Blick bestätigt sich wohl die Meinung, daß die Reformation die bereits angelegte Teilung Deutschlands in Nord und Süd wesentlich verstärkte. Aber bereits die Aufteilung des reformatorischen Lagers in den lutherischen Teil der Augsburger Konfession und in den Bereich der calvinisch-reformierten Kirche hatte geistesgeschichtlich bedeutsame Folgen. Das gilt in noch höherem Maße für die katholische Erneuerung Europas und Deutschlands, an welcher der Jesuitenorden maßgeblich Anteil hatte, dem auch der Aufbau eines ausgezeichneten Schulwesens zu verdanken war. Nicht zu übersehen sind die regionalen Fakten der Konfessionskarte des Alten Reiches. Mit spanischer Hilfe gelang es 1583 dem bayerischen Herzog Wilhelm V. (1579–1587/98) im «Kölner Krieg», das Erzbistum und sein Territorium kurz vor dem Übergang zum neuen Glauben als geistliche Sekundogenitur für das Haus Wittelsbach zu gewinnen. Damit waren auch die Rückkehr Kurkölns zum alten Glauben und der Erwerb einer Kurstimme verbunden. Umgekehrt behauptete sich die Reformation in Süddeutschland in der wittelsbachischen Pfalz, in Württemberg und in einer stattlichen Anzahl süddeutscher Reichsstädte, an deren Spitze Frankfurt, Nürnberg und die bikonfessionellen Städte Augsburg und Regensburg standen. Östlich angrenzend wurde das überwiegend protestantische Böhmen und Mähren, das zum Reich gehörte, nach der Schlacht am Weißen Berge bei Prag (1620) und nach der Hinrichtung der antihabsburgisch-protestantischen Anführer auf dem Prager Altstädter Ring (1621) durch harte Verfolgung rekatholisiert, wodurch die böhmischen Länder politisch wie kulturell von ihren alten Verbindungen zu Mittel- und Norddeutschland weitgehend abgeschnitten und kulturell dem katholischen Südeuropa zugeordnet wurden. Auch die dynastischen Verbindungen nach dem protestantischen Norden wurden weitgehend gekappt, wie man an der Stammtafel der Münchner Wittelsbacher seit der Gegenreformation ablesen kann.

Auch das 18. Jahrhundert als klassische Epoche der Aufklärung in Europa läßt keineswegs einen generellen Gegensatz zwischen dem «aufgeklärten», dem «gebildeten, aber bildlosen Teil» Deutschlands und dem katholisch-gegenreformatorischen Süden erkennen. Vielmehr zeigt die Forschung der letzten Jahrzehnte, daß sich parallel zur norddeutsch-protestantischen Aufklärung vor allem im österreichisch-bayerischen Raum, aber auch etwa im kurfürstlichen Mainz eine katholische Aufklärung entfaltete, deren geistige Träger vor allem gelehrte Barockprälaten gewesen sind. Reisende Literaten aus dem Norden wie Friedrich Nicolai (1733–1811) scheinen allerdings diese andere Art, aufgeklärt zu sein, nicht geschätzt zu haben; man merkt es oft am herablassenden Ton ihrer Berichte. Doch gibt es Nuancen. Der Publizist Karl Julius Weber (1767–1832), ein Württemberger, malt zwar das alte Bayern vor der Epoche Montgelas', des ersten Königs Max I. Joseph (1756–1825) und des jugendlichen Ludwig I. (1786–1868) ebenfalls in düsteren Farben und spricht abfällig von «der alten Pfaffenzeit». Um so mehr lobt er aber den neuen Staat und seine Reformen, «die vielleicht Bayern zum Muster deutscher Bundesstaaten erheben». Aufschlußreich ist vor allem Webers generelle Charakterisierung der Bayern, die für ihn zugleich den Unterschied zwischen dem Süden und dem Norden Deutschlands illustriert: «Der Bayer ist ein kräftiger Naturmensch, daher liebt er Trunk, Tanz und Wollust.»

Hier hat sich etwas zur Stereotype verfestigt, gleichsam zu einem farbigen Bildteppich verknüpft, zu dem der große bayerische Historiker und Humanist Johann Turmair, genannt Aventinus (1477–1534) – sicher ohne es zu wollen – schon Webfäden beigetragen hat, als er das bayerische Landvolk, die Bauern, mit kaum verhohlenem, leicht ironischem Wohlwollen folgendermaßen beschrieb:

«Das baierisch volk (gemainiglich davon zu reden) ist geistlich, schlecht [schlicht] und gerecht, gêt, läuft gern kirchferten [= Wallfahrten], hat auch vil kirchfart; legt sich mehr auf den ackerpau und das viech dan auf die krieg, denen es nit fast [= sehr wenig] nachläuft; pleibt gern dahaim, reist nit fast auß in frembde land; trinkt ser, macht viel kinder, ist etwas unfreundlicher und ainmütiger als die nit vil auskommen, gern anhaims eralten [= werden gern zuhause alt], wenig hantierung treiben, fremde lender und gegent haimsuchen; achten nit der kaufmannschaft, kumen auch die kaufleut nit fast zu inen [...].» Und noch deutlicher heißt es an anderer Stelle: «Der gemain mann, so auf dem gäu und land sitzt, gibt sich auf den ackerpau und das viech, liegt demselben allein ob, darf sich nichts ongschafft [= ohne Erlaubnis der Obrigkeit] understehn, wird auch in kein rat genomen oder landschaft [= Landesvertretung] erfordert. Doch ist er sunst frei, mag auch frei ledig eigengut haben, dient seinem herren, der sunst kein gewalt über ihn hat, jährlich gült, Zins und Scharwerk, tuet sunst was er will, sitzt Tag und Nacht bei dem wein, schreit, singt, tanzt, kartet, spielt, mag wehr tragen, schweinsspieß und lange Messer. Große überflüssige hochzeit, Totenmahl und Kirchtag haben ist ehrlich und unsträflich, reicht keinem zu nachteil, kumpt keinem zu übel [...].»

Das sind zwei mit Recht berühmte Zitate, die wohl in keiner bayerischen Geschichte fehlen. Dennoch gibt der humanistisch gebildete Altbayer Turmair ein verkürztes Bild, denn wo bleiben die feinen patrizischen Familien, die wir betend auf vielen Altartafelbildern Bayerns finden? Und wo bleiben die gelehrten Äbtissinnen oder die meist wohlgenährten, rundlichen Äbte und Prälaten, die Bayerns Bildungselite bis zum Ende des 18. Jahrhunderts waren? Mit einem Wort: Es fehlt das «andere Bayern» der Städte, die Welt Albrecht Altdorfers und der wittelsbachischen Residenzen sowie des städtischen Humanismus, die es neben der bäuerlichen Welt auch gegeben hat. So entstand aus einer doch recht selektiven Schilderung Bayerns eine noch viel selektivere, zählebige Stereotype, die sich durch die Jahrhunderte schleppte.

«Trunk, Tanz und Wollust» als bajuwarisches Spezifikum, das wurde eine Stereotype, die fatalerweise bis heute auch manche Bayern zu einer krachledernen Selbststilisierung verinnerlichen, welche der staunende «Nordländer» zu Ruhpolding und anderswo sehr zu Unrecht als unverfälschtes bayerisches Volkstum serviert bekommt. Sie geistert auch durch gewisse «bayerische Volksstücke» der primitivsten Art, hat aber mit echtem bayerischen Wesen kaum etwas zu tun. Karl Julius Weber fährt dann in seiner Charakterisierung der Bayern munter illustrierend und vergröbernd folgendermaßen fort: «Wenn der Bayer gut gegessen und getrunken hat, so ist es natürlich, daß er sich um die mit Ketten verwahrten Brustharnische [oder Mieder bayerischer Kellnerinnen] bekümmert, und im ganzen kann man das Geschlecht schön nennen. Man findet zwar nicht die geistige Bildung des Nordens, was mehr oder weniger der Fall im ganzen Süden ist, dafür aber weniger Prätentionen, Vornehmtun, Launen und Zierereien. Ich ziehe der geistigen Bildung das reichere Gemüt, das regere, joviale Leben, die größere Herzlichkeit und ungeschminkte Natur einmal vor – und nehme es nicht gerade von der sinnlichsten Seite.» Leider zitiert unser Autor in diesem Zusammenhang eine offenbar über Bayerns moralischen Zustand kursierende üble Anekdote, wonach ein Gascogner, in Bayern angekommen, sich bei einem Landsmann «nach einer gewissen Anstalt» erkundigte. ‹Oh, hier findest du das größte Bordell der Welt, zu Augsburg ist der Eingang und zu Passau die Hintertüre!› Die letzten drei Kurfürsten, die einige 70 wilde Kinder zusammenbrachten, mögen ein böses Beispiel gegeben haben. Indessen hätte der Gascogner gar wohl die Hintertüre noch viel weiter donauabwärts setzen dürfen.» Eine schreckliche Schablone, die sich übrigens schon bei dem hessischen Publizisten Johann Kaspar Riesbeck (1754–1786), dem Begründer der Neuen Zürcher Zeitung, findet. Auch er zog – eher amüsiert – über die sittlichen und geistigen Zustände Bayerns her, ebenso sein Freund und Kollege Johann Pezzl (1756–1823), den man einen «Österreichischen Voltaire» genannt hat. Pezzl ist insofern ein Sonderfall, als er selbst aus Mallersdorf in Niederbayern stammt und daher in seiner ironisch-kritischen «Reise durch den Baierischen Kreis» (1784) doch auch viel Treffendes anmerkt, etwa über das altbayerische Volksschauspiel. Es fällt übrigens auf, daß alle drei Autoren: Weber, Riesbeck und Pezzl, das Österreich Maria Theresias und Josephs II. wesentlich positiver beurteilten als Bayern vor 1799. Hier wird ihnen wohl die Bewunderung für deren aufklärerisches Wirken die Feder geführt haben. Ungerecht ist eine solche Unterscheidung zwischen Bayern und dem Habsburgerreich aber schon deshalb, weil in München zur selben Zeit ein aufgeklärter Fürst, Max III. Joseph (1727–1777) regierte, unter dessen Beihilfe auch die radikalere norddeutsche Aufklärung im Lande einzog.

Es gehört übrigens zu den echten oder scheinbaren Paradoxien deutscher Geschichte, daß die seit dem Siebenjährigen Krieg wachsende Macht und spätere Übermacht Preußens sich im letzten Viertel des 18. Jahrhunderts stabilisierend für Süddeutschland auswirkte. Kein Geringerer als Friedrich der Große hat nämlich durch einen Fürstenbund mehrere Anläufe Kaiser Josephs II. verhindert, nach dem Tode des kinderlosen Max III. Joseph und vor allem in der Regierungszeit des Kurfürsten Karl Theodor (1777–1799) Bayern dem Habsburgerreich durch Tauschprojekte einzuverleiben. Sicherlich hat der Preußenkönig dies nicht aus Liebe zu Bayern und dem bayerischen Volk getan, soll er doch – laut Karl Julius Weber – Bayern «ein irdisches Paradies, bewohnt von lauter Tieren» genannt haben, ein Diktum, das noch törichter war als sein mäkelndes Raisonnement über die deutsche Literatur seiner Zeit. Ihm ging es im Falle Bayerns lediglich darum, eine Vergrößerung der Machtstellung Habsburgs im Reich zu verhindern.

Lassen wir die auswärtigen Stimmen aus ganz Deutschland über Bayern beiseite, die bekanntlich bis zum heutigen Tage nicht verstummt sind und wohl auch nicht verstummen werden, und fragen wir nach dem genaueren Zeitpunkt, an dem für das bayerische Bewußtsein die Maingrenze mentalitätsmäßig bewußt und wichtig wurde. Es ist eine Grenze, die im vergröbernden Meinungsbild auch zur Folge hatte, daß unsinnigerweise – von Bayern aus gesehen – bis heute vielfach die deutschen Länder nördlich des Mains hinter dem ahistorischen Pauschalbegriff «Preußen» wie hinter einem verschleiernden Vorhang verschwinden; ein massenpsychologischer Zustand, der den berechtigten Protest der Rheinländer, Westfalen, Hannoveraner und Sachsen hervorruft. Ursprünglich war dieser falsche, uniformierende Blick auf Deutschland nördlich der «Maingrenze» zwar nicht gegeben, aber wohl insofern vorbereitet, als der Begriff der Mainlinie als «Trennungsstrich» zwischen Nord und Süd überhaupt erst nach der Schaffung des neuen Bayern durch Maximilian Graf Montgelas (1759–1838) möglich wurde.

Kein Geringerer als Johann Christoph von Aretin (1772–1824), wohl die schillerndste Figur im geistigen Leben der Montgelas-Zeit, wurde der Ideologe der Maingrenze. Umstritten war er schon als brachial vorgehender Säkularisator der bayerischen Klöster, deren Bücherschätze er jener Hofbibliothek zuführte, deren Direktor er wurde. Er trat 1809 mit einer heftig diskutierten Schrift über die positive Rolle Napoleons in Deutschland hervor, worin er als leidenschaftlicher Aufklärer denselben als den wahren Vertreter der «Deutschheit» feierte. Nach dem Sturz des Korsen eher dem nationalbayerisch-liberalen Lager zuneigend, wurde er ein Vordenker all jener politisch-gesellschaftlichen Kräfte, die Bayerns Eigenständigkeit stärken wollten. Das bestimmte auch Aretins Haltung in kulturellen Belangen, wo er sich entschieden gegen den zunehmenden Einfluß norddeutscher Gelehrter an der Bayerischen Akademie der Wissenschaften wandte. Er meldete sich dabei so wütend zu Wort, daß man ihn sogar eines Mordanschlags gegen den Pädagogen und Schulreformer Friedrich Wilhelm Thiersch (1784–1860) verdächtigte und deswegen all seiner Ämter enthob.

Vor diesem bewegten biographischen Hintergrund ist seine reiche wissenschaftliche wie publizistische Tätigkeit zu sehen. Erstere gipfelte in seinem Hauptwerk, dem «Staatsrecht der konstitutionellen Monarchie», das Karl von Rotteck fortsetzte; es wurde die «Bibel» des süddeutschen Liberalismus des Vormärz und der Revolution von 1848. Wichtig für unser Thema sind Aretins Zeitschriften «Aurora» und «Allemania». In der letzteren, die unter der kämpferischen Devise «Für Recht und Wahrheit» erschien, findet sich 1815 seine gegen Norddeutschland gerichtete Ideologie der Maingrenze, die hier erstmals als Politikum definiert wird. «Allemania» ist für Aretin eine «altteutsche Göttin», die «ihren Haß gegen alles Römische nicht unterdrücken kann». Aretin versteht aber unter «Teutschheit» nur Süddeutschland, das sich in einem «Südteutschen Bund» vereinigen müsse, denn: «Der erstarrte Blick findet im Norden nur Preußen, Engländer, Holländer, aber keine Teutschen [...]. Nur im Süden stehen die heiligen Reste des teutschen Reiches, zwei ganz teutsche Staaten, selbständig da; hier hat sich ein teutscher Volkscharakter entwickelt, dessen Daseyn allein ein Volk zum Rang einer Macht erhebt ... Unter allen vormaligen Reichsgliedern kann der Baier und der Württemberger allein sagen: er habe ein *teutsches* Vaterland!»

Von diesen kühnen, ideologischen Voraussetzungen aus, in denen Ethnisches und Politisch-Territoriales zu einer spezifisch süddeutschen Nationalidee verbunden wurden, erörtert Aretin anschließend unter vorwiegend militärisch-strategischen Aspekten sein Konzept der Abwehr des Nordens und stellt kategorisch fest: «Diese militärische Gränze bildet der Main [...].» «Von Bamberg aus bildet das Baireuther Oberland mit seinen Gebirgen eine leicht zu vertheidigende militärische Grenze bis hin, wo mit dem Passe von Eger die große europäische Festung, *Böhmen*, beginnt. So wie Eger im Osten, so würde Mainz im Westen den Schlußstein *dieser im höchsten Grade wichtigen Linie bilden*. Die Vortheile derselben sind eben so zahlreich als entscheidend: sie ist die kürzeste Linie, um Böhmen, Oesterreich und Baiern gegen jeden Angriff von Nordosten und Nordwesten zu sichern; [...] wer diese Linie mit gehöriger Macht behauptet, sitzt im Sattel von Teutschland, und kann den Krieg nach Wohlgefallen in den Süden oder den Norden spielen [...].»

Der Schreibtischstratege Aretin ist sich natürlich darüber im klaren, daß die Maingrenze als Verteidigungslinie einiger territorialer Arrondierungen zugunsten des Südens bedarf, und so polemisiert er etwa gegen die Bundesfestung Mainz und reklamiert sie für Bayern, denn diese Festung «vollendet erst das System der Main-Linie, man mag diese als *Operations-Linie* oder als Vertheidigungs-Linie betrachten». Auch Österreich wird in dieses strategische Konzept einbezogen: «Auf diese Weise würde die befestigte Mainlinie mit dem natürlichen *Bollwerk der Alpen* mittels der *Rheinlinie* in Verbindung gesetzt, und das Vertheidigungs-System von Südtteutschland und Oesterreich ergänzt und vollständig abgeschlossen.» Hier haben wir es mit einer Art Haushoferscher «Geopolitik» ante verbum zu tun, die auch schon das Problematische derselben erkennen läßt. In anderer Hinsicht sind Aretins Darlegungen noch aufschlußreicher, nämlich dafür, daß es trotz des Reichtums einer nun wirklich gesamtdeutschen klassischen und romantischen Literatur und Philosophie noch ein weiter Weg zu einem gesamtdeutschen, politischen Einheitsbewußtsein war. Jedenfalls gilt dies für breite Segmente der deutschen Gesellschaft in den einzelnen Bundesstaaten. Deutsches Nationalbewußtsein im eigentlichen Sinne entfaltete sich, getragen von einer liberalen Elite, die sich auch der wirtschaftlichen Notwendigkeit deutscher Einheit sehr bewußt war, erst zwischen 1750 und 1848 beziehungsweise 1866/70/71; insofern hat das Wort von Deutschland als der «verspäteten Nation» seine Richtigkeit. Aretins Beispiel zeigt aber auch, daß selbst Erzaufklärer und Erzliberale nicht automatisch gesamtdeutsch denken und handeln mußten, sondern daß sie die Struktur eines damals hochmodernen deutschen Einzelstaates als das beste Gefäß einer gedeihlichen gesellschaftlichen Entwicklung ansehen und verteidigen konnten.

Man wird Aretins Eifer für eine militärisch gesicherte Maingrenze besser verstehen, wenn man sie vor dem Hintergrund seines flammenden neubayerischen Staatsbewußtseins sieht, wie er es 1810 in seinem «Literarischen Handbuch für die baierische Geschichte und alle ihre Zweige» formuliert hat. Dort heißt es: «Nur dann, wenn wir machen können, daß der Baier nie Bürger eines anderen Staats als des baierischen werden kann, haben wir die Selbständigkeit von Baiern fest gegründet.» Der Autor fordert unter anderem eine eigene baye-

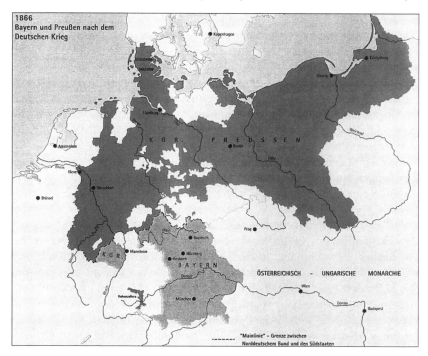

Bayern und Preußen nach dem Deutschen Krieg (1866)

rische Nationalkleidung, um zu verhindern, daß «unsere Baiern bloße Europäer bleiben». Europa scheint für ihn eher eine Gefahr als ein Gewinn zu sein, obwohl er zur gleichen Zeit Napoleon pries, dem gerade dieses einheitliche Europa ein Ziel gewesen ist. Aretin geht in seinem *Literarischen Handbuch* noch einen Schritt weiter ins extrem Ideologische: «Die Norddeutschen (mit wenigen Ausnahmen) verachten und hassen die Südteutschen, glauben sich weit vor ihnen voraus, und werden nie den herzlichen, unbefangenen Sinn derselben zu fassen oder zu schätzen wissen. Wenn es ihnen gelingt (wovor Gott sey) unsere üppige Lebensfülle mit ihrer nördlichen Kälte und Steifheit zu ersticken, so ist unser Vaterland unwiederbringlich zu Grund gerichtet.» Diese knappen Sätze offenbaren den tiefsten, psychologischen Grund, der Aretin zu seinem militanten Konstrukt der Main-Grenze veranlaßte.

Man vergleiche dieses Konzept mit den Hoffnungen, die der alte Goethe am 17. Oktober 1828 gegenüber Eckermann äußerte: «Mir ist nicht bange, [...] daß Deutschland nicht eins werde; unsere guten Chausseen und künftigen Eisenbahnen werden schon das ihre tun. Vor allem sei es eins in Liebe untereinander! Und immer sei es eins gegen den auswärtigen Feind. Es sei eins, daß der deutsche Taler und Groschen im ganzen Reich gleichen Wert habe, eins, daß mein Reisekoffer durch alle sechsunddreißig Staaten ungeöffnet passieren könne [...]. Es sei von Inland und Ausland unter deutschen Staaten überall keine Rede mehr. Deutschland sei ferner eins in Maß und Gewicht, in Handel und Wandel [...].» Setzt man anstelle «der deutschen Staaten» heute «der europäischen Staaten», so kann man die Modernität des politischen Denkens Goethes ermessen, muß aber zugleich mit hinzunehmen, daß der Dichter den deutschen Bund vor 1866 vor Augen hatte, in dem Österreich noch die Vormacht besaß oder zu besitzen glaubte. Gegen Berlin als Stadt wie als politischen Begriff hatte er nämlich im höheren Alter eine diskret verhüllte aber unausrottbare Abneigung.

Ein Gefühl der Fremdheit, genauer gesagt «Überfremdung» spielt auch bei dem langen Streit um die sogenannten «Nordlichter» in München eine Rolle, dessen Kontrahenten Johann Christoph von Aretin und Friedrich Heinrich Jacobi (1743–1819), ein Jugendfreund Goethes, waren. Da Jacobi von 1807 bis 1812 Präsident der Bayerischen Akademie der Wissenschaften war, machte Aretin vor allem ihn für die Berufungen «Norddeutscher» nach München verantwortlich. Es waren aber in der Mehrzahl Mitteldeutsche, Württemberger und Rheinländer, die auf königliche Initiative an die Isar kamen; unter anderen der Philosoph Friedrich Wilhelm Schelling (1775–1854), die Juristen Johann Anselm von Feuerbach (1775–1848) und Friedrich Carl von Savigny (1779–1861), der streitbare katholische Publizist Joseph Görres (1776–1848), der Schulreformer Friedrich Wilhelm Thiersch, der berühmte Chemiker Justus von Liebig (1803–1873) ein Hesse, und der Ranke-Schüler Heinrich von Sybel (1817–1895), der von König Max III. zum Aufbau des Historischen Seminars berufen worden war und noch am ehesten als echtes «Nordlicht» gelten konnte, wenn er auch gebürtiger Rheinländer war. Insgesamt waren es also gesamtdeutsche Kapazitäten, die von Ludwig I. und Maximilian II. ins Land geholt wurden, die viel zur kulturellen Neuorientierung Bayerns im 19. Jahrhundert beigetragen haben. Wenn sie überhaupt die Aretinsche Main-Grenze überschreiten mußten, kamen sie doch in bester Absicht und zumeist zum Vorteil Bayerns.

Für die Zeit bis zum Ersten Weltkrieg ist ein starkes Abflauen jener «Festungsmentalität» zu bemerken, die Johann Christoph von Aretin zu seiner Main-Grenze-Ideologie beflügelt hatte. Die «Prinzregentenzeit», in der sich München zum kulturellen Gegenpol Berlins entwickelte, ergab eine zumeist ausgeglichene Bewußtseinslage, die nur ab und zu durch Taktlosigkeiten Kaiser Wilhelms II. Irritationen erfuhr. Letztere wurden dann durch die antipreußischen Frozzeleien des *Simplicissimus* witzig illustriert. Der schnoddrige, besserwisserische preußische Offizier und der auftrumpfende Militarismus Kaiser Wilhelms II. sowie der arrogante, versoffene Korpsstudent, das waren die Zielscheiben des Spotts, nicht der «Norden» an sich. Gleichzeitig kämpfte man aber auch in einer Art «Zweifrontenkrieg» gegen den politischen Klerikalismus und gegen bürokratische Beschränktheit und Bierseligkeit im eigenen Lande. In diesem mentalen Milieu konnte dann auch die kämpferisch gemeinte Idee der Mainlinie peu à peu zum gemütlicheren «Weißwurstäquator» mutieren.

Schließlich könnte man Aretins Vorstellung von der Zweiteilung Deutschlands in Süden und Norden bis in die Zeitgeschichte hinein verfolgen, zumindest als ideologisches Relikt zu ganz anderen politischen Zwecken: etwa bei der Frontstellung der Münchner Räterepublik 1918/19 gegen «Berlin», oder bei Hitlers Putsch 1923, bei dem Bayern und München zur «Ordnungszelle» des Reichs deklariert wurden. Aber Ähnlichkeiten dieser Art gehen am Wesentlichen dieser totalitären Bewegung völlig vorbei. Es wäre dies, um mit dem großen deutschen Romancier hugenottisch-gascognischer Herkunft zu sprechen, «ein weites Feld». Fontane war es übrigens auch, der im *Stechlin* seine diskrete Liebeserklärung an die Süddeutschen und besonders die Bayern fast verschämt unterbrachte. Da heißt es: «Es ist doch merkwürdig, daß die Süddeutschen uns im Gesellschaftlichen immer um einen guten Schritt voraus sind, nicht von Bildungs, aber von glücklicher Natur wegen. Und diese glückliche Natur, das ist doch die wahre Bildung.» Seine weibliche Lieblingsfigur im Roman, die Gräfin Melusine, läßt er ebenfalls spontan bekennen: «All die Süddeutschen sind überhaupt viel netter als wir, und die nettesten, weil die natürlichsten, sind die Bayern.»

Kulinarischer Epilog

Im allgemeinen Sprachgebrauch hat es sich heute eingebürgert, «Maingrenze» und «Weißwurstäquator» gleichzusetzen, doch meinen beide Begriffe nicht immer dasselbe. Denn für den echten Altbayern beginnt wohl auch heute noch nördlich der Donau die «terra incognita» der fränkischen Lande, wenn nicht gar die dunkle Zone der «ultima Thule», gemeinhin Preußen genannt. Also hat die Donau als ursprünglicher «Weißwurstäquator» zu gelten. Allzu weit darf man allerdings für diese mythische Grenze nicht in die Vergangenheit zurückgehen, da die Weißwurst – die ursprünglich eher ein Arme-Leute-Essen gewesen ist, weil Fleisch rar und teuer war – erst am 22. Februar 1857 zu München das Licht der Welt erblickte; ein Glück, das ihr erfahrungsgemäß nur bis zum Zwölfuhrläuten vergönnt wird. Sie erlitt aber auch Schmähungen. Der bayerische Publizist und Antipode Ludwig Thomas, Josef Ruederer (1861–1915), bezeichnete seine Gegner als «Weißwurstphilister». Der Schriftsteller und «Brettl»-Autor Ernst von Wolzogen (1855–1934) würdigte hingegen als Schwabinger Koryphäe diese Viktualie poetischer und positiver Erwähnung. So dürfte sie wohl durch die geistige Mafia der *Simplicissimus*-Autoren zu ihrem heutigen Renommée gekommen sein. Dies alles ist bekannt, aber es wird ein ewiges Geheimnis deutscher und bayerischer Mentalitätsgeschichte bleiben, wem es zu verdanken ist, daß der «Weißwurstäquator» von der Donau an den Main verrutschte und damit die militante Grenzideologie des streitbaren Johann Christoph von Aretin gleichsam zivilisiert wurde.

Michael Werner

Heinrich Heine

Als sich 1887 in Düsseldorf ein Komitee bildete, um dem berühmtesten Sohn der Stadt ein Denkmal zu errichten, leiteten die Initiatoren eine Kontroverse ein, die zu den Lehrstücken der deutschen Erinnerungsgeschichte gehört. Die Idee zum Denkmal war von der Kaiserin Elisabeth von Österreich ausgegangen. Sie, eine tiefe, manchen Zeitgenossen etwas überspannt anmutende Heineverehrerin, hatte den Berliner Bildhauer Ernst Herter mit der Ausführung des Denkmals beauftragt und die Hälfte der Kosten übernommen. Die andere Hälfte sollte von den Bürgern aufgebracht werden. Zu diesem Zweck wurde im November das erwähnte Komitee unter Vorsitz des Oberbürgermeisters Lindemann gebildet, das einen Spendenaufruf erließ. Die Denkmalsinitiative führte indessen zu einer öffentlichen nationalen Debatte, die sich zwanzig Jahre lang hinziehen sollte. Die nationalistisch-antisemitische Gruppe um den einflußreichen Hofprediger Stöcker in Berlin brandmarkte Heine als Vaterlandsverräter. Die «deutschen Studenten der Universität Wien» betonten in einer Denkschrift aus dem Jahre 1893, Heine könne dem deutschen Volk kein Vorbild und Wegweiser sein: «Als Jude unfähig, deutsches Wesen zu verstehen und Freud' und Leid unseres Volkes zu teilen, hat er die Gaben der Bildung und des Wissens, für die er ihm danken sollte, mit falschem Judaslohn bezahlt, – als Heimatloser unfähig der Vaterlandsliebe, hatte er nur Hohn und Spott statt sittlichen Zornes und edlen Schmerzes.» Infolge solch massiver Kritik, die diskret von den konservativen Kreisen landaus landein gestützt wurde, nahmen die Düsseldorfer Stadtväter 1893 schließlich von ihrem Plan Abstand. Kaiserin Elisabeth, genannt Sissi, beugte sich dem Druck des Berliner Hofs. Heine wurde in dieser ansonsten so denkmalfreudigen Zeit nicht für würdig befunden, in der Reihe der großen Deutschen an öffentlicher Stelle auf einem Sockel zu stehen. So blieb seine ironische Vorhersage zunächst unerfüllt: «Ich werde wahrscheinlich die Zahl jener edelsten und größten Männer Deutschlands vermehren, die mit gebrochenem Herzen und zerrissenem Rock ins Grab steigen. In Düsseldorf wird mir dann wohl ein Monument gesetzt werden.»

Auch über den Fall Düsseldorf hinaus erweist sich die Geschichte der Heine-Denkmäler in Deutschland als überaus aufschlußreich. Sie führt drastisch die Schwierigkeiten vor Augen, die weite Kreise hierzulande mit Heine hatten, und beleuchtet so indirekt die Risse und Konflikte im Selbstbild der Deutschen. Führen wir kurz die wichtigsten Ereignisse an: Die Heine-Statue des dänischen Bildhauers Hasselrijs, die sich «Sissi» auf ihrer Privatresidenz Achilleon in Korfu hatte aufstellen lassen, wurde 1908 von Wilhelm II. abgeräumt. Der Verleger Campe ließ sie 1909 im Hof des Verlagshauses in Hamburg auf eigene Kosten aufstellen, d. h. auf einem Privatgelände – der Senat hatte sie als «gebraucht» abgelehnt. Von dort wurde sie 1939 nach Toulon verbracht, um sie vor der Zerstörung durch die Nazis zu retten. Sie steht dort heute im Stadtgarten – die meisten Bürger der Stadt Toulon verstehen nicht, wie sie zu der Plastik kommen. Das ursprünglich für Düsseldorf vorgesehene Denkmal Ernst Herters, ein mächtiger Loreley-Brunnen, auf dem ein Heine-Porträt nach dem Bronze-Medaillon David d'Angers eingemeißelt ist, emigrierte in ein anderes Land, in die USA, und wurde 1899 im New Yorker Stadtteil Bronx aufgestellt. Der Brunnen dort trägt die Inschrift: «To the Memory of their great Poet, the Germans in the United States». In den zwanziger Jahren entschloß sich dann die Stadt Hamburg, Heine doch durch eine Statue zu ehren. Das 1926 errichtete Heine-Denkmal Edgar Lederers wurde indessen bereits 1933 entfernt und zehn Jahre später eingeschmolzen. Georg Kolbes Frankfurter Heine-Denkmal von 1913, ein «Frühlingslied» betiteltes Tanzpaar in Bronze, war allzusehr geprägt von der Forderung des dortigen Denkmal-Komitees nach einer «freien künstlerischen Schöpfung», die ihrem «Charakter nach ausschließlich dem Dichter, nicht dem Kämpfer Heine» entsprechen sollte; eine «porträtmäßige Darstellung» war ausdrücklich «nicht erwünscht» gewesen. Doch auch diese halbherzige Mittelbarkeit konnte die Statue während des Nationalsozialismus nicht retten: die Inschrift wurde bereits 1933 zerstört, bevor man dann auch die Skulptur selbst entfernte.

Aber auch nach 1945 kam die Geschichte der Denkmäler vorerst noch nicht zur Ruhe. Im Düsseldorfer Hofgarten stellte man 1953 eine «Harmonie» betitelte Bronzestatue Maillols als Heine-Denkmal auf, ohne daß deren Bezug zu Heine selbst irgendwie ersichtlich wurde. In Ost-Berlin gab man 1954 die Errichtung eines Monuments in Auftrag, das zu Heines 100. Todestag eingeweiht werden sollte und dessen Ausführung dem Bildhauer Waldemar Grzimek anvertraut wurde. Dort nun erschien den politisch Verantwortlichen der Entwurf nicht kämpferisch genug bzw. «zu modern», und man schob die Sache zunächst einmal auf die lange Bank. Das Original Grzimeks, eine locker-beschauliche Sitzfigur auf einem Hocker, wurde 1956 in der kleinen Stadt Ludwigsfelde bei Berlin an einem eigens dafür benannten Heinrich-Heine-Platz aufgestellt. Eine zweite Fassung weihte man dann 1958 an eher abgelegener Stelle im Volkspark am Weinberg ein, nördlich des Rosenthaler Platzes in Berlin. In Düsseldorf selbst kam es 1981, anläßlich des 125. Todestages von Heine, zu einer neuen städtischen Initiative. Das von Heines Todesmaske inspirierte Memorial von Bert Gerresheim, in das gewissermaßen die Erfahrung des Holocaust eingegangen ist, fand am Graf-Adolf-Platz einen zentralen Standort, nur wenige Meter entfernt vom inzwischen eingerichteten Heine-Institut in der Bilker Straße. Erwähnt sei auch das neue Hamburger «Denkmal eines Denkmals» von Waldemar Otto, das 1982 am Rathaus errichtet wurde, mit Bezug auf das alte Lederer-Denkmal und dessen Zerstörungsgeschichte, so daß es als ein Denkmal zweiten Grades bezeichnet werden kann. Als schon wieder bedenkliches Kuriosum erscheint das von Arno Breker gestaltete Heine-Standbild, das 1982 auf Norderney errichtet wurde: Es vermag den Bildhauer nicht nachträglich von seiner Blut- und Boden-Ästhetik reinzuwaschen.

Die Geschichte der Heine-Denkmäler in Deutschland ist indessen nur eines von mehreren Kapiteln der öffentlichen Auseinandersetzung mit dem Dichter. Die Debatten um die Gestaltung des Grabs auf dem Friedhof Montmartre in Paris, um die Benennung der Düsseldorfer Universität nach Heine, die Konkurrenz zwischen westlicher Heine-Forschung und der DDR-Germanistik – all diese Kontroversen machen Heines Bild in und außerhalb Deutschlands immer wieder zu einem Schauplatz, auf dem zentrale Fragen der deutschen Selbsteinschätzung ausgetragen werden. Daß dabei vieles zu einem nur schwer zu entwirrenden Knäuel verwoben wurde, macht Heine zu einem Denkmal eigener Spezies. Die Geschichte des Streits um Heine liefert darum einen frappierenden Längsschnitt durch die vielschichtige Gedächtnislandschaft der deutschen Kultur während der letzten zwei Jahrhunderte.

1. Denkmal zu Lebzeiten

Eigentlich setzte der Streit um Heine schon zu Lebzeiten des Autors ein. Das hing zunächst mit der politischen Brisanz seiner Texte zusammen, die ihn schon bald mit der Zensur in Schwierigkeiten brachten. Ab dem zweiten Band der *Reisebilder* (1827) wurden nahezu alle Bücher Heines über kurz oder lang verboten. Der Kampf mit dem Zensor gehörte zu den strukturellen Voraussetzungen seines Schreibens. Zunächst umgingen Heine und sein Verleger Julius Campe die Hürde, indem sie prinzipiell Bücher über 320 Seiten veröffentlichten, die nicht der Vorzensur unterlagen. Bevor das nachträgliche Verbot dann greifen konnte, war die Mehrzahl der Auflage in der Regel abgesetzt. Mitte der dreißiger Jahre spitzte sich indessen die Lage dramatisch zu. Unter der Ägide des österreichischen Staatskanzlers Metternich beschloß der Frankfurter Bundestag, nicht nur alle bisherigen, sondern auch die künftigen Schriften des Jungen Deutschland zu verbieten, darunter an erster Stelle Heine, der als geistiger und politischer Ziehvater der jungen oppositionellen Autoren angeprangert wurde. Für Berufsschriftsteller und -publizisten ging ein derartiges Verbot an die Existenzgrundlage. Nach einer kurzen Verbesserung der Situation zu Beginn der vierziger Jahre verschärfte sich die Zensur wiederum 1844, im Anschluß an die Veröffentlichung der *Neuen Gedichte* und des Versepos *Deutschland. Ein Wintermärchen*. In dieser Zeit wurde ein Steckbrief aufgegeben und alle preußischen Grenzbeamten dazu aufgefordert, Heine beim Betreten preußischen Territoriums unverzüglich zu verhaften. Umgekehrt, als im März 1848 die Zensurbestimmungen außer Kraft traten, brach

Der Dichter Heinrich Heine

der kranke Heine einer Besucherin gegenüber in den komischen Ausruf aus, er könne nun ohne Zensur nicht mehr schreiben: «Wie soll ein Mensch ohne Zensur schreiben, der immer unter Zensur gelebt hat? Aller Stil wird aufhören, die ganze Grammatik, die guten Sitten.» Die ironisch vorgetragene Sorge dessen, der sich die Grammatik einer kunstvollen «Sklavensprache» erarbeitet hatte, um seine Botschaft an den Leser zu schmuggeln, war indessen unbegründet. Nach dem kläglichen Ende der Revolution wurden die alten Verhältnisse wiederhergestellt, und Heines nächstes Buch, die Gedichtsammlung *Romanzero* von 1851, wurde in nahezu allen deutschen Staaten verboten.

Neben den politischen Frontstellungen hatte der Streit um Heine aber auch von Anfang an eine wichtige persönliche Komponente. Die Wirkung seiner Texte war immer schon personenbezogen gewesen. Das lag zum einen an der besonderen Art und Weise, wie sich hier ein «Ich» in Szene setzte, und zum anderen an der moralisierenden Tendenz der Kritik in der frühen Restaurationszeit. Auch wenn das Rollenhafte dieser Ich-Figur schon bald ins Bewußtsein trat, so waren doch ihre vielerlei Kaprizen in geradezu aggressiver Weise darauf angelegt, Reaktionen hervorzurufen. Das gilt grundsätzlich für alle Gattungen, in denen sich Heine versuchte, ist aber natürlich je nach Entstehungs- und Rezeptionsphase der einzelnen Texte zu modulieren. Wenn Heine etwa im Gedicht *Heimkehr* ironisch eine soziale Rolle skizzierte

> Himmlisch war's, wenn ich bezwang
> Meine sündige Begier,
> Aber wenn's mir nicht gelang,
> Hatt' ich doch ein groß Plaisir

so wurde das umgehend als Ausbreitung persönlichen «Kots» gewertet. In ihren polemischen Zuspitzungen führte diese Kritik schon bald zu dem insbesondere von Börne verbreiteten Stereotyp des Widerspruchs von Talent und Charakter, in welches zeitweise weite Kreise der Kritik einstimmten und das sich bis hin zu Karl Kraus verfolgen läßt, der noch formulierte: «*ein Talent, weil kein Charakter*».

So wurde die Anerkennung formaler Meisterschaft – Heine der Sprachzauberer – bald umgemünzt in den Vorwurf persönlicher Schwäche, Halt- und Substanzlosigkeit. Auf das Werk zurückprojiziert ergab das dann prägende Rezeptionsstereotypen: Der zunächst gefeierte neue lyrische «Ton» wurde zur «Manier» abgewertet, die respektlosen Stilbrüche und die scheinbar ungehemmte Subjektivität zum Symptom egozentrischer Charakterschwäche umgedeutet. Dazu kamen – damit wurde eine andere Grundstimme in der Rezeption angeschlagen – erste Hinweise auf Heines jüdische Herkunft. Platen hatte mit seiner Bemerkung über den Knoblauchduft in Heines Poesie ein Unwetter auf sich gezogen, von dem er sich selbst nur schwer erholen sollte. In diesem Zusammenhang ist indessen einzig die Verbindung von Interesse, die man zwischen Heines Judentum und seinen persönlichen «Fehlern» herstellte, der Vorwurf mangelnder Verwurzelung im Boden der Nation. Bemerkenswerterweise stimmten zunächst auch Teile der jungdeutschen und der junghegelianischen Kritik in das Konzert der konservativen Denunzianten ein. Der gemeinsame Nenner dieser Ablehnung lag in der Disqualifizierung der Person, der es am nötigen «sittlichen Ernst» mangele und deren vermeintliche Bemühungen um eine Erneuerung der Kunst, um Emanzipation der Gesellschaft und Völkerverständigung darum als verlogen abzutun seien. Den Höhepunkt der literaturpolitischen Isolierung stellt die Reaktion auf die Börne-‹Denkschrift› dar, mit der Heine ja ursprünglich dieser Entwicklung entgegenzusteuern versucht hatte. Nun wurde er endgültig als liederlicher, frivoler Lebemann abgetan, dem es – und das war der entscheidende Vorwurf – an «Gesinnung» mangle. Hier klingt auch deutlich der anti-französische Ton an, der einen Teil der Heine-Kritik durchzieht: Der ins «Sündenbabel» ausgewanderte Dichter besitze nicht den moralischen Ernst, der zur Teilnahme an der öffentlichen Diskussion erforderlich sei. Überdies versiege dort, auf dem Großstadtpflaster, die Quelle der poetischen Inspiration, die noch in Heines deutscher Periode zu spüren gewesen sei.

2. Imagepflege

Ein wichtiger Aspekt in der Personalisierung der Rezeption hängt mit einem Phänomen der Entwicklung von Presse und literarischer Öffentlichkeit zusammen, das in der zunehmenden Kommerzialisierung des Literaturbetriebs begründet war: der Zusammenhang zwischen dem «Image» des Autors und dem Absatz seiner Schriften. Heine war einer der ersten deutschen Schriftsteller, der diesen Zusammenhang erkannte und darauf zu reagieren versuchte. Das hatte zur Folge, daß er nicht nur die Art und Weise, wie von seiner Person in der Presse berichtet wurde, aufmerksam verfolgte, sondern auch selbst aktiv in diese Prozesse einzugreifen versuchte, eine eigene Art von «Imagepflege» betrieb. Die sozialhistorische Voraussetzung für derartige Praktiken war das Interesse einer breiter werdenden Leserschaft für «Persönlichkeiten», wie man damals die Nachrichten aus der Privatsphäre apostrophierte. Zwei Phasen lassen sich hier unterscheiden: zunächst ab 1835, als Heine über befreundete oder sonst beflissene Journalisten bestimmte Informationen zu verbreiten suchte, die auf ein harmonisches, vom Schmutz des Parteikampfes oder der persönlichen Verunglimpfungen nicht betroffenes Bild des Schriftstellers abzielten. Die entsprechenden Texte bzw. Textfolgen schufen indessen eine eigene Dynamik, die schon bald nicht mehr zu kontrollieren war und eher den gegenteiligen Effekt hervorrief, indem man sich um die Authentizität der Informationen stritt oder Heine gar der Schönfärberei bezichtigte. Die zweite Phase begann mit Heines Krankheit 1848. Von da an bis zu seinem Tod 1856 wurde Heine immer öfter von Paris-Reisenden aufgesucht, deren einige dann in der Presse oder in Büchern über den Besuch und das Gespräch mit dem siechen Dichter berichteten, der – trotz allen Widerstands – in die Kategorie der Pariser Sehenswürdigkeiten aufrückte. An die dreißig solcher Texte wurden veröffentlicht, man kann geradezu von einer eigenen Gattung «Berichte von Heines Krankenbett» sprechen, in denen der sterbende Dichter in Szene gesetzt und teilweise publizistisch vermarktet wurde, ein in der Literaturgeschichte bis dahin beispielloses Verfahren.

3. Frankreich

Zu den ebenfalls schon zu Heines Lebzeiten angelegten Rezeptionssträngen gehört die Problematisierung seines Verhältnisses zu Frankreich. Bekanntlich hat sich der ursprünglich nicht auf Dauer angelegte Aufenthalt Heines in Paris in ein fünfundzwanzigjähriges Exil verwandelt. Paris war für Heine der Vorposten in der Menschheitsgeschichte, ein Ort, an dem man die Zukunft lesen und den Puls der Zeit fühlen konnte. Es war kulturelles und politisches Zentrum seiner Zeit und zugleich Schauplatz des Alltags, Bühne seines Privatlebens mit einer französischen Frau, seiner vielfältigen Beziehungen zu deutschen Emigranten und französischen Künstlern wie Bürgern aller Couleur. Selbst wenn er den entscheidenden Schritt zur Einbürgerung nie unternommen hat, war Frankreich für ihn zum Wahlvaterland geworden. Nach Deutschland konnte er nicht zurück, selbst wenn er gewollt hätte. Obwohl er auch den französischen Literaturmarkt zu erobern suchte, schrieb er primär weiter für ein deutsches Publikum, blieb er über das Medium der Sprache wie auch durch sein politisches Engagement eng mit der Heimat verbunden. Doch in Deutschland selbst wurde ihm der Daueraufenthalt in der «Fremde» nicht ohne weiteres verziehen. Selbst unter den wohlmeinenden Freunden gab es manche, die ihm zunehmende Entfremdung von den deutschen Zuständen unterstellten und somit die Prägnanz seiner politischen Stellungnahmen in Frage stellten. Vor allem aber unter den Gegnern aus dem nationalen Lager wurde seine Anhänglichkeit an Frankreich alsbald mit dem Verdacht des Vaterlandsverrats quittiert. Schon Wolfgang Menzel, der geistige Initiator des Bundesbeschlusses gegen das Junge Deutschland, hatte in Frankreich den Ursprung allen Übels gesehen. Die Teutomanen, die Heine schon 1828 als eine «schwarze Sekte» gebrandmarkt hatte, die «von Deutschheit, Volksthum und Ureichelfraßthum die närrischsten Träume ausheckte und durch noch närrischere Mittel auszuführen dachte», gehörten von Anfang an zu seinen erbittertsten Gegnern. Sie waren, so Heine, «gründlich, kritisch, historisch – sie konnten genau den Abstammungsgrad bestimmen der dazu gehörte um bey der neuen Ordnung der Dinge aus dem Weg geräumt zu werden; nur waren sie nicht einig über die Hinrichtungsmethode.»

Angesichts der Anfeindungen und Verfolgungen, denen Heine von seiten der deutschen Nationalisten ausgesetzt war, hat man es sich in Frankreich schon früh zur Ehre angerechnet, dem Schriftsteller einen Zufluchtsort geboten zu haben. Der Freund der Revolution und Anhänger der universalen Menschenrechte kam von 1840 bis 1848 in den Genuß einer französischen Staatspension. Und weil er die Franzosen schon 1835 vor dem künftigen radikalen Nationalismus der deutschen Nachbarn gewarnt hatte, wurde er ab dem deutsch-französischen Krieg von 1870 zum offiziellen Repräsentanten des «guten» alten Deutschlands, das von den preußischen Militaristen verraten worden sei. Während Treitschke den vaterlandslosen Deutschjuden aus der deutschen Kultur ausgegrenzt hatte, betrieben in Frankreich vor allem linksrepublikanische Kreise die literarische Einbürgerung Heines, der eher zur französischen als zur deutschen Literatur gehöre. Das alte Bonmot von der deutschen Nachtigall, die ihr Nest in Voltaires Perücke gebaut habe, wurde nun dahingehend modifiziert, daß angesichts von Heines Ausstoßung aus der deutschen Un-Kultur sein wahrer Platz in Frankreich sei, wie auch die eigentlichen und wahren Werte des deutschen Idealismus und der Romantik in der französischen Civilisation besser aufgehoben seien als im autoritären und konservativen Deutschen Reich. Noch de Gaulle soll 1966 beim Ankauf von Heine-Handschriften durch die Pariser Nationalbibliothek geltend gemacht haben, daß Heine auch ein französischer Schriftsteller sei. So ist Heines schon zu Lebzeiten unternommener Versuch, zwischen deutscher und französischer Kultur zu vermitteln und zu übersetzen, nicht nur bei den deutschen Bannerträgern der «Erbfeindschaft» als gescheitert abgewertet worden – er erschien auch bei französischen Germanisten wie Edmond Vermeil und Charles Andler als ein historischer Irrtum, der von der Geschichte des deutschen Sonderwegs – als dessen Prophet Heine andererseits eingestuft wurde – widerlegt worden sei. Erst in neuerer Zeit hat man Heines Vorreiterrolle für die deutsch-französische Aussöhnung aktualisiert. Bei seinem Deutschlandbesuch 1984 wurde dem französischen Staatspräsidenten Mitterrand eine Heine-Handschrift des Gedichts «Denk ich an Deutschland in der Nacht» als Staatsgeschenk überreicht.

4. Judentum

Auch das Thema des Judentums war in der Rezeption schon zu Heines Lebzeiten angelegt. Heine war bekanntlich der erste große deutsche Schriftsteller jüdischer Herkunft. Wie bei zahlreichen akkulturierten jüdischen Intellektuellen und Schriftstellern seiner Generation war seine eigene Einstellung zu jüdischer Tradition und Identität gespalten. Vor allem von der Mutter war er im Glauben an Emanzipation durch Aufklärung erzogen worden. Zugleich wurde er schon in Düsseldorf, dann aber auch in Frankfurt und besonders in Hamburg mit den sozialen und politischen Widerständen konfrontiert, die der Emanzipation im Wege standen, insbesondere nach Ende der «Franzosenzeit». Schließlich verspürte er selbst deutlich die inneren Spannungen, die Assimilationsdruck und Akkulturationsbereitschaft mit sich brachten. Immerhin hatte er sich sowohl als Schriftsteller wie als Staatsbürger für das Prinzip Emanzipation durch Akkulturation (äußerlich verbunden mit der Taufe) entschieden. Der Konflikt, in den er dadurch geriet, betraf sowohl eine «jüdische» wie eine «deutsche» Identität. Seine literarische Selbstfindung hatte ganz im Zeichen einer deutschen Sprach- und Literaturlandschaft gestanden. Erst in Berlin, im Kontakt mit den Mitgliedern des Vereins für die Kultur und Wissenschaft der Juden, war ihm die Problematik dieser Akkulturation deutlicher bewußt geworden. Nun setzte eine Krise seines Zugehörigkeitsgefühls zur deutschen Kultur ein. In einem Brief an den Jugendfreund Christian Sethe, der für ihn gewissermaßen der Prototyp des «guten Deutschen» war, brach er in die Worte aus: «Alles was deutsch ist, ist mir zuwider; und Du bist leider ein Deutscher. Alles Deutsche wirkt auf mich wie ein Brechpulver. Die deutsche Sprache zerreißt meine Ohre[n]. Die eignen Gedichte ekeln mich zuweilen an, wenn ich sehe, daß sie auf deutsch geschrieben sind. Sogar das Schreiben dieses Billets wird mir sauer, weil die deutschen Schriftzüge schmerzhaft auf meine Nerven wirken.» Und dann fährt er französisch fort: Er gedenke ins Morgenland auszuwandern und ein Hirtendasein in Arabien zu führen – Evasionsgedanken eines jüdischen Virtuosen der deutschen Sprache, der natürlich im Grunde seiner Seele wußte, daß es kein Entrinnen gab und auch nicht geben durfte. Denn auf der anderen Seite erklärte er zwei Jahre später, ebenfalls in einem Brief: «Ich weiß daß ich eine der deutschesten Bestien bin, ich weiß nur zu gut daß mir das Deutsche das ist, was dem Fische das Wasser ist, daß ich aus diesem Lebenselement nicht heraus kann, und daß ich – um das Fischgleichniß beyzubehalten – zum Stockfisch vertrocknen muß wenn ich – um das wäßrige Gleichniß beyzubehalten – aus dem Wasser des deutschthümlichen herausspringe. Ich liebe sogar im Grunde das Deutsche mehr als alles auf der Welt, [...] und meine Brust ist ein Archiv deutschen Gefühls, wie meine zwey Bücher ein Archiv deutschen Gesanges sind.» Die innere Korrelation dieser beiden Haltungen dem «Deutschen» gegenüber ist evident, ebenso wie die Verbindung dieses Problems mit dem der jüdischen Identität. «Eigentlich», so schreibt er am 21.1.1824 an Moser, «bin ich auch kein Deutscher, wie Du wohl weißt. (vide Rühs, Fries a. O.)»; der ironische Verweis auf die beiden antisemitischen Deutschtümler, die seine Zugehörigkeit zur deutschen Kultur bestritten, belegt die Verflechtung von Selbstdefinition und sozialer Außendefinition, von Berufung und Getriebensein.

Nun hat Heine während seiner literarischen Laufbahn, nach dem Scheitern seines «jüdischen» Romans *Der Rabbi von Bacherach*, resolut daran geglaubt, daß sich die Frage der Judenemanzipation nur im Rahmen der allgemeinen Menschheitsemanzipation lösen ließe und daß deshalb auch alle Hinweise der Kritik auf seine jüdische Herkunft seine Rolle als «Dichter, Tribun und Apostel» zu schmälern beabsichtigten. Erst nach Ausbruch seiner Krankheit – und nach dem Scheitern der Revolution von 1848 – bezeichnete er sich selbst öffentlich als «armen todkranken Juden», bekannte sich zu seinem Judentum. Aber auch da blieb das Jüdische eine unter mehreren mobilen Identitäten, wie die «Hebräischen Melodien», in denen die Beschäftigung mit dem Judentum ihren poetischen Niederschlag fand, eine unter mehreren Abteilungen des Gedichtbands *Romanzero* von 1851 darstellten.

In der Heine-Rezeption wurde das Jüdische indessen erst im Zeitalter von Nationalismus, Chauvinismus und Antisemitismus zum herausragenden Thema, zum Teil auch schon als Reaktion auf die Popularität des «volkstümlichen» Dichters des *Buchs der Lieder*. Denn das Ärgernis war zunächst nicht so sehr ein genuin «jüdisches» Element in Heines Werk, sondern die Tatsache, daß die deutsche Literatur dem «Juden» Heine einige ihrer vermeintlich «deutschesten» Schöpfungen verdankte.

5. Volkstümlicher Liederdichter

In der Tat gründete Heines Popularität vor allem im *Buch der Lieder* aus dem Jahre 1827. Schon zu Lebzeiten des Autors erlebte das Buch, nach anfangs zögerlichem Absatz, dreizehn Auflagen, weit mehr als alle anderen Schriften Heines. Zu seiner Verbreitung trugen die zahllosen Vertonungen der Texte bei – insgesamt konnte man an die 8000 Vertonungen seiner Lieder durch über 3000 Komponisten oder Bearbeiter meist aus der romantischen Epoche ausmachen. Allein «Du bist wie eine Blume» reizte bis heute über dreihundert Komponisten zur Vertonung. Damit ist Heine der bei weitem verbreitetste Liedertext-Autor deutscher Sprache. Diese Vertonungen belegen nicht nur Heines Beliebtheit bei den Komponisten des 19. Jahrhunderts, sondern auch eine besondere musikalische Qualität seiner Sprache. Der entscheidende Grund für die Popularität der Heineschen Lieder ist indessen in den Texten selbst sowie in der Disposition des Publikums zu suchen, sich von ihnen einfangen zu lassen. Sprachliche Konzision, oft sogar epigrammatische Kürze, Klangfülle, volksliedartiger Ton, der zuweilen mit raffinierten modernen Untertönen angereichert ist, romantische Innigkeit, die jedoch zum Teil auf Distanz zu sich selbst geht, sich ironisch bricht – alle diese Eigenschaften gaben Heines Liedern in den Augen des bürgerlichen Publikums einen besonderen Reiz. Nahm man die Heinesche Sentimentalität für echte Primärempfindungen? Hat man ihn als romantischen Liebes- und Naturdichter mißverstanden? Sicher ist die Vorliebe der bürgerlichen Leser in der zweiten Hälfte des 19. Jahrhunderts kein Zufall. Sie spiegelt, durch die Brüche und Spannungen in Heines Texten, die eigenen Ambivalenzen des bürgerlichen Selbstverständnisses, die gebrochene Sentimentalität des aufstrebenden Industriezeitalters. Das Ineinander von Empfindung und Desillusion der Empfindsamkeit, die Mittelbarkeit, die vielen Liedern Heines eignet – man denke etwa an die «Loreley», deren Geschichte ja aus der Distanz des modernen Betrachters erzählt wird –, entsprachen offenbar einer Grundeinstellung, in der sich zahlreiche Leser wiedererkannten. Wahrscheinlich hielt man diese Einstellung für volkstümlicher, «natürlicher», als sie wirklich war. Immerhin gehört das *Buch der Lieder* zu den erfolgreichsten Lyriksammlungen der deutschen Literatur.

6. Der «demaskierte» Sprachzauberer und der Sozialist

Erst nach der Jahrhundertwende mehrten sich die Stimmen, die den dichterischen Rang von Heines früher Lyrik herabzuspielen suchten. Neoromantik sowie die hohe, zeitentrückte und gesellschaftsferne Kunstauffassung des George-Kreises kritisierten Heines bewußte Stilmischung und seine Stilbrüche.

Bemerkenswerterweise stimmten auch viele jüdische Intellektuelle jener Zeit in diese Kritik ein: Harden, Karl Kraus, Walter Benjamin, Rathenau – sie alle fanden keinen direkten Zugang mehr zu Heines Lyrik.

Früher hatte man die Brüche in Heines Dichtung noch moralisch gedeutet. Gustav Schwab etwa betonte schon 1828 die persönliche Spaltung des Dichtersubjekts, aufgrund deren Heine zu keinem harmonischen Ausgleich finden könne: «Herr Heine [...] ist der erste, in dessen Liederdichtungen jene weltverhöhnende Stimmung eines zerrissenen Gemüthes Grundton geworden ist, und zwar so, daß sein Humor nicht etwa auf eine geheime Versöhnung hindeutet, sondern den Kontrast zwischen Poesie und Leben fast immer ohne Milderung recht grell und mit kalter Bitterkeit zur Anschauung bringt.»

Nunmehr brachte man Heines Stilhaltung mit einem gebrochenen Verhältnis zum schöpferischen Geist der Sprache in Verbindung. Für den Sprachpuristen Karl Kraus war es verdächtig, daß die Texte so große Anziehungskraft auf «Musikanten» ausübten. Wie er in seinem Essay *Heine und die Folgen* von 1911 ausführte, ist Heine für ihn ein «lust- und leidgeprüfter Techniker» der Sprache, ein «prompter Bekleider vorhandener Stimmungen», aber kein authentischer Künstler, der die Sprache um ihrer selbst willen zum Klingen zu bringen vermöge. Die späte Lyrik Heines findet bei Kraus eher Gnade, aber sie interessiert ihn weniger, weil sie geringere Wirkung auf die Nachwelt ausübte.

Noch bei Adorno findet man ähnliche Vorbehalte gegen die Authentizität von Heines sprachschöpferischem Genius. In seinem Aufsatz *Die Wunde Heine* aus dem Jahre 1950 diagnostiziert er die Heimatlosigkeit von Heines Sprache: «Nur der verfügt über die Sprache wie ein Instrument, der in Wahrheit nicht in ihr ist.» Heines Instrumentalisierung der deutsche Sprache zeige, daß er nicht in sie hineingeboren worden sei. So ist das «Trauma von Heines Namen» Adorno zufolge doppelt: Von Heines Seite bestehe es darin, daß er sich in seinem Assimilationswillen einer Sprache von außen bemächtigt habe, Unmittelbarkeit vortäuschend, dabei zwischen Kunst und Alltag vermittelnd und die Kunst somit an die Warenwelt ausliefernd; von seiten der «bodenständigen» Deutschen bestehe das Trauma darin, daß sie, «indem sie ihm die Hilflosigkeit seiner Anpassung vorhalten, die eigene Schuld übertäuben, daß sie ihn ausgeschlossen haben». Adorno greift in der Nachfolge von Karl Kraus auch noch nach dem Holocaust die Kritik an Heines vermeintlicher Überassimilation auf. Heine habe, so Kraus in seinem bekannten Diktum, der «deutschen Sprache so sehr das Mieder gelockert [...], daß heute alle Kommis an ihren Brüsten fingern können». Wie ein Echo darauf liest sich Gundolfs Urteil aus dem Jahre 1920: «Er ist das als voreilender Meister, was seitdem unzählige als arme Sklaven sind: Journalist bis in seine Lyrik hinein [...]. Seine Flachheiten und nicht seine Tiefen, nicht seine deutschen und jüdischen Qualen, machen ihn beliebt.»

Freilich, sowohl Kraus wie Gundolf und auch Adorno reagieren zugleich auf Heine selbst wie auf seine Rezipienten und Nachahmer. Sie beurteilen

Heine anhand seiner «Folgen». Dabei unterläuft ihnen, daß sie sich als akkulturierte deutsche Juden auch über sich selbst äußern: In ihrer Kritik schwingen sie sich selbst zu unanfechtbaren Vertretern deutscher Kultur auf, die – im Gegensatz zu Heine – die schöpferische Kraft der Sprache wahrhaft verinnerlicht haben wollen. Daß Kraus im Grunde Heine-Anhänger wie Heine-Gegner in einen Topf wirft, mag heute gespenstisch anmuten. Zum damals tobenden Denkmalstreit befand er: «Heines aufklärende Leistung in Ehren – ein so großer Satiriker, daß man ihm die Denkmalswürdigkeit absprechen müßte, war er nicht. Ja, er war ein so kleiner Satiriker, daß die Dummheit seiner Zeit auf die Nachwelt gekommen ist. Gewiß, sie setzt sich jenes Denkmal, das sie ihm verweigert. Aber sie setzt sich wahrlich auch jenes, das sie für ihn begehrt. Und wenn sie ihr Denkmal nicht durchsetzt, so deponiert sie wenigstens ihre Visitenkarte am Heine-Grab und bestätigt sich ihre Pietät in der Zeitung.»

Während die bürgerlichen Adepten der Kunstreligion von Heine abrückten, konstituierte sich eine authentische sozialistische Heine-Rezeption. Anknüpfend an Marx/Engels und an Kautsky konstruierte man einen revolutionären, anti-nationalen Heine. Ein typisches Beispiel stellt der 1919 von Franz Diederich unter dem Titel «Wir weben! Wir weben!» herausgegebene Band der politischen Gedichte Heines dar, in dem auch das blasphemische, gegen die Hohenzollerndynastie gerichtete Flugblattgedicht «Schloßlegende» vertreten ist, das in zahlreichen früheren Heine-Ausgaben, inklusive der kritischen Ausgabe Ernst Elsters (1887–1890), noch gefehlt hatte. Das Gedicht, in dem das Geschlecht der preußischen Könige auf die sodomitische Vereinigung eines «Weibs mit einem Rosse» zurückgeführt wird, ist eine ausgezeichnete Illustration für die scharfe Personalsatire Heines. Was unter dem nationalliberalen Publikum des Wilhelminischen Deutschlands Anstoß erregte, wurde von den sozialistischen Lesern in seiner alten kämpferischen Funktion aktualisiert. Auch Heines Deutschland-Satire im *Wintermärchen*, die bei vielen gutgesinnten Nationalen unangenehm vermerkt und im besten Fall noch als von der späteren Geschichte widerlegter historischer Irrtum des Autors abgetan wurde, hielt Franz Mehring für eine der hellsichtigsten Analysen der national-preußischen Fehlentwicklung in Deutschland.

7. *Ausstoßung und Exil*

Die Kritik der «geistig Verantwortlichen» (so Adorno) an Heine um 1900 läßt sich nur aus der gespannten Atmosphäre des Denkmalstreits verstehen. Dieser nahm seinerseits die Argumente vorweg, mit denen Heine dann 1933 aus der deutschen Literatur ausgestoßen wurde. Bereits Adolf Bartels hatte 1906 in seinem Pamphlet *Heinrich Heine. Auch ein Denkmal* die antisemitische, chauvinistische Munition gesammelt, die nun auf Heine niederhagelte. Bei der

«Verbrennung undeutschen Schrifttums» am 10. Mai 1933 vor der Staatsoper Unter den Linden waren die Werke des Autors, der hellsichtig prophezeit hatte, «wo man Bücher verbrennt, verbrennt man auch am Ende Menschen» zuallererst betroffen. Die Denkmäler und Gedenktafeln wurden zerstört, darunter auch das erste deutsche Monument, der von der Baronin Selma von der Heydt in Wuppertal 1883 errichtete Gedenkstein. Für «das Schwein vom Montmartre», so *Der Stürmer*, den Urvater der «Zersetzung der deutschen Kunst», der sein Vaterland verunglimpft habe, war in der deutschen Literatur, von der ihn als Jude ohnehin eine «abgrundtiefe Artverschiedenheit» trennte, kein Platz mehr. In ihrer Zerstörungswut konnten jedoch auch die Nazis die Volkstümlichkeit von Heines Texten nicht einfach auslöschen. So wurden einige Lieder ohne Verfasserangabe in deutschen Anthologien und Liederbüchern weitergeführt, inbesondere die «Loreley», die in einem «Wehrwolf»-Liederbuch als «Volkslied» abgedruckt wurde oder bei der man in einem Schulbuch von 1933 lediglich den Namen des Komponisten Silcher anführte. Die Erinnerung an den Verfasser wollte man tilgen, aber die Lieder selbst waren nicht so einfach auszurotten.

Mit den Emigranten, die vor den Nazis flüchteten, ging Heines Werk seinerseits ins Exil. Auch hier läßt sich beobachten, wie stark das Thema des Exils selbst in Heines Texten vorgeprägt war, als politisches, als sprachliches und kulturelles, schließlich als existentiell-jüdisches, verkörpert etwa in der Figur des spanisch-jüdischen Dichters Jehuda Ben Halevy. «Wer das Exil nicht kennt, begreift nicht, wie grell es unsere Schmerzen färbt, und wie es Nacht und Gift in unsere Gedanken gießt», so hatte Heine bereits 1840 geschrieben, und viele deutsche Emigranten nahmen diese Sätze in ihrem geistig-seelischen Handgepäck mit, ebenso wie die Gedichte, darunter nun auch verstärkt die des späten und kranken Dichters. Im Exil wurde Heine ein vertrauter Gesprächs- und Lebenspartner für alle, die auch in der äußersten Verzweiflung die Hoffnung nicht aufgeben wollten. Der Buchhändler und Verleger Salman Schocken soll in Palästina immer eine Handschrift eines der späten, mit Bleistift geschriebenen Gedichte Heines in der Brusttasche mit sich herumgetragen haben. Hatte man früher Heine zuweilen seine Rhetorik und Theatralik vorgeworfen, so entdeckte man nun die unverstellte Sprechweise seiner Lyrik mit ihrem zugleich direkten und subtilen Zugriff auf die Probleme der Gesellschaft und des menschlichen Lebens. Hier bekam das Thema der Zerrissenheit eine neue Aktualität.

8. Ost und West

Die deutsche Teilung nach 1945 führte zu einer zunächst asymmetrischen Rezeption, bevor dann eine regelrechte Konkurrenz einsetzte. Im Osten konnte man auf Franz Mehrings und Georg Lukács' sozialistische Sichtweise auf den Kampfgenossen von Karl Marx zurückgreifen. Heine gehörte zum «nationalen deutschen Kulturerbe» des besseren Deutschlands, als dessen Hüter und Pfleger man sich in der DDR verstand. So wurden seine Schriften bald wieder aufgelegt und nach und nach in hohen Auflagen vertrieben. Im Aufbau-Verlag erschien bereits 1951 eine erste Auswahlausgabe in sechs Bänden. 1961 folgte dann die von Hans Kaufmann besorgte erste Gesamtausgabe in zehn Bänden, ebenfalls im Aufbau-Verlag, die damals die vollständigste Heine-Ausgabe darstellte. Natürlich war das Interesse an Heines Werk in der DDR selektiv. Im Vordergrund standen die kämpferischen Schriften der vierziger Jahre, allen voran die *Zeitgedichte* und *Deutschland ein Wintermärchen*, die im wesentlichen aus der Zeit der Freundschaft mit Karl Marx stammten. In seiner Monographie über das *Wintermärchen* aus dem Jahre 1956 stellte Kaufmann fest, es handle sich aus historischer Sicht um den zentralen Text in Heines Werk, wie auch das Jahr 1844 als das bedeutendste Jahr in Heines Leben herausgestellt wird. Dahinter steht die Auffassung, daß Heine als Kritiker der Bourgeoisie «an der Schwelle zwischen der Blüte der bürgerlichen und dem Beginn der sozialistischen Kultur in Deutschland» stand. Heines spätere Kritik des Kommunismus, seine tiefe Skepsis gegenüber einer radikalen Menschheitsbeglückungslehre, die an rein materiellen Werten ausgerichtet ist, wurden dagegen wenig beachtet.

Im Westen Deutschlands tat man sich zunächst schwer, einen neuen Zugang zu Heine zu finden. Die führende Position, die dem George-Kreis verpflichtete Germanisten in den Universitäten einnahmen, das erhabene Dichtungsideal der Neoromantiker und die ontologisch-existentialistische Literaturauffassung im Gefolge Heideggers ließen für eine neue Heine-Lektüre während der Adenauerschen Restauration wenig Platz. Selbst Adornos Rede von der «Wunde Heine» geschah aus der Distanz und bezweckte nicht eine neue Einbürgerung. So blieb es im Westen lange still um Heine, in den Lehrplänen an den Schulen war er nur selten anzutreffen, Verlagsprogramme führten ihn kaum auf. Das änderte sich im Zuge der Studentenbewegung ab Mitte der sechziger Jahre. Die Heine-Abstinenz der fünfziger Jahre erschien den Jungen nun als Indiz mangelnder Vergangenheitsbewältigung. Die seit 1969 vom Düsseldorfer AstA gestarteten und von einer Bürgerinitiative getragenen Versuche, die Düsseldorfer Universität nach Heine zu benennen, stießen auf den erbitterten Widerstand der Medizinprofessoren, die eine «Politisierung» der Naturwissenschaft abzuwehren gedachten. Knapp zwanzig Jahre lang zog sich der Streit hin, unter reger Anteilnahme der Medien im In- und Ausland. Immerhin war so eine Diskussion in Gang gekommen, die Heine zu neuer Aktualität verhalf. Ab 1968 erschien die erste neue, von Klaus Briegleb besorgte Gesamtausgabe der Werke Heines im Hanser-Verlag. Die anderen Verlagshäuser waren ebenfalls zur Stelle: Bei Insel verlegte man einen Heine in vier Bänden (1968–1970), bei Winkler eine andere Ausgabe in ebenfalls vier Bänden (1969–1972), bei C. H. Beck eine zweibändige Auswahl (1973–1977). Parallel erschienen zahlreiche Einzelausgaben, darunter die wichtigsten und auflagenstärksten im Reclam-Verlag ab Anfang der siebziger Jahre in Form von neubearbeiteten kritischen Leseausgaben. So waren Heines Texte ab Anfang der siebziger Jahre auch auf dem westdeutschen Buchmarkt wieder stark vertreten. Gleichzeitig fand er Aufnahme in die Lehrpläne der Schulen.

9. Philologenstreit als Politikum

Ein Kuriosum der Wissenschaftsgeschichte stellt die wissenschaftliche und philologische Konkurrenz um Heine zwischen Ost und West dar. Im Jahre 1956 beschloß der zum Gedenken an Heines Tod nach Weimar einberufene internationale Heine-Kongreß, eine historisch-kritische Edition der Werke und Briefe Heines in Form einer «Säkularausgabe» zu initiieren, nach dem Vorbild von Schillers Säkularausgabe vom Anfang des Jahrhunderts. Im Weimarer Goethe-und-Schiller-Archiv richtete man eine Forschungsstelle ein, begann mit Unterstützung internationaler Gelehrter Material zu sammeln und die Arbeit vorzubereiten. Doch im Rahmen der «Nationalen Forschungs- und Gedenkstätten der klassischen deutschen Literatur» geriet das Unternehmen zunehmend in die Position eines Prestige-Projektes des «ersten progressiven deutschen Staates». Dagegen zeigten sich in der Bundesrepublik seit 1958 vermehrt Tendenzen, das Feld nicht einfach der DDR zu überlassen, zumal sich die weitaus größte Sammlung von Heine-Handschriften – der Großteil des eigentlichen Nachlasses – seit 1956 in Düsseldorf befand. Der Heidelberger Germanist und Biedermeierforscher Friedrich Sengle gewann die Deutsche Forschungsgemeinschaft dafür, Vorbereitungen zu einer bundesdeutschen historisch-kritischen Heine-Ausgabe zu fördern. Im Düsseldorfer Heine-Archiv der Landes- und Stadtbibliothek, das schon 1906 mit Spenden aus der Denkmalssammlung eingerichtet worden war, wurde 1963 eine «Arbeitsstelle historisch-kritische Heine-Ausgabe» unter der Leitung von Manfred Windfuhr gegründet, die mit der Erstellung einer westdeutschen wissenschaftlichen Edition der Werke betraut wurde. In der Folge betrieb man beide Projekte parallel. Wissenschaftliche Textedition hatte an sich den Anspruch, objektiv zu verfahren und politisch neutral zu sein. Doch die Westdeutschen verdächtigten die Ostdeutschen, parteiisch zu verfahren, bestimmte Texte im Kommentar herunterspielen oder gar manipulieren zu wollen. Umgekehrt ging man in der DDR davon aus, das bundesdeutsche Unternehmen sei trotz gegenteiliger Versicherungen ein mit umfänglichen Geldmitteln unternommener Versuch, die ursprünglich übernational angelegte Säkularausgabe zu torpedieren und ein «bürgerliches» Heine-Bild durchzusetzen. Die Lage verkomplizierte sich im Jahre 1968, als die Pariser Nationalbibliothek eine große Sammlung von Heine-Manuskripten aus israelischem Besitz ankaufte. Von französischer Seite wurde zunächst der dem außenstehenden Beobachter naheliegend erscheinende Versuch unternommen, die beiden Editionsprojekte zu vereinen und doch noch zu einer gemeinsamen Ausgabe zu kommen. Doch der Kalte Krieg in Deutschland hatte die Positionen zu sehr verhärtet. Schließlich beschloß die französische Seite, sich institutionell an der Weimarer Säkularausgabe zu beteiligen, zumal man dort eine separate Abteilung der französischen Werke Heines vorsah. Ab 1970 erschienen die ersten Bände tatsächlich unter doppelter, deutsch-französischer Herausgeberschaft. Das Unternehmen ist auf 30 Bände veranschlagt, die jeweils in einen Text- und einen Kommentarband aufgeteilt sind.

Die bundesdeutsche Initiative nahm die Form einer reinen Werkausgabe an. Auf 16 Bände angelegt, erschien sie zwischen 1973 und 1997, auf reale 23 Bände angewachsen, im alten Heine-Verlag Hoffmann und Campe.

Die Verhärtung der Fronten zeigte sich deutlich im Heine-Jahr 1972, an dem der 175. Geburtstag des Dichters begangen wurde. Nach Weimar und Düsseldorf wurden separate Konferenzen veranstaltet. Nach Weimar wurden nur Forscher aus den sozialistischen Staaten sowie einige marxistische Heinespezialisten aus Frankreich eingeladen. Der stellvertretende Hochschulminister machte bei der Eröffnung die politische Frontstellung deutlich: «Während die imperialistische Gesellschaft ihr Interesse an Heine erst sehr neu und mit dem erklärten Ziel entdeckt hat, Heine nicht der DDR, nicht der sozialistischen Gesellschaft zu überlassen, können wir mit Stolz und Freude sagen, daß Heine nicht erst seit heute und nicht aus vordergründig politischen Motiven der unsere ist.» Heine sei ein Dichter, «der seine Heimat auf besondere Weise und von Jahr zu Jahr deutlicher in der sozialistischen Gesellschaft findet». In Düsseldorf kamen immerhin zwei namhafte Vetreter der DDR-Germanistik sowie Forscher unter anderem aus der Sowjetunion und aus Polen zu Wort. Doch in den Festvorträgen Golo Manns und Friedrich Sengles wurde mit deutlichem Akzent gegen eine revolutionäre Vereinnahmung Heines plädiert, nach dem Motto, man solle Heine zwischen den Stühlen sitzen lassen, was dann innerhalb des Kongresses wiederum lebhafte Diskussionen hervorrief.

Editorisch war man in den beiden Ausgaben verschiedene Wege gegangen, wobei im nachhinein nicht mehr genau zu rekonstruieren ist, welche Entscheidungen auf wissenschaftliche Überlegungen zurückgingen und welche lediglich durch den Willen bedingt waren, es «anders» als die «anderen» zu machen. In Weimar und Paris hatte man sich auf eine Gesamtausgabe inklusive Briefwechsel und Lebenszeugnisse geeinigt. Bei der Darstellung der handschriftlichen Varianten verzichtete man auf das Prinzip der Vollständigkeit und wollte nur die inhaltlich signifikanten Lesarten verzeichnen. Die Sachanmerkungen sollten knapp gehalten werden. In Düsseldorf, wo nur die Werktexte ediert wurden, entschied man sich für eine vollständige Wiedergabe aller Lesarten und für einen extensiven historisch-philologischen Kommentar. Dies zeitigte unter anderem das paradox anmutende Ergebnis, daß der bundesdeutsche Kommentar engagierter ist – und darum auch schneller veralten wird –, während die Anmerkungen der Säkularausgabe, die man im Westen der politischen Parteilichkeit verdächtigt hatte, in der Regel nüchterner und zurückhaltender gefaßt sind.

Die deutsche Einigung von 1989 stellte insofern eine neue Situation her, als die Fortführung der beiden Unternehmen nunmehr politisch nur noch schwer zu begründen war. Die Düsseldorfer Ausgabe, die kurz vor dem Abschluß stand, wurde zügig zu Ende geführt. Die Säkularausgabe geriet dagegen unter finanziellen Druck, zumal ein großer Teil der Kommentarbände noch ausstand. Die Stiftung Weimarer Klassik, die die Nachfolge der «Nationalen Forschungs- und Gedenkstätten» angetreten hatte, beschloß, die Edition im Rahmen des Goethe-und-Schiller-Archivs weiter zu betreiben. Lediglich die Edition der Lebenszeugnisse wurde vorerst zurückgestellt.

10. Klassiker oder notorischer Störenfried?

Die vielfältigen Feierlichkeiten des Heine-Jahrs 1997, bei denen man des 200. Geburtstags des Dichters gedachte, allen voran die große Heine-Ausstellung und der Kongreß in Düsseldorf, wurden vielfach dahingehend interpretiert, daß der frühere «Gassenjunge» – so noch Theodor Mommsen – nunmehr ins Glied der Klassiker getreten sei. Für ein modernes, demokratisches, europäisches Deutschland, das seine alten nationalen Probleme gelöst habe, sei Heine kein Streitfall mehr. Als Touristenattraktion, als Werbeträger für Banken, Sparkassen, Malereibetriebe, als T-Shirt-Aufdruck und Parfüm scheint Heine zum normalen Kulturgut herabgesunken zu sein, das von der Kulturwelt beliebig vermarktet wird. Der Streit um Heine scheint beigelegt, der Autor zum Klassiker verwandelt, ein bißchen farbiger vielleicht noch als die Altmeister Schiller und Goethe, aber doch eingereiht in die unumstrittenen Statuen des literarischen Kanons. Es sieht so aus, als sei mit der Musealisierung der Grazien auch ihr «ungezogener Liebling» im Museum gelandet. Die Nivellierung der politischen Landschaft seit 1989 trägt ihrerseits unzweifelhaft zur «Normalisierung» des Falls Heine bei. Für viele, die nicht mehr so genau zwischen Fortschritt und Rückschritt unterscheiden können, mag der Streit um Heine seine Aktualität einbüßen. Ist er damit Geschichte geworden?

Wer genauer hinsieht, dem fällt zunächst auf, daß sich auf den Texten selbst kein Staub abgelagert hat. Sie sind aus staubabweisendem Material gestrickt. Die Sprache ist frisch geblieben, Humor und Witz nach wie vor schlagend, die durchschimmernde Menschlichkeit echt. Außerdem ist der Schriftsteller Heine von Natur aus resistent gegen Beweihräucherung und Hagiographie. Er hält nicht still auf dem Podest. Wolf Biermann nennt ihn seinen «frechen Cousin» und drückt damit das Gefühl einer nahen und lebendigen Verwandtschaft aus, nicht aber die Bewunderung für einen Literaturheiligen. Sieht man noch genauer hin, so zeigt sich, daß in der Geschichte des Streits um Heine

Das Heine-Denkmal in Bonn
(Photo: Dietrich Schubert)

eine Logik liegt, die jeglicher Kanonisierung zuwiderläuft. Den Verfechtern einer gesellschafts- und politikfernen Kunstreligion war Heine mit Recht ein Stachel im Fleische. Der Ästhetizimus von Georges magischem Weltbild, Heideggers ontologische Schau auf das sich ereignende Wesen des Kunstwerks, Emil Staigers Besinnen auf den zeitenthobenen Grundbegriff des Lyrischen, all diese in der ersten Jahrhunderthälfte dominanten Kunsttheorien der deutschen Geistesgeschichte hatten sich ja trotz ihrer vorgeblichen Politikabstinenz als anfällig für Faschismus und Nationalsozialismus erwiesen. Heines schriftstellerisches Selbstverständnis dagegen, seine literaturpolitische Praxis wie seine respektlose Haltung gegen jede Art von Autorität lagen diametral quer zu dieser autoritätsgläubigen Tendenz. Darin liegt auch heute und für die Zukunft das Geheimnis der ungebrochenen Aktualität Heines. Er hat nicht nur die zentralen Fragen seiner eigenen Zeit zugleich so provokativ und sensibel zugespitzt wie kaum ein anderer. Er hat auch einige der entscheidenden Verwerfungen der deutschen Geschichte seismographisch genau gespürt und ihre künftigen Entwicklungen vorweggenommen. Darum wird er, so darf man wohl annehmen, die kritische Aufarbeitung der Geschichte seiner Rezeption problemlos überdauern.

Steven E. Aschheim

Nietzsche

Der bemerkenswerte, dauerhafte Einfluß von Friedrich Nietzsche reicht weit über die Grenzen Deutschlands hinaus. Es sei nur auf Nietzsches kanonische Position innerhalb des gegenwärtig vorherrschenden «postmodernen» Denkens hingewiesen, wie es über Jahrzehnte hinweg insbesondere in Frankreich und den Vereinigten Staaten entwickelt wurde. Und doch gibt es keinen Zweifel, daß Nietzsche in der deutschen Kultur, Politik und im deutschen Geistesleben eine ganz besondere historische und radikal zentrale Rolle gespielt hat. Nietzsche wurde immer wieder in komplexe und höchst kontroverse Grundsatzdebatten sowie Themen der nationalen und kollektiven Identität und des individuellen Selbstverständnisses einbezogen. Worin liegt nun die Besonderheit von Nietzsches Werk, daß es einen so einzigartigen Einfluß und eine so vielgestaltige Faszination ausüben konnte? Warum haben sich über die Generationen hinweg so viele Nietzsches Gedanken auf ihre Weise zu eigen gemacht? Warum wurde er von so vielen, oft ganz unterschiedlichen Gruppen als eine derart lebendige Kraft betrachtet? Wohlgemerkt rührt ein Teil der Geschichte und der Faszination gerade von der Auswahl und der Filterung her, von der Kanalisierung und Umgestaltung Nietzschescher Themen. Solche Umarbeitungen sind wesentliche Bestandteile des Rezeptionsprozesses: Sie bilden den Kern der Rezeptionsgeschichte. Nur durch einen solchen domestizierenden Prozeß der Integration in politische Institutionen und ideologische Konzepte konnte Nietzsche zu einer bedeutsamen sozialen und kulturellen Kraft werden.

Voraussetzung aber war der spezifische Charakter von Nietzsches Werk. Ohne seine Fülle suggestiver Themen, Ideen und Kategorien, ohne sein besonderes Gespür, seine funkelnde Sprache und Rhetorik, hätte es wohl keinen «Nietzscheanismus» nach Nietzsche gegeben. Daß Nietzsche so vielen gegensätzlichen Strömungen und Interessen Anknüpfungspunkte bot, rührte zum Teil von seiner Ablehnung gegenüber allen Systematisierungen und Systemen her und von seiner Entschlossenheit, Probleme aus vielen verschiedenen Blickwinkeln anzugehen. «Ich mißtraue allen Systematikern und gehe ihnen aus dem Weg», schrieb Nietzsche. «Der Wille zum System ist ein Mangel an Rechtschaffenheit.»[1] Nietzsches starker Einfluß hing auch damit zusammen, daß er der schöpferischen Kraft huldigte, daß er eine radikal experimentelle Haltung einnahm und daß er neue Werte und Normen forderte. Die Nietzsche-Rezeption fand hier eine grundsätzliche Offenheit, die wiederum die Art und Weise der Aneignung seiner Gedanken beeinflußte, weil sie Nietzscheanern aller Couleur erlaubte, die dynamischen Konturen der individuellen und kollektiven Vorstellungen von Selbstverwirklichung nach ihrem Gutdünken auszufüllen. Das breite Spektrum, das seine Schriften abdecken, bot eine Fülle von Antworten: Interessierte Leser konnten sich gezielt aus einem reichen Angebot an Positionen und Perspektiven in seinem Werk das Passende heraussuchen. Der Nietzsche-Anhänger mußte nicht den ganzen Nietzsche im Paket kaufen. Manche betonten die Unterschiede zwischen seinen frühen, mittleren und späten Schriften und die Entstellungen durch seine Schwester Elisabeth Förster-Nietzsche, die anderen vollkommen gleichgültig waren. Die einzelnen Texte wurden somit sehr unterschiedlich gewichtet. Der beißende Kritiker Nietzsche konnte je nachdem von dem großen Verteidiger des Lebens gegen die Verheerungen durch den abtötenden Intellekt unterschieden oder mit ihm kombiniert werden. Der große Stilist und Poet wurde nach Belieben von dem Ironiker, der keine Moral kennt und als Umwerter aller Werte und unbarmherziger Gesetzgeber auftritt, als Prophet der «Großen Politik» der Zukunft, geschieden oder mit ihm verschmolzen.

Und es gab noch eine andere gewichtige Besonderheit. Bewunderer, Gegner und Kritiker stimmten gleichermaßen darin überein, daß man nicht einfach Nietzsche las, sondern daß Nietzsche zum «Erlebnis» wurde, wie Thomas Mann 1918 schrieb.[2] In einzigartig intensiver und unmittelbarer Weise rührte Nietzsche an das, was seine Zeitgenossen als Schlüsselerfahrungen ihrer individuellen und kollektiven Identität betrachteten. Von Anfang an sahen Anhänger wie Gegner in Nietzsche den Kritiker, Indikator und Visionär einer neuen Art der postliberalen, postchristlichen europäischen Moderne, die gekennzeichnet war durch das Etikett des Nihilismus und sein umwertendes, befreiendes und umwälzendes Potential. Nietzsche war darum so etwas wie ein Brennglas, das die existentiellen Fragen und Probleme bündelte und ihre veränderten Formen und Bedeutungen erkennbar machte. 1911 merkte ein Beobachter scharfsichtig an, Nietzsche sei ein Seismograph des europäischen geistigen und intellektuellen Lebens, Tummelplatz und Schlachtfeld zugleich, auf dem dessen Spannungen, Konflikte und Möglichkeiten ausgetragen würden.[3] Schon früher hatte der «religiöse» Nietzscheaner Albert Kalthoff erklärt, bewußt oder unbewußt trage jeder ein Stück von Nietzsche in sich.[4]

«Ein großer Mensch», schrieb Ernst Bertram 1919, «ist immer unvermeidlich unsere Schöpfung, wie wir die seine sind.»[5] Bertrams Nietzsche war in der Tat bewußt nach der Schwärmerei des Stefan-George-Kreises für Heldengestalten geformt, seine Interpretation mit völkischen Elementen durchsetzt. Insofern war seine spezielle Lesart Beispiel und Symptom seines Ausspruchs. Und trotzdem dringt er mit der Betonung des interaktiven Austauschs zum Kern von Nietzsche als Erinnerungsort vor. Nietzsche war zugleich Widerspiegelung und Urheber deutscher Imperative, wurde aber selbst immer wieder neu gestaltet, um (unterschiedlich verstandenen) wechselnden Anforderungen, Situationen und Umständen zu entsprechen.

Ironischerweise kam Nietzsches Durchbruch im deutschen politischen und kulturellen Leben erst in den Jahren seiner geistigen Umnachtung. Noch 1888 schrieb er: «In Wien, in St. Petersburg, in Stockholm, in Kopenhagen, in Paris und New York – überall bin ich entdeckt: ich bin es *nicht* in Europas Flachland Deutschland.»[6] Wohlgemerkt: Zuvor hatte er bereits so etwas wie einen unterirdischen Einfluß auf ein buntes Spektrum einzelner Leser und dubioser oder radikaler Randgruppen ausgeübt. «Ein komisches Faktum, das mir mehr und mehr zum Bewußtsein gebracht wird. Ich habe nachgerade einen ‹Einfluß›, sehr unterirdisch, wie sich von selbst versteht. Bei allen radikalen Parteien (Socialisten, Nihilisten, Antisemiten, christlichen Orthodoxen, Wagnerianern) genieße ich eines wunderlichen und fast mysteriösen Ansehens.»[7]

Doch erst in den neunziger Jahren des 19. Jahrhunderts erreichte und beschäftigte sein Werk ein breiteres Publikum. Von da an durchdrang das Thema Nietzsche wichtige Bereiche des deutschen Denkens und Handelns und prägte in vielfältiger und widersprüchlicher Weise die politischen Einstellungen und Phantasien in Deutschland. Die Wirkung von Nietzsches Denken war immer international, aber in Deutschland gelangte Nietzsches Vermächtnis zu seiner vollen Entfaltung: Dort wurden die unzähligen Facetten seines Erbes systematisch und kontinuierlich entwickelt – und in Frage gestellt. Ob positiv oder negativ (der Philosoph und sein Werk fanden immer wortgewaltigen Widerspruch), von da an nahm Nietzsche einen zentralen Platz im individuellen und kollektiven Selbstverständnis der Deutschen und in der nationalen Diskussion in Deutschland ein. Bereits in der Zeit vor dem Ersten Weltkrieg war eine Begegnung mit Nietzsche – ob man ihn nun als Helden, Häretiker oder mit weniger leidenschaftlichen Gefühlen betrachtete – praktisch obligatorisch. Daß dies für die Intelligenz, für politisch engagierte Kreise, für die gebildete Mittelschicht und die Avantgarde galt, liegt auf der Hand. Aber auch ganz verschiedene – eher konfuse – Aristokraten und Großbürger beschäftigten sich mit ihm (und lehnten ihn in der Regel ab), und die gebildeteren Angehörigen der deutschen Arbeiterklasse hatten zumindest eine gewisse Vorstellung von dem Mann und den Grundzügen seines Denkens. Niemand anderer als der fünfundzwanzigjährige Sozialist Kurt Eisner schrieb 1892: «Das ‹Problem Nietzsche› wird für jeden, dem es sich bietet, zum Erlebnis. Man wird das Problem nur bewältigen können, wenn jeder sein persönliches Verhältnis zu ihm, seine Gefühle und Gedanken, seine Vermutungen und Ahnungen, welche das ‹Problem Nietzsche› erzeugt, darzustellen versucht.»[8]

Natürlich lasen die Menschen überall Nietzsche «existentialistisch». Aber bestimmte Kräfte in Deutschland begünstigten die besondere Leidenschaft der Nietzsche-Rezeption. Zum einen strahlte Nietzsches Umgang mit seiner Muttersprache, der er soviel Poesie, Schönheit und Kraft verlieh, einen besonderen Zauber aus. Darüber hinaus war Nietzsche ein deutscher Denker mit deutschen Wurzeln, und er behandelte Probleme, die viele als spezifisch deutsch ansahen. Natürlich mißfiel dies Nietzsches (zahlreichen) Gegnern, und sie gaben sich große Mühe, sein «Deutschtum» herunterzuspielen. Statt dessen hoben sie seine «slawische» Denkungsart hervor, seine «polnischen» oder «mongolischen» Wurzeln und verbannten ihn damit aus dem Pantheon der geachteten deutschen Geistesgrößen. Doch seit den neunziger Jahren des 19. Jahrhunderts machten alle möglichen interessierten Kreise, Bewegungen und Einzelpersonen aus Nietzsches Deutschtum und der Beziehung zwischen «Nietzsche» und «deutsch» so etwas wie eine Ideologie.

Das Vorgehen dabei war relativ einfach: Das «echte» Verständnis Nietzsches wurde zu einer Art «Sondererlebnis» erklärt, zu dem angeblich nur deutsches Denken und Fühlen befähigte. Deutsch zu sein und Deutsch zu sprechen, so wurde argumentiert, seien die ontologischen Voraussetzungen, wenn man den Philosophen wahrhaft erfassen wolle. *Also sprach Zarathustra*, meinte Heinrich Rickert, sei praktisch unübersetzbar.[9] Im Laufe der Jahre verwandelten all jene, die Nietzsche (aus welchen politischen und kulturellen Gründen auch immer) vereinnahmen wollten, ihn in Symptom und zugleich kritisches Sprachrohr der nationalen Befindlichkeit: Seine persönliche Odyssee und Deutschlands Schicksal schienen unauflöslich miteinander verschränkt.

Oswald Spengler beschrieb die besondere Wirkung von Nietzsche so: «Unzählige Deutsche werden Goethe verehren, mit ihm leben, sich an ihm aufrichten, aber er wird sie nicht verwandeln. Die Wirkung Nietzsches ist verwandelnd, weil die Melodie seines Schauens in ihm selbst nicht zu Ende kam [...]. Seine Art zu sehen geht zu Freunden und Feinden weiter und von ihnen zu immer neuen Nachfolgern und Gegnern [...]. Nietzsches Werk ist kein Stück Vergangenheit, das man genießt, sondern eine Aufgabe, die dienstbar macht. Sie hängt heute weder von seinen Schriften noch von deren Stoffen ab, und eben deshalb ist sie eine deutsche Schicksalsfrage. Wenn wir nicht *handeln* lernen [...] mitten in einer Zeit, die weltfremde Ideale nicht duldet und an ihren Urhebern rächt, in der das harte Tun, das Nietzsche auf den Namen Cesare Borgias getauft hat, allein Geltung besitzt [...], dann werden wir als Volk aufhören zu sein [...]. Er hat dem geschichtshungrigsten Volke der Welt die Geschichte gezeigt, wie sie ist. Sein Vermächtnis ist die Aufgabe, die Geschichte so zu leben.»[10]

Spengler formulierte seine Bemerkungen 1924 vor dem Hintergrund der politischen Polarisierung in der Weimarer Republik, als die radikale Rechte Nietzsche bereits nationalistisch vereinnahmt und sein Bild passend umgeformt hatte. Aber nicht nur in solchen Kreisen wurde Nietzsche als deutscher Denker wahrgenommen. Viele andere mit ganz anderen politischen Überzeugungen sahen in Nietzsche weiterhin in erster Linie den deutschen Denker, aber interpretierten die Bedeutung seines Deutschseins in Begriffen, die ganz und gar nichts mit der Politik eines gewaltbereiten Willens zur Macht zu tun hatten. Harry Graf Kessler beispielsweise war ein überzeugter Nietzsche-Anhänger, lehnte aber solche Gedankengänge, wie Spengler sie anstellte, radikal ab.

Der germanisierte und «nationalisierte» Nietzsche wurde natürlich in der einen oder anderen Weise mit dem Nietzsche konfrontiert, der die unzähligen unerhört schneidenden Kommentare und abfälligen Bemerkungen über Deutschland und die Deutschen mit ihrem Philistertum gemacht hatte. Eine solche fallweise Aneignung oder selektive Annexion und Umdeutung war typisch für die gesamte Geschichte der Nietzsche-Rezeption. So konnte Rudolf Pannwitz – der erklärte, Nietzsche sei die höchste Idee des Begriffs deutsch, der heilige Schrein des deutschen Geistes, Sünde und schlechtes Gewissen des ganzen deutschen Volkes – schreiben, zwar sei Nietzsche im Kern seines Wesens nicht deutsch, doch was er durchlebt und geschaffen habe, sei nur der deutschen Erfahrung zugänglich.[11] Unzählige Kommentatoren betonten, daß Nietzsche gerade in seiner Kritik an den Deutschen und am Deutschtum, ja in seiner europäischen Perspektive durch und durch deutsch sei. Thomas Manns Bemerkung aus dem Jahr 1918 spiegelte eine verbreitete Einschätzung wider: «Die seelischen Voraussetzungen und Ursprünge der ethischen Tragödie seines Lebens, dieses unsterblichen europäischen Schauspiels von Selbstüberwindung, Selbstzüchtigung, Selbstkreuzigung mit dem geistigen Opfertode als herz- und hirnzerreißendem Abschluß – wo anders sind sie zu finden, als in dem Protestantismus des Naumburger Pastorensohns, als in jener nordisch deutschen, bürgerlich-dürerisch-moralistischen Sphäre.»[12] Karl Löwith, der sich leidenschaftlich auf die deutsche Begegnung mit Nietzsche einließ, ging so weit zu behaupten, kein Nicht-Deutscher könne die Verbindung wirklich erfassen. Nur diese Nähe erkläre Nietzsches nahezu unbegrenzten Einfluß innerhalb Deutschlands. «Ohne diesen letzten deutschen Philosophen läßt sich die deutsche Entwicklung gar nicht verstehen [...]. Er ist wie Luther ein spezifisch deutsches Ereignis, radikal und verhängnisvoll.»[13]

Die ersten, die ausdrücklich als Nietzsche-Anhänger in Erscheinung traten, waren Angehörige der Jugendbewegung in den neunziger Jahren des 19. Jahrhunderts. Daß Nietzsche eine derart elektrisierende Wirkung haben konnte, hing offenkundig mit der Situation im Kaiserreich zusammen, das ein Bild geistiger und politischer Mittelmäßigkeit abgab. In frühen Werken wie *Die Geburt der Tragödie* und *Unzeitgemäße Betrachtungen* formte Nietzsche nicht nur das Instrumentarium für die Gesellschaftskritik, sondern skizzierte auch allgemeine Leitlinien für die Überwindung des dekadenten Zustandes. Nietzsche war eindeutig Mitanstifter und Nutznießer der Revolte gegen den Positivismus und der neuen Begeisterung für die tieferen, irrationalen, geheimnisvollen und unbewußten Kräfte des Lebens um die Jahrhundertwende. Zumindest in den frühen Jahren der Nietzsche-Rezeption fühlte sich die fortschrittliche, freigeistige Avantgarde von seinen Gedanken angesprochen und weniger das konservative, antisemitische, rechte Spektrum.

Ungeachtet vielfältiger Unterschiede spürten die meisten frühen Nietzsche-Bewunderer, daß er eine wichtige, ja epochemachende Gestalt war. Georg Simmel rief 1896 aus, daß Nietzsche neue Kriterien für eine moderne Ethik formuliert habe, sei nichts weniger als eine «kopernikanische That».[14] Nach Nietzsches Tod 1900 wurde der Tonfall noch ehrfürchtiger. Der Historiker

Anonymus: Nietzsche mit einer Dornenkrone. Ex libris von Georg Lapper (um 1900)

Kurt Breysig formulierte in seinem Nachruf: Nietzsche sei der Führer in eine neue Zukunft der Menschheit, ein Mann von der Bedeutung eines Buddha, Zarathustra und Jesus Christus. Die Visionen dieser Männer hätten ganze Nationen umfaßt, und ihre Wirkungen seien nur in Äonen zu ermessen.[15] Unbestreitbar wuchs bei Freund wie Feind die Überzeugung, daß Nietzsche mit seiner kritischen prophetischen Vision bislang unsichtbare und unüberwindliche Barrieren durchbrach, tabuisierte und unerforschte Bereiche der Erfahrung berührte.

Wie Nietzsches Werk war auch der Diskurs der Nietzsche-Anhänger extrem – alle Beteiligten waren sich bewußt, welch subversive Herausforderung der Philosoph für die bürgerliche Ordnung darstellte. Was anderes konnte die Kritik am Christentum, ja an der Moral selbst, der Ruf nach einer radikalen Umwertung aller Werte, der Zusammenprall von Konvention und schöpferischer Freiheit bedeuten? (Graf Kessler berichtet in seinen Tagebuchaufzeichnungen, daß junge Leute aus konservativen, patriotischen Elternhäusern nach der Lektüre von Nietzsche «sechs Monate mit einem Pfarrer eingesperrt» wurden.[16]) Nietzsches Extremismus, seine Beschäftigung mit grundsätzlichen Fragen führte dazu, daß die Nietzsche-Rezeption in der heroisch-prophetischen wie in der dämonisch-pathologischen Interpretation sich so oft einer mythischen Sprache bediente. Karl Joel stellte bereits 1905 fest, daß die Nietzsche-Verehrer wie die Nietzsche-Kritiker ihn mit übermenschlichen Begriffen beschrieben, als wäre er als strahlender Meteor vom Himmel gekommen oder als blutdürstiger Wolf aus den Wäldern.[17] Tatsächlich war es ein charakteristisches und durchgängiges Merkmal der Nietzsche-Rezeption seit Ende des 19. Jahrhunderts, daß Nietzsches Denken und Persönlichkeit mit der Aura übernatürlicher Macht ausgestattet wurden. Nietzsche galt oft als ein «gefährlicher Denker», weil er in gewisser Weise gefährliche Handlungen auslöste. Sein Einfluß wurde oft mit Begriffen der Epidemiologie beschrieben, als wären seine Gedanken ansteckend und krankmachend. Dies betraf Bereiche weit jenseits der «Hochkultur». Es ging in die populäre Literatur ein, etwa in Wilhelm von Polenz' *Wurzellocker* aus dem Jahr 1902, wo Nietzsche als Hexenmeister und ideologischer Zauberer beschrieben wurde. Schockierte Verfechter von öffentlicher Ordnung und Moral prangerten den schädlichen Einfluß des Philosophen auf die verletzliche Jugend an und verwiesen auf eine Welle von Selbstmorden und gar einige Mordfälle.

In diesen frühen Jahren kreisten die Kontroversen der Nietzsche-Rezeption um die Frage, ob er zu verurteilen oder freizusprechen sei. Nietzsches Gedanken wurden immer in Zusammenhang mit dem Mythos um seine Person und sein weiteres Schicksal gebracht. Kritiker und Gefolgsleute stimmten darin überein, daß Nietzsches Denken, Sein und Leben eine Einheit bildeten, aber sie interpretierten und bewerteten diese Tatsache unterschiedlich. Angesichts der Macht, die ihm zugeschrieben wurde, ist es nicht verwunderlich, daß der Widerstand gegen und die Kritik an Nietzsche (und dem Nietzscheanismus) ebenso leidenschaftlich waren wie die Begeisterung.

Die Gegner waren ein Stück weit im Vorteil: Gnadenlos und mit einem gewissen Vergnügen beuteten sie Nietzsches Geisteskrankheit aus. Die Verbindung von Krankheitserscheinungen und philosophischen Gedanken in der Absicht, den Mann und das Werk zu diskreditieren, war eine Versuchung, der die Kritiker selten widerstanden. Nietzsche erschien, wie es in einem 1891 sehr bekannten Werk hieß, als ein Fall von *psychopathia spiritualis*. Paul Julius Möbius warnte vor Nietzsche, denn er sei geistesgestört.[18] Schriften wie diese versahen Urteile über Nietzsches Geisteszustand mit dem Siegel der medizinischen und psychiatrischen Autorität. So konnte etwa Hermann Türck auf Nietzsches geistige Verwirrung verweisen und damit die (wie er befand) perversen Inhalte seines Denkens erklären: «So kann es kommen, daß ein geistreicher, hochgebildeter Mensch, der mit perversen Instinkten geboren ist und die Nichtbefriedigung des bohrenden, drängenden Triebes als dauernde innere Qual empfindet, auf die Idee verfällt, die Mordlust, die äußerste Selbstsucht [...] als etwas Gutes, Schönes und Naturgemäßes zu rechtfertigen, die entgegenstehenden besseren sittlichen Triebe aber, die sich in uns als das zeigen, was wir Gewissen nennen, als krankhafte Verirrungen zu bezeichnen.»[19] Max Nordau verband 1892 seine Kritik an Nietzsche mit einer generellen Kritik an der «Degeneration» seiner Zeit, an einer Kultur, die Nietzsche und seinesgleichen hervorgebracht hatte. Aber mit der Autorität des Arztes heftete Nordau Nietzsche – und indirekt seinen Schülern – das Etikett der physischen und psychischen Degeneration, Perversion und Krankheit an.

Nietzsche-Anhänger sahen dies natürlich ganz anders. Wie einer von ihnen formulierte, würde es keinem psychiatrischen Autodafé gelingen, Nietzsches bleibende philosophische Leistung zu zerstören.[20] Seine Schüler bemühten sich, Nietzsches Geisteskrankheit positive spirituelle Qualitäten zuzuschreiben. Die Klarheit seiner Vision und das Unverständnis einer Gesellschaft, die noch nicht in der Lage sei, ihn zu begreifen, hätten den Philosophen in den Wahnsinn getrieben – damit reproduzierten sie Nietzsches eigene Schilderung des Verrückten auf dem Marktplatz in der *Fröhlichen Wissenschaft*. Rudolf Steiner schrieb nach einer Begegnung mit dem kranken Nietzsche, er habe «Nietzsches Seele schwebend über seinem Haupte» gesehen, «unbegrenzt schön in ihrem Geisteslicht.»[21] Die deutschen Expressionisten waren fasziniert von den befreienden Möglichkeiten des Wahnsinns, sie fanden in Nietzsche Beispiel und Sprachrohr zugleich. Sie idealisierten nicht nur den Künstler in der Nachfolge Nietzsches, der über den konventionellen Begriffen von Gut und Böse stand – über künstlerische Immoral hinaus wurde der Wahnsinn gefeiert. Georg Heym vertraute 1906 seinem Tagebuch an, daß er sich danach sehne, das Ideal des Übermenschen in seiner Person zu verwirklichen,[22] und er trieb diesen Impuls bis an die Grenzen in seiner Erzählung *Der Irre*. Darin wird der Wahnsinn als die endgültige Erlösung beschrieben. Weil die gewöhnlichen Gesetze für die Verrückten nicht gelten, wird Verrücktheit gleichgesetzt mit vollkommener Freiheit, symbolisiert im letzten Bild der Erzählung: Der Irre fliegt wie ein Vogel hoch über der Realität. August Horneffer, einer der Protagonisten einer post-christlichen, neuheidnischen Form der Nietzsche-«Religion», schrieb, in Nietzsches geistiger Verwirrung trete ein strahlender innerer Friede zutage, in diesem Zustand seien der Zauber und die Majestät seiner Persönlichkeit am deutlichsten erkennbar.[23]

Nietzscheanische Themen und Impulse eigneten sich sehr gut dafür, in wichtige (und «außerordentliche») Einstellungen und Ereignisse der deutschen Geschichte nach 1890 einzufließen, ihnen Gewicht und Bedeutung zu geben: die tiefunzufriedenen, antipositivistischen und prophetischen Strömungen und Ahnungen, die um die Jahrhundertwende große Teile der Intelligenz und Avantgarde der wilhelminischen Gesellschaft erfaßten; der heroische Gestus, mit dem der Erste Weltkrieg begrüßt wurde, und dann die Kategorien des «Tragischen», in welchen die Niederlage und ihre Folgen ra-

Alfred Soder: Bild des nackten Nietzsche in den Bergen. Ex libris von Friedrich Bertold Sutter (1907)

tionalisiert wurden; die Polarisierung, Radikalisierung und zunehmende Gewaltbereitschaft der Weimarer Republik; die Selbstdarstellung, Politik und Legitimation des Nationalsozialismus und schließlich die negative Umdeutung einer «normalen» und «achtbaren» nationalen Identität in der Zeit unmittelbar nach dem Zweiten Weltkrieg.

Vor dem Ersten Weltkrieg dominierte, was nicht allzu überraschend sein dürfte, das Nietzsche-Bild der Avantgarde und der radikalen Gruppen – von den Expressionisten über den Stefan-George-Kreis bis zu einem bunten Spektrum modernistischer und freigeistiger Bewegungen, bestimmter feministischer Strömungen, der zweiten Generation der Zionisten, Teilen der völkischen Bewegung, der Jugendbewegung und antisemitischer Strömungen. Nietzsche war für sie eine wichtige Inspiration in ihrem Drang zu radikaler Kritik an und Revolte gegen den Positivismus und Materialismus, er bestärkte sie in ihrer Lebensphilosophie und verkörperte eine Fülle von postaufklärerischen, libertären und irrationalen Einstellungen. Diese Kreise orientierten sich an zwei Elementen, die bestenfalls in Spannung zueinander standen und schlimmstenfalls einen unauflöslichen Widerspruch darstellten: dem dynamischen Entwurf einer radikalen Selbstschöpfung ohne Gott – angetrieben durch Nietzsches Mahnung, «etwas Neues zu *sein*, etwas Neues zu *bedeuten*, neue Werte *darzustellen*»[24] – und dem dionysischen Drang zur Entgrenzung.

Der Inhalt und die einzelnen Elemente derartiger Visionen waren von Nietzsche-Anhänger zu Nietzsche-Anhänger verschieden. Charakteristisch für den größten Teil dieser Avantgarde-Konzeptionen und radikalen Entwürfe war indes die Neigung, die herkömmlichen Gegensätze von links und rechts, progressiv und reaktionär aufzubrechen und zu überwinden. Alle formulierten in irgendeiner Weise Kritik am Status quo und errichteten Gegenideale von Macht und Kultur, Kreativität und Werten, individuellem und kollektivem Leben. In den verschiedenen Formen der Gegenkultur unterhöhlten sie ältere Gewißheiten und schufen neue, eklektische Kombinationen und Möglichkeiten der kulturellen, literarischen und auch sinnlichen Erfahrung.

Vor 1914 gehörte Nietzsche in Deutschland somit vor allem den oppositionellen, avantgardistischen und radikalen Kräften. Erst durch den Weltkrieg wurde er germanisiert und nationalisiert und rückte ins Zentrum des allgemeinen Bewußtseins. Von da an war Nietzsche respektabel und wurde für «patriotische» Zwecke vereinnahmt. Die Nietzsche-Anhänger politisierten sich mit einer Geschwindigkeit und Intensität, die alles in den Schatten stellte, was vor 1914 passiert war. Nietzsche wurde sofort in den Dienst der Kriegsanstrengungen gestellt und als nationale Inspiration gefeiert, als Verkörperung des Besten in der deutschen Kultur und Verfechter der Werte – Härte, Heldentum, Mut, Männlichkeit –, die im Krieg gebraucht wurden. Selbst vor dem Krieg – bei Intellektuellen in ganz Europa, nicht nur in Deutschland – wurden Nietzsches Mahnrufe oft mit der verbreiteten Kritik an der Dekadenz und dem Wunsch nach einem neuen Aufbruch, der einen künftigen kathartischen Krieg als Akt der Erlösung feierte, in Verbindung gebracht. In Nietzsches Werken fanden sich reichlich passende Zitate, die den Krieg und die soldatischen Tugenden priesen: «Der Krieg», schrieb Nietzsche in der *Fröhlichen Wissenschaft*, «ist der Vater aller guten Dinge.»[25] Nietzsche vertrat offenkundig die Vorstellung, daß der Krieg ein Mittel zur Überwindung der Banalitäten des Alltagslebens war, eine reinigende Form des individuellen und kollektiven Handelns. Zwischen 1900 und 1945 wurde unzählige Male Zarathustras Ausruf zitiert: «Ihr sagt, die gute Sache sei es, die sogar den Krieg heilige? Ich sage euch: der gute Krieg ist es, der jede Sache heiligt.»[26] Brachte nicht der Krieg die Erfüllung von Nietzsches Forderung «lebe gefährlich», ermöglichte er nicht die Suche nach einer höheren, authentischen Erfahrung und die Überwindung der allgegenwärtigen Dekadenz?

Vor dem Ersten Weltkrieg war der Nietzscheanismus ohne weiteres über die nationalen Grenzen hinausgedrungen. Gleich nach Ausbruch des Krieges änderte sich das. Britische Kommentatoren gaben Nietzsche die Schuld am Krieg, deutsche Autoren beriefen sich auf Nietzsche mit Vorschlägen, wie man besonders erfolgreich kämpfte. Während die nietzscheanische Gefühlslage dazu beitrug, eine positive Einstellung gegenüber dem kommenden Krieg zu erzeugen, formte der Große Krieg den Nietzsche-Mythos so um, wie es dem Krieg dienlich war. Nahezu zeitgleich mit dem Ausbruch der ersten Feindseligkeiten verloren *Zarathustra* und der *Übermensch* ihre übernationalen Eigenschaften – ihre kosmopolitischen und individualistischen Motive wurden überlagert von nationalistischen Leidenschaften. Zwar gab es Stimmen, die sich kritisch gegen diese Umformung erhoben – sei es aus Respekt vor Nietzsche oder weil sie ihn weiterhin verabscheuten –, aber sie gingen im Schlachtenlärm unter. Gebildete Soldaten nahmen neben Goethes *Faust* und dem Neuen Testament am liebsten den *Zarathustra* zum Trost und zur Erbauung mit in die Schlacht (zumindest wurde das behauptet). Die «herrlichen Worte» dieses Buches, schrieb ein Autor, seien für die Deutschen besonders geeignet, weil sie «mehr als jedes andere ein Volk von Kampfnaturen im Sinne Zarathustras» seien.[27] An die kämpfende Truppe wurden ungefähr 150 000 Exemplare einer besonders stabil eingebundenen Kriegsausgabe von *Zarathustra* verteilt. Dieses Buch, so befand man, sei die geeignete Lektüre für die deutschen Soldaten. Da es so sehr Teil des inneren Lebens der Nation war, würde es gewiß auch für die Stunde des Todes das Richtige sein.[28] Der Krieg erschien als der Abgrund Zarathustras und als letzte Selbstprüfung im Sinne Nietzsches. So stellten es zumindest die Urheber des deutschen Mythos von Nietzsche und dem Krieg ihren Lesern dar. Mit dem Ersten Weltkrieg trat die Vereinnahmung Nietzsches für das primär nationalistische und dem Establishment wichtige Ziel, den Krieg zu führen und zu gewinnen, in ein neues, schicksalhaftes Stadium ein.

Man wird mit Sicherheit sagen können, daß der *Zarathustra* für die Soldaten auf dem Schlachtfeld niemals eine solche Bedeutung hatte, wie es die Exponenten des Nietzsche-Kultes behaupteten. Das Grauen an der Somme, die Realität der Schützengräben ließen sich nicht ohne weiteres mit der erhabenen Landschaft von Nietzsches Rhetorik überdecken. Zarathustras Preis des Krieges um seiner selbst willen, bemerkte ein Kritiker, sei ein schreckliches Rezept gewesen. Hätte man den Truppen nicht gesagt, daß die deutsche Sache eine gute Sache war, sondern daß der Kampf seine eigene Rechtfertigung darstellte, dann wären sie nie in den Krieg gezogen.[29] Aber genau diese Behauptung, die Nietzsche in den Mittelpunkt rückte (anstelle der Realität), war ausschlaggebend für die Nietzsche-Rezeption während und nach dem Ersten Weltkrieg, denn von da an prägte sie maßgeblich die öffentliche Mythenbildung und die politisch-symbolische Mobilisierung.

Genauso bezeichnend ist es, daß der Nietzscheanismus schrittweise in die politischen Vorstellungen einer sich formierenden radikalen Rechten Eingang fand. Das war eine neue Entwicklung. Vor 1914 waren die meisten Nietzsche-Anhänger nicht sehr patriotisch eingestellt gewesen. Nun, neuerdings domestiziert in einem breiten Konsens, traten die passenden, insbesondere antienglischen, antidemokratischen und antiegalitären Themen in den Vordergrund. Dies, so hieß es jetzt, sei der «wahre» Nietzsche, der wenig zu tun habe mit der kosmopolitischen Version, die blasse Kaffeehausintellektuelle bisher verbreitet hätten. Natürlich mußten alle Verfechter dieses nationalistischen Nietzsche die bissigen Tiraden des Philosophen gegen Deutschland wegerklären. In der Regel griffen sie zu dem Argument, daß man unterscheiden müsse zwischen dem «wahren» und dem «tiefen» im Gegensatz zu dem «nur oberflächlichen» Nietzsche. Die giftige Kritik des Philosophen am *Deutschtum* enthalte Liebe und leidenschaftliche Ergebung – er sei eine prophetische Gestalt, und seine scharfen Worte hätten nur den Zweck, sein Volk zu immer Höherem anzuspornen. Andere argumentierten, alles liege an den grundlegend veränderten Umständen: Nietzsche hätte auf den Krieg genauso reagiert wie seinerzeit Fichte, er hätte die Größe des Kampfes erkannt und sich zur leidenschaftlichen Verteidigung Deutschlands erhoben. Antisemiten unter den Nietzsche-Anhängern beharrten darauf, daß die Zeit gekommen sei, den wahren germanischen Nietzsche zu entdecken, den die Juden systematisch dem öffentlichen Bewußtsein vorenthalten hätten, indem sie Nietzsches Vermittlung in Deutschland monopolisierten. Die Juden hätten sein Erbe zu nihilistischen und internationalistischen Gedanken entstellt, passend zu ihren eigenen zerstörerischen Absichten.

Der Krieg gab nicht nur die Grundlage für die Konstruktion eines nationalistischen Nietzsche ab, er nahm auch der progressiven Version einiges von ihrer Überzeugungskraft. Der unermüdliche Einsatz von Elisabeth Förster-Nietzsche, ein Nietzsche-Bild zu vermitteln, das ganz und gar im Einklang mit dem preußischen Geist stand, trug endlich Früchte. Ihr Nietzsche spiegelte ihre eigene Vorliebe für marschierende Soldaten und glänzende Uniformen wider. In der frühen Euphorie stimmte die liberale Presse mit ein: Germanisches und nietzscheanisches Heldentum seien ein und dasselbe. Das angesehene *Berliner Tageblatt* veröffentlichte mehrere Beiträge von Nietzsches Schwester, darunter auch einen mit dem Titel «Der ‹echt-preußische› Friedrich Nietzsche».

Aber der Krieg – und vor allem die Niederlage – zementierte und, was noch schwerer wog, erzeugte vielfach erst die Liaison zwischen Nietzsche und den verschiedenen radikal rechten, antisemitischen, völkischen und jugendbewegten Kreisen. Diese politische Liaison, das sei betont, wurde nur möglich durch die Veränderung sowohl des Nietzsche-Bildes wie der Selbstdefinition der Rechten infolge des Krieges. Während Nietzsche national vereinnahmt wurde, durchliefen große Teile der Rechten eine Radikalisierung, sie wurden moderner und lösten sich aus der engen Verbindung mit Kirche, Monarchie und (erblicher) Aristokratie. In der neuen Situation, die sie als Demütigung erlebten, rückten sie in eine oppositionelle Position, und dabei erwies sich die selektive Ausschlachtung von Nietzsches Werk als besonders fruchtbar. Die alte Spannung zwischen der am Establishment orientierten Rechten und dem als subversiv geltenden Nietzsche war mehr oder weniger dahin. Beide befanden sich nun in radikaler Opposition, verachteten den Status quo und suchten nach einer revolutionären, wenn auch noch unbestimmten Zukunft.

An dieser Stelle ist es nicht möglich, im Detail darzulegen, welch zentrale Bedeutung Nietzsche für die radikale politische Rechte in der Weimarer Republik zwischen 1918 und 1933 hatte. Armin Mohler, der wohlwollende Chronist der «konservativen Revolution», merkte an, daß sie ohne Nietzsche «undenkbar» gewesen wäre.[30] Nietzsche war eine bemerkenswert anpassungsfähige und schier unerschöpfliche Quelle radikaler, «männlicher» Urteile (eine Alternative zum Marxismus) und lieferte reichlich Argumente für die eigenen Ideale und für die Kritik am Gegner. 1931 faßte der Publizist der radikalen Rechten Friedrich Hielscher die vielfältige Bedeutung Nietzsches in seinem politischen Universum so zusammen: «Nietzsche steht für sich als Fragender, als Kämpfender, als Einsamer. Er steht für das Reich als Hüter der Vergangenheit, als Brecher der Gegenwart, als Verwandelnder der Zukunft.»[31] Nun bediente man sich vornehmlich bei Nietzsches Angriffen auf die jüdisch-christliche und bürgerliche Moral, auf Liberalismus, Demokratie und die Massengesellschaft. Vielleicht am wichtigsten war, daß Nietzsche diesen Kreisen ein gut gefülltes Arsenal an Argumenten für eine politische Lebensphilosophie lieferte. Die radikale Rechte propagierte eine umgewertete nietzscheanische Vision einer postrationalen, postchristlichen sozialen Ordnung «jenseits von Gut und Böse». Nietzsche lieferte die vitalistischen Kategorien, um gesunde, lebensbejahende Kräfte zu erkennen und die dekadenten, entarteten lebensfeindlichen Elemente zu identifizieren, die keiner weiteren Fortpflanzung würdig seien. Darüber hinaus waren die vielfach zu hörenden Rufe nach einer harten, männlichen Elite, die die Schmach am Ende des Krieges überwinden sollte, durchsetzt mit Nietzscheschen Begriffen. Man denke nur an das Selbstverständnis der Freikorps als Trupp skrupelloser Männer, die den Kampf und die Tat um ihrer selbst willen liebten und getrieben waren von dem Wunsch, «hart zu werden» und «gefährlich zu leben», und Oswald Spenglers Ruf von 1931 nach einer neu-barbarischen Elite, einem «Raubtier» folgten, dessen Wille noch nicht durch die verweiblichenden Wirkungen der christlichen und bürgerlichen Moral kastriert worden sei.

Von 1918 bis 1945 wollten etliche Kommentatoren explizit Entwürfe einer, wie man sagen könnte, nietzscheanischen Rechtslehre formulieren. Diese antichristlichen, antinaturrechtlichen Vorstellungen von Moral und Rechtsordnung beschrieben die Zukunft der Gesellschaft in radikal antitranszendenten Begriffen: diesseitig, auf die Natur reduziert, ohne Moral. Natürlich wiesen derartige Aneignungen zwei charakteristische und miteinander zusammenhängende Verzerrungen auf. Die neue Rechte verwandelte Nietzsches Individualismus: Nietzsches Neuer Mensch war kein Einzelgänger mehr mit einzigartigen Eigenschaften, sondern wurde zunehmend als Typus dargestellt. Diese Entpersönlichung war ein weiteres Symptom der allgemein wachsenden Gewaltbereitschaft der Weimarer Zeit. Gleichzeitig wurde die Nietzschesche Dynamik gezähmt, reglementiert und in den Dienst einer strikt kontrollierten Nation gestellt. Dieser Prozeß der Institutionalisierung und Reglementierung war Teil jeder politisierten Nietzsche-Rezeption. Bei der radikalen Rechten war es die Vorbedingung dafür, daß sie Nietzsche vereinnahmen konnte. Schon bevor die Nazis an die Macht kamen, lagen die Bausteine einer gewaltbereiten, von Nietzsche inspirierten nachchristlichen, vitalistischen, auf den Naturzustand reduzierten Gesellschaft bereit.

Daß die Nazis Nietzsche (wohlgemerkt trotz einigem Widerspruch aus den eigenen Reihen und von außerhalb) in ihr Pantheon der germanischen Geistesgrößen einreihten und daß er in entscheidenden Punkten zu einem integralen Bestandteil des nationalsozialistischen Selbstverständnisses gemacht wurde, ist unbestreitbar. Die Anerkennung und Analyse der Rolle, die Nietzsche in der Kultur, Ideologie und Politik der Nazis spielte, muß unabhängig davon sein, ob wir glauben, daß die Nazis ihn zu Recht vereinnahmten, oder ob wir darin eine Verzerrung seiner Gedanken sehen. Mit dieser Fragestellung wurde das Thema bislang in der Regel heftig diskutiert. Doch wie bei allen Fragen, die mit der Rezeption und Integration von Nietzsche in der deutschen Kultur zusammenhängen, mit seiner Einordnung als deutschem Erinnerungsort, ist das entscheidende Faktum die ideologische Vereinnahmung – und nicht die höchst kontroverse Debatte, ob die Vereinnahmung zu Recht oder zu Unrecht erfolgte. Bei der Analyse dieser kulturellen Indienstnahme kommt es auf die Strategien an, wie Nietzsche nazifiziert und wie die Nazi-Ideologie mit nietzscheanischen Gedanken durchsetzt wurde.

Bereits 1931 benannte Alfred Bäumler – später wurde er die maßgebliche wissenschaftliche Autorität des Reiches für Philosophie und Inhaber eines Lehrstuhls an der Universität Berlin – die wesentlichen Punkte für die Anverwandlung Nietzsches durch die Nazis. Macht und politische Aspekte standen offensichtlich im Vordergrund: Nietzsche war der Visionär des postliberalen, postbürgerlichen Zeitalters der Großen Politik. Es muß betont werden, daß auch schon vor 1933 Beiträge in offiziellen Nazi-Organen die Verbindung zwischen Nietzsche und dem Nationalsozialismus abgesegnet hatten. Nach der Machtübernahme kam es zu einer wahren Flut derartiger Publikationen, in denen Nietzsche so dargestellt wurde, als gehöre er nicht in seine Zeit, sondern in die Gegenwart und weile immer noch unter den Lebenden. Tatsächlich, so argumentierten die neuen Nietzsche-Anhänger unter den Nationalsozialisten, war erst durch den Krieg und durch die Heraufkunft des Nationalsozialismus, durch die historische Schaffung einer neuen gesellschaftlichen Realität erkennbar und verstehbar geworden, inwieweit Nietzsche nationalsozialistische Ideen formuliert hatte. Nur ein überzeugter Nationalsozialist könne «Nietzsche ganz erfassen».[32] Wer außerhalb dieser Revolution stehe, schrieb Hans Kern, «und nicht mindestens ahnt, woher sie kommt und wohin sie will, wird allerdings Nietzsche niemals begreifen können».[33]

Was bedeutete es, daß angeblich nur die Nazis Nietzsche «ganz erfassen» konnten, und umgekehrt, wie kam es dazu, daß der Nationalsozialismus selbst als ein nietzscheanisches Projekt verstanden wurde? Der Philosoph wurde so dargestellt, als hätte er definiert, was die Nazis wollten und was sie ablehnten. Immer wieder berief man sich darauf, daß er Liberalismus, Sozialismus, Demokratie, Gleichbehandlung und die christliche Moral abgelehnt habe. Und man wiederholte beständig, daß er zur Regeneration in einer von Grund auf umgewerteten Welt aufgerufen habe. Das dekadente, verweichlichte und verweiblichte 19. Jahrhundert mußte einem neuen männlichen, kriegerischen Zeitalter weichen. Das alte bürgerliche Ethos der Sicherheit mußte abgelöst werden durch harte *Übermenschen* mit dem Willen, gefährlich zu leben. Der Nationalsozialismus, predigten Pädagogen, Publizisten und Propagandisten unermüdlich, sei die Realisierung von Nietzsches visionärer *Lebensphilosophie:* Eine auf biologischen Prinzipien gründende Gesellschaft mit einer Rassenhierarchie würde einen höheren Menschentypus, einen soldatischen *Neuen Menschen* hervorbringen, der nicht mehr gefesselt war durch die Skrupel der traditionellen Moral und einen lebensfeindlichen rationalistischen Intellekt. Im Entstehen sei eine von Grund auf neue postdemokratische, postchristliche Gesellschaftsordnung, in welcher die Schwachen, Alten und Nutzlosen kein Lebensrecht mehr hätten. (Es fanden sich reichlich passende «eugenische» Zitate bei Nietzsche, auf welche die Nazis sich zur Rechtfertigung ihres Euthanasieprogramms berufen konnten.) Nietzsche war auf einmal ein Denker, der bereits vor der Machtergreifung die Umrisse einer Rassengesellschaft skizziert hatte. Aus dem Kontext herausgelöste Äußerungen über die Juden wurden besonders wichtig. Nietzsche wurde gepriesen als der Mann, der eine welthistorische Großtat vollbracht hatte mit der Erkenntnis, daß die Geschichte Israels die Verdrehung aller «Natur-Werte» sei. Der Nationalsozialismus wurde verstanden und dargestellt als die große Gegenbewegung zur «Sklavenmoral», die endlich zur Natur zurückkehre. Selbstverständlich waren wie bei allen Bemühungen, Nietzsche für eine Ideologie zu vereinnahmen und zu institutionalisieren, einige Kunstgriffe nötig. Bei Nietzsche sahen sich die Nazis mit vielen kritischen Bemerkungen über den Antisemitismus und die Rasse konfrontiert. Besonders häufig und bezeichnend wurde in diesem Zusammenhang argumentiert, Nietzsche habe den Ende des 19. Jahrhunderts verbreiteten christlichen Judenhaß abgelehnt, weil er eine umgewertete, viel radikalere Form vertreten habe. In der Tat wurde er die wohl wichtigste radikalisierend wirkende Kraft hinter dem von Uriel Tal so genannten «antichristlichen Antisemitismus».[34] In der Nazi-Rezeption wurde Nietzsche damit der Antrieb bei dem verhängnisvollen Übergang von einem «begrenzten» christlichen Antisemitismus zu einem unbegrenzten Antisemitismus mit antichristlichem Stempel. Verschiedene Historiker haben diese Ideologie später, explizit und nachdrücklich aller Tabus und Grenzen der traditionellen humanistischen Moral entkleidet, als den entscheidenden Faktor beschrieben, der direkt zur Vernichtung der Juden führte.

In diesem Zusammenhang spielte nicht nur die zum Völkermord weitergedachte Form des Antisemitismus eine Rolle, sondern allein schon die Gedanken und Kategorien, das Ausmaß des Entwurfs waren wichtig. Nietzsches radikal experimentelle, sich über alles hinwegsetzende, alle Traditionen zerschmetternde Art zu denken, seine Rede, daß etwas ganz Neues, eine Umwälzung von einer nie dagewesenen, unvorstellbaren Größenordnung geschehen werde, «bereitete einer Geisteshaltung den Boden, die nichts ausschloß, was jemand denken, fühlen oder tun konnte, einschließlich der unvorstellbaren Greueltaten, die in großem Stile verübt wurden».[35]

Viele Zeitgenossen ließen sich von der Begeisterung für die vollkommen neue Größenordnung und die Radikalität anstecken. Natürlich fühlten sich vor dem Hintergrund von Nietzsches einzigartiger Vision von einem Europa umspannenden Reich vor allem intellektuelle Kollaborateure aus dem Ausland sowie die französischen und belgischen Freiwilligen in der Brigade Charlemagne und der Waffen-SS angesprochen. Ein solcher Freiwilliger, Marc Augier, beschrieb die Radikalität so: «Diese Leute dachten die Welt neu. Man fühlte, sie waren auf der äußersten Stufe der nietzscheanischen Gedankenwelt und seines schöpferischen Leidens […]. [Ich muß sagen, daß] ein Sieg der SS (der nicht notwendigerweise den Sieg Deutschlands bedeuten mußte) eine Welt geboren hätte, die gewiß ziemlich erschreckend, aber gänzlich neu und wahrscheinlich sehr großartig gewesen wäre. In diesem Hildesheimer Kloster bereitete sich die Umwertung aller Werte Friedrich Nietzsches vor. Er ist in der Geschichte der Menschheit das einzige Beispiel eines Philosophen, der solche Gefolgschaft gehabt hat, mit Armeen, Panzerwagen, Flugzeugen, Ärzten, Rittern, Beamten, Henkern.»[36]

Es muß nicht eigens betont werden, daß viele Nazis (und Nazi-Gegner) die Vereinnahmung Nietzsches durch den Nationalsozialismus ablehnten. Festzuhalten ist, daß für Zeitgenossen der nationalsozialistischen Herrschaft zwischen 1933 und 1945 (in Deutschland und außerhalb Deutschlands), unabhängig davon, ob man sich kritisch oder skeptisch mit Nietzsche befaßte, voll uneingeschränkter Verehrung oder nuancierter, diese revolutionäre Zeit am besten erfaßt, definiert und auch abgelehnt wurde durch die Konfrontation mit Nietzsche. In vielerlei Hinsicht bekam er zentrale Bedeutung für die nationalsozialistische Ordnung, wurde er zum Dreh- und Angelpunkt der kritischen Betrachtung. So war es gewiß kein Zufall, daß die großen Denker der damaligen Zeit – Karl Jaspers, Carl Gustav Jung und Martin Heidegger – Nietzsche jeweils große, wichtige Untersuchungen widmeten. Ihre Ziele, Ansätze und Schlüsse hatten wenig gemein, doch daß sie gerade Nietzsche als den relevanten Filter ihrer Zeit wählten und sich intensiv mit ihm befaßten, ist bezeichnend. Es waren vielschichtige Werke, alle waren vom Nationalsozialismus geprägt und spiegelten die (sehr unterschiedlichen) Einstellungen dem Nationalsozialismus gegenüber wider. Aber sie sind nur die bedeutendsten Beispiele einer sehr viel allgemeineren Tendenz: Das gesamte Dritte Reich hindurch waren Nietzsches Werk und seine Kategorien die zentralen Bezugspunkte für die Charakterisierung, Definition und Kritik der Epoche. Selbst Nietzsches Gegnern schien es geboten, zu seinen Behauptungen Stellung zu nehmen, mit seinen Begriffen zu argumentieren. Weit verbreitet war die Vorstellung, daß Nietzsches «eigentlich metaphysischer Bereich» in einer tiefen, aber noch rudimentären Weise mit dem Kern des nationalsozialistischen Projekts verbunden war.

In der unmittelbaren Nachkriegszeit wurde Nietzsches Rolle in der deutschen Kultur und Politik von Grund auf neu bestimmt. War er zur Zeit des Nationalsozialismus ein normativer Bezugspunkt gewesen, so betrachteten ihn diejenigen, die nun die Definitionsmacht hatten, als eine durch und durch suspekte Gestalt. Er war nicht länger Prophet und Verkörperung des nationalen Schicksals, sondern wandelte sich zum Inbegriff all dessen, was dem Aufbau einer demokratischen, antifaschistischen deutschen Identität im Wege stand. Nietzsches Vermächtnis war außerordentlich anpassungsfähig, aber in diesen frühen Jahren einer Kultur, in der Abkehr vom radikalen Denken ganz oben stand, konnte Nietzsche nicht gedeihen. Nietzsche war allgegenwärtig in der Flut selbstkritischer Schriften über die Schuldfrage, und zumeist wurde er angeklagt, irgendwie Komplize und «verantwortlich» zu sein, die Katastrophe verursacht oder zumindest großen Anteil daran gehabt zu haben. Es war einfach, ihn entweder zu einem Teil der deutschen Selbstanklage zu machen oder die Schuld zu externalisieren und auf ihn abzuschieben. Wenn er das Problem war, dann lag die Lösung darin, die Werte zu vertreten, die im Gegensatz zu seinen Gedanken standen. In diesem Sinn wurden etliche Lösungsvorschläge für das «deutsche Problem» explizit als Gegenpositionen zu Nietzsche formuliert: In der Aufklärung, im rationalen, liberalen und christlichen Denken, das während der Nazi-Zeit unterdrückt worden war, wollte man nun die Heilung finden. Viele Jahre lang blieb trotz wichtiger Veränderungen in der intellektuellen und politischen Kultur der beiden deutschen Staaten das vorherrschende Nietzsche-Bild sehr eng und auf negative Weise mit der Erfahrung des Nationalsozialismus verknüpft.

Die Wiederauferstehung Nietzsches nach dem Zweiten Weltkrieg konnte nur im Ausland stattfinden. In Frankreich wurde Nietzsche mit dem Beginn von Poststrukturalismus und Postmoderne wiedergeboren und erlangte wieder kanonische Bedeutung. Es ist natürlich kein Zufall, daß der wortgewaltigste und klügste Kritiker dieser vielfältigen neuen Nietzsche-Bewegungen ein deutscher Denker war, Jürgen Habermas. Doch trotz Nietzsches Verbannung unmittelbar nach 1945 wäre es unklug zu folgern, daß Nietzsches Erbe (ob nun positiv oder negativ gesehen) in Deutschland verschwunden wäre. Der Reichtum und die Bedeutung seines Werkes, allein auch die Geschichte seines Erbes, belehren uns eines besseren. Nahezu von Anfang an haben Nietzsches Gegner ihn vorschnell zu Grabe getragen und seine Gedanken als

Entwurf für ein Nietzsche-Monument von Fritz Schumacher (1898)

ephemere Zeiterscheinungen abgetan. Habermas' erstaunlich kurzsichtige Bemerkung 1968, daß Nietzsche nicht «mehr ansteckend» sei, fügt sich in das vertraute Muster ein.[37] Nun können wir nicht voraussagen, welche Konturen Nietzsches Erbe künftig annehmen wird, aber es wird aller Wahrscheinlichkeit nach als eine dynamische Kraft in neuen Erscheinungsformen wirksam bleiben, auf die Krisen und Bedürfnisse veränderter Zeiten reagieren und in unsere tastenden Versuche der Selbstdefinition und umstrittenen kulturellen Bilder eingeordnet werden. Weil Nietzsche nach wie vor das wortgewaltigste Sprachrohr und mächtigste Symbol des vielgestaltigen, immer neu erprobten Projekts der Nach-Aufklärung ist, wird seine anscheinend unbegrenzte Fähigkeit zur Erneuerung fortbestehen (und ebenso auch die Ablehnung von Nietzsche). Die Auseinandersetzung mit Nietzsche wird auch in Zukunft Bertrams Diktum bestätigen: «ein großer [...] Mensch ist immer unvermeidlich unsere Schöpfung, wie wir die seine sind.»

Aus dem Englischen von Ursel Schäfer

Heinz Reif

Die Junker

Die Geschichte des Junkerbegriffs, die von den Lexika und Wörterbüchern geschrieben wurde, weist früh und nachhaltig ins Negative. Am Anfang steht der adlige junge Herr (mhd. juncherre), der laut humanistischer Adelskritik zu Müßiggang und Verschwendung neigt («junkerieren»). Danach wurde Junker zum Ersatztitel für den weniger vermögenden, titellos bleibenden Landadel. Im Umbruch um 1800 geriet der Junkerbegriff in den Strudel damaliger neuer Wortbildungen; erst jetzt begann seine eigentliche Karriere. Die Lexika belegen die schnelle Ausweitung des Wortfeldes Junker mit neuen Begriffen und Bedeutungen. «Junkerthum», so der «Ersch/Gruber» 1852, werde «vorzüglich von jenen gebraucht, welche mit misgünstigen Augen auf den Adel sehen», auch «Junker» habe «einen übeln Nebenbegriff».[1] Die vor allem von Preußen vorangetriebene Adelsreaktion zeigte im Sprachgebrauch der Liberalen Wirkung. Der Junkerbegriff schlug vollends ins Negative um und verengte sich auf das östliche Preußen. Die anderen großen Lexika und die ihnen anhängenden Leserkreise folgten dem liberalen «Meyers» mit einiger Verspätung. Bis zum Ende der Weimarer Republik blieb das folgende Wortfeld dominant: altpreußischer Adel, politisch und gesellschaftlich reaktionär, ostelbischer Großgrundbesitz, Land- und Militäradel. Nach der Kriegsniederlage 1945 und der deutschen Teilung erlebte der Junkerbegriff dann eine neue Konjunktur. An die Stelle des dynamischen Wortfeldes trat nun die Geschichtserzählung (und -konstruktion) des Junkers, welche im Mittelalter mit der Ostsiedlung begann und in die «deutsche Katastrophe» mündete. Die Lexika der DDR rückten dabei die Junker als Klasse eigener Art in das marxistische Weltbild ein. Gleichwohl erstaunt der weitgehende Gleichklang der historisch fast immer negativ akzentuierten Junker-Erzählungen in den Lexika von Ost und West.

Die amerikanischen Lexika folgten diesem Trend, allerdings mit durchweg stärkeren Zügen zur Stereotypisierung. Das weit verbreitete *American College Dictionary*, klagte Magnus von Braun 1955 in seiner Autobiographie, verkünde unter Junker: Adliger, politisch und sozial reaktionärer Landbesitzer des preußischen Ostelbien, engstirnig, arrogant und aufdringlich. Das, so von Braun, sei dann doch «etwas viel oder auch etwas wenig».[2] Die *Encyclopaedia Americana* von 1958 charakterisierte die Junker noch knapper als Träger des preußischen Militarismus, verantwortlich für den Ersten Weltkrieg, für Hitler und, das hätte von Braun zweifellos wieder versöhnlicher gestimmt, für den 20. Juli 1944.[3] Was berichten also die Lexika über den Junker als Erinnerungsort? Sichtbar wird eine langfristige, seit dem 19. Jahrhundert beschleunigte

Kumulation von Negativa in Wortfeldern und Geschichtserzählungen. Wer hat an diesem Junkerbild mitgearbeitet? Wie steht es mit den positiven Seiten des Junkers? Gibt es andere Überlieferungen und sind diese auch, jenseits der Lexika, in das Erinnerungsbild «Junker» eingegangen?

Sucht man ein Bild des Junkers, welches dem lexikalisch ermittelten Negativbild entspricht, so wird man sehr schnell auf die satirischen Zeitschriften des 19. Jahrhunderts, insbesondere aber der Jahrhundertwende verwiesen. Schon im Vormärz fand die liberale Adelskritik in der Karikatur, der allerdings bis 1848 noch die satirischen Zeitschriften mit ihrem Massenpublikum fehlten, einen starken Partner, welcher den reaktionären Adel in Verhalten und Mentalität sichtbar und angreifbar machte, indem er ihn dem Spott auslieferte. Wichtige Charakteristika, die später in den Junkertypus eingingen, wurden schon damals ausgearbeitet. Seit den 1880er Jahren gewannen die Angriffe der Satiriker eine andere Qualität, was weniger an der Fülle neu gegründeter Zeitschriften als an einer neuen Generation von Zeichnern lag. Künstler wie die des *Simplicissimus*, überwiegend von süd- und südwestdeutschen Künstlermilieus geprägt, verstanden sich nicht nur als Hüter demokratischer Werte, sondern auch als Schilderer, Analysten und Kritiker der hochdynamischen wilhelminischen Gesellschaft. Liebe zu Preußen war hier kaum zu erwarten. Angriffsziel dieser künstlerischen Avantgarde war das übermächtig werdende militaristische, chauvinistische und hochkapitalistische Preußen, der Hort der politisch reaktionären, agrarwirtschaftlich aber progressiven «Junker». Diese Künstler haben das Gestaltungsprinzip der modernen Karikatur zur Vollendung gebracht und einen eigenen, unverkennbaren Stil ausgebildet: Auswahl, Übertreibung und damit Bedeutungssteigerung charakterisierender Details, Situationskomik, kurze, entlarvende Aussagen der dargestellten Typen. Diese Karikaturisten waren es, welche um 1900 aus einem allgemeinen Verlachtypus des überlebten Adels den «Junker» herausdestillierten und weltweit bekannt machten, und zwar in zwei sehr verschiedenen Varianten: dem Berliner Junker-Gardeoffizier und dem ostelbischen Junker-Gutsbesitzer. Die Modellierung des Junker-Offiziers aktivierte im Inhaltlichen das gesamte Motivarsenal der Adelskritik des 19. Jahrhunderts. Man attackierte die Abschottung dieser Kaste in einer Eigenwelt überlebter Lebensformen und Werte. Man verhöhnte das ständige Bemühen um Bestätigung der eigenen Höherwertigkeit und Andersartigkeit, die permanente Selbstüberschätzung dieses Adelstypus. Empört wurde die Verachtung alles Nicht-Militärischen, die Brüskierung der Nicht-«Geborenen», die inhumane Quälerei der Offiziersburschen gegeißelt.

Als Grundlage des Junker-Habitus erkannte man das erzwungene Nichtstun und die abgrundtiefe Verachtung von Arbeit. Der Müßiggang und Luxus dieser Gruppe wurde in einer Vielzahl bedeutungsschwerer Zeichen eingefangen: in der peniblen, zeitaufwendigen Beschäftigung mit dem eigenen, modisch gestylten Äußeren, dem streng symmetrischen Schnurrbart, der «schneidigen Taille», den gepflegten Händen, den exaltierten Bewegungen, nicht zuletzt auch in der eigenen, künstlichen – «schneidigen» – Sprache. Diese ehelosen Existenzen führten in der Sicht der Satiriker, gestützt auf großzügige väterliche Subsidien, ein Leben, welches äußerlich glänzend, innerlich – wenn auch auf hohem Niveau – öde und hohl ausfiel. Ihr Offiziers-Alltag, der ewiger Festtag war, besaß keinen Fixpunkt, kein Heim, sondern oszillierte – jenseits der Paraden und militärischen Übungen – ortlos zwischen Kasino, Römischem Bad, Café, Club, Salon, Amüsierlokal, Pferderennen und dem Hof. Ganz selbstverständlich frequentierten die schnarrend sprechenden Offizierspuppen mit ihrem als selbstverständlich gesetzten Vorranganspruch auch alle repräsentativen Kulturveranstaltungen der Hauptstadt: Theater, Oper, Kunstausstellungen, Museen und Konzerte. Dieses Absahnen der bürgerlichen Hochkultur empörte die Intellektuellen der Satirezeitschriften in besonderem Maße und brachte einen alten Topos der Adelskritik zur Hochblüte: die Diskrepanz zwischen der Bildungslosigkeit und Bildungsverachtung dieses Militärjunkers und seinem arroganten Anspruch, an allen hochkulturellen Veranstaltungen als «Experte» teilzunehmen. Diese Anmaßung wurde nach einem Muster, aber in Dutzenden von Varianten immer wieder verhöhnt, sei es, daß ein solcher Junker den Kölner Dom für ein «kolossal schneidiges Lokal», Charles Dickens für ein Pferd, Nietzsche für einen Regimentskameraden, Tizian für einen erfolgreichen Traber, die Musik Beethovens für Marschmusik (die man allerdings zackiger spielen müsse) oder das Wort «Immatrikulation» für einen jüdischen Feiertag hielt.

Ein weiteres Motiv war das des Junker-Offiziers als Frauenjäger, rücksichtsloser Verführer (auch verheirateter Frauen) und Frauenverächter. Frauen und Pferde gehörten für diesen Junker zu einer Kategorie von Lebewesen und unterlagen gleicher Wahrnehmung und Behandlung. Doch schließlich wurden die Frauen, eine späte Rache, zum Martyrium des Junkers. Die im Garde- und Hauptstadtleben angehäuften Schulden, die das väterliche Rittergut ruinierten, waren nur durch eine arrangierte Ehe, die reiche Heirat mit einer – meist äußerst häßlichen – Kommerzienratstochter aufzuheben.

Im Laufe dieser Arbeit am Typus gewann das Bild des Militär-Junkers seine die Erinnerung prägende Gestalt (man denke nur an die Filme Erich von Stroheims): die lange schlanke Gestalt; Militärrock und Beinkleider, beide modisch eng anliegend, Wespentaille, Säbel oder Degen, Sporenschuhe oder -stiefel; Schnurrbart und Monokel; extrem langgezogener Hals, kleiner Kopf, Stirn und Kinn fliehend; große, zumeist hochaufgerichtete Hakennase, überdimensional große Ohren (zum Halten der Mütze); strenge, glatte Haartracht mit Scheitel; die Zigarette lässig im Mund; in den gepflegten, langfingrigen Händen ein Sektglas oder die Handschuhe; eine elegante, exaltiert verbogene Jugendstil-Körperlinie als Ausdruck vollkommener äußerlicher Eleganz oder aber ein leichter Buckel mit Hängeschultern als Zeichen innerer Erschlaffung und Dekadenz, schließlich ein dreist-selbstzufriedener oder ein stumpfsinnig-

«Am Weihnachtsabend»
(Simplicissimus 1901)

«Der Junker»
(Simplicissimus 1906)

dümmlicher Gesichtsausdruck. Junkergestalt und satirischer Text steigerten sich gegenseitig ins Negative. Auf den zweiten Blick erkennt man allerdings, insbesondere bei Eduard Thöny, daß diese Zeichner, bewußt oder unbewußt, von ihrem Junker-Modell durchaus fasziniert waren, von deren schlankem Wuchs, deren bunten Röcken und glatten Mänteln, kurz: von deren Eleganz. Doch findet diese Faszination in den Texten nie einen Niederschlag. Die Botschaft sollte negativ bleiben.

Im Unterschied zum Typus des Junker-Offiziers konnte die zeichnerische und sprachliche Konstruktion des Junker-Agrariers nur auf zeitlich wie thematisch weitaus begrenztere Traditionen der Adelskritik zurückgreifen. Gleichwohl entstand auch hier ein erstaunlich elaboriertes, die Erinnerung prägendes Stereotyp. Wieder lieferte der *Simplicissimus* mit Satiren, die regelmäßig unter dem Titel «Aus Ostelbien» erschienen, den entscheidenden Beitrag zur Typenbildung. Inhaltlich akzentuierte die Ostelbien-Satire am Gutsbesitzer-Junker die kraß-egoistische Interessenpolitik des «Lerne jammern, ohne zu leiden», die Parlamentsfeindschaft, die brutal-offene Sprache, die Aufrechterhaltung einer anachronistischen Kastenherrschaft über das Land; die Verachtung der ländlichen Unterschichten und ihre bildungsmäßige, wirtschaftliche wie politische Unterdrückung, ihre verlogene, ländlich-paternalistische Schein-Sozialpolitik; ihre auch auf dem Lande fortgesetzte Distanzierung des Bürgertums, nicht zuletzt aber auch ihr mangelndes nationales Verantwortungsbewußtsein. Die zeichnerische Entsprechung dieses Charakters war die Gestalt des kleinwüchsigen, untersetzten, fettleibigen Gutsbesitzer-Junkers mit breitem Rücken, kantigem Kopf, groben Gesichtszügen und buschigem Schnurrbart; besonders auffällig: der feiste Stiernacken, Ausdruck eines robusten, von Selbstzweifeln ungetrübten Überlegenheitsgefühls und Herrschaftswillens. Die Stiefel mit Sporen, die (auch für das Gesinde bedeutsame) Reitgerte, die gekrümmten, eher schmächtigen O-Beine und das (an Friedrich den Großen erinnernde) Windspiel verwiesen zum einen auf die bevorzugte Nähe zu den Hohenzollern, zum anderen auf die Jagdleidenschaft der Junker als Äquivalent für die weitgehende Kulturabstinenz.

Die inhaltliche Arbeit dieser Karikaturisten am Junkertypus gründete auf einer umfassenden politischen, zunächst liberalen, dann aber auch sozialdemokratischen Junkerkritik. Wohl nicht zufällig stammen die ersten Textbelege für die beginnende kritische Auseinandersetzung mit dem «Junkertum» aus West- und Südwestdeutschland. Nach 1806 konzentrierte sich die Adelskritik zunehmend auf den altpreußisch-ostelbischen Adel, der sich den liberalen Reformbemühungen sofort und zum Teil – man denke nur an den Konflikt von der Marwitz' mit Hardenberg – in spektakulären Aktionen widersetzte. Mit der Westerweiterung Preußens 1803/15 kam ein Ost-West-Diskurs auf, der sich schnell auf die Eigenart «Ostelbiens» konzentrierte. Am Anfang stand als Vertreter der «westlichen», nach Berlin und Königsberg importierten preußischen Reformbeamten der Freiherr vom Stein, der zum einen die Ämtervorrechte des preußischen Adels, der zu zahlreich, ungebildet und «der Nation lästig», weil auf Vorrechten beharrend sei, kritisierte, zum anderen 1811 in den «sandigen Steppen» und «dürren Ebenen der Kurmark» den kargen Nährboden ausmachte, der «diese pfiffigen, herzlos-hölzernen, halbgebildeten Menschen» hervorbringe: «Welchen Eindruck können ihre dürren Ebenen auf das Gemüth der Bewohner machen? wie vermögen Sie es aufzuregen, zu erheben, zu erheitern? was kündigen Sie an? kümmerliches Auskommen, freudenloses Hinstarren auf den kraftlosen Boden, Beschränktheit in den Mitteln, Kleinheit in den Zwecken.»[4] Diese westliche Sicht eines wenig bevölkerten, aus riesigen Gutswirtschaften bestehenden, kulturlosen Koloniallands Preußen hielt sich bis ins 20. Jahrhundert. Mit der früh einsetzenden Reaktion in Preußen differenzierte sich der liberale Kampfbegriff «Junkerthum» weiter aus. Für Görres war 1819 «das ganze dünkelhafte, anmaßliche Junkerthum [...] die Fabel und der Spott der Zeit geworden». Venedey geißelte 1839 die erneute Protektion des Adels im preußischen Militär, wo «die unendliche Mehrzahl der Offiziere Junker sind».[5] In den 1840er Jahren wurde die Kritik an Kastengeist und Reaktion des Junkertums noch einmal aggressiver. Die Versammlung der altpreußisch-ostelbischen Gutsbesitzer zur Wahrung ihrer Interessen am 18. August 1848 in Berlin erhielt den verspottenden Ehrentitel «Junkerparlament»; und in den Debatten der Paulskirche um die Abschaffung des Adels mußte vor allem das «Junkerthum» als «Zerrbild» und «Schattenseite» des Adels und damit als Feindbild herhalten. Gleiches wiederholte sich in den Reaktionsjahren – selbst in Mommsens 1854/56 erschienener *Römischen Geschichte* heißen die *nobiles* «Junker» – und im Verfassungskampf der frühen 1860er Jahre.

In den 1880er Jahren gewann die liberale Arbeit am Junkerbild eine neue Qualität: Juristen und Politiker wie Hugo Preuß, vor allem aber Vertreter der neu aufkommenden Wirtschafts- und Sozialwissenschaften von Lujo Brentano bis Werner Sombart, von Ferdinand Tönnies bis Max Weber, bemächtigten sich dieses Themas. Das zugrundeliegende Motiv war allen gemeinsam: Der linke, fortschrittliche, freiheitliche Liberalismus verlor schnell an Boden; der konservative Adel, vor allem der Junker, dem man lange großmütig eine Zeit des schrittweisen Verschwindens zugestanden hatte, hielt sich an der Macht. Sein Ansehen konnte sogar, wie Sombart 1913 feststellte, «nicht größer sein». Dieser Befund verlangte nach Erklärung und nach Ausweis der hohen Kosten des nicht-liberalen Entwicklungspfads in die bürgerliche Moderne. Hugo Preuß, der die erste Geschichte der Selbstbehauptung der «Junker» seit den Stein-Hardenbergschen Reformen schrieb, erklärte 1897 die «Machtstellung des ostelbischen Junkerthums», die «Junkerfrage», zur «entscheidenden Frage unserer inneren Politik». Die Junker, so Preuß, hätten die Umwandlung in einen modernen politischen Adel nach englischem Vorbild verweigert, ihre hartnäckig verteidigten politischen Privilegien zur Steigerung wirtschaftlicher Macht genutzt und die Bourgeoisie, ein «Zeugnis beispielloser Unfähigkeit», durch eine *entente cordiale* dominiert. Sie hätten das Bürgertum damit vom Weg der Demokratisierung abgelenkt, die liberale Bewegung gespalten, den größeren Teil des Bürgertums in Orientierung und Verhalten «feudalisiert». Zu lösen sei deshalb «die Junkerfrage [...] nur in einem Sinne, der Vernichtung des Junkerthums», dieses «verwesenden Glieds am sozialen Körper». Die Junker hätten im 19. Jahrhundert im Grunde nur Niederlagen errungen, «aber von jedem Erfolge, der gegen sie errungen ward, haben sie Vortheil zu ziehen gewußt».[6] Es war Max Weber, der in einer Folge von größeren Studien und tagespolitisch ausgerichteten Aufsätzen diese Deutung analytisch vertieft und damit das heute in der Geschichtswissenschaft vorherrschende Junkerbild entwickelt hat. Weber, der von den Junkern als politische Klasse durchaus beeindruckt war, rechnete diesen, über Preuß hinausgehend, eine Fülle weiterer Fehlentwicklungen des Deutschen Reiches an: Politisch entbehrlich und ökonomisch dem bürgerlichen Industrie- und Finanzkapital hoffnungslos unterlegen, ja «im ökonomischen Todeskampf», blockierten diese durch reaktionäre Politik als «sinkende Klasse» die notwendige Synchronisierung von wirtschaftlicher und politischer Macht, das Einrücken des Bürgertums in die führenden Stellungen der Gesellschaft, die integrationsfördernde Durchsetzung der Demokratie, vor allem des freien und gleichen Wahlrechts, die Fortentwicklung des Reiches vom Agrar- zum Industriestaat, kurz: Sie verhinderten diejenige Dynamisierung der Gesellschaft, welche zum Überleben der deutschen Nation und des preußisch-deutschen Machtstaates im Kampf der imperialen Großstaaten unverzichtbar sei. Durch ihre Bildung von riesigen, fideikommissarisch gebundenen, der Marktkonkurrenz entzogenen Latifundien förderten die Junker die «Landflucht», die Entvölkerung und «Polonisierung» des deutschen Ostens, die Auflösung der deutschen Wehrkraft gerade an der kritischen Ostgrenze, vor allem aber den Rückzug der dynamischen, wagemutigen bürgerlichen Unternehmer, die man doch für den nationalen Kampf um einen Platz an der Sonne so dringend brauchte, in eine satte «feudalisierte» ländliche Rentnerexistenz. Dieses großbürgerlich-junkerliche Machtkartell, so Weber weiter, werde die staatliche Führung, höhere Beamtenschaft und Offiziere in eine Eiszeit bürokratischer Routine, ökonomischer Stagnation und Herrenreiter-Arroganz führen.

In den folgenden hundert Jahren wurden diese «Junker» des liberalen Fortschritts zum Kristallisationspunkt zahlreicher weiterer Deutungsbewegungen, die das Junkerbild in immer dunklere Farben tauchten. Die sozialistische Publizistik der Jahrhundertwende, insbesondere Franz Mehring und Franz Maurenbrecher, suchten die «Hohenzollernlegende» vom Kopf auf die Füße zu stellen: Nicht die glänzenden Monarchen allein hätten mit den – von ihnen gezähmten – Junkern den Prozeß der absolutistischen Staatsbildung vorangetrieben, sondern der permanente Kompromiß zwischen beiden hätte letztlich den Adel in Gutsherrschaft, Militär und Regierung so stark gemacht, daß Preußen im Grunde dauerhaft zu einer monarchisch verschleierten «Junkerrepublik» geworden sei, mit belastenden Folgen für die – von den Liberalen wie den Sozialdemokraten damals politisch umworbenen – Bauern, die mittelbar zum Staat blieben und damit der krassesten Ausbeutung, ja der massenhaften Vertreibung vom Boden, ausgeliefert waren. Schon die linksliberale, vor allem aber die von Franz Mehring angeführte sozialdemokratische Kritik hatte neben dem Gutsbesitzer-Junker auch den Junker-Offizier als Träger eines aggressiven, das gesamte Alltagsleben Preußen-Deutschlands bestimmenden Militarismus angegriffen. Durch die Propaganda der Alliierten in zwei Weltkriegen wurde der «Junker» dann zum militaristischen Schreckbild schlechthin. Im Verlauf des Ersten Weltkriegs mutierte der in den USA rezipierte, Offiziere und Gutsbesitzer umfassende Junkerbegriff der Linksliberalen («Junkerism») zum politischen Schlagwort für den aggressiv-reaktionären deutschen Militarismus und für Militarismus allgemein. Im Zweiten Weltkrieg wurden die Stimmen dann mehr als schrill. 1945 erschien als Klimax dieser Entwicklung in New York *The Junker Menace*, ein vielgelesenes Buch, das den Junker in ein Zerrbild widersprüchlichster Extreme auflöste. Einerseits schauten diese Junker, so der Autor, mit Verachtung auf Kunst und Wissenschaft und verbrachten ihre Tage mit Reiten, Jagen und Trinken; andererseits prägten sie nicht nur den Geist der gesamten preußischen Armee, sondern mit ihrer «Herrenmoral» auch die «Untertanenmentalität» des gesamten deutschen Volkes. Nur durch «Rooting out the Junkers [...], the wholesale physical removal of the Junkers from their estates», die Ausschaltung aller Junker-Offiziere aus der Armee und die Entfernung aller «memorials to dynastic and Junker power» sei ein echter Neuanfang möglich.[7] Dies war vielleicht nicht die Mehrheitsmeinung der amerikanischen Öffentlichkeit, es war aber andererseits keineswegs nur die Position einer verschwindenden Minorität; denn der damals schon renommierte Wirtschaftshistoriker Alexander Gerschenkron veröffentlichte seine von der Rockefeller Foundation unterstützten Forschungen über die Junker von der Reichsgründung bis zur Machtübernahme Hitlers im Jahre 1943 mit dem Untertitel «Latifundia perdidere Germaniam» und machte darin eine demokratische Erneuerung Deutschlands und den künftigen Frieden in der Welt von der «radical elimination of the Junkers as social and economic group» abhängig. Man dürfe nie vergessen, daß «primarily the Junkers [...] lifted Hitler into the saddle».[8] Die Junker-Verdikte der anderen westlichen Alliierten werden, nimmt man die Passagen des Potsdamer Vertrages zu Preußen und den «Junkertraditionen» als Hinweis, kaum milder ausgefallen sein. Für die Sowjets und die hinter ihnen bereitstehende KPD war dies Wasser auf die Mühlen ihrer Bodenreformpläne, die im Kern darauf zielten, die «Reaktion» in dem ihnen überlassenen «Ostelbien» langfristig auszuschalten, d. h. ihr Zentrum, die «Junker», politisch und ökonomisch zu vernichten. Dieses – gegen einen nicht unerheblichen Widerstand der Bevölkerung – entschädigungslos durchzusetzen, lief die KPD-Propaganda zu großer Rhetorik auf: «Junkerland in Bauernhand!» Man mache damit «jahrhundertealtes Unrecht wieder gut» (Wilhelm Pieck); man merze «die Brutstätte der politischen Reaktion und des räuberischen Militarismus» in Deutschland aus; man zerstöre mit den Junkern auch das Bündnis von Großgrundbesitz und Großkapital, welches Hitler an die Macht gebracht habe: «Die historische Schuld dieser Klasse der Großagrarier und Junker steht mit blutigen Lettern im Buch der Geschichte geschrieben.» (Edwin Hörnle)[9] 1947 betonte Albert Norden in seinen sozialistischen *Lehren deutscher Geschichte* wiederholt, daß «die ganze Welt sich einig darüber sei», daß die «Schmarotzerschicht» der Junker «mit all ihren Wurzeln ausgerodet» werden müsse; das sei in der SBZ «mit eisernem Besen» geschehen.[10] Die Zerstörung der Herrenhäuser hatte damals gerade erst begonnen. Der wissenschaftlichen Junker-Forschung der DDR blieb in der Folge (fast) nur noch die Aufgabe, diese starken, im wesentlichen auf Legitimation der brutalen Enteignung und Vertreibung der «Junker» angelegten, hoch emotionalisierten Thesen zu belegen und diese Geschichte der Junker in das marxistisch-leninistische Klassenmodell einzubauen.

Es wirkt angesichts einer solchen Rezeptionsgeschichte, in welcher kumulierende Sündenbockfunktionen der «Junker» mit Händen zu greifen sind, schon etwas waghalsig, daß eine starke Historikerbewegung Westdeutschlands seit den sechziger Jahren den fast zwei Jahrhunderte alten Kampfbegriff des «Junkers», der seinen analytisch-kritischen Gehalt weitgehend verloren hatte, fast ohne Arbeit an einer begrifflichen Neudefinition wieder zur Kernkategorie eines starken historischen Deutungsmodells erhob: der These vom «deutschen Sonderweg» in Holocaust und Kriegskatastrophe. Im Bemühen, sich von neokonservativen Historikerpositionen zu lösen und inhaltlich wie methodisch eine neue, kritische Kontinuität deutscher Geschichtswissenschaft zu stiften, knüpften diese Historiker an die Junkerkritik der Jahrhundertwende, an die vom national-konservativen Mainstream der Weimarer Republik blockierten linksliberalen Historiker (insbesondere E. Kehr), nicht zuletzt aber auch an die Deutschland-Studien amerikanischer Sozial- und Wirtschaftshistoriker wie Alexander Gerschenkron und Hans Rosenberg an. Hans Rosenberg hatte nach dem Kriegseintritt der USA den Entschluß gefaßt, die Junker, «sozusagen als Inkarnation historischer Vorbelastungen» der deutschen Geschichte, in «einer umfassenden Sozialgeschichte» darzustellen.[11] Die zahlreichen Vorstudien zu diesem nie geschriebenen Buch gehören zum anregendsten, was die deutsche Sozialgeschichte zu bieten hat. Rosenbergs provozierende Thesen haben zweifellos viele Historiker zu qualitätvollen Studien animiert, auch manche Übersichtsdarstellung deutscher Geschichte strukturiert. Das breite Spektrum an Zustimmung zu diesem «kritischen» Bild des Junkers ist – insbesondere in den sechziger und siebziger Jahren – mehr als beeindruckend. Die neueren Lexika legen mit ihren Junker-Artikeln beredt Zeugnis ab vom durchschlagenden Erfolg des Sonderweg-Konzepts, ein Erfolg, der nicht zuletzt auch darauf zurückzuführen ist, daß diese Historikergeneration ihre Forschungsergebnisse und Thesen, weit stärker als zuvor üblich, auch in Massenmedien präsentierte und damit das breite, historisch interessierte Publikum erreichte.

Die fachwissenschaftliche Diskussion hat zwar in den letzten Jahren diese Sonderwegsthese stark relativiert; doch blieb dabei auffälligerweise das Junkerbild weitgehend unangetastet. Magnus Freiherr von Braun, der sich in seiner Autobiographie so sehr gegen das Negativbild des Junkers in den amerikanischen Lexika gewehrt hatte, stellte diesem empört ein durchweg positives Junkerbild entgegen. Für ihn waren die Junker «eine Klasse von Menschen, deren Entwicklung durch die geographische Lage bedingt ist, deren Vorfahren den Osten Deutschlands erkämpft und erschlossen haben, die niemals auch nur annähernd so wohlhabend gewesen sind wie der Westen, und deren Blut seit Jahrhunderten für ihre Heimat, für den Kurfürsten von Brandenburg, den König von Preußen, den deutschen Kaiser und das deutsche Vaterland geflossen ist. Ihre Ergebenheit gegenüber dem König verstand man ebenso wenig, wie man den Ehrenkodex der Samurai in Japan verstand. Ihre Achillesferse war die sich ganz natürlich aus Kampf und Abgelegenheit ergebende Härte der äußeren Form. Das Fehlen jeder Korruption, ja jeden Strebens nach Geldverdienen war vielen unbegreiflich [...]. Wie konnte man ihnen beikommen, die doch im alten Preußen so viel Macht in den Händen hatten? Nur durch Übersehen des Guten und Übertreibung der Schwächen und durch Verleumdung und gemeine Lüge.»[12]

Die Selbstsicherheit, mit welcher von Braun sein Gegenbild präsentierte, verweist darauf, daß sich schon früh neben dem kritischen und hyperkritischen Junkerbild ein nahezu gleich starkes positives, ja apologetisches etabliert hat. Auch dieses Bild stützte sich auf ein breites Spektrum von Traditionen. Schon bei den Liberalen findet man neben der Adelskritik auch viel Anerkennung der Bedeutung und Leistung der alten Adelsfamilien. Unter dem Einfluß von Historismus und Romantik attestierten führende liberale Abgeordnete wie der Rügener Ernst Moritz Arndt dem alten Adel sogar in der Paulskirchendebatte 1848 «eine unendliche Gewalt der Erinnerung», «einen Reiz zur Tugend [...], zur größeren Aufopferung, [...] zu edleren Strebungen und Thaten, indem seine Ahnen, die Thaten der früheren Geschlechter, vor ihnen schweben». Die «Ehren der Namen» seien «– von einem guthen Theil des Adels kann man es sagen – seit Jahrhunderten mit unserer Geschichte verbunden, sie sind ein Glanz der Geschichte zugleich».[13] Ganz ähnlich äußerte sich mit Jacob Grimm ein weiterer großer Liberaler. Aber nicht nur die historische Mannigfaltigkeit und Tiefe, die Poesie des alten Junkeradels, sondern auch sein politisches Leistungspotential und seine Handlungsfähigkeit als militärische Klasse fanden vielfach liberale Anerkennung. Der Historiker Gustav Droysen konstatierte schon 1858, er habe bei einem Aufenthalt in Berlin «viele Leute gesehen, aber wenig Männer und keinen Staatsmann. Die Besten, Klügsten und Kühnsten sind immer noch die Junker»; und der Historiker Heinrich von Treitschke zollte 1871, bei aller Kritik, den «militärischen und politischen Überlieferungen des preußischen Adels» höchste Anerkennung.[14] Selbst in Süddeutschland setzte ein liberaler Historiker (allerdings stärker bezogen auf den dortigen Hochadel) 1866 wieder stark auf die «unerläßliche ‹Beihilfe des Adels› zur Erfüllung großer politischer Aufgaben».[15] Für eine solche politische Sendung war aber der südwestdeutsche Liberalismus, der liberale Teil des Adels eingeschlossen, wie der Reichskanzler Fürst Hohenlohe in einer berühmten Sentenz resümierte, viel zu schwach: «Der süddeutsche Liberalismus kommt gegen die Junker nicht auf. Sie sind zu zahlreich, zu mächtig und haben das Königtum und das Militär auf ihrer Seite.»[16] Die Einheit Deutschlands und die Gründung des neuen Deutschen Reiches waren ganz wesentlich eine Leistung des von Junker-Offizieren geführten preußischen Heeres und der überragenden politischen wie militärischen Troika um Wilhelm I., der «Junker» Bismarck, Moltke und Roon. Dies sicherte, wie schon in den Worten Treitschkes angedeutet, dem altpreußischen Junker einen prominenten Platz im borussisch-kleindeutsch-protestantischen Geschichtsbild, das von den Historikern, aber auch den Publizisten der Kaiserzeit erarbeitet und verbreitet wurde. Zwar standen in dessen Zentrum die großen Herrscherfiguren, die sich unermüdlich und mit großer Härte gegen sich selbst in den Dienst der Bildung des Einheitsstaates und der Erziehung ihres Volkes, insbesondere ihrer zivilen und militärischen Staatsdiener, gestellt hatten. Doch ließ sich nicht übersehen, daß die Hohenzollernkönige sich spätestens seit Friedrich II. beim Aufbau des preußischen Machtstaats auf die «Junker» stützten, die sie durch harte Maßnahmen von einem feudalanarchischen und ständisch-frondierenden in einen disziplinierten und leistungswilligen staatlichen Funktionsadel umgeformt hatten. Es waren diese «verstaatlichten» Adligen, die schließlich 1871 zur Vollendung der «preußischen Mission» entscheidend beigetragen hatten. Hohenzollern-Hagiographen wie Reinhold Koser betrachteten den preußischen Junker mit unübersehbarer Sympathie; aber auch kritischere Historiker betonten die bedeutende Rolle des gutsbesitzenden ostelbischen Adels im Aufstieg Preußens aus «märkischem Sand» zum europäischen Machtstaat. Für Erich Marcks waren «die Linien von Blut, die seine alten Geschlechter mit den Siegen und Opfern der Vergangenheit verbinden», unverwischbar.[17] Und Otto Hintze schrieb zu den Attacken Mehrings und Maurenbrechers auf die «Hohenzollernlegende»: «Da erscheint das Junkertum geradezu als das böse Prinzip in der preußischen Geschichte»; dagegen sei die «Rolle, die der Adel in unserer preußischen Geschichte gespielt hat, [...] eine sehr große»; und er beklagte schließlich sogar, daß «das landläufige Urteil in unserer demokratischen Zeit zu ungünstig ist, daß es vor allem die historischen Verdienste des preußischen Adels unterschätzt, weil es sie nicht mehr kennt». Der preußische Adel sei früh «in das Staatsinteresse gezogen, das der König repräsentiert», und im Feuer von vielen Schlachten habe sich der – in Preußen besonders enge – Bund zwischen Krone und Adel gefestigt. Zwar sah auch Hintze wie die linksliberale und sozialdemokratische Junkerkritik, daß der «Prozeß der inneren Staatsbildung ein unvollkommener geblieben» sei; die Schuld gab er aber nicht den Junkern, sondern dem «Junkerhaß» der Sozialdemokratie, die die Arbeiterschaft vom preußischen und deutschen Staatsgedanken fernhalte, während «Adel und Bürgertum [...] heute keine politischen Gegensätze» mehr seien.[18] Dies alles spornte den altpreußischen Adel, einschließlich Bismarcks, dazu an, das Wort «Junker», in gezielter Abwehr der liberalen und sozialdemokratischen Kritik, provokativ als Ehrentitel zu benutzen und strategisch zur politisch-ideologischen Homogenisierung des preußischen Adelskonservatismus einzusetzen.

In einer Fülle von Autobiographien hat der altpreußische Adel an diesem von den Historikern angebotenen Selbstbild weitergearbeitet, insbesondere in einer Autobiographien-Offensive der Weimarer Republik, als das Ansehen des Adels durch Kriegsniederlage und Revolution massiv in Frage gestellt war. Der nicht unbeträchtliche Erfolg dieser positiven Erinnerungskonstruktion des Junkers läßt sich nicht zuletzt an dem Selbstbewußtsein ablesen, mit welchem z. B. der «Junker» Elard von Oldenburg-Januschau, das Urbild aller

Die Junker

Reitschule Extra (Blechdose, um 1914)

Karikaturen seines Standes, noch 1936, in einer den Junkern keineswegs günstig gesonnenen NS-Welt, die politische Leistung und den Vorrang des altpreußischen Adels im 19. und frühen 20. Jahrhundert feierte: «Das ist die große Tat der Hohenzollernfürsten, die sich und ihr Volk – seine Junker voran – erzogen haben zur Arbeit für den Staat, zum Sterben für den Staat; und wenn jetzt in Süddeutschland oder auch in Norddeutschland so viel geschrien wird über das Junkerregiment, ja, lieber Gott, die Junker sind nicht zu ihrem Vorteil von den Hohenzollern gezwungen worden, von den großen Königen, Militär- und Zivildienste zu tun. Darum sind so viele in der Armee und in der Verwaltung drin, und ich glaube, die Hohenzollern und das Vaterland haben gute Geschäfte dabei gemacht. Die preußischen Junker können, wenn sie von der Bildfläche abtreten sollten, ruhig abwarten, ob die Elemente, die jetzt zur Regierung berufen werden, es besser können als sie.»[19]

Auch die patriotisch-konservative Publizistik des Wilhelminismus und die hofabhängigen oder um die Gunst des Kaisers buhlenden Künstler vom Format des Historienmalers Anton von Werner oder des Bildhauers Reinhold Begas haben die borussisch-protestantische Geschichtssicht, aus welcher sich der Standesstolz Oldenburg-Januschaus und des altpreußischen Adels insgesamt speiste, umfassend popularisiert. Gleiches gilt auch für die zahlreichen «vaterländischen» Historiendramatiker, die zum Teil Hohenzollern-Zyklen in

Serie schrieben. Am Beispiel des erfolgreichsten und populärsten dieser Dichter, Ernst von Wildenbruch, läßt sich zeigen, daß aus diesen Apotheosen der Hohenzollern die «Junker» fast stärkeren Gewinn zogen als Wilhelm I. und II. *Die Quitzows*, 1888 aufgeführt, wurde schnell zu einem stürmisch gefeierten Erfolg. Das Stück, im 15. Jahrhundert spielend und auf Wilhelm II. anspielend, verherrlicht zwar den ersten Hohenzollern in der Mark, den Erlöser von feudaler Anarchie, den Versöhner von Landadel und Bürgertum. Aber stärker als diese kurfürstliche Erlöserfigur wirkten letztlich deren Gegenspieler, die grob-derben, feudal-ständisch frondierenden «Quitzows», die zeitweilig, wie in anderem Zusammenhang die (äußerst zahlreichen, weitgehend verarmten und durchweg ungebildeten) «Zitzewitze», zum Synonym für «Junker» wurden. Die Poesie des alten, vitalen Adels, die schon die Liberalen 1848 beeindruckt hatte, trug den Sieg davon über die blaß bleibende, national idealisierte Herrscherfigur. Mit den kraftvollen, gewalttätigen, unzivilisierten und überaus «männlichen» adligen Herrenmenschen des 15. Jahrhunderts, die entschieden ihre Freiheit gegen die Zumutungen des Zentralstaats verteidigten, treu und ehrlich zu Standesgenossen und Freunden hielten, kam ein Adelstypus auf die Bühne, der lebendig und historisch glaubwürdig, kurz: ein Stück «märkische Heimat» war. Dies faszinierte Dichter, Publikum und Kritiker. Selbst Fontane, der zuvor Wildenbruch mehrfach als «armen Stümper» abqualifiziert und seine Stücke als «unerträglich konstruiert» bezeichnet hatte, zollte den *Quitzows* uneingeschränktes Lob und sprach vom «Genie» ihres Autors.[20] Von der national ausgerichteten Hohenzollern-Saga war Wildenbruch zum Drama der märkischen Heimat, zur Heimatgeschichte vorgestoßen, die den Menschen im beschleunigten Wandel von Reichsbildung, Industrialisierung und Klassenkonflikten neuen Halt, Verwurzelung in der Konkretheit und Kontinuität der märkischen Landschaft und Lebenswelt anbot. Und im Kern dieser tiefgegründeten lokalen wie regionalen Lebenszusammenhänge, die Wildenbruch wieder lebendig werden ließ, standen die alten Familien des Adels, die heimischen Junker. Fontane, der das positive Erinnerungsbild des Junkers am nachhaltigsten geprägt hat, war im Gegensatz zu Wildenbruch von vornherein vom anderen Pol der Beziehung Herrscher-Adel ausgegangen: von den historischen Überlieferungen und reliktbaften Spuren der alten Adelsfamilien vor Ort, die er in seinen *Wanderungen durch die Mark Brandenburg* (1862–80) sorgfältig recherchierte und so liebevoll wie detailreich zum Leben erweckte. Dabei idealisierte er zunehmend ein klassisches altes Preußen, das in seinem Kern durch die Symbiose von Hohenzollernkönigen und in freier Selbstbestimmung dienendem Adel zur europäischen Großmacht aufgestiegen war. Junkergeschichte wurde durch Fontane und seine Epigonen zur märkischen, zur preußischen und deutschen Geschichte zugleich. Die Poesie des altpreußischen Adels war auch für diesen ehemaligen 1848er motivierendes Faszinosum und Ausgangspunkt seiner eigenen Modellierung des «Junkers»: «Wer den Adel abschaffen wollte, schaffte den letzten Rest von Poesie aus der Welt», schrieb er 1860 mit Hinweis auf die Familie von der Marwitz. Die alten Adelsfamilien mit ihren charaktervollen Persönlichkeiten, «prachtvollen Einzelexemplaren», prägten Häuser und Familien, Gutsbezirke und Landschaft, letztlich sogar, tief im Volk verwurzelt, den «Märker» insgesamt.[21] Da diese Adelsfamilien mit ihren Söhnen dem preußischen Staat über Jahrhunderte in führenden Ämtern dienten und eine Fülle von hervorragenden Gestalten hervorbrachten, drückten sie auch den verschiedenen Epochen der preußischen Geschichte, insbesondere dem klassischen Preußen, ihren Stempel auf. Fontane rückte die Junker ins Zentrum des preußischen Geschichtsstroms. Als er 1890 resümierte, daß er das «alte Preußen [...] durch mehr als 40 Jahre hin verherrlicht habe»,[22] da war dieses alte Preußen für ihn synonym mit den alten Adelsfamilien. Zwar ging Fontane im Verlauf einer langen, komplizierten Enttäuschungsgeschichte immer stärker auf Distanz zum zeitgenössischen preußischen Adel, den er schließlich als isolierte, überlebte, machthungrig-egoistische Kaste begriff, die keine Zukunft mehr hatte.[23] Doch war es paradoxerweise der beeindruckendste seiner adelskritischen Romane, der *Stechlin* (1897), der aufgrund seiner nur schwer zu entschlüsselnden kritisch-ironischen Erzählstruktur und seiner so detailreichen wie anschaulichen Schilderung der landadligen Lebenswelt Ostelbiens den Ruhm der Junker noch einmal nachhaltig festigte. Schon die *Wanderungen* lassen sich als Kanon märkisch-preußischer Adelstugenden lesen: Pflichtbewußtsein, Rechtlichkeit, Arbeitseifer, Ehrlichkeit und Natürlichkeit. Indem er Dubslav von Stechlin als kritisches Gegenbild des zeitgenössischen Adels, der Bourgeoisie und Wilhelms II. gestaltete, entwarf Fontane aus der Summe der bedeutenden historischen Adelsgestalten Altpreußens und aus seinen generalisierten positiven Erfahrungen mit den «entzückenden Einzelexemplaren» dieses Adels heraus die Kunstfigur des Stechlin, des Vertreters eines Adel und Bürgertum übergreifenden «wahren Adels», den Träger einer idealen Humanität, die seiner Zeit verlorenzugehen schien. Der Tugendkatalog des «Junkers» erhielt durch diese faszinierende Romanfigur noch einmal beträchtlichen Zuwachs: Bescheidenheit, Gutmütigkeit, Ausgeglichenheit, Humor, gesunder Menschenverstand, angeborene Skepsis, freimütige Kritik und innere, «Quitzowsche» Unabhängigkeit, ja zeitweilig sogar Fortschrittlichkeit. Die Künstlichkeit der Figur, zusammengefaßt in dem Schlußsatz: «Es ist nicht nötig, daß die Stechline weiterleben, aber es lebe der Stechlin», haben die nachfolgenden Schriftsteller der «märkischen Heimat» allerdings nicht allzu ernst genommen. Eine Fülle mittelmäßiger Heimatschriftsteller brachte die positive, prachtvoll-lebendige Junkergestalt zur Hochkonjunktur. Bald wimmelte es in Jugendbüchern wie Erwachsenenliteratur nur so von Bredows, Köckeritzen, Lüderitzen und Itzenplitzen, wackeren Kriegern der guten alten Zeit, die viel Blut für die Mark Brandenburg vergossen hatten, oder von Arnims, Schulenburgs, Alvenslebens und Krosigks, die den Hohenzollernstaat als Offiziere, Geheime Räte und gutsbesitzende Landräte zu Macht und Blüte führten. Das Sujet der märkischen, pommerschen und ostpreußischen ländlichen Junkeridylle hat sich durch das ganze 20. Jahrhundert hindurch behauptet, man denke nur an von Simpsons mehrfach verfilmten Erfolgsroman *Die Barrings* oder die jüngst, gleichsam als Trauerarbeit über die brutale Zerstörung jeglicher Junkertradition in der kleinbürgerlich-verkrampften, kulturfeindlichen DDR veröffentlichte Familiensaga *Die Finckensteins* von Günter de Bruyn, eine Hommage an den märkisch-altpreußischen Adel in der Nachfolge Fontanes bis in Wortwahl und Motivik, aber mit neuen zeitlichen Akzenten auf der Zeit um 1800 und inhaltlichen Schwerpunkten bei den Junkern als Säulen märkischer und altpreußischer Kulturdynamik. Wenn Magnus von Braun die Reduzierung des Junkers im *American College Dictionary* auf Privilegienverteidigung, «narrowmindedness» und «haugthyness» als «doch etwas wenig» erfuhr, so mag diese Junkerdarstellung de Bruyns, welche Literatur und Wissenschaft zu vermitteln vorgibt, manch einem dann doch «etwas zuviel» sein. Eine von ideologischen Vorgaben freie moderne Landesgeschichte der altpreußischen Länder ist, was die Junkerforschung angeht, aus naheliegenden Gründen noch kaum auf den Weg gekommen. Die bisher vorliegenden Studien signalisieren allerdings eher, daß die neue Landesgeschichte auch weiterhin den älteren, eher heimatgeschichtlichen Forschungstraditionen verbunden bleibt und damit das von de Bruyn entworfene Junker-Panorama bestätigen wird.

Während die kritische, zunehmend negativer werdende Sicht des Junkers beide Varianten, den Militär- und den Gutsbesitzer-Junker, gleichgewichtig im Blick behielt, verlagerte sich der Schwerpunkt der märkisch-altpreußischen, an «Leben» und «Heimat» orientierten Sichtweise in der Tendenz zum adligen Gutsbesitzer, seinem Haus, seiner Familie und der von ihm geprägten ländlichen Lebenswelt. Diese Sichtverlagerung hat eine Tradition, die sich bis in die frühen fünfziger Jahre zurückverfolgen läßt. Gegen die alliierte Propaganda vom militaristischen, aggressiven Preußen und die von der Publizistik schnell aufgenommenen Thesen vom Junker als dem eigentlichen Träger von Militarismus und Nationalsozialismus, aber auch gegen die abwägend-kritischen Versuche zahlreicher Historiker, den preußischen Anteil an der deutschen Katastrophe genauer zu bestimmen und zu gewichten, entwickelte sich in Geschichtswissenschaft wie Publizistik der frühen Bundesrepublik eine neoborussische Geschichtsbewegung, die sich der Verteidigung des alten, wahren Preußen, das nichts mit Kriegslüsternheit und Nationalsozialismus zu tun hatte, widmete. Für das Überleben des positiven Junkerbildes waren zwei publizistische Bewegungen entscheidend.

Innerhalb der apologetischen bürgerlichen Publizistik präsentierte Walter Görlitz 1956 mit seinem anekdotenreichen, unterhaltsamen, mit viel innerer Anteilnahme geschriebenen Buch *Die Junker* eine Spitzenleistung, welche ihm breite Leserkreise sicherte. Er wies die «schweren Anklagen gegen die Junker» zurück und suchte «deren Sonderstellung [...] im gesamten europäischen

Adel» als «landwirtschaftende, soldatisch und organisatorisch hoch befähigte, dafür im innersten Kern ihres Wesens unpolitische Adelsschicht» nachzuweisen, mit dem verständnisvollen Zusatz: «Es sind immer Menschen mit Vorzügen und Fehlern, die einen bestimmten Stand verkörpern.»[24] Daneben starteten die Vertreter des altpreußischen Adels selbst eine neue Entlastungsoffensive, und zwar in der bewährten Form der Autobiographie, dem zentralen strategischen Medium zur Modifikation, Vertiefung und Verbreitung adliger Erinnerungsbilder und Geschichtsdeutungen im 20. Jahrhundert. Ehemalige Militärführer und Politiker, aus ihrer ostelbischen Heimat vertrieben und durch Enteignung vermögenslos geworden, publizierten ihre Erinnerungen, in denen sie ihre Distanz zur «braunen Flut» und ihre den Nationalsozialisten weit überlegenen moralischen und strategischen Kompetenzen zu belegen suchten. Eine weitere Erinnerungswelle ging vom 20. Juli 1944 aus und von der Tatsache, daß an diesem Widerstand gegen Hitler, der zu einem Kernbestand des bundesrepublikanischen Selbstverständnisses wurde, in erheblichem Umfang ostelbische Adlige teilgenommen hatten. In zahlreichen Autobiographien adliger Widerstandskämpfer, aber auch in zahllosen Rezensionen und Diskussionen wurden die Junker zum festen Bestandteil des «anderen», besseren Deutschland erhoben. Nach beträchtlichen Erfolgen in den fünfziger Jahren verebbte diese Rechtfertigungsoffensive der Junker in der Kritik der 68er-Bewegung, allerdings nur, um auf weichen Pfoten und mit Kreide in der Stimme schon bald wieder aufzutauchen. Den Anstoß zur erneuten Wiederentdeckung der Faszination junkerlicher Lebenswelt gaben die Ostpolitik und die Einsicht der im Westen erfolgreich und heimisch gewordenen Adligen, daß die ostelbische Adelswelt wohl endgültig zur «world we have lost» geworden war. In der Folge entstand ein neuer Typus von Erinnerungsschriften, die ein Ethnologe treffend als «Grafenerzählungen. Gehobene Heimat- und Erinnerungsprosa für Bürger von heute»[25] charakterisiert hat und deren Boom, verstärkt durch die deutsche Einheit, in der Form von Memoiren und Romanen bis heute unvermindert anhält. Unter den Autoren findet man Vertreter von fast allen berühmten altpreußischen Adelsfamilien. Das Motiv dieses Schreibens ist nun nicht mehr die aggressive Selbstrechtfertigung der altpreußischen Adligen im Rückblick auf Weimarer Republik und Nationalsozialismus, sondern die entsagende Trauer über eine unwiederbringlich verlorene Adelswelt, die alte Heimat, in der man seine «glückliche Jugend» erlebt hatte. Der milde Grundton nostalgischer Entsagung in dieser «Erzählgemeinschaft» der ostdeutschen Adelskultur erzeugt dabei ebenso Sympathie wie die (allerdings sehr begrenzte) Bereitschaft zur Selbstkritik. Die Art der Darstellung fasziniert nicht nur wegen des Einblicks in das alltägliche Leben «prächtiger Einzelexemplare», sondern auch wegen des quasi-ethnologischen Blicks der Autoren in diese uns außerordentlich fremde, untergegangene Lebenswelt, die zum Ziel einer Erinnerungsreise wird, auf welche sie uns mitnehmen, mit ausgeprägtem Blick von oben, aber aus authentischer Erfahrung berichtend. Sie erzählen so sachkundig wie gefühlvoll, eine faszinierende Ethnologie adligen Alltags. Die hohen Auflagen dieser Bücher zeigen, wie gern sich das breite Lesepublikum auf solche erfahrungsgesättigten «Erinnerungsreisen» mitnehmen läßt, und es bedarf keiner außergewöhnlichen prognostischen Fähigkeiten, um vorauszusagen, daß schon bald der Tourismus den Spuren dieser verlorenen Junkerwelt, konstruiert als geordnete Gegenwelt zur heutigen unübersichtlichen Gesellschaft, in Massen folgen und damit die stärker unterhaltenden, folkloristischen, unpolitischen, kurz: die positiven Segmente unseres Erinnerungsbilds vom Junker zum Sieg führen wird. In einer Rezension der hervorragenden, um Differenzierung bemühten vergleichenden Adelsstudie Dominic Lievens ist der Nestor der deutschen Sonderwegsforschung, Hans Ulrich Wehler, 1995 sehr hart mit dem Autor, vor allem aber noch einmal mit den Junkern als führender sozialer und politischer Klasse Preußen-Deutschlands ins Gericht gegangen: Keine soziale Klasse habe in der deutschen Geschichte «so versagt, wie die preußischen Junker».[26] Dieses vernichtende, in vielem durchaus berechtigte Urteil aus unverkennbarer Defensive heraus wird weder die Rückkehr der Junker nach Ostelbien noch deren weitere nostalgisch-touristische Aufwertung verhindern können. Die Geschichtswissenschaft hat es schwer gegen die Konjunkturen der Suche nach «wahrem Leben» und Heimat, gegen die Neigung (nicht nur der Dichter), sich «eine Welt für die Seele» zu schaffen, «Hellas, Rom oder Mark».[27] Im Kampf um die Erinnerungsbilder scheint eine auf Aufklärung setzende Geschichtswissenschaft auf verlorenem Posten zu stehen, zumal dann, wenn sie politisiert und polarisiert.

Martin Schulze Wessel

Rapallo

Noch heute sitze der Vertrag von Rapallo im Bewußtsein eines großen Teils der westlichen Welt «wie eine Kugel aus der Schwedenzeit in einer deutschen Stadtmauer», stellte ein Kommentator fest. «Man graust sich davor, schon auf harmlose Weise, man mag immer noch nicht recht hinschauen, man träumt unruhig von dem Tag, da sie eingeschlagen. Und bald wird sie so ehrwürdig und so rostig sein, daß man sie sitzen läßt und eine Gedenktafel anbringt, mit der Inschrift, um sich selbst noch spät zu rechtfertigen, ‹the German blunder 16. 4. 1922›.» Diese Betrachtung erschien bereits im Sommer 1923, nur ein Jahr nach der Unterzeichnung des denkwürdigen Vertrags, in den *Europäischen Gesprächen*.[1] Doch noch fast sechzig Jahre später, am 5. April 1982, fand sich in der *Frankfurter Allgemeinen Zeitung* die Überschrift: «Das Gespenst von Rapallo ist immer da».

Daß «Rapallo» bald der Rost der Historisierung prophezeit wurde und es dennoch im Verlauf des kurzen 20. Jahrhunderts immer wieder, fast allgegenwärtig, als «Geist» winken, als «Gespenst» schrecken konnte, läßt die Vielschichtigkeit der Erinnerungen und Deutungen erahnen, die sich mit ihm verknüpfen. Als erster selbständiger Schritt der deutschen Außenpolitik nach Versailles, ohne und gegen die Ententemächte unternommen, konnte die Unterzeichnung des Vertrags in Deutschland als ein riskantes Abenteuer aufgefaßt werden, das sich schon nach einem Jahr als Reminiszenz an einen gelungenen Coup der deutschen Diplomatie verfestigte. Neben dieser Deutung drängten sich andere, widerstreitende Interpretationen auf, welche die deutsche Erinnerung sehr viel länger fesseln sollten: Rapallo als Schreckbild eines Paktes mit dem Bolschewismus oder als Muster «friedlicher Koexistenz» verschiedener Systeme, Rapallo als Wiederherstellung guter Beziehungen zwischen Rußland und Deutschland im Sinne einer europäischen Friedensordnung oder als Wiederanknüpfung an die unheilvolle Tradition russisch-preußischer Beziehungen auf der Grundlage negativer Polenpolitik. Die Bedeutung Rapallos ging über Deutschland hinaus, berührte der Vertragsschluß doch die Traumata von vier großen kontinentalen Nationen: Während in Polen Erinnerungen an die Teilungen wach wurden und sich für Frankreich die schon lange gehegte Befürchtung einer Allianz der Verlierer gegen die Sieger von Versailles bewahrheitete, schien Deutschland durch die Unterschrift unter den Vertrag von Rapallo dem «cauchemar des coalitions» zu entgehen. Und aus sowjetrussischer Perspektive mochte Rapallo zumindest den Aufschub einer neuerlichen Intervention der kapitalistischen Staaten zur Beseitigung des bolschewistischen Regimes verheißen. Rapallo brachte alle Voraussetzungen mit, ein europäischer Erinnerungsort des 20. Jahrhunderts zu werden.

I.

Für die Erinnerung der Zeitgenossen und der Nachwelt waren aber auch die Details, die dramatischen Begleitumstände des Vertrags, nicht unwichtig. Geplant zur Vorbereitung eines internationalen Wiederaufbaukonsortiums, wurde die europäische Staaten-Konferenz von Genua, an der erstmals seit 1918 auch Deutschland und Sowjetrußland teilnahmen, bald zu einer Börse für Gerüchte. Eines handelte von einer bevorstehenden Einigung zwischen Frankreich und Sowjetrußland in dem Streit um die russischen Vorkriegsschulden. Eine Lösung drohte angeblich auf Kosten Deutschlands durch die Beteiligung Rußlands an den deutschen Reparationszahlungen gefunden zu werden. Angesichts dessen entschloß sich die deutsche Delegation in der Osternacht 1922 auf der berühmten «Pyjama-Konferenz» in Rathenaus Schlafzimmer, die russische Initiative zum Abschluß eines Separatabkommens aufzugreifen. Es wurde am folgenden Tag in Rapallo geschlossen. Obwohl der Text nur den Verzicht auf gegenseitige Ansprüche festlegte und keine weiterreichenden Absprachen enthielt, löste es eine Sensation aus, als Kanzler Wirth und Außenminister Rathenau der in Genua versammelten Weltpresse den Vertrag verkündeten. Die Konferenz von Genua wurde noch wochenlang fortgesetzt und war doch schon gescheitert.

Die dramatischen Momente des Vertragsschlusses, die bei genauerer Betrachtung allerdings nicht frei von Tragikomik waren, prädestinierten Rapallo als Gegenstand anekdotenhaft abgeschlossener Erinnerung. So sprach Reichskanzler Wirth schon sechs Wochen nach dem Vertragsschluß von Rapallo als «Ritt über den Bodensee», und Freiherr von Rheinbaben, eine wichtige Stütze der Rapallo-Politik in der Reichstagsfraktion der Deutschen Volkspartei (DVP), verknüpfte Rapallo fünf Jahre später mit derselben Assoziation. Aber sowohl für Wirth als auch für Rheinbaben war Rapallo mehr als nur die Erinnerung an ein riskantes Unterfangen. Die Erinnerung an den Hazard von Rapallo verband Wirth mit der Verachtung für diejenigen, denen beim «ersten selbständigen politischen Schritt des deutschen Volkes» und «beim ersten politischen frischen Luftzug [...] plötzlich wieder der Deckel vom Herzen fällt».[2] Und Rheinbaben ergänzte das Bild vom «Ritt über den Bodensee», Rapallo sei ein solcher Ritt gewesen, «bei dem der deutsche Reiter nach Erreichung des Ufers nicht tot umfiel, sondern auch im Bewußtsein seines Wagnisses gesund weiterlebte».[3] So verstanden, war die Erinnerung an Rapallo nicht abgeschlossen, sondern enthielt ein Programm: Es war im Verständnis Wirths und Rheinbabens die notwendige Passage zu einer neuen, eigenständigen Außenpolitik, es war eine Genugtuung für den als Schmach empfundenen Versailler Vertrag und enthielt die Verpflichtung, mit dieser Politik fortzufahren. Die Diktion der Akteure läßt kaum einen Zweifel, daß die «neue Politik» in den Denkmustern des gerade erst beendeten Krieges gefangen war. Josef Wirth sprach von der Gefahr, daß sich ohne Rapallo der «Ring der

Schuldknechtschaft um Deutschland endgültig geschlossen» hätte, und der damalige Legationsrat der Ostabteilung des Auswärtigen Amts, Wipert von Bluecher, bewertete den Vertrag noch 1951 als «erste Bresche in die Mauer», die «der Versailler Vertrag mit seinen 440 Artikeln um Deutschland errichtet hatte».[4]

Rapallo als Programm und nicht nur als die einmalige Meisterung einer (vermeintlichen) Notlage, so verstand es auch der eigentliche Architekt des Vertrags auf deutscher Seite, der Ministerialdirektor im Auswärtigen Amt Ago Freiherr von Maltzan. Nicht in dem materiellen Inhalt, sondern in der «moralischen Wirkung» sah er die Bedeutung des Vertrags. «Er ist die erste, aber sehr wesentliche Stärkung des deutschen Ansehens in der Welt. Das liegt daran, daß man hinter ihm mehr vermutet, als tatsächlich begründet ist. So bestehen keinerlei politisch-militärische Abmachungen; aber an die Möglichkeit solcher wird geglaubt [...]. Liegt es in unserem Interesse, diesen schwachen Nimbus zu zerstören? Es war viel besser, die Unvernünftigen glaubten es.»[5]

Rapallo enthielt nach dem Bekenntnis Maltzans eine wohl gezielte Einschüchterung der Staatengemeinschaft. Diese Wirkung von Rapallo war in der deutschen Öffentlichkeit durchaus präsent, wie die Zeichnungen im *Simplicissimus* besonders anschaulich zeigen. Zwei hünenhafte Gestalten, Deutschland und Rußland verkörpernd, auferstehen aus einem Grab, das die Versailler Ordnung symbolisiert, und streben, Seite an Seite, in eine (unbestimmte) Richtung. Die lapidare Bildunterschrift lautet: «Ein Anfang». In einer anderen Zeichnung stürzen die Geister der russischen Soldaten, die im Ersten Weltkrieg gefallen sind, massenhaft auf den fassungslosen Poincaré ein. Erscheint Rapallo in der ersten Zeichnung als Programm für eine neue, noch unbestimmte Politik, so wird in der zweiten Zeichnung recht unverhohlen die Vorstellung von einer grundlegenden Neugruppierung der europäischen Mächte und einer Rache an Frankreich hervorgerufen.

Dessen bedurfte es nicht, um Rapallo in der europäischen Staatenwelt und insbesondere in Frankreich als Symbol eines bedrohlichen Revisionismus erscheinen zu lassen. Daß der Vertragsschluß gerade in Frankreich zu einem Mythos werden konnte, hängt vor allem damit zusammen, daß er lange vorher gehegte Befürchtungen zu bestätigen schien und dies von politisch interessierter Seite genutzt wurde. Die existenzielle Bedrohung, als welche der deutsch-sowjetrussische Frieden von Brest-Litowsk in Paris 1917 erfahren worden war, mußte angesichts des Zusammengehens der beiden großen Verlierer des Weltkriegs wieder virulent werden. Nicht nur Frankreich und Polen, die von einem angenommenen deutsch-russischen Revisionsanspruch direkt betroffenen Staaten, waren durch Rapallo alarmiert. Noch auf der Konferenz in Genua wurde der deutschen Delegation am 18. April eine von neun Staaten unterzeichnete Erklärung überreicht, die in dem separaten Vertragsschluß von Rapallo eine Rückkehr zu traditioneller Geheimdiplomatie und einen Anschlag auf das Prinzip «aufrichtiger Loyalität und Solidarität» bei der Neuordnung der internationalen Beziehungen sah. Dieser Gesichtspunkt hat weder im zeitgenössischen Urteil noch in der Erinnerung in Deutschland eine große Bedeutung erlangt.

II.

«Wir sehen [...] zwei Orientierungen: Die Bourgeoisie orientiert sich nach dem Westen, die Arbeiterschaft neigt zu einer Orientierung nach dem Osten, zu einer Verbindung mit der Sowjetunion.»[6] So einfach, wie es Wilhelm Pieck 1925 auf dem Parteitag der KPC in Prag behauptete, verlief der innenpolitische Riß zwischen den Gegnern und Befürwortern einer «Orientierung nach dem Osten» nicht. Zwar war die Erinnerung an Rapallo nicht zuletzt von ideologischen Gesichtspunkten bestimmt, hatten doch am Rande der Konferenz von Genua zwei Staaten mit grundverschiedener, einander feindlicher Gesellschaftsordnung zusammengefunden. Aber nur die radikalen Parteien auf der Linken und der Rechten nahmen eine eindeutig ideologisch bestimmte Position gegenüber dem Vertrag ein.

Rapallo als einen Wendepunkt der deutschen Politik, als einen Erinnerungsort der Zukunft zu begreifen war von Anfang an die Politik der KPD. Schon vier Tage nach dem Vertragsabschluß brachte sie im Lustgarten in Berlin eine Demonstration mit 150000 Teilnehmern zustande, auf der Wilhelm Pieck den Vertrag als Ausgangspunkt für neue Beziehungen zum Sowjetstaat feierte. «Rapallo mit Leben zu erfüllen» würde die Aufgabe der Arbeiterklasse bleiben. Daß die temporäre Festschreibung des Status quo zwischen Sowjetrußland und der Weimarer Republik für die KPD durchaus problematisch war, ja einer Selbstentäußerung gleichkommen konnte, wurde drei Jahre später im Vorfeld der Unterzeichnung des Locarno-Abkommens deutlich, als Ernst Thälmann die Beseitigung der revolutionären Situation als die eigentliche Verheißung Rapallos darstellte: Die Fortsetzung Rapallos bedeute «gegenseitige wirtschaftliche Hilfe, Getreide und Rohstofflieferungen aus der Sowjetunion, Lieferung deutscher Fabrikate nach der Sowjetunion und damit Überwindung der Arbeitslosigkeit in Deutschland, Hebung der Lebenslage der werktätigen Bevölkerung».[7] Dieser Antinomie konnte die kommunistische Erinnerung an Rapallo nur entgehen, indem sie den Vertrag unter nationalen Vorzeichen interpretierte. Der Anti-Versailles-Komplex, die Angewiesenheit Deutschlands auf die Sowjetunion und deren selbstlose Hilfe waren unverzichtbare Elemente des kommunistischen Rapallo-Mythos. So kommentierte der kommunistische Reichstagsabgeordnete Walter Stoecker im April 1926 die Unterzeichnung des deutsch-sowjetischen Vertrags in Berlin: «Die UdSSR hat Deutschland schon damals die Hand zum Frieden gereicht, als Deutschland völlig am Boden lag und vollständig isoliert war. Die UdSSR hat niemals die imperialistischen Friedensverträge von Versailles anerkannt.»[8] Die sentimental anmutende Konstruktion, mehr ein Appell an nationale Gefühle als eine Aufforderung zur Klassensolidarität, sollte in der Weimarer Republik das Hauptmotiv der kommunistischen Erinnerung an Rapallo bleiben, das auch nach 1945 noch zu vernehmen war. Ein Nebenmotiv, das später, in der Zeit der neuen Ostpolitik Willy Brandts, zum Hauptmotiv der Rapallo-Erinnerungen der Kommunisten avancieren sollte, war das der friedlichen Koexistenz zwischen Staaten unterschiedlicher Gesellschaftsordnung. Nicht in der Parteipresse, sondern in der *Weltbühne* klang es in einem Artikel Carl von Ossietzkis vom 18. März 1930 an: «Dieser Vertrag ist heute das letzte Band zwischen Rußland und Europa, zerreißt es, so ist die endgültige Aufstellung zweier feindlicher Heerlager in der Welt Tatsache. Wer heute als Freund oder Gegner des Bolschewismus über russische Dinge schreibt, trägt deshalb eine ungeheure Verantwortung [...].»

Für die Sozialdemokraten warf die Verständigung der konservativen deutschen Staatselite mit dem bolschewistischen Rußland gravierende Probleme auf. Reichspräsident Ebert war zunächst ein entschiedener Gegner des Vertrags und ließ sich nur schwer umstimmen. Das Dilemma Eberts und seiner Partei war es, daß sie zwar größte Abneigung gegen eine Vereinbarung mit dem bolschewistischen Rußland hegten und zugleich der konservativen Motivation Rapallos in Deutschland mißtrauten, aber aus nationalen Gründen, aus Furcht vor dem Stigma der Erfüllungspolitik, Rapallo als den vermeintlichen «ersten selbständigen Schritt» Deutschlands aus den auferlegten Bestimmungen des Versailler Vertrags nicht dezidiert ablehnen mochten. In den Debatten des Reichstags vertrat die SPD immer wieder die Auffassung, man stimme dem Vertrag von Rapallo grundsätzlich zu, doch komme dieser zu einem falschen Zeitpunkt.[9] Diese unentschiedene Haltung brachte es mit sich, daß Rapallo in der Erinnerung der Sozialdemokratie kaum Spuren hinterließ, die sich noch rekonstruieren lassen. Während der Verhandlungen des Augsburger Parteitags im September 1922 wurde Rapallo nur von einem Diskussionsredner flüchtig erwähnt. In dem vom SPD-Parteivorstand herausgegebenen *Handbuch für sozialdemokratische Wähler. Der deutsche Reichstag 1920 bis 1924* tauchte der Rapallo-Vertrag gar nicht auf. Der *Vorwärts* schwieg, als sich die Vertragsunterzeichnung zum fünften und zum zehnten Mal jährte.

Von einer ähnlichen inneren Zerrissenheit war auch die Haltung des Zentrums zum Rapallo-Vertrag geprägt. Wegen der Kirchenverfolgung in Sowjetrußland, die in der Zentrumsfraktion aufmerksam registriert wurde, war jegliche Übereinkunft mit Moskau im Zentrum nicht populär. Heinrich Brüning würdigte Rapallo in seinen Memoiren mit keiner Zeile. Aber es war der Reichskanzler des Zentrums, Josef Wirth, der den Vertrag zu verantworten hatte und der zeitlebens ein Verfechter der Rapallo-Politik blieb. Und der Gedenkartikel, den die *Kölnische Zeitung* dem Rapallo-Vertrag zum zehnten Jahrestag widmete, war nicht von ideologischen Vorbehalten geprägt, sondern wies ihm eine programmatische Bedeutung bei: «Der antiversaillische

Charakter des Vertrages von Rapallo ist für Deutschland auch heute noch sein wesentlicher Bestandteil.» Für die deutsche Politik werde «Rapallo zum mindesten so lange politische Gegenwartsbedeutung haben, als Versailles besteht».[10]

Wenn es überhaupt in Deutschland eine politische Gruppierung außer der KPD gab, die dem Rapallo-Vertrag zustimmte und die Erinnerung an ihn pflegte, so war es die liberale DVP. Zwar wurde Rapallo auch in der DVP nicht zur politischen Doktrin, der Parteivorsitz Gustav Stresemanns aber gab der Politik der Westbindung in der Partei Gewicht. Mit den Reichstagsabgeordneten von Raumer und von Rheinbaben verfügte die DVP aber über engagierte Verfechter der Rapallo-Politik. Unter den liberalen Zeitungen war es vor allem das *Berliner Tageblatt*, das in den zwanziger Jahren Rapallo als einen positiven Begriff erinnerte. Sein Rußland-Korrespondent Paul Scheffer, der von 1921 bis 1928 aus Moskau berichtete, unterstützte die Rapallo-Politik anfangs als «eine Lebensnotwendigkeit für Deutschland».[11] Dieser Linie blieb Scheffer treu, bis er 1928 von den sowjetischen Behörden aus Moskau verwiesen wurde. Danach geißelte er, sei es unter dem Eindruck seiner persönlichen Ausweisung, sei es angesichts der zunehmenden Repressionen in der Sowjetunion, Rapallo als eine Politik der Illusionen.[12] Die Redaktion des *Berliner Tageblatts* teilte bei der Beurteilung der Rapallo-Politik Scheffers antisowjetischen Standpunkt nicht uneingeschränkt. In einem Gedenkartikel zum zehnten Jahrestag des Vertragsschlusses bemerkte die Zeitung ganz im Sinne pragmatischer Diplomatie: «Die Vermeidung von Rapallo-Krisen in der Zukunft bietet [...] die beste Gewähr für eine stetige Zusammenarbeit und die Erhaltung der Voraussetzungen, die bisher den Vertrag von Rapallo gerechtfertigt haben [...].»[13]

Auch bei der Deutschnationalen Volkspartei (DNVP) verliefen die Fronten zwischen Befürwortern und Gegnern von Rapallo durch die Partei. Eine der wichtigsten publizistischen Stützen der Rapallo-Politik, der Historiker Otto Hoetzsch, war ihr Reichstagsabgeordneter. Bei dem Urteil über Rapallo spielten in der DNVP aber Interessen – die Furcht vor Getreideimporten aus Rußland – und auch antibolschewistische und antisemitische Ideologie eine große Rolle. Der Artikel des Reichstagsabgeordneten Wilhelm Hennis in der Juni-Nummer 1922 der *Konservativen Monatsschrift* «Das wahre Gesicht des Rapallo-Vertrags» war von einer nationalsozialistischen Hetzschrift in nichts zu unterscheiden. Den Bolschewismus verstand der DNVP-Abgeordnete als eine Spielart des «Kampfes des internationalen Judentums zur Vernichtung des nationalen Besitzes». Ihm erschienen so «die Abmachungen des Vertrages von Rapallo plötzlich in einem anderen Lichte: der ‹deutsche› Jude hilft dem ‹russischen› Juden zur Errichtung des gemeinschaftlichen Zieles!» Hennis personifizierte Rapallo mit dem deutschen Außenminister Walther Rathenau. Als eine publizistische Vorwegnahme des Attentats, als Aufforderung zum Mord konnte der folgende Satz des Reichstagsabgeordneten gelesen werden:

«Kaum hat der internationale Jude Rathenau die deutsche Ehre in seinen Fingern, so ist davon nicht mehr die Rede.»[14]

Ganz ähnliche Schlagworte prägten die Agitation der NSDAP gegen Rapallo. Im *Völkischen Beobachter* war von der «Verschacherung des deutschen Volkes», von dem «Verbrechen von Rapallo» zu lesen. Auch hier fehlte nicht der Hinweis auf die «Personalunion zwischen der internationalen jüdischen Hochfinanz und dem internationalen jüdischen Bolschewismus», die der *Völkische Beobachter* in Wather Rathenau als dem Unterzeichner des Rapallo-Vertrags sah.[15] Im Unterschied zu den *Konservativen Monatsheften* veröffentlichte der *Völkische Beobachter* dies noch nach der Ermordung Rathenaus.[16]

III.

Obwohl für alle Parteien außer den Kommunisten Rapallo ein Pakt mit dem ideologischen Gegner war, ist der Vertragsschluß von 1922 nicht deswegen zum Mythos geworden. Selbst das Schlagwort der NSDAP von Rapallo als «Verbrechen am deutschen Volk» blieb nicht lange wirksam. Trotz der inneren Zerrissenheit aller demokratischen Parteien in der Rapallo-Frage erzielte die Rapallo-Politik zeitweilig eine ungewöhnlich breite Zustimmung im ganzen politischen Spektrum. Nach der Verabschiedung des Berliner Vertrags vom April 1926, der in gewisser Hinsicht eine Erneuerung Rapallos darstellte, notierte der britische Botschafter in Berlin, Viscount d'Abernon: «Das Unerwartete hat sich ereignet. Zum ersten Mal seit dem Bestand der Republik wurde bei der Debatte im Auswärtigen Ausschuß eine Einstimmigkeit erzielt. Dem deutsch-russischen Vertrag ist es gelungen, ein Wunder zu vollbringen.» Für dieses «Wunder» hatte der Botschafter eine Erklärung: Die «russische Verbindung» sei für die Deutschen «ein vererbter Glaube, gegen den sogar die Götter vergebens kämpfen würden. Wie sollte es den westeuropäischen Kabinetten gelingen?»[17]

Die Rußlandbindung als «vererbten Glauben» der Deutschen aufzufassen war eine Überhöhung und gleichermaßen eine Verharmlosung der Rapallo-Politik, aber auch eine recht genaue Umschreibung ihres eigenen Selbstverständnisses. Denn der realpolitische Gehalt der Rußlandbindung nimmt in der deutschen Wahrnehmung Rapallos und in der Erinnerung daran einen erstaunlich geringen Raum ein. Die erste historiographische Einordnung Rapallos in die Tradition «negativer Polenpolitik» ist erst in Martin Broszats Studie über 200 Jahre deutscher Polenpolitik, den deutsch-polnischen Schulbuchgesprächen und Klaus Zernacks Darstellung der Geschichte Polens und Rußlands zu finden.[18] Eine vereinzelte Stimme in der deutschen Publizistik, Paul Scheffer, bezeichnete schon 1953 im *Merkur* die Einkreisung Polens als das eigentliche Ziel des Vertrags und fügte hinzu: «In den Stuben der Reichswehr werden Revanchelustige damals disputiert haben: Ein Waffenbündnis mit Rußland! Polen so kirre machen! Und dann weiter!»[19] Tatsächlich stand der Revisionismus gegen Polen an der Wiege Rapallos; General von Seeckts Wort, Polens Existenz sei unerträglich, unvereinbar mit den Lebensbedingungen Deutschlands, ist dafür ein sprechendes Zeugnis.[20] So unverblümt kam das revisionistische Ziel der Rapallo-Politik in der zeitgenössischen Publizistik nicht zum Ausdruck. Doch nichts anderes war gemeint, wenn etwa die *Deutsche Zeitung* am 12. Dezember 1925 «Rapallo» als eine Politik der «freie[n] Hand im Osten und Freundschaft mit dem russischen Volk» pries. Eine andere kaum camouflierte Umschreibung der antipolnischen Stoßrichtung formulierte der Freiherr von Rheinbaben 1927: Rapallo sei die «Einleitung einer neuen, aber schließlich doch auf klassischer Tradition wandelnden Politik».[21] Daß es sich bei den «klassischen Traditionen» weniger um hehre Freundschaft mit dem russischen Volk als um die seit dem Beginn des 18. Jahrhunderts von Preußen und dem Russischen Reich gemeinsam betriebene Kontrolle bzw. Teilung Polens und später, im 19. Jahrhundert, um die Unterdrückung der polnischen Unabhängigkeitsbewegung handelte, war den Zeitgenossen der Rapallo-Politik durchaus bewußt. Das Wissen davon schwang mit, wenn Rapallo mit der Erinnerung an Bismarck oder an Friedrich den Großen verknüpft wurde. Selbst Stresemann, der Absicht gewaltsamer Revision gewiß unverdächtig, deutete die Option einer Veränderung der deutsch-polnischen Grenze an, wenn er mit Berufung auf die beiden preußischen Staatsmänner von einer Rückkehr «auf die alte Grundlage guter Beziehungen» zu Rußland sprach.[22] Die Konzeption der Renaissance «klassischer Traditionen» der russisch-preußischen Beziehungen implizierte, die Konflikte im gegenseitigen Verhältnis einschließlich der Gegnerschaft im Weltkrieg als letztlich kontingent abzutun. In diesem Sinne sprach Stresemann von einer vorübergehenden Störung der Beziehungen durch die «allslavische Politik Rußlands», während von sowjetischer Seite «dem wilhelminischen Drang nach Osten» eine ähnliche Funktion nur zeitweiliger Traditionsunterbrechung zugeschrieben wurde.[23]

«Rapallo» war so eine wirksame Erinnerung an die Vergangenheit der russisch-preußischen Beziehungen, ohne daß die Tradition und die Perspektive der Kontrolle und Teilung Polens offen ausgesprochen wurden. Gerade dies prädestinierte Rapallo als Mythos, und an Mythen war die preußisch-russische Geschichte, ungeachtet ihrer Verflochtenheit und langen Bündnistradition, arm. Denn weder die Teilungen Polens noch die militärpolitische Hilfe Preußens bei der russischen Niederschlagung des Novemberaufstands 1830/31 oder die Alvenslebensche Konvention von 1863, die eine neuerliche Komplizenschaft der beiden Mächte bei der Unterdrückung Polens begründete, waren geeignet, die russisch-preußischen Beziehungen in einer für die Öffentlichkeiten beider Länder akzeptablen Form zu symbolisieren. Die einzige Ausnahme bildeten die Konvention von Tauroggen und das russisch-preußische Waffenbündnis in den Befreiungskriegen, eine Erinnerung, die von beiden Herrscherhäusern der Hohenzollern und Romanows lange öffentlich gepflegt worden war.

An Tauroggen als Vorgängermythos konnte Rapallo anknüpfen. Nicht anders als bei dem Mythos der Befreiungskriege handelte es sich bei Rapallo, wie Herbert von Dirksen, der deutsche Botschafter in Moskau von 1928 bis 1933, scharfsinnig bemerkte, um einen gemachten Mythos. Dirksen schrieb die Schöpfung seinem Vorgänger im Amt, dem Grafen Brockdorff-Rantzau, zu. Dieser «Mythos von Rapallo» habe «seinen Ausdruck in den Schlagworten vom ‹Geist von Rapallo› und von der Schicksalsgemeinschaft der beiden großen, im Krieg besiegten ‹Nationen›» gefunden. Viele Leute in Deutschland, so Dirksen, erwiesen dieser Formel Lippendienst, ebenso wie sie von zahlreichen Russen angenommen worden sei, da sie an ihre Neigung zum Mystizismus appelliere.[24] Von dem Nachfolger Rantzaus stammt auch die ausführlichste Beschreibung der Dispositionen, die es ermöglichten, Rapallo als einen Mythos zu etablieren: «Die allgemeine Einstellung der Durchschnittsdeutschen gegenüber Rußland kann in dem Satz zusammengefaßt werden: Wenn wir gut mit den Russen standen, war es gut für beide Länder, wenn wir Feinde waren, haben wir in gleichem Maße gelitten. Diese einfache Formel rief die Grundsätze der Bismarckschen Politik wieder ins Gedächtnis und erinnerte an die engen Beziehungen, die die Herrscherhäuser der Hohenzollern und der Romanovs miteinander verbunden hatten. Sentimentale Geister dachten an den etwas apokryphen Satz Wilhelms I. auf seinem Totenbett: ‹Laßt mir den Draht nach Rußland nicht abreißen!› Jedenfalls führten diese Gefühle und Erwägungen zu dem Vertrag von Rapallo.»[25] Brockdorff-Rantzaus Identifizierung mit dem Geist von Rapallo ging so weit, daß er, den apokryphen Satz Wilhelms I. unverkennbar zitierend, wenige Stunden vor seinem Tod Briefe an Litwinow und Tschitscherin schrieb und darin die Notwendigkeit unterstrich, die Tradition der Rapallo-Politik fortzusetzen.[26]

Die romantische Konzeption von der «Schicksalgemeinschaft» Deutschlands und Rußlands, die Stresemann in der Reichstagsdebatte über den Rapallovertrag erstmals benutzt hatte und die Rantzau seit seiner Akkreditierung in Moskau unermüdlich wiederholte, legte in mancher Hinsicht die deutsche Politik fest.[27] Denn sie band die deutsch-russischen Beziehungen an die Voraussetzung, daß beide Staaten gleichsam als Paria aus der europäischen Politik ausgeschlossen waren. Die Existenz des Rapallo-Mythos war daher mit der erneuten Integration Deutschlands in die europäische Staatengemeinschaft im Grunde unvereinbar. In den Auseinandersetzungen um den Beitritt Deutschlands zum Völkerbund konnte sich die Sowjetregierung zu Recht auf die Erinnerung an Rapallo berufen. Bei der Unterzeichnung des Vertrags seien beide Regierungen von der «stillschweigenden Nicht-Anerkennung des Regimes» ausgegangen, das in Europa in der Folge der Friedensverträge von 1919 etabliert worden sei. Deutschlands Eintritt in den Völkerbund als «diesmal freiwillige Anerkennung des in Versailles geschaffenen Regimes» sei daher ein «erheblicher Schritt auf dem Weg zur tatsächlichen Vernichtung des Vertrags von Rapallo».[28] Gefangen in dem von ihr selbst geschaffenen Mythos von Rapallo, versuchte sich die Reichsregierung an der Quadratur des Kreises. Sie erinnerte in den Richtlinien für die mündliche Beantwortung des russischen Memorandums an Rapallo, versuchte aber die mythischen Momente von der Erinnerung zu lösen: Rapallo solle nicht nur als «das Erzeugnis einer durch zeitweilige Verhältnisse begründeten Schicksalsgemeinschaft von zwei unterdrückten Völkern» angesehen werden.[29]

Obwohl die Reichsregierung tatsächlich die Tradition der Rapallo-Politik nicht völlig verließ, sondern mit dem Berliner Vertrag zwischen Deutschland und der Sowjetunion (1926) gewissermaßen ein Gegengewicht zu Locarno schuf und, ungeachtet aller ideologisch begründeten Störungen im deutsch-sowjetischen Verhältnis, die wirtschaftliche und militärische Zusammenarbeit gezielt ausbaute, hatte Rapallo doch seit Locarno «seinen romantischen Nimbus verloren».[30]

Für die lavierende, an der Verständigung mit dem Westen und an der Kooperation mit Rußland gleichermaßen interessierte Politik Deutschlands wurde die Erinnerung an Rapallo sogar zur Bürde. Hatte man damals der europäischen Öffentlichkeit gemeinsam demonstrativ die Stirn geboten, so achtete die Reichsregierung bei ihren Rußlandkontakten nun peinlich darauf, alles Aufsehen zu vermeiden. Der Zeremonie bei der Unterzeichnung des Berliner Vertrags von 1926 fehlte ganz die «Atmosphäre glühender Liebe und Freundschaft»: Der Akt der Unterzeichnung wurde nur mit einem Mindestmaß an Protokoll eingerahmt, ein flüchtiges Mittagessen folgte, bei dem Stresemann einige Worte sprach. Dies berührte, wie Dirksen bemerkte, den Kern der sowjetisch-deutschen Beziehungen. Die Russen «merkten unsere Verlegenheit, uns Arm in Arm mit ihnen vor der Öffentlichkeit zu zeigen und trugen uns das nach».[31]

Zu einer Groteske wurde schließlich die offizielle Erinnerung am zehnten Jahrestag von Rapallo. Im April 1932 schlug der sowjetische Außenkommissar Litwinow, der wegen Abrüstungsverhandlungen in Genf war, Reichskanzler Brüning den Austausch von Reden bei einem Mittagessen zur Feier des Tages vor. Dirksen erinnert sich an den Verlauf: «Brüning stimmte dem Mittagessen zu, lehnte aber die Reden ab, da er befürchtete, daß die in Genf versammelten Vertreter des Westens von einer solchen Veranstaltung einen ungünstigen Eindruck gewinnen könnten. So herrschte denn beim Mittagessen eine kühle, unbehagliche Stimmung. Brüning und Litwinow erhoben ihre Gläser und tranken auf ihr gegenseitiges Wohl und das war alles.» Doch am Nachmittag gab Litwinow eine Pressekonferenz und «erleichterte sich in einer viel unangenehmeren Weise, als es ihm möglich gewesen wäre, wenn er an den Text einer beiderseits verabredeten Absprache gebunden gewesen wäre».[32]

IV.

Den zehnten Jahrestag der Unterzeichnung Rapallos nutzte weder der *Völkische Beobachter* noch Hitler selbst zu neuerlichen Schmähangriffen. In allen Wendungen der Außenpolitik Deutschlands nach 1933 verstand es sich aber von selbst, daß Rapallo für Hitler und die Nationalsozialisten nie zum positiven Leitbegriff werden konnte, auch wenn Hitler 1933 noch durch die Verlängerung des deutsch-sowjetischen Kreditabkommens die Rapallo-Politik gewissermaßen fortführte. Zu eng war Rapallo mit der Republik von Weimar verbunden. Gerade diese Verknüpfung verlieh ihm eine gewisse Bedeutung, als sich die nationalsozialistische Außenpolitik zeitweilig Polen durch den Abschluß des Nicht-Angriffspaktes 1934 näherte. Als negatives Schlagwort markierte es nun den vermeintlichen Bruch des NS-Staates mit dem antipolnischen Revisionismus der Weimarer Republik. So sprachen sich Hitler und Göring gegenüber dem polnischen Botschafter in Berlin Lipski im Mai 1934 bzw. im Januar 1935 nachdrücklich gegen die «Politik von Rapallo» aus.[33] Doch weder nach dem Abschluß des Nicht-Angriffspakts mit Polen noch nach der Unterzeichnung des Antikominternpakts mit Japan 1936, der die Verpflichtung enthielt, keine politischen Verträge mit der Sowjetunion abzuschließen, kündigte die Reichsregierung den Vertrag auf. Ribbentropp stellte in einer Note gegenüber Japan sogar ausdrücklich die Gültigkeit Rapallos fest.[34] Dennoch hatte die Erinnerung an Rapallo offenbar weder für die deutsche Diplomatie noch für Hitler eine orientierende Funktion bei der Vorbereitung des Hitler-Stalin-Pakts. Der deutsche Botschafter in Moskau, Friedrich Werner Graf von Schulenburg, dem eine maßgebliche Rolle bei der Vorbereitung des Paktes zugeschrieben wird, kritisierte zwar schon im November 1937 in einem Vortrag vor der Wehrmachtsakademie die nationalsozialistische Außenpolitik, indem er auf das Gewicht Rußlands in der «preußisch-deutschen Geschichte der letzten zwei Jahrhunderte» hinwies, seine Metapher für diese Tradition war aber Bismarck und nicht Rapallo. Hitler selbst verknüpfte später in Gesprächen seine Wendung zu Rußland mit der Erinnerung an Bismarck.[35] Auch in der deutschen Publizistik wurde in der Phase des Hitler-Stalin-Pakts nur die Erinnerung an Bismarcks Rußlandpolitik wach, während in der Sowjetunion daneben auch Schriften über den deutsch-russischen Vertrag von 1922 erschienen.

Der zwanzigste Jahrestag Rapallos wurde von der NS-Parteipresse ignoriert. Er lag nur wenige Monate vor dem Beginn der Schlacht um Stalingrad, die nicht nur als militärischer Wendepunkt des Zweiten Weltkriegs, sondern auch als Mythos die deutsch-russischen Beziehungen neu bestimmte. Nichtsdestoweniger beriefen sich die Offiziere, die sich im National-Komitee Freies Deutschland und im Bund der Offiziere zusammenschlossen, auf die alte Tradition russisch-preußischer Beziehungen. Nicht «Rapallo», sondern die Vorstellung von einem «neuen Tauroggen» leitete sie, als sie die Verhandlungen mit der sowjetischen Seite aufnahmen.[36]

V.

Nach dem Zweiten Weltkrieg kehrte Rapallo verwandelt in das kollektive Gedächtnis der Nation zurück, als «Geheimnis – Wunschtraum – Gespenst», wie Margret Boveri 1952 formulierte.[37] Die Grundlagen der Rapallo-Politik waren nicht mehr gegeben: Deutschland, besetzt und geteilt, war zu einem Coup wie Rapallo nicht in der Lage; an die Stelle der «Schicksalsgemeinschaft der beiden geschlagenen Völker» war die Nachbarschaft des besiegten Deutschland zur Supermacht UdSSR getreten. Auch der Kontext hatte sich grundlegend verändert: Infolge der Ideologisierung des Kalten Kriegs wurde die Barriere für eine Verständigung über die Systemgrenzen hinweg bald höher, als sie es 1922 gewesen war. Das wesentliche Motiv der Rapallo-Politik, die Revision der deutsch-polnischen Grenze, war im Bündnis mit der Sowjetunion nicht mehr zu erreichen, seitdem diese sich in Reaktion auf Byrnes' Stuttgarter Rede, die eine Wende in der amerikanischen Deutschlandpolitik signalisierte, ausdrücklich zum Garanten des territorialen Status quo in Osteuropa gemacht hatte.

Doch die Frage der Wiederbewaffnung, die von den Gegnern von Adenauers dezidierter Westpolitik als eine Schicksalsfrage für die Einheit Deutschlands begriffen wurde, ließ «Rapallo» erneut virulent werden. Stalins deutschlandpolitische Note von 1952 tat ein übriges, um den Vertrag, genau dreißig Jahre nach seiner Unterzeichnung, wieder in Erinnerung zu bringen. Die Erinnerung an Rapallo, soweit sie sich rekonstruieren läßt, teilte sich nun in den beiden deutschen Staaten. In der DDR wurde die kommunistische Linie der Rapallo-Erinnerung aus der Weimarer Republik weitergeführt und das Fortleben des «Geistes von Rapallo» «allerdings auf weit höherer Ebene [...] in den Beziehungen zwischen der DDR und der Sowjetunion» festgestellt.[38] In der DDR wie in der Sowjetunion entstand eine aufwendige und zum Teil ertragreiche Rapallo-Forschung. Ein wirkungsvolles Schlagwort in der Orientierung zwischen Ost und West konnte «Rapallo» aber nur in der Bundesrepublik werden. Für den Protagonisten der vorbehaltlosen Westbindung Konrad Adenauer bestand kein Zweifel, daß Rapallo kein taugliches Modell für die deutsche Außenpolitik war.[39] Es war für die grundlegend gewandelte Situation Deutschlands nach dem Zweiten Weltkrieg bezeichnend, daß die Gegner der Wiederbewaffnung sich meist hüteten, Rapallo als politische Option aufzugreifen. Entweder erwähnten sie es wie Rudolf Augstein mit keinem Wort[40] oder grenzten sich vehement dagegen ab. So wies Hermann Rauschning «das Gespenst einer Rapallo-Politik oder Tauroggen-Schwenkung» als bloße Phantasievorstellung zurück,[41] und Paul Sethe sprach gar von der «haßerfüllten Erinnerung an Rapallo».[42] In gewisser Weise sorgte Adenauer dafür, diese Erinnerung wachzuhalten, wenn er auf die tatsächliche oder vermeintliche Rapallo-Furcht Washingtons hinwies.[43] Darin deutete sich eine neue Funktion des Rapallo-Arguments an: die Erinnerung an den gewagten Coup von 1922 gleichsam als eine «Vogelscheuche» zu nutzen, die ein «Lavieren» zwischen den Systemen, zwischen Ost und West, als ideologische oder bündnispolitische Grenzüberschreitung mit einem Tabu belegte. Rapallo wirke wie ein Schreckgespenst, wenn jemand wage, es ohne Anzeichen des Abscheus in den Mund zu nehmen, stellte Margret Boveri treffend fest.[44] Wer einer Relativierung der weltpolitischen und ideologischen Gegensätze das Wort redete, mußte daher an einer Historisierung Rapallos interessiert sein. Boveri forderte, das Gespenst von Rapallo nicht zu verdrängen, denn «je stärker die Verdrängung, desto zäher und kräftiger die Wurzeln dessen, was verdrängt werden soll». Nur dann dürften «die Wasserläufe zwischen Ost und West wieder ihren Lauf nehmen [...], statt zu gefahrdrohenden Massen gestaut zu werden».[45] Auch Paul Scheffers Aufsatz über die «Lehren von Rapallo» verband eine Historisierung Rapallos mit einer Vorwegnahme des Grundgedankens der Entspannungspolitik. Scheffer plädierte «für eine würdige Inschrift auf Rapallos Grabstein», denn der Westen müsse sehr zufrieden sein, könne er heute auf ein ähnliches Abkommen auch nur Hoffnungen setzen. «Es ist die ideologische Feindschaft gegen die Sowjetunion, die dem Westen ein ‹Zweites Rapallo› so unerträglich macht [...].»[46]

Alle Bundesregierungen, die sich seit den sechziger Jahren um Kontakte zur Sowjetunion bemühten, versuchten, den Gedanken an Rapallo nicht aufkommen zu lassen oder, von Journalisten nach Rapallo befragt, eine Analogie zu dem Vertrag als ganz abwegig darzustellen. Dieser Linie folgte Ludwig Erhard auf einer Pressekonferenz vor dem Besuch Chruschtschows in Bonn im September 1964, als er betonte, es gebe keinen Weg zurück nach Rapallo, «wenn das überhaupt zu sagen notwendig ist».[47] Nicht anders versuchte die sozialdemokratische Koalition das Gespenst von Rapallo zu verscheuchen. Als nach dem kurzfristig geplanten Treffen zwischen Willy Brandt und Leonid Breschnew in Oreanda im September 1971 in Paris der Eindruck deutsch-sowjetischer Intimität entstand und – vor allem im französischen Ministerrat und bei Pompidou persönlich – Erinnerungen an Rapallo wach wurden, stritt der deutsche Außenminister Walter Scheel dies einfach ab. Auf den «Rapallo-Komplex» angesprochen, bemerkte er: «Es gibt ihn nicht in den Kreisen der Regierungen unserer Partner.»[48] Die Opposition dagegen erkannte das Gespenst von Rapallo als Realität an: «Das Wort ist gefallen», stellte Franz Josef Strauß fest, als er eine Woche später von der *Bild*-Zeitung nach «Anklängen an Rapallo» gefragt wurde. Der Hinweis auf die entfernte Analogie zu dem Treffen zwischen Rathenau und Tschitscherin hatte dabei die Funktion, den ostpolitischen Handlungsspielraum der Regierung zu begrenzen. Das Gespenst eines «zweiten Rapallo» zeitigte seine Wirkungen freilich indirekt: Kein Oppositionspolitiker behauptete, selbst davor zu erschrecken; man verwies vielmehr auf die Befürchtungen der Alliierten.

In die spannungsreiche Situation vor der parlamentarischen Abstimmung über den Moskauer Vertrag fiel der fünfzigste Jahrestag der Unterzeichnung von Rapallo. Das publizistische Echo war dennoch mäßig. Befürworter der Ostpolitik Brandts ignorierten im April 1972 den Jahrestag (so die *Frankfurter Rundschau*) oder nutzten ihn zu einer Historisierung. Der Gedenkartikel der *Süddeutschen Zeitung* attestierte in lapidaren Worten den Tod Rapallos: «Der Rapallo-Vertrag hat einst Epoche gemacht. Er ist aber nicht nur in seinen Buchstaben tot. Auch sein ‹Geist› ist in einer verwandelten Welt nicht wiederzubeleben.»[49] Auch die publizistischen Gegner der Brandtschen Ostpolitik versuchten nicht, zwischen Rapallo und dem Moskauer Vertrag eine einfache Analogie herzustellen. Während die *Frankfurter Allgemeine Zeitung* nur über das russische Echo auf den Gedenktag berichtete,[50] sah *Die Welt* eine «Ostpolitik ganz anderer Art» in dem Vertrag von Rapallo, da dieser nach den «klassischen Regeln der Diplomatie» reale Vorteile gesichert habe; im Moskauer Vertrag hingegen übe die Bundesregierung einseitigen Verzicht.[51]

Während Rapallo an seinem fünfzigsten Jahrestag aus ganz verschiedenen Motivationen als abgeschlossene Vergangenheit erinnert wurde, nahm das Gedenken fünfzehn Jahre später wieder programmatischen Charakter an. Paradoxerweise hatten sich die Bedingungen für das Erinnern von Rapallo verändert, gerade weil der «Rapallo-Komplex» im westlichen Ausland auch während der Ostpolitik Brandts und der Diskussion um die Nachrüstung nicht nachhaltig virulent geworden war. Die bündnispolitische Illoyalität der Bundesrepublik erschien als eine so unwahrscheinliche Gefahr, daß «Rapallo» nicht mehr geeignet war, das Tabu der Unzuverlässigkeit Deutschlands gegenüber dem Westen zu bezeichnen. Seitdem die KSZE einen rechtlichen Rahmen für kollektive Sicherheit in Europa geschaffen hatte, mußte der mit Rapallo verbundene Vorwurf des «Lavierens zwischen Ost und West» mehr und mehr ins Leere laufen. Angesichts der Perestrojka konnte Rapallo schließlich nicht mehr als glaubhaftes Symbol für eine unerlaubte ideologische Grenzüberschreitung gelten.

Das Denkmal, das der Sammelband *Rapallo – Modell für Europa?*[52] dem Vertragsschluß von 1922 setzte, sollte ein Zeichen der Entspannung und Entideologisierung sein. Bemüht, große Teile der Gesellschaft zu repräsentieren, führte der Band Westdeutsche und Ostdeutsche, Mitglieder von KPD, Grünen, SPD und CDU, Wissenschaftler, Gewerkschafter und Kirchenleute zusammen. Der einigende Gedanke war, Rapallo als Symbol für friedliche Koexistenz verschiedener Gesellschaftssysteme zu begreifen; sonst zeichnete die Erinnerung an Rapallo im 65. Jahr freilich ein Quodlibet verschiedener Projektionen aus: Alfons Siegel, Mitglied der «Christlichen Demokraten für Abrüstung», erkannte Rapallo als Akt der «Feindesliebe»,[53] während Hermann Gautier, Präsidiumsmitglied der DKP, es als «Denkanstoß für die Grundfrage des Verhältnisses zwischen Kapitalismus und Sozialismus» auffaßte.[54] Als «eine würdige Anknüpfung an den Rapallo-Vertrag» sah der Bundestagsabgeordnete der Grünen, Ulrich Briefs, eine «veränderte politische Verhaltenslogik in den Beziehungen zwischen der UdSSR und der BRD» an,[55] und die

Historikerin Annette Kuhn entdeckte Rapallo als ein vielversprechendes Thema für ein nationales Geschichtsbild der Linken.[56]

Vom historischen Kontext des Vertrags hatten sich diese Konnotationen weit entfernt. Bemerkenswert ist, daß die Erinnerung des Jahres 1987 das Wissen von den problematischen Momenten Rapallos weitgehend einbüßte: Das demonstrative Ausscheren Deutschlands aus der europäischen Staatengemeinschaft oder das Wiederanknüpfen an die Tradition negativer Polenpolitik – beides weder Zeichen von «Feindesliebe» noch positive Elemente eines «nationalen Geschichtsbilds der Linken» – wurden gar nicht bzw. nur ganz am Rande erwähnt. Der Probleme entledigt und reduziert auf den Gedanken der friedlichen Koexistenz, war diese Erinnerung an Rapallo kein Zeichen von Entideologisierung. Sie bildete den offiziellen Rapallo-Mythos des Kalten Krieges nur negativ ab.

Ein neuer Mythos konnte daraus schon deshalb nicht entstehen, weil sich die Fragen der internationalen Politik durch den Umbruch von 1989 und die Vereinigung der beiden deutschen Staaten bald grundlegend änderten. Der offizielle Titel des deutsch-sowjetischen Vertrags vom 9. November 1990 lautete nicht «Friedliche Koexistenz», sondern «Gute Nachbarschaft, Partnerschaft und Zusammenarbeit». Mit der politischen und ideologischen Teilung Europas war zugleich ein wichtiges Motiv der aktualisierenden Erinnerung an den Vertrag von 1922 entfallen. Angesichts der Ausdehnung von kollektiven Sicherheitsstrukturen in Europa, speziell der Einbeziehung Polens in die NATO und die Europäische Union, erscheint der «Geist von Rapallo» gebannt. Einige Betrachtungen, die 1992 zum 70. Jahrestag Rapallos angestellt wurden,[57] blicken auf ein Ereignis zurück, das nun, in der Tat, einer kaum weniger vergangenen Epoche anzugehören scheint als die «Kugel aus der Schwedenzeit in einer deutschen Stadtmauer».

Edgar Wolfrum

Die Mauer

Mauern sind in der Weltgeschichte immer schon errichtet worden. Der Hadrianswall in England und der Limes an Rhein und Donau sollten die römische Zivilisation von den Barbaren abschirmen. Burgherren schützten ihre Schlösser mit Mauern, Städte umgaben sich mit ihnen, um die Sicherheit ihrer Bürger zu gewährleisten. Die im 15. Jahrhundert fertiggestellte Chinesische Mauer war mit fast 2500 Kilometern Länge die größte Schutzanlage der Welt. Im 18. Jahrhundert gab es allerorten, auch in Berlin, Akzisemauern, die einen Zollbezirk eingrenzten und das Wirtschaftsgebiet kennzeichneten. Bis zum 13. August 1961 hatten Machthaber aber noch nie eine Mauer gebaut, um die gesamte eigene Bevölkerung einzusperren, um sie von einer Abwanderung abzuhalten. Die Berliner Mauer war die erste Mauer in der Weltgeschichte, die mitten durch ein Land und rings um den Teil einer Stadt ging. Sie existierte 28 Jahre, zwei Monate und 27 Tage. Sie veränderte über die Jahre hinweg ständig ihr Gesicht. Zunächst wurden, ganz primitiv, Stacheldrahtverhaue angebracht, dann Hohlblocksteine hochgemauert und mit Stacheldraht versehen. Danach folgten mehrere Mauergenerationen; die nach Westen stehenden vorfabrizierten Mauersegmente aus Stahlbeton hoher Dichte gab es erst seit 1975. Diese «Grenzmauer 75», so der Fachterminus der DDR, war die Mauer der vierten Generation: Jedes L-förmige Segment mit einem Gewicht von 2,6 Tonnen war 3,60 Meter hoch, wurde durch eine Betonröhre, die Mauerkrone, abgeschlossen, hatte eine Breite von 1,20 Metern und eine Wandstärke von 15 Zentimetern, die Widerlager reichten 2,10 Meter in den Boden. 45 000 dieser Segmente wurden in Berlin verbaut, jedes kostete in der Herstellung 359 Ostmark; aus dem Material der Befestigungsanlagen hätte man eine kleine Stadt bauen und mit dem Stacheldraht die ganze Erde umspannen können.

Der Ring um West-Berlin hatte eine Gesamtlänge von 155 Kilometern. Dabei bestand die Mauer aus zwei Mauern. Die eine, eben beschriebene, war die West-Mauer, sie bildete, aus Ost-Berliner Sicht, den Außenring, während der Innenring durch die Ost-Mauer markiert wurde. Dazwischen lag der bis zu hundert Meter breite Todesstreifen mit elf unterschiedlichen Hinderniszonen: Alarmgitter, Stolperdrähte, die Leuchtkugeln auslösen, einbetonierte Stahlspitzen, Hundelaufanlagen, Panzergräben, KfZ-Fallen, Spanische Reiter, über 300 Wachtürme, fast 50 Bunker, Asphaltstraßen für Patrouillen-Fahrzeuge; in Grenzgewässern wurden mit Nägeln gespickte stählerne Unterwassermatten und Sperrbojen eingelassen. An diesem Monstrum fanden 239 Menschen den Tod – noch im Februar 1989 erschossen DDR-Grenzsoldaten einen jungen Mann. Die Anlagen wurden immer perfekter und optisch «gefälliger»,

Schokoladenverpackung des Museums am Checkpoint Charlie

im Jahr 2000 sollte, so plante es die SED-Führung, die häßliche Mauer durch eine mit Sensortechnik und Elektronik versehene «High-Tech-Mauer 2000» ersetzt werden. Statt dessen kam der Mauerfall.

Der Mauerbau begann am Sonntag, den 13. August 1961 gegen zwei Uhr morgens unter Aufsicht schwerbewaffneter Volkspolizisten, und die meisten Berliner hatten ihn regelrecht verschlafen. Nachdem eine Woche zuvor in Moskau die Parteispitzen der Warschauer-Pakt-Staaten dem Bau der Mauer zugestimmt und damit dem Drängen Walter Ulbrichts nachgegeben hatten, war es der «junge Mann» im ZK der SED, Erich Honecker, der den reibungslosen Ablauf der Abriegelung organisierte. Die Sowjetunion sicherte die Aktion militärisch ab, Panzer hielten sich bereit, blieben aber im Hintergrund. Gegen sieben Uhr durchbrachen die ersten Flüchtlinge die Absperrungen aus Stacheldraht. Das SED-Organ *Neues Deutschland* erschien tags darauf mit der Schlagzeile «Unser Staat ist auf Draht».[1] Einen Tag später sprang der Grenzsoldat Conrad Schumann an der Ecke Ruppiner/Bernauer Straße über Stacheldrahtrollen in die Freiheit. Das spektakuläre Foto der Flucht ist weltberühmt, es wird bis heute wie eine Ikone gehandelt, ziert aber auch eine Schokoladentafel «Edelbitter», die man im Berliner Mauermuseum am ehemaligen Checkpoint Charlie, dem ehemals bekanntesten Grenzübergang der Welt, kaufen kann. 13 U-Bahnhöfe auf Ost-Berliner Gebiet wurden geschlossen, von 81 Sektorenübergängen mauerte man 69 zu, die ersten Todesschüsse fielen am 24. August. Das ganze historisch gewachsene Zusammenspiel der Millionenmetropole geriet endgültig aus den Fugen; Gas, Wasser, Elektrizität, auch Theater, Opern, Firmen und Behörden mußten auf jeder Seite der Mauer neu organisiert werden. Zwar war Berlin seit 1948 geteilt, aber die Stadt war bis zu jenem Augusttag, als es plötzlich Eingemauerte und Ausgemauerte gab, dennoch eine Einheit, und die Sektorengrenzen wurde täglich von etwa einer halben Million Menschen in beiden Richtungen überschritten. Daß nun das Brandenburger Tor geschlossen wurde, hatte Symbolcharakter. Nun sei, so hieß es im Westen, die letzte Tür verschlossen worden, die aus dem großen Gefängnis herausführte, das sich Deutsche Demokratische Republik nenne; die Bevölkerung sei buchstäblich in Sicherheitsverwahrung genommen worden, Ost-Berlin befinde sich im Belagerungszustand. In Ulbrichts Mauer hatte das kommunistische Zwangssystem ein drastisches Symbol gefunden. Die Konstruktion der Wachtürme sah aus wie die getreueste Kopie eines Wachturms aus den Konzentrationslagern des Dritten Reiches. Die DDR – ein riesiges Konzentrationslager für 17 Millionen Deutsche, solche Vergleiche hatten mindestens ein Jahrzehnt lang Konjunktur.

Den Deutschen erschien der Mauerbau als der schwärzeste Tag ihrer Nachkriegsgeschichte. Den Staatsmännern der Siegermächte des Zweiten Weltkriegs hingegen galt er nicht als Trauma, sondern als gelungenes Krisenmanagement, denn die vom sowjetischen Regierungschef Nikita Chruschtschow entfachte jahrelange Kraftprobe um Berlin, sein Versuch, West-Berlin in das sozialistische Lager einzubeziehen, hatte sich bis zur Kriegsgefahr gesteigert. Sollte man wegen Berlin einen Atomkrieg riskieren? Der von den Westmächten tatenlos hingenommene Bau der Mauer erschütterte und schockierte die Deutschen. Auf einer Massendemonstration von 300 000 West-Berlinern vor dem Schöneberger Rathaus herrschte ohnmächtige Wut. Willy Brandt, Regierender Bürgermeister von Berlin, forderte von den westlichen Alliierten energische Schritte, doch weder der britische Premierminister Harold Macmillan noch Frankreichs Staatspräsident Charles de Gaulle sahen sich veranlaßt, ihren Sommerurlaub abzubrechen. Auch Bundeskanzler Konrad Adenauer ließ sich erst nach zehn Tagen in Berlin sehen; seither hielt ihm die Opposition vor, er habe die Mauer akzeptiert. John F. Kennedy, der junge amerikanische Präsident, reagierte erleichtert auf den Mauerbau. Seine «Three essentials» vom Juli 1961 wollte er mit aller Macht sichern: die Anwesenheit westlicher Truppen in Berlin, den freien Zugang dorthin und die Lebensfähigkeit der Stadt. All das bezog sich freilich nur auf West-Berlin. Und der Bau der Mauer signalisierte ihm, daß Chruschtschow nachgab. Denn würde man eine Mauer bauen, wenn man das Gebiet jenseits von ihr in Besitz nehmen möchte? Die deutsche Frage war nun festgemauert, die deutsche Teilung schien zementiert, die Berlin-Krise war zwar beendet und der Westteil der Stadt sicherer als zuvor, aber die Mauer bedeutete die ständige Vergewaltigung des Vier-Mächte-Status' Berlins. Mit dem Mauerbau hatte die DDR die Notbremse gezogen, denn durch das Plebiszit mit den Füßen, durch die massenhafte Auswanderung und Flucht drohte der Staat auszubluten. Gerüchte über östliche Absperrungsmaßnahmen in Berlin, um die letzte Lücke im Eisernen Vorhang zu schließen, waren seit geraumer Zeit in Umlauf gewesen. Auf einer internationalen Pressekonferenz Mitte Juni 1961 hatte Ulbricht einer westlichen Korrespondentin eine denkwürdige Antwort gegeben: «Ich verstehe Ihre Frage so, daß es in Westdeutschland Menschen gibt, die wünschen, daß wir die Bauarbeiter der Hauptstadt der DDR dazu mobilisieren, eine Mauer zu errichten, ja? Mir ist nicht bekannt, daß eine solche Absicht besteht. Die Bauarbeiter unserer Hauptstadt beschäftigen sich hauptsächlich mit Wohnungsbau. Niemand hat die Absicht, eine Mauer zu errichten.»[2] Ulbricht war damit ein Freudscher Fehler unterlaufen, denn trotz aller Gerüchte im Westen hatte noch niemand von einer «Mauer» gesprochen. Schon wenige Tage nach dem Mauerbau prangte dieses im Gedächtnis der Deutschen bekannteste Ulbricht-Zitat im Westen auf großen Plakatwänden und war im Osten weithin sichtbar.

«Schandmauer» avancierte seit August 1961 im Westen zum geflügelten Wort; *Le Mur de la Honte* hieß ein in Frankreich weit verbreitetes Buch des Redakteurs Pierre Galante von der Massenzeitschrift *Paris-Match*. Die ersten Mauertoten heizten das angespannte Klima in der «Frontstadt» zusätzlich an, Mauerkrankheit und «Inselkoller» prägten zumindest bis Mitte der siebziger Jahre, als die Entspannungspolitik Erleichterungen brachte, das Bewußtsein der West-Berliner. Mochte Präsident Kennedy den unbeugsamen Freiheitswillen der Berliner auch rühmen und vor aller Welt bekunden «Ich bin ein Berliner»[3] – er mußte ja nicht in dieser Stadt leben. Leben in Berlin, das bedeutete Eingeschlossensein, stets unerfülltes Fernweh, Staus an den Grenzübergängen, überfüllte Wälder und Bäder, etwa am Wannsee, wo sich im Sommer sonntags Zehntausende wie in einer Heringsdose drängten. Trotz der Rede vom «Schaufenster des Westens» und den Berlin-Hilfen des Bundes fühlten sich die West-Berliner manchmal wie der Hinterhof der Nation. Die Abgeschlossenheit strapazierte die Nerven, doch wie mußte es erst den Bewohnern einiger Exklaven gehen, die zu West-Berlin gehörten, aber nicht an das Stadtgebiet angebunden und somit gänzlich vom Territorium der DDR und das hieß auf engstem Raum von der Mauer umgeben waren? Erst nach dem Vier-Mächte-Abkommen vom August 1972 bekam die Exklave Steinstücken im Bezirk Zehlendorf eine – von beiden Seiten ummauerte – Verbindungsstraße nach Kohlhasenbrück. Bis dahin mußten die Menschen zeitweise von US-amerikanischen Hubschraubern versorgt werden, einer davon, mit dem Namen «Spirit of Steinstücken», erinnert heute im Berliner Alliierten-Museum an diese kleine Luftbrücke.

Das eingemauerte Berlin lieferte Stoffe, aus denen Bestseller-Weltliteratur und Hollywood-Filme gemacht sind. Einen Zirkus von Spionage und Gegenspionage entfaltete der Brite John Le Carré in seinem bekanntesten, schließlich auch verfilmten Buch *Der Spion, der aus der Kälte kam*; sein Landsmann Len Deighton war mit *Brahms Vier* kaum minder erfolgreich. Wer kannte nicht die Glienicker Brücke zwischen Berlin und Potsdam, auf der zumeist im nebligen Morgengrauen Agenten-Austauschaktionen stattfanden? Der bekannteste deutsche Mauerroman ist Peter Schneiders *Der Mauerspringer*. In Billy Wilders und Alfred Hitchcocks Filmen gibt es zahlreiche Bezüge zur Mauer, ganz zu schweigen von deutschen Filmen wie *Ostkreuz* von Michael Klier oder *Das Versprechen* von Margarethe von Trotha und nicht zu vergessen Wim Wenders' *Der Himmel über Berlin* sowie die Fortsetzung *In weiter Ferne so nah*. Was den Stoff der Geschehnisse an der Mauer betraf, so kann sie mit dem von Troja verglichen werden, was das populäre Interesse an ihr angeht, mit der Chinesischen Mauer. Hier waren Schicksale greifbar, Fluchtversuche, die im Kugelhagel der Grenzpolizisten scheiterten, aber auch abenteuerliche, ja tollkühne erfolgreiche Unternehmen mit umgebauten Autos, Motordrachen, Mini-U-Booten. In der erfolgreichsten Fluchtaktion durch einen selbstgegrabenen Tunnel gelang im Oktober 1964 insgesamt 57 Personen die Flucht nach West-Berlin, in einer der spektakulärsten, die kurz darauf auch verfilmt wurde, konnten zwei Familien 1979 mit einem Heißluftballon die Freiheit erlangen. Mutige Menschen leisteten Fluchthilfe, geschäftstüchtige entdeckten darin eine lukrative Geldquelle. Um die 20 000 DM pro Person kostete die Flucht, für Familien gab es Mengenrabatt. Über 60 000 Menschen wurden wegen «Versuchs der Republikflucht» oder auch nur wegen «Vorbereitung» dazu verurteilt; die durchschnittliche Strafe betrug vier Jahre Haft. Für organisierte Fluchthilfe verhängte das SED-Regime lebenslängliche Zuchthausstrafen.

Nie zuvor hatte die Weltöffentlichkeit die Brutalität der DDR-Diktatur so hautnah wahrgenommen wie am 17. August 1962, als vor laufenden Fernsehkameras der 18jährige Peter Fechter im Todesstreifen angeschossen wurde und in einem 45minütigen Todeskampf qualvoll direkt hinter der Mauer an der Kreuzberger Zimmerstraße verblutete. In einer Geste der Hilflosigkeit warfen West-Berliner Polizisten Verbandspäckchen über die Mauer. Unter dem Schutz von Nebelgranaten barg die Grenzpolizei den leblosen Körper, die beiden Schützen wurden kurz darauf prämiert. Am 38. Jahrestag des Mauerbaus weihte der Berliner Senat ein Denkmal für Peter Fechter ein. Wo zuvor ein schlichtes Holzkreuz stand, erinnert seither eine Stahlsäule mit der Inschrift «Er wollte nur die Freiheit» an das weltweit bekannteste Maueropfer.

Deutsche schossen auf Deutsche, und jährlich gedachte man in Berlin der wachsenden Zahl der Mauertoten. Bundesdeutsche Delegationen reichten Beschwerden bei der Menschenrechtskommission der Vereinten Nationen ein. Auch im westlichen Ausland war das Echo auf die Jahrestage des Mauerbaus in den sechziger Jahren überaus stark. Die grenzenlose Unmenschlichkeit der Mauer war ein Affront gegen das zivilisierte Leben, in den Worten eines britischen Journalisten aus der Zeit: «Sie schändet die Kultur Europas».[4] «Niemals daran gewöhnen» lautete die einmütig ausgesprochene Verpflichtung in der Bundesrepublik Deutschland.[5] 1963 dachte, einer repräsentativen Umfrage zufolge, über die Hälfte der Westdeutschen spontan an die Mauer, wenn das Wort «Berlin» fiel. Anti-Mauer-Kundgebungen mit hochrangigen Politikern gab es jährlich, und das überparteiliche Kuratorium «Unteilbares Deutschland» organisierte einen Straßenverkauf von Plaketten und Anstecknadeln, auf denen vor

Die Mauer

Abtransport des toten Peter Fechter (17. 8. 1962)

allem das Brandenburger Tor abgebildet war. 1962 besaß mehr als ein Drittel aller Bundesdeutschen eine solche Nadel, die der Volksmund jedoch sogleich als «Ablaßnadel» verspottete. In den Schulen sammelte man Wiedervereinigungspfennige, Berlin-Denkmäler entstanden in nahezu allen größeren Städten, Straßennamen wie «Berliner Freiheit» gab es zuhauf, in einigen Städten, etwa in Esslingen und Nürnberg, wurden in spontanen Aktionen «Berliner Mauern» vor den Rathäusern errichtet, um die Bevölkerung aufzurütteln, an Litfaßsäulen prangten Wortplakate wie «Freiheit für die Zone», am 13. August gab es zwischen 20 und 21 Uhr eine «Stunde der Stille», zuvor waren Autosternfahrten an die Mauer abgehalten worden, Fahnen mit Trauerflor hingen an zahlreichen öffentlichen Gebäuden, zu Weihnachten stellten die Westdeutschen Kerzen an die Fenster und die Berliner Weihnachtsbäume an die Mauer, um die «Brüder und Schwestern» nicht zu vergessen. Das alles hielt die deutsche Frage im Bewußtsein und die Deutschen über Mauer und Stacheldraht hinweg symbolisch zusammen. Aber konnte sich die Politik mit reinen Demonstrationen begnügen? Den Pathosformeln, den Deklamationen und den rituellen Beschwörungen haftete bald der Geruch von Alibi-Veranstaltungen an. Hatte die Politik die Ostdeutschen nicht schon längst abgeschrieben und wurde nicht versucht, die deutschlandpolitische Hilflosigkeit dadurch zu kaschieren, daß man Schweigemärsche und öffentliche Proklamationen abhielt? Daß sich in der Mauer, so der liberale Spitzenpolitiker Thomas Dehler 1962, der «böse, aggressive Wille der Sowjetunion» dokumentiere,[6] entsprach der Sichtweise der meisten Bundesdeutschen, von denen Mitte der sechziger Jahre die Mehrheit das Ulbricht-Regime schlimmer fand als die NS-Diktatur. Damit war aber die Frage, was man gegen die Mauer tun könne, nicht beantwortet. War die Mauer, wie die große französische Zeitung *Le Monde* 1966 mutmaßte, mittlerweile gar «une institution respectable?»[7]

«Die Mauer durchlässig machen»[8] lautete eines der Schlagworte der sozialliberalen Neuen Ostpolitik, deren Ursprünge im Mauerbau zu suchen sind und die zu einem tiefgreifenden Wandel der Erinnerungskultur führte. Die Mauer bedeutete den deutschlandpolitischen Reformern und immer mehr auch der öffentlichen Meinung die sichtbare Schwäche der Politik der Stärke. Hatte nicht der Mauerbau brutal offenbart, daß die Adenauersche Deutschlandpolitik in der Sackgasse war? Am Tag des Mauerbaus scheiterte die alte Wiedervereinigungspolitik des Westens – und zurück blieb Ratlosigkeit. Willy Brandt, seinerzeit Regierender Bürgermeister von Berlin, nun Bundeskanzler, sagte es im August 1971 vor dem Bundestag mit aller Deutlichkeit: «Damals ist ein Vorhang weggezogen worden, und es stellte sich heraus: Die Bühne war leer.»[9] Man durfte, so das Credo von Sozialdemokraten und Liberalen, nicht immer nur im Auge haben, wie man sich Gesamtdeutschland idealerweise wünschte, denn damit übersah man, wie es sich nach dem Mauerbau wirklich präsentierte. Nötig schien eine «Politik der kleinen Schritte», nur durch zähe Verhandlungen mit dem DDR-Regime, nicht aber durch seine rituelle Verdammung, konnten menschliche Erleichterungen für die Ostdeutschen erreicht werden. «Wandel durch Annäherung», ein bald geflügeltes Wort, das Egon Bahr 1963 in Tutzing geprägt hat, ging von einem Paradoxon aus: Der Status quo im geteilten Deutschland konnte langfristig nur überwunden werden, indem der Status quo zunächst anerkannt wurde.

Der Grundlagenvertrag zwischen der Bundesrepublik Deutschland und der DDR vom Dezember 1972 war in der öffentlichen Meinung Westdeutschlands höchst umstritten, aber eine Mehrheit der Bundesbürger unterstützte die Neue Ostpolitik der Regierung Brandt/Scheel. Die beiden deutschen Staaten erkannten sich zwar gegenseitig an, jedoch nicht im völkerrechtlichen Sinne. Die Gegenleistungen der DDR für die Anerkennung der Zweistaatlichkeit bestanden in der Zusage, praktische und humanitäre Fragen in einem Katalog von Abkommen zu regeln. Um die Neue Ostpolitik entfalteten sich nach der Wiedervereinigung 1990 mannigfache Kontroversen, hinter denen sich der Streit verbarg, wem der Lorbeer des Mauerfalls und der deutschen Einheit zustand. War das Konzept des «Wandels durch Annäherung» eine subversive Tat gegen die kommunistische Diktatur in der DDR? In dieser Erinnerung hing das SED-Regime – nachdem die Neue Ostpolitik die illusionäre Deutschlandpolitik der CDU hinter sich gelassen habe – am goldenen Angelhaken, den die bundesdeutsche Politik ausgelegt hatte und der die DDR in einen ruinösen Wandel trieb, an dem sie schließlich zugrunde ging. Dieser sozialliberalen «Angelhaken-Theorie» steht die «Konsolidierungs-Theorie» gegenüber, die dem eher konservativen Geschichtsbild entspricht. Ihr zufolge hat die Neue Ostpolitik eine Vereinigung Deutschlands verzögert, weil sie den Status quo festigte und die alten Machtstrukturen im Osten stabilisierte. Für beide Deutungen gibt es gute Argumente. Doch der Streit um die Erinnerung verdeckt die Gemeinsamkeiten – und das soll er auch. Denn die Kanzlerschaft Helmut Kohls kennzeichnete eine Kontinuität zur sozialliberalen Deutschlandpolitik, ja die Zusammenarbeit mit der DDR-Regierung erreichte ein Höchstmaß, angefangen beim Milliardenkredit für das SED-Regime, den Franz Josef Strauß 1983 einfädelte, bis hin zum Staatsbesuch Erich Honeckers in der Bundesrepublik 1987, den dieser als Krönung seines Lebenswerkes empfand.

Die «Politik der kleinen Schritte» hatte dort begonnen, wo die Wunde der Spaltung der Nation besonders schmerzte: in Berlin. Mit den Passierscheinabkommen zwischen 1963 und 1966 und den Neuregelungen seit 1972 konnte vom Westen aus die Mauer erstmals überwunden werden. Die bekannteste Passierschleuse war der «Tränenpalast» am Bahnhof Friedrichstraße. Wenngleich nach wie vor bürgerkriegsähnliche Zustände an der deutsch-deutschen Grenze herrschten und nach dem Grundlagenvertrag die DDR-Grenzorgane an der Mauer nun «gutnachbarlich» weiterschossen, verwiesen die Bundesregierungen trotz schärfstem Protest stets auf Fortschritte bei den menschlichen Erleichterungen. Wenigstens in geringem Umfange erreichte man Reisegenehmigungen, es gab viele Häftlingsfreikäufe, und Verträge über Gebietsaustausch verbesserten die Situation der West-Berliner Exklaven. Aber die DDR schränkte den Besucherverkehr immer wieder durch eine Erhöhung der Mindestumtauschpflicht ein. So folgte auf die Mauer aus Stein die Mauer des Zwangsumtausches.

Im Westen gewöhnte man sich allmählich an die Mauer. Die Bundesbürger erfuhren die Teilung nicht mehr als brennende Wunde. Seit dem Ende der sechziger Jahre waren für die meisten Deutschen im Westen die Zweistaatlichkeit und die Mauer kein unmittelbarer Störfaktor mehr für ihre Lebenszufriedenheit. Die in den Westen integrierte Bundesrepublik wurde nicht mehr als Provisorium, sondern als etwas Dauerhaftes betrachtet, und generationelle Wandlungen führten zu Brüchen im kollektiven Bewußtsein. In Berlin war eine Generation aufgewachsen, die die Stadt gar nicht anders kannte. Die Gewöhnung war der tückischste und wirksamste Verbündete der Mauerbauer; der gerechte Zorn der ersten Zeit nach der Tat verdampfte, es setzte ein großes Relativieren ein. Protestmärsche zur Mauer fanden kaum mehr statt. Die West-Berliner «übersahen» die Mauer zunehmend. An der Westseite der Mauer entstand eine Maueridylle mit Kaninchenställen und Alternativkultur, hier wuchs das Grün besonders üppig, die Flächen wurden Biotop genannt, und Camper machten es sich im Schatten der Mauer bequem. Als die West-Berliner Polizei im Juli 1988 ein Hüttendorf im Niemandsland an der Mauer räumen wollte, kletterten hundertachtzig Alternative über die Mauer nach Osten. Die Bilder von der ersten Massenflucht in die DDR gingen um die Welt. NVA-Soldaten nahmen die Mauerspringer mit offenen Armen und tätiger Kletterhilfe auf; allerdings durften sie die DDR wieder verlassen. Die Mauer durchschnitt auch 30 Kilometer Landschaftsschutzgebiet, das Jogger, Erholungssuchende und Ornithologen entzückte, nach 55 Jahren Pause wurde im Berliner Norden gar wieder der Graureiher heimisch.

Seit Mitte der siebziger Jahre sprachen die meisten Westdeutschen nicht mehr von der Mauer als Bankrotterklärung des DDR-Regimes, sondern betonten, daß sich dahinter eine in der Weltrangliste an siebenter Stelle stehende Wirtschaftsmacht enfaltete. Die Mauer wurde instrumentalisiert: Entspannungspolitiker taten Bilder von Mauertoten als Stimmungsmache ab, die an Zahl geringeren Entspannungsgegner prangerten die ihrer Ansicht nach kurzatmige und ungeschichtliche Friedenspolitik als Anbiederung an die Kommunisten an und bezeichneten die Erschossenen der Flüchtlingstragödien als «Gefallene im deutschen Freiheitskrieg».[10] Im Berliner Abgeordnetenhaus geriet das seit 20 Jahren übliche Gelöbnis zu Beginn einer jeden Sitzung in Verruf, wonach der Versammlungsleiter den «unbeugsamen Willen» des Hohen Hauses bekundete, dafür zu sorgen, daß «die Mauer fallen und daß Deutschland mit seiner Hauptstadt Berlin in Frieden und Freiheit wiedervereinigt werden muß».[11] Waren dies nicht Pathosformeln aus der Zeit des Kalten Krieges? In Politik, Publizistik und Wissenschaft wurde die Teilung Deutschlands oft als eine gerechte Strafe für die nationalsozialistische Gewalt- und Vernichtungspolitik und die Mauer als eine zwar häßliche, aber auch logische Konsequenz angesehen. Selbst in Berlin hatte sich bis 1988 die Sprache der Volksparteien gewandelt, statt von «Mauer» wurde immer häufiger von «Hürde» oder ganz wertfrei von «Grenze» gesprochen. Doch wer nachdachte, dem mußte die Existenz der Mauer beweisen, daß die deutsche Frage offen war.

Der Blick der Ostdeutschen auf die Mauer drückte aus, was das Leben in diesem Land zentral beherrschte: Enge, Eingesperrtsein und Abschottung. Vor allem junge DDR-Bürger ließ das Reiseverbot mit ihrem Staat hadern. Die meisten Menschen in der DDR verdrängten in ihrem Alltag die Mauer, so gut es eben ging. «Stadtbild-Erklärer» (DDR-Deutsch) rechtfertigten Touristen gegenüber die Sperranlagen damit, daß Westdeutschland seinerseits seit dem KPD-Verbot 1956 eine ideologische Mauer errichtet habe. In der Ausbildung lernten die Wehrpflichtigen der DDR auch den Idealaufbau einer Grenze auswendig. Da die Grenzsicherungsanlagen nach offiziellem Sprachgebrauch vor dem Feind im Westen schützen sollten, waren die Merkpunkte sorgsam von West nach Ost geordnet. Aber die Grenzverletzer, das konnte keinem verborgen bleiben, wurden eben nicht vom Westen kommend erwartet, sondern aus dem eigenen Land, stieg doch der KFZ-Sperrgraben statt feindwärts freundwärts sanft an, zeigte also in Richtung des eigenen Territoriums und bog sich doch der Stacheldraht in Richtung Osten. Am ersten Tag, so erinnerte sich ein ehemaliger Grenzsoldat, habe ihm der Vorgesetzte den Signalzaun gezeigt: «Junge, schau mal, wo die abweisende Seite hinzeigt».[12] Sie zeigte nach Osten. Der Feind war im Land, nicht außerhalb. Die SED-Legende vom «antifaschistischen Schutzwall» lautete freilich ganz anders. Am 13. August 1961 sei der Frieden in Europa gerettet worden. Ebenso wie die Schlacht von Stalingrad 1943 sei der Mauerbau für den bundesdeutschen Imperialismus und die «Ostlandmarschierer» um Verteidigungsminister Franz Josef Strauß nicht irgendeine Niederlage gewesen, sondern der entscheidende Wendepunkt, «der Tag, an dem in dem Ringen zwischen Imperialismus und Sozialismus in Deutschland die Vorentscheidung gefallen ist».[13] Am fünften Jahrestag des Mauerbaus 1966 fühlte sich die SED stark genug, erstmals eine bewußte Provokation der Ost-Berliner Bevölkerung zu wagen. Mit großem Aufwand wurde ein militärisches Schauspiel aufgeführt, eine Mauer-Parade Unter den Linden abgehalten, Volksfeststimmung verordnet. Die Mauer taufte man in «Kordon des Friedens» um, und die SED-Presse bezeichnete sie als «etwas sehr Menschenfreundliches».[14] Das geistige Klima in der DDR sei durch sie sauberer und optimistischer geworden, wirtschaftlich komme man schneller voran, es bestehe aller Grund zum Feiern. Der 13. August – für die DDR ein Freudentag, für den Klassenfeind ein Jammertag. Dies war purer Zynismus und eine Verhöhnung der eigenen Bevölkerung.

Aber, so paradox es klingt, die Mauer beruhigte. Mit der Mauer war das letzte Schlupfloch gestopft, jeder in der DDR mußte sich darauf einstellen, sein ganzes Leben in diesem Staat zu verbringen. Die Mehrzahl der Menschen verharrte nicht auf unbestimmte Zeit in Trotzpose und Widerstandshaltung. Das machte sie nicht zu Kommunisten, aber sie richteten sich in der DDR ein und waren stolz auf ihre Aufbauleistungen, die sie trotz aller äußeren und inneren Schwierigkeiten im Laufe der Zeit vollbracht haben. Die Mauer war immer Ulbrichts politischer Trumpf und zugleich die schwerste Hypothek seines Regimes, die DDR war ein Staat ohne Konsens mit den Bürgern. Aufführungen von makabrer Faszination fanden an der «Friedensgrenze» seit 1966 jährlich statt. Mit militärischem Gepränge, Feldparaden, Kampfappellen, Grenzjugendtreffen und Geländespielen suchten die Machthaber den Mauerbau zu einer feierlichen Haupt- und Staatsaktion zu machen. Sonderbriefmarken wurden gedruckt, sozialistische Bekenntnisdramen in Theatern aufgeführt, so 1971 das Stück *Jetzt schlägt's dreizehn* von Helmut Baierl. In den Zeitungen erschienen etwa unter dem Titel «Drei von der Grenze» Porträts von Grenzsoldaten, die «Auge in Auge mit dem Klassenfeind» ihren «opferreichen Dienst» tun,[15] und um – von Flüchtlingen – erschossene Grenzsoldaten entfaltete sich eine Art Heldenkult.

In der Ära Honecker seit 1971 wertete die SED den 13. August 1961 noch weiter auf. Man erklärte ihn zum Markstein in der Geschichte des ersten Arbeiter- und Bauernstaates und zu einem wesentlichen Teil des revolutionären Traditionsgutes der DDR. Im Geschichtsunterricht an den Schulen, wo das sozialistische Geschichtsbewußtsein geweckt und befördert werden sollte, firmierte der Mauerbau als «Höhepunkt der Klassenauseinandersetzung zwischen Sozialismus und Imperialismus», aus der die DDR als Sieger hervorgegangen sei.[16] Unter den Linden, dort, wo die am Mauerbau beteiligte Kampfgruppen-Hundertschaft «Adolf Deter» 1961 untergebracht war, richtete man ein «Traditionszimmer» ein, das besonders Schulkassen besuchten. Nur wenigen Schriftstellern der DDR gelang es, die Mauer in ihren Werken direkt beim Namen zu nennen. Wolf Biermann wurde ausgebürgert, nachdem er in seinem Gedichtband *Die Drahtharfe* den Stacheldraht mit den Saiten seiner Elektrogitarre verglichen hatte. Hingegen hieß das «schönste» Spiel der Jungen Pioniere am 13. August eines jeden Jahres «Mauerbau». Einer Richtlinie der DDR-Kinderorganisation zufolge gingen die Spielregeln so: lautlose Absicherung der Grenzen, von der der Klassenfeind nichts merken darf, dann Sicherung des Grenzabschnitts durch Fähnchen, Kreppapierstreifen und Luftballons. Zum 25jährigen Jubiläum des Mauerbaus 1986 zeigte das Museum für Deutsche Geschichte in Ost-Berlin die Ausstellung «13. 8. 1961». Gleich beim Eintritt fiel der Blick auf eine blaue Nivea-Creme-Dose, in der westliche Agenten geheime Filme über die Grenze geschmuggelt haben sollen. In einer anderen Ecke befanden sich verkohlte Holzbohlen; auch sie verwiesen auf den Mauerbau, waren sie doch angeblich Reste einer von Westspionen in Brand gesteckten Schule. In einem weiteren Glaskasten befanden sich Landser- und Soldatenromane, die im Westen gedruckt worden waren und als Beleg für den imperialistischen Militarismus herhalten mußten, der danach trachtete, die friedliche DDR zu okkupieren. Ansonsten waren Uniformen, Ehrenmedaillen, Maschinengewehre und Panzersperren ausgestellt. Daß letztere sich auf der östlichen Seite der Mauer befanden und damit nicht einem äußeren Feind galten, blieb natürlich unerwähnt.

Besonders in den sechziger Jahren teilten DDR-Grenzorgane an allen Übergängen und Kontrollpunkten Broschüren «Was ich von der Mauer wissen muß»[17] an Besucher aus dem Westen aus. West-Berlin, so die Mauer-Rechtfertigung, sei als «vorgeschobenes Provokationszentrum» mißbraucht worden, daher seien die «Schutzmaßnahmen vom 13. August» notwendig gewesen. «Bedenken Sie also, wenn man Sie auffordert, sich pflichtgemäß zu entrüsten: die antinationale, aggressive NATO-Politik hat statt einer deutschen Friedensregelung jene Mauer geschaffen, die beide deutschen Staaten trennt und auch mitten durch Berlin geht.» Manchem wird es beim Weiterlesen die Sprache verschlagen haben. «Man sagt Ihnen, wir hätten das nur gemacht, damit keiner mehr 'rüber kommt'. Aber ist das der wirkliche Grund? Natürlich hatten wir keine Lust, tatenlos zuzusehen, wie Abwerber mit den schmutzigsten Mitteln und Lügen Ärzte, Ingenieure und Forscher nach Westdeutschland lockten. [...] Aber nicht das war die Hauptsache. Etwas weit Wichtigeres haben wir verhindert: daß Westberlin zur Ausfallstellung für einen militärischen Konflikt und damit zum Sarajewo eines dritten, atomaren Weltkrieges wurde.» Mit Aggressivität habe die Mauer nichts zu tun: «Haben Sie jemals Angriffsabsichten damit verbunden, wenn Sie nachts Ihre Wohnungstür abschließen?» Der Schutzwall stehe ganz friedlich da. «Keiner Fliege tut er etwas zuleide, läßt man ihn in Ruhe.» Am Schluß stand eine offene Drohung: «Und überlegen Sie, ob dieser Aufenthalt unbedingt nötig ist. Lassen Sie sich nicht zu Provokationen mißbrauchen. Das kann ins Auge gehen. Denn wie überall in der Welt eignet sich eine Staatsgrenze weder als Wallfahrtsort noch als Turngerät.»

Die meisten Mauertouristen ließen sich durch solche Warnungen nicht einschüchtern. Die Mauer war eine Sensation und eine perverse dazu. Gab es in Europa je eine häßlichere Mischung von Tragödie und Touristenattraktion als diese mörderische Sperre? Die offizielle Berlin-Werbung kommerzialisierte die Perversion; bald nach dem 13. August 1961 warb West-Berlin mit der Sehenswürdigkeit Mauer. Auch Staatsmänner aus aller Welt begaben sich zur Mauer, für Gäste aus den westlichen Ländern war bei Besuchen der Bundesrepublik Deutschland ein Abstecher nach West-Berlin mit Besichtigung der Mauer ein Teil des Protokolls. So blieb der Ort weltweit in Erinnerung. Als John F. Kennedy im Juni 1963 in Begleitung von Kanzler Konrad Adenauer und dem Regierenden Bürgermeister von Berlin, Willy Brandt, die Stadt besuchte, was sich zu einem wahrhaften Triumphzug entwickelte, bestieg er auch, um nach Osten zu blicken, den Hochstand am Checkpoint Charlie, der seitdem «Kennedy-Podest» genannt wurde. Die amerikanischen Präsidenten Nixon, Carter und Bush taten es ihm gleich, und Ronald Reagans historische Rede vor dem Brandenburger Tor im Juni 1987 machte Furore. An Generalsekretär Michail Gorbatschow gerichtet sagte er: «Reißen Sie diese Mauer nieder!»[18] – Einen ähnlichen Mauertourismus ausländischer Delegationen aus befreundeten Staaten gab es auch in der DDR. Die SED präsentierte ihnen den «antifaschistischen Schutzwall» als eine Garantie für den Frieden in Europa, und nach dem Besuch der Staatsgrenze ging es zur Gedenkstätte für den an der Mauer erschossenen Unteroffizier Reinhold Huhn in der Jerusalemer Straße, die später nach diesem sozialistischen Märtyrer benannt wurde.

Im Westteil Berlins beförderte die Mauerkunst den Mauertourismus. Hier glich die Mauer einem postmodernen Kunstwerk, bei dessen Anblick weitgereiste Passanten sich an die Pariser Metro oder die New Yorker U-Bahn erinnerten. Ernsthaftes, Skurriles und Witziges befand sich auf dem Bauwerk, das bald die größte Leinwand der westlichen Popkultur genannt wurde. Die Mauer war graffitibunt, wahre Farborgien breiteten sich vor dem Auge des Betrachters aus, flotte Sprüche waren zu lesen, und die Mauer erschien fast freundlich und harmlos, jedenfalls verschwamm ihre eigentliche menschenverachtende Funktion. Orgiastische Phantasiewesen zwischen Mensch und

Tier hatten die französischen Graffiti-Künstler Charles Boucher und Thierry Noir aufgetragen, und Charles Hambleton malte seine Schattenmänner auf die Mauer, mit denen er schon in der amerikanischen Pop-Szene bekannt geworden war, ja selbst Keith Haring ließ es sich nicht nehmen, seine Kunst auf der Mauer zu verewigen. Aus dieser Mauerkunst entstand 1989/90 die 1,3 Kilometer lange East-Side-Gallery, die der schottische Galerist Chris MacLean angeregt hatte: 118 Künstler aus 21 Ländern gestalteten hier die größte Freiluftgalerie der Welt. Natürlich sollte die Mauerkunst auch ein Triumph der Vision über die Macht des Faktischen sein. Die Ursprünge von Christos Projekt zur Verhüllung des Reichstags speisten sich daraus, die Mauer wieder stärker ins Bewußtsein der Menschen und der Weltöffentlichkeit zu heben. In der Bildenden Kunst hatte es bis Anfang der siebziger Jahre kaum Interpretationen der Mauer gegeben, abgesehen davon, daß Axel Cäsar Springer 1966 Oskar Kokoschka dafür gewinnen konnte, im 19. Stock seines an der Mauer stehenden Verlagshauses ein Atelier einzurichten, in dem das Werk «Der 13. August 1966» entstand. Vier künstlerische Wettbewerbe, initiiert von der «Arbeitsgemeinschaft 13. August», änderten die im Ganzen doch auffällige Abstinenz der Mauer in der Bildenen Kunst, wenngleich von der Jury beklagt wurde, daß viele Entwürfe der Themenstellung fern lagen oder sie gar verfehlten. 1973 lautete der internationale Wettbewerb «Maler interpretieren DIE MAUER», 1976 «BERLIN – Von der Frontstadt zur Brücke Europas», 1984 «Die Überwindung der Mauer durch ihre Bemalung». Der bekannteste Wettbewerb fand im Jahre 1979 statt, sein Thema lautete «Wo Weltgeschichte sich manifestiert». Die 71 Entwürfe zur Bemalung einer 28 Meter hohen Hauswand am Checkpoint Charlie sollten Ausdruck internationaler Solidarität sein. Renommierte Namen versammelten sich, etwa Wolf Vostell, HA Schult, Johannes Grützke, Giovanni Rinaldi und Nemesio Antunez. Sieger der Publikumsjury war Matthias Keppels Entwurf «Die Niederreißung der Berliner Mauer»: Über die zerborstene Mauer hinweg reichten sich ein Ost- und ein Westdeutscher glücklich die Hände – ein Jahrzehnt vor dem realen Ereignis war der Mauerfall künstlerisch vorweggenommen worden.

Der Mauerfall und die Endkrise des SED-Regimes hatten sich schon einige Jahre vor 1989/90 angekündigt. Die Todesgrenze geriet seit Mitte der achtziger Jahre wieder stärker ins Bewußtsein der Deutschen und der Weltöffentlichkeit, weil die Fluchtversuche über die Mauer wieder zunahmen. Außerdem schnellte die Zahl der Ausreiseanträge in die Höhe und nahm ein für das Regime beängstigendes Ausmaß an. Im August 1987 konnte man in West und Ost erste «Die Mauer muß weg!»-Chöre vernehmen;[19] wenige Wochen zuvor war die DDR-Polizei gegen etwa 2000 Jugendliche vorgegangen, die auf der Ostseite der Berliner Mauer ein Pop-Konzert aus West-Berlin mithören wollten. 1988 tauchte als Pappkamerad dutzendfach Gorbatschow vor dem Brandenburger Tor auf – eine Aufforderung, die von ihm begonnene Perestrojka möge die Mauer einreißen. Im Januar 1989 wies der sowjetische Außenminister Eduard

Berliner stürmen die Mauer (9. 11. 1989)

Schewardnadse Appelle zum Abriß der Mauer nur noch zaghaft zurück; US-Außenminister George Shultz und sein britischer Kollege Sir Geoffrey Howe hatten bei der KSZE-Schlußfeier gefordert, daß die Mauer – das Relikt des Kalten Krieges – im Rahmen eines europäischen Friedensprozesses fallen müsse. Alle spürten den Wind der Veränderung, doch Honecker säuselte, die Mauer müsse die DDR vor Räubern schützen, sie könne noch hundert Jahre bestehen bleiben. Anfang Juli 1989 kam eine Lawine ins Rollen. Es begann die große Fluchtbewegung aus der DDR über westliche Botschaften. Im September öffnete Ungarn die Westgrenze auch für DDR-Bürger, etwa 50 000 überschritten sie, 6000 DDR-Bürger durften die bundesdeutsche Botschaft in Prag verlassen und in Sonderzügen in die Bundesrepublik ausreisen. Derweil wuchsen in Leipzig die Montagsdemonstrationen zu einer mächtigen Bürgerbewegung an, schon zählte man 100 000 Teilnehmer, bald sollten es eine halbe Million sein. Eine Urlaubssperre für die Bewacher der Mauer wurde verhängt, die SED befürchtete gewaltsame Durchbrüche. Bei den Feierlichkeiten zum 40. Jahrestag der DDR-Gründung im Oktober waren immer wieder «Gorbi-Gorbi»-Rufe zu hören. Zwölf Tage nach der Gründungsfeier wurde Erich Honecker im Politbüro gestürzt, Egon Krenz trat an seine Stelle und kündigte eine Wende an. Am 9. November 1989 fiel die Mauer – ein geschichtsträchtigeres Datum der so ambivalenten deutschen Zeitgeschichte hätte es nicht geben können:

taggleich 1918 war die Republik gleich zweimal ausgerufen worden: morgens die sozialistische von Karl Liebknecht und nachmittags die liberal-demokratische von Philipp Scheidemann; taggleich 1923 hatte sich der Hitler-Putsch ereignet, taggleich 1938 die Reichspogromnacht.

Die bewegenden Bilder davon, wie in dieser Nacht vom 9. auf den 10. November 1989 die Deutschen Ost und die Deutschen West zusammenflossen, gingen um die Welt. Die Menschen «tanzen auf der Mauer durch die Nacht», so hieß es in einem Lied der Gruppe «Rockhaus». Alles, was geschah, war unglaublich, unfaßbar; Gedränge, Szenen der Freude und der Ausgelassenheit, Ekstase, Freudenfeiern, Volksfestatmosphäre mit Feuerwerkskörpern und Wunderkerzen, Massenhappenings vor TV-Teams aus der ganzen Welt. Eine friedliche Revolution, genau zweihundert Jahre nach der Französischen, die mit großem Aufwand in Paris gefeiert wurde, aber hier, in Berlin, handelte es sich um sichtbare Geschichte. Bei den Demonstrationszügen hieß es fortan nicht mehr «Wir sind das Volk», sondern «Wir sind ein Volk». Die Deutschen waren überwältigt von ihren Gefühlen – und sie dachten an das Geld: Für die Ostdeutschen gab es im Westen Begrüßungsgeld, und Westdeutsche konnten Verwandtenbesuche in der DDR steuerlich als «außergewöhnliche Belastungen» absetzen. Die erste frei gewählte Regierung unter Lothar de Maizière beschloß den vollständigen Abriß der Mauer. Nach den 2+4-Verhandlungen und dem Einigungsvertrag fand am 3. Oktober die Vereinigung durch Beitritt der DDR zur Bundesrepublik Deutschland statt.

Die Mauer, das Zeichen der Unterdrückung von einst, wandelte sich seit dem Mauerfall zu einem Symbol des gewaltfreien Kampfes für das Erreichen politischer Ziele. Ein schwunghafter Handel mit Mauerstücken setzte gleich nach dem 9. November 1989 ein. Die Mauer wurde zum größten Exportschlager der noch bestehenden DDR, es kam zu einem Devotionalienhandel der Epochenwende. Die DDR-Außenhandelsfirma Limex-Bau Export-Import war mit der Mauervermarktung beauftragt, stellte Echtheitszertifikate aus, belieferte Galerien und Privatpersonen. Dem Treiben der Scharen von privaten Mauerspechten sollte somit Einhalt geboten und dem wilden Ausverkauf der Mauer ein Riegel vorgeschoben werden; schließlich war die Mauer Volkseigentum der DDR, und mit den Verkaufserlösen wollte man das dortige Gesundheitswesen sanieren. Rasch waren 60 Tonnen «Parts of Berlin Wall» auf dem Weg nach Amerika, Radiostationen in Boston und Chicago boten «Brocken der Freiheit» an – 30 Dollar kostete ein Stück Weltgeschichte. Zahlreiche Deutsche aus dem Westen kauften für viele Tausend Mark komplette Mauersegmente. Im Sommer 1990 versteigerte das berühmte Londoner Auktionshaus Sotheby's in Monte Carlo mehrere Dutzend Segmente, insgesamt hundert Meter Geschichte, für bis zu 30000 DM pro Stück, die Einnahmen betrugen zwei Millionen Mark. Zu den Käufern gehörten die Enkelin von Winston Churchill – der das Wort vom Eisernen Vorhang geprägt hatte –, ein Familienmitglied der Cognac-Dynastie Hennessy und italienische

Industrielle. Zur gleichen Zeit führte Roger Waters, Mitbegründer der legendären britischen Rockgruppe «Pink Floyd», nördlich des Potsdamer Platzes eine bombastische, zwölf Millionen DM teure Inszenierung «The Wall – Berlin 1990» auf; 300 000 Menschen waren live dabei, und man schätzte, daß eine Milliarde Menschen das Spektakel weltweit an ihren Fernsehgeräten verfolgten. Als Ehrengeschenke gingen Mauerteile rund um die Welt. Die Stadt Berlin verehrte den früheren US-Präsidenten Reagan und Bush jeweils ein komplettes Segment. Bald schlugen amerikanische Wissenschaftler Alarm: Aufgrund der hohen Asbestkonzentration der Mauer handle es sich um gefährliche Souvenirs. Dennoch schenkte Berlin weitere Teile dem Papst, Museen in London, Israel, der UNO in Genf und den Städten Los Angeles, Prag und Riga. Selbst die Stadtverwaltung Moskaus bat um ein solches Präsent, und in Südkorea wurde ein Mauerteil – als Menetekel des Untergangs – an der Grenze zum kommunistischen Nordkorea postiert. Die Vermarktung der Mauer glich einem Wettlauf mit der Zeit, denn der Abriß der Grenzanlagen ging rasant voran. Die Mauer wurde maschinell zertrümmert und zu 65 Millimeter großen Bröckchen recycelt, die als Untergrundmaterial für den Straßenbau bestens geeignet waren. So liegt die Mauer heute als Splitt unter dem Fahrbahnnetz zwischen den alten und neuen Bundesländern.

Die Mauer war weg. Hilflose, enttäuschte Berlin-Touristen fragten bald, wo sie denn noch das berühmte Bauwerk des Kalten Krieges sehen konnten. Stadtpläne und Reiseführer «Wo die Mauer war» oder «Die Mauer entlang. Auf den Spuren der verschwundenen Grenze» waren nur ein fader Ersatz. Denkmalschutzbehörden konnten mit der Abrißgeschwindigkeit nicht Schritt halten. Wann immer ein Abschnitt der Mauer unter Denkmalschutz gestellt wurde, war er bereits vor der Beschlußfassung abgerissen worden. So sind heute nur noch ganz wenige Mauerreste erhalten, und der Berliner Senat plant, rund 20 Kilometer der ehemaligen Grenzanlagen mit einer doppelläufigen Reihe aus Pflastersteinen zu kennzeichnen, die den seit 1997 aufgetragenen provisorischen roten Strich durch die Stadt ersetzen soll. An die Maueropfer erinnert das vom Berliner Aktionskünstler Ben Wargin gestaltete «Parlament der Bäume» am Spreebogen gegenüber dem Reichstagsgebäude. Das Mauermuseum am ehemaligen «Vorposten der freien Welt», am Checkpoint Charlie – dessen Wachhaus sich heute wiederum im Alliierten Museum befindet –, existiert seit 1963 und war schon um 1985 von über sieben Millionen Menschen besucht worden; seit dem Mauerfall ist der Andrang auf das Museum, das ein fünfsprachiges Begleitbuch millionenfach verkaufte, noch größer. Hier sieht man dramatische Bilder und Originalobjekte gelungener Fluchten über die Mauer, die einen erschauern lassen – am Ausgang aber, welch ein Kontrast, können seit 1989 «Souvenirs für Freunde und Sammler» in Form gräßlichsten Mauer-Nippes jeglicher Art erworben werden, das Monstrum wird banalisiert. Daneben ist eine «Gedenkstätte Berliner Mauer» an der Bernauer Straße entstanden – dort, wo sich 1961 dramatische Fluchtszenen abspielten und wo die evangelische Versöhnungskirche stand, die das SED-Regime 1985 sprengen ließ. Von der Wettbewerbsauslobung 1994 bis zur vollständigen Eröffnung der Gedenkstätte 1999 gab es heftige Kontroversen. Die verhaßte Mauer unter Denkmalschutz zu stellen – dies schien vielen Berlinern makaber. Das Bemühen um eine Vergegenwärtigung der Geschichte kollidierte mit dem Verlangen nach einem Schlußstrich. Die Folge war ein Minimalkompromiß: Ein 70 Meter langer Teil der Mauer wurde saniert und mit zwei reflektierenden Stahlwänden, die den Gesamteindruck verstärken sollten, nach außen abgeschlossen; in einem Gebäude befindet sich ein multimediales Dokumentationszentrum. Aber können der Schrecken und die Brutalität der Mauer in diesem verharmlosenden Spiegelkabinett sichtbar werden?

Die Mauer reiste um die Welt. Eine vom Deutschen Historischen Museum zusammengestellte Wanderausstellung «Breakthrough. The Fight for Freedom at the Berlin Wall» durch amerikanische Großstädte hatte großen Erfolg, und es wurde deutlich, daß die US-Bürger diesen Kampf als Bestandteil ihrer eigenen Geschichte ansehen. In Berlin selbst war die reale Mauer zwar weitgehend verschwunden, dennoch existierte weiterhin eine auf den ersten Blick unsichtbare Grenze. In Bezirken des ehemaligen Ost-Berlins las man andere Zeitungen und wählte anders als im Westen, selbst eine Heiratsgrenze bestand. Der Beton war fort, aber die Mauern waren geblieben, man sprach von den «Mauern in den Köpfen». Die Deutschen, die sich beim Mauerfall in den Armen lagen, lagen sich wenige Jahre später in den Haaren. Die Entfremdung durch eine 40jährige getrennte Geschichte war größer, als man es sich im freudigen Taumel der Einheit zugestanden hatte. Die Lebensläufe der Deutschen waren vom 13. August 1961 gelenkt. Nach wenigen Jahren schwindelerregenden Umbruchs war vielen Ostdeutschen jene Zeit der Diktatur wieder so fern, daß die Vergangenheit manchem bereits in milderem Licht erschien. Im Osten herrschte posttotalitäre Melancholie und im Westen verstärkte sich in der Erinnerung nicht selten ein retrospektiver altbundesrepublikanischer Patriotismus. Zum Schutz gegen eine westliche Besetzung der ehemaligen DDR wollte ein unbekanntes «Mauerbau-Komitee» die Mauer wieder errichten. Dies war eine wenig ernstzunehmende Skurrilität, die allerdings auch schon zum Stoff von Spielfilmen wurde. Die Erinnerung an den mörderischen Charakter der Mauer belebte sich indessen durch die spektakulären Mauerschützenprozesse.

Heute ist die verschwundene Mauer das unbestrittene Symbol für das Scheitern und den Untergang des Kommunismus und zwar weltweit. So zum Beispiel in Italien: Bologna war die wichtigste, ja legendäre kommunale Bastion der italienischen Linken, dort regierte sie seit 1945 ununterbrochen, hier lebte das Italien der Volkshäuser und der roten Fahnen und hier fanden sich in umliegenden Dörfern immer noch Straßen, die den Namen Lenins trugen. Im Juni 1999 verlor die Linke ihre Mehrheit. Die Mailänder Zeitung *Il Giornale* fühlte sich an die welthistorische Wende des Jahres 1989 erinnert und erschien am Tag nach der Wahl mit der Titelschlagzeile: «Der Fall der Mauer von Bologna».[20]

SCHULD

Überall im christlichen Europa wurde Schuld seit dem Mittelalter mit der Sünde gleichgesetzt. Die starke Betonung der Sündhaftigkeit des Menschen gewann mit der Reformation und später dem Pietismus im deutschen Kulturraum noch an Bedeutung. Aber sie blieb eben Sache entweder des einzelnen Menschen oder der ganzen Menschheit, nicht eines Volkes oder einer Nation. Der Gnade und dem Gebet, der Buße und der Reue blieb es vorbehalten, von Sünde und Schuld zu befreien.

Daher die einhellige Entrüstung nach dem Ende des Ersten Weltkrieges, als die Deutschen als Nation zum ersten Mal mit dem Vorwurf konfrontiert wurden, «das größte Verbrechen der Weltgeschichte» (Poincaré) begangen zu haben, weshalb ihnen der Versailler Vertrag die alleinige Schuld an dem Krieg anlastete. Nicht zuletzt, um die unerträgliche Vorstellung einer nationalen deutschen Schuld abzuwehren, verbreitete sich die Überzeugung, der «Dolchstoß» hätte die deutsche Niederlage verursacht und sei eigentlich – zusammen mit den Bestimmungen des Vertrages – schuld an der «nationalen Schmach».

Spätestens am Ende des Zweiten Weltkriegs und nach den Nürnberger Prozessen wurde alles anders. Nach der Entfesselung eines hemmungslosen Angriffskrieges, der weite Teile Europas in Trümmer gelegt hatte, und nach der planmäßigen Durchführung des Völkermords an den Juden war unzweifelbar, was Opfer, Gegner und Widerstandskämpfer schon vorher wußten: Die «Blutschuld kann zu unseren Lebzeiten nicht gesühnt und nie vergessen werden», schrieb Helmuth James Graf von Moltke am 26. August 1941 an seine Frau Freya. Die Verbrechen des Hitlerregimes waren von Deutschen und in deutschem Namen begangen worden, die Schuldfrage war von vornherein beantwortet.

Diese Einsicht setzte sich aber nicht sofort durch. Über Jahrzehnte hinweg wehrten sich viele gegen die mit Schuld beladenen Erinnerungen und suchten Zuflucht in der eigenen Opferrolle, in der Verdrängung der Vergangenheit und in dem Versuch, sie als abgeschlossen zu betrachten. «Es ist leichter, eigenes Leid zu beklagen; es ist schwer, eigene Schuld einzugestehen», bemerkt Fritz Stern. Erst allmählich akzeptierte die deutsche Bevölkerung die Erkenntnis, daß «Auschwitz die Demarkationslinie zwischen Leben und Tod getilgt hat» (Adorno), und damit die Auseinandersetzung über Schuld und Verantwortung.

Bis heute prägt dieser schmerzhafte und mühselige Lernprozeß das politische Leben Deutschlands, die öffentliche Diskussion, die deutsche Außenpolitik und das Bild Deutschlands bei seinen Nachbarn. Auschwitz ist zur «Signatur des Jahrhunderts» erhoben worden, es hat sich als negatives Geschichtszeichen in das kollektive Gedächtnis der Menschheit tief eingegraben, und so hat für die Deutschen die bohrende und unausweichliche Frage – warum gerade in Deutschland? – nichts an Aktualität und Brisanz verloren.

Mit dem Aussterben der Zeitzeugen befindet sich die deutsche Erinnerung an den Krieg und Völkermord an einem Wendepunkt. Möglicherweise zeichnet sich dabei der Übergang von einer «Erinnerungskultur der Schuld» zu einer «Erinnerungskultur der Verantwortung» und der «politischen Haftung» (Jaspers) ab. Wird es Deutschland auch in der Zukunft gelingen, mit der Ambivalenz der Vergangenheit zu leben und das Gedächtnis der Opfer in die eigene Geschichte zu integrieren?

Hartmut Lehmann

Der Pietismus

An der Frankfurter Paulskirche findet sich eine Erinnerungstafel an Philipp Jakob Spener, der gemeinhin als der «Vater des Pietismus» bezeichnet wird. Niemand würde jedoch auf den Gedanken kommen, die Paulskirche als spezifischen und signifikanten Erinnerungsort für den Pietismus zu bezeichnen. Der einzige Pietist, der 1848 als Abgeordneter in die Paulskirche gewählt wurde, war Christoph Hoffmann, ein Sohn des Gründers und ersten Bürgermeisters der 1819 errichteten pietistischen Gemeinde Korntal bei Stuttgart. Im Wahlkreis Ludwigsburg hatte Christoph Hoffmann einen der bekanntesten Gegner der württembergischen Pietisten, David Friedrich Strauß, mit 5800 zu 3300 Stimmen geschlagen. In der Paulskirche operierte er freilich wenig glücklich. In der ersten großen Rede, die er hielt, am 25. August 1848, plädierte er für eine strikte Trennung von Kirche und Staat. Auf diese Weise hoffte er die besten Voraussetzungen für einen Sieg im Entscheidungskampf zwischen Christen und Antichristen, den er noch in seiner Generation erwartete, zu schaffen. Hoffmanns Antrag wurde freilich nur von der äußersten Linken unterstützt und mit 357:99 Stimmen verworfen. In einer weiteren großen Rede behandelte Christoph Hoffmann am 22. September 1848 das Verhältnis der Schulen zu Kirche und Staat. Er schlug vor, es den Gemeinden zu überlassen, ob sie ihre Schulen direkt der staatlichen Schulbehörde unterstellen wollten oder einer vom Staat losgelösten, autonomen Kirche. Zur Unterstützung seines Antrags legte er dem Schulausschuß der Paulskirche eine Petition vor, die in Württemberg und Baden von 24 000 Personen unterzeichnet worden war. Erneut scheiterte er. Schon im Winter 1848/49 zog er sich deshalb wieder aus der politischen Arbeit zurück und widmete seine ganze Kraft dem Ziel, Gottes wahres Volk in Deutschland zu sammeln. Knapp zwanzig Jahre später wanderte er mit einigen tausend Anhängern von Württemberg nach Palästina aus, wo er in Haifa, Jaffa und Sarona Siedlungen gründete, die er als Niederlassungen des von ihm gegründeten «Deutschen Tempels» verstand und durch die er den Grundstein für eine neue Weltordnung legen wollte. Die Erinnerung an Christoph Hoffmann und die «Templer» lebt heute zwar noch in Israel weiter, vor allem aber in Australien, wohin schon im Ersten Weltkrieg die meisten Angehörigen der Templergemeinden von der britischen Militärregierung in Palästina deportiert wurden, nicht dagegen in Deutschland und gewiß nicht im Zusammenhang mit dem seit 1948/49 in politischen Feierstunden immer wieder beschworenen Werk der Paulskirche.

Um die besonderen Erinnerungen und auch die Bedeutung der Erinnerungsorte zu begreifen, die mit dem Pietismus zusammenhängen, gilt es zunächst die für den Pietismus typische doppelte Spannung zu würdigen: zum einen den für den Pietismus geradezu konstitutiven Gegensatz zwischen der Vorstellung von der Hoffnung auf das Jenseits bei gleichzeitiger Betonung der Bewährung im Diesseits; zum anderen die Spannung zwischen der vom Pietismus über die Generationen hinweg betonten Vorstellung von der Rettung jedes einzelnen «wiedergeborenen» Christen durch den wiederkehrenden Christus bei gleichzeitiger Forderung nach Unterordnung unter die Patriarchen, die die pietistischen Gemeinschaften leiten. Beide Spannungsverhältnisse werden charakterisiert durch konkrete innerweltliche Leistungen, die auf eine strikte Arbeitsethik gegründet sind, und zugleich durch hochfliegende eschatologische Visionen. Erinnerung heißt im Pietismus somit immer Bewährung durch «Wiedergeburt» und «Heiligung» und zugleich Hoffnung auf Erlösung aufgrund der Bewährung im Glauben.

In der Geschichte des Pietismus läßt sich eine bemerkenswerte Abfolge verschiedener Zentren beobachten, in denen sich die pietistischen Hoffnungen zu pietistischen Aktivitäten verdichteten. Das erste dieser Zentren war Frankfurt am Main, wo der 1635 geborene Philipp Jakob Spener, der seit 1666 als Pfarrer an der Barfüßerkirche und Senior in der alten Reichs- und Handelsmetropole wirkte, 1670 das erste «Collegium Pietatis» schuf und wo er 1675 mit den *Pia Desideria* eine Schrift vorlegte, die später als Programmschrift des Pietismus wegweisend wurde. Mit den «Collegia Pietatis» wollte Spener zunächst nur den offiziellen Gottesdienst ergänzen und ernsten, besorgten Christen die Möglichkeit eröffnen, sich im engsten Kreis von Gleichgesinnten im Glauben zu stärken. Heute wissen wir aber, daß er mit den «Collegia Pietatis» (den Konventikeln oder Privaterbauungsversammlungen) eine religionssoziologische Sonderform begründete, die für den Pietismus typisch und folgenreich war, da sich diese kleinen Gruppen entschiedener Christen in den folgenden Jahren und Jahrzehnten immer wieder verselbständigten und von der etablierten Kirche lösten. Mit den «Collegia Pietatis» wurden von Spener somit zwei Themen akzentuiert: die Erneuerung oder Reform der Kirche, aber auch die Separation von dieser. Auch durch seine Ausführungen in den *Pia Desideria* konnte Spener diesen Widerspruch nicht beseitigen. Bezeichnend ist, daß sich schon ein Teil seines ersten Frankfurter Konventikels unter der Führung des erweckten Juristen Johann Jakob Schütz von der offiziellen Kirche abwandte. Schütz war überzeugt, er könne seine chiliastischen Hoffnungen, die Vorbereitung auf das Tausendjährige Reich, nicht innerhalb der etablierten Kirche verwirklichen, sondern nur im kleinen Kreis der Wiedergeborenen.

Durch Spener und Schütz ist der Pietismus somit seit dem späten 17. Jahrhundert mit Frankfurt am Main verbunden. Spener verließ freilich die Stadt. Er übernahm 1686 die bedeutendste Position im evangelischen Deutschland, die Stelle des Oberhofpredigers in Dresden. Schon nach kurzer Zeit mußte er jedoch erkennen, daß er seine Reformvorstellungen an dem in barocker Manier im Stile des höfischen Absolutismus geführten Dresdner Hof nicht verwirklichen konnte. 1691 ging er deshalb als Propst und Pfarrer an St. Nicolai nach Berlin, wo er bis zu seinem Tod im Jahre 1705 blieb. Von Berlin aus stand er durch eine weitgespannte seelsorgerliche Korrespondenz mit frommen Christen an vielen Orten in Verbindung. Gleichzeitig engagierte er sich bei der Reform des Berliner Armenwesens. Für die weitere Entwicklung des Pietismus sollte keine Stadt so wichtig werden wie das Berlin der Jahrzehnte 1700/1730.

Es war der ungewöhnlich pragmatischen Religions- und Kirchenpolitik der Hohenzollern zu verdanken, daß ab den frühen 1690er Jahren in Halle ein weiteres Zentrum des Pietismus entstand. Denn ohne die besonderen Privilegien, die dem 1666 geborenen und ebenso begabten wie aktiven jungen Theologen August Hermann Francke zunächst durch den Kurfürsten Friedrich III. und seit 1701 König Friedrich I. und später vor allem durch König Friedrich Wilhelm I. verliehen wurden, wäre dieser nicht in der Lage gewesen, Halle zum Mittelpunkt jener Unternehmungen zu machen, die schon Zeitgenossen prägnant als Reich-Gottes-Arbeit bezeichneten. Speners «Hoffnung besserer Zeiten», das heißt Speners Vorstellung von einer verlängerten Gnadenfrist, die Gott seinen wahren Kindern am Ende der Zeiten gewähre, ehe Christus wiederkehre, um Gericht zu halten, wurde von Francke mit Inhalt gefüllt und dadurch konkretisiert: In Halle sollte schon vor der Wiederkunft Christi ein Stück des künftigen Gottesreichs verwirklicht werden. Dazu gehörten nicht nur Anstalten für Waisenkinder, sondern auch Schulen für Kinder aller Stände, eine Buchdruckerei, eine Apotheke und vieles andere mehr, und um diese Aktivitäten zu beherbergen, wurde unter Franckes Anleitung ein großes, massives Gebäude aus Stein errichtet, ein Gebäude von herrschaftlichem Zuschnitt, das auch nach 300 Jahren noch von imposanter Größe ist und das nach der jüngst durch Paul Raabe initiierten Renovierung wieder im alten Glanze erstrahlt.

Als Francke 1727 starb, hinterließ er seinem Sohn und Nachfolger, Gotthilf August Francke, ein Imperium: Dieses Imperium besaß eine innerpreußische Dimension, da von Halle aus die meisten Pfarrstellen und fast alle Feldpredigerstellen in Brandenburg-Preußen besetzt und Kinder aus vielen einflußreichen norddeutschen und mitteldeutschen Adelsfamilien in Halle erzogen wurden. Diesem Imperium eignete aber auch eine universale Dimension, da von Halle aus Missionare in entlegene Weltgegenden geschickt wurden, dazu Bibeln und Arzneien. Besonders enge Verbindungen entstanden nach Nordeuropa, nach Osteuropa, nach Nordamerika und nach Indien. Es war Franckes feste Überzeugung, es sei seine Aufgabe, Gottes Reich in allen Ländern und unter allen Völkern zu bauen. Die Epoche zwischen dem Regierungsantritt Friedrich Wilhelms I. 1713 und dem Tod Franckes 1727 ist als die eigentliche Blütezeit von Halle anzusehen. Unter seinem Sohn Gotthilf August wurde Franckes Erbe zwar verwaltet, aber nicht weiter ausgebaut, und

Giebel der Franckeschen Stiftungen in Halle mit allegorischem Relief

als 1740 der aufgeklärte und pietismuskritische König Friedrich II. in Berlin die Herrschaft antrat, riß der besondere Draht, den die Franckeschen Stiftungen seit ihrer Gründung zum Haus der Hohenzollern gehabt hatten, ab. Nur in der Schulpolitik im entfernten Ostpreußen ist bis in die 1750er und 1760er Jahre noch ein gewisser pietistischer Einfluß zu konstatieren.

In Franckes «Pädagogium» in Halle hatte auch der 1700 geborene Reichsgraf Nikolaus Ludwig von Zinzendorf einen Teil seiner Ausbildung erhalten. Zinzendorf nahm in den 1720er Jahren auf seinem Gut in Herrnhut in der Oberlausitz mährische und böhmische Glaubensflüchtlinge auf, mit denen zusammen er 1727 eine erneuerte «Brüdergemeinde» begründete. Nach Frankfurt, Berlin und Halle wurde somit das entlegene, kleine Herrnhut zum vierten Zentrum der pietistischen Bewegung. Denn von Herrnhut aus organisierte Zinzendorf eine weltweite Mission, und von Herrnhut aus gründeten er und seine Anhänger auch Stützpunkte in anderen Ländern, so zum Beispiel Neuwied am Rhein, Zeist in den Niederlanden, Bethlehem in Pennsylvania, Christiansfeld in Dänemark und Königsfeld im Schwarzwald. Zinzendorf verbrachte mehrere Jahre seines Lebens in Großbritannien und in den britischen Kolonien in Nordamerika. Der Bau des Reiches Gottes war für ihn eine Aufgabe, für die alle Völker gewonnen werden mußten: Negersklaven auf Zuckerplantagen in der Karibik, Indianer in der unwirtlichen Weite Nordamerikas, Eskimos auf Grönland, die Eingeborenen an der Goldküste von Afrika ebenso wie diejenigen in den Handelsstützpunkten in Indien. Zinzendorf war ein Visionär. Wenn es um die Verwirklichung seiner Pläne ging, kannte er keine Grenzen. Als er 1764 starb, waren seine Gründungen hoch verschuldet. Ähnlich wie in Halle in den Jahren nach 1727 folgte auch in Herrnhut in den Jahren nach 1764 eine Periode der Konsolidierung. Das, was der große Patriarch Zinzendorf geschaffen hatte, wurde von seinen Nachfolgern redlich und treu verwaltet. Neue Initiativen wurden von diesen aber nur mit größter Vorsicht ergriffen. Und ähnlich wie in Halle folgte auch in Herrnhut auf eine Phase der Stagnation eine Phase des Niedergangs.

Der nächste große Ausbruch pietistischer Energien ereignete sich am Oberrhein, und zwar im ausgehenden 18. und im frühen 19. Jahrhundert in Basel. Dort hatten Gegner der Aufklärung um 1780 eine «Christentumsgesellschaft» gegründet mit dem Ziel, in der Öffentlichkeit die Zielvorstellungen der Aufklärer zu widerlegen und im deutschen Sprachraum alle, die sich an dieser Kampagne beteiligen wollten, mit den ihrer Meinung nach notwendigen Informationen zu versehen. In den bewegten Jahren der Französischen Revolution und des Aufstiegs von Napoleon versammelten sich in Basel einige hochmotivierte junge Männer, die überzeugt waren, allein durch eine aktive Förderung der Mission und durch die Verbreitung von Bibeln in allen Volksschichten könne dem Geist der Revolution begegnet werden. Die Christentumsgesellschaft gab ihnen eine Basis. Die neuen Ziele formulierten der 1773 geborene Karl Friedrich Adolf Steinkopf, seit 1795 Sekretär der Christentumsgesellschaft, der 1782 geborene Christian Friedrich Spittler, als Nachfolger von Steinkopf seit 1801 in den Diensten der Christentumsgesellschaft, sowie der 1779 geborene Christian Gottlieb Blumhardt, der 1815 erster Inspektor der neugegründeten Basler Missionsgesellschaft werden sollte. Ihr Vorbild waren die antirevolutionären frommen Kreise in London, und von London, wo Steinkopf seit 1801 als Pfarrer an der deutschen Savoy-Gemeinde und als Sekretär der 1804 gegründeten British and Foreign Bible Society wirkte, erhielten sie wertvolle Hilfe. Für 30, 40 Jahre, weit über die Zeit des Wiener Kongresses hinaus, wurde Basel die neue Mitte pietistischer Aktivitäten, wurde das «fromme Basel» zum Inbegriff von bürgerlicher Wohlanständigkeit, karitativem Engagement und missionarischem Weitblick. Alle Frommen Süddeutschlands blickten nach Basel, wo Spittler mit scheinbar unerschöpflicher Energie immer neue Werke schuf, so einen «Verein zur sittlich-religiösen Einwirkung auf die Griechen», eine Judenmissionsanstalt und die Pilgermissionsanstalt in St. Chrischona. Spittlers Engagement galt den Armen in der Nähe Basels, wie seine Unterstützung der Rettungsanstalt in Beuggen beweist, ebenso wie dem hochgesteckten Ziel einer weltweiten Reich-Gottes-Arbeit. Besonders interessierte er sich für die Verhältnisse in Palästina und Abessinien. Als Spittler 1867 starb, hinterließ auch er ein Imperium von universalem Zuschnitt. Wenige Jahre nach seinem Tod stürzte dieses Imperium in eine schwere Krise. Denn nach dem Deutsch-Französischen Krieg und der Reichseinigung von 1871 richteten auch die süddeutschen Frommen ihre Blicke immer mehr nach Berlin, auf den angeblich «gläubigen» greisen «Heldenkaiser» Wilhelm I. sowie auf dessen Kanzler Bismarck, von dem in frommen Kreisen kolportiert wurde, er sei in seiner Jugend erweckt worden, lese täglich die Bibel und die Herrnhuter Losungen und sei somit in seinem Herzen recht eigentlich einer der ihren, auch wenn er sich vorübergehend mit den Liberalen eingelassen habe.

Die Arbeit der Basler Mission ging auch nach 1871 weiter, und auch im ausgehenden 19. Jahrhundert zogen viele junge Deutsche, die in Basel ausgebildet worden waren, als Missionare hinaus in die weite Welt. Nach den drei Jahrzehnten zwischen 1700 und 1730 stand Berlin seit den 1870er Jahren nun zum zweiten Mal im Zentrum pietistischer Interessen und Spekulationen. Daß Berlin inzwischen zu einer Großstadt herangewachsen war mit einem großen Anteil an Arbeitern, die dem Christentum weithin entfremdet waren, schmerzte die Pietisten besonders. Was konnte gegen den so offensichtlichen Materialismus und Atheismus der unteren Volksschichten, wie sie es ausdrückten, getan werden? Viele Pietisten jubelten deshalb dem Hofprediger Stoecker zu, als dieser in den späten 1870er Jahren damit begann, die Botschaft der «Inneren Mission» in Berlin auf eine durchaus aggressive Weise zu verbreiten. Daß Stoecker mit seinen gefährlichen antisemitischen Parolen die alte pietistische Politik der Judenmission gefährden und die frommen Kreise insgesamt diskreditieren sollte, war zunächst nicht abzusehen, seit Mitte der 1880er Jahre aber offensichtlich. Erst zehn Jahre später sollte sich der neue Kaiser Wilhelm II. von Stoecker öffentlich distanzieren. Das stimmte auch viele Pietisten nachdenklich.

Frankfurt am Main, Berlin, Halle, Herrnhut, Basel und erneut Berlin: Dies sind, wenn man sie so bezeichnen will, die Orte, die die Pietisten selbst mit den Namen der Patriarchen ihrer Bewegung verbanden und die sie mit ganz besonders herausragenden Leistungen in der Reich-Gottes-Arbeit identifizierten. Neben der Erinnerung an diese zentralen Stätten und an die Namen der großen Werke und der bedeutenden Patriarchen der pietistischen Bewegung gab es freilich von Anfang an eine große Zahl von weiteren Orten, die ebenfalls mit bestimmten Namen und bestimmten Institutionen verbunden waren; es gab ferner eine Reihe von Außenzentren, das heißt von Orten jenseits der deutschen Grenzen, die für die Pietisten von großer Bedeutung waren; und es gab schließlich eine Reihe von Orten, an denen nach Ansicht der Pietisten der Teufel residierte: Antizentren gewissermaßen, Antiorte, die es möglichst zu meiden und deren Ausstrahlung es zu mindern galt.

Am Beispiel des württembergischen Pietismus kann die regionale Differenzierung und die nicht unerhebliche Zahl von weiteren Erinnerungsorten aufgezeigt werden, von Orten zudem mit je spezifischem Erinnerungsgehalt. An erster Stelle ist das Dorf Denkendorf bei Stuttgart zu nennen, in dem Johann Albrecht Bengel, der Patriarch des württembergischen Pietismus, über vier Jahrzehnte hinweg als Lehrer an einer evangelischen Klosterschule wirkte und wo mehrere Generationen junger Theologen durch Bengel für den Pietismus gewonnen wurden. Friedrich Christoph Oetinger, Bengels begabtester Schüler, wirkte unter anderem in Weinsberg, in Herrenberg und in Murrhardt, Philipp Matthäus Hahn, heute vor allem noch als Erfinder und Konstrukteur bekannt, nacheinander in Onstmettingen, Kornwestheim und Echterdingen. Beide hinterließen ein reiches theologisches Werk. Die Erinnerung an sie ist deshalb vor allem an ihre Bücher, weniger an einen bestimmten Ort gebunden. Im 19. Jahrhundert sollten dann in pietistischen Ohren die Namen von weiteren Orten einen besonderen Klang gewinnen, so, als ob sie von Gott besonders gesegnet worden wären. Da ist zunächst das kleine Beuggen in der Nähe von Basel zu erwähnen, wo der mit Spittler befreundete Christian Heinrich Zeller eine Rettungsanstalt einrichtete, die als Vorbild für viele weitere Gründungen diente; da ist ferner das Dorf Möttlingen, wo Johann Christoph Blumhardt 1843/44 den Teufel aus einem jungen Mädchen austrieb und damit gegen alle skeptischen Behauptungen liberaler Theologen den sicheren Beweis vom Sieg Jesu über den Teufel auch in seiner Zeit erbracht zu haben glaubte; des weiteren das Dorf Hülben auf der Schwäbischen Alb, wo die Schulmeisterdynastie der Kullens einen Treffpunkt für fromme Christen einrichtete, der bis zum heutigen Tag von Bedeutung geblieben ist; da sind außerdem die pietistischen Siedlungen Korntal bei Stuttgart und Wilhelmsdorf bei Ravensburg: das 1819 gegründete Korntal, wo binnen weniger Jahre zahlreiche Anstalten und Schulen entstanden, und das 1824 in Oberschwaben gegründete Wilhelmsdorf, das sich inmitten einer katholischen Umgebung und nach schweren Anfängen nach 1850 ebenfalls zu einem Platz der Schulen und der Anstalten, so zum Beispiel für Taubstumme, entwickelte; und da sind schließlich Reutlingen, wo Gustav Werner sein Modell einer christlichen Fabrik zu verwirklichen suchte, und Bad Liebenzell, das der einflußreichste neupietistische Prediger, Heinrich Coerper, im ausgehenden 19. Jahrhundert zum Zentrum seiner missionarischen Bemühungen machte.

In den Augen pietistisch gesinnter Württemberger waren vor allem die Namen von drei Orten negativ besetzt: Das waren im 18. Jahrhundert die Residenzen der württembergischen Herzöge in Stuttgart und in Ludwigsburg und dann Tübingen. In der barocken Hofkultur sahen die Frommen nichts als eine Brutstätte des Bösen und einen Platz, wo als Sünde nicht verfolgt wurde, was eigentlich Sünde war. Daß die württembergischen Herzöge seit 1733 katholisch waren, vertiefte das Mißtrauen der Frommen zusätzlich. Im ausgehenden 18. und im 19. Jahrhundert betrachteten zudem viele Pietisten die Universitätsstadt Tübingen als besonders gefährlich. Sie lehnten die aufgeklärte Theologie ebenso ab wie später auch die liberale Theologie. Aufgeklärte wie liberale Theologen brachten ihrer Ansicht nach die Menschen vom wahren Glauben ab, da sie die Botschaft der Bibel historisch-kritisch untersuchten und dadurch relativierten.

Eine solche Diskrepanz zwischen Orten, auf die die Frommen ihre Augen mit Stolz und Wohlgefallen richteten, und Orten, deren Namen sie kaum auszusprechen wagten und deren Bewohner sie mit größtem Mißtrauen betrachteten, ist nicht nur für Württemberg kennzeichnend. Dazu einige weitere Beispiele. Zunächst zu den Orten, die im 19. Jahrhundert in frommen Kreisen aufgrund der besonderen Leistung einzelner Persönlichkeiten und der von diesen gegründeten Anstalten einen besonderen Ruf gewannen. Das galt beispielsweise für das von Johann Hinrich Wichern 1833 gegründete Rauhe Haus in Hamburg, ebenso für Neuendettelsau, von wo aus Wilhelm Löhe seit den 1830er Jahren wirkte, für Kaiserswerth bei Düsseldorf, wo Theodor Fliedner seit 1836 seine rasch in ganz Deutschland bekannte Diakonissenanstalt aufbaute, und schließlich für den kleinen Ort Bethel bei Bielefeld, wo Friedrich von Bodelschwingh in den 1860er Jahren zunächst eine Anstalt für Epilepsiekranke gründete und den er in den folgenden Jahrzehnten zu einem Zentrum vieler weiterer Reich-Gottes-Aktivitäten machte. Jeder der genannten Orte besaß ein eigenes Profil, jeder erlangte überregionales Ansehen. Nicht einzeln, wohl aber im Ensemble stand ihr Name für das Bemühen, Gottes Reich in Deutschland zu bauen, und für den Erfolg, den diese Bemühungen hatten.

Die Reich-Gottes-Arbeit der Pietisten war von einem besonderen Verständnis der Heilsgeschichte geprägt. Denn wie sich an den von Halle, von Herrnhut und von Basel ausgehenden Bemühungen der Frommen zeigen läßt, war deren Versuch, Gottes Reich in Deutschland zu bauen, zugleich ein Beitrag zur Rettung der gesamten Menschheit. Weder bei Spener, Francke und Zinzendorf noch später bei Spittler, Wichern und Bodelschwingh beschränkte sich die Reich-Gottes-Arbeit deshalb auf die Mitte Europas. Zur «Inneren Mission» gehörte stets die «Äußere Mission». Stets waren die innerdeutschen Reform- und Erneuerungsbemühungen in eine heilsgeschichtliche und damit in eine universale Sicht der Dinge eingebettet, und dazu gehörte auch die Vorstellung von Zentren außerhalb von Deutschland und außerhalb von Europa, die für die Arbeit der wahren Kinder Gottes von besonderer Wichtigkeit waren.

Daß Jerusalem zu den positiv besetzten Namen außerhalb von Deutschland zählte, ist auf den ersten Blick so selbstverständlich, daß eine weitere Begründung kaum notwendig erscheint. Denn wo anders als in Jerusalem sollte der wiederkehrende Christus sein Tausendjähriges Reich aufrichten, so das Credo der meisten separatistischen Pietisten, die an den Chiliasmus glaubten, wo sollte er, so die eher traditionell-lutherische Variante unter den kirchentreuen Pietisten, das Endgericht vollziehen, wenn nicht in Jerusalem? Und doch dauerte es bis ins späte 18. Jahrhundert, ehe Pietisten sich konkret mit der Möglichkeit beschäftigten, selbst nach Jerusalem zu ziehen. Erste Versuche württembergischer Pietisten, nach Palästina auszuwandern, scheiterten im Jahr 1800 bereits in Wien. Als in den Hungerjahren 1816 bis 1818 zahlreiche süddeutsche Pietisten in den Süden von Rußland auswanderten, taten sie dies dann aber nicht nur, weil ihnen Zar Alexander günstige Niederlassungskonditionen anbot, sondern auch in dem Glauben, sie hätten damit die entscheidende Strecke auf dem Weg nach Jerusalem zurückgelegt und sie könnten somit unter den ersten sein, die den wiederkehrenden Christus begrüßen würden. Sie ließen sich, so ist zu ergänzen, von der Voraussage leiten, die Johann Albrecht Bengel in den 1730er Jahren berechnet hatte: Danach sollte sich die Wiederkehr Christi im Jahr 1836 ereignen. Tatsächlich nach Palästina ausgewandert sind dann erst Christoph Hoffmann und seine Anhänger. Das war 70 Jahre, oder zwei Generationen, nachdem endzeitlich gestimmte Pietisten von einem Leben in Jerusalem zu träumen begonnen hatten.

Viel früher hatte die Auswanderung von Pietisten in die Neue Welt eingesetzt, und zwar in William Penns Stadt der brüderlichen Liebe und in dessen Kolonie, in der allen Siedlern ausdrücklich volle Religions- und Gewissensfreiheit gewährt wurde. Unter den Frommen des ausgehenden 17. und des frühen 18. Jahrhunderts galt Philadelphia als der eigentliche Gegenpol zu Babel. Daß Penn einer Stadt den Namen Philadelphia gegeben hatte, war für sie ein göttliches Zeichen. Deshalb erschien diese Stadt lange Zeit als der ideale Zufluchtsort für alle wahren Christen in der letzten schlimmen Zeit der Verfolgung durch den Antichristen, ehe dieser durch den wiederkehrenden Christus besiegt würde. Weder das für religiöse Flüchtlinge offene Amsterdam noch das für protestantische Belange immer aufgeschlossene London konnten sich in den Augen der deutschen Frommen mit Philadelphia messen.

Im 19. Jahrhundert sollten sich die Schwerpunkte auf dieser von heilsgeschichtlichen Erwägungen bestimmten pietistischen Weltkarte noch einmal deutlich verschieben. Auf der einen Seite gewann in pietistischen Augen nun London kontinuierlich an Bedeutung. London war, das wurde auch von deutschen Pietisten anerkannt, das unbestrittene Zentrum der Weltmission und ebenso das unbestrittene Zentrum aller Bemühungen, die Bibel und christliche Erbauungsschriften zu verbreiten. Vor allem aber erschien ihnen London als der eigentliche Gegenpol zu Paris, zu dem revolutionären Paris der Jakobiner ebenso wie zu dem imperial-expansionistischen Paris der beiden Napoleons. Keine Stadt wurde von deutschen Pietisten so sehr verteufelt wie die französische Hauptstadt. Dort hatten, wie sie glaubten, alle Bewegungen ihren Sitz, die die guten deutschen Christen bedrohten und verführten: Aufklärung, Rationalismus, Revolution, Demokratie und Liberalismus, wobei die Frommen zutiefst davon überzeugt waren, der Rationalismus sei eine Selbstüberhebung der Menschen, führe direkt zum politischen Ungehorsam, also zur Revolution, und von dort sei es nur noch ein kleiner Schritt hin zur Unterdrückung aller wahren Religion und damit zur Despotie.

Den Vorurteilen, mit denen die Pietisten seit dem 18. Jahrhundert den ihrer Meinung nach nicht erweckten Zeitgenossen begegneten, entsprachen von Anfang an prägnant formulierte klischeehafte Bezeichnungen, mit denen diese «Weltkinder» den Lebensstil und die Glaubenswelt der Pietisten karikierten. Die Serie dieser antipietistischen Vorurteile reicht von Johann Christoph Gottscheds beißender Satire «Die Pietisterey im Fischbeinrock» bis hin zur Kennzeichnung der Pietisten des 19. Jahrhunderts als «Mucker» und dementsprechend in liberalen Kreisen auch der Umwidmung des Tals der Wupper, wo im Vormärz in Barmen besonders viele Pietisten lebten, in «Muckertal». Selbst der Begriff «Pietismus» entstand zunächst als eine Fremdbezeichnung und sollte das weltfremde Frömmeln der neuen Richtung der dezidiert Frommen erfassen: Dieser Begriff wurde freilich später durchaus auch als Selbstbezeichnung akzeptiert, wenngleich viele Pietisten bis weit ins 19. Jahrhundert hinein von sich selbst am liebsten als «Freunden der Wahrheit» sprachen und sich nicht als Pietisten oder Anhänger des Pietismus bezeichneten.

Daß Friedrich von Bodelschwingh als junger Pfarrer einige Jahre in Paris gewirkt hatte, gab ihm in frommen Kreisen bis an sein Lebensende einen besonderen Nimbus: Denn er hatte sich in die Metropole des Teufels gewagt und war dort nicht untergegangen. Nachdem das preußisch-deutsche Heer am 2. September 1870 Kaiser Napoleon III. bei Sedan besiegt hatte, war es bezeichnenderweise Bodelschwingh, der die Anregung gab, an diesem Tag künftig ein großes nationales Dankfest zu feiern. Daß diese Feier bald von den Veteranenverbänden und deren Vorliebe zum Alkohol sowie deren besonderem Chauvinismus beherrscht wurde, machte Bodelschwingh bis in seine alten Tage die größten Sorgen. Denn ebenso wie Gott die braven Deutschen durch den Sieg über Napoleon bei Sedan und damit durch einen Sieg über ihren Erzfeind belohnt und den Deutschen überdies die Reichseinigung geschenkt hatte, würde er sie, wie Bodelschwingh glaubte, wenn sie undankbar und sündig waren und vom wahren Glauben abfielen, zu gegebener Zeit auch mit aller gebotenen Strenge bestrafen. Bodelschwingh starb 1910. Es ist zu vermuten, daß er, hätte er 1918 noch gelebt, die Niederlage der Deutschen im Ersten Weltkrieg als Strafe Gottes verstanden hätte.

Bekannt ist, daß viele Pietisten sich im späten 19. und in der ersten Hälfte des 20. Jahrhunderts vom nationalistischen Denken der deutschen Rechten anstecken ließen. Daß in pietistischen Kreisen die großen Orte der deutschen nationalen Erinnerung die besonderen Orte einer pietistischen Erinnerung wie Halle, Herrnhut und Basel zu überlagern begannen, können wir nur vermuten. Wie weit diese Überformung ging, wäre im einzelnen zu erforschen, wie wir überhaupt noch viel zu wenig über die Verbindungen von religiösem und nationalem Erneuerungsdenken im 19. und im 20. Jahrhundert wissen. Einige wenige Anmerkungen müssen hier genügen. Seit der Revolution von 1848 glaubten zahlreiche Pietisten, die nationale Einigung aller Deutschen, die Beseitigung der sozialen Not und die Wiedergewinnung der Deutschen für das Christentum könnten nur in einem großen Akt der Erneuerung erfolgen, in einem umfassenden Akt religiöser, sozialer und nationaler Wiedergeburt. Den Deutsch-Französischen Krieg 1870/71 und die Reichseinigung erlebten sie folgerichtig als göttliche Fügung; 1914 hofften sie auf eine Wiederholung des «Wunders» von 1870/71, und viele von ihnen empfanden die Machtergreifung durch die Nationalsozialisten 1933 ebenso. In allen Fällen mußten sie freilich erleben, wie wenig sich ihre Hoffnungen erfüllten: Das Kaiserreich von 1870 war kein Staat der Frommen, der Erste Weltkrieg endete innen- wie außenpolitisch mit einem Sieg der Kräfte, die sie bekämpft hatten, und auch nach 1933 kam es, zumindest bei einigen Pietisten, bald zu einer Ernüchterung, da die neuen Herren einem anderen Gott dienten als sie selbst.

Und doch gilt es festzuhalten, daß sich zwei, drei Generationen von Pietisten sehr stark, allzu stark auf die Vorstellung eingelassen hatten, ihre besonderen religiösen Ziele könnten am besten erreicht werden, wenn sie diese mit den Zielen einer nationalen Erneuerungspolitik verbanden.

Der Hinweis auf den von den Pietisten seit 1870/71 hergestellten engen Zusammenhang zwischen der religiösen und nationalen Erneuerung genügt freilich nicht, um ihren Einfluß auf das kulturelle Gedächtnis der Deutschen zu erfassen. Denn die von den Pietisten geübte Introspektion hatte sich schon seit dem frühen 18. Jahrhundert in Briefen und Tagebüchern niedergeschlagen, ihr Wunsch, Rechenschaft abzulegen, in zahlreichen Autobiographien Ausdruck gefunden, und die Absicht, das exemplarische Leben von wahren Gotteskindern zu demonstrieren, hatte nachfolgende Pietistengenerationen veranlaßt, die zunächst nur handschriftlich verbreiteten Tagebücher und Autobiographien zu publizieren. Bereits im Laufe des 18. Jahrhunderts reichte die Wirkung dieser neuen Art von biographischer Literatur mit besonderem ethischem Anspruch und einer besonderen spirituellen Note weit über die Zirkel der Pietisten hinaus. So sind gegen Ende des 18. Jahrhunderts zwei Formen eines pietistischen Beitrags zu Literatur und Kultur zu konstatieren: auf der einen Seite Werke mit der traditionellen Version pietistischer Gewissensprüfung und der daraus abgeleiteten Forderung nach tiefempfundener Reue, wahrer Buße, geistlicher Wiedergeburt und konsequenter Heiligung des gesamten Lebens, sowie dann auf der anderen Seite literarische und philosophische Werke, in denen diese Motive und Stilmittel in säkularisierter Weise und häufig in freier Form zum Ausdruck gebracht wurden. Um die Mitte des 19. Jahrhunderts dominierten in pietistischen Kreisen dann erbauliche Traktate, die von einem starken moralischen Rigorismus geprägt waren, die in bildungsbürgerlichen Kreisen nur noch Kopfschütteln hervorriefen und keinen nennenswerten Einfluß auf die große Literatur mehr hatten. Als nationalgesinnte deutsche Liberale 1859 den 100. Geburtstag von Friedrich Schiller feierten, waren viele der dezidiert Frommen überzeugt, zusammen mit Goethe habe Schiller durch die Rezeption der klassischen Antike das Neuheidentum gestärkt und dem Christentum schweren Schaden zugefügt. Die Kluft zwischen der Weltsicht des Bildungsbürgertums und den Überzeugungen der Deutschen, die sich als erweckte und wiedergeborene Kinder Gottes fühlten, schien unüberbrückbar. Wenig später, 1870/71, sollte diese Kluft durch das gemeinsame Bekenntnis zur deutschen Einigung unter preußischer Führung, die von den Pietisten als eine «Fügung» Gottes und als Beginn der Wiedergeburt der Deutschen gefeiert wurde, wenigstens partiell überbrückt werden.

Daß in diesem Band der Pietismus in die Rubrik «Schuld» eingeordnet ist, zusammen mit den Stichworten Dolchstoß, Mahnmal, Kniefall, Mitläufer und Auschwitz, ist gewiß ungewöhnlich. Bei näherem Zusehen scheint sie aber durchaus sinnvoll. Sie bedarf freilich der Erläuterung. Pietisten waren überzeugt, daß alle Menschen Sünder und mit Schuld beladen sind und daß sie, wenn sie sich nicht grundlegend ändern, in die ewige Verdammnis fallen. Freilich: Die Pietisten kannten auch einen Weg zur Erlösung, einen Weg zur Befreiung von Sünde und Schuld. Es war der Weg der tiefempfundenen Reue und der Buße, der in eine neue Geburt, eine Wiedergeburt, einmündete, von der aus sich die nunmehr erwählten Gotteskinder um ihre weitere Heiligung bemühen mußten: Stufe um Stufe, unablässig und mit besonderer Anstrengung, wenn sie auf dem Weg zur Heiligung einen Rückschlag erlitten hatten. Erinnerungsorte im Pietismus sind somit nicht etwa die Bauplätze für die Städte und Dörfer des künftigen Gottesreichs, sondern jene Orte, an denen sich Wiedergeburt ereignet, wo die Erlösung von der Sünde zur Befreiung von Schuld und in der Folge zu fundamentalen Veränderungen im Leben von Einzelnen und Gruppen geführt hatte. Diese Orte waren für sie der konkrete Beweis für das Wirken Gottes, der Beweis für die Möglichkeit der Menschen, sich tatsächlich von Sünde und Schuld zu befreien und die ewige Seligkeit zu erlangen.

Im Umgang mit dem für sie zentralen Thema Schuld orientierten sich die Pietisten an zwei Maximen: Sie waren, das ist das eine, zutiefst davon überzeugt, daß Gott nicht nur vor langer Zeit in das Leben der Menschheit eingegriffen hatte, wie das in den Berichten im Alten und im Neuen Testament festgehalten wird, sondern daß er dies auch im Hier und Heute, also in ihrer eigenen Zeit und unter ihnen mache. Sie glaubten, verkürzt aber nicht falsch formuliert, an eine fortgesetzte Offenbarung, das heißt, daß das Erlösungswerk, das Gott im Alten Testament begonnen und im Neuen Testament weitergeführt hatte, sich auch in ihrer eigenen Gegenwart ereigne. Bezeichnend ist, wie August Hermann Francke sein Werk in Halle bezeichnete: Es waren für ihn die «Fußstapfen des lebendigen Gottes».

Alle innerweltlichen Werke, und das ist der andere Aspekt, die ganzen Reich-Gottes-Aktivitäten, so wichtig diese auch sein mochten, waren für die Pietisten zur gleichen Zeit aber doch nur Zwischenstufen bei dem Bemühen um Heiligung beziehungsweise Zwischenstationen auf dem Weg der Gläubigen ins Himmlische Jerusalem. In den Augen der Pietisten waren alle Anstalten und Leistungen und die damit verbundenen Erinnerungen somit vergänglich und doch zugleich auch von bleibendem Wert. Sie waren vergänglich, weil die Heilsgeschichte voranschritt und eine neue stabile, unvergängliche Ordnung der Dinge erst nach dem Jüngsten Gericht entstehen würde. Sie waren für die Gläubigen freilich auch von bleibendem Wert, weil sie auf diese Weise Zeugnis von ihrem Glauben ablegten und weil Gott ihre Bemühungen um Heiligung am Tage des Jüngsten Gerichts belohnen würde. Das hofften jedenfalls alle frommen Gotteskinder.

Damit unterschieden sie sich in ihrer Haltung deutlich von den anderen Einstellungen und Ereignissen, die hier unter der Rubrik «Schuld» behandelt werden. Anders als diejenigen, die nach dem Ersten Weltkrieg die Dolchstoßlegende verbreiteten, um von der eigenen Schuld und dem eigenen Versagen

Das Hausandachtsbild «Der breite und der schmale Weg»
(Lithographie, um 1850)

abzulenken, suchten die Pietisten zumindest in religiösen Fragen, weniger konsequent dagegen in politischen Dingen, die Schuld zuerst und immer bei sich selbst. Anders als für die Mitläufer gab es für sie keine graue Zwischenzone von halb schuldig, halb unschuldig: Bekehrung hieß für sie die komplette Umkehr, die Wiedergeburt des ganzen Menschen. Die Pietisten fielen, wie vielfach bezeugt, vor Gott auf die Knie zum Gebet. Ein demonstrativer und öffentlicher Kniefall wie der von Warschau wäre aber nicht ihre Sache gewesen. Schließlich die unermeßlich große Schuld, die der Name Auschwitz ausdrücken soll: Auschwitz, der elementare Sündenfall der Deutschen, der ihre Vertreibung aus dem Paradies des Nationalstaats bedeutete. Besaßen die Pietisten die theologischen Einsichten, um mit Schuld dieser Größenordnung umzugehen? Nach 1945 gehörten sie jedenfalls nicht zu den ersten, die erkannten, wie schwer die Schuld von Auschwitz auf allen Deutschen lastete und für lange Zeit lasten wird.

Zu vermuten ist, daß einige Pietisten nach 1945 viel mehr von der Erinnerung an die Durchführung der Euthanasie in pietistisch geführten Anstalten seit Mitte der 1930er Jahre bedrängt wurden. Hätten sie mehr tun können, um die ihnen anvertrauten Behinderten zu schützen? Hatten sie sich nicht zu sehr vom rassischen und völkischen Antisemitismus anstecken, gar kontaminieren lassen? Einige weitere Fragen schließen sich hier an: Mündet die besondere Erinnerung der Pietisten auf diese Weise nicht ein in die allgemeinere und auch heute längst noch nicht abgeschlossene Auseinandersetzung aller Deutschen mit dem Dritten Reich und dem Holocaust? Hilft es den Pietisten, daß sie für den Umgang mit Schuld besondere Wege und Mittel kennen? Kann man die These vertreten, der pietistische Versuch, Gottes Reich in Deutschland zu bauen, sei im Dritten Reich endgültig gescheitert und nach Auschwitz sei es nicht mehr möglich, einfach an die ältere Tradition der Reich-Gottes-Arbeit anzuknüpfen? Wie auch immer die Pietisten diese Fragen beantworten, es genügt nicht, wenn sie sich nur mit der pietistischen Eigentradition auseinandersetzen. Vielmehr müssen sie sich auch jenen Komplexen stellen, die mit den Begriffen Dolchstoß, Mahnmal, Kniefall und Auschwitz verbunden sind.

Gerd Krumeich

Die Dolchstoß-Legende

Neben Burgfrieden, August-Erlebnis, Langemarck und Verdun ist die Dolchstoß-Legende sicherlich einer der wenigen Begriffe, in denen die Erinnerung an den Ersten Weltkrieg in Deutschland noch heute lebendig ist. Man kann sogar mit gutem Grund behaupten, daß die Dolchstoß-Legende das direkte und notwendige Korrelat zum «Mythos vom Geist von 1914», der «begeisterten Zustimmung zum Krieg für das Vaterland» darstellte.[1] Der Mythos deutscher Einigkeit und gemeinsamer Anstrengung, um den «Einkreisungs-Ring» zu zerbrechen, ließ sich als Erinnerung und sozial-moralische Finalität nur aufrechterhalten, wenn die Niederlage von 1918 nicht als Schicksal bzw. als Konsequenz der militärtechnischen Überlegenheit der Gegner aufgefaßt wurde, sondern als Verrat. In der konkreten Ausprägung der Dolchstoß-Legende gibt es signifikante Varianten. Das Begriffsfeld geht vom krassen, direkten und heimtückischen Verratsvorwurf (gegenüber Spartakisten, Kommunisten, Juden usw.) bis hin zu dem umfassenderen – gleichwohl politisch milderen – Vorwurf, daß «die Heimat» das im Felde stehende und nach Jahren des Kampfes noch unbesiegte Heer im Stich gelassen habe. Auf die Varianten des Dolchstoß-Topos ist noch näher einzugehen, allen gemeinsam ist indessen die Grundannahme einer fundamentalen Asymmetrie in der Kriegsanstrengung der Soldaten und der Zivilisten in Deutschland während des Ersten Weltkrieges. «Dolchstoß-Legende», nicht «Dolchstoß» oder «Dolchstoß-Lüge» hat sich als Begriff durchgesetzt und ist heute allein noch im Gebrauch, um das gesamte Syndrom der politischen Auseinandersetzung um die Gründe der Niederlage von 1918 zu umgreifen. Es lohnt des Nachdenkens, warum diese zunächst allein von den Verteidigern des Waffenstillstandes gewählte Formulierung der «Dolchstoß-Legende» (die in den Jahren 1918 bis 1925 in klarer Opposition zum «Dolchstoß»-Vorwurf der Nationalisten gebraucht wurde) auch gegenüber damaligen Varianten wie «Dolchstoß-Lüge» das Feld heute allein behauptet hat. «Dolchstoß-Legende» ist heute so sehr zum Terminus technicus des historischen Wissens um jene Zeit geworden, daß sich (objektiv absurde) Anwendungen in der Fachliteratur finden, etwa wenn die «Dolchstoß-Legende» als «beliebtes Propagandathema der Nationalsozialisten» [sic!] bezeichnet wird.[2] Wenn W. Seiler in seiner anregenden Studie über das «Dolchstoß»-Wortfeld zu dem Schluß gelangt, daß es sich bei dieser Bedeutungszuspitzung um eine Wahl wegen «des attraktiven Wortklangs» (im Unterschied zu Dolchstoß-Lüge oder Dolchstoß-Märchen) handele, so wird man diese Lautmalerei-Argumente sicherlich als Erklärungsbestandteil akzeptieren. Indessen erscheint mir die zusätzliche Sacherklärung weniger einleuchtend: «‹Dolchstoß-Legende› heißt nichts anderes, als daß der ‹Dolchstoß› nicht wahr, eben einfach eine politische Legende ist.»[3] Zu fragen bleibt, ob das Wortfeld von «Legende» tatsächlich hinreichend genau erfaßt ist, wenn man es auf «politische Legende»[4] reduziert. Mir will eher scheinen, daß trotz der zweifelsfrei heute vorherrschenden Bedeutungsreduktion von «Legende» auf «unzutreffende Tatsachenbehauptungen» ein Rest der alten Bedeutung als einer quellenmäßig unverbürgten, aber traditionalen Erzählung mit Wahrheitskern auch in diesem politisch-polemischen Begriff erhalten bleibt.

«Dolchstoß-Legende» ist also ein politisch konnotierter polemischer Terminus, ein Schlagwort im einfachsten Sinne, in dem aber ein gar nicht unbedingt bewußtes kollektives Erinnern mitschwingt: Die Behauptung vom «Dolchstoß» ist eben nicht allein eine einfache und leicht zu entlarvende politische Zwecklüge, sie hat legendenhaften Charakter – ein Element von Wahrheit bleibt in ihr erhalten: Irgendetwas ist bei der Niederlage von 1918 nicht mit rechten Dingen zugegangen – «kein Rauch ohne Feuer». Und wahrscheinlich ist die Dolchstoß-Legende auch heute noch unter den wenigen deutschen Erinnerungsorten des Ersten Weltkrieges erhalten geblieben, weil sich in ihr eine sehr typische Verwerfung der allgemeinen deutschen Kriegserfahrung spiegelt.

Es geht dabei nämlich um die fundamentale Differenz von «Front» und «Heimat». Der Erste Weltkrieg hat sich bekanntlich nicht in Deutschland abgespielt, das «Kriegstheater» war insbesondere Frankreich. Allein von daher hatte «Verteidigung des Vaterlandes» für die Deutschen einen ganz anderen sinnhaften Hintergrund als für die Franzosen, und bei allem, was der «Union Sacrée» und dem «Burgfrieden» an kollektiver Emphase für die Verteidigung des Vaterlandes gemeinsam ist, so ist doch eben diese Verteidigung auf ganz verschiedene Weise erlebt und politisch gedeutet worden: Ging es für die Franzosen elementar und für jeden direkt einsichtig darum, den auf französischem Boden stehenden Feind – als einen wirklichen Aggressor – wieder über die Grenze zurückzujagen, so hatten die Deutschen seit August 1914 ein wirklich elaboriertes Konstrukt von «Vorwärts-Verteidigung» propagandistisch aufgebaut. Die Bekräftigung Wilhelms II. in seiner «Balkonrede» vom 4. August, «Uns treibt nicht Eroberungssucht» war (noch) für die meisten Deutschen evident, und nur wegen der seit Jahren gesellschaftlich eingeübten Einkreisungsfurcht war es möglich, die Juli-Krise 1914 in den Verteidigungsfall umzudenken. Man soll diese Furcht vor dem «Ring der Einkreisung», der seit spätestens 1907, d. h. seit der offensichtlichen Annäherung zwischen Rußland, England und Frankreich auch auf seiten von Pazifisten und Sozialisten anfing, Eindruck zu machen, nicht gering einschätzen. Ohne diese Furcht hätte es keinen Burgfrieden gegeben. Aber die deutsche «Vorwärts-Verteidigung», der «Sturm von Sieg zu Sieg» durch Belgien und Frankreich im August/September 1914, war doch etwas substantiell anderes als die in der Marne-Schlacht vom 9. bis 11. September zum ersten Mal offenkundige Bereitschaft der Franzosen, den Boden des Vaterlandes um jeden Preis gegen den Eindringling zu verteidigen.

Für die Deutschen war es unendlich schwieriger, ihre «Verteidigung» auf französischem und belgischem Boden nach außen (vor allem gegenüber den Neutralen) und nach innen zu legitimieren. Und der Legitimationsdruck wuchs selbstverständlich in dem Maße, wie der Krieg andauerte, wie er seinen Charakter als «reinigendes Gewitter» verlor und wie man gezwungen wurde, sich in ihm einzurichten. Zu diesem «Einrichten» im Krieg gehörte auch, damit fertig zu werden, daß die Verlustlisten immer länger wurden, bis sie Ende 1914 ganz aus den Zeitungen verschwanden.

Interessanterweise ist die Entwicklung des Burgfriedens-Diskurses in Deutschland bislang noch nie auf seine Entwicklung während des gesamten Krieges hin untersucht worden; genausowenig die Motive und Denkmuster der Deutschland in Frankreich «verteidigenden» Soldaten. Jedenfalls mischte sich in die Verteidigungs-Ideologie schon bald nach Kriegsausbruch eine gehörige Portion von Kosten-Nutzen-Rechnung, faßbar vor allem in der alsbald einsetzenden und ausufernden Kriegsziel-Propaganda und regelrechten «Kriegszielbewegung» in der deutschen Öffentlichkeit. Diese Problematik ist hier nicht zu vertiefen, aber zum deutschen «Kriegsalltag» gehörten nicht nur die als «sozial ungerecht» empfundenen Verknappungen und Ungerechtigkeiten der Verteilung. Die «Klassengesellschaft im Krieg» (Jürgen Kocka) tendierte nicht etwa hin zu der von vielen erhofften neuen «Volksgemeinschaft». Die gesellschaftlichen Versäulungen wuchsen an, und alle möglichen Gruppen forderten soziale und politische Kompensationen für ihren «Kriegseinsatz». Man hat in der deutschen Forschung zum Ersten Weltkrieg noch nie vergleichend thematisiert, was es eigentlich im Hinblick auf den vorgeblichen Verteidigungskrieg bedeutete, daß von vornherein nationale Solidarität und Einmütigkeit in der Verteidigungsbereitschaft regelrecht erkauft werden mußten. Schon die Zustimmung der Sozialdemokratie zu den Kriegskrediten im Dezember 1914 wurde gesellschaftlich mit der Perspektive von Steuerreformen «verkauft». Und am greifbarsten ist der Zusammenhang eines kuriosen *do ut des* im vorgeblich totalen Krieg mit der Osterbotschaft von 1917 und der «Parlamentarisierung» der Reichsverfassung im Krieg. Die Zusage einer preußischen Wahlrechtsreform gehört ebenfalls zu diesem System des gesellschaftlichen «Bargaining», des Schacherns um Positionen und Verdienste – während anderswo (eben: anderswo!) massiv gestorben wurde. Die Dissonanzen zwischen Front und Heimat sind nicht zuletzt dieser enormen Diskrepanz im Kriegserlebnis zuzuschreiben. Die soziale und politische Rechenhaftigkeit im Krieg, das Ausrechnen, wessen «Kriegsbeitrag» wohl höher einzuschätzen und wer in welcher Weise ein «Drückeberger» sei, sind insgesamt eine deutsche Besonderheit gewesen, genauso wie die absurde Veranstaltung des von der Obersten Heeresleitung oktroyierten «Vaterländischen Unterrichts». Es ist, als ob Ludendorffs Verordnungen den Dolchstoß-Vorwurf schon genauso materialisierten wie Hindenburgs berühmter Aufruf anläßlich des Munitionsarbeiterstreiks von 1917, wo er die Streikenden schlicht als «Hundsfotts» qualifizierte.

All das zeigt die Entfernung der deutschen «Kriegsgesellschaft» vom Krieg, ihre Unfähigkeit, das in die Wege zu leiten und sozial-moralisch zu inszenieren, was einer Nation im Überlebenskampf (um den es sich ja vorgeblich handelte) angestanden hätte. Frankreich hat im verlängerten Krieg ebenfalls soziale Krisen durchgemacht und im Frühjahr 1917 eine wirkliche Soldatenmeuterei aushalten müssen. Auch das Problem der parlamentarischen Kontrolle der Kriegführung in allen Formen hat die Nation genauso unter Druck gestellt wie die fortlaufenden Skandale, etwa die Verratsaffäre um den Innenminister Malvy. Aber insgesamt resümiert sich der ganze Unterschied zu Deutschland in dem Satz, mit dem der Regierungschef Clemenceau – wegen seines unbedingten Einsatzes auch «Tiger» genannt – diese innenpolitische Krise beendete: «Je fais la guerre», alles bleibt der Anstrengung untergeordnet, die Deutschen aus Frankreich zu vertreiben. Und ein Argument dagegen konnte es ja nicht geben, da die Deutschen schließlich nach wie vor 40 Kilometer vor Paris standen. Frankreichs Verteidigungskrieg war unendlich viel totaler als der Krieg, den die Deutschen zur Verteidigung des Platzes an der Sonne oder zur Zukunftssicherung führten. Im Falle Frankreichs war entsprechend das Politische immer relativ, im deutschen Fall blieb der Krieg relativ – eine Funktion des politischen Verkehrs.

Es kann unter dieser Perspektive nicht verwundern, daß in Deutschland schon ab 1916/17 der Streit aufbrach, der dann in den «Dolchstoß»-Vorwurf mündete. Generalmajor von Seeckt hatte bereits im Juli 1917 den Grundvorwurf formuliert: «Wozu fechten wir eigentlich noch? Die Heimat ist uns in den Rücken gefallen, und damit ist der Krieg verloren.»[5]

In den sogenannten Januar-Streiks von 1918 artikulierte sich zum ersten Mal politisch-programmatisch eine neue Form von sozialem Protest und anti-imperialistischem Kampf gegen den Krieg und den preußisch-deutschen Militarismus. Der dezidierte Anti-Kriegs-Kampf von USPD und Spartakus entsprang jetzt dem entschiedenen Willen der äußersten Linken, die Weiterführung des Krieges zu verhindern. Späterhin haben sich die Kommunisten eben derselben Antikriegsaktivitäten gerühmt. Eisner, ein Jahr später Chef der Münchener Räte-Regierung, soll sich sogar gebrüstet haben, durch seine Streikaktivitäten vom Januar 1918 die geplante neue Westoffensive substantiell behindert zu haben.

In ihren Arbeiten über die Vorgeschichte der «deutschen Revolution» von 1918/19, haben sich die Historiker der ehemaligen DDR bemüht nachzuweisen, wie effizient die Anti-Kriegs-Aktionen der antimilitaristischen Linken in der Endphase des Krieges tatsächlich gewesen seien. Implizit werden natürlich auf diese Weise die Vorwürfe der damaligen Rechten, daß Spartakus und die «unabhängigen» Sozialdemokraten die «Zersetzung» der Armee betrieben hätten, bestätigt. Joachim Petzold hat in der bislang umfassendsten Studie über die Dolchstoß-Legende versucht, diesen Vorwurf zu entkräften, und betont, daß der erfolgreiche Kampf von Spartakus und den «Unabhängigen» in keiner Weise als «Dolchstoß» zu bezeichnen sei. Das Ziel dieser Gruppen «war die revolutionäre Beendigung des Krieges und die Beseitigung der kapitalistischen Klassenherrschaft. Ihr Kampf entsprach voll und ganz den wahrhaft nationalen Interessen des deutschen Volkes [...]. Es liegt demnach auf der Hand, daß durch die Dolchstoß-Legende die nationalen Interessen des deutschen Volkes verfälscht und die revolutionäre Arbeiterbewegung diffamiert wurde, denn [...] der Kampf gegen einen solchen [reaktionären] Krieg und seine Urheber verkörpert ein nationales Verdienst.»[6]

Interessant ist, daß die vorgeblich objektive Tatsache, daß, wie es an anderer Stelle heißt, der Kampf der Linken gegen den Krieg «vor allem dem nationalen Interesse des deutschen Volkes»[7] gedient habe, in keiner Weise korreliert wird mit der Tatsache, daß die antimilitaristischen Aktivitäten von seiten der politischen Gegner selbstverständlich nicht als «nationales Interesse» sondern eben als «Dolchstoß» gewertet wurden.

Aus einer ganz anderen Perspektive hat Wilhelm Deist sich in einem grundlegenden Aufsatz zur militärischen Entwicklung des Jahres 1918 zum Problem der Quasi-Selbstauflösung des deutschen Heeres gegen Ende des Krieges geäußert und die Folgerung gezogen, daß keineswegs revolutionäre Agitation für diese in die Massendesertionen von Juli/August 1918 mündende tiefe Frustration der Soldaten verantwortlich zu machen sei.

Man möchte Wilhelm Deist gerne zustimmen, aber entscheidend bleibt, daß es eben tatsächlich eine Art «verdeckten Militärstreik» gegeben hat, der dazu führte, daß nach der «Auf zum letzten Gefecht»-Stimmung des Februar/März 1918 und nach dem militärtechnisch gut erklärbaren, aber deshalb keineswegs notwendigen Fehlschlagen der Michael-Offensive (und ihrer Verlängerungen im April) Mutlosigkeit und Weigerungen um sich griffen.

Eine allein auf die deutsche Perspektive beschränkte Untersuchung mag allerdings die Behauptung, daß ein kriegsentscheidender Durchbruch noch im April/Mai möglich gewesen wäre, für reinen Zweckoptimismus bzw. für Realitätsverlust halten. Betrachtet man aber die Kämpfe um Reims und das Erreichen der Marne durch deutsche Truppen aus französischer Perspektive, so zeigt sich, als wie ungeheuer drohend – also andererseits auch vielversprechend – dieser deutsche Angriff angesehen wurde und wie sehr noch heute in Frankreich geradezu von einem zweiten Marne-Wunder des Mai 1918 die Rede ist. Hatte nicht bereits das sogenannte Paris-Geschütz die Außenbezirke der französischen Hauptstadt getroffen, bevor in einer ebenso strategisch-genialen wie äußerst mutigen und aufopferungsvollen Gegenbewegung die französischen und amerikanischen Truppen den deutschen Vormarsch *in extremis* blockieren konnten? Es bleibt dahingestellt, ob überhaupt entscheidbar ist, was gewesen wäre, wenn ... Hier interessiert auch allein die Frage, ob Ludendorffs Entscheidungs-Strategie verantwortungslos und militärisch unrealistisch war. Unrealistisch und verantwortungslos war allerdings, daß die Oberste Heeresleitung nicht einsehen wollte, daß die deutschen Soldaten nach der Michael-Offensive zu erschöpft waren, um weiterzukämpfen. Das von Rupprecht berichtete und von Ludendorff beklagte Festfahren der Offensive wegen Nahrungsmittelmangels spricht Bände. Und hier zeigt sich auch, wie Wilhelm Deist sehr zutreffend bemerkt hat, das Hauptproblem der damaligen militärischen Situation, nämlich das dramatische – bzw. absurde – Auseinanderklaffen von soldatischer Wirklichkeit und Vorstellungswelt der Generalität des Großen Hauptquartiers. Nicht von ungefähr ist Ludendorff vorgeworfen worden, er habe noch per Telefon versucht, Divisionen zu verschieben, die in Wirklichkeit gar nicht mehr existierten.

Eine andere, bislang nicht hinreichend behandelte, aber mit dem Dolchstoß-Problem direkt zusammenhängende Frage ist, was denn im Sommer 1918 die wirkliche, langfristige, strategische und politische Absicht der Obersten Heeresleitung war. «Wir hauen ein Loch rein, der Rest ergibt sich», so soll Ludendorff seine Strategie selber kommentiert haben. Glaubte das deutsche Oberkommando aber wirklich – und bis wann –, einen entscheidenden Sieg erringen zu können? Betrachtet man die Planung von «Michael» genau, so zeigt sich, daß in der OHL die Hoffnung vorherrschte, durch ein Aufbrechen der englisch-französischen Front und die Einnahme von Paris zumindest die Franzosen «aus dem Krieg bringen» zu können, bevor die amerikanischen Truppen wirklich einsatzfähig, d. h. eingeübt und voll ausgerüstet sein würden. Einen Frieden zu erzwingen, während sich die deutschen Truppen noch auf französischem und belgischem Boden befanden, und Annexionen, etwa die von Longwy/Briey, durchzusetzen, wovon die politische und militärische Führung noch bei den Besprechungen in Spa (September 1918) phantasierte – all das schien möglich, wenn die Front «hielt», die «Michael»-Offensive erfolgreich war. Was lag angesichts der geschilderten mentalen Verwerfung, angesichts der Ereignisse an der Front und in der Heimat für die OHL näher als die Vermutung, daß die ganz offensichtlichen Massendesertionen des Juli und August 1918 schuld daran waren, daß sich das politisch-militärische Gesamtkalkül einer strategischen «Entscheidung» gegenüber Frankreich mit wegweisenden Konsequenzen für einen vorteilhaften Friedensschluß nicht mehr realisieren ließ? Unter dieser Perspektive liegt nichts näher als die Behauptung der Militärs, daß «die Heimat» versagt bzw. sogar der Front die Ressourcen entzogen habe, die einen Sieg im skizzierten Sinne möglich gemacht hätten.

Eine große Schwierigkeit für eine historisch korrekte Einschätzung und Schilderung der Dolchstoß-Legende liegt darin, daß der Begriff «Dolchstoß» zunächst ganz unbestimmt läßt, was eigentlich geschehen wäre, wenn es keinen «Dolchstoß» gegeben hätte. Hätte Deutschland dann einen «Siegfrieden» errungen? Hätte es einen besseren Verhandlungsfrieden erzielen können, wenn man die Fronten noch länger hätte stabil halten können? Oder wären die Waffenstillstandsbedingungen erträglicher gewesen, hätte man die Verhandlungen führen können, ohne daß das Heer bereits zu guten Teilen in Auflösung begriffen war? All diese Thesen sind von verschiedenen Seiten zu verschiedenen Zeiten vertreten worden. Das «semantische Feld» der Dolchstoß-Legende ist also ziemlich weit und begrifflich nicht scharf eingrenzbar. Es wurde bereits darauf hingewiesen, daß es unter Umständen gerade dieser Mangel an Präzision ist, der die Lebendigkeit und Dauerhaftigkeit der Dolchstoß-Legende und ihre ganz besondere politische Brisanz ausmachte. Indessen hat es den Anschein, daß in der zeitgenössischen öffentlichen Auseinandersetzung um den «Dolchstoß» eigentlich die gemäßigteren Varianten häufiger auftauchten und daß erst mit Verblassen der Erinnerung und im Rahmen totalitärer Propaganda der extreme Standpunkt, das siegreich vorstürmende Heer sei von hinten erdolcht worden, stark wurde. Bis zum Waffenstillstand und der November-Revolution war vor allem von seiten der Militärs im Umkreis der OHL gleichsam eine «Rückzugsideologie» vorbereitet worden. Das Heer hielt der Belastung von «Michael» und den alliierten Gegenoffensiven des Juli und August 1918 offensichtlich nicht mehr stand. Und der Grund hierfür mußte darin liegen, daß «die Heimat nurmehr schlechtes Menschenmaterial und unzureichende Kriegsmittel lieferte». So war in dieser ersten Phase des Aufkommens der Dolchstoß-Legende auch nicht von geplantem und tückischem Verrat die Rede, sondern ausschließlich von – mehr oder weniger fahrlässigem – Versagen der Heimat. Wenn schon in diesen Kreisen die Friedensresolution des Reichstags als «niederträchtig» bzw. als «in den Rücken des Heeres fallend» bezeichnet wurde,[8] so beinhaltete der Vorwurf doch (noch) nicht gezielten und heimtückischen Verrat. Ludendorffs von Thaer berichtetes böses Wort aus den Tagen des Waffenstillstandes: «Ich habe aber seine SM gebeten, jetzt auch diejenigen Kreise an die Regierung zu bringen, denen wir es in der Hauptsache zu danken haben, daß wir soweit gekommen sind»,[9] ist wohl der sprechendste Beleg für diese aggressiv-apologetische Denkweise führender Militärs.

Die Politiker der im Kriege *nolens volens* «parlamentarisierten» Monarchie und der die Revolution eindämmenden Republik – von Max von Baden bis Ebert, Noske und Scheidemann – arbeiteten der Entstehung und Festigung des Dolchstoß-Topos ganz ungewollt und unbewußt zu, als sie sich darauf einließen, die Formel, daß die Soldaten «im Felde unbesiegt» geblieben seien, zu übernehmen und zu verbreiten. Diese Aussage wurde offensichtlich als ungemein wichtig für die ordnungsgemäße Rückführung der ca. 6,5 Millionen im November tatsächlich noch unter den Fahnen stehenden deutschen Soldaten angesehen. Als Topos findet sie sich voll ausgeprägt in Hindenburgs berühmtem letzten Tagesbefehl an die Armee vom 11. November: «Der Waffenstillstand ist unterzeichnet worden. Bis zum heutigen Tage haben wir unsere Waffen in Ehren geführt. In treuer Hingabe und Pflichterfüllung hat die Armee Gewaltiges vollbracht. In siegreichen Angriffsschlachten und zäher Abwehr, in hartem Kampfe zu Lande und in der Luft haben wir den Feind von unseren Grenzen ferngehalten und die Heimat vor den Schrecknissen und Verwüstungen des Krieges bewahrt. Bei der wachsenden Zahl unserer Gegner, bei dem Zusammenbruch der uns bis an das Ende ihrer Kraft zur Seite stehenden Verbündeten und bei den immer drückender werdenden Ernährungs- und Wirtschaftssorgen hat sich unsere Regierung zur Annahme harter Waffenstillstandsbedingungen entschließen müssen. Aber aufrecht und stolz gehen wir aus dem Kampfe, den wir über vier Jahre gegen eine Welt von Feinden bestanden. Aus dem Bewußtsein, daß wir unser Land und unsere Ehre bis zum äußersten verteidigt haben, schöpfen wir neue Kraft.»[10]

In einer Proklamation der «Vorläufigen badischen Volksregierung» an die von der Vogesen-Front heimkehrenden Regimenter (16. November) wurde ganz ähnlich argumentiert. Und als Friedrich Ebert am 10. Dezember 1918 heimkehrende Truppen in Berlin begrüßte, war sein (heute berühmter) Satz «Kein Feind hat Euch überwunden» bereits eine geläufige Sprachregelung. Es scheint, daß jeder Politiker genau wie die Militärs damals seine Hauptaufgabe darin gesehen hat, die heimkehrenden Soldaten zu beschwichtigen, befürchtend, daß sich sonst die ohnehin stets spürbare Unzufriedenheit in unkontrollierbare Straßenaggression umformen könnte.

Anfänglich scheint indessen der Topos «Im Felde unbesiegt» nicht signifikant verknüpft gewesen zu sein mit einem Verratsvorwurf bzw. konkret: mit dem Vorwurf des «Dolchstoßes» in den Rücken eines vorgeblich siegreichen Heeres. Für die Zeitgenossen hat ein offensichtlich gravierender Unterschied zwischen «unbesiegt» und «siegreich» bestanden. «Unbesiegt» zu bleiben ist die fundamentale Erfahrung des industrialisierten Krieges unübersehbarer Massenheere. Während des Ersten Weltkrieges wurde jegliches Zurückgedrängt-Werden als nur partielles Zurücknehmen eben des eigenen begrenzten «Abschnitts» angesehen und von der Propaganda stets beschwichtigt: Anderswo sei die Front auf jeden Fall stabil geblieben. «Zurücknahmen» wurden stets als nur lokal und akzidentell bezeichnet. Tatsächlich ist ja niemals ein kriegsentscheidender Durchbruch oder «eine Entscheidungsschlacht» gelungen. Der Erste Weltkrieg kennt kein Waterloo oder Königgrätz! Von daher war die Aussage Eberts und anderer, «Euch hat kein Feind besiegt», im Grunde nichts als der Versuch, den Soldaten zu zeigen, daß ihre Kriegserfahrung und Denkweise von den «Zivilisten» verstanden und mitgetragen wurden.

Allerdings war nach dem als entscheidend angesehenen Waffenstillstand vom 11. November 1918, nach den vielen Friktionen der «Heimkehr der Soldaten» und der scharfen Politisierung der Enttäuschungen und Frustrationen im Wahlkampf zur Wahl für die Nationalversammlung bereits ab Dezember 1918 – aber nicht eher! – der Dolchstoß-Vorwurf formuliert, die «Legende» aus der Taufe gehoben. Am 17. Dezember 1918 berichtete die *Neue Zürcher Zeitung* von mehreren Aufsätzen des britischen Generals Sir Frederick Maurice in englischen Zeitungen, in denen nach den Worten des Schweizer Journalisten die Auffassung zum Vorschein komme, die auch in «den verschiedensten Kreisen» geteilt werde, daß die «deutsche Armee [...] von der Zivilbevölkerung von hinten erdolcht» worden sei.[11] Diese Meldung wurde in der deutschen Presse aller Richtungen unmittelbar rezipiert, kolportiert und transformiert. Sie paßte gut zur Erfahrung der revolutionären Wochen und

Die Dolchstoß-Legende

als realistische Erklärung für die nie erwartete Katastrophe eines Waffenstillstandes, dessen Bedingungen als Äquivalent zu bedingungsloser Kapitulation aufgefaßt wurden. Max Weber und Ernst Troeltsch, beide nicht der Militärfrömmigkeit verdächtig, haben die Revolution insbesondere deshalb verurteilt, weil sie «Deutschland die Waffen aus der Hand geschlagen» habe.

Es kann nicht verwundern, daß unter dieser Perspektive in den Monaten zwischen dem Waffenstillstand vom November 1918 und dem Abschluß des Versailler Vertrages Ende Juni 1919 die Frage des Dolchstoßes eine neue, strikt innenpolitische Brisanz gewann. Das unrühmliche Kriegsende, die enttäuschten Hoffnungen auf einen «Wilson-Frieden» führten zu neuen innenpolitischen Polaritäten. Gegen den Vorwurf, das «größte Verbrechen der Weltgeschichte» begangen zu haben – so der französische Staatspräsident Poincaré zur Eröffnung der Friedenskonferenz –, wehrten sich die Deutschen mit größter Erbitterung, aber nur kurzfristig auf einmütige Weise. Scheidemanns Ausruf, in der von der Regierung mitinitiierten großen Protestversammlung in der Berliner Universität, daß «die Hand verdorren möge», die diesen Vertrag unterzeichne, führte zwar sachlich nicht weiter (man mußte wenige Tage später gleichwohl unterzeichnen), diskreditierte aber nachhaltig die «Revolution» und diejenigen Gruppen, die zuvor auf einen «Verständigungsfrieden» gesetzt hatten. Selbstverständlich nutzten die Rechten und die Militärs diese öffentliche Selbstdiskreditierung des in und dank der Revolution entstandenen neuen parlamentarischen Systems zur Wiederherstellung ihres politischen Prestiges sofort aus.

Um einen solchen «Schandfrieden» zu erhalten, so sahen es auch Gemäßigte, hätte Deutschland nicht so früh die Waffen strecken müssen. Conrad Haussmann, der profilierteste Politiker des Linksliberalismus, gab in einem Gespräch mit Wilson im Mai 1919, in der Endphase der Versailler Verhandlungen, zu bedenken: «Wenn man am 5. und 9. November gewußt hätte, daß der Friede so aussähe, dann würde [...] unser Heer die Waffen nicht niedergelegt und die Arbeiter würden ausgeharrt haben.»[12]

Unter diesen Umständen gewann der «Dolchstoß»-Vorwurf an Relevanz und Präzision. Ein Jahr nach dem Waffenstillstand kam es am 18. November 1919 zu einer Stellungnahme Hindenburgs vor dem zweiten Unterausschuß des parlamentarischen Untersuchungsausschusses, den die Nationalversammlung im August 1919 zur Klärung der «Ursachen des deutschen Zusammenbruchs im Jahre 1918» eingerichtet hatte. Generalfeldmarschall von Hindenburg, im Unterschied zu Ludendorff ohne Schaden an Reputation aus der Kriegsniederlage hervorgegangen, erklärte hier, daß wegen der «revolutionären Zermürbung» der Armee der Zusammenbruch habe kommen müssen. Er fuhr fort, in Anspielung auf den offensichtlich allgemein bekannten Zeitungsartikel des General Maurice: «Ein englischer General sagte mit Recht: ‹Die deutsche Armee ist von hinten erdolcht worden›[...]. Wo die Schuld liegt, ist klar erwiesen. Bedurfte es noch eines Beweises, so liegt er in dem angeführten Ausspruche des englischen Generals und in dem maßlosen Staunen unserer Feinde über ihren Sieg.»[13]

In seinen ebenfalls im Spätherbst 1919 verfaßten «Erinnerungen» drückte Hindenburg dasselbe noch krasser – emblematischer – aus: «Wir waren am Ende! Wie Siegfried unter dem Speerwurf des grimmen Hagen, so stürzte unsere ermattete Front.»[14] Und an anderer Stelle, bei der Schilderung der Vorgeschichte des Waffenstillstandes, sprach er von den entfesselten Leidenschaften, die wie ein «Fieber [...] nunmehr den ganzen Volkskörper [...] schütteln. Man denkt nicht mehr an die Folgen für das Ganze sondern nur noch an das Durchsetzen eigener Leidenschaften. Diese machen nicht mehr Halt vor den wahnwitzigsten Plänen. Denn gibt es einen wahnwitzigeren, als den, dem Heere das weitere Leben unmöglich zu machen? War je ein größeres Verbrechen menschlichem Denken und menschlichem Hasse entsprungen?»[15]

Aus Hindenburgs Mund waren diese Anklagen – wiewohl recht unspezifisch gehalten – wie ein Donnergrollen über der Republik. Jetzt war der «Verrat» bzw. der «Dolchstoß»-Vorwurf aus dem Bereich rein politischer Auseinandersetzung auf die Ebene eines Verdiktes durch eine der größten moralischen Instanzen – denn das war Hindenburg für viele – erhoben worden, hatte neue Evidenz und fraglose Legitimität gewonnen. Es versteht sich, daß die Rechte im Wahlkampf zu den Reichstagswahlen vom Juni 1920 die «Dolchstoß»-Thematik weidlich ausnutzte. So massiv geschah dies, daß das *Berliner Tageblatt* im Mai 1920 einmal ironisch zu bedenken gab, daß der Dolch inzwischen abgenutzt sei.[16] Aus Seilers Wortfelduntersuchung geht hervor, daß seit Hindenburgs Auftritt vor dem Untersuchungsausschuß das Wort «Dolchstoß» sich im öffentlichen Gebrauch vollständig verselbständigte, erklärender Zusätze eigentlich nicht mehr bedurfte.[17] Der Dolchstoß-Mythos gerann im Laufe seiner politischen Präzisierung immer mehr zu rein parteipolitischen Auseinandersetzungen, zur Frage, ob die gesamte Linke einschließlich der Mehrheitssozialdemokratie an der anti-militaristischen Kampagne beteiligt gewesen war oder ob man den Außenseitern, der USPD und Spartakus, den Dolchstoß allein anlasten dürfe. In den hauptsächlichen Dolchstoß-Gutachten für den Untersuchungsausschuß des Reichstages, denjenigen von Kuhl und Volkmann, bestand eine massive Tendenz, auf eine – zu Beginn der zwanziger Jahre innenpolitisch versöhnliche – Weise die Mehrheitssozialdemokratie vom Vorwurf «vaterlandsloser» Propaganda und Vorbereitung der Revolution und des «Dolchstoßes» quasi freizusprechen und die Schuld neben «Spartakus» auch den «Unabhängigen» anzulasten – was natürlich auf das innerparteiliche Verhältnis innerhalb der Linken und der Mitte in der Nachkriegssozialdemokratie erhebliche Auswirkungen haben mußte und wohl auch haben sollte. General von Kuhl formulierte in seinem Gutachten für den vierten Unterausschuß des Untersuchungsausschusses des Deutschen Reichstages, der sich unter anderem mit der «Dolchstoß»-Frage beschäftigte, den Zusammenhang in folgender Weise: Viele Faktoren hätten zu der Niederlage Deutschlands beigetragen, vor allem die Tatsache, daß nach dem Fehlschlag der «Michael»-Offensive die Truppe den Mut verloren habe. Aber es ließe sich gleichwohl beweisen, «daß

Die Dolchstoß-Legende

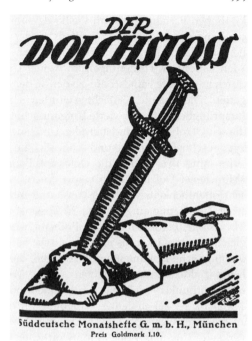

Titelblatt der Süddeutschen Monatshefte (April 1924)

die von der Heimat ausgehende revolutionäre Unterwühlung des Heeres zu unserem Zusammenbruch beigetragen» habe;[18] «die Revolution raubte uns den letzten Rest von Widerstandskraft»;[19] «die Revolution hat dem Heer im letzten Augenblick den Dolch in den Rücken gestoßen, nachdem eine lange Wühlarbeit vorher es zu untergraben versucht hat [...]».[20] Im Spätherbst 1918 sei klar gewesen, daß der Krieg militärisch nicht mehr zu gewinnen war, aber hätte es diese Wühlarbeit und schließliche Revolution nicht gegeben, hätte man den Winter über noch aushalten und sicherlich einen besseren Frieden verhandeln können. Während Schwertfeger und andere Gutachter Kuhl weitgehend zustimmten, erklärte der bekannte und einzige «zivilistische» Militärhistoriker von Rang, Hans Delbrück, daß die Frage, ob die Linke oder Teile der Linken am Dolchstoß schuld seien, eine reine politische Diversion darstelle, komme es doch vor allem darauf an zu zeigen, daß es der extreme Annexionismus der Rechten und der Obersten Heeresleitung war, der die Soldaten verbittert hatte, welche stets bereit gewesen seien, für die Verteidigung des Vaterlandes einzustehen. Ausdrücklich sprach auch Delbrück insbesondere die MSPD vom Vorwurf des Dolchstoßes frei.[21] H. O. Volkmann, dessen Buch über den «Marxismus im deutschen Heer» die bis dahin quellengesättigste Schilderung der linksradikalen Aktivitäten während der Kriegszeit darstellte, kam in seinem Gutachten über die «Stellung der oppositionellen sozialdemokratischen Parteigruppen im Weltkrieg zum nationalen Staat und zur Frage der Landesverteidigung»[22] ebenfalls zu der Schlußfolgerung, daß die Mehrheitssozialdemokratie bei allem grundsätzlichen Internationalismus im Krieg «den nationalen Forderungen im weiten Umfang Rechnung trug» und dadurch in «scharfe Feindschaft» zu den an der Revolution arbeitenden Gruppen geriet.[23] Die gesamten Gutachten wurden in den Jahren 1923 bis 1926 vorgelegt (ursprünglich hatte der vierte Unterausschuß des Untersuchungsausschusses die seit Oktober 1919 andauernden Untersuchungen und Befragungen bereits 1923 abschließen wollen) und schließlich im Jahre 1928 veröffentlicht.

Im Jahre 1924 wurde die Dolchstoß-Frage im Rahmen des sogenannten «Münchener Dolchstoß-Prozesses» erneut – und zum letzten Mal – auf eine sehr öffentlichkeitswirksame Weise und mit ganz überwiegend innenpolitischer Zielsetzung aufgeworfen. N. Cossmann, Herausgeber der *Süddeutschen Monatshefte*, veröffentlichte im Frühjahr 1924 in dieser angesehenen, wenngleich immer stärker ins nationalistische Fahrwasser abgleitenden Zeitschrift umfangreiche Dokumente und Anlagen, die sich vor allem gegen die Mehrheitssozialdemokraten richteten.[24] Diese Veröffentlichungen wurden zu jenem Zeitpunkt – während des Wahlkampfes für die Reichstagswahlen am 4. Mai 1924 – als eindeutige Wahlhilfe für die Rechte gewertet und führten zu massiver Gegenpolemik in der sozialdemokratischen Presse. Schließlich verklagte Cossmann den verantwortlichen Redakteur der Münchener *Post*, Martin Gruber, wegen übler Nachrede und Beleidigung. In dem vom 19. Oktober bis 20. November 1925 dauernden Prozeß, der auf riesiges öffentliches Interesse stieß, wurde wiederum eine große Anzahl von Zeugen gehört, die bereits zum Teil vor dem Untersuchungsausschuß Stellung bezogen hatten; hinzu kam die Prominenz der Sozialdemokratie, u. a. Noske, Wels und Scheidemann. Tatsächlich erreichten die Debatten, Kontroversen und Ergebnisse des Untersuchungsausschusses – insbesondere diejenigen des Unterausschusses für die Frage der Niederlage von 1918 – die deutsche Öffentlichkeit auf dem Umweg über den Münchener Dolchstoß-Prozeß. Das Ergebnis des Prozesses war, daß die Mehrheitssozialdemokratie der Kriegszeit (und implizit natürlich auch die der Nachkriegszeit) vom Vorwurf entlastet wurde, sich am «Dolchstoß» beteiligt zu haben. Auch wurde in der Urteilsbegründung klar ausgedrückt, daß keineswegs die revolutionäre Agitation allein für den Zusammenbruch von 1918 verantwortlich zu machen sei. Es bestand aber für das Gericht kein Zweifel daran, daß erhebliche Versuche unternommen worden waren, die Front zu destabilisieren – der «Dolchstoß» war also nunmehr auch gerichtsnotorisch. Das bedeutete konkret, daß führende Mitglieder der alten USPD, die gerade bei diesen Reichstagswahlen wieder versuchten, Anschluß an das sozialdemokratische Zentrum zu finden, öffentlich diskreditiert wurden. Ein wichtiges «Nebenergebnis» des Prozesses war, daß der General Groener als Zeuge bei dieser Gelegenheit zum ersten Mal den heute noch sogenannten «Ebert-Groener-Pakt» vom November 1918 enthüllte, also das

Bemühen der Heeresleitung, gemeinsam mit der Führung der Mehrheitssozialdemokratie die Revolution zu bekämpfen. Dabei teilte er auch mit, daß in gewisser Weise Haase, der Führer der USPD, an den Bemühungen, die revolutionäre Agitation zu unterdrücken, beteiligt gewesen war. Das war natürlich nicht nur eine politische Sensation, sondern auch Wasser auf die Mühlen der kommunistischen Agitation. Die Kommunisten als «Erben» von Spartakus und dem Kriegs-Radikalismus bezeichneten das Bündnis Ebert-Groener als «Komplott zur Erdolchung der Revolution», als «heimtückischen Verrat Eberts am siegreichen Proletariat».[25] Der Dolchstoß-Prozeß schuf insgesamt eine eindeutig parteipolitische Ausrichtung der Frage nach den Gründen des deutschen Zusammenbruchs von 1918. Beide Parteien konnten behaupten, vom Gericht bestätigt worden zu sein. Während die Mehrheitssozialdemokraten ihre Kriegspolitik als «national» und verantwortungsvoll gewürdigt fanden, fühlten sich die Radikalen in ihrer Auffassung bestätigt, daß Ebert, Noske und die Mehrheitssozialdemokratie sich bereits während des Krieges definitiv mit dem bürgerlichen Nationalismus vereinigt hätten.

Überdies hatte die radikale Politisierung des «Dolchstoßes» die Konsequenz, daß er nicht mehr als ein entscheidendes historisches Ereignis wirklich gewertet werden konnte. Es ließ sich jede Form von ganz offensichtlicher politischer Polemik mit historischen Quellen «belegen». Das wohl wichtigste hi-

«Judas Verrat». Antisemitische Zeichnung von Willy Knabe (1942)

storische Ergebnis der ganzen Expertendiskussion über das Weltkriegsende war wohl die Tatsache, daß «der Dolchstoß» auf jeden Fall relativiert war. Groener, Kuhl und andere, sogar Hindenburg und Ludendorff hatten betont – bzw. waren gezwungen worden zuzugestehen –, daß das deutsche Heer im Spätherbst 1918 keineswegs mehr «an allen Fronten» siegte und daß es sich seit den militärischen Katastrophen des Juli/August nur noch darum gehandelt hatte, einen «anständigen Frieden» zu erreichen. Insofern war die gesellschaftliche Entlastung durch die Dolchstoß-Diskussion zunächst erfolgreich verlaufen.

Die nationalsozialistische Agitation brachte im «Dolchstoß»-Zusammenhang insofern etwas grundsätzlich Neues, als sich Hitler schon in *Mein Kampf* auf keine der zu diesem Zeitpunkt üblichen Differenzierungen einließ. Für ihn waren die Ereignisse des Spätherbstes 1918 insgesamt und pauschal den «Novemberverbrechern» und «Marxisten» zuzurechnen, denen insgesamt blutige Rache geschworen wurde. Deshalb verloren hier konkretere Qualifizierungen des «Dolchstoßes» an Gewicht. In *Mein Kampf* kam der Terminus «Dolchstoß» nur einmal in charakteristisch generalisierter Form vor: «Kaiser Wilhelm II. hatte als erster deutscher Kaiser den Führern des Marxismus die Hand zur Versöhnung gereicht, ohne zu ahnen, daß Schurken keine Ehre besitzen. Während sie die kaiserliche Hand noch in der ihren hielten, suchte die andere schon nach dem Dolch.»[26]

«November-Verbrecher» wurde in der Nazi-Propaganda durchweg in Verbindung gebracht mit «im Felde unbesiegt». Nach der Machtergreifung von 1933 wurde die Formel vom «Dolchstoß von Judentum und Marxismus» nurmehr gebetsmühlenartig wiederholt. Das Wort «Dolchstoßlegende» wurde aus dem politischen Vokabular getilgt. Sogar in den großen Lexika der Zeit ab 1935 taucht es nicht mehr auf. Vielleicht – das wäre näher zu untersuchen – war auch die gemeinsame Überzeugung vom «Dolchstoß» eine der Nahtstellen zwischen den konservativ-bürgerlichen Schichten und den Nazis. «Dolchstoß» gehörte zu den Selbstverständlichkeiten des «nationalen» Repertoires, und das Versprechen Hitlers, solche Verhältnisse im Heer nicht mehr zuzulassen, war zweifellos «vertrauensbildend». Zu den konkreten Maßnahmen gehörte insbesondere die Durchsetzung des Straftatbestandes der «Wehrkraftzersetzung», der in Vorbereitung des Zweiten Weltkrieges 1938 «per Kriegssonderstrafrechtsverordnung» eingeführt wurde und der alle möglichen Aktivitäten zur Unterminierung soldatischer Disziplin mit dem Tode bestrafte.

Nach 1945 wurde der «Dolchstoß» seinerseits Anathema und die «Dolchstoß-Legende» wieder eingeführt. Für die Zeit der Aufbauphase der Bundesrepublik Deutschland scheint die Kritik der «Dolchstoß-Legende» ein direktes Korrelat gewesen zu sein zu «engagierter demokratischer Gesinnung».[27] Die Erinnerung der älteren Generationen an die Anfänge von «Weimar» war noch sehr lebendig, und zur Stabilisierung der Demokratie gehörte das Bemühen, keine neue Dolchstoß-Legende bezüglich der Niederlage im Zweiten Weltkrieg aufkommen zu lassen. Auch die Siegermächte waren daran interessiert, eine Neubelebung der Dolchstoß-Legende zu vermeiden.

Schon der Nürnberger Prozeß gegen die Hauptkriegsverbrecher sollte u. a. den Deutschen *ad oculos* demonstrieren, daß die Nazis und die Hitler allzu willig folgenden Militärs tatsächlich die grauenhaftesten Verbrechen begangen hatten und daß ihr Krieg pure Aggression gewesen war. Dies kam zusammen mit der nach der Niederlage tatsächlich wie ein Kartenhaus zusammenbrechenden Nazi-Ideologie (in zeitgenössischen Berichten ist häufig von der dumpfen Leere in den Köpfen der Besiegten die Rede), weshalb insgesamt nach 1945 keinerlei *Irredenta* in Deutschland aufflammte.

Auch die Reeducation-Politik der Alliierten wollte jegliches Aufkommen eines nationalistischen Revisionismus durch gezielte Einbindung der Westdeutschen in die europäische bzw. atlantische Gemeinschaft verhindern. Erste Ansätze hierzu zeigten sich bereits bei de Gaulles berühmter Reise in die französische Besatzungszone im Oktober 1945, wo er die Deutschen ermutigte mitzuhelfen, ein neues Europa zu bauen. Daß der Sieger für die politische Entwicklung des Besiegten mitverantwortlich ist, daß – wie es Joseph Rovan 1945 ausdrückte – Frankreich das Deutschland erhalten werde, das es verdiene («L'Allemagne de nos mérites»), markiert den ganzen Unterschied zwischen den beiden Nachkriegszeiten. In den Jahren nach 1918 ging es im wesentlichen um die Bewahrung (und Ausweitung) nationaler Souveränität, 1945 hingegen um internationale Integration jenseits der alten nationalistischen Befindlichkeiten und politischen Ideologien.

Die Historiker arbeiteten ebenfalls sehr stark in diese Richtung, wobei es näherer Untersuchung bedürfte, wie sich hier neue europäische Integration und alte nationale Stereotypen mischten. Gerhard Ritter als wohl typischster Vertreter dieser Generation – noch geprägt von der Erinnerung an den Ersten Weltkrieg und «Versailles» – hatte beispielsweise in seinen Arbeiten über die deutsche Widerstandsbewegung sich stets bemüht zu zeigen, daß Goerdeler, Schlabbrendorf und andere in keiner Weise eines «Dolchstoßes» verdächtigt werden könnten. Sie hätten sich im Hinblick auf ihre Handlungsmotive und ihre politischen Ziele stets in nationaler Hinsicht loyal verhalten, Deutschland vor der Barbarei retten wollen. Interessanterweise billigte er allerdings solch noble Gesinnung dem kommunistischen Widerstand nicht zu, dem ohne weiteres Verrat an Deutschland attestiert wurde. Solche Differenzierungen spiegeln natürlich den Einfluß antitotalitärer Überzeugungen und der Ideologie des Kalten Krieges, der zu anderen Polaritäten führte. Nationalem Revisionismus und einer neuen «Dolchstoß»-These war allerdings hiermit der Boden entzogen.

Auf Dauer hat sich wohl aus diesem Grunde «Dolchstoß-Legende» schließlich in einen nicht mehr emotional besetzten Terminus technicus verwandelt, als welcher er heute gebraucht wird. Heute ist das Wort – ähnlich wie «Versailles» – nicht mehr als ein noch weithin gebrauchter und unmittelbar verständlicher Begriff, der paradigmatisch die inneren Schwierigkeiten umreißt, denen die aus dem Ersten Weltkrieg hervorgegangene deutsche Demokratie ausgesetzt war und welche sie damals nicht wirklich überwinden konnte, weshalb sie dem Ansturm des Faschismus nicht widerstand.

Peter Reichel

Auschwitz

1. Der Ort und das Verbrechen

Auschwitz – das ist ein eigentümlich ortloser Ort. Eine Stadt mit dieser deutschen Bezeichnung sucht man heute vergeblich auf der Landkarte – als Erinnerungsort und Symbol des Schreckens hat der Name universale Geltung. Auschwitz abstrahiert nicht in der Weise von der Geschichte wie die später populär gewordenen Begriffe ‹Shoah› und ‹Holocaust›, die das konkrete historische Geschehen mit einem religiösen Bedeutungsfeld umgeben. Auschwitz steht exemplarisch für das menschenverachtende nationalsozialistische System von Zwangsarbeit und Völkermord, medizinischen Versuchen und Verwertung des Vermögens sowie der körperlichen Überreste der Ermordeten. Es war ein von Menschen betriebenes System rationeller Reduktion von Menschen auf tote Materie. Rationell, denn die Ausbeutung wurde planvoll und arbeitsteilig organisiert, die Vernichtung, so wollte es das System, emotionslos exekutiert – wie ‹am laufenden Band›, so ein SS-Arzt.

Auschwitz ist der Name für die industriell organisierte Ermordung von fünf bis sechs Millionen Juden, die während des Zweiten Weltkrieges aus den von Hitler-Deutschland besetzten europäischen Ländern in die östlichen Vernichtungslager deportiert und dort umgebracht wurden: Allein in Auschwitz waren es über eine Million Juden, der größte Teil von ihnen stammte aus Polen und Ungarn. Etwa eine Viertelmillion nichtjüdische Polen, sowjetische Kriegsgefangene, Sinti und Roma und andere kommen hinzu.

Aber wie kam der kleine südpolnische Ort, der Ende der dreißiger Jahre etwas mehr als zehntausend, zur Hälfte jüdische Einwohner zählte, zu seiner bedrückenden Berühmtheit? Wie wurde aus Oswiecim Auschwitz? Diesen Namen trug die südwestlich von Krakau gelegene Stadt an der Weichsel zweimal in ihrer wechselvollen Geschichte: nach ihrer deutschen Gründung 1270, also während der Germanisierung Ostmitteleuropas, und im Zweiten Weltkrieg, als der ostoberschlesische Ort dem ‹Großdeutschen Reich› eingegliedert wurde. Die Stadt liegt verkehrsgünstig an dem Eisenbahnknotenpunkt der Strecken Berlin–Lemberg und Wien–Warschau. Sie verfügte über eine Kaserne, und Himmler, der als Reichsführer-SS zugleich Reichskommissar für die Festigung des deutschen Volkstums war, verknüpfte die Standortwahl mit der ‹Ostsiedlung›. So entstand das 40 Quadratkilometer große ‹Interessengebiet KL Auschwitz›.

Mit dem Bau des ersten Lagers, des späteren Stammlagers (Auschwitz I) begann die SS bereits im Frühjahr 1940. Im Sommer desselben Jahres kam der erste Transport mit ca. 700 polnischen politischen Gefangenen ins Lager. Ab März 1941 entstanden, wenige Kilometer entfernt, zwei weitere Lager: das Arbeitslager Buna-Monowitz (Auschwitz III) für die IG-Farben-Werke, mit vielen Nebenlagern, deren Häftlinge für Unternehmen der SS und der deutschen Großindustrie (Krupp, Siemens-Schuckert, Rheinmetall-Borsig u. a.) arbeiten mußten, und im Dorf Brzezinka das Vernichtungslager Birkenau (Auschwitz II). Dort wurden im September 1941 an russischen Kriegsgefangenen die ersten Massenvergasungen vorgenommen. Aber noch Ende 1942, als die Deportationszüge aus vielen Ländern nach Auschwitz fuhren, sprach man im Westen von einer «unbekannten Ortschaft im Osten».[1]

Bald häufen sich im Westen die Meldungen von den deutschen Massenmorden in Osteuropa. Aber noch Ende Juli 1941 warnt der britische Informationsminister vor «zu extremen» Darstellungen von Konzentrationslagern: sie würden «den Normaldenkenden» abstoßen. Von Anfang an ist Unglaubwürdigkeit und Unverständlichkeit ein zentrales Problem im Umgang mit diesem Gewaltverbrechen. Nachrichten von den Greueltaten kursieren auch in Deutschland. Viele halten sie für ein Gerücht oder für feindliche Propaganda. Öffentliche Aufklärung darüber ist lebensgefährlich, wird zum Akt des Widerstands. Im Sommer 1942 macht die ‹Weiße Rose› in ihrem zweiten Flugblatt auf die bestialische Ermordung mehrerer hunderttausend Juden in Polen aufmerksam.

Skepsis und Unglauben dominieren auch im Westen. Immerhin wird Ende 1942 das Unglaubliche offiziell bestätigt: Vor dem Unterhaus nennt der britische Außenminister Anthony Eden die NS-Gewaltverbrechen erstmals beim Namen und verurteilt sie als «this bestial policy of cold-blooded extermination».[2] Die Moskauer Außenminister-Konferenz im Oktober 1943 verweist auf Beweismaterial von Massenexekutionen im Osten. Aber erst in Nürnberg wird das ganze Ausmaß der Verbrechen offenbar.

Die deutsche Bevölkerung reagiert verstört auf die ersten Bilder und Berichte von den *Todesmühlen* (so der Titel eines der frühen Dokumentarfilme). Das habe man weder gewußt noch gewollt, heißt es immer wieder, und auch: Widerstand gegen den Nazi-Terror sei zwecklos gewesen. Es dauert lange, bis sich das kollektive Bewußtsein für dieses Geschehen öffnet, ganz ist es nie gelungen. Erst seit Beginn der sechziger Jahren, als die Gewaltverbrechen über mehrere Jahre hinweg Gegenstand und Anlaß von Strafprozessen, Parlamentsdebatten und Theaterskandalen sind, findet Auschwitz Eingang in die deutsche Umgangssprache, wird der Name zur Metapher für *die* Menschheitskatastrophe der jüngeren Geschichte. Der Weg dahin ist lang.

Die Erinnerung an Auschwitz begann am Ort des Verbrechens, aufbewahrt in den Tagebüchern von ermordeten jüdischen Häftlingen der ‹Sonderkommandos›, aufbewahrt in den berühmten Auschwitz-Protokollen entkommener Juden, aufbewahrt in den Aufzeichnungen von Auschwitz-Überlebenden. Die offizielle Gedächtnisgeschichte von Auschwitz, das nun wieder Oswiecim hieß, begann, als der Ort im Juli 1947 per Gesetz und für ‹ewige Zeit› zum polnischen Nationaldenkmal erklärt wurde. Auschwitz ist Gedenkstätte und staatliches Museum, Dokumentation und Archiv authentischer Überreste. Es ist ein gewerblich genutzter Ort und eine Touristenattraktion, die Jahr für Jahr mehr als eine halbe Million Menschen anzieht. Auschwitz ist ein Ort des Sichtbaren und Unsichtbaren und nicht zuletzt der größte Friedhof der Welt, ein Friedhof ohne Grabsteine.

Das Grab der Opfer hat viele Orte. Spuren finden sich in ihren schriftlichen Zeugnissen und im Gedächtnis der materiellen Dinge, die von ihnen übriggeblieben sind, in den Briefen, Tagebüchern und Zeichnungen, in den Bergen von Brillen, Haaren, Koffern und Schuhen, aber auch in den technik- und baugeschichtlich aussagekräftigen Relikten wie dem Eingangstor mit dem zynischen Schriftzug ‹Arbeit macht frei›, der Rampe oder den Zaunpfählen der hohen Lagerzäune. In diesen lagerarchäologischen Fundus gehört auch die Fülle der Fotografien mit den schockierenden Bildszenen, durch die sich dem Gedächtnis der Nachlebenden die Stationen der Vernichtung imaginativ eingeprägt haben: von der ‹Ankunft und Selektion› der Deportierten auf der Rampe, über die sich aneinander drängenden, entkleideten Menschen vor der Gaskammer, die Verbrennung ihrer Leichname nach der Tötung, bis hin zu den Bergen von körperlichen Überresten und persönlichen Gegenständen. Insofern diesen emotionalisierenden Bildern von suggestiver Kraft vom Betrachter die Autorität einer authentischen Realität zugeschrieben wird, werden sie zu Ikonen der Vernichtung.

Das Grab der Toten hat seinen Platz aber auch im kommunikativen Gedächtnis der Nachlebenden. In ihm erfährt die Erinnerung an die Ermordeten widersprüchliche Deutungen, in ihm wird sie auch bedroht. Nicht zuletzt deshalb ist die Verbreitung der sogenannten Auschwitz-Lüge in manchen Ländern ein strafrechtlich relevantes Vergehen. Zu Recht sind die nicht nur in Frankreich einflußreichen Auschwitz-Leugner als «assassins de la mémoire» (P. Vidal-Naquet) bezeichnet worden.

Gut vierzig Jahre gab es auf die Frage: Wem gehört Auschwitz? nur eine Antwort. Sie fand im Museum und in der Gedenkstätte Oswiecim ihren Niederschlag. In den größtenteils erhalten gebliebenen Gebäuden in Auschwitz I wurde seit 1947 durch die polnische Regierung und ehemalige Häftlinge in einer allgemeinen Ausstellung und in Länderausstellungen «die Geschichte des Leidens der polnischen Nation und anderer Nationen»[3] erzählt, eine heroische Leidensgeschichte, die über den antifaschistischen Widerstand zum Sieg des Kommunismus über Hitler-Deutschland führte. Unvereinbar mit dieser Deutung war, daß in Auschwitz-Birkenau ein Großteil der polnischen und europäischen Juden ermordet wurde. Erst in den späten siebziger Jahren kam die Ausstellung «Das Leiden und der ‹Kampf der Juden» hinzu.

Das Ende der kommunistischen Herrschaft brachte für den Erinnerungsort Auschwitz langwierige Konflikte und manch schnelle Korrektur. Umstandslos entfernt oder verändert wurden jene bald nach dem Krieg errichteten Denkmäler zur ehrenden Erinnerung an den Sieg der Roten Armee. Damit war die erste, den Befreiern gewidmete Erinnerungsschicht beseitigt. Der 1989 gegründete «International Auschwitz Council» beschloß, auch das bisherige kommunistische Geschichtsbild zu korrigieren.

Der eigentliche, die neunziger Jahre hindurch virulente Konflikt ging von polnischen Katholiken aus. Bereits im kommunistischen Polen gab es an diesem Erinnerungsort eine kaum übersehbare Präsenz christlicher Symbole und Einrichtungen. Der Besuch des Papstes 1979 hatte den Bau einer weiteren Kirche zur Folge. Sie ist dem heiliggesprochenen katholischen Mönch Maximilian Kolbe gewidmet, der sich für einen Mitgefangenen opferte, wegen seiner antisemitischen Veröffentlichungen aus der Vorkriegszeit heute allerdings nicht unumstritten ist. Der Streit spitzte sich weiter zu, als auch noch ein Karmelitinnen-Kloster eingerichtet und ein acht Meter hohes Holzkreuz aufgestellt wurde.

Jüdische Organisationen protestierten. Ihre Sorge, die Polen könnten Auschwitz für sich vereinnahmen und zu einem Ort des christlichen Antijudaismus machen, ist ebenso ausgeprägt wie die polnische Angst, daß die Juden Auschwitz judaisieren und die Polen auf die Täterseite stellen könnten. Die Juden können christliche Symbolik an diesem Ort nicht akzeptieren, weil er der größte Friedhof des europäischen Judentums ist und sich die Ermordung der Juden unter den Augen des christlichen Europas ereignet hat. Als Papst Johannes Paul II. im Oktober 1998 die zum katholischen Glauben konvertierte Jüdin Edith Stein, die 1942 in Auschwitz ermordet wurde, heiligsprach, wurde das angespannte polnisch-jüdische Verhältnis erneut belastet. Edith Stein in Auschwitz als Märtyrerin zu verehren ist nicht unproblematisch, denn sie wurde nicht wegen ihres katholischen Glaubens, sondern wegen ihrer Herkunft aus einer jüdischen Familie ermordet.

Aber Oswiecim ist nicht nur der Ort, an dem Erinnerung die Geschichte vereinfacht, verfälscht und darüber gestritten wird, wem er gehört und welche Erinnerungssymbolik dort angemessen ist. In Oswiecim gibt es noch ein anderes Problem im Umgang mit der Vergangenheit: Auschwitz verfällt. An der Sammlung staatlicher und privater Geldspenden des «International Auschwitz-Birkenau Preservation Committee» hat sich auch die Bundesrepublik beteiligt. In der parlamentarischen Aussprache darüber begründete Konrad Weiß (Bündnis 90) im November 1992 die Notwendigkeit mit dem Argument, daß «kein Gras über Auschwitz»[4] wachsen dürfe.

Gut zwanzig Jahre zuvor hatte Werner Maihofer (FDP) anläßlich der vierten Verjährungsdebatte im Bundestag diese Gedächtnismetapher schon einmal benutzt. Er bezog sich allerdings nicht auf Oswiecim, den Ort des Opfergedenkens, sondern auf die Schuld der Täter und Mittäter, den deutschen Erinnerungsort Auschwitz, dessen Speicher und Medium die Ermittlungsakten, Zeugenaussagen, Prozeßprotokolle und Urteile sind.

Die Schuldfrage betraf nicht nur das Verhältnis von Siegern und Besiegten sowie von besiegten Deutschen und überlebenden Opfern. Sie war auch unter den Deutschen selbst umstritten und von Anfang an Gegenstand des deutsch-deutschen Erbenstreits. Die DDR spielte sich an der Seite der Sowjetunion als Sieger und als lachender Erbe der deutschen Geschichte auf. Sie war gefangen zwischen antifaschistischer Vergangenheitsverklärung, kommunistischer Zukunftsgewißheit und Schuldabwehr. Demgegenüber verstand sich die Bundesrepublik als Rechtsnachfolger des liquidierten Deutschen Reiches. In der westdeutschen Öffentlichkeit war insofern der Wille sichtbar, wie widerstrebend auch immer, «sich der Vergangenheit und ihren Belastungen auszusetzen und eine Wiederholung, aber auch eine Verharmlosung oder gar Verteidigung des Grauens zu verhindern».[5] Auschwitz wurde überall dort gegenwärtig, wo sich der Nationalsozialismus vor Gericht verantworten mußte. Der erste große Prozeß fand in Nürnberg statt.

2. Nürnberg und die deutsche Schuld

Die Alliierten hatten schon während des Krieges erklärt, daß sie die ‹Hauptkriegsverbrecher› vor Gericht stellen würden, wobei die Vorstellungen über die konkrete Vorgehensweise zunächst sehr unterschiedlich waren. Zeitweilig dachte man daran, die Hauptverantwortlichen, deren Schuld über jedes Gerichtsverfahren hinausging, standgerichtlich erschießen zu lassen. Die führenden Nazis sollten keine Gelegenheit erhalten, sich vor der Weltöffentlichkeit zu erklären. Dem Vorwurf der Siegerjustiz wollte man sich aber auch nicht aussetzen. Mit dem Internationalen Militärtribunal in Nürnberg und den zwölf Nachfolgeprozessen verfolgten die Alliierten, voran die Amerikaner, vor allem zwei Ziele. Zum einen wollten sie die Hauptschuldigen bestrafen. Zum anderen sollten die deutsche Bevölkerung und die Weltöffentlichkeit durch die Ermittlung der kriminellen Tatbestände und Sicherstellung umfassender Beweismaterialien aufgeklärt werden. Für Nürnberg als Gerichtsort sprach, daß die ‹Stadt der Rassengesetze› und der ‹Reichsparteitage› neben München und Berlin am stärksten nationalsozialistisch geprägt war.

Vorbehalte gegen das Verfahren gab es von Anfang an. So wenig die Berechtigung eines Sühneverlangens und die Legitimität der Bestrafung bezweifelt wurden, so groß waren die Bedenken hinsichtlich der Legalität des Prozesses. Der Haupteinwand betraf den rechtsstaatlichen Grundsatz ‹nulla poena sine lege› – niemand darf nach Gesetzen bestraft werden, die erst nach der Tat in Kraft getreten sind –, das sogenannte Rückwirkungsverbot. Immerhin konnte sich der Gerichtshof auf das Völkerrecht vor dem Zweiten Weltkrieg berufen (Briand-Kellogg-Pakt 1928). Auch für Kriegsverbrechen boten die Haager Landkriegsordnung und die Genfer Kriegsgefangenenkonvention eine Rechtsgrundlage. Und die Verbrechen gegen die Menschlichkeit waren nach dem Recht aller Rechtsstaaten als Straftaten anzusehen. Vorbehalte richteten sich auch gegen die Zusammensetzung des Gerichts, dem nur Deutschlands Kriegsgegner, aber keine neutralen Staaten angehörten. Nicht nur die Angeklagten, auch deutsche Juristen sprachen vom «Besatzungsgericht».

Später ist der Prozeß in seiner nationalen wie internationalen Bedeutung auch von deutschen Juristen und Historikern sehr viel besser beurteilt worden. Angesichts der ungeheuerlichen Verbrechen, die das Nürnberger Tribunal aufgedeckt hat, verblaßten die juristischen Einwände gegenüber der Einsicht, «daß hier Recht geschehen ist».[6] Aber wohl nur wenige fanden ein so positives, treffendes Urteil wie Robert W. Kempner. Göring hatte den damaligen Justitiar der Polizei im Preußischen Innenministerium 1933 aus dem Amt gejagt. Nun war er als stellvertretender amerikanischer Chefankläger nach Deutschland zurückgekehrt. Das Nürnberger Tribunal nannte er «die größte politologische und historische Forschungsstätte». Denn noch nie zuvor sei ein Staat «so systematisch durchforscht» worden.[7] Tatsächlich gilt der Prozeß längst nicht nur als juristische Großtat, sondern auch als eine historiographische Aufklärung von bleibendem Wert.

Die Protokolle allein der 218 Sitzungen des Hauptverfahrens füllen über 16 000 Seiten. Die Anklage und Verteidigung legten zusammen 5000 Beweisdokumente vor, 240 Zeugen wurden gehört. Erstmals in einem Strafverfahren wurde auch filmisches Material benutzt, insbesondere der von der US-Armee gedrehte Dokumentarfilm *Nazi Concentration Camps*. Zeitungen und Wochenschauen berichteten kontinuierlich und ausführlich. Zumindest in den ersten Monaten war das öffentliche Interesse in Deutschland groß.

Der Hauptprozeß begann am 14. November 1945 gegen 21 der 24 Angeklagten und endete am 1. Oktober 1946 mit zwölf Todesurteilen. Die Alliierten stützten ihre Anklage auf vier verschiedene Verbrechenskomplexe, die sie im Londoner Abkommen über die «Bestrafung der Hauptkriegsverbrecher» definiert und erläutert hatten: Verschwörung gegen den Frieden; Führung eines Angriffskrieges; Kriegsverbrechen im Sinne der Haager Landkriegsordnung und der Genfer Kriegsgefangenenkonvention und Verbrechen gegen die Menschlichkeit, definiert als Vertreibung, Versklavung, Deportation und Ermordung der Zivilbevölkerung.

Das Interesse der Vereinigten Staaten zielte jedoch vorrangig darauf, den Angriffskrieg zu ächten, zumal das nach dem Ersten Weltkrieg nicht gelungen war. Nicht Auschwitz, sondern das Verbrechen gegen den Frieden stand für Robert H. Jackson im Vordergrund. Dem korrespondiert die angelsächsische Sicht auf den Kontinent und Deutschland, die nicht von den großen Brüchen, sondern vom Primat der Balance ausging und die Bedrohung des machtpolitischen Gleichgewichts durch Hitler-Deutschland in den Vordergrund stellte. Die Ankläger bezweifelten nicht, daß sich bereits vor dem Krieg Verbrechen gegen die Menschlichkeit ereignet hatten. Damit sie aber als solche gewertet werden konnten, mußten sie nach dem Gerichtsstatut in Verbindung mit der aggressiven Kriegführung begangen worden sein. Nur für Straftaten im Zusammenhang von Kriegshandlungen hielt sich der Gerichtshof zuständig. Diese Selbstbeschränkung schloß die Judenverfolgung bis zum Beginn des Krieges aus der Strafverfolgung von Verbrechen gegen die Menschlichkeit aus. So erschien der Judenmord als Folge von Kriegshandlungen und Teil der Kriegsverbrechen, aber nicht als ein Verbrechenskomplex der ‹nationalsozialistischen Rassenpolitik›. Man sprach vor allem von «War Crimes» und «War Criminals».

Für das Bild von Auschwitz war das langfristig fatal. Zwischen Kriegsverbrechen und Menschlichkeitsverbrechen wurde kaum mehr unterschieden. Die Ausdehnung des Begriffs Kriegsverbrechen auf alle Arten nationalsozialistischer Straftaten machte die alliierten Strafverfahren in der deutschen Öffentlichkeit zu rein politischen Prozessen. Die Angeklagten galten als ‹Kriegsverurteilte›. Damit wurden alle in der NS-Zeit begangenen Verbrechen zugleich entkriminalisiert, zumal das Alltagsverständnis das Verbrechen auf den Einzelmord bezieht, Straftaten aber, die darüber hinausgehen, der Politik, dem Krieg und der Geschichte zuordnet.

Zwar hat sich der Bundesgerichtshof Anfang der fünfziger Jahre um Verdeutlichung bemüht und das «Für-Nichts-Achten» des Menschen als den Wesenskern der NS-Gewaltverbrechen herausgestellt. Aber die Definition blieb zunächst weitgehend unbeachtet. Noch im Sommer 1967 sah sich Bundesjustizminister Gustav Heinemann (SPD) veranlaßt, die obersten Bundesbehörden darauf hinzuweisen, zwischen «Kriegsverbrechen» und «nationalsozialistischen Verbrechen» zu unterscheiden.[8]

Nun gab es in Nürnberg allerdings nicht nur den Prozeß gegen die Hauptkriegsverbrecher. Eine weitere Möglichkeit, einer größeren Öffentlichkeit die nationalsozialistischen Gewaltverbrechen ins Bewußtsein zu bringen, boten die in alleiniger Verantwortung der USA geführten 12 Nürnberger Nachfolgeprozesse. Gleich mehrere befaßten sich unmittelbar mit dem Komplex der Menschlichkeitsverbrechen. Drei Beispiele.

Der erste war der Ärzteprozeß. Schon dieses Verfahren ließ erkennen, wie fragwürdig die alliierte Konstruktion im Hauptverfahren gewesen war, Gewaltverbrechen als Folge von Kriegshandlungen zu sehen und jene Verbrechen auszuklammern, die Deutsche an Deutschen begangen hatten. Der Prozeß widmete sich ausgiebig der sogenannten Euthanasie-Aktion und konnte den Nachweis erbringen, daß eine enge Verbindung zwischen den medizinischen Tötungsspezialisten und dem Personal der Vernichtungslager bestand.

Die hohe Bedeutung von Interessen wirtschaftlicher Ausbeutung im Vollzug der ‹Endlösung› trat im I. G. Farben-Prozeß zutage. Das Verfahren ließ keinen Zweifel an der Mitverantwortung des Konzerns für den Krieg, für die Zwangsarbeit und die Ermordung von Kriegsgefangenen. Über die milden Strafen spottete der amerikanische Chefankläger, daß sie «einen Hühnerdieb»[9] erfreut hätten. Alle Manager waren bald wieder in Freiheit, manche kehrten in die Spitze der drei Nachfolgeunternehmen (Bayer, BASF, Hoechst) zurück. Einer von ihnen schrieb in einer im Wiederaufbau der fünfziger Jahre gern gelesenen Unternehmensbiographie, daß sie unter den schwierigen Verhältnissen des Krieges nur ihre Pflicht getan hätten. Auschwitz war in dieser Lebensbilanz kaum mehr als eine Fehlinvestition.

Die höchste Zahl von Todesstrafen wurde im Prozeß gegen hochrangige Angehörige der Einsatzgruppen verhängt, jener mobilen Mordkommandos, die zu Beginn des Rußlandkrieges hinter der vorrückenden Wehrmacht vor allem gegen die ‹jüdisch-bolschewistische Intelligenz› vorgegangen waren und mehr als eine halbe Million Menschen umgebracht hatten. Das Gericht verbarg seine Rat- und Sprachlosigkeit im Urteil nicht und nannte die Schreckenstaten Verbrechen, die in ihrer «Vertiertheit der Beschreibung trotzen» und in nichts hinter «Dantes imaginärem Inferno» zurückstünden.[10]

Gleichwohl haben US-Hochkommissar John McCloy und der ihn beratende Begnadigungsausschuß unter dem innenpolitischen Druck der USA und der Bundesrepublik erhebliche Strafmilderungen verfügt und nicht wenig dazu beigetragen, das grassierende «Gnadenfieber» (Robert W. Kempner) in Deutschland zu beruhigen. Die Begnadigungspraxis markierte die Bruchstelle zwischen dem anfänglichen amerikanischen Programm der Bestrafung der ‹Kriegsverbrecher› und der Demokratisierung der deutschen Gesellschaft auf der einen Seite und den neuen außenpolitischen Optionen für den vormaligen Kriegsgegner als Konsequenz des Kalten Krieges auf der anderen. Diese Optionen hießen Westintegration und Wiederbewaffnung.

In diesem politischen Spannungsfeld muß man letztlich auch die Bedeutung der Nürnberger Prozesse insgesamt würdigen. Sie boten für einen kurzen Augenblick die Möglichkeit, die sich nicht ein zweites Mal ergeben sollte, der internationalen und deutschen Öffentlichkeit Art und Ausmaß eines bis heute schwer verständlichen Verbrechenskomplexes vor Augen zu führen, die verbrecherischen Organisationen (SS, Gestapo, SD, NSDAP-Führerkorps) als solche zu benennen und zahlreiche der hauptverantwortlichen Täter zu verurteilen. Der «extraterritoriale Gerichtsstaat» (Robert W. Kempner) Nürnberg hat die deutsche Schuld ermittelt. Man übertreibt nicht mit der Bewertung, daß Nürnberg Auschwitz zu einem deutschen und menschheitsgeschichtlichen Erinnerungsort gemacht hat.

Im kollektiven Gedächtnis der frühen deutschen Nachkriegsgesellschaft hat das im wesentlichen aus zwei Gründen keinen nachhaltigen Niederschlag gefunden. Zum einen wegen der tendenziellen Gleichsetzung von nationalsozialistischen Gewalt- und Kriegsverbrechen, an der das Nürnberger Tribunal nicht unbeteiligt war. Zum anderen, weil das unglückliche nationale Bewußtsein der Deutschen die zuvor nach außen gewendete, völkisch-aggressive Wir-Ihr-Unterscheidung schuldentlastend nach innen kehrte. Nun verlief die Trennungslinie zwischen einem dämonisch-übermächtigen Hitler mitsamt seiner kriminellen NS-Führung und den gutgläubigen, in ihrem Pflichtbewußtsein und ihrer ‹Gefolgschaftstreue› mißbrauchten Deutschen. Angehörige der Funktionseliten aller gesellschaftlichen Bereiche suchten sich aus der Mitverantwortung zu ziehen, indem sie auf ihre fachlich-neutrale Tätigkeit verwiesen. Selbst die zahlreich zum Tode verurteilten Angeklagten im Einsatzgruppenprozeß profitierten von der strafmindernden Wirkung der ‹Gehilfentheorie›.

Das schuldentlastende Opferbewußtsein wurde durch aktuelle Erfahrungen noch verstärkt. Unter der bedrückenden Erfahrung der Kriegsniederlage, der Trümmerwüsten, der Entnazifizierung und des materiellen Elends sahen sich Millionen Deutsche selbst als Opfer des Krieges, vor allem die Kriegsheimkehrer und Ausgebombten, die Flüchtlinge und NS-Belasteten. Daß die beiden damals populärsten Figuren auf Bühne und Leinwand, Wolfgang Borcherts Beckmann und Wolfgang Staudtes Dr. Mertens orientierungslose, schuldlos-schuldige Kriegsheimkehrer waren, ist kein Zufall gewesen. Mit ihnen konnten sich Millionen, die ähnliche Erfahrungen gemacht hatten, identifizieren.

Auch in Ostdeutschland dominierte ein Opferselbstbild, ein heroisches allerdings. Zwar sprach man von Millionen Opfern des Hitler-Faschismus, aber der mit sozialer Anerkennung verbundene Status ‹Opfer des Faschismus› sollte den ‹antifaschistischen Kämpfern› gegen den Nationalsozialismus vorbehalten bleiben. Die Geschichtsdoktrin der DDR erklärte die Machteroberung der Hitler-Bewegung mit der Dimitroff-Formel, also aus den bündnispolitischen Machenschaften der chauvinistischen, imperialistischen und aggressiven Teile des deutschen ‹Finanzkapitals›. Diese hätten mit dem Hitler-Regime die drohende proletarische Revolution abgewehrt und den seit langem geplanten Eroberungskrieg gegen die Sowjetunion begonnen. In dieser Sicht erscheint die deutsche Arbeiterschaft als Opfer des NS-Staates, weil er ihre Organisation zerschlagen, ihre politischen Repräsentanten verfolgt und die Arbeiterschaft mit seinen ‹sozialimperialistischen› Instrumenten verführt und mißbraucht hat.

Angesichts so vieler Opfergruppen und Opferselbstbilder überrascht es kaum, daß der Judenmord anfangs nur eine unter vielen Katastrophen war. Die ebenso abstrakte wie niederschmetternde Bilanz von über 55 Millionen Toten des Krieges und der Gewaltherrschaft ließ ein sensibilisiertes Bewußtsein, einen eigenen Begriff für den Völkermord zunächst nicht entstehen. Eine Kollektivschuld wurde von Anfang an abgelehnt. Durchgängig unterschied etwa die Hälfte der Befragten zwischen dem terroristischen NS-System und der «guten nationalsozialistischen Idee». Damit waren die wirtschaftlichen und sozialen Verhältnisse der Vorkriegszeit gemeint. Sie wurden in Interviews noch in den fünfziger Jahren als eine Zeit bewertet, in der es Deutschland «am besten gegangen» sei. Daraus läßt sich kaum ableiten, daß die Deutschen mehrheitlich nationalsozialistisch eingestellt waren. Der Befund verweist eher auf ihre schwach ausgebildete Fähigkeit zur politisch-analytischen und moralischen Bewertung der Vorgeschichte der NS-Verbrechen. Auschwitz konnte so an den Rand des kollektiven Bewußtseins gedrängt werden.

Die frühen Umfragen zeigen zudem, daß der Nürnberger Prozeß gegen die Hauptkriegsverbrecher von der deutlichen Mehrheit der befragten Bevölkerung als fair, lehrreich und notwendig angesehen und die Strafen als angemessen bewertet wurden. Etwa die Hälfte der Befragten war bereit, «einige Verantwortung» für die Folgen der Hitler-Diktatur zu übernehmen, in etwa so viele hielten es für ausreichend, daß nur die «höheren Führer» bestraft werden. Vier Jahre später, nach Abschluß der Nürnberger Nachfolgeprozesse also, hatte sich die positive Grundeinstellung gegenüber den Prozessen offenbar drastisch verändert. Nun vertrat nur noch ein gutes Drittel der Befragten die Auffassung, daß die Nürnberger Prozesse gerecht gewesen seien. Ebenso viele hielten die Strafen jetzt für zu hoch.[11]

Das geschah zu einer Zeit, als der Ruf nach Gnade und Versöhnung in der Gesellschaft immer lauter wurde. Die Kirchen, die in der Schulddebatte eine maßgebliche Rolle spielten, waren auch in der Lobby der Amnestiebewegung tonangebend. Beide Kirchen standen bei den Alliierten von Anfang an in hohem Ansehen. Durch ihre Schuldbekenntnisse hatten sie sich Respekt verschafft. Über ihre Schuld gegenüber Israel und den Judenmord sprachen sie allerdings nur ungern und erst nach einigen Jahren.

Den Anfang der Debatte über die Schuldfrage hatte Karl Jaspers bereits im Wintersemester 1945/46 gemacht. Als politischer Philosoph galt er damals als die wichtigste geistig-moralische Autorität in Deutschland, hoch angesehen auch bei den Amerikanern. Mit einer Jüdin verheiratet, war er trotz Berufs- und Publikationsverbot in Deutschland geblieben, hatte aber mit dem NS-Regime nicht kollaboriert. Jaspers unterschied verschiedene Schuldbegriffe. So brachte er das diffuse, zwischen Akzeptanz und Abwehr schwankende Schuldbewußtsein seiner orientierungslosen Landsleute auf einen politisch pragmatischen Begriff. Aber die akademisch-systematische Form und die pädagogische Diktion («Jeder Deutsche prüft sich: Was ist meine Schuld?»), in der er das tat, waren einer größeren Verbreitung seiner Überlegungen wohl abträglich. Von Kollegen wurde er wegen seiner unbequemen Einlassungen als ‹Praeceptor Germaniae› attackiert.

Eine strafrechtliche Kollektivschuld für die Beteiligung an den NS-Verbrechen wollte Jaspers nur für eine «kleine Minderheit» gelten lassen. Damit war die Realität sanktioniert. In den Nürnberger Prozessen wurden etwas mehr als 200 Personen verurteilt. Fünftausend Verurteilte in den Besatzungszonen kamen hinzu. Insgesamt wurde etwa 800 Mal die Todesstrafe ausgesprochen, aber nur in weniger als 500 Fällen vollzogen. Die Zahlen erhöhen sich, wenn man die Verfahren in den anderen europäischen Ländern hinzunimmt. Aber die Gesamtzahl der Bestraften erscheint gering, wenn man ihr jene geschätzte halbe Million Menschen gegenüberstellt, die an der ‹Endlösung› beteiligt waren, in welcher Funktion auch immer.

Eine «moralische Kollektivschuld» erschien Jaspers jedoch ganz unstrittig. Er entzog sie allerdings dem politischen Zugriff der Alliierten. Das zielte gegen die unpopuläre Entnazifizierung und begnügte sich mit einer Art individuellen Selbstprüfung. Nachdrücklich sprach er sich für die «politische Haftung» jedes Deutschen aus: «Der Verbrecherstaat fällt dem ganzen Volk zur Last», befand er. Entschieden trat er für die Bereitschaft zur Wiedergutmachung jedes Einzelnen ein und für eine – angemessen kritische – Akzeptanz des Siegerwillens. Politisch klüger konnte man mit der gewaltigen Schuld- und Schuldenlast gesellschaftlich kaum umgehen. Und Jaspers beließ es nicht dabei. Er machte auch noch eine Reihe von schuldentlastenden Argumenten geltend, indem er zwischen Ursache und Schuld unterschied, auf die Ohnmacht der Deutschen verwies und auf die Mitschuld der anderen Staaten. Daß aber auch Jaspers ein Kind des dämonologischen Zeitgeistes war, zeigt sich in den mythischen Bildern, die er für die Lebenslüge der Nachkriegsdeutschen fand: Von Hitler, den er nicht nennt, spricht er so, als ob «ein einziger verantwortungsloser Führer» Deutschland in den «Abgrund getanzt» hätte. Und in einem anderen Vortrag aus dem ersten Nachkriegsjahr nennt er die zwölf Jahre zuvor eine Zeit, in der «die Teufel auf uns eingehauen und uns mitgerissen haben in eine Verwirrung, daß uns Sehen und Hören verging».[12] Woher die Teufel kamen, wer sie gewählt, wer mit ihnen 1933 einen Pakt geschlossen hatte und ob sie sich noch unter den Deutschen befanden, danach wollte man zunächst nicht mehr fragen.

3. Über Auschwitz wächst kein Gras

Die Auseinandersetzung um die materielle Entschädigung der Opfer stand zunächst im Vordergrund. Sie kam nur mühsam voran. In seiner ersten Regierungserklärung am 20. September 1949 versprach Adenauer nachdrücklich den deutschen Kriegsopfern Hilfe und Unterstützung, eine Entschädigung für die jüdischen Opfer des Nationalsozialismus erwähnte er nicht. Dies zu tun blieb dem Oppositionsführer Kurt Schumacher (SPD) vorbehalten. Der amerikanische Hohe Kommissar John McCloy nannte die Wiedergutmachung einen Prüfstein der neuen deutschen Demokratie.

Angesichts der Ost-West-Konfrontation und des Koreakrieges standen jedoch zunächst andere außen- und innenpolitische Fragen auf der westdeutschen Tagesordnung: die Beendigung des Kriegszustands, die Souveränität der Bundesrepublik, die Westintegration und der Aufbau einer neuen deutschen Wehrmacht, wie man damals noch ganz unbekümmert sagte. Das Verlangen nach dem Schlußstrich unter die Vergangenheit war groß. Amnestiegesetze, Abschluß der Entnazifizierung und Revision des Besatzungsstatuts trugen dem Rechnung.

Ende September 1951 bot der Bundeskanzler Israel Wiedergutmachungs-Verhandlungen an. Im Bundestag sprach er von den «unsagbaren Verbrechen» der NS-Zeit und versprach, mit Israel und den jüdischen Organisationen zu einer Lösung des materiellen Wiedergutmachungsproblems zu kommen. Auf Beschönigung der Geschichte mochte Adenauer nicht verzichten. Von Völkermord sprach er nicht. Die meisten Deutschen konnten sich schuldlos fühlen, denn, so Adenauer wörtlich: «Das deutsche Volk hat in seiner überwiegenden Mehrheit die an den Juden begangenen Verbrechen verabscheut und hat sich an ihnen nicht beteiligt.»[13] Das war bis in die achtziger Jahre die gleichsam staatsoffizielle Sicht.

Daß erhebliche Widerstände gegen die Wiedergutmachung in der westdeutschen Gesellschaft vorhanden waren, zeigte sich in Meinungsumfragen und auch im Parlament. Zur Abstimmung über dieses international stark beachtete Abkommen am 18. März 1952 war der Bundestag nicht vollzählig versammelt. Zahlreiche Abgeordnete protestierten durch Abwesenheit oder Stimmenthaltung. Ohne die Zustimmung der oppositionellen SPD-Fraktion wäre die Ratifizierung gescheitert. Die DDR wies alle auch an sie gerichteten Forderungen mit dem Hinweis ab, daß sie bereits in der Vergangenheit den «Opfern des deutschen Faschismus in großzügiger Weise» geholfen und die von den Alliierten festgelegten Reparationen erfüllt habe.[14]

Die Bundesrepublik verbuchte einen beachtlichen Prestigegewinn, der allerdings die Mängel des innerstaatlichen Entschädigungsrechts kaum überspielen konnte. Die Berechtigten mußten Deutsche sein. Der weitaus größte Teil der Millionen NS-Opfer ging leer aus. Zahlreiche ‹vergessene› Opfergruppen blieben auf Jahre von Leistungen ausgeschlossen. Für den Umgang mit dem Holocaust im öffentlichen Bewußtsein war das langfristig bedeutsam. Der quantitative Umfang des Verbrechenskomplexes wurde erheblich verkleinert, die Akzeptanz dieses unpopulären Themas erleichtert. Das Ende der Vergangenheitsbewältigung erschien absehbar. Die Mehrheit verlangte längst einen Schlußstrich. Doch die gewünschte Stille um die NS-Vergangenheit trat nicht ein.

1955 erschien Anne Franks Tagebuch als Taschenbuchausgabe. In wenigen Jahren wurden eine dreiviertel Million Exemplare verkauft, Millionen sahen die amerikanische Bühnenfassung und den Spielfilm. Anne Frank machte den Holocaust, der diesen Namen noch nicht trug, erstmals zu einem Medienereignis. Die Anonymität der großen Zahl bekam durch sie ein menschliches Gesicht, der Massenmord eine geradezu verführerisch versöhnliche Botschaft: «Trotz allem glaube ich noch an das Gute im Menschen.»[15] Mit diesem manipulierten Erlösungsschluß erschien das Böse in der Welt, erschien Auschwitz überwindbar. Der Name Anne Frank war in aller Munde. Nach Bergen-Belsen, ihrem Todesort, wurden ‹Pilgerfahrten› organisiert. Auch Bundespräsident Heuss sah in dem breiten Interesse für dieses Opferschicksal ein ermutigendes Zeichen angesichts der Welle judenfeindlicher Äußerungen.

Tatsächlich häuften sich Ende der fünfziger Jahre derartige Vorfälle: antisemitische Veröffentlichungen, Schändungen jüdischer Friedhöfe. Politische Skandale wurden daraus erst durch das zögerliche Verhalten von Justiz und Kultusverwaltung. Der Ulmer Einsatzgruppenprozeß gab den Anstoß für die Einrichtung einer Zentralen Stelle der Landesjustizverwaltungen zur Aufklärung nationalsozialistischer Gewaltverbrechen, die noch im Dezember ihre Arbeit aufnahm. Nachdem am Heiligabend 1959 die Kölner Synagoge mit Hakenkreuzen und antisemitischen Parolen beschmiert worden war, verabschiedete der Bundestag Anfang 1960 das ‹Gesetz gegen Volksverhetzung›, reagierten die Gerichte mit härteren Strafen gegen antisemitische Täter. Mängel der zeitgeschichtlichen Aufklärung und politischen Bildung wurden auch in Schule und Familie offenbar. Mehrere staatliche und gesellschaftliche Initiativen suchten Abhilfe zu schaffen. Heinrich Böll, Paul Schallück und andere Schriftsteller gründeten den Verein Germania Judaica. Zuvor war auf der evangelischen Synode in Berlin-Spandau die Aktion Sühnezeichen/Friedensdienste e. V. zur praktischen Versöhnungsarbeit ins Leben gerufen worden. Auch Funk und Fernsehen intensivierten die Auseinandersetzung mit der jüngsten Vergangenheit. Der nach dem Roman von Hans Scholz produzierte Mehrteiler *Am Grünen Strand der Spree* (1960) zeigte erstmals in einem fiktionalen Fernsehfilm Bilder der Judenvernichtung. 1960 erschien *Der gelbe Stern,* jenes auch fotografisch eindringlich dokumentierte Buch über die Verfolgung und Ermordung der Juden, das wie kein anderes für die in den 1940er Jahren Geborenen viele Jahre Pflichtlektüre war.

Die sechziger Jahre standen im Zeichen der großen Prozesse und Debatten. Noch einmal kam der Nationalsozialismus vor Gericht. Nun waren es die ‹Befehls›- und ‹Schreibtischtäter›. Die Eichmann- und Auschwitz-Prozesse gaben auch jungen deutschen Dramatikern die stoffliche Vorlage und den ästhetisch-politischen Vorwand, das Drama der Erinnerung auf die Bühne zu bringen. Rolf Hochhuths Papstanklage *Der Stellvertreter* (1963) erhielt durch Protestdemonstrationen und Schweigemärsche, diplomatische Interventionen, Aufführungsverbote und Theaterbesetzungen eine breite und nachhaltige Publizität. Auch außerhalb des aufgeschreckten katholischen Milieus wurde heftig darüber gestritten, ob allein und überhaupt Papst Pius XII. mit dem politischen Gewicht seines Amtes Hitler hätte aufhalten können.

Die Ermittlung von Peter Weiss wurde im Herbst 1965 gleichzeitig auf sechzehn ost- und westdeutschen Bühnen uraufgeführt. Die «wirkungsvollste Publikation über Auschwitz» (Martin Walser) jener Zeit war es gleichwohl nicht. Eine größere Popularität verhinderte zunächst schon die Form des gesprochenen Oratoriums mit seiner in Verszeilen rhythmisierten Prosa der Prozeß-Protokolle. Ein Großteil der Kritiker-Debatte erschöpfte sich in der Frage, ob sich die Bühne ein «Theater-Auschwitz» (Joachim Kaiser) leisten könne. Entscheidend war, daß Weiss' kapitalismuskritische Auschwitz-Analyse zum Spielball im innerdeutschen Systemkonflikt gemacht wurde. Weiss hatte sich vor der

Uraufführung zum Sozialismus bekannt, zugleich aber die Unfreiheit in der DDR kritisiert, was diese nicht hinderte, Stück und Autor gegen die Bundesrepublik auszuspielen. Im Westen traf ihn der Vorwurf, Auschwitz dem Kalten Krieg dienstbar zu machen. Weniger Aufmerksamkeit fand seine Deutung, die für den Judenmord nicht den Antisemitismus, sondern das Gewinnstreben der Konzerne verantwortlich machte, die nicht von Juden sprach, sondern allgemein nur von Menschen, nicht von Auschwitz, sondern vom Lager, die also das Verbrechen aus der deutschen Geschichte herauslöste und in ein universales Bedrohungsszenario stellte.

Vier Jahre nach den Hakenkreuzen am Heiligabend in Köln wurde die westdeutsche Bevölkerung erneut in weihnachtlicher Festfreude von ihrer Vergangenheit eingeholt. Am 20. Dezember 1963 begann in Frankfurt am Main der Auschwitz-Prozeß, der größte Strafprozeß der deutschen Nachkriegsgeschichte, unermüdlich vorbereitet von Fritz Bauer, dem Hessischen Generalstaatsanwalt. Das öffentliche Interesse war groß. Die Namen der Angeklagten Mulka, Boger, Kaduk, Capesius wurden schnell feste Begriffe. Die Anklage lautete auf Mord und Beihilfe zum Mord an Tausenden jüdischer Menschen. Zur Überraschung der Öffentlichkeit waren die Angeklagten keine Monster in Menschengestalt, sondern eher unauffällige Personen, die nach ihrer Mitwirkung am Massenmord offenbar problemlos wieder in das zivile Leben zurückkehrten und als Kaufmann, Angestellter, Krankenpfleger und Apotheker eine bürgerliche Reputation erworben haben. Sie sahen sich größtenteils selbst als Opfer des Nationalsozialismus, «als befehlsunterworfene Soldaten», wie sie gern sagten. Sie verwiesen auf ihre nationalsozialistische Erziehung, auf fehlendes Unrechtsbewußtsein und reklamierten für ihre Entlastung immer wieder den Befehlsnotstand – eine Schutzbehauptung, wie die sachverständigen Historiker nachweisen konnten.

Die meisten Angeklagten wurden zu mehrjährigen Freiheitsstrafen verurteilt, sechs zu lebenslangem Zuchthaus, drei freigesprochen. Sie alle, so der Staatsanwalt, gehörten zu denen, die den nachgeborenen Deutschen «den Weg in eine freie und glückliche Zukunft bis zur Unmöglichkeit erschwert haben».[16] In seinem Schlußwort betonte der Vorsitzende, Senatspräsident Hans Hofmeyer, daß das Schwurgericht nicht berufen war, die NS-Vergangenheit zu bewältigen. Und eben dies hat es in einer wesentlichen Frage doch getan. Erstmals wurde von einem deutschen Gericht festgestellt, wie die Vernichtungsmaschinerie Auschwitz funktionierte. Die Angeklagten hatten sich allesamt als Rädchen dieser Maschinerie dargestellt, deren Existenz keiner von ihnen bestritt. Von der täglichen Vergasung im Lager sprachen sie wie selbstverständlich. Was Hannah Arendt über den Eichmann-Prozeß schrieb, gelang auch hier: die «Rückverwandlung» dieser Rädchen in «Menschen».[17] Kein System, nicht die Geschichte stand vor Gericht, sondern Personen. Erstmals wurde öffentlich, daß hinter dem Tor des Vernichtungslagers, so der Vorsitzende, «eine Hölle begann, die für das normale menschliche Gehirn nicht auszudenken ist»,[18] für die aber mehr oder weniger normale Männer verantwortlich waren, keine Bestien.

Ein für das Verständnis dieses Tätertyps aufschlußreiches Beweismittel, das auch im Gericht verlesen wurde, sind die autobiographischen Aufzeichnungen des ehemaligen Auschwitz-Kommandanten Rudolf Höß. Er ist 1947 in Polen zum Tode verurteilt und in Auschwitz gehenkt worden. Zuvor hatte er – nur als Zeuge der Verteidigung – in Nürnberg ausgesagt und dem Gericht bereitwillig und ungerührt mitgeteilt, daß er die Zahl der in Auschwitz vernichteten Menschen auf ca. 3 Millionen schätze. Der Gerichtspsychologe Gustave M. Gilbert beschreibt Höß als einen geistig normalen Mann «mit einer schizoiden Apathie» und einem «Mangel an Einfühlungsvermögen».[19] Höß, jugendlicher Kriegsfreiwilliger, Freikorps-Kämpfer und mehrere Jahre in Haft wegen Beteiligung an einem Fememord, bevor er über den Artamanen-Bund zur SS kam, beschreibt sich selbst als distanziert und schon als Kind isoliert, ohne emotionale Nähe zu den Eltern. Er fühlt sich zur Natur und den Tieren hingezogen und wäre gern Landwirt geworden. Statt dessen macht er im SS-Staat Karriere, die ihn von Dachau über Sachsenhausen nach Auschwitz bringt. Innere Spannungen kompensiert er durch Alkohol. Gegen das ihn «innerlich Aufwühlende» mobilisiert er jene Härte und Kälte, die von ihm, dem Lagerführer, verlangt wird. Bis zuletzt glaubt er an seine Aufgabe wie an eine soziale Utopie. Ob die «Massenvernichtung der Juden notwendig war oder nicht», darüber mochte er sich kein Urteil erlauben. Aber nicht ohne Stolz schrieb er, daß Auschwitz «nach dem Willen» Himmlers unter seiner Leitung «die größte Menschen-Vernichtungs-Anlage aller Zeiten»[20] wurde.

Die Öffentlichkeit verfolgte den Auschwitz-Prozeß mit großer Aufmerksamkeit. Er hat ihre Einstellung aber offenbar negativ beeinflußt. Noch Ende der fünfziger Jahre, also während der antisemitischen Vorfälle, sprach sich mehr als die Hälfte der Befragten für weitere Strafverfolgung aus. Mitte der sechziger Jahre votierten die Befragten jedoch mehrheitlich für einen Schlußstrich, weil wir Deutsche «endlich aufhören sollten, unser eigenes Nest zu beschmutzen». Eine deutliche Minderheit (30–40%) verlangte die Fortführung der Verfolgung von NS-Tätern.[21]

Dieses zwiespältige Meinungsbild spiegelt sich auch in den fast zeitgleich stattfindenden Verjährungsdebatten des Deutschen Bundestages. Die erste fand 1960 statt. Trotz einer intensiven Debatte konnte nicht verhindert werden, daß die fünfzehnjährige Verjährungsfrist für die vor 1945 begangenen Totschlagsdelikte wirksam wurde. Die zweite Debatte wurde im März 1965 unter dem Eindruck des Jerusalemer Eichmann- und Frankfurter Auschwitz-Prozesses geführt. Die Reden der Abgeordneten Adolf Arndt (SPD), Ernst Benda (CDU) und Thomas Dehler (FDP) gehören zu den Sternstunden des deutschen Nachkriegsparlaments. Im wesentlichen standen sich zwei Positionen gegenüber. Die Bundesregierung wollte die zwanzigjährige Verjährungsfrist für Mord im Jahr 1965 wirksam werden lassen. Sie ging davon aus, daß die Zentrale Stelle inzwischen alle größeren Verbrechenskomplexe der Verjährung entzogen hatte. Im übrigen verwies sie auf das Rückwirkungsverbot (Art. 103 GG). Benda, der für eine generelle Verjährungsaufhebung eintrat, widersprach seiner Regierung. Er verwies auf das allgemeine Rechtsgefühl, das in «unerträglicher Weise» verletzt würde, wenn «Morde ungesühnt» blieben, «obwohl sie gesühnt werden könnten».[22] Ihre Ausstrahlungskraft gewann die Debatte durch die selbstkritische Eindringlichkeit der Sprecher: «Ich weiß mich mit in der Schuld», erklärte Arndt am Ende, «denn sehen Sie, ich bin nicht auf die Straße gegangen und habe geschrien, als ich sah, daß die Juden aus unserer Mitte lastkraftwagenweise abtransportiert wurden. [...] Ich kann nicht sagen, daß ich genug getan hätte [...]. Es geht darum, daß wir dem Gebirge an Schuld und Unheil, das hinter uns liegt, nicht den Rücken kehren.»[23]

Die politische Entscheidung enttäuschte. Der Bundestag konnte sich nicht entschließen, die zwanzigjährige Verjährungsfrist für Mord ganz aufzuheben oder sie um zehn Jahre zu verlängern. Man ließ die Verjährungsfrist erst im Jahre Eins der Bundesrepublik beginnen, also 1949. Das hatte 1969 eine dritte Debatte zur Folge, die zur Aufhebung der Verjährung von Völkermord führte und andererseits zur Verlängerung der Verfolgungsverjährung für Mord auf dreißig Jahre. Dadurch wurde 1979 eine vierte Debatte erforderlich, die schließlich auch die Verjährung für Mord aufhob. Damit war aber die bereits erreichte Unterscheidung zwischen Mord und Völkermord wieder zurückgenommen. Der FDP-Abgeordnete Werner Maihofer widersprach leidenschaftlich: «Über Mord wächst irgendwann einmal Gras, und zwar im Regelfall schon nach einer Generation. Über Auschwitz aber wächst kein Gras, noch nicht einmal in 100 Generationen.»[24]

4. Die Behaglichkeit des Gedenkens

In den ersten Jahrzehnten nach 1949 ist die NS-Vergangenheit deshalb mehr oder weniger gegenwärtig geblieben, weil das deutsch-jüdische bzw. deutschisraelische Verhältnis vor allem bestimmt wurde durch die kriminelle Schuld, die politische Schuld und die materiellen Schulden als Folgen der Hitler-Diktatur. Diese Phase geht ihrem absehbaren Ende entgegen. Die Ludwigsburger Zentralstelle wird voraussichtlich noch ein Jahrzehnt bestehen. Mit größeren NS-Prozessen ist nicht mehr zu rechnen. Das materielle Schuldenverhältnis zwischen den heute lebenden Deutschen und den noch lebenden NS-Opfern findet mit der späten Entschädigung für Millionen Zwangsarbeiter eine mutmaßlich letzte Regelung.

Die politische Schuld erinnert an den Anfang des Nationalsozialismus. Sie liegt im Versagen der deutschen Gesellschaft und ihrer Eliten gegenüber der Herausforderung durch die Hitler-Bewegung. Diese Erfahrung blieb der post-

totalitären politischen Ordnung mit ihren Stabilitäts- und Abwehrklauseln als
Menetekel eingeschrieben. Mag auch im vereinten Deutschland ein «unglückliches nationalstaatliches Geschichtsbewußtsein»[25] fortbestehen. Mag das gesellschaftliche Harmoniebedürfnis bisweilen übermäßig groß erscheinen und
das Konfliktbewußtsein nur schwach ausgeprägt. Mag auch das politische
System der Bundesrepublik von einer schweren Belastungsprobe bisher verschont worden sein: Die demokratischen Strukturen und Prozesse gelten als
gefestigt, an der gesellschaftlichen Basis wie bei den Funktionseliten. Das
antisemitische und rechtsextremistische Potential wird nicht mehr – wie noch
in den fünfziger und sechziger Jahren – als Bedrohung der politischen Kultur
bewertet, sondern empirisch-nüchtern als Ausdruck einer für westliche Industriegesellschaften «normalen Pathologie» (E. Scheuch/H. D. Klingemann)
angesehen. Bonn wurde nicht Weimar.

So bleibt die Frage nach der Relevanz des Schuldproblems für die politische Memorialkultur. Seit Jahrzehnten wird über Art, Umfang und Nutzen
des Totengedenkens gestritten. Aus guten Gründen. Die Wertordnung des
Grundgesetzes verlangt, die Würde aller Menschen, also auch der gewaltsam
Gestorbenen, zu respektieren, das Opfer *und* seinen Mörder. Angesichts der
extrem unterschiedlichen Lebens- und Tötungsgeschichten der «Opfer des
Krieges und der Gewaltherrschaft» mußte das Totengedenken hierzulande
früher oder später in ein Dilemma geraten. Diese gern benutzte, integrative
und egalisierende Gedenkformel abstrahiert von dem einstigen Täter-Opfer-Verhältnis und macht alle Getöteten zu passiven Opfern, das in Bergen-Belsen
ermordete jüdische Mädchen Anne Frank ebenso wie den bei einem Bombenangriff ums Leben gekommenen ‹Blutrichter› Roland Freisler. Die Gleichsetzung wird erleichtert, weil unsere Sprache, im Unterschied zur französischen,
die Unterscheidung zwischen dem passiv-zufälligen ‹victime› und dem aktiv-freiwilligen ‹sacrifice› nicht kennt. Das Problem bestand von Anfang an.

Antifaschistische Gedenkveranstaltungen fanden schon in der frühen
Nachkriegszeit statt, anfangs mit parteiübergreifender Beteiligung. In vielen
größeren Städten wurde in den ersten Nachkriegsjahren jeweils Anfang September, zur Erinnerung an den Kriegsbeginn, ein Gedenktag für die ‹Opfer
des Faschismus› veranstaltet, unter großer Beteiligung der Bevölkerung. Vielerorts entstanden aus Anlaß der Lagerbefreiung durch die alliierten Armeen
improvisierte Denkmalinstallationen. Auch erste steinerne Gedenkstätten
wurden errichtet. Dabei blieb es nicht. Überall im Land kamen weitere Denkmäler zur Erinnerung an die vertriebenen und ermordeten Juden hinzu, insbesondere am Standort von Synagogen, Deportationssammelstellen und
Bahnhöfen. Die Auseinandersetzung um die ästhetische Repräsentation des
Holocaust hat nicht wenige der zeitgenössischen Denkmalkünstler dazu gebracht, die Erinnerung an den Holocaust als Leerstelle, als Lücke und als
ephemere Denkmalinstallation zu konkretisieren. Denkmäler wie beispielsweise die von Esther und Jochen Gerz thematisieren ihr Verschwinden, ihre

eigene Unsichtbarkeit und verweisen den Betrachter nicht umstandslos an die Vergangenheit, sondern auf das dialektische Verhältnis von Vergessen und Erinnern.

Wie vergeßlich öffentliche Erinnerungsveranstaltungen sein können, zeigte sich wiederholt in der Regierungszeit der CDU/FDP-Koalition seit 1982. Im Mai 1985 scheiterte der spektakuläre deutsch-amerikanische Versöhnungsversuch von Bundeskanzler Kohl und US-Präsident Reagan über den Gräbern von Bitburg und Bergen-Belsen mit ihren ungleichen Toten. Er scheiterte, obwohl er symbolisch nur bekräftigen wollte, was die NATO-Partner seit Jahrzehnten verbindet. Der Umgang mit den ungleichen Toten des ‹Dritten Reiches› führte wenige Jahre später zu einem weiteren Skandal, als auf Betreiben des Bundeskanzlers die Berliner Neue Wache zur Zentralen Gedenkstätte des wiedervereinten Deutschland umgestaltet wurde, mit der stark vergrößerten Plastik «Mutter mit totem Sohn», die Käthe Kollwitz 1937 zur Erinnerung an ihren im Ersten Weltkrieg gefallenen Sohn modelliert hatte. Das Denkmal schließt alles aus, was danach kam, die große Zahl von Frauen unter den Toten der Flucht und der Bomben, vor allem aber den gewiß nicht unerheblichen Umstand, daß ungefähr soviel Juden ermordet wurden wie deutsche Soldaten starben. Wo kein Sieg und keine Helden mehr gefeiert werden, wo die Trauer angesichts des millionenfachen Todes ins Leere fällt und nur noch nach Trost und Sinn gefragt werden kann, erscheint es kaum noch möglich, «ein Mahnmal zu finden, das die Wahrheit aushält, ohne daran zu scheitern».[26] Daß die Einweihung der mißglückten Denkmalstiftung scheiterte, konnte nur durch eine Tafel mit der Aufzählung aller gewaltsam Gestorbenen verhindert werden, also dadurch, daß sichtbar gemacht wurde, was die Gesellschaft heute weniger denn je akzeptiert, die Egalisierung der Toten. Der Zentralratsvorsitzende der Juden in Deutschland, Ignatz Bubis, der die Differenzierung gefordert hatte, erhielt zugleich die Zusage, daß den ermordeten Juden ein eigenes Denkmal errichtet wird. Damit geriet die Erinnerungspolitik in ein neues Dilemma.

Ein zentrales Holocaust-Trauermal als ein für die Nation repräsentatives, öffentliches Erinnerungszeichen müßte ein «Schandmal» (Chr. Meier) sein oder es gerät zu einer verlogenen Geste. Das im Sommer 1999 vom Bundestag beschlossene, an einen jüdischen Friedhof erinnernde, monumentale Stelen-Feld vereinnahmt die Opfer und abstrahiert von den Tätern. In einem Akt der Selbstentsühnung haben sich die Nachkommen der Verfolger in eine «Klagemeute» (E. Canetti) verwandelt, die sich das Trauermal auch noch von einem jüdischen Architekten bauen läßt. Das ist eine anmaßende, aufdringliche und erschlichene Annäherung an die Toten. Denn Trauer kann man nicht nachholen. Sie setzt die emotionale Bindung der lebenden Deutschen an die ermordeten Juden voraus, die auch vor Auschwitz kaum bestand. Eine solidarische Annäherung an die vertriebenen, verfolgten und ermordeten europäischen Juden aber verlangt, daß die heute Lebenden die einstige Todfeindschaft zwischen den deutschen Verfolgern und den Verfolgten anerkennen und in ihren komplexen Ursachen verstehen. Der Ort dafür sind die zahlreich vorhandenen KZ-Gedenkstätten, Dokumentationen und Museen, mit ihrem Kernstück, der ‹Topographie des Terrors›, als dem zentralen ‹Ort der Täter›. Diese Dokumentation, die erst nach großen Anstrengungen zustande kam und lange nicht mehr als ein Dauerprovisorium war, ist in ihrer Ende der neunziger Jahre begonnenen architektonischen Neugestaltung immer wieder politisch und finanziell unter Druck geraten.

Die deutsche Erinnerungspolitik, die in den ersten Nachkriegsjahrzehnten in hohem Maße auf die ‹deutsche Katastrophe› fixiert war, hat in den achtziger und neunziger Jahren die ‹jüdische Katastrophe› in das Zentrum der Aufmerksamkeit gerückt. Die Beispiele sind zahlreich. Der spektakuläre Neubau des Jüdischen Museums in Berlin gehört ebenso dazu wie die Einführung eines Holocaust-Gedenktags und die allgemeine Gedenktagsrhetorik. Gern zitiert sie einen Kernsatz israelischen Gedenkens, wonach die Erinnerung *Erlösung* vom Exil verspricht, das Vergessen aber dasselbe verlängert. Aber der Satz wird nicht selten in verfälschender Eindeutschung benutzt: «Das Geheimnis der *Versöhnung* heißt Erinnerung.» Verknüpft man ihn mit der christlichen Erlösungshoffnung und Bitte um Schuldvergebung, dann bekommt der Satz seine eigentliche erinnerungspolitische Bedeutung: «Das Geheimnis der Erlösung heißt Versöhnung.»[27]

Schon macht sich eine Behaglichkeit im Gedenken breit. Das deutsch-jüdische Schuldverhältnis besteht fort, aber Form und Gegenstand haben sich verändert. Die Erinnerung an Auschwitz tut nicht mehr weh, mag ihr ritueller Charakter und ihre institutionelle Form auch manchen lästig sein. Zu fragen ist deshalb, was jeweils erinnert und was im Erinnern vergessen wird. Eines ist schon heute unübersehbar: Der Holocaustgedenktag und die zehnjährige Mahnmals-Debatte haben das Opfergedenken derart in den Vordergrund gerückt, daß die Täter hinter den Opfern unkenntlich werden und der deutsche Erinnerungsort Auschwitz hinter dem zivilisationsgeschichtlichen Gedächtnisort Auschwitz verblaßt, das nationale im Menschheitsgedächtnis aufgeht.

5. Der ortlose Ort

Auschwitz ist längst weltweit zum Synonym für die Menschheitskatastrophe der Moderne geworden. Der Name steht zugleich für eine einschneidende Zäsur, eine Art Zeitenwende. Was Adorno in einem seiner meistzitierten Sätze – «Nach Auschwitz ein Gedicht zu schreiben, ist barbarisch» – nur auf Literatur und Kunst zu beziehen schien, war unausgesprochen umfassender gemeint. Seitdem hat das Wort «nach Auschwitz» aus dem Ortsnamen zugleich einen Zeitbegriff gemacht. Die Welt ist nach Auschwitz keine grundlegend andere geworden, aber Auschwitz hat ihr Selbstvertrauen nachhaltig erschüttert. Der Name steht für die radikale Infragestellung der Grundlagen menschlichen Lebens und Zusammenlebens.

Auschwitz hat die «Demarkationslinie zwischen Leben und Tod getilgt», wie Adorno in einem frühen Text schrieb, das ‹Bild von den Muselmännern› genannten Opfern vor Augen, denen der «Selbstmord mißrät, das Gelächter Satans über die Hoffnung auf Abschaffung des Todes».[28] Seit Auschwitz gibt es Schlimmeres als den Tod.

Durch Auschwitz ist der Glaube an die Verläßlichkeit der Selbstbindung moderner Medizin, Wissenschaft und Technik an humanitäre Grundnormen zerbrochen. Repräsentativ dafür ist der Lieblingstäter der Deutschen, Hitlers Chefarchitekt und Rüstungsminister Albert Speer. Er fühlte sich als Künstler und Techniker einer politikfernen Welt zugehörig. Politik war Hitlers Angelegenheit. Dessen «verrückter Judenhaß» beunruhigte ihn weniger als Hitlers schlechter Geschmack.

Auschwitz hat für einen Augenblick nicht nur im antifaschistisch-kommunistischen Lager den Kapitalismus in Verruf gebracht, sondern vorübergehend bei allen Parteien in Deutschland. Selbst die CDU wollte sich zunächst vom «kapitalistischen Gewinn- und Machtstreben», das sie in ihrem Ahlener Programm für die «verbrecherische Machtpolitik» des NS-Staates mitverantwortlich machte, verabschieden.[29]

Auch die ästhetische Kultur des Westens blieb nicht unbehelligt. Sie hatte Auschwitz hervorgebracht und sah sich nun dem Verdacht ausgesetzt, selbst «barbarisch» zu sein. Das Wort blieb ein Stachel, auch wenn Adorno es später relativierte. Heute wird über die Aporie der Kunst nach und über Auschwitz debattiert, darüber, daß sie nicht nur Entsetzen hervorruft, sondern auch den «Genuß des Entsetzens» (K. Liesmann). Aber seine Legitimation findet der «Holocaust als Subkultur»[30] in der Gemeinschaft der Überlebenden, denen die Kultur in Auschwitz nicht half, die sie aber nach Auschwitz brauchten, um die Anklage gegen eben diese Kultur zum Ausdruck zu bringen und um im Überleben zu überleben, wenn sie es denn konnten.

Auschwitz ist seit Nürnberg auch der Name für eine neue völkerrechtliche Straftat: die Verbrechen gegen die Menschlichkeit. Sie haben die Relation von Strafe und Sühne außer Kraft gesetzt. Mit einer Unschuld der Opfer, die «jenseits der Tugend liegt», und mit einer «Schuld, die jenseits des Verbrechens steht», kann man, wie Hannah Arendt schon 1946 an Karl Jaspers schrieb, politisch und juristisch nicht mehr umgehen. Göring zu hängen sei «zwar notwendig» gewesen, aber «völlig inadäquat».[31] Das Ungeheuerliche der Tat kommt nicht zuletzt in einer neuen Tätermentalität zum Ausdruck, in der Verbindung von Mord und Moral, von Verbrechen und ‹deutschen Sekundärtugenden›. Himmler sprach wiederholt von der «schweren Aufgabe» der Judenvernichtung und lobte zugleich, daß seine SS-Männer, von kleineren Vergehen abgesehen, «anständig» geblieben seien.

Auschwitz hat schließlich die vielbeschworene deutsch-jüdische Symbiose geschaffen – in negativer Weise, als «eine Art gegensätzlicher Gemeinsamkeit».[32] Täter und Opfer repräsentieren unvereinbare Erfahrungswelten. Der Banalität des Verwaltungsmassenmordes auf der Täterseite steht die Monstrosität des Verbrechens und des Leidens auf der Opferseite gegenüber. Opfer und Täter sowie deren Nachkommen sind in einem komplexen und insoweit auch veränderlichen Schuld- und Schuldenverhältnis aufeinander bezogen, dessen Medium das Gedächtnis ist. Jene können nicht, diese dürfen nicht vergessen.

Insofern hat Auschwitz auch unser historisches Bewußtsein und unseren öffentlichen Umgang mit Geschichte grundlegend verändert. Wer heute mit Friedrich Nietzsche, Johann Strauss oder Bert Brecht das Loblied des Vergessens singt, wer gar darüber klagt, daß die NS-Vergangenheit nicht vergehen will wie andere Vergangenheiten auch, der bringt sich schnell in den Verdacht, diese sperrige Zeit zu verdrängen. Nach Auschwitz hat die Rede vom Nutzen des Vergessens nicht nur ihre Unschuld verloren. Auch ihr jahrhundertelang unbestrittener anthropologischer Wahrheitsgehalt ist nachdrücklich in Frage gestellt. Allerdings zeigt sich – am konkreten wie am abstrakt-allgemeinen Erinnerungsort Auschwitz –, daß zwischen kollektivem Vergessen und Erinnern eine komplizierte Verbindung besteht. Wir vergessen nicht nur, was wir nicht erinnern, wir vergessen auch und gerade im Erinnern und verdrängen das zuerst. Denn die Erinnerung wählt aus, ergänzt und erfindet, sie verharmlost, verklärt, verteufelt und versachlicht, mit einem Wort: sie verändert und vereinnahmt das Vergangene, aus welchen politischen Motiven auch immer. Zahlreiche Kollektive beziehen sich auf Auschwitz, die nichtjüdischen Deutschen in anderer Weise als die alliierten Siegermächte und die verschiedenen Opfergruppen, und diese durchaus nicht in identischer Sicht und in konfliktfreiem Gedenken.

Ob Auschwitz im öffentlichen Erinnern nationalisiert oder universalisiert wird, ob man Auschwitz trivialisiert oder nur noch Gespräche der Überlebenden dokumentiert, ob man Auschwitz soziologisch oder theologisch deutet – alle Auseinandersetzung führt früher oder später zur Frage der Grenze des Verstehens überhaupt und zum Problem der Theodizee. Daß es diese Grenze gibt, die uns angesichts der Verbrechen zwingt, «das Auge abzuwenden», wird allerdings in Geschichts- und Sozialwissenschaft gar nicht bestritten. Um so entschiedener beharrt sie darauf, sich dem «agnostizistischen Impuls zu entziehen». Andernfalls würde man «auf den Anspruch der prinzipiellen Erklärbarkeit der Welt» verzichten und schließlich auch «den Glauben an die rationale Ausrichtung unseres Handelns»[33] aufgeben.

Eine distanzierte, skeptische Haltung gegenüber der Möglichkeit, den Holocaust historiographisch zu erklären, nehmen Philosophen wie Agnes Heller, George Steiner und Elie Wiesel ein. Eine konsequente Relativierung empirischer Geschichtswissenschaft ist auch der Ausgangspunkt für Jean François

Lyotards Versuch, eine «kanonische Formel» für Auschwitz zu finden, das im Sprachspiel Name und Zeichen wird. Sie alle verweisen die Auseinandersetzung mit Auschwitz als einem singulären Ereignis in den Bereich der Metaphysik und Metaphorik, setzen sich damit allerdings dem Vorwurf aus, den Holocaust beliebig darstellbar zu machen.

Er ist seit Jahrzehnten Gegenstand der Gedächtnisgeschichte und ihrer unterschiedlichen Strategien: Auschwitz wird wissenschaftlich gedeutet und ungeachtet aller Fachkontroversen und Debattenkonjunkturen versachlicht. Der schmerzliche Umgang mit Auschwitz wird im Totengedenken emotionalisiert, aber auch ritualisiert und beruhigt. Und in den Erinnerungserfindungen der ästhetischen Kultur wird Auschwitz sinnlich vergegenwärtigt, auch verfremdet und unterhaltsam vermittelt. Hinzu kommt der multinationale und multikonfessionelle Zugriff, der Auschwitz für je eigene Kollektivgedächtnisse erinnerungspolitisch benutzt und bewertet. Längst ist der Name zu einem ortlosen, einem globalen Erinnerungsort geworden, zur Metapher für ein «Jahrhundert der Barbarei» (J. Améry). Seine Identität als deutscher Erinnerungsort gewinnt und behält Auschwitz durch die eine beunruhigende Kern- und Doppelfrage: warum Hitler nicht verhindert werden konnte und warum das Gewaltverbrechen gerade in Deutschland geschehen ist.

Klaus Neumann

Mahnmale

I.

In den frühen Morgenstunden des 10. November 1938 steckten SS-Männer die Synagoge am Hildesheimer Lappenberg in Brand. Die Feuerwehr löschte nur in dem Umfang, der nötig war, um den Übergriff des Brandes auf umliegende Häuser zu verhindern; die Synagoge rettete sie nicht. In derselben Nacht warfen SS- und SA-Männer die Schaufensterscheiben jüdischer Geschäfte in der Hildesheimer Innenstadt ein und nahmen ungefähr siebzig jüdische Männer fest. Etliche der Verhafteten wurden zwei Tage später in das Konzentrationslager Buchenwald verschleppt.

Unter der Überschrift «Wieder Ordnung auf dem Lappenberg» berichtete die örtliche Zeitung im Juni 1940: «Mit vermehrten Kräften wird nun der Brandplatz auf dem Lappenberg gänzlich geräumt. Schutt und Steinbrocken werden für künftige Straßenbauarbeiten abgefahren. [...] Die Anwohner hoffen auf eine Befestigung des geräumten Platzes durch eine Schmuckanlage oder Pflasterung, um der Staubentwicklung vorzubeugen.»[1]

Fünf Jahre später lag fast die gesamte Hildesheimer Innenstadt in Schutt und Asche. Anstelle der einst von den Anwohnern gewünschten Schmuckanlage wurde 1948 ein Gedenkstein am Rande der freigewordenen Fläche am Lappenberg errichtet. Der Bau dieses ersten öffentlich finanzierten Denkmals war im März 1947 einstimmig vom Hildesheimer Rat beschlossen worden. Das Protokoll weist aus, daß ein «Antrag des Ratsherrn Hanne, für die Ausgestaltung der Gedenkstätte im Wege einer Sammlung die Öffentlichkeit zu interessieren», bei einer Gegenstimme abgelehnt wurde.[2] Obgleich die Gelder, die schließlich für den Gedenkstein ausgegeben wurden, die ursprünglich bereitgestellten 3600 Reichsmark um mehr als das Doppelte überstiegen, wurde der vom Hildesheimer Planungsamt ausgearbeitete Entwurf nur zum Teil realisiert. Das Amt hatte ein 2 Meter hohes Denkmal in der Mitte eines gepflasterten Dreiecks mit einer 20 Meter langen Grundlinie und 32 Meter langen Seiten vorgesehen; der 1948 eingeweihte Gedenkstein war kleiner und nicht Teil einer größeren Anlage. Die von einem Ratsausschuß gewählte Inschrift ist dreisprachig. Der deutsche Text lautet: «An dieser Stelle stand die Synagoge die am 9. November 1938 von frevelhaften Händen vernichtet wurde.»

Die Ratskollegen des Sozialdemokraten Louis Hanne hatten möglicherweise gegen eine öffentliche Sammlung gestimmt, weil sie ihr Scheitern befürchteten und sich (oder die Hildesheimer Einwohnerschaft) vor den britischen Besatzungsbehörden nicht blamieren wollten. Hildesheims Bürger waren in

1948 errichteter Gedenkstein für eine niedergebrannte Synagoge, Lappenberg, Hildesheim

der Tat alles andere als begeistert über das Denkmal. Seine Enthüllung am 22. Februar 1948 fand einer Zeitungsmeldung zufolge «unter lebhafter Beteiligung aller Kirchen, Parteien und Gewerkschaften, jedoch in fast völliger Abwesenheit der Hildesheimer Bevölkerung» statt.[3] Die meisten der Redner waren Vertreter jüdischer Organisationen, und unter den Anwesenden waren Delegierte von sieben wiedergegründeten jüdischen Gemeinden in Norddeutschland.

In den ersten Nachkriegsjahren wurden so eine Vielzahl von Denkmälern errichtet, die an unter nationalsozialistischer Herrschaft begangene Verbrechen oder an die Opfer solcher Verbrechen erinnern sollten. Ehemalige politische Häftlinge und jüdische Überlebende waren oft maßgeblich an der Schaffung von Mahnmalen beteiligt und dominierten nicht selten die Einweihungsfeierlichkeiten. In seiner Unscheinbarkeit war der Hildesheimer Gedenkstein die Regel. Sein bloß vager Hinweis auf die Täter und die Verwendung des Passivs bei der Beschreibung der Tat waren gleichfalls typisch.

Im folgenden werden insgesamt elf Mahnmalprojekte vorgestellt, darunter zwei, die (bislang) nicht realisiert wurden. Der Begriff Mahnmal ist hier einerseits im weitesten Sinne gebraucht und meint ephemere und permanente Gedenkzeichen – angefangen von Gedenkstätten und Denkmälern bis hin zu Namensgebungen und Gedenktafeln. Andererseits ist der Begriff hier in dem eingeschränkten Sinn zu verstehen, in dem er in den ersten Nachkriegsjahren verwandt wurde: Die hier vorgestellten Mahnmale beziehen sich einzig auf die nationalsozialistische Vergangenheit.

Die elf Projekte stellen keinen repräsentativen Querschnitt deutscher Mahnmale (im obigen Sinne) dar. Mit einer Ausnahme spielen die in diesem Beitrag erzählten Geschichten allesamt in den «alten» Bundesländern, und die daraus gezogenen Schlußfolgerungen lassen sich nicht auf die Verhältnisse in der DDR übertragen. Die Auswahl der vier westdeutschen Schauplätze – Hildesheim, Hamburg, Wiesbaden und Celle – ist allerdings beliebig. Ähnliche Episoden haben sich in Flensburg und Freiburg, München und Minden, Kassel und Koblenz, Aachen und Aalen zugetragen.

Derartige Episoden sind jeweils einmalig und beruhen auf lokalspezifischen Konstellationen. Sofern ihnen ein (bundes-)deutsches Grundmuster zugrunde zu liegen scheint, ist dies ebenso das Ergebnis spezifischer Zusammenhänge. Insofern unterscheiden sich Mahnmale, deren Wirkung nicht über die Gemeindegrenze hinausreicht, nicht von solchen mit einer überregionalen oder gar nationalen Bedeutung. In diesem Kapitel ist mit Bedacht nicht die Rede von den beiden bekanntesten – und von Feuilletonisten ausgiebigst beredeten – bundesdeutschen Mahnmalen: der Kollwitz-Pietà in der Neuen Wache und dem von Leah Rosh initiierten Projekt zum Gedenken an die «ermordeten Juden Europas»; zu leicht verführt die Exponiertheit dieser Erinnerungsorte zu dem voreiligen Schluß, daß sich in ihnen die Quintessenz einer bundesdeutschen Gedenkpraxis aufspüren ließe.

II.

In den unmittelbaren Nachkriegsjahren war das von der Stadt Hamburg 1946 in Auftrag gegebene und 1949 eingeweihte Mahnmal für die «Opfer des nationalsozialistischen Terrors» aufgrund seiner Größe eher die Ausnahme. Das Denkmal des Hamburger Architekten Heinz Jürgen Ruscheweyh ist ein 16 Meter hoher Betonrahmen, in den 105 Urnen mit Erde aus 26 Konzentrationslagern eingehängt sind. Die auf dem Denkmal angebrachten Inschriften haben, anders als die auf dem Hildesheimer Gedenkstein, eindeutig mahnenden Charakter. «1933–1945» und «Unrecht brachte uns den Tod. Lebende, erkennt Eure Pflicht» heißt es auf der Vorderseite des Denkmals, und auf der Rückseite steht: «Gedenkt unserer Not, bedenkt unseren Tod, den Menschen sei Bruder der Mensch». Wer hier in der ersten Person Plural spricht, verrät das Denkmal nicht. «Wir hätten es jedoch begrüßt, wenn auf dem Erinnerungsmal deutlich zum Ausdruck gekommen wäre, daß es sich um das Gedenken der Opfer der nationalsozialistischen Verfolgung handelt», merkte die Hamburger Jüdische Gemeinde ein halbes Jahr vor der offiziellen Einweihung kritisch an.[4]

Anders als der Hildesheimer Gedenkstein, der am Tatort errichtet wurde, befindet sich dieses Hamburger Mahnmal auf dem städtischen Ohlsdorfer Friedhof. Der offensichtlichste Tatort wäre die Stätte des ehemaligen Konzentrationslagers Neuengamme gewesen, das 1938 im Südosten Hamburgs in Betrieb genommen worden war. Dies war nicht zuletzt auf Druck der Hansestadt Hamburg geschehen, die auf billige Arbeitskräfte für den ambitionierten Ausbau der Hamburger Innenstadt hoffte. Nach dem Krieg war das Lager zunächst von den britischen Besatzungsbehörden genutzt worden. Im Februar 1948 übernahm die Hamburger Gefängnisbehörde das Gelände, um dort, so der zuständige Oberlandesgerichtsrat, «eine vorbildliche Anstalt der Menschlichkeit und des modernen Strafvollzugs von Weltruf zu schaffen», mit deren Hilfe der «Ruf Neuengammes und damit Hamburgs wiederhergestellt» werden würde.[5] Als das Ohlsdorfer Urnendenkmal eingeweiht wurde, war in Neuengamme der Ort, an dem das Krematorium des Konzentrationslagers gestanden hatte, für Besucher unzugänglich. Französische Überlebende ersuchten 1951 um die Genehmigung, dort eine Gedenkfeier abhalten zu dürfen. Hamburgs Erster Bürgermeister verwehrte ihnen diese mit der Begründung, «daß im Interesse einer sich anbahnenden Versöhnung der Völker – insbesondere des französischen und des deutschen Volkes – alles vermieden werden sollte, was an alte Wunden rührt und schmerzliche Erinnerungen wachruft».[6]

III.

Als der Hamburger Senat im Juli 1946 beschloß, ein Mahnmal für alle Opfer der Nationalsozialisten zu errichten, griff er damit einen Vorschlag von Senator Franz Heitgres auf. Heitgres gehörte der KPD an. In den ersten drei Nachkriegsjahren wurden Initiativen für die Errichtung von Mahnmalen in den drei Westzonen von einem antifaschistischen Grundkonsens getragen. Nicht nur in Hildesheim und Hamburg waren sich Sozialdemokraten und Christdemokraten, Liberale und Kommunisten einig, daß Deutsche ihre Scham über das von Deutschen begangene Unrecht bekennen und daß nachfolgende Generationen vor einer Wiederkehr der Vergangenheit gewarnt werden sollten. Auf einem solchen Konsens basierte auch der Beschluß des Celler Stadtrats vom August 1946, Mittel für ein Mahnmal zur Erinnerung an die «Hasenjagd» zu finanzieren.

Die vom Celler Volksmund «Hasenjagd» getauften Ereignisse hatten sich im April 1945, wenige Tage vor dem Einmarsch britischer Truppen, zugetragen. Häftlinge aus zwei Außenlagern des Konzentrationslagers Neuengamme sollten mit dem Zug nach Bergen-Belsen transferiert werden. Bei einem Halt auf dem Celler Güterbahnhof wurde der Zug von alliierten Bombern angegriffen. Etwa die Hälfte der 4000 Häftlinge kam dabei ums Leben. Viele der Überlebenden versuchten, gleichermaßen dem Inferno des Bombenangriffs und ihren Wachmannschaften zu entkommen. Angehörige der SS, der SA, der Polizei und der Wehrmacht machten Jagd auf die fliehenden Häftlinge. Sie wurden dabei tatkräftig von Celler Bürgern unterstützt, die, wie ein Historiker später fand, «hierzu anscheinend gar nicht aufgefordert waren» und sich «teilweise anschließend mit der Zahl der von ihnen Getöteten brüsteten».[7]

Als das Ohlsdorfer Mahnmal errichtet wurde, bestand der antifaschistische Konsens der ersten beiden Nachkriegsjahre schon nicht mehr; Vertreter der KPD wurden zu den Einweihungsfeierlichkeiten nicht eingeladen. Doch

1992 eingeweihtes Denkmal von Johnny Lucius für die Opfer der «Hasenjagd», Triftanlage, Celle

Hamburgs regierende Sozialdemokraten hatten zu keinem Zeitpunkt den Bau des Mahnmals in Frage gestellt. In Celle war von der noch 1946 öffentlich zur Schau gestellten Reumütigkeit bereits ein Jahr später nicht mehr die Rede, und das öffentliche Interesse an der Errichtung eines Mahnmals erlahmte. Die Toten des Bombenangriffs und der anschließenden «Hasenjagd» waren ursprünglich zumeist an Ort und Stelle verscharrt worden; die bei ihrer Umbettung auf den städtischen Waldfriedhof anfallenden Kosten von 28.863,69 Reichsmark versuchte der Rat der Stadt Celle im März 1947 auf die Landesregierung abzuwälzen, da es sich angeblich «bei der der Stadt übertragenen Aufgabe um eine Angelegenheit der Gesamtheit» und nicht um die Folge eines lokalspezifischen Vorfalls handelte.[8] Ein bereits genehmigter Mahnmal-Entwurf des Hannoveraner Künstlers Ludwig Vierthaler wurde mangels Finanzierung nie verwirklicht. Statt dessen errichtete die Friedhofsverwaltung auf dem Waldfriedhof drei große Holzkreuze und brachte eine Hinweistafel an, die die Grabstelle als Ruhestätte für Opfer des Zweiten Weltkrieges auswies.

IV.

Die Synagoge am Wiesbadener Michelsberg wurde wie die in Hildesheim im Verlaufe des Reichskristallnachtpogroms zerstört. Zwölf Jahre lang erinnerten ihre Überreste an die Brandstiftung. Kurz nach Beseitigung der Fundamente beschloß die Wiesbadener Stadtverordnetenversammlung die Errichtung eines Gedenksteins. Nach mehreren intern erarbeiteten Entwürfen, darunter einem, der ein Denkmal mit der Inschrift: «Vergib uns unsere Schuld» vorsah, wandte die Stadt sich hilfesuchend an Egon Altdorf, einen ortsansässigen und einschlägig erfahrenen Künstler. Der schuf eine Basaltstele mit der Inschrift

«Der Welt Gewissen ist die Liebe». Erst als die Wiesbadener Jüdische Gemeinde beanstandete, daß das Denkmal keinerlei Hinweis auf die Synagoge enthielt, wurde die Anbringung einer zusätzlichen Schrifttafel beschlossen. Deren Text allerdings gab nur begrenzt über den Anlaß des Denkmals Auskunft: «Zum Gedenken an die Synagoge, die hier bis zum 9. November 1938 stand». Auch die Lokalzeitung wurde kaum deutlicher, als sie in einer Meldung über die Einweihung des Denkmals schrieb: «Den beschämenden Ereignissen des Herbstes 1938 fiel auch die Wiesbadener Synagoge zum Opfer».[9]

V.

«Jedes Volk hat ein Recht darauf, stolz zu sein auf das, was es der Menschheit an Kulturgütern und technischen Leistungen geschenkt hat. Aber ebenso hat jedes Volk die Pflicht, nichts aus der Erinnerung zu löschen, was es an Unmenschlichkeiten in seiner Geschichte begangen hat», erklärte Hamburgs Schulsenator, Dr. Drexelius, am 30. Januar 1963 in der Schule am Bullenhuser Damm im Hamburger Stadtteil Rothenburgsort. «Wir Deutsche haben eine Schuld abzutragen. Durch unsere Gesinnung und durch unsere Tat wollen wir dazu beitragen, daß die guten Kräfte in der Zukunft unseres Volkes und in der Zukunft aller Völker die dunklen Kräfte besiegen.»[10] Nach diesen Worten enthüllte der Senator eine Steintafel mit dem folgenden Text: «Hier wurden in der Nacht vom 20. zum 21. April 1945 wenige Tage vor Kriegsende

Teil der «Fragmente»-Installation (1995–97) von Heinrich Lessing am Michelsberg, Wiesbaden, der den Blick auf das Innere der 1938 zerstörten Synagoge freigibt

von Handlangern der nationalsozialistischen Gewaltherrschaft zwanzig ausländische Kinder und vier erwachsene Begleiter ermordet / Gedenket der Opfer in Liebe / Lernt den Menschen und sein Leben achten».

In jener Nacht hatten SS-Männer zwanzig jüdische Kinder im Alter von fünf bis zwölf Jahren, zwei holländische und zwei französische KZ-Häftlinge und – was auf der Gedenktafel verschwiegen wurde – 24 sowjetische Kriegsgefangene im Keller der Schule aufgehängt. Kurt Heißmeyer, der an einem Hohenlychener Sanatorium als Lungenfacharzt tätig war, hatte die Kinder im Konzentrationslager Neuengamme mit Tuberkuloseerregern infiziert, um die damals bereits hinreichend widerlegte Hypothese zu überprüfen, derzufolge sich Lungen-Tbc mit der Schaffung eines zweiten Tuberkuloseherdes bekämpfen ließe. Die Ermordung der Kinder und der vier Häftlinge, die in Neuengamme mit ihrer Betreuung betraut waren, hatte zum Ziel, Heißmeyers Versuche zu vertuschen.

Die Morde blieben jedoch nur wenige Monate unentdeckt, und ihre Aufdeckung führte dazu, daß die an den Kindern vorgenommenen Experimente ebenfalls ans Tageslicht kamen. Vier der Mordverantwortlichen – der Kommandant des Lagers Neuengamme, der Standortarzt und zwei SS-Wachmänner – wurden in einem der sogenannten Curiohaus-Verfahren zum Tode verurteilt und Ende 1946 hingerichtet. Heißmeyer lebte bis 1964 unbehelligt in Magdeburg und wurde 1966 wegen seiner Beteiligung an den Neuengammer Menschenversuchen zu lebenslänglicher Haft verurteilt. Nur Arnold Strippel, der für die Schule am Bullenhuser Damm verantwortliche SS-Offizier, der nach Aussagen seiner Mittäter letztendlich auf der Hinrichtung der Kinder bestanden und bei ihr mitgewirkt hatte, wurde nie für den Mord zur Rechenschaft gezogen. Ein Ermittlungsverfahren der Hamburger Staatsanwaltschaft wurde 1967 aus Mangel an Beweisen eingestellt. Die Einstellungsbegründung enthielt die bemerkenswerte Feststellung, daß die Kinder nicht grausam getötet worden seien, da ihnen «über die Vernichtung ihres Lebens hinaus kein weiteres Übel zugefügt worden» sei.[11]

Die Anbringung einer Tafel in der Schule am Bullenhuser Damm ging auf eine Initiative ehemaliger Neuengamme-Häftlinge zurück. Die Arbeitsgemeinschaft Neuengamme, die in der Bundesrepublik lebende Neuengamme-Überlebende vertritt, hatte in den fünfziger Jahren des öfteren Gedenkfeiern in der Schule abgehalten. Im Mai 1959 dankte der Hamburger Landesschulrat der Arbeitsgemeinschaft für ihren Vorschlag, eine Gedenktafel anzubringen, «da wir mit Ihnen der Meinung sind, daß solche Untaten nicht vergessen werden dürfen und die Erinnerung an sie eine ewige Mahnung für unser Volk bleiben sollte». Doch die Schulbehörde tat sich schwer, einen passenden Text zu finden, und bat um Nachsicht, sollte sich die Suche etwas hinziehen. «Die Schule ist eine Stätte, in der Kinder froh und unbeschwert aufwachsen sollen. Der Text darf also nicht das Grauenvolle zu deutlich machen. Andererseits muß er eindringlich sein. Hier die richtige Mitte zu finden, wird nicht ganz leicht sein.»[12]

VI.

Das öffentliche Interesse an der NS-Vergangenheit erreichte in der Bundesrepublik erst gegen Ende der siebziger Jahre wieder die gleiche Intensität wie in den ersten beiden Nachkriegsjahren. Insbesondere im Anschluß an die Ausstrahlung der amerikanischen Fernsehserie *Holocaust* im deutschen Fernsehen zu Beginn des Jahres 1979 manifestierte sich dieses neuerwachte Interesse in zahlreichen Buchpublikationen, Gedenkveranstaltungen, Fernsehsendungen, neuen Unterrichtseinheiten an den Schulen und Mahnmalinitiativen. Die Bürgerinnen und Bürger zahlreicher Städte und Gemeinden in der Bundesrepublik setzten sich für die Schaffung von Gedenktafeln und -steinen ein, die an Synagogen oder andere zerstörte jüdische Einrichtungen erinnerten. Es schien fast, als ob ein Wettstreit um das auffälligste, künstlerisch wertvollste oder einfach nur teuerste Mahnmal ausgebrochen war.

Zur vierzigjährigen Wiederkehr der Zerstörung der Hildesheimer Synagoge fand im November 1978 das erste Mal seit 1948 wieder eine öffentliche Gedenkveranstaltung am Lappenberg statt, an der sowohl der Oberbürgermeister als auch der Oberstadtdirektor teilnahmen. Schon bald wurde von führenden Lokalpolitikern bemängelt, daß der Gedenkstein nicht angemessen sei. Ein «mickrige[r] und jämmerliche[r] Stein» sei das Hildesheimer Mahnmal, befand der Vorsitzende des örtlichen Bauausschusses 1986.[13] Anläßlich des 50. Jahrestages der Brandstiftung wurde dort, wo einstmals die Hildesheimer Synagoge stand, ein zweiter, 700 000 Mark teurer Gedenkstein eingeweiht. Das neue Synagogenmahnmal, das von der städtischen Weinhagen-Stiftung finanziert wurde, ist ein Marmorkubus mit etwa 2 Meter Seitenlänge, dessen vier Seiten jeweils einem Thema gewidmet und von jeweils einem Bildhauer gestaltet sind: «Seite der Erwählung» (Theo Heiermann), «Seite des Gesetzes» (Elmar Hillebrand), «Seite des Kultes» (Jochem Pechau) und «Seite der Verfolgung und des Holocaust» (Karl Matthäus Winter). Reliefs auf der letztgenannten Seite zeigen unter anderem die Babylonische Gefangenschaft, die Zerstörung des Tempels in Jerusalem, den Brand der Hildesheimer Synagoge – und den Brand Hildesheims nach einem alliierten Luftangriff am 22. März 1945. Das Bild der brennenden Stadt mag Betrachter daran erinnern, daß nach dem Krieg nicht-jüdische Deutsche sich selbst oft in der Opferrolle sahen und nur ungern an ihre (oder ihrer Eltern und Großeltern) Mittäterschaft erinnert werden wollten.

Anders als bei der Einweihung des ersten Gedenksteins brauchten sich die Veranstalter am 9. November 1988 nicht über mangelndes Interesse der nichtjüdischen Öffentlichkeit zu beklagen. Vertreter der Stadt und der Kirchen waren ebenfalls zahlreich erschienen. Es gab schon lange keine jüdische Gemeinde mehr in Hildesheim, und etwaige 1988 in der Stadt lebende Juden traten nicht öffentlich als solche in Erscheinung. Den größten Nachhall fand ein Redebeitrag des Stadtkämmerers, der in seiner Eigenschaft als Geschäftsführer der Weinhagen-Stiftung der maßgebliche Initiator des Mahnmals war. Im umstrittensten Passus der Rede nahm der Kämmerer Stellung zum Abtreibungsparagraphen 218: «Auschwitz beginnt – Gott sei es geklagt! – auch dort, wo wir uns darauf verständigt haben, daß kein Mensch das unbedingte Recht hat, geboren zu werden: Auschwitz hat nicht erst mit Auschwitz begonnen, und Auschwitz muß nicht mit Auschwitz beendet sein. Auschwitz beginnt in unserem Herzen.»[14]

Die Instrumentalisierung des Gedenkens an die Synagoge durch nicht-jüdische Hildesheimer wurde nur wenige Jahre nach der Einweihung des Kubus erheblich erschwert. Infolge des Zuzugs von Juden aus der ehemaligen Sowjetunion gibt es seit 1997 wieder eine Jüdische Gemeinde in Hildesheim. Ihr Gründungsvorsitzender Peter Hirschfeld sagte kurz nach der Gemeindegründung im Anschluß an ein von Hildesheimer Christen am Lappenberg organisiertes Yom Hashoah-Gedenken im Gespräch: «Für's nächste Jahr denke ich schon, das ganze 'nen bißchen anders zu gestalten. Zum Beispiel [...] man kann auch die Stadtoberen oder die Kirche in Häftlingskleidung einkleiden und sagen [lassen], ‹wir stehen stellvertretend für die Juden, die wir umgebracht haben›.» «Festtagsreden» und «öffentliches Mahnen» hätten bei derartigen Gedenkfeierlichkeiten nichts zu suchen, erklärte Hirschfeld, der damit auf den seit 1978 bestehenden Brauch anspielte, den Jahrestag der Reichspogromnacht mit einem von den Kirchen und der Stadt ausgerichteten Gedenkakt – einschließlich Predigt und bürgermeisterlicher Rede – zu begehen. Die Jüdische Gemeinde dachte bald nach ihrer Konstituierung auch vorsichtig über eine neue Synagoge nach. Für die bot sich kein besserer Standort an als der Lappenberg. Angesichts solcher Wunschvorstellungen erschien das Mahnmal von 1988, das anders als das von 1948 den Platz der ehemaligen Synagoge besetzt hielt, wie ein Versuch des nicht-jüdischen Hildesheims, die Räumung des Brandplatzes für alle Zeiten festzuschreiben.

VII.

Die bislang erwähnten Mahnmale in Hildesheim und Wiesbaden sowie die Gedenktafel in der Schule am Bullenhuser Damm sollen an spezifische Verbrechen erinnern (auch wenn, wie im Fall der Altdorfschen Stele, der Bezug zwischen dem Mahnmal und seinem Anlaß nicht unmittelbar ersichtlich ist). Anders das Ohlsdorfer Mahnmal: Wenngleich die Symbolik der Urnen mit Asche aus verschiedenen Konzentrationslagern auf bestimmte Opfer und Tatorte verweist, ist es allen Opfern des nationalsozialistischen Terrors gewidmet. Wiesbaden hatte Mitte der achtziger Jahre eine Vielzahl von spezifischen Mahnmalen, angefangen von Gedenksteinen oder -tafeln an Schauplätzen des Reichskristallnachtpogroms bis hin zu Straßen und öffentlichen Gebäuden, die nach lokalen und überregional bekannten Widerständlern benannt worden waren. Im Juni 1986 beschloß die Stadtverordnetenversammlung einstimmig den Bau eines allumfassenden Mahnmals: «Zum Gedenken an alle, die Opfer der nationalsozialistischen Gewaltherrschaft geworden sind, insbesondere zu Ehren derjenigen, die Widerstand geleistet haben, ist ein ihrer Bedeutung angemessenes Mahnmal an hervorgehobener Stelle zu schaffen.»[15] Für die Verwirklichung des Vorhabens wurden eine Million Mark bereitgestellt. Jahrelang blieb dieser Beschluß folgenlos. 1993 und 1994 stellten zwei nach Wiesbaden eingeladene Künstler, Bogumir Ecker und Jenny Holzer, Modelle vor, doch die Stadtverordneten entschieden sich weder für noch gegen einen der Vorschläge.

Als die Befürworter eines zentralen Mahnmals im Juni 1998 ein Symposium veranstalteten, um dem Projekt neues Leben einzuhauchen, waren nur noch wenige in Wiesbaden von seiner Notwendigkeit überzeugt. Viele derjenigen, die sich seit den achtziger Jahren aktiv an der Diskussion um die Würdigung von Opfern des nationalsozialistischen Deutschlands beteiligt hatten, sprachen sich nun für ein dezentrales Gedenken an authentischen Orten aus.

Seit dem ursprünglichen Mahnmal-Beschluß der Stadtverordneten hatte die Wiesbadener Gedenkkultur neue Bezugspunkte gewonnen. In den neunziger Jahren hatte die Stadt unter anderem eine Gedenkstätte am Ort eines ehemaligen Außenlagers des SS-Sonderlagers Hinzert, die das Leiden der dort inhaftierten luxemburgischen Gefangenen dokumentierte, und ein Mahnmal für die nach Auschwitz deportierten Wiesbadener Sinti finanziert. Letzteres war gegen erbitterten Widerstand durchgesetzt worden; unter Berufung auf den Mahnmalsbeschluß von 1986 hatte sich neben anderen die Wiesbadener Gesellschaft für Christlich-Jüdische Zusammenarbeit gegen ein solches «Sondermahnmal» ausgesprochen, weil sie befürchtete, «daß es in Wiesbaden zu einer Entwertung des dem Gesamtopfermahnmals [sic] zugrunde liegenden Gedankens der Scham und Trauer kommen wird».[16]

VIII.

Bislang ist nur von den westlichen Bundesländern die Rede gewesen. Sehr viel umfassender als in jenen war man in der DDR bestrebt gewesen, Denkmäler zu errichten «insbesondere zu Ehren derjenigen, die Widerstand geleistet haben». «Scham und Trauer» lagen kaum einem der dort realisierten Projekte zugrunde. Doch auch in der Bundesrepublik war man willens, mit Hilfe von Denkmälern den Sieg der guten über die dunklen Kräfte zu feiern. Mehrheitlich waren sich die Bürger der Bundesrepublik allerdings darin einig, daß die meisten der in der DDR als gute Kräfte anerkannten Widerstandskämpfer keine Ehren verdient hatten. Keine der 38 Straßen, die nach dem Krieg in Wiesbaden nach Verfolgten und Widerstandskämpfern benannt wurden, trägt den Namen eines Kommunisten.

«Eine Liste mit den Namen kommunistischer Agenten in Westdeutschland» sei, so die Frankfurter *Abendpost*-Nachtausgabe am 27. Juli 1955, im Auto des tödlich verunglückten Wilhelm Hammann gefunden worden. Hammann war der Zeitungsmeldung zufolge «schon vor 1933» KPD-Abgeordneter gewesen, war 1935 «in das KZ Dachau gebracht» worden und nach Kriegsende für kurze Zeit als Landrat in Groß-Gerau tätig gewesen.[17] Der Unfall ereignete sich, kurz bevor in der Bundesrepublik die KPD verboten wurde, und zu einem Zeitpunkt, als der Tote in Groß-Gerau – wie «schon vor 1933» – zu den dunklen Kräften gezählt wurde. Nicht so in der DDR: Dort wurde Hammann, der von 1938 bis 1945 in Buchenwald inhaftiert gewesen war und dort als Blockältester verhindert hatte, daß 159 Kinder und Jugendliche noch kurz vor der Befreiung des Lagers auf einen Todesmarsch geschickt wurden, als exemplarischer Antifaschist gefeiert. Daß es sich hier um jüdische Kinder und Jugendliche gehandelt hatte, fand kaum mehr Erwähnung in der DDR als die Tatsache, daß die in der Schule am Bullenhuser Damm ermordeten Kinder ausnahmslos Juden waren, zur gleichen Zeit in der Bundesrepublik.

Während die DDR-Geschichtsschreibung Wilhelm Hammann bereits in den fünfziger Jahren einen Platz unter den guten Kräften einräumte, wurde er in der Bundesrepublik erst zu Beginn der achtziger Jahre von einer Gruppe Kasseler Schüler wiederentdeckt. Die Arbeit der Schüler führte unter anderem dazu, daß Hammann von der Gedenkstätte Yad Vashem in Jerusalem 1984 als Gerechter unter den Völkern geehrt wurde. Während eine von den Schülern vorgeschlagene Ehrung in Hammanns Heimat in Südhessen auf sich warten ließ und sich Lehrerkollegien, Elternbeiräte und Lokalpolitiker im Kreis Groß-Gerau mehrfach gegen die Benennung einer Schule nach dem prominenten Kommunisten entschieden, wurde die Polytechnische Oberschule 55 in Erfurt nach Hammann benannt.

Nach dem Zusammenbruch der DDR wurden viele der in den östlichen Bundesländern nach kommunistischen Widerstandskämpfern benannten Straßen und öffentlichen Gebäude umbenannt. In Erfurt wurden 16 Straßen dergestalt in großer Hast umgetauft. Aus der Wihelm-Hammann-Schule wurde die Grundschule 3. Wenige Jahre später wandte sich der Erfurter Bildungsdezernent in einem offenen Brief an alle Schulleiter der Stadt, «um Sie für einen Vorgang zu sensibilisieren, der in engem Zusammenhang mit der erfreulicherweise ständig vorangehenden Namensverleihung an unseren Schulen einhergeht».[18] Mit seiner Aufforderung, eine der Erfurter Schulen möge sich doch wieder nach Hammann nennen, reagierte der Dezernent auf das Unverständnis, das die Umbenennung der ehemaligen Polytechnischen Oberschule 55 in Israel ausgelöst hatte. Gleich zwei Schulen bewarben sich daraufhin um den Namen, der im November 1993 in Anwesenheit des israelischen Generalkonsuls an die Regelschule 2 vergeben wurde (die vormals nach dem nicaraguanischen Freiheitskämpfer Sandino benannt war).

Daß es seit 1993 wieder eine nach dem Kommunisten und langjährigen Buchenwald-Häftling Hammann benannte Schule in Deutschland gibt, darf nicht zu dem Schluß verleiten, daß der Antifaschismus, der der DDR einst eine eigene Identität verleihen sollte, wieder hoffähig geworden wäre. Nach 1989 war es zunehmend unwahrscheinlich geworden, daß ein zentrales Wiesbadener Mahnmal wie einst geplant «insbesondere zu Ehren derjenigen, die Widerstand geleistet haben», geschaffen werden würde. Eine öffentlich bekundete Anerkennung der jüngeren deutschen Vergangenheit soll nicht selten (wie im Falle des zweiten Hildesheimer Synagogenmahnmals) der Imagepflege dienen. Die Benennung der Regelschule 2 in Erfurt sollte den Schaden wiedergutmachen, den das Ansehen der Stadt aufgrund der Umbenennung der Wilhelm-Hammann-Schule nach dem Ende der DDR im Ausland genommen hatte.

IX.

Die Morde an KZ-Häftlingen in Celle im April 1945 wurden nach Jahrzehnten des Schweigens öffentlich das erste Mal in einem 1982 publizierten Sammelband wieder erwähnt.[19] Am 17. Juni 1983 organisierten Gewerkschafter und andere Mitglieder der Celler Linken eine Gedenkveranstaltung auf dem Waldfriedhof für die Opfer des Bombenangriffs und der «Hasenjagd». Zwei Jahre später wurden die Ereignisse vom April 1945 erstmals seit mehr als 35 Jahren ausführlich in der konservativen Lokalzeitung erwähnt. Wenige Wochen später beschloß der Rat der Stadt, auf dem Gelände des Güterbahnhofs, wo der Zug mit den Häftlingen bombardiert worden war, eine Gedenktafel anzubringen, und beauftragte den Historiker Mijndert Bertram mit der Abfassung eines Berichts über die Ereignisse vom April 1945. Das Ergebnis von Bertrams Recherchen lag 1989 vor[20] und veranlaßte den Rat, sich erneut mit der Frage eines öffentlichen Gedenkens an die Ereignisse vom April 1945 zu beschäftigen. Die Deutsche Bundesbahn lehnte die Anbringung einer Gedenktafel auf dem Bahngelände ab, und der Rat entschied sich nun, einen offenen Wettbewerb für ein Mahnmal in einem Park auf halbem Wege zwischen dem Bahnhof und der Innenstadt auszuschreiben.

Aus 281 eingesandten Vorschlägen wählte die Jury den des Künstlers Johnny Lucius – einen Eisenrahmen mit einer Schrifttafel, in dessen Mitte eine Rotbuche wächst. Das Denkmal wurde 1992 eingeweiht. Es ist als solches nur für Eingeweihte erkennbar. Kinder verwechseln das Kiesbeet, in dem die Buche wächst, mit einem Sandkasten. In den ersten sieben Jahren nach seiner Einweihung organisierte die Stadt nur einmal eine Gedenkfeier am Mahnmal.

Es sei die auffallendste Eigenschaft von Denkmälern, daß sie nicht wahrgenommen werden, befand Robert Musil. «Es gibt nichts auf der Welt, was so unsichtbar wäre wie Denkmäler. Sie werden doch zweifellos aufgestellt, um gesehen zu werden, ja geradezu, um die Aufmerksamkeit zu erregen; aber gleichzeitig sind sie durch irgend etwas gegen Aufmerksamkeit imprägniert, und diese rinnt Wassertropfen-auf-Ölbezug-artig an ihnen ab, ohne auch nur einen Augenblick stehenzubleiben.»²¹ Ob das Celler «Hasenjagd»-Mahnmal geschaffen wurde, «um gesehen zu werden», sei einmal dahingestellt. Erwiesen scheint, daß Denkmäler vor allem dann in den Blickpunkt rücken, wenn sie mit Absicht genutzt werden – sei es, indem sie mit Farbe beschmiert oder sonstwie geschändet werden oder indem sie den Bezugspunkt eines öffentlichen Gedenkrituals abgeben.

1997 beantwortete das städtische Kulturamt eine Anfrage nach der Nutzung des «Hasenjagd»-Mahnmals mit dem Hinweis auf die Celler Synagoge, die 1974 von der Stadt übernommen worden und in der eine Ausstellung über jüdisches Leben in der Stadt zu sehen war. In den fünfziger Jahren hatte die Stadt Celle der Opfer der «Hasenjagd» gedacht, indem sie auf dem Friedhof drei Holzkreuze aufstellte; in den neunziger Jahren wurden alle in Celle zwischen 1933 und 1945 verübten Verbrechen auf den (erfolglosen) Versuch der Synagogenbrandstiftung reduziert und alle Opfer zu (Celler) Juden erklärt.

X.

Die Altdorfsche Stele wurde Ende der sechziger Jahre im Zuge des Baus einer Hochstraße über das ehemalige Synagogengrundstück versetzt. Die Hochstraße wurde von vielen Wiesbadenern als Schandfleck im Stadtbild empfunden und erwies sich zudem sehr bald nach ihrer Fertigstellung als verkehrsplanerischer Schildbürgerstreich. In seiner 1994 erstellten Diplomarbeit schlug der Mainzer Architekt Heinrich Lessing vor, die Hochstraße abzureißen und den Ort der Synagoge wieder sichtbar zu machen. Zwischen 1995 und 1997 schuf Lessing die «Fragmente»-Installation: Unterstützt von einem Verein, der sich der Erforschung und Bewahrung jüdischer Geschichte in Wiesbaden verschrieben hat, markierte er den Grundriß der Synagoge mit blauer Farbe auf der Fahrbahn, machte die Fundamenthöhe mit hölzernen Wänden deutlich, die nachts beleuchtet sind, brachte an einem unter der Hochstraße hindurchführenden Fußweg eine Glastafel an, die einen Einblick in das Synagogeninnere erlaubt, und stellte kommentierende Tafeln auf. Das Resultat von Lessings persönlicher Auseinandersetzung mit der Geschichte dieses Ortes war anfangs nur als ephemeres Kunstwerk konzipiert; inzwischen ist es von der Stadt Wiesbaden als dauerhafter Bestandteil des Michelsberg akzeptiert worden. Lessing begreift sein Werk als «lebendiges Denkmal» und hat mehrfach Erweiterungen und Veränderungen vorgenommen.

XI.

Die Geschichte der Kinder, die in der Nacht vom 20. auf den 21. April 1945 in der Schule am Bullenhuser Damm ermordet wurden, und der Umstand, daß mit Arnold Strippel einer der Hauptverantwortlichen nie für die Morde belangt worden war, wurden 1979 in der Illustrierten *Stern* in einer sechsteiligen Artikelserie öffentlich gemacht.²² Die Serie und die Rührigkeit des verantwortlichen Redakteurs Günther Schwarberg führten in den folgenden Jahren zur Einrichtung einer Gedenkstätte in der Schule mit einer kleinen ständigen Ausstellung und einer neuen Gedenktafel. Eine von Schwarberg konzipierte Wanderausstellung über das Leben und Sterben der Kinder vom Bullenhuser Damm wurde 1981 auch im Foyer des Ortsamtes des Hamburger Stadtteils Lokstedt gezeigt. Im Anschluß an eine Veranstaltung, bei der Schwarberg aus seinem aus der *Stern*-Serie hervorgegangenen Buch las, verfaßten die Anwesenden eine Resolution, in der sie vorschlugen, Straßen nach den Kindern zu benennen. Zehn Jahre später setzten SPD und Grüne im Lokstedter Ortsausschuß durch, daß die Straßen im damals in Bau befindlichen Burgwedel die Namen einzelner Kinder tragen sollten.

Die Entscheidung war umstritten. Die Lokstedter CDU hätte es lieber gesehen, wenn die Straßen nach Märchenfiguren benannt worden wären. Eine Frau, die in die nach dem im Alter von zwölf Jahren ermordeten Georges-André Kohn benannte Straße zog, protestierte gegen die Namensnennung. «Ich bin der Meinung», schrieb sie 1992 an das zuständige Ortsamt, «daß man beispielsweise mit der Namensgebung Solidarität mit den neuen Bundesländern zum Ausdruck hätte bringen können. Weiterhin hätte man die hansestädtische Partnerschaft mit St. Petersburg in dem Straßennamen bedenken können. [...] Weiterhin mußte ich außerdem feststellen, daß der jetzige Straßenname so lang ist, daß er beispielsweise noch nicht einmal in die vorgegebenen Kästchen für die Adresse auf einem Lotto-Schein paßt.»²³

Denkmale gelten oft als Manifestationen eines kollektiven Gedächtnisses. Ihre Entstehungs- und Nutzungsgeschichten müssen dazu herhalten, den Gehalt sozialer Erinnerungen zu bestimmen. Doch Mahnmale sind auch oft sehr persönliche Aussagen ihrer Initiatoren und Gestalter, unbeschadet der Tatsache, daß jene sich oft von dem Kollektiv, an das sich das Mahnmal mit seiner Aufforderung «Erinnert Euch!» wendet, ausnehmen. Die Entstehung eines Mahnmals läßt sich somit oft auch biographisch verorten. Ob ein Mahnmal Erinnerungen provoziert oder ob jegliche Aufmerksamkeit von ihm abrinnt wie Wassertropfen von einem Ölbezug, hängt gleichfalls von den Reaktionen einzelner ab, auch wenn der Einfachheit halber diese einzelnen zu Kollektiven (etwa «die Bürger Hildesheims») zusammengefaßt werden.

Ende der neunziger Jahre wurden Anwohner der nach den Kindern benannten Straßen im Rahmen eines Forschungsvorhabens nach ihrer Haltung zu den Straßennamen befragt.²⁴ Zu dem Zeitpunkt war Burgwedel eines der demographisch jüngsten Hamburger Neubaugebiete. Mit seiner Mischung aus Mehrfamilien- und Einfamilienhäusern, seiner Anbindung an das S-Bahnnetz und seinen Einkaufsmöglichkeiten war es ein attraktives Neubaugebiet – als ob die Stadtplaner versucht hätten, im äußersten Nordwesten Hamburgs ein Gegenstück des verrufenen Mümmelmannsberg im Südosten der Stadt zu schaffen. Die befragten Anwohner waren eher überdurchschnittlich gebildet und gehörten zumeist vergleichsweise zu den sozial Bessergestellten.

Nur scheinbar abwegig waren die Reflektionen, die die Straßennamen bei einem Burgwedeler auslösten, der es zwar «richtig und gut» fand, «auch diese Geschehnisse irgendwo im Gedächtnis zu behalten», doch mit der Benennung nicht einverstanden war. «Als persönlich Betroffener in einer Straße zu wohnen, die nach einem Kind benannt ist, das umgebracht wurde, finde ich also persönlich eher bedrückend. [...] Dieses Neubaugebiet hat ja mit den Kindern vom Bullenhuser Damm eigentlich gar nichts zu tun. [...] Ich übertreibe jetzt mal: Man könnte sich also vorstellen, daß man [...] für alle, was weiß ich, vierkommasoundsoviel bekannten ermordeten Juden auch 'ne Straße benennt. Und dann hätte man fast flächendeckend in Deutschland so eine Straßenbezeichnung. Deswegen ist mir nicht ganz klar, worin jetzt das besondere dieses Geschehens liegt, daß man da jetzt Straßen nach benennt. Verstehen Sie? Was ist die besondere, ich sage jetzt mal in Anführungszeichen, Opferqualität? Daß es Kinder sind, ist besonders verwerflich, ist besonders schrecklich, das ist klar. Aber auch in den KZs sind Kinder umgekommen. Auch in Neuengamme sind weitere Kinder vielleicht umgekommen. Und andere. [...] Der Terror des Bösen wird so zu etwas Alltäglichem, wird zum tagtäglichen daran erinnern, und man nimmt das so dann vielleicht gedankenlos hin.» «Vielleicht gedankenlos» erinnerte der Anwohner sich plötzlich der Monstrosität von Auschwitz. Er wußte, daß es kaum genug Straßen in Deutschland gibt, um der Toten der Shoah zu gedenken.

Die Mehrzahl der Befragten begrüßte die Wahl der Namen. Eine junge Frau sagte: «Wenn man in einer Straße wohnt, die nach einem fünfjährigen Mädchen benannt ist, und hat eine Tochter, die im gleichen Alter ist, [ist das] natürlich eine fürchterliche Vorstellung. Also es geht schon nahe. [...] Das ist ein dicker, schwerer Kloß, der sich da bildet. Aber prinzipiell, finde ich, ist das in Ordnung, daß die Straßen hier so benannt worden sind.» Eine Nachbarin meinte, daß sie lieber in einer Straße mit einem unverfänglichen Namen wohnen würde, «wo man nicht immer traurig werden muß, wenn man seinen Straßennamen schreibt». Doch ihr Bedauern galt in erster Linie dem Anlaß der Benennung; sie wünschte sich eine andere Vergangenheit.

Meistens sind es jedoch die jeweils anderen, die ein Mahnmal auffordert, sich zu erinnern oder wachsam zu sein. Die Wiesbadener Stadtverordneten, die 1986 den Bau eines zentralen Mahnmals beschlossen, hatten zu allerletzt sich selbst als seine potentiellen Adressaten im Sinn. Nach ihrer Stellungnahme zu den Straßennamen befragt, dachten viele Burgwedeler laut darüber nach, wie die Namen wohl auf ihre Nachbarn wirkten. Meist waren solche Überlegungen von der Überzeugung getragen, daß Straßennamen und andere Gedenkzeichen für andere – Nachbarn, die heranwachsende Generation oder «alle außer mir» – eine wichtige Funktion erfüllten. Eine Anwohnerin hatte eine spezifische Zielgruppe im Auge: Sie fand, daß sich die Migranten, die überwiegend in den großen Miethäusern in Burgwedel wohnten, besonders für die Straßennamen interessieren müßten. «Da sind Polen drin, da sind teilweise glaube ich auch noch ein paar Zigeuner mit drin. Und die müßte so etwas ja, ich sage mal, noch brennender interessieren als uns.»

Bei genauem Hinsehen sind soziale Erinnerungen oft wenig mehr als die Summe individueller Erinnerungen. (Das, was mit Hilfe von Mahnmalen erinnert wird, ist gleichfalls sehr viel differenzierter, als dies zumeist vorgegeben wird: Die Untat eines ungenau umschriebenen Kollektivs entpuppt sich bei genauerem Hinsehen als die Summe einzelner Verantwortlichkeiten.)

Als Erinnerungsorte verweisen Mahnmale auf jeweils drei Geschichten: die Geschichte eines oder mehrerer zwischen 1933 und 1945 von Deutschen begangener Verbrechen, ihre Entstehungsgeschichte und die Geschichte ihrer Nutzung. Denkmale wie die «Hasenjagd»-Buche in Celle oder der marmorne Kubus am Hildesheimer Lappenberg haben augenscheinlich die Aufgabe, an die Vergangenheit, die ihr Anlaß war, zu erinnern und vor deren Wiederkehr zu warnen. Aber sie sollen auch die Abgeschlossenheit jener Vergangenheit versinnbildlichen. Bisweilen werden sie als ein (Absolution erheischendes) Schuldbekenntnis verstanden, mit deren Hilfe die Vergangenheit ad acta gelegt werden kann. Die Entstehungs- und Nutzungsgeschichten deutscher Mahnmale zeigen jedoch, wie unabgeschlossen diese Vergangenheit ist – wie sehr sie in die Gegenwart hineinragt und in ihr fortbesteht.

Die in diesem Kapitel vorgestellten Mahnmalprojekte bergen Spuren der Vergangenheit. Hier sind nicht die materiellen Überreste oder die Aura vermeintlich authentischer Orte gemeint, sondern die Benennung frevelhafter Hände anstelle von Tätern oder der Hinweis auf ausländische (anstelle jüdischer) Kinder. Weitere Spuren – die Sprachregelungen eines Hamburger Staatsanwalts oder die Gleichstellung der Shoah mit der Anwendung des § 218 – lassen sich im direkten Umfeld der hier erwähnten Mahnmale verorten.

In diesem Sinne können Mahnmale sowohl die Erinnerung an spezifische (und abgeschlossene) Verbrechen provozieren – die Zerstörung einer Synagoge oder die Ermordung von 24 sowjetischen Kriegsgefangenen – als auch Auskunft geben über den Erinnerungsort Deutschland. Dan Diner schrieb einmal, daß der Weg über die Erinnerung als verzögerte Sicht auf den Schattenriß der Ereignisse ein längeres Verweilen und damit einen genaueren Blick auf die Vergangenheit erlaube als jener Zugang, der in seiner Unmittelbarkeit von sich behauptet, den Verbrechen gleichsam ins Auge zu blicken.[25] Eine Reflexion der Entstehungs- und Nutzungsgeschichten bundesdeutscher Mahnmale kann somit gleichzeitig eine Reflexion ihres Anlasses sein. Sie ermöglicht einen genauen Blick insbesondere auf die Konstanten der Vergangenheit, die man ansonsten «so dann vielleicht gedankenlos» hinnimmt.

Adam Krzemiński

Der Kniefall

Genau zum 60. Jahrestag des deutschen Überfalls auf Polen verkündete der polnische Ministerpräsident Jerzy Buzek, der aus der «Solidarność»-Bewegung kommt, gegenüber seinem deutschen Amtskollegen, dem sozialdemokratischen Bundeskanzler Gerhard Schröder, in Warschau werde demnächst ein Platz oder eine Straße nach Willy Brandt benannt. Es war als eine bedeutsame polnische Versöhnungsgeste gemeint: Ein deutscher Regierungschef bekommt seine Straße in einer Stadt, die im September 1939 von der deutschen Wehrmacht beschossen, bombardiert und okkupiert wurde, deren Einwohner von den deutschen Besatzungsbehörden fünf Jahre lang als «Untermenschen» einer planmäßigen Vernichtungspolitik unterworfen wurden und die ein anderer deutscher Regierungschef, Adolf Hitler, nach zwei Aufständen – 1943 im Ghetto und 1944 im polnischen Teil – Straßenzeile für Straßenzeile und Haus für Haus, samt Kirchen, Museen und Archiven, sorgfältig in die Luft sprengen und dem Erdboden gleichmachen ließ.

Bemerkenswert war diese Geste des polnischen Ministerpräsidenten auch deswegen, weil nur wenige Wochen zuvor die Warschauer gegen eine andere politische Umbenennungsinitiative vehementen Widerstand geleistet hatten: Sie hatten es abgelehnt, den 1952 im stalinistischen Stil umbauten «Plac Konstytucji» (Platz der Verfassung) aus Dankbarkeit für die Unterstützung des damaligen amerikanischen Präsidenten für die «Solidarność» nach der Ausrufung des Kriegszustands im Jahre 1981 in «Ronald-Reagan-Platz» umzutaufen. Dabei hat Warschau durchaus schon ausländische Politiker mit eigenen Straßenschildern geehrt: So gab es etwa vor dem Krieg einen «Napoleon-Platz» (von den Kommunisten dann in «Platz der Helden Warschaus» umbenannt), es gibt auch einen «Wilson-Platz» (der allerdings zwischenzeitlich als «Platz der Pariser Kommune» ins offizielle Register eingetragen war) und einen «Washington-Platz», den selbst die Kommunisten in ihrer Epoche gewähren ließen; sogar ein zaristischer General, um die Jahrhundertwende ein tüchtiger und bei den Warschauern beliebter Verwalter dieser einstigen Provinzstadt des Russischen Imperiums, hat seinen «Starynkiewicz-Platz» behalten. Nur die Ehrung eines deutschen Staatsmannes im Warschauer Stadtbild war bislang undenkbar.

Die Entscheidung, einen Warschauer Platz nach Willy Brandt zu benennen, beendet wohl auch einen langen Streit in der polnischen politischen Klasse um die Bewertung sowohl der «neuen Ostpolitik» von SPD und FDP in den siebziger Jahren als auch der Haltung Willy Brandts selbst. Denn seine Anerkennung der Oder-Neiße-Grenze im Warschauer Vertrag vom Dezember 1970 und sein Kniefall vor dem Denkmal der Helden des Ghettoaufstands wurde zuerst von den ständigen Ungereimtheiten der deutsch-polnischen Tagespolitik in den siebziger Jahren und später von Brandts Ablehnung 1985, zu seinem Friedensnobelpreisträgerkollegen Lech Wałęsa nach Danzig zu pilgern, in den Augen vieler «Solidarność»-Politiker – und damit inzwischen auch eines großen Teils der jungen Generation – überschattet. Die ganzen neunziger Jahre hindurch war Willy Brandt in der Wahrnehmung und der Erinnerung vieler Polen irgendwo hinter der massigen Gestalt Helmut Kohls versteckt. Seit September 1999 dürfte das anders sein.

Bis dahin waren in der polnischen Hauptstadt zwar keine Straßenschilder mit dem Namen jenes Bundeskanzlers zu finden, der weithin mit dem Kniefall in Warschau assoziiert wird, dafür aber sehr viele Gedenktafeln und Denkmäler, die an die letzte Herrschaft der Deutschen in Polen erinnern. Man könnte behaupten, daß fast ganz Warschau ein deutscher Erinnerungsort an den Zweiten Weltkrieg ist und möglicherweise gerade deswegen immer wieder – wie beispielsweise 1995 in Dresden bei den Gedenkfeierlichkeiten an die Bombardierung – aus der Schicksalsgemeinschaft der während des Kriegs ausgelöschten Städte schier verdrängt wird. An Coventry, Leningrad, Hiroshima und andere wurde in Dresden damals erinnert, die Stadt aber, in der 1939 der Bombenkrieg gegen die Zivilbevölkerung begann, wurde in der Dresdener Gedenkreihe ebenso vergessen wie in der deutschen Symbolik des Zweiten Weltkriegs zumeist auch der Warschauer Aufstand von 1944, der schon fast regelmäßig mit dem Ghettoaufstand von 1943 verwechselt wird.

Worin besteht der «Warschauer Komplex» der Deutschen, den sie immer wieder so krampfhaft verdrängen? Entspringt er dem alten Überlegenheitsgefühl gegenüber dem östlichen Nachbarn? Ist er darin begründet, daß der «Feldzug in Polen» im kollektiven Gedächtnis der Deutschen eigentlich nicht viel mehr als die Rolle eines Kavaliersdelikts spielt? Nur wurde aus einem glänzenden militärischen Sieg bald der Auftakt zur größten militärischen und moralischen Niederlage Deutschlands im 20. Jahrhundert, der Griff nach den «Fleischtöpfen Europas» endete mit schmerzlichen Gebietsverlusten an Polen und den Vertreibungen der Deutschen aus Ostmitteleuropa. Ausgerechnet der verachtete und «unerträgliche» Nachbar im Osten – wie General von Seeckt noch in der Weimarer Republik sagte – wurde in den Augen vieler Deutscher zum entscheidenden «Handlanger» und – durch die Übernahme ostdeutscher Gebiete – auch «Nutznießer» der vom Deutschen Reich verschuldeten Katastrophe (daß Polen trotz der Westverschiebung noch erhebliche Gebietsverluste erlitt – ähnlich wie Deutschland wurde es um rund ein Fünftel seiner Fläche amputiert –, wurde dabei geflissentlich übersehen). Trotz aller moralischen Eindeutigkeit der Kriegsschuldfrage im Jahre 1939 schien die «polnische Erfahrung» der Deutschen im Zweiten Weltkrieg – verglichen etwa mit dem Schock der Ostfront, den Leiden des Bombenkriegs, die man an der «Heimatfront» erlebte, und den anschließenden Vertreibungen –

nebensächlich und unbedeutend zu sein. Den Polendiskurs der Deutschen nach dem Krieg dominierte jedenfalls fast ausschließlich die Grenzfrage und nicht etwa die deutsche Polenpolitik während der Besatzung von 1939 bis 1945.

Auch in den wichtigsten Debatten der achtziger und neunziger Jahre, angefangen mit dem «Historikerstreit» über die Goldhagen-Debatte und die Auseinandersetzungen um die «Wehrmachtsausstellung» bis hin zur Mahnmaldiskussion, spielte der polnische Aspekt der NS-Verbrechen eine marginale Rolle. Er tauchte erst auf im Kontext der Entschädigungen für ehemalige Zwangsarbeiter, der «Beutekunst», der angeblich immer noch offenen Eigentumsansprüche deutscher Vertriebener wie auch des makabren Streits um die Frage «Wem gehört Auschwitz?»: Ist es ein Symbol ausschließlich der Shoah seit 1942 oder auch der planmäßigen Vernichtung etwa der polnischen Intelligenzschicht durch die deutschen Besatzer seit 1940?

Während Warschau als Erinnerungsort des Zweiten Weltkriegs in der «deutschen Gedächtniskultur» keinen herausragenden Platz einzunehmen schien, war für das polnische Gedächtnis sowohl die staatlich organisierte als auch die individuell oder durch einzelne Widerstandsgruppen gepflegte Erinnerung an den Krieg jahrzehntelang von konstitutiver Bedeutung. Sie verdrängte auch die Tatsache, daß sich in Warschau seit langem deutsche Spuren finden lassen; schließlich lebten hier seit dem späten Mittelalter deutsche Siedler (ein Warschauer Stadtteil heißt Mariensztat), und im 18. Jahrhundert residierten hier auch die beiden Sachsenkönige (der größte Park im Stadtzentrum heißt Park Saski/Sächsischer Park, ein Stadtviertel am östlichen Ufer der Weichsel Saska Kępa/Sachsen-Werder usw.). Zudem war Warschau nach den Teilungen Polens fast zwölf Jahre lang (1795–1806) zu einer preußischen Provinz- und Garnisonstadt degradiert worden, deren Bevölkerungszahl um die Hälfte sank, deren Alkoholkonsum jedoch anstieg. Die Erinnerung an den traurigen Niedergang Warschaus unter der preußischen Herrschaft wird auch nicht durch die Tatsache ausgeglichen, daß zur selben Zeit eine Gesellschaft der Freunde der Wissenschaften (Towarzystwo Przyjaciół Nauk) ins Leben gerufen wurde oder daß E. T. A. Hoffmann ein Symphonieorchester und Samuel Bogumił (Gottlieb) Linde das Warschauer Lyzeum gründeten.

Auch die mehr als dreijährige (1915–1918) zweite preußisch-deutsche Besatzung während des Ersten Weltkriegs ist im «langen Gedächtnis» der Warschauer nicht gerade positiv besetzt. Die Requirierungen durch die deutsche Armee überschatteten die Proklamation eines polnischen Vasallenstaates (ohne festgelegte Grenzen) durch den deutschen Generalstab und die Wiedereröffnung polnischer Hochschulen. Wieder nahm die Bevölkerungszahl Warschaus ab, nicht zuletzt wegen der Demontage vieler Industriebetriebe zuerst durch die russischen, dann durch die deutschen Behörden.

Die dritte deutsche Okkupation (1939–1945) bedeutete für die Stadt und fast ein Drittel ihrer 1,8 Millionen Einwohner das Todesurteil. Schon die Belagerung Warschaus durch die Wehrmacht im September 1939 begann mit gezielten Luftangriffen auf die Zivilbevölkerung und vorsätzlichen Zerstörungen der Bausubstanz. Nach dem Einmarsch der Deutschen in die Stadt am 1. Oktober und der Siegesparade fünf Tage später setzte ein Terrorregime ein. Der polnische Stadtpräsident wurde nach wenigen Wochen entführt und ermordet, Geiseln wurden genommen – darunter bekannte Politiker, Journalisten, Künstler und Sportler – und wenige Monate später in Palmiry, einem Wald bei Warschau, erschossen. Bereits im Winter 1939 wurden auch erste öffentliche Hinrichtungen vorgenommen. Die Hoch- und Oberschulen wurden geschlossen, polnische Betriebe der deutschen Treuhand-Ost unterstellt, und den Polen wurde untersagt, Parks, Sportplätze und anspruchsvolle Theateraufführungen oder Konzerte zu besuchen; Geschäfte und Straßenbahnwaggons waren ohnehin in die «nur für Deutsche» und in die für die anderen, also die «Minderwertigen», eingeteilt. Zugleich wurde das gesamte soziale Gefüge Warschaus gesprengt. Parallel zur Errichtung des «deutschen Stadtviertels» in den noblen Gegenden Warschaus, wo Polen ihre Wohnungen kurzfristig verlassen mußten, weil man deutsche Besatzungsbeamte und Volksdeutsche in sie einquartierte, wurde die jüdische Bevölkerung Warschaus in den «jüdischen Wohnbezirk» zwangsumgesiedelt, wo sie dann ab dem Frühjahr 1940 mit einer Mauer umringt und eingesperrt wurde.

In den langfristigen politischen Plänen der deutschen Besatzer sollte Warschau eine Stadt «nur für Deutsche» werden mit nicht mehr als 200 000 Einwohnern und nur einem Zwanzigstel seines ursprünglichen Territoriums, entlang der Achse von der Altstadt zum Belvedere-Palast, der als Gästehaus für Hitler vorgesehen war. Die alten Baudenkmäler wollte man abtragen, die dicht bewohnten Viertel im Norden und im Westen der Stadt schleifen und die polnische Bevölkerung auf das östliche Weichselufer, also gewissermaßen nach Asien, vertreiben. Die 1944 tatsächlich erfolgte Sprengung des Königsschlosses und die nicht mehr in Angriff genommene Errichtung einer «Volkshalle» sollten die Krönung des Landraubs bilden.

Für die Polen war Warschau während der Besatzungszeit Zufluchtsort, Golgotha und das Herz des Widerstandes zugleich. Die Stadt war überfüllt mit Vertriebenen aus den ans Reich angegliederten Gebieten. Hier wurden die blutigsten Repressalien – vor allem gegen die polnische Intelligenz – durchgeführt, und hier war das Zentrum der polnischen Untergrundarmee und des Untergrundstaates.

Für die polnischen und später auch die aus dem Westen hierhin deportierten Juden wurde das Warschauer Ghetto, in dem 1941 fast eine halbe Million Menschen eingepfercht waren, zur tödlichen Falle, zuerst durch die vorsätzlich schlechte Versorgung und die dort ausbrechenden Krankheiten, dann durch den kaltblütig geplanten und durchgeführten Völkermord.

Für die Besatzer war Warschau die größte Etappe hinter der Ostfront und zugleich ein besorgniserregender Unruheherd. Generalgouverneur Hans

Frank nannte Warschau im Dezember 1943 den «Grund allen Übels», dem man nur mit «außerordentlichen Befriedungsaktionen» beikommen könne, also mit Straßenrazzien, der Verschickung willkürlich auf den Straßen aufgegriffener Passanten in die KZs und zur Zwangsarbeit und schließlich – zur Abschreckung – mit öffentlichen Exekutionen tatsächlich oder vermeintlich verdächtiger Bürger und Geiseln (zumeist Angehöriger der Intelligenz).

Während des Zweiten Weltkriegs war Warschau Schauplatz zweier Aufstände, deren Legenden mittlerweile in der internationalen «Aufmerksamkeitsökonomie» miteinander konkurrieren: des Ghetto-Aufstands in der Karwoche 1943 und des Warschauer Aufstandes im August/September 1944. Der Aufstand im Ghetto war eine verzweifelte Auflehnung der letzten polnischen Juden gegen die Liquidierung des «jüdischen Wohnbezirks» und die planmäßige Vernichtung seiner Bewohner in den Gaskammern von Treblinka. Der Warschauer Aufstand wiederum war der Versuch, den polnischen Staat nach einer Zurückdrängung der Deutschen doch noch vor Stalins Zugriff zu retten. Beide Aufstände sind militärisch gescheitert, und beide sind zu moralischen Gründungsmythen von Nachkriegsstaatlichkeiten geworden. Für viele Juden begann mit dem bewaffneten Widerstand im Warschauer Ghetto der Kampf, der fünf Jahre später zur Gründung des Staates Israel führte. Für viele Polen war der Warschauer Aufstand nicht nur ein Glied in der langen Kette polnischer Aufstände seit den Teilungen im 18. Jahrhundert bis zum Wahlsieg der Solidarność im Juli 1989, sondern auch ein Zeichen für die Kontinuität eines deutsch-russischen Zusammenspiels auf Kosten Polens selbst bei einem gegenseitigen Wettkampf der beiden übermächtigen Nachbarn.

Die beiden Aufstände sind natürlich in ihrer existentiellen Symbolik nicht gleichbedeutend. Während der Kampf der jüdischen Kampforganisation ein einsamer Protest gegen die Vernichtung ohne irgendwelche Aussichten auf Erfolg war, weil die Ostfront noch tausend Kilometer weit entfernt verlief und die polnische Bevölkerung auf der «arischen Seite» der Ghettomauer, selbst versklavt und terrorisiert, nicht imstande und/oder willens war, viel effizienter zu helfen als geschehen, stand der polnische Kampf 1944 immerhin noch in der klassischen Tradition einer «Fortsetzung der Politik mit anderen Mitteln». Die jungen jüdischen Kämpfer, die mit wenigen Maschinenpistolen und Revolvern die zur endgültigen Auflösung des Ghettos einrückenden SS-Einheiten beschossen, hatten nichts zu verlieren und konnten nicht siegen; ihr Tod war bereits im Januar 1942 während der Wannsee-Konferenz beschlossen worden, die Vernichtung der Juden aus dem Warschauer Ghetto konnten sie nicht verhindern. Die jungen Polen, die angesichts der herannahenden sowjetischen Panzer den Kampf gegen die übermächtigen deutschen Besatzer aufnahmen, setzten nicht nur ihr eigenes Leben aufs Spiel, sondern auch das Schicksal der polnischen Hauptstadt. Und sie verloren – nicht nur politisch. Etwa 200 000 Warschauer Zivilisten wurden während des Aufstands von den deutschen Truppen und ihren russischen und ukrainischen Helfern hingemordet, und weite Teile der Stadt wurden während des 63 Tage dauernden Aufstands zerstört. Was an Baudenkmälern, Bibliotheken, Museen und Archiven noch übriggeblieben war, wurde in den anschließenden vier Monaten (Oktober–Januar) akkurat, sozusagen «in deutscher Wertarbeit», Haus für Haus in die Luft gesprengt und in Schutt und Asche gelegt. Für den Aufbau einer nazistischen «Volkshalle» anstelle des Königsschlosses reichte dieser deutsche Erfolg nicht mehr, aber im Januar 1945 war Warschau tatsächlich nur noch ein Meer von Ruinen (zu über 90% zerstört) mit lediglich einem Zwanzigstel seiner Vorkriegsbevölkerung in den Vorstädten, die übrigen waren tot: in Treblinka vergast, erschossen, mit Flammenwerfern niedergebrannt und von Panzern plattgewalzt, in die KZs deportiert, zur Zwangsarbeit verschickt oder einfach geflohen. Zu einer Warschauer Legende wurden die wenigen Menschen, die die Wintermonate 1944/45, in Kellern und Ruinen versteckt, auf eine Befreiung durch die Rote Armee warteten. Unter ihnen war auch jener Komponist und Pianist jüdischer Herkunft, Władysław Szpilman, der im September 1939 noch während der Belagerung Warschaus vor den offenen Mikrophonen des Polnischen Rundfunks bis zu dessen Zerstörung im Bombenhagel stundenlang Chopin gespielt hatte. Nun – im letzten Kriegswinter – verdankte der polnische Jude sein Überleben einem deutschen Offizier, der ebenfalls leidenschaftlicher Pianist war. Das Stück, das er ihm damals vorspielte, um seine Behauptung, Musiker zu sein, zu beweisen, war ausgerechnet Chopins Nocturne in cis-moll – das letzte Opus, das er vor der Zerstörung des Senders 1939 gespielt hatte und zugleich das erste, mit dem er 1945 seine Tätigkeit als Musikdirektor des Polnischen Rundfunks begann.

Diese Episode mag symbolisch für die «zähmende Wirkung» der Musik in einer inhumanen Welt gewesen sein. Doch ihr singulärer Charakter versank nach dem Krieg in einer «Kultur des Hasses», wie man es in der polnischen Nachkriegspublizistik offen formulierte.

Die Bewältigung des eigenen Leidens und das Entsetzen über die Deutschen, die fast ausschließlich als Henker und Mörder wahrgenommen wurden, prägten nicht nur die polnische Nachkriegsliteratur, sondern auch das öffentliche und private Bild der Deutschen in der polnischen Gesellschaft in den ersten Monaten nach Kriegsende. Man diskutierte öffentlich über das «Recht auf Haß», klatschte bei der öffentlichen Hinrichtung von höheren NS-Verbrechern laut Beifall und betrachtete alles Deutsche als von Übel. Die Aussiedlung der Deutschen aus den Gebieten, die infolge der Potsdamer Beschlüsse polnisch wurden (als Gegenleistung für die Hälfte Vorkriegspolens, die Stalin 1939 Hitler abgehandelt hatte und die ihm Roosevelt und Churchill nun endgültig überließen), wurde in Polen allgemein als gerecht empfunden. Der Wiederaufbau Warschaus – der sächsischen Prachtbauten ebenso wie der Marienstat, die in vielen (darunter notabene auch von Szpilman komponierten) populären Liedern besungen wurde –, war ein Zeichen des Trotzes nicht nur gegen die tragische Geschichte, sondern auch gegen den Vernichtungswillen des westlichen Nachbarn. Und mit den neuen Mauern der Altstadt erschienen in den Warschauer Straßen neben den Einschußlöchern in den Mauern auch die ersten Gedenktafeln an die während der deutschen Besatzungszeit dort öffentlich Hingerichteten. Nur nannte man die Täter, die 20, 30, 50 Geiseln öffentlich erschossen hatten, nicht «Deutsche», sondern «hitlerowcy» (Hitleristen). Die Spaltung Deutschlands und die Gründung der kommunistischen DDR erzwangen auch eine Spaltung des offiziellen Bildes der Deutschen. Der Teufel, an den in den Warschauer Straßen erinnert wurde, trug eine Naziuniform, und seitdem bekam Warschau auch zahllose Denkmäler mit deutschem Hintergrund. Die Wehrmachtsoldaten im Stahlhelm waren virtuell ständig präsent, «marschierten im Geiste mit», als nach 1945 den polnischen Freiheitskämpfern und Soldaten Denkmäler gesetzt wurden – und wurden damit ein konstitutives Element des polnischen Selbstbewußtseins.

Doch was ist der Teufel ohne Engel, das Böse ohne das Gute? Allerdings: Selbst wenn der Teufel ein gefallener Engel ist, heißt das noch lange nicht, daß ein «gefallener», also «bekehrter» Teufel automatisch zum Engel wird. Kein Denkmal für einen «guten Deutschen» wurde nach dem Krieg in Warschau errichtet. Keinem namenlosen deutschen Antifaschisten widmeten die Polen eine Gedenktafel, wurden die Männer des 20. Juli doch als preußische Nationalisten herabgewürdigt, die die polnische Beute bloß ohne Hitler behalten wollten. Auch die deutsche kommunistische Widerstandsbewegung war den Polen nicht ganz geheuer, da sie vor 1939 oft für Stalin und gegen Polen spionierte. Nur in Ost-Berlin wurde Ende der sechziger Jahre eine historisch ziemlich aus den Fingern gesaugte Bruderschaft in Granit gehauen: ein Denkmal für den polnischen Soldaten und den deutschen Antifaschisten. So stehen sie bis heute da – auf einem Haufen Abfall, den angeblich die Ostberliner Müllabfuhr in die Grube kippte, in der dann der Betonsockel gegossen wurde. Und trotzdem schufen sich die Polen eine Legende vom «guten Deutschen» und pilgerten sogar zu seinem Denkmal, wenn auch nicht in Warschau, sondern in einer Kleinstadt bei Krakau. Dort wurde der gefallene Teufel doch zum Engel: Der Grabstein des österreichischen Wehrmachtsoldaten Georg Schimek auf einem Friedhof in Machowa, von dem man wollte, daß er erschossen wurde, weil er keine Polen erschießen wollte, wurde zum Wallfahrtsort. Nur daß die Geschichte so nicht stimmt. Schimek wurde als Deserteur erschossen, die erträumte heldenhafte Geste hat es nicht gegeben.

Gleich in den ersten Nachkriegsjahren setzte in Warschau ein zähes Tauziehen um die Erinnerung an die deutsche Besatzungszeit und den polnischen Widerstand ein. Der «Denkmalkrieg», den während der Besatzungszeit die Deutschen begonnen hatten, als sie polnische Nationaldenkmäler, wie das von Jan Kiliński, einem Anführer der Warschauer Insurrektion gegen die Russen 1794, aber auch das Chopin- und das Fliegerdenkmal (in Erinnerung an die Siege des polnischen RWD-Flugzeugs im europäischen Challenge 1932 und 1934) einschmolzen oder zerstörten, ging weiter. Gegen den Mythos der «unbeugsamen Stadt», der sich auf die Verteidigung im September 1939, den Widerstand während der deutschen Besatzung und die 63 Tage des Warschauer Aufstands stützte, de facto aber auch die polnische Souveränität angesichts der beiden übermächtigen Nachbarn meinte, traten die Kommunisten, deren Hausmacht im Lande selbst sehr schwach war und die daher vorwiegend auf die Rückendeckung der Roten Armee angewiesen waren, mit dem aufoktroyierten Mythos von der «polnisch-sowjetischen Waffenbrüderschaft» an. Symbolisiert werden sollte sie durch die Präsenz auch polnischer Soldaten (der kommunistisch geführten Berling-Armee) an der Seite der ruhmreichen Sowjets seit 1943 bis zur Erstürmung Berlins. Noch in den vierziger Jahren errichteten die Kommunisten daher im Stadtteil Praga, auf dem östlichen Ufer der Weichsel, wo die Sowjets im September 1944 seelenruhig abgewartet hatten, bis die Deutschen den Warschauer Aufstand niedergeschlagen hatten, ein bombastisches Denkmal der «polnisch-sowjetischen Waffenbrüderschaft». Der Volksmund taufte es sehr bald in «Denkmal der vier Schlafenden» um, weil am Sockel unter einer Gruppe westwärts stürmender Soldaten (zwei Sowjets, ein Pole) vier wie im Schlaf erstarrte Figuren Ehrenwache schieben. Der Spottname galt mit ziemlicher Sicherheit nicht allein der Gestaltung der Figuren, sondern auch der zwielichtigen Rolle der polnischen Armee an der Seite der Sowjets.

Das Problem der neuen Machthaber war die Würdigung des starken Widerstands der polnischen Heimatarmee während des Kriegs, die von der Londoner Exilregierung geleitet worden war. In der Zeit des Stalinismus *sensu stricto*, der in Polen von relativ kurzer Dauer war (1948–1954), wurde dieser bürgerliche Widerstand als antisowjetische Kollaboration diffamiert und der Septemberfeldzug 1939 ebenso wie der Warschauer Aufstand 1944 als Blamage eines «halbfaschistischen Regimes» dargestellt, das dem polnischen Volk durch die Ablehnung einer Allianz mit der Sowjetunion 1939 gegen Hitler-Deutschland nur unermeßliches Leid gebracht habe. Diese Diktion wurde auch in der DDR zum offiziellen Bild der polnischen Geschichte des Zweiten Weltkrieges. Wolfgang Schreyer, ein Ex-Nazi, der selbst während des Krieges in Warschau gewesen war, schrieb 1957 einen Bestseller, *Unternehmen Thunderstorm*, in dem er den Warschauer Aufstand als ein unverantwortliches Verbrechen bürgerlicher, antisowjetischer Politikaster darstellte, und ein ähnliches Bild zeichnete in den sechziger Jahren Rainer Kerndl, später Feuilletonchef des *Neuen Deutschland*, in seinem in der DDR damals überaus populären Theaterstück *Die seltsame Reise des Alois Fingerlein*, in dem ein aufrechter, junger, antifaschistischer Volksdeutscher aus Polen 1943 während des Ghettoaufstands tapfer den Warschauer Juden hilft und später – widerwillig – auch am «falschen» Aufstand, eben dem Warschauer von 1944, teilnimmt. Der Zynismus dieser beiden Machwerke war offenkundig. In beiden Fällen wurde Polen seiner wahren Geschichte wie auch seines Status als Überfallener und Alliierter der Westmächte vom ersten Tag des Zweiten Weltkriegs an beraubt, während die tatsächlichen oder vermeintlichen deutschen Antifaschisten (Kerndl selbst war bei der HJ gewesen) nicht nur zum «Sieger der Geschichte», sondern auch zu moralischen Richtern über den östlichen Nachbarn stilisiert wurden. Diese Entgleisung war übrigens keine reine DDR-Erfindung, sie entsprach der stalinistischen Sichtweise, die auch im Warschauer Stadtbild Spuren hinterließ. Das einzige «Denkmal» der frühen fünfziger Jahre, das indirekt an den Warschauer Aufstand erinnerte, war eine – geradezu heidnische – Grabstätte einiger kommunistischer Funktionäre, die zu Beginn des Aufstands bei einem Bombardement umgekommen waren. Nach 1945 wurden sie nicht, wie es sich gehörte, auf den Soldatenfriedhof Powązki umgebettet, wo die anderen Aufständischen begraben liegen, sondern pompös in einer Grünanlage an der Hauptflaniermeile Warschaus bestattet. Erst nach Stalins Tod wurden in Warschau zahlreiche Denkmäler aufgestellt, die an den Zweiten Weltkrieg erinnern. Ihre Entstehungsgeschichte spiegelt in jedem einzelnen Fall den Eiertanz zwischen «wahren» und «herrschenden» Geschichtsversionen wider.

Die beiden Aufstände in Warschau 1943 und 1944 wurden jedoch nicht nur von kommunistischen Propagandisten gegeneinander ausgespielt, sondern im Kalten Krieg durchaus auch vom Westen. Während der Ghetto-Aufstand bald zum Gründungsmythos des Staates Israels gehörte und das zur Erinnerung an ihn errichtete Denkmal, das bereits 1944 von Natan Rappaport in Paris gestaltet und dann mit dem Schiff nach Polen transportiert wurde, in aller Welt bekannt war, wurde der Warschauer Aufstand im Westen zunehmend verdrängt, erinnerte er doch daran, daß man den polnischen Alliierten in Jalta Stalin überlassen hatte. Die Umschreibung der Geschichte ging so weit, daß in einer Reihe von amerikanischen Bibliotheken das Schlagwort «Warschauer Aufstand» aus den Katalogen entfernt und die Bücher selbst unter «Ghetto-Aufstand» eingeordnet wurden. Im übrigen werden gerade in Deutschland Fernsehdokumentationen über den Ghettoaufstand bis heute gelegentlich auch mit Aufnahmen vom Warschauer Aufstand bebildert.

Die Entstalinisierung, die 1956 zum «Polnischen Oktober» führte, bedeutete auch eine weitgehende Korrektur des offiziellen Geschichtsbilds in Polen. Mit der nun einsetzenden Rehabilitierung des «Londoner Widerstands» bekam Warschau in den sechziger Jahren auch erste Denkmäler, die nicht nur den kommunistischen Widerstand meinten. An der südlichen Einfallstraße nach Warschau, der Opaczewska-Straße, dort, wo am 6. September 1939 die ersten Panzerverbände der Wehrmacht durch eine Barrikade gestoppt wurden, wurde ein recht unprätentiöses Denkmal errichtet: eine quer zur Fahrbahn stehende Barrikade, die im wesentlichen aus dem Datum 1939 in Granit besteht. Und am westlichen Ufer der Weichsel, ungefähr an der Stelle, wo polnische Soldaten der Berling-Armee – ohne sowjetische Unterstützung – im

September 1944 vom anderen Ufer über die Weichsel setzten, um den Aufständischen zu Hilfe zu kommen, entstand in derselben Zeit ein anrührendes Denkmal eines knienden Pioniersoldaten, der gerade inmitten von schräg in den Himmel ragenden Streben, mit denen eine Explosion angedeutet wird, eine Mine entschärft.

Der Warschauer Aufstand selbst blieb allerdings weiterhin suspekt und wurde mit keinem Denkmal gewürdigt – nur einen geeigneten Standort hielt man – für alle Fälle – frei, nämlich den früheren «Napoleon-Platz», an dem sich während des Aufstands die Kommandantur befunden hatte und der nun in «Platz der Warschauer Aufständischen» umbenannt wurde. Regierung und Partei bemühten sich, den Aufstand in einem Symbol für das «allgemeine» Leiden und die heroische Unbeugsamkeit der Warschauer zu verstecken; daher wurde am Theaterplatz, an dem vor dem Krieg der Bürgermeister seinen Amtssitz hatte, die «Warschauer Nike» aufgestellt, eine vollbusige Frauenfigur mit vor Entsetzen weit aufgerissenem Mund, in der einen Hand ein Schwert, die andere gen Himmel ausgestreckt, als bäte sie um Hilfe. Die Nike wurde von den Warschauern zwar angenommen, doch sie sahen in ihr kein Symbol für «den» Widerstand. Die Veteranen des Warschauer Aufstands drangen auf ein eigenes und eindeutiges Mahnmal, doch die Obrigkeit sperrte sich bis in die achtziger Jahre hinein. Bis dahin dienten die Quartiere der gefallenen Pfadfinder auf dem Soldatenfriedhof Powązki als Ersatz – dort drängten sich jedes Jahr an Allerheiligen abends die Menschen dicht an dicht, und die Kerzen verbanden sich zu einem roten Lichtermeer. In den siebziger Jahren erhielten die Warschauer endlich ein kleines «Ersatzdenkmal» für die Aufständischen von 1944, das rasch große Beliebtheit errang: An der alten Stadtmauer wurde die Figur eines Meldegängers aufgestellt, eines kleinen Jungen, der in dem für ihn viel zu großen deutschen Wehrmachtstahlhelm mit weiß-roter Binde geradezu ertrinkt. In den achtziger Jahren dann, im Kriegszustand, wurde schließlich am Krasiński-Platz, wo die Aufständischen im September 1944 in die Abwasserkanäle hinabstiegen, um sich nach der Aufgabe der Altstadt ins Stadtzentrum zu evakuieren, ein offizielles und allzu realistisch geratenes Denkmal des Warschauer Aufstands errichtet. Hier hielt am 1. August 1994 Bundespräsident Roman Herzog seine bewegende Rede, die er mit den erlösend wirkenden Worten abschloß: «Heute aber verneige ich mich vor den Kämpfern des Warschauer Aufstandes wie vor allen polnischen Opfern des Krieges: Ich bitte um Vergebung für das, was ihnen von Deutschen angetan worden ist.»

1943 verlief unweit des Krasiński-Platzes die Ghetto-Mauer, und auf der «arischen» Seite stand ein Kettenkarussell, von dem aus man beim Hochfliegen ins brennende Ghetto hineinschauen konnte. Czesław Miłosz fing diese Szene in einem seiner stärksten Gedichte ein («Campo di Fiori»). Nur etwa einen Kilometer weiter nordwestlich liegt jener Platz mit dem Denkmal der Helden des Warschauer Ghettos, vor dem am 7. Dezember 1970 Willy Brandt, der damals als erster deutscher Kanzler Polen einen Besuch abstattete, um im Namen der Bundesrepublik die Oder-Neiße-Grenze anzuerkennen, für alle völlig überraschend niederkniete.

Willy Brandts Kniefall in Warschau wurde sofort zu einem Symbol und zugleich zu einem Zankapfel. Dem volkspolnischen Establishment war diese christliche Geste des deutschen Regierungschefs aus drei Gründen nicht ganz geheuer:

Zum einen herrschte damals, trotz der verordneten «Freundschaft» mit der DDR, in Polen weitgehend eine antideutsche Stimmung vor. Der Vernichtungskrieg lag erst 25 Jahre zurück, und die Kriegsgeneration bestimmte das öffentliche Leben. Der Krieg, der Widerstand und die erbrachten Opfer waren konstitutiv für das polnische Selbstwertgefühl. Der alte Komplex des westlichen Verrats an Polen 1945 und der Verkennung der polnischen Tragödie durch die Außenwelt wirkte noch stark, und das Mißtrauen gegenüber der Bundesrepublik war um so virulenter, als die jahrzehntelange Ablehnung einer Grenzanerkennung und die offenen Forderungen nach einer Revision dieser Grenze nicht nur seitens der Vertriebenenverbände der kommunistischen Propaganda in Polen jahrzehntelang als willkommenes Disziplinierungsargument gedient hatten. Als 1965 dann auch noch die deutschen Bischöfe auf den Brief der polnischen Bischöfe mit dem inzwischen berühmten Satz «wir vergeben und bitten um Vergebung» kühl und eher abweisend antworteten, reagierten die meisten Polen mit Unwillen auf die angeblich allzu versöhnliche Geste des polnischen Episkopats.

Zum anderen löste der Ort des Kniefalls Irritationen aus – was in den siebziger Jahren auch mehrmals nationalkommunistische polnische Gesprächspartner gegenüber deutschen Diplomaten zum Ausdruck brachten. Es war noch nicht ganz zwei Jahre her, daß im März 1968 in der regierenden kommunistischen Partei ein heftiger Machtkampf ausgetragen worden war, bei dem der faschistoide Innenminister, General Mieczysław Moczar, seine «Jungtürken» im Parteiapparat mit nationalistischen und antisemitischen Parolen zum Putsch gegen die alte Garde geführt hatte. Infolgedessen wurden bis zu 30 000 polnische Juden – zumal die in gehobenen Positionen – Schikanen ausgesetzt und zur Emigration gedrängt. Damals war eine der zugkräftigsten Parolen der Moczar-Leute, daß die Welt ausschließlich von den jüdischen Opfern des Kriegs spreche, die polnischen dagegen verschweige und schmälere. Das Ergebnis war, daß in den ersten Jahren «nach dem März» die Existenz der Juden in der polnischen Geschichte und der Völkermord an den europäischen Juden einer strikten Zensur unterlagen. Der Kniefall fand also «am falschen Ort und zur falschen Zeit» statt, wie sich noch Jahre später ein höherer polnischer Beamter grimmig gegenüber einem deutschen Kollegen ausließ.

Und schließlich kam es zu dem Kniefall insofern im falschen Moment, als nur eine Woche später an der Ostseeküste – in Danzig und in Stettin – eine große Streikwelle ausbrach, die blutig niedergeschlagen wurde. Der Architekt

Willy Brandts Kniefall in Warschau

der neuen polnischen Deutschlandpolitik, der Erste Sekretar der PVAP, Wadysaw Gomułka, wurde gestürzt, und sein Nachfolger Edward Gierek – ein Technokrat ohne humanistische Bildung und Sinn für die Geschichte – betrieb eine Politik der faktischen Öffnung nach Westen, ohne die Politik der Symbole subtil zu beherrschen.

Der Kniefall selbst war kurz in der Tagesschau des polnischen Fernsehens und in der Wochenschau, die damals noch vor jedem Hauptfilm in den Kinos gezeigt wurde, zu sehen, auch die Zeitungen brachten ihn in Kleinformat, doch die Zensurbehörde hatte die Vorschrift, das Bild nicht allzu exponiert herausstellen zu lassen. Das zugelassene Bild zeigte zudem eine bezeichnende Einstellung, der Agenturphotograph hatte es schräg von vorne geschossen, somit schien der Bundeskanzler vor einem polnischen Soldaten der Ehrenwache zu knien, das Denkmal selbst war kaum erkennbar. Mit der Zeit wurde der kommunistischen Obrigkeit selbst dieses Bild zu gefährlich. Daher wurde es – so man es überhaupt druckte – auf Anweisung der Zensur unten abgeschnitten. Damit sah es so aus, als knie Willy Brandt nicht, sondern als stehe er. Auch so können Bilder «entschärft» werden.

Dennoch wirkte Willy Brandts Kniefall auf alle, die dabei waren. Die Kriegsgeneration war ergriffen, und jungen Polen, die allmählich an dem antideutschen Komplex ihrer Eltern erstickten, gab diese Geste einen Impuls, den deutschen Nachbarn für sich zu entdecken. Willy Brandt schreibt in seinen Erinnerungen, der damalige polnische Ministerpräsident Józef Cyrankiewicz, ein ehemaliger Auschwitzhäftling und Sozialdemokrat, habe ihm am nächsten Tag erzählt, seine Ehefrau, eine bekannte Schauspielerin, habe am Abend mit ihrer Freundin in Wien lange über den Kniefall gesprochen, und beide hätten bitterlich geweint.

Daß das Bild des knienden Bundeskanzlers in Polen nicht zum optischen Symbol eines Durchbruchs in den deutsch-polnischen Beziehungen wurde, ist somit auf eine bewußte Manipulation seitens der Offiziellen zurückzuführen. Daß es aber auch später, in den neunziger Jahren, nicht nachträglich in Polen durchschlug, ist einem fatalen Mißverständnis aus dem Jahre 1985 zuzuschreiben. Als Willy Brandt vier Jahre nach Verhängung des Kriegszustands gegen die «Solidarność» zum 15. Jahrestag des «Warschauer Vertrags» vom 7. Dezember 1970 Polen besuchte, kam es nicht zu einem Treffen mit Lech Wałęsa. Verhindert hatten es banale terminliche Gründe. Eine Begegnung der beiden Friedensnobelpreisträger wäre nur in Warschau möglich gewesen. Nach Danzig zum legendären Arbeiterführer zu pilgern, hatte Willy Brandt keine Zeit, Lech Wałęsa wiederum war es – sozusagen als Gegenkönig – inzwischen gewohnt, die Großen der Welt gerade in seiner Danziger Hochburg zu empfangen. Später gab Willy Brandt zu, einen politischen Fehler begangen zu haben, denn bis in die neunziger Jahre hinein hielt sich bei vielen Solidarność-Anhängern der Eindruck, die SPD hätte ihnen weniger Rückendeckung gegeben als die Christdemokraten, auch wenn sich deren faktische Hilfe für die unterdrückte Freiheitsbewegung in den achtziger Jahren durchaus in Grenzen hielt, während wiederum nicht wenige deutsche Gewerkschaftler und Sozialdemokraten Vervielfältigungsmaschinen und andere nützliche Dinge nach Polen schmuggelten. Helmut Kohls Schwerpunkte in der Polenpolitik waren vor allem die Unterstützung für die deutsche Minderheit in Schlesien, die Pflege deutscher Soldatenfriedhöfe in Polen und bis zum letzten Moment noch nicht einmal die Anerkennung der «Bindungswirkung» des Warschauer Vertrags von 1970. Vielleicht wurde auch deshalb das Bild der «Umarmung von Kreisau» zwischen Helmut Kohl und Tadeusz Mazowiecki 1989 nicht zu einer allgegenwärtigen «Ikone der deutsch-polnischen Versöhnung».

Warschau ist ein schwieriges Pflaster für deutsche Politiker. Zu stark erinnert die Stadt daran, daß für die deutsche Politik Polen lange genug nur eine

Funktion der deutschen Rußlandpolitik war. Selbst der Besuch Willy Brandts stand – entgegen den ursprünglichen Plänen des Bundeskanzlers – im Schatten des Moskauer Vertrags vom 12. August 1970. Dennoch ist bis heute der Kniefall in Warschau das einprägsamste Sinnbild des Versuchs, die Vergangenheit zu überwinden. Willy Brandts Biograph Peter Koch schrieb, am Morgen des 7. Dezember 1970, als Brandt zum Ghetto-Denkmal fuhr, habe er gewußt, daß es diesmal «nicht so einfach geht wie bei anderen Kranzniederlegungen, nur so den Kopf neigen. Dies ist doch eine andere Qualität». Zuerst hielt sich der Bundeskanzler an das protokollarische Ritual. Er ordnete die Kranzschleife, verneigte sich und trat einen Schritt zurück. Plötzlich, die Hände vor dem zugeknöpften Mantel verschränkt, sank er in die Knie. Über dreißig Sekunden verharrte er in dieser fast religiösen Demutshaltung. Ruckartig stand er dann auf und wandte sich ab – das Gesicht noch immer zur Maske erstarrt.

Der Kniefall war auch eine Herausforderung an die deutsche Öffentlichkeit, denn viele fühlten sich keineswegs schuldig. Eine *Spiegel*-Umfrage zeigte, daß nur eine Minderheit der Deutschen – 41 Prozent aller Befragten – die spontane Geste Willy Brandts für angemessen hielt, während 48 Prozent sie als übertrieben bezeichneten; unter den 30–60jährigen waren es noch mehr – 54 Prozent. Ein deutscher Kanzler kniet doch nicht, und schon gar nicht in Polen ...

Sogar Brandts Weggefährten und Freunde waren sich der Bedeutung des Kniefalls nicht sofort bewußt. Egon Bahr beschreibt in seinen Erinnerungen, wie er ihn fast übersehen habe, weil er sich bei protokollarischen Routinehandlungen immer im Hintergrund, hinter dem Troß von Journalisten und Begleitpersonen hielt: «[...] da wird es plötzlich ganz still. Daß dieses hartgesottene Völkchen verstummt, ist selten. Beim Nähertreten flüstert einer: ‹Er kniet.› Gesehen habe ich das Bild erst, als es um die Welt ging. Den Freund zu fragen, habe ich mich auch am Abend beim letzten Whisky gescheut. Daß einer, der frei von geschichtlicher Schuld, geschichtliche Schuld seines Volkes bekannte, war ein Gedanke, aber große Worte zwischen uns waren unüblich [...].»

Einer, der Willy Brandt bei dieser historischen Reise nach Warschau begleitete und sich jahrelang für ihn und für die Anerkennung der Oder-Neiße einsetzte, gerade weil er aus Danzig stammte und die ineinander verwobene deutsch-polnische Geschichte kannte, war Günter Grass. In *Mein Jahrhundert* gibt er wohl die Stimmung sehr vieler Deutscher der Kriegsgeneration beim Anblick des Kniefalls treffend – wenn auch karikierend – wieder: «Reine Show alles. War aber als Aufmacher, rein journalistisch gesehen, ein Knüller. Schlug ein wie ne Bombe. Lief hübsch abseits vom Protokoll. Alle dachten, das geht wie üblich über die Bühne: Nelkenkranz ablegen, Schleifenbänder ordnen, zwei Schritt hinter sich treten, Kopf senken, Kinn wieder hoch, stur in die Ferne blicken. Und schon geht's mit Blaulicht ab nach Schloß Wilanów, ins noble Quartier, wo das Fläschchen und die Cognacschwenker warten.

Aber nein, er erlaubt sich ne Extratour: nicht etwa auf die erste Stufe, was kaum riskant gewesen wäre, sondern direkt auf den nassen Granit, ohne sich mit der einen, der anderen Hand abzustützen, gekonnt aus den Kniekehlen raus geht er runter, behält dabei die Hände verklammert vorm Sack, macht ein Karfreitagsgesicht, als wäre er päpstlicher als der Papst, wartet das Klikken der Fotografenmeute ab, hält geduldig ne starke Minute lang hin und kommt dann wieder nicht etwa auf die sichere Tour – erst das eine, dann das andere Bein –, sondern mit einem Ruck hoch, als hätte er das trainiert, tagelang vorm Spiegel, zack hoch, steht nun und guckt, als wär ihm der heilige Geist persönlich erschienen, über uns alle weg, als müßt er nicht nur den Polen, nein, aller Welt beweisen, wie fotogen man Abbitte leisten kann. Naja, gekonnt war das schon. Sogar das Sauwetter spielte mit. Aber so, hübsch schräg auf dem zynischen Klavier geklimpert, nimmt mir das meine Zeitung niemals ab, selbst wenn unsere Chefetage diesen Kniefallkanzler lieber heute als morgen weg hätte, gestürzt oder abgewählt oder sonstwie, nur weg!»

Wie stark der Kniefall Willy Brandts auf die unmittelbar betroffenen Opfer der nazistischen Mordmaschinerie wirkte, skizziert bewegend Marcel Reich-Ranicki in seiner Autobiographie, mit einer Bemerkung zur deutschen Debatte um das Berliner Mahnmal für die Opfer des Holocaust: «Ich benötige das Mahnmal nicht, mein Vater, meine Mutter, mein Bruder und meine vielen ebenfalls ermordeten Verwandten brauchen es erst recht nicht. [...] Wenn das Denkmal errichtet sein wird, werde ich es mir ansehen. Ob ich dabei viel empfinden werde, weiß ich nicht, gewiß nicht soviel wie im Dezember 1970, als ich das Bild sah, das durch die Weltpresse ging – das Bild des vor dem Denkmal des Warschauer Ghettos knienden Willy Brandt. Damals wußte ich, daß ich ihm bis zum Ende meines Lebens dankbar sein werde. Zum ersten Mal nach dem Warschauer Kniefall traf ich Willy Brandt Ende Januar 1990 in Nürnberg: er war schon von schwerer Krankheit gezeichnet, gekommen, um den neunzigjährigen Hermann Kesten, den Schriftsteller, den Juden und Emigranten, zu ehren. Ich habe versucht, Willy Brandt mit einigen unbeholfenen Worten zu danken. Er fragte mich, wo ich überlebt hätte. Ich erzählte ihm so knapp wie möglich, daß wir, Tosia und ich, im September 1942 von deutschen Soldaten zusammen mit Tausenden anderer Juden auf ebenjenen Warschauer Platz geführt worden waren, auf dem heute das Ghetto-Denkmal steht. Dort hätte ich zum letzten Mal meinen Vater und meine Mutter gesehen, bevor sie zu den Zügen nach Treblinka getrieben wurden. Als ich mit meinem kurzen Bericht fertig war, hatte jemand Tränen in den Augen. Willy Brandt oder ich? Ich weiß es nicht mehr. Aber ich weiß sehr wohl, was ich mir dachte, als ich 1970 das Foto des knienden deutschen Bundeskanzlers sah: da dachte ich mir, daß meine Entscheidung, 1958 nach Deutschland zurückzukehren und mich in der Bundesrepublik niederzulassen, doch nicht falsch, doch richtig war.»

Sicherlich wirkt die historische Geste des ersten sozialdemokratischen Bundeskanzlers in Deutschland und im westlichen Ausland stärker nach als in

Polen selbst. In der Wendezeit wurde in Polen verständlicherweise mehr über Katyń und alle anderen vorher totgeschwiegenen Orte des polnischen Martyriums in der Sowjetunion gesprochen als über das lange Zeit staatlich ritualisierte Gedenken an den Genozid in Auschwitz. Einige hundert Meter entfernt vom Umschlagplatz und dem Mahnmal, mit dem der 300 000 Juden aus dem Warschauer Ghetto gedacht wird, die vom Danziger Bahnhof aus in die Gaskammern von Treblinka geschickt wurden, befindet sich heute das erste Denkmal für die mehr als eine Million Polen, die nach 1939 in stalinistischen Lagern verschwanden, wo sie zumeist verhungerten oder wie in Workuta und anderswo zu Tode geschunden wurden: eine stilisierte Lore, vollbeladen mit Kreuzen, auf einem Gleis, in dessen Schwellen die Namen einzelner Gulag-Lager eingeritzt sind.

Dieses Denkmal wurde zwar nicht als Konkurrenz zum Umschlagplatz errichtet, dennoch wird es manchmal so aufgefaßt, zumal der «polnisch-jüdische Wettlauf der Opfer» spätestens 1997, während des Streits um die Kreuze in der Kiesgrube neben dem KZ Auschwitz, auch über Polen hinaus offenkundig wurde. Das Problem beruht darauf, daß viele Polen davon überzeugt sind, für die Weltöffentlichkeit «Opfer zweiter Klasse» zu sein, weil in ihrer Gedächtniskultur nur für das singuläre oder «absolute Opfer», das der Shoah, Platz ist.

Ein Willy-Brandt-Platz in Warschau wird wohl auch ein Zeichen dafür sein, daß aus dem traurigen Wettlauf der Opfer um die Wahrnehmung ihrer Leiden eine gemeinsame Anerkennung der moralischen Geste jenes deutschen Politikers wird, die um so schwerer wog, als er persönlich es nicht nötig gehabt hätte, die Schuld der Täter auf sich zu nehmen, da er im Krieg auf der richtigen Seite stand, und der damit einen Meilenstein auf dem Wege der Deutschen zu einer guten Nachbarschaft in Europa gesetzt hat.

Gesine Schwan

Der Mitläufer

«Aber das war so seine Gewohnheit, immer zu winken, wenn andere winkten, immer zu schreien, zu lachen und zu klatschen, wenn andere schrien, lachten oder klatschten» – so beschreibt Günter Grass in seiner *Blechtrommel* den Spießer Alfred Matzerath, dessen Initiative nicht besonders weit, aber immerhin so weit reicht, das Beethovenbild nach dem Machtantritt Hitlers mit dessen Konterfei zu vertauschen.[1] Ist Matzerath ein Mitläufer? Grass hat ihn wohl so verstanden. Wie verstehen wir ihn? Welches Bild machen wir uns von ihm?

1. Historisch-begriffliche Bestimmung

Spontan assoziiert man den Begriff «Mitläufer» mit der Zeit des Nationalsozialismus, und seine Verbreitung hat er in der Tat in der Folge der Entnazifizierungsprozesse gefunden. Aber es gab ihn schon vorher. Zwar vermeldet die Suche nach ihm in Wörterbüchern in der Regel Fehlanzeige, aber im *Deutschen Wörterbuch* der Brüder Grimm findet man unter Mitläufer bzw. «Mitlaufer» einen nicht uninteressanten Eintrag: «der wettläufer, der nicht blosz seine gröszere geschwindigkeit nutzt, sondern der seinen mitläufern ein bein unterschlägt».[2] Das Wort hat also schon im 18. Jahrhundert einen negativen Beigeschmack: Mitläufer rennen nicht einfach mit, sondern wollen mit unfairen Mitteln vorne sein. Keine angenehmen Zeitgenossen.

Den zweiten Eintrag finden wir in einem Nachschlagewerk aus dem Jahre 1989, das den bezeichnenden Titel trägt: *Brisante Wörter von Agitation bis Zeitgeist*.[3] Danach hat der Begriff seine spezifisch politische Bedeutung und zugleich seine abwertende Verwendung im Gefolge des Nationalsozialismus gewonnen. Aber sein Gebrauch beschränkt sich nicht auf diese Periode der deutschen Geschichte, sondern reicht bis in die Gegenwart. Wir können ihn in der Tat fast jeden Tag in der Zeitung finden. Seine pejorative Färbung scheint eindeutig, und wenn er zugleich ein gängiges Merkmal deutschen politischen Verhaltens und damit einen «Ort» deutscher Identität bezeichnete, dann wäre dies wohl keiner, an den man sich gern erinnerte, jedenfalls kein schmeichelhafter Erinnerungsort für die Deutschen. Hat er wirklich eine eindeutig negative Konnotation? Ja und Nein.

«Der Begriff Mitläufer ist das Stereotyp der Entnazifizierung schlechthin», schreibt Lutz Niethammer in seiner zum Standardwerk avancierten Untersuchung über die Entnazifizierung in Bayern, die den bezeichnenden Titel *Die*

Mitläuferfabrik trägt.[4] Nachdem die Alliierten in den Nürnberger Prozessen ausdrücklich nicht die Deutschen ganz allgemein, sondern nur die Hauptschuldigen und die an den NS-Verbrechen beteiligten Organisationen verurteilen wollten, ging es in den durchaus nicht einheitlichen Entnazifizierungskonzepten der Amerikaner darum, darüber hinaus die Verantwortung der einzelnen Organisationsmitglieder zu ermitteln und mit unterschiedlichen Strafen zu ahnden. Die schließliche Prozedur ging ab 1946 in deutsche Hände über und zog sich mehrere Jahre hin. Um den unterschiedlichen Beteiligungsgraden an den nationalsozialistischen Verbrechen gerecht zu werden, wurden die von der Entnazifizierung betroffenen Personen in fünf Kategorien eingeteilt: Hauptschuldige, Belastete bzw. Aktivisten, Minderbelastete, Mitläufer und Entlastete. Von den über sechs Millionen Betroffenen im Gebiet der Bundesrepublik wurden über 98% als Mitläufer eingestuft bzw. als Entlastete betrachtet oder amnestiert. Dies ist ein erster wichtiger Tatbestand sowohl für die Bedeutung des Wortes als auch für Reichweite und Inhalt der Erinnerung, die es auslöst und von der es weitergereicht wird.

Denn es ist schwer vorstellbar, daß eine so große Zahl von Deutschen für sich die Einordnung in eine Kategorie, wie dies der Fall war, für wünschenswert gehalten hätte, die sie als moralisch und politisch abwertend wahrgenommen hätte. Zumal die Einstufung als Mitläufer auch handfeste materielle und berufliche Vorteile brachte. Entgegen der ersten Annahme wurde der Begriff, so wie er historisch und mit langanhaltender Wirkung in den Entnazifizierungsverfahren geprägt wurde, denn auch keineswegs eindeutig abwertend, sondern im Gegenteil moralisch und politisch entlastend verwandt und verstanden. Während er aus heutiger Sicht auf eine Parteigängerschaft und ein politisches Mittun aus negativ bewerteten Motiven wie Konformismus, Karrierismus oder Opportunismus, jedenfalls nicht aus Überzeugung und schon gar nicht aus demokratischer Überzeugung verweist, wurde eben diese Überzeugungslosigkeit des Mitlaufens im Nationalsozialismus in den Entnazifizierungsverfahren positiv als Entlastungsgrund eingeschätzt. Solche Opportunisten, Karrieristen oder einfach Schwachen, die aufgrund sogenannter Persilscheine, die sie von allen nur möglichen wirklich oder vermeintlich unbelasteten Zeugen anbrachten, als «unpolitisch» und persönlich nicht böswillig qualifiziert wurden, waren eben dann keine Täter, sondern nur Mitläufer und als solche gegenüber dem Vorwurf, für die Taten des Nationalsozialismus mitverantwortlich zu sein, befreit. Sicher: Mitläufer waren keine Widerstandskämpfer, keine Helden – aber wer sollte das von normalen Menschen verlangen?

So entstand ein Bild von Normalität menschlichen und bürgerlichen Verhaltens, das politische Verantwortung und Anstand, wo diese Mut oder Zivilcourage erforderten, ausschloß und Opportunismus wie Karrierismus wenn nicht hoffähig machte, so doch als selbstverständliches menschliches Verhalten akzeptierte. Angesichts der geringen Zahl derer in Deutschland, die den Nationalsozialismus eindeutig ablehnten, ihm gar Widerstand leisteten, und der komplementär überwältigenden, partiell sicher erpreßten Zustimmung, auf die das Regime rechnen konnte, hätte eine klare Konfrontation des Mitläufer-Verhaltens mit demokratischen Maßstäben die Mehrheit der Deutschen kompromittiert und es erschwert, ihre Zustimmung zur neu errichteten Demokratie zu erringen. Zwar stand und steht die Normalität des Mitläufertums im Gegensatz zur Norm demokratischen Bürgerverhaltens. Aber demokratiepolitische Erwägungen und noch mehr der seit 1947 aufkommende Kalte Krieg sowie massiver passiver Widerstand machtvoller deutscher Eliten – auch der Kirchen – dagegen, die NS-Unterstützer eindeutiger abwertend zu kategorisieren und ihnen Verantwortung für das Geschehene zuzuschreiben, führten im Zeichen der Integration und des Bedarfs an funktionalen Eliten für die junge Demokratie de facto zu einer Legitimierung nicht nur a-politischer Motive wie Karrierismus und Opportunismus, sondern auch darin eingeschlossener undemokratischer nationalistischer und autoritärer Einstellungen, die die politische Kultur der jungen westdeutschen Demokratie erheblich belasteten. So kommt Lutz Niethammer für die Wirkung der Entnazifizierung, die das Selbstverständnis der Mitläufer in Deutschland entscheidend geprägt hat, zu folgendem Schluß: «Indem dieses sozusagen passive Engagement namentlich bürgerlicher Schichten, das gerade das faschistische System erst ermöglicht hatte, und die technisch-berufliche Funktionserfüllung auch in den Eliten von den Spruchkammern als Normalverhalten akzeptiert und durch die Erklärung zum Mitläufer bzw. Amnestierten honoriert wurde, wurden der Mangel an aktiver Demokratie und die korrespondierende autoritäre Prädisposition, wie sie vielfach als Hauptmerkmale der ersten 15 Jahre der Bundesrepublik festgestellt worden sind, durch die Entnazifizierung eher bestätigt als begründet.»[5]

Verstärkt wurde diese Tendenz der Rehabilitierung von NS-Aktivitäten im Gewand des Mitläufertums zu Beginn der fünfziger Jahre, in denen, wie Norbert Frei detailliert nachgewiesen hat, eine breite Öffentlichkeit sehr weitreichende Amnestieforderungen – auch für verurteilte Kriegsverbrecher – unterstützte. Der Kalte Krieg, insbesondere der Koreakrieg und die deutsche Wiederaufrüstung, die Adenauer wie der damaligen Bundesregierung geboten schien, trugen erheblich dazu bei, daß in den fünfziger Jahren in Westdeutschland öffentlich eine Schlußstrichmentalität überwog, die das Mitläufertum nicht mehr kritisch ins Visier nahm. Freilich gab es Minderheiten, die sich ganz anders engagierten, wie der Grünwalder Kreis, in dem namhafte Schriftsteller aus der Gruppe 47, Politiker wie Hans-Jochen Vogel und Hildegard Hamm-Brücher, Journalisten und Lehrer wie der damalige Gymnasiallehrer Ernst Nolte initiative- und phantasiereich gegen eine Renaissance neonazistischen Denkens angingen.

Auch in der Literatur erschienen, von Ausnahmen wie Wolfgang Koeppen abgesehen, markante gegenläufige Tendenzen erst Ende der fünfziger und in den sechziger Jahren. Heinrich Böll, Günter Grass, Martin Walser, Siegfried Lenz, um nur einige zu nennen, setzten sich in dieser Zeit mit den moralischen und politischen Dimensionen des Mitläufertums auseinander, stellten dessen vielfältige Facetten dar und seine abträglichen Wirkungen auf die Lebensatmosphäre, auf die Kultur im allgemeinen und die politische Kultur der jungen Bundesrepublik im besonderen. Bis zum Beginn der sozialliberalen Koalition Ende der sechziger Jahre wurden sie von der regierenden politischen Elite jedoch nicht als ernstzunehmende politische und kritische Partner akzeptiert.

Seit Beginn der sechziger Jahre wird die Diskussion über das Verhalten der Deutschen im Nationalsozialismus in der Öffentlichkeit zunehmend kritisch gegenüber dem Mitläufertum. Die sogenannte zweite Generation – etwa zwischen 1940 und 1950 geboren – stellt die moralische Qualität ihrer Eltern zum Teil rabiat in Frage. Entgegen aller Schlußstricherwartungen und -wünsche intensivieren sich nicht nur in Deutschland die Debatten über die Vergangenheit, es entsteht eine immer größere Welle von Erinnerungs- und Alltagsgeschichten, und die «Achtundsechziger» bezweifeln die demokratische Legitimität der zeitgenössischen Bundesrepublik angesichts der Kontinuität nationalsozialistisch belasteter Eliten in Justiz, Wissenschaft, Medizin, öffentlicher Verwaltung und zum Teil auch Politik. Dazu tragen erheblich öffentlich wirksame Gerichtsprozesse wie der Ulmer «Einsatzgruppen-Prozeß» (1958), der Eichmann-Prozeß in Jerusalem (1961/62) und der Auschwitzprozeß (1963–65) in Frankfurt bei, die die Brutalität der Morde und die Beteiligung vieler angeblich nur passiver Mitläufer dokumentieren und die Frage der Verantwortung dringlicher thematisieren. So wird der Eichmann-Prozeß in der deutschen Presse ausgiebig und durchaus selbstkritisch analysiert und kommentiert. Historische Forschungen zeigen ihrerseits etwa am Beispiel der Wehrmacht, aber zunehmend auch der Wissenschaft, wieviel aktiver, als Ende der vierziger und Anfang der fünfziger Jahre in den Entnazifizierungsverfahren behauptet, breite Segmente der deutschen Bevölkerung im Krieg und in den Arbeits- und Konzentrationslagern an den NS-Verbrechen beteiligt waren. Die Frage drängte sich auf, ob derartige Verbrechen und das unaussprechliche Leid der Opfer einfach auf das Konto einiger weniger Haupttäter verbucht und infolgedessen ohne genauere Benennung der konkreten Verantwortungen in einem Meer nur «passiver» Mitläufer zureichend erklärt und gewürdigt werden konnten.

Eine der westdeutschen vergleichbare öffentliche Diskussion über die Problematik der Mitläufer hat es in der DDR vor 1989 nicht gegeben. Der Nationalsozialismus wurde im wesentlichen nicht unter dem Aspekt individueller moralischer oder politischer Schuld und Verantwortung, sondern vor dem faschismustheoretischen Hintergrund interpretiert, demzufolge er eine Konsequenz kapitalistischer Produktionsweise und in deren Verantwortung zu verorten sei. Nach einer kurzen Phase radikaler und oft brutaler antifaschistischer Säuberungen erübrigte sich in der Sicht der DDR-Spitze eine Aufarbeitung der Vergangenheit für die breitere Bevölkerung, die um der Legitimierung des neuen kommunistischen Systems willen auf diese Weise durchaus absichtlich entlastet wurde. Die westdeutsche Bundesrepublik wurde offiziell zum Hafen aller verbliebenen und neu entstehenden faschistischen Tendenzen und Bewegungen deklariert. Das Phänomen des Mitläufers zu diskutieren hätte im übrigen vermutlich die Assoziation an analoge Verhaltensweisen in der DDR wachgerufen und war schon aus diesen Gründen nicht opportun.

Nach 1989 hat der Begriff «Mitläufer» unter zwei Aspekten eine neue Aktualität erhalten. Zum einen stellte sich sowohl in den allgemeinen öffentlichen Debatten als auch in Prozessen gegen Hauptrepräsentanten der DDR erneut die Frage nach der Verantwortlichkeit für das politisch legitimierte Unrecht, und es ergab sich die Notwendigkeit der graduellen Unterscheidung hinsichtlich dieser Verantwortlichkeit. Zum anderen warfen und werfen beunruhigende rechtsextreme Aktivitäten und Gewalthandlungen ein neues Licht auf das Phänomen des Mitläufers, sowohl was die anpasserische Beteiligung vieler Jugendlicher an diese Gewaltakte als auch was deren stillschweigende Billigung durch einen erheblichen Prozentsatz der Bevölkerung nicht nur im Osten Deutschlands angeht. In vielen Zeitungskommentaren ist in der Analyse dieses Phänomens wieder von Mitläufern die Rede, diesmal erneut mit einer deutlich abwertenden Konnotation. Hingewiesen wird auf Probleme möglicher Kontinuitäten autoritärer Dispositionen, die schon aus dem Nationalsozialismus (und aus der Zeit davor) herrühren und durch das politische System der DDR bekräftigt worden sind. Auch daraus ergibt sich die Notwendigkeit, das Phänomen des Mitläufertums und seine Erklärung zur «Normalität» unter grundsätzlich-philosophischem wie unter politisch-kulturellem Aspekt genauer zu erörtern.

*2. Das Verhältnis von Normalität und Norm
im Typus des Mitläufers*

Normalität und Norm hängen nicht nur etymologisch eng miteinander zusammen. Zumal unter Bedingungen totalitärer oder diktatorischer Herrschaft, aber darüber hinaus überhaupt dort, wo eine willkürliche, die psychische und physische Integrität verletzende Behandlung von Mitmenschen oder Untergebenen durch Institutionen oder Bräuche begünstigt wird, stellt sich die Frage, wieviel Eigenständigkeit bzw. Widerstand man dagegen von Menschen erwarten kann oder soll. Die Norm dafür ist nicht empirisch zu ermitteln. Sie setzt eine von der konkreten historischen Situation unabhängige Annahme über die Grundbefindlichkeit von Menschen, ihre Motivationen oder Bestimmung voraus, deren Richtigkeit bzw. Wahrheit sich empirisch weder beweisen noch widerlegen, sondern nur in einem Akt des Glaubens vermuten, akzeptieren oder wagen läßt. Ohne solche vorhistorischen Annahmen kommt keine Einschätzung von Normen, d. h. von vorgegebenen Werten, Zielen oder Aufgaben der Menschen aus. Sie sind in weitere philosophische oder religiöse Begründungszusammenhänge eingebettet, mögen sie uns bewußt und in sich schlüssig sein oder nicht. Sie liegen auch den Vorstellungen von Normalität zugrunde.

Wenn zum Beispiel sowohl in den Entnazifizierungsverfahren als auch in wichtigen juristischen Nachkriegsprozessen die Norm zum Prinzip erhoben wurde, daß Verantwortung und Schuld der einzelnen Menschen erst dort beginnen, wo sie über die im politischen System angelegten und geforderten Verbrechen aus eigenem Impetus hinausgingen, wenn NSDAP-Mitglieder als bloße Mitläufer entlastet wurden, weil sie ohne Überzeugung, nur «unpolitisch», gewesen seien und gehandelt hätten, dann liegt dem die Annahme zugrunde, daß Menschen «von Natur» keine politische Verantwortung tragen, auch nicht für verbrecherische politische Systeme, in denen sie leben. Ganz anders hat Karl Jaspers in seinen 1945/46 gehaltenen Vorträgen zur «Schuldfrage» vier Arten der Schuld unterschieden: kriminelle, politische, moralische und metaphysische Schuld, deren Begründung in einem philosophischen Verständnis vom Menschen verankert ist. Jaspers begreift den Menschen immer schon – also unabhängig von der jeweiligen politischen oder sozialen Konstellation – in der Verantwortung nicht nur für seine individuellen, als moralisch qualifizierten, Handlungen, sondern auch für das politische System, in dem und von dem er lebt und dessen Prinzipien und Traditionen er sich zu eigen macht, wenn er ihnen nicht aus Überzeugung entgegenhandelt.

Noch grundlegender stellt sich in bezug auf Verantwortung und Schuld die Frage, ob nur das eigenständige und absichtliche Tun des Bösen oder auch schon die Unterlassung des Guten schuldig macht. In der Liturgie der katholischen Messe bitten die Gläubigen Gott und die Mitgläubigen zu Beginn um Vergebung dafür, daß sie «Gutes unterlassen und Böses getan» haben. Verantwortlich ist man demnach nicht nur für das Böse, das man aus eigener Initiative begangen hat. Der jüdische Religionsphilosoph Martin Buber interpretiert die Geschichte von Kain und Abel ähnlich. Wenn Gott – auf den ersten Blick ungerecht – Kains Opfer nicht anerkennt und ihn damit geradezu in den Haß gegen seinen Bruder Abel treibt, dann liegt die tiefere Berechtigung von Gottes Abweis darin, daß er in Kains Haltung erkennt, wie wenig dieser bereit ist, dem Bösen, dem «Lagerer», zu widerstehen. Kain weigert sich, Rede und Antwort zu stehen. «Er weigert sich, dem Dämon an der Schwelle entgegenzutreten; damit liefert er sich dessen ‹Sucht› aus. Die Vertiefung und Bestätigung der Entscheidungslosigkeit ist die Entscheidung zum Bösen.»[6] Für die Entlastung von Schuld reicht es nicht, untätig zu bleiben: «Aber ist denn das Böse nicht wesensmäßig ein Handeln? Durchaus nicht: das Handeln ist nur die Art des bösen Geschehens, die das Böse kundbar macht. Aber entstammt das böse Handeln nicht eben doch einer Entscheidung zum Bösen? Es ist der letzte Sinn unserer Darlegung, daß auch es primär der Entscheidungslosigkeit entstammt, vorausgesetzt, daß wir unter Entscheidung nicht eine partielle, eine Scheinentscheidung, sondern die ganze Seele meinen.»[7]

Wenn in der Folge dieser philosophischen Interpretation von Martin Buber Indifferenz nicht ausreicht, wenn unsere Verantwortung vor Gott (Kain verweigert Gott die Antwort!) bzw. vor unserem Gewissen die bewußte und klare Entscheidung *gegen* das Böse verlangt, dann stehen sowohl die schuldentlastende Definition des Mitläufers – dem zugute gehalten wird, daß er nicht ausdrücklich aus politischer NS-Überzeugung (*für* das Böse, müßte man ergänzen) gehandelt hat – als auch das Schuld-Prinzip im Auschwitz-Prozeß – nach dem schuldhaftes Verhalten auch bei KZ-Wächtern erst dort anfing, wo sie auf eigene Initiative *zusätzlich* sadistisch oder quälend handelten – dem grundsätzlich entgegen. Läßt man sich auf diese Voraussetzung nicht ein, dann muß man in Kauf nehmen, daß von Menschenhand Verbrechen begangen werden, für die die Täter doch nicht zur Rechenschaft gezogen werden können.

Wie immer diese Frage entschieden wird, sie ist keine rein akademisch-philosophische oder theologische, sondern von erheblichem praktischem Gewicht. Zwar folgt aus der eben immer nur philosophisch bzw. religiös legitimierbaren Norm noch keine Herleitung oder gar Legitimierung von Normalität. Aber wenn umgekehrt Mitlaufen ohne eigene Gewissensprüfung, also das Unterlassen der Entscheidung (gegen das Böse), als das Normale und die so eingestufte Person als entlastet gilt, dann wird eine unreflektierte Normalität zur Norm. So wurde in der Spruchkammerpraxis der Entnazifizierungsverfahren der Unpolitische, Angepaßte, der Karrierist und Opportunist, weil er vermeintlich nichts ausdrücklich Böses gewollt hatte, als Entlasteter de facto zur Norm; auch der großen Zahl der Mitläufer wegen. Dies ist der Grund, weshalb wir die Frage nach der abwertenden Bedeutung des Mitläuferbegriffs nicht eindeutig, sondern mit Ja *und* Nein beantwortet haben. Gilt diese Ambivalenz nur für die historischen Entnazifizierungsverfahren kurz nach dem Zweiten Weltkrieg oder setzt sie sich später, vielleicht sogar bis heute, fort?

Tendenziell kehrt sie bis heute erfahrungsgemäß dort wieder, wo das eigene Verhalten bei der Charakterisierung von Mitläufern mit angesprochen sein könnte. Offenbar legt die Angst, dem eigenen Anspruch nicht zu genügen, es nahe, die Meßlatte dort, wo sie an uns selbst angelegt werden könnte, nicht zu hoch zu hängen. Freilich stellt sich die Einschätzung in bezug auf die DDR und in bezug auf rechtsextreme Gewalttaten in der deutschen Demokratie in mancher Hinsicht anders dar als für den Nationalsozialismus.

Zunächst kommt der kommunistischen Überzeugung auch in den Augen ihrer Gegner nicht a priori dieselbe Negativbewertung zu wie dem Nationalsozialismus. Auch die verschiedenen Spielarten der Totalitarismustheorie haben deutlich auf den Unterschied zwischen den jeweiligen Begründungen bzw. Legitimationen einerseits und der Ähnlichkeit in den Strukturen der beiden totalitären Systeme andererseits hingewiesen. Überzeugter Kommunist gewesen zu sein bedeutet auch in den Augen von Antikommunisten nicht von vornherein ein Indiz für inhumane Gesinnung, da Teile seiner legitimatorischen Ideologie sich auf nach wie vor anerkannte, wenn auch kontrovers diskutierte humanistische Traditionsbestände der Aufklärung stützen. Ein nicht überzeugter Mitläufer gewesen zu sein hat für den Kommunismus damit nicht dieselbe entlastende Wirkung wie in den Entnazifizierungsverfahren.

Zudem war dem Kommunismus in der DDR aufgrund seiner sehr viel längeren Dauer sein Bewegungscharakter weitgehend abhanden gekommen. Zwar hatte die kommunistische Theorie in der DDR ihre Glaubwürdigkeit noch nicht in dem radikalen Maße verloren, wie dies (mit Ausnahme der Sowjetunion) in den übrigen Ländern des ehemaligen Warschauer Pakts der Fall war. Aber dort, wo sie ideell noch wirkte, suchte man nach demokratisierenden Reformen. Ansonsten waren seine Verteidiger weitgehend Anhänger des bestehenden Machtsystems und seiner manifest autoritären Merkmale, die sich – sowohl in den Strukturen als auch in den Einstellungen – ohne größere Schwierigkeiten mit rechtsautoritären deutschen Traditionen verbinden konnten und wohl auch von daher ihre Nachhaltigkeit gewannen. Da sich überdies die öffentliche Debatte über die Mitverantwortung für das DDR-Regime um die Belastung durch eine Stasi-Mitgliedschaft, durch Rechtsbeugung und durch Tötungshandlungen an der Mauer drehte, betrafen die in Rede stehenden Vorwürfe nicht so sehr das Engagement für die kommunistische Partei und Ideologie bzw. für ideologisch begründete Verbrechen (analog zum Mord an den Juden), sondern eher moralische oder juristisch zu ahndende Vergehen wie freiwilligen Verrat, Rechtsbeugung oder Tötung an der Mauer, die nicht notwendig aus der Parteimitgliedschaft folgten.

Die Ambivalenz des Mitläufer-Begriffs hatte, bezogen auf den Nationalsozialismus, darin gelegen, daß der Nationalsozialismus als ganzer, zumindest offiziell, als verbrecherisch diskreditiert war, während seine zahlreichen Mitläufer sich nachträglich zwar pauschal als unpolitisch von ihm distanzierten und exkulpierten, aber ihr konkretes Verhalten nicht kritisch prüften, keine Einsicht in selbstverschuldete Verhaltensweisen bekundeten und oftmals Teilen seiner Ideologie und Einstellungen weiter anhingen. Demgegenüber fällt die moralische Diskreditierung des DDR-Regimes weniger eindeutig aus, seine ideologische Unterstützung war erheblich geringer als die des NS-Regimes, und eine flächendeckende «Entkommunisierung» analog zur Entnazifierung fand dementsprechend nicht statt. Sie betraf allenfalls Anfragen hinsichtlich möglicher Stasi-Tätigkeit, sofern Personen im öffentlichen Dienst der vereinigten Bundesrepublik angestellt werden sollten. Die daraus folgenden

Ausschlüsse sind bekanntermaßen gering an Zahl. Der Begriff des Mitläufers hat infolgedessen bei der Aufarbeitung des DDR-Unrechts bei weitem nicht die Bedeutung gewonnen wie in der Folge des Nationalsozialismus. Und zugleich ist seine Ambivalenz, die im wesentlichen auf der Tendenz zur Selbstrechtfertigung derer, die so bezeichnet worden waren, beruht, zugunsten der Negativbewertung zurückgegangen. Es gab keinen zureichenden Grund für eventuelle Mitläufer des DDR-Kommunismus, sich selbst so zu bezeichnen und mit dieser Einstufung zu entlasten. Ein weiteres Indiz dafür, daß der Begriff Mitläufer eher mit dem historisch älteren Nationalsozialismus assoziiert und damit auch viel intensiver mit deutscher diktatorischer Vergangenheit verbunden wird, ist die Tatsache, daß der analoge Begriff des «Wendehalses» schon bald nach 1989 an Symbolkraft verloren hat.

Noch anders liegt die Situation bei Mitläufern rechtsextremistischer Gewaltaktionen. Hier könnte sich – da es sich um eine Anknüpfung an den in Deutschland sehr viel tiefer verankerten Rechtsautoritarismus handelt – eine neue Entlastungsfunktion des Mitläuferbegriffs ergeben. Dies hängt davon ab, wie groß die Zahl derer, die rechtsextremes Gedankengut teilen und, ohne selbst aktiv zu werden, daraus abgeleitete Gewalthandlungen billigen, auf längere Sicht sein wird.

Recht bald nach der Vereinigung Deutschlands im Jahre 1990, die insbesondere vom Ausland vielfach mit der Sorge vor der Renaissance eines deutschen Nationalismus begleitet worden war, setzte eine deutlich spürbare Zunahme von Gewaltakten gegen Fremde in Ost- wie Westdeutschland ein. Sie fand ein lebhaftes kritisches Echo in der Öffentlichkeit, und es schien, daß sich nach einigen Jahren diese Sorge als unbegründet erwiesen hatte. Seit dem Ende der neunziger Jahre finden sich allerdings verstärkt in den neuen Bundesländern, aber keineswegs nur dort, Zeichen für eine anhaltende Zunahme von Gewalt und Gewaltbereitschaft, vornehmlich gegen Fremde, aber mehr und mehr gegen alle, die als bedrohlich für die eigene materielle Situation und noch mehr für das eigene Selbstwertgefühl betrachtet werden. Wie diese Entwicklung weitergehen wird, ist noch nicht abzusehen. Einerseits reagiert die ganz überwiegende publizistische und politische Öffentlichkeit mit eindeutiger Verurteilung solchen Verhaltens, und sie mißt dies mehr oder weniger ausdrücklich am Maßstab der Demokratie. Andererseits stößt die vielfach für Gewalthandlungen gegebene «Erklärung», die Täter hätten das Gefühl, sozial, materiell oder psychisch zu kurz gekommen zu sein, auf ein durchaus breites Verständnis und die Bereitschaft zur Identifikation mit ihnen. Davon, ob die Grenze zwischen einer solchen prinzipiell legitimen «Erklärung» und deren Billigung auf längere Sicht eindeutig und mit immer breiterem Rückhalt in der Gesellschaft gezogen werden wird oder ob das Ressentiment derer, die sich als Zukurzgekommene fühlen, ein verstärktes, die Gewalt «legitimierendes» Echo finden wird, hängt ab, ob und wie weit der Begriff des Mitläufers im Zusammenhang mit den Gewalttaten, obwohl er den Anforderungen der Demokratie entgegensteht, de facto eine erneute inhaltliche Rehabilitierung erfährt. Dann würde das, was als «normal» empfunden würde, wieder de facto zur Norm bestärkt. Dann würde dies aber auch ein erhebliches Demokratiedefizit in Deutschland anzeigen. Wie ist das Spannungsverhältnis zwischen der «Normalität» des Mitläufertums und der Demokratie genauer zu verstehen? Vor welche Probleme stellt es die Demokratie?

3. Mitlaufen in die Demokratie?

In einer vieldiskutierten Rede hat sich Hermann Lübbe 1983 im Berliner Reichstag heftig gegen die Behauptung gewandt, die schuldhafte Teilhabe der Deutschen am Nationalsozialismus sei verdrängt worden, wodurch der Wandel der Deutschen von Anhängern und Mitläufern des Nationalsozialismus zu demokratischen Bürgern der Bundesrepublik verhindert worden sei. Dieser Verdrängungsthese hält er die vollständige öffentliche Diskreditierung der NS-Ideologie ebenso entgegen wie die Unmöglichkeit, die so offenkundigen NS-Verbrechen zu verdrängen. Vielmehr habe sich, im Schutz der radikalen öffentlichen Absage an den Nationalsozialismus, in einer «gewissen Stille» und im «kommunikativen Beschweigen» brauner Biographieanteile die «Verwandlung der dem Reichsuntergang so oder so entkommenen deutschen Bevölkerung in die Bürgerschaft der neuen Republik» vollzogen. Die Stille «war das sozialpsychologisch und politisch nötige Medium der Verwandlung» – nötig, weil die Mehrheit der Deutschen Anhänger oder Mitläufer des Nationalsozialismus gewesen war und man zwar gegen dessen Ideologie, nicht aber gegen die Mehrheit der deutschen Bevölkerung den neuen Staat habe einrichten können. Nur unter der Bedingung des Beschweigens hätten die Deutschen in die neue Demokratie integriert werden können, und dies sei auch gelungen. Zwar wisse man wenig über die «Binnenbefindlichkeiten» der Deutschen. «Aber was moralisch und politisch gilt – darüber sagen Binnenbefindlichkeiten individueller Subjekte wenig aus.» Das gehe vielmehr aus den moralischen und politischen Grundsätzen hervor, «denen man nicht widersprechen kann, ohne sich moralisch und politisch zu isolieren».[8]

Ohne es ausdrücklich zu sagen, sieht Lübbe damit ein Spannungsverhältnis zwischen dem Typus des Mitläufers und den normativen Grundlagen der Demokratie. Zugleich erklärt er die öffentlich-autoritative Setzung und die Anpassung der Bevölkerung an sie zum einzig möglichen und auch zureichenden Vehikel des erforderlichen politischen Wandels – nicht die innere Umkehr, die Veränderung der «Binnenbefindlichkeiten» aus eigener Initiative und eigener Verantwortung der Bürger. Anpassung an öffentliche politische Vorgaben als Weg zu demokratischer Verantwortlichkeit? Mitlaufen in die Demokratie? Oder braucht diese gerade selbständige, also nicht angepaßte Bürger, um sich zu erhalten und ihrer eigentlichen Bestimmung gemäß zu entwickeln, nämlich den Menschen ein Zusammenleben in gleicher Freiheit und Würde zu ermöglichen?

Eine altehrwürdige, in der griechischen Antike mit Platon und Aristoteles anhebende Tradition des Nachdenkens darüber, was politische Gemeinwesen zusammenhält und was sie umgekehrt zerstört, behauptet (und präsentiert auch zahlreiche Belege dafür), daß politische Systeme dann stabil bleiben, wenn die objektiven politischen Institutionen den subjektiven Einstellungen der Bürger entsprechen. Eine Despotie erhält sich dann und nur dann, wenn Furcht die Unterworfenen bestimmt; eine Monarchie dann, wenn sich ihre Untertanen vom Motiv der Ehre leiten lassen; eine Republik bzw. ein freiheitliches Gemeinwesen dann, wenn die Bürger Freiheit und Gleichheit lieben (nicht nur über sich ergehen lassen!), sie für ihre Mitbürger respektieren und sich danach verhalten. Geschieht dies nicht, dann verlieren die jeweiligen politischen Regime und ihre Institutionen ihre Wirkung: Die Despotie bricht ohne Furcht der Menschen (glücklicherweise!) zusammen, in der Monarchie will sich keiner mehr in Ehre vor der Krone hervortun und für sie einsetzen, die freiheitliche Demokratie geht an Korruption, Ehrgeiz, mangelndem Gemeinsinn und an Verantwortungslosigkeit zugrunde.

Dies ist – etwas großmaschig – das Raster der Zuordnung von politischen Institutionen und sogenannten politischen Kulturen. Als solche bezeichnet man in Fortsetzung dieser altehrwürdigen Tradition im 20. Jahrhundert die subjektiven Einstellungen, Wertorientierungen, bewußten oder unbewußten Mentalitäten und die psychischen Dispositionen, die sich – nicht immer gleich verteilt – in einer Gesellschaft finden und die gleichsam der subjektive Motor sind, der das Institutionenwerk am Laufen hält. Nach dem Zweiten Weltkrieg ist der politikwissenschaftliche Forschungszweig zur «politischen Kultur» vor allem in den USA gewachsen. Man wollte erkunden, weshalb in der Zeit zwischen den beiden Weltkriegen trotz ähnlicher sozioökonomischer Krisen in vielen Industriestaaten die einen (vor allem die angelsächsischen) ihre Demokratien erhalten konnten, während sie in anderen, insbesondere im nationalsozialistischen Deutschland, aber auch im faschistischen Italien, zusammenbrachen. Es konnte nicht nur an Wirtschaftskrisen und Arbeitslosigkeit gelegen haben. Die subjektiven Einstellungen, die Werte und Grundannahmen der Bürger ebenso wie ihre zum Teil historisch gewachsenen psychischen Dispositionen, kurz: ihre kognitive, bewertende und affektive Identifizierung mit dem jeweiligen politischen System mußten eine Rolle gespielt haben. Demnach ginge es, anders als Lübbe meint, doch um die «Binnenbefindlichkeiten»?

Aber wie kommt man von einer NS-Mitläuferbefindlichkeit zu der eines demokratischen Bürgers? Über Anpassung? Über Gewöhnung? Braucht es eine Katharsis, eine bewußte, auch schmerzliche Einsicht in eigene Fehler und eine Umkehr, oder geht es auch über eine vergleichsweise bequemere Anpassung an die neuen Gegebenheiten? Kann man vielleicht einfach auf die nachwachsenden Generationen setzen, die in einem neuen politischen und sozialen Rahmen aufwachsen und dessen eingelassene Werte gleichsam mit der «Muttermilch» aufnehmen? Oder bekommen auch die neuen Generationen gerade mit dieser «Muttermilch» eher die Einstellungen mit, die ihre Mitläufer-Eltern praktiziert haben und privat möglicherweise weiter praktizieren?

Vielfältige biographische und historische Untersuchungen, die in sogenannten qualitativen Interviews, in denen Menschen ohne vorformulierte Fragen frei aus ihrem Leben erzählen, die «Binnenbefindlichkeiten» der Menschen zu erkunden suchen, haben mittlerweile zu der Einsicht geführt, daß neue Institutionen keineswegs direkt zu neuen Einstellungen führen, daß tradierte Mentalitäten und Habitus sehr zählebig sind, daß zwischen Eltern und Kindern, Lehrern und Schülern auf komplexe und zum Teil gegenseitige Art Werte und Einstellungen weitergegeben werden. Dies führte immer mehr zu der Vermutung, daß öffentliche wissenschaftliche oder publizistische Vergangenheitsinterpretationen weniger auf die Geschichts- und Weltbilder der jungen Generationen einwirken als die Geschichten, die sie in ihren Familien hören und die ganze Menschen- und Weltbilder mittransportieren. Bei diesem Transfer von Werten, Einstellungen und psychischen Dispositionen spielen ungeklärte Schuldgefühle eine zentrale Rolle.

Wenn Eltern sich mit ihrem eigenen schuldhaften Verhalten nicht auseinandersetzen, übertragen sie häufig nicht nur zweifelhafte Einstellungen, sondern unerklärliche Schuldgefühle auf ihre Kinder, die deren Selbstwertgefühl erheblich beeinträchtigen. Da schuldig gewordene Eltern, die ihr Versagen verdrängen, dazu tendieren, die Wirklichkeit nach ihren latenten Rechtfertigungsbedürfnissen zu verformen und ineins damit ihre Gefühle, die sie sonst beunruhigen würden, gleichsam einzumauern, geben sie ihren Kindern damit eine doppelte Hypothek weiter: Sie versuchen zu ihrer eigenen Bestätigung, die Kinder auf ihre verzerrte Wirklichkeit zu verpflichten, und versagen ihnen den Gefühlskontakt und die Wärme, die sie brauchen, um zu einer umfassenden Realitätsfähigkeit und zur Ausbildung ihrer unabhängigen Persönlichkeit zu gelangen. Insgesamt beeinträchtigen unverarbeitete Schuldgefühle die Möglichkeit der nachwachsenden Generation, sich in gelungenen Identifikations- und Ablösungsprozessen zu eigenständigen selbstbewußten und, psychoanalytisch gesprochen, ich-starken Persönlichkeiten zu entwickeln. Sie mindern geradezu strategisch das Selbstvertrauen und das Selbstwertgefühl sowohl der Täter als auch der nachfolgenden Generation und damit die lebendige Substanz, auf die eine Demokratie in einem erheblichen Umfang angewiesen ist, wenn sie nicht zur leeren Hülle verkommen will.

Wenn Lübbes Einschätzung zutrifft, daß die ganz überwiegende Mehrheit der Deutschen Anhänger und Mitläufer Hitlers und des Nationalsozialismus waren, dann stellt sich die Frage, inwiefern auf sie der Zusammenhang zwischen unverarbeiteter Schuld und der daraus folgenden Beeinträchtigung der nächsten Generationen zutrifft. Welche Anteile moralischer Schuld, darum geht es in diesem psychologischen Kontext, enthielten deren braune Biographieanteile? Haben «normale» Mitläufer Schuld auf sich geladen, oder trifft dies nur auf einen kleineren Kreis von Hauptbelasteten zu? Dabei muß man wohl angesichts der in den letzten Jahrzehnten bis in die neueste Gegenwart von Historikern ausgewiesenen Breite, in der alle Schichten der deutschen Gesellschaft in verbrecherische Handlungen des NS-Staates involviert waren – als Soldaten und Offiziere im Krieg, zu Hause im Reich im Umgang mit Fremdarbeitern, in den insgesamt 10 000 KZs und ihren zahlreichen Nebenlagern, bei der Arisierung von Eigentum, das Juden gehört hat –, in den Kreis der Mitläufer erheblich mehr als die in den Entnazifizierungsverfahren amtlich festgehaltenen Personen einbeziehen.

Die Art und Intensität der jeweiligen moralischen Schuld von Mitläufern – vom Wegsehen über die aktive Ausnutzung der Notlage der Opfer bis zur ideellen oder physischen Beteiligung an ihrer Mißhandlung – hängt einerseits vom angelegten Maßstab ab und andererseits vom subjektiven Handlungsspielraum, den die in Rede stehenden Personen für sich selbst sorgfältig rekonstruieren müßten. Angesichts des Mutes, den dies erfordert, liegt die Tendenz nahe, den Maßstab niedrig zu hängen und eben nicht, wie wir dies bei Martin Buber sahen, bereits die Nichtentscheidung, die Indifferenz gegen das Böse für schuldhaft zu halten, sondern nur solche Absichten und Handlungen, die über das vom Regime Nahegelegte bzw. Befohlene aus eigenem Impetus hinausgingen. Eben dies erschiene als die typische Reaktion des Mitläufers.

Sie bliebe allerdings mit dem Kleinhalten des eigenen Schuldanteils auch beim Kleinhalten der akzeptierten Verantwortung. Damit würde in der familiären Weitergabe der Vergangenheitsinterpretation und des darin enthaltenen Politik- und Weltbildes die Verwandlung vom Mitläufer in den demokratischen Bürger erheblich erschwert. Um der eigenen Rechtfertigung willen würde die undemokratisch-autoritäre Einstellung des angepaßten Mitläufers begünstigt.

Wegen der Diskrepanz zwischen der offiziell anerkannten Legitimität der Demokratie, die ein ganz anderes Bürgerverhalten postuliert, und der Kontinuität der Mitläufermentalität legt diese Reaktion überdies eine Doppelzüngigkeit und eine innere Distanz zur Demokratie nahe, die unter schwierigen sozioökonomischen Bedingungen erneut eine erhebliche Gefahr für diese darstellen könnte. Auch ist nicht ausgemacht, ob ein so reduziertes Schuld- und Verantwortungsverständnis vor dem Hintergrund einer jahrhundertealten ethischen Tradition, die der NS-Moral entgegensteht, wirklich ohne die Verdrängung von Schuldgefühlen praktiziert werden kann. Eher steht das Gegenteil zu vermuten, was sowohl für die Tätergeneration als auch für deren Kinder mit einem deutlichen Verlust an Selbstvertrauen und Selbstwertgefühl einherginge, der seinerseits die normativen und psychischen Anforderungen an ein demokratisches Bürgerethos strategisch unterminiert. Mitlaufen in die Demokratie ist also kein probates Rezept.

Allerdings erscheint die Alternative – die sorgfältige und mutige Selbstprüfung und die innere Umkehr – vielen als eine ganz unrealistische Forderung. So bleibt das Dilemma, daß die hohe Zahl von Mitläufern, die der Nationalsozialismus hervorgebracht hat, die Demokratie in Deutschland dauerhaft zu schädigen droht, wenn es nicht gelingt, in einem unrealistisch anmutenden Ausmaß über die Generationen hinweg die Schuldanteile zu rekonstruieren und aufzuarbeiten, die einer Demokratisierung der psychischen Dispositionen und der zum demokratischen Bürgerethos gehörenden Werte entgegenstehen.

Auch wenn der Mitläufer, wie wir sahen, für das politische Regime der DDR weniger charakteristisch ist als für den Nationalsozialismus und für rechtsextreme Gewaltakte in den neunziger Jahren, so wurden doch wichtige Merkmale dieses Typus durch das politische System der DDR durchaus bestärkt: die Tendenz, sich um der Karriere willen anzupassen, auch zu denunzieren, der autoritäre Umgang mit Untergebenen, der Mangel an individuellem Nonkonformismus und an Zivilcourage, der Rückzug in die Privatsphäre und der Abweis politischer Verantwortung. Damit induzierte das Regime zudem vielfach schuldhaftes Verhalten, wie immer die Schuld im einzelnen zu bestimmen war. Das Potenzial für demokratisches Bürgerverhalten erfuhr so durch die Erfahrung der zweiten deutschen Diktatur im 20. Jahrhundert eine zusätzliche Schwächung. Auch aus dem Vereinigungsprozeß selbst ist dieses Potenzial weiter geschwächt hervorgegangen, mißt man es an der ausdrücklichen Zustimmung zur Demokratie und an der aktiven Ablehnung rechtsextremistischer Einstellungen und Gewalthandlungen im Deutschland der neunziger Jahre. Dazu haben nicht nur ökonomische Entwicklungen wie die relativ hohe Arbeitslosigkeit, sondern vor allem auch mentale Erfahrungen und Prozesse erkennbar beigetragen. Im Verhältnis zwischen Ost- und Westdeutschen wachsen die negativen Vorurteile eher an, die gegenseitige Empathie läßt durchaus zu wünschen übrig, und die Selbstdefinitionen vieler ehemaliger DDR-Bürger als Opfer haben zwar einerseits unübersehbare Anhaltspunkte in der Wirklichkeit, lassen aber auch einen Mangel an demokratischem Selbstbewußtsein erkennen. Dabei stellt sich die Frage, ob die dem zum Teil zugrundeliegenden Entwertungs-Empfindungen vieler Ostdeutscher nur auf zweifellos häufig unerträglich herablassendes Verhalten von Westdeutschen oder nicht auch auf den beschweigenden Umgang mit eigener Schuld zurückzuführen sind, die zu klären für viele offenbar so lange kein Anlaß besteht, wie sie sich vor sich selbst erfolgreich als Opfer – der Wiedervereinigung – definieren können. Dies würde einen Negativzirkel bezeichnen, der mit der Opfermentalität die Absage an die eigene Verantwortung und damit das Mitläufertum bekräftigen würde.

*4. Bleibt der Mitläufer auf unabsehbare Zeit
ein deutscher Erinnerungsort?*

Wenn Erinnerungsorte in der Grundlegung von Pierre Nora markante Elemente kollektiver Erinnerung sind, die die Identität der erinnernden Gruppe, also in unserem Fall der deutschen Nation, wesentlich mitbestimmen, dann stellt sich zunächst die Frage, ob der Typus des Mitläufers nur oder vornehmlich Deutsche kennzeichnet, ob er für deren Mehrheit steht, ob und inwiefern er bei den Deutschen selbst (und nicht nur im Ausland) zur kollektiven Erinnerung an das gehört, was man mit Deutschland assoziiert, und ob dies gegebenenfalls auf Dauer so bleiben wird.

Keine dieser Fragen erlaubt eine präzise, empirisch begründete Antwort. Wir sind hier auf Spekulationen angewiesen. Daß es Mitläufer, Angepaßte, Karrieristen und Opportunisten nur in Deutschland gäbe, wird im Ernst niemand behaupten. Der Grund, warum der Begriff dennoch im In- und Ausland mit Deutschland assoziiert wird, liegt vermutlich zunächst in seiner Verknüpfung mit dem Nationalsozialismus, der als spezifisch deutsch und zumindest im 20. Jahrhundert als einzigartig in der Intensität seines verbrecherischen Charakters gilt. Auch seine Kollaborateure in anderen europäischen Ländern waren nicht im engeren Sinne Mitläufer, weil die nationalsozialistische Bewegung bei aller Sympathie, die kleine ausländische Gruppen für sie hegten, nun einmal in Deutschland Fuß gefaßt und von dort die Welt überfallen hat. Die Zuschreibung des Mitläufertums zur deutschen Identität entspringt insofern zunächst der unauslöschlichen Geschichte des Nationalsozialismus.

Ob der Mitläufer unabhängig von seiner historischen NS-Zugehörigkeit als politisch-kultureller Typus, der sich anpaßt, der ohne Überzeugung um der Karriere oder anderer Vorteile willen auch dort politisch mitmacht, wo dies landläufige moralische Gebote verletzt, der sich ohne nähere Überlegung für eine Ideologie, die sein Selbstwertgefühl stärkt, einfangen läßt – ob dieser Typus nur in Deutschland und dort mehrheitlich anzutreffen ist, mag bezweifelt werden. Insbesondere die Komponente der ideologischen Mobilisierbarkeit könnte nach der Diskreditierung der großen Ideologien des 20. Jahrhunderts für längere Zeit der Vergangenheit angehören. Was die anderen Merkmale, insbesondere die Labilität des Selbstwertgefühls angeht, sprechen eine Reihe von Umfragen für eine größere Verbreitung und längere Dauer. Da es überdies in Deutschland eine besonders hohe Erwartung an die Schutzfunktion des Staates gibt – die nicht einfach mit der Forderung nach sozialer Gerechtigkeit gleichzusetzen ist! – wäre damit weiterhin mit einem erheblichen Potenzial an Mitläufermentalität in Deutschland zu rechnen, sofern sich eine Führerpersönlichkeit öffentlich präsentierte, die die Ressentiments labilen Selbstwertgefühls zu bündeln und auf politische Zwecke zu orientieren verstünde. Freilich wären nationalistischen Konsequenzen angesichts der engen europäischen Einbindung Deutschlands wohl Grenzen gesetzt, die eine rein nationale Renaissance des massenweisen Mitläufers wenig wahrscheinlich machen.

Andererseits sind gegenläufige Merkmale wie Individualismus, Nonkonformismus, Zivilcourage, eigenverantwortliche Initiative und nachbarschaftliche Kooperationsbereitschaft bisher noch nicht hervorstechende Charakteristika, die man auf Anhieb mit Deutschland assoziert. Erst recht nicht Eigenschaften wie Selbstdistanz, Humor, Freundlichkeit und vor allem Selbst- und Fremdvertrauen, die als Habitus eine besonders verläßliche Schranke gegen das Mitläufertum errichten würden. Wäre dies der Fall, so könnten wir mit einiger Beruhigung feststellen, daß Deutschland auch politisch-kulturell endgültig in der Demokratie angekommen wäre.

Eine gute Chance dafür bestünde, wenn der Begriff des Mitläufers ein solcher Erinnerungsort würde, bei dem die Deutschen auf die von Nora für Frankreich konstatierte Tendenz, sich «auf dem Weg über die Vergangenheit» selbst zu verehren, verzichten könnten, um statt dessen in ihrer Erinnerung und für ihre Identität die Ambivalenz des Mitläuferphänomens zur Warnung und zur demokratischen Neuorientierung zu akzeptieren. Es ist natürlich angenehmer, aber fast immer illusionär, sich in der nationalen Erinnerung nur auf Erhebendes zu beziehen. Doch die Einsicht in die Ambivalenz der Vergangenheit bietet vermutlich die beste Chance, sie für die Zukunft zu vermeiden.

ANHANG

Anmerkungen und Literaturhinweise

Vorwort

Anmerkungen
1 Siehe Etienne François (Hrsg.), Lieux de Mémoire – Erinnerungsorte. D'un modèle français à un projet allemand, Berlin 1996.
2 Constanze Carcenac-Lecomte u. a. (Hrsg.), Steinbruch. Deutsche Erinnerungsorte, Frankfurt/M. u. a. 2000.

Etienne François/Hagen Schulze
Einleitung

Anmerkungen
1 Friedrich Nietzsche, Sämtliche Werke, hrsg. v. G. Colli und M. Montinari, Bd. 1, München 1980, S. 248–250.
2 Pierre Nora, L'ère de la commémoration, in: ders. (Hrsg.), Les lieux de mémoire, Bd. III/3, Paris 1992, S. 977–1012.
3 Siehe dazu die Sondernummer der Zeitschrift *Le Débat* (Nr 78, Januar–Februar 1994), die unter dem Titel «Mémoires comparées» herausgegeben wurde, und insbesondere den Beitrag von Pierre Nora «La loi de la mémoire», S. 187–191.
4 Marc Bloch, Apologie pour l'histoire ou métier d'historien, Paris ⁷1974, S. 12.
5 Henry Rousso, La hantise du passé, Paris 1998, S. 12.
6 Marie-Claire Lavabre, Du poids et du choix du passé, lecture critique du ‹Syndrome de Vichy›, in: Denis Peschanski/Michael Pollak/Henry Rousso (Hrsg.), Histoire politique et sciences sociales, Bruxelles 1991, S. 265–278.
7 Aleida Assmann, Arbeit am nationalen Gedächtnis. Eine kurze Geschichte der deutschen Bildungsidee, Frankfurt/M. 1993, S. 8.
8 Aleida Assmann, Erinnerung als Erregung. Wendepunkte der deutschen Erinnerungsgeschichte, in: Wolf Lepenies (Hrsg.), Wissenschaftskolleg Jahrbuch 1998/99, Berlin 2000, S. 200–220, hier S. 202.
9 Friedrich Nietzsche, Jenseits von Gut und Böse. Zur Genealogie der Moral, hrsg. v. G. Colli und M. Montinari, Berlin 1968, S. 188.
10 Aleida Assmann, Erinnerung als Erregung (wie Anm. 8), S. 219 f.
11 Rudolf Vierhaus, Coming to Terms with the Past? Die Historiker und das 20. Jahrhundert, in: Peter Schöttler/Patrice Veit/Michael Werner (Hrsg.), Plurales Deutschland – Allemagne Plurielle. Festschrift für Etienne François – Mélanges Etienne François, Göttingen 1999, S. 364–368, hier S. 365.
12 Rousso, La hantise du passé (wie Anm. 5), S. 13.
13 Reinhart Koselleck, Nachwort zu: Charlotte Beradt, Das Dritte Reich des Traums, Frankfurt/M. 1994, S. 117–132, hier S. 117.
14 Daniel L. Schacter, Wir sind Erinnerung. Gedächtnis und Persönlichkeit, Reinbek 1999, S. 26.
15 Maurice Halbwachs, Das Gedächtnis und seine sozialen Bedingungen, Frankfurt/M. 1985, S. 200.
16 Rousso, La hantise du passé (wie Anm. 5), S. 17.

17 Aleida Assmann, Erinnerung als Erregung (wie Anm. 8), S. 204.
18 Roger Chartier, Le XXe siècle des historiens, in: Le Monde, 18. 8. 2000, S. 11.
19 Paul Ricœur, L'écriture de l'histoire et la représentation du passé, in: Annales Histoire, Sciences Sociales, 55 (2000), S. 731–747, hier S. 747.
20 Eric Hobsbawm, Das Zeitalter der Extreme. Weltgeschichte des 20. Jahrhunderts, München/Wien, 1995, S. 17.
21 Ernest Renan, Was ist eine Nation? In: Michael Jeismann/Henning Ritter (Hrsg.), Grenzfälle. Über alten und neuen Nationalismus, Leipzig 1993, S. 308.
22 Pierre Nora, Zwischen Geschichte und Gedächtnis, Berlin 1990, S. 7.
23 Mario Isnenghi (Hrsg.), I luoghi della memoria, 3 Bde., Rom/Bari 1987/98; Pim de Boer/Willem Frijhoff (Hrsg.), Lieux de mémoire et identités nationales, Amsterdam 1993; N.C.F. van Sas (Hrsg.), Waar de blanke top der duinen: en andere vaderlandse herinneringen, Amsterdam 1995; Ole Feldbaek (Hrsg.), Dansk identiteshistorie, Kopenhagen 1991/92; Moritz Csáky (Hrsg.), Orte des Gedächtnisses, Wien 2000 ff.
24 Pierre Nora, La notion de ‹lieu de mémoire› est-elle exportable?, in: de Boer/Frijhoff (wie Anm. 23), S. 9.
25 Thomas Nipperdey, Nationalidee und Nationaldenkmal in Deutschland im 19. Jahrhundert, in: ders., Gesellschaft, Kultur, Theorie. Gesammelte Aufsätze zur neueren Geschichte, Göttingen 1976, S. 133–173; Monika Arndt, Die Goslarer Kaiserpfalz als Nationaldenkmal, Hildesheim 1976; dies., Das Kyffhäuser-Denkmal. Ein Beitrag zur politischen Ikonographie des Zweiten Kaiserreiches, in: Wallraff-Richartz-Jahrbuch 40 (1978), S. 75–127; Charlotte Tacke, Denkmal im sozialen Raum. Nationale Symbole in Deutschland und Frankreich im 19. Jahrhundert, Göttingen 1995; Reinhard Alings, Monument und Nation. Das Bild vom Nationalstaat im Medium Denkmal, Berlin/New York 1996.
26 Karl Schmidt/Joachim Wollasch (Hrsg.), Memoria. Der geschichtliche Zeugniswert des liturgischen Gedenkens im Mittelalter, München 1984; Otto Gerhard Oexle (Hrsg.), Memoria als Kultur, Göttingen 1994; Michael Borgolte, Memoria. Zwischenbilanz eines Mittelalterprojekts, in: Zeitschrift für Geschichtswissenschaft 46 (1998), S. 197–210.
27 Norbert Frei, Vergangenheitspolitik, München 1996; Jeffrey Herf, Divided Memory. The Nazi Past in the Two Germanys, Cambridge, Mass. 1997; Edgar Wolfrum, Geschichtspolitik. Der lange Weg zur bundesrepublikanischen Identität, Darmstadt 1999; Edouard Husson, Comprendre Hitler et la Shoah. Les historiens de la République fédérale d'Allemagne et l'identité allemande depuis 1949, Paris 2000.
28 Exemplarisch sind in dieser Hinsicht die Studien von Charlotte Tacke (wie Anm. 25) sowie von Reinhart Koselleck/Michael Jeismann (Hrsg.), Der politische Totenkult. Kriegerdenkmäler in der Moderne, München 1994.
29 Frances Yates, The Art of Memory, London 1966; Aleida Assmann, Erinnerungsräume, München 1999, v. a. S. 298–342.
30 Jan Assmann, Das kulturelle Gedächtnis. Schrift, Erinnerung und politische Identität in frühen Hochkulturen, München 1992, S. 52.
31 Fritz Stern, Die zweite Chance? Deutschland am Anfang und am Ende des Jahrhunderts, in: ders., Verspielte Größe. Essays zur deutschen Geschichte des 20. Jahrhunderts, München 1996, S. 11.
32 Dieter Langewiesche/Georg Schmidt (Hrsg.), Föderative Nation. Deutschlandskonzepte von der Reformation bis zum Ersten Weltkrieg, München 1999.
33 Dabei beziehen wir uns explizit auf den von Michel Espagne und Michael Werner am deutsch-französischen Beispiel entwickelten Ansatz des «Kulturtransfers». Michel Espagne/Michael Werner, Deutsch-französischer Kulturtransfer als Forschungsgegenstand. Eine Problemskizze, in: dies. (Hrsg.), Transferts. Les relations interculturelles dans l'espace franco-allemand (XVIIIe–XIXe siècles), Paris 1988, S. 11–34.

34 Johann Wolfgang von Goethe, Werke. Weimarer Ausgabe, Bd. XXXXII, Weimar 1987, S. 45, 418–428.
35 Bloch, Apologie pour l'histoire (wie Anm. 4), S. 134 f.
36 Blaise Pascal, Gedanken, Bremen 1955, S. 154.
37 Amin Maalouf, Les identités meurtrières, Paris 1998.
38 Marc Bloch, Mémoire collective, tradition et coutume. A propos d'un livre récent, in: Revue de synthèse historique 40 (1925), S. 73–83, bes. S. 78.
39 Emmanuel Terray, Ombres berlinoises, Paris 1996, S. 10.
40 Chartier, Le XXe siècle des historiens (wie Anm. 18), S. 1.
41 Thomas Nipperdey, Nachdenken über die deutsche Geschichte, München 1986.
42 Mona Ozouf, Peut-on commémorer la Révolution française?, in: Le Débat, September 1983 (Nr. 26), S. 161–172, hier S. 162.
43 Ricœur, L'écriture de l'histoire et la représentation du passé (wie Anm. 19), S. 744.
44 Vierhaus, Coming to Terms with the Past? (wie Anm. 11), S. 368.
45 Nietzsche, Unzeitgemäße Betrachtungen (wie Anm. 1), S. 208.
46 Rousso, La hantise du passé (wie Anm. 5), S. 12 und 23.
47 Nipperdey, Nachdenken über die deutsche Geschichte (wie Anm. 41), S. 150.

Literaturhinweise
Aleida Assmann, Erinnerungsräume. Formen und Wandlungen des kulturellen Gedächtnisses, München 1999.
Jan Assmann, Das kulturelle Gedächtnis. Schrift, Erinnerung und politische Identität in frühen Hochkulturen, München 1992.
Etienne François/Hannes Siegrist/Jakob Vogel (Hrsg.), Nation und Emotion. Deutschland und Frankreich im Vergleich, 19. und 20. Jahrhundert, Göttingen 1995.
Maurice Halbwachs, Das Gedächtnis und seine sozialen Bedingungen, Frankfurt/M. 1985.
Pierre Nora (Hrsg.), Les lieux de mémoire, Bd. I: La République; Bd. II in 3 Bdn.: La Nation; Bd. III in 3 Bdn.: Les France, Paris 1986–1992.
Paul Ricœur, La mémoire, l'histoire, l'oubli, Paris 2000.
Henry Rousso, La hantise du passé, Paris 1999.

Arnold Esch
Ein Kampf um Rom

Literaturhinweise
Felix Dahn, Ein Kampf um Rom, 4 Bde., Leipzig 1876.
Fritz Martini, Dahn, in: NDB 3 (1957), S. 482–484.
Prokop, Gotenkriege, griechisch-deutsch, hrsg. v. Otto Veh, München 1966.
Herwig Wolfram, Die Goten, München ³1990.
Deutsches Ottocento. Die deutsche Wahrnehmung Italiens im Risorgimento, hrsg. v. Arnold Esch und Jens Petersen, Tübingen 2000.

Joachim Ehlers
Charlemagne – Karl der Große

Anmerkungen
1 Karolus Magnus et Leo papa (MGH Poetae Latini medii aevi 1, S. 366–379), v. 504, S. 379.
2 Einhard († 840), Vita Karoli Magni (MGH SS rer. Germ. 25), S. 1.
3 Hinkmar von Reims, Ad Ludovicum Balbum regem (PL 125, col. 983–990).

4 Les rédactions en vers du Couronnement de Louis (ed. Y. G. Lepage, Paris 1978), Redaktion C, XXVIII. 1147, S. 206.
 5 Wipo, Gesta Chuonradi II. imperatoris (MGH SS rer. Germ. 61, S. 3–62), c. 6, S. 28.
 6 Otto von Freising, Gesta Friderici I. imperatoris (MGH SS rer. Germ. 46) II. 3, S. 104.
 7 Pseudo-Turpin, Historia Karoli Magni et Rotholandi (ed. A. de Mandach, München 1965), c. 30, S. 88 f.
 8 D. B. W. Lewis, Charles of Europe, New York 1931.
 9 Hartmann Schedel, Buch der Chroniken, ND Leipzig 1933, fol. 166^v.
 10 Johannes Trithemius, Catalogus illustrium virorum Germaniae, o. O. 1495, fol. 4^v.
 11 Martin Luther, An den christlichen Adel deutscher Nation (Kritische Gesamtausgabe, Bd. 6, Weimar 1888, S. 404–469), S. 463.
 12 Kritische Gesamtausgabe, Bd. 54, Weimar 1928, S. 195–299, das folgende Zitat S. 297.
 13 Karl Hampe, Herrschergestalten des deutschen Mittelalters, Heidelberg ^{6}1955 (!), S. 64. Das 1927 zuerst erschienene Werk erlebte 1933 seine 2. Auflage, in der Hampe «einen großen Teil entbehrlicher Fremdworte durch deutsche ersetzt» hat (Vorwort).
 14 Robert Morrissey, L'empereur à la barbe fleurie. Charlemagne dans la mythologie et l'histoire de la France, Paris 1997, S. 27.
 15 Ebd., S. 414.

Literaturhinweise

Robert Folz, Le souvenir et la légende de Charlemagne dans l'Empire germanique médiéval, Paris 1950.
Karl der Große. Lebenswerk und Nachleben, Bd. 4: Das Nachleben, hrsg. v. Wolfgang Braunfels und Percy Ernst Schramm, Düsseldorf 1967.
Robert Morrissey, L'empereur à la barbe fleurie. Charlemagne dans la mythologie et l'histoire de la France, Paris 1997.
Rudolf Schieffer, Die Karolinger. Stuttgart 1992.
Karl Ferdinand Werner, Karl der Große oder Charlemagne? Von der Aktualität einer überholten Fragestellung, München 1995.

Otto Gerhard Oexle
Canossa

Anmerkungen

 1 Otto Fürst von Bismarck, Die großen Reden, hrsg. und eingel. v. Lothar Gall, Frankfurt/M. u. a. 1984, S. 131.
 2 Harald Zimmermann, Der Canossagang von 1077. Wirkungen und Wirklichkeit, Wiesbaden 1975, S. 3.
 3 Das ganze Giesebrecht-Zitat ebd., S. 9 ff.
 4 Siehe den Artikel von Stephan Draf, Kalte Füße in Canossa, in: Stern Nr. 19, 4. 5. 2000.
 5 Das Tagebuch der Baronin Spitzemberg, geb. Freiin v. Varnbüler. Aufzeichnungen aus der Hofgesellschaft des Hohenzollernreiches, ausgew. und hrsg. v. Rudolf Vierhaus, Göttingen ^{5}1989, S. 135 (Eintragung zum 22. Mai 1872).
 6 Lothar Gall, Bismarck. Der weiße Revolutionär, Frankfurt/M. u. a. 1980, S. 491. Hier auch die folgenden Zitate.
 7 Bismarckbriefe. Neue Folge, 1 (1889), S. 128.
 8 Zimmermann, Der Canossagang von 1077 (wie Anm. 2), S. 16.
 9 Ebd., S. 17 und 115 f.
 10 Johannes Haller, Das Papsttum. Idee und Wirklichkeit, Bd. 2: Der Aufbau, Reinbek 1965, S. 287 ff.

11 Egon Boshof, Die Salier, Stuttgart u. a. 1987, S. 234 f.
12 Zimmermann, Der Canossagang von 1077 (wie Anm. 2), S. 83 ff., das Zitat S. 83 f.
13 Ebd., S. 84.
14 Ebd., S. 89.
15 Ebd., S. 90.
16 Ebd., S. 92. Hier auch das folgende Zitat.
17 Ebd., S. 199 f.
18 So Bernd Schönemann, in: Art. ‹Volk, Nation›, in: Geschichtliche Grundbegriffe. Historisches Lexikon zur politisch-sozialen Sprache in Deutschland, hrsg. v. Otto Brunner, Werner Conze und Reinhart Koselleck, 7 (1992), S. 326.
19 Zit. n. Zimmermann, Der Canossagang von 1077 (wie Anm. 2), S. 32.
20 Heinrich Heine, Sämtliche Schriften, hrsg. v. Klaus Briegleb, Bd. 4, S. 419.
21 Zimmermann, Der Canossagang von 1077 (wie Anm. 2), S. 60.
22 Ebd., S. 64, 66 f.
23 Zit. n. ebd., S. 67.
24 Ebd., S. 50. Eine Liste der Bilddarstellungen bis auf Wislicenus gibt Monika Arndt, Die Goslarer Kaiserpfalz als Nationaldenkmal. Eine ikonographische Untersuchung, Hildesheim 1976, S. 222 ff.
25 Ebd., S. 49 f.
26 Gerd Tellenbach, Libertas. Kirche und Weltordnung im Zeitalter des Investiturstreites, Stuttgart 1936, S. 151 ff. und S. 193.
27 Der Aufsatz ist wieder abgedruckt in: Hellmut Kämpf (Hrsg.), Canossa als Wende. Ausgewählte Aufsätze zur neueren Forschung, Darmstadt 1963, S. 1–26, die Zitate S. 1, 3 und 24.
28 Gerd Tellenbach, Die westliche Kirche vom 10. bis zum frühen 12. Jahrhundert, Göttingen 1988, S. 192 f.

Literaturhinweise
Art. ‹Canossa, Burg› (V. Fumagalli), ‹Canossa, Familie› (V. Fumagalli und D. von der Nahmer) und ‹Canossa (Gang nach Canossa, 1077)› (T. Struve), in: Lexikon des Mittelalters 2 (1983), Sp. 1439 ff.
Paolo Golinelli, Mathilde und der Gang nach Canossa. Im Herzen des Mittelalters, Darmstadt 1998.
Friedrich Gross, Jesus, Luther und der Papst im Bilderkampf 1871 bis 1918. Zur Malereigeschichte der Kaiserzeit, Marburg 1989.
Werner Hager, Geschichte in Bildern. Studien zur Historienmalerei des 19. Jahrhunderts, Hildesheim u. a. 1989.
Wilfried Hartmann, Der Investiturstreit, München ²1996.
Harald Zimmermann, Der Canossagang von 1077. Wirkungen und Wirklichkeit, Wiesbaden 1975.

Anne G. Kosfeld
Nürnberg

Literaturhinweise
Katja Czarnowski, Nürnberg – «gemauerte Chronik» oder «Abfallhaufen der Geschichte»?, in: Constanze Carcenac-Lecomte u. a. (Hrsg.), Steinbruch. Deutsche Erinnerungsorte, Frankfurt/M. u. a. 2000, S. 167–185.
Rudolf Endres, 100 Jahre Nürnberger Geschichtsverein, in: Mitteilungen des Vereins für Nürnberger Geschichte 65 (1978).

Ludwig Grote, Die romantische Entdeckung Nürnbergs, München 1967.
Anne G. Kosfeld, Bürgertum und Dürerkult. Die bürgerliche Gesellschaft im Spiegel ihrer Feiern, in: Renaissance der Renaissance. Ein bürgerlicher Kunststil im 19. Jahrhundert, München 1992.
Rainer Mertens, Johannes Scharrer. Profil eines Reformers in Nürnberg zwischen Aufklärung und Romantik, Nürnberg 1996.
Bernd A. Rusinek, «Die deutscheste aller deutschen Städte»: Nürnberg als eine Hauptstadt des Nationalsozialismus, in: Bodo-Michael Baumunk/Gerhard Brunn (Hrsg.), Hauptstadt. Zentren, Residenzen, Metropolen in der deutschen Geschichte, Köln 1989.
Dieter Wuttke, Nürnberg als Symbol deutscher Kultur und Geschichte. Ein Vortrag, Bamberg 1987.
Geheimes Hausarchiv München (GHA) NL Ludwig I., sowie diverse Bestände des Münchner Staatsarchivs und des Nürnberger Stadtarchivs; Belege für die verwendeten Quellenzitate in der demnächst erscheinenden Dissertation der Autorin zur deutschen Mittelalterrezeption im 19. und frühen 20. Jahrhundert.

Claire Gantet
Der Westfälische Frieden

Anmerkungen
1 Peter Lahnstein, in: Jürgen Kuczynski, Geschichte des Alltags des Deutschen Volkes. Studien, Bd. 1: 1600–1650, Berlin 1982, S. 117.
2 Justus Georg Schottelius, Friedens-Sieg. Ein Freudenspiel, hrsg. v. Friedrich E. Koldewey, Halle 1990 (Neudrucke deutscher Literaturwerke des XVI. und XVII. Jahrhunderts, 175), S. 41.
3 Hanß Michael Moscherosch, Gesichte Philanders von Sittewald, Straßburg 1650, Bd. II, S. 360.
4 Augspurgische Fridens Freud im Jahr 1660, Augspurg 1660, S. 10f.
5 Andreas Gryphius, Horribilicribrifax, Breslau 1663.
6 Augspurgische Fridens Freud (wie Anm. 4), S. 110ff.
7 Johan-Jacob Gross, Danck- und Gebetts-Altar ..., Nürnberg 1649, S. 30.
8 Extract aus Hr. Martin Bötzingers ... Vitae Curriculo, in: Johann Werner Krauss, Beyträge zur Erläuterung der Hochfürstlich Sachsen-Hildburghäusischen Kirchen-, Schul- und Landes-Historie, Hildburg [1750], S. 341–368, Zitat S. 345.
9 [Christian Gottlieb Buder], Geschichte des Dreyßigjährigen Krieges und des Westphälischen Friedens, Frankfurt/Leipzig ²1750. Johann Heinrich Schrodt, Historiam Belli Tricennalis Et Pacis Westphalicae Singularem ..., Braunschweig [1748]. [Samuel Urlsperger], Nöthiger und kurtzgefaßter Unterricht/Theils von der/Historie und Innhalt/Des ... Westphälischen Friedens ..., Augspurg 1748.
10 Carl Wilhelm Gärtner, Westphälische Friedens-Cantzley ..., 1. Theil, Leipzig 1731.
11 [Johann Stephan] Pütter, Geist des Westphälischen Friedens ..., Göttingen 1795.
12 Friedrich von Schiller, Wallenstein. Ein dramatisches Gedicht, in: Ders., Werke, Bd. 1: Dramen I, Frankfurt/M. 1966, S. 13 (Prolog).
13 Geschichte des Dreißigjährigen Kriegs, in: Schillers sämmtliche Werke, Bd. 5, Leipzig 1867, S. 1–288, Zitat S. 288.
14 Karl Ludwig von Woltmann, Geschichte des Westphälischen Friedens, 2 Bde., Leipzig 1808–1809, Bd. 2, S. V f.
15 Ernst Moritz Arndt, Das preußische Volk und Heer im Jahr 1813, o. O. 1813, S. 5.
16 Friedrich Rühs, Historische Entwicklung des Einflusses Frankreichs und der Franzosen auf Deutschland und die Deutschen, Berlin 1815, insb. S. 351–356.

17 Johann Heinrich Bernhard Dräseke, Worte der Weihe bei der feierlichen Enthüllung des Neuen Denkmals für Gustav Adolph auf dem Schlachtfelde von Lützen am 6. November 1837, Magdeburg 1837, S. 5, S. 10.
18 Landeskirchliches Archiv Nürnberg, Oberkonsistorium München 420. Der Frieden wurde nur in Osnabrück, Augsburg, Nürnberg, Dinkelsbühl und Sulzbach gefeiert.
19 Heinrich von Treitschke, Deutschland nach dem Dreißigjährigen Kriege, Leipzig 1944 (Teil der Einleitung der Deutschen Geschichte im 19. Jahrhundert, 1879), S. 6f. und 14 f.
20 Gustav Freytag (Hrsg.), Bilder aus der deutschen Vergangenheit, Bd. 3, Aus dem Jahrhundert des großen Krieges (1600–1700), Leipzig ⁵1867, S. 245.
21 Heinrich Ritter von Srbik, Der Westfälische Frieden und die deutsche Volkseinheit, München 1940 (Kriegsschriften der Reichsstudentenführung, 40), S. 26.
22 Vgl. Max Domarus, Hitler. Reden und Proklamationen 1932–1945, Bd. I: Triumph (1932–1938), Würzburg 1962, S. 71 (27. 1. 1932), S. 699f. (6. 6. 1937), S. 761 (23. 11. 1937).
23 Ebd., Bd. II: Untergang (1939–1945), Würzburg 1963, S. 1627 (10. 1. 1939) und 1455 f.
24 Elke Fröhlich (Hrsg.), Die Tagebücher von Joseph Goebbels. Sämtliche Fragmente, Teil I: Aufzeichnungen 1924–1941, Bd. 3, 1. 1. 1937–31. 12. 1939, München u. a. 1987, S. 132.
25 Ebd., S. 645.
26 Günter Grass, Das Treffen in Telgte. Eine Erzählung und dreiundvierzig Gedichte aus dem Barock, München ⁴1998 (1. Aufl. Darmstadt/Neuwied 1979), S. 7, S. 103.
27 Bertolt Brecht, Mutter Courage und ihre Kinder. Eine Chronik aus dem Dreißigjährigen Krieg, Frankfurt/M. 1963, S. 8.

Literaturhinweise
1648 – Krieg und Frieden in Europa, Ausstellungskatalog, hrsg. v. Klaus Bußmann und Heinz Schilling, 3 Bde., München 1998.
Johannes Burkhardt, Der Dreißigjährige Krieg, Frankfurt/M. 1992.
Heinz Duchhardt, Das Feiern des Friedens. Der Westfälische Friede im kollektiven Gedächtnis der Friedensstadt Münster, Münster 1997.
Benigna von Krusenstjern/Hans Medick (Hrsg.), Zwischen Alltag und Katastrophe. Der Dreißigjährige Krieg aus der Nähe, Göttingen 1999.

Ernst Hanisch
Wien: Heldenplatz

Anmerkungen
1 Ernst Jandl, Gesammelte Werke, Bd. 3, hrsg. v. Klaus Siblewski, Frankfurt/M. 1990, S. 470 f.
2 August Kubizek, Adolf Hitler. Mein Jugendfreund, Graz 1953, S. 207.
3 Bruno Kreisky, Zwischen den Zeiten. Erinnerungen aus fünf Jahrzehnten, Berlin 1986, S. 24.
4 Schreiben vom August 1927. Zit. n. Ulfried Burz, Vom Kampf für das Deutschtum zum Kampf für den Führer. Die nationalsozialistische Bewegung in Kärnten 1918–1933, phil. Diss. Klagenfurt 1995, S. 38.
5 Maximilian Liebmann, Die geistige Konzeption der österreichischen Katholikentage in der Ersten Republik, in: Geistiges Leben im Österreich der Ersten Republik, hrsg. v. Isabella Ackerl, Wien 1986, S. 139.
6 Michael Mitterauer, Politischer Katholizismus, Österreichbewußtsein und Türkenfeindbild, in: Beiträge zur historischen Sozialkunde 12 (1982), S. 115.
7 Franz Karl Ginzkey, Hatschi Bratschis Luftballon, Salzburg 1933.
8 Johann Sonnleitner, Heldenplatz und die Folgen: 1938–1988, in: Der literarische Um-

gang der Österreicher mit Jahres- und Gedenktagen, hrsg. v. Wendelin Schmidt-Dengler, Wien 1994, S. 112.
9 Liebmann, Die geistige Konzeption (wie Anm. 5), S. 148.
10 Reichspost, 9. 8. 1934.
11 Ebd.
12 Ebd.
13 Kreisky, Zwischen den Zeiten (wie Anm. 3), S. 122.
14 Ebd.
15 Roman Horak/Wolfgang Maderthaner, Mehr als ein Spiel. Fußball und populäre Kulturen im Wien der Moderne, Wien 1997, S. 171–178.
16 Arbeiter-Zeitung, 9. 4. 1965. Vgl. Felix Kreissler, Kultur als subversiver Widerstand. Ein Essay zur österreichischen Identität, München 1996, S. 82.
17 Gerhardt Kapner, Ringstraßendenkmäler, Wiesbaden 1973, S. 10.
18 Ebd., S. 11.
19 Liederbuch für die Deutschen in Österreich, hrsg. v. Josef Pommer, Wien 1905, S. 284 f.
20 Ernst Hanisch, Westösterreich, in: NS-Herrschaft in Österreich 1933–1945, hrsg. v. Emmerich Tálos, Wien 1988, S. 446.
21 Juliane Mikoletzky, Bürgerliche Schillerrezeption im Wandel: Österreichische Schillerfeiern 1859–1905, in: Bürgerliche Selbstdarstellung. Städtebau, Architektur, Denkmäler, hrsg. v. Hanns Haas, Wien 1995, S. 167.
22 Gabriele Johanna Eder, Wiener Musikfeste zwischen 1918 und 1938. Ein Beitrag zur Vergangenheitsbewältigung, Wien 1991, S. 187.
23 Barbara Feller, Ein Ort patriotischen Gedenkens. Das österreichische Heldendenkmal im Burgtor in Wien, in: Kunst und Diktatur. Architektur, Bildhauerei und Malerei in Österreich, Deutschland, Italien und der Sowjetunion 1922–1956, hrsg. v. Jan Tabor, Bd. 1, Baden 1994, S. 142.
24 Ebd., S. 143.
25 Ingeborg Pabst, Das österreichische Heldendenkmal im äußeren Burgtor in Wien, in: Unglücklich das Land das Helden nötig hat, hrsg. v. Michael Hütt, Marburg 1990, S. 22.
26 Hugo Portisch, Österreich II. Der lange Weg zur Freiheit, Wien 1986, S. 38–47.
27 «Anschluß» 1938. Eine Dokumentation, hrsg. v. Dokumentationsarchiv des österreichischen Widerstandes, Wien 1988, S. 326 f.
28 Das Österreich-Buch, hrsg. v. Ernst Marboe, Wien 1948, S. 25.
29 Peter Diem, Die Symbole Österreichs, Zeit und Geschichte in Zeichen, Wien 1995, S. 238.
30 Melech Rawitsch, Das Geschichtsbuch meines Lebens, Salzburg 1996, S. 12.
31 Die Zeit, Nr. 29, 9. 7. 1998.

Literaturhinweise
Peter Diem, Die Symbole Österreichs, Zeit und Geschichte in Zeichen, Wien 1995.
Barbara Feller, Ein Ort patriotischen Gedenkens. Das österreichische Heldendenkmal im Burgtor in Wien, in: Kunst und Diktatur. Architektur, Bildhauerei und Malerei in Österreich, Deutschland, Italien und der Sowjetunion 1922–1956, hrsg. v. Jan Tabor, Bd. 1, Baden 1994, S. 111–122.
Brigitte Hamann, Hitlers Wien. Lehrjahre eines Diktators, München 1996.
Johann Sonnleitner, Heldenplatz und die Folgen: 1938–1988, in: Der literarische Umgang der Österreicher mit Jahres- und Gedenktagen, hrsg. v. Wendelin Schmidt-Dengler, Wien 1994, S. 242–251.

Joachim Fest
Der Führerbunker

Literaturhinweise
Uwe Bansen/James P. O'Donnel, Die Katakombe. Das Ende in der Reichskanzlei, Stuttgart 1975.
Laurenz Demps, Berlin-Wilhelmstraße. Eine Topographie preußisch deutscher Macht, Berlin 1996.
Peter Gosztony, Der Kampf um Berlin 1945 in Augenzeugenberichten, München 1985.
Ernst-Günther Schenck, Ich sah Berlin sterben. Als Arzt in der Reichskanzlei, Herford 1970.
Hugh R. Trevor-Roper, Hitlers letzte Tage, Frankfurt/Berlin 1965.
Ulrich Völklein (Hrsg.), Hitlers Tod. Die letzten Tage im Führerbunker, Göttingen 1999.

Bernd Roeck
Der Reichstag

Anmerkungen
1 Essai sur les moeurs et l'esprit des nations et sur les principaux faits de l'histoire depuis Charlemagne jusqu' à Louis XIII, 2 Bde., Paris 1745/46, Ausg. 1859, Bd. 1, LXX, S. 414–419.
2 Walter Fürnrohr, Der Immerwährende Reichstag zu Regensburg, Regensburg/Kallmünz o. J. [1963], S. 31.
3 Johann Wolfgang Goethe, Dichtung und Wahrheit (Hamburger Ausgabe, Bd. 9), Hamburg 1955, S. 182.
4 Anselmus Rabiosus' Reise durch Oberdeutschland, Salzburg/Leipzig (recte: Nördlingen) 1778, ND hrsg. v. Jean Mondot, München/Leipzig 1988, S. 40.
5 Zum Folgenden Jörg Traeger, Der Weg nach Walhalla. Denkmallandschaft und Bildungsreise im 19. Jahrhundert, Regensburg 1987.
6 Jacob Burckhardt, Briefe. Bd. VI, S. 203.
7 Eduard von Schenk, Rede zur feierlichen Grundsteinlegung Walhalla's am 18. Oktober 1831, Regensburg o. J. [1830], S. 4 f.
8 Michael S. Cullen, Der Reichstag. Die Geschichte eines Monumentes, Berlin 1983, S. 220.
9 Ebd., S. 236.
10 Heinrich von Treitschke, Politik. Vorlesungen gehalten an der Universität zu Berlin, II, Leipzig 1922, S. 357.
11 Ruth Glatzer, Das Wilhelminische Berlin. Panorama einer Metropole 1890-1918, Berlin 1997, S. 266.
12 Zit. n. Cullen, Reichstag (wie Anm. 8), S. 319.
13 André Francois-Poncet zit. n. Michael S. Cullen, Der Reichstag. Parlament, Denkmal, Symbol, Berlin 1995, S. 242.
14 Albert Speer, Erinnerungen, Frankfurt/M. ⁵1969, S. 166.
15 Cullen, Der Reichstag (wie Anm. 13), S. 251 f.
16 Peter Gosztony, Der Kampf um Berlin 1945 in Augenzeugenberichten, München 1975, S. 342 f.
17 Petra Bomhöft, Schweinkram mit blauer Kreide, in: Der Spiegel 26/1999, S. 46 f.
18 Cullen, Reichstag (wie Anm. 8), S. 274.
19 Konrad Weiß (Bündnis 90/Die Grünen), in: Deutscher Bundestag. Stenographischer Bericht. 211. Sitzung, 25. 2. 1994, S. 18281.

Literaturhinweise
Michael S. Cullen, Der Reichstag. Geschichte eines Monumentes, Berlin 1983.
Ders., Der Reichstag. Parlament, Denkmal, Symbol, Berlin 1995.
Walter Fürnrohr, Der Immerwährende Reichstag zu Regensburg, Regensburg/Kallmünz o. J. [1963].
Jörg Troeger, Der Weg nach Walhalla. Denkmallandschaft und Bildungsreise im 19. Jahrhundert, Regensburg 1987.

Peter Wapnewski
Das Nibelungenlied

Anmerkungen
1 Zit. n. Joachim Heinzle, Das Nibelungenlied, München/Zürich 1987, S. 99f. Auch in: Die Nibelungen. Ein deutscher Wahn, ein deutscher Alptraum. Studien und Dokumente zur Rezeption des Nibelungenstoffs im 19. und 20. Jh., hrsg. v. Joachim Heinzle und Anneliese Waldschmidt, Frankfurt/M. 1991, S. 141f.
2 Klaus von See, Das Nibelungenlied – ein Nationalepos?, in: Die Nibelungen (wie Anm. 1), S. 43–110, hier S. 59f.; das «erstaunliche» Hegelzitat ebd., S. 60.
3 Zit. n. Herfried Münkler/Wolfgang Storch, Siegfrieden. Politik mit einem deutschen Mythos, Berlin 1988, S. 70.
4 Zit. n. ebd., S. 56.
5 Zit. n. ebd., S. 73.
6 Peter Krüger, Etzels Halle und Stalingrad. Die Rede Görings vom 30. 1. 1943, in: Die Nibelungen (wie Anm. 1), S. 151ff., hier S. 153, sowie S. 383f.
7 Faksimile in: Fritz Behrend, Geschichte der deutschen Philologie in Bildern, Marburg 1927, S. 5.
8 Johann Wolfgang von Goethe, Werke. Hamburger Ausgabe, Bd. 12, München 1981, S. 349.

Literaturhinweise
Wolfgang Frühwald, Wandlungen eines Nationalmythos. Der Weg der Nibelungen ins 19. Jahrhundert, in: Wege des Mythos in der Moderne. Eine Münchner Ringvorlesung, hrsg. v. Dieter Borchmeyer, München 1987, S. 15–40.
Joachim Heinzle/Anneliese Waldschmidt (Hrsg.), Die Nibelungen. Ein deutscher Wahn, ein deutscher Alptraum. Studien und Dokumente zur Rezeption des Nibelungenstoffs im 19. und 20. Jahrhundert, Frankfurt/M. 1991.
Herfried Münkler/Wolfgang Storch, Siegfrieden. Politik mit einem deutschen Mythos, Berlin 1988.

Heinz Dieter Kittsteiner
Deutscher Idealismus

Anmerkungen
1 C. L. Michelet, Geschichte der letzten Systeme der Philosophie in Deutschland von Kant bis Hegel, Bd. 1, Berlin 1837, S. VI.
2 Fritz Mauthner, Wörterbuch der Philosophie. Neue Beiträge zu einer Kritik der Sprache, Bd. 2, Leipzig 1924, S. 122ff.
3 Jürgen Habermas, Der philosophische Diskurs der Moderne. Zwölf Vorlesungen, Frankfurt/M. 1985, S. 26.

Anmerkungen und Literaturhinweise 683

4 Rüdiger Bubner (Hrsg.), Das älteste Systemprogramm. Studien zur Frühgeschichte des deutschen Idealismus, Hegel-Studien, Beiheft 9, Bonn 1973, S. 263 ff.
5 J. G. Fichte, Einige Vorlesungen über die Bestimmung des Gelehrten, in: Ders., Sämtliche Werke, hrsg. v. I. H. Fichte, Berlin 1845, Bd. VI, S. 299.
6 Fichte, Die Grundzüge des gegenwärtigen Zeitalters, SW, Bd. VII, S. 65 f.
7 Fichte, Reden an die deutsche Nation, SW, Bd. VII, S. 374 f.
8 F. W. J. Schelling, System des transzendentalen Idealismus, in: Ders., Ausgewählte Schriften, hrsg. v. Manfred Frank, Frankfurt/M. 1995, Bd. 1, S. 333, 594 ff. und 629.
9 Zit. n. Walter Schulz, Philosophie in der veränderten Welt, Pfullingen 1976, S. 386.
10 G. W. F. Hegel, Phänomenologie des Geistes, hrsg. v. Johannes Hoffmeister, Hamburg 1952, S. 19 und 12.
11 Hegel, Grundlinien der Philosophie des Rechts, hrsg. v. J. Hoffmeister, Hamburg 1955, S. 217 (§ 261).
12 Heinrich Heine, Zur Geschichte der Religion und Philosophie in Deutschland, Werke in zehn Bänden, hrsg. v. Oskar Walzel, Leipzig 1910, Bd. 7, S. 308 f. und 351 ff.
13 Ludwig Feuerbach, Vorläufige Thesen zur Reformation der Philosophie, in: Ders., Werke in sechs Bänden, hrsg. v. Erich Thies, Frankfurt/M. 1975, Bd. 3, S. 238 und 230.
14 Feuerbach, Das Wesen des Christentums, ebd., Bd. 5, S. 414.
15 Karl Marx/Friedrich Engels, Die heilige Familie oder Kritik der kritischen Kritik. Gegen Bruno Bauer und Konsorten, in: Marx/Engels, Werke, (MEW), Bd. 2, Berlin 1962, S. 85.
16 Ebd., S. 138 und 38.
17 Karl Marx/Friedrich Engels, Die deutsche Ideologie, MEW, Bd. 3, S. 379 und 37.
18 Karl Marx, Das Kapital. Kritik der politischen Ökonomie, Urfassung von 1867, Hildesheim 1980, S. 116.
19 Marx/Engels, Die deutsche Ideologie (wie Anm. 17), S. 70 f. und 424.
20 Arthur Schopenhauer, Die Welt als Wille und Vorstellung, in: Ders., Sämmtliche Werke hrsg. v. Julius Frauenstädt, Leipzig 1922, Bd. 2., S. 193 ff. (§ 29)
21 Ebd., Bd. 3, S. 506 f. (§ 38).
22 Viktor v. Scheffel, Guano, in: Scheffels Werke, hrsg. v. Karl Siegen und Max Mendheim, Berlin o. J., Teil 2, S. 181.
23 Rudolf Haym, Hegel und seine Zeit, Berlin 1857, S. 6.
24 Karl Immermann, Die Epigonen, Berlin 1883, Erster Theil, S. 123 f.
25 Paul de Lagarde, Deutsche Schriften, Göttingen 1892, S. 373–384.
26 Wilhelm Dilthey, Einleitung in die Geisteswissenschaften, in: Ders., Gesammelte Schriften, Göttingen 1966, Bd. 1, S. XVIII.
27 Dilthey, Der Aufbau der geschichtlichen Welt in den Geisteswissenschaften, GS Bd. VII, S. 86.
28 Georg Simmel, Der Begriff und die Tragödie der Kultur, in: Ders., Philosophische Kultur, hrsg. v. Jürgen Habermas, Berlin 1983, S. 203.
29 Friedrich Nietzsche, Morgenröthe. Gedanken über moralische Vorurtheile, in: Kritische Studienausgabe, hrsg. v. Giorgio Colli und Mazzino Montinari (KSA), München 1988, Bd. 3, S. 274 (Nr. 453.); Ders., Zur Genealogie der Moral. Eine Streitschrift, KSA Bd. 5, S. 322.
30 Nietzsche, Ecce Homo, KSA Bd. 6, S. 297.
31 Walter Flex, Der Wanderer zwischen beiden Welten, München o. J., S. 21 ff.
32 Werner Sombart, Händler und Helden, München/Leipzig 1915, S. 84 f.
33 Georg Simmel, Der Krieg und die geistigen Entscheidungen. Reden und Aufsätze, München/Leipzig 1917, S. 33 f., S. 51 f. und 25 f.
34 Ernst Cassirer, Freiheit und Form, Studien zur deutschen Geistesgeschichte, Darmstadt 1994, S. XVI.
35 Paul Ernst, Der Zusammenbruch des deutschen Idealismus. An die Jugend, München 1918, S. 374 ff.

36 Oskar A. H. Schmitz, Die Weltanschauung der Halbgebildeten, München 1914, S. 145 ff.
37 Richard Kroner, Von Kant bis Hegel, 2 Bde., Tübingen 1921/24, Bd. 1, S. 23.
38 Georg Lukács, Die Verdinglichung und das Bewußtsein des Proletariats, in: Ders., Geschichte und Klassenbewußtsein. Studien über marxistische Dialektik, Berlin 1923, S. 216 und 228.
39 Oswald Spengler, Der Untergang des Abendlandes. Umrisse einer Morphologie der Weltgeschichte, München 1922, Bd. II, S. 634.
40 Ernst Jünger, Der Arbeiter. Herrschaft und Gestalt, Hamburg 1941, S. 104 f.
41 Ernst Cassirer, Philosophie der Symbolischen Formen, 3 Bde., Darmstadt 1974, Bd. 1, S. 15 f. und 51.
42 Helmuth Plessner, Macht und menschliche Natur. Ein Versuch zur Anthropologie der geschichtlichen Weltansicht, in: Ders., Gesammelte Schriften, Bd. V, S. 147 f.; Karl Mannheim, Historismus, in: Ders., Wissenssoziologie, hrsg. v. Kurt H. Wolff, Berlin/Neuwied 1964, S. 246–307.
43 Martin Heidegger, Sein und Zeit, Tübingen 1953, S. 12.
44 Ebd., S. 126 ff. (§ 27) und 267 ff. (§§ 54–60).
45 Martin Heidegger, Die Selbstbehauptung der deutschen Universität, Frankfurt/M. 1983, S. 19. – Karl Löwith, Mein Leben in Deutschland vor und nach 1933. Ein Bericht, Stuttgart 1986, 27 ff.
46 Joseph Goebbels, Michael. Ein deutsches Schicksal in Tagebuchblättern, München 1934, S. 95.
47 Houston Stewart Chamberlain, Die Grundlagen des Neunzehnten Jahrhunderts, 2 Bde., München ³1901, Bd. 1, S. 510.
48 Adolf Hitler, Mein Kampf, München 1934, S. 327 f.
49 Ebd., S. 69 f.
50 Jochen von Lang, Eichmann-Protokolle. Tonbandaufzeichnungen der israelischen Verhöre, Berlin 1982, S. 260 f.
51 Gerhard Lehmann, Die deutsche Philosophie der Gegenwart, Stuttgart 1943, S. 30 ff. und S. 489 ff.; Hans Heyse, Idee und Existenz, Hamburg 1935, S. 241 und 184 ff.
52 Lehmann, Die deutsche Philosophie der Gegenwart (wie Anm. 51), S. 409.
53 Hölderlins Werke. Ausgewählt von Will Vesper, Leipzig o. J., S. 18; Norbert von Hellingrath, Hölderlin-Vermächtnis, hrsg. v. Ludwig Pigenot, München 1944, S. 16.
54 «Das erste Trommelfeuer zeigte uns unseren Irrtum, und unter ihm stürzte die Weltanschauung zusammen, die sie uns gelehrt hatten.» Erich Maria Remarque, Im Westen nichts Neues, Berlin 1928, S. 18.
55 Manfred Gregor, Die Brücke, München/Basel 1958, S. 68 und 106.
56 Maurice Halbwachs, Das Gedächtnis und seine sozialen Bedingungen, Frankfurt/M. 1985, S. 143 ff.
57 Karl Jaspers, Erneuerung der Universität. Reden und Schriften 1945/46, hrsg. v. Renato de Rosa, Heidelberg 1986, S. 169.
58 Friedrich Meinecke, Die deutsche Katastrophe. Betrachtungen und Erinnerungen, Wiesbaden 1946, S. 130 und 164.
59 Paul Wilhelm Wenger, Geist und Macht. Versuch einer Entschleierung des deutschen Idealismus, Augsburg 1948, S. 45 und 51.
60 Thomas Mann, Deutschland und die Deutschen, in: Ders., Politische Reden und Schriften, Frankfurt/M. 1968, Bd. 3, S. 176.
61 Helmut Schelsky, Die skeptische Generation. Eine Soziologie der deutschen Jugend, Düsseldorf/Köln 1963, S. 50–83.
62 Zit. n. Gottfried Küenzlen: Der neue Mensch. Eine Untersuchung zur säkularen Religionsgeschichte der Moderne, München 1994, S. 197.
63 Herbert Marcuse, Der eindimensionale Mensch, Neuwied/Berlin 1967, S. 92.

64 Herbert Marcuse, Triebstruktur und Gesellschaft. Ein philosophischer Beitrag zu Sigmund Freud, Frankfurt/M. 1967, S. 85.
65 Ebd., S. 184 ff.
66 Ebd., S. 222.
67 Gerhard Gamm, Der Deutsche Idealismus. Eine Einführung in die Philosophie von Fichte, Hegel und Schelling, Stuttgart 1997, S. 255 ff.
68 Dieter Henrich, Konzepte. Essays zur Philosophie in der Zeit, Frankfurt/M. 1987, S. 59 f.
69 Jürgen Habermas, Nachmetaphysisches Denken. Philosophische Aufsätze, Frankfurt/M. 1988, S. 20; Ders., Theorie des kommunikativen Handelns, Frankfurt/M. 1981, Bd. 2, S. 189.
70 Habermas, Der philosophische Diskurs der Moderne (wie Anm. 3), S. 374 und 408 f.; Ders., Theorie des Kommunikativen Handelns (wie Anm. 69), Bd. 2, S. 240, 452 und 499.
71 Habermas, Rückkehr zur Metaphysik. Eine Sammelrezension, in: Nachmetaphysisches Denken (wie Anm. 69), S. 275 f.; Henrich, Konzepte (wie Anm. 68), S. 42 und 35.
72 Dieter Henrich, Fichtes ursprüngliche Einsicht, Frankfurt/M. 1967, S. 25 f.; Henrich, Die Grundstruktur der modernen Philosophie, in: Ders., Selbstverhältnisse, Stuttgart 1993, S. 92.
73 Friedrich Voßkühler, Der Idealismus als Metaphysik der Moderne. Studien zur Selbstreflexion und Aufhebung der Metapyhsik bei Hölderlin, Hegel, Schelling, Marx und Heidegger, Würzburg 1996, S. 16 ff.
74 Immanuel Kant, Die Metaphysik der Sitten, Berlin 1968, Akademie-Textausgabe, Bd. VI, S. 438 f.; Adam Smith, Theorie der ethischen Gefühle, Hamburg 1977, S. 170.
75 Kant, Kritik der Urtheilskraft, Berlin 1968, AT, Bd. V, S. 176.
76 Kant, Über den Gemeinspruch. Das mag in der Theorie richtig sein, taugt aber nicht für die Praxis, AT, Bd. VIII, S. 310; F. J. W. Schelling, System des transzendentalen Idealismus, in: Ausgewählte Schriften (wie Anm. 8), S. 662 ff. (I/3, 594 ff.)
77 Anthony Giddens, Konsequenzen der Moderne, Frankfurt/M. 1996, S. 173.
78 Rolf-Peter Horstmann, Zur Aktualität des Deutschen Idealismus, in: Neue Hefte für Philosophie 35 (1995), S. 13.
79 «Die Opfer von Auschwitz vor allem sind es, die in unserem Gedächtnis alle Opfer der Geschichte vertreten. In ihnen, den Opfern, zeigt sich jene Kehrseite der Geschichte, die keine List der Vernunft zu rechtfertigen vermag und die vielmehr den Skandal jeder Theodizee der Geschichte offenbart.» Paul Ricœur, Zeit und Erzählung, München 1991, Bd. 3, S. 304.
80 Ebd., S. 334, 401 und 348.

Literaturhinweise

Georg Bollenbeck, Tradition, Avantgarde, Reaktion. Deutsche Kontroversen um die kulturelle Moderne 1880–1945, Frankfurt/M. 1999.
Rüdiger Bubner (Hrsg.), Deutscher Idealismus, Stuttgart 1994.
Wolfgang Eßbach, Die Junghegelianer. Soziologie einer Intellektuellengruppe, München 1988.
Kurt Flasch, ‹Geistige Mobilmachung›. Die deutschen Intellektuellen und der I. Weltkrieg. Ein Versuch, Berlin 2000.
Helmut Lethen, Verhaltenslehren der Kälte. Lebensversuche zwischen den Kriegen, Frankfurt/M. 1994.
Otto Pöggeler, Heidegger und seine Zeit, München 1999.
Fritz K. Ringer, Die Gelehrten. Der Niedergang der deutschen Mandarine 1890–1933, Stuttgart 1983.
Herbert Schnädelbach, Philosophie in Deutschland, 1831–1933, Frankfurt/M. 1983.

Friedrich Voßkühler, Art. Idealismus, in: Enzyklopädie Philosophie, hrsg. v. Hans-Jörg Sandkühler, Hamburg 1999, Bd. 1, S. 579–583.

Hermann Zeltner, Art. Idealismus, Deutscher, in: Historisches Wörterbuch der Philosophie, Bd. 4, Basel 1976.

Dieter Borchmeyer
Goethe

Anmerkungen

1 Die im Text in Klammern beigefügten Zitatnachweise beziehen sich auf Band und Seite der umfassenden Dokumentation von Karl Robert Mandelkow, Goethe im Urteil seiner Kritiker. Dokumente zur Wirkungsgeschichte Goethes in Deutschland, 4 Bde., München 1975–1984. Auf der Basis dieser Dokumentation hat Karl Robert Mandelkow die bislang profundeste Wirkungsgeschichte Goethes verfaßt, der die vorliegende Studie wesentliche Anregungen verdankt: Goethe in Deutschland. Rezeptionsgeschichte eines Klassikers, 2 Bde., München 1980/1989.
2 Friedrich Nietzsche, Sämtliche Werke. Kritische Studienausgabe, hrsg. v. Giorgio Colli u. Mazzino Montinari, München 1980, Bd. II, S. 607. Der Sperrdruck von Einzelwörtern und Passagen wird in den folgenden Zitaten nur ausnahmsweise (als Kursivdruck) berücksichtigt.
3 Ebd., S. 599.
4 Ebd., S. 607.
5 Thomas Mann, Gesammelte Werke, Bd. II, Frankfurt/M. ²1974, S. 664 f.
6 Nietzsche, Sämtliche Werke V (wie Anm. 2), S. 184 f.
7 Grillparzers Werke, hrsg. v. August Sauer, Wien/Leipzig 1916, I. Abt. Bd. 14/15, S. 163.
8 Nietzsche, Sämtliche Werke V (wie Anm. 2), S. 18.
9 Ebd., VI, S. 122.
10 Ebd., II, S. 597.
11 Ludwig Börne. Eine Denkschrift. In: Heinrich Heine, Sämtliche Werke, Bd. IV, München 1972, S. 15.
12 Ebd., Bd. III, S. 47 f.
13 Georg Gottfried Gervinus, Geschichte der poetischen National-Literatur der Deutschen, Bd. V, Leipzig ²1844, S. 732 ff.
14 Hans Schwerte, Faust und das Faustische. Ein Kapitel deutscher Ideologie, Stuttgart 1962, S. 148 f.
15 Franz Dingelstedt, Eine Faust-Trilogie. Dramaturgische Studie, Berlin 1876, S. 159.
16 Nachweise bei Dieter Borchmeyer, Das Theater Richard Wagners. Idee – Dichtung – Wirkung, Stuttgart 1982, S. 48–56.
17 Nietzsche, Sämtliche Werke II (wie Anm. 2), S. 606.
18 Ebd., S. 448 f.
19 Ebd., S. 607 f.
20 Ebd., V, S. 201.
21 Friedrich Ebert, Schriften, Aufzeichnungen, Reden, Bd. II, Dresden 1926, S. 155 f.
22 Dada Berlin. Texte, Manifeste, Aktionen. In Zusammenarbeit mit Hanne Bergius hrsg. v. Karl Riha, Stuttgart 1977, S. 50 f.
23 Die Aktion 12 (1922), Sp. 128.
24 Thomas Mann, Gesammelte Werke XIII (wie Anm. 5), S. 71.
25 Alfred Rosenberg, Der Mythus des 20. Jahrhunderts. Eine Wertung der seelisch-geistigen Gestaltenkämpfe unserer Zeit, 207.–211. Aufl. München 1943, S. 515.
26 Mandelkow, Goethe in Deutschland II (wie Anm. 1), S. 214.

Literaturhinweise
Dieter Borchmeyer, Goethe der Zeitbürger, München 1999.
Nicholas Boyle, Goethe. Der Dichter in seiner Zeit. Bd. I: 1749–1790, München ³2000; Bd. II: 1790–1803, München 1999.
Karl Robert Mandelkow, Goethe im Urteil seiner Kritiker. Dokumente zur Wirkungsgeschichte Goethes in Deutschland, 4 Bde., München 1975–1984.
Karl Robert Mandelkow, Goethe in Deutschland. Rezeptionsgeschichte eines Klassikers, 2 Bde., München 1980/1989.
W. Daniel Wilson, Unterirdische Gänge. Goethe, Freimaurer und Politik, München 1999.

Georg Bollenbeck
Weimar

Anmerkungen
1 Peter Gay, Weimar Culture: The Outsider as Insider, New York 1968.
2 Marie-Louise von Plessen (Hrsg.), Zeitreisen zu Fuss in Weimar. Ein Wegenetz zwischen Goethehaus und Buchenwald, Ostfildern-Ruit 1999.
3 Zum feierlichen Andenken der durchlauchtigsten Fürstin und Frau Anna Amalia.
4 Die Wahlverwandtschaften, in: Johann Wolfgang von Goethe, Werke. Bd. 6. Romane und Novellen I. Hamburger Ausgabe, München 1998, S. 398.
5 Epilog zu Schillers «Glocke», in: Goethe, Werke. Bd. 1. Gedichte und Epen I (wie Anm. 4), S. 258.
6 Auf Miedings Tod, in: Ebd., S. 115.
7 Zit. n. Herbert Greiner-Mai, Weimar im Urteil der Welt. Stimmen aus drei Jahrhunderten, Berlin/Weimar ²1977, S. 18.
8 Madame de Staël, Über Deutschland. Vollständige Ausgabe. Nach der deutschen Erstübertragung von 1814, Frankfurt/M. 1985, S. 97.
9 Zit. n. Greiner-Mai, Weimar im Urteil der Welt (wie Anm. 7), S. 35.
10 Zit. n. Hans-Dietrich Dahnke, Art. Weimar, in: Goethe Handbuch Bd. 4/2, Stuttgart/Weimar 1998, S. 1126.
11 Alexander Turgenjew an Nikolai Turgenjew 1. August 1827, zit. n. Plessen (Hrsg.), Zeitreisen zu Fuss in Weimar (wie Anm. 2), S. 37.
12 Gérard de Nerval, Die Weimarer Feierlichkeiten 1850, zit. n. Greiner-Mai, Weimar im Urteil der Welt (wie Anm. 7), S. 205 ff.
13 Marco Polo Reiseführer, Weimar mit Umgebung, München 1999, S. 17.
14 Herman Grimm, Goethe. Vorlesungen gehalten an der Kgl. Universität zu Berlin (1877), zit. n. Max Bucher u. a. (Hrsg.), Realismus und Gründerzeit. Manifeste und Dokumente zur deutschen Literatur 1848–1880, Bd. 2, Stuttgart 1975, S. 557.
15 Norbert Elias, Studien über die Deutschen. Machtkämpfe und Habitusentwicklung im 19. und 20. Jahrhundert, Frankfurt/M. 1989, S. 159 ff.
16 Zit. n. Volker Mauersberger, Hitler in Weimar. Der Fall einer deutschen Kulturstadt, Berlin 1999, S. 137.
17 Thomas Mann, Meine Goethereise am 5. April 1932, in: Ders., Gesammelte Werke in dreizehn Bänden, Bd. 13, Frankfurt/M. 1974, S. 71.
18 Harry Graf Kessler, Aus den Tagebüchern 1918–1937, hrsg. v. Wolfgang Pfeiffer-Belli, München 1965, S. 340.
19 Lothar Ehrlich u. a. (Hrsg.), Das Dritte Weimar. Klassik und Kultur im Nationalsozialismus, Köln/Weimar/Wien 1999, S. 27.
20 Dr. Goebbels' Schiller-Rede 1934, zit. n. Bernhard Zeller (Hrsg.), Klassiker in finsteren Zeiten 1933–1945. Eine Ausstellung des Deutschen Literaturarchivs im Schiller-Natio-

nalmuseum, Bd. 1, Marbach am Neckar 1983, S. 194. Julius Petersen, in: JbGG 21 (1935), S. 23.
21 Frank Rutger Hausmann, Deutsche Geisteswissenschaft im Zweiten Weltkrieg. Die «Aktion Ritterbusch» (1940–1945), Dresden/München 1998.
22 Thomas Mann, Gesammelte Werke in dreizehn Bänden, Bd. 13, Nachträge, Frankfurt/M. 1990, S. 792.
23 Theo Piana, Weimar. Stätte klassischer Tradition. Bilder von Günther Beyer und Klaus Beyer, Weimar 1955, S. 14.
24 Zit. n. Zeller (Hrsg.), Klassiker in finsteren Zeiten, Bd. 1 (wie Anm. 20), S. 298.
25 In Sinn und Form 1980, H. 2, S. 419.

Literaturhinweise
Georg Bollenbeck, Bildung und Kultur. Glanz und Elend eines deutschen Deutungsmusters, Frankfurt/M. 1996.
Lothar Ehrlich/Jürgen John (Hrsg.), Weimar 1930. Politik und Kultur im Vorfeld der NS-Diktatur, Köln 1998.
Lothar Ehrlich u. a. (Hrsg.), Das Dritte Weimar. Klassik und Kultur im Nationalsozialismus, Köln/Weimar/Wien 1999.
Volker Mauersberger, Hitler in Weimar. Der Fall einer deutschen Kulturstadt, Berlin 1999.
Peter Merseburger, Mythos Weimar. Zwischen Geist und Macht, Stuttgart 1998.
Reiner Schlichting (Red.), Genius huius Loci Weimar. Kulturelle Entwürfe aus fünf Jahrhunderten, Weimar 1992.
Hans Wilderotter u. a. (Hrsg.), Wege nach Weimar. Auf der Suche nach Einheit von Kunst und Politik, Berlin 1999.

Michel Espagne
«De l'Allemagne»

Anmerkungen
1 Œuvres de Mme la Baronne de Staël-Holstein, Paris 1838, Bd. 2, S. 224.
2 Ebd., Bd. 2, S. 300.
3 Schillers Werke, Nationalausgabe, hrsg. v. Georg Kurscheidt und Norbert Oellers, Weimar 1987, Bd. 40, I, S. 168, Brief vom 23. Januar 1804.
4 Madame de Staël, Über Deutschland, vollständige und neu durchgesehene Fassung der deutschen Erstausgabe von 1814, hrsg. v. Monika Bosse, Frankfurt/M. 1985, S. 18.
5 Ebd., S. 19.
6 Alexandre Soumet, Scrupules littéraires de Mme la Baronne de Staël, ou réflexions sur quelques chapitres du livre De l'Allemagne, Paris 1814, S. 8.
7 Histoire de la philosophie allemande depuis Leibniz jusqu'à Hegel, 2 Bde., Paris 1836.
8 Jean Paul, Sämtliche Werke, hrsg. v. Norbert Miller und Wilhelm Schmidt-Biggemann, Abt. II, Bd. 3, München 1978, S. 657.
9 Ebd., S. 662.
10 Madame de Staël, Über Deutschland (wie Anm. 4), S. 536.
11 Thomas Carlyle, Essays, Bd. 1, London 1869, S. 265.
12 Charles-Victor de Bonstetten, L'homme du midi et l'homme du nord, Lausanne 1992, S. 81.
13 J. C. L. Simonde de Sismondi, De la littérature du midi de l'Europe, 3 Bde., Paris 1829, S. 99.
14 Ebd., S. 104.
15 Madame de Staël, Über Deutschland (wie Anm. 4), S. 16.

16 Heinrich Heine, Sämtliche Schriften, hrsg. v. Karl Briegleb, München 1976, Bd. 9, S. 195.
17 Claude Digeon, La crise allemande de la pensée française, 1870–1914, Paris 1959.

Literaturhinweise
Simone Balayé, Madame de Staël. Lumières et liberté, Paris 1979.
Dies., Madame de Staël, écrire, lutter, vivre, Genève 1994.
John Clairborne, The Birth of European Romanticism. Truth and Propaganda in Staël's De L'Allemagne, Cambridge 1994.
Claude Digeon, La crise allemande de la pensée française, 1870–1914, Paris 1959.
Georges Solovieff, L'Allemagne et Madame de Staël, Paris 1990.
Eve Souriau, Madame de Staël et Heinrich Heine: les deux Allemagnes, Paris 1974.
Anne Louise Germaine de Staël-Holstein, Über Deutschland, hrsg. v. Monika Bosse, Frankfurt/M. 1995.

Gotthard Erler
Theodor Fontane

Anmerkungen
1 Theodor Fontane, Werke und Briefe. Große Brandenburger Ausgabe, hrsg. v. Gotthard Erler, Berlin 1994ff. Bisher liegen folgende Abteilungen vor: Wanderungen durch die Mark Brandenburg (8 Bände), Gedichte (3 Bände), Tage- und Reisetagebücher (2 Bände; Band 3 in Vorbereitung), Das erzählerische Werk (10 von geplanten 20 Bänden). Zitiert GBA.
2 Fontane, Vorwort zur zweiten Auflage des Bandes *Die Grafschaft Ruppin*, in: GBA, Abt. Wanderungen, Bd. 1, S. 5.
3 GBA, Abt. Wanderungen, Bd. 6, S. 614f.
4 GBA, Abt. Wanderungen, Bd. 1, S. 349.
5 Fontane an Friedrich Holtze, 16. März 1895.
6 Berliner Tageblatt, 8. 11. 1898.
7 Thomas Mann, Anzeige eines Fontane-Buches (1919).
8 Fontane, Der Stechlin, Kap. 29, in: Romane und Erzählungen in acht Bänden, Berlin 1993, Bd. 8, S. 278.
9 Ebd., S. 7.
10 Ebd., S. 146.
11 Fontane an James Morris, 22. Februar 1896.
12 Fontane, Der Stechlin (wie Anm. 8), S. 278.
13 Meyers Neues Lexikon in acht Bänden, Bd. 7, S. 744.
14 Von Rheinsberg bis zum Müggelsee. Märkische Wanderungen Theodor Fontanes, hrsg. v. Gotthard und Therese Erler. Mit Fotos von Heinz Krüger, Berlin/Weimar 1971, S. 434.
15 Fontane, Der Stechlin (wie Anm. 8), S. 278.
16 Thomas Mann, Der alte Fontane (1910).
17 Fontane, Der Stechlin (wie Anm. 8), S. 282ff. und 296.
18 GBA, Abt. Gedichte, Bd. 1, S. 229.
19 Etwa Fontane an Wilhelm Hertz, 27. Mai 1894.
20 Fontane, Aus den Tagen der Okkupation. Eine Osterreise durch Nordfrankreich und Elsaß-Lothringen 1871, in: Sämtliche Werke (Nymphenburger Ausgabe), Bd. XVI, München 1962, S. 496f.
21 Fontane an seine Frau, 12. August 1882.
22 Fontane an Maximilian Harden, 4. März 1894.
23 Der Alte Fritz (Zur Enthüllungsfeier des *Friedrich*-Denkmals im August 1851), in: GBA, Abt. Gedichte, Bd. 1, S. 237f.

24 Einzug (16. Juni 1871), in: GBA, Abt. Gedichte, Bd. 1, S. 222.
25 Ebd.
26 Almansor. Eine Tragödie, 1. Szene.
27 Fontane, Kritische Jahre – Kritikerjahre, in: Autobiographische Schriften, Bd. III/1, Berlin/Weimar 1982, S. 368.
28 Fontane an seine Frau, 23. August 1891.
29 Fontane an Bernhard von Lepel, 21. September 1848.
30 Fontane an Bernhard von Lepel, 28. Juli 1850.
31 Fontane an Mathilde von Rohr, 17. Juni 1876.
32 Fontane an Wilhelm Hertz, 1. November 1881.
33 Etwa Fontane an Georg Friedlaender, 6. April 1897.
34 Fontane, Der Stechlin (wie Anm. 8), S. 10.
35 Richard Brinkmann, Theodor Fontane. Über die Verbindlichkeit des Unverbindlichen, Tübingen 1967.
36 Fontane an Karl Zöllner, 3. November 1874.
37 Fontane an seine Tochter, 18. Mai 1878.
38 Fontane an seine Tochter, 4. August 1880.

Literaturhinweise
Gordon A. Craig, Über Fontane, München 1997.
Fontane und sein Jahrhundert, hrsg. v. der Stiftung Stadtmuseum Berlin, Berlin 1998.
Christian Grawe, Führer durch Fontanes Romane. Ein Lexikon der Personen, Schauplätze und Kunstwerke, Stuttgart 1996.
Helmuth Nürnberger, Fontanes Welt, Berlin 1997.
Heinz Ohff, Theodor Fontane. Leben und Werk, München 1995.
Edda Ziegler unter Mitarbeit von Gotthard Erler, Theodor Fontane. Lebensraum und Phantasiewelt. Eine Biographie, Berlin 1996.

Irmela von der Lühe
Die Familie Mann

Anmerkungen
1 Klaus Mann, Tagebücher 1938–1939, hrsg. v. Joachim Heimannsberg, Peter Laemmle u. Wilfried F. Schoeller, München 1990, S. 31.
2 Klaus Mann, Briefe und Antworten, 1922–1949, hrsg. v. Martin Gregor-Dellin, Reinbek 1991, S. 759.
3 Zit. n. Wilfried F. Schoeller, Heinrich Mann. Bilder und Dokumente, München 1991, S. 12 f.
4 Zit. n. Hans Wißkirchen, Die Familie Mann, Reinbek 1999, S. 20.
5 Thomas Mann, Tonio Kröger, in: Ders., Frühe Erzählungen, Gesammelte Werke in Einzelbänden, Frankfurter Ausgabe, hrsg. v. Peter de Mendelssohn, Frankfurt/M. 1981, S. 305.
6 Ebd., S. 277.
7 Ebd., S. 291.
8 *Der Wille zum Glück* ist Titel einer frühen Erzählung Thomas Manns (1896). Vgl. ders., Gesammelte Werke (wie Anm. 5), S. 42–60.
9 Heinrich Mann, Ein Zeitalter wird besichtigt, Düsseldorf 1974, S. 226.
10 Thomas Mann, Buddenbrooks. Verfall einer Familie, in: Ders., Gesammelte Werke (wie Anm. 5), S. 534.
11 Heinrich Mann, Die Jagd nach Liebe. Ein Roman, in: Ders., Werke, Studienausgabe in Einzelbänden, hrsg. v. Peter-Paul Scheider, Frankfurt/M. 1987, S. 429 f.

12 Schoeller, Heinrich Mann (wie Anm. 3), S. 23.
13 Heinrich Mann, Macht und Mensch. Essays, in: Ders., Werke (wie Anm. 11), Frankfurt/M. 1989, S. 43.
14 Thomas Mann, Betrachtungen eines Unpolitischen, in: Ders., Gesammelte Werke (wie Anm. 5), Frankfurt/M. 1983, S. 545.
15 Ebd., S. 460f.
16 Joachim Fest, Die unwissenden Magier. Über Thomas und Heinrich Mann, Berlin 1985, S. 7.
17 Zit. n. Wißkirchen, Die Familie Mann (wie Anm. 4), S. 54.
18 Thomas Mann, Tagebücher 1918–1921, hrsg. v. Peter de Mendelssohn, Frankfurt/M. 1979, S. 175.
19 Thomas Mann/Heinrich Mann, Briefwechsel 1900–1949, hrsg. v. Hans Wysling, Frankfurt/M. 1984. S. 140.
20 Ebd., S. 138.
21 Kurt Tucholsky, Der Untertan, in: Ders., Gesammelte Werke, Band 2, 1919–1920, Reinbek 1985, S. 63f.
22 Erika und Klaus Mann, Escape to life. Deutsche Kultur im Exil, Reinbek 1996, S. 45.
23 Klaus Mann, Der Wendepunkt. Ein Lebensbericht, Reinbek 1984, S. 61.
24 Golo Mann, Der Bruder zur Linken. Zur Neuauflage von Heinrich Manns «Ein Zeitalter wird besichtigt», in: Frankfurter Allgemeine Zeitung, 21. 9. 1974, zit nach: Fest, Die unwissenden Magier (wie Anm. 16), S. 14.
25 Erika Mann, Mein Vater, der Zauberer, hrsg. v. Irmela von der Lühe u. Uwe Naumann, Reinbek 1996, S. 102.
26 Thomas Mann, Ein Briefwechsel, in: Ders., Essays, hrsg. v. Hermann Kurzke u. Stephan Stachorski, Bd. 4, Frankfurt/M. 1995, S. 185.
27 Thomas Mann, Bruder Hitler, in: Ebd., S. 309.
28 The New York Times, 22. 2. 1938, S. 13. Als «[w]o ich bin, ist die deutsche Kultur» wird der Satz Thomas Manns von Heinrich Mann, Zeitalter (wie Anm. 9), S. 215, überliefert.
29 Klaus Mann, A Family against a Dictatorship, in: Ders., Das Wunder von Madrid. Aufsätze, Reden, Kritiken 1936–1938, hrsg. v. Uwe Naumann u. Michael Töteberg, Reinbek 1993, S. 247–261 (hier S. 248 u. S. 251).
30 Thomas Mann, Der Künstler und die Gesellschaft, in: Ders., Essays (wie Anm. 26), Bd. 6, Frankfurt/M. 1997, S. 233.
31 So der Titel eines Essays von Klaus Mann anläßlich des Selbstmordes von Ricki Hallgarten 1932, in: Klaus Mann, Die neuen Eltern. Aufsätze, Reden, Kritiken 1924–1933, hrsg. v. Uwe Naumann u. Michael Töteberg, Reinbek 1992, S. 390–411.
32 Thomas Mann/Heinrich Mann, Briefwechsel (wie Anm. 19), S. 53f. u. S. 68. Die Formulierung «strenges Glück» entstammt dem nach der Eheschließung mit Katia Pringsheim entstandenen Roman *Königliche Hoheit*.
33 Marcel Reich-Ranicki, Thomas Mann und die Seinen, Stuttgart 1987, S. 202.
34 Thomas Mann, Tagebücher 1937–1939, hrsg. v. Peter de Mendelssohn, Frankfurt/M. 1980, S. 401.
35 Erika und Klaus Mann, Escape to life (wie Anm. 22), S. 95f.
36 Ebd., S. 114f.
37 Thomas Mann, Katia Mann zum siebzigsten Geburtstag, in: Ders., Essays (wie Anm. 26), Bd. 6, S. 252.

Literaturhinweise
Joachim C. Fest, Die unwissenden Magier. Über Thomas und Heinrich Mann, Berlin 1985.
Willi Jasper, Der Bruder. Heinrich Mann. Eine Biographie, Frankfurt/M. 1994.
Jürgen Kolbe, Heller Zauber. Thomas Mann in München 1894–1933, Berlin 1987.

Hermann Kurzke, Thomas Mann. Das Leben als Kunstwerk, München 1999.
Irmela von der Lühe, Erika Mann. Eine Biographie. Frankfurt/New York 1993.
Marcel Reich-Ranicki, Thomas Mann und die Seinen, Stuttgart 1987.
«Ruhe gibt es nicht, bis zum Schluß». Klaus Mann (1906–1949). Bilder und Dokumente, hrsg. v. Uwe Naumann, Reinbek 1999.
Hans Wißkirchen, Die Familie Mann, Reinbek 1999.
Hans Wysling/Yvonne Schmidlin (Hrsg.), Thomas Mann. Ein Leben in Bildern, Zürich 1994.

Maria Tatar
Grimms Märchen

Anmerkungen

1 Ruth B. Bottigheimer, The Publishing History of Grimms' Tales: Reception at the Cash Register, in: Donald Haase (Hrsg.), The Reception of Grimms' Fairy Tales: Responses, Reactions, Revisions, Detroit 1993, S. 80; W. H. Auden, In Praise of the Brothers Grimm, in: The New York Times Book Review (12. 11. 1944), S. 1.
2 Donald Haase, «Introduction», in: ders. (Hrsg.), The Reception of Grimms' Fairy Tales (wie Anm. 1), S. 12.
3 Ulrike Bastian, Die «Kinder- und Hausmärchen» der Brüder Grimm in der literaturpädagogischen Diskussion des 19. und 20. Jahrhunderts, Frankfurt/M. 1981, S. 55; Jack Zipes, The Struggle for the Grimms' Throne: The Legacy of the Grimms' Tales in the FRG and GDR since 1945, in: Haase (Hrsg.), The Reception of the Grimms' Fairy Tales (wie Anm. 1), S. 167.
4 George Bernard Shaw, What I owe to German Culture, in: Adam 35 (1970), S. 5.
5 Heinz Rölleke (Hrsg.), Kinder- und Hausmärchen gesammelt durch die Brüder Grimm, Nachdruck der zweibändigen Erstausgabe von 1812 und 1815, Göttingen 1986, S. V–VI.
6 Ebd., S. VIII.
7 August und Wilhelm von Schlegel, Sämtliche Werke, hrsg. v. Eduard Böcking, Leipzig 1847, Bd. XII, S. 391; Achim von Arnim und Clemens Brentano, hrsg. v. Reinhold Steig, Stuttgart, 1894, Bd. I, S. 309.
8 Der Briefwechsel zwischen Jacob und Wilhelm Grimm aus der Jugendzeit, hrsg. v. Herman Grimm und Gustav Hinrichs, 2. Auflage hrsg. v. Wilhelm Schoof, Weimar 1963, S. 438.
9 Bottigheimer, The Publishing History of Grimms' Tales (wie Anm. 1), S. 83.
10 Christa Kamenetsky, Children's Literature in Hitler's Germany: The Cultural Policy of National Socialism, Athens, Ohio 1984, S. 6.
11 Ebd., S. 81.
12 Carl Franke, Die Brüder Grimm: Ihr Leben und Wirken, Dresden 1899, S. 50, 52, 150 und 153.
13 Zipes, The Struggle for the Grimms' Throne (wie Anm. 3), S. 169.
14 Jens Tismar, Das deutsche Kunstmärchen des zwanzigsten Jahrhunderts, Stuttgart 1981, S. 133.
15 Hans-Joachim Gelberg, Grimms Märchen für Kinder von heute?, in: Janosch erzählt Grimms Märchen. Fünfzig ausgewählte Märchen, neu erzählt für Kinder von heute, Weinheim/Basel 1991, S. 250 und 253.
16 Janosch erzählt Grimms Märchen (wie Anm. 15), S. 20.
17 Ebd., S. 59.
18 Iring Fetscher, Wer hat Dornröschen wachgeküßt? Das Märchen-Verwirrbuch, Hamburg 1972, S. 39.

19 Ebd., S. 42.
20 Kurt Ranke (Hrsg.), Folktales of Germany, Chicago 1966, S. XVII.
21 Louis L. Snyder, Roots of German Nationalism, Bloomington 1978, S. 51.
22 Saul Friedländer, Kitsch und Tod: Der Widerschein des Nazismus, München 1984; V. Brun, «The German Fairy Tale, in: The Menorah Journal 27 (1939), S. 153 f.
23 Anne Sexton, Transformations, Boston 1971 (dt.: Verwandlungen, Frankfurt/M. 1998).
24 Lois Lowry, Number the Stars, New York 1989 (dt.: Wer zählt die Sterne, Frankfurt/M. 1996).
25 Wilhelm Grimm, Liebe Mili, illustriert von Maurice Sendak, Wien/München 1989.
26 Jane Yolen, Briar Rose, New York 1992; Roberto Benigni, La Vita é bella, Buena Vista 1997 (dt. Das Leben ist schön, Frankfurt/M. 1998).
27 Rölleke (Hrsg.), Kinder- und Hausmärchen (wie Anm. 5), S. IX.
28 Bruno Bettelheim, Kinder brauchen Märchen, Stuttgart 1977, S. 29.
29 Margaret Atwood, Grimms' Remembered, in: Haase (Hrsg.), The Reception of Grimms' Fairy Tales (wie Anm. 1), S. 292.

Literatur
Robert Darnton, Bauern erzählen Märchen: Die Bedeutung von Gänsemütterchens Märchen, in: ders., Das große Katzenmassaker. Streifzüge durch die französische Kultur vor der Revolution, München 1989.
John M. Ellis, One Fairy Story Too Many: The Brothers Grimm and Their Tales, Chicago 1983.
Christa Federspiel, Vom Volksmärchen zum Kindermärchen, Wien 1968.
Otto Gmelin, Böses kommt aus Kinderbüchern: Die verpaßten Möglichkeiten kindlicher Bewußtseinsbildung, München 1972.
Johannes Merkel/Dieter Richter, Märchen, Phantasie und soziales Lernen, Berlin 1974.
Heinz Rölleke, «Wo das Wünschen noch geholfen hat»: Gesammelte Aufsätze zu den «Kinder- und Hausmärchen» der Brüder Grimm, Bonn 1985.
Maria Tatar, Von Blaubärten und Rotkäppchen: Grimms grimmige Märchen psychoanalytisch gedeutet, München 1995.
Marina Warner, From the Beast to the Blonde: Fairy Tales and Their Tellers, New York 1994.

Bedrich Loewenstein
«Am deutschen Wesen ...»

Literaturhinweise
Dieter Düding u. a. (Hrsg.), Öffentliche Festkultur. Politische Feste in Deutschland, Reinbek 1988.
Monika Flacke (Hrsg.), Mythen der Nationen. Ein europäisches Panorama, Berlin 1998.
Eberhard Lämmert u. a., Germanistik – eine deutsche Wissenschaft, Frankfurt/M. 1967.
Hermann Lübbe, Politische Philosophie in Deutschland, München 1974.
Klaus von See, Barbar, Germane, Arier. Die Suche nach der Identität der Deutschen, Heidelberg 1994.
Fritz Stern, Kulturpessimismus als politische Gefahr. Eine Analyse nationaler Ideologie in Deutschland, Bern u. a. 1963.
Wulf Wülfing u. a., Historische Mythologie der Deutschen 1798–1918, München 1991.

Hans Voges
Das Völkerkundemuseum

Literaturhinweise:
H. Fischer, Die Hamburger Südsee-Expedition. Über Ethnographie und Kolonialismus, Frankfurt/M. 1981.
Thomas Hauschild (Hrsg.), Lebenslust und Fremdenfurcht. Ethnologie im Dritten Reich, Frankfurt/M. 1995.
H. J. Heinrichs, «Die fremde Welt, das bin ich.» Leo Frobenius: Ethnologe, Forschungsreisender, Abenteurer, Wuppertal 1998.
W. Marschall (Hrsg.), Klassiker der Kulturanthropologie: von Montaigne bis Margaret Mead, München 1990.
Jürgen Osterhammel, Kolonialismus: Geschichte – Formen – Folgen. München 1995.
W. Schmied-Kowarzik/J. Stagl (Hrsg.), Grundfragen der Ethnologie. Beiträge zur gegenwärtigen Theorie-Diskussion, Berlin ²1993.
H. Thode-Arora, Für fünfzig Pfennig um die Welt: Die Hagenbeckschen Völkerschauen. Frankfurt/New York 1989.

Wolfgang Ullrich
Der Bamberger Reiter und Uta von Naumburg

Anmerkungen
1 Helmut Maria Soik, Inge und der Bamberger Reiter, in: Münchner Neueste Nachrichten, Beilage ‹Die Frau› (Nr. 29), 22. 7. 1934, S. 114.
2 Heinrich Anacker, Ein Volk – ein Reich – ein Führer. Gedichte um Österreichs Heimkehr, München 1938, S. 54.
3 Hans Timotheus Kroeber, Der Bamberger Reiter, Düsseldorf 1936, S. 8.
4 Ebd., S. 41.
5 Fritz Mettenleitner, Alaf sig arna. Alles Heil dem Artbewußten. Jugendbuch für Rassen- und Vererbungslehre, Ahnen- und Bevölkerungskunde in Erlebnissen, Stuttgart (ohne Jahreszahl), S. 147.
6 Hans Ludwig Oeser, Deutsches Land und deutsches Volk, Berlin 1933; Paul Brandt, Sehen und Erkennen. Eine Anleitung zu vergleichender Kunstbetrachtung, Stuttgart ⁸1938. (In der 7. Auflage von 1929 war als Frontispiz noch das Gemälde «Rhônebarken» von Van Gogh abgebildet!)
7 Walter Hege, Handschriftliches Manuskript (ca. frühe dreißiger Jahre), unveröffentlicht. Ich danke Frau Ursula Dörmann für ihre Bereitschaft, mir Einblick in die Manuskripte von Walter Hege zu gewähren.
8 Walter Benjamin, Das Kunstwerk im Zeitalter seiner technischen Reproduzierbarkeit, Frankfurt/M. 1977, S. 13, 18.
9 Berthold Hinz, Der ‹Bamberger Reiter›, in: Martin Warnke (Hrsg.), Das Kunstwerk zwischen Wissenschaft und Weltanschauung, Gütersloh 1970, S. 26–44, hier S. 26.
10 F. E. Brückmann, Memorabilia Bambergensia, Wolfenbüttel 1729.
11 Wilhelm Heinrich Wackenroder, Werke und Briefe, München 1984, S. 66 ff.
12 Stefan George, Der Siebente Ring, in: Ders., Werke, München/Düsseldorf 1958, S. 336 f.
13 Émile Mâle, L'art allemand et l'art français du moyen âge, Paris 1917 (⁴1923).
14 Ebd., S. 192 f.
15 Hans Jantzen, Geist und Schicksal deutscher Kunst, Köln 1935, S. 28.
16 Leo Bruhns, Bildner und Maler des Mittelalters, Leipzig 1928, S. 107.

17 Walter Herrmann, Eine neue «Uta von Naumburg», in: Hamburger Tageblatt, 17. 1. 1942.
18 Roland Langermann, Uta, in: Mitteldeutsche National-Zeitung (Ausgabe Naumburg), 27. 2. 1938.
19 Gertrud Bäumer, Die Frauengestalt der deutschen Frühe, Berlin 1928, S. 10.
20 Lothar Schreyer, Frau Uta in Naumburg, Oldenburg 1934, S. 42 f.
21 Curt Freiwald, Romantische Landschaft um Naumburg, in: Hallesche Bühnenblätter, April 1937, S. 387.
22 August Schmarsow, Im Stifterchor zu Naumburg, in: Zeitschrift für Kunstgeschichte 3 (1934), S. 8.
23 Verlagsankündigung in Theodor Lüddecke, Uta. Legende aus dem Naumburger Dom, Leipzig 1934, S. 47.
24 Hans Naumann, Wandlung und Erfüllung, Stuttgart ²1934, S. 156.
25 Gertrud Bäumer, Der ritterliche Mensch, Berlin 1941, S. 113.
26 Hermann Beenken, Bildwerke des Bamberger Doms, Bonn 1925, S. 21.
27 Naumann, Wandlung und Erfüllung (wie Anm. 24), S. 155.
28 Peter Metz, Der Stifterchor des Naumburger Doms, Berlin 1947, S. 21.

Literaturhinweise
Berthold Hinz, ‹Der Bamberger Reiter›, in: Martin Warnke (Hrsg.), Das Kunstwerk zwischen Wissenschaft und Weltanschauung, Gütersloh 1970.
Fritz Kestel, Ermittlungen zur künstlerischen Konzeption und historischen Identität des «Bamberger Reiters», in: Ursula Vorwerk (Hrsg.), Die Andechs- Meranier in Franken, Mainz 1998.
Willibald Sauerländer, Die Naumburger Stifterfiguren – Rückblick und Fragen, in: Die Kunst der Staufer, Bd. 5, Stuttgart 1979, S. 169–245.
Ernst Schubert, Der Naumburger Dom, Halle/Saale 1997.
Robert Suckale, Die Bamberger Domskulpturen, in: Münchner Jahrbuch für Bildende Kunst 38 (1987), S. 27–82.
Wolfgang Ullrich, Uta von Naumburg. Eine deutsche Ikone, Berlin 1998.

Eva Hahn/Hans Henning Hahn
Flucht und Vertreibung

Anmerkungen
1 Aufnahme, Eingliederung und Wirken der Vertriebenen im Landkreis Traunstein nach 1945. Eine Dokumentation. Zusammengetragen von Egbert Langer u. a., hrsg. v. Bund der Vertriebenen, Kreisverband Traunstein/Berchtesgadener Land, Traunstein [1995], S. 5.
2 Frankfurter Allgemeine Zeitung, 23. 1. 1995, zit. n. Alfred Theisen, Die Vertreibung der Deutschen – ein unbewältigtes Kapitel europäischer Geschichte, in: Aus Politik und Zeitgeschichte B 7–8, 1995, S. 20–33, hier S. 33.
3 Theisen, Die Vertreibung der Deutschen (wie Anm. 2).
4 Aleida Assmann, Erinnerungsräume. Formen und Wandlungen des kulturellen Gedächtnisses, München 1999, S. 328.
5 Siegfried Lenz, Heimatmuseum. Roman, Hamburg 1978, S. 569.
6 Peter Härtling, Die Flüchtlinge, in: Der Monat 19 (1967), H. 220, S. 18–22, hier S. 20 f.
7 Zit. n. Ferdinand Seibt (Hrsg.), Eugen Lemberg 1903–1976, München 1986, S. 168.
8 Wie es die oben zitierte Traunsteiner Dokumentation (wie Anm. 1) als quasi objektiven Tatbestand erinnert.

9 George Mikes, Über Alles: Germany Explored, London 1953, S. 68.
10 Paul Lüttinger, Der Mythos der schnellen Integration. Eine empirische Untersuchung zur Integration der Vertriebenen und Flüchtlinge in der Bundesrepublik Deutschland bis 1971, in: Zeitschrift für Soziologie 15 (1986), S. 20–36, hier S. 22.
11 Rainer B. Jogschies, «Stempel drauf und fertig»: Wie man heute Heimatvertriebener wird, in: Siegfried Kogelfranz (Hrsg.), Die Vertriebenen, Reinbek 1985, S. 97–100.
12 Theisen, Die Vertreibung der Deutschen (wie Anm. 2), S. 20.
13 Flucht und Vertreibung. Aufnahme und Eingliederung der Vertriebenen im Main-Taunus-Kreis. Dokumentation, Wiesbaden o. J., S. 141.
14 Rainer Münz/Rainer Ohliger, Vergessene Deutsche – erinnerte Deutsche. Flüchtlinge, Vertriebene, Aussiedler, in: Transit, H. 15, 1998, S. 141–157, hier S. 151.
15 Angelika Fox, Flüchtlinge und Vertriebene im Landkreis Fürstenfeldbruck. Aspekte ihrer Eingliederung seit 1945, Fürstenfeldbruck 1998, S. 126.
16 Zit. n. Mathias Beer, Im Spanungsfeld von Politik und Zeitgeschichte. Das Großforschungsprojekt «Dokumentation der Vertreibung der Deutschen aus Ost-Mitteleuropa», in: Vierteljahreshefte für Zeitgeschichte 46 (1998), S. 345–389, hier S. 359.
17 Karl Pagel (Hrsg.), Deutsche Heimat im Osten, Berlin 1951, S. 7.
18 «Ein Denkmal deutscher Innerlichkeit. Horst Krüger über Ernst Wiecherts ‹Das einfache Leben›», in: Frankfurter Allgemeine Zeitung, 21. 2. 1980.
19 Dokumentation der Vertreibung der Deutschen aus Ost-Mitteleuropa, 8 Bde., Bonn 1953–1962 (Neudruck München 1984).
20 Beer, Im Spannungsfeld von Politik und Zeitgeschichte (wie Anm. 16), passim.
21 Karl C. Thalheim/Arnold Hillen Ziegfeld (Hrsg.), Der deutsche Osten. Seine Geschichte, sein Wesen und seine Aufgabe, Berlin 1936, S. XI.
22 Das östliche Deutschland. Ein Handbuch, hrsg. vom Göttinger Arbeitskreis, Würzburg 1959, S. 430.
23 Ebd., S. VII.
24 Zit. n. Ostland im Unterricht. Grundsätze und Praxis, hrsg. vom Kulturwerk der Vertriebenen Deutschen in Verbindung mit der Deutschen Pestalozzi-Gesellschaft, Köln 1956, S. 62.
25 Deutsche im Osten. Geschichte – Kultur – Erinnerungen. Deutsches Historisches Museum Berlin, Berlin 1994.
26 Ferdinand Seibt, Die Deutschen in den Böhmischen Ländern. Geschichte, Wirtschaft, Kultur, in: ebd., S. 92–96 und 105–109, hier S. 107.
27 Hans Dietrich Schultz, Räume sind nicht, Räume werden gemacht. Zur Genese «Mitteleuropas» in der deutschen Geographie, in: Europa Regional 5 (1997), Nr. 1, S. 2–14.
28 Wolfgang Wippermann, Der ‹deutsche Drang nach Osten›. Ideologie und Wirklichkeit eines politischen Schlagwortes, Darmstadt 1981, S. 34.
29 Horst Bienek, Beschreibung einer Provinz. Aufzeichnungen, Materialien, Dokumente, München/Wien 1983, S. 79.
30 Horst Bienek, Erde und Feuer. Roman, München/Wien 1982.
31 Horst Bienek, Birken und Hochöfen. Eine Kindheit in Oberschlesien, Berlin 1990, S. 98.
32 Härtling, Die Flüchtlinge (wie Anm. 6), S. 19.
33 Zit. n. Klaus Wagenbach, Johannes Bobrowski, in: Jahresring 66/67, S. 310–313, hier S. 310.
34 Lenz, Heimatmuseum (wie Anm. 5), S. 635.
35 Assmann, Erinnerungsräume (wie Anm. 4), S. 408.
36 Horst Bienek, Schlesien – aber wo liegt es? Eine melancholische Erinnerung, in: Heimat: Neue Erkundungen eines alten Themas, München/Wien 1985, S. 57–61, hier S. 60.
37 Die Verfasser sind Tobias Weger für seine vielfältige und fruchtbare Unterstützung bei der Materialsuche für diesen Essay zutiefst verpflichtet und verweisen auf seine dem-

nächst abzuschließende Dissertation «Sudetendeutsche Organisationen zwischen Volkstumspolitik und Vertriebenenintegration im Kontext des Kalten Krieges».

Literaturhinweise
Deutsche im Osten. Geschichte – Kultur – Erinnerungen, Deutsches Historisches Museum Berlin, Berlin 1994.
Dokumentation der Vertreibung der Deutschen aus Ost-Mitteleuropa, 8 Bde., Bonn 1953–1962 (Neudruck München 1984).
Angelika Fox, Flüchtlinge und Vertriebene im Landkreis Fürstenfeldbruck. Aspekte ihrer Eingliederung seit 1945, Fürstenfeldbruck 1998.
Siegfried Kogelfranz (Hrsg.), Die Vertriebenen, Reinbek 1985.
Wolfgang Wippermann, Der ‹deutsche Drang nach Osten›. Ideologie und Wirklichkeit eines politischen Schlagwortes, Darmstadt 1981.

Erhard Schütz
Der Volkswagen

Anmerkungen
1 In: Der Spiegel 39/1999, S. 47.
2 Oliver Vogel, Volkswagen. In: 100 Wörter des Jahrhunderts, Frankfurt/M. 1999, S. 312–314, hier S. 312.
3 Stephen Jay Gould, Eine biologische Huldigung an die Mickey Maus (1980). In: Ders., Der Daumen des Panda. Betrachtungen zur Naturgeschichte, Frankfurt/M. 1989, S. 99–111, hier S. 109.
4 Konrad Lorenz, Ganzheit und Teil in der tierischen und menschlichen Gemeinschaft (1950). In: Ders., Über tierisches und menschliches Verhalten. Aus dem Werdegang der Verhaltenslehre. Gesammelte Abhandlungen, Bd. I u. II, Darmstadt/Wien 1967, S. 422–491, hier S. 478.
5 Werbebrief von Heinrich Nordhoff, VW-Automuseum, Kundendienst/Verkauf 48/49. Zit. n. Christian Kleinschmidt, Von der ‹Volksgemeinschaft› zur ‹Gemeinschaft der Volkswagenfahrer›. Konsumgesellschaftliche Aspekte, die USA und der Wiederaufstieg von Volkswagen nach dem Zweiten Weltkrieg. In: Akkumulation, Nr. 12/1998, S. 18–24, hier S. 21.
6 Fritz Todt: Der nordische Mensch und der Verkehr. In: Die Straße 4 (1937), H. 14, S. 397 u. 398 f.
7 Wilfrid Bade: Jene blaßgrauen Bänder. In: Wilmont Haacke (Hrsg.), Die Luftschaukel, Berlin 1939, S. 22–27.
8 Walter Ostwald, Fröhliches Kraftfahrwandern. In: Die Straße 6 (1939), H. 12, S. 282.
9 Ferdinand Porsche, Geleitwort. In: Otto Willi Gail, Autofibel mit Volkswagenfibel. Die Fahrschule für jedermann, Breslau 1939, S. 7.
10 So Heinrich Nordhoff, Rede anläßlich der Verleihung des Elmer A. Sperry-Preises am 13. November 1958 in New York (Übersetzung). In: Ders., Reden und Aufsätze, Zeugnisse einer Ära, Düsseldorf u. a. 1992, S. 226–239, hier S. 231.
11 So Heidrun Edelmann, Volkswagen. Von der Typenbezeichnung zum Markennamen. Die Gleichschaltung eines Begriffes. In: Journal Geschichte 12 (1990), H. 1, S. 54–61, hier S. 55.
12 Zit. n. Dein KdF-Wagen, Berlin o. J., S. 1.
13 Hans Mommsen/Manfred Grieger, Das Volkswagenwerk und seine Arbeiter im Dritten Reich, Düsseldorf 1996, S. 66.
14 Edelmann, Volkswagen (wie Anm. 11), S. 60.

15 Hans Bohrmann (Hrsg.), NS-Presseanweisungen der Vorkriegszeit. Bd. 4/I: 1936, München u. a. 1993, S. 468 f.
16 Heidrun Edelmann, Vom Luxusgut zum Gebrauchsgegenstand. Die Geschichte der Verbreitung von Personenkraftwagen in Deutschland, Frankfurt/M. 1989, S. 204.
17 Zit. n. Peter Reichel, Der schöne Schein des Dritten Reiches, München/Wien 1991, S. 310.
18 Zit. n. Hans Mommsen, Der Mythos der Modernität, Essen 1999, S. 50.
19 Otto Dykhoff, zit. n. ebd., S. 57.
20 Ebd., S. 23.
21 Wilhelm Bittorf, Die Geschichte eines Autos, Braunschweig o. J. [1960], S. 49.
22 Ebd., S. 70.
23 Nordhoff, Rede anläßlich der Verleihung des Elmer A. Sperry-Preises (wie Anm. 10), S. 235.
24 Bittorf, Die Geschichte eines Autos (wie Anm. 21), S. 50.
25 Arthur Railton, Der Käfer. Der ungewöhnliche Weg eines ungewöhnlichen Automobils, Pfäffikon 1985, S. 138.
26 Martin Beheim-Schwarzbach, Der geölte Blitz. Aus den Aufzeichnungen eines Volkswagens, Hamburg 1953, S. 7.
27 Zit. n. Ulrich Kubisch, Aller Welts Wagen, Berlin 1986, S. 96.
28 Bittorf, Die Geschichte eines Autos (wie Anm. 21), S. 53.
29 Volker Wellhöner, ‹Wirtschaftswunder› – Weltmarkt – westdeutscher Fordismus. Der Fall Volkswagen, Münster 1996, S. 18 u. 217.
30 Kunisch, Aller Welts Wagen (wie Anm. 27), S. 115.
31 Bruce G. Vanden Bergh, ‹Volkswagen as Little Man›. In: Journal of American Culture 15 (1992), Nr. 4, S. 95–119, hier S. 95.
32 Stephen Fox zit. n. ebd., S. 99.
33 Zit. n. Thomas Fuchs, «Der beste Botschafter Deutschlands in Amerika»: Das Image und die Werbung von Volkswagen in den USA während der sechziger Jahre, Universität Magedeburg, Reprint Nr. 1/1996, S. 24.
34 Tomas Fitzel: Die schöne neue Welt der Volkswagen. In: Stuttgarter Zeitung, 3. 9. 1999.

Literaturhinweise
Heidrun Edelmann, Volkswagen, Von der Typenbezeichnung zum Markennamen, Die Gleichschaltung eines Begriffes, in: Journal Geschichte 12 (1990), S. 54–61.
Dies., Vom Luxusgut zum Gebrauchsgegenstand, Die Geschichte der Verbreitung von Personenkraftwagen in Deutschland, Frankfurt/M. 1989.
Ulrich Kubisch, Aller Welts Wagen, Berlin 1986.
Jürgen Lewandowski/Marion Zellner, Der Konzern, Die Geschichte der Marken VW, Audi, Seat und Skoda, Bielefeld 1997.
Hans Mommsen/Manfred Grieger, Das Volkswagenwerk und seine Arbeiter im Dritten Reich, Düsseldorf 1996.
Hans Mommsen, Der Mythos von der Modernität, Essen 1999.
Erhard Schütz/Eckhard Gruber, Mythos Reichsautobahn, Bau und Inszenierung der ‹Straßen des Führers› 1933–1941, Berlin 1996.
Volker Wellhöner, ‹Wirtschaftswunder› – Weltmarkt – westdeutscher Fordismus. Der Fall Volkswagen, Münster 1996.

Rainer Münz/Rainer Ohliger
Auslandsdeutsche

Anmerkungen
1 Joseph Rovan, Geschichte der Deutschen. Von ihren Ursprüngen bis heute, München 1995, S. 13 u. 15.
2 Verhandlungen der Germanisten zu Frankfurt am Main am 24., 25. und 26. September 1846 (Frankfurt/M. 1847), S. 11.
3 Ebd., S. 106.
4 Ebd., S. 112–114.
5 Erich Keyser, Das Grenz- und Auslanddeutschtum und seine Erforschung, in: Akademie zur wissenschaftlichen Erforschung und zur Pflege des Deutschtums, Deutsche Akademie, 1928, S. 797.
6 Deutsches Ausland-Institut, Jahresbericht 1935/36, Stuttgart 1937.
7 Mathias Beer, Die Dokumentation der Vertreibung der Deutschen aus Ost-Mitteleuropa. Hintergründe – Entstehung – Ergebnis – Wirkung, in: GWU 2/1999, S. 99–117, hier S. 103.
8 Theodor Schieder (Bearb.), Dokumentation der Vertreibung der Deutschen aus Ost-Mitteleuropa, Bern 1957–1960; Eugen Lemberg (Hrsg.), Die Vertriebenen in Westdeutschland: ihre Eingliederung und ihr Einfluß auf Gesellschaft, Wirtschaft, Politik und Geistesleben, Kiel 1959.

Literaturhinweise
Klaus J. Bade (Hrsg.), Deutsche im Ausland – Fremde in Deutschland. Migration in Geschichte und Gegenwart, München ³1993.
Rogers Chickering, We Men who Feel Most German. A Cultural Study of the Pan-German League, 1886–1914, Boston 1984.
Michael Fahlbusch, Wissenschaft im Dienst der nationalsozialistischen Politik? Die «Volksdeutschen Forschungsgemeinschaften» von 1931–1945, Baden-Baden 1999.
Ders., «Wo der Deutsche ... ist, ist Deutschland!» Die Stiftung für Deutsche Volks- und Kulturbodenforschung in Leipzig 1920–1933, Bochum 1994.
Rainer Ohliger/Rainer Münz, Deutsche aus Ostmittel- und Osteuropa, in: Tel Aviver Jahrbuch für deutsche Geschichte 1998, S. 401–444.
Rainer Ohliger/Rainer Münz, Diasporas and Ethnic Migrants. Germany, Israel and Russia in Comparative Perspective, Oxford 2001.

Mathieu Lepetit
Die Türken vor Wien

Literaturhinweise
Thomas M. Barker, Doppeladler und Halbmond. Entscheidungsjahr 1683, Graz/Wien/Köln 1982.
Peter Broucek u. a., Der Sieg bei Wien 1683, Wien 1983.
Peter Broucek/Erich Hillbrand/Fritz Vesely, Historischer Atlas zur Zweiten Türkenbelagerung Wiens, Wien 1983.
Im Lichte des Halbmonds. Das Abendland und der türkische Orient, Staatliche Kunstsammlungen Dresden, Dresden 1995.
Walter Sturminger, Bibliographie und Ikonographie der Türkenbelagerungen Wiens 1529 und 1683, Graz/Wien/Köln 1955.

Robert Waissenberger, Die Türken vor Wien. Europa und die Entscheidung an der Donau 1683, Wien/Salzburg 1982.

Hagen Schulze
Versailles

Anmerkungen
1 Zit. n. Heinz Schilling, Höfe und Allianzen. Deutschland 1648–1763, Berlin 1989, S. 242.
2 Ludwig Häusser, Geschichte der Rheinischen Pfalz nach ihren politischen, kirchlichen und literarischen Verhältnissen, Bd. 2, Heidelberg 1845, S. 783.
3 Otto von Bismarck, Gedanken und Erinnerungen, Bd. I, Stuttgart 1898, S. 20.
4 Eduard Devrient an seine Schwester, Paris, 23. 4. 1839, in: ders., Briefe aus Paris (= Dramatische und dramaturgische Schriften 4), Leipzig 1846, S. 245 f.
5 Albrecht Graf von Blumenthal (Hrsg.), Tagebücher des Generalfeldmarschalls Graf von Blumenthal aus den Jahren 1866 und 1870/71, Stuttgart/Berlin 1902, S. 233.
6 Paul Bronsart von Schellendorff, Geheimes Kriegstagebuch 1870–1871, hrsg. v. Peter Rassow, Bonn 1954, S. 295, 298.
7 Kaiser Friedrich III. Das Kriegstagebuch von 1870/71, hrsg. v. Heinrich Otto Meisner, Berlin/Leipzig 1926, S. 282 f.
8 Ebd., S. 342.
9 Zit. n. Th. Toeche-Mittler, Die Kaiserproklamation in Versailles am 18. Januar 1871, Berlin 1896, S. 27 f.
10 Ebd., S. 344.
11 Zit. n. V. Beyer (Hrsg.), Mein Vaterland. Lesebuch für die Heeres- und Marinefachschulen, Berlin 1927, S. 163.
12 Königlich Preußischer Staatsanzeiger, Nr. 26, 23. 1. 1871.
13 Jacques Bariéty, Das Deutsche Reich im französischen Urteil, in: Klaus Hildebrand (Hrsg.), Das Deutsche Reich im Urteil der Großen Mächte und europäischen Nachbarn (1871–1945), München 1995, S. 204.
14 Harold Nicolson, Friedensmacher 1919, Berlin 1933, S. 352, 354.
15 Bericht W. Loebs über seine Unterredung mit Oberst Conger, 10. 3. 1919, in: Akten der Reichskanzlei, Das Kabinett Scheidemann, hrsg. v. Hagen Schulze, Boppard 1971, S. 29.
16 Verhandlungen der verfassungsgebenden Nationalversammlung. Stenographische Berichte, Bd. 327, Sp. 1084 f.
17 Deutsche Kolonialpolitik in Dokumenten, hrsg. v. Ernst Gerhard Jacob, Leipzig 1938, S. 558.
18 Matthias Erzberger, Erlebnisse im Weltkrieg, Stuttgart/Berlin 1920, S. 374.
19 Thomas Mann, Tagebücher 1918–1921, hrsg. v. Peter de Mendelssohn, Frankfurt/M. 1979, S. 235 f.
20 Zit. n. Ursachen und Folgen, hrsg. v. Herbert Michaelis und Ernst Schraepler, Bd. III, o. J., S. 227.
21 Zit. n. Georg Franz-Willing, Die Hitler-Bewegung, Berlin 1962, S. 220.
22 Max Hildebert Boehm, Ruf der Jungen, Berlin 1920, S. 52.
23 Antonius John, Weimar vor Ort – In Ahlen in Westfalen, in: Rudolf Pörtner (Hrsg.), Alltag in der Weimarer Republik. Erinnerungen an eine unruhige Zeit, Düsseldorf/Wien/New York 1990, S. 638.
24 Hitlers Zweites Buch, hrsg. von Gerhard L. Weinberg, Stuttgart 1961, S. 196.
25 Adolf Hitler, Mein Kampf, 424.–438. Tsd., München 1939, S. 250.

26 Zit. n. dem Katalog der Ausstellung «Los von Versailles», hrsg. v. Reichsministerium für Volksaufklärung und Propaganda, Berlin 1940, S. 11.

Literaturhinweise
Peter Burke, Ludwig XIV. Die Inszenierung des Sonnenkönigs, Frankfurt/M. 1995.
Thomas W. Gaethgens, Versailles als Nationaldenkmal. Die Galerie des batailles im Musée Historique von Louis-Philippe, Antwerpen 1984.
Ders., Anton v. Werner. Die Proklamierung des Deutschen Kaiserreiches. Ein Historienbild im Wandel preußischer Politik, Frankfurt/M. 1990.
Peter Krüger, Versailles. Deutsche Außenpolitik zwischen Revisionismus und Friedenssicherung, Darmstadt 1985.
Horst Möller/Jacques Morizet (Hrsg.), Franzosen und Deutsche. Orte der gemeinsamen Geschichte, München 1996.
Michael Salewski, Das Weimarer Revisionssyndrom, in: Aus Politik und Zeitgeschichte, B 2, 1980.
Jean-François Solnon, Versailles, Paris 1997.
Hans von Zwiedineck-Südenhorst, Die öffentliche Meinung in Deutschland im Zeitalter Ludwigs XIV., Stuttgart 1888.

Na'ama Sheffi
Jud Süß

Anmerkungen
1 Europaeischer Staats-Secretarius (42), S. 499; zit. n. Barbara Gerber, Jud Süß. Aufstieg und Fall im frühen 18. Jahrhundert. Ein Beitrag zur Historischen Antisemitismus- und Rezeptionsforschung, Hamburg 1990, S. 28.
2 E. Buchner, Das Neueste von Gestern, Stuttgart 1912, S. 664–671.
3 Ebd., S. 662–664.
4 Der Genealogisch-Historische Archivarius, Michael Rauf(f.)t, Der XLIII. Theil, Oder Des 1738ten Jahrs anderes Stück, Leipzig 1738, S. 87–104: «Leben und Tod des jungst hingerichteten Wurtenbergischen Hofjuden, Süß Oppenheimers».
5 Arnoldus Liberius, Vollkommene Historie und Lebens-Beschreibung des fameusen und berüchtigten Württembergischen Avantueries Jud Joseph Süß Oppenheimer, Frankfurt/Leipzig 1738, Anm 153.
6 M. Thum: Re-Visioning Historical Romance: Carnivalesque Discourse of Wilhelm Hautts Jud Süß, in: S. Cramer (Hrsg.): Neues zu Altem: Novellen der Vergangenheit und der Gegenwart, München 1996; O. Hinz: Wilhelm Hauff in Selbstzeugnissen und Bilddokumenten, Hamburg 1989, S. 60; A. Mannheimer, Die Quellen zu Hauffs Jud Süß, Diss. Gießen 1909, S. 57.
7 Manfred Zimmermann, Joseph Süß Oppenheimer, ein Finanzmann des 18. Jahrhunderts. Ein Stück Absolutismus- und Jesuitengeschichte. Nach den Vertheidigungsakten und den Schriften der Zeitgenossen bearbeitet, Stuttgart 1874.
8 Rezension in: Die Rote Fahne (10. 10. 1930), zit. n. Friedrich Knilli/Siegfried Zielinski: Lion Feuchtwangers Jud Süß und die gleichnamigen Filme von Lothar Mendes (1934) und Veit Harlan (1940), in: Text und Kritik, H. 79/80, 1983, S. 105.
9 U. K. Faulhaber, Lion Feuchtwanger's Theory of the Historical Novel, in: John M. Spalek (Hrsg.), Lion Feuchtwanger. The Man, His Ideas, His Work. A Collection of Critical Essays, Los Angeles 1972, S. 68–79.
10 Zit. n. Walter Huder, Über Lion Feuchtwanger. Aufklärung und Herausforderung, in:

ders./Friedrich Knilli (Hrsg.), Lion Feuchtwanger: «(...) für die Vernunft gegen Dummheit und Gewalt», Berlin 1985, S. 20f.
11 H. Schnee, Die Hoffinanz und der moderne Staat; Geschichte und System der Hoffaktoren an deutschen Fürstenhöfen im Zeitalter des Absolutismus, 6 Bde., Berlin/München 1953–1967.

Literaturhinweise
Barbara Gerber, Jud Süß. Aufstieg und Fall im 18. Jahrhundert. Ein Beitrag zur Historischen Antisemitismus- und Rezeptionsforschung, Hamburg 1990.
Maureen Thum, Re-visioning Historical Romance. Carnivalesque Discourse of Wilhelm Hauffs Jud Süß, in: S. Cramer (Hrsg.), Neues zu Altem. Novellen der Vergangenheit und der Gegenwart, München 1996.
Heinrich Schnee, Die Hoffinanz und der moderne Staat; Geschichte und System der Hoffaktoren an deutschen Fürstenhöfen im Zeitalter des Absolutismus, 6 Bde., Berlin/München 1953–1967.
Selma Stern, Jud Süß. Ein Beitrag zur deutschen und jüdischen Geschichte, München 1973 (Neuausgabe, erstmals 1929).

Frithjof Benjamin Schenk
Tannenberg/Grunwald

Anmerkungen
1 Heinrich von Treitschke, Das deutsche Ordensland Preußen. Mit einer Einleitung von Walter Bußmann, Göttingen 1955, S. 22.
2 Zit. aus einem Brief Treitschkes nach Hartmut Boockmann, Die Quellen und die Geschichte ihrer Erforschung. Die Historie von der Geschichtswissenschaft und die Geschichte historischer Vorstellungen, in: Ders., Deutsche Geschichte im Osten Europas. Ostpreußen und Westpreußen, Berlin ²1993, S. 21–74, hier S. 42.
3 Treitschke, Das deutsche Ordensland (wie Anm. 1), S. 79, 19, 15, 19.
4 Zit. n. Sven Ekdahl, Tannenberg/Grunwald – Ein politisches Symbol in Deutschland und Polen, in: Journal of Baltic Studies 22 (1991), S. 271–324, hier S. 281.
5 Vgl. Wolfgang Wippermann, Der Ordensstaat als Ideologie. Das Bild des deutschen Ordens in der deutschen Geschichtsschreibung und Publizistik, Berlin 1979, S. 191.
6 Henryk Sienkiewicz: Krzyżacy, Warszawa 1900, Bd. IV, S. 356f. Zit. n. Jürgen Vietig, Die polnischen Grunwaldfeiern der Jahre 1902 und 1910, in: Germania Slavica II, Berlin 1981, S. 237–262, S. 241.
7 Henryk Sienkiewicz, Die Kreuzritter, übers. u. hrsg. v. Adam Kotulski, Berlin 1906, S. 363.
8 Treitschke, Das deutsche Ordensland (wie Anm. 1), S. 8.
9 Fritz Braun, Die Unterwerfung des deutschen Ordenslandes durch die Polen im 15. Jahrhundert. Zum 500. Gedenktage der Schlacht bei Tannenberg (15. Juli 1410), Berlin 1910, S. 32.
10 Boockmann, Die Quellen (wie Anm. 2), S. 47.
11 Zit. n. Vietig, Grunwaldfeiern (wie Anm. 6), S. 244.
12 Ebd., S. 256.
13 Braun, Die Unterwerfung (wie Anm. 9), S. 3.
14 Ebd., S. 4f. und 24.
15 Hindenburg, Aus meinem Leben, S. 85. Zit. n. Sven Ekdahl, Die Schlacht von Tannenberg 1410. Quellenkritische Untersuchungen. Bd. 1: Einführung und Quellenlage, Berlin 1982, S. 22.

Anmerkungen und Literaturhinweise   703

16 Hindenburg als «Russenschreck»: Vgl. z. B. Titelblatt «Lustige Blätter» vom 2. 12. 1914; Abb. in: Reinhard Rürup (Hrsg.), Der Krieg gegen die Sowjetunion 1941–1945. Eine Dokumentation, Berlin 1991.
17 Dieser Titel wurde Hindenburg zu seinem 70. Geburtstag durch Wilhelm II. verliehen. Vgl. dazu George von Graevenitz, Hindenburg und das Vaterland, in: Paul Lindenberg (Hrsg.), Hindenburg Denkmal für das deutsche Volk. Eine Ehrengabe zum 75. Geburtstage des Generalfeldmarschalls, Berlin 1923, S. 391–400, hier S. 395.
18 Kurt Tucholsky, Die Schweiz und Hindenburg, in: Die Weltbühne vom 9. 8. 1927, Nr. 32, S. 211. Zit. n. Kurt Tucholsky, Gesammelte Werke, hrsg. v. M. G. Tucholsky und F. J. Raddatz, Hamburg 1989, Bd. 5, S. 276.
19 Graevenitz, Hindenburg und das Vaterland (wie Anm. 17), S. 392.
20 Agnes Miegel, 1935. Zit. n. Christian Graf von Krockow, Begegnungen mit Ostpreußen, Stuttgart ²1994, S. 87 f.
21 Zit. n. František Graus, Lebendige Vergangenheit. Überlieferungen im Mittelalter und in den Vorstellungen vom Mittelalter, Köln/Wien 1975, S. 346.
22 Graevenitz, Hindenburg und das Vaterland, (wie Anm. 17), S. 391.
23 Johannes und Walter Krüger, Bauliche Gedanken um das Reichsehrenmal Tannenberg und seine Einfügung in die Landschaft, in: Tannenberg. Deutsches Schicksal – Deutsche Aufgabe, hrsg. v. Kuratorium für das Reichsehrenmal Tannenberg, Oldenburg/Berlin 1939, S. 227–247, hier S. 232.
24 Volker Ackermann, Nationale Totenfeiern in Deutschland. Von Wilhelm I. bis Franz-Joseph Strauß. Eine Studie zur politischen Semiotik, Stuttgart 1990, S. 236.
25 Krüger, Bauliche Gedanken (wie Anm. 23), S. 228.
26 Aus der Einladung zur Einweihungsfeier. Zit. n. Erich Maschke, Die Geschichte des Reichsehrenmals Tannenberg, in: Tannenberg. Deutsches Schicksal – Deutsche Aufgabe, (wie Anm. 23), S. 197–224, hier S. 210.
27 Ebd., S. 202.
28 Zit. n. Wolfgang Wippermann, Die Geschichte des «Reichsehrenmals Tannenberg». Ein historisches Lehrstück, in: Niemandsland. Zeitschrift zwischen den Kulturen, 1 (1987), S. 58–69, hier S. 64.
29 Zit. n. Ernst Vogelsang, Aus der Geschichte des Reichsehrenmals Tannenberg, in: Udo Arnold (Hrsg.), Zwischen den Weltkriegen, Teil II: Kultur im Preußenland der Jahre 1918 bis 1939, Lüneburg 1987, S. 73–122, hier S. 81.
30 Krüger, Bauliche Gedanken (wie Anm. 23), S. 231.
31 Wippermann, Der Ordensstaat als Ideologie (wie Anm. 5), S. 224.
32 Maschke, Geschichte des Reichsehrenmals (wie Anm. 26), S. 223.
33 Kundgebung Hitlers am 2. 10. 35, abgedruckt in: Tannenberg. Deutsches Schicksal – Deutsche Aufgabe (wie Anm. 23).
34 Manfred Vollack, Erlebtes Preußenland. Stationen einer bemerkenswerten Reise durch Pommern, die Neumark, West- und Ostpreußen, Husum ²1985, S. 211.

Literaturhinweise

Sven Ekdahl, Tannenberg/Grunwald – Ein politisches Symbol in Deutschland und Polen, in: Journal of Baltic Studies 22 (1991), S. 271–324.
Sven Ekdahl, Die Grunwald-Denkmäler in Polen. Politischer Kontext und nationale Funktion, in: Nordost-Archiv NF. VII (1998), S. 75–108.
Heike Fischer, Tannenberg-Denkmal und Hindenburgkult. Hintergründe eines Mythos, in: M. Hütt u. a. (Hrsg.), Unglücklich das Land, das Helden nötig hat, Marburg 1990, S. 28–47.
Jürgen Vietig: Die polnischen Grunwaldfeiern der Jahre 1902 und 1910, in: Germania Slavica II, Berlin 1981, S. 237–262.

Wolfgang Wippermann, Der Ordensstaat als Ideologie. Das Bild des deutschen Ordens in der deutschen Geschichtsschreibung und Publizistik, Berlin 1979.

Pierre Ayçoberry
Der Bolschewik

Anmerkungen
1 F. Arnold (Hrsg.), Anschläge. Deutsche Plakate als Dokumente der Zeit 1900–1960, Ebenhausen bei München 1963, Abb. II/6.
2 Ebd., Abb. IV/6.
3 Deutsches Historisches Museum (Hrsg.), Kunst – Kommerz – Visionen. Deutsche Plakate 1888–1933, Berlin 1992, S. 230.
4 Arnold, Anschläge (wie Anm. 1), Abb. IV/23; Gerhard Paul, Aufstand der Bilder. Die national-sozialistische Propaganda vor 1933, Bonn ²1992, Abb. 79.
5 Z. A. B. Zeman, Nazi Propaganda, London 1964, S. 82.
6 Gisold Lammel, Deutsche Karikaturen. Vom Mittelalter bis heute, Stuttgart/Weimar 1995, S. 223.
7 Arnold, Anschläge (wie Anm. 1), Abb. VI/6.
8 Alfred Rosenberg, Pest in Rußland, 1922, zit. n. Manfred Weißbecker, ‹Wenn hier Deutsche wohnten›. Beharrung und Veränderung im Rußlandbild Hitlers und der NSDAP, in: Hans-Erich Volkmann (Hrsg.), Das Rußlandbild im 3. Reich, Köln u. a. 1994, S. 16.
9 Ian Kershaw, Hitler, Bd. I, 1889–1936, London 1998, S. 104.
10 Adolf Hitler, Mein Kampf, Bd. II, Kap. XIV.
11 Rainer Zitelmann, Hitler. Selbstverständnis eines Revolutionärs, Stuttgart ³1990, S. 467–470; Paul, Aufstand der Bilder (wie Anm. 4), S. 234 ff.
12 Serge Berstein/Jean-Jacques Becker, Histoire de l'anticommunisme en France, Bd. 1: 1917–1940, Paris 1987, S. 36, S. 117 f., S. 147–158, S. 386 f.
13 Rede Himmlers 1935, zit. n. Ernst Nolte, Der Faschismus in seiner Epoche, München 1963, S. 475 f.; Rede Himmlers 1942, zitiert n. Ron Rosenbaum, Why Hitler?, New York 1998 (Zitat nach der französischen Ausgabe Pourquoi Hitler? Enquête sur l'origine du mal, Paris 1998, S. 305).
14 Jürgen Matthäus, Ausbildungsziel Judenmord? Zum Stellenwert der ‹weltanschaulichen Erziehung› von SS und Polizei im Rahmen der ‹Endlösung›, in: Zeitschrift für Geschichtswissenschaft 8 (1999), S. 677–699, Zitat S. 690.
15 Jürgen Förster, Zum Rußlandbild des Militärs 1941–1945, in: Volkmann (Hrsg.), Das Rußlandbild im 3. Reich (wie Anm. 8), S. 141–163; Reinhard Otto, Die Zusammenarbeit von Wehrmacht und Stapo bei der ‹Aussonderung› sowjetischer Kriegsgefangener, in: Rolf Dieter Müller/Hans-Erich Volkmann (Hrsg.), Die Wehrmacht. Mythos und Realität, München 1999, S. 754–781; Heinrich Schwendemann, Strategie der Selbstvernichtung. Die Wehrmachtführung im ‹Endkampf› um das ‹3. Reich›, in: ebd., S. 224–244; Joseph Goebbels, Tagebücher, Eintrag vom 9. 4. 1945.
16 Omer Bartov, Hitlers Wehrmacht. Soldaten, Fanatismus und die Brutalisierung des Krieges, Reinbek 1995, S. 163–266.
17 Klaus Latzel, Deutsche Soldaten – nationalsozialistischer Krieg? Kriegserlebnis – Kriegserfahrung 1939–1945, Paderborn u. a. 1998, S. 51–55, S. 151–295, S. 370; Ders., Wehrmachtsoldaten zwischen ‹Normalität› und NS-Ideologie, oder: Was sucht die Forschung in der Feldpost?, in: Müller/Volkmann (Hrsg.), Die Wehrmacht (wie Anm. 15), S. 573–581.
18 Thomas Schieder u. a. (Hrsg.), Dokumentation der Vertreibung der Deutschen aus Ost-

und Mitteleuropa, Bd. 1, Bonn o. J. (1953?), S. 60E-67E; Mathias Beer, Im Spannungsfeld von Politik und Zeitgeschichte. Das Großforschungsprojekt ‹Dokumentation der Vertreibung der Deutschen aus Ost- und Mitteleuropa›, in: Vierteljahreshefte für Zeitgeschichte (1998), S. 345-389.
19 Norman M. Naimark, The Russians in Germany. A History of the Soviet Zone of Occupation 1945-1949, Cambridge (Mass.) 1995, S. 69-140.
20 Lutz Niethammer, Juden und Russen im Gedächtnis der Deutschen, in: Walter H. Pehle (Hrsg.), Der historische Ort des Nationalsozialismus, Frankfurt/M. 1990, S. 114-134.
21 Hans-Peter Schwarz, Adenauer. Der Aufstieg 1876-1952, Stuttgart ³1986; Ders., Adenauer. Der Staatsmann 1952-1967, Stuttgart 1991; Volkmann (Hrsg.), Das Rußlandbild im 3. Reich (wie Anm. 8), S. 5; Förster, Zum Rußlandbild des Militärs (wie Anm. 15), S. 163; G. Camphausen, Das Rußlandbild in der deutschen Geschichtswissenschaft 1933-1945, in: ebd., S. 281f.
22 Volkmann (Hrsg.), Das Rußlandbild im 3. Reich (wie Anm. 8), S. 252ff.
23 Walter Hofmann, Stalinismus und Antikommunismus, Frankfurt/M. 1967, S. 131-167.

Literaturhinweise
Omar Bartov, Hitlers Wehrmacht. Soldaten, Fanatismus und die Brutalisierung des Krieges, Reinbek bei Hamburg 1995.
Louis Dupeux, «Nationalbolschewismus» in Deutschland 1919-1933. Kommunistische Strategie und konservative Dynamik, München 1985.
Patrick Major, The Death of the KPD. Communism and Anticommunism in West Germany 1945-1956, Oxford 1997.
Klaus Michael Mallmann, Kommunisten in der Weimarer Republik. Sozialgeschichte einer revolutionären Bewegung, Darmstadt 1996.
Norman M. Naimark, The Russians in Germany. A History of the Soviet Zone of Occupation 1945-1949, Cambridge, Mass. 1995.
Lutz Niethammer, Juden und Russen im Gedächtnis der Deutschen, in: Walter H. Pehle (Hrsg.), Der historische Ort des Nationalsozialismus, Frankfurt/M. 1990.
Hans-Erich Volkmann (Hrsg.), Das Rußlandbild im 3. Reich, Köln u. a. 1994.
Jürgen Zarusky, Die deutschen Sozialdemokraten und das sowjetische Modell. Ideologie, Auseinandersetzung und außenpolitische Konzeptionen 1917-1933, München 1992.

Friedrich Prinz
Der Weißwurstäquator

Literaturhinweise
Johann Christoph von Aretin, Literarisches Handbuch für die baierische Geschichte und alle ihre Zweige, I. Theil, 1. Heft, München 1810.
Ders., Allemannia, Bd. 2, Sulzbach 1815.
Alexander Demandt (Hrsg.), Deutschlands Grenzen in der Geschichte, München 1990.
Johannes Erichsen/Evamaria Brockhoff (Hrsg.), Bayern und Preußen – Bayerns Preußen. Schlaglichter auf eine historische Beziehung (Katalog zur Ausstellung in der Bayerischen Vertretung Berlin), Augsburg 1999.
Peter M. Lill/Ludwig Margraf, Mythos Weißwurst, München 1999.
Werner Pleister, Fontane und München, München 1962.
Friedrich Prinz, Die Geschichte Bayerns, München ²1999.
Max Spindler/Andreas Kraus (Hrsg.), Handbuch der bayerischen Geschichte, 2. u. 3. Aufl. München 1981-1997.
Karl Julius Weber, Reise durch Bayern, Stuttgart 1980.

Michael Werner
Heinrich Heine

Literaturhinweise
Theodor W. Adorno, Die Wunde Heine, in: Noten zur Literatur 1, Frankfurt/M. 1958, S. 144–152.
Eberhard Galley/Alfred Estermann (Hrsg.), Heinrich Heines Werk im Urteil seiner Zeitgenossen, Hamburg 1981 ff. [bisher 6 Bde.]
Jan-Christoph Hauschild/Michael Werner, «Der Zweck des Lebens ist das Leben selbst». Heinrich Heine, Biographie. Köln 1997.
Heinrich Heine. Streitbarer Humanist und volksverbundener Dichter. Internationale wissenschaftliche Konferenz Weimar 1972, Weimar 1973.
Jost Hermand, Streitobjekt Heine. Ein Forschungsbericht 1945–1975, Frankfurt/M. 1975.
Gerhard Höhn, Heine-Handbuch. Zeit, Person, Werk, Stuttgart ^{2}1997.
Karl Theodor Kleinknecht (Hrsg.), Heine in Deutschland, Dokumente seiner Rezeption 1834–1956, Tübingen 1976.
Karl Kraus, Heine und die Folgen, München 1911.
Dietrich Schubert, «Jetzt wohin?» Heinrich Heine in seinen verhinderten und errichteten Denkmälern, Köln u. a. 1999.
Michael Werner (Hrsg.), Begegnungen mit Heine. Berichte der Zeitgenossen, 2 Bde., Hamburg 1973.
Manfred Windfuhr (Hrsg.), Internationaler Heine-Kongreß 1972. Referate und Diskussionen, Hamburg 1973.

Steven E. Aschheim
Nietzsche

Anmerkungen
1 Sprüche und Pfeile, Nr. 26, in: Friedrich Nietzsche, Werke, Bd. VI. 3, Berlin 1969, S. 57.
2 Thomas Mann, Betrachtungen eines Unpolitischen, in: Gesammelte Werke, Bd. 12, Frankfurt/M. 1974, S. 25.
3 Gerhard Hilbert, Moderne Willensziele, Leipzig 1911, S. 19.
4 Albert Kalthoff, Zarathustrapredigten: Reden über die sittliche Lebensauffassung Friedrich Nietzsches, Leipzig 1904, S. 4.
5 Ernst Bertram, Nietzsche, Berlin 1919, S. 5.
6 Warum ich so gute Bücher schreibe, Ecce homo, in: Werke, Bd. VI. 3, S. 299.
7 Brief an Overbeck vom 24. März 1887, in: Briefwechsel. Kritische Gesamtausgabe, hrsg. v. G. Colli und M. Montinari, Bd. III. 5 (1887–1889), Berlin/New York 1984.
8 Kurt Eisner, Friedrich Nietzsche und die Apostel der Zukunft. Beiträge zur modernen Psychopathia Spiritualis, Leipzig 1892, S. 9.
9 Heinrich Rickert, Die Philosophie des Lebens. Zit. n. Richard Frank Krummel, Nietzsche und der deutsche Geist, 2 Bde., Berlin/New York 1974/83, Bd. 2, S. 414.
10 Oswald Spengler, Nietzsche und sein Jahrhundert (Rede gehalten am 15. Oktober 1924, dem 80. Geburtstage Nietzsches, im Nietzsche-Archiv zu Weimar), in: Reden und Aufsätze, München 1937, S. 110–124, Zitat S. 123 f.
11 Rudolf Pannwitz, Einführung in Nietzsche, München 1920, S. 1.
12 Thomas Mann, Betrachtungen eines Unpolitischen, in: Gesammelte Werke, Bd. 14, Frankfurt/M. 1983, S. 146.
13 Karl Löwith, Mein Leben in Deutschland vor und nach 1933: Ein Bericht, Stuttgart 1986, S. 6.

14 Georg Simmel, Friedrich Nietzsche: Eine moralphilosophische Silhouette, in: Zeitschrift für Philosophie und philosophische Kritik 2 (1896), S. 202–215.
15 Kurt Breysig, Gedenkrede an Friedrich Nietzsches Bahre, in: Die Zukunft 32 (8. 9. 1900), S. 413 f.
16 Harry Graf Kessler, Tagebücher 1918–1937, Frankfurt/M. 1961, S. 682.
17 Karl Joel, Nietzsche und die Romantik, Jena/Leipzig 1905, S. 68.
18 Paul Julius Moebius, Über das Pathologische bei Nietzsche, Wiesbaden 1902.
19 Hermann Türck, Friedrich Nietzsche und seine philosophischen Irrwege, Dresden 1891, S. 7.
20 Joel, Nietzsche und die Romantik (wie Anm. 17), S. 327.
21 Zit. n. Colin Wilson, Rudolf Steiner, The Man and his Vision: An Introduction to the Life and Ideas of the Founder of Anthroposophy, Wellingborough 1985, S. 87 f.
22 «O dass es mir gelingen möchte, mein Leben umzugestalten, um ein Pfeil zum Übermenschen zu werden», in: Georg Heym, Dichtungen und Schriften, hrsg. v. K. L. Schneider, Bd. 3, Hamburg 1960, S. 44 ff.
23 August Horneffer, Nietzsches Todestag, in: Die Tat 2 (1910/11), S. 356–360.
24 Friedrich Nietzsche, Jenseits von Gut und Böse, in: *Werke*, Bd. VI. 2, S. 205.
25 Werke, Bd. V. 2, Nr. 92, S. 124.
26 Werke, Bd. VI. 1, S. 55.
27 Rektor P. Hoche, Nietzsche und der deutsche Kampf, in: Zeitung für Literatur, Kunst und Wissenschaft 39, Nr. 6 (12. 3. 1916).
28 Richard Gröper, Nietzsche und der Krieg, in: Die Tat 8 (1916–1917), S. 25.
29 Ruthhardt Schuhmann, Der Nietzsche-Kult und der Krieg, in: Bühne und Welt 17 (1915), S. 354.
30 Armin Mohler, Die konservative Revolution in Deutschland 1918–1932: Ein Handbuch, Darmstadt 1972, S. 29, S. 87.
31 Friedrich Hielscher, Das Reich, Berlin 1931, S. 200.
32 Heinrich Härtle, Nietzsche und der Nationalsozialismus, München 1937, S. 6.
33 Hans Kern, Nietzsche und die deutsche Revolution, in: Rhythmus: Monatsschrift für Bewegungslehre 12 (1934), S. 146.
34 Uriel Tal, Christians and Jews in Germany: Religion, Politics, and Ideology in the Second Reich, 1870–1918, Ithaca 1973, S. 5.
35 Kurt Rudolf Fischer, Nazism as a Nietzschean Experiment, in: Nietzsche-Studien 6 (1977), S. 121.
36 Marc Augier, Götterdämmerung. Wende und Ende einer großen Zeit, Buenos Aires 1950, S. 79 ff.
37 Jürgen Habermas, Zu Nietzsches Erkenntnistheorie, in: Ders., Kultur und Kritik, Frankfurt/M. 1973, S. 239–241.

Literaturverzeichnis
Steven Aschheim, Nietzsche und die Deutschen. Karriere eines Kults, Stuttgart ²2000.
Werner Hamacher (Hrsg.), Nietzsche aus Frankreich, Frankfurt/Berlin 1986.
Richard Frank Krummel, Nietzsche und der deutsche Geist, 2 Bde., Berlin/New York, 1974 und 1983.
Bernhard H. F. Taureck, Nietzsche und der Faschismus, Eine Studie über Nietzsches politische Philosophie und ihre Folgen, Hamburg 1989.
Werner Ross, Der ängstliche Adler. Friedrich Nietzsches Leben, Stuttgart 1980.
Rüdiger Safranski, Nietzsche. Biographie seines Denkens, München/Wien 2000.

Heinz Reif
Die Junker

Anmerkungen
1. Eine Encyklopädie der Wissenschaften und Künste in alphabetischer Folge, hrsg. v. J. S. Ersch und J. G. Gruber, Leipzig 1852, Art. Junker, S. 131.
2. Magnus von Braun, Von Ostpreußen nach Texas. Erlebnisse und zeitgeschichtliche Betrachtungen eines Ostdeutschen, Stollhamm 1955, S. 84.
3. Encyclopaedia Americana, Bd. 16, New York 1958, Art. Junker.
4. Freiherr vom Stein, Briefe und amtliche Schriften, bearb. v. E. Botzenhart, Bd. 3, Stuttgart 1961, S. 567f., Brief vom 17. August 1811.
5. Vgl. Georg Büchmann, Geflügelte Worte, Berlin ^{32}1972, S. 704f.; Jacob Venedey, Preussen und Preussenthum, Mannheim 1839. Ich danke Hartwin Spenkuch für diese und andere Quellenhinweise.
6. Hugo Preuß, Die Junkerfrage, Berlin 1897, S. 3–7, 42, 69, 95 und 105–107.
7. Frederick Martin, The Junker Menace, New York 1945, S. 23.
8. Alexander Gerschenkron, Bread and Democracy in Germany, Berkeley 1943.
9. Demokratische Bodenreform. Wilhelm Pieck und Edwin Hörnle auf der Großkundgebung im Berliner Admiralspalast am 19. 9. 1945, o. O., o. J., S. 5, 11 und 20f.
10. Albert Norden, Lehren deutscher Geschichte. Zur politischen Rolle des Finanzkapitals und der Junker, Berlin 1947, S. 261.
11. Hans Rosenberg, Rückblick auf ein Historikerleben zwischen zwei Kulturen, in: ders., Machteliten und Wirtschaftskonjunkturen, Göttingen 1978, S. 19.
12. Braun, Von Ostpreußen nach Texas (wie Anm. 2), S. 84.
13. Franz Wigard (Hrsg.), Stenographischer Bericht über die Verhandlungen der deutschen constituierenden Nationalversammlung zu Frankfurt am Main, Bd. 2, Frankfurt/M. 1848 (Sitzung vom 1. 8. 1848).
14. Zit. n. Johannes Rogalla von Bieberstein, Preußen als Deutschlands Schicksal, München 1981, S. 95.
15. Heinrich Baumgarten, Der deutsche Liberalismus. Eine Selbstkritik (1866), hrsg. v. A. M. Birke, Frankfurt/M. 1974, S. 45.
16. Chlodwig Fürst zu Hohenlohe, Denkwürdigkeiten in der Reichskanzlerzeit, Stuttgart 1931, S. 474 (Eintragung vom 15. 12. 1898).
17. Zit. n. Jürgen Mirow, Das alte Preußen im deutschen Geschichtsbild seit der Reichsgründung, Berlin 1981, S. 53.
18. Otto Hintze, Die Hohenzollern und der Adel, in: Historische Zeitschrift 112 (1914), S. 494, 518 und 523f.
19. Elard von Oldenburg-Januschau, Erinnerungen, Leipzig 1936, S. 200.
20. Ulrich Moritz, Ernst von Wildenbruch, Weimar 1995, S. 38.
21. Kenneth Attwood, Fontane und das Preußentum, Berlin 1970, S. 147.
22. Ebd., S. 201.
23. Theodor Fontane, Briefe an Georg Friedlaender, Frankfurt/M. 1994 (v. a. Briefe vom 14. 5. 1894, 6. 5. 1895 und 2. 11. 1896).
24. Walter Görlitz, Die Junker. Adel und Bauern im deutschen Osten, Glücksburg 1956, S. Xf.
25. Albrecht Lehmann, «Grafenerzählungen». Gehobene Heimat- und Erinnerungsprosa für Bürger von heute, in: Carola Lipp (Hrsg.), Medien populärer Kultur, Frankfurt/M. 1995, S. 60–69.
26. Die Zeit, 3. 11. 1995, S. 15.
27. Wolf Jobst Siedler, Wanderungen zwischen Oder und Nirgendwo. Das Land der Vorfahren mit der Seele suchend, Berlin 1993, S. 74.

Literaturhinweise
Francis C. Carsten, Geschichte der preußischen Junker, Frankfurt/M. 1992.
Elisabeth Fehrenbach, Adel und Bürgertum in Deutschland 1770–1848, München 1994.
Marcus Funck/Stephan Malinowski, Masters of Memory. The Strategic Use of Autobiographical Memory by the German Nobility, in: Alan Confino/Peter Fritzsche (Hrsg.), Modern Pasts. The Social Practices of Memory in Germany, Urbana (i. E.).
Klaus Hess, Junker und bürgerliche Großgrundbesitzer im Kaiserreich. Landwirtschaftlicher Großbetrieb, Großgrundbesitz und Familienfideikommiss in Preußen (1867/71–1914), Stuttgart 1990.
Heinz Reif, Adel im 19. und 20. Jahrhundert, München 1999.

Martin Schulze Wessel
Rapallo

Anmerkungen
1 Asecretis, Der Rapallo-Vertrag, in: Europäische Gespräche. Monatshefte für Auswärtige Politik 1 (1923), S. 23–38, hier S. 32.
2 Josef Wirth am 9. 6. 1922 in Stuttgart, in: Josef Wirth/Walter Rathenau, Stuttgarter Reden, Berlin 1922, S. 11.
3 Werner Freiherr von Rheinbaben, Von Versailles zur Freiheit. Weg und Ziel der deutschen Außenpolitik, Hamburg 1925, S. 132.
4 Rede von Reichskanzler Josef Wirth vor dem Reichstag am 29. 5. 1922, in: Josef Wirth, Reden während der Kanzlerschaft, Berlin 1925, S. 347; Wipert von Bluecher, Deutschlands Weg nach Rapallo. Erinnerungen eines Mannes aus dem zweiten Glied, Wiesbaden 1951, S. 163.
5 Friedrich von Rabenau, Seeckt. Aus seinem Leben, Leipzig 1940, Bd. 2, S. 313.
6 Wilhelm Pieck, Begrüßungsansprache auf dem 3. Parteitag der KPC in Prag im September 1925. Siehe Wilhelm Pieck, Einheitsfront in den Gewerkschaften und Betrieben, in: Ders.: Gesammelte Reden und Schriften, Bd. 3, Berlin 1961, S. 121 f.
7 Ernst Thälmann, Gegen den Vertrag von Locarno, in: Ders., Reden und Aufsätze zur Geschichte der deutschen Arbeiterbewegung, Bd. 1, Berlin 1958, S. 303.
8 Walter Stoecker vor dem Auswärtigen Ausschuß des Reichtages, in: Rote Fahne, 27. 4. 1926, zit. n. Alfred Anderle, Die deutsche Rapallo-Politik, Berlin (Ost) 1962, S. 195.
9 So der SPD-Abgeordnete Breitscheid in einer Sitzung des Auswärtigen Ausschusses des Reichstags am 28. 5. 1922.
10 Kölnische Zeitung, 15. 4. 1932.
11 Paul Scheffer, Der Vertrag von Rapallo, in: Berliner Tageblatt, 18. 4. 1922, zit. n. ders., Augenzeuge im Staate Lenins. Ein Korrespondent berichtet aus Moskau 1921–1930. Mit einer Einleitung von Margret Boveri, München 1972, S. 120–125.
12 Paul Scheffer, in: Berliner Tageblatt, Februar 1930, zit. n. ebd., S. 427 f.
13 Z., 10 Jahre Rapallo-Vertrag, in: Berliner Tageblatt, 16. 4. 1932.
14 Wilhelm Hennis, Das wahre Gesicht des Rapallo-Vertrages, in: Konservative Monatsschrift 79 (1922), S. 521–526, hier S. 524.
15 Völkischer Beobachter, 22. 4. 1922 und 29. 4. 1922.
16 Völkischer Beobachter, 28. 6. 1922.
17 Viscount d'Abernon, Ein Botschafter der Zeitenwende. Memoiren, Bd. 3, Leipzig 1930, S. 295.
18 Martin Broszat, 200 Jahre deutscher Polenpolitik, Frankfurt/M. 1972; Klaus Zernack, Polen und Rußland. Zwei Wege in der europäischen Geschichte, Berlin 1994.
19 Paul Scheffer, Die Lehren von Rapallo, in: Merkur 7 (1953), S. 372–392, hier S. 383.

20 Ebd., S. 384.
21 W. Freiherr von Rheinbaben, Von Versailles zur Freiheit, Hamburg 1927, S. 132.
22 Gustav Stresemann, Vermächtnis, Bd. 2, Berlin 1932, S. 539f.
23 Ebd.
24 Herbert von Dirksen, Moskau – Tokio – London. Erinnerungen und Betrachtungen zu 20 Jahren deutscher Außenpolitik 1919–1939, Stuttgart 1949, S. 60f.
25 Ebd., S. 61.
26 Ebd., S. 86.
27 Stresemanns Rede in: Stenographische Berichte der Verhandlungen des Reichstags, Bd. 354, S. 6648.
28 Theodor Schieder, Die Probleme des Rapallo-Vertrages. Eine Studie über die deutsch-russischen Beziehungen 1922 bis 1926, Köln 1956, S. 83.
29 Zit. n. Anderle, Die deutsche Rapallo-Politik (wie Anm. 8), S. 142.
30 Dirksen, Moskau – Tokio – London (wie Anm. 24), S. 75.
31 Ebd., S. 78.
32 Ebd.
33 Mariam Wojciechowski, Die deutsch-polnischen Beziehungen 1933–1938, Leiden 1971, S. 201 und 245.
34 Ebd., S. 322.
35 Ingeborg Fleischhacker, Der Pakt. Hitler, Stalin und die Initiative der deutschen Diplomatie 1938–1939, Berlin 1990, S. 47 und 91.
36 Heinrich Graf von Einsiedel, Tagebuch einer Versuchung 1942 bis 1950, Frankfurt/M. 1985, S. 144.
37 Margret Boveri, Rapallo: Geheimnis – Wunschtraum – Gespenst, in: Merkur 55 (1952), S. 872–888.
38 Anderle, Die deutsche Rapallo-Politik (wie Anm. 8), S. 225.
39 Rede Bundeskanzler Konrad Adenauers im Auswärtigen Ausschuß des Deutschen Bundestages am 3.9.1952, in: Der Auswärtige Ausschuß des Deutschen Bundestages. Sitzungsprotokolle 1949–1953, Zweiter Halbband (Juni 1952 bis August 1953), bearb. v. Wolfgang Hölscher, 93. Sitzung.
40 Jens Daniel (Pseudonym für Rudolf Augstein), Deutschland ein Rheinbund?, Darmstadt 1953.
41 Hermann Rauschning, Die deutsche Einheit und der Weltfriede, Hamburg 1955, S. 69.
42 Paul Sethe, Zwischen Bonn und Moskau, Frankfurt/M. 1956, S. 43.
43 Der Auswärtige Ausschuß des Deutschen Bundestages. Sitzungsprotokolle 1949–1953, bearb. v. Wolfgang Hölscher, Erster Halbband (Oktober 1949 bis Mai 1952), 17. Sitzung vom 9.5.1950, S. 77, Anm. 12.
44 Margret Boveri, Rapallo: Geheimnis – Wunschtraum – Gespenst (wie Anm. 37), S. 878
45 Ebd., S. 888.
46 Paul Scheffer, Die Lehren von Rapallo (wie Anm. 19), S. 388.
47 Bulletin der Bundesregierung vom 30.9.1964, Nr. 147, S. 1358.
48 Interview von Außenminister Scheel im ZDF am 12.9.1971 zur Reise Bundeskanzler Willy Brandts in die Sowjetunion, in: Bulletin der Bundesregierung vom 21.9.1971, Nr. 136, S. 1470f.
49 Immanuel Birnbaum, Der Affront der Besiegten, in: Süddeutsche Zeitung, 15./16.4 1972, S. 11.
50 Moskau beschwört den Vertrag von Rapallo, in: Frankfurter Allgemeine Zeitung, 17.4.1972.
51 Walter Görlitz, Der Vertrag von Rapallo – Ostpolitik ganz anderer Art, in: Die Welt, 14.4.1972.
52 Ulrike Hörster-Philipps u. a. (Hrsg.), Rapallo – Modell für Europa? Friedliche Koexistenz und internationale Sicherheit heute, Köln 1987.

Anmerkungen und Literaturhinweise 711

53 Alfons Siegel, Nachdenken über «Rapallo» als Impuls globaler Friedensgestaltung für heute. Von friedlicher Koexistenz und den Chancen der Entfeindung, in: ebd., S. 23–31, hier S. 26.
54 Hermann Gautier, Zwei Jubiläen, in: ebd., S. 36–40, hier S. 37.
55 Ulrich Briefs, Nachdenken über «Rapallo» – ein neues Denken muß her, in: ebd., S. 314–319, hier S. 318.
56 Annette Kuhn, Rapallo, die historische Erinnerung und die Zukunft, in: ebd., S. 337–345.
57 70 Jahre nach dem Vertrag von Rapallo. Die Zusammenarbeit zwischen der Sowjetunion und Deutschland als Beispiel für friedliche Koexistenz, hrsg. v. Hans-Adolf Jacobsen und Konstantin Schepetow, Mühlheim/Ruhr 1992.

Literaturhinweise
Cyril Buffet, Rapallo. Sirens and Phantoms, in: Haunted by History: Myths in International Relations, hrsg. v. Cyril Buffet und Beatrice Heuser, Providence 1998, S. 235–258.
Renata Fritsch-Bournazel, Rapallo. Ein französisches Trauma, Köln 1976.
Hermann Graml, Die Rapallo-Politik im Urteil der westdeutschen Forschung, in: VfZ 18 (1970), S. 366–392.
Horst G. Linke, Der Weg nach Rapallo. Strategie und Taktik der deutschen und sowjetischen Außenpolitik, in: HZ 264 (1997), S. 55–109.
Martin Schulze Wessel, Rußlands Blick auf Preußen. Die polnische Frage in der Diplomatie und der politischen Öffentlichkeit des Zarenreichs und des Sowjetstaates 1697–1947, Stuttgart 1995.
Klaus Zernack, Polen und Rußland. Zwei Wege in der europäischen Geschichte, Berlin 1994.

Edgar Wolfrum
Die Mauer

Anmerkungen
1 Neues Deutschland, 14. 8. 1961.
2 Zit. n. Jürgen Rühle/Gunther Holzweissig, 13. August 1961. Die Mauer von Berlin, Köln 1981, S. 71.
3 Frankfurter Allgemeine Zeitung, 25. 6. 1963.
4 Die Welt, 12. 9. 1963.
5 Einzelnachweise der folgenden Zitate bei Edgar Wolfrum, Geschichtspolitik in der Bundesrepublik Deutschland. Der Weg zur bundesrepublikanischen Erinnerung 1948–1990, Darmstadt 1999, S. 178f.
6 Westdeutscher Rundfunk, 12. 8. 1962, 19. 30 Uhr, «Was können wir gegen die Mauer tun?». Manuskript im Pressearchiv des Otto-Suhr-Instituts der Freien Universität Berlin.
7 Le Monde, 13. 8. 1966.
8 Zu diesem Schlagwort und zu den Schlüsselbegriffen, die nachfolgend zitiert werden, Peter Bender, Die «Neue Ostpolitik» und ihre Folgen. Vom Mauerbau bis zur Vereinigung, München 1995, S. 129ff.
9 Die Zeit, 13. 8. 1971.
10 So Axel Springer in Die Welt, 13. 8. 1976.
11 Der Spiegel, 12. 8. 1982.
12 Zeitzeugenbericht eines Grenzsoldaten im Berlin-Stadtführer «Die Mauer entlang. Auf den Spuren der verschwundenen Grenze», Berlin 1996, S. 106.

13 Neues Deutschland, 13. 8. 1964.
14 So das ostdeutsche Gewerkschaftsblatt Tribüne, 10. 8. 1966.
15 Neues Deutschland, 13. 8. 1969.
16 Neues Deutschland, 14. 7. 1981.
17 Ein Exemplar dieses «Merkblatts für Berlin-Besucher» und weitere ähnliche Merkblätter befinden sich im Pressearchiv des Otto-Suhr-Instituts der Freien Universität Berlin.
18 Frankfurter Allgemeine Zeitung, 13. 6. 1987.
19 Süddeutsche Zeitung, 17. 8. 1987.
20 Zit. n. Süddeutsche Zeitung, 29. 6. 1999.

Literaturhinweise
Jürgen Rühle/Gunther Holzweissig, 13. August 1961. Die Mauer von Berlin, Köln 1981.
Peter Bender, Die «Neue Ostpolitik» und ihre Folgen. Vom Mauerbau bis zur Vereinigung, München 1995.
Soehnke Streckel, Die Berliner Mauer, Essen 1992.
Michael Haupt, Die Berliner Mauer. Vorgeschichte, Bau, Folgen. Literaturbericht und Bibliographie zum 20. Jahrestag des 13. August 1961, München 1981.

Hartmut Lehmann
Der Pietismus

Literaturhinweise
Geschichte des Pietismus. Bd. 1: Der Pietismus vom 17. bis zum frühen 18. Jahrhundert, hrsg. v. Martin Brecht, Göttingen 1993; Bd. 2: Der Pietismus im 18. Jahrhundert, hrsg. v. Martin Brecht und Klaus Deppermann, Göttingen 1995; Bd. 3: Der Pietismus im 19. und 20. Jahrhundert, hrsg. v. Ulrich Gäbler (im Druck); Bd. 4: Glaubenswelt und Lebenswelten des Pietismus, hrsg. v. Hartmut Lehmann (in Vorbereitung).
Ulrich Gäbler/Peter Schram (Hrsg.), Erweckung am Beginn des 19. Jahrhunderts, Amsterdam 1986.
Carl Hinrichs, Preußentum und Pietismus. Der Pietismus in Brandenburg-Preußen als religiös-soziale Reformbewegung, Göttingen 1972.
William R. Hutchison/Hartmut Lehmann (Hrsg.), Many are Chosen: Divine Election and Western Nationalism, Minneapolis 1994.
Hartmut Lehmann, Pietismus und weltliche Ordnung in Württemberg vom 17. bis zum 20. Jahrhundert, Stuttgart 1969.
Hartmut Lehmann, Religion und Religiösität in der Neuzeit. Historische Beiträge, hrsg. v. Manfred Jakubowski-Tiessen und Otto Ulbricht, Göttingen 1996.
Jörg Ohlemacher, Das Reich Gottes in Deutschland bauen, Göttingen 1986.
Johannes Wallmann, Philipp Jakob Spener und die Anfänge des Pietismus, Tübingen ²1986.

Gerd Krumeich
Die Dolchstoß-Legende

Anmerkungen
1 Jeffrey Verhey, Der «Geist von 1914» und die Erfindung der Volksgemeinschaft, Hamburg 2000.
2 Bernd W. Seiler, «Dolchstoß» und «Dolchstoßlegende», in: Zeitschrift für Deutsche Sprache 22 (1966), S. 1–20, die Beispiele S. 19.

3 Ebd.
4 Ebd.
5 Zit. n. Wilhelm Deist, Der militärische Zusammenbruch des Kaiserreichs. Zur Realität der «Dolchstoß-Legende», in: Ursula Büttner (Hrsg.), Das Unrechtsregime, Bd. 1, Hamburg 1986, S. 101–127, hier S. 121.
6 Joachim Petzold, Die Dolchstoßlegende. Eine Geschichtsfälschung im Dienst des deutschen Imperialismus und Militarismus, Berlin 1963, S. 15.
7 Ebd., S. 20.
8 Friedrich Frh. Hiller von Gaertringen, «Dolchstoß»-Diskussion und «Dolchstoß-Legende» im Wandel von vier Jahrzehnten, in: Geschichte und Gegenwartsbewußtsein, Festschrift für Hans Rothfels, Göttingen 1963, S. 122–160, hier S. 131 f.
9 Zit. n. ebd., S. 131.
10 Amtliche Kriegs-Depeschen, 8. Bd.: 1. Juni 1918 bis 12. November 1918, Berlin o. J., S. 2977 f.
11 Hiller von Gaertringen, «Dolchstoß»-Diskussion und «Dolchstoß-Legende» im Wandel von vier Jahrzehnten (wie Anm. 8), S. 127.
12 Zit. n. ebd., S. 137.
13 Zit. n. Petzold, Die Dolchstoßlegende (wie Anm. 6), S. 46.
14 Paul von Hindenburg, Aus meinem Leben, Leipzig 1920, S. 403.
15 Ebd., S. 401.
16 Zit. n. Seiler, «Dolchstoß» und «Dolchstoßlegende» (wie Anm. 2), S. 9.
17 Ebd., S. 13.
18 Gutachten Kuhl, in: Die Ursachen des deutschen Zusammenbruchs im Jahre 1918, 4. Reihe, Bd. 6, Berlin 1928, S. 5 ff.
19 Ebd., S. 24.
20 Ebd., S. 26.
21 Ebd., S. 71.
22 Ebd., S. 249–306.
23 Ebd., S. 305.
24 Der Dolchstoß, Süddeutsche Monatshefte H. 7, April 1924; Die Auswirkungen des Dolchstoßes, Süddeutsche Monatshefte, H. 8, Mai 1924.
25 Irmtraud Permoser, Der Dolchstoßprozeß in München 1925, in: Zeitschrift für bayerische Landesgeschichte 59 (1996), S. 903–926, hier S. 918.
26 Zit. n. Hiller von Gaertringen, «Dolchstoß»-Diskussion und «Dolchstoß-Legende» im Wandel von vier Jahrzehnten (wie Anm. 8), S. 142.
27 Seiler, «Dolchstoß» und «Dolchstoßlegende» (wie Anm. 2), S. 19.

Literaturhinweise

Wilhelm Deist, Der militärische Zusammenbruch des Kaiserreichs. Zur Realität der «Dolchstoßlegende», in: Ursula Büttner (Hrsg.), Das Unrechtsregime, Bd. 1, Hamburg 1986, S. 101–127.
Gerhard Hirschfeld u. a. (Hrsg.), Kriegserfahrungen. Studien zur Sozial- und Mentalitätsgeschichte des Ersten Weltkriegs, Essen 1997.
Friedrich Frhr. Hiller von Gaertringen, «Dolchstoß»-Diskussion und «Dolchstoß-Legende» im Wandel von vier Jahrzehnten, in: Geschichte und Gegenwartsbewußtsein, Festschrift für Hans Rothfels, hrsg. v. Waldemar Besson und Fr. Frhr. v. Gaertringen, Göttingen 1963, S. 122–160.
Christoph Jahr, Gewöhnliche Soldaten. Desertion und Deserteure im deutschen und britischen Heer, 1914–1918, Göttingen 1998.
John A. Moses, Die Wirkung der Dolchstoßlegende im deutschen Geschichtsbewußtsein, in: Bernd Hüppauf (Hrsg.), Ansichten vom Krieg, Frankfurt/M. 1984, S. 241–256.

Joachim Petzold, Die Dolchstoßlegende. Eine Geschichtsfälschung im Dienst des deutschen Imperialismus und Militarismus, Berlin 1963.
Bernd W. Seiler, «Dolchstoß» und «Dolchstoßlegende», in: Zeitschrift für Deutsche Sprache 22 (1966), S. 1–20.
Jeffrey Verhey, Der «Geist von 1914» und die Erfindung der Volksgemeinschaft, Hamburg 2000.

Peter Reichel
Auschwitz

Anmerkungen
1 Martin Gilbert, Auschwitz und die Alliierten, München 1982, S. 71.
2 Zit. n. Lothar Kettenacker, Die Behandlung der Kriegsverbrecher als anglo-amerikanisches Rechtsproblem, in: Gerd R. Ueberschär (Hrsg.), Der Nationalsozialismus vor Gericht. Die alliierten Prozesse gegen Kriegsverbrecher und Soldaten 1943–1952, Frankfurt/M. 1999, S. 20.
3 Jean-Charles Szurek, Das Museum des Lagers Auschwitz, in: Annette Leo (Hrsg.), Die wiedergefundene Erinnerung. Verdrängte Geschichte in Osteuropa, Berlin 1992, S. 239–264.
4 Verhandlungen des Deutschen Bundestages. Stenographische Berichte, 12. Wahlperiode, 120. Sitzg., 12. 11. 1992, S. 10171.
5 Peter Steinbach, Nationalsozialistische Gewaltverbrechen. Die Diskussion in der deutschen Öffentlichkeit nach 1945, Berlin 1981, S. 91.
6 Karl Dietrich Erdmann, Die Zeit der Weltkriege, Stuttgart 1976, S. 645.
7 Robert W. Kempner, Ankläger einer Epoche. Lebenserinnerungen, Frankfurt/M. 1983, S. 223.
8 Zit. n. Adalbert Rückerl, NS-Verbrechen vor Gericht. Versuch einer Vergangenheitsbewältigung, Heidelberg 1982, S. 114.
9 Joseph Borkin, Die unheilige Allianz der I. G. Farben. Eine Interessengemeinschaft im Dritten Reich, Frankfurt/M. 1979, S. 139.
10 Zit. n. Joachim Perels, Verpaßte Chancen. Zur Bedeutung der Nürnberger Nachfolgeprozesse vor dem Hintergrund der ungenügenden Strafverfolgung von NS-Tätern in der BRD, in: KZ-Gedenkstätte Neuengamme (Hrsg.), Die frühen Nachkriegsprozesse, Bremen 1997, S. 33.
11 Arnulf Kutsch, Einstellungen zum Nationalsozialismus in der Nachkriegszeit, in: Publizistik 40 (1995), S. 415–447.
12 Karl Jaspers, Hoffnung und Sorge. Schriften zur deutschen Politik, 1945–1965, München 1965, S. 32 u. 67ff.
13 Verhandlungen des Deutschen Bundestages, Stenographische Berichte, 1. Wahlperiode, 165. Sitzg., 27. 9. 1951, S. 6697f.
14 Zit. n. Angelika Timm, Hammer, Zirkel, Davidstern. Das gestörte Verhältnis der DDR zu Zionismus und Staat Israel, Bonn 1987, S. 137.
15 Zit. n. Hanno Loewy, Das gerettete Kind. Die ‹Universalisierung› der Anne Frank, in: Stephan Braese u. a. (Hrsg.), Deutsche Nachkriegsliteratur und der Holocaust, Frankfurt/M. 1998, S. 21.
16 Zit. n. Gerhard Werle/Thomas Wandres, Auschwitz vor Gericht. Völkermord und bundesdeutsche Strafjustiz, München 1965, S. 82.
17 Hannah Arendt, Nach Auschwitz. Essays und Kommentare, Berlin 1989, S. 81ff.
18 Zit. n. Werle/Wandres (Hrsg.), Auschwitz vor Gericht (wie Anm. 16), S. 217.
19 Gustave M. Gilbert, Nürnberger Tagebuch. Gespräche der Angeklagten mit dem Gerichtspsychologen, Frankfurt/M. 1962, S. 253.

20 Martin Broszat (Hrsg.), Kommandant in Auschwitz. Autobiographische Aufzeichnungen des Rudolf Höß, München 1994, S. 17 ff., 186 ff.
21 Werner Bergmann, Antisemitismus in öffentlichen Konflikten. Kollektives Lernen in der politischen Kultur der Bundesrepublik 1949–1989, Frankfurt/M. 1997, S. 269 ff.
22 Deutscher Bundestag (Hrsg.), Zur Verjährung nationalsozialistischer Verbrechen. Dokumentation der parlamentarischen Bewältigung des Problems 1960–1979, 3 Bde., Bonn 1980, Bd. 1, S. 160 f.
23 Ebd., Bd. 1, S. 214.
24 Ebd., Bd. 2, S. 517.
25 Hans-Peter Schwarz, Der Ort der Bundesrepublik in der deutschen Geschichte, Opladen 1996, S. 10.
26 Reinhart Koselleck, Zur politischen Ikonologie des gewaltsamen Todes. Ein deutschfranzösischer Vergleich, Basel 1998, S. 53.
27 Hanno Loewy, Sichtbares und Unsichtbares. Zur Topologie der Erinnerung, Frankfurt/M. 1993, S. 9.
28 Theodor W. Adorno, Aufzeichnungen zu Kafka, in: ders., Prismen. Kulturkritik und Gesellschaft, Berlin/Frankfurt 1955, S. 326.
29 Zit. n. Ute Schmidt, Die Christlich Demokratische Union Deutschlands, in: Richard Stöss (Hrsg.), Parteien-Handbuch, Deutschland, Opladen 1983, Bd. 1, S. 490–660 (533).
30 Imre Kertesz, Der Holocaust als Kultur, in: Sinn und Form 46 (1994), S. 560 ff.
31 Hannah Arendt/Karl Jaspers, Briefwechsel 1926–1969, München 1993, S. 90 f.
32 Dan Diner, Negative Symbiose. Deutsche und Juden nach Auschwitz, in: Ders. (Hrsg.), Ist der Nationalsozialismus Geschichte? Zu Historisierung und Historikerstreit, Frankfurt/M. 1987, S. 185 ff.
33 Hans Mommsen, Erfahrung, Aufarbeitung und Erinnerung des Holocaust in Deutschland, in: Hanno Loewy (Hrsg.), Holocaust: Die Grenzen des Verstehens. Eine Debatte über die Besetzung der Geschichte, Reinbek 1992, S. 93.

Literaturhinweise

Cornelia Brink, Ikonen der Vernichtung. Öffentlicher Gebrauch von Fotografien aus nationalsozialistischen Konzentrationslagern nach 1945, Berlin 1998.
Danuta Cech, Kalendarium der Ereignisse im Konzentrationslager Auschwitz-Birkenau. 1939–1945, Reinbek 1989.
Waclaw Dlugoborski/Franciszek Piper (Hrsg.), Auschwitz 1940–1945. Studien zur Geschichte des Konzentrations- und Vernichtungslagers Auschwitz, 5 Bde., Oswiecim 1999.
Detlef Hofmann (Hrsg.), Das Gedächtnis der Dinge. KZ-Relikte und KZ-Denkmäler 1945–1995, Frankfurt/New York 1998.
Institut für Zeitgeschichte (Hrsg.), Darstellungen und Quellen zur Geschichte von Auschwitz, 4 Bde., München 2000.
Hermann Langbein, Der Auschwitz-Prozeß. Eine Dokumentation, 2 Bde., Frankfurt/M. 1995.
Hanno Loewy (Hg.), Holocaust: Die Grenzen des Verstehens. Eine Debatte über die Besetzung der Geschichte, Reinbek 1992.
Christian Meier, Vierzig Jahre nach Auschwitz. Deutsche Geschichtserinnerung heute, München 1990.
Robert Jan van Pelt/Debora Dwork, Auschwitz. Von 1270 bis heute, Zürich 1998.
Peter Reichel, Politik mit der Erinnerung. Gedächtnisorte im Streit um die nationalsozialistische Vergangenheit, Frankfurt/M. 1999.
Enzo Traverso, Auschwitz denken. Die Intellektuellen und die Shoah, Hamburg 2000.
James E. Young, Beschreiben des Holocaust. Darstellung und Folgen der Interpretation, Frankfurt/M. 1992.

Klaus Neumann
Mahnmale

Anmerkungen

1 Zit. n. Barbara Thimm, Spuren des Nationalsozialismus in Hildesheim: Ein Stadtführer als Beitrag zur politischen Bildung, Diplomarbeit im Studiengang Kulturpädagogik an der Universität Hildesheim, 1993, S. 51.
2 Auszug aus dem Protokoll über die Sitzung der Stadtvertretung am 14. März 1947, Best. 103 Nr. 1, Stadtarchiv Hildesheim.
3 Hannoversche Neueste Nachrichten, 24. 2. 1948.
4 Zit. n. Volker Plagemann, «Vaterstadt, Vaterland ...»: Denkmäler in Hamburg, Hamburg 1986, S. 161.
5 Zit. n. Ute Wrocklage, Neuengamme, in: Detlef Hoffmann (Hrsg.), Das Gedächtnis der Dinge: KZ-Relikte und KZ-Denkmäler 1945–1995, Frankfurt/M. 1998, S. 186.
6 Zit. n. Detlef Garbe, Ein schwieriges Erbe: Hamburg und das ehemalige Konzentrationslager Neuengamme, in: Peter Reichel (Hrsg.), Das Gedächtnis der Stadt: Hamburg im Umgang mit seiner nationalsozialistischen Vergangenheit, Hamburg 1997, S. 116.
7 Mijndert Bertram, April 1945: Der Luftangriff auf Celle und das Schicksal der KZ-Häftlinge aus Drütte, Celle 1989, S. 16 f.
8 Schreiben des Rates der Stadt Celle an den Regierungspräsidenten Lüneburg vom 31. März 1947, Nds. Lüneburg, Acc. 46/79, Nr. 9, Niedersächsisches Hauptstaatsarchiv Hannover.
9 Wiesbadener Kurier, 22. 8. 1953.
10 Redenotizen Drexelius in Oberschulbehörde (361–2) VI Abl. 1986, 1:1, Unterakte Bullenhuser Damm, 9: Verschiedenes, Staatsarchiv Hamburg.
11 Der Leitende Oberstaatsanwalt beim Landgericht Hamburg, Ermittlungsverfahren gegen Arnold Strippel, 30. 6. 1967, 147 Js 45/67.
12 Landesschulrat Matthewes an Arbeitsgemeinschaft Neuengamme, 11. Mai 1959, Ordner Nr. 13, Sammlung Günther Schwarberg, Archiv der Gedenkstätte Neuengamme.
13 Zit. n. Hildesheimer Allgemeine Zeitung, 10. 2. 1986.
14 Rede zur Übergabe von Dr. Hermann Siemer, in: Hermann Siemer, Hoffnung voll Unsterblichkeit: Das Mahnmal für die Synagoge am Lappenberg in Hildesheim: Entstehung, Gestalt, Deutung, Hildesheim 1989, S. 75.
15 Beschluß Nr. 887 der Stadtverordnetenversammlung vom 19. 6. 1986, Dienstakte «Mahnmals-Diskussion», Stadtarchiv Wiesbaden.
16 Schreiben der Gesellschaft für Christlich-Jüdische Zusammenarbeit an Oberbürgermeister Exner und andere, 27. 5. 1992, Dienstakte «Sinti und Roma I», Stadtarchiv Wiesbaden.
17 Zit. n. Faksimile in: Deutsche Kommunistische Partei, Kreisvorstand Groß-Gerau (Hrsg.), Gerechter unter den Völkern: Wilhelm Hammann: Landrat, Lehrer, Kommunist, Widerstandskämpfer, Rüsselsheim o. J. (1984), S. 87.
18 Zit. n. Kurt Faller/Bernd Wittich (Hrsg.), Abschied vom Antifaschismus, Frankfurt/O. 1997, S. 405.
19 Werner Holtfort u. a. (Hrsg.), Hinter den Fassaden: Geschichten aus einer deutschen Stadt, Göttingen 1982.
20 Bertram, April 1945 (wie Anm. 7).
21 Robert Musil, Denkmale, in: ders., Gesammelte Werke 7: Kleine Prosa, Aphorismen, Autobiographisches, Reinbek 1978, S. 506.
22 Die Serie wurde in überarbeiteter Fassung im gleichen Jahr als Buch veröffentlicht:

Günther Schwarberg, Der SS-Arzt und die Kinder: Bericht über den Mord vom Bullenhuser Damm, Hamburg 1979.
23 Zit. n. Jan Patjens/Dirk Panten, Die Kinder vom Bullenhuser Damm: Wie ein Hamburger Neubaugebiet an die Naziverbrechen erinnert, Beitrag für den Schülerwettbewerb Deutsche Geschichte um den Preis des Bundespräsidenten, 1993, S. 175.
24 Ich danke den Bewohnern Burgwedels, die sich 1997 und 1998 bereitwillig zu ihrer Haltung zu den Straßennamen befragen ließen, und meinem Mitarbeiter Jan Patjens, der die meisten dieser Befragungen durchführte.
25 Dan Diner, Kreisläufe. Nationalsozialismus und Gedächtnis, Berlin 1995, S. 55.

Literaturhinweise
Hubertus Adam, Bestimmtheit, Unbestimmtheit, Unsichtbarkeit. Wirkungen und Wirkungsbedingungen neuester NS-Mahnmäler, in: Eberhard Grillparzer u. a. (Hrsg.), Denkmäler. Ein Reader für Unterricht und Studium, Hannover 1994, S. 26–39.
Micha Brumlik, Trauerrituale und politische Kultur nach der Shoah in der Bundesrepublik, in: Hanno Loewy (Hrsg.), Holocaust. Die Grenzen des Verstehens. Eine Debatte über die Besetzung der Geschichte, Reinbek 1992, S. 191–212.
Ulrike Haß, Mahnmaltexte 1945 bis 1988. Annäherung an eine schwierige Textsorte, in: Dachauer Hefte 6 (1990), S. 135–161.
Detlef Hoffmann, Das Gedächtnis der Dinge, in: Ders. (Hrsg.), Das Gedächtnis der Dinge. KZ-Relikte und KZ-Denkmäler 1945–1995, Frankfurt/M. 1998, S. 6–35.
Peter Reichel, Politik mit der Erinnerung. Gedächtnisorte im Streit um die nationalsozialistische Vergangenheit, München 1995.

Adam Krzemiński
Der Kniefall

Literaturhinweise
Egon Bahr, Zu meiner Zeit, München 1996.
Willy Brandt, Begegnungen und Einsichten, Hamburg 1976.
Marian Marek Drozdowski/Andrzej Zahorski, Historia Warszawy, Warszawa 1997.
Günter Grass, Mein Jahrhundert, Göttingen 1999.
Peter Koch, Willy Brandt. Eine politische Biographie, Berlin 1988.
Marcel Reich-Ranicki, Mein Leben, Stuttgart 1999.
Stosunki polsko-niemieckie w historiografii, Poznań 1991.
Tomasz Szarota, Okupowanej Warszawy dzień powszedni, Warszawa 1988.
Mieczysław Tomala, Patrzac na Niemcy. Od wrogości do porozumienia 1945–1991, Warszawa 1997.

Gesine Schwan
Der Mitläufer

Anmerkungen
1 Günter Grass, Die Blechtrommel, in: Günter Grass, Werkausgabe in zehn Bänden, hrsg. v. Volker Neuhaus, Bd. II, Darmstadt/Neuwied 1974, S. 180.
2 Deutsches Wörterbuch von Jacob Grimm und Wilhelm Grimm, 6. Bd., bearb. v. Dr. Moritz Heyne, Leipzig 1885, S. 2355.
3 Gerhard Strauß/Ulrike Haß/Gisela Harras (Hrsg.), Brisante Wörter von Agitation bis Zeitgeist, Berlin/New York 1989.

4 Lutz Niethammer, Die Mitläuferfabrik. Die Entnazifizierung am Beispiel Bayerns, Berlin/Bonn 1982, S. 609.
5 Ebd. S. 666.
6 Martin Buber, Bilder von Gut und Böse, Heidelberg 1986, S. 28.
7 Ebd. S. 63.
8 Hermann Lübbe, Der Nationalsozialismus im politischen Bewußtsein der Gegenwart, in: Deutschlands Weg in die Diktatur. Internationale Konferenz zur nationalsozialistischen Machtübernahme im Reichstagsgebäude zu Berlin, Berlin 1983, S. 332 ff., 341.

Literaturhinweise
Fritz Bauer, Die Humanität der Rechtsordnung. Ausgewählte Schriften, Frankfurt/New York 1998.
Christopher Browning, Ganz normale Männer. Das Reservepolizeibataillon 101 und die Endlösung in Polen, Reinbek 1993.
Norbert Frei, Vergangenheitspolitik. Die Anfänge der Bundesrepublik und die NS-Vergangenheit, München 1996.
Nadine Hauer, Die Mitläufer. Oder die Unfähigkeit zu fragen. Auswirkungen des Nationalsozialismus für die Demokratie von heute, Opladen 1994.
Irena Kukutz/Katja Havemann, Geschützte Quelle. Gespräche mit Monika H. alias Karin Lenz, Berlin 1990.
Lutz Niethammer (Hrsg.), «Hinterher merkt man, daß es richtig war, daß es schiefgegangen ist». Nachkriegserfahrungen im Ruhrgebiet. Lebensgeschichte und Sozialkultur im Ruhrgebiet 1930 bis 1960, Bd. 2, Berlin/Bonn 1983.
Ilse Schmidt, Die Mitläuferin. Erinnerungen einer Wehrmachtsangehörigen, Berlin 1999.
Gesine Schwan, Politik und Schuld. Die zerstörerische Macht des Schweigens, Frankfurt/M. 1997.
Werner Schwan, Ich bin doch kein Unmensch. Kriegs- und Nachkriegszeit im deutschen Roman, Freiburg 1990.
Klaus Sühl (Hrsg.), Vergangenheitsbewältigung 1945/1989. Ein unmöglicher Vergleich?, Berlin 1994.

Die Autoren

STEVEN E. ASCHHEIM, geb. 1942, ist Inhaber des Vigevani-Lehrstuhls für European Studies und Professor für Geschichte an der Hebräischen Universität Jerusalem.
Veröff. u. a.: *In times of crisis: essays on European culture, Germans and Jews*, Madison 2001; *Nietzsche und die Deutschen. Karriere eines Kults*, Stuttgart ²2000; *Culture and catastrophe: German and Jewish confrontations with National Socialism and other crises*, London/New York 1996.

PIERRE AYÇOBERRY, geb. 1925, ist emeritierter Professor der Université Marc Bloch Straßburg.
Veröff. u. a.: *La société allemande sous le IIIe Reich 1933–1945*, Paris 1998; *Köln zwischen Napoleon und Bismarck. Das Wachstum einer rheinischen Stadt*, Köln 1996; *La question nazie. Essai sur les interprétations du national-socialisme 1922–1975*, Paris ²1982.

GEORG BOLLENBECK, geb. 1947, ist Professor für Germanistik und Neuere Literaturwissenschaft an der Universität-Gesamthochschule Siegen.
Veröff. u. a.: *Tradition, Avantgarde, Reaktion. Deutsche Kontroversen um die kulturelle Moderne 1880–1945*, Frankfurt/M. 1999; *Bildung und Kultur. Glanz und Elend eines deutschen Deutungsmusters*, Frankfurt/M. 1994; *Theodor Storm. Eine Biographie*, Frankfurt/M. 1991.

DIETER BORCHMEYER, geb. 1941, ist Professor für Neuere Deutsche Literatur und Theaterwissenschaft an der Universität Heidelberg.
Veröff. u. a.: *Richard Wagner und die Juden*, Stuttgart 2000 (Hg. zus. mit Ami Maayani und Susanne Vill); *Goethe der Zeitbürger*, München/Wien 1999; *Weimarer Klassik. Portrait einer Epoche*, Weinheim ²1998.

JOACHIM EHLERS, geb. 1936, ist Professor für Mittlere und Neuere Geschichte an der Freien Universität Berlin.
Veröff. u. a.: *Die Kapetinger*, Stuttgart 2000; *Die Entstehung des deutschen Reiches*, München ²1998; *Heinrich der Löwe. Europäisches Fürstentum im Hochmittelalter*, Göttingen 1997.

GOTTHARD ERLER, geb 1933, war bis 1998 Programm-Geschäftsführer des Aufbau-Verlags in Berlin.
Veröff. u. a.: *Theodor Fontane, Große Brandenburger Ausgabe* (Hg.), darin u. a. *Tage- und Reisetagebücher*, Bd. 2, Berlin 1994 und *Der Ehebriefwechsel*, 3 Bde., Berlin 1998; *Die Fontanes und die Merckels. Ein Familienbriefwechsel 1850–1870*, 2 Bde., Berlin 1987; *Der Briefwechsel zwischen Theodor Fontane und Paul Heyse*, Berlin/Weimar 1972.

ARNOLD ESCH, geb. 1936, ist Direktor des Deutschen Historischen Instituts in Rom.
Veröff. u. a.: *Römische Straßen in ihrer Landschaft. Das Nachleben antiker Straßen um Rom*, Mainz 1997; *Arte, committenza ed economia a Roma e nelle corti del Rinascimento*, Turin 1995 (zus. mit Christoph Luitpold Frommel); *Zeitalter und Menschenalter. Der Historiker und die Erfahrung vergangener Gegenwart*, München 1994.

MICHEL ESPAGNE, geb. 1952, ist Forschungsleiter am Centre National de la Recherche Scientifique (CNRS) in Paris.

Veröff. u. a.: *Le creuset allemand. Histoire interculturelle de la Saxe*, Paris 2000; *Archiv und Gedächtnis. Studien zur interkulturellen Überlieferung*, Leipzig 2000 (Hg.); *Les transferts culturels franco-allemands*, Paris 1999.

JOACHIM FEST, geb. 1926, ist Historiker und Publizist.
Veröff. u. a.: *Speer. Eine Biographie*, Berlin 1999; *Hitler. Eine Biographie*, Berlin 1998 (1. Aufl. 1973); *Staatsstreich – Der lange Weg zum 20. Juli*, Berlin 1994; *Das Gesicht des Dritten Reiches. Profile einer totalitären Herrschaft*, München 1963.

ETIENNE FRANÇOIS, geb. 1943, ist Professor für Geschichte an der Technischen Universität Berlin und an der Universität Paris-I (Panthéon-Sorbonne).
Veröff. u. a.: *Die unsichtbare Grenze. Protestanten und Katholiken in Augsburg 1648–1806*, Sigmaringen 1991; *Nation und Emotion. Deutschland und Frankreich im Vergleich, 19. und 20. Jahrhundert*, Göttingen 1995 (Hg. zus. mit Hannes Siegrist und Jakob Vogel); *Marianne-Germania. Deutsch-französischer Kulturtransfer im europäischen Kontext 1789–1914*, 2 Bde., Leipzig 1998 (Hg. zus. mit Marie-Claire Hoock-Demarle, Reinhart Meyer-Kalkus und Michael Werner).

CLAIRE GANTET, geb. 1967 ist Maître de Conférences an der Universität Paris I (Panthéon-Sorbonne).
Veröff. u. a.: *La violence et la mémoire. Une histoire sociale de la paix de Westphalie (17e–18e siècles)*, Paris 2001; *La dimension «sainte» du Saint-Empire romain germanique. Les représentations du pouvoir en Allemagne entre paix et guerre (1648–1664)*, in: Revue historique, Bd. 615 (2000), S. 629–654; *Das Augsburger Friedensfest im Rahmen der deutschen Friedensfeiern*, in: Johannes Burkhardt/Stephanie Haberer (Hrsg.), Das Friedensfest, Augsburg und die Entwicklung einer neuzeitlichen Toleranz-, Friedens- und Festkultur, Berlin 2000, S. 209–332.

EVA HAHN, geb. 1946, ist Historikerin und Publizistin in Oldenburg.
Veröff. u. a.: *Sudetoněmecký problém: Obtížné loučeni s minulostí* [Das sudetendeutsche Problem: Der mühsame Abschied von der Vergangenheit], Prag ²1999: *Evropa českýma očima* [Europa mit tschechischen Augen gesehen], Prag 1997 (Hg.); *Kommunismus und Osteuropa: Konzepte, Perspektiven und Interpretationen im Wandel*, München 1994 (Hg. unter dem Namen Schmidt-Hartmann).

HANS HENNING HAHN, geb. 1947, ist Professor für Moderne Osteuropäische Geschichte an der Carl von Ossietzky Universität in Oldenburg.
Veröff. u. a.: *Das Jahr 1956 in Ostmitteleuropa*, Berlin 1996 (Hg.); *Polen und Deutschland. Nachbarn in Europa*, Hannover ²1996; *Historische Stereotypenforschung. Methodische Überlegungen und empirische Befunde*, Oldenburg 1995 (Hg.).

ERNST HANISCH, geb. 1940, ist Professor für Neuere Geschichte an der Universität Salzburg.
Veröff. u. a.: *Gau der guten Nerven. NS-Herrschaft in Salzburg*, Salzburg 1997; *Der lange Schatten des Staates. Österreichische Gesellschaftsgeschichte im 20. Jahrhundert 1890–1990*, Wien 1994; *Vermittlungen. Texte und Kontexte österreichischer Literatur und Geschichte im 20. Jahrhundert*, Salzburg 1990 (zus. mit Walter Weiss).

HEINZ DIETER KITTSTEINER, geb. 1942, ist Professor für Vergleichende Europäische Geschichte der Neuzeit an der Europa-Universität Viadrina in Frankfurt (Oder).
Veröff. u. a.: *Listen der Vernunft. Motive geschichtsphilosophischen Denkens*, Frankfurt/M. 1998; *Die Entstehung des modernen Gewissens*, Frankfurt/Leipzig ²1992; *Naturabsicht und unsichtbare Hand. Zur Kritik des geschichtsphilosophischen Denkens*, Frankfurt/Berlin/Wien 1980.

Die Autoren

ANNE GABRIELE KOSFELD ist wissenschaftliche Mitarbeiterin für Neuere Geschichte an der Freien Universität Berlin.
Veröff. u. a.: *Politische Zukunft und historischer Meinungsstreit. Die Stadt des Mittelalters als Leitbild des Frankfurter Bürgertums in der Verfassungsdiskussion der Restaurationszeit*, in: Reinhart Koselleck/Klaus Schreiner (Hrsg.), Bürgerschaft. Rezeption und Innovation der Begrifflichkeit vom Hohen Mittelalter bis ins 19. Jahrhundert, Stuttgart 1994, S. 375-454.

GERD KRUMEICH, geb. 1945, ist Professor für Neuere Geschichte an der Heinrich-Heine-Universität Düsseldorf.
Veröff. u. a.: *Wandel von Recht und Rechtsbewußtsein in Frankreich und Deutschland*, Berlin 1999 (Hg. zus. mit Joseph Jurt und Thomas Würtenberger); *Kriegserfahrungen. Studien zur Sozial- und Mentalitätengeschichte des Ersten Weltkrieges*, Essen 1997 (Hg. zus. mit Gerhard Hirschfeld, Dieter Langewiesche und Hans-Peter Ullmann); *Jeanne d'Arc in der Geschichte: Historiographie – Politik – Kultur*, Sigmaringen 1989.

ADAM KRZEMIŃSKI, geb. 1945, ist Redakteur der Warschauer Wochenzeitung «Polityka» und Publizist.
Veröff. u. a.: *Polen im 20. Jahrhundert. Ein historischer Essay*, München ²1998.

HARTMUT LEHMANN, geb. 1936, ist Direktor des Max-Planck-Instituts für Geschichte in Göttingen.
Veröff. u. a.: *Max Webers «Protestantische Ethik». Beiträge aus der Sicht eines Historikers*, Göttingen 1996; *Religion und Religiosität in der Neuzeit. Historische Beiträge*, Göttingen 1996; *Alte und Neue Welt in wechselseitiger Sicht. Studien zu den transatlantischen Beziehungen im 19. und 20. Jahrhundert*, Göttingen 1995.

MATHIEU LEPETIT, geb. 1974 ist Geschichtslehrer am Deutsch-Französischen Gymnasium in Buc bei Versailles.
Veröff. u. a.: *Un regard sur l'historiographie allemande: les mondes de l'Alltagsgeschichte*, in: Revue d'Histoire moderne et contemporaine, Bd. 45 (1998), S. 466-487.

BEDRICH LOEWENSTEIN, geb. 1929, ist emeritierter Professor für Neuere Geschichte.
Veröff. u. a.: *Geschichte und Psychologie. Annäherungsversuche*, Pfaffenweiler 1992 (Hg.); *Der Entwurf der Moderne* und *Problemfelder der Moderne. Elemente politischer Kultur*, beide Darmstadt 1990.

IRMELA VON DER LÜHE, geb. 1947, ist Professorin für Neuere Deutsche Literatur an der Georg-August-Universität Göttingen.
Veröff. u. a.: *Erika Mann: Blitze überm Ozean. Aufsätze, Reden, Reportagen*, Reinbek 2000 (Hg. zus. mit Uwe Naumann); *Erika Mann: Mein Vater, der Zauberer*, Reinbek 1999 (Hg. zus. mit Uwe Naumann); *Wechsel der Orte. Studien zum Wandel des literarischen Geschichtsbewußtseins*, Göttingen 1997 (Hg. zus. mit Anita Runge); *Erika Mann. Eine Biographie*, Frankfurt/M. ⁴1999.

RAINER MÜNZ, geb. 1954, ist Professor für Bevölkerungswissenschaft an der Humboldt-Universität Berlin.
Veröff. u. a.: *Ost-West-Wanderung in Europa*, Köln/Weimar/Wien 2000 (Hg. zus. mit Heinz Fassmann); *Die Ukraine nach der Unabhängigkeit. Nationsbildung zwischen Ost und West*, Köln 1999 (zus. mit Rainer Ohliger); *Zuwanderung nach Deutschland. Strukturen, Wirkungen, Perspektiven*, Frankfurt/New York ²1999 (zus. mit Wolfgang Seifert und Ralf Ulrich).

KLAUS NEUMANN, geb. 1958, ist Historiker und lebt in Australien.
Veröff. u. a.: *Shifting Memories: The Nazi Past in the New Germany*, Ann Arbor 2000; *Not the Way It Really Was: Constructing the Tolai Past*, Honolulu 1992.

OTTO GERHARD OEXLE ist Direktor des Max-Planck-Instituts für Geschichte in Göttingen und Honorarprofessor für Mittelalterliche und Neuere Geschichte an der Georg-August-Universität Göttingen.
Veröff. u. a.: *Deutsche Historiker im Nationalsozialismus*, Frankfurt/M. 1999 (Hg. zusammen mit Winfried Schulze); *Geschichtswissenschaft im Zeichen des Historismus*, Göttingen 1996; *Memoria als Kultur*, Göttingen 1995 (Hg.).

RAINER OHLIGER, geb. 1967, ist wissenschaftlicher Mitarbeiter am Institut für Bevölkerungswissenschaften der Humboldt-Universität Berlin.
Veröff. u. a.: *50 Jahre Bundesrepublik – 50 Jahre Einwanderung. Nachkriegsgeschichte als Migrationsgeschichte*, Frankfurt/M. 1999 (Hg. zus. mit Jan Motte und Anne von Oswald); *Die Ukraine nach der Unabhängigkeit. Nationsbildung zwischen Ost und West*, Köln 1999 (zus. mit Rainer Münz).

FRIEDRICH PRINZ, geb. 1928, ist emeritierter Professor für Mittelalterliche Geschichte und Vergleichende Landesgeschichte der Universität München.
Veröff. u. a.: *Von Konstantin zu Karl dem Großen. Entfaltung und Wandel Europas*, Düsseldorf 2000; *Die Geschichte Bayerns*, München ²1999; *Böhmen und Mähren* (= Deutsche Geschichte im Osten Europas, Bd. 2), Berlin ²1995; *Ludwig II. Ein königliches Doppelleben*, Berlin 1993.

PETER REICHEL, geb. 1942, ist Professor für Politische Wissenschaft an der Universität Hamburg.
Veröff. u. a.: *Vergangenheitsbewältigung in Deutschland. Die Auseinandersetzung mit der NS-Diktatur von 1945 bis heute*, München 2001; *Politik mit der Erinnerung. Gedächtnisorte im Streit um die nationalsozialistische Vergangenheit*, Frankfurt/M. ²1999; *Der schöne Schein des Dritten Reiches. Faszination und Gewalt des Faschismus*, Frankfurt/M. ²1993.

HEINZ REIF, geb. 1941, ist Professor für Neuere Geschichte an der Technischen Universität Berlin.
Veröff. u. a.: *Adel und Bürgertum in Deutschland. Entwicklungslinien und Wendepunkte*, Berlin 2000 (Hg.); *Adel im 19. und 20. Jahrhundert*, München 1999; *Ostelbische Agrargesellschaft im Kaiserreich und in der Weimarer Republik: Agrarkrise – junkerliche Interessenpolitik – Modernisierungsstrategien*, Berlin 1994 (Hg.).

BERND ROECK, geb. 1953, ist Professor für Allgemeine und Schweizer Geschichte der Neueren und Neuesten Zeit an der Universität Zürich.
Veröff. u. a.: *Kunstpatronage in der Frühen Neuzeit. Studien zu Kunstmarkt, Künstlern und ihren Auftraggebern in Italien und im Heiligen Römischen Reich (15.–17. Jahrhundert)*, Göttingen 1999; *Der junge Aby Warburg*, München 1997; *Eine Stadt in Krieg und Frieden*, Göttingen 1989.

FRITHJOF BENJAMIN SCHENK, geb. 1970, ist Doktorand am Friedrich-Meinecke-Institut der Freien Universität Berlin.
Veröff. u. a.: «Neue Mythen» und kollektive Identität. Konzeptionelle Überlegungen zum Alexander-Nevskij-Mythos, in: B. v. Jagow (Hrsg.), Topographie der Erinnerung. Mythos im strukturellen Wandel, Würzburg 2000, S. 59–74; *Vom Großfürstentum Moskau bis zum Krimkrieg* (= Studienbrief Geschichte Rußlands, Teil 1), Fernuniversität Hagen 1999.

Die Autoren

ERHARD SCHÜTZ, geb. 1946, ist Professor für Neuere deutsche Literatur an der Humboldt-Universität zu Berlin.
Veröff. u. a.: *Die lange Geschichte der kleinen Form. Beiträge zur Feuilletonforschung*, Berlin 2000 (Hg. zus. mit Kai Kauffmann); *Text und Stadt – Reden von Berlin: Literatur und Metropole seit 1989*, Berlin 1999 (Hg. zus. mit Jörg Döring); *Mythos Reichsautobahn: Bau und Inszenierung der «Strassen des Führers» 1933–1941*, Berlin 1996 (zus. mit Eckhard Gruber).

HAGEN SCHULZE, geb. 1943, ist Professor für Neuere Deutsche und Europäische Geschichte an der Freien Universität Berlin und Direktor des Deutschen Historischen Instituts in London.
Veröff. u. a.: *Staat und Nation in der europäischen Geschichte*, München 1999; *Phoenix Europa: Die Moderne. 1740 bis heute* (= Siedler Geschichte Europas, Bd. 4), Berlin 1998; *Europäische Geschichte: Quellen und Materialien*, München 1994 (Hg. zus. mit Ina Ulrike Paul); *Weimar: Deutschland 1917–1933*, Berlin 1998 (1. Aufl. 1982).

MARTIN SCHULZE WESSEL, geb. 1962, ist wissenschaftlicher Assistent für Geschichte an der Martin-Luther Universität Halle-Wittenberg.
Veröff. u. a.: *Osteuropäische Geschichte in vergleichender Sicht*, Berlin 1996 (Hg. zus. mit Michael G. Müller, Fikret Adanir und Christian Lübke; *Rußlands Blick auf Preußen. Die polnische Frage in der Diplomatie und politischen Öffentlichkeit des Zarenreiches und Sowjetstaates 1697–1947*, Stuttgart 1995.

GESINE SCHWAN ist Präsidentin der Europa-Universität Viadrina in Frankfurt (Oder).
Veröff. u. a.: *Antikommunismus und Antiamerikanismus in Deutschland: Kontinuität und Wandel nach 1945*, Baden-Baden 1999; *Politik und Schuld. Die zerstörerische Macht des Schweigens*, Frankfurt/M. 1997; *Wissenschaft und Politik in öffentlicher Verantwortung: Problemdiagnosen in einer Zeit des Umbruchs. Zum Gedenken an Richard Löwenthal*, Baden-Baden 1995 (Hg.).

NA'AMA SHEFFI, geb. 1960, seit 1996 Herausgeberin der Zeitschrift *Zmanin – Historical Quarterly* an der Universität Tel Aviv.
Veröff. u. a.: *Deutsch auf Hebräisch. Übersetzungen aus dem Deutschen ins Hebräische im jüdischen Palästina 1882–1948*, Gerlingen 2001; *The Ring of Myths: The Israelis, Wagner and the Nazis*, Sussex 2000.

MARIA TATAR, geb. 1945, ist Professorin für Germanistik an der Harvard University.
Veröff. u. a.: *The classic fairytales: texts, criticism*, New York 1999 (Hg.); *Von Blaubärten und Rotkäppchen. Grimms grimmige Märchen – psychoanalytisch gedeutet*, München 1995; *Lustmord: sexual murder in Weimar Germany*, Princeton 1995.

WOLFGANG ULLRICH, geb. 1967, ist Assistent am Lehrstuhl für Kunstgeschichte der Akademie der Bildenden Künste München.
Veröff. u. a.: *Mit dem Rücken zur Kunst. Die neuen Statussymbole der Macht*, Berlin 2000; *Uta von Naumburg. Eine deutsche Ikone*, Berlin 1998.

HANS VOGES, geb. 1947, ist wissenschaftlicher Mitarbeiter am Museum für Völkerkunde in Frankfurt am Main.
Veröff. u. a.: *Auf der Suche nach kontextueller Gewißheit*, in: Fotogeschichte 19 (1999), S. 61–74; *Der Blick durch den Traum: Alexander von Humboldt*, in: Neue Rundschau 99 (1988), S. 106–119.

Die Autoren

PETER WAPNEWSKI, geb. 1922, ist emeritierter Professor der Germanistik und Ständiges wissenschaftliches Mitglied am Wissenschaftskolleg zu Berlin.
Veröff. u. a.: *Weißt du wie das wird ...? Richard Wagner. Der Ring des Nibelungen*, München 1996; *Zuschreibungen. Gesammelte Aufsätze*, Hildesheim 1994; *Deutsche Literatur des Mittelalters. Ein Abriss von den Anfängen bis zum Ende der Blütezeit*, Göttingen 1990.

MICHAEL WERNER, geb. 1946, ist Forschungsleiter am Centre d'Études et de Recherches Allemandes (C. E. R. A.) der École des Hautes Études en Sciences Sociales in Paris.
Veröff. u. a.: *«Der Zweck des Lebens ist das Leben selbst.» Heinrich Heine: eine Biographie*, Berlin ²1999 (zus. mit Jan-Christoph Hausschild); *Qu'est-ce qu'une littérature nationale? Approches pour une théorie interculturelle du champ littéraire*, Paris 1994 (zus. mit Michel Espagne); *Genius und Geldsack. Zum Problem des Schriftstellerberufs bei Heinrich Heine*, Hamburg 1978.

EDGAR WOLFRUM, geb. 1960, ist Privatdozent für Neuere und Neueste Geschichte an der TU Darmstadt und derzeit DFG-Stipendiat.
Veröff. u. a.: *Geschichte als Waffe. Vom Kaiserreich bis zur Wiedervereinigung*, Göttingen 2001; *Geschichtspolitik in der Bundesrepublik Deutschland. Der Weg zur bundesrepublikanischen Erinnerung 1948–1990*, Darmstadt 1999; *Umkämpfte Vergangenheit. Geschichtsbilder, Erinnerung und Vergangenheitspolitik im internationalen Vergleich*, Göttingen 1999 (Hg. zus. mit Petra Bock).

Abbildungsnachweis

Rijksmuseum Amsterdam 91
AKG Berlin 62, 65, 153, 243, 252, 565, 574, 595, 597
Deutsches Historisches Museum, Berlin 222, 347, 374, 377, 412, 457
Landesarchiv Berlin 151
Museum am Checkpoint Charlie, Berlin 553
Bildarchiv Preußischer Kulturbesitz, Berlin 125, 161, 268, 277
Ullstein Bilderdienst, Berlin 129, 557
Stadtarchiv Chemnitz 331
Château de Coppet 226
Hessisches Landesmuseum Darmstadt 419
Staatliche Kunstsammlungen Dresden 45
Bund der Vertriebenen Kreisverband Main-Taunus e.V. 341
Museum für Kommunikation, Frankfurt/M. 313
Städtische Galerie im Städelschen Kunstinstitut, Frankfurt/M. 199
Stadtarchiv Freiburg 307
Gerda Garve, Hamburg 199
Fotowerkstatt Elke Walford, Hamburg 487
Fritz-Schumacher-Gesellschaft e. V., Hamburg 519
Dietrich Schubert, Heidelberg 501
Rheinisches Bildarchiv der Stadt Köln 103
Bildarchiv Foto Marburg 327, 451
Monacensia Literaturarchiv, München 265
Süddeutscher Verlag – Bilderdienst, München 649
Westfälisches Landesmuseum für Kunst und Kulturgeschichte, Münster 37
Klaus Neumann 623, 626, 627
Germanisches Nationalmuseum, Nürnberg 47, 77, 399
Stadtarchiv der Stadt Nürnberg 81
Bibliothéque nationale de France, Paris 237
© Photo RMN – Gérard Blot, Paris 413
Museum der Stadt Regensburg 139
Gedenkstätte Buchenwald, Weimar-Buchenwald 209
Stiftung Weimarer Klassik, Goethe-Nationalmuseum, Weimar 193, 507, 510
Thüringisches Hauptstaatsarchiv Weimar 202
Österreichisches Institut für Zeitgeschichte – Bildarchiv, Wien 109, 119
Österreichische Nationalbibliothek, Wien 165, 283, 393, 433
Volkswagen AG, Wolfsburg 355, 358, 369
Kunsthaus Zürich 31

Es ist dem Verlag C. H. Beck nicht in allen Fällen gelungen, die Inhaber der Bildrechte ausfindig zu machen; der Verlag ist jedoch selbstverständlich bereit, berechtigte Ansprüche abzugelten.

Inhalt von Band 2

REVOLUTION

Gérald Chaix: Die Reformation · *Hagen Schulze:* Napoleon · *Wolfgang J. Mommsen:* Die Paulskirche · *Gustav Seibt:* Das Brandenburger Tor · *Lothar Machtan:* Bismarck · *Gilbert Badia:* Rosa Luxemburg · *Heinz Bude:* Achtundsechzig

FREIHEIT

Rolf Kießling: Der Bauernkrieg · *Etienne François:* Die Wartburg · *Otto Dann:* Schiller · *Kirstin Anne Schäfer:* Die Völkerschlacht · *Gertrud Pfister:* «Frisch, fromm, fröhlich, frei» · *Jürgen Danyel:* Der 20. Juli · *Dominik Geppert:* Die Freiheitsglocke · *Hartmut Zwahr:* «Wir sind das Volk!»

DISZIPLIN

Ute Frevert: Pflicht · *Günter de Bruyn:* Königin Luise · *Jakob Vogel:* Die Pikkelhaube · *Konrad H. Jarausch:* Professor Unrat · *Bernd Ulrich:* Stalingrad · *Peter Steinbach:* Die Stasi

LEISTUNG

Dirk Schümer: Die Hanse · *Heinz-Gerhard Haupt:* Das «goldene» Handwerk · *Maiken Umbach:* Made in Germany · *Sylvia Paletschek:* Kinder – Küche – Kirche · *Harold James:* Die D-Mark · *Gunter Gebauer:* Die Bundesliga

RECHT

Thomas Lindenberger: Ruhe und Ordnung · *Sandrine Kott:* Der Sozialstaat · *Stefan Laube:* Die Versicherung · *Jörn Eckert:* Das Bürgerliche Gesetzbuch (BGB) · *Michael Stolleis:* Furchtbare Juristen · *Gerd Roellecke:* «Karlsruhe»

DIE MODERNE

Hildegard Châtellier: Moloch Großstadt · *Anja Baumhoff:* Das Bauhaus · *Martin Sabrow:* Walther Rathenau · *Werner Sudendorf:* Marlene Dietrich · *Martin Schieder:* Die documenta I (1955) · *Bernd-A. Rusinek:* Wyhl · *Stefanie Flamm:* Der Palast der Republik

ANHANG

Anmerkungen und Literaturhinweise · Die Autoren · Abbildungsnachweis

Inhalt von Band 3

BILDUNG

Rudolf Vierhaus: Die Brüder Humboldt · *Frank-Lothar Kroll:* Friedrich der Große · *Uwe Puschner:* Der Duden · *Klaus Tenfelde:* «Wissen ist Macht» · *Kurt Nowak:* Die Kaiser-Wilhelm-Gesellschaft · *Françoise Balibar:* Albert Einstein · *Thomas Gaehtgens:* Die Museumsinsel

GEMÜT

Rolf-Bernhard Essig/Gudrun Schury: Karl May · *Constanze Carcenac-Lecomte:* Struwwelpeter · *Francis Claudon:* Hausmusik · *Doris Foitzik:* Weihnachten · *Gottfried Korff:* Feierabend · *Albrecht Lehmann:* Der deutsche Wald · *Rainer Moritz:* Der Schlager

GLAUBE UND BEKENNTNIS

Oliver Janz: Das evangelische Pfarrhaus · *Patrice Veit:* Bach · *Jacques Ehrenfreund:* Moses Mendelssohn · *Etienne François:* Oberammergau · *Gerd Krumeich:* Langemarck · *Sabine Behrenbeck:* «Heil» · *Iring Fetscher:* Marx · *Albrecht Döhnert:* Die Jugendweihe

HEIMAT

Hermann Rudolph: Der Schrebergarten · *Anna Bramwell:* «Blut und Boden» · *Dietmar Klenke:* Der Gesangverein · *Frédéric Hartweg:* Das Straßburger Münster · *Catharina Clemens:* Neuschwanstein · *Herbert Schwedt:* Karneval · *Olaf B. Rader:* Dresden

ROMANTIK

Oliver Fink: Heidelberg · *Katja Czarnowski:* Die Loreley · *Barbara Hahn:* Rahel Varnhagen · *Werner Busch:* Caspar David Friedrich · *Ulrich Linse:* Der Wandervogel · *Herfried Münkler:* Richard Wagner

IDENTITÄTEN

Michael Werner: Die «Germania» · *Werner M. Doyé:* Arminius · *Gert Mattenklott:* Faust · *Michael Wolffsohn/Thomas Brechenmacher:* Vornamen · *Stephan Krass:* Der Kulturbunker · *Michael Jeismann:* Die Nationalhymne · *Esteban Buch:* Beethovens Neunte

Pierre Nora: Nachwort

Aus dem Verlagsprogramm

Nicholas Boyle
Kleine deutsche Literaturgeschichte
2009. 272 Seiten mit 44 Abbildungen und einer Karte. Gebunden

Lothar Gall
Walther Rathenau
Portrait einer Epoche
2009. 298 Seiten mit 51 Abbildungen. Gebunden

Navid Kermani
Wer ist wir?
Deutschland und seine Muslime
2009. 173 Seiten. Gebunden

Ilko-Sascha Kowalczuk
Endspiel
Die Revolution von 1989 in der DDR
2009. 602 Seiten. Gebunden

Hermann Kurzke
Thomas Mann
Ein Porträt für seine Leser
2009. 250 Seiten. Gebunden

Andreas Rödder
Deutschland einig Vaterland
Die Geschichte der Wiedervereinigung
2009. 490 Seiten mit 35 Abbildungen. Gebunden

Edgar Wolfrum
Die Mauer
Geschichte einer Teilung
2009. 192 Seiten mit 25 Abbildungen. Gebunden

Verlag C. H. Beck München

Bruno Bleckmann
Die Germanen
Von Ariovist bis zu den Wikingern
2009. 359 Seiten mit 40 Abbildungen und 28 Karten. Gebunden

Helmuth James von Moltke
Im Land der Gottlosen
Tagebuch und Briefe aus der Haft 1944/45
Herausgegeben und eingeleitet von Günter Brakelmann
2. Auflage. 2009. 350 Seiten mit 17 Abbildungen.
Mit einem Geleitwort von Freya von Moltke. Leinen

Johannes Kunisch
Friedrich der Große
Der König und seine Zeit
5. Auflage. 2005. 624 Seiten mit 29 Abbildungen und 16 Karten. Leinen

John C. G. Röhl
Wilhelm II.
2008. In drei Bänden. Leinen

Fritz Stern
Fünf Deutschland und ein Leben
Erinnerungen
Aus dem Englischen von Friedrich Griese
9. Auflage. 2008. 675 Seiten mit 27 Abbildungen. Leinen

Hans-Ulrich Wehler
Der Nationalsozialismus
Bewegung, Führerherrschaft, Verbrechen. 1919–1945
2009. XI, 315 Seiten. Gebunden

Reinhard Wolters
Die Schlacht im Teutoburger Wald
Arminius, Varus und das römische Germanien
2., durchgesehene Auflage. 2008. 255 Seiten mit 19 Abbildungen,
zwei Stammbäumen und 9 Karten. Gebunden

Verlag C. H. Beck München

Peter-André Alt
Schiller
Leben – Werk – Zeit. Eine Biographie
Band 1: 2009. 736 Seiten mit 28 Abbildungen. Paperback
Beck'sche Reihe Band 1913
Band 2: 2009. 686 Seiten mit 22 Abbildungen. Paperback
Beck'sche Reihe Band 1914

Aleida Assmann
Erinnerungsräume
Formen und Wandlungen des kulturellen Gedächtnisses
4., durchgesehene Auflage. 2009. 424 Seiten mit 15 Abbildungen. Broschiert

Aleida Assmann
Geschichte im Gedächtnis
Von der individuellen Erfahrung zur öffentlichen Inszenierung
2007. 220 Seiten mit 11 Abbildungen. Gebunden

Jan Assmann
Religion und kulturelles Gedächtnis
3. Auflage. 2008. 256 Seiten. Paperback
Beck'sche Reihe Band 1375

Saul Friedländer
Wenn die Erinnerung kommt
Aus dem Französischen von Helgard Oestreich
6. Auflage. 2008. 192 Seiten. Paperback
Beck'sche Reihe Band 1253

Edgar Wolfrum
Die 101 wichtigsten Fragen – Bundesrepublik Deutschland
2009. 152 Seiten. Paperback
Becksche Reihe Band 7018

Marie-Luise Recker
Geschichte der Bundesrepublik Deutschland
2009. 128 Seiten. Paperback. Becksche Reihe Band 2115

Verlag C. H. Beck München